W OCZEKIWANIU NA DZIECKO

Wśród poradników dla rodziców
ukazały się następujące tytuły z tej serii:

W OCZEKIWANIU NA CIĄŻĘ
DIETA PRZYSZŁEJ MATKI
W OCZEKIWANIU NA DZIECKO
W OCZEKIWANIU NA DZIECKO – DZIENNIK
PIERWSZY ROK ŻYCIA DZIECKA
DRUGI I TRZECI ROK ŻYCIA DZIECKA
DRUGI ROK ŻYCIA DZIECKA

Heidi Murkoff
z Sharon Mazel

W OCZEKIWANIU NA DZIECKO

Przełożyła
Magdalena Hermanowska

DOM WYDAWNICZY REBIS

Tytuł oryginału
What to Expect When You're Expecting (5th Edition)

Copyright © 1984, 1988, 1991, 1996, 2002, 2008, 2016 by What to Expect LLC
What to Expect® is a registered trademark of What to Expect LLC
All rights reserved

Projekt książki
Lisa Hollander i Barbara Peragine

Ilustracje w książce
Karen Kuchar

Copyright © for the Polish edition by REBIS Publishing House Ltd.,
Poznań 2010, 2012, 2017

Redaktor merytoryczny
lek. med. Anna Karczewska

Redaktor
Elżbieta Bandel

Opracowanie graficzne serii i projekt okładki
Piotr Majewski

Fotografia na okładce
© Nancy Brown/Photographer's Choice/Getty Images

Wydawca dołożył wszelkich starań, by wszystkie informacje zamieszczone w książce były zgodne z najnowszą wiedzą medyczną. Niniejszy poradnik nie może jednak zastąpić konsultacji z lekarzem. Wydawca nie ponosi żadnej odpowiedzialności za ewentualne niekorzystne skutki lub szkody wynikłe z wykorzystania lub niewłaściwego wykorzystania informacji zawartych w tej książce. Wszelkie kwestie związane ze zdrowiem należy konsultować z lekarzem.

prawolubni

Książka, którą nabyłeś, jest dziełem twórcy i wydawcy. Prosimy, abyś przestrzegał praw, jakie im przysługują. Jej zawartość możesz udostępnić nieodpłatnie osobom bliskim lub osobiście znanym. Ale nie publikuj jej w internecie. Jeśli cytujesz jej fragmenty, nie zmieniaj ich treści i koniecznie zaznacz, czyje to dzieło. A kopiując ją, rób to jedynie na użytek osobisty. Szanujmy cudzą własność i prawo!
Polska Izba Książki
Więcej o prawie autorskim na www.legalnakultura.pl

Wydanie VIII zmienione (dodruk)
Poznań 2021

oprawa broszurowa
ISBN 978-83-8188-084-8

oprawa twarda
ISBN 978-83-8188-085-5

Dom Wydawniczy REBIS Sp. z o.o.
ul. Żmigrodzka 41/49, 60-171 Poznań
tel. 61-867-47-08, 61-867-81-40
e-mail: rebis@rebis.com.pl
www.rebis.com.pl
DTP: *Akapit*, Poznań, tel. 61-879-38-88

Dla Erika, który jest dla mnie wszystkim.

*Dla Emmy i Wyatta – za to, że uczynili mnie mamą,
oraz dla Lennoxa, dzięki któremu zostałam babcią.*

*Dla Arlene, która jako pierwsza współpracowała ze mną
przy poradnikach z tej serii i która jest dla mnie najważniejsza.
Spuścizna Twojej troski, zaangażowania, empatii, dobroci
i prawości pozostanie ze mną już do końca.
A Ty zawsze będziesz w moim sercu i pamięci.*

*Dla wszystkich mam, tatusiów i dzieci
oraz dla tych, którzy się o nich troszczą.*

SPIS TREŚCI

Podziękowania z całego serca XIX
Przedmowa do wydania piątego XXI
Wprowadzenie do wydania piątego XXIII

Część 1. Zacznijmy od początku. 1

Rozdział 1. Czy jesteś w ciąży? 3

CO MOŻE CIĘ NIEPOKOIĆ 3
Wczesne objawy ciąży 3 ▪ Rozpoznanie ciąży 5 ▪ Inteligentne testy 5 ▪ Testy ciążowe w przypadku nieregularnych miesiączek 6 ▪ Słabo widoczna kreska na teście ciążowym 7 ▪ Testy ciążowe a leczenie niepłodności 7 ▪ Jak zmienić niepowodzenie w sukces 8 ▪ Za drugim razem negatywny 8 ▪ Wynik negatywny 8 ▪ Pierwsza wizyta u ginekologa 9 ▪ Termin porodu 9

WSZYSTKO O…
WYBÓR LEKARZA 11
Położnik? Lekarz rodzinny? Położna? 11 ▪ Wizyta u doktora Google? 12 ▪ Bezpieczny poród w szpitalu 13 ▪ Rodzaje praktyki lekarskiej 14 ▪ Grupy wsparcia 15 ▪ Jak znaleźć dobrego kandydata 16 ▪ Jak wybrać 16 ▪ Gdzie będziesz rodzić? 17

Rozdział 2. Twój profil ciążowy 19

TWÓJ WYWIAD GINEKOLOGICZNY 19
Środki antykoncepcyjne w trakcie ciąży 19 ▪ Ta książka jest dla wszystkich rodzin 20 ▪ Mięśniaki 21 ▪ Endometrioza 22 ▪ Kolposkopia (wziernikowanie szyjki macicy) 22 ▪ Wcześniejsze aborcje 23 ▪ HPV (wirus brodawczaka ludzkiego) 23 ▪ Choroby przenoszone drogą płciową a ciąża 24 ▪ Opryszczka 24

TWÓJ WYWIAD POŁOŻNICZY 26
Zapłodnienie *in vitro* 26 ▪ Jak jest za drugim razem 26 ▪ Opowiedz o wszystkim 27 ▪ Liczysz, że będzie lepiej? 27 ▪ Jak poradzić sobie z dziećmi 28 ▪ Poronienia nawykowe (nawracające) 29 ▪ Ciąża po ciąży 30 ▪ Karmienie piersią w trakcie ciąży 31 ▪ Duża rodzina 32 ▪ Poród przedwczesny 32 ▪ Niewydolność cieśniowo-szyjkowa 33 ▪ Twój profil ciążowy a poród przedwczesny 34 ▪ Operacja o kryptonimie ciąża 36 ▪ Konflikt serologiczny 38

Twój wywiad medyczny 39
Otyłość 39 ▪ Niedowaga 40 ▪ Zaburzenia odżywiania 41 ▪ Ciąża po chirurgicznym leczeniu otyłości (operacji bariatrycznej) 42 ▪ Przyszła mama z chorobą przewlekłą 44 ▪ Depresja 46 ▪ ADHD (zespół nadpobudliwości psychoruchowej z deficytem uwagi) 48 ▪ Dziecko po 35 roku życia 48 ▪ Dla ojców: Starsi tatusiowie 49 ▪ Nie tylko dla ojców 50 ▪ Badania genetyczne 50 ▪ Szczepienia w ciąży 51 ▪ Mama nieubezpieczona? 52 ▪ Ciąża i samotna mama 53

Wszystko o...
Diagnostyka prenatalna 54
Badania przesiewowe 54 ▪ Ujemne strony wyniku fałszywie dodatniego 56 ▪ Błędy się zdarzają 58 ▪ Badania diagnostyczne 58 ▪ A to... niespodzianka! 60 ▪ Jeśli się okaże, że jest jakiś problem 61

Rozdział 3. Twój styl życia w czasie ciąży 63

Co może cię niepokoić 64
Ćwiczenia fizyczne 64 ▪ Kofeina 64 ▪ Licznik kofeiny 65 ▪ Picie alkoholu 66 ▪ Picie, które niszczy 67 ▪ Dla ojców: Bierne palenie 68 ▪ Palenie papierosów 68 ▪ Co może pomóc w rzuceniu palenia 69 ▪ Recepta na zdrową ciążę 70 ▪ Palenie marihuany 70 ▪ Kokaina i inne narkotyki 71 ▪ Urządzenia mobilne 71 ▪ Przemoc domowa 72 ▪ Kuchenka mikrofalowa 73 ▪ Szalona jazda 73 ▪ Czy gorący towar naprawdę jest taki ekstra? 74 ▪ Gorące kąpiele i sauna 74 ▪ Kot 74 ▪ Niebezpieczeństwa czyhające w gospodarstwie domowym 75 ▪ Nie ma kota, nie ma toksoplazmozy? 75 ▪ Zanieczyszczenie powietrza 79

Wszystko o...
Medycyna komplementarna i alternatywna (niekonwencjonalna) . . 80
Zastrzeżenia do medycyny komplementarnej i alternatywnej 84

Rozdział 4. Dziewięć miesięcy zdrowej diety 87
Rób to po swojemu 88

Dziewięć podstawowych zasad na dziewięć miesięcy zdrowego żywienia   89
1000 pierwszych dni – sposób na zdrową przyszłość 89 ▪ Spróbuj w ten sposób 90 ▪ Pozbądź się poczucia winy 91 ▪ Opcja 6 posiłków 92

Ciążowa „codzienna dwunastka" 93
Białka roślinne 94 ▪ Serwatka – czy to białko jest dla ciebie? 95 ▪ Policz raz, żeby wyszło dwa 96 ▪ Nie oceniaj owocu po skórce 98 ▪ Chleb pełnoziarnisty, a mimo to biały 99 ▪ Tłuszcz ma znaczenie 101 ▪ Szczypta soli 102 ▪ Czym jest prenatalny preparat uzupełniający? 103

Co może cię niepokoić 104
Dieta bezmleczna 104 ▪ Wybieraj produkty pasteryzowane (koniecznie) 105 ▪ Dieta bez czerwonego mięsa 106 ▪ Dieta wegetariańska 106 ▪ Dieta niskowęglowodanowa 107 ▪ Nie dopuszczaj do D-eficytu 107 ▪ Dietetyczne „nie" w trakcie ciąży 107 ▪ Spacer wzdłuż półek ze zdrową żywnością 108 ▪ Raw food, czyli dieta surowa 109 ▪ Uzależnienie od śmieciowego jedzenia 109 ▪ Na skróty do zdrowego żywienia 110 ▪ Jedzenie poza domem 111 ▪ Czytaj etykietki 112 ▪ Kłopoty z cholesterolem 112 ▪ Bezpieczne sushi 113 ▪ Bezpieczne ryby 114 ▪ Pikantnie i ostro 114 ▪ Zepsuta żywność 115 ▪ Środki słodzące (substytuty cukru) 115 ▪ Cała prawda o żywności sfermentowanej i kiszonkach 116 ▪ Herbata ziołowa 118 ▪ Związki chemiczne

w żywności 118 ▪ Co warto wiedzieć o GMO? 119 ▪ Wybierz ekologię 120 ▪ Zdrowe gotowanie 121

Wszystko o...
Jak bezpiecznie jeść za dwoje 122
Kilka informacji na temat listeriozy 123

Część 2. Dziewięć miesięcy 125

Rozdział 5. Pierwszy miesiąc 127

Twoje dziecko w tym miesiącu 127
W którym tygodniu właściwie jestem? 128

Co możesz odczuwać 129
Objawy? Wkrótce będziesz je miała! 129 ▪ Twoje ciało w tym miesiącu 130

Czego możesz oczekiwać podczas pierwszej wizyty prenatalnej . . . 131
Zainstaluj połączenie ciążowe 131 ▪ Czym jest miano przeciwciał różyczki? 132

Co może cię niepokoić 133
Wiadomość z ostatniej chwili 133 ▪ Preparaty uzupełniające dla kobiet w ciąży 133 ▪ Minusy (i skutki uboczne) wczesnego informowania o ciąży 134 ▪ Zmęczenie 135 ▪ Poranne nudności 137 ▪ Dla ojców: Daj jej trochę wolności od nudności 140 ▪ Twój nos to wie 141 ▪ Nadmierne wydzielanie śliny 143 ▪ Metaliczny posmak w ustach 143 ▪ Dla ojców: Kiedy ona musi siusiu... przez cały czas 144 ▪ Częste oddawanie moczu 144 ▪ Zmiany w obrębie piersi 145 ▪ Kiedy się zgłosić do lekarza 146 ▪ Napięcie w dolnej części brzucha 147 ▪ Plamienie 148 ▪ Bez obaw 149 ▪ Hormon hCG w liczbach 150 ▪ Stężenie hormonu hCG (gonadotropiny kosmówkowej) 150 ▪ Stres 151 ▪ Dla ojców: Lęk przed zmianami 152 ▪ Oczekuj najlepszego 154 ▪ Relaks wszystko ułatwia 154

Wszystko o...
Pielęgnacja urody w czasie ciąży 155
Twoje włosy 155 ▪ Dzień w spa 156 ▪ Twoja twarz 157 ▪ Makijaż przyszłej mamy 158 ▪ Twoje zęby 159 ▪ Twoje ciało 159 ▪ Twoje ręce i stopy 161

Rozdział 6. Drugi miesiąc 163

Twoje dziecko w tym miesiącu 163

Co możesz odczuwać 165
Twoje ciało w tym miesiącu 165

Czego możesz oczekiwać podczas badania lekarskiego 166

Co może cię niepokoić 166
Zgaga (oraz inne objawy niestrawności) 166 ▪ Gdy masz dość refluksu 166 ▪ Dziś zgaga, jutro włosy? 167 ▪ Dla ojców: Te zwariowane zachcianki 168 ▪ Awersje pokarmowe i zachcianki ciążowe 168 ▪ Dla ojców: Tata spodziewa się dziecka – objawy ciąży współczulnej 169 ▪ Widoczne żyły 170 ▪ Pajączki naczyniowe (teleangiektazje) 171 ▪ Żylaki 171 ▪ Bolesna, obrzmiała miednica 173 ▪ Wypryski 173 ▪ Sucha skóra 174 ▪ Atopowe zapalenie skóry (AZS, wyprysk atopowy, atopia) 174 ▪ Ciążowe pozowanie 176 ▪ Brzuch, który pojawia się i znika 176 ▪ Utrata figury 176 ▪ Trudności z oddawaniem moczu 177 ▪ Kolczyk w pępku 177 ▪ Badanie USG w pierwszym trymestrze 178 ▪ Wahania nastroju 178 ▪ Co to jest torbiel ciałka żółtego? 179 ▪

Dla ojców: Jak poradzić sobie z jej huśtawką nastrojów 181 ▪ Napady paniki 182 ▪ Depresja ciążowa 182 ▪ Dla ojców: Twoje ciążowe wahania nastroju 184

Wszystko o...
Przyrost masy ciała podczas ciąży 185
Jaki powinien być właściwy przyrost masy ciała 185 ▪ Dlaczego więcej (lub mniej) nie znaczy lepiej 186 ▪ Prawidłowe tempo przyrostu masy ciała 187 ▪ Co wchodzi w skład kilogramów ciążowych 187 ▪ Przyrost masy ciała – sygnały ostrzegawcze 187

Rozdział 7. Trzeci miesiąc 189

Twoje dziecko w tym miesiącu 189

Co możesz odczuwać 191
Twoje ciało w tym miesiącu 191

Czego możesz oczekiwać podczas badania lekarskiego 192

Co może cię niepokoić 192
Zaparcia 192 ▪ Jeszcze jeden powód zmęczenia, zmienności nastrojów i zaparć 193 ▪ Brak zaparć 194 ▪ Gazy 195 ▪ Bóle głowy 195 ▪ Jak mieć z głowy ból głowy 196 ▪ Tatuaż dla dwojga? 198 ▪ Rozstępy skórne 198 ▪ Przyrost masy ciała w pierwszym trymestrze 199 ▪ Chłopcy zawsze będą chłopcami 199 ▪ Wcześnie widoczna ciąża 200 ▪ Bicie serca dziecka 201 ▪ Serce mi mówi, że to dziewczynka (albo chłopiec) 201 ▪ Domowy aparat Dopplera 202 ▪ Pożądanie seksualne 202 ▪ Skurcz po orgazmie 203 ▪ Dla ojców: Popęd seksualny w trakcie ciąży 204

Wszystko o...
Przyszła mama w pracy 206
Kiedy powiedzieć szefowi 206 ▪ Przekazanie informacji o ciąży 207 ▪ Ekwilibrystyka, czyli jak sobie radzić w trudnych sytuacjach 208 ▪ Wygoda w pracy 209 ▪ Zespół cieśni nadgarstka 210 ▪ Bezpieczeństwo w pracy 211 ▪ Proszę o ciszę! 212 ▪ Wszystkie fakty na temat BHP 214 ▪ Pozostanie w pracy 214 ▪ Zmiana pracy 215 ▪ Niesprawiedliwe traktowanie w pracy 216

Rozdział 8. Czwarty miesiąc 217

Twoje dziecko w tym miesiącu 217
Jeszcze więcej o rozwoju dziecka 218

Co możesz odczuwać 219
Twoje ciało w tym miesiącu 219

Czego możesz oczekiwać podczas badania lekarskiego 220

Co może cię niepokoić 220
Problemy stomatologiczne 220 ▪ Prześwietlenie w czasie ciąży? 221 ▪ Kłopoty z dziąsłami 222 ▪ Zadyszka 222 ▪ Zapchany nos i krwawienia z nosa 223 ▪ Chrapanie 223 ▪ Śpię albo nie 224 ▪ Alergie 224 ▪ Odetchnij i nie martw się astmą oskrzelową 225 ▪ Orzeszki dla „orzeszka"? 226 ▪ Wydzielina z pochwy 226 ▪ Podwyższone ciśnienie tętnicze krwi 227 ▪ Glukoza w moczu 227 ▪ Dla ojców: To naprawdę twoje hormony 228 ▪ Ruchy płodu 229 ▪ Obraz ciała 229 ▪ Stroje ciążowe 230 ▪ Wyszczuplające sztuczki z figurą 231 ▪ Niechciane „dobre" rady 233 ▪ Dotykanie brzucha bez pytania 234 ▪ Ciążowe roztargnienie 234

WSZYSTKO O...
ĆWICZENIA FIZYCZNE W CZASIE CIĄŻY 235
Wielkie zaciskanie 236 ▪ Zalety wysiłku fizycznego 236 ▪ Jak trenować w czasie ciąży 237 ▪ Jak ćwiczyć 238 ▪ Sportowe mądrości 240 ▪ Jak wybrać odpowiednie ćwiczenia 242 ▪ 30 plus? 243 ▪ Podstawowe ćwiczenia dla przyszłych mam 246 ▪ Kiedy ćwiczenia fizyczne są zakazane 252

Rozdział 9. Piąty miesiąc 253

TWOJE DZIECKO W TYM MIESIĄCU 253

CO MOŻESZ ODCZUWAĆ 255
Twoje ciało w tym miesiącu 255

CZEGO MOŻESZ OCZEKIWAĆ PODCZAS BADANIA LEKARSKIEGO 256

CO MOŻE CIĘ NIEPOKOIĆ 256
Przegrzanie 256 ▪ Zawroty głowy 257 ▪ Kiedy za dużo znaczy za dużo 258 ▪ Niedokrwistość 258 ▪ Bóle pleców 259 ▪ Objawy niedokrwistości 259 ▪ Noszenie starszych dzieci 261 ▪ Ciąża i skolioza 262 ▪ Bóle brzucha (ból więzadła obłego) 263 ▪ Rosnące stopy 263 ▪ Swędzący problem 264 ▪ Szybko rosnące włosy i paznokcie 264 ▪ Wzrok 265 ▪ W nowej skórze 266 ▪ Ruchy płodu 268 ▪ Płeć dziecka 268 ▪ Badanie USG w drugim trymestrze 269 ▪ Przyjęcie z okazji ogłoszenia płci dziecka 270 ▪ Ułożenie łożyska 270 ▪ Pozycja do spania 271 ▪ Lekcje w łonie? 272 ▪ Rodzicielstwo 273 ▪ Dla ojców: Gdy czujesz się wykluczony 274 ▪ Pasy bezpieczeństwa 275 ▪ Podróż 276 ▪ Przyszłe mamy to przysmak dla komarów 277 ▪ Cieszcie się sobą (i dzieckiem) 278 ▪ Nie wolno pić wody? 279 ▪ Ciąża na wysokościach 280 ▪ Czy kontrola bezpieczeństwa jest bezpieczna? 281

WSZYSTKO O...
SEKS I PRZYSZLI RODZICE 281
Krótki przewodnik po seksie w ciąży 282 ▪ Seks przez trymestry 282 ▪ Co cię podnieca (a co wręcz przeciwnie)? 283 ▪ Dla ojców: Strach przed seksem 283 ▪ Seks-ćwiczenia 284 ▪ Dla ojców: Jak kochać się w ciąży 285 ▪ Pozycja ma znaczenie 286 ▪ Baw się więcej, nawet gdy możesz mniej 287 ▪ Kiedy seks nie wchodzi w grę 288

Rozdział 10. Szósty miesiąc 289

TWOJE DZIECKO W TYM MIESIĄCU 289

CO MOŻESZ ODCZUWAĆ 291
Twoje ciało w tym miesiącu 291

CZEGO MOŻESZ OCZEKIWAĆ PODCZAS BADANIA LEKARSKIEGO 292

CO MOŻE CIĘ NIEPOKOIĆ 292
Kłopoty ze snem 292 ▪ Dla ojców: Kiedy ona nie może zasnąć 293 ▪ Przepuklina pępkowa 295 ▪ Wystający pępek 296 ▪ Kopanie 296 ▪ Za duża lub za mała macica 297 ▪ Ciążowe wpisy na forum internetowym 297 ▪ Kiedy czujesz, że coś jest źle 298 ▪ Swędzący brzuch 298 ▪ Niezdarność 299 ▪ Drętwienie rąk 299 ▪ Skurcze mięśni kończyn dolnych 300 ▪ Hemoroidy (żylaki odbytu) 301 ▪ Krwawienie w połowie lub w zaawansowanej ciąży 301 ▪ Rozpoznanie stanu przedrzucawkowego 302 ▪ Guzki w piersiach 302 ▪ Test obciążenia glukozą (doustny test tolerancji glukozy, krzywa cukrowa) 303 ▪ Bank krwi pępowinowej 303 ▪ Poród w domu a pobieranie krwi

pępowinowej 304 ▪ Ból porodowy 307 ▪ Dla ojców: Porodowe zmartwienia 308 ▪ Porodowe zahamowania 309 ▪ Wycieczka po szpitalach 309

WSZYSTKO O...

SZKOŁA RODZENIA 310
Jakie korzyści daje szkoła rodzenia 310 ▪ Kurs pierwszej pomocy 311 ▪ Wybór szkoły rodzenia 312 ▪ Różne szkoły rodzenia 313 ▪ Zajęcia dla mam spodziewających się drugiego dziecka 314

Rozdział 11. Siódmy miesiąc 317

TWOJE DZIECKO W TYM MIESIĄCU 317
Strawa dla mózgu 318

CO MOŻESZ ODCZUWAĆ 319
Twoje ciało w tym miesiącu 319

CZEGO MOŻESZ OCZEKIWAĆ PODCZAS BADANIA LEKARSKIEGO 320

CO MOŻE CIĘ NIEPOKOIĆ 321
Zmęczenie raz jeszcze 321 ▪ Dla ojców: Weź się do roboty 321 ▪ Zdejmij, póki możesz 322 ▪ Obrzęki 322 ▪ Dziwna wysypka na skórze 323 ▪ Licz kopnięcia 324 ▪ Ból w odcinku lędźwiowo-krzyżowym kręgosłupa i w nodze (rwa kulszowa) 324 ▪ Bóle krocza 325 ▪ Zespół niespokojnych nóg 325 ▪ Czkawka płodu 327 ▪ Orgazm a kopanie dziecka 327 ▪ Pstrykanie, trzaskanie i strzelanie w brzuchu mamy? 327 ▪ Przypadkowe upadki 328 ▪ Sny i fantazje 328 ▪ Dla ojców: O czym śni tata? 329 ▪ Jak przygotować psa i kota 330 ▪ Jak sobie poradzić z natłokiem obowiązków 331 ▪ Dziecko w 3D 332 ▪ Plan porodu 333 ▪ Przekaż plan porodu nowej zmianie 333 ▪ Jak rozpoznać poród przedwczesny 334 ▪ Nie wstrzymuj moczu! 335 ▪ Poród w wodzie 336 ▪ Doula – najlepszy lek na porodowe zło? 338 ▪ Szczepienie Tdap (przeciwko błonicy, tężcowi i krztuścowi) 338 ▪ Dla ojców: Zaszczep się dla towarzystwa 340

WSZYSTKO O...

ŁAGODZENIE BÓLÓW PORODOWYCH 340
Łagodzenie bólu za pomocą środków przeciwbólowych 341 ▪ Parcie bez bólu 342 ▪ Mama na rekonwalescencji 344 ▪ Łagodzenie bólu za pomocą metod medycyny uzupełniającej i alternatywnej 344 ▪ Po prostu oddychaj! 346 ▪ Porodowe dywagacje 346 ▪ Podejmowanie decyzji 347

Rozdział 12. Ósmy miesiąc 349

TWOJE DZIECKO W TYM MIESIĄCU 349

CO MOŻESZ ODCZUWAĆ 351
Twoje ciało w tym miesiącu 351

CZEGO MOŻESZ OCZEKIWAĆ PODCZAS BADANIA LEKARSKIEGO 352

CO MOŻE CIĘ NIEPOKOIĆ 352
Skurcze Braxtona-Hicksa 352 ▪ Ból żeber 353 ▪ Skrócenie oddechu 354 ▪ Jeszcze raz poranne nudności 354 ▪ Brak kontroli nad pęcherzem moczowym 355 ▪ Wybór pediatry 355 ▪ Boląca miednica 356 ▪ Kształt brzucha 357 ▪ Dziewczynka czy chłopiec? 357 ▪ Budowa ciała a poród 358 ▪ Przyrost masy ciała a wielkość dziecka 358 ▪ Położenie dziecka 359 ▪ Położenie miednicowe 359 ▪ Ważne, gdzie jest buzia 360 ▪ Obróć się, maluszku 362 ▪ Położenie dziecka 364 ▪ Inne nietypowe

pozycje płodu 365 ▪ Cięcie cesarskie 365 ▪ Wskazania do zaplanowanego cięcia cesarskiego 366 ▪ Decyzja o cięciu cesarskim w trakcie porodu 368 ▪ Dla ojców: Przygotowanie do cięcia cesarskiego 369 ▪ Szkoła rodzenia dla mam ze wskazaniem do cięcia cesarskiego 370 ▪ Kolejne cięcia cesarskie 370 ▪ Poród drogami natury po cięciu cesarskim (VBAC) 370 ▪ Planowa „cesarka" 372 ▪ Paciorkowce grupy B (GBS) 373 ▪ Badania przesiewowe noworodków 374 ▪ Kąpiele pod koniec ciąży 375 ▪ Zjadanie łożyska 375 ▪ Prowadzenie samochodu pod koniec ciąży 376 ▪ Podróżowanie pod koniec ciąży 376 ▪ Seks pod koniec ciąży 377 ▪ Jak się przygotować na niespodziewane 378 ▪ Was dwoje 379

WSZYSTKO O...
KARMIENIE PIERSIĄ 380
Dlaczego mleko z piersi jest najlepsze 380 ▪ Przygotowanie do karmienia piersią 381 ▪ Kolczyk w sutku? 382 ▪ Dla ojców: Tata wie, do czego służą piersi 383 ▪ Karmienie dziecka po operacji piersi 384 ▪ Decyzja o karmieniu piersią 385 ▪ Kiedy nie możesz (lub nie chcesz) karmić piersią 385

Rozdział 13. Dziewiąty miesiąc 387
TWOJE DZIECKO W TYM MIESIĄCU 387
CO MOŻESZ ODCZUWAĆ 389
Twoje ciało w tym miesiącu 390

CZEGO MOŻESZ OCZEKIWAĆ PODCZAS BADANIA LEKARSKIEGO 391

CO MOŻE CIĘ NIEPOKOIĆ 391
Częstotliwość oddawania moczu – znowu to samo 391 ▪ Krwista wydzielina z piersi 392 ▪ Wyciek pokarmu z piersi (lub jego brak) 392 ▪ Plamienie 393 ▪ Odejście wód płodowych przed porodem 393 ▪ Utrata masy ciała 393 ▪ Dziecko już płacze? 394 ▪ Obniżenie dna macicy 394 ▪ Zmiany ruchów dziecka 395 ▪ Kiedy dziecko jest donoszone? 395 ▪ Jak miewa się dziecko? 396 ▪ Dla ojców: Prezent dla mamy z okazji narodzin dziecka 398 ▪ Wicie gniazda 399 ▪ Rozmasuj to, mamo 399 ▪ Przygotuj plan 400 ▪ Kiedy urodzisz? 400 ▪ Ciąża przenoszona 401 ▪ Lista gości zaproszonych na salę porodową 401 ▪ Jak samodzielnie wywołać poród? 402 ▪ Co zabrać do szpitala lub kliniki położniczej? 404 ▪ Czy jedzenie może wywołać poród? 405 ▪ Dla ojców: Obawy nowicjusza 406 ▪ Macierzyństwo 406 ▪ Zrób zapasy 407

WSZYSTKO O...
OKRES PRZEDPORODOWY, PORÓD POZORNY, PORÓD PRAWDZIWY 408
Objawy przedporodowe 409 ▪ Gotowa na poród czy nie? 409 ▪ Objawy porodu pozornego 410 ▪ Objawy porodu prawdziwego 410 ▪ Kiedy wezwać lekarza 411

Rozdział 14. Poród 413
CO MOŻE CIĘ NIEPOKOIĆ 413
Czop śluzowy 413 ▪ Krwiste upławy 414 ▪ Pęknięcie pęcherza płodowego 414 ▪ Ciemne zabarwienie wód płodowych (płynu owodniowego) 415 ▪ Mała objętość wód płodowych (małowodzie) 416 ▪ Nieregularne skurcze 416 ▪ Wzywanie lekarza w trakcie porodu 416 ▪ Nagły poród, gdy jesteś sama w domu 417 ▪ Zbyt późny przyjazd do szpitala 418 ▪ Krótki poród 418 ▪ Bóle krzyżowe 419 ▪ Dla ojców: Nagły poród – wskazówki dla partnera 420 ▪ Wywoływanie porodu (indukcja) 420 ▪ Jedzenie i picie w trakcie porodu 423 ▪ Oddzielenie pęcherza płodowego 423 ▪ Rutynowy wlew dożylny 424 ▪ Monitorowanie płodu 425 ▪ Nacięcie krocza: koniec

z rutyną 426 ▪ Przebicie pęcherza płodowego (amniotomia) 427 ▪ Próżniociąg położniczy 428 ▪ Kleszcze 429 ▪ Pozycje porodowe 429 ▪ Dla ojców: Jak sobie poradzić z widokiem krwi 434 ▪ Rozciągnięcie pochwy 434 ▪ Widok krwi 435 ▪ Pęknięcie krocza podczas porodu 435 ▪ Opóźnione zaciśnięcie pępowiny 436 ▪ Poród lotosowy (nieodcinanie pępowiny) 436

WSZYSTKO O…
PORÓD 437

PIERWSZY OKRES PORODU (ROZWIERANIE SZYJKI MACICY) 438
Okresy i fazy porodu 438 ▪ Faza pierwsza: utajona (wczesna) 438 ▪ Zadzwoń do lekarza, jeśli… 439 ▪ Dla ojców: Co możesz zrobić we wczesnej fazie porodu 440 ▪ W drodze do szpitala 441 ▪ Uwaga na hiperwentylację 442 ▪ Faza druga: zasadnicza (aktywna) 442 ▪ Spowolnienie akcji porodowej 443 ▪ Dla ojców: Co możesz zrobić w aktywnej fazie porodu 444 ▪ Faza trzecia: przejściowa 446 ▪ Dla ojców: Co możesz zrobić w przejściowej fazie porodu 447 ▪ Ruchy dziecka w trakcie porodu 448 ▪ Parcie spontaniczne 448

DRUGI OKRES PORODU: PARCIE I WYDANIE DZIECKA NA ŚWIAT 448
Dla ojców: Co możesz zrobić podczas parcia i wydawania dziecka na świat 450 ▪ Rodzi się dziecko 451 ▪ Pierwsze spojrzenie na dziecko 452

TRZECI OKRES PORODU: URODZENIE ŁOŻYSKA 455
Dla ojców: Co możesz zrobić po porodzie 455

CIĘCIE CESARSKIE 456
Nie zapomnij ubezpieczyć dziecka 458

Rozdział 15. Gdy spodziewasz się więcej niż jednego dziecka 459

CO MOŻE CIĘ NIEPOKOIĆ 460
Wybór lekarza 460 ▪ Bliźnięta dwujajowe czy jednojajowe? 460 ▪ Dolegliwości ciążowe 461 ▪ Prawidłowe odżywianie w ciąży wielopłodowej 462 ▪ Widzisz podwójnie? 463 ▪ Przyrost masy ciała w ciąży wielopłodowej 464 ▪ Przyrost masy ciała 464 ▪ Wysiłek fizyczny 465 ▪ Czas trwania ciąży wielopłodowej 465 ▪ Wieloraczkowe koneksje 466 ▪ Wszystkiego więcej! 466 ▪ Mieszane uczucia 467 ▪ Nietaktowne komentarze 467 ▪ Bezpieczeństwo a wieloraczki 468 ▪ Ciąża w łóżku 470 ▪ Zespół znikającego bliźniaka 471 ▪ Redukcja ciąży 471

WSZYSTKO O…
PORÓD WIELORACZKÓW 472
Poród bliźniąt (lub wieloraczków wyższego rzędu) 472 ▪ Rodzenie bliźniąt 473 ▪ Położenie bliźniąt – pozycje, pozycje, pozycje… 474 ▪ Powrót do zdrowia po urodzeniu wieloraczków 475 ▪ Poród trojaczków (lub czworaczków, pięcioraczków i tak dalej) 476

Część 3. Po narodzinach dziecka 477

Rozdział 16. Połóg: Pierwszy tydzień 479

CO MOŻESZ ODCZUWAĆ 479

CO MOŻE CIĘ NIEPOKOIĆ 480
Krwawienie 480 ▪ Bóle poporodowe 481 ▪ Obrzęki – ciąg dalszy 481 ▪ Witaj z powrotem, ibuprofenie 482 ▪ Ból krocza 482 ▪ Porodowe siniaki 483 ▪ Kiedy zasięg-

nąć porady lekarza 484 ▪ Trudności z oddawaniem moczu 485 ▪ Pierwsze wypróżnienie 486 ▪ Zostać czy iść? 487 ▪ Poty i uderzenia gorąca 488 ▪ Gorączka 488 ▪ Obrzęk piersi (nawał mleczny) 489 ▪ Obrzęk piersi, gdy nie karmisz 489 ▪ Gdzie jest mleko? 489 ▪ Jak zmienia się mleko z piersi 490 ▪ Tworzenie więzi z dzieckiem 490 ▪ Dla ojców: Budowanie więzi z dzieckiem 491 ▪ Rekonwalescencja po cięciu cesarskim 492 ▪ Daj sobie czas 493 ▪ Wspólny pokój z dzieckiem (system *rooming-in*) 494 ▪ W domu z dzieckiem 496 ▪ Dla ojców: We trójkę 497

WSZYSTKO O...
POCZĄTKI KARMIENIA PIERSIĄ 498
Zacznij karmić piersią 498 ▪ Karmienie butelką 499 ▪ Dieta karmiącej mamy 499 ▪ Czas karmienia 500 ▪ Podstawowe wiadomości na temat karmienia piersią 500 ▪ Dla ojców: Nie ma piersi, nie ma problemu 501 ▪ Karmienie wieloraczków 504 ▪ Karmienie po cięciu cesarskim 506 ▪ Karmienie piersią na oddziale intensywnej opieki medycznej nad noworodkami 507

Rozdział 17. Połóg: Pierwsze 6 tygodni po porodzie 509

CO MOŻESZ ODCZUWAĆ 510
Oczekuj nieoczekiwanego 510

CZEGO MOŻESZ OCZEKIWAĆ PODCZAS POPORODOWEJ WIZYTY KONTROLNEJ . . 511

CO MOŻE CIĘ NIEPOKOIĆ 512
Wyczerpanie 512 ▪ Utrata włosów 513 ▪ Gdy dalej przecieka 514 ▪ Poporodowe nietrzymanie moczu 514 ▪ Nietrzymanie stolca 515 ▪ Poporodowe bóle pleców 515 ▪ Przygnębienie poporodowe (*baby blues*) 516 ▪ Dla ojców: Twój *baby blues* 517 ▪ Noszenie dziecka jako sposób na przygnębienie poporodowe 519 ▪ Depresja poporodowa 520 ▪ Dla ojców: Obserwuj jej nastroje 521 ▪ Pomoc w depresji poporodowej 522 ▪ Poporodowe zapalenie tarczycy przyczyną depresji? 523 ▪ Inne poporodowe zaburzenia psychiczne 524 ▪ Utrata masy ciała po porodzie 526 ▪ Rekonwalescencja po cięciu cesarskim – ciąg dalszy 527 ▪ Przygnębienie towarzyszące wypływaniu pokarmu 528 ▪ Zapalenie sutka 528 ▪ Powrót do życia seksualnego 529 ▪ Dla ojców: Seks po porodzie? 530 ▪ Karmienie piersią jako metoda antykoncepcji? 532 ▪ Zapobieganie ciąży 533

WSZYSTKO O...
POWRÓT DO SYLWETKI SPRZED CIĄŻY 542
Główne zasady ćwiczeń fizycznych w pierwszych 6 tygodniach po porodzie 542 ▪ Pierwsze tygodnie po porodzie 543 ▪ Zamykanie rozstępu mięśni prostych brzucha 544 ▪ Ćwiczenia fizyczne po poporodowej wizycie kontrolnej 545

Część 4. Bądź zdrowa w ciąży 547

Rozdział 18. Gdy zachorujesz 549

CO MOŻE CIĘ NIEPOKOIĆ 549
Przeziębienie 549 ▪ Zapalenie zatok przynosowych 551 ▪ Sezon grypowy 551 ▪ Szczepionka przeciw grypie dla dwojga 552 ▪ Gorączka 552 ▪ Angina paciorkowcowa 552 ▪ Zapalenie układu moczowego (ZUM) 553 ▪ Bakteryjne zapalenie pochwy 554 ▪ Grzybica pochwy (drożdżyca) 555 ▪ Nieżyt żołądkowo-jelitowy 555 ▪ Jak zachować dobre samopoczucie, oczekując dziecka? 556 ▪ Cytomegalia 557 ▪ Rumień zakaźny 558 ▪ Ospa wietrzna 559 ▪ Odra, świnka, różyczka 560 ▪ Zapalenie wątroby

typu A 561 ▪ Ochrona przed wirusem Zika 562 ▪ Wirusowe zapalenie wątroby typu B 562 ▪ Wirusowe zapalenie wątroby typu C 563 ▪ Borelioza („choroba z Lyme") 563 ▪ Samoistne porażenie nerwu twarzowego (porażenie Bella) 563

Wszystko o...
Lekarstwa podczas ciąży 564
Popularne leki 565 ▪ Bądź na bieżąco 565 ▪ Ostrożnie z antybiotykami 566 ▪ Leki a laktacja 567 ▪ Jak najlepiej przyjmować leki podczas ciąży 568 ▪ Gdy musisz przyjmować leki w trakcie ciąży 569

Część 5. Ciąża z powikłaniami 571

Rozdział 19. Jak radzić sobie z powikłaniami ciążowymi 573

Powikłania w czasie ciąży 573
Krwawienie podczas ciąży 574 ▪ Krwiaki podkosmówkowe 575 ▪ Poronienie zagrażające 575 ▪ Czekaj, aż w końcu zobaczysz 576 ▪ Niepowściągliwe wymioty ciężarnych (*hyperemesis gravidarium*, HG) 576 ▪ Cukrzyca ciążowa 577 ▪ Stan przedrzucawkowy (preeklampsja) 579 ▪ Przyczyny stanu przedrzucawkowego 581 ▪ Zespół HELLP 582 ▪ Hipotrofia wewnątrzmaciczna (wewnątrzmaciczne zahamowanie wzrostu płodu, IUGR, ang. *intrauterine growth resctriction*) 583 ▪ Łożysko przodujące 584 ▪ Przedwczesne odklejenie łożyska 586 ▪ Zapalenie błon płodowych 587 ▪ Małowodzie 587 ▪ Wielowodzie 588 ▪ Przedwczesne pęknięcie pęcherza płodowego 588 ▪ Poród przedwczesny 589 ▪ Jak przewidzieć poród przedwczesny 590 ▪ Bóle obręczy biodrowej (rozejście spojenia łonowego) 591 ▪ Pętle (węzły) pępowiny 592 ▪ Pępowina dwunaczyniowa 593

Rzadkie powikłania ciążowe 593
Rzucawka 593 ▪ Cholestaza ciążowa 594 ▪ Zakrzepica żył głębokich kończyn dolnych (tromboza) 595 ▪ Rak w ciąży 595 ▪ Łożysko przyrośnięte 596 ▪ Naczynia przodujące 597 ▪ Kiedy poród w domu nie jest bezpieczny 597

Powikłania występujące w czasie porodu i połogu 598
Stan zagrożenia płodu 598 ▪ Dystocja barkowa 599 ▪ Całkowite pęknięcie krocza w trakcie porodu 600 ▪ Pęknięcie macicy 601 ▪ Wynicowanie macicy 601 ▪ Krwotok poporodowy 602 ▪ Zakażenie okołoporodowe 603

Wszystko o...
Jeśli będziesz musiała leżeć w łóżku 604
Rodzaje ograniczeń aktywności fizycznej 605 ▪ Zanim się położysz 606 ▪ Negatywne strony leżenia 607 ▪ Wstawanie podczas leżenia 607 ▪ Dla ojców: Jak radzić sobie z nakazem leżenia w łóżku 608 ▪ Leżenie w łóżku a reszta rodziny 611 ▪ Mamy pomagają mamom 611 ▪ Kiedy leżenie wreszcie się skończy 612

Rozdział 20. Utrata ciąży 613

Rodzaje poronień 613
Poronienie wczesne 613 ▪ Czy plamisz? 615 ▪ Rodzaje wczesnego poronienia 616 ▪ Ciąża zaśniadowa (ciążowa choroba trofoblastyczna) 616 ▪ Wiek a poronienie 617 ▪ Rak kosmówki 618 ▪ Ciąża pozamaciczna (ektopowa) 619 ▪ Jeśli stracisz wczesną ciążę 620 ▪ Poronienie późne 621 ▪ Zatrzymanie laktacji po śmierci dziecka 622 ▪ Poród martwego dziecka 622

Wszystko o...
Jak poradzić sobie z utratą ciąży 623
  Jak poradzić sobie z utratą ciąży w pierwszym trymestrze 623 ▪ Indywidualne poczucie straty 624 ▪ Jak poradzić sobie z utratą ciąży w drugim trymestrze 625 ▪ Depresja poporodowa i strata ciąży 625 ▪ Trudny proces radzenia sobie ze stratą dziecka 626 ▪ Jak poradzić sobie z powtarzającymi się poronieniami 628 ▪ Śmierć dziecka w trakcie porodu lub później 629 ▪ Dla ojców: Ty również jesteś w żałobie 630 ▪ Jak poradzić sobie ze stratą jednego z bliźniąt 631 ▪ Opieka paliatywna dla dziecka 632 ▪ Spróbuj jeszcze raz 633

Podziękowania
z całego serca

A więc nadszedł czas na kolejny poród i kolejne dziecko. A jeśli rodzenie książki choć trochę przypomina rodzenie dziecka – a pod wieloma względami na pewno tak jest (nosisz pod sercem, pielęgnujesz i dbasz, potem denerwujesz się w nieskończoność, próbujesz oddychać i w końcu przesz i przesz) – to muszę podziękować wszystkim „położnikom", którzy mi w tym pomogli:

W pierwszej kolejności, jak zawsze, dziękuję Erikowi, ojcu serii poradników dla rodziców, mężczyźnie, dzięki któremu zostałam mamą Emmy i Wyatta, a także mamą wszystkich moich książek oraz najszczęśliwszą kobietą na tej planecie. Erik to mój pełnoetatowy partner w życiu, miłości, pracy, rodzicielstwie i – co najlepsze ze wszystkiego – w „dziadkowaniu".

Dziękuję Suzanne Rafer, redaktorce i przyjaciółce, która pomogła mi przy narodzinach tylu książkowych dzieci, że nie jestem w stanie ich wszystkich zliczyć, i jest przy mnie od czasu wydania pierwszego poradnika z tej serii (i która tak naprawdę nadała imię naszemu pierwszemu książkowemu dziecku) za to, że niestrudzenie poprawia, ubarwia i porządkuje moje słowa (z niewielkimi sukcesami, bo od czego mam w końcu gumkę do mazania).

Peterowi Workmanowi, założycielowi wydawnictwa, w którym przychodzą na świat wszystkie moje książki i którego spuścizna ciągle w nich żyje.

Wszystkim pracownikom wydawnictwa Workman, dzięki którym narodziło się to książkowe dziecko: Jenny Mandel, Emily Krasner, Suzie Bolotin, Danowi Reynoldsowi, Page Edmunds, Selinie Meere, Jessice Wiener i Sarah Brady.

Dziękuję Mattowi Beardowi, któremu zawdzięczamy przepiękne fotografie Lennoxa na okładkach amerykańskiego wydania książki. Karen Kuchar, która dzięki swoim cudownym ilustracjom powołała do życia mamy oraz dzieci. Lisie Hollander i Vaughnowi Andrewsowi za to, że złożyli wszystko w tak piękną artystyczną całość; Beth Levy, Claire McKean, Barbarze Peragine i Julie Primaverze za mistrzowski wkład w przygotowanie tego wydania *W oczekiwaniu na dziecko* i bezbłędne przeprowadzenie nas przez wszystkie meandry prawne z nim związane.

Podziękowania dla Sharon Mazel, która od piętnastu lat dba, pielęgnuje, denerwuje się, oddycha (i przypomina mi, żebym oddychała), a potem wraz ze mną uczestniczy w porodzie – i nie prosi przy tym o znieczulenie – i ma jeszcze czas na wychowywanie czterech wspaniałych córek i bycie szczęśliwą żoną drugiego z dwóch najcierpliwszych mężczyzn na tej planecie, Jaya.

Dziękuję doktorowi Charlesowi Lockwoodowi (który jako położnik był również ekspertem czwartego i piątego wydania *W oczekiwaniu na dziecko*), naszemu nieustraszonemu doradcy medycznemu zawsze gotowemu stawić czoło wszystkim problemom, które pojawiają się w głowach mam (nawet tym, które być może lepiej byłoby pozostawić w spokoju), podzielić się z nami swoją ogromną wiedzą, doświadczeniami, mądrością, troską, serdecznością, i który pomógł nam bezpiecznie i zdrowo wydać na świat naszego kolejnego książkowego potomka (również dzięki rzetelnym i dobrym radom). Doktor Stephanie Romero za niewiarygodnie wnikliwe spostrzeżenia. Doktorowi Howiemu Mandelowi za troskliwą opiekę i za Lennoxa.

Amerykańskiemu Kolegium Położników i Ginekologów za niestrudzone wsparcie dla mam i dzieci – dziękujemy wszystkim lekarzom, położnym, pielęgniarkom, instruktorom ze szkół rodzenia, doulom oraz konsultantkom laktacyjnym na całym świecie, którzy czuwają nad przyszłymi mamami, pomagają dzieciom w rozpoczęciu zdrowego życia, a nam wszystkim w tworzeniu zdrowej przyszłości. Dziękujemy również Centrum Kontroli i Prewencji Chorób – organizacji, która z pasją walczy o zdrowie i dobre samopoczucie naszej globalnej rodziny, a zwłaszcza najbardziej bezbronnych jej członków – za wasze posłannictwo, poświęcenie oraz za to, że jesteście nieocenionym partnerem w przekazywaniu ważkich informacji dotyczących zdrowia (i w zapobieganiu chorobom!).

Pozostałym partnerom, którzy współpracują z nami w dziedzinie ochrony zdrowia mam i dzieci oraz wspierają nas w Internecie (#BumpDay): International Medical Corps (www.internationalmedicalcorps.org), działaczom organizacji humanitarnych, osobom niosącym pierwszą pomoc oraz bohaterskim pracownikom służby zdrowia (takim jak moja osobista dzielna położna z Sudanu Południowego, Tindilo Grace Losio, zwana Amazing Grace). Dziękujemy organizacji 1000 Days™ za wiarę w to, że zdrowa przyszłość zależy od zdrowego początku (wliczając w to zdrowe żywienie). UN Foundation's Universal Access Program – za pełne zaangażowania wsparcie w dziedzinie praw reprodukcyjnych, zdrowia i zapewnienia dobrych warunków materialnych.

Naszym partnerom z USO Special Delivery (organizacji zajmującej się żołnierzami stacjonującymi poza granicami USA oraz ich rodzinami) i wspaniałym „wojskowym" mamom, które już miałam zaszczyt uściskać i na pewno jeszcze uściskam (kolejne przytulanki przed nami).

Naszej wspaniałej drużynie WhatToExpect.com, którą niestrudzenie dowodzą Michael Rose, Diane Otter i Kyle Humphries – za ich niewyczerpaną energię, entuzjazm, nowatorstwo, prawość, kreatywność, przekonania, pasję oraz wspólny cel.

Dziękujemy za inspirację i miłość wszystkim naszym cudownym „dzieciom": Wyattowi, Emmie, Russellowi i oczywiście Lennoxowi oraz Howardowi Eisenbergowi, Abby i Normowi Murkoffom, Victorowi Shargaiowi oraz Craigowi Pascalowi.

Przedmowa do wydania piątego

Doktor Charles J. Lockwood, lekarz medycyny
Profesor położnictwa, ginekologii i zdrowia publicznego,
dziekan Morsani College of Medicine, University of South Florida

Piąte wydanie poradnika *W oczekiwaniu na dziecko* jest wspaniałą kontynuacją poprzednich edycji. Zawiera najnowsze, najdokładniejsze i najrzetelniejsze informacje medyczne skierowane do przyszłych mam (oraz ich partnerów). Jest również wspaniałym połączeniem empatii i praktyki. Polecam ten poradnik już od wielu lat i z wielu słusznych powodów – jest wszechstronny i pełen różnorodnych informacji, których z pewnością oczekujesz od swojego wymarzonego lekarza lub położnej. Mam tu na myśli kogoś, kto jest mądry, ale ma poczucie humoru, jest dokładny, ale praktyczny, doświadczony, lecz pełen entuzjazmu oraz zorganizowany, ale zarazem wrażliwy i pełen zrozumienia. Wszystkie najważniejsze kwestie, które dręczą przyszłych rodziców, są tutaj dokładnie i wszechstronnie omówione. Bardzo pomocne okażą się z pewnością zagadnienia dotyczące odżywiania, aktywności fizycznej i zdrowia psychicznego, a także kwestie związane z porodem – a wszystko przedstawione według najwyższych standardów, jakie zawsze zapewnia nam Heidi. Nowością są porady przeznaczone dla przyszłych ojców wplecione w każdy rozdział – z naciskiem na fakt, że tata jest integralną i ważną częścią ciąży.

Krótko mówiąc, ta książka jest wprost naszpikowana najnowszymi informacjami z dziedziny medycyny, położnictwa i genetyki zaprezentowanymi w przejrzysty, interesujący i zrozumiały sposób. Jako doświadczony położnik, który powitał na świecie tysiące dzieci, odbierający często skomplikowane porody, wiem, że dobrze poinformowana pacjentka to podstawa udanego porodu. Żadna książka nie mogłaby w bardziej przystępny i solidny sposób dostarczyć potrzebnych informacji. Zatem to nie przypadek, że poradnik *W oczekiwaniu na dziecko* stał się standardem, według którego należy oceniać inne publikacje na temat ciąży. A więc ułóż wyżej stopy i ciesz się lekturą. I oczywiście serdeczne gratulacje z okazji cudu poczęcia.

Wprowadzenie do piątego wydania

Może znasz już historię narodzin poradnika *W oczekiwaniu na dziecko* (opowiadałam ją wiele razy). Cóż, począł się, ponieważ jednocześnie zdarzyło się coś innego. Najpierw poczęłam dziecko, a potem książkę. I powiedzmy sobie szczerze, że nie spodziewałam się ani jednego, ani drugiego.

A zatem najpierw dziecko. To była niespodziewana ciąża – Erik i ja pobraliśmy się, a trzy miesiące później, ups... byłam w ciąży. Ciężarna i całkowicie zielona (miałam opanowane podstawowe kwestie biologiczne i byłam pewna, że nie zajdę w ciążę) nie bardzo wiedziałam, co z tym dalej począć. Przeglądałam różne książki (przed powstaniem przeglądarek internetowych był to jedyny sposób zdobywania wiedzy), by znaleźć odpowiedzi na swoje pytania, rozproszyć obawy, znaleźć pomoc i ramię, na którym można się wypłakać, oraz by usłyszeć głos, który przemówiłby do mnie z przekonaniem, pocieszyłby i rozweselił w tym ekscytującym, lecz trudnym okresie, który Erik i ja mieliśmy przed sobą. A więc czytałam i czytałam, ale nie mogłam znaleźć odpowiedzi, których tak desperacko poszukiwaliśmy: czego się spodziewać, gdy jesteś w ciąży. Napisałam zatem książkę *W oczekiwaniu na dziecko* i zaproponowałam ją wydawnictwu zaledwie dwie godziny przed urodzeniem Emmy, która to wszystko zainspirowała.

Reszta jest historią – z tym że historii nie da się napisać od nowa (a przynajmniej nie powinno), a książkę na temat ciąży tak (a przynajmniej powinno się to robić, i to dość często). Chociaż niektóre kwestie nigdy się nie zmieniają (ciąża nadal trwa około dziewięciu miesięcy, a kobiety w dalszym ciągu tyją, mają duże brzuchy, nudności i zaparcia), to inne nie są już takie same. I to zdecydowanie.

Mając na względzie te zmiany, wyposażona we wnikliwe spostrzeżenia i sugestie, które docierały do mnie przez Internet lub podczas wielu osobistych spotkań z mamami i tatusiami z całego świata, a także własne doświadczenia, wydałam na świat kolejne książkowe dziecko... po raz piąty.

Co jest nowego w piątym wydaniu? Bardzo dużo, i to od deski do deski (wliczając w to okładki, ale o tym później). Nowym elementem są informacje w ramkach zatytułowanych „Dla ojców"; jest to odpowiedź na specyficzne obawy mężczyzn, którzy towarzyszą swoim partnerkom w trakcie ciąży, porodu i w procesie wychowywania dziecka (te informacje mogą się przydać również rodzicom, którzy nie są ojcami, lecz drugimi mamami). Wszystkie informacje medyczne są rzecz jasna uaktualnione. Znajdziesz tu zatem najnowsze wiadomości na temat badań prenatalnych oraz diagnozowania, przyjmowania lekarstw podczas ciąży (w tym leków przeciwdepresyjnych), banków krwi pępowinowej, terapii uzupełniających i alternatywnych oraz na temat zapobiegania ciąży po porodzie. W poradniku znalazło się również miejsce dla rozdziału o stylu życia: od przyjęcia z okazji ujawnienia płci dziecka po prezent dla mamy z okazji urodzenia maluszka, od picia zbyt dużych ilości kawy po okazjonalne spożywanie odrobiny wina, palenie e-papierosów, od podjadania produktów z marihuaną, po zachowanie umiaru w dzieleniu się informacjami w Internecie i dużo, dużo więcej. W tym poszerzonym menu znajdziesz także rozdział o odżywianiu się w ciąży, a w nim informacje na temat spożywania surowych i nieprzetworzonych produktów, diety paleo, picia soków, produktów pochodzących od zwierząt karmionych ekologicznie, żywności ekologicznej, GMO, a nawet wyjaśnienie, dlaczego jedzenie orzechów ziemnych lub jakichkolwiek innych może uchronić dziecko przed alergiami. Znajdziesz tu również informacje na temat ekologii w ciąży – dowiesz się między innymi, jak unikać bisfenolu A i ftalanów, jak dbać o skórę i włosy oraz jakie kosmetyki i zabiegi pielęgnacyjne są najlepsze dla przyszłych mam. Kolejna cenna rzecz to spora dawka wskazówek na temat ciąży wielopłodowej, ciąż następujących jedna po drugiej (w tym informacje na temat karmienia piersią w trakcie ciąży), zapłodnienia *in vitro* i zajścia w ciążę po chirurgicznym zabiegu leczenia otyłości. Do tego omówimy różne rodzaje porodów (w wodzie i w domu), a także kwestie opóźnionego zaciśnięcia pępowiny, porodu naturalnego po cięciu cesarskim (VBAC), cięcia cesarskiego, faz porodu i najlepszych pozycji do parcia.

Pamiętasz okładki, o których wcześniej wspomniałam? Cóż, w tym momencie mam dla ciebie dwie niespodzianki. Otóż na pierwszej stronie okładki amerykańskiego wydania znajduje się Emma (od której to wszystko się zaczęło) w ciąży ze swoim pierwszym dzieckiem (a naszym pierwszym wnukiem), Lennoxem. A na ostatniej któż to taki? Lennox we własnej osobie.

Zupełnie się tego wszystkiego nie spodziewałam, gdy byłam w pierwszej ciąży, a otrzymałam o wiele więcej, niż kiedykolwiek oczekiwałam... nawet o tym nie marzyłam.

Życzę ci, by spełniły się wszystkie twoje największe ciążowe nadzieje i oczekiwania.

Uściski,

heidi

Kilka słów na temat Fundacji What to Expect

Każda mama zasługuje na zdrową ciążę, bezpieczny poród i szczęśliwe dziecko. Właśnie dlatego założyliśmy Fundację What To Expect, organizację non profit, której celem jest stworzenie jak najlepszych warunków wszystkim potrzebującym mamom i dzieciom na całym świecie. Program obejmuje podstawowe szkolenie z zakresu opieki nad niemowlęciem, organizację przyjęć pępkowych dla przyszłych mam służących w armii (we współpracy z USO) oraz szkolenia dla położnych (we współpracy z International Medical Corps). Jeśli chcesz uzyskać więcej informacji lub dowiedzieć się, jak pomóc, zajrzyj na naszą stronę internetową www.whattoexpect.org.

CZĘŚĆ 1

Zacznijmy od początku

ROZDZIAŁ 1

Czy jesteś w ciąży?

Może miesiączka spóźnia ci się tylko jeden dzień. A może już trzy tygodnie. Albo jeszcze się jej nie spodziewasz, ale już przeczuwasz gdzieś w środku (i to dosłownie), że coś wisi w powietrzu – na przykład mała fasolka w twoim brzuchu! Może już od sześciu miesięcy lub nawet dłużej robisz wszystko, by począć dziecko. Albo dopiero dwa tygodnie temu zrezygnowałaś z antykoncepcji. A może specjalnie się nie starałaś, a i tak ci się udało. A przynajmniej masz takie wrażenie. Niezależnie od okoliczności, które sprawiły, że sięgnęłaś po tę książkę, na pewno zadajesz sobie pytanie: czy jestem w ciąży? Cóż, czytaj dalej, aby znaleźć odpowiedź.

Co może cię niepokoić

Wczesne objawy ciąży

Jeszcze nawet nie nadszedł termin mojej miesiączki, a już mam wrażenie, że jestem w ciąży. Czy to możliwe?

Jedynym sposobem, by się przekonać, czy jesteś w ciąży – przynajmniej na tak wczesnym etapie – jest test ciążowy. Nie oznacza to oczywiście, że twój organizm nie chce zdradzić swojej tajemnicy i powiedzieć ci, czy zostaniesz mamą. Wręcz przeciwnie, da ci prawdopodobnie mnóstwo różnych wskazówek świadczących o tym, że doszło do zapłodnienia. Chociaż wiele kobiet w ogóle nie dostrzega wczesnych oznak ciąży (a przynajmniej nie w pierwszych tygodniach), niektóre otrzymują podpowiedzi wskazujące na to, że w macicy rośnie dziecko. Jeśli odczuwasz którykolwiek z następujących objawów, masz dobry powód, by pobiec do najbliższej apteki i kupić test ciążowy:

Tkliwe lub obrzmiałe piersi i brodawki. Znasz ten ból, który pojawia się w piersiach przed miesiączką? To naprawdę nic w porównaniu z bólem, który możesz odczuwać po zapłodnieniu. Tkliwe, pełne, obrzmiałe, ciepłe, wrażliwe, a nawet bolące przy dotyku piersi to jeden z pierwszych objawów, które odczuwa większość kobiet (choć nie wszystkie), gdy plemnik napotka na swojej drodze jajeczko. Ta tkliwość może się pojawić już parę dni po poczęciu (chociaż zdarza się, że daje o sobie znać dopiero kilka tygodni później), a w miarę rozwoju ciąży staje się często jeszcze bardziej dotkliwa. I to o wiele bardziej. Jak zatem odróżnić PMS (zespół napięcia przedmiesiączkowego) od ciąży? Często nie jest to od razu możliwe, więc pozostają jedynie przypuszczenia.

Ściemnienie otoczki. Twoje piersi będą nie tylko bolesne i tkliwe; możesz również zauważyć, że otoczki wokół brodawek stają się coraz ciemniejsze, co zazwyczaj nie jest zapowiedzią zbliżającej się miesiączki. Brodawki i otoczki zaczną się również powiększać. Możesz podziękować za to wszystko hormonom ciążowym, które już pojawiły się w twoim organizmie i są przyczyną tych oraz innych zmian koloru skóry (więcej na ten temat w kolejnych miesiącach).

Nierówne otoczki. Być może wcześniej nie zauważyłaś maleńkich guzków na otoczkach wokół brodawek, ale z chwilą gdy zaczną się powiększać (a dzieje się tak zazwyczaj na początku ciąży), nie sposób ich nie zauważyć. Te małe guzki, zwane gruczołami Montgomery'ego, to gruczoły łojowe wytwarzające sebum, które nawilża brodawki oraz ich otoczki, a gdy dziecko zacznie ssać, będzie pełniło funkcję ochronną. To kolejny znak, że twoje ciało myśli o przyszłości, i to z dużym wyprzedzeniem.

Plamienie. U około 30 procent przyszłych mam pojawia się plamienie, gdy zarodek zagnieżdża się w macicy. To tak zwane krwawienie implantacyjne może się pojawić jeszcze przed spodziewanym terminem miesiączki (zwykle mniej więcej 6–12 dni po zapłodnieniu) i zazwyczaj jest jasno- lub ciemnoróżowe (rzadko czerwone jak podczas okresu).

Zmęczenie. Wyjątkowe zmęczenie, a nawet wyczerpanie i chroniczny brak energii. Wyjątkowa ospałość. Jakkolwiek to nazwiesz, jest ci ciężko – i to dosłownie. A gdy twój organizm uruchomi proces tworzenia nowego życia, będziesz jeszcze bardziej wycieńczona. Na str. 135 znajdziesz odpowiedź na pytanie, dlaczego tak się dzieje.

Częstsze oddawanie moczu. Czy toaleta stała się ostatnio miejscem, w którym bywasz najczęściej? Wzmożona potrzeba oddawania moczu pojawia się stosunkowo wcześnie (zwykle około 2–3 tygodnia po zapłodnieniu). Jesteś ciekawa dlaczego? Odpowiedź znajdziesz na str. 144.

Nudności. Oto kolejny powód, żeby nie ruszać się z łazienki – przynajmniej do końca pierwszego trymestru. Ciążowe mdłości i wymioty – znane jako poranne nudności, chociaż niekiedy trwają przez okrągłą dobę siedem dni w tygodniu – mogą dokuczać przyszłej mamie od razu po poczęciu, chociaż najczęściej pojawiają się około 6 tygodnia ciąży. O przyczynach tych dolegliwości przeczytasz na str. 137.

Wrażliwość na zapachy. Ponieważ nadmiernie wyczulony węch jest jednym z pierwszych objawów, na jakie narzekają niektóre przyszłe mamy, to być może wyczujesz ciążę, gdy twój zmysł powonienia stanie się nagle przewrażliwiony.

Wzdęcia. Czujesz się, jakbyś była napompowana? Uczucie wzdęcia narasta stopniowo od samego początku ciąży, zatem niekiedy trudno je odróżnić od wzdęć pojawiających się przed miesiączką. Jest zdecydowanie zbyt wcześnie, by łączyć ten objaw z dzieckiem rozwijającym się w twoim łonie, ale tak czy inaczej możesz go przypisać hormonom.

Podwyższona temperatura. Jeśli używasz bardzo dokładnego termometru owulacyjnego do mierzenia porannej temperatury, prawdopodobnie zauważysz, że po zapłodnieniu wzrosła o jeden stopień i że w trakcie całej ciąży będzie podwyższona. Chociaż nie jest to niezawodna oznaka ciąży (istnieje wiele innych przyczyn stanu podgorączkowego), może być objawem ogromnej – choć na razie maleńkiej – zmiany.

Brak okresu. To prawdopodobnie najbardziej bezsporny dowód ciąży – jeśli nie masz miesiączki (zwłaszcza gdy do tej pory pojawiała się regularnie), możesz podejrzewać, że spodziewasz się dziecka, nawet przed zrobieniem testu ciążowego.

Rozpoznanie ciąży

Skąd mam mieć pewność, że jestem w ciąży?

Oprócz najbardziej niezwykłej metody diagnostycznej, jaką jest kobieca intuicja (niektóre kobiety „czują", że są w ciąży, już kilka dni, a nawet chwil po zapłodnieniu), masz do dyspozycji nowoczesną medycynę, dzięki której można dokładnie rozpoznać ciążę. Istnieje wiele sposobów, by się upewnić, że będziesz miała dziecko:

Domowy test ciążowy. To dziecinnie łatwy sposób – wystarczy nasiusiać w zaciszu własnej łazienki. Domowe testy ciążowe są proste w użyciu, szybkie i dokładne, a dodatkowo większość z nich można przeprowadzić nawet przed spodziewanym terminem

> ### Inteligentne testy
>
> Domowe testy ciążowe to prawdopodobnie najprostsze testy, do jakich będziesz musiała kiedykolwiek podejść. Nie musisz się do nich uczyć; wystarczy, że najpierw przeczytasz instrukcję (tak, nawet jeśli wcześniej robiłaś test ciążowy, ponieważ różne firmy zalecają różne sposoby postępowania). Zapamiętaj kilka wskazówek, które z pewnością ci się przydadzą:
> - Nie musisz robić testu rano. Odpowiednia będzie próbka moczu z dowolnej pory dnia.
> - Większość testów zaleca, aby do badania użyć środkowego strumienia moczu. Ponieważ twój lekarz również będzie chciał, abyś co miesiąc przynosiła właśnie takie próbki, możesz zacząć ćwiczyć już teraz: siusiaj przez sekundę lub dwie, wstrzymaj mocz, a potem podłóż pasek testu lub pojemnik i zbierz resztę moczu (albo tyle, ile potrzebujesz).
> - Każdy pozytywny odczyt, nawet ten niewyraźny, jest pozytywny. Gratulacje – jesteś w ciąży! Jeżeli wynik nie jest dodatni, a miesiączka nadal się spóźnia, odczekaj kilka dni i ponownie przeprowadź test. Być może jest jeszcze za wcześnie, by stwierdzić ciążę.

miesiączki (aczkolwiek im bliżej tego dnia, tym dokładność będzie większa).

Wszystkie testy mierzą stężenie gonadotropiny kosmówkowej (hormonu hCG), która jest wytwarzana przez łożysko i zapłodnioną komórkę jajową. Hormon hCG przedostaje się do krwi i moczu niemal natychmiast po tym, jak zarodek zacznie się zagnieżdżać w macicy, czyli 6–12 dni po zapłodnieniu. Gdy tylko jego stężenie w moczu zacznie rosnąć, wynik testu (teoretycznie) będzie pozytywny. Testy ciążowe są bardzo dokładne, ale z pewnymi zastrzeżeniami, ponieważ nie zawsze są na tyle czułe, by zadziałać. Już tydzień po zapłodnieniu w moczu pojawia się hormon hCG, ale jego stężenie nie jest jeszcze na tyle wysokie, by domowy test ciążowy mógł wykazać ciążę. Oznacza to, że jeśli przeprowadzasz test siedem dni przed spodziewanym terminem miesiączki, możesz otrzymać odczyt fałszywie negatywny, nawet gdy właśnie zaszłaś w ciążę.

Nie możesz się już doczekać, żeby nasiusiać na ten niezwykły paseczek? Niektóre testy dają sześćdziesięcio-, siedemdziesięciopięcioprocentową dokładność już 4–5 dni przed spodziewanym terminem miesiączki. Nie jesteś hazardzistką? Zatem zaczekaj do dnia, kiedy powinnaś dostać okres, a będziesz miała 99 procent szans (w zależności od marki testu) na prawidłowy wynik. Bez względu na to, kiedy zdecydujesz się na zrobienie testu, dobra wiadomość jest taka, że wyniki fałszywie negatywne wychodzą rzadziej niż fałszywie pozytywne, a to oznacza, że jeśli test jest pozytywny, to prawdopodobnie jesteś w ciąży. (Wyjątek: leczenie niepłodności; przeczytaj tekst zamieszczony w ramce na str. 7).

Niektóre domowe testy ciążowe nie tylko pokażą, że jesteś w ciąży, ale też w przybliżeniu określą szacunkową liczbę tygodni, które upłynęły od owulacji: 1–2, 2–3, 3 tygodnie (lub więcej) od chwili, gdy twoje jajeczko zostało zapłodnione przez nasienie partnera. Kluczowe są tutaj słowa „w przybliżeniu" i „szacunkowo", więc nie wykorzystuj tego odczytu do obliczenia przewidywanego terminu porodu. Dostępne są również testy ciążowe w formie aplikacji mobilnych.

Niezależnie od tego, jaki test ciążowy wybierzesz (tani i nieskomplikowany czy drogi i nowoczesny), już na wczesnym etapie ciąży otrzymasz właściwe rozpoznanie, a dzięki niemu będziesz mogła od razu jak najlepiej o siebie zadbać. Oczywiście wynik testu to nie wszystko, ponieważ najważniejsze jest badanie lekarskie. Zatem jeśli wynik testu jest dodatni, zadzwoń do ginekologa i umów się na pierwszą wizytę.

Badanie krwi. Dzięki bardziej zaawansowanemu testowi można wykryć ciążę w zasadzie ze stuprocentową dokładnością już tydzień po zapłodnieniu dzięki zaledwie kilku kroplom krwi. Z kolei pomiar dokładnego stężenia hCG pozwoli ustalić przybliżony wiek ciążowy, gdyż stężenie tego hormonu zmienia się wraz z jej rozwojem (na str. 150 znajdziesz więcej informacji na temat hormonu hCG). Wielu lekarzy zaleca przeprowadzenie zarówno badania moczu, jak i krwi, by zyskać podwójną pewność.

Badanie lekarskie. Chociaż można przeprowadzić badanie lekarskie, by potwierdzić ciążę, to nowoczesne i dokładne domowe testy ciążowe oraz testy krwi są na tyle niezawodne, że szukanie fizycznych objawów ciąży – takich jak powiększenie macicy czy zmiana koloru pochwy i szyjki macicy – na tak wczesnym etapie właściwie mija się

> ### Testy ciążowe w przypadku nieregularnych miesiączek
>
> Twój cykl menstruacyjny jest nieregularny, a okres nie pojawia się zgodnie z planem? To nieco utrudni wybranie prawidłowego terminu przeprowadzenia testu. Bo czy uda się zrobić test w dniu, w którym powinna pojawić się miesiączka, skoro nigdy nie wiadomo, kiedy się jej spodziewać? Jeśli masz nieregularne okresy, oblicz liczbę dni najdłuższego cyklu, który miałaś w ciągu ostatnich sześciu miesięcy (miejmy nadzieję, że je zapisujesz lub kontrolujesz za pomocą aplikacji), a potem zrób test. Jeżeli wynik jest negatywny, a nadal nie masz okresu, powtórz test po tygodniu (lub po kilku dniach, jeśli bardzo się niecierpliwisz).

Testy ciążowe a leczenie niepłodności

Każda kobieta, która pragnie zostać mamą, siedzi jak na szpilkach (i na desce klozetowej), czekając na tę chwilę, gdy w końcu będzie mogła nasiusiać na pasek testu ciążowego i potwierdzić wymarzoną ciążę. Jednak gdy przechodzisz jakąkolwiek terapię hormonalną wspomagającą leczenie niepłodności, oczekiwanie na pozytywny wynik testu ciążowego może być jeszcze bardziej stresujące – szczególnie wtedy, gdy dowiedziałaś się, że powinnaś pominąć domowy test ciążowy i zaczekać, aż będzie można przeprowadzić badanie krwi (w zależności od kliniki płodności tydzień lub dwa po zapłodnieniu lub umieszczeniu zarodka w macicy). Większość specjalistów zaleca tę metodę z bardzo konkretnego powodu. Otóż domowe testy ciążowe mogą dawać niemiarodajne wyniki w przypadku pacjentek leczonych z powodu niepłodności. Dzieje się tak dlatego, że hCG, czyli hormon, którego stężenie sprawdzają domowe testy ciążowe, jest często stosowany w leczeniu niepłodności, by wywołać owulację, i może utrzymywać się w organizmie (w tym również w moczu), nawet gdy kobieta jest w ciąży.

Jeśli pierwszy test krwi wypadnie pozytywnie, lekarz zaleci zazwyczaj powtórzenie go po 2–3 dniach. Czemu służy to powtórne badanie? Lekarz nie tylko będzie chciał stwierdzić obecność hormonu hCG w twoim organizmie, lecz przede wszystkim upewnić się, że jego stężenie wzrosło co najmniej o dwie trzecie (co wskazuje, że wszystko jest na dobrej drodze). Jeśli tak się stanie, kolejne badanie krwi zostanie przeprowadzone 2–3 dni później, kiedy stężenie hormonu hCG powinno ponownie wzrosnąć o dwie trzecie lub więcej. Badanie krwi pozwoli również zmierzyć stężenie hormonów płciowych (estrogenów i progesteronu), by się upewnić, że osiągnęły poziom, który pozwoli utrzymać ciążę. Jeśli trzy kolejne testy krwi wykażą ciążę, to między 5 a 8 tygodniem ciąży lekarz przeprowadzi badanie ultrasonograficzne, by potwierdzić obecność pęcherzyka ciążowego oraz zarodka z bijącym sercem (patrz str. 178).

z celem. Co rzecz jasna nie oznacza, że nie powinnaś jak najszybciej zgłosić się do ginekologa i poddawać regularnym badaniom (patrz str. 9).

Słabo widoczna kreska na teście ciążowym

Użyłam taniego testu ciążowego zamiast cyfrowego i otrzymałam bardzo niewyraźny wynik. Czy jestem w ciąży?

Domowy test ciążowy da wynik pozytywny tylko wtedy, gdy w twoim moczu znajdzie się wykrywalna ilość hormonu hCG. A jedynym powodem wykrycia tego hormonu w twoim moczu (pod warunkiem że nie leczysz się na niepłodność) jest ciąża. Oznacza to, że jeśli na teście ciążowym pojawiła się jakakolwiek linia – nawet najbardziej nikła – prawdopodobnie jesteś w ciąży.

Zobaczyłaś słabą i cienką kreskę, chociaż spodziewałaś się wyraźnej? Przyczyną prawdopodobnie jest czułość testu. By stwierdzić, jak czuły jest twój test ciążowy, poszukaj na opakowaniu wskaźnika mIU/ml (oznacza on stężenie hormonu hCG w milijednostkach międzynarodowych na mililitr). Im mniejsza liczba, tym lepiej (test o czułości 20 mIU/ml szybciej wykryje ciążę niż ten o czułości 50 mIU/ml). Nie jest zatem zaskoczeniem fakt, że droższe testy ciążowe zazwyczaj są bardziej czułe.

Pamiętaj też, że z każdym tygodniem ciąży rośnie stężenie hormonu hCG w twoim organizmie. Jeśli robisz test na samym początku ciąży (jeszcze przed spodziewanym terminem miesiączki), stężenie hormonu może nie być jeszcze na tyle wysokie, by odczyt nie budził wątpliwości. Zaczekaj kilka dni, zrób kolejny test, a wtedy najprawdopodobniej ujrzysz wyraźną kreskę, która raz na zawsze rozwieje twoje wątpliwości.

Za drugim razem negatywny

Pierwszy test ciążowy był pozytywny, ale po kilku dniach zrobiłam następny i tym razem wynik był negatywny. A potem dostałam okres. Co się dzieje?

Niestety, wygląda na to, że doszło do tak zwanej ciąży biochemicznej – komórka jajowa została zapłodniona, ale z jakichś powodów nie zagnieździła się w macicy. Zarodek nie zamienił się w prawidłowo rozwijający się płód, lecz został wydalony wraz z miesiączką. Chociaż eksperci oceniają, że aż 70 procent wszystkich zapłodnień to ciąże biochemiczne, to ogromna większość kobiet, u których taka ciąża wystąpiła, nie zdaje sobie nawet sprawy z tego, że doszło do zapłodnienia (w czasach przed wynalezieniem testów ciążowych kobiety dowiadywały się, że oczekują dziecka, o wiele później). Niekiedy pozytywny wynik bardzo wczesnej ciąży, a potem spóźniony okres (od kilku dni do tygodnia) to jedyne oznaki ciąży biochemicznej. Tak więc właśnie poznałaś negatywną stronę wczesnego przeprowadzania testu ciążowego.

Z medycznego punktu widzenia ciąża biochemiczna jest tylko elementem cyklu, podczas którego tak naprawdę wcale nie dochodzi do prawdziwej ciąży, a tym samym nie mamy do czynienia z poronieniem. Natomiast z perspektywy emocjonalnej dla kobiety, która tak jak ty zrobiła wczesny test ciążowy i otrzymała wynik pozytywny, może to być zupełnie inna sprawa. Bo chociaż technicznie nie doszło do utraty ciąży i nie ma mowy o poronieniu, strata nadziei na ciążę ze zrozumiałych powodów może być równie przygnębiająca zarówno dla ciebie, jak i dla

> ### Jak zmienić niepowodzenie w sukces
>
> Jeśli się okazało, że tym razem jeszcze nie jesteś w ciąży, ale zamierzasz wkrótce począć dziecko, zacznij się do tego przygotowywać, wykorzystując wskazówki z poradnika *W oczekiwaniu na ciążę* (REBIS 2017). Odpowiednie przygotowania przed próbą zajścia w ciążę pomogą ci osiągnąć wymarzony rezultat, gdy twoje jajeczko spotka się z plemnikiem partnera. Poza tym znajdziesz tam mnóstwo praktycznych porad, dzięki którym zwiększysz swoje szanse na szybsze poczęcie.

twojego partnera. W rozdziale 20 znajdziesz informacje, które pomogą ci poradzić sobie z emocjami po utracie ciąży. I pamiętaj, że skoro już raz doszło do zapłodnienia, istnieje bardzo duże prawdopodobieństwo, że dojdzie do niego ponownie – tym razem z o wiele szczęśliwszym rezultatem, który zaowocuje zdrową ciążą.

Wynik negatywny

Spóźnia mi się okres i czuję się, jakbym była w ciąży, ale wszystkie trzy testy, które zrobiłam, wypadły negatywnie. Co powinnam zrobić?

Jeśli odczuwasz wczesne objawy i czujesz, że jesteś w ciąży – bez względu na to, jak wypadł test (a nawet trzy) – zachowuj się tak, jakbyś rzeczywiście spodziewała się dziecka (przyjmuj preparaty dla kobiet w ciąży, dobrze się odżywiaj, ogranicz kofeinę, nie pij alkoholu i nie pal), dopóki się nie przekonasz, że jest inaczej. Nawet najlepszy domowy test ciążowy może się okazać zawodny i dać fałszywy wynik, zwłaszcza jeśli zrobiłaś go bardzo wcześnie. Zresztą prawdopodobnie dobrze znasz swoje ciało i twoje przeczucia są lepszym wskaźnikiem niż pasek, na który się siusia. By się przekonać, że twoja intuicja jest dokładniejszym instrumentem niż test ciążowy, poczekaj tydzień i spróbuj ponownie – być może w tej chwili jest jeszcze za wcześnie, by wykryć ciążę. Możesz również poprosić lekarza, by przeprowadził badanie krwi, w której łatwiej wykryć hormon hCG niż w moczu.

Rzecz jasna możliwa jest również sytuacja, że u kobiety występują objawy wczesnej ciąży, chociaż wcale nie oczekuje dziecka. W końcu żaden objaw – pojedynczy czy też w połączeniu z innymi – nie jest bezwzględnym dowodem ciąży. Jeżeli kolejny test również będzie negatywny, a ty nadal nie będziesz miała miesiączki, zgłoś się do lekarza, by stwierdził, czy powodem twojego samopoczucia nie są przyczyny fizjologiczne (na przykład brak równowagi hormonalnej). Jeśli przyczyny fizjologiczne zostaną wykluczone, być może objawy ciążowe mają podłoże psychiczne. Niekiedy umysł ma zadziwiająco silny wpływ na ciało i wywołuje objawy ciążowe, podczas gdy ciąży tak naprawdę nie ma, a za to jest wielkie pragnienie, by w nią zajść (albo wielki strach, by do tego nie doszło).

Pierwsza wizyta u ginekologa

Zrobiłam test ciążowy i wynik okazał się pozytywny. Kiedy powinnam się umówić na pierwszą wizytę u lekarza?

Dobra opieka prenatalna jest jednym z najważniejszych elementów troski o zdrowie maleństwa, zatem nie zwlekaj. Gdy tylko test wypadnie pozytywnie, zadzwoń do ginekologa i umów się na wizytę. To, jak szybko zostaniesz przyjęta, będzie zależało od liczby pacjentek i zasad obowiązujących w gabinecie. Niektórzy lekarze będą mogli cię przyjąć od razu, inni z kolei mogą być tak zajęci, że będziesz musiała czekać na wizytę kilka tygodni, a nawet dłużej. W niektórych gabinetach rutynowo wyznacza się pierwszą wizytę dopiero wówczas, gdy kobieta jest w 6, a nawet 8 tygodniu ciąży. Z kolei inni lekarze zaproszą cię na pierwszą wizytę, gdy tylko zaczniesz podejrzewać, że jesteś w ciąży (lub gdy test ciążowy ją potwierdza).

Nawet jeśli będziesz musiała zaczekać na wizytę u swojego lekarza do połowy pierwszego trymestru, nie oznacza to, że powinnaś również czekać, by zatroszczyć się o siebie i swoje maleństwo. Bez względu na to, kiedy jesteś umówiona z ginekologiem, zacznij działać od razu, gdy tylko zobaczysz pozytywny wynik testu. Prawdopodobnie wiesz, jak postępować w ciąży, ale nie wahaj się i zadzwoń do lekarza, jeśli nasuną ci się jakieś szczegółowe pytania. Być może jeszcze przed wizytą dostaniesz zestaw ulotek na temat ciąży (w wielu gabinetach dostępne są broszury z poradami dotyczącymi diety – począwszy od tego, co można, a czego nie można jeść oraz jakie preparaty witaminowe przyjmować, po listę dozwolonych leków), które rozwieją twoje wątpliwości. Wiele praktycznych porad znajdziesz oczywiście również w tej książce.

Przy niezagrożonej ciąży wczesna wizyta u ginekologa z medycznego punktu widzenia nie jest konieczna, chociaż oczekiwanie na nią może być dość trudne. Jeśli to oczekiwanie bardzo cię stresuje lub obawiasz się jakichś powikłań (na przykład z powodu przewlekłej choroby lub wcześniejszych poronień), sprawdź, czy lekarz może przyjąć cię wcześniej. (Na str. 131 znajdziesz więcej informacji o tym, czego możesz się spodziewać podczas pierwszego badania prenatalnego).

Termin porodu

Test ciążowy, który właśnie zrobiłam, wypadł pozytywnie. Jak mogę obliczyć termin rozwiązania?

Teraz, kiedy już dotarła do ciebie ta wspaniała wiadomość, nadszedł czas, by sięgnąć po kalendarz i zaznaczyć ten wielki dzień – dzień twojego porodu. Ale zaraz – kiedy on właściwie przypadnie? Czy masz liczyć 9 miesięcy od dzisiaj? A może od dnia poczęcia? Albo 40 tygodni? A jeśli tak, to od kiedy? Dopiero się dowiedziałaś, że jesteś w ciąży, a już jesteś zdezorientowana. Zatem kiedy urodzi się dziecko?

Weź głęboki oddech i przygotuj się na podstawowy kurs ciążowej matematyki. Dla wygody (musisz przecież wiedzieć, kiedy mniej więcej maleństwo przyjdzie na świat) i dla określenia pewnych standardów (potrzebne są punkty odniesienia, by sprawdzić, czy płód rozwija się prawidłowo) przyjmuje się, że ciąża trwa 40 tygodni, chociaż zaledwie 30 procent ciąż trwa dokładnie tyle. Donoszona ciąża trwa od 39 do 41 tygodni (noworodek urodzony w 39 tygodniu nie jest „wcześniakiem", a ten, który przyszedł na świat w 41, nie jest „przenoszony").

A oto kilka spraw, które komplikują te proste obliczenia. Nie obliczamy tych 40 tygodni od dnia (czy też namiętnej nocy) poczęcia – tym momentem jest pierwszy dzień ostatniej miesiączki (LMP, ang. *last menstrual period*). Dlaczego zegar odmierza ciążę, kiedy plemniki nie zdążyły jeszcze dotrzeć do jajeczka (a nawet zanim doszło do owulacji)? Pierwszy dzień ostatniej miesiączki jest po prostu datą, którą najłatwiej ustalić. Nawet jeśli dokładnie wiesz, kiedy jajeczkowałaś (ponieważ jesteś mistrzynią w identyfikowaniu śluzu i potrafisz przewidzieć owulację), i jesteś stuprocentowo pewna, kiedy uprawiałaś seks, to przypuszczalnie nie jesteś w stanie precyzyjnie określić momentu, w którym doszło do spotkania komórki jajowej i plemnika (czyli zapłodnienia). Nasienie może czekać na jajeczko od 3 do 5 dni po wniknięciu do pochwy, a komórka jajowa może zostać zapłodniona do 24 godzin po owulacji. Oznacza to, że dni płodne trwają dłużej, niż mogłabyś się spodziewać.

Dlatego zamiast przyjmować niepewny dzień zapłodnienia za początek ciąży, lepiej oprzeć się na czymś konkretnym, czyli pierwszym dniu ostatniej miesiączki, który (w przypadku regularnego cyklu) wypada mniej więcej 2 tygodnie przed zapłodnieniem. To oznacza z kolei, że nim dojdzie do zapłodnienia, upłyną 2 z 40 tygodni ciąży oraz 4, nim stwierdzisz brak miesiączki. Tak więc gdy w końcu dotrzesz do 40 tygodnia ciąży, maleństwo będzie rosło w twoim brzuchu od 38 tygodni.

Nadal czujesz się zagubiona w tych obliczeniach? Nic dziwnego, to dość zawiły system. Na szczęście nie musisz rozumieć, jak działa. By obliczyć termin porodu (zwany PTP lub przewidywanym terminem porodu, ponieważ można go podać jedynie w przybliżeniu), wystarczy zrobić proste obliczenie: odejmij 3 miesiące od pierwszego dnia ostatniej miesiączki i dodaj 7 dni. Na przykład: załóżmy, że ostatni okres zaczął się 12 kwietnia. Gdy odejmiemy trzy miesiące, otrzymamy datę 12 stycznia, do której należy dodać 7 dni. Zatem przewidywany termin twojego porodu to 19 stycznia. Nie przepadasz za matematyką? Nie szkodzi. Wpisz pierwszy dzień ostatniej miesiączki do aplikacji What To Expect i... bingo! Aplikacja poda ci twój PTP oraz tydzień ciąży i zacznie się odliczanie.

Weź pod uwagę, że jeśli masz nieregularne cykle, obliczenie terminu rozwiązania za pomocą metody LMP (czyli wykorzystując pierwszy dzień ostatniej miesiączki) może sprawiać pewne trudności. Poza tym nawet jeśli miesiączkujesz regularnie, ginekolog może podać ci inny termin porodu niż ten obliczony za pomocą metody LMP lub przez aplikację. Najdokładniejszą metodą określającą datę rozwiązania jest bowiem wczesne badanie USG, które wykonuje się między 6 a 9 tygodniem. Dzięki temu badaniu można dokładnie określić wielkość zarodka lub płodu (badania ultrasonograficzne wykonywane po pierwszym trymestrze nie są już tak dokładne).

Chociaż większości lekarzy wystarczy połączenie badania USG z metodą LMP, by potwierdzić termin porodu, można się dodatkowo wesprzeć pewnymi oznakami fizycznymi, takimi jak wielkość macicy oraz wysokość jej dna (lekarz będzie je mierzył podczas każdego badania po zakończeniu pierwszego trymestru ciąży, a około 20 tygodnia dno macicy znajdzie się na wysokości pępka).

Wszystkie znaki wskazują na ten sam termin? Pamiętaj, że nawet najbardziej dokładny przewidywany termin porodu jest tylko terminem szacunkowym. Wyłącznie maluch wie, kiedy przyjdzie na świat... ale on ci tego nie powie.

WSZYSTKO O...
Wybór lekarza

Wszyscy wiedzą, że do poczęcia dziecka trzeba dwojga. Ale by zapłodniona komórka jajowa zmieniła się w zdrowego i bezpiecznie narodzonego noworodka, potrzebne są co najmniej trzy osoby: mama, tata i przedstawiciel służby zdrowia. Zakładając, że ty i twój partner już zajęliście się poczęciem, pozostało wam jeszcze jedno wyzwanie – znalezienie trzeciego członka „ciążowej drużyny" i upewnienie się, że wybraliście osobę, z którą chcecie współpracować przez całą ciążę, a potem powitać z nią na świecie swoje dziecko.

Położnik? Lekarz rodzinny? Położna?

Gdzie rozpocząć poszukiwania idealnego lekarza, który przeprowadzi cię przez całą ciążę i zajmie się tobą również później? Najpierw musisz się zastanowić, jakie kwalifikacje medyczne będą najlepiej odpowiadały twoim potrzebom i oczekiwaniom.

Położnik. Poszukujesz lekarza, któremu żaden medyczny aspekt związany z poczęciem, ciążą, porodem i opieką poporodową – od najbardziej oczywistych pytań po te najtrudniejsze – nie jest obcy? Zatem powinnaś wybrać położnika, który nie tylko zapewni ci opiekę położniczą, ale też zajmie się innymi sprawami kobiecymi niezwiązanymi z ciążą (badaniami cytologicznymi, antykoncepcją, badaniem piersi i tak dalej). Niektórzy położnicy oferują również ogólną opiekę medyczną, pełniąc rolę lekarza pierwszego kontaktu.

Jeżeli jesteś w ciąży wysokiego ryzyka, to najpewniej będziesz musiała poszukać właśnie takiego specjalisty*. Być może będziesz chciała znaleźć najlepszego położnika w swoim fachu, który specjalizuje się właśnie w ciążach zagrożonych ryzykiem różnych powikłań i ma specjalizację z zakresu medycyny matczyno-płodowej (perinatologii). Specjalista w tej dziedzinie odbywa dodatkowy staż na oddziale patologii ciąży. Jeśli zaszłaś w ciążę dzięki specjaliście od leczenia niepłodności, początkowo to właśnie on będzie się opiekował twoją ciążą, a dopiero potem trafisz pod skrzydła ginekologa-położnika lub położnej (zwykle pod koniec pierwszego trymestru, a niekiedy nawet wcześniej). Jeśli się okaże, że twoja ciąża jest ciążą wysokiego ryzyka, to trafisz pod opiekę specjalisty medycyny matczyno-płodowej.

Ponad 90 procent kobiet wybiera ginekologa-położnika. Jeśli masz już takiego, którego lubisz, szanujesz i któremu ufasz,

---

* W Polsce wszelkimi kwestiami dotyczącymi przebiegu ciąży zajmuje się wyłącznie lekarz specjalista ginekologii i położnictwa; lekarz rodzinny podejmuje decyzje w sprawie ogólnego stanu zdrowia ciężarnej (przyp. red. meryt.).

nie ma potrzeby, żebyś teraz – będąc w ciąży – szukała innego. Jeżeli twój ginekolog nie zajmuje się położnictwem albo nie jesteś przekonana, że powinien zajmować się twoją ciążą i przyjmować poród, czas rozejrzeć się za innym.

Lekarz rodzinny. Zapewnia kompleksową opiekę medyczną całej rodzinie, ale w przeciwieństwie do ginekologa-położnika, który zajmuje się tylko płodnością i chirurgią narządów płciowych, jest specjalistą w zakresie medycyny ogólnej, przygotowanym do leczenia chorób dorosłych, dzieci (również noworodków i niemowląt) oraz zajmowania się zdrowiem kobiet (fizjologią ciąży i ginekologią). Jeżeli zdecydujesz się na lekarza rodzinnego, otrzymasz opiekę internistyczną, ginekologiczno-położniczą, a gdy nadejdzie czas – również pediatryczną. Najlepiej, gdyby lekarz rodzinny zajął się całą rodziną i interesował się wszystkimi aspektami twojego zdrowia, a nie tylko tymi związanymi z ciążą. Jeśli wystąpią jakiekolwiek komplikacje, lekarz rodzinny może cię skierować na konsultacje do ginekologa, aby ten udzielił ci bardziej specjalistycznej porady, ale nadal będzie się tobą opiekował.

Dyplomowana położna. Jeśli szukasz fachowca, który zapewni ci szczególną opiekę w trakcie ciąży, poświęci ci więcej czasu podczas wizyt, zajmie się tak samo troskliwie twoimi emocjami, jak i stanem fizycznym, zaoferuje więcej szczegółowych porad żywieniowych i udzieli pełnego wsparcia w zakresie karmienia piersią, będzie otwarty na terapie alternatywne i różne opcje porodu oraz będzie zwolennikiem porodów naturalnych, możesz wybrać dyplomowaną położną (aczkolwiek wielu lekarzy również pasuje do tego profilu). Dyplomowana położna to osoba, która ma wyższe wykształcenie medyczne (co najmniej licencjat), posiada zaświadczenie wydane przez Okręgową Izbę Pielęgniarek i Położnych lub jest wpisana do Centralnego Rejestru Pielęgniarek i Położnych prowadzonego przez Naczelną Radę Pielęgniarek i Położnych (w Stanach Zjednoczonych dyplom przyznaje Amerykańskie Kolegium Położnych po ukończeniu studiów z zakresu położnictwa). Dyplomowana położna posiada odpowiednie kwalifikacje, by opiekować się kobietami w ciąży niskiego ryzyka oraz przyjmować nieskomplikowane porody. W niektórych przypadkach może również prowadzić rutynową opiekę ginekologiczną podczas ciąży, a czasem nawet zająć się noworodkiem. Większość położnych pracuje w szpitalach i klinikach położniczych, a niektóre prowadzą prywatną praktykę położniczą i przyjmują porody w domach. W Stanach Zjednoczonych 95 procent porodów odbieranych przez położne odbywa się w szpitalach lub klinikach położniczych. Chociaż w większości stanów położne mogą podawać znieczulenie oraz leki wywołujące poród (w Polsce znieczulenie zewnątrzoponowe podaje anestezjolog), to porody z ich udziałem zazwyczaj nie wymagają takich interwencji. Położne mają również mniejszy wskaźnik porodów przez cięcie cesarskie (wykonywanych przez współpracujących z nimi położników) niż lekarze oraz wyższy wskaźnik porodów po-

---

> **Wizyta u doktora Google?**
>
> Oczywiście, że możesz odwiedzać strony związane z ciążą i ściągać przydatne aplikacje, ale rób to ostrożnie. Musisz mieć świadomość, że nie można wierzyć we wszystko, zwłaszcza w to, co jest napisane w Internecie – ze szczególnym naciskiem na media społecznościowe. Zanim zdecydujesz się zastosować zalecenia doktora Google, zawsze skonsultuj się ze swoim prawdziwym lekarzem, który jest najlepszym źródłem informacji na temat ciąży, a szczególnie twojej.

> ### Bezpieczny poród w szpitalu
>
> Co się stanie, jeśli twój położnik nie będzie dostępny, gdy zaczniesz rodzić? Niektóre szpitale w USA wprowadziły stanowisko lekarza-położnika, który pracuje wyłącznie w szpitalu i zajmuje się odbieraniem porodów. Położnicy szpitalni nie prowadzą prywatnej praktyki i nie opiekują się pacjentkami w trakcie ciąży, ale za to pomogą twojemu dziecku przyjść na świat, gdy twój ginekolog nie będzie osiągalny (ponieważ wyjedzie na wakacje albo konferencję naukową).
>
> Jeśli się dowiesz, że twój poród będzie odbierał położnik szpitalny, spytaj swojego lekarza, czy kiedyś z nim współpracował. Dowiedz się też, czy obaj kierują się podobnymi zasadami i stosują zbliżone procedury medyczne. Spróbuj również zadzwonić do szpitala i zapytać, czy możesz się spotkać z personelem jeszcze przed porodem, żeby nie znaleźć się nagle w towarzystwie całkowicie obcych osób. Pamiętaj również, żeby zabrać ze sobą plan porodu (z informacji zamieszczonych na str. 333 dowiesz się, jak go sporządzić), by każda osoba, która będzie ci towarzyszyć, poznała twoje życzenia, nawet jeśli nigdy wcześniej cię nie spotkała.
>
> Jeżeli nie odpowiada ci takie rozwiązanie, pomyśl jak najszybciej o zmianie lekarza. Pamiętaj jednak, że jeśli wybrałaś grupową praktykę lekarską, istnieje duże prawdopodobieństwo, że twój „stały" położnik nie będzie akurat na dyżurze, gdy zaczniesz rodzić. Weź jednak pod uwagę, że ponieważ położnik szpitalny zajmuje się wyłącznie odbieraniem porodów, jest do tej roli znakomicie przygotowany. A przede wszystkim jest wypoczęty, ponieważ pracuje na zmiany, a nie przez całą dobę.

chwowych po cięciu cesarskim. Dzieje się tak częściowo z tego powodu, że położne rzadziej podejmują niepotrzebne interwencje medyczne, a częściowo dlatego, że zajmują się tylko tymi kobietami, których ciąże nie są zagrożone i prawdopodobnie nie będą wymagały interwencji chirurgicznej. Badania dowodzą, że poród kończący ciążę niskiego ryzyka odbierany przez położną jest równie bezpieczny jak ten odbierany przez lekarza. Zapamiętaj też, że jeśli będziesz musiała częściowo lub całkowicie pokryć koszty opieki prenatalnej, położna zwykle będzie tańsza od lekarza.

Jeżeli zdecydujesz się na położną (robi to około 9 procent przyszłych mam), upewnij się, że wybrałaś taką, która ma dyplom i licencję (w USA wydają je wszystkie stany, a w Polsce zaświadczenie o prawie wykonywania zawodu wydają Okręgowe Izby Pielęgniarek i Położnych). Większość położnych w przypadku jakichkolwiek komplikacji korzysta z pomocy lekarza, a niektóre na stałe współpracują z jednym lub z kilkoma położnikami. Więcej informacji na temat położnych znajdziesz na stronie www.midwife.org (w Polsce wyboru położnej można dokonać w rejonowym ośrodku zdrowia lub na stronie internetowej Narodowego Funduszu Zdrowia: www.nfz.gov.pl).

Położna nielicencjonowana. W Stanach Zjednoczonych to położna, która przeszła przeszkolenie, nie będąc wcześniej pielęgniarką, chociaż może posiadać wykształcenie z innego zakresu opieki medycznej. Położne bez licencji częściej niż dyplomowane uczestniczą w porodach domowych, a niektóre odbierają porody również w klinikach położniczych. W Stanach Zjednoczonych położne, które otrzymały pozytywną ocenę i certyfikat Rejestru Położnych Ameryki Północnej (NARM, North American Registry of Midwives), nazywane są dyplomowanymi położnymi zawodowymi (CPM, Certified Professional Midwives); pozostałe to położne nielicencjonowane. W niektórych stanach położne te również otrzymują licencje, a ich usługi są refundowane przez państwowy system ubezpieczeń zdrowotnych (Medicaid) lub z ubezpieczenia prywatnego. W innych stanach położne bez licencji nie mogą prowadzić legalnej praktyki. W USA mniej niż 0,5 procent porodów jest odbieranych przez położne nielicencjonowane. Więcej informacji znajdziesz na stronie Midwives Alliance of North America: www.mana.org.

Rodzaje praktyki lekarskiej

Wybrałaś już położnika, lekarza rodzinnego lub położną. Teraz przyszła pora, by zdecydować, jaki rodzaj praktyki lekarskiej będzie dla ciebie najbardziej odpowiedni. Oto najpopularniejsze rodzaje praktyk lekarskich oraz ich zalety i wady:

Indywidualna praktyka lekarska. Szukasz lekarza, który jest jedyny w swoim rodzaju, i to dosłownie? Zatem powinnaś poszukać indywidualnej praktyki, czyli gabinetu, w którym twój wymarzony lekarz pracuje sam i prosi o zastępstwo innego lekarza tylko wtedy, gdy jest nieobecny. Położnik i lekarz rodzinny mogą prowadzić praktykę indywidualną, natomiast położna musi współpracować z lekarzem. Największą zaletą praktyki indywidualnej jest to, że za każdym razem bada cię ten sam lekarz, a taka zażyłość z pewnością podniesie cię na duchu i uspokoi, przede wszystkim w trakcie porodu. Poza tym będziesz otrzymywała spójne, konsekwentne porady i nie będziesz się czuła zdezorientowana, gdy różni lekarze będą prezentowali różne (czasem sprzeczne) punkty widzenia. Z kolei główną wadą takiej praktyki jest to, że ten jedyny w swoim rodzaju doktor może wyjechać z miasta, zachorować albo po prostu być nieosiągalny w dniu (albo w nocy), gdy twój maluszek postanowi

przyjść na świat, a poród może odbierać jego zastępca – lekarz, którego wcześniej nie spotkałaś (często położnik szpitalny, o którym przeczytasz w ramce na str. 13). Aby poczuć się pewniej, możesz się umówić na spotkanie z ginekologiem, który w razie niesprzyjających okoliczności zastąpi twojego lekarza. Indywidualna praktyka lekarska może budzić zastrzeżenia również wtedy, gdy w połowie ciąży nagle się okaże, że wybrany przez ciebie lekarz nie jest tym, o którym marzyłaś. Jeśli tak się zdarzy i postanowisz zmienić ginekologa, będziesz musiała od początku zacząć poszukiwania lekarza, który będzie spełniał twoje wymagania.

Praktyka grupowa. W tego rodzaju praktyce dwóch lub więcej lekarzy tej samej specjalności opiekuje się wspólnie swoimi pacjentkami, przyjmując je na zmianę według harmonogramu (chociaż przez większość czasu będziesz na ogół widywała swojego ulubionego lekarza, a dopiero pod koniec ciąży, gdy wizyty w gabinecie staną się częstsze, zaczniesz spotykać również innych). W tego typu gabinetach możesz znaleźć zarówno położników, jak i lekarzy rodzinnych. Zaletą praktyki grupowej jest to, że za każdym razem spotykasz różnych lekarzy, więc możesz poznać ich wszystkich osobiście, a to oznacza, że gdy zaczną się skurcze porodowe, będziesz miała przy sobie znajomą twarz. Największą wadą zaś jest to, że możesz nie polubić wszystkich lekarzy w równym stopniu i prawdopodobnie nie będziesz miała wpływu na to, który z nich będzie przy porodzie. Poza tym różne punkty widzenia i opinie różnych specjalistów mogą być zarówno mocną, jak i słabą stroną takiej praktyki, w zależności od tego, czy będzie cię to uspokajać, czy przyprawiać o zawrót głowy.

Łączona praktyka lekarska. To praktyka grupowa złożona z jednego lub kilku lekarzy oraz jednej lub kilku położnych. Zalety i wady takiej kombinacji są podobne do zalet i wad innych praktyk grupowych. Niewątpliwą wartością jest jednak to, że podczas jednych wizyt uwagę i czas poświęci ci położna, a podczas innych skorzystasz z fachowej wiedzy medycznej i doświadczenia lekarza. W przypadku tego rodzaju praktyki możesz wybrać opcję porodu z położną, mając jednocześnie pewność, że w razie powikłań będziesz mogła liczyć na pomoc lekarza.

Ośrodki położnicze (izby porodowe). Tego rodzaju praktyka oparta jest głównie na kadrze złożonej z wykwalifikowanych położnych (w Polsce są to położne środowiskowo-rodzinne), a ginekolodzy-położnicy są wzywani w razie potrzeby. Niektóre ośrodki położnicze znajdują się w szpitalach lub ośrodkach zdrowia, a inne stanowią odrębne placówki; wszystkie są przeznaczone wyłącznie dla pacjentek z ciążą niskiego ryzyka. Ośrodki położnicze to oczywiście wielkie ułatwienie dla wszystkich przyszłych mam, które decydują się na opiekę dyplomowanej położnej. Kolejną niebagatelną zaletą tego typu ośrodków są także niewielkie koszty: usługi ośrodków położniczych i położnych środowiskowo-rodzinnych są zazwyczaj tańsze niż usługi lekarzy i prywatnych gabinetów ginekologicznych. Ta okoliczność może mieć podstawowe znaczenie, gdyż mimo że twoje ubezpieczenie zdrowotne pokrywa koszty opieki okołoporodowej i ciąży, być może będziesz musiała sama pokryć ich część – w zależności od rodzaju ubezpieczenia, wysokości płaconych podatków i sieci, w ramach której działa twoje ubezpieczenie (dotyczy to systemu medycznego funkcjonującego w USA). Potencjalna wada tego typu instytucji: jeśli w trakcie ciąży pojawią się jakieś komplikacje, będziesz musiała znaleźć lekarza-położnika i zbudować z nim nową relację. Gdy dojdzie do powikłań w trakcie porodu, przypuszczalnie trzeba będzie wezwać lekarza, którego nigdy wcześniej nie spotkałaś. I wreszcie, jeśli zdecydujesz się na poród w ośrodku położniczym stanowiącym odrębną placówkę, to w razie komplikacji będziesz musiała zostać przewieziona do najbliższego szpitala, gdzie otrzymasz natychmiastową pomoc.

Praktyka niezależnej położnej. W niektórych stanach Ameryki Północnej dyplomowane położne mogą praktykować niezależnie i oferować kobietom w ciąży niskiego ryzyka opiekę okołoporodową dostosowaną do ich indywidualnych potrzeb. (W Polsce niezależne położne funkcjonują stosunkowo od niedawna, a ich praca jest usankcjonowana ustawą o wykonywaniu zawodu pielęgniarki i położnej oraz rozporządzeniem Ministra Zdrowia. Niezależne położne są rekomendowane przez stowarzyszenie Niezależna Inicjatywa Rodziców i Położnych „Dobrze urodzeni"; kontakt do niego znajdziesz na stronie www.dobrze-

---

Grupy wsparcia

Szukasz alternatywnego modelu opieki okołoporodowej? Możesz się przyłączyć do grupy wsparcia składającej się z kilku przyszłych mam (oraz ich partnerów), które będą rodziły mniej więcej w tym samym czasie co ty (w USA taki program nosi nazwę Centering Pregnancy). Zwykle grupa odbywa dziesięć spotkań – w trakcie ciąży i po porodzie (maluchy również biorą udział!). Będziesz co miesiąc spotykać się ze swoim lekarzem (tak samo jak w przypadku tradycyjnego modelu opieki prenatalnej), a oprócz tego spędzać podczas każdej sesji dwie godziny na rozmowach z innymi przyszłymi mamami – zadawać pytania, dzielić się doświadczeniami, omawiać różne tematy od odżywiania w ciąży po rodzaje porodów.

Uważasz, że taka grupa wsparcia jest właśnie dla ciebie? Poszukaj w Internecie, na przykład na stronach www.centeringhealthcare.org i www.rodzicpoludzku.pl.

urodzeni.pl). Niezależna położna towarzyszy kobiecie podczas porodu naturalnego (fizjologicznego, przebiegającego bez powikłań), który niekiedy przyjmuje w domu, chociaż o wiele częściej odbywa się to w klinikach położniczych i szpitalach. Niezależne położne współpracują z lekarzami, którzy w razie potrzeby udzielają niezbędnych konsultacji medycznych w czasie ciąży, porodu i połogu. Koszty usług oferowanych przez niezależne położne pokrywa ubezpieczenie lub plan zdrowotny, chociaż tylko niektórzy ubezpieczyciele zwracają koszt porodu domowego lub przeprowadzonego w miejscu innym niż szpital.

Jak znaleźć dobrego kandydata

Kiedy już będziesz wiedziała, jakiego lekarza najbardziej potrzebujesz i jaki rodzaj praktyki najbardziej ci odpowiada, nadejdzie czas na działanie. Zatem jak szukać odpowiednich kandydatów? Oto lista najlepszych źródeł:

- Twój ginekolog lub lekarz rodzinny (chyba że sami przyjmują porody) albo internista, pod warunkiem że odpowiada ci ich styl pracy. Lekarze chętnie polecają kolegów o podobnym podejściu do pacjenta.
- Przyjaciółki, koleżanki z pracy lub znajome z internetowych grup dyskusyjnych i forów, które niedawno rodziły oraz mają podobną osobowość i zapatrywania na temat porodu.
- Towarzystwo ubezpieczeniowe (jeśli wykupiłaś dodatkową polisę zdrowotną), które poda ci listę położników ze swojej sieci placówek medycznych wraz z informacjami na temat ich wykształcenia, doświadczenia, specjalności, uprawnień i rodzaju prowadzonej praktyki.
- Narodowy Fundusz Zdrowia – Informator „Gdzie się leczyć" (na przykład www.nfz--poznan.pl/gdzie_leczyc).
- Okręgowe Izby Lekarskie.
- Okręgowe Izby Pielęgniarek i Położnych.
- Miejscowy oddział La Leche League, zwłaszcza jeśli zamierzasz karmić piersią i potrzebujesz wsparcia (www.mlecznewsparcie.pl lub www.lllpolska.org).
- Najbliższy szpital z oddziałem położniczym wyposażonym w urządzenia i udogodnienia, które mają dla ciebie znaczenie – na przykład salę porodową z wanną do masażu wodnego, system *rooming-in* (mama przebywa cały czas z dzieckiem, a nawet jego tatą) oraz oddział intensywnej opieki neonatologicznej.
- W USA informacje na temat lekarzy i położnych można znaleźć na stronach internetowych następujących instytucji: The American Medical Association (Amerykańskie Towarzystwo Medyczne – www.ama-ass.org, zakładka Doctor Finder); The American College of Obstetricians and Gynecologists Physician Directory (spis lekarzy Amerykańskiego Stowarzyszenia Położników i Ginekologów – www.acog.org, zakładka Find an ob-gyn); The American College of Nurse-Midwives (Amerykańskie Stowarzyszenie Pielęgniarek i Położnych – www.midwive.org, zakładka Find a Midwife).

Jak wybrać

Kiedy już ustalisz nazwisko potencjalnego kandydata, zadzwoń do niego i umów się na wizytę. Przygotuj sobie pytania, które pomogą ci się przekonać, czy macie podobne poglądy i typy osobowości. (Nie oczekuj jednak, że będziecie się zgadzać w każdej sprawie). Bądź spostrzegawcza, wnikliwa i w trakcie rozmowy staraj się czytać między wierszami. Czy lekarz (lub położna) jest dobrym słuchaczem? Czy jest cierpliwy i potrafi wszystko wyjaśnić? Czy tak samo traktuje ciebie i twojego partnera? Czy ma poczucie

Gdzie będziesz rodzić?

Jesteś zupełnie pewna, że urodzisz swoje maleństwo w szpitalu? A może zastanawiasz się nad izbą porodową? Wolisz rodzić w domu? Ciąża i poród wiążą się z całą masą różnych wyborów – w tym także z tym, gdzie powitasz na świecie swoje dziecko:

W szpitalu. Nie myśl, że to zimne, bezduszne i mało przyjazne miejsce. Pokoje porodowe w większości szpitali są przytulne, rodzinne, łagodnie oświetlone, wyposażone w wygodne fotele, wesołe obrazy oraz łóżka, które wyglądają, jakby właśnie trafiły tu z salonu meblowego, a nie z katalogu z wyposażeniem szpitalnym. Sprzęt medyczny jest na ogół schowany w szafkach poza zasięgiem wzroku. Oparcie łóżka można podnieść, tak by rodząca mogła przyjąć jak najwygodniejszą pozycję, a podnóżek odłączyć, by ułatwić dostęp personelowi medycznemu. Po porodzie nastąpi kilka szybkich zmian, w tym wymiana pościeli, i proszę – jesteś z powrotem w łóżku. W wielu szpitalach w salach porodowych dostępne są prysznice i/lub wanny z masażem wodnym, więc w trakcie porodu można skorzystać z kojącej hydroterapii. Niektóre placówki mają do dyspozycji również wanny do rodzenia w wodzie (więcej informacji w ramce na str. 336). W większości sal porodowych znajdzie się także kanapa dla zmęczonego partnera oraz innych gości.

Sale porodowe to miejsca przeznaczone głównie do porodu, a potem krótkiego odpoczynku, a to oznacza, że wraz z maluszkiem mniej więcej po godzinie zostaniesz przeniesiona do sali poporodowej, gdzie nikt nie będzie wam zakłócał pierwszych wspólnych chwil.

Jeśli poród skończy się cięciem cesarskim, zostaniesz przeniesiona z sali porodowej do operacyjnej, potem do pokoju wybudzeń, ale gdy tylko wszystko się zakończy, znajdziesz się w przytulnej i miłej sali poporodowej.

W izbie porodowej. Izby porodowe mogą funkcjonować jako odrębne palcówki (często usytuowane w pobliżu szpitala, chociaż w Polsce w tej formie zostały zlikwidowane) albo być częścią szpitala. Izby porodowe oferują miłą, intymną atmosferę oraz dyskretnie oświetlone pokoje dostosowane do potrzeb rodzącej z prysznicami i wannami do porodu w wodzie. Zatrudnione są w nich głównie położne, które w razie potrzeby korzystają z pomocy lekarza. Chociaż w izbach porodowych z reguły nie stosuje się elektronicznego monitorowania płodu, są one wyposażone w odpowiedni sprzęt, który w każdej chwili można podłączyć, a potem przetransportować rodzącą kobietę do najbliższego szpitala. W związku z tym do izb porodowych przyjmowane są tylko kobiety z ciążą niskiego ryzyka, które mogą urodzić siłami natury. Warto pamiętać, że w takich placówkach preferuje się porody bez wspomagania lekami i chociaż dostępne są łagodne środki uśmierzające ból, to znieczulenie zewnątrzoponowe nie jest podawane. Jeśli się okaże, że powinnaś otrzymać takie znieczulenie, zostaniesz przewieziona do szpitala.

W domu. W USA tylko mniej więcej 1 procent porodów odbywa się w domu. Pozytywna strona takiego porodu jest oczywista: dziecko przychodzi na świat wśród rodziny i przyjaciół, w ciepłej i pełnej miłości atmosferze, a ty rodzisz w znanym sobie i przyjaznym zaciszu własnego domu, bez szpitalnego rygoru i personelu, który nie daje ci spokoju. Z kolei wadą jest to, że jeśli nieoczekiwanie coś pójdzie źle, nie będzie możliwe szybie wykonanie cięcia cesarskiego, nie będzie też pod ręką sprzętu do resuscytacji nowo narodzonego maleństwa.

Statystyki pokazują, że poród domowy w asyście położnej jest trochę bardziej ryzykowny dla dziecka niż poród w szpitalu również przy pomocy położnej. Amerykańskie Stowarzyszenie Pielęgniarek i Położnych zaleca, by decydując się na poród domowy, upewnić się najpierw, że ciąża nie jest ciążą wysokiego ryzyka, mieć do dyspozycji wykwalifikowaną położną pozostającą w kontakcie z lekarzem oraz przygotowany transport w razie nagłego wypadku i mieszkać w odległości nie większej niż 50 kilometrów od szpitala.

humoru, jeśli tego oczekujesz? Czy równie poważnie podchodzi do twoich problemów i obaw emocjonalnych, jak i zdrowotnych? Teraz nadeszła pora, by sprawdzić stanowisko twojego kandydata w sprawach dla ciebie najważniejszych: poród naturalny i niewspomagany lekami czy poród w znieczuleniu (gdy jest potrzebne lub konieczne), karmienie piersią, wywoływanie porodu, elektroniczne monitorowanie płodu czy tylko rutynowa kroplówka (z oksytocyną), poród naturalny po cięciu cesarskim, poród w wodzie oraz wszystkie inne kwestie, które mają dla ciebie znaczenie. Wiedza to potęga, a dzięki temu, że będziesz znała sposób postępowania swojego położnika, zdobędziesz pewność, że później nic cię nieprzyjemnie nie zaskoczy.

Niemal równie ważne jak to, czego dowiesz się w trakcie rozmowy o swoim potencjalnym lekarzu, jest i to, co wyjawisz mu o sobie. Bądź odważna i nie ukrywaj swoich oczekiwań. Będziesz mogła ocenić go po tym, czy z zainteresowaniem i empatią zareaguje na twoje potrzeby i zrozumie cię jako pacjentkę.

Będziesz mogła się również zastanowić, czy chcesz rodzić w szpitalu lub w prywatnej klinice położniczej, z którymi związany jest twój położnik, i czy odpowiadają ci panujące w nich warunki. Chociaż sprawy związane z porodem nie powinny rzecz jasna być jedynym kryterium wyboru ginekologa-położnika, to z pewnością powinny być priorytetowe. Zapytaj zatem o udogodnienia i możliwości, które są dla ciebie istotne (pamiętając, że na początku ciąży nie można podejmować żadnych konkretnych decyzji w sprawie porodu i że wiele z nich może ulec zmianie tuż przed samym rozwiązaniem): Czy będziesz miała do dyspozycji wannę, drabinkę do parcia w pozycji kucznej, wygodne miejsce dla taty w sali poporodowej, pokój odwiedzin dla rodziny i przyjaciół oraz czy szpital posiada oddział intensywnej opieki neonatologicznej? Czy możesz liczyć na elastyczne reguły i procedury (dotyczące na przykład jedzenia, picia czy podawania kroplówek w trakcie porodu)? Czy można natychmiast wezwać anestezjologa, żebyś nie musiała czekać na znieczulenie zewnątrzoponowe, gdy będzie ci potrzebne? Czy personel zgodzi się na próbę porodu siłami natury po cięciu cesarskim (jeśli wcześniej je miałaś; patrz str. 365)? Czy rodzeństwo maluszka może przebywać na oddziale położniczym? Czy oddział ma oznaczenie „Szpital Przyjazny Dziecku" i realizuje program wspierający karmienie piersią oraz politykę przyjazną noworodkom (na przykład kontakt z mamą „skórą do skóry" tuż po porodzie)? Czy szpital oferuje całodobowe wsparcie konsultantki laktacyjnej (lub pomoc, jeśli postanowisz, że nie będziesz karmić piersią)? Na stronie 333 znajdziesz więcej informacji na temat różnych rodzajów porodów i opcji z nimi związanych.

Zanim podejmiesz ostateczną decyzję, zastanów się, czy lekarz, którego wybrałaś, budzi twoje zaufanie. Ciąża to jedna z najważniejszych podróży, jakie odbędziesz w życiu, zatem potrzebujesz towarzysza, któremu będziesz mogła całkowicie zaufać.

ROZDZIAŁ 2

Twój profil ciążowy

Domowy test ciążowy wypadł pozytywnie, a ty już przyzwyczaiłaś się (mniej więcej) do myśli, że będziesz miała dziecko! Jesteś coraz bardziej podekscytowana i masz coraz więcej pytań. Oczywiście wiele z nich wiąże się z tymi szalonymi i nieokiełznanymi objawami, które już pewnie zaczęłaś odczuwać. Ale masz też inne, które dotyczą twojego osobistego profilu ciążowego. A czym jest profil ciążowy? Nie, to nie jest coś, co można umieścić na portalu społecznościowym (ani selfie z brzuszkiem, które będziesz robiła sobie co tydzień). Profil ciążowy to połączenie twojej historii medycznej, ginekologicznej i położniczej (jeśli to nie jest twoja pierwsza ciąża). Innymi słowy – wszystkie wydarzenia zdrowotne z przeszłości, które mogą mieć wpływ na przebieg ciąży.

Pamiętaj, że spora część tego rozdziału może wcale ciebie nie dotyczyć, ponieważ twój profil ciążowy (podobnie jak dziecko, którego oczekujesz) jest jedyny w swoim rodzaju. Przeczytaj zatem to, co pasuje do twojego profilu, a resztę pomiń.

Twój wywiad ginekologiczny

Środki antykoncepcyjne w trakcie ciąży

Zaszłam w ciążę, chociaż brałam tabletki antykoncepcyjne. Zażywałam je potem jeszcze przez ponad miesiąc, ponieważ nie wiedziałam, że jestem w ciąży. Czy to może zaszkodzić mojemu dziecku?

Najlepiej byłoby, gdybyś przestała przyjmować doustne środki antykoncepcyjne, potem miała przynajmniej jeden normalny cykl menstruacyjny (czyli taki, który wywołają wydzielane przez twój organizm hormony) i dopiero wtedy zaszła w ciążę. Ale poczęcie nie zawsze się odbywa w idealnych warunkach – i chociaż zdarza się to rzadko (mniej niż 1 przypadek na 100 przy zachowaniu żelaznej konsekwencji w stosowaniu antykoncepcji), może się przytrafić, że kobieta zajdzie w ciążę, zażywając tabletki antykoncepcyjne. Pewnie przeczytałaś w ulotce wszystkie ostrzeżenia i ewentualne skutki uboczne, ale naprawdę nie ma powodu do niepokoju. Nie istnieją żadne twarde dowody na to, że zażywanie doustnych środków antykoncepcyjnych po poczęciu stanowi zagrożenie dla dziecka. Chcesz, żeby ktoś dodatkowo rozproszył twoje obawy? Porozmawiaj ze swoim lekarzem – na pewno cię uspokoi.

Ta książka jest dla wszystkich rodzin

Rodzina jest rodziną – nieważne, kto wchodzi w jej skład, gdyż najważniejsza jest miłość. Czytając *W oczekiwaniu na dziecko*, zauważysz pewne odniesienia do tradycyjnego modelu rodziny. Te odniesienia w żadnym wypadku nie mają na celu wykluczenia czy pominięcia ciężarnych mam (oraz ich rodzin), które nie pasują do tego modelu – na przykład mam, które są samotne z wyboru lub z powodu okoliczności, tych, które mają partnerki (a nie partnerów), albo tych, które nie zdecydowały się na ślub. Słowa „małżonek" i „partner" to sposób na uniknięcie pewnych sformułowań (na przykład „twój mąż lub inna ukochana osoba"), które są wprawdzie pojemniejsze, ale za to bardzo długie. To samo dotyczy słowa „tata" zamiast zwrotu „tata lub druga mama" w odniesieniu do rodzica, który nie jest w ciąży. Zatem przeredaguj mentalnie każde słowo, które do ciebie nie pasuje, i zastąp je tym, które charakteryzuje ciebie i twoją rodzinę.

Jesteście parą, której dziecko urodzi surogatka? To również wasza ciąża i wasza książka. Wykorzystajcie ją, by śledzić rozwój waszego dziecka w łonie surogatki.

Twój ginekolog zapewne doda ci otuchy również wtedy, gdy zaszłaś w ciążę, stosując krążek antykoncepcyjny, plastry, zastrzyki lub implanty antykoncepcyjne (wszczepiane pod skórę). Te formy zapobiegania ciąży są oparte na tych samych hormonach, które znajdują się w tabletkach, a to oznacza, że skoro nie ma dowodów na to, że tabletka stanowi zagrożenie dla dziecka, inne formy tego typu antykoncepcji również nie są niebezpieczne.

Zaszłam w ciążę podczas stosowania prezerwatyw ze środkiem plemnikobójczym i zanim się dowiedziałam, że jestem w ciąży, używałam ich jeszcze wiele razy. Czy powinnam się martwić?

Nie masz żadnego powodu do obaw, jeżeli zaszłaś w ciążę, stosując prezerwatywy (diafragmę, kapturek czy gąbkę dopochwową) ze środkiem plemnikobójczym lub nawet sam taki środek. Uspokajająca wiadomość jest taka, że nie stwierdzono absolutnie żadnego związku między środkiem plemnikobójczym a wadami wrodzonymi. Uspokój się zatem, odpręż i ciesz się ciążą, nawet jeśli pojawiła się trochę nieoczekiwanie.

Używałam wkładki wewnątrzmacicznej jako metody antykoncepcji i właśnie odkryłam, że jestem w ciąży. Czy moja ciąża będzie się prawidłowo rozwijała?

Zajście w ciążę w trakcie stosowania antykoncepcji zawsze jest odrobinę niepokojące i zaskakujące (czyż nie po to ją stosowałaś, żeby do tego nie doszło?), ale czasem jednak się zdarza. Prawdopodobieństwo zajścia w ciążę z założoną spiralą jest stosunkowo niewielkie i przytrafia się mniej więcej w 1 przypadku na 1000.

A gdy już udało ci się pokonać tę przeciwność i począć dziecko pomimo wkładki antykoncepcyjnej, masz dwa rozwiązania, które powinnaś omówić ze swoim lekarzem:

pozostawić spiralę albo ją usunąć. To, która z opcji okaże się w twojej sytuacji najlepsza, będzie zależało od tego, czy ginekolog zauważy przymocowaną do wkładki nitkę wystającą z szyjki macicy (nitka pozwala kontrolować, czy wkładka znajduje się we właściwym miejscu). Jeśli nitka nie jest widoczna, istnieją spore szanse na to, że ciąża będzie przebiegała bez zakłóceń pomimo wkładki – nawet takiej, która uwalnia hormony. Spirala zostanie po prostu przyciśnięta do ściany macicy przez powiększający się pęcherz płodowy, w którym rozwija się dziecko, a podczas porodu zostanie urodzona wraz z łożyskiem. Jeśli zaś nitka jest widoczna już na początku ciąży, zwiększa się ryzyko zakażenia. W takim przypadku szanse na bezpieczną i zdrową ciążę wzrosną, gdy wkładka zostanie usunięta jak najszybciej po potwierdzeniu, że w twoim łonie rozwija się dziecko. W przeciwnym wypadku istnieje znaczne ryzyko poronienia, które spadnie do zaledwie 20 procent po usunięciu wkładki. Jeśli cię to nie uspokaja, weź pod uwagę, że wskaźnik poronień we wszystkich przypadkach stwierdzonych ciąż wynosi od 15 do 20 procent.

Jeżeli wkładka nie zostanie usunięta, w pierwszym trymestrze musisz być szczególnie ostrożna i wyczulona na wszelkie krwawienia, skurcze czy podwyższoną temperaturę, ponieważ wkładka wewnątrzmaciczna może być przyczyną powikłań na wczesnym etapie ciąży. Jeśli zauważysz takie objawy, natychmiast poinformuj o nich lekarza.

Mięśniaki

Od kilku lat mam mięśniaki, ale nigdy nie sprawiały mi żadnych problemów. Teraz zaszłam w ciążę. Czy mam się spodziewać jakichś powikłań?

Istnieje duże prawdopodobieństwo, że mięśniaki w żaden sposób nie skomplikują ciąży. Te łagodne guzy, które rozwijają się w ścianie macicy, najczęściej nie mają żadnego wpływu na przebieg ciąży.

Czasami przyszła mama, która ma mięśniaki, odczuwa ucisk lub ból w dole brzucha, ale zazwyczaj nie jest to powód do zmartwienia. Niemniej wspomnij o tym swojemu lekarzowi. By odczuć poprawę, zwykle wystarczy ograniczyć aktywność, spędzić 4–5 dni w łóżku i zażyć bezpieczny środek przeciwbólowy.

W rzadkich przypadkach mięśniaki mogą nieco zwiększyć ryzyko pewnych powikłań, takich jak oddzielenie się łożyska albo poród przedwczesny lub pośladkowy. Ponieważ każdy przypadek jest inny – podobnie jak każda przyszła mama – porozmawiaj z lekarzem i dowiedz się jak najwięcej o tej przypadłości, a także o zagrożeniach (jeżeli w ogóle istnieją) w twoim konkretnym przypadku. Jeśli położnik będzie podejrzewać, że mięśniaki mogą zakłócić bezpieczny poród siłami natury, prawdopodobnie zaleci cięcie cesarskie. Jednak w większości przypadków nawet duży mięśniak nie stanie dziecku na drodze, ponieważ macica w trakcie ciąży się powiększa.

Kilka lat temu usunięto mi mięśniaki. Czy będzie to miało wpływ na przebieg ciąży?

W większości przypadków zabieg usunięcia niewielkich guzków (szczególnie jeśli został przeprowadzony laparoskopowo) nie ma wpływu na kolejną ciążę. Jednak rozległa operacja chirurgiczna, której celem było usunięcie dużych mięśniaków, może na tyle osłabić ścianę macicy, że w przyszłości nie będzie ona w stanie poradzić sobie z porodem. Jeśli ginekolog stwierdzi, że tak właśnie jest w twoim przypadku, z pewnością zaplanuje cięcie cesarskie. Dowiedz się wszystkiego o objawach przedwczesnego porodu, w razie gdyby skurcze rozpoczęły się przed terminem zabiegu, i opracuj plan, który pozwoli ci się szybko dostać do szpitala, gdy zaczniesz rodzić.

Endometrioza

Po kilku latach zmagań z endometriozą w końcu zaszłam w ciążę. Czy będę miała jakieś problemy?

Endometrioza (inaczej gruczolistość) z reguły wiąże się z dwoma wyzwaniami: trudnością z zajściem w ciążę oraz bólem. Jesteś w ciąży, więc pierwsze z tych wyzwań jest już za tobą (gratulacje!). A oto jeszcze lepsza wiadomość: ciąża pomoże ci się rozprawić z drugim problemem.

Endometrioza, czyli tak zwane wszczepy endometrium (błony śluzowej macicy) występujące poza jamą macicy jest przyczyną bólu, ponieważ podlega wpływom hormonów płciowych, tak samo jak endometrium położone prawidłowo, czyli w macicy. Oznacza to, że pod wpływem hormonów błona śluzowa w początkowej fazie cyklu menstruacyjnego rozrasta się, a potem złuszcza, co powoduje krwawienie.

Podczas ciąży – gdy owulacja i menstruacja robią sobie przerwę, a stężenie progesteronu wzrasta – wszczepy endometrium nie podlegają zmianom hormonalnym, więc nie wywołują bólu. U niektórych przyszłych mam wcale lub prawie wcale nie występują dolegliwości podczas całej ciąży, chociaż niektóre mogą odczuwać dyskomfort, w miarę jak dziecko rośnie i zaczyna coraz silniej kopać (zwłaszcza jeśli trafi we wrażliwe miejsce).

Mniej optymistyczna wiadomość jest taka, że ciąża nie leczy endometriozy; daje tylko chwilę wytchnienia. Po ciąży i okresie karmienia piersią (często nawet wcześniej) objawy powracają. Kolejną niewesołą informacją jest to, że kobiety cierpiące na tę przypadłość są narażone na zwiększone ryzyko ciąży pozamacicznej (bądź wyczulona na towarzyszące jej objawy; patrz str. 619) oraz porodu przedwczesnego.

Z powodu zwiększonego ryzyka lekarz z pewnością będzie chciał częściej kontrolować przebieg ciąży (na przykład przeprowadzając badania USG). I wreszcie, jeśli z powodu swojej dolegliwości przechodziłaś zabieg chirurgiczny, ginekolog prawdopodobnie zaleci cięcie cesarskie.

Kolposkopia (wziernikowanie szyjki macicy)

Rok przed zajściem w ciążę przeszłam zabieg wziernikowania szyjki macicy i usunięto mi nieprawidłowe komórki. Czy stanowi to jakieś zagrożenie dla mojej ciąży?

Na szczęście z dużym prawdopodobieństwem nie. Sama biopsja z pewnością nie stanowi żadnego zagrożenia, ponieważ pobiera się tylko niewielki blok tkankowy (tyle komórek, ile mieści się w świetle igły biopsyjnej). Metoda LEEP (*loop electrosurgical excision procedure*), polegająca na usunięciu atypowej tkanki za pomocą prądu elektrycznego (elektrosekrecja), również nie powinna mieć żadnego wpływu na przyszłą ciążę – u większości kobiet, które przeszły taki zabieg, ciąża przebiega całkowicie normalnie. Podobnie rzecz się ma z kobietami poddanymi zabiegowi kriochirurgicznemu (wymrożeniu nieprawidłowych komórek). Czasami zdarza się jednak, że niektóre kobiety – w zależności od tego, jak duży fragment szyjki macicy został usunięty podczas tych zabiegów – mogą się znaleźć w grupie ryzyka z powodu takich powikłań, jak niewydolność cieśniowo-szyjkowa i przedwczesny poród. Dopilnuj, by położnik poznał twoją historię ginekologiczną i dowiedział się o problemach z szyjką macicy, gdyż dzięki temu będzie mógł jeszcze dokładniej monitorować twoją ciążę.

Jeśli rutynowe badanie cytologiczne przeprowadzone podczas pierwszej wizyty wykaże jakieś nieprawidłowości, lekarz może zaordynować przeprowadzenie kolposkopii, by dokładniej przyjrzeć się zmianom w obrębie szyjki macicy, lecz biopsję lub inny zabieg przeprowadzi prawdopodobnie dopiero po narodzinach dziecka.

Wcześniejsze aborcje

Przeszłam dwie aborcje. Czy to może mieć wpływ na obecną ciążę?

Wielokrotne usuwanie ciąży w pierwszym trymestrze nie powinno mieć wpływu na przyszłe ciąże. Jeżeli aborcje zostały wykonane przed upływem 14 tygodnia, prawdopodobnie nie masz powodu do niepokoju. Natomiast jeśli do aborcji doszło w drugim trymestrze (między 14 a 27 tygodniem), to ryzyko przedwczesnego porodu może wzrosnąć. W każdym wypadku musisz opowiedzieć o wszystkim lekarzowi. Im dokładniej pozna historię twojej płodności, tym lepiej będzie mógł się zatroszczyć o ciebie i twoje maleństwo.

HPV (wirus brodawczaka ludzkiego)

Czy zakażenie HPV może źle wpłynąć na moją ciążę?

Zakażenie wirusem brodawczaka ludzkiego jest najczęstszą chorobą przenoszoną drogą płciową w Stanach Zjednoczonych, aczkolwiek dzięki szczepionce liczba zakażonych coraz bardziej spada. Większość osób zakażonych tym wirusem nie ma o tym pojęcia, gdyż przez większość czasu choroba nie daje żadnych objawów i znika samoistnie w ciągu 6–10 miesięcy (do 2 lat).

Niektóre typy wirusa HPV (typy onkogenne) powodują nieprawidłowości w budowie komórek szyjki macicy (wykrywalne podczas badania cytologicznego) i przyczyniają się do rozwoju m.in. raka szyjki macicy. Inne są przyczyną powstawania brodawek płciowych (tak zwanych kłykcin kończystych, które mogą się różnić wyglądem – od ledwie widocznych zmian skórnych po miękkie, aksamitne i płaskie guzki lub kalafiorowate narośla, w kolorze jasno- lub ciemnoróżowym) – pojawiających się w pochwie, na sromie i wokół odbytu. Chociaż brodawki płciowe na ogół nie bolą, czasem mogą powodować pieczenie, swędzenie, a nawet krwawienie. Wymagają leczenia przez dermatologa-wenerologa.

W jaki sposób wirus HPV może wpłynąć na rozwój ciąży? Na szczęście prawie w żaden. Jednak niekiedy to zmiany hormonalne towarzyszące ciąży mogą negatywnie wpłynąć na liczbę i rozmiar brodawek płciowych. Jeśli tak się stanie właśnie w twoim przypadku – wykwitów zacznie przybywać, staną się większe i nie będą znikać samoistnie – lekarz może ci zalecić leczenie w trakcie ciąży, szczególnie jeśli wykwity będą tak duże, że przesłonią kanał rodny. Brodawki można bezpiecznie usunąć przez zamrażanie, wypalanie lub laserowo. Jeżeli lekarz stwierdzi, że nie mają wpływu na twoją ciążę, może zalecić odłożenie leczenia aż do rozwiązania. Jeśli jesteś zakażona wirusem HPV, ginekolog pobierze też rozmaz cytologiczny, żeby sprawdzić, czy nie ma nieprawidłowych komórek. Nawet jeśli badanie cytologiczne wykaże jakąś nieprawidłowość, biopsja i usunięcie nietypowych komórek prawdopodobnie zostaną przeprowadzone dopiero po porodzie.

Obawiasz się, że dziecko zarazi się wirusem HPV? Niepotrzebnie. Ryzyko zakażenia malucha jest bardzo niskie, a jeśli nawet do tego dojdzie w wyniku jakiegoś nieprawdopodobnego zbiegu okoliczności, wirus powinien zniknąć samoistnie bez żadnego leczenia.

Przed wirusem HPV zabezpiecza szczepionka, którą należy podać wszystkim dziewczynkom i chłopcom między 11 a 12 rokiem życia, ale można to zrobić również przed ukończeniem 26 lat (jeśli ktoś nie został już wcześniej zaszczepiony). Szczepionkę podaje się w trzech dawkach, więc jeśli już zaczęłaś ją przyjmować i zaszłaś w ciążę przed przyjęciem ostatniej serii, będziesz musiała się wstrzymać i poczekać, aż urodzisz dziecko.

Choroby przenoszone drogą płciową a ciąża

Większość chorób przenoszonych drogą płciową ma rzecz jasna wpływ na ciążę, ale na szczęście można je łatwo i bezpiecznie wyleczyć nawet w tym stanie. Ponieważ kobiety często nie zdają sobie sprawy z tego, że są zakażone, epidemiolodzy zalecają, by na początku ciąży wszystkie przyszłe mamy zrobiły testy w kierunku chorób stanowiących największe zagrożenie dla nich i dla dziecka:

Rzeżączka. Już od dawna wiadomo, że u noworodków, które przychodzą na świat przez zakażony kanał rodny, choroba ta powoduje zapalenie spojówek, ślepotę oraz inne poważne powikłania. Kobieta w ciąży, u której stwierdzono rzeżączkę, jest natychmiast poddawana kuracji antybiotykami. Dodatkowym środkiem bezpieczeństwa jest maść z antybiotykiem, którą aplikuje się do oczu każdemu noworodkowi.

Kiła. Ponieważ choroby przenoszone drogą płciową mogą być przyczyną wielu wad wrodzonych, a nawet śmierci dziecka, podczas pierwszej wizyty prenatalnej wszystkie przyszłe mamy są rutynowo badane w ich kierunku. Kuracja antybiotykami przeprowadzona przez końcem 4 miesiąca ciąży, kiedy bakterie zwykle zaczynają już przenikać barierę łożyska, niemal zawsze chroni płód przez zakażeniem. Dobra wiadomość jest taka, że matka bardzo rzadko zaraża dziecko kiłą.

Chlamydioza. Występuje powszechniej niż rzeżączka czy kiła, a narażone na nią są głównie aktywne seksualnie kobiety poniżej 26 roku życia (zwłaszcza te, które mają wielu partnerów). Chlamydioza jest chorobą najczęściej przekazywaną dziecku przez matkę i uważa się ją za potencjalne zagrożenie dla obojga. Ze względu na to, że połowa kobiet zakażonych bakterią *Chlamydia trachomatis* nie ma żadnych objawów (co oznacza, że można się zarazić i o tym nie wiedzieć), rutynowe badania przesiewowe są bardzo ważne.

Najlepiej wyleczyć chlamydiozę jeszcze przed zajściem w ciążę, chociaż natychmiastowe leczenie antybiotykami (przeważnie azytromycyną) już w czasie jej trwania uchroni dziecko przed zakażeniem w trakcie porodu (zakażenie tą bakterią może wywołać zapalenie płuc – na szczęście przeważnie łagodne, lub zakażenie oczu, które w niektórych przypadkach może mieć poważny przebieg).

Opryszczka

Mam opryszczkę narządów płciowych. Czy dziecko może się ode mnie zarazić?

Istnieje ogromne prawdopodobieństwo, że twój maluszek przyjdzie na świat bezpieczny, zdrowy i bez opryszczki, zwłaszcza jeśli wraz z lekarzem podejmiecie odpowiednie kroki w trakcie ciąży i porodu. A oto niezbędne informacje:

Po pierwsze, zakażenia opryszczką u noworodków są bardzo rzadkie. Prawdopodobieństwo, że dziecko zarazi się wirusem, wynosi mniej niż 1 procent, jeśli u mamy podczas ciąży nastąpił nawrót choroby (ponieważ już wcześniej miała opryszczkę). Po drugie, chociaż zakażenie pierwotne (czyli to, które pojawia się po raz pierwszy) zwiększa ryzyko poronienia i przedwczesnego porodu, to tego typu zakażenia zdarzają się sporadycznie, ponieważ ciężarne kobiety oraz ich partnerzy o wiele rzadziej postępują w ryzykowny sposób (na przykład uprawiają seks bez zabezpieczenia z nowym partnerem). Nawet te dzieci, które znajdują się w grupie większego ryzyka, ponieważ ich mamy po raz pierwszy zachorowały na opryszczkę tuż przed porodem (to bardzo mało prawdopodobny scenariusz), mają aż do 50 procent szans na to, że urodzą się

Maść z antybiotykiem aplikowana rutynowo każdemu noworodkowi chroni go przed chlamydiowym lub rzeżączkowym zapaleniem spojówek.

Rzęsistkowe zapalenie pochwy. To choroba przenoszona drogą płciową, którą wywołuje pierwotniak – rzęsistek *Trichomonas vaginalis* (zwana jest też rzęsistkowicą). Objawia się zielonkawymi, pienistymi upławami z pochwy o nieprzyjemnym rybim zapachu i często także swędzeniem. Około połowy zarażonych nie ma żadnych objawów. Chociaż choroba na ogół nie wywołuje poważnych skutków ani problemów z ciążą (nie ma również wpływu na dziecko), jej objawy mogą być denerwujące. Ciężarna kobieta z objawami rzęsistkowego zapalenia pochwy jest poddawana badaniu i jeśli wynik jest pozytywny, lekarz przepisuje kurację antybiotykową.

HIV. Amerykańskie Stowarzyszenie Położników i Ginekologów zaleca, by wszystkie kobiety ciężarne zostały jak najwcześniej uświadomione i przebadane w kierunku HIV (ludzkiego wirusa niedoboru odporności) podczas każdej ciąży, jeżeli wyrażą na to zgodę. (W Polsce też przeprowadza się test na obecność wirusa HIV, chociaż nie jest on obowiązkowy). Zakażenie wirusem HIV, który wywołuje AIDS, jest zagrożeniem nie tylko dla mamy, ale również dla jej nienarodzonego dziecka. U około 25 procent dzieci urodzonych przez nosicielki wirusa, które nie poddały się leczeniu, dojdzie do zakażenia (testy wykażą to w pierwszych 6 miesiącach życia). Na szczęście dostępne teraz metody leczenia to wielka nadzieja dla zakażonych mam i ich maleństw. Dzięki lekom antyretrowirusowym radykalnie można obniżyć ryzyko zakażenia dziecka bez żadnych szkodliwych skutków ubocznych. Jeśli u kobiety, u której stwierdzono wysokie stężenie wirusa HIV, zostanie przeprowadzone planowe cięcie cesarskie (tak zwane elektywne) przed terminem porodu (zanim rozpoczną się skurcze i dojdzie do pęknięcia pęcherza płodowego), ryzyko zakażenia płodu będzie jeszcze mniejsze.

Jeżeli nie jesteś pewna, czy przeszłaś badania w kierunku chorób przenoszonych drogą płciową, poproś lekarza, żeby to sprawdził. Badania są niezbędnym środkiem ostrożności, który musisz podjąć, będąc w ciąży, nawet gdy jesteś pewna, że niczym się nie zaraziłaś. Jeżeli wynik badań będzie pozytywny, szybko wdrożone leczenie (w razie potrzeby powinien mu się poddać również twój partner) ochroni nie tylko twoje zdrowie, ale także zdrowie twojego maleństwa.

zdrowe. Jeśli nie miałaś wcześniej opryszczki narządów płciowych i masz jakiekolwiek objawy zakażenia pierwotnego (gorączkę, ból głowy czy osłabienie, które trwają ponad 2 dni i towarzyszy im bolesność w okolicy narządów płciowych, swędzenie, ból podczas oddawania moczu, wydzielina z pochwy i cewki moczowej, tkliwość w pachwinach oraz pęcherzykowe zmiany skórne, które z czasem pokrywają się strupami), natychmiast skontaktuj się z lekarzem.

Jeżeli zaraziłaś się opryszczką przed zajściem w ciążę, ryzyko zagrażające twojemu maluszkowi jest naprawdę niewielkie. Żeby jeszcze bardziej je zmniejszyć, ginekolog prawdopodobnie zapisze ci leki przeciwwirusowe, które zaczniesz przyjmować w 36 tygodniu ciąży, nawet jeśli choroba nie jest w fazie aktywnej (nie ma zmian skórnych). Jeżeli takie zmiany się pojawią w momencie porodu, prawdopodobnie będziesz miała cięcie cesarskie, by chronić malucha przed zakażeniem w kanale rodnym. Jeśli mimo wszystko dojdzie do zakażenia (co jest mało prawdopodobne), dziecko otrzyma leki przeciwwirusowe.

Po porodzie odpowiednie środki zapobiegawcze pomogą ci dbać o maleństwo i karmić je piersią bez ryzyka zarażenia go wirusem nawet w aktywnej fazie choroby.

Twój wywiad położniczy

Zapłodnienie *in vitro*

Poczęłam dziecko dzięki metodzie *in vitro*. Czy moja ciąża będzie się różnić od innych?

Wielkie gratulacje z okazji udanego zapłodnienia metodą *in vitro*! Tyle przeszłaś, żeby zajść w ciążę, że w pełni zasłużyłaś, by przebiegała bez żadnych powikłań. I na szczęście masz na to wielkie szanse. Fakt, że do zapłodnienia doszło w laboratorium, a nie w twoim jajowodzie, nie powinien mieć większego wpływu na ciążę, przynajmniej po upływie pierwszego trymestru. To samo dotyczy dzieci poczętych w wyniku innych metod leczenia niepłodności (takich jak ICSI – umieszczanie plemników bezpośrednio w cytoplazmie komórki jajowej – czy GIFT – dojajowodowe przeniesienie gamet). Jednak na początku mogą być pewne różnice związane z ciążą i opieką prenatalną.

W związku z tym, że pozytywny wynik testu niekoniecznie oznacza, że doszło do zagnieżdżenia się zarodka w macicy (właśnie z tego powodu ciąże z zapłodnienia *in vitro* potwierdza się za pomocą badania krwi), oraz dlatego że ewentualne kolejne próby mogą być bardzo wyczerpujące pod względem finansowym i emocjonalnym i że nie wiadomo, z ilu embrionów rozwiną się płody, pierwsze 6 tygodni ciąży z zapłodnienia *in vitro* to zwykle bardzo stresujący okres. Spodziewaj się, że spędzisz bardzo dużo czasu w gabinecie swojego lekarza, ponieważ potrzebne będą wielokrotne badania krwi oraz USG. Lekarz prawdopodobnie zaleci ograniczenie seksu oraz aktywności fizycznej. Być może będziesz musiała nawet leżeć w łóżku, chociaż badania pokazują, że odpoczynek raczej nie zwiększa szans na powodzenie zapłodnienia *in vitro*. Dodatkowym zabezpieczeniem, które pomoże podtrzymać ciążę przez pierwsze 2–3 miesiące, będzie prawdopodobnie kuracja hormonalna progesteronem (i być może niewielką dawką aspiryny).

Kiedy minie okres zagrożenia i podejmowania szczególnych środków ostrożności (i gdy między 8 a 12 tygodniem trafisz w końcu do zwykłego ginekologa-położnika), możesz oczekiwać, że twoja ciąża będzie przebiegała tak samo jak u innych kobiet – chyba że się okaże, iż masz na pokładzie więcej pasażerów (czyli jesteś w ciąży wielopłodowej), co przytrafia się ponad 40 procentom kobiet po zapłodnieniu *in vitro*. Jeśli tak, przeczytaj rozdział 15.

Jak jest za drugim razem

Jestem w drugiej ciąży. Czym będzie się różniła od pierwszej?

Ponieważ nie ma dwóch identycznych ciąż, trudno przewidzieć, czym te 9 miesięcy będzie się różnić od poprzednich (lub jakie będą między nimi podobieństwa). Można jednak wyciągnąć pewne ogólne wnioski dotyczące drugiej czy kolejnej ciąży, które sprawdzą się przynajmniej w pewnym zakresie (ale jak to bywa z uogólnieniami, nie będą się sprawdzać przez cały czas):

- Przypuszczalnie wcześniej „poczujesz", że jesteś w ciąży. Podobnie jak większość kobiet, które po raz drugi spodziewają się dziecka, będziesz bardziej wyczulona na wczesne objawy i szybciej je rozpoznasz.
- Objawy ciąży prawdopodobnie się powtórzą. Ogólnie mówiąc, pierwsza ciąża zazwyczaj jest całkiem trafną zapowiedzią kolejnej. Trzeba jednak zauważyć, że wszystkie ciąże – tak jak wszystkie dzieci – różnią się od siebie, co oznacza, iż objawy w drugiej ciąży też mogą być inne. Niektóre mogą się wydawać mniej zauważalne, ponieważ będziesz zbyt zajęta, by zwrócić

> ### Opowiedz o wszystkim
>
> Cokolwiek się wydarzyło w twojej przeszłości, nie pora to w tej chwili ukrywać. Prawdę mówiąc, historia twojej seksualności, rozrodczości i zdrowia jest o wiele ważniejsza, niż myślisz. Poprzednie ciąże (i ewentualne powikłania z nimi związane), poronienia, aborcje, zabiegi chirurgiczne, choroby przenoszone drogą płciową oraz inne zakażenia mogą (choć nie muszą) mieć wpływ na obecną ciążę, więc opowiedz o wszystkim lekarzowi, nie ukrywając żadnego szczegółu (wszystko pozostanie wyłącznie między wami). Przekaż lekarzowi również ewentualne informacje na temat depresji, chorób psychicznych lub zaburzeń odżywiania. Im więcej będzie o tobie wiedział, tym lepiej się zatroszczy o ciebie i twoje maleństwo.

na nie uwagę (na przykład zlekceważysz zmęczenie, bo i tak cały czas jesteś zmęczona, więc kto by to rozróżnił?). Niektóre objawy mogą się pojawić wcześniej (jak częstsze oddawanie moczu), a inne później bądź wcale. Z kolei inne objawy – takie jak zachcianki i awersje pokarmowe, powiększenie i tkliwość piersi – są w drugiej ciąży i w następnych zazwyczaj (choć nie zawsze) mniej wyraźne, ponieważ ciało już raz przez to przechodziło i ma pewne doświadczenie. Pewnie będziesz się też mniej martwić, zwłaszcza jeśli w pierwszej ciąży byłaś bardzo zatroskana.

- Wcześniej będzie widać, że jesteś w ciąży. Ponieważ mięśnie brzucha i macicy są mniej napięte (nie ma łagodniejszego sposobu, by to wyrazić), twój ciążowy brzuszek prawdopodobnie "wyskoczy" o wiele wcześniej niż za pierwszym razem. Możesz również zauważyć, że brzuszek z dzieckiem numer dwa wygląda inaczej. Maluch numer dwa (albo trzy lub cztery) prawdopodobnie będzie większy niż pierworodny, więc się bardziej nadźwigasz. Kolejny potencjalny skutek rozluźnienia mięśni to bardziej dokuczliwe bóle pleców i bioder.

- Zapewne wcześniej poczujesz ruchy dziecka i za to szczęście również możesz podziękować rozluźnionym mięśniom. Istnieje duże prawdopodobieństwo, że maluch tym razem zacznie kopać już w 16 tygodniu (może trochę wcześniej lub później), a ty szybciej się zorientujesz, ponieważ już to wcześniej przeżyłaś. Oczywiście o tym, kiedy poczujesz kopnięcia, decyduje również umiejscowienie łożyska – nawet w drugiej lub kolejnej ciąży.

> ### Liczysz, że będzie lepiej?
>
> Za pierwszym razem miałaś wszystkie objawy opisane w tej książce? A może nie obyło się nawet bez jakichś powikłań? To oczywiście nie oznacza, że tym razem nie będziesz miała więcej szczęścia (a ciąża nie będzie jak bułka z masłem). Jeśli już w pierwszej ciąży mogłaś liczyć na jakąś poprawę, to teraz tym bardziej masz szansę, by wszystko usprawnić, a w rezultacie ograniczyć liczbę wybojów w drodze do dziecka numer dwa, w tym: dbać o równomierny przyrost masy ciała i o jej utrzymywanie zgodnie z zaleceniami (patrz str. 185), właściwie się odżywiać (z rozdziału 4 dowiesz się, jak to robić), stosować odpowiednie ćwiczenia fizyczne (patrz str. 235) oraz znaleźć sposób, żeby się zrelaksować (jeśli należysz do nerwowych mam). Pamiętaj, że posiadanie starszych dzieci często zaostrza objawy ciąży; w ramce na następnej stronie znajdziesz wskazówki, które pomogą ci zminimalizować objawy, które mogą ci dokuczać, gdy będziesz próbowała połączyć role mamy i przyszłej mamy.

- Możesz też się czuć mniej podekscytowana, co nie znaczy oczywiście, iż nie będziesz szczęśliwa, że znowu spodziewasz się dziecka. Przypuszczalnie jednak zauważysz, że twoje uczucia nie są tak wszechogarniające jak za pierwszym razem. To całkowicie naturalna reakcja (tutaj znowu pojawia się ten sam argument, że już kiedyś to przeżyłaś), która nie ma nic wspólnego z twoją miłością do nienarodzonego maleństwa. Nie zapominaj również, że teraz jesteś o wiele bardziej zajęta (fizycznie i psychicznie), ponieważ opiekujesz się dzieckiem, które już jest na świecie.
- Wszystko wskazuje również na to, że kolejny poród będzie łatwiejszy i szybszy. To akurat niezaprzeczalna zaleta mięśni rozluźnionych w trakcie poprzedniej ciąży – dotyczy to zwłaszcza tych partii, które biorą udział w porodzie. A to, w połączeniu z poprzednimi doświadczeniami twojego ciała, sprawi, że dziecko numer dwa przyjdzie na świat prawdopodobnie trochę szybciej. Chociaż na sali porodowej nic nie jest pewne, możesz założyć, że kolejne etapy porodu będą krótsze, a faza parcia z dużym prawdopodobieństwem nie będzie trwała zbyt długo – drugi maluszek przychodzi na świat często w ciągu kilku minut.

Moja pierwsza ciąża przebiegała z pewnymi powikłaniami. Czy kolejna będzie równie trudna?

Jedna powikłana ciąża zdecydowanie nie oznacza, że kolejna będzie taka sama. Niektóre powikłania mogą się powtórzyć, ale z większością z nich na szczęście nie będziesz miała do czynienia – dotyczy to tych mało prawdopodobnych przypadków, które nie zdarzają się dwa razy (na przykład powikłań wywołanych jednorazowym wydarzeniem, takim jak choroba). Będziesz również mniej narażona na inne powikłania spowodowane złymi nawykami, które już zdążyłaś zmienić (na przykład złe odżywianie lub brak ćwiczeń fizycznych). Jeśli cierpisz

---

Jak poradzić sobie z dziećmi

Niektóre przyszłe mamy opiekujące się maluchem (lub maluchami), który jest już na świecie, są tak zajęte i zaabsorbowane, że nie mają czasu, by zwrócić uwagę na dolegliwości ciążowe – zarówno te większe, jak i mniejsze. Z kolei u innych opieka nad dzieckiem sprawia, że objawy ciąży stają się jeszcze bardziej dotkliwe. Poranne nudności czy zgaga nasilają się w momencie stresu (na przykład gdy musisz wyprawić dziecko do szkoły lub szybko przygotować obiad). Możesz być jeszcze bardziej zmęczona (serio!), bo nie masz czasu na odpoczynek. Mogą cię bardziej boleć plecy, bo nosisz starszego szkraba albo dreptasz za nim i pilnujesz, żeby nie upadł. Prawdopodobnie będziesz również miała zaparcia, ponieważ nie znajdziesz czasu, by skorzystać z toalety, gdy poczujesz taką potrzebę. Możliwe też, że będziesz częściej łapała przeziębienia oraz inne choroby dzięki starszemu dziecku, które roznosi różne zarazki.

Nie zawsze będziesz mogła stawiać ciążę na pierwszym miejscu, ponieważ starsze maleństwo będzie spragnione twojej uwagi (przesadne dbanie o kolejną ciążę kończy się wraz z pierwszym porodem). Możesz jednak zadbać o siebie – układaj wyżej stopy, gdy czytasz bajeczkę starszemu maluchowi, prześpij się (zamiast odkurzać), gdy on też drzemie, przyzwyczajaj się do zdrowych przekąsek, nawet gdy nie masz czasu, by usiąść przy stole, i wykorzystaj każdą dostępną pomoc – to pomoże ci zmniejszyć ciężar, który dźwiga twoje ciało, oraz zminimalizować trudy ciąży.

Poronienia nawykowe (nawracające)

Jeśli poroniłaś kilkakrotnie (co najmniej 2–3 z rzędu), to bez wątpienia trudno ci uwierzyć, że w przyszłości będziesz mogła szczęśliwie donosić ciążę i mieć zdrowe dziecko, ale naprawdę możesz mieć na to nadzieję. Ale w tym celu musisz odpowiednio o siebie zadbać i mieć dobrą opiekę.

Przyczyny poronień nawykowych na wczesnym etapie ciąży często są nieznane, ale można przeprowadzić badania, które rzucą pewne światło na tę zagadkę i pomogą ją rozwiązać – nawet jeśli do każdego z tych poronień doszło z innego powodu. Próba określenia przyczyny pojedynczego przypadku samoistnej utraty ciąży na ogół nie jest warta trudu, ale już dwa kolejne poronienia (lub więcej) będą z pewnością wymagały badań i oceny medycznej.

Nawracające poronienia były kiedyś wielką tajemnicą, ale w wykrywaniu ich przyczyn dokonał się spory postęp. Obecnie można przeprowadzić wiele badań, które są w stanie wykryć czynniki ryzyka, i opracować skuteczniejsze strategie zapobiegania poronieniom. Porozmawiaj z lekarzem i dowiedz się, jakie rozwiązanie będzie najlepsze w twoim przypadku – być może da ci skierowanie do specjalisty perinatologa, który zajmuje się jednocześnie matką i dzieckiem w jej łonie. Oto badania, które będziesz musiała zrobić, jeśli poroniłaś kilka razy z rzędu:

- Badanie DNA. Badanie krwi twojej i ojca dziecka w celu przeprowadzenia analizy chromosomalnej, która pozwoli ustalić, czy któreś z was nie cierpi na zrównoważoną translokację chromosomów, czyli przemieszczenie fragmentu chromosomu, które może być przyczyną poronień.
- Badanie krwi na obecność przeciwciał antyfosfolipidowych (autoprzeciwciał, które atakują własne tkanki i zaburzają proces krzepnięcia krwi – zakrzepy mogą zamykać światło naczyń krwionośnych w łożysku).
- Przezpochwowe USG narządu rodnego celem oceny jego budowy, a często też histeroskopię, czyli badanie endoskopowe kanału szyjki macicy, jamy macicy oraz ujść jajowodów, aby wykluczyć anatomiczne bądź nabyte przeszkody uniemożliwiające donoszenie ciąży.
- Analizę chromosomalną poronionego zarodka lub płodu, która również pomoże ustalić przyczynę poronień.
- Badanie w kierunku niedoboru witamin.
- Ocena stężenia hormonów, m.in. płciowych i tarczycowych.

Kiedy już poznasz przyczynę poronień, porozmawiaj z lekarzem o leczeniu, które najlepiej ochroni twoją kolejną ciążę. W niektórych przypadkach pacjentki, które przeszły poronienia wczesne lub późne, poddawane są terapii hormonalnej: otrzymują progesteron, ważny hormon ciążowy, jeśli produkują go zbyt mało, lub leki redukujące stężenie prolaktyny, jeśli badania wykażą, że jej nadmierna ilość we krwi jest przyczyną poronień. Gdy zostanie wykryta choroba tarczycy, należy włączyć odpowiednie leczenie.

Nawet gdy przyczyna powtarzających się poronień nie zostanie zidentyfikowana i nie będzie można podjąć odpowiedniego leczenia, nadal masz duże szanse na utrzymanie ciąży, chociaż być może teraz trudno ci w to uwierzyć lub chociażby mieć nadzieję. Byłoby dobrze, gdybyś znalazła sposób, by radzić sobie ze zrozumiałym w tej sytuacji strachem, iż kolejna ciąża będzie oznaczała kolejne poronienie. Możesz poradzić sobie z lękiem, ćwicząc jogę, modląc się, medytując, stosując techniki wizualizacyjne i oddechowe oraz korzystając ze wsparcia kobiet, które doświadczyły takiej samej straty (znajdziesz je na forach internetowych, np. na www.WhatToExpect.com, forum Grief and Loss). Otwarcie rozmawiaj o swoich uczuciach z partnerem i pamiętaj, że przeżywacie to wspólnie.

Więcej na temat poronienia dowiesz się w rozdziale 20 (początek na str. 613), a szczegółowe informacje na temat zapobiegania poronieniom nawykowym znajdziesz w poradniku *W oczekiwaniu na ciążę* (REBIS 2017).

z powodu chorób przewlekłych, takich jak cukrzyca, to kontrolowanie stanu zdrowia przed zajściem w ciążę z pewnością zmniejszy ryzyko ewentualnych powikłań. Pamiętaj również, że jeśli podczas pierwszego porodu wystąpiły jakiekolwiek komplikacje, to im wcześniej zaczniesz im teraz zapobiegać (ponieważ wraz z ginekologiem będziecie na nie wyczuleni), tym więcej będziesz w stanie zmienić.

Porozmawiaj z lekarzem o powikłaniach towarzyszących poprzedniej ciąży oraz o tym, co można zrobić, żeby się nie powtórzyły. Bez względu na to, z jakimi problemami się wcześniej borykałaś i jakie były ich przyczyny (nawet jeśli nie zostały dokładnie określone), rady umieszczone w ramce na str. 29 pomogą ci sprawić, by twoja ciąża była bezpieczniejsza i spokojniejsza zarówno dla ciebie, jak dla twojego maleństwa.

Ciąża po ciąży

Zaszłam w ciążę zaledwie dziesięć tygodni po urodzeniu pierwszego dziecka. Jesteśmy szczęśliwi, chociaż tego nie planowaliśmy. Czy tak nieoczekiwana i wczesna ciąża nie zagraża mnie i maluchowi?

Twoja rodzina (i brzuszek) powiększy się trochę wcześniej, niż się spodziewałaś? Zajście w kolejną ciążę, zanim zdążyłaś dojść do siebie po poprzedniej, jest już wystarczająco stresujące, więc dodatkowe napięcia nie są ci potrzebne. Zatem przede wszystkim się odpręż. Chociaż jedna ciąża po drugiej to z pewnością spore obciążenie fizyczne dla organizmu przyszłej mamy, która zaledwie przed chwilą została mamą, możesz wiele zrobić, by pomóc swemu ciału sprostać temu wyzwaniu:

- Gdy tylko zaczniesz podejrzewać, że jesteś w ciąży, zapewnij sobie jak najlepszą opiekę prenatalną. Za ciąże następujące bezpośrednio po sobie uznaje się te, między którymi odstęp jest mniejszy niż 12 miesięcy. W takiej sytuacji zwiększa się ryzyko przedwczesnego porodu, aczkolwiek dobra opieka prenatalna od samego początku może zmniejszyć to ryzyko.

- Dobrze się odżywiaj (patrz rozdział 4). Twój organizm prawdopodobnie nie zdążył jeszcze uzupełnić zapasu witamin i innych składników odżywczych, z których korzystało dziecko w trakcie poprzedniej ciąży, więc możesz mieć pewne niedobory pokarmowe, szczególnie jeśli nadal karmisz piersią. Będziesz zatem musiała je uzupełnić, abyście wraz z maleństwem, które nosisz, nie ponieśli żadnego uszczerbku. Oczywiście dalej przyjmuj preparaty prenatalne (lub zacznij je znowu zażywać, jeśli przestałaś), ale nie ograniczaj się wyłącznie do tego. Nie pozwól, by brak czasu lub energii (z pewnością obu ci będzie brakować) przeszkadzał ci w prawidłowym odżywianiu. Zdrowe przekąski pomogą ci pogodzić posiłki z napiętym harmonogramem dnia, więc zaopatrz się w wartościowe produkty, takie jak sery, migdały, suszone owoce czy marchewki maczane w hummusowym dipie.

- Dbaj o właściwy przyrost masy ciała. Twój nowy maleńki lokator nie dba o to, czy zdążyłaś zrzucić dodatkowe kilogramy po jego starszym rodzeństwie, a to oznacza, że będziesz mogła zacząć się odchudzać po pierwszej ciąży, dopiero gdy urodzisz dziecko, które właśnie nosisz. Omów z lekarzem rozsądny plan przyrostu masy ciała (przyrost masy może być taki sam jak w poprzedniej ciąży, niższy lub wyższy). Skoncentruj się na jakości pożywienia (to jest ważne w każdej ciąży, a szczególnie wtedy, gdy ciąże następują jedna po drugiej), ale też zwracaj uwagę na przyrost masy ciała.

- Jeżeli karmisz noworodka piersią, rób to tak długo, jak będziesz chciała i mogła (patrz ramka na stronie obok).

- Odpoczywaj. Potrzebujesz bardzo dużo odpoczynku, o wiele więcej, niż leży to w granicach ludzkich (a zwłaszcza macierzyńskich) możliwości. By zbliżyć się choć trochę do tego ideału, będziesz potrzebowała nie tylko ogromnej determinacji, ale również pomocy małżonka oraz innych osób. Ustal też priorytety: mniej ważne

---

Karmienie piersią w trakcie ciąży

Nadal karmisz piersią swojego pierworodnego, a już odkryłaś, że szykuje się kolejne dziecko? Karmienie piersią i ciąża na ogół się nie wykluczają, co oznacza, że jeśli nie będziesz chciała, twoje piersi prawdopodobnie nie będą musiały odpoczywać przez następne 9 miesięcy.

Obawiasz się, że oksytocyna, która wydziela się podczas karmienia piersią, może wywołać skurcze prowadzące do poronienia lub przedwczesnego porodu? Niepotrzebnie. Przy ciąży niskiego ryzyka delikatne skurcze wywołane karmieniem piersią nie stanowią żadnego zagrożenia. Dopóki macica nie jest gotowa, by przełączyć się z trybu ciążowego na porodowy (zwykle około 38 tygodnia), oksytocyna nie ma na nią większego wpływu.

Masz trudności z utrzymaniem czegokolwiek w żołądku, nie mówiąc o właściwym odżywianiu, które ma zapewnić zarówno prawidłowy rozwój płodu, jak i produkcję mleka (takie połączenie wymaga 800 dodatkowych kalorii dziennie)? Wyczerpują cię poranne nudności – i to dosłownie, ponieważ pozbawiają cię składników odżywczych i płynów potrzebnych, by wykarmić malucha, który jest już na świecie, oraz tego, który jest w drodze. Jeśli nudności i wymioty są wyjątkowo uciążliwe i zaczynasz tracić na wadze, porozmawiaj o tym ze swoim lekarzem. Być może wspólnie dojdziecie do wniosku, że najlepszym wyjściem dla waszej trójki (mamy, dziecka i maleństwa w brzuchu) będzie odstawienie pierworodnego od piersi. Jeśli jednak nudności dają się kontrolować i nie następuje spadek masy ciała – a twój ginekolog cię wspiera – spróbuj przetrwać pierwsze miesiące i wykorzystaj pozostałe dwa trymestry, by przybrać na wadze i uzupełnić zapasy składników odżywczych. Dzięki temu zyskasz pewność, że dziecko, które karmisz, oraz to, którego oczekujesz, otrzymują odpowiednią ilość kalorii i niezbędnych substancji odżywczych.

Obawiasz się, że hormony ciążowe krążące w twoim organizmie mogą się znaleźć w mleku, którym karmisz noworodka? Na szczęście mleko z piersi jest całkowicie bezpieczne, a eksperci twierdzą, że hormony ciążowe zbyt łatwo do niego nie przenikają.

Zastanawiasz się, czy pokarm nie zacznie zanikać w miarę rozwoju ciąży? Może się tak zdarzyć, ale na ogół dopiero po połowie ciąży. Maluszek, którego karmisz piersią, być może wcale nie zauważy zmniejszenia ilości mleka. Być może również nie zauważy zmiany jego konsystencji lub smaku, gdy twoje piersi zaczną produkować siarę (to również nastąpi dopiero w drugiej połowie ciąży).

Niektóre maluchy w pewnym momencie same decydują, że nie chcą już dłużej pić mleka mamy (albo z powodu mniejszej podaży, albo zmiany smaku), a inne nie zauważają zmiany rytmu karmienia, nawet gdy na świecie pojawi się nowy „mlekopij". A zatem jeśli czujesz się dobrze, a podaż pokarmu jest na wystarczającym poziomie, będziesz w stanie wykarmić noworodka i starszego malucha (karmienie w tandemie).

Jeżeli twoje dziecko nie chce już dłużej ssać piersi albo jeśli nie jesteś w stanie go karmić, bo jesteś w kolejnej ciąży (źle się czujesz i jesteś zmęczona), nie miej poczucia winy i zrezygnuj. Już zdążyłaś dostarczyć maleństwu (temu starszemu) wszystkiego, co najlepsze w mleku z piersi, a pieszczoty i pocałunki wystarczą, by utrzymać czułą więź między wami. Kolejna opcja: jeśli nie jesteś w stanie przez cały czas karmić malucha, ale nie chcesz całkowicie odstawić go od piersi, zastosuj karmienie mieszane – w razie potrzeby uzupełniaj mleko z piersi mieszanką.

prace odłóż na później, a gdy maluch śpi, utnij sobie drzemkę (albo przynajmniej połóż się z ułożonymi wyżej stopami). Jeżeli nie karmisz dziecka piersią, tata może przejąć część obowiązków i wziąć na siebie nocne karmienia butelką. Jeśli karmisz, może ci przynieść malucha do łóżka o drugiej nad ranem.

- Ćwicz. Przetrwanie dnia (i nocy) z noworodkiem może się wydawać wystarczającym treningiem – w szczególności teraz, gdy twoje umęczone ciało musi dodatkowo sprostać wymaganiom rosnącego płodu. Odpowiednia ilość oraz rodzaj ćwiczeń mogą dodać ci energii właśnie teraz, gdy jej najbardziej potrzebujesz, a dodatkowo zwiększyć twoje szanse na zdrowszą i mniej męczącą ciążę. Jeśli trudno ci znaleźć czas na regularne ćwiczenia dla przyszłych mam, połącz aktywność ruchową z opieką nad dzieckiem – dwa piętnastominutowe spacery z maluszkiem załatwią sprawę. Możesz również zapisać się na ćwiczenia dla ciężarnych lub pływalnię, która oferuje opiekę nad dziećmi, albo posadź malucha na krzesełku lub huśtawce, by mógł obserwować, jak się gimnastykujesz (skorzystaj z ćwiczeń przeznaczonych dla kobiet ciężarnych).

Duża rodzina

Jestem w ciąży z szóstym dzieckiem. Czy naraża to na jakiekolwiek niebezpieczeństwo mnie albo maluszka?

Uważasz, że im więcej, tym weselej? A więc masz kolejną okazję do świętowania, ponieważ szósty (lub następny) raz nie oznacza zwiększonego ryzyka. Prawdę powiedziawszy, poza odrobinę większym prawdopodobieństwem ciąży wielopłodowej (bliźnięta, trojaczki i tak dalej, co może oznaczać, że twoja duża gromadka powiększy się jeszcze bardziej) kolejne ciąże są przeważnie równie nieskomplikowane jak pierwsza czy druga. Upewnij się tylko, że z powodu opieki nad maluchami, które już wozisz na tylnym siedzeniu (prawdopodobnie dość dużego minivana), nie zaniedbujesz tego, który dopiero ma się tam dosiąść. Patrz ramka na str. 28.

Poród przedwczesny

Moja pierwsza ciąża zakończyła się porodem przedwczesnym. Zrobiłam wszystko, żeby wyeliminować ryzyko, ale nadal się boję, że to się powtórzy.

Gratulacje – zrobiłaś wszystko, by tym razem twoja ciąża była bezpieczna, i dałaś dziecku najlepszą szansę, by nie urodziło się przedwcześnie. To wspaniały i bardzo ważny pierwszy krok. Teraz wspólnie z lekarzem zrobicie z pewnością następne, by jeszcze bardziej zmniejszyć prawdopodobieństwo porodu przedwczesnego.

Jeżeli wcześniej przeżyłaś tzw. spontaniczny poród przedwczesny, porozmawiaj z ginekologiem o zastrzykach z progesteronu. Badania dowodzą, że podawanie tego hormonu raz w tygodniu, począwszy od 16 aż do 30 tygodnia ciąży, zmniejszy ryzyko porodu przedwczesnego u kobiet, które wcześniej urodziły przed terminem i noszą tylko jedno dziecko.

Lekarz może również zaproponować ci test na stężenie fibronektyny płodowej (fFN), który pozwoli stwierdzić, czy nie ma oznak przedwczesnego rozwiązania*. Fibronektyna płodowa to glikoproteina (rodzaj białka), która utrzymuje dziecko w macicy. Jeśli test, który przeprowadza się w gabinecie lekarza, wypadnie negatywnie (co oznacza, że fibronektyna płodowa nie znalazła się jeszcze

---

* Nie ma jednoznacznych wyników badań naukowych potwierdzających przydatność oceny stężenia fibronektyny w wydzielinie pochwowej u kobiet bez objawów klinicznych z porodem przedwczesnym w wywiadzie (przyp. red. meryt.).

w wydzielinie pochwy i dlatego nie jest wykrywalna), ryzyko, że zaczniesz rodzić w ciągu następnych 2 tygodni, jest mniejsze niż 1 procent (zatem możesz odetchnąć z ulgą). Jeśli zaś będzie pozytywny, ryzyko przedterminowego rozwiązania znacznie wzrasta, więc ginekolog podejmie odpowiednie kroki, by podtrzymać twoją ciążę, co pozwoli płucom maleństwa przygotować się na ewentualne przedwczesne przyjście na świat.

Kolejne badanie przesiewowe u kobiet, które już wcześniej urodziły przed terminem, to kontrolowanie długości szyjki macicy. Badanie przeprowadza się za pomocą ultrasonografu i jeśli się okaże, że szyjka jest zbyt krótka, lekarz prawdopodobnie przepisze ci żel z progesteronem do codziennego stosowania (za pomocą aplikatora), począwszy od 20 aż do 37 tygodnia ciąży. Jeżeli w związku z poprzednim porodem przedwczesnym otrzymujesz już zastrzyki z progesteronu, a badanie ultrasonografem wykaże, że szyjka macicy jest skrócona lub rozwarta, ginekolog przypuszczalnie założy pierścień na szyjkę macicy (czyli szew, który zabezpieczy ją przed zbyt wczesnym rozwarciem). Więcej informacji w odpowiedzi na kolejne pytanie.

Niewydolność cieśniowo-szyjkowa

Pierwszą ciążę poroniłam w 5 miesiącu z powodu niewydolności cieśniowo-szyjkowej. Właśnie zrobiłam test ciążowy, który dał pozytywny wynik, i obawiam się, że znowu będę miała ten sam problem.

Dobra wiadomość jest taka, że sytuacja wcale nie musi się powtórzyć. Niewydolność cieśniowo-szyjkowa (zwana również niewydolnością szyjki macicy) została już u ciebie rozpoznana jako przyczyna utraty pierwszej ciąży, zatem twój lekarz z pewnością podejmie działania, które zapobiegną kolejnemu poronieniu. Dzięki właściwemu leczeniu i kontrolowaniu szyjki macicy, szanse na zdrową ciążę i bezpieczny poród tym razem są po twojej stronie.

Niewydolność szyjki macicy – kiedy to pod wpływem rozciągania się rosnącej macicy i rozwijającego się płodu dochodzi do przedwczesnego rozwarcia – występuje w 1–2 przypadkach na 100 ciąż oraz przypuszczalnie jest przyczyną 10–20 procent wszystkich poronień w drugim trymestrze ciąży. Diagnozuje się ją zazwyczaj, gdy dochodzi do poronienia w drugim trymestrze ciąży po uprzednim progresywnym bezbolesnym skróceniu i zgładzeniu szyjki macicy, a następnie jej rozwarciu bez odczuwalnych skurczów macicy oraz krwawienia z pochwy. Jeśli nie można dokładnie stwierdzić, co jest przyczyną niewydolności cieśniowo-szyjkowej, wina leży prawdopodobnie po stronie wrodzonego osłabienia szyjki macicy, nadmiernego jej rozciągnięcia lub pęknięcia w wyniku poprzednich porodów, rozległej konizacji, podczas której wycina się stożek tkanki w celu usunięcia komórek dysplastycznych lub nowotworowych, innego zabiegu chirurgicznego lub terapii laserowej. Przyczyną niewydolności szyjki macicy może być również ciąża wielopłodowa (w związku z ciężarem dodatkowego płodu), ale problem ten na ogół nie występuje podczas kolejnej pojedynczej ciąży.

Aby utrzymać obecną ciążę, ginekolog prawdopodobnie założy pierścień (szew okrężny) na szyjkę macicy – to prosty zabieg zamknięcia szyjki, który przeprowadza się w drugim trymestrze ciąży (między 12 a 22 tygodniem). Szew zakłada się przez pochwę w znieczuleniu miejscowym lub zewnątrzoponowym. Dwanaście godzin po zabiegu będziesz mogła podjąć zwykłą aktywność, chociaż seks może być zabroniony do końca ciąży i będziesz musiała o wiele częściej przeprowadzać badania prenatalne. Szew jest na ogół usuwany kilka tygodni przed planowanym terminem porodu. W niektórych przypadkach pozostawia się go aż do roz-

Twój profil ciążowy a poród przedwczesny

Około 12 procent porodów odbywa się przedwcześnie, czyli przed ukończeniem 37 tygodnia ciąży. Prawie połowa przedterminowych rozwiązań dotyczy kobiet znajdujących się w grupie podwyższonego ryzyka, które zwiększa się dodatkowo u przyszłych mam będących w ciąży wielopłodowej.

Czy będąc w ciąży wysokiego ryzyka, możesz coś zrobić, by uchronić się przed porodem przedwczesnym? Niestety nie zawsze: nawet jeśli przyczyna tego stanu została zidentyfikowana (chociaż nie zawsze się to udaje), czasem nie da się jej kontrolować. W innych przypadkach czynnik lub czynniki ryzyka będące przyczyną porodu przedwczesnego można kontrolować, a przynajmniej zminimalizować. Wyeliminuj każdy czynnik, który cię dotyczy, ponieważ dzięki temu zwiększysz szanse, że twoje dziecko przyjdzie na świat we właściwym terminie. Oto niektóre najczęściej występujące czynniki wywołujące poród przedwczesny, które można modyfikować:

Niedowaga lub nadwaga. Zbyt wolny przyrost masy ciała w trakcie ciąży może zwiększyć ryzyko porodu przedwczesnego; podobnie może się zdarzyć, gdy przybędzie ci zbyt wiele kilogramów. Poczęcie dziecka w momencie, gdy twoje ciało jest w idealnej formie, a później odpowiedni przyrost masy ciała w trakcie ciąży, zapewnią twojemu maleństwu zdrowe i sprzyjające rozwojowi środowisko w macicy, a przede wszystkim większe szanse, by nie opuścić tego bezpiecznego miejsca aż do terminu porodu. Ustal z lekarzem odpowiedni plan i staraj się go trzymać.

Niedobór składników odżywczych. Zapewnienie maleństwu jak najlepszego startu w życiu nie polega wyłącznie na pilnowaniu właściwej masy ciała i przybieraniu tylu kilogramów, ile potrzebujesz, ale też przybieraniu ich dzięki odpowiedniej diecie. Pożywienie, które nie zawiera potrzebnych składników odżywczych (na przykład dieta uboga w kwas foliowy), może zwiększyć ryzyko przedwczesnego porodu, podczas gdy dieta skomponowana z właściwie dobranych substancji odżywczych je obniża.

Zbyt długa pozycja stojąca lub ciężka praca fizyczna. Zdecydowanie nie musisz siedzieć przez całą ciążę – prawdę mówiąc, umiarkowaną aktywność fizyczną lekarze (i położne) zalecają większości przyszłych mam. Normalna pozycja stojąca – na przykład podczas zakupów w galerii handlowej albo w kolejce do kina – w zdrowej ciąży nie jest żadnym problemem. Ale jeśli twoja praca zawodowa wymaga codziennie wielogodzinnego stania – zwłaszcza jeśli do tego musisz wykonywać wyczerpującą pracę fizyczną lub podnosić ciężkie przedmioty – poproś lekarza, by sprawdził, czy powinnaś ograniczyć pracę lub wystąpić o zmianę zakresu obowiązków (przynajmniej w drugiej połowie ciąży).

Silny stres. Niektóre badania wykazują związek między silnym napięciem psychicznym (nie chodzi o stres dnia codziennego, życie na wysokich obrotach czy nadmiar pracy) a porodem przedwczesnym. Jaka jest różnica między zwykłym stresem a ekstremalnym napięciem? Zwykły stres sprawia, że ciągle jesteś w gotowości, a nawet – spójrzmy prawdzie w oczy – w biegu, lecz jesteś w stanie go kontrolować, opanować, a ciąża rozwija się prawidłowo. Z kolei skrajne napięcie psychiczne jest niezdrowe, wyczerpujące, pozbawia cię sił, snu, apetytu i radości życia. Czasami udaje się wyeliminować jego przyczynę lub choćby ją zminimalizować (na przykład zrezygnować ze stresującej pracy), ale niekiedy nie da się uniknąć stresu (nie możesz zrezygnować z pracy, bo masz rachunki do zapłacenia, albo ktoś w twojej rodzinie zachorował lub umarł). Mimo to stres można wyeliminować lub ograniczyć dzięki odpowiednim technikom relaksacyjnym, zdrowej diecie, zrównoważonym ćwiczeniom fizycznym, odpoczynkowi oraz rozmowom o tym, co cię trapi, z małżonkiem, przyjaciółmi, lekarzem lub terapeutą.

Alkohol i narkotyki. Przyszłe mamy, które nadużywają alkoholu lub nielegalnych substancji, ryzykują, że ich dziecko urodzi się przed terminem.

Palenie papierosów. Palenie tytoniu podczas ciąży wiąże się ze zwiększonym ryzykiem porodu przedwczesnego, a także zwiększa ryzyko wystąpienia wad rozwojowych u dziecka, niskiej masy urodzeniowej i innych poważnych chorób. Rzucenie palenia przed zajściem w ciążę lub na samym jej początku to najlepsze rozwiązanie, ale z drugiej strony rzucenie go w którymkolwiek miesiącu ciąży jest zdecydowanie lepsze niż tkwienie w nałogu.

Zapalenie dziąseł. Niektóre badania wykazują, że choroby dziąseł mają wpływ na poród przedwczesny. Naukowcy podejrzewają, że bakterie, które wywołują zapalenie dziąseł, przedostają się do krwiobiegu, trafiają w ten sposób do płodu i wywołują poród przedwczesny. Inni sugerują, iż zapalenie dziąseł może uwalniać substancje o działaniu prozapalnym, które trafiają do krwiobiegu matki i wpływają na przebieg ciąży, wywołując przedterminowy poród. Regularne szczotkowanie i czyszczenie zębów nitką dentystyczną oraz opieka stomatologiczna uchronią cię przed zapaleniem dziąseł. Wyleczenie choroby, która już zdążyła się rozwinąć, przed zajściem w ciążę również może zmniejszyć niebezpieczeństwo różnych powikłań, w tym porodu przedwczesnego.

Niewydolność szyjki macicy (niewydolność cieśniowo-szyjkowa). Ryzyku porodu przedwczesnego jako efektu niewydolności szyjki macicy – polegającej na tym, że szyjka za szybko się skraca lub rozwiera – można zapobiec dzięki założeniu szwu okrężnego (pierścienia) i/lub sprawdzeniu długości szyjki macicy za pomocą ultrasonografu (patrz str. 33).

Historia poprzednich porodów przedwczesnych. Ryzyko porodu przedwczesnego jest większe, jeśli już kiedyś to przeżyłaś. Lekarz prawdopodobnie zapisze ci progesteron w zastrzykach lub żelu, aby sytuacja się nie powtórzyła.

Wymienionych dalej czynników ryzyka nie da się wprawdzie kontrolować, ale w niektórych przypadkach można je w pewien sposób modyfikować. W innych zaś sama świadomość, że istnieją, pomoże tobie i lekarzowi jak najlepiej zapanować nad zagrożeniem oraz osiągnąć jak najlepszy stan dziecka i twój, gdyby nie udało się uniknąć porodu przedwczesnego:

Ciąża wielopłodowa (bliźnięta lub wieloraczki). Optymalny czas trwania ciąży bliźniaczej to 38 tygodni, jednak wiele mam bliźniąt (lub wieloraczków) rodzi wcześniej. Zapobiec temu mogą dobra opieka prenatalna, właściwe odżywianie, wyeliminowanie wszelkich czynników ryzyka, ograniczenie aktywności fizycznej oraz dużo odpoczynku w ostatnim trymestrze ciąży. Więcej o tym przeczytasz w rozdziale 15.

Przedwczesne skracanie się szyjki macicy. U niektórych przyszłych mam z nieznanych przyczyn – prawdopodobnie niezwiązanych z niewydolnością cieśniowo-szyjkową – szyjka macicy zaczyna się skracać zbyt wcześnie, stwarzając ryzyko porodu przedwczesnego. Rutynowe badanie USG wykonane w środkowym okresie ciąży pomoże wykryć zmianę w długości szyjki macicy. Zabezpieczeniem przed zbyt wczesnym porodem może być terapia żelem lub tabletkami dopochwowymi z progesteronem.

Powikłania ciążowe. Niektóre z nich, takie jak cukrzyca ciążowa, stan przedrzucawkowy, nadmiar wód płodowych (wielowodzie) oraz problemy z łożyskiem (na przykład łożysko przodujące lub przedwczesne oddzielenie się łożyska), mogą być przyczyną porodu przedwczesnego. Odpowiednia kontrola i leczenie pomogą ci donosić ciążę.

Przewlekła choroba mamy. Różne stany przewlekłe, takie jak choroby serca, wątroby czy nerek, mogą zwiększać ryzyko przedterminowego porodu, ale dobra opieka medyczna pomoże zapobiec powikłaniom.

Zakażenia ogólne. Niektóre zakażenia (na przykład choroby przenoszone drogą płciową, zakażenia dróg moczowych, szyjki macicy, pochwy czy nerek) mogą wywołać poród przedwczesny. Jeśli zakażenie jest na tyle silne, że zagraża płodowi, wcześniejsze rozwiązanie jest reakcją organizmu, który próbuje w ten sposób uchronić maleństwo przed szkodliwym środowiskiem. Zapobieganie zakażeniom lub natychmiastowe ich leczenie pomoże zapobiec niebezpieczeństwu.

Wiek. W grupie podwyższonego ryzyka są również nastoletnie przyszłe mamy. Starszym kobietom (powyżej 35 roku życia) także zagraża poród przedwczesny. Ryzyko z pewnością zmniejszą właściwa dieta i dobra opieka prenatalna.

Operacja o kryptonimie ciąża

Jeżeli jesteś żoną żołnierza, który często stacjonuje w różnych miejscach, większość ważnych wydarzeń spędzasz bez niego (rocznice, święta, zakończenia roku szkolnego) i jest to po prostu część twojego codziennego życia. Prawdopodobnie zdążyłaś się już przyzwyczaić do tej sytuacji, chociaż nie do końca ją obejmujesz (zwłaszcza wtedy, gdy bardzo chciałabyś kogoś objąć).

Ale co zrobić, gdy oczekujesz dziecka, a jego czeka kolejne przeniesienie? Jak pozostać w kontakcie, gdy będziecie musieli się rozstać podczas najważniejszego wydarzenia w waszym życiu, jakim jest ciąża, a później poród? Otóż dzięki odrobinie kreatywności oraz przy dużej pomocy współczesnej technologii. A oto pomysły, które możesz wykorzystać:

- Uwieczniaj swój brzuszek. Rozpoczynaj każdy dzień od selfie. Może z dnia na dzień partner nie zauważy żadnej różnicy, ale widok twojego brzuszka w skrzynce odbiorczej telefonu na pewno go uszczęśliwi. Poza tym później oboje będziecie mogli się emocjonować zmianami, jakie zachodziły w twoim brzuchu – od płaskiego po cudownie zaokrąglony. A gdy termin porodu będzie już blisko, zaszalej i zrób zdjęcie ciążowe specjalnie dla niego.
- Udekoruj swój brzuszek. Jesteś gotowa wyzwolić w sobie artystkę, by – pomimo oddalenia – być blisko niego podczas świąt? Wyślij życzenia świąteczne na swoim brzuchu: namaluj flagę w dniu święta narodowego, dynię na Halloween, indyka na Święto Dziękczynienia, a choinkę na Boże Narodzenie.
- Działajcie wspólnie. Załóżcie dziecięcy klub książkowy – wyślij mężowi egzemplarz tej książki, a później *Pierwszy rok życia dziecka* (REBIS 2017), i czytajcie razem. Zainstalujcie też tę samą aplikację (na przykład What To Expect), abyście mogli oglądać te same filmy i aktualizować informacje na temat rozwoju maleństwa. Nie mówiąc o tym, że książka i aplikacja pomogą mu zrozumieć twoje szalone zachcianki. Bawcie się wspólnie aplikacją z imionami i wybierzcie najlepsze propozycje.
- Zabierz go na badanie kontrolne. Jeśli pozwoli na to strefa czasowa i rozkład zajęć, spróbuj tak umówić wizytę, by mógł w niej uczestniczyć dzięki kamerce internetowej (i zadawać trapiące go pytania). Taką samą rozmowę wideo możesz zaaranżować podczas badania USG. Jeśli nie będzie mógł wziąć udziału w „wideobadaniu", wyślij mu zdjęcie lub nagranie. Nagraj także bicie serduszka maleństwa, a na pewno będzie zachwycony.
- Podziel się swymi zachciankami. Nigdy nie masz dość czarnych oliwek i kanapek z masłem orzechowym? Zwariowałaś na punkcie bananów? Zrób paczkę ze swoimi zachciankami ciążowymi i wyślij mu, żeby poczuł smak domu i smak tego, na co masz ochotę. Znajdź substytuty produktów, które nie zniosą długiej podróży (np. zamiast świeżych bananów wyślij suszone). Możesz też wysłać zdjęcie ogromnego deseru lodowego, do którego zjedzenia zmusiło cię maleństwo o drugiej nad ranem.
- Zorganizuj przyjęcie na odległość. Jeśli zamierzasz poznać płeć maluszka i wyjawić ją mężowi – czy to w trakcie badania USG w 20 tygodniu ciąży, czy też podczas przyjęcia wydanego specjalnie z tej okazji,

poczęcia akcji porodowej, chyba że wcześniej dojdzie do zakażenia, krwawienia lub przedwczesnego pęknięcia błon płodowych.

Jednak zakładanie szwu okrężnego budzi sporo kontrowersji, jeśli chodzi o skuteczność oraz o to, czy powinien być rutynowo zakładany wszystkim kobietom, u których występuje niewydolność cieśniowo-szyjkowa. Niektórzy lekarze przeprowadzają ten zabieg jedynie u kobiet, które już wcześniej poroniły lub urodziły przedwcześnie (przed ukończeniem 34 tygodnia ciąży), gdy badanie

zrób wszystko, żeby tata też w tym uczestniczył. Podczas przyjęcia zorganizuj wideoczat i poproś przyjaciółkę, która już poznała płeć maleństwa, by przygotowała pudełka z różowym lub niebieskim konfetti, a potem jedno dała tobie, a drugie wysłała twojemu mężowi, abyście mogli je jednocześnie otworzyć podczas wideorozmowy.

- Spraw, by nawiązał więź z dzieckiem. Około 6 miesiąca ciąży zmysł słuchu płodu jest już dobrze rozwinięty. Wykorzystaj to, by zacząć budować więzi z maleństwem. Niezależnie od tego, w jaki sposób rozmawiasz z mężem – przez telefon czy komunikator internetowy – przykładaj głośnik do swojego brzucha, żeby dziecko mogło usłyszeć głos ojca, który już teraz będzie muzyką dla jego maleńkich uszu. Dzięki temu od razu rozpozna głos taty. Inny sposób na budowanie więzi: nagraj najważniejsze momenty z życia maluszka, które widać z zewnątrz – gdy kopie, ma czkawkę lub kręci się w twoim brzuchu – i wyślij je mężowi.

- Chodźcie razem na zakupy. Może tata nie ma czasu, żeby oglądać dziesiątki stron z łóżeczkami i wózkami, a potem je oceniać i porównywać (chociaż niewykluczone, że sprawi mu to przyjemność), ale prawdopodobnie będzie chciał zagłosować na finalistów konkursu, kiedy już trochę zawęzisz listę artykułów i ubranek dla malucha. To samo dotyczy kolorów i motywu przewodniego w pokoju dziecinnym. Relacjonuj krok po kroku urządzanie pokoju lub kącika dla maleństwa (staraj się jednak unikać kontaktu z farbą i nie podnoś ciężkich przedmiotów). Zarejestrujcie się razem w sklepie internetowym z artykułami dla dzieci.

- Poszukaj wsparcia. Każda przyszła mama potrzebuje pomocy – ramienia, na którym może się wypłakać, osoby, która ją wysłucha, pocieszy, rozbawi i będzie z nią dzieliła wyjątkowe chwile. Potrzebujesz zatem wsparcia i zasługujesz na nie – nawet bardziej niż inne mamy. Skontaktuj się z żonami innych żołnierzy – przez Internet lub bazę wojskową – wspierajcie się i dzielcie pomysłami. (W Stanach Zjednoczonych działa organizacja wspierająca żołnierzy przebywających poza krajem oraz ich rodziny, United Service Organizations, która prowadzi program łączący mamy i udziela im wsparcia). Zrób listę osób (przyjaciół lub krewnych), które będą mogły zastąpić twojego męża, gdy nie będzie go w domu w terminie porodu (może będziesz miała okazję, by pokazać mu każdy jego etap podczas rozmowy wideo), chodzić z tobą do szkoły rodzenia (oraz na kurs karmienia piersią i resuscytacji krążeniowo-oddechowej). Rozważ także, czy twojej „porodowej drużynie" nie przydałaby się doula (kobieta udzielająca profesjonalnego wsparcia w trakcie ciąży, porodu i połogu; patrz str. 338). Doule często oferują darmowe lub niedrogie usługi żonom żołnierzy, zwłaszcza tym, których mężowie są poza domem. Jeśli uważasz, że wsparcie przyjaciółki ci nie wystarczy, jesteś przygnębiona, niepewna i zaniepokojona, nie masz apetytu i cierpisz na bezsenność, poproś o pomoc lekarza. Profesjonalna porada i wsparcie grupy życzliwych osób mogą ogromnie ci pomóc.

- Poszukaj pomocy. Jeśli mieszkasz na terenie bazy wojskowej, przystąp do programu wspierającego kobiety w ciąży. Zyskasz dodatkowe wsparcie i towarzystwo; patrz str. 15.

USG wykonane przed 24 tygodniem wykaże, że szyjka się skróciła lub rozszerzyła. Inni zalecają założenie szwu w ramach działań profilaktycznych między 13 a 16 tygodniem ciąży u tych kobiet, które poroniły co najmniej raz w drugim trymestrze, nawet jeśli nie stwierdzono u nich śladów osłabienia lub skrócenia szyjki macicy. Szew okrężny nie jest obecnie zalecany ciężarnym, u których stwierdzono skrócenie szyjki macicy w drugim trymestrze, ale które wcześniej nie straciły ciąży – w takim przypadku stosuje się zwykle żel z progesteronem. Szew okrężny nie jest również zalecany w ciąży wielopłodowej.

Bez względu na to, czy tym razem lekarz założy ci szew okrężny czy nie, w drugim i trzecim trymestrze będziesz musiała być bardzo wyczulona na wszelkie oznaki zbliżających się powikłań, takie jak napięcie w dolnej części brzucha, krwista wydzielina z pochwy, zwiększona częstotliwość oddawania moczu, podrażnienie lub uczucie wypukłości w pochwie. Jeśli poczujesz lub zauważysz którykolwiek z tych objawów, natychmiast zgłoś się do lekarza.

Konflikt serologiczny

Lekarz powiedział mi, iż badanie wykazało, że mam grupę krwi z czynnikiem Rh–. Co to oznacza dla mojego dziecka?

Na szczęście niewiele, a tym bardziej teraz, gdy ty i twój lekarz już o tym wiecie. Dzięki tej wiedzy wystarczy podjąć kilka prostych działań, by uchronić maleństwo przed konfliktem serologicznym (Rh).

Czym dokładnie jest konflikt Rh i dlaczego trzeba chronić przed nim dziecko? Krótka lekcja biologii szybko to wyjaśni. Otóż na powierzchni każdej komórki organizmu znajdują się liczne struktury przypominające z wyglądu małe antenki i zwane antygenami. Jeden z takich antygenów (tzw. antygen D) znajduje się na powierzchni czerwonych krwinek – to właśnie czynnik Rh. Większość ludzi go dziedziczy (czyli mają Rh dodatni), ale niektórym go brakuje (a więc mają Rh ujemny); i nie ma to żadnego znaczenia, dopóki nie zajdziesz w ciążę. Jeżeli przyszła mama ma Rh–, a jej dziecko Rh+ (odziedziczyło czynnik dodatni po swoim tacie), czerwone krwinki mamy nie pasują do krwinek dziecka. Jeśli krew płodu z Rh+ trafi do krwiobiegu mamy z Rh–, jej układ odpornościowy może potraktować krew dziecka jak intruza i zmobilizować armię przeciwciał do walki z wrogiem, który je wytwarza (czyli z własnym potomkiem). To właśnie jest konflikt serologiczny.

Wszystkie kobiety na początku ciąży (zwykle w trakcie pierwszej wizyty prenatalnej) przechodzą badanie krwi, które pozwala określić czynnik Rh. Jeśli jest dodatni – dotyczy to 85 procent populacji – konflikt serologiczny ci nie grozi, zatem ten problem cię nie dotyczy, ponieważ niezależnie od czynnika Rh płodu na jego czerwonych krwinkach nie ma antygenów, które mogłyby zmobilizować układ odpornościowy mamy do działania.

Jeśli mama ma Rh–, badaniu zostanie poddany również ojciec dziecka, by określić, jaki jest jego czynnik Rh. Jeśli ty masz czynnik Rh– i twój mąż również, wasze dziecko też będzie miało Rh ujemny (skoro oboje rodzice są "ujemni", maluch nie może być "dodatni"). Oznacza to, że czerwone krwinki twoje i dziecka są kompatybilne, zatem nie ma żadnego zagrożenia. Jeśli zaś twój mąż ma Rh+, istnieje spore prawdopodobieństwo, że maluch odziedziczy po nim ten czynnik, co w rezultacie doprowadzi do konfliktu serologicznego.

Ta niezgodność między mamą a dzieckiem zazwyczaj nie jest problemem w pierwszej ciąży, ponieważ organizm mamy nie zdążył jeszcze wytworzyć przeciwciał. Ale gdy układ odpornościowy już się uruchomi i zacznie produkować przeciwciała podczas pierwszej ciąży i porodu (albo aborcji lub poronienia), pozostaną one w krwiobiegu kobiety, co nie stanowi żadnego problemu aż do następnej ciąży z dzieckiem, które ma czynnik Rh dodatni. W trakcie kolejnej ciąży przeciwciała mogą przeniknąć przez łożysko do krwiobiegu płodu, zaatakować jego czerwone krwinki i wywołać niedokrwistość (zwaną potocznie anemią, łagodną – jeśli stężenie przeciwciał w organizmie mamy jest niskie; poważną – jeśli jest wysokie).

Aby uniknąć konfliktu serologicznego, należy przede wszystkim zapobiec powstaniu przeciwciał. Większość lekarzy stosuje strategię polegającą na ataku z dwóch stron. W 28 tygodniu ciąży kobiecie z Rh– podaje się w zastrzyku immunoglobulinę anty-RhD (zwaną również RhoGAM), by zapobiec wytwarzaniu przeciwciał. Jeśli badanie krwi wykaże, że dziecko ma czynnik Rh+, kolejną dawkę podaje się 72 godziny po porodzie. Jeśli ma Rh–, żadne leczenie nie jest konieczne. Immunoglobulinę RhoGAM należy podać również po poronieniu, aborcji, w przypadku ciąży pozamacicznej, biopsji kosmówki, amniopunkcji (punkcji owodni), krwawienia z pochwy bądź urazu fizycznego. Podanie immunoglobuliny w powyższych przypadkach pomoże zapobiec powikłaniom w przyszłych ciążach.

A jeśli przyszła mama z czynnikiem Rh ujemnym ma już przeciwciała, które mogą wywołać niedokrwistość u płodu z Rh+? Po pierwsze, należy zbadać krew ojca dziecka i określić jego Rh, jeżeli nie zrobiono tego wcześniej. Jeśli czynnik Rh okaże się dodatni, to należy sprawdzić krew płodu. Dokonuje się tego za pomocą amniopunkcji, czyli punkcji owodni, lub badania krwi matki na obecność wolnego DNA pochodzenia płodowego (nie wszystkie towarzystwa ubezpieczeniowe pokrywają koszty tego badania, ponieważ jest bardzo drogie).

Jeżeli płód ma Rh–, oznacza to, że nie ma powodów do niepokoju ani potrzeby podejmowania leczenia, ponieważ parametry krwi mamy i dziecka są zgodne. Natomiast jeśli okaże się, że płód ma Rh+, a stężenie przeciwciał w organizmie mamy osiągnęło niebezpieczny poziom, to co tydzień lub co dwa tygodnie należy przeprowadzać specjalne badania ultrasonograficzne, by ocenić stan dziecka i wykluczyć ewentualną niedokrwistość. Jeżeli w którymś momencie lekarz stwierdzi anemię, prawdopodobnie konieczna będzie transfuzja krwi z czynnikiem Rh–. Przeprowadza się ją za pomocą cienkiej igły, którą wprowadza się do pępowiny pod kontrolą USG. Taka transfuzja jest bardzo skutecznym zabiegiem, który przynosi wspaniałe rezultaty.

Na szczęście zastosowanie immunoglobuliny RhoGAM w przypadku konfliktu serologicznego zmniejsza konieczność transfuzji krwi do mniej więcej 1 procenta.

Podobny konflikt mogą wywołać również inne czynniki znajdujące się we krwi, na przykład antygen Kell, choć tego typu powikłanie występuje o wiele rzadziej niż konflikt Rh. Jeżeli matka nie ma antygenu Kell, a ojciec go posiada, istnieje potencjalne ryzyko powikłań. Standardowe badanie krwi, które przeprowadza się rutynowo na początku ciąży, sprawdza, czy w krwiobiegu mamy znajdują się przeciwciała anty-Kell. Jeśli ich obecność zostanie potwierdzona, bada się również krew taty. Jeśli wynik okaże się pozytywny (tata posiada antygen Kell), postępowanie jest takie samo jak w przypadku konfliktu Rh.

Twój wywiad medyczny

Otyłość

Mam około 27 kilogramów nadwagi i jestem w ciąży. Czy dziecko i ja jesteśmy narażeni na jakieś dodatkowe ryzyko?

Większość mam z nadwagą (a nawet tych otyłych, których masa ciała jest o 20 procent większa od należnej) nie ma żadnych problemów, doskonale znosi ciążę i rodzi zdrowe dzieci. Niemniej noszenie dodatkowych kilogramów, gdy nosi się dziecko, zwiększa ryzyko pewnych powikłań ciążowych, takich jak poronienie, wady wrodzone, urodzenie martwego dziecka, poród przedwczesny, nadciśnienie tętnicze i cukrzyca. Nadwaga stwarza również pewne problemy praktyczne. Dodatkowe warstwy tłuszczu mogą utrudnić lekarzowi określenie wielkości i ułożenia płodu (a tobie utrudnić wyczucie jego pierwszych ruchów). Poza tym poród może być dłuższy i trudniejszy, jeśli dziecko będzie większe niż przeciętne, co się często zdarza, gdy mama jest otyła (szczególnie gdy choruje na cukrzycę i nawet jeśli nie przytyła zbyt dużo podczas ciąży). Jeżeli konieczne będzie cięcie cesarskie, otyłość może skomplikować zarówno sam zabieg, jak i późniejszą rekonwalescencję.

Nie bez znaczenia jest też kwestia komfortu, a raczej dyskomfortu, a niestety wraz z przybywającymi kilogramami pojawia się również więcej nieprzyjemnych objawów ciąży. Dodatkowe kilogramy (te, które już miałaś, lub te, które przybyły w trakcie ciąży) mogą spowodować wzmożone bóle pleców, żylaki, obrzęki, zgagę oraz inne nieprzyjemne przypadłości.

Zniechęcona? Niepotrzebnie. Wraz z lekarzem możecie naprawdę wiele zdziałać, by zminimalizować dodatkowe ryzyko (a tym samym różne dolegliwości i złe samopoczucie) będące efektem dodatkowych kilogramów. Jeśli chodzi o stronę medyczną, przypuszczalnie będziesz badana dokładniej niż mama o przeciętnej masie ciała (na przykład będziesz częściej i wcześniej kierowana na badanie stężenia glukozy stosowane w diagnozowaniu cukrzycy ciążowej* oraz na badania USG, które pozwalają ustalić wielkość płodu).

Ty ze swojej strony też możesz wiele zmienić. Wyeliminuj wszystkie ryzykowne zachowania, które zagrażają ciąży – na przykład picie alkoholu i palenie papierosów. Przestrzegaj prawidłowego przyrostu masy ciała – twój limit prawdopodobnie będzie mniejszy niż u innych mam, a lekarz będzie go dokładnie kontrolował.

Amerykańskie Kolegium Położników i Ginekologów zaleca, by kobiety z nadwagą przybierały od 7 do 9 kilogramów, a kobiety otyłe nie więcej niż 7 kilogramów (chociaż lekarz może zalecić inaczej w zależności od twojej konkretnej sytuacji). Niektórzy położnicy uważają, że otyłe przyszłe mamy w ogóle nie powinny tyć w trakcie ciąży, ale w tym przypadku również powinnaś się stosować do wskazówek lekarza lub położnej.

Nawet wtedy, gdy się okaże, że nie możesz zbyt wiele przytyć, twoja codzienna dieta powinna się składać z posiłków zawierających odpowiednią ilość witamin, minerałów i białek (patrz rozdział 4, str. 87). Skup się na jakości kalorii i zacznij je liczyć, ponieważ tym samym pomożesz swojemu maleństwu czerpać z każdego kęsa to, co dla niego najlepsze. Dodatkowym zabezpieczeniem będą regularnie przyjmowane preparaty prenatalne. Ćwiczenia fizyczne zalecone przez lekarza pozwolą ci więcej jeść, a przy tym nie przybierać na wadze. Połącz zatem regularny wysiłek fizyczny ze zdrową dietą i nie dopuść do nadmiernego przyrostu masy ciała, a unikniesz cukrzycy ciążowej.

Zastanawiasz się, czy możesz zahamować przyrost masy ciała, łykając suplementy i popijając mikstury, które zmniejszają apetyt? W trakcie ciąży jest to bardzo niebezpieczne, zatem trzymaj się od nich z daleka – nawet jeśli oznaczono je jako „naturalne".

Jeśli planujesz kolejną ciążę, przed poczęciem spróbuj osiągnąć należną masę ciała, ponieważ to bardzo ułatwi przebieg ciąży i ustrzeże cię przed potencjalnymi powikłaniami.

Niedowaga

Zawsze byłam chuda i trudno mi przytyć. Czy niedowaga będzie miała wpływ na moją ciążę?

---

* Według wytycznych Polskiego Towarzystwa Diabetologicznego diagnostyka cukrzycy w ciąży u kobiet z grup ryzyka, a więc też tych z nadwagą lub otyłością, powinna polegać na jak najszybszym wykonaniu testu obciążenia glukozą 75g po potwierdzeniu ciąży. Jeśli wynik jest prawidłowy, następny test należy wykonać w 24–28 tygodniu ciąży (przyp. red. meryt.).

Ciąża to z pewnością taki okres życia, kiedy kobieta musi się dobrze odżywiać i pilnować prawidłowego przyrostu masy ciała. Dotyczy to zarówno tych szczupłych, jak i bardziej pulchnych. Jeśli zaszłaś w ciążę, będąc bardzo szczupłą osobą (twój współczynnik BMI, czyli wskaźnik masy ciała, jest równy 18,5 lub mniejszy – zajrzyj na str. 186, tam dowiesz się, jak go obliczyć, a tymczasem podziel masę ciała w kilogramach przez kwadrat wzrostu podanego w metrach), musisz więcej nakładać na talerz i więcej jeść. W przeciwnym wypadku mogą wystąpić powikłania (takie jak urodzenie dziecka mniejszego niż wskazuje na to wiek ciążowy albo poród przedwczesny), zwłaszcza jeżeli jesteś niedożywiona (nie zdarza się to często, jeśli jesteś z natury szczupła, ale się zdrowo odżywiasz). Jednak każde ryzyko można wyeliminować dzięki odpowiedniej diecie (przyjmując dodatkowe kalorie i składniki odżywcze), preparatom prenatalnym oraz przybierając na wadze. W zależności od tego, ile ważyłaś na początku ciąży, lekarz może zalecić, żebyś przytyła od 13 do 18 kilogramów (przeciętna przyszła mama powinna przybrać około 11–16 kilogramów). Jeśli jesteś szczęściarą, która ma przyspieszony metabolizm, i nie możesz przytyć, zajrzyj na str. 199. Jednak dopóki będziesz przybierać na wadze i nie zbaczać z tego kursu, twoja ciąża powinna przebiegać prawidłowo.

Zaburzenia odżywiania

Niemal od dziesięciu lat choruję na bulimię. Myślałam, że będąc w ciąży, zdołam nad tym zapanować, ale wygląda na to, że mi się nie uda. Czy to zaszkodzi mojemu dziecku?

Nie zaszkodzi, ale pod warunkiem że natychmiast otrzymasz właściwą pomoc. Fakt, że od tylu lat jesteś bulimiczką (lub anorektyczką), oznacza, iż twoje rezerwy pokarmowe są prawdopodobnie niskie, a to od razu stawia ciebie i twoje dziecko w niekorzystnej sytuacji. Na szczęście na początku ciąży potrzeby żywieniowe są mniejsze niż w późniejszym okresie, zatem masz jeszcze szansę, by uzupełnić braki, zanim zaszkodzą maleństwu.

Do tej pory nie ma zbyt wielu badań na temat wpływu zaburzeń odżywiania na przebieg ciąży – częściowo z tego powodu, że bulimia i anoreksja często zakłócają cykl miesiączkowy, a to oznacza z kolei, że tylko nieliczne kobiety z takimi zaburzeniami zachodzą w ciążę. Jednak te badania, które już przeprowadzono, sugerują, że w trakcie ciąży napadowe objadanie się, a potem zmuszanie do wymiotów (innymi słowy bulimia) zwiększa ryzyko poronienia lub przedwczesnego porodu, a także depresji poporodowej. Z kolei anoreksja podczas ciąży zwiększa ryzyko poronienia, stanu przedrzucawkowego, porodu przed czasem oraz cięcia cesarskiego. Szkodliwe jest również zażywanie środków przeczyszczających, moczopędnych, zmniejszających łaknienie oraz innych leków, które często stosują osoby chore na bulimię bądź anoreksję. Tego typu specyfiki pozbawiają twój organizm składników odżywczych i płynów, jeszcze zanim dziecko zdąży z nich skorzystać (a później zanim twoje piersi zdążą wyprodukować mleko). Stosowane regularnie mogą być przyczyną wielu poważnych powikłań, w tym wad wrodzonych płodu. Zbyt niski przyrost masy ciała może być przyczyną wielu poważnych problemów, takich jak przedwczesny poród lub urodzenie dziecka mniejszego niż wskazuje na to jego wiek ciążowy.

Na szczęście badania dowodzą również, że jeśli porzucisz te niezdrowe nawyki, będziesz miała taką samą szansę na urodzenie zdrowego dziecka jak inne kobiety. Jeśli masz problemy z odżywianiem, nie odróżniasz porannych nudności od bulimii albo ukrywasz bulimię pod płaszczykiem porannych nudności, poproś o pomoc. Zacznij od rozmowy ze swoim lekarzem i opowiedz mu wszystko o zaburzeniach odżywiania – nie tylko dlatego, by się upewnić, że nie mają wpływu na ciążę i dziecko, ale również po to, by położnik mógł udzielić ci wsparcia, którego potrzebujesz, aby odzyskać zdrowie i w nim wytrwać. Być może lekarz skieruje cię do doświadczonego terapeuty specjalizującego się w leczeniu zaburzeń odżywiania. Profesjonalne wsparcie jest bardzo ważne,

Ciąża po chirurgicznym leczeniu otyłości (operacji bariatrycznej)

Zrzuciłaś kilogramy dzięki operacji bariatrycznej? Prawdopodobnie dowiedziałaś się, że nie powinnaś zachodzić w ciążę przez 12–18 miesięcy po zabiegu, ponieważ w tym czasie będziesz gwałtownie chudnąć i możesz być niedożywiona. Ale teraz, gdy przekroczyłaś już ten punkt graniczny i zaszłaś w ciążę, nadeszła pora na podwójne gratulacje – udało ci się pozbyć wielu kilogramów i będziesz miała dziecko! Zasłużyłaś na pochwałę, więc możesz sobie pogratulować (i pogłaskać się po brzuszku), ponieważ tak ogromna utrata masy ciała (bez względu na to, jak do niej doszło – czy to dzięki rękawowej resekcji żołądka, opasce czy by-passowi żołądkowemu) daje ci prawdziwą szansę na ciążę bez powikłań i – co najważniejsze – na zdrowe dziecko. Obniżyło się bowiem ryzyko cukrzycy ciążowej, stanu przedrzucawkowego i urodzenia zbyt dużego noworodka. Co zrobić, żeby „wilk był syty i owca cała"?

Oto środki ostrożności, które będziesz musiała podjąć jako przyszła mama po operacji bariatrycznej:

- Zaproś do swojej „ciążowej drużyny" chirurga, który przeprowadzał zabieg. On najlepiej wyjaśni twojemu ginekologowi lub położnej, jakie są potrzeby pacjentki po operacji żołądka.
- Łykaj witaminy. Będziesz musiała przyjmować preparaty witaminowe dla kobiet w ciąży, bo przecież teraz masz do wykarmienia dwie osoby. Preparaty prenatalne to dobry początek, ale ze względu na pewne problemy z wchłanianiem być może będziesz potrzebowała również dodatkowych ilości żelaza, wapnia, kwasu foliowego oraz witamin B_{12} i A. Porozmawiaj z położnikiem i chirurgiem, jakie preparaty uzupełniające powinnaś przyjmować.

- Nie spuszczaj oka z wagi. Pewnie już się przyzwyczaiłaś do tego, że musisz pilnować swojej masy ciała; ostatnio obserwowałaś, jak spada, ale teraz jesteś w ciąży, więc prawdopodobnie będziesz musiała się przyzwyczaić do tego, że rośnie. Twoim zadaniem będzie trzymanie się wyznaczonego przyrostu masy ciała – jeśli przybierzesz zbyt mało lub zbyt dużo kilogramów, możesz narazić ciążę i dziecko na niepotrzebne niebezpieczeństwo. Pamiętaj, że po operacji bariatrycznej dziecko może być bardzo małe, ale jeśli przyrost masy ciała będzie odpowiedni, zapewnisz mu zdrowy start już na samym początku.
- Dobrze się odżywiaj. Jedzenie za dwoje jest sporym wyzwaniem, gdy twój żołądek został operacyjnie zmniejszony. To wyzwanie może się stać jeszcze trudniejsze, gdy macica i dziecko zaczną rosnąć i jeszcze bardziej uciskać żołądek. Ponieważ ilość pożywienia, które możesz zjeść bez uczucia dyskomfortu, jest ograniczona, musisz się skupić na jego jakości. Spróbuj nie tracić miejsca (ani kalorii) na produkty, które mają zbyt mało wartości odżywczych, i wybieraj te, które zapewnią jak najwięcej cennych składników w jak najmniejszej ilości pokarmu.
- Zwracaj uwagę na objawy. W przypadku silnych wymiotów lub nudności albo ostrego bólu brzucha natychmiast skontaktuj się z ginekologiem i chirurgiem bariatrą. Objawy te mogą być związane z ciążą lub oznaczać coś poważniejszego, na przykład powikłania pooperacyjne, które wymagają natychmiastowej interwencji lekarza.

kiedy zmagasz się z anoreksją lub bulimią, ale jest niezbędne również wówczas, gdy zaczynasz próbować odżywiać się zdrowo za dwoje. Pomoc znajdziesz także w grupach wsparcia (sprawdź w Internecie albo zapytaj lekarza lub terapeutę).

Postanowienie, że od tej pory zaczniesz walczyć z zaburzeniami odżywiania, by twoje cudowne maleństwo otrzymało wszystko, co najlepsze, to pierwszy i najważniejszy krok. Drugi to zrozumienie, jak w przyszłości będzie się zmieniała masa twojego ciała. Zapamiętaj zatem, że:

- Ciąża to stan naturalny – zdrowy i piękny. Krągły brzuszek to zupełnie normalna rzecz i znak, że w twoim łonie rozwija się dziecko. Ciesz się tymi krągłościami! Zaakceptuj swoje ciężarne ja!

- Z całą pewnością przybierzesz na wadze. Właściwa liczba dodatkowych kilogramów (którą zaleci ci twój położnik) osiągana stopniowo w odpowiednim czasie i dzięki właściwej diecie to niezmiernie ważny czynnik, dzięki któremu twoje maleństwo będzie się rozwijać i rosnąć – najpierw w macicy, a potem poza nią (dodatkowy tłuszczyk z okresu ciąży wykorzystasz po porodzie, gdy będziesz karmić piersią). Ta mądra strategia sprzyja zarówno dziecku, jak i mamie. Zapewni ci zdrowszą, bardziej komfortową i mniej skomplikowaną ciążę oraz szybszy powrót do formy po porodzie. Jeśli z niepokojem patrzysz na coraz większe wskazania wagi, pozwól, żeby robił to za ciebie położnik. Schowaj wagę łazienkową, żeby nie odczuwać pokusy i się nie ważyć, a podczas badań kontrolnych zamykaj oczy (poproś położną, żeby wpisywała odczyt do twojej kartoteki, ale ci go nie podawała).

- Będąc w ciąży, możesz (i powinnaś!) być w formie. Dzięki ćwiczeniom fizycznym dodatkowe kilogramy trafią w odpowiednie miejsca (przede wszystkim do organizmu dziecka oraz będą sprzyjały wszystkiemu, co służy jego rozwojowi). Upewnij się jednak, że wszystkie ćwiczenia, które wykonujesz, są odpowiednie dla kobiety ciężarnej i że zostały zaakceptowane przez twojego położnika. Jeśli jesteś przyzwyczajona do forsownego wysiłku fizycznego, który pomagał ci spalać nadmiar kalorii, teraz nadeszła pora, by zmienić tę strategię. Unikaj również ćwiczeń, które podnoszą temperaturę ciała, gdyż w czasie ciąży to nie jest bezpieczne (sauna i hot joga [joga w saunie] nie wchodzą w grę).

- Podczas porodu stracisz dużo ciążowych kilogramów, ale niestety nie wszystkie. Może ci to zająć nawet kilka miesięcy, a realnie rzecz biorąc, powrót do formy zajmuje jeszcze więcej czasu. Z tego powodu wiele kobiet z zaburzeniami odżywiania nie akceptuje swojego ciała i sylwetki i w okresie poporodowym znowu wpada w błędne koło objadania się i zmuszania do wymiotów lub głodzenia. Ponieważ te niezdrowe nawyki mogą zakłócić proces powrotu do formy po porodzie, a także mieć negatywny wpływ na laktację (jeśli zdecydowałaś się na karmienie piersią) oraz ogólnie na macierzyństwo, powinnaś nadal pozostać pod opieką lekarza specjalizującego się w zaburzeniach odżywiania. Pomoc znajdziesz również w grupie wsparcia – szukaj jej w Internecie lub wśród lokalnej społeczności.

Najważniejsza rzecz, o której musisz pamiętać: dobro dziecka zależy od twojego dobrego samopoczucia podczas ciąży. Jeśli nie będziesz się dobrze odżywiać, twój maluch również będzie niedożywiony. Pomocna będzie również pozytywna motywacja, więc przyklejaj wizerunki słodkich bobasów na lodówce, w biurze, samochodzie oraz w każdym innym miejscu, aby nie zapomnieć, jak ważne jest zdrowe odżywianie. Stosuj wizualizacje – wyobrażaj sobie, że to, co jesz, trafia do twojego maleństwa (i jak ono z radością pochłania te wszystkie zdrowe posiłki).

Przyszła mama z chorobą przewlekłą

Każdy, kto boryka się z jakąś chorobą przewlekłą, wie, że życie z nią nie jest najłatwiejsze – trzeba pamiętać o przyjmowaniu leków i wizytach u lekarza (nie wspominając o próbowaniu nowych terapii i śledzeniu najnowszych metod leczenia). Jeśli do tego wszystkiego dodasz jeszcze ciążę, to otrzymasz naprawdę skomplikowaną mieszankę. Na szczęście dzięki dodatkowym środkom ostrożności, wysiłkowi i troskliwej opiece większość chorób przewlekłych można bez problemów pogodzić z ciążą. Oto ogólne zalecenia dla przyszłych mam zmagających się z najczęściej występującymi chorobami przewlekłymi (postępuj jednak zgodnie ze wskazówkami lekarza, które są ściśle dostosowane do twoich potrzeb):

Cukrzyca. Aby ciąża przebiegała prawidłowo i bez powikłań – bez względu na to, czy masz cukrzycę typu 1 polegającą na niedostatecznym wydzielaniu insuliny, czy typu 2 (insulinooporną), która jest związana z obniżoną wrażliwością tkanek na ten hormon – konieczne jest osiągnięcie prawidłowego stężenia glukozy we krwi przed poczęciem oraz utrzymanie go przez całą ciążę. Zdołasz tego dokonać dzięki odpowiednio dobranej diecie (podobnej do tej, którą stosuje się w cukrzycy ciążowej, czyli zawierającej niewielką ilość cukrów prostych oraz produktów z białej mąki, a za to bogatą w błonnik i zdrowe przekąski), aktywności fizycznej, regularnemu i dokładnemu sprawdzaniu stężenia glukozy we krwi oraz właściwemu leczeniu (będziesz musiała przyjmować insulinę). Dostaniesz również dokładne wytyczne dotyczące przyrostu masy ciała, których będziesz musiała się restrykcyjnie trzymać, ponieważ zbyt duży przyrost może spowodować poważne powikłania.

By mieć pewność, że ciąża przebiega prawidłowo, będziesz musiała poddawać się częstym kontrolom – oprócz badania stężenia glukozy we krwi konieczne będzie również badanie moczu (by sprawdzić pracę nerek), badanie dna oka oraz echokardiografia płodu (by ocenić rozwój serduszka malucha). Lekarz sprawdzi również, czy nie występują u ciebie objawy stanu przedrzucawkowego (str. 579, 577), ponieważ diabetyczki są nieco bardziej zagrożone oboma powikłaniami.

Ponieważ dzieci kobiet chorych na cukrzycę bywają bardzo duże – nawet gdy przyszła mama kontroluje przyrost masy ciała – rozwój twojego maluszka będzie często sprawdzany podczas badania USG. Większy maluch to trudniejszy poród (większe komplikacje i/lub cięcie cesarskie, gdy noworodek jest bardzo duży). Jeśli pod koniec ciąży pojawią się jakiekolwiek powikłania, być może trzeba będzie wywołać wcześniejszy poród lub przeprowadzić poród operacyjny, lecz lekarze, którzy się tobą opiekują, najpierw upewnią się, czy płuca maluszka są wystarczająco rozwinięte.

A gdy już po wszystkim będziesz chciała karmić maleństwo piersią, zacznij jak najszybciej po porodzie (najlepiej w ciągu 30 minut) i karm je co 2–3 godziny, by zapobiec hipoglikemii – niedocukrzeniu. By uniknąć ryzyka, dzieci mam z cukrzycą pozostają w szpitalu do chwili, gdy umieją prawidłowo ssać, a stężenie glukozy w ich krwi utrzymuje się na odpowiednim poziomie.

Nadciśnienie tętnicze. Jeśli masz nadciśnienie tętnicze, twoja ciąża należy do grupy podwyższonego ryzyka. Jednak odpowiednia opieka medyczna i troska o własne zdrowie zapewnią ci bezpieczną ciążę i zdrowe dziecko. Będziesz musiała kontrolować ciśnienie krwi w domu, regularnie ćwiczyć (odpowiednie ćwiczenia relaksacyjne regulują ciśnienie krwi), unikać stresu, stosować terapię alternatywną (na przykład biologiczne sprzężenie zwrotne (*biofeedback*), które polega na świadomym modyfikowaniu funkcji organizmu na podstawie informacji o zmianach jego stanu fizjologicznego), stosować odpowiednią dietę i utrzymywać masę ciała na właściwym poziomie. W razie konieczności utrzymywanie właściwego ciśnienia krwi ułatwią ci również lekarstwa bezpieczne dla kobiet w ciąży oraz częstsze badania w celu wykrycia ewentualnych objawów stanu przedrzucawkowego*.

Zespół jelita drażliwego (IBS, ang. *irritable bowel syndrome*). Trudno dokładnie określić wpływ ciąży na tę przypadłość i odwrotnie, ponieważ ciąża tak czy inaczej często wyciska piętno na jelitach (i to dosłownie). Kobiety oczekujące dziecka są bardziej podatne na zaparcia (to objaw zespołu jelita drażliwego) i/lub rozwolnienia (to również objaw IBS). Tak samo jest z gazami i wzdęciami, gdyż te objawy zazwyczaj nasilają się w ciąży bez względu na to, czy cierpisz na zespół jelita drażliwego czy nie.

By zapanować nad objawami IBS w trakcie ciąży, stosuj techniki, które pomagały ci w innych okresach życia: jedz mniej, ale częściej, dużo pij, unikaj stresów oraz pokarmów i napojów, które ci szkodzą. Jeżeli jesteś na diecie FODMAP (opracowanej specjalnie dla osób z zespołem jelita drażliwego, o małej zawartości łatwo fermentujących węglowodanów, w tym fruktozy, laktozy, fruktanów i alkoholi cukrowych – np. ksylitolu), poinformuj o tym lekarza i sprawdźcie wspólnie, czy ilość składników odżywczych w twojej diecie jest odpowiednia dla przyszłej mamy. Jeśli przyjmujesz jakieś leki łagodzące objawy IBS, zapytaj ginekologa, czy te specyfiki są dla ciebie bezpieczne – niektóre mogą być szkodliwe. Pomyśl również o probiotykach, które niezwykle skutecznie regulują pracę jelit.

Niedokrwistość sierpowatokrwinkowa (anemia sierpowata, niedokrwistość wrodzona). To choroba, która stanowi zagrożenie dla ciąży, jednak dzięki właściwej opiece medycznej kobiety z niedokrwistością sierpowatokrwinkową – nawet te, które zmagają się z chorobami serca lub nerek – mają dużą szansę na bezpieczną ciążę i zdrowe dziecko. U przyszłych mam z tą dolegliwością częściej występują stan przedrzucawkowy oraz nadciśnienie tętnicze, a zatem w związku z ewentualnymi powikłaniami kobiety ciężarne chorujące na niedokrwistość sierpowatokrwinkową co najmniej raz w ciągu 9 miesięcy mogą być hospitalizowane. Większe jest również prawdopodobieństwo poronienia, przedwczesnego porodu, zahamowania wzrostu płodu oraz innych powikłań.

Chociaż do końca nie wiadomo, czy transfuzja krwi przynosi dobre efekty, prawdopodobnie w trakcie ciąży przejdziesz ją co najmniej raz (lub nawet kilkakrotnie); transfuzja przypuszczalnie zostanie również przeprowadzona w przypadku wcześniejszego porodu lub rozwiązania w terminie.

Choroby tarczycy. Jeśli cierpisz na niedoczynność tarczycy (twoja tarczyca nie produkuje odpowiedniej ilości tyroksyny – hormonu pełniącego istotną rolę w procesach fizjologicznych), będziesz musiała przyjmować tyroksynę w postaci leku (jest on nie tylko bezpieczny dla ciąży, ale wręcz niezbędny). Będziesz musiała również dokładniej kontrolować stężenie hormonu, by zyskać pewność, czy dawka, którą otrzymujesz, zaspokoi zarówno twoje potrzeby, jak i maleństwa (jeśli w przeszłości chorowałaś na niedoczynność tarczycy, ale od tamtego czasu już nie przyjmujesz leków, poinformuj o tym położnika, by zlecił badanie stężenia tyroksyny). Nieleczona niedoczynność tarczycy zwiększa prawdopodobieństwo poronienia. Co więcej, dzieci, które w pierwszym trymestrze ciąży nie otrzymały od mamy odpowiedniej ilości tego hormonu, są narażone na zaburzenia rozwoju układu nerwowego. (Po pierwszym trymestrze płód

---

* Część leków rutynowo stosowanych w leczeniu nadciśnienia tętniczego jest przeciwwskazana w ciąży. Jeśli podejrzewasz, że jesteś w ciąży, nie odstawiaj leków przyjmowanych na stałe, tylko zgłoś się do lekarza, by zmienić terapię na bezpieczną dla płodu (przyp. red. meryt.).

dokończenie na następnej stronie

> **Przyszła mama z chorobą przewlekłą**
>
> dokończenie z poprzedniej strony
>
> sam zaczyna wytwarzać tyroksynę, więc nic mu nie zagraża, nawet gdy stężenie tego hormonu u mamy jest niskie). Niedobór tyroksyny może również powodować depresję w trakcie ciąży oraz po porodzie – to kolejny istotny powód, by leczyć niedoczynność tarczycy.
>
> Coraz częstszy u kobiet w wieku rozrodczym deficyt jodu spowodowany zmniejszeniem spożycia soli jodowanej również może ograniczać wytwarzanie tyroksyny, więc upewnij się, że w twojej diecie jest odpowiednia ilość tego mikroelementu*.
>
> Z kolei choroba Gravesa-Basedowa (nadczynność tarczycy związana z produkcją zbyt dużej ilości hormonu) może prowadzić do poważnych powikłań zdrowotnych zarówno u ciebie, jak i u dziecka (w tym do poronienia czy porodu przedwczesnego), zatem nieodzowne jest odpowiednie leczenie. Na szczęście właściwe leczenie nadczynności tarczycy (podczas ciąży stosuje się leki przeciwtarczycowe – tyreostatyki – takie jak propylotiouracyl [PTU] w najmniejszej skutecznej dawce) przynosi dobre rezultaty i jest korzystne dla mamy i dla dziecka.
>
> Nie znalazłaś swojej choroby na tej liście? Informacje na temat astmy oskrzelowej znajdziesz na str. 225, o skoliozie przeczytasz na str. 262, a inne choroby przewlekłe, takie jak mukowiscydoza, padaczka, fibromialgia, zespół przewlekłego zmęczenia, toczeń rumieniowaty układowy, stwardnienie rozsiane, fenyloketonuria, niepełnosprawność fizyczna czy reumatoidalne zapalenie stawów są omówione na stronie internetowej www.WhatToExpect.com lub innych.
>
> * Wszystkim ciężarnym zalecana jest suplementacja jodu w dawce 150 µg na dobę (przyp. red. meryt.).

Jeżeli podczas ciąży nie możesz przestać się objadać, wymiotować, zażywać leków moczopędnych i przeczyszczających lub stosować głodówek, porozmawiaj z lekarzem o pobycie w szpitalu, abyś tam mogła odzyskać kontrolę nad swoimi zaburzeniami. Nigdy nie będziesz miała lepszej okazji, by wyzdrowieć.

Depresja

Kilka lat temu rozpoznano u mnie depresję i od tej pory zażywam leki przeciwdepresyjne. Właśnie zaszłam w ciążę i zastanawiam się, czy powinnam je odstawić.

Około 15 procent kobiet w wieku rozrodczym zmaga się z depresją, więc nie jesteś sama. Na szczęście dla ciebie oraz innych przyszłych mam, które borykają się z tą dolegliwością, mamy pozytywną prognozę: dzięki odpowiedniemu leczeniu ciężarne kobiety z depresją mogą przebyć prawidłową ciążę i być szczęśliwe. Jednakże decyzja o właściwym leczeniu depresji w trakcie ciąży to bardzo delikatna sprawa ze względu na przyjmowanie leków. Wspólnie z psychiatrą i położnikiem będziesz musiała rozważyć, czy ze względu na rozwijającą się ciążę warto zażywać te specyfiki.

Być może na pierwszy rzut oka to bardzo prosta decyzja. W końcu czy jest dobry powód, by stawiać zdrowie psychiczne mamy ponad zdrowie fizyczne jej maleństwa? Ale rzeczywistość jest o wiele bardziej skomplikowana. Po pierwsze, hormony ciążowe wpływają na stan emocjonalny kobiety. Nawet jeśli wcześniej nie miewała zaburzeń nastroju, depresji czy innych problemów psychicznych, w ciąży może doświadczyć nieokiełznanych wahań nastroju; kobiety, które wcześniej zmagały się z depresją, są w grupie podwyższonego ryzyka i grozi im również depresja poporodowa – ryzyko wzrasta, jeśli przyszła mama przestała zażywać leki przeciwdepresyjne zwane też antydepresantami.

Co więcej, nieleczona depresja wpływa nie tylko na ciebie (i twoje otoczenie), ale również na zdrowie dziecka. Przyszła mama chora na depresję może mieć kłopoty ze snem, źle się odżywiać, zaniedbywać opiekę prenatalną, a nawet skłaniać się ku niezdrowym nawykom, takim jak palenie papierosów czy picie alkoholu. Te wszystkie czynniki w połączeniu z wyniszczającymi skutkami lęku i stresu mogą prowadzić – według niektórych badań – do porodu przedwczesnego, niskiej masy urodzeniowej dziecka lub niskiej punktacji w skali Apgar. Skuteczne leczenie depresji – zwłaszcza w trakcie ciąży – sprawi, że przyszła mama będzie dbała o własne ciało i o rozwijające się w nim dziecko.

Jakie znaczenie ma to dla ciebie? Otóż takie, że powinnaś się dwa razy zastanowić, zanim odstawisz leki przeciwdepresyjne. Oznacza to również, iż powinnaś skonsultować tę decyzję zarówno z położnikiem, jak i psychiatrą, który leczy cię na depresję. Niektóre leki są bezpieczne dla kobiet w ciąży, a inne nie są zalecane – to oznacza, że lekarstwa (lub lekarstwo), które zażywałaś przed zajściem w ciążę, mogą być w tej chwili niebezpieczne. Może się też zmienić ich dawka.

Twój położnik (w porozumieniu z psychiatrą) poda ci najnowsze informacje na temat antydepresantów dozwolonych u kobiet w ciąży, ponieważ wiedza na temat tych leków nieustannie się zmienia; podobnie jak dane, które pojawiają się w Internecie i często są błędnie interpretowane oraz niezgodne z prawdą. Kolejny powód, by szukać profesjonalnej opieki (i nie korzystać z wyszukiwarek internetowych): niektóre badania wykazują, że przyszłe mamy przyjmujące leki przeciwdepresyjne narażają dziecko na autyzm, choroby serca i płuc oraz niską masę urodzeniową, a inne nie wykazują takiej współzależności. Wiadomo natomiast, że substancje z grupy SSRI (czyli selektywne inhibitory zwrotnego wychwytu serotoniny), takie jak citalopram, fluoksetyna czy sertralina, to na ogół dobry wybór (paroksetyna, kolejny lek przeciwdepresyjny z grupy SSRI, nie jest zalecana ze względu na zwiększone ryzyko spowodowania wad serca u płodu). Leki z grupy SNRI (inhibitory zwrotnego wychwytu serotoniny i noradrenaliny) – na przykład duloksetynę lub wenlafaksynę – również można podawać kobietom w ciąży. Najlepszym wyborem nie jest natomiast bupropion, chociaż mogą go przyjmować kobiety, które nie reagują na inne leki.

A oto ważna informacja, którą warto zapamiętać, gdy wraz lekarzem będziecie rozważać opcje najlepsze dla ciebie: chociaż przyjmowanie w ciąży jakichkolwiek leków – w tym antydepresantów – zawsze wiąże się z pewnym ryzykiem, specjaliści są przekonani, że to ryzyko nie powinno skłaniać do zaprzestania leczenia, jeśli nie można w inny sposób skutecznie wyleczyć depresji. Nieleczona depresja wiąże się z różnymi zagrożeniami, niekiedy długoterminowymi. Wybór najbezpieczniejszego leku, najbezpieczniejszej dawki oraz optymalnego czasu leczenia pomoże złagodzić zarówno negatywne skutki depresji, jak i przyjmowania lekarstwa.

Pamiętaj również, że depresję leczy się skutecznie nie tylko za pomocą terapii farmakologicznej, a czasami nawet całkowicie bez jej wsparcia (w niektórych przypadkach przyszłe mamy z łagodną postacią tej choroby mogą w ogóle nie przyjmować leków) lub w połączeniu z niewielką ilością leku (mama może wówczas przyjmować mniejsze dawki albo zmienić lekarstwo na bezpieczniejsze). Leczenie bez leków obejmuje psychoterapię, terapię światłem oraz metody medycyny komplementarnej i alternatywnej – na przykład akupunkturę lub neuroterapię (trening mózgu). Ćwiczenia fizyczne (dzięki którym uwalniają się endorfiny poprawiające samopoczucie), medytacja (która pomoże ci zapanować nad stresem) oraz dieta (dzięki regularnym, zdrowym przekąskom i posiłkom stężenie glukozy we krwi będzie się utrzymywało na odpowiednim poziomie) również mogą być korzystnym uzupełnieniem procesu leczenia. Zapytaj lekarza prowadzącego ciążę oraz psychiatrę, czy te metody będą skuteczne w twoim przypadku.

ADHD
(zespół nadpobudliwości psychoruchowej z deficytem uwagi)

Gdy byłam nastolatką, zdiagnozowano u mnie ADHD i od tej pory codziennie zażywam leki. Czy w trakcie ciąży powinnam je odstawić?

Wielu dorosłych przyjmuje Adderall (niedostępny w Polsce środek farmaceutyczny na bazie amfetaminy) lub metylofenidat, które poprawiają koncentrację oraz funkcjonowanie towarzyskie i zawodowe. Dotyczy to również kobiet, które zachodzą w ciążę. Rzecz w tym, że na razie niewiele wiadomo na temat wpływu tych leków na ciążę, ponieważ nie zostały jeszcze przebadane na ludziach, lecz wyłącznie na zwierzętach. Zatem na tym etapie możemy jedynie powiedzieć, że nie stwierdzono ich szkodliwego wpływu na płód, ale i też nie potwierdzono, że nie są szkodliwe.

Cóż zatem mają zrobić przyszłe mamy? Przede wszystkim porozmawiaj ze swoim ginekologiem oraz z lekarzem, który przepisał ci lekarstwo na ADHD. Zapytaj o najnowsze badania dotyczące bezpieczeństwa stosowania tych leków podczas ciąży i zastanówcie się, czy powinnaś je dalej stosować (czy ewentualnie zrezygnować z nich w pierwszym trymestrze i kontynuować w drugim). Każde potencjalne ryzyko związane z przyjmowaniem leków w trakcie ciąży musi być rzecz jasna zestawione z potencjalnym ryzykiem wynikającym z zaprzestania terapii. Zapytaj również o metody niefarmakologiczne (takie jak terapia behawioralna czy coaching),

dzięki którym będzie można wykluczyć te leki lub przynajmniej ograniczyć ich dawkę. I wreszcie, pamiętaj, że bez względu na rodzaj terapii, ciąża może źle wpłynąć na twoją zdolność koncentracji i funkcjonowanie oraz że taka burza hormonalna daje się we znaki każdej przyszłej mamie.

Dziecko po 35 roku życia

Mam 38 lat i jestem bardzo podekscytowana, ponieważ po raz pierwszy zaszłam w ciążę. Zastanawiam się, co mój wiek może oznaczać dla ciąży i dziecka.

Masz ponad 35 lat i po raz pierwszy jesteś w ciąży, a to oznacza, że znalazłaś się w dobrym – i coraz liczniejszym – towarzystwie. Rośnie również liczba kobiet, które rodzą pierwsze dziecko po czterdziestce.

A to dobre towarzystwo ma dla ciebie dobre wiadomości. Ciąża nie jest szczególnie ryzykownym przedsięwzięciem, chociaż z wiekiem to ryzyko może odrobinę wzrastać. Na szczęście większość zagrożeń można zmniejszyć, a nawet całkowicie wyeliminować.

Zatem po pierwsze – zagrożenia. Główny problem przyszłych mam po 35 roku życia (czasami niesprawiedliwie określa się go mianem „zaawansowanego wieku rozrodczego") to zajście w ciążę w okresie stopniowo (aczkolwiek nieznacznie) zmniejszającej się płodności. Proces ten zaczyna się już po 20 roku życia, kiedy kobieta osiąga szczyt płodności, a zatem nie stanie się to w ciągu jednej nocy, gdy skończysz 35 lat. Teraz jednak, gdy zaszłaś już w ciążę (gratulacje!), stajesz w obliczu nieco większego ryzyka urodzenia dziecka z zespołem Downa. Jest to względnie niewielkie ryzyko, które jednak wzrasta wraz z wiekiem mamy: 1 przypadek na 1250 kobiet w wieku 25 lat, mniej więcej 3 przypadki na 1000 kobiet w wieku 30 lat, 1 przypadek na 300 mam w wieku 35 lat,

DLA OJCÓW

Starsi tatusiowie

Bardzo długo uważano, że odpowiedzialność ojca w procesie rozrodczym ogranicza się do zapłodnienia. Dopiero w XX wieku (o wiele za późno dla tych wszystkich królowych, które zostały ścięte, bo nie urodziły męskiego potomka) odkryto, że w sprawie płci dziecka to nasienie ojca ma decydujący głos. Dopiero kilkadziesiąt lat temu naukowcy uświadomili sobie, że sperma starszego ojca również jest zagrożeniem dla dziecka. Tak samo jak komórka jajowa starszej matki, spermatocyty (niedojrzałe komórki płciowe) starszego ojca są dłużej narażone na szkodliwe czynniki środowiska i mogą zawierać zmienione lub uszkodzone geny albo chromosomy. Co to oznacza dla przyszłych tatusiów? Naukowcy stwierdzili, że niezależnie od wieku mamy, wraz z wiekiem taty rośnie również ryzyko poronienia, a jeśli tata ma ponad 50 lub 55 lat, pojawia się także ryzyko wystąpienia zespołu Downa (raz jeszcze: jest to niezależne od wieku mamy). Jeśli ojciec ma ponad 40 lat, może też nieco wzrosnąć ryzyko wystąpienia autyzmu lub chorób psychicznych.

Zastanawiasz się, czy twój wiek będzie oznaczał więcej badań dla twojej partnerki i waszego dziecka? Genetycy nie zalecają badań inwazyjnych, takich jak amniopunkcja (punkcja owodni) lub biopsja kosmówki (CVS) jedynie z powodu wieku taty. Na szczęście większość badań przesiewowych, którym mogą się poddać wszystkie przyszłe mamy (bez względu na wiek ojca), jest w stanie wykluczyć wiele chorób genetycznych.

Najważniejsza sprawa zarówno dla starszych tatusiów, jak i starszych mam: zagrożenia są bardzo małe, a korzyści z posiadania dziecka właśnie w tym momencie życia niezaprzeczalnie duże. Uwierz, że naprawdę duże. Odpręż się zatem i wspólnie cieszcie się ciążą – warto czekać na to, co będzie dalej.

---

oraz 1 na 35 mam w wieku 45 lat. Naukowcy podejrzewają, że ryzyko wystąpienia choroby Downa lub innych nieprawidłowości chromosomowych jest związane z wiekiem jajeczek starszej mamy (kobiety rodzą się z określoną liczbą komórek jajowych, które starzeją się razem z nimi). Ocenia się, że przynajmniej 25 procent przypadków zespołu Downa oraz innych nieprawidłowości genetycznych jest związanych z uszkodzeniem plemników starszego ojca. A ponieważ partnerami starszych mam są zazwyczaj starsi tatusiowie, nie zawsze wiadomo, czy przyczyną był wiek kobiety czy mężczyzny.

Wraz z wiekiem wzrasta również ryzyko innych zagrożeń. Jedno z nich nie brzmi wcale jak zagrożenie, lecz jak wyjątkowa korzyść: starsze mamy częściej rodzą bliźnięta (nawet jeśli poczęcie odbyło się naturalnie) dzięki związanej z wiekiem predyspozycji do uwalniania więcej niż jednego jajeczka na raz. Można również ogólnie powiedzieć, że wraz z wiekiem wzrasta ryzyko poronienia (ze względu na starsze komórki jajowe), stanu przedrzucawkowego, cukrzycy ciążowej oraz przedwczesnego porodu. Poród przeciętnie trwa dłużej, może być trochę bardziej skomplikowany (często z tego powodu, że ciąża starszej mamy należy do grupy podwyższonego ryzyka) i częściej kończy się cięciem cesarskim.

Nawet jeśli ryzyko związane z ciążą jest w twoim wieku nieco podwyższone, nadal jest niskie. I oczywiście jest niczym w porównaniu z nagrodą, której tak niecierpliwie wyczekujesz. Poza tym powikłaniom ciążowym, które najczęściej występują u starszych mam, często można zapobiec, a jeśli się to nie uda, zwykle dość łatwo je kontrolować. Odpowiednie połączenie profilakty-

Nie tylko dla ojców

Szczęśliwe rodziny oczekujące dziecka jawią się w różnych konstelacjach. Może jesteście dwiema mamami spodziewającymi się dziecka, które jedna z was nosi pod sercem. A może dwoma tatusiami, którym dziecko urodzi surogatka albo którzy planują adopcję otwartą, ponieważ chcą być emocjonalnie i psychicznie związani z kobietą noszącą ich maleństwo. A może jesteś samotną mamą i nie masz partnera, ale za to masz rodzinę i przyjaciół gotowych cię wesprzeć, tak jak zrobiłby to ojciec dziecka, gdyby był przy tobie. Nieważne, jak wygląda rodzina, w której przyjdzie ci być rodzicem, ponieważ ta książka jest właśnie dla ciebie, a ramki z radami dla ojców są przeznaczone dla wszystkich członków twojej rodziny. Czytaj wszystko w taki sposób, jaki ci najbardziej odpowiada, wybieraj to, co pasuje do twojej sytuacji, i stosuj w swojej rodzinie, by ułatwić jej wkroczenie w tę nową i niezwykłą rzeczywistość, jaką będzie rozpoczęcie życia z dzieckiem.

ki i właściwego leczenia pomoże zapobiec przedwczesnemu porodowi, a postęp, który ciągle dokonuje się w medycynie, zmniejsza ryzyko powikłań na sali porodowej. I chociaż zespołowi Downa nie da się zapobiec, to można go rozpoznać już w macicy dzięki różnym badaniom przesiewowym i testom. Co więcej, podstawowe badania nieinwazyjne przeprowadzane w pierwszym trymestrze (patrz str. 54), które są zalecane wszystkim kobietom bez względu na wiek (zatem nie martw się, mamo – nie jesteś napiętnowana), są obecnie o wiele dokładniejsze niż kiedyś. Kobiety, u których te badania nic nie wykazały, nie muszą już być poddawane inwazyjnym metodom diagnostycznym (takim jak amniopunkcja czy biopsja kosmówki), co kiedyś było rutyną w przypadku przyszłych mam po 35 roku życia. Dzięki temu zaoszczędzisz czas, pieniądze, a przede wszystkim unikniesz stresu.

Współczesna medycyna jest w stanie uczynić wiele, by zapewnić ci zdrową ciążę, bezpieczny poród i szczęśliwe dziecko, ale będzie bezradna w porównaniu z tym, co możesz zrobić sama dzięki ćwiczeniom fizycznym, właściwej diecie, przestrzeganiu prawidłowego przyrostu masy ciała oraz regularnej opiece prenatalnej. Fakt, że jesteś starsza, nie kwalifikuje cię od razu do grupy podwyższonego ryzyka, ale już połączenie wielu innych niebezpiecznych czynników może to uczynić. Wyeliminuj lub zminimalizuj zatem jak najwięcej czynników ryzyka, a „odmłodzisz" swoją ciążę i zwiększysz szanse na urodzenie zdrowego malucha – praktycznie będą tak samo duże jak u młodszej mamy. A kto wie... może nawet większe.

Zatem odpręż się, ciesz ciążą i uwierz w to, że wszystko będzie dobrze. Nigdy wcześniej urodzenie dziecka po 35 roku życia nie było równie bezpieczne jak teraz.

Badania genetyczne

Ciągle się zastanawiam, czy nie mam jakiejś wady genetycznej, o której nie wiem. Czy powinnam się poddać jakimś badaniom prenatalnym?

Niemal każdy człowiek ma co najmniej jeden gen odpowiedzialny za jakąś chorobę genetyczną, nawet jeśli w historii rodziny nigdy się ona nie pojawiła. Na szczęście większość zaburzeń genetycznych wymaga dopasowanej pary genów – jednego od mamy i jednego od taty – więc najczęściej choroby genetyczne nie występują u dzieci. Jedno z rodziców lub oboje mogą zostać poddani testom w kierunku niektórych zaburzeń najlepiej jeszcze przed zajściem w ciążę lub w jej trakcie. W większości przypadków zaleca się przebadanie tylko jednego z rodziców – drugiego poddaje się testom tylko wtedy, gdy pierwsze badanie wypadnie pozytywnie. Do niedawna oficjalne zalecenia odnośnie do tego, kto powinien zostać przebadany i w kierunku jakich chorób, opierały się na przynależności etnicznej bądź geograficznej i dotyczyły tylko kilku chorób.

Na przykład pary pochodzenia żydowskiego, których przodkowie przybyli z Europy Wschodniej (Żydzi aszkenazyjscy), powinny być przebadane pod kątem choroby Taya-Sachsa i choroby Canavana oraz ewentualnie innych zaburzeń genetycznych (sprawdź na stronie internetowej www.victorcenters.org lub www.jscreen.org). Choroba Taya-Sachsa występuje również w innych grupach etnicznych, takich jak Cajunowie (zamieszkujący tereny południowej Luizjany), Franko-Kanadyjczycy i amisze. Jeśli twoja rodzina wywodzi się z którejś z tych grup etnicznych, warto rozważyć przeprowadzenie badań genetycznych. Podobnie rzecz ma się w przypadku Afroamerykanów, u których częściej występuje niedokrwistość sierpowatokrwinkowa, oraz par pochodzących z obszaru Morza Śródziemnego lub Azji, u których warto przeprowadzić badania w kierunku talasemii (wrodzonej niedokrwistości tarczowatokrwinkowej).

Ponieważ w dzisiejszym wieloetnicznym społeczeństwie coraz trudniej przypisać kogoś do konkretnego profilu etnicznego czy geograficznego, podstawa do badań genetycznych staje się coraz mniej solidna. Oto dobry przykład: Europejczykom rasy białej zawsze zwracano uwagę na znaczenie badań pod kątem mukowiscydozy, ponieważ 1 na 25 osób była nosicielem tej choroby. W wyniku wymieszania genów pula nosicieli się zwiększyła, a w rezultacie wzrosła również liczba wskazań do badań przesiewowych. Obecnie zaleca się, by wszystkie pary bez względu na przynależność etniczną poddawały się badaniom w kierunku mukowiscydozy.

> ## Szczepienia w ciąży
>
> Ponieważ niemal wszystkie choroby, których można uniknąć dzięki szczepionkom, są niebezpieczne dla przyszłych mam i ich dzieci, posiadanie aktualnych szczepień jest szczególnie ważne właśnie podczas ciąży. Większość szczepionek z żywymi wirusami nie jest zalecana w trakcie ciąży, w tym szczepionka MMR (przeciwko odrze, śwince i różyczce) oraz przeciwko ospie wietrznej, dlatego warto pomyśleć o nich jeszcze przed poczęciem. Inne szczepionki (zgodnie z zaleceniami Centrum Kontroli i Prewencji Chorób) nie powinny być stosowane rutynowo, ale można je podać w razie potrzeby. Należą do nich szczepionki przeciwko wirusowemu zapaleniu wątroby typu A oraz pneumokokom. Możesz się również zaszczepić przeciwko wirusowemu zapaleniu wątroby typu B.
>
> Za niezbędne uznaje się szczepienia przeciwko grypie, jeśli kobieta zajdzie w ciążę w sezonie grypowym (między październikiem a kwietniem), oraz przeciwko tężcowi, błonicy i krztuścowi (Tdap) między 27 a 36 tygodniem ciąży (więcej na temat Tdap znajdziesz na str. 338).
>
> Bardziej szczegółowe informacje na temat szczepionek uzyskasz u swojego lekarza oraz na str. 560.

Czy badania wykrywające choroby genetyczne powinny mieć jeszcze większy zasięg? Niektórzy są przekonani, że tak. Postępy w dziedzinie badań genetycznych umożliwiają wszystkim parom – bez względu na pochodzenie etniczne – wykrycie jeszcze przed poczęciem wielu ewentualnych chorób o podłożu genetycznym. Rozszerzone badania przesiewowe pod kątem nosicielstwa wadliwego genu mogą obejmować nawet ponad 300 chorób. To szansa, abyście

> **Mama nieubezpieczona?**
>
> Posiadanie dziecka w dzisiejszych czasach to kosztowne przedsięwzięcie – i to jeszcze zanim kupisz pierwsze śpioszki. Nie oznacza to oczywiście, że z tego powodu jakakolwiek mama ma być pozbawiona w ciąży właściwej opieki prenatalnej, która jest potrzebna zarówno jej, jak i maleństwu. Na terenie Stanów Zjednoczonych przyszłe mamy mają do wyboru różne programy, dzięki którym mogą zapewnić sobie opiekę medyczną.
>
> W Polsce każda przyszła mama ma prawo do bezpłatnej opieki medycznej bez względu na to, czy jest ubezpieczona czy nie. Oznacza to, że w czasie ciąży i połogu (czyli 6 tygodni po porodzie) jest uprawniona do korzystania ze wszelkich świadczeń, takich jak wizyty kontrolne u ginekologa, badania laboratoryjne i USG oraz ewentualne zabiegi. Bezpłatny jest również pobyt w szpitalu podczas ciąży, porodu i po porodzie. Prawo to gwarantuje konstytucja oraz Rozporządzenie Rady Ministrów, w którym określono, że te świadczenia finansuje Narodowy Fundusz Zdrowia ze środków budżetu państwa.

wraz z partnerem dowiedzieli się, czy wasze dziecko jest czymś zagrożone. Jeżeli oba testy wypadną pozytywnie i okaże się, że jesteście nosicielami wadliwego genu (nie ma potrzeby badania taty, gdy wynik mamy okaże się negatywny), kolejnym badaniom prenatalnym poddane zostanie dziecko, którego oczekujecie, oraz ewentualne przyszłe potomstwo.

Co więcej, świadomość, że istnieje poważne ryzyko, iż dziecko urodzi się z wadą genetyczną, umożliwi wam wybór jednej z nowoczesnych technologii reprodukcyjnych (na przykład zapłodnienia *in vitro* z przedimplantacyjną diagnostyką genetyczną, dzięki której można zbadać zarodki pod kątem chorób genetycznych) lub skorzystanie z banku spermy albo innych niekonwencjonalnych metod zakładania rodziny.

Chociaż wielu ekspertów nawołuje, by rutynowo badać wszystkie pary, Amerykańskie Kolegium Położników i Ginekologów na razie nie przychyla się do tego stanowiska. Zaleca natomiast, by wskazaniem do poszerzonych badań genetycznych była historia danej rodziny lub przynależność etniczna (aczkolwiek ta ostatnia w dzisiejszych czasach nie jest zbyt miarodajna), a rutynowe badania ograniczyć do genu odpowiedzialnego za mukowiscydozę.

Jednak Amerykańskie Kolegium Położników i Ginekologów oraz Amerykańskie Kolegium Genetyki Medycznej i Genomiki zgadzają się co do tego, że wszystkim parom, które przed poczęciem zdecydują się na poszerzone badania genetyczne, należy je umożliwić.

Aby zmniejszyć potencjalnie negatywne odczucia związane z badaniami genetycznymi, specjaliści zlecają, by skonsultować się najpierw z położnikiem i genetykiem, którzy dokładnie wyjaśnią, w kierunku jakich chorób genetycznych możecie zostać przebadani, abyście mogli zdecydować, które badania można pominąć. Amerykańskie Kolegium Genetyki Medycznej i Genomiki zaleca, by badać na nosicielstwo jedynie w kierunku tych zaburzeń, które są ważne w procesie reprodukcji, pomijając zaś te, które występują u dorosłych (niektóre z 300 chorób genetycznych pojawiają się dopiero w wieku dojrzałym) – chyba że przyszli rodzice zwrócą się z uzasadnioną prośbą o wykonanie wszystkich testów.

Aby podjąć optymalną decyzję w sprawie badań genetycznych – bez względu na zalecenia ogólne – porozmawiaj ze swoim położnikiem, który pomoże wam postanowić, co będzie najlepsze dla was i waszej powiększającej się rodziny.

Mój partner i ja nie mieliśmy przed ciążą badań genetycznych. Czy powinniśmy zrobić je teraz?

Ponieważ większość par na szczęście nie należy do grupy ryzyka i z dużym prawdopodobieństwem nie przekaże dziecku żadnych wadliwych genów, w większości przypadków wizyta w poradni genetycznej nie jest konieczna – wy przypuszczalnie również znajdujecie się w tej grupie. Aby się uspokoić, omówcie swoją sytuację z ginekologiem, który zdecyduje, czy powinniście się poddać dokładniejszym badaniom prenatalnym. Zazwyczaj wizyta u specjalisty w dziedzinie genetyki bądź medycyny matczyno-płodowej zalecana jest, gdy:

- Badanie krwi i/lub poszerzone badania przesiewowe wykazały, że rodzice są nosicielami genów odpowiedzialnych za choroby genetyczne, które mogą przekazać swoim dzieciom.
- Para ma już jedno lub więcej dzieci z wrodzonymi wadami genetycznymi.
- Rodzice stracili dwoje lub więcej dzieci w wyniku poronienia.
- Jeśli kobieta ma ponad 35 lat, a mężczyzna ponad 40.
- Rodzice wiedzą o przypadkach chorób dziedzicznych po którejkolwiek ze stron. W niektórych przypadkach (takich jak mukowiscydoza czy talasemia) testy DNA przeprowadzone przed poczęciem ułatwiają później interpretację badań płodu.
- Jedno z rodziców (jego rodzice, rodzeństwo lub starsze dziecko) ma jakąś chorobę genetyczną (na przykład wrodzoną wadę serca).
- Badania przesiewowe kobiety ciężarnej w kierunku aberracji chromosomowych dały nieprawidłowe wyniki.
- Para jest ze sobą blisko spokrewniona; ryzyko wystąpienia choroby genetycznej u potomstwa jest największe, gdy rodzice są bliskimi krewnymi (u kuzynów wynosi ono 1 do 8).

Ciąża i samotna mama

Jesteś samotną przyszłą mamą? To, że nie masz partnera, nie oznacza, że musisz samotnie przeżywać ciążę. Wsparcie, jakiego teraz potrzebujesz (potrzebuje go zresztą każda mama), nie musi koniecznie pochodzić od partnera – jego źródła mogą być bardzo różne. W czasie tych dziewięciu miesięcy i później może być przy tobie przyjaciółka lub bliska osoba z rodziny, która wesprze cię fizycznie i emocjonalnie oraz pod wieloma względami będzie w stanie zastąpić partnera. Może ci towarzyszyć podczas wizyt kontrolnych u lekarza i na zajęciach w szkole rodzenia, wysłuchać, zaoferować ramię, na którym będziesz mogła się wypłakać, pomóc przygotować dom i życie na przyjęcie maleństwa oraz pełnić rolę twojego trenera, cheerleaderki, kibica i rzecznika podczas porodu. A ponieważ nikt nie zrozumie cię lepiej niż inna samotna mama, pomyśl o grupie wsparcia dla samotnych matek lub znajdź ją w Internecie (sprawdź forum dla samotnych mam na naszej stronie www.WhatToExpect.com). Zastanów się również nad włączeniem douli do swojej „drużyny wsparcia porodowego" (patrz str. 338) lub nad przystąpieniem do grupy wsparcia dla kobiet w ciąży działającej przy gabinecie lekarza lub przychodni (jeżeli jest taka możliwość), ponieważ wówczas podczas badań kontrolnych nigdy nie będziesz samotna (patrz str. 15). Jeśli jesteś sama, ponieważ twój partner służy w wojsku albo pracuje daleko od domu, zajrzyj na str. 36.

Jesteś szczęśliwa, że jesteś sama, a może nawet jeszcze szczęśliwsza? Niektórym mamom na szczęście jest z tym zupełnie dobrze.

Najlepiej udać się do poradni genetycznej (i rozważyć poszerzone badania przesiewowe) jeszcze przed zajściem w ciążę. Specjalista genetyk na podstawie profilu genetycznych rodziców określi prawdopodobieństwo urodzenia się zdrowego dziecka i pomoże im podjąć decyzję, czy zdecydować się na potomstwo. Na badania nie jest za późno nawet wtedy, gdy ciąża już została potwierdzona. Genetyk może wówczas zaproponować odpowiednie badania prenatalne w oparciu o profile genetyczne rodziców.

Jeśli testy wykażą, że płód ma poważną chorobę, przedstawi rodzicom różne opcje postępowania i pomoże podjąć decyzję co do dalszych kroków. Genetyka pomaga niezliczonym parom z grupy wysokiego ryzyka unikać bólu posiadania dzieci z poważnymi wadami i realizować marzenia o całkowicie zdrowym potomstwie.

WSZYSTKO O...
Diagnostyka prenatalna

Chłopiec czy dziewczynka? Czy maleństwo będzie miało jasne włosy czy ciemne? Zielone oczy czy niebieskie? Usta po mamie i dołeczki po tacie? Talent muzyczny po tacie i matematyczny po mamie... albo na odwrót?

Dzieci trzymają rodziców w niepewności (i są źródłem zabawnych zakładów), jeszcze zanim pojawią się na świecie, a czasami nawet przed poczęciem. Ale jest jedno pytanie, które najbardziej nurtuje i niepokoi wszystkich przyszłych rodziców; to pytanie, które boją się zadać, a nawet o nim rozmawiać: Czy nasze dziecko będzie zdrowe?

Kiedyś można było na nie odpowiedzieć dopiero po porodzie. W dzisiejszych czasach dzięki wielu różnym badaniom prenatalnym i przesiewowym odpowiedź otrzymamy już w pierwszym trymestrze ciąży. Jakich badań przesiewowych możesz oczekiwać w trakcie 40 tygodni ciąży? Czy badania prenatalne staną się częścią twojego planu ciąży? Będzie coraz więcej pytań i wątpliwości, a zalecenia będą się zmieniać, więc musisz polegać na swoim położniku, który pomoże ci dokonywać najlepszych wyborów. Pomogą ci w tym również zamieszczone dalej informacje, dzięki którym badania prenatalne i przesiewowe nie będą miały przed tobą tajemnic.

Badania przesiewowe

Większość przyszłych mam (nawet te, które nie należą do grupy wysokiego ryzyka i prawdopodobnie nie urodzą dziecka z wadą genetyczną) w trakcie 40 tygodni ciąży przechodzi kilka badań przesiewowych. Przeprowadza się je, ponieważ są bezinwazyjne i coraz dokładniejsze. Nie wiążą się z żadnym zagrożeniem ani dla mamy (poza nerwami), ani dla dziecka, a mogą przynieść upragniony spokój. To prosty sposób, by przestać się martwić.

Prenatalne badania przesiewowe opierają się na badaniu krwi i/lub badaniu USG. Dzięki nim będzie można ustalić, czy należysz do grupy podwyższonego ryzyka i czy twoje dziecko urodzi się z jakąś wadą genetyczną (na przykład zespołem Downa) lub wadami cewy nerwowej (na przykład rozszczepem kręgosłupa). Badania przesiewowe nie mogą oczywiście rozpoznać tych chorób – zrobi to dopiero dokładne badanie diagnostyczne – ale w 80–99 procentach określą prawdopodobieństwo ich wystąpienia. A oto, co powinnaś o nich wiedzieć:

Nieinwazyjne badanie przesiewowe, czyli badania wolnego płodowego DNA z krwi matki (NIPT, ang. *noninvasive pre-*

natal screening) **(po 9 tygodniu ciąży).**
Wiedziałaś o tym, że fragmenty DNA dziecka krążą w twoim krwiobiegu? Nieinwazyjne badanie przesiewowe to badanie krwi, które wykonuje się w dowolnym czasie po 9 tygodniu ciąży, kiedy można zanalizować pozakomórkowe DNA płodu (*cell-free* DNA, czyli cfDNA) i określić, w jakim stopniu dziecko jest narażone na różne choroby genetyczne, m.in. zespół Downa. Pamiętaj, że nieinwazyjne badanie przesiewowe określa jedynie prawdopodobieństwo wystąpienia choroby genetycznej (jeśli chcesz, możesz również poznać płeć malucha), ale nie stwierdza, czy dziecko jest (lub nie jest) chore. Firmy farmaceutyczne produkujące testy do badań przesiewowych twierdzą, że dają one mniej fałszywie dodatnich wyników niż standardowe badania krwi (na przykład test poczwórny; patrz str. 57). Wynik badania przesiewowego pomoże lekarzowi podjąć decyzję odnośnie do dalszego postępowania, w tym rozważyć, czy przeprowadzić inwazyjne badania prenatalne, które są jeszcze dokładniejsze, ale za to bardziej niebezpieczne.

Ponieważ badanie wolnego płodowego DNA polega jedynie na prostym i szybkim pobraniu krwi za pomocą igły i strzykawki, wystarczy tylko wyciągnąć rękę i podać ją pielęgniarce – a to jest całkowicie bezpieczne dla ciebie i dla dziecka. Potem próbka krwi zostanie wysłana do laboratorium, które sprawdzi, czy w pobranym materiale występują jakieś nieprawidłowości chromosomowe.

Kiedy lekarz otrzyma wyniki, zestawi je z wynikami badania USG przeprowadzonego w pierwszym trymestrze ciąży lub badania przezierności karkowej (patrz następny punkt) i stwierdzi, czy konieczna jest dalsza diagnostyka. Jeśli się okaże, że tak, ginekolog zaleci prawdopodobnie amniopunkcję (punkcję owodni; patrz str. 62) lub biopsję kosmówki (patrz str. 59), by potwierdzić wyniki poprzednich badań oraz wykryć inne zaburzenia, których nie wykazało nieinwazyjne badanie przesiewowe (na przykład wady cewy nerwowej).

Ponieważ nieinwazyjne badanie przesiewowe to względnie nowa metoda, amerykańska Agencja Żywności i Leków jeszcze jej nie zaaprobowała, a Amerykańskie Kolegium Położników i Ginekologów zaleca z kolei, by poddawać mu tylko te kobiety, których dzieci są zagrożone zaburzeniami chromosomowymi (czyli przyszłe mamy, które mają ponad 35 lat, wcześniej urodziły dziecko z wadą rozwojową lub mają choroby genetyczne w wywiadzie rodzinnym), natomiast zrezygnować z nich w przypadku kobiet nienależących do grupy ryzyka. Nieinwazyjne badanie przesiewowe nie jest bezwzględnie zalecane kobietom, które są w ciąży wielopłodowej lub korzystają z komórki jajowej dawczyni.

Zanim zdecydujesz się na tego rodzaju badanie, sprawdź, czy twoje ubezpieczenie w pełni je pokrywa. Jeśli nie, dowiedz się, ile będziesz musiała zapłacić.

Badanie przezierności karkowej (NT, ang. *nuchal translucency*) **(10–13 tydzień ciąży).** Badanie NT – specjalistyczne badanie ultrasonograficzne – pozwoli stwierdzić, czy dziecko jest zagrożone nieprawidłowościami chromosomowymi, takimi jak na przykład zespół Downa. Niestety w przeciwieństwie do badań diagnostycznych NT nie pozwoli definitywnie odpowiedzieć na pytanie, czy maluch ma chorobę genetyczną; uzyskasz jedynie informację na temat prawdopodobieństwa jej wystąpienia. Dzięki temu badaniu wspólnie z lekarzem podejmiecie decyzję, czy potrzebna jest dalsza diagnostyka (bardziej inwazyjna, lecz rozstrzygająca), na przykład punkcja owodni lub biopsja kosmówki.

Czym jest badanie przezierności karkowej? To pomiar odległości między tkanką podskórną a skórą na karku rozwijającego się dziecka w miejscu zwanym fałdem karkowym. Naukowcy odkryli, że właśnie w tym miejscu gromadzi się płyn – jeśli jest go zbyt dużo, może to oznaczać, że dziecko ma jakąś wadę genetyczną, na przykład zespół Downa, czyli trisomię 21 (spowodowaną obecnością dodatkowego chromosomu w 21 parze z 23 par chromosomów, które znajdują się w kodzie genetycznym człowieka), trisomię chromosomu 18 (dodatkowy chromosom 18, czyli zespół Edwardsa) lub trisomię chromosomu 13 (dodatkowy chromosom 13, czyli zespół Pataua).

Badanie przezierności karkowej przeprowadza się między 10 a 13 tygodniem ciąży (później tkanka jest już zbyt gruba i nieprzezroczysta, a wyniki pomiaru nie są miarodajne) za pomocą wysokiej klasy ultrasonografu (jest to równie bezpieczne jak badanie zwykłym ultrasonografem). Lekarz zmierzy najpierw dziecko, żeby ustalić jego wiek ciążowy, a potem dokona pomiaru fałdu karkowego. Te pomiary wraz z twoim wiekiem i wiekiem ciążowym dziecka zostaną podstawione do równania, dzięki któremu będzie można obliczyć prawdopodobieństwo wystąpienia zaburzeń chromosomowych.

Badanie NT zazwyczaj jest częścią rutynowych badań prenatalnych wykonywanych w pierwszym trymestrze ciąży i zalecanych wszystkim kobietom. Chociaż jest już szeroko rozpowszechnione, w niektórych miejscach – zwłaszcza na terenach rolniczych – może być niedostępne z powodu braku odpowiedniego sprzętu i wyszkolonych lekarzy.

Ponieważ podwyższona wartość przezierności karkowej jest często związana z chorobami serca, około 20 tygodnia ciąży lekarz może zalecić wykonanie echokardiogramu w celu wykrycia ewentualnych wad. Podwyższona wartość pomiaru bywa też związana z niewielkim ryzykiem porodu przedwczesnego, więc prawdopodobnie będziesz częściej badana, żeby temu zapobiec.

> ### Ujemne strony wyniku fałszywie dodatniego
>
> Poddajesz się badaniom prenatalnym i masz nadzieję, że dzięki nim zyskasz spokój – zazwyczaj zresztą tak się dzieje. Ale pamiętaj, że bardzo ważne jest i to, by badania poprzedzić szczerą rozmową z lekarzem, który wyjaśni ci, jakie są negatywne strony wyniku fałszywie dodatniego (test wykazuje podwyższone ryzyko wystąpienia zaburzeń genetycznych, podczas gdy dziecko jest zupełnie zdrowe), a konkretnie: co tak naprawdę oznacza wynik pozytywny, które testy najczęściej dają nieprawidłowe wyniki (na przykład test poczwórny lub NT) oraz które mają najniższy wskaźnik wyników fałszywie dodatnich (na przykład NIPT – test w kierunku trisomii chromosomów 21, 18 i 13). Z pewnością usłyszysz również, że 90 procent mam, które otrzymały wynik pozytywny, urodziło doskonale normalne i zdrowe dzieci. Myśl zatem pozytywnie!

Test podwójny (11–14 tydzień ciąży). Ponieważ dokładność badania NT wynosi 70–75 procent (oznacza to, że nie wykrywa ono zespołu Downa u 25–30 procent dzieci), położnik w razie wątpliwości może zalecić test podwójny, w którym pomiar przezierności karkowej zostanie zestawiony z jednym lub dwoma wynikami badania poziomu dwóch hormonów – beta hCG (ludzkiej gonadotropiny kosmówkowej) i PAPP-A (ciążowego białka osoczowego) – produkowanych przez płód i przekazywanych do krwiobiegu matki. Dzięki połączeniu badania przezierności karkowej z badaniem krwi wykrywalność zespołu Downa wzrasta do 83–92 procent.

Jeśli połączenie obu badań przesiewowych wykaże, że twoje dziecko może być zagrożone wadą genetyczną, lekarz zaleci prawdopodobnie kolejne badania, takie jak biopsja kosmówki i punkcja owodni. Jeśli test podwójny nie wykazał podwyższonego ryzyka, w drugim trymestrze ciąży będziesz mogła poddać się testowi zintegrowanemu (patrz niżej), który pozwoli wykluczyć również wady cewy nerwowej.

Pamiętaj jednak, że badania nie wykrywają bezpośrednio zaburzeń chromosomowych i że na ich podstawie nie można rozpoznać konkretnej choroby. Ich wynik to tylko statystyczne prawdopodobieństwo wystąpienia u dziecka wady rozwojowej. Nieprawidłowy wynik testu podwójnego z pewnością nie oznacza, że twój maluch ma jakąś chorobę genetyczną; sygnalizuje wyłącznie to, że ryzyko wystąpienia nieprawidłowości chromosomowych jest podwyższone i że wskazane są kolejne badania. Prawidłowy wynik nie daje jednak gwarancji, że dziecko będzie zdrowe, lecz oznacza bardzo duże prawdopodobieństwo, że nie będzie miało żadnej wady rozwojowej.

Test zintegrowany (pierwszy i drugi trymestr). Kolejnym badaniem przesiewowym jest połączenie testu podwójnego, czyli pomiarów stężenia hormonu PAPP-A i przezierności karkowej wykonywanych w pierwszym trymestrze, z przeprowadzanym w drugim trymestrze pomiarem stężenia czterech hormonów, czyli testem poczwórnym (patrz niżej).

Test poczwórny (14–22 tydzień ciąży). To badanie krwi, w którym oznacza się stężenie czterech substancji produkowanych przez płód i przekazywanych do krwiobiegu matki: alfafetoproteiny (AFP), ludzkiej gonadotropiny kosmówkowej (beta hCG), estriolu oraz inhibiny A*. Wysokie stężenie AFP może sugerować ewentualność (ale pod żadnym pozorem nie pewność) podwyższonego ryzyka wystąpienia wady cewy nerwowej. Z kolei niskie stężenie AFP i nieprawidłowe stężenie pozostałych hormonów to podwyższone ryzyko wystąpienia zaburzeń chromosomowych, takich jak zespół Downa.

---

* W Polsce wykonuje się test potrójny, czyli ocenę stężenia AFP, beta hCG i estriolu (przyp. red. meryt.).

Test poczwórny, podobnie jak wszystkie badania przesiewowe, nie może rozpoznawać wad wrodzonych – może wskazać jedynie, że ryzyko ich wystąpienia jest podwyższone. Każdy nieprawidłowy wynik oznacza po prostu, że konieczne są dalsze badania.

Lekarz może ci zalecić wykonanie testu poczwórnego zamiast testu NIPT, czyli badania wolnego płodowego DNA z krwi matki, ponieważ ten ostatni może być niedostępny w twoim miejscu zamieszkania lub nierefundowany przez ubezpieczenie.

Jeśli jakaś nieprawidłowość chromosomowa faktycznie się pojawiła, test poczwórny wykryje podwyższone ryzyko wystąpienia wad cewy nerwowej w około 85 procentach przypadków, a zespołu Downa i trisomii 18 (zespołu Edwardsa) niemal w 80 procentach przypadków. Samodzielny test poczwórny ma jednak bardzo wysoki wskaźnik wyników fałszywie pozytywnych, jako że tylko jedna kobieta (lub najwyżej dwie) na pięćdziesiąt z nieprawidłowym odczytem urodzi ostatecznie dziecko z defektem genetycznym. W pozostałych przypadkach dalsze badania wykażą, że nie ma żadnych nieprawidłowości. Czasami okazuje się, że stężenie hormonów przekracza normę, ponieważ kobieta spodziewa się więcej niż jednego dziecka; w innym, że przewidywana data porodu została źle oszacowana (płód jest kilka tygodni starszy lub młodszy, niż się spodziewano); a w jeszcze innym, że wynik jest błędny lub został źle odczytany. Jeśli twój wynik jest pozytywny, nosisz tylko jedno dziecko, a badanie ultrasonograficzne pokazuje, że termin porodu został właściwie wyznaczony, to lekarz zaleci amniopunkcję. Jednak zanim zdecydujesz się na jakiekolwiek działanie na podstawie wyniku testu poczwórnego, upewnij się, że wynik ten oszacował lub zweryfikował genetyk bądź lekarz z dużym doświadczeniem w interpretowaniu wyników tego typu testów przesiewowych.

Przeprowadzając test poczwórny, należy pamiętać o jednej ważnej rzeczy: badania pokazują, że kobiety, które miały nieprawidłowy wynik tego testu, ale prawidłowe rezultaty następnych badań (na przykład amniopunkcji), nadal znajdują się w grupie odrobinę podwyższonego ryzyka i są zagrożone pewnymi powikłaniami ciążowymi, takimi jak mniejsza masa urodzeniowa płodu niż jest przewidziana dla danego wieku ciążowego, poród przedwczesny lub stan przedrzucawkowy. Zapytaj lekarza, czy dotyczy to również ciebie.

Badanie USG w drugim trymestrze (18–22 tydzień). Nawet jeśli w pierwszym trymestrze zostałaś poddana badaniu ultrasonograficznemu, dzięki któremu został ustalony wiek ciąży (patrz str. 178), to w drugim prawdopodobnie również je przejdziesz. USG drugiego trymestru (patrz ramka na str. 269) jest o wiele dokładniejsze i koncentruje się na anatomii płodu, a jego celem jest ocena rozwoju dziecka oraz wykrycie ewentualnych wad genetycznych. Przyniesie ci również więcej radości, ponieważ będziesz mogła zobaczyć dużo wyraźniejszy obraz dziecka, które nie będzie już tylko rozmazaną plamą.

W trakcie badania ultrasonograficznego w drugim trymestrze sprawdza się również markery zaburzeń chromosomowych („miękkie" i „twarde"), które mogą wskazywać na zwiększone ryzyko wystąpienia wad rozwojowych. Niewiele dzieci z „miękkimi" markerami chromosomowymi (torbielą splotu naczyniówkowego, ogniskiem hiperechogennym w sercu czy poszerzeniem miedniczek nerkowych – to tylko kilka z wielu trudnych do wymówienia nazw) rodzi się z wadami rozwojowymi. Markery zaburzeń chromosomowych stwierdza się u 11–17 procent zdrowych dzieci – najlepszy dowód, że nie ma powodów do zmartwienia, jeśli podczas badania USG u twojego dziecka wykryto któryś z nich. Lekarz poinformuje cię, czy będą potrzebne dalsze badania diagnostyczne (zazwyczaj nie są).

Badanie USG wykorzystuje fale ultradźwiękowe wysyłane przez sondę, którą lekarz przesuwa po twoim brzuchu. Fale przenikają przez ciało, odbijają się od narządów wewnętrznych, a komputer zamienia je na dwuwymiarowy (lub przekrojowy) obraz na ekranie. Czasami zamiast technologii 2D (dwuwymiarowej) stosuje się obrazowanie 3D (trójwymiarowe) lub 4D (obraz trójwymiarowy zmieniający się w czasie rzeczywistym).

Podczas badania USG będziesz mogła zobaczyć bijące serduszko, krzywiznę kręgosłupa, buzię, rączki i nóżki. Może uda ci się nawet dostrzec, jak maleństwo ssie paluszek. Zazwyczaj widoczne są również narządy płciowe, więc można określić płeć, chociaż pewność nie jest stuprocentowa i oczywiście konieczna jest współpraca ze strony maleństwa (jeśli chcesz, żeby płeć pozostała tajemnicą aż do porodu, uprzedź o tym lekarza lub technika wykonującego badanie).

Badania diagnostyczne

Wprawdzie każda przyszła mama zostanie poddana testom przesiewowym, ale kolejny krok – czyli badania diagnostyczne – już nie jest dla wszystkich. Wielu rodzi-

---

Błędy się zdarzają

Kiedy już otrzymasz wynik, nie zapominaj, że badania nie są nieomylne. Błędy się zdarzają nawet najlepszym specjalistom w laboratoriach wyposażonych w najnowocześniejszy sprzęt, przy czym wyniki fałszywie dodatnie są częstsze niż fałszywie ujemne. Dlatego zawsze warto przeprowadzić dodatkowe testy i skonsultować się z innymi specjalistami, by potwierdzić wynik wskazujący na jakieś zaburzenia, a jeśli zostanie on potwierdzony, omówić rokowania.

ców – szczególnie ci, których testy przesiewowe wypadły negatywnie – może odetchnąć z ulgą i cierpliwie czekać na rozwiązanie ze świadomością, że ich szansa na posiadanie zdrowego dziecka jest naprawdę ogromna.

Jeśli otrzymasz wynik pozytywny, lekarz prawdopodobnie zaleci dalsze badania diagnostyczne, by sprawdzić, czy dziecko jest zagrożone jakimiś wadami rozwojowymi (najczęściej nie jest). A oto kolejne powody, by przyszła mama poddała się badaniom diagnostycznym: historia rodziny, której członkowie byli nosicielami chorób genetycznych, poprzednie dziecko z wadą wrodzoną, zakażenie lub kontakt z substancjami, które mogą zaszkodzić rozwijającemu się płodowi.

W odróżnieniu od nieinwazyjnych testów przesiewowych badania diagnostyczne – na przykład biopsja kosmówki czy amniopunkcja (punkcja owodni) – polegają na badaniu materiału genetycznego pobranego z łożyska lub wód płodowych. Te badania z większą dokładnością wykrywają takie zaburzenia chromosomowe, jak zespół Downa czy wady cewy nerwowej (w przypadku amniopunkcji), ponieważ badają bezpośrednio problem, a nie tylko oznaki, które mogą na niego wskazywać. Zanim zdecydujesz się na badania diagnostyczne, porozmawiaj z genetykiem, który udzieli ci wszystkich niezbędnych informacji.

Dlaczego warto się poddać badaniom diagnostycznym, skoro są ryzykowne? Przede wszystkim dlatego, że z reguły przynoszą ulgę i spokój. W większości przypadków okazuje się, że dziecko jest całkowicie zdrowe, a to oznacza, że mama i tata mogą przestać się martwić i zacząć cieszyć ciążą.

Biopsja kosmówki (CVS, ang. *chorionic villus sampling*) (10–13 tydzień). Biopsja kosmówki to diagnostyczne badanie prenatalne, które wykonuje się w pierwszym trymestrze ciąży. Polega na pobraniu małego fragmentu łożyska (kosmówka to zewnętrzna błona otaczająca zarodek) i zbadaniu go pod

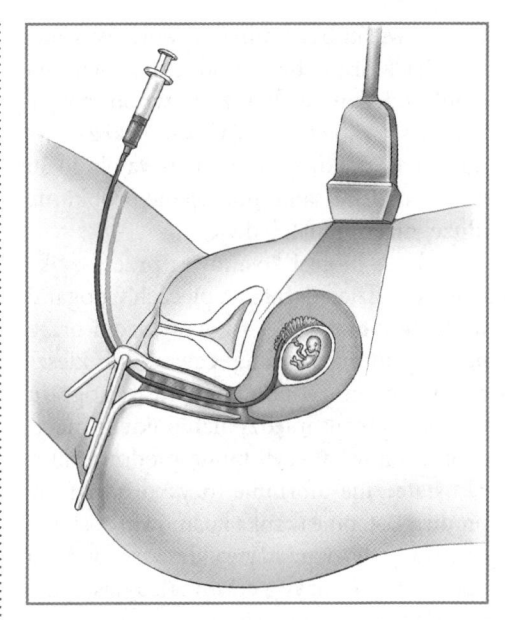

Biopsja kosmówki przez pochwę i szyjkę macicy

kątem zaburzeń chromosomowych. Ponieważ badanie przeprowadza się już w pierwszym trymestrze, zatem wynik (a często również ukojenie) uzyskujemy szybciej niż w wyniku punkcji owodni, którą przeprowadza się zwykle po 16 tygodniu ciąży. Badanie kosmówki z dokładnością 98 procent wykrywa takie zaburzenia genetyczne, jak zespół Downa, choroba Taya-Sachsa, niedokrwistość sierpowatokrwinkowa oraz większość typów mukowiscydozy. Biopsja kosmówki nie wykrywa wad cewy nerwowej ani innych defektów anatomicznych. Badanie pod kątem zaburzeń chromosomowych (poza zespołem Downa) przeprowadza się na ogół wówczas, gdy w rodzinie zdarzały się przypadki danej choroby lub gdy rodzice wiedzą, że są nosicielami uszkodzonego genu.

Badanie wykonuje specjalista medycyny matczyno-płodowej podczas badania ultrasonograficznego. W zależności od położenia łożyska wycinek pobiera się przez pochwę i szyjkę macicy albo przez powłoki brzuszne (za pomocą igły). Żadna z tych metod nie jest całkowicie bezbolesna – możesz odczuwać niewielki bądź umiarkowany dyskomfort. Niektóre kobiety podczas pobierania tkanki odczuwają skurcze przypominające ból miesiączkowy. Biopsja kosmówki zarówno jedną, jak i drugą metodą trwa około 30 minut, chociaż samo pobieranie próbki nie dłużej niż minutę lub dwie.

Podczas biopsji kosmówki przez szyjkę macicy będziesz leżała na plecach z nogami w strzemionach, a lekarz wprowadzi przez pochwę do macicy długi cewnik lub kleszczyki. Potem za pomocą ultrasonografu umieści cewnik między nabłonkiem macicy a kosmówką, czyli błoną płodową, która ostatecznie uformuje łożysko od strony płodu. Następnie tkanka kosmówki zostanie odcięta (jeśli lekarz używa kleszczyków) lub odessana (jeśli używa cewnika), a następnie przesłana do laboratorium.

Przy biopsji kosmówki przez powłoki brzuszne również będziesz leżała na plecach, a lekarz za pomocą ultrasonografu określi położenie łożyska i obejrzy ściany macicy. Potem przez powłoki brzuszne i ścianę macicy wprowadzi do łożyska cienką igłę i pobierze nią tkankę do badania.

Ponieważ kosmówka jest zbudowana

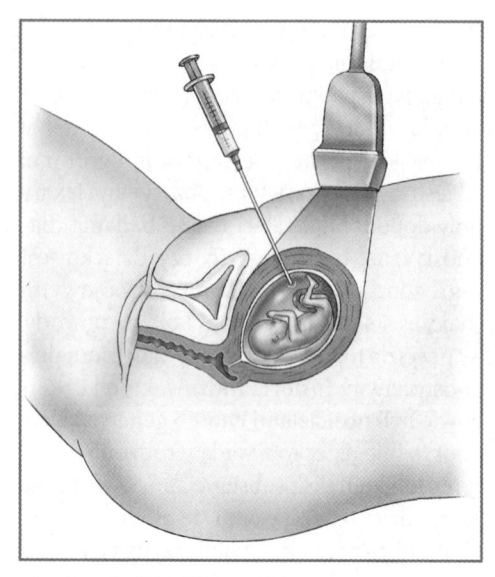

Amniopunkcja (punkcja owodni)

z tych samych tkanek co płód, zbadanie jej da pełen pogląd na temat składu genetycznego organizmu dziecka. Wyniki testu będą dostępne w ciągu tygodnia lub dwóch.

Badanie kosmówki jest bezpieczne i wiarygodne. Wskaźnik poronień po zabiegu jest zbliżony do tego, który notuje się po zabiegach punkcji owodni, i wynosi 0,5–2 procent. Jeśli wybierzesz ośrodek, który cieszy się dobrą reputacją, i zaczekasz do 10 tygodnia ciąży, będziesz miała szansę jeszcze bardziej obniżyć ryzyko związane z zabiegiem.

Niekiedy po biopsji kosmówki pojawia się niewielkie krwawienie, które nie powinno być powodem do niepokoju, chociaż należy o nim wspomnieć lekarzowi. Powinnaś powiadomić lekarza również wtedy, gdy krwawienie będzie trwało 3 dni lub dłużej. Ponieważ z biopsją kosmówki wiąże się niewielkie ryzyko zakażenia, powiadom go również wtedy, gdy przez kilka dni po zabiegu będziesz miała podwyższoną temperaturę. Jeśli masz Rh ujemne, otrzymasz zastrzyk immunoglobuliny anty-RhD (RhoGAM), by zapobiec ewentualnemu konfliktowi serologicznemu (patrz str. 38).

A to… niespodzianka!

Za pomocą badań diagnostycznych (oraz niektórych nieinwazyjnych badań przesiewowych, na przykład NIPT lub USG w drugim trymestrze) można określić, czy twój słodki maluszek będzie chłopcem czy dziewczynką. Zatem jeśli się okaże, że musisz się poddać takim badaniom, będziesz mogła poznać płeć dziecka przy odbiorze wyników (lub gdy będziesz kroiła różowy czy też niebieski tort na przyjęciu z okazji ujawnienia płci) albo wybrać staromodny sposób i zaczekać do porodu. Poinformuj o swojej decyzji lekarza, żeby niechcący nie zepsuł ci niespodzianki.

Jeśli się okaże, że jest jakiś problem

W większości przypadków badania prenatalne dają takie wyniki, na jakie liczą rodzice, a mianowicie świadczące o tym, że z dzieckiem jest wszystko dobrze. Ale kiedy wiadomość nie jest tak szczęśliwa – gdy okazuje się, że coś jest nie w porządku – rodzice i tak wyciągną z tej wstrząsającej diagnozy cenne informacje. Wspólnie z genetykiem mogą bowiem podjąć istotne decyzje dotyczące zarówno bieżącej ciąży, jak i kolejnej.

Na podstawie pozytywnych i potwierdzonych wyników badań diagnostycznych dostaniesz skierowanie (jeśli nie, poproś o nie) do genetyka i/lub lekarza specjalizującego się w leczeniu choroby, którą rozpoznano u twojego dziecka, abyś mogła poznać wszystkie opcje (w tym dowiedzieć się, czy będziesz mogła powtórzyć badanie, aby się upewnić, że diagnoza jest właściwa). Możesz również przeprowadzić własną analizę. W końcu im więcej wiesz o chorobie swojego dziecka i o tym, co oznacza ona dla całej rodziny, tym lepiej się przygotujesz (zarówno emocjonalnie, jak i praktycznie) na to, czemu będziesz musiała stawić czoło – czy będzie to powitanie na świecie dziecka specjalnej troski, czy też poradzenie sobie z jego nieuchronną stratą. Będziesz także mogła przepracować własne reakcje (wyparcie, gniew, żal, poczucie winy), które mogą się pojawić, gdy odkryjesz, że nie spełni się twoje marzenie o zdrowym dziecku. Spróbuj przyłączyć się do grupy wsparcia – choćby internetowej – do której należą rodzice dzieci cierpiących na tę samą chorobę; być może dzięki temu będzie ci trochę łatwiej, ponieważ znajdziesz zarówno odpowiedzi na trudne pytania, jak i przyjaciół.

Być może stan dziecka okaże się na tyle poważny, że zostaniesz zmuszona do porodu w specjalistycznym szpitalu (jeżeli to możliwe). Wyspecjalizowana placówka będzie lepiej odpowiadać twoim szczególnym potrzebom i wykona konieczne zabiegi – zwłaszcza jeśli trzeba będzie je przeprowadzić od razu po porodzie, ponieważ to poprawi jakość życia dziecka. Co więcej, wiele szpitali położniczych zajmujących się skomplikowanymi porodami ma już swoje grupy wsparcia, programy pomocy oraz wyspecjalizowane oddziały intensywnej opieki neonatologicznej, które w razie potrzeby zapewnią dziecku jak najlepszą opiekę. Jeśli – będąc jeszcze w ciąży – znajdziesz pediatrę, który specjalizuje się w leczeniu chorób genetycznych, zagwarantujesz maleństwu fachową opiekę już od dnia porodu.

Niektóre nieprawidłowości można leczyć jeszcze w łonie mamy. Jeśli maluch ma poważną wadę serca lub rozszczep kręgosłupa, w niektórych przypadkach lepiej zastosować leczenie prenatalne, zamiast czekać do dnia porodu. Zapytaj lekarza, czy twoje dziecko kwalifikuje się do prenatalnego zabiegu chirurgicznego. Wczesna interwencja medyczna – terapia lub inny rodzaj leczenia – podjęta od razu po porodzie również może znacznie poprawić rokowania i jakość życia maleństwa.

Jeśli dowiedziałaś się, że twoje dziecko prawdopodobnie nie dożyje do terminu porodu (ponieważ płód z takimi zaburzeniami chromosomowymi często nie jest w stanie przetrwać ciąży) lub umrze wkrótce po narodzinach, zastanów się nad możliwością podarowania jego zdrowych narządów innemu dziecku. Niektórzy rodzice mogą w tym znaleźć niewielkie pocieszenie, które pomoże im uporać się ze stratą. W takim przypadku poszukaj wsparcia u specjalisty medycyny matczyno-płodowej lub neonatologa. Lekarz udzieli ci niezbędnych informacji oraz pomoże przygotować się fizycznie i emocjonalnie do tej trudnej sytuacji. Rodzice, którzy zdecydują się utrzymać ciążę, mimo że ich dziecko prawdopodobnie umrze wkrótce po porodzie, znajdą pomoc w szpitalach, klinikach lub hospicjach, które oferują prenatalną opiekę hospicyjną i paliatywną.

Gdy badanie zasugeruje wadę genetyczną, która nie pozwoli dziecku żyć lub głęboko je upośledzi, a kolejne testy i konsultacje z genetykami tę diagnozę potwierdzą, niektórzy rodzice podejmą trudną i bolesną decyzję o przerwaniu ciąży. Jeśli również się na to zdecydujesz, pozwól sobie na przeżywanie żałoby – potrzebują tego wszystkie mamy, niezależnie od sposobu, w jaki utraciły ciążę.

Amniopunkcja, czyli punkcja owodni (16–20 tydzień). To badanie diagnostyczne, które przeprowadza się zazwyczaj między 16 a 18 tygodniem ciąży. Polega na wprowadzeniu do macicy długiej cienkiej igły przez powłoki brzuszne i pobraniu płynu z worka owodniowego.

Amniopunkcję przeprowadza się za pomocą ultrasonografu, aby przypadkiem nie ukłuć dziecka (patrz ryc. na str. 60). Poczujesz ukłucie i prawdopodobnie lekki ból oraz skurcze. Lekarz wyciągnie jedną lud dwie łyżeczki płynu (nie martw się, ta strata szybko zostanie wyrównana) i wyśle go do analizy. W płynie znajdują się komórki, których pozbyło się dziecko, oraz substancje chemiczne. Dzięki analizie tej mikstury lekarz oceni stan zdrowia malucha i sprawdzi, czy nie ma jakiejś chorobę (na przykład zespołu Downa) wywołanej zaburzeniami chromosomowymi. Cała procedura – włączając czas na przygotowanie do badania oraz ultrasonografię – trwa około 30 minut (samo pobranie płynu owodniowego zajmuje nie więcej niż minutę lub dwie). Jeśli masz Rh ujemne, otrzymasz immunoglobulinę anty-RhD (RhoGAM), by zapobiec powstaniu konfliktu serologicznego podczas zabiegu (patrz str. 38).

Amniopunkcja i biopsja kosmówki pozwalają z dokładnością sięgającą niemal 99 procent zdiagnozować zaburzenia chromosomowe, takie jak zespół Downa, a kilkaset innych wad genetycznych (na przykład niedokrwistość sierpowatokrwinkową) z dokładnością do 90 procent. Nie rozpoznają niestety wszystkich zaburzeń genetycznych, w tym rozszczepu wargi i podniebienia, i nie są w stanie określić powagi problemu. Natomiast punkcja owodni, w przeciwieństwie do biopsji kosmówki, jest badaniem, dzięki któremu można wykluczyć wady cewy nerwowej (na przykład rozszczep kręgosłupa).

Punkcję owodni zaleca się na ogół kobietom, które znajdują się w grupie podwyższonego ryzyka, gdyż wcześniej urodziły dziecko z wadą rozwojową, mają w wywiadzie rodzinnym przypadki chorób genetycznych (chyba że zostały poddane badaniom przesiewowym, które wykluczyły nosicielstwo wadliwego genu) i/lub wyniki ich badań przesiewowych wypadły pozytywnie – w tym badanie przezierności karkowej, NIPT (test w kierunku trisomii chromosomów 21, 18 i 13), badanie zintegrowane lub test poczwórny, albo gdy w pierwszym trymestrze ciąży nie poddały się biopsji kosmówki (lub nie chciały jej mieć, ponieważ to badanie nie wykrywa wad cewy nerwowej). Wyniki badań będą znane w ciągu 10–14 dni.

Niestety większości wad wrodzonych wykrytych podczas amniopunkcji nie da się wyleczyć, niemniej to badanie diagnostyczne pozwoli rodzicom z wyprzedzeniem zdobyć informacje na temat stanu zdrowia dziecka. Dzięki temu zyskają czas, by postanowić o jego przyszłości, a niekiedy, by podjąć dramatyczną decyzję o przerwaniu ciąży.

Na szczęście złe wiadomości to rzadkość. W ponad 95 procentach przypadków amniopunkcja wykaże jedynie to, że dziecko jest absolutnie zdrowe. (A jeśli chcesz poznać płeć dziecka, punkcja owodni odsłoni przed tobą także tę tajemnicę).

Po zabiegu będziesz mogła sama pojechać do domu (niektórzy lekarze zalecają jednak, żeby dla bezpieczeństwa poprosić kogoś o pomoc), a potem prawdopodobnie będziesz musiała odpoczywać przez kilka godzin lub nawet całą dobę oraz przez kolejne kilka dni unikać seksu, podnoszenia ciężkich przedmiotów, stosowania forsownych ćwiczeń fizycznych oraz latania samolotem. Możesz odczuwać lekkie skurcze – gdyby się nasiliły lub nie ustępowały, natychmiast zgłoś się do lekarza. Zrób to również wówczas, gdy zauważysz wyciekanie wód płodowych lub plamienie albo gdy dostaniesz gorączki.

Komplikacje po punkcji owodni są bardzo rzadkie, ale przed podjęciem decyzji o przeprowadzeniu badania powinnaś omówić ją ze swoim ginekologiem.

===== ROZDZIAŁ 3 =====

Twój styl życia w czasie ciąży

....

Oczywiście spodziewasz się, że oczekując dziecka, będziesz musiała trochę zmodyfikować swoje życie (żegnajcie obcisłe T-shirty, witajcie ubrania dla ciężarnych). Jednak zapewne będziesz zdziwiona, jak radykalnie trzeba zmienić swój styl życia, gdy żyje się za dwoje. Co z drinkami przed obiadem – czy będziesz musiała z nich zrezygnować aż do porodu? I co z kąpielami w gorącej wodzie – czy one też odpadają? Czy możesz myć umywalkę tym skutecznym (ale wydzielającym ostrą woń) środkiem dezynfekującym? A co z zatrważającymi informacjami o zmienianiu żwirku w kociej kuwecie? Czy bycie w ciąży naprawdę oznacza, że trzeba dwa razy zastanowić się nad tym, co kiedyś nie budziło żadnych wątpliwości, poczynając od pozwalania najlepszej przyjaciółce na palenie papierosów w salonie, a kończąc na podgrzewaniu obiadu w mikrofalówce? Dowiesz się, że w kilku przypadkach odpowiedź będzie zdecydowanie twierdząca („Tak, muszę zrezygnować z alkoholu, więc proszę nie nalewać mi wina"). Natomiast wiele innych spraw pozostanie bez zmian, a ty będziesz mogła robić to, co robiłaś, zanim zaszłaś w ciążę (i czerpać z tego przyjemność), zachowując jednak odrobinę ostrożności („Kochanie, teraz twoja kolej na sprzątanie kuwety, i to przez następne dziewięć miesięcy!").

Co może cię niepokoić

Ćwiczenia fizyczne

Czy podczas ciąży mogę normalnie ćwiczyć?

Większość kobiet podczas ciąży nie tylko może, ale wręcz powinna ćwiczyć. Co więcej, większość ćwiczeń fizycznych dobrze wpływa na większość przyszłych mam, a to oznacza, że przez najbliższe miesiące niemal na pewno nie musisz rezygnować ze swojego programu sprzed ciąży. By zyskać całkowitą pewność, spytaj lekarza, czy daje ci zielone światło i zezwala na twój stały zestaw ćwiczeń. Poproś go również o konsultację, gdy będziesz chciała wprowadzić jakiś nowy element (chociaż ciąża to nie jest dobry moment, by intensywnie uprawiać sport). Zapamiętaj sobie również mantrę przyszłych mam: słuchaj swojego ciała i ćwicz tak, żebyś nie padła ze zmęczenia i żeby cię nic nie bolało. Po prostu zachowaj umiar i nie przesadzaj. Więcej informacji znajdziesz na str. 235.

Kofeina

Piję kawę, bo tylko dzięki niej mogę funkcjonować przez cały dzień. Czy w ciąży muszę z niej zrezygnować?

Nie musisz całkowicie zaniechać wypraw do Starbucksa, chociaż przypuszczalnie będziesz musiała trochę je ograniczyć. Większość badań wykazuje, że wypijanie około 200 mg kofeiny dziennie będzie całkowicie bezpieczne dla twojej „fasolki". Co się dokładnie składa na tę ilość? Prawdopodobnie nie tak dużo, jak myślisz – około 350 ml kawy parzonej (2 małe filiżanki albo jedna duża) lub dwie porcje espresso. Oznacza to, że jeśli wypijasz niewielkie lub umiarkowane ilości kawy, możesz przy tym pozostać i w ten sposób dodawać sobie energii. Natomiast jeśli twój pociąg do kawy jest silniejszy (na przykład wypijasz pięć mocnych espresso dziennie), będziesz musiała to zmienić.

Dlaczego trzeba ograniczyć ilość kofeiny? Cóż, z jednego powodu: dzielisz się kawą ze swoim dzieckiem, podobnie jak wszystkim, co jesz i pijesz. Kofeina (która tak obficie i smakowicie występuje w kawie, ale znajduje się również w jedzeniu oraz w innych napojach) przechodzi przez łożysko, chociaż do końca nie wiadomo, w jakim stopniu (i przy jakiej dawce) wpływa na płód. Najnowsze badania sugerują, że duże ilości kofeiny na początku ciąży mogą odrobinę zwiększyć ryzyko poronienia.

Ale to nie koniec historii z kawą w roli głównej, przynajmniej wówczas, gdy jej nadużywasz. Wiadomo, że kawa ma czarodziejską moc i potrafi nas postawić na nogi, ale w zbyt dużych dawkach może upośledzać wchłanianie żelaza. Może również działać moczopędnie, powodując wypłukiwanie wapnia oraz innych ważnych składników odżywczych, zanim zostaną w pełni przyswojone; nie wspominając o częstszym oddawania moczu (a tego – jak się już zapewne zdołałaś przekonać – w tym stanie akurat nie brakuje). To z kolei może podrażniać pęcherz, który podczas ciąży i tak jest już pod dużym ciśnieniem (i to dosłownie). Potrzebujesz jeszcze większej motywacji, by ograniczyć spożycie kawy? Otóż kofeina w połączeniu z hormonami ciążowymi może stworzyć prawdziwą mieszankę wybuchową, która jeszcze bardziej pogłębi wahania nastroju. Dodatkowo kawa może pozbawić cię snu (zwłaszcza jeśli pijesz ją po południu), którego twój organizm potrzebuje teraz bardziej niż kiedykolwiek wcześniej (kofeina pozostanie w nim co najmniej 8 godzin i przez ten czas będzie cię utrzymywać na wysokich obrotach).

Różni lekarze mają różne poglądy w kwestii kofeiny, zatem zapytaj swojego, jaki limit ci wyznacza. Kiedy będziesz obliczać dzienną dawkę kofeiny, pamiętaj, że nie jest to takie łatwe i nie polega jedynie na policzeniu filiżanek (zwłaszcza że każda filiżanka kawy to inna pojemność i inna moc). Poza tym kofeina znajduje się nie tylko w kawie – można ją znaleźć także w napojach chłodzących (na przykład Mountain Dew), lodach kawowych, jogurcie, w wielu odmianach herbaty, batonikach i napojach energetycznych oraz w czekoladzie (im ciemniejsza czekolada, tym więcej kofeiny). Musisz również pamiętać o tym, że kawa serwowana w kawiarniach zawiera więcej kofeiny niż ta przyrządzana w domu, a kawa rozpuszczalna jest słabsza niż ta z ekspresu (patrz ramka obok).

Jak ograniczyć ten nałóg (lub całkowicie z nim zerwać)? To zależy od tego, czym jest dla ciebie kofeina. Jeśli jest po prostu częścią twojego dnia (lub towarzyszy ci w wielu codziennych sytuacjach) i nie zamierzasz z niej rezygnować, nie musisz tego robić. Rano wypij po prostu filiżankę zwykłej kawy, a po południu bezkofeinowej. Albo zamów latte na bazie kawy z niską zawartością kofeiny lub z mniejszą ilością espresso, a większą mleka (przy okazji otrzymasz premię w postaci dodatkowej porcji wapnia).

Natomiast jeśli kofeina jest paliwem, bez którego nie potrafisz się obejść – a twój organizm się do niego przyzwyczaił – ograniczenie jej może być o wiele większym wyzwaniem (nawet tak dużym jak venti, czyli największa kawa serwowana w Starbucksie). Zapewne wiesz – jak każdy miłośnik kawy – że motywacja do ograniczenia lub całkowitego odstawienia kofeiny to jedna rzecz, a realizacja tego przedsięwzięcia to już zupełnie coś innego. Kofeina uzależnia (dlatego nie można się bez niej obejść), a zerwanie z nałogiem lub choćby ograniczenie go prowadzi do wystąpienia objawów odstawienia, takich jak ból głowy, rozdrażnienie, zmęczenie czy

Licznik kofeiny

Jakie jest twoje dzienne spożycie kofeiny? Może większe – albo mniejsze – niż myślisz (i może też większe albo mniejsze niż limit wynoszący około 200 mg). Skorzystaj z tego zestawienia i oblicz swoją dawkę, zanim wyruszysz do kawiarni… lub pijalni czekolady:

- 1 kubek kawy zaparzanej (230 ml) = 135 mg kofeiny
- 1 kubek kawy rozpuszczalnej = 95 mg kofeiny
- 1 kubek kawy bezkofeinowej = 5– –30 mg kofeiny
- 1 porcja espresso (lub innego napoju przygotowanego na jego bazie) = 90 mg kofeiny
- 1 kubek herbaty = 40–60 mg kofeiny (zielona herbata ma mniej kofeiny niż czarna)
- 1 puszka coli (330 ml) = 35 mg kofeiny
- 1 puszka coli light = 45 mg kofeiny
- 1 puszka napoju Red Bull = 80 mg kofeiny
- 30 g czekolady mlecznej = 6 mg kofeiny
- 30 g czekolady gorzkiej = 20 mg kofeiny
- 1 kubek mleka czekoladowego = 5 mg kofeiny
- ½ kubka lodów czekoladowych = 20– –40 mg kofeiny

apatia. Dlatego najlepiej powoli wprowadzać zmiany i stopniowo ograniczać spożycie. Na początku wyeliminuj jedną filiżankę kawy i przez kilka dni przyzwyczajaj się do mniejszej dawki, a potem zrezygnuj z kolejnej filiżanki. Inny sposób odzwyczajania się od kawy: przyrządzaj każdą filiżankę w połowie ze zwykłej kawy, a w połowie z bezkofeinowej i stopniowo zwiększaj ilość kawy bezkofeinowej w kolejnych filiżankach, aż osiągniesz cel w postaci dwóch (lub mniej) filiżanek kawy z kofeiną dziennie.

Niezależnie od tego, co przyciąga cię do kawiarni, ograniczenie bądź odstawienie kofeiny sprawi ci mniejszą trudność, jeśli zastosujesz się do następujących wskazówek:

- Zwiększ stężenie glukozy we krwi – to sprawi, że będziesz miała więcej energii. Utrzymasz je dłużej dzięki zdrowym przekąskom, zwłaszcza tym, które zawierają węglowodany złożone i białka (to połączenie zapewni ci najwięcej werwy).
- Każdego dnia wykonuj ćwiczenia dla ciężarnych. Sport nie tylko pomoże ci się rozprawić z głodem kofeinowym, ale też podniesie poziom energii i poprawi samopoczucie, a wszystko dzięki endorfinom, które wydzielają się podczas wysiłku fizycznego. Jeśli będziesz ćwiczyć na świeżym powietrzu, otrzymasz dodatkowy zastrzyk energii.
- Nie zapominaj o uzdrawiającej mocy snu. Jeśli zapewnisz swojemu organizmowi tyle snu, ile teraz potrzebuje (co z pewnością będzie łatwiejsze, gdy uwolnisz się ze szponów nałogu), rano poczujesz się rześko jeszcze przed wypiciem pierwszego kubka kawy.
- Nie zapominaj o nagrodzie, czyli o oszczędnościach. Wykonaj proste obliczenie: jeśli ograniczysz wizyty w kawiarni, będziesz mogła zaoszczędzić trochę pieniędzy i kupić za nie coś dla maleństwa.

Picie alkoholu

Zanim się dowiedziałam, że jestem w ciąży, wypiłam kilka drinków. Czy to może zaszkodzić mojemu dziecku?

Czyż nie byłoby miło dostać od organizmu SMS-a w chwili, gdy plemnik spotka się z komórką jajową? („Niniejszym uprzejmie informuję, że spodziewamy się dziecka, więc nadszedł czas, by zamienić wino w wodę"). Ale ponieważ nie ma do tego stosownej aplikacji (przynajmniej na razie), wiele przyszłych mam przez pierwsze kilka tygodni nie ma pojęcia, że doszło do zapłodnienia, zwłaszcza jeśli nie obserwują swojej płodności. Zdarza się im zatem zrobić czasem jedną lub dwie rzeczy, których nigdy by nie zrobiły, gdyby tylko wiedziały o ciąży, na przykład wypić o kilka drinków za dużo. Właśnie z tego powodu twoje obawy podziela tak wiele świeżo upieczonych przyszłych mam.

Na szczęście ten problem możesz od razu wykreślić z listy zmartwień, ponieważ nie ma żadnych dowodów nas to, że kilka okazjonalnych drinków wypitych na samym początku ciąży – kiedy jeszcze nie wiedziałaś, że doszło do zapłodnienia – mogło zaszkodzić rozwijającemu się zarodkowi. A więc wszystkie mamy – w tym i ty – które natychmiast nie otrzymały wiadomości o ciąży, mogą odetchnąć z ulgą.

Krótko mówiąc, nie martw się, ale od tej pory zacznij zamawiać drinki bez alkoholu. I czytaj dalej, żeby dowiedzieć się więcej.

Słyszałam, że będąc w ciąży, można od czasu do czasu wypić kieliszek wina do obiadu. Czy to prawda?

Wprawdzie ostatnio krąży dużo różnych plotek na temat ciąży, ale żadne badania nie potwierdzają, że w stanie błogosławionym kieliszek wina (czy też piwa albo jakiegokolwiek innego napoju alkoholowego) jest bezpieczny dla dziecka. Wprost przeciwnie, ponieważ różne organizacje medyczne (Centrum Kontroli i Prewencji Chorób, Amerykańskie Kolegium Położników i Ginekologów, Amerykańska Akademia Pediatrii oraz inne instytucje i eksperci) twierdzą, że ż a d n a dawka alkoholu nie jest bezpieczna dla kobiety w ciąży.

Możesz poprosić o radę swojego położnika – niektórzy lekarze są bardziej pobłażliwi w kwestii picia alkoholu w ciąży (zwłaszcza jeśli są to okazjonalne drinki wypite do obiadu), ponieważ opierają się między innymi na brytyjskich opracowaniach medycznych, według których niewielkie dawki alkoholu w ciąży są możliwe do zaakceptowania.

Zatem dlaczego lekarze w Stanach Zjednoczonych są tak zgodni w tej kwestii i zdecydowanie sprzeciwiają się piciu alkoholu w ciąży? Po pierwsze, ze względów bezpieczeństwa, które – jeśli się na tym dobrze zastanowisz – w tym stanie zawsze jest najważniejsze. Chociaż nikt nie ma pewności, czy istnieje bezpieczna dawka alkoholu dla kobiety ciężarnej (lub czy może ona być różna w odniesieniu do różnych przyszłych mam i ich dzieci), wiadomo z całą pewnością, że przyszła mama nigdy nie pije sama – każdym kieliszkiem wina, każdą szklanką piwa czy koktajlu zawsze równo dzieli się z dzieckiem. Alkohol przedostaje się do krwi płodu mniej więcej w takim samym stężeniu jak do krwi matki, z tym że dziecko potrzebuje dwa razy więcej czasu, by się go pozbyć z organizmu. Po drugie, dla niektórych przyszłych mam okazjonalne picie alkoholu może się stać równią pochyłą – jedna kobieta wypije łyk wina, a inna kilka kieliszków – więc lepiej w ogóle trzymać się od niego z daleka. Poza tym kieliszki i szklanki (te w domu i te w restauracji) różnią się od siebie pojemnością – to kolejny powód, by unikać napojów alkoholowych. Całkowicie pewne i udowodnione natomiast jest to, że picie alkoholu stanowi ogromne zagrożenie dla rozwijającego się dziecka; patrz ramka obok.

Niektóre kobiety bez problemu rezygnują z picia, szczególnie te, u których na początku pojawia się awersja do alkoholu trwająca niekiedy przez całą ciążę. Z kolei w przypadku innych, przede wszystkim tych, które mają w zwyczaju odprężać się pod koniec dnia za pomocą butelki piwa lub sączyć czerwone wino do kolacji, abstynencja będzie wymagała wzmożonego wysiłku i zmiany stylu życia. Jeśli pijesz, żeby się odprężyć, wypróbuj inne metody relaksowania się: słuchaj muzyki,

Picie, które niszczy

W którym momencie drink staje się dla płodu jednym drinkiem za dużo? Trudno to dokładnie określić, ponieważ każda kobieta i każde dziecko to inna historia (różna też jest ilość alkoholu w różnych drinkach, a kieliszki mają różną pojemność). Jednak nadużywanie alkoholu lub upijanie się podczas ciąży (za takie uznaje się wypijanie czterech lub więcej drinków na raz, nawet od czasu do czasu) może się skończyć nie tylko poważnymi komplikacjami, ale nawet prowadzić do płodowego zespołu alkoholowego. Dzieci z płodowym zespołem alkoholowym rodzą się z niską masą urodzeniową, deformacjami twarzy, uszkodzeniami mózgu (które objawiają się później w postaci napadów padaczkowych, zaburzeń motorycznych, deficytu uwagi, problemów z nauką, niskiego ilorazu inteligencji oraz innych zaburzeń umysłowych). Nawet umiarkowane picie alkoholu w czasie ciąży zwiększa ryzyko poronienia, a nawet śmierci dziecka, oraz późniejszych zaburzeń rozwojowych i behawioralnych.

Skutki picia w trakcie ciąży są przerażające i nieodwracalne, a przy tym łatwe do uniknięcia – wystarczy całkowicie unikać alkoholu. Im szybciej przyszła mama przestanie pić, tym mniejsze zagrożenie dla jej dziecka i ciąży. Jeśli nie możesz się obyć bez trunków z procentami, natychmiast porozmawiaj z lekarzem i poproś o pomoc.

weź kąpiel, zapisz się na jogę, stosuj techniki medytacyjne lub wizualizacyjne. Jeżeli picie alkoholu jest twoim codziennym rytuałem, z którego nie chcesz zrezygnować, wypij na drugie śniadanie Virgin Mary (czyli Krwawą Mary bez wódki), a do obiadu sok gazowany, piwo bezalkoholowe lub szprycer przyrządzony z soku i wody gazowanej – wszystkie napoje serwuj w tym samym czasie i w tych samych szklankach co kiedyś (chyba że te niewinne drinki wywołują tęsknotę za procentami). Jeśli twój partner również odstawi alkohol (przynajmniej w twoim towarzystwie), będzie ci o wiele łatwiej.

Jeśli masz problemy z odstawieniem alkoholu, poproś o pomoc lekarza, który skieruje cię na leczenie odwykowe.

Palenie papierosów

Od dziesięciu lat palę papierosy. Czy to zaszkodzi mojemu dziecku?

Na szczęście nie ma żadnych dowodów na to, że palenie papierosów przed zajściem w ciążę – nawet jeśli robiłaś to przez dziesięć lat lub dłużej – zaszkodzi maleństwu, które w tobie rośnie. Natomiast z całą pewnością wiadomo (i można to przeczytać na opakowaniach papierosów), że palenie w ciąży, szczególnie po trzecim miesiącu, jest niebezpieczne nie tylko dla ciebie, ale także dla twojego dziecka.

Gdy mama pali, to jej dziecko jest w efekcie zamknięte w macicy wypełnionej dymem. Jego serce zaczyna bić szybciej, a najgorsze jest to, że z powodu niewystarczającej ilości tlenu maluch nie może się prawidłowo rozwijać i rosnąć.

Rezultaty mogą być katastrofalne. Palenie papierosów w czasie, gdy doszło do zapłodnienia, może być przyczyną ciąży pozamacicznej, a kontynuowanie nałogu zwiększy ryzyko wystąpienia wielu powikłań, w tym nieprawidłowego zagnieżdżenia zarodka w macicy, przedwczesnego oddzielenia łożyska, przedwczesnego pęknięcia błon płodowych, a w efekcie porodu przedwczesnego.

DLA OJCÓW

Bierne palenie

Nikt nie zaprzeczy, że przyszłe mamy same dźwigają ogromny ciężar oraz całą odpowiedzialność związaną z troską o dziecko, przynajmniej do czasu, kiedy się urodzi. Z jednym wyjątkiem: mama nie jest w stanie w pojedynkę uchronić maleństwa przed dymem z papierosa. Jeśli w jej otoczeniu ktoś pali, to znaczy, że dym (wraz z trującymi substancjami, które się w nim znajdują) trafia również do dziecka. Nawet jeśli sama nie pali, a ty (lub inne osoby, z którymi przebywa) tak, maleństwo otrzymuje niemal taką samą dawkę trucizny, jakby robiła to osobiście. Palenie z dala od ciężarnej partnerki z pewnością jest lepsze niż w jej obecności, ale pamiętaj, że nadal narażasz ją (i dziecko) na kontakt z toksynami, które osadziły się na twoich ubraniach i skórze.

Zatem powód, by rzucić palenie, jest naprawdę niebagatelny (chociaż jeszcze maleńki i delikatny); to wielka szansa dla dziecka, by mogło się urodzić zdrowe. Korzyści płynące z rzucenia nałogu nie kończą się dla maleństwa po porodzie, ponieważ palący rodzic to większe ryzyko śmierci łóżeczkowej w okresie niemowlęcym, a także problemy z oddychaniem, uszkodzenie płuc lub inne choroby w każdym wieku. I większe prawdopodobieństwo, że pewnego dnia twój maluch sam zostanie palaczem. Gdy rzucisz palenie, dasz dziecku szansę, by urodziło się w zdrowszym domu i miało zdrowsze życie. Nie mówiąc o zdrowszym tacie, który będzie dłużej żył. W ramce na stronie obok przeczytasz, co może pomóc w rzuceniu palenia.

Dziecko podziękuje ci również za niepalenie cygar i fajki. Ponieważ palacz nie zaciąga się dymem z cygar i fajki i wszystko wydycha, w powietrzu jest jeszcze więcej trujących substancji, niż gdyby palił papierosa. Dla twojego malucha jest to zatem jeszcze bardziej szkodliwe. Przerzuć się więc na cygara z czekolady.

Istnieją również twarde dowody na to, że palenie papierosów w ciąży wpływa niekorzystnie i bezpośrednio na rozwój płodu. Największe zagrożenia dla dzieci palaczek to niska masa urodzeniowa, mniejsza długość, mniejszy obwód głowy oraz rozszczep podniebienia lub wargi, a także wady serca. A jeśli dziecko urodzi się zbyt małe, będzie zagrożone chorobami okresu noworodkowego, a nawet śmiercią.

Mogą się pojawić również inne potencjalne zagrożenia. Dzieci palaczek są bardziej narażone na zespół nagłej śmierci niemowląt (tzw. śmierć łóżeczkową), podatne na wystąpienie bezdechu (zatrzymanie oddechu trwające co najmniej 20 sekund), a ich stan zdrowia jest ogólnie gorszy niż u dzieci mam niepalących. Istnieją również dowody, że u takich dzieci często występują zaburzenia fizyczne i intelektualne, zwłaszcza jeśli rodzice nadal palą w ich obecności. Maluchy palących mam są częściej hospitalizowane w pierwszym roku życia, mają słabszy układ odpornościowy i są bardziej podatne na choroby układu oddechowego, zapalenia ucha, kolkę, gruźlicę, alergie pokarmowe, astmę oskrzelową, niski wzrost, otyłość oraz problemy w szkole, w tym ADHD (zespół nadpobudliwości psychoruchowej z deficytem uwagi). Jako dzieci często przejawiają niezwykłą agresję, a gdy dorosną, mają problemy psychiczne i behawioralne. Z kolei inne badania wykazują, że córki palących mam w przyszłości, gdy same będą w ciąży, mogą zachorować na cukrzycę ciążową. I wreszcie te maluszki, które wdychały dym w łonie matki, w przyszłości również mogą zostać palaczami.

Skutki palenia tytoniu – podobnie jak picia alkoholu – zależą od dawki. Palenie papierosów przyczynia się do zmniejszenia masy urodzeniowej noworodka w stosunku wprost proporcjonalnym do liczby wypalonych papierosów – paczka dziennie to o 30 procent większe ryzyko, że dziecko urodzi się z niską masą urodzeniową. Zatem ograniczenie liczby wypalanych papierosów może trochę pomóc. Jednak takie ograniczenie może być nieco zwodnicze, ponieważ palacz często kompensuje je sobie częstszym i głębszym zaciąganiem się, przez co wypala każdego papierosa od początku do końca. Zdarza się to również wtedy, gdy przerzuca się na papierosy o niższej zawartości substancji smolistych lub nikotyny.

A co z e-papierosami? Nie ma jeszcze zbyt wielu badań dotyczących wpływu e-papierosów na ciążę, ale większość ekspertów zaleca, by ich również nie palić. Papierosy elektroniczne – mimo że zawierają mniej toksyn i nikotyny – także nie są wolne od szkodli-

> ## Co może pomóc w rzuceniu palenia
>
> Gratulacje – postanowiłaś podarować dziecku świat bez dymu papierosowego zarówno w macicy, jak i poza nią, jesteś bardzo zmotywowana i chcesz rzucić palenie. Na szczęście jest wiele metod, które mogą to ułatwić. Do strategii, które pomogą ci się wyrwać ze szponów nałogu, należą: hipnoza, akupunktura i techniki relaksacyjne. Jeśli odpowiada ci terapia grupowa, dzięki której zyskasz dodatkowe wsparcie, zgłoś się do poradni terapii uzależnień. Możesz też poszukać wsparcia w Internecie i znaleźć forum dla mam, które próbują rzucić palenie. Informacje znajdziesz również na następujących stronach internetowych: www.zyciebezpapierosa.pl, www.jakrzucicpalenie.pl, www.smokefree.gov, www.cdc/tobacco/quit_smoking.
>
> Zastanawiasz się nad bezpieczeństwem nikotynowej terapii zastępczej (stosuje się w niej plastry, pastylki do ssania i gumy do żucia) lub warenikliny (preparatu używanego w leczeniu uzależnienia od nikotyny)? Skonsultuj się z lekarzem. Większość ekspertów nie zaleca, by w przypadku ciężarnych te środki były podstawą terapii.

wych substancji, które mogą zaszkodzić dziecku. Poza tym nie ma na nich żadnych ostrzeżeń, więc nie wiadomo, na jaką dawkę nikotyny narażasz siebie i dziecko – nawet jeśli teoretycznie papieros jej nie zawiera. Sztuczne dodatki i aromaty w przypadku rozwijającego się płodu również budzą wątpliwości. Wniosek: dopóki nie pojawią się wyniki badań oraz odpowiednie regulacje, trzymaj się z dala od e-papierosów.

To samo dotyczy fajki wodnej, w której dym pochodzący ze specjalnej mieszanki tytoniowej przechodzi przez wodę, a następnie jest wciągany przez gumowy wężyk do ustnika. Palenie fajki wodnej jest równie szkodliwe jak palenie papierosów. Bez względu na to, co słyszałaś, woda nie eliminuje z dymu tytoniowego toksycznych związków, takich jak substancje smoliste, tlenek węgla czy metale ciężkie. Co gorsza, palacze fajek wodnych wdychają więcej nikotyny niż palacze papierosów, ponieważ palenie trwa dłużej i w ciągu jednej sesji do płuc trafia o wiele więcej dymu.

Gotowa, by porzucić szkodliwy nałóg? Powinnaś, gdyż badania wykazują, że rzucenie palenia w pierwszych miesiącach ciąży – ale nie później niż w trzecim miesiącu – może wyeliminować wszystkie związane z nim zagrożenia. W przypadku niektórych kobiet rzucenie palenia będzie najłatwiejsze właśnie na początku ciąży ze względu na silną niechęć, którą mogą wówczas odczuwać – prawdopodobnie jest to ostrzeżenie ze strony organizmu. Co prawda im szybciej, tym lepiej, ale rzucenie palenia nawet w ostatnim miesiącu ciąży może ułatwić przepływ tlenu podczas porodu. W ramce na str. 69 przeczytasz o tym, co może ci pomóc.

Palenie marihuany

Od lat towarzysko popalam trawkę. Czy to może zaszkodzić dziecku, które właśnie noszę? I czy palenie marihuany w ciąży jest niebezpieczne?

Możesz się nie przejmować marihuaną, którą wypaliłaś w przeszłości. Wprawdzie parom starającym się o dziecko zwykle zaleca się porzucenie tego nałogu, gdyż utrudnia poczęcie, ale ty jesteś już w ciąży, więc ta kwestia cię nie dotyczy. Nie ma również żadnych dowodów na to, że marihuana, którą wypaliłaś przed zajściem w ciążę, może teraz zaszkodzić dziecku.

Ale co się stanie, jeśli nie zrezygnujesz z niej w trakcie ciąży? Badania w tej kwestii jeszcze się nie zakończyły, a te, które przeprowadzono do tej pory, nie okazały się zbytnio pomocne. Rzecz w tym, że kobiety, które w ciąży regularnie palą marihuanę, zazwyczaj dokonują również innych szkodliwych wyborów (palą papierosy, piją alkohol, nie chodzą do lekarza). Kiedy więc dojdzie do jakichś powikłań – dziecko nie przeżyje albo urodzi się chore – trudno stwierdzić, który z tych czynników się do tego przyczynił. Niektóre badania pokazują, że istnieje związek między paleniem marihuany a niską masą urodzeniową noworodka, ale inne tego nie potwierdzają. Jeszcze inne dowodzą, że dzieci mam, które w ciąży paliły marihuanę, mają później problemy z nauką, koncentracją i zachowaniem.

Natomiast z całą pewnością wiadomo, że marihuana przenika przez łożysko, a więc dziecko pali ją wspólnie z mamą. A zatem

---

Recepta na zdrową ciążę

Zaszłaś w ciążę, prowadząc absolutnie zdrowy tryb życia? Nie paliłaś papierosów, nie piłaś alkoholu, a już z całą pewnością nie brałaś narkotyków? To wspaniała wiadomość dla ciebie i dla malucha. A co z lekarstwami? W zależności od tego, jakie leki zażywasz, być może teraz będzie się to musiało zmienić. Podstawowe informacje na temat zażywania leków w trakcie ciąży znajdziesz na str. 564.

przy braku niezbitych dowodów na to, że „trawka" w ciąży jest bezpieczna, oraz przy pewnych dowodach świadczących o tym, że może być szkodliwa, najlepiej po prostu z niej zrezygnować. To samo dotyczy marihuany jadalnej – „trawka" w przekąskach jest tak samo szkodliwa.

Jeżeli na początku ciąży miałaś do czynienia z marihuaną w jakiejkolwiek postaci, nie martw się tym, tylko po prostu natychmiast ją rzuć. Spróbuj relaksować się w inny sposób, bazując na naturalnych „środkach odurzających" (ćwiczeniach fizycznych wyzwalających endorfiny, jodze, medytacji, modlitwie, hipnozie, akupunkturze). Jeśli zażywałaś marihuanę z powodów medycznych, na przykład, żeby uwolnić się od przewlekłego bólu, poproś lekarza, by przepisał ci terapię bezpieczną dla kobiet w ciąży.

Jeśli uważasz, że nie będziesz w stanie sama zerwać z nałogiem, porozmawiaj z lekarzem i jak najszybciej poszukaj fachowej pomocy.

Kokaina i inne narkotyki

Tydzień przed tym, jak się dowiedziałam, że jestem w ciąży, zażyłam trochę kokainy. Teraz się martwię, że to mogło zaszkodzić mojemu dziecku.

Nie martw się, że kiedyś zażyłaś kokainę; pamiętaj tylko, że to był ostatni raz. Dobra wiadomość jest taka, że jedna lub dwie dawki narkotyku, które zażyłaś, zanim się dowiedziałaś o ciąży, prawdopodobnie nie będą miały wpływu na dziecko. Ale jest również zła wiadomość: zażywanie narkotyków w trakcie ciąży jest niebezpieczne. W tej chwili nie wiadomo jeszcze jak bardzo, ponieważ narkomani często palą również papierosy i piją alkohol, więc trudno oddzielić prawdopodobne negatywne skutki zażywania kokainy od udokumentowanych skutków korzystania z innych używek. Wiele badań dowodzi natomiast, że kokaina nie tylko przenika przez łożysko, lecz nawet może je zniszczyć i zahamować rozwój płodu, a w szczególności głowy (zmniejszenie obwodu głowy). Przypuszcza się również, że jest przyczyną porodu przedwczesnego, niskiej masy urodzeniowej i objawów zespołu odstawienia u noworodka, a u starszych dzieci powoduje długotrwałe zaburzenia neurologiczne, problemy behawioralne i rozwojowe oraz niski iloraz inteligencji. Czyli im więcej kokainy zażywa przyszła mama, tym bardziej zagrożone jest dziecko.

Powiedz lekarzowi o każdej dawce narkotyku, jaką zażyłaś od chwili zajścia w ciążę. Podobnie jak w przypadku innych aspektów twojej historii medycznej, im więcej będzie miał danych, tym lepiej się tobą zaopiekuje. Jeśli będziesz miała jakiekolwiek trudności z całkowitym odstawieniem kokainy, natychmiast poszukaj fachowej pomocy.

Nie ma nic dziwnego również w tym, że w poważnym niebezpieczeństwie znajdują się także te dzieci, które w łonie mamy zostały narażone na działanie innych niedozwolonych substancji (w tym heroiny, metamfetaminy, cracku, ecstasy czy PCP). Potencjalnie niebezpieczne bywają również niektóre leki na receptę – jeśli są nadużywane i przyjmowane regularnie, mogą stanowić zagrożenie dla rozwijającego się płodu i/lub ciąży. A zatem jeżeli nadal zażywasz narkotyki, jak najszybciej poproś o pomoc. Przystąpienie do programu antynarkotykowego będzie miało ogromne znaczenie dla szczęśliwego przebiegu twojej ciąży.

Urządzenia mobilne

Codziennie spędzam wiele godzin przy smartfonie – używam go do pracy, zabawy i... zdobywania wiedzy o noworodku. Czy to bezpieczne w trakcie ciąży?

Masz obsesję na punkcie komórki? Jesteś maniaczką portali społecznościowych? Nie możesz się obyć bez aplikacji? Jeśli tak, ta wiadomość na pewno cię uszczęśliwi: nie ma dowodów na to, że urządzenia

Przemoc domowa

Ochrona dziecka to podstawowy instynkt każdej przyszłej mamy. Niestety, niektóre kobiety ciężarne nie są w stanie ochronić nawet samych siebie, ponieważ są ofiarami przemocy w rodzinie.

Do wybuchu przemocy domowej może dojść w każdej chwili, ale ciąża jest jednym z najbardziej newralgicznych momentów. Oczekiwanie na dziecko w wielu związkach wydobywa nowe (lub odświeża stare) pokłady czułości, ale są i takie pary, które przeżywają prawdziwy wstrząs wyzwalający w partnerze kobiety nieoczekiwanie negatywne emocje (od gniewu po zazdrość i uczucie złapania w pułapkę), zwłaszcza jeśli ciąża była nieplanowana. Niestety, w niektórych przypadkach emocje wymykają się spod kontroli i przybierają formę agresji skierowanej przeciwko mamie i jej nienarodzonemu dziecku. Przyczyną wrogiego zachowania wobec kobiet mogą również być czynniki kulturowe, finansowe czy rodzinne (przemoc domowa w danej rodzinie ma już swoją historię).

Statystyki są alarmujące. Niemal 20 procent kobiet w ciąży doświadcza przemocy ze strony swoich partnerów. Oznacza to, że przyszła mama jest dwa razy bardziej narażona na przemoc domową niż na stan przedrzucawkowy lub przedwczesny poród. Jeszcze bardziej wstrząsające i tragiczne jest to, że przemoc domowa jest główną przyczyną śmierci kobiet ciężarnych.

Przemoc w rodzinie (emocjonalna, seksualna czy fizyczna) skierowana przeciwko przyszłej mamie to coś więcej niż chwilowe ryzyko urazu (takiego jak pęknięcie macicy lub krwotok). Bicie podczas ciąży może prowadzić do wielu negatywnych konsekwencji zdrowotnych. Należą do nich m.in.: złe odżywianie, brak właściwej opieki prenatalnej, nadużywanie środków odurzających i wiele innych. Do jego tragicznych skutków można zaliczyć również poronienie, śmierć płodu, przedwczesny poród, przedwczesne pęknięcie błon płodowych i niską masę urodzeniową. A gdy dziecko już przyjdzie na świat w rodzinie, w której panuje przemoc, samo może się z łatwością stać ofiarą znęcania fizycznego lub psychicznego.

Przemoc domowa nikogo nie oszczędza, zakrada się do wszystkich środowisk społecznych, nie omija żadnej religii, nie jest zależna od wieku, rasy, pochodzenia etnicznego czy wykształcenia. Jeśli jesteś jej ofiarą, pamiętaj, że to nie twoja wina. Nie zrobiłaś nic złego. Jeśli jesteś w toksycznym związku, nie czekaj, aż będzie lepiej, tylko natychmiast poszukaj pomocy. Musisz zareagować, bo gdy tego nie zrobisz, agresja nie tylko nie zniknie, ale będzie się nasilać. Pamiętaj, że jeśli ty nie jesteś bezpieczna, twoje dziecko również nie będzie.

Porozmawiaj z lekarzem, opowiedz o wszystkim zaufanym przyjaciołom i członkom rodziny albo zadzwoń na infolinię dla ofiar przemocy. W Polsce działa Ogólnopolskie Pogotowie dla Ofiar Przemocy w Rodzinie „Niebieska Linia", kontakt: poradnia telefoniczna – 22 668 70 00 lub infolinia – 801 120 002 (opłata za jeden impuls), oraz Kryzysowy Telefon Zaufania 116 123 (połączenie bezpłatne). Więcej informacji znajdziesz na stronie internetowej www.niebieskalinia.pl. Kiedy grozi ci bezpośrednie niebezpieczeństwo, zadzwoń pod numer 112 lub 997 (policja). Możesz się również zgłosić do najbliższego domu samotnej matki, gdzie otrzymasz odpowiednią pomoc w postaci schronienia, opieki lekarskiej, psychologicznej i prawnej.

Podobne programy działają również w Stanach Zjednoczonych: National Coalition Against Domestic Violence www.ncadv.org; program zapobiegania przemocy w rodzinie Centers for Disease Control and Prevention www.cdc.gov/violenceprevention; National Domestic Violence Hotline 800 799 7233 lub www.thehotline.org; oraz numer alarmowy 911.

mobilne oraz promieniowanie, które emitują, stanowią jakiekolwiek zagrożenie dla twojego dziecka.

Z chęcią zachowałabyś wzmożoną ostrożność, ale nadal nie możesz przestać bawić się telefonem? Eksperci zalecają, by nie nosić telefonu na wysokości talii (to znaczy tam, gdzie kiedyś była talia) i wyciszyć go, gdy znajduje się w pobliżu brzuszka. Badania wykazały, że płód reaguje strachem, słysząc w pobliżu pisk, buczenie lub dzwonienie, ponieważ hałas prawdopodobnie zakłóca jego rytm snu i czuwania.

Istnieje jednak pewne udokumentowane i realne zagrożenie związane z używaniem urządzeń mobilnych – i to bez względu na to, czy jesteś w ciąży czy nie. Ryzyko pojawia się, gdy jedziesz samochodem i rozmawiasz przez telefon (albo wysyłasz SMS-y). W niektórych krajach jest to nawet zakazane. A więc kiedy prowadzisz samochód, wycisz urządzenie, żeby nie rozpraszały cię dzwonki, sygnały przychodzących SMS-ów ani powiadomienia z portali społecznościowych, albo je po prostu wyłącz. Zanim zaczniesz dzwonić lub esemesować, zatrzymaj pojazd w bezpiecznym miejscu i zachowaj ostrożność.

Chodzenie z telefonem przy uchu również może odwrócić twoją uwagę i wpędzić cię w kłopoty. Wraz z rozwojem ciąży i tak jesteś bardziej narażona na upadki (środek ciężkości zmienił miejsce, nie widzisz swoich stóp), więc nie ma powodu, by jeszcze bardziej narażać się na niebezpieczeństwo. Gdy będziesz chciała wysłać SMS-a albo sprawdzić, ile lajków dostało zdjęcie, które opublikowałaś poprzedniego wieczoru, najpierw usiądź na ławce, oprzyj się o ścianę albo przynajmniej się zatrzymaj.

Warto pamiętać o jeszcze jednej sprawie: używanie telefonu komórkowego lub tabletu przez snem może ci zająć dużo czasu (oraz przysporzyć zmęczenia, bo przecież masz tyle rzeczy do zrobienia w krótszym czasie) i w rezultacie pozbawić cię snu. Światło z ekranu zakłóca rytm snu i czuwania oraz

> ### Szalona jazda
>
> A więc ciąża ci nie wystarcza i marzą ci się jeszcze inne atrakcje? Myślisz o czymś naprawdę brawurowym? Nie powinnaś spędzać całych dni w wesołym miasteczku i jeździć kolejką górską, bo w tym stanie zdecydowanie lepsze będzie coś spokojniejszego i nie tak ekscytującego – na razie zrezygnuj z szaleńczych przejażdżek szarpiącymi wagonikami lub innymi pojazdami. Nie bez powodu znajdują się na nich znaki ostrzegawcze informujące, że gwałtowne ruchy i nagłe zwroty mogą być przyczyną oderwania łożyska lub innych powikłań. Nie martw się, jeśli wcześniej jeździłaś szalonym rollercoasterem, po prostu od tej pory więcej tego nie rób.

upośledza wydzielanie melatoniny, hormonu, który reguluje zegar biologiczny, w tym między innymi rytm snu. A więc wyłącz wszystkie urządzenia elektroniczne przynajmniej godzinę przed snem.

Kuchenka mikrofalowa

Używam mikrofalówki praktycznie każdego dnia, by podgrzewać jedzenie, a nawet gotować. Czy mikrofale są bezpieczne dla kobiety w ciąży?

Droga mamo, zapomnij o problemie z kuchenką mikrofalową. Wszystkie badania wykazują, że mikrofale są całkowicie bezpieczne w trakcie ciąży (i w każdym innym stanie). Pamiętaj jedynie o dwóch środkach ostrożności: po pierwsze, używaj wyłącznie naczyń, które są przeznaczone do kuchenek mikrofalowych (szukaj tych, które nie zawierają bisfenolu A); po drugie, dopilnuj, by podczas podgrzewania folia plastikowa nie dotykała jedzenia – zastąp ją odpowiednią pokrywką lub papierowym ręcznikiem. Ściśle przestrzegaj tych zasad także po narodzinach dziecka, gdyż nie dotyczą one wyłącznie ciąży.

Gorące kąpiele i sauna

Mamy w domu jacuzzi. Czy w trakcie ciąży mogę zażywać gorących kąpieli?

Nie będziesz musiała się przerzucać na zimny prysznic, ale powstrzymanie się od gorących kąpieli to prawdopodobnie dobry pomysł. Wszystko, co podnosi temperaturę ciała powyżej 38,9°C i utrzymuje ją na tym poziomie przez pewien czas – czy to długie siedzenie w jacuzzi, czy wyjątkowo gorąca kąpiel – jest potencjalnie niebezpieczne dla rozwijającego się płodu, szczególnie w pierwszych miesiącach ciąży. Niektóre badania dowodzą, że kąpiel w jacuzzi nie podnosi temperatury ciała do niebezpiecznego poziomu w jednej chwili – potrzeba na to co najmniej 10 minut (nawet dłużej, gdy ręce i ramiona nie są zanurzone lub gdy temperatura wody wynosi 38,9°C lub mniej). Jednak ponieważ każdy reaguje inaczej, a kąpiele odbywają się w różnych okolicznościach, zachowaj ostrożność i nie zanurzaj brzucha w gorącej wodzie. Możesz za to bez ograniczeń moczyć zmęczone stopy.

Jeżeli wcześniej brałaś krótkie kąpiele w gorącej wodzie, przypuszczalnie nie ma powodów do niepokoju. Większość kobiet odruchowo wychodzi z wanny, zanim temperatura ciała podniesie się do 38,9°C, ponieważ robi im się po prostu za gorąco. Ty prawdopodobnie również tak zrobiłaś.

Spasuj też z sauną oraz łaźnią parową, które również nadmiernie podnoszą temperaturę ciała, co w rezultacie prowadzi do odwodnienia, powoduje zawroty głowy i obniża ciśnienie krwi.

Więcej informacji na temat bezpiecznego korzystania z innych terapii i zabiegów pielęgnacyjnych (spa) znajdziesz na str. 155.

Kot

Mam w domu koty. Słyszałam, że przenoszą chorobę, która może zaszkodzić dziecku. Czy mam się pozbyć moich zwierzaków?

Zanim wyrzucisz kociaki razem z ich kuwetami, uświadom sobie, że zakażenie toksoplazmozą (to właśnie tę niebezpiecz-

---

Czy gorący towar naprawdę jest taki ekstra?

Masz ochotę otulić się ciepłym kocem elektrycznym, by ochronić się przed zimowym chłodem? A może przyłożyć poduszkę elektryczną na bolące plecy? Pamiętaj, że w ciąży nadmierne ciepło nie jest wskazane, ponieważ może doprowadzić do podniesienia temperatury ciała powyżej bezpiecznego poziomu. A więc zrezygnuj z koca elektrycznego i przytul się do swojego ukochanego (a jeśli jego stopy są tak samo zimne jak twoje, zainwestuj w dodatkową kołdrę, podkręć termostat albo zanim położysz się spać, ogrzej łóżko kocem elektrycznym). Nadal ci zimno? Pociesz się, iż za kilka miesięcy będzie ci tak gorąco – dzięki przyspieszonemu metabolizmowi ciążowemu – że będziesz się chciała pozbyć wszystkich kołder.

Jeśli masz ochotę przyłożyć poduszkę elektryczną do pleców, brzucha czy ramion, najpierw owiń ją ręcznikiem, by zmniejszyć przepływ ciepła (w przypadku kostek lub kolana nie musisz tego robić), ustaw termostat w najniższym położeniu, używaj nie dłużej niż 15 minut i nie śpij z nią. Już spędziłaś trochę czasu pod kocem elektrycznym albo w towarzystwie poduszki? Nie martw się – nie ma dowodów na to, że wiąże się z tym jakieś ryzyko.

A co z okładami rozgrzewającymi? Patrz str. 261–262.

ną dla dziecka chorobę wywoływaną przez pierwotniaka *Toxoplasma gondii* mogą przenosić koty oraz inne zwierzęta, głównie poprzez swoje odchody) jest mało prawdopodobne, jeśli twoje koty mieszkają w domu. Co więcej, jeśli masz je od jakiegoś czasu, przypuszczalnie już zdążyłaś się uodpornić na toksoplazmozę (ponieważ zaraziłaś się nią, podobnie jak większość właścicieli kotów). Twoją odporność potwierdzi proste badanie krwi, ale nie będzie miało ono sensu, jeśli nie byłaś badana przed zajściem w ciążę (test nie jest na tyle dokładny, by wykazać, czy do zachorowania doszło teraz, czy przeciwciała powstały w wyniku wcześniejszego zakażenia). Poproś lekarza o sprawdzenie, czy byłaś badana w kierunku toksoplazmozy przed zajściem w ciążę.

Jeśli byłaś badana i okazało się, że nie jesteś odporna, lub nie jesteś tego pewna, podejmij następujące środki ostrożności:

Nie ma kota, nie ma toksoplazmozy?

Koty nie są jedynymi winowajcami odpowiedzialnymi za roznoszenie choroby. Toksoplazmozą można się również zarazić przez jedzenie surowego mięsa oraz owoców i warzyw rosnących w ziemi, w której znajdowały się oocysty. Na szczęście ryzyko zakażenia jest niewielkie. Aby zmniejszyć je jeszcze bardziej, kieruj się następującymi wskazówkami (które zawsze warto stosować, przygotowując jedzenie):

- Myj owoce i warzywa, zwłaszcza te, które rosną w twoim ogródku. Wypłucz je starannie, a potem obierz albo ugotuj.
- Nie jedz surowego lub niedogotowanego mięsa, nie pij niepasteryzowanego mleka i nie jedz niepasteryzowanego nabiału.
- Dokładnie umyj ręce, jeśli dotykałaś surowego mięsa.

- Zabierz koty do weterynarza, by sprawdził, czy nie mają aktywnej choroby. Jeśli się okaże, że któryś zwierzak jest zakażony, oddaj wszystkich ulubieńców do schroniska albo poproś przyjaciółkę, żeby się nimi zaopiekowała; powinno to trwać co najmniej 6 tygodni, ponieważ w tym czasie może dojść do zakażenia. Jeśli koty nie są zakażone, nie musisz ich oddawać, tylko przypilnuj, żeby nie jadły surowego mięsa, nie wychodziły z domu i nie polowały na myszy i ptaki (które są głównym źródłem zakażenia) oraz żeby nie miały kontaktu z innymi kotami.

- Poproś kogoś, żeby czyścił kuwetę. Jeżeli musisz robić to sama, włóż rękawiczki jednorazowe i myj ręce po każdym sprzątaniu kuwety lub głaskaniu kotów. Kuwetę należy sprzątać przynajmniej raz dziennie.

- Zakładaj rękawiczki, gdy pracujesz w ogrodzie. Nie uprawiaj ziemi, na której twoje koty (lub inne) pozostawiają odchody.

Chociaż Amerykańskie Kolegium Położników i Ginekologów nie zaleca badań w kierunku toksoplazmozy, niektórzy lekarze zachęcają, by wszystkie przyszłe mamy przeprowadziły taki test przed zapłodnieniem lub w pierwszych tygodniach ciąży. Dzięki temu wszystkie kobiety, które mają wynik pozytywny – a tym samym odporność – będą mogły odetchnąć, a te z negatywnym wynikiem podjąć odpowiednie środki ostrożności, by uniknąć zakażenia. Poproś o zalecenia swojego lekarza.

Niebezpieczeństwa czyhające w gospodarstwie domowym

Jak bardzo powinnam się martwić zagrożeniami, które czyhają w domu, takimi jak środki do czyszczenia lub bisfenol A? I co z wodą z kranu? Czy można ją pić w czasie ciąży?

Spojrzenie z niewielkiej perspektywy jest w ciąży gwarancją sukcesu. Twój dom jest z pewnością bardzo bezpiecznym miejscem dla ciebie i twojego dziecka – zwłaszcza przy odrobinie ostrożności i sporej dawce zdrowego rozsądku. A oto wszystko, co musisz wiedzieć o tak zwanych niebezpieczeństwach domowych:

Środki czystości. Szorowanie podłogi czy polerowanie stołu to z pewnością duże wyzwanie dla twoich obolałych pleców, ale dla ciąży prawdopodobnie nie stanowią zagrożenia. Mimo to ostrożność jest wskazana. Niech zatem twój nos, zdrowy rozsądek i następujące wskazówki będą twoimi przewodnikami podczas sprzątania:

- Postaw na ekologię. Jeśli to tylko możliwe, wybieraj produkty naturalne niezawierające trujących składników (niektóre z nich są zdumiewająco skuteczne). Przestawienie się na ekologię podczas ciąży to bardzo dobry pomysł, ponieważ zdążysz się przyzwyczaić do nowych produktów, zanim twój maluch zacznie raczkować po domu i wkładać wszystko do słodkiej buzi.
- Jeśli produkt ma ostry zapach lub wydziela opary, nie wdychaj ich bezpośrednio. Stosuj go tylko w dobrze wentylowanym pomieszczeniu, a najlepiej nie używaj go wcale.
- Nigdy (nawet gdy nie będziesz w ciąży) nie mieszaj produktów z amoniakiem z preparatami zawierającymi chlor. Taka mieszanka jest źródłem śmiertelnie trujących oparów.
- Próbuj unikać środków, na których znajduje się ostrzeżenie o toksyczności, na przykład tych do czyszczenia piekarnika.
- Kiedy używasz silnie działających środków, wkładaj gumowe rękawiczki. Nie tylko ochronią twoje dłonie, ale też zapobiegną przenikaniu chemikaliów przez skórę.

Ołów. Jest szkodliwy nie tylko dla małych dzieci, ale także dla kobiet ciężarnych oraz płodu. Na szczęście możesz podjąć pewne środki ostrożności, które zredukują ilość ołowiu w twoim domu, dzięki czemu maluch będzie żył w bezpieczniejszym środowisku. Oto co możesz zrobić, by pozbyć się niektórych źródeł ołowiu:

- Sprawdź kran. Ponieważ woda jest powszechnym źródłem ołowiu, upewnij się, że twoja go nie zawiera (patrz strona obok).
- Sprawdź farbę. Stare farby są głównym źródłem ołowiu. Jeśli twój dom został zbudowany przed 1995 rokiem i z jakiegoś powodu trzeba usunąć warstwy farby, na czas remontu wyprowadź się z mieszkania. Jeżeli mieszkasz w starym domu i zauważyłaś, że farba się łuszczy, albo masz stare meble, z których zaczęła odchodzić, powierz komuś przemalowanie ścian lub mebli, by zabezpieczyć farbę z ołowiem przed odpadaniem, a najlepiej każ ją całkowicie usunąć. I w tym czasie trzymaj się z daleka od domu.
- Sprawdź swoją porcelanę. Jesteś fanką pchlich targów? Ołów może się wypłukiwać z zabytkowych, ręcznie robionych lub importowanych wyrobów ceramicznych. Jeśli nie jesteś pewna, czy twoje ceramiczne naczynia, miski lub dzbanki zawierają ołów (sprawdź etykietę), nie używaj ich do podawania jedzenia i napojów. Jako element dekoracyjny sprawdzają się równie dobrze.
- Sprawdź swoje zachcianki. Pica (łaknienie spaczone), czyli apetyt na rzeczy niebędące żywnością, może doprowadzić do tego, że przyszła mama zacznie zjadać ziemię, glinę czy farbę, a każda z tych substancji może być źródłem ołowiu.

Woda z kranu. To nadal najlepszy napój w twoim domu i przeważnie można pić ją bezpiecznie prosto z kranu. By mieć pewność, że spokojnie możesz wypić szklankę wody za zdrowie swoje i dziecka, kieruj się następującymi wskazówkami:

- Skontaktuj się dostawcą wody, wydziałem zdrowia, wydziałem ochrony środowiska lub sanepidem. Jeśli istnieje jakiekolwiek podejrzenie, że woda docierająca do twojego domu nie jest bezpieczna (z powodu złego stanu rur, zanieczyszczenia źródła, sąsiedztwa wysypiska śmieci lub dziwnego smaku czy zapachu), daj ją do zbadania. W wydziale ochrony zdrowia lub w sanepidzie dowiesz się, jak to zrobić.

- Jeśli badanie wykaże, że woda jest zanieczyszczona niebezpiecznymi substancjami, zainwestuj w filtr (jego rodzaj będzie zależał od tego, co znajduje się w twojej wodzie) lub używaj wody butelkowanej do picia i gotowania. Nie zapominaj jednak, że nie każda woda w butelce jest automatycznie wolna od zanieczyszczeń. Niektóre są zanieczyszczone bardziej niż woda w kranie, a niektóre to po prostu zwykła woda z kranu. Wiele wód butelkowanych nie zawiera fluoru, który jest ważnym pierwiastkiem, szczególnie dla rozwijających się ząbków (malucha). Upewnij się też, czy butelka nie zawiera bisfenolu A (patrz str. 78) – szukaj kodu recyklingowego z cyfrą 1 wpisaną w trójkąt zbudowany z trzech strzałek. Unikaj wody destylowanej, z której usunięto wszystkie cenne składniki mineralne.

- Jeśli badanie wykaże obecność ołowiu w wodzie, to do gotowania, picia i mycia zębów używaj wody butelkowanej lub oczyszczonej przez certyfikowany filtr, który zmniejszy ilość tego pierwiastka (lub całkowicie go wyeliminuje). Kąpiel w wodzie zawierającej ołów nie jest żadnym zagrożeniem, ponieważ nie przenika on przez skórę.

- Jeżeli woda pachnie bądź smakuje chlorem, zagotuj ją lub odstaw bez przykrycia na 24 godziny – dzięki temu większość substancji chemicznych wyparuje.

Pestycydy (środki owadobójcze). Nie możesz żyć z karaluchami, mrówkami i innymi paskudnymi owadami? Na szczęście zwalczanie szkodników i ciąża – dzięki zachowaniu kilku środków ostrożności – wzajemnie się nie wykluczają. Jeśli w sąsiedztwie rozpylono jakieś środki owadobójcze, nie wychodź na zewnątrz, dopóki nie zniknie zapach chemikaliów. Trwa to zazwyczaj od 2 do 3 dni. Pozamykaj również wszystkie okna. Jeżeli dezynsekcja jest przeprowadzana w twoim domu lub mieszkaniu, dokładnie pozamykaj wszystkie szafki kuchenne i okryj blaty. Potem otwórz okna i wietrz mieszkanie dopóty, dopóki nie zniknie zapach chemikaliów. Gdy rozpylony środek już osiądzie, dopilnuj, by wszystkie blaty oraz inne powierzchnie związane z przygotowywaniem lub podawaniem jedzenia zostały dokładnie wytarte.

W domu możesz porozkładać pułapki wabiące na owady – umieszcza się je w strategicznych miejscach, w których najczęściej pojawiają się karaluchy i mrówki. Do szaf z ubraniami zamiast kulek naftaliny włóż kostki cedrowe i stosuj najmniej toksyczne i najbardziej przyjazne środowisku (czyli ekologiczne) środki owadobójcze. Jeśli to tylko możliwe, zwalczaj szkodniki środkami naturalnymi. Możesz na przykład zainwestować w armię biedronek (które chętnie zjadają mszyce) lub w innych „dobrych" drapieżców, którzy żywią się owadami tak uprzykrzającymi ci życie (są to środki biologiczne do dezynsekcji, które można kupić w sklepach ogrodniczych).

Najważniejsza rzecz, o której warto pamiętać: krótkotrwały i pośredni kontakt ze środkami owado- lub chwastobójczymi prawdopodobnie nie zaszkodzi twojej ciąży (aczkolwiek jeśli to możliwe, należy ich unikać). Zagrożenie wzrasta natomiast wtedy, gdy kontakt z chemikaliami jest długotrwały – na przykład podczas pracy w fabryce, na spryskanym polu lub w ogrodzie.

Farba. Czy odnawiasz pokój przeznaczony dla maleństwa? Na szczęście dostępne obecnie farby nie zawierają ołowiu ani rtęci, więc są bezpieczne dla kobiet w ciąży. Mamy do wyboru również farby przyjazne środowisku, które nie zawierają lotnych związków organicznych, toksycznych środków grzybobójczych ani barwników chemicznych i które najlepiej się sprawdzają w dziecięcym pokoju.

I chociaż sama farba potencjalnie nie jest szkodliwa, to już malowanie może takie być, zatem masz sporo dobrych powodów, by przekazać pędzel innej osobie, nawet jeśli w ostatnich tygodniach oczekiwania rozpaczliwie próbujesz zabić czas. Powtarzające się ruchy przy malowaniu mogą nadwerężyć i tak już napięte i obciążone dodatkowym ciężarem mięśnie, a balansowanie na drabinie w ciąży to – delikatnie mówiąc – dość ryzykowna sytuacja. Co więcej, zapach farby (chociaż nieszkodliwy) może podrażnić nos przyszłej mamy i wywołać nudności – dobry powód, by podczas malowania być poza domem. Jeśli jednak jesteś w domu, otwórz szeroko okna.

Całkowicie unikaj kontaktu z rozpuszczalnikami, które są niezwykle toksyczne, i nie przebywaj tam, gdzie usuwana jest farba (czy to za pomocą chemikaliów, czy papieru ściernego), zwłaszcza jeśli usuwana farba jest stara i może zawierać rtęć lub ołów.

Bisfenol A (BPA). Nadmierny kontakt z tym związkiem chemicznym, który znajduje się w niektórych opakowaniach plastikowych, puszkach, a nawet paragonach z papieru termicznego, może być zagrożeniem dla ciąży. Dzieje się tak dlatego, że BPA naśladuje żeńskie hormony płciowe (estrogeny) i zakłóca funkcjonowanie układu hormonalnego, który jest odpowiedzialny za prawidłowy rozwój płodu. Bisfenol A jest wszędzie (według Centrum Kontroli i Prewencji Chorób 93 procent Amerykanów ma BPA we krwi), ale dobra wiadomość jest taka, że coraz łatwiej go unikać. Możesz to zrobić w następujący sposób:

- Wybieraj konserwy oznaczone „BPA-free" lub kupuj jedzenie w słoikach.
- Wybieraj pojemniki, deski do krojenia i naczynia wykonane z plastiku bez bisfenolu lub ze szkła, drewna albo ceramiki.
- Używaj pojemników ze stali nierdzewnej oraz bidonów i plastikowych butelek z oznaczeniem „BPA-free" (te z kodem recyklingowym 3 lub 7 mogą zawierać bisfenol A).

Ftalany. Zwane są również plastyfikatorami, ponieważ zwiększają elastyczność plastiku. Znajdują się w kroplówkach, wenflonach, rurkach z polichlorku winylu używanych w sondach, torebkach plastikowych (jednorazowych na zakupy), w niektórych pojemnikach na żywność oraz w wielu innych produktach. Ftalany można znaleźć również w artykułach higieny osobistej i kosmetykach – od perfum, szminek i szamponów po lakier do paznokci. Badania wykazały, że nadmierny kontakt z tymi produktami podczas ciąży może uszkadzać DNA komórkowy, prowadząc do powikłań ciążowych, w tym do stanu przedrzucawkowego, przedwczesnego porodu czy poronienia. Dzieci mam, które w ciąży były wystawione na silne działanie ftalanów, mogą mieć niższy iloraz inteligencji i większe problemy z przyswajaniem wiedzy.

Dobra wiadomość jest taka, że obecnie coraz więcej produktów nie zawiera ftalanów, więc możesz zmniejszyć swój kontakt z nimi, wybierając artykuły z oznaczeniem „ftalan-free" oraz szukając na opakowaniu z tym oznaczeniem słowa aromat (ang. *fragrance*), pod którym mogą się kryć ftalany. Ogranicz także używanie plastiku (używaj siatek z materiału i pojemników ze szkła). Nie jesteś gotowa, by całkowicie zrezygnować z plastikowych pojemników do przechowywania żywności? Wybieraj te z oznaczeniami „BPA-free" oraz „ftalan-free" albo przynajmniej nie podgrzewaj jedzenia ani napojów w zwykłych pojemnikach z plastiku, ponieważ z gorącego plastiku uwalniają się szkodliwe związki chemiczne i przenikają do jedzenia.

Zanieczyszczenie powietrza

Czy zanieczyszczenie powietrza w mieście zaszkodzi mojemu dziecku?

Weź głęboki oddech. Oddychanie w mieście wcale nie jest takie niebezpieczne; prawdę mówiąc, jest bezpieczniejsze, niż myślisz. W końcu miliony kobiet żyją i oddychają w wielkich miastach na całym świecie i rodzą miliony zdrowych dzieci. Mimo to należy unikać powietrza, w którym zanieczyszczenia osiągają ekstremalnie wysokie stężenie, ponieważ badania wykazują, że może to zwiększać ryzyko niskiej masy urodzeniowej, autyzmu oraz zachorowania na astmę oskrzelową. A oto, co można zrobić, by bezpiecznie oddychać za dwoje:

- Zwracaj uwagę na jakość powietrza na zewnątrz. Jeśli jest kiepska, spróbuj spędzać mniej czasu poza domem i zamykaj okna. Jakość powietrza można sprawdzić na stronie internetowej Głównego Inspektoratu Ochrony Środowiska (Portal Jakości Powietrza – www.powietrze.gios.pl); dostępne są również bezpłatne aplikacje mobilne, w których można znaleźć informacje na temat zanieczyszczenia powietrza. Tankuj samochód w nocy. Rób to szczególnie podczas letnich miesięcy, ponieważ w nocy zanieczyszczenie powietrza jest mniejsze niż w ciągu dnia.
- Zleć sprawdzenie układu wydechowego w samochodzie, by pozbyć się rdzy i zlikwidować wyciek trujących oparów. Nigdy nie włączaj zapłonu w garażu przy zamkniętych drzwiach i zamykaj tylną klapę SUV-a lub minivana, gdy silnik pracuje.
- Zachowaj ostrożność, gdy samochód stoi na jałowym biegu. Gdy na drodze jest duży ruch, zamknij okna i odpowietrzniki i staraj się nie stawać w pobliżu aut pracujących na jałowym biegu.
- Nie biegaj, nie spaceruj i nie jeździj na rowerze zatłoczonymi ulicami. Będąc w ruchu, wdychasz więcej powietrza, a tym samym zanieczyszczeń. Wybierz trasę, na której jest mniejszy ruch, a za to więcej drzew. Drzewa, podobnie jak rośliny doniczkowe, pomagają oczyszczać powietrze.
- Utrzymuj w mieszkaniu świeże powietrze. Amerykańska Agencja Ochrony Środowiska zaleca, by regularnie zmieniać filtry w klimatyzacji i systemach wentylacyjnych. Kolejna wskazówka: poustawiaj w mieszkaniu rośliny doniczkowe. Badania potwierdzają, że zieleń absorbuje szkodliwe związki chemiczne – na przykład formaldehyd – i oczyszcza powietrze. Wybierając rośliny, unikaj tych, których zjedzenie może spowodować zatrucie – na przykład filodendronu lub bluszczu. Ty prawdopodobnie nie będziesz miała ochoty na zajadanie się kwiatami doniczkowymi, ale nie można tego samego powiedzieć o twoim dziecku, kiedy już zacznie wędrować po całym domu.
- Upewnij się, że system wentylacyjny w kominkach, piecach gazowych i piecykach opalanych drewnem funkcjonuje prawidłowo. Zanim rozpalisz ogień w kominku, sprawdź, czy przewód kominowy jest otwarty.

WSZYSTKO O...
Medycyna komplementarna i alternatywna (niekonwencjonalna)

Może już korzystałaś z dobrodziejstw refleksologii. Albo od lat chodzisz do kręgarza, gdy bolą cię plecy. Może próbowałaś akupunktury, by zwalczyć bóle głowy, lub próbując rzucić palenie, poddałaś się hipnozie. Albo korzystasz z masaży, zamiast przyjmować leki uspokajające (a może unikając tradycyjnych leków, regularnie stosujesz również suplementy ziołowe). Albo od zawsze interesowałaś się terapiami, które proponuje medycyna komplementarna i alternatywna, ale nie mogłaś się oprzeć wrażeniu, że to oszustwo. A teraz, gdy oczekujesz dziecka, zastanawiasz się, czy medycyna alternatywna może ci pomóc*. W końcu ciąża nie jest chorobą, lecz naturalnym elementem życia, a dzięki medycynie niekonwencjonalnej holistyczne (całościowe) podejście do zdrowia i dobrego samopoczucia (które obejmuje zarówno czynniki fizyczne, emocjonalne, duchowe, jak i kwestię właściwego odżywiania) wydaje się, podobnie jak ciąża, całkowicie zgodne z naturą.

Coraz więcej kobiet spodziewających się dziecka oraz lekarzy i położnych, którzy się nimi opiekują, jest tego samego zdania. Medycyna komplementarna i alternatywna – z różnym powodzeniem – oferuje następujące terapie:

Akupunktura. Polega na korygowaniu zaburzeń równowagi organizmu i udrażnianiu kanałów (meridianów), przez które przepływa życiodajna energia zwana przez chińską medycynę „chi". Być może brzmi to trochę dziwnie, a nawet bezsensownie, ale akupunktura już od tysięcy lat skutecznie przynosi ulgę ciężarnym kobietom.

Jak to działa? Osoba wykonująca akupunkturę wbija igły w określone punkty (jest ich ponad tysiąc) połączone niewidocznymi kanałami (meridianami), przez które przepływa energia. Boisz się igieł? Większość osób poddawanych akupunkturze twierdzi, że zabieg jest bezbolesny lub ból jest odczuwany tylko przez chwilę (nawet nie zauważysz ukłucia, więc zamknij oczy i się odpręż). Badacze odkryli, że punkty akupunkturowe odpowiadają zakończeniom nerwowym, więc nakłucie (lub stymulowanie elektryczne podczas elektropunktury) pobudza nerwy. W efekcie wydzielają się endorfiny, które przynoszą ulgę w stresie, pomagają zwalczać depresję, bóle pleców i głowy, zmęczenie, rwę kulszową, drętwienie i ból palców (w zespole cieśni nadgarstka) oraz inne dolegliwości ciążowe, takie jak zgaga czy zaparcia. Akupunktura pomaga również na poranne nudności, nawet te w najcięższej postaci (niepowściągliwe wymioty ciężarnych). Może być stosowana również podczas porodu, by złagodzić ból i przyspieszyć akcję porodową. Specjaliści od akupunktury twierdzą, że nawet jedna sesja na miesiąc w trakcie ciąży pomoże kobiecie pozbyć się stresu i bardziej cieszyć się tym cudownym (choć czasem pełnym różnych niewygód) okresem w jej życiu. Upewnij się, że wybrałaś doświadczonego akupunkturzystę, który stosuje odpowiednie procedury sanitarne (na przykład skru-

---

* Skuteczność żadnej z metod medycyny komplementarnej i alternatywnej nie została potwierdzona wiarygodnymi badaniami naukowymi. Mogą one stanowić potencjalne ryzyko dla matki i dziecka, szczególnie jeśli nie zajmuje się tym profesjonalista (przyp. red. meryt.).

pulatnie sterylizuje igły lub używa jednorazowych). Zwróć uwagę, żeby po 4 miesiącu ciąży podczas zabiegu nie leżeć na plecach.

Akupresura. Akupresura i jej najbardziej znana forma, czyli masaż leczniczy shiatsu, opiera się na tej samej zasadzie co akupunktura, poza tym że do stymulacji zamiast igieł używa się kciuka, palców lub kulek magnetycznych. Naciskanie punktu tuż powyżej wewnętrznej części nadgarstka może złagodzić poranne nudności (tak samo działają akupresurowe opaski przeciwwymiotne Sea-Band; patrz str. 142). Z kolei masowanie stopy u nasady dużego palca przyniesie ulgę w przypadku bólów krzyżowych. Należy dodać, że w leczeniu bólu oraz w łagodzeniu objawów ciąży akupresura jest równie skuteczna jak akupunktura. Na ciele (na przykład na kostce) znajduje się kilka punktów, których naciskanie może wywołać skurcze, zatem należy ich unikać aż do rozwiązania (wtedy niecierpliwe mamy mogą wypróbować tę metodę).

Termopunktura (moxa). Ta technika medycyny alternatywnej to akupunktura wykonywana za pomocą palącej się ziołowej (piołunowej) pałeczki. Zamiast więc wbijać igły w punkty akupunkturowe, terapeuta przyłoży do twojej skóry ciepłą pałeczkę piołunu. Chociaż większość badań naukowych wskazuje na niską skuteczność termopunktury, wielu zwolenników medycyny alternatywnej twierdzi, że dzięki zastosowaniu tej techniki można sprawić, że ułożone pośladkowo dziecko obróci się do prawidłowej pozycji. Jeśli zamierzasz wypróbować w tym celu termopunkturę – lub zaproponuje ci to twój ginekolog – poszukaj odpowiedniego akupunkturzysty, który ma doświadczenie w tego typu praktyce. Zazwyczaj potrzebnych jest w tym celu wiele zabiegów, które należy rozpocząć między końcem 7 a połową 8 miesiąca.

Chiropraktyka (kręgarstwo). To rodzaj terapii manualnej polegającej na manipulacji w obrębie kręgosłupa oraz stawów w celu usprawnienia przepływu impulsów nerwowych przez ciało oraz wyzwolenia w nim naturalnych umiejętności samoleczenia. W trakcie ciąży twoje ciało produkuje hormony rozluźniające więzadła (połączenia między kośćmi) – to bardzo mądra strategia, ponieważ w przeciwnym wypadku głowa dziecka nigdy nie byłaby w stanie przecisnąć się przez twoją miednicę – ale te same hormony w połączeniu z dużym brzuchem mogą wpłynąć na postawę ciała, a dodatkowo przez gwałtownie obniżający się środek ciężkości możesz być wyjątkowo niezdarna (uważaj!). Niewykluczone, że to wszystko odbije się jednak na twoim kręgosłupie. Terapia chiropraktyczna może cofnąć większość tych szkód i tak nastawić kręgosłup, by jak najbardziej ułatwić poród. Niektórzy chiropraktycy twierdzą, że ich zabiegi zmniejszają ryzyko poronienia i przedwczesnego porodu oraz pomagają kontrolować poranne nudności. Nastawienie kręgosłupa oraz rozluźnienie więzadeł i redukcja napięcia mięśni miednicy są wykorzystywane w metodzie chiropraktycznej zwanej techniką Webstera, dzięki której dzieci ułożone miednicowo w naturalny sposób zmieniają pozycję.

Zanim odwiedzisz chiropraktyka, upewnij się, że ma doświadczenie w leczeniu kobiet w ciąży. Powinien też posiadać odpowiedni stół z regulacją części brzusznej i unikać zabiegów powodujących nacisk na brzuch. Pamiętaj, że podczas zabiegów nie powinnaś leżeć na plecach, zwłaszcza w ostatnim trymestrze. I wreszcie, podobnie jak w przypadku każdego rodzaju terapii medycyny alternatywnej, najpierw poinformuj o wszystkim swojego lekarza, ponieważ mogą istnieć jakieś przeciwwskazania medyczne i nie będziesz mogła poddać się zabiegom nastawiania kręgosłupa.

Masaż. Ach... masaż. Każdy, kto choć raz poddał się profesjonalnemu masażowi, wie, ile korzyści przynosi on zarówno ciału, jak i umysłowi. Badania potwierdzają dobroczynne działanie masażu i wykazują, że obniża on stężenie hormonów stresu oraz napięcie mięśni – w ciąży to korzyści nie do przecenienia. Masaż może również zwiększyć przepływ i poprawić krążenie krwi – to bardzo dobre dla dziecka – oraz utrzymać na najwyższych obrotach układ limfatyczny, który bierze udział w usuwaniu toksyn z organizmu. Ale masaż to coś więcej niż dzień w spa (o tym możesz przeczytać na str. 159). Masaż wykonywany przez doświadczonego fizjoterapeutę przynosi ulgę w różnych dolegliwościach, takich jak bóle stawów, karku, pleców, bioder, skurcze w nogach i rwa kulszowa. Może też zmniejszyć obrzęk dłoni i stóp (jeśli nie jest on objawem stanu przedrzucawkowego), złagodzić ból przy cieśni nadgarstka, a także bóle głowy i zatok – wszystkie te dolegliwości to efekty uboczne ciąży. Fizjoterapeuci przygotowują dla pacjentów indywidualny plan, więc prawdopodobnie otrzymasz zestaw ćwiczeń, które będziesz mogła wykonywać później w domu, by uwolnić się od bólu. Niektóre z tych ćwiczeń pomogą ci wzmocnić siłę i elastyczność mięśni. W większości przypadków ubezpieczenie zdrowotne pokrywa koszty masażu, który został przepisany przez lekarza.

Refleksologia. Terapia podobna do akupresury, polegająca na uciskaniu punktów na stopach i rękach. Punkty te są powiązane z narządami wewnętrznymi oraz innymi częściami ciała. Refleksologia jest stosowana do zwalczania objawów różnych dolegliwości w wielu częściach ciała poprzez naciskanie określonych punktów na stopach (przede wszystkim) oraz dłoniach. Ten nacisk pozwala stymulować przemieszczanie się zablokowanej energii, co zwiększa przepływ krwi do odpowiadającej uciskanemu punktowi części ciała oraz ułatwia usuwanie toksyn z organizmu. Podczas ciąży refleksologię można stosować do kojenia bólu pleców i stawów, które cierpią z powodu twojego rosnącego brzucha. Ale to nie wszystko. Refleksolodzy twierdzą, że dzięki ich jedynej w swoim rodzaju pracy można się pozbyć większości uporczywych dolegliwości ciążowych, takich jak poranne nudności, zgaga, niewielkie obrzęki, wysokie ciśnienie (ale nie stan przedrzucawkowy), bezsenność, problemy z pęcherzem, a nawet hemoroidy. Poza tym refleksologia zmniejsza napięcie emocjonalne, łagodzi umiarkowane stany depresyjne i niepokój. Może się okazać pomocna również po porodzie – pewne badania wykazały, że stymuluje laktację.

Refleksolog może również wywołać akcję porodową, naciskając punkty znajdujące się między kostką a piętą, dlatego zanim nadejdzie termin rozwiązania, unikaj masowania tych miejsc.

Podobnie jak w przypadku innych metod medycyny alternatywnej, zanim zdecydujesz się na refleksologię, porozmawiaj ze swoim lekarzem i upewnij się, że refleksolog posiada odpowiednie umiejętności i ma doświadczenie w pracy z kobietami w ciąży. Weź również pod uwagę, że niektórzy refleksolodzy przystępują do terapii dopiero po ukończeniu pierwszego trymestru ciąży oraz że niektórych dolegliwości nie można leczyć tą metodą.

Hydroterapia. Terapeutyczne właściwości ciepłej wody przydają się szczególnie podczas ciąży, gdyż efektem fizjologicznej reakcji ciała na wodę jest poprawa krążenia krwi, złagodzenie bólu pleców (a także stóp, kolan i innych części ciała), zmniejszenie bólów porodowych i ogólna poprawa kondycji psychicznej. Są różne sposoby ujarzmiania wody. Jednym z nich jest ciepła kąpiel w wannie. Poza tym podczas porodu możesz spryskiwać twarz zimną wodą – to pomoże ci się skoncentrować i zachować spokój. Z kolei zimny kompres na szyi ułatwi ci miarowe i głębokie oddychanie, zwiększy ilość energii i zmniejszy zmęczenie. Natomiast ciepły kompres w dolnej części pleców pomoże się rozluźnić mięśniom miednicy w przerwie między skurczami.

Niektóre kobiety tak bardzo wierzą w potęgę hydroterapii, że decydują się przeżyć akcję porodową w wodzie, a niektóre nawet rodzą w niej dziecko. Woda ma dobroczynne działanie, ponieważ zmniejsza napięcie kręgosłupa i pomaga miednicy się otworzyć. Kiedy siedzisz w wannie (lub w specjalnym basenie porodowym), nie musisz się skupiać na pozycji ciała – dzięki temu jesteś mniej napięta, a to z kolei zmniejsza intensywność skurczów porodowych.

Ponieważ podczas ciąży bardzo ważne jest utrzymanie temperatury ciała na bezpiecznym poziomie, kąp się w kojąco ciepłej wodzie, ale unikaj gorącej. Pamiętaj, że chociaż hydroterapia jest dobra (nawet cudowna) dla niemal każdej przyszłej mamy i ma rewelacyjne działanie przeciwbólowe, to poród w wodzie jest na ogół zarezerwowany dla ciąż niskiego ryzyka.

Medytacje, wizualizacje, modlitwa i techniki relaksacyjne. Techniki relaksacyjne, medytacje czy wizualizacje pomogą ci w zmaganiach z napięciem fizycznym i psychicznym oraz innymi dolegliwościami ciążowymi (od porannych nudności po bóle porodowe). Poza tym pomogą ci się odprężyć, skupić uwagę, zmniejszyć stres, obniżyć ciśnienie krwi i odzyskać spokój. Mogą również zdziałać cuda, rozprawiając się z twoimi niepokojami i lękami. Wypróbuj ćwiczenia relaksacyjne (znajdziesz je na str. 154) lub zainstaluj aplikację z medytacjami, która w razie potrzeby pomoże ci odnaleźć twoje szczęśliwsze ja.

Hipnoterapia. Hipnozie, czyli stanowi, w którym świadomość zostaje wyłączona, a do głosu dochodzi podświadomość (uczucia, wspomnienia, emocje), zazwyczaj towarzyszy muzyka, projekcja kojących obrazów oraz sterowana wizualizacja. Hipnoza dla ciężarnych polega na wprowadzeniu w stan głębokiego odprężenia i – dzięki sile sugestii – dotarciu do tej części umysłu, która jest odpowiedzialna za funkcjonowanie organizmu (w tym tętno, gospodarkę hormonalną, układ trawienny, a także emocje). Pomaga również w radzeniu sobie z niepokojem i obawami, które często towarzyszą ciąży. Wiele kobiet poddaje się hipnozie, by złagodzić (a nawet wyeliminować) bóle porodowe (patrz str. 345), lecz jej zwolennicy twierdzą, że sprawdza się również w łagodzeniu dolegliwości ciążowych, takich jak poranne nudności czy bóle głowy, zabezpiecza przed przedwczesnym porodem, zmniejsza stres, pomaga obrócić dziecko ułożone pośladkowo.

Pamiętaj, że hipnoza nie jest dla każdego. Około 25 procent populacji wykazuje wysoką odporność na hipnozę, a jeszcze większy odsetek nie jest wystarczająco podatny, by odczuć rzeczywistą ulgę (chociaż nawet wtedy hipnoza działa odprężająco). Hipnoza nie jest również opcją *last minute* i nie można jej stosować na ostatnią chwilę – aby była skuteczna, musisz zacząć ćwiczyć przed porodem. I rzecz jasna upewnij się, czy hipnoterapeuta, który się tobą opiekuje, ma odpowiednie uprawnienia i doświadczenie w terapii ciężarnych.

Biofeedback (biologiczne sprzężenie zwrotne). Ta metoda pomaga pacjentowi rozpoznawać i kontrolować biologiczną reakcję organizmu na ból i napięcie emocjonalne. Jak to działa? Terapeuta podłącza do twojego ciała czujniki, które dostarczają informacji zwrotnej na temat takich czynników, jak napięcie mięśni, aktywność fal mózgowych, oddychanie, tętno, ciśnienie krwi i temperatura, a potem monitoruje informację zwrotną (feedback) dostarczaną przez czujniki, jednocześnie stosując

> ### Zastrzeżenia do medycyny komplementarnej i alternatywnej
>
> Medycyna komplementarna i alternatywna ma naturalnie spory wpływ na opiekę okołoporodową. Nawet najbardziej tradycyjni lekarze uświadamiają sobie, że należy się liczyć z holistycznym podejściem do leczenia i włączyć je do swojej praktyki. Gdy postanowisz, że medycyna alternatywna będzie towarzyszyć ci podczas ciąży, pamiętaj o poniższych środkach ostrożności i zastrzeżeniach:
>
> - Zanim umówisz się na spotkanie z terapeutą, porozmawiaj z lekarzem. A jeszcze lepiej poproś go o rekomendację.
> - Specyfiki oferowane przez medycynę niekonwencjonalną mogą być równie skuteczne jak lekarstwa tradycyjne (na receptę lub bez), ale z jedną ważną różnicą: ponieważ amerykańska Agencja Żywności i Leków (FDA) nie zaaprobowała niektórych leków, bezpieczeństwo ich stosowania nie zostało klinicznie potwierdzone. Nie oznacza to oczywiście, że medycyna alternatywna nie oferuje przyszłym mamom bezpiecznych specyfików, tylko że nie ma oficjalnych procedur, które mogłyby to potwierdzić (albo określić, które leki są skuteczne, a które nie). Tym bardziej zatem powinnaś unikać tych preparatów ziołowych, homeopatycznych, suplementów diety czy specyfików do aromaterapii, które nie zostały przepisane lub zalecone przez lekarza albo położną – to samo dotyczy wszelkich leków.
> - W trakcie ciąży zasady rządzące medycyną niekonwencjonalną się zmieniają. Chodzisz od lat do tego samego kręgarza? Odwiedzasz tego samego masażystę za każdym razem, gdy bolą cię plecy? A więc pamiętaj, że to, co bezpieczne dla kobiety, która nie jest w ciąży, może nie być bezpieczne dla przyszłej mamy. Dlatego powinnaś wybrać doświadczonego terapeutę, który zna szczególne potrzeby kobiet w ciąży.

techniki relaksacyjne, by wyciszyć pacjenta, zmniejszyć napięcie mięśni oraz złagodzić ból lub stres. Z czasem samodzielnie będziesz potrafiła kontrolować biologiczne reakcje twojego organizmu, wykorzystując techniki relaksacyjne, i nie będziesz potrzebowała do tego terapeuty ani specjalnych urządzeń.

Biofeedback można bezpiecznie stosować, by obniżać ciśnienie krwi (jeśli mimo terapii utrzymują się wysokie wartości ciśnienia tętniczego, koniecznie zgłoś się do lekarza, by ustalić przyczynę i włączyć odpowiednie leczenie) i walczyć z depresją, lękami i stresem. Przynosi też ulgę w różnych dolegliwościach ciążowych, takich jak bóle głowy i pleców, bezsenność czy poranne mdłości, i może być skuteczną metodą w leczeniu nietrzymania moczu zarówno w trakcie ciąży, jak i po porodzie.

Leki ziołowe. Są stosowane od zarania ludzkości, kiedy ludzie po raz pierwszy zaczęli szukać czegoś, co przyniesie im ulgę w chorobie. Teraz częściej się je produkuje, niż znajduje na łące, a niektórzy reklamują te specyfiki jako naturalną formę leczenia wielu najbardziej dokuczliwych objawów ciąży – od skurczów mięśni nóg po hemoroidy. I chociaż niektóre z leków ziołowych są prawdopodobnie nieszkodliwe i skuteczne (na przykład filiżanka rumianku o poranku, by uspokoić wrażliwy żołądek, albo kubek herbaty z liści malin, by przyspieszyć poród, gdy nadszedł termin), większość ekspertów nie zaleca leków ziołowych kobietom w ciąży, ponieważ nie przeprowadzono jeszcze odpowiednich badań nad bezpieczeństwem ich stosowania.

Pamiętaj o jeszcze jednym: to, że produkt jest naturalny, nie oznacza, że jest bezpieczny. Wiadomo, że niektóre zioła są niebezpieczne dla ciąży (i że możesz nawet nie wiedzieć, z jakim niebezpieczeństwem wiąże się ich używanie). Na przykład aloes, berberys, pluskwica groniasta, dong quai, złocień maruna, gorzknik kanadyjski, jałowiec i dziki pochrzyn (wild yam) działają stymulująco na macicę i mogą prowadzić do poronienia lub przedwczesnych skurczów. Z kolei zimowit jesienny, piołun (stosowany w termopunkturze, ale nienadający się do jedzenia), szkarłatka i sasafras mogą spowodować wady płodu, a żywokost i jemioła są trujące.

Kolejna przyczyna, by zachować ostrożność wśród półek z preparatami ziołowymi: stosowanie tego rodzaju suplementów nie zostało uregulowane przez FDA w taki sposób, jak zrobiono to z lekami tradycyjnymi. Suplementy ziołowe produkowane w Niemczech, Polsce, Austrii i Wielkiej Brytanii zostały dopuszczone do użytku, co oznacza, że poddano je szczegółowym badaniom, natomiast w Stanach Zjednoczonych oraz kilku innych krajach takich badań jeszcze nie przeprowadzono. Oznacza to, że ich moc, jakość, a nawet skład może być różny w zależności od opakowania. Zioła mogą zawierać zanieczyszczenia (na przykład ołów – w zależności od kraju pochodzenia), nie wszystkie komponenty są wyszczególnione na opakowaniu, niektóre składniki aktywne występują w wyższym stężeniu, niż podano, albo w ogóle nie ma żadnych składników aktywnych.

Zatem w czasie ciąży traktuj preparaty ziołowe (w tym herbaty) w taki sam sposób, jak traktujesz wszystkie lekarstwa, to znaczy nie stosuj ich, dopóki nie zostaną zaakceptowane i przepisane przez lekarza.

ROZDZIAŁ 4

Dziewięć miesięcy zdrowej diety

W twoim brzuchu rozwija się maleńka istota – twoje dziecko. Rosną paluszki, wykształcają się oczka i uszka, szybko formuje się mózg. I zanim zdążysz się zorientować, ta drobinka zmieni się w dziecko twoich marzeń: w pełni rozwinięte i gotowe, by utulić je w ramionach.

Ale by powstało dziecko, musi jednocześnie zaistnieć wiele czynników. Na szczęście dla dzieci i ich kochających rodziców natura jest niewiarygodnie dobra i szczodra. Oznacza to, że twoje szanse na urodzenie słodkiego i całkowicie zdrowego dziecka już są ogromne. Co więcej, jest coś, co możesz zrobić, by te ogromne szanse stały się jeszcze większe – możesz zapewnić sobie jeszcze zdrowszą i bezpieczniejszą ciążę. To względnie łatwe zadanie (może poza tymi chwilami, gdy będziesz odczuwać nudności), które zapewne nie jest ci obce, bo prawdopodobnie od dawna wykonujesz je co najmniej trzy razy dziennie. Tak, zgadłaś, chodzi o jedzenie. Ale w czasie ciąży nie wystarczy po prostu jeść (aczkolwiek w pierwszych miesiącach bywa to prawdziwym wyzwaniem) – rzecz w tym, by jeść jak najlepiej. Pomyśl o tym w ten sposób: zdrowe odżywianie w trakcie oczekiwania na dziecko to jeden z pierwszych i najwspanialszych prezentów, jakie możesz mu podarować – ten dar zapewni twojemu maleństwu nie tylko lepszy start, ale też zdrowsze życie.

Nasza dieta ciążowa to program odżywiania, który służy zdrowiu dziecka i mamy. Co z tego będzie miał twój maluch? Wśród wielu innych imponujących korzyści między innymi ogromną szansę na prawidłową masę urodzeniową, lepszy rozwój mózgu, zmniejszone ryzyko pewnych wad wrodzonych, a dodatkową nagrodą – możesz wierzyć lub nie – będą lepsze nawyki żywieniowe i mniej wybrzydzania przy stole, kiedy już trochę podrośnie (docenisz to, gdy w jego jadłospisie pojawią się brokuły). Twoja dieta ciążowa może się przyczynić również do tego, że w przyszłości maleństwo wyrośnie na zdrowszego dorosłego.

Ale dziecko nie będzie jedyną osobą, która na niej skorzysta. Dieta ciążowa przyniesie korzyści również tobie i zwiększy szanse na: zdrową ciążę (niektóre powikłania – takie jak niedokrwistość, cukrzyca ciążowa czy stan przedrzucawkowy – rzadziej występują u kobiet, które się dobrze odżywiają i unikają nadmiernego przyrostu masy ciała); wygodę (właściwe odżywianie może zminimalizować poranne nudności, zmęczenie, zaparcia oraz wiele innych dolegliwości ciążowych); większą stabilność emocjonalną (dobra dieta pomaga złagodzić wahania nastroju); donoszenie ciąży (ogólnie mówiąc, przyszłe mamy, które jedzą zdrowo i regularnie, rzadziej rodzą przed terminem); oraz szybsze odzyskanie sił po porodzie (dobrze odżywiony organizm szybciej wraca do formy i łatwiej pozbywa się nadmiaru kilogramów). Więcej informacji na temat korzyści zdrowej diety w ciąży znajdziesz w poradniku *Dieta przyszłej matki* (REBIS 2016).

> ### Rób to po swojemu
>
> Diety budzą twoje wątpliwości? Nie jesteś zwolenniczką planowania posiłków? Nie lubisz, gdy ktoś mówi ci, co masz jeść i ile? Nie ma problemu. Dieta ciążowa to dobry sposób, by nakarmić siebie i dziecko, ale zdecydowanie nie jedyny. Każdy zbilansowany, zdrowy sposób odżywiania – taki, który zawiera dużo chudego białka, wapnia, produktów pełnoziarnistych, owoców, warzyw oraz zdrowych tłuszczów, a także 300 dodatkowych kilokalorii (kcal) dziennie – również spełni swoje zadanie. A zatem jeśli wolałabyś raczej nie stosować diety zamieszczonej w naszej książce, po prostu tego nie rób. Odżywiaj się zdrowo i rób to po swojemu!

Na szczęście zdobywanie kolejnych korzyści, jakie oferuje dieta ciążowa, jest łatwe jak bułka z masłem (i listkiem sałaty), zwłaszcza jeśli już wcześniej dobrze się odżywiałaś, a nawet jeżeli tego nie robiłaś (będziesz musiała po prostu bardziej uważać na to, co jesz). Ciążowe menu nie różni się właściwie od innych zdrowych diet. Zasada, na której się opiera – oczywiście po wprowadzeniu kilku modyfikacji uwzględniających ciążę (nic dziwnego, ponieważ rozwijające się dziecko potrzebuje więcej kalorii oraz różnych składników odżywczych) – jest taka sama: zbilansowana kompozycja chudego białka, wapnia, produktów pełnoziarnistych, owoców, warzyw oraz zdrowych tłuszczów. Brzmi znajomo? Powinno, bo w końcu na tym polega zdrowa dieta.

A oto kolejne dobre wiadomości. Nawet jeśli twój stosunek do ciąży (i stołu) nie jest perfekcyjny ze względu na dalekie od ideału nawyki żywieniowe, przejście na dietę ciążową (którą tu proponujemy) nie będzie specjalnie trudne, zwłaszcza jeśli jesteś zdecydowana, by wprowadzić zmiany. Każdy mniej zdrowy napój lub przekąska ma swój zdrowy i pożywny odpowiednik (patrz str. 90), co oznacza, że możesz mieć ciastko (a także cukierki, chipsy i fast foody), a nawet je zjeść. Poza tym masz do dyspozycji mnóstwo różnych sposobów, by przemycić niezbędne witaminy i minerały do ulubionych dań i ulepszyć dietę bez szkody dla swoich kubków smakowych.

A teraz czas zejść na ziemię. Dieta, którą prezentujemy w tym rozdziale, to ideał – najlepszy możliwy program zdrowego żywienia dla przyszłej mamy. Oczywiście należy dążyć do tego ideału, ale nie powinien być on powodem do stresu. Możesz ściśle trzymać się diety przez większość czasu albo stosować ją swobodniej przez całą ciążę. Może się też zdarzyć, że będziesz dawać z siebie wszystko, a rezultaty nie zawsze będą najlepsze – zwłaszcza gdy dokuczają ci nudności... lub gdy zachcianki ciążowe wiodą cię do działu ze słodyczami... albo gdy pojawia się zgaga. I nawet jeśli w dalszym ciągu pozostaniesz wierna hamburgerom i frytkom, możesz skorzystać choćby z kilku poniższych wskazówek, dzięki którym oboje będziecie lepiej odżywieni (może sałata do hamburgera?).

Dziewięć podstawowych zasad na dziewięć miesięcy zdrowego żywienia

Liczy się każdy kęs. Przed tobą dziewięć miesięcy różnych posiłków, przekąsek, przegryzek i małego co nieco. Każde z nich to okazja, żebyś nakarmiła dziecko czymś zdrowym, jeszcze zanim się urodzi, a także szansa, by położyć fundament pod jego zdrową przyszłość. Bądź zatem otwarta, ale najpierw zawsze się zastanów. Staraj się, by wszystkie kęsy (a przynajmniej większość) miały znaczenie, i wybieraj je z myślą o dziecku.

Kaloria kalorii nierówna. Starannie i pieczołowicie wybieraj kalorie, przedkładając jakość nad ilość, gdy tylko masz okazję. Pewnie to oczywiste – choć niesprawiedliwe – że te 200 kcal, które zawiera pączek, nie jest równe 200 kcal, które ma babeczka pełnoziarnista, a 100 kcal zawartych w garści chipsów ziemniaczanych nie dorównuje 100 kcal z garści migdałów. Twoje maleństwo zyska dużo więcej z 2000 kcal zawartych w dziennej diecie bogatej w składniki odżywcze niż z tej samej liczby pustych kalorii. Zyska również na tym twój organizm, gdy już będziesz po porodzie.

Głodząc siebie, głodzisz dziecko. Twój maluch potrzebuje regularnych posiłków w jednakowych odstępach czasu i tylko ty, jako jedyna dostarczycielka pożywienia do macicy, możesz mu je dać. Nawet kiedy nie jesteś głodna, twoje dziecko jest. Staraj się więc nie pomijać posiłków, ponieważ częste i regularne jedzenie to najlepszy sposób, żeby dobrze odżywić rozwijający się płód. Badania wykazały, że przyszłe mamy, które jedzą przynajmniej 5 posiłków dziennie (na przykład 3 główne dania oraz 2 przekąski albo 6 mniejszych dań), mają większe szanse na donoszenie ciąży. Oczywiście łatwiej powiedzieć, niż zrobić, szczególnie wtedy, gdy na samą myśl o jedzeniu biegniesz do toalety. Albo gdy zgaga sprawia, że jedzenie staje się bolesne, i to dosłownie. Na str. 137 i 166 znajdziesz informacje, jak poradzić sobie z objawami ciążowymi, które tak skutecznie pozbawiają cię apetytu.

> ### 1000 pierwszych dni – sposób na zdrową przyszłość
>
> Chcesz wiedzieć, jak otworzyć drzwi do zdrowszej przyszłości i co zrobić, by zapewnić ją maleństwu, które dopiero przyjdzie na świat? Otóż naukowcy znaleźli najważniejszy klucz do tych drzwi: to właściwe żywienie przez pierwsze 1000 dni życia – od okresu ciąży aż do drugich urodzin. Te pierwsze 1000 dni może stanowić fundament życia w dobrym zdrowiu, zmniejsza bowiem ryzyko otyłości i wielu przewlekłych chorób, którym można zapobiec (od cukrzycy typu II po choroby serca). Dobre odżywianie może również pobudzić rozwój mózgu oraz zwiększyć szansę na sukcesy w szkole i nie tylko. Pomyśl, że te 9 miesięcy zdrowej diety to pierwszy etap programu 1000 pierwszych dni. Więcej informacji na stronach internetowych: www.thousand-days.org lub www.1000dni.pl.

Jeśli mniej, to skuteczniej. Zastanawiasz się, czy przyswajanie „codziennej dwunastki" (patrz str. 93) każdego dnia i dzień po dniu (policzmy, 6 porcji produktów z pełnego ziarna oznacza 1 porcję co 4 godziny...) jest w ogóle możliwe? Martwisz się, że jeśli w końcu zdołasz to wszystko zjeść, będziesz wyglądała jak ciężarny balon? Nie myśl więcej i przestań się martwić. W zamian zostań ekspertką od skuteczności. Osiągaj lepsze wyniki, wybierając jedzenie, które zawiera mało kalorii, ale za to dużo cennych składników odżywczych. Potrzebujesz przykładów? Kanapka z chrupiącym (czytaj: smażonym) kurczakiem, która ma około 700 kcal, to mniej wydajna porcja białka niż burger z indyka (około 300 kcal). Możesz sprawić sobie przyjemność i zjeść półtora pucharka lodów (około 500 kcal, a nawet więcej, jeśli wybrałaś wersję wzbogaconą), ale więcej wapnia dostarczy ci kubek odtłuszczonego mrożonego jogurtu (też jest pyszny, a ma 200 kcal mniej). Używając tego samego modelu wydajności, wybieraj chude mięso zamiast tłustego, odtłuszczone lub niskotłuszczowe mleko i nabiał zamiast ich tłustych odpowiedników, produkty grillowane lub pieczone zamiast smażonych, podsmażaj na średnim lub dużym ogniu, używając do tego łyżki oliwy, a nie całej szklanki. Kolejny trik, który pomoże ci zwiększyć wartość odżywczą potraw: wybieraj te produkty, które zaliczają się do więcej niż jednej kategorii „codziennej dwunastki" – w ten sposób zaspokoisz zapotrzebowanie organizmu na co najmniej dwa składniki.

Jakość pokarmu jest ważna również wtedy, gdy masz problemy z przyrostem masy ciała. Jeśli chcesz, by wskazówka wagi zaczęła się przesuwać we właściwym kierunku, wybieraj produkty bogate w składniki odżywcze i kalorie – na przykład awokado, orzechy czy suszone owoce – dzięki którym nakarmisz siebie i dziecko, ale nie będziesz czuła przesytu.

Spróbuj w ten sposób

Szukasz zdrowych odpowiedników swoich ulubionych choć nie najzdrowszych przekąsek? Oto kilka pomysłów, od których możesz zacząć:

ZAMIAST	WYPRÓBUJ
Chipsy ziemniaczane	Chrupki z soczewicy, soi, jarmużu lub kukurydzy
Paczka M&M's	Mieszanka studencka (z kilkoma drażetkami M&M's)
Paczka Skittles	Mrożone winogrona
Paluszki lub precelki jako przystawka	Edamame (niedojrzałe strąki soi) jako przystawka
Deser lodowy z polewą czekoladową	Mrożony jogurt z owocami i orzechami
Chipsy Tacos z sosem serowym	Warzywa z sosem serowym
Frytki	Pieczone kawałki słodkiego ziemniaka
Białe pieczywo	Pieczywo pełnoziarniste
Napój gazowany	Woda gazowana z odrobiną soku
Kawałek szarlotki	Pieczone jabłko

Węglowodany to złożona sprawa. Co myślisz, gdy jest mowa o węglowodanach? Jeśli przychodzą ci do głowy tylko dodatkowe kilogramy, to nie jesteś sama. Węglowodany już dawno temu zostały odsądzone od czci i wiary, a potem odrzucone przez ludzi obsesyjnie skupionych na swojej masie ciała. Szkoda, przede wszystkim w przypadku przyszłych mam, które mogłyby zyskać wiele cennych składników odżywczych (bez zyskiwania zbyt wielu kilogramów), gdyby postawiły na właściwe węglowodany, czyli te złożone. W tym właśnie rzecz, ponieważ węglowodany proste, oczyszczone (które są w białym ryżu, białym pieczywie i makaronie) z odżywczego punktu widzenia nie mają większego znaczenia i poza dodawaniem kilogramów robią naprawdę niewiele. Kolejna zła wiadomość: węglowodany oczyszczone mogą być przyczyną wzrostu stężenia glukozy we krwi, a potem jego gwałtownego spadku. Węglowodany złożone (pełnoziarniste pieczywo i płatki, kasze, brązowy ryż i warzywa, w tym fasola) są bogatym źródłem witamin z grupy B, makro- i mikroelementów, białka i dobrych kalorii, które dają o wiele więcej niż tylko same kalorie i przynoszą korzyści nie tylko dziecku, ale również tobie (na przykład pomagają powstrzymywać wymioty i przeciwdziałają zaparciom). Ponieważ są treściwe i bogate w błonnik, pomogą ci również kontrolować przyrost masy ciała. Badania wykazują, że węglowodany złożone mają jeszcze jedną zaletę: spożywanie dużej ilości błonnika może zmniejszyć ryzyko zachorowania na cukrzycę ciążową.

Słodkie nic to dosłownie nic. Nie ma subtelnego sposobu, żeby to wyrazić: kalorie cukrowe to niestety puste kalorie. Ich bezwartościowość to nie jedyny słaby punkt cukru. Objadanie się produktami zawierającymi cukier może prowadzić do różnych problemów zdrowotnych – od otyłości do raka jelita grubego. W ciąży nadmiar cukru prowadzi nie tylko do nadmiaru kilogramów, może być także przyczyną próchnicy zębów (w tym stanie jesteś na nią wyjątkowo narażona) oraz pogarsza kontrolę cukrzycy ciążowej. Kolejne przeciwwskazanie: duże ilości cukru znajdują się w mało wartościowych – aczkolwiek popularnych – przekąskach i napojach, których trzeba unikać (czyli w słodyczach i napojach gazowanych).

Cukier rafinowany ukrywa się pod różnymi nazwami i można go łatwo znaleźć w każdym supermarkecie – na przykład w syropie glukozowo-fruktozowym, syropie kukurydzianym lub nektarze owocowym. Z kolei miód, produkt nieprzetworzony, zawiera wiele składników odżywczych i przeciwutleniaczy niezbędnych do walki z chorobami i najczęściej jest składnikiem bardziej wartościowych produktów. Niemniej próbuj unikać cukru we wszelkich postaciach.

Zaspokajaj apetyt na słodycze owocami (świeżymi, suszonymi lub mrożonymi), sokami albo przecierami owocowymi. Słodką (i niskokaloryczną) zemstę znajdziesz również w substytutach cukru, które wydają się bardziej bezpieczne dla przyszłej mamy (str. 115).

> ### Pozbądź się poczucia winy
>
> Siła woli odgrywa ważną rolę, zwłaszcza gdy próbuje się zdrowo jeść za dwoje. Niemniej każdy od czasu do czasu pragnie ulec jakiejś pokusie, nie mając przy tym poczucia winy. A więc skuś się na jakiś smakołyk, kiedy naprawdę masz ochotę, i nie miej wyrzutów sumienia.
>
> Ale nawet wtedy, gdy porwiesz się na coś najmniej zdrowego, spróbuj to trochę uszlachetnić – na przykład dodaj truskawki i orzechy do deseru lodowego albo wybierz gorzką czekoladę z migdałami.
>
> Podziel się z kimś porcją krążków cebulowych albo weź mniejszy kawałek ciasta. I pamiętaj, żeby przestać, zanim dasz się zbytnio ponieść – w przeciwnym wypadku poczucie winy prawdopodobnie cię w końcu dopadnie.

Dobre jedzenie pamięta, skąd pochodzi. Natura wie wszystko o zdrowym żywieniu. Zatem nic dziwnego, że większość wartościowych produktów to właśnie te, które nie odbiegają zbytnio od jej oryginalnych, nieprzetworzonych przepisów. Wybieraj więc świeże, sezonowe warzywa i owoce oraz mrożone, gdy świeże produkty nie są dostępne lub kiedy nie masz czasu, by je przygotować. Produkty liofilizowane to również bardzo odżywczy (i łatwy) sposób na zdrową dietę (liofilizacja polega na usuwaniu wody z zamrożonego produktu) – przekonasz się, że warzywa i owoce w tej postaci pachną intensywniej niż te suszone tradycyjnie, są bardziej chrupiące, mają lepszą konsystencję i mniej kalorii. A jeśli chodzi o proces przygotowania owoców i warzyw, mniej znaczy więcej – im oszczędniejszej obróbce je poddajesz, tym więcej wartości odżywczych zachowają. Każdego dnia staraj się jeść trochę surowych warzyw i owoców, a jeśli je gotujesz, rób to na parze lub krótko podsmażaj na dużym ogniu, by zachowały jak najwięcej witamin i minerałów.

Nie jest tajemnicą, że produkty przetworzone nie rosną na drzewach – powstają na taśmie produkcyjnej, gdzie „wzbogacają się" o różne substancje chemiczne, tłuszcz, cukier i sól, ale za to tracą wartość odżywczą. Zatem jeśli tylko możesz, trzymaj się tego, co oferuje natura, i wybieraj pieczoną pierś ze świeżego indyka zamiast przetworzonych wędlin, makaron zapiekany z sosem serowym przyrządzony z pełnoziarnistego makaronu i naturalnego sera, a nie gotowe danie ze sztucznymi barwnikami, oraz świeżą owsiankę z płatków owsianych zamiast mieszanki instant z małą zawartością błonnika i dużą zawartością cukru.

Zdrowe żywienie rozpoczyna się w domu. Spójrzmy prawdzie w oczy. Nie jest łatwo chrupać świeży owoc, gdy obok na kanapie ukochany zajada się lodami. Albo sięgnąć po paluszek serowy, gdy zapełnił szafki w kuchni chrupkami. Namów zatem partnera – oraz innych członków rodziny – do stworzenia w waszym domu strefy zdrowego żywienia. Kupujcie wyłącznie pełnoziarnisty chleb, zróbcie w zamrażarce zapas mrożonego jogurtu, unikajcie niezdrowych przekąsek, którym nie możesz się oprzeć, gdy są w zasięgu ręki. Nie rezygnuj z dobrych nawyków również po porodzie. Badania wykazały, że zdrowa dieta nie tylko wpływa na lepszy przebieg ciąży, ale też obniża ryzyko wystąpienia wielu chorób, w tym cukrzycy typu II oraz chorób serca.

Złe nawyki sabotują dobrą dietę. Właściwe odżywianie się jest tylko częścią prenatalnego planu zdrowotnego. Jeśli dotychczas tego nie zrobiłaś, pozbądź się złych nawyków i zmień styl życia na zdrowszy.

Opcja 6 posiłków

Masz wzdęcia, nudności, zgagę lub zaparcia (albo wszystko naraz) i nawet nie chce ci się myśleć o jedzeniu? Bez względu na to, jakie problemy trawienne cię trapią i trzymają z dala od stołu (lub nie pozwalają jedzeniu utrzymać się w żołądku), łatwiej będzie ci rozłożyć twoją „codzienną dwunastkę" na 5–6 mniejszych posiłków zamiast na 3 główne. Dzięki takiemu podjadaniu stężenie glukozy we krwi utrzyma się na właściwym poziomie, a ty otrzymasz zastrzyk energii (któż by tego nie wykorzystał?). Poza tym zmniejszy się nasilenie bólów głowy i wahań nastroju.

Ciążowa „codzienna dwunastka"

Kalorie. Technicznie rzecz biorąc, kobieta ciężarna je za dwoje (radujcie się, miłośniczki jedzenia). Ale warto pamiętać, że jedno z was jest maleńkim, rozwijającym się okruszkiem, którego zapotrzebowanie kaloryczne jest znacznie mniejsze niż zapotrzebowanie mamy – przeciętnie mniej więcej 300 kcal dziennie (wybaczcie, miłośniczki jedzenia). Tak więc w tej chwili potrzebujesz średnio 300 kcal dziennie więcej – to ekwiwalent 2 szklanek odtłuszczonego mleka i talerza owsianki (pewnie wyobrażałaś sobie, że będziesz mogła zajadać się deserami, ale raczej na to nie wygląda). Z jednej strony bardzo łatwo je spalić, ponieważ zapotrzebowanie energetyczne w ciąży jest dużo większe. Z drugiej strony w pierwszym trymestrze przypuszczalnie w ogóle nie będziesz potrzebowała dodatkowych kalorii (przecież twoje dziecko jest zaledwie wielkości ziarenka grochu), chyba że próbujesz wyrównać niedobór masy ciała, który miałaś na początku ciąży. Kiedy twój metabolizm przyspieszy w drugim trymestrze ciąży, możesz zwiększyć liczbę kilokalorii o 300–350 dziennie. Później (gdy dziecko urośnie) będziesz potrzebowała ich prawdopodobnie jeszcze więcej – nawet 500 dodatkowych kilokalorii dziennie.

Spożywanie większej liczby kalorii, niż ty i twoje dziecko potrzebujecie, jest nie tylko niepotrzebne, ale może prowadzić do nadwagi. Z drugiej strony zbyt mała liczba kalorii również jest niezdrowa i może niekorzystnie wpływać na ciążę. Przyszłe mamy, które nie przyjmują odpowiedniej liczby kalorii w drugim i trzecim trymestrze, mogą narazić dziecko na opóźnienie rozwoju.

Istnieją cztery wyjątki od tej zasady – jeśli któryś z nich dotyczy ciebie, koniecznie zapytaj lekarza, ile dodatkowych kalorii powinnaś przyjmować. Jeżeli masz nadwagę, prawdopodobnie będziesz mogła spożywać mniej kalorii, oczywiście pod warunkiem że przestrzegasz zasad zdrowego żywienia (będziesz musiała jeszcze bardziej skoncentrować się na jakości). Jeśli masz sporą niedowagę, będziesz potrzebowała jeszcze więcej kalorii, by nadrobić zaległości. Jeżeli jesteś nastolatką, sama jeszcze rośniesz, więc masz wyjątkowe potrzeby żywieniowe (liczba kalorii w tym wypadku również może zależeć od tego, czy masz niedowagę, nadwagę czy prawidłową masę ciała). A jeśli jesteś w ciąży wielopłodowej, będziesz musiała dodać około 300 kcal na każde dziecko.

Jednak mimo że kalorie w ciąży są bardzo ważne, nie trzeba ich dokładnie liczyć. Nie musisz ich również dodawać podczas każdego posiłku ani zapisywać wszystkiego, co zjadłaś. Skąd masz zatem wiedzieć, czy dostarczyłaś organizmowi odpowiednią liczbę kalorii? To proste – pilnuj przyrostu masy ciała. Jeśli jest prawidłowy, to znak, że odżywiasz się właściwie. Jeśli przybierasz za mało lub za wolno – jesz zbyt mało. Jeśli przybierasz za dużo lub za szybko – jesz ponad miarę. Utrzymuj zatem spożycie pokarmów na dotychczasowym poziomie albo w miarę potrzeby zmniejsz je lub zwiększ, ale uważaj, by nie wyeliminować potrzebnych składników odżywczych; po prostu jedz z głową. Więcej informacji na temat przyrostu masy ciała znajdziesz na str. 185.

Białko: 3 porcje dziennie. Jak rośnie twoje dziecko? Między innymi dzięki aminokwasom; są one budulcem komórek i wchodzą w skład białek, które zjadasz każdego dnia. Ponieważ komórki płodu dzielą się bardzo szybko, białko jest niezmiernie ważnym komponentem diety ciążowej. Jeśli wydaje ci się, że 75 gramów białka dziennie to dużo, weź pod uwagę, że większość Amerykanów

Białka roślinne

Przez nudności i wstręt do jedzenia wykluczyłaś z jadłospisu mięso, a tym samym białko zwierzęce? A może jesteś wegetarianką lub weganką? Oto dobra wiadomość: istnieje wiele sposobów, by zapewnić organizmowi białko bez szukania jego źródeł w mięsie. Jeszcze lepsza wiadomość? Otóż wiele produktów, które nie są pochodzenia zwierzęcego, doskonale zaspokaja zapotrzebowanie na błonnik i białko, a niektóre również na wapń.

ROŚLINY STRĄCZKOWE
(każdy produkt to ½ porcji białka)

¾ kubka gotowanej fasoli, soczewicy, grochu łuskanego lub ciecierzycy
½ kubka gotowanych niedojrzałych strąków soi (edamame)
¾ kubka zielonego groszku
40 g orzeszków ziemnych
3 łyżki stołowe masła orzechowego
¼ kubka miso (pasty japońskiej ze sfermentowanej soi z dodatkiem ryżu lub jęczmienia)
115 g tofu (twarożku sojowego)
85 g tempehu (to składnik kuchni indonezyjskiej wytwarzany ze sfermentowanych ziaren soi)
1½ kubka mleka sojowego*
85 g sera sojowego*

½ kubka wegetariańskiego „mięsa mielonego"*
1 duży wegetariański „hot dog" lub „hamburger"*
30 g (przed ugotowaniem) makaronu sojowego lub wysokobiałkowego**

ZIARNA
(każdy produkt to ½ porcji białka)

85 g (przed ugotowaniem) makaronu pełnoziarnistego
⅓ kubka kiełków pszenicy
¾ kubka otrębów owsianych
1 kubek nieugotowanych (lub 2 kubki gotowanych) płatków owsianych
2 kubki (w przybliżeniu) pełnoziarnistych płatków zbożowych*
½ kubka nieugotowanej (lub 1½ kubka gotowanej) kaszy bulgur, gryczanej lub pełnoziarnistego kuskusu
½ kubka (przed gotowaniem) komosy ryżowej (quinoa)
4 kromki pełnoziarnistego chleba**
3 pełnoziarniste chlebki pita lub 3 angielskie muffiny**

ORZECHY I NASIONA
(każdy produkt to ½ porcji białka)

85 g orzechów – włoskich, pekan lub migdałów
55 g nasion sezamu, słonecznika lub dyni

---

* Zawartość białka może się różnić w zależności od produktu, zatem sprawdź na etykiecie, czy na podaną ilość produktu (czyli na połowę porcji) przypada 12–15 gramów białka.
** Wysokobiałkowe makarony lub pieczywo mogą zawierać więcej białka, więc sprawdź jego zawartość na etykiecie.

(ty prawdopodobnie też) zjada tyle każdego dnia, nawet się specjalnie nie starając, a ci, którzy są na diecie wysokobiałkowej, pochłaniają jeszcze więcej. Zestawiając dzienną dawkę białka, nie zapominaj policzyć produktów zawierających duże ilości wapnia, takich jak ser i jogurt (zwłaszcza grecki), oraz produktów pełnoziarnistych i roślin strączkowych.

Każdego dnia zjedz 3 porcje wybranych produktów z listy na stronie obok (każdy produkt to 1 porcja, czyli około 25 gramów białka) lub ich kombinację odpowiadającą 3 porcjom. Pamiętaj, że większość produktów mlecznych (nabiału) zaspokaja też zapotrzebowanie na wapń, dzięki czemu takie pokarmy są szczególnie cenne (w ramce powyżej lista białek pochodzenia roślinnego):

3 szklanki (po 230 ml) mleka lub maślanki
1 kubek* twarogu wiejskiego
2 kubki jogurtu lub 1¼ jogurtu greckiego
85 g żółtego sera
¾ kubka tartego żółtego sera
4 duże jajka
7 białek z dużych jajek
100 g odsączonego tuńczyka lub sardynek z puszki
110 g odsączonego łososia z puszki
110 g gotowanych owoców morza
110 g (przed przyrządzeniem) świeżych ryb
110 g (przed przyrządzeniem) kurczaka, indyka, kaczki lub innego drobiu (bez skóry)
110 g (przed przyrządzeniem) chudej wołowiny, jagnięciny, cielęciny lub wieprzowiny

Wapń: 4 porcje dziennie. Pewnie uczyłaś się w szkole, że dzieci, które rosną, potrzebują mnóstwa wapnia, by mieć mocne kości i zęby. Potrzebuje go również rozwijający się płód. Wapń ma ogromne znaczenie dla rozwoju mięśni, serca, układu nerwowego, wpływa na krzepnięcie krwi oraz aktywację enzymów. Jednak jeśli nie będziesz spożywała odpowiedniej ilości wapnia, straci na tym nie tylko twoje dziecko. Jeśli dostawy wapnia nie będą się utrzymywały na właściwym poziomie, wewnętrzna „fabryka", w której powstaje dziecko, będzie pobierała materiał z twoich kości. W ten sposób zapewni płodowi przewidzianą dawkę wapnia, a ciebie narazi w przyszłości na osteoporozę – to istotny powód, by teraz nie żałować sobie produktów z tym pierwiastkiem.

Nie tolerujesz smaku mleka i nie będziesz w stanie pić go szklankami? Na szczęście wapnia w ogóle nie trzeba podawać w szklankach. Można je zastąpić kubeczkiem jogurtu albo kawałkiem sera. Można też delektować się nim w koktajlach owocowych lub warzywnych (tak zwanych smoothie), zupach,

---

* 1 kubek (czyli inaczej miarka amerykańska) = 240 ml (przyp. red.).

Serwatka – czy to białko jest dla ciebie?

Mamy obecnie do dyspozycji wiele różnych produktów zawierających białka serwatkowe – batoniki, serki, napoje oraz proszek serwatkowy – więc być może się zastanawiasz, czy to dobry sposób na zapewnienie sobie porcji białka. Wprawdzie nie ma badań naukowych dotyczących spożywania serwatki w trakcie ciąży lub karmienia piersią, ale większość ekspertów twierdzi, że można ją jeść z umiarem, przestrzegając następujących zasad.

Po pierwsze: Ponieważ białka serwatkowe są uzyskiwane z mleka krowiego, jeśli jesteś uczulona na mleko lub laktozę, powinnaś ich unikać. Po drugie: Czytaj dokładnie etykiety produktów serwatkowych, gdyż niektóre z nich zawierają słodziki (naturalne bądź sztuczne), zioła, enzymy oraz inne komponenty, które mogą być nieodpowiednie dla przyszłej mamy. Po trzecie: Sprawdź zawartość witamin i minerałów, ponieważ niektóre produkty serwatkowe zawierają ich bardzo dużo, przez co możesz przekroczyć dozwoloną normę spożycia niektórych substancji odżywczych. I wreszcie pamiętaj, że białka serwatkowe nie powinny być jedynym sposobem pozyskiwania białka – staraj się korzystać również z innych źródeł.

zapiekankach, płatkach zbożowych, dipach, sosach, deserach i wielu innych produktach.

Przyszłe mamy, które nie tolerują laktozy, bez trudu znajdą wapń w nabiale bez laktozy (na przykład w mleku, twarożku, a nawet lodach). Te kobiety, które w ogóle nie jedzą nabiału, mogą przyjmować go w innej postaci. Dobrym źródłem wapnia jest na przykład szklanka soku pomarańczowego wzbogaconego o ten pierwiastek (oraz dawkę witaminy C). Szklanka wzbogaconego mleka migdałowego to również porcja wapnia (doskonale smakuje w koktajlach owocowych). Niżej znajdziesz listę innych produktów bezmlecznych, które są źródłem wapnia.

Weganki oraz te kobiety, które nie mają pewności, czy w ich diecie znajduje się wystarczająca ilość wapnia, powinny przyjmować odpowiedni preparat (koniecznie z witaminą D).

Każdego dnia zjadaj 4 z niżej wymienionych produktów (każdy zawiera 1 porcję wapnia) lub ich kombinację, która będzie odpowiadała 4 porcjom (nie zapominaj policzyć ½ kubka jogurtu, który dodałaś do sera). Każda porcja zawiera około 300 mg wapnia (będziesz potrzebowała 1200 mg dziennie), a wiele produktów zaspokaja również zapotrzebowanie na białko:

¼ kubka startego żółtego sera
30 g twardego żółtego sera
½ kubka pasteryzowanego sera ricotta
1 kubek mleka lub maślanki
1 kubek jogurtu greckiego
1½ kubka mrożonego jogurtu
1 kubek wzbogaconego o wapń soku pomarańczowego lub mleka migdałowego
110 g łososia (z ośćmi) z puszki
85 g sardynek (z ośćmi) z puszki
3 łyżki stołowe nasion sezamu
1 kubek gotowanych zielonych warzyw (na przykład szpinaku lub jarmużu)
1½ kubka gotowanej kapusty chińskiej (bok choy)
1½ kubka gotowanych niedojrzałych strąków soi (edamame)

Dodatkowe „wapniowe" punkty zdobędziesz również dzięki włączeniu do jadłospisu twarogu, tofu, suszonych fig, migdałów, brokułów, zielonej kapusty i suszonej fasoli.

Witamina C: 3 porcje dziennie. Witamina C jest potrzebna tobie i dziecku do regeneracji tkanek, gojenia ran oraz innych procesów metabolicznych wymagających energii. Maleństwo potrzebuje jej także do prawidłowego wzrostu oraz rozwoju moc-

> **Policz raz, żeby wyszło dwa**
>
> Jedna porcja wielu twoich ulubionych potraw zaspokaja zapotrzebowanie na więcej niż jeden składnik „codziennej dwunastki" – w rezultacie otrzymujesz dwa składniki pokarmowe „w cenie" tej samej liczby kalorii. Na przykład kawałek melona cukrowego (kantalupa) to jednocześnie porcja z kategorii „Zielone warzywa liściaste oraz żółte warzywa i owoce" oraz z kategorii „Witamina C" – dwa składniki w jednym smakowitym pakiecie. Z kolei kubek jogurtu dostarcza 1 porcję wapnia i ½ porcji białka (lub niemal całą, jeśli sięgniesz po jogurt grecki). Jak najczęściej wybieraj tego typu produkty, ponieważ dzięki temu pochłoniesz mniej kalorii i zachowasz więcej miejsca w żołądku.

nych kości i zębów. Ponieważ witamina C jest składnikiem odżywczym, który nie odkłada się w organizmie, trzeba ją codziennie uzupełniać. Na szczęście witamina C znajduje się zazwyczaj w produktach, które na ogół smakują wszystkim – nawet jeśli jesteś miłośniczką produktów ekologicznych. Jak się przekonasz dzięki zamieszczonej dalej liście, nasz stary dobry (a zarazem wszechobecny i niezawodny) sok pomarańczowy nie jest ani jedynym, ani najlepszym źródłem tej życiodajnej witaminy.

Sięgaj codziennie co najmniej po 3 porcje witaminy C – twój organizm jej nie magazynuje, więc każdego dnia potrzebuje nowej dawki. (Jesteś wielką entuzjastką owoców? Poczęstuj się kolejnym). Zapamiętaj, że wiele produktów zawierających witaminę C zaspokaja też zapotrzebowanie na zielone warzywa liściaste oraz żółte warzywa i owoce:

½ średniego grejpfruta
½ kubka soku grejpfrutowego
½ średniej pomarańczy
½ kubka soku pomarańczowego

2 łyżki stołowe zagęszczonego soku owocowego
¼ kubka soku z cytryny
½ średniego mango
½ średniej papai
⅛ małego melona cukrowego (kantalupa) lub miodowego (½ kubka melona pokrojonego w kostkę)
⅓ kubka truskawek
⅔ kubka jeżyn lub malin
½ średniego kiwi
½ kubka pokrojonego w kostkę świeżego ananasa
2 kubki pokrojonego w kostkę arbuza
¼ kubka liofilizowanego mango, truskawek lub innych liofilizowanych owoców zawierających witaminę C
¼ średniej czerwonej, żółtej lub pomarańczowej papryki
½ średniej zielonej papryki
½ kubka surowych lub gotowanych brokułów
1 średni pomidor
¾ kubka soku pomidorowego
½ kubka soku warzywnego
½ kubka surowego lub gotowanego kalafiora
½ kubka gotowanego jarmużu
¾ kubka chipsów z jarmużu
1 kubek surowego szpinaku (dobrze ugniecionego) lub ½ kubka gotowanego szpinaku
¾ kubka kapusty głowiastej, sarepskiej lub rzepy
2 kubki sałaty rzymskiej
¾ kubka posiekanej czerwonej kapusty
1 słodki ziemniak (batat) ugotowany ze skórką lub 1 ziemniak pieczony
1 kubek gotowanych niedojrzałych strąków soi (edamame)

Zielone warzywa liściaste oraz żółte warzywa i owoce: 3–4 porcje dziennie. Te przysmaki królików dostarczają witaminy A w postaci beta-karotenu niezbędnego do wzrostu komórek (komórki twojego małego króliczka mnożą się w nieprawdopodobnym tempie) oraz do rozwoju zdrowej skóry, kości i oczu. Ta kolorowa rodzina owoców i warzyw jest również źródłem istotnych dla zdrowia karotenoidów (naturalnych przeciwutleniaczy zawierających witaminę A, odpowiedzialnych za barwę owoców i warzyw) oraz witamin (E, B_2, czyli ryboflawiny, kwasu foliowego oraz innych witamin z grupy B), różnych minerałów (wiele zielonych warzyw liściastych jest dobrym źródłem wapnia oraz mikroelementów), fitochemikaliów (przeciwutleniaczy) odgrywających ważną rolę w walce z chorobami oraz błonnika przeciwdziałającego zaparciom. Poniżej znajdziesz wyczerpującą listę zielonych warzyw liściastych oraz żółtych warzyw i owoców. Już od dawna realizujesz długofalowy „plan antywarzywny"? A może jesteś jego nową zwolenniczką (ponieważ zaczęłaś odczuwać awersję wywołaną ciążą)? Pewnie będziesz mile zaskoczona wiadomością, że brokuły i szpinak nie są jedynym źródłem witaminy A. Co więcej, jeśli chodzi o witaminę A, to pomarańcz jest nową zielenią; można ją znaleźć w dużych ilościach w niektórych najsłodszych i najsmaczniejszych owocach z pomarańczowym miąższem – morelach, mango, żółtych brzoskwiniach, melonie oraz w różnych odmianach dyni (w tym piżmowej) i słodkich ziemniakach (batatach). A te przyszłe mamy, które wolą warzywa w płynie, na poczet swojej dziennej dawki w tej kategorii mogą zaliczyć szklankę soku warzywnego, talerz zupy marchewkowej albo koktajl z mango.

Każdego dnia staraj się jeść przynajmniej 3–4 porcje warzyw i owoców – trochę surowych, trochę gotowanych; trochę zielonych i trochę żółtych (ale nie zmuszaj się do jedzenia zieleniny, jeśli ci szkodzi, i wybieraj dojrzałe żółte warzywa i owoce). Pamiętaj, że wiele wymienionych niżej owoców i warzyw to również doskonałe źródło witaminy C:

⅛ melona kantalupa lub ½ kubka melona pokrojonego w kostkę
2 duże świeże morele lub sześć połówek suszonych

½ średniego mango
¼ średniej papai
1 duża nektarynka lub żółta gruszka
1 mała persymona (owoc kaki)
¼ kubka liofilizowanego mango lub innego liofilizowanego owocu będącego bogatym źródłem witaminy A
¾ kubka soku z różowych grejpfrutów
1 różowy lub czerwony grejpfrut
1 klementynka
½ marchewki (lub ¼ kubka startej)
½ kubka surowych lub gotowanych brokułów
1 kubek surówki colesław
¼ kubka gotowanej kapusty, botwiny lub jarmużu
1 kubek sałaty (dobrze ugniecionej) – na przykład rzymskiej, rukoli, masłowej lub czerwonej (radicchio)
1 kubek szpinaku surowego (dobrze ugniecionego) lub ½ kubka ugotowanego
¼ kubka gotowanej dyni
½ małego słodkiego ziemniaka lub pochrzynu chińskiego (chińskiego ziemniaka)
2 średnie pomidory
½ średniej czerwonej papryki
1 kubek posiekanej natki pietruszki

Inne owoce i warzywa: 1–2 porcje dziennie. „Inne owoce i warzywa" były kiedyś uważane za produkty odżywcze drugiej kategorii, ale warto im się przyjrzeć nieco dokładniej. Okazuje się, że zawierają wiele cennych minerałów, takich jak potas i magnez, które są bezcenne dla prawidłowego przebiegu ciąży oraz są bogatym źródłem mikroelementów. Wiele z nich zawiera mnóstwo fitochemikaliów i antyoksydantów (szczególnie te we wszystkich kolorach tęczy, więc wybieraj produkty w najbardziej jaskrawych odcieniach, ponieważ one zawierają najwięcej składników odżywczych). Poczynając od jabłka, a kończąc na coraz popularniejszych borówkach amerykańskich i granatach, owoce i warzywa z kategorii „inne" zdecydowanie zasługują na miejsce w twoim jadłospisie.

Nie oceniaj owocu po skórce

Jeśli chodzi o wartości odżywcze owoców lub warzyw, obowiązuje zasada, że im bardziej jaskrawy kolor, tym więcej przeciwutleniaczy, witamin (zwłaszcza witaminy A) i minerałów. Przyjrzyj się fioletowi kapusty i ziemniaków (nawet kalafiory bywają fioletowe), tęczowym kolorom owoców jagodowych, pomarańczowej barwie marchewek i mango, jaskrawej czerwieni, pomarańczowi oraz żółci papryk i pomidorów, a także wszystkim odcieniom zieleni – od brokułów po jarmuż i botwinę. Pamiętaj jednak, że zazwyczaj to kolor miąższu, a nie skórki decyduje o wartości odżywczej. Zatem ogórek (jasny w środku) jest pod tym względem dość przeciętny, a melon i kiwi (ciemne w środku) wyjątkowo dobre.

Uzupełnij zatem dietę 1–2 porcjami owoców i warzyw z tej listy:

1 średnie jabłko
½ kubka soku jabłkowego lub musu
2 łyżki stołowe koncentratu jabłkowego
1 średni banan
½ kubka jagód lub borówek amerykańskich
½ kubka świeżych wiśni bez pestek
1 kubek winogron
1 średnia brzoskwinia
1 średnia gruszka lub 2 połówki suszonego owocu
½ kubka niesłodzonego soku z ananasa
2 małe śliwki
½ kubka soku z granatów
¼ kubka liofilizowanych owoców z tej listy
⅛ średniego awokado
½ kubka gotowanej fasolki szparagowej
½ kubka świeżych surowych grzybów
½ kubka okry (tropikalnej rośliny coraz bardziej popularnej w Europie i USA)
½ kubka cebuli
½ kubka pasternaku

½ kubka gotowanej cukinii
1 mała kolba kukurydzy cukrowej
1 kubek sałaty lodowej
½ kubka zielonego groszku lub groszku cukrowego

Produkty pełnoziarniste: 6 lub więcej porcji dziennie. Jest wiele ważnych powodów, dla których warto postawić na produkty pełnoziarniste. Przede wszystkim są bogatym źródłem substancji odżywczych, szczególnie witamin z grupy B (z wyjątkiem witaminy B_{12} znajdującej się wyłącznie w produktach pochodzenia zwierzęcego), które są niezbędne do rozwoju niemal każdej części ciała twojego dziecka. Zawierają również żelazo i magnez oraz pierwiastki śladowe takie jak cynk i selen – wszystkie bardzo ważne dla prawidłowego przebiegu ciąży. Kolejny plus: węglowodany złożone zawarte w pieczywie pełnoziarnistym pomagają w łagodzeniu ciążowych nudności i zwalczają zaparcia. Wszystkie te produkty mają wiele wspólnych składników odżywczych, lecz każdy z nich ma własną moc. Zatem by jak najwięcej zyskać, włącz do jadłospisu różne produkty pełnoziarniste oraz rośliny strączkowe. Bądź odważna i nie bój się przygód: obtocz rybę lub kurczaka w panierce z okruszków chleba razowego przyprawionych ziołami i parmezanem. Jako przystawkę wypróbuj komosę ryżową (pyszne ziarna będące źródłem pełnowartościowego białka) lub pełnoziarnisty kuskus, do pilawu z dzikiego ryżu dodaj kaszę bulgur albo ziarna pszenicy, przepis na ulubione ciasteczka wzbogać płatkami owsianymi, a do zupy dodaj trochę białej fasoli (na przykład jasia). Prawdopodobnie zdarza ci się czasem zjadać jakieś produkty z ziarna oczyszczonego, jednak musisz pamiętać, że pod względem odżywczym wypadają one o wiele gorzej niż pełnoziarniste. Nawet jeśli są czymś „wzbogacone", nadal brakuje im błonnika, białka oraz dwunastu witamin i mikroelementów, które znajdują się w produktach pełnoziarnistych.

Chleb pełnoziarnisty, a mimo to biały

Nie jesteś zdeklarowaną miłośniczką pełnoziarnistego pieczywa? Masz nudności i tęsknisz za pszennym chlebem? Otóż ostatnio pojawił się na rynku nowy rodzaj pieczywa, które ma szansę zostać twoim faworytem. Biały chleb pełnoziarnisty jest wypiekany z pełnoziarnistej mąki pszennej powstającej z przemiału białej pszenicy, która ma delikatniejszy i słodszy smak niż pszenica czerwona, z której uzyskuje się mąkę razową. Czy pełnoziarniste pieczywo pszenne jest najlepszym wynalazkiem od czasów krojonego chleba? To możliwe, zwłaszcza jeśli nie jesteś wielbicielką razowca, ponieważ zawiera te same składniki odżywcze co tradycyjne pieczywo pełnoziarniste – w tym otręby – a przy tym wygląda i smakuje jak pszenne. Kupując pieczywo, dokładnie czytaj etykietę, ponieważ tylko dzięki niej będziesz w stanie rozróżnić zwykły chleb pszenny od pełnoziarnistego. Można również dostać pełnoziarnistą mąkę pszenną do pieczenia – dzięki niej twoje ciasta i naleśniki będą lżejsze i bardziej puszyste.

Codziennie zjadaj około 6 porcji produktów z poniższej listy i nie zapominaj, że wiele z nich to często również niemała dawka białka:

1 kromka chleba pełnoziarnistego – żytniego, owsianego, ryżowego (na przykład z ryżu brązowego) lub innego (na przykład pszenego pełnoziarnistego)
½ pełnoziarnistej pity, bułki, bajgla, tortilli lub angielskiej muffinki
30 g pełnoziarnistych krakersów albo chipsów z soi lub soczewicy
1 kubek gotowanych płatków pełnoziarnistych, na przykład owsianych
1 kubek gotowych do spożycia płatków pełnoziarnistych (porcje różnią się między sobą, więc sprawdź etykietę)

½ kubka granoli (mieszanki płatków zbożowych, orzechów, suszonych owoców i miodu)
2 łyżki stołowe kiełków pszenicy
½ kubka gotowanego brązowego, czarnego lub dzikiego ryżu
½ kubka gotowanego prosa, kaszy bulgur, kuskusu, kaszy gryczanej, jęczmienia, ziaren farro (zwanych pszenicą faraonów lub płaskurką) lub komosy ryżowej
30 g (przed ugotowaniem) makaronu razowego lub sojowego
½ kubka gotowanej fasoli, soczewicy, grochu łuskanego lub strąków niedojrzałej soi (edamame)
2 kubki popcornu
¼ kubka mąki pełnoziarnistej lub sojowej

Produkty bogate w żelazo: kilka porcji dziennie. Ponieważ żelazo jest podstawowym i niezbędnym składnikiem tworzącej się krwi dziecka, a także ma ogromne znaczenie dla twojego organizmu, który potrzebuje teraz więcej krwi, w ciągu najbliższych dziewięciu miesięcy będziesz musiała zwiększyć jego spożycie.

W związku z tym, że aby zaspokoić zapotrzebowanie na żelazo tylko za pomocą diety, musi ona być dobrze zbilansowana, a o to niełatwo, być może po 20 tygodniu (lub gdy rutynowe badania wykażą niedobór) lekarz zaleci ci przyjmowanie dodatkowego suplementu tego pierwiastka (oprócz preparatu witaminowego dla kobiet w ciąży). By zwiększyć wchłanianie żelaza, przyjmuj je między posiłkami, popijając sokiem owocowym z dużą ilością witaminy C (napoje z kofeiną, środki zobojętniające kwasy żołądkowe, pokarmy z dużą ilością błonnika oraz wapnia mogą utrudniać przyswajanie żelaza). Wszystkie pokarmy z tej kategorii również należy przyjmować wraz z witaminą C.

Małe ilości żelaza znajdują się w większości owoców, warzyw, ziaren oraz mięs, które zjadasz każdego dnia. Spróbuj jednak wzbogacić swój jadłospis jeszcze o następujące produkty z naszej listy. Wiele z nich zaspokaja również zapotrzebowanie na inne cenne składniki:

Wołowina, mięso z bawołu, drób (kaczka, indyk)
Gotowane małże, ostrygi, mule i krewetki (o bezpiecznym spożyciu ryb patrz str. 114)
Sardynki
Szpinak, kapusta, jarmuż i rzepa (liście)
Wodorosty
Pestki dyni
Otręby owsiane
Jęczmień, kasza bulgur i komosa ryżowa
Fasola i groch
Niedojrzałe strąki soi (edamame) i produkty sojowe
Suszone owoce

Tłuszcze i produkty wysokotłuszczowe: średnio 4 porcje dziennie. Ten wymóg żywieniowy nie tylko łatwo spełnić, ale – co gorsza – łatwo z nim przesadzić. O ile kilka dodatkowych warzyw, owoców czy produktów z witaminą C nikomu nie zaszkodzi, a nawet przyniesie korzyści, o tyle nadmierne spożycie tłuszczu może prowadzić do otyłości. Tłuszcz w umiarkowanych ilościach jest jak najbardziej zalecany, natomiast całkowite jego wyeliminowanie w trakcie ciąży nie jest korzystne ze względu na ważną rolę, jaką odgrywa w rozwoju dziecka. Chodzi tu głównie o zawarte w nim kwasy tłuszczowe, w szczególności omega-3, które są niezbędne w trzecim trymestrze ciąży (patrz strona obok).

Kontroluj zatem spożycie tłuszczów – przyjmuj dzienną dawkę, ale staraj się jej nie przekraczać. Nie zapominaj przy tym, że liczy się również tłuszcz używany do przyrządzania posiłków, na przykład masło do smażenia jajecznicy czy majonez dodany do sałatki. Dobra wiadomość jest taka, że niewielka ilość tłuszczu dodana do warzyw w trakcie przygotowywania potrawy poprawia wchłanianie substancji odżywczych (patrz ramka na stronie obok).

Jeśli się okaże, że twój przyrost masy ciała jest zbyt niski, a zwiększenie spożycia innych składników pokarmowych nie załatwia sprawy, spróbuj codziennie zjadać dodatkową porcję tłuszczów – stężona dawka kalorii, którą zawierają, pomoże ci osiągnąć optymalną masę ciała i znaleźć właściwy rytm. Z kolei jeśli tyjesz zbyt szybko, możesz zredukować ilość tłuszczu o 1–2 porcje, ale nie pozbawiaj się go całkowicie.

Produkty wymienione poniżej składają się wyłącznie (lub w większości) z tłuszczu. Z pewnością nie będą one jedynym źródłem tego składnika w twojej diecie (pełnotłuste sery i jogurty, niektóre mięsa oraz orzechy i ziarna zbóż również są bogatym źródłem tłuszczu), ale właśnie na nie powinnaś szczególnie uważać. Jeśli tempo przyrostu masy ciała jest właściwe, każdego dnia zjadaj 4 pełne porcje tłuszczu (około 14 g każda, mogą być podzielone). Jeśli nie, odpowiednio zwiększ lub zmniejsz liczbę porcji:

- 1 łyżka stołowa oleju – roślinnego, rzepakowego, sezamowego, z pestek winogron lub oliwy z oliwek
- 1 łyżka stołowa masła lub margaryny
- 1 łyżka stołowa majonezu
- 2 łyżki stołowe sosu do sałatek (dressingu)
- 2 łyżki tłustej śmietany lub kremówki
- ¼ kubka słodkiej śmietanki do kawy (pół na pół z mlekiem)
- ¼ kubka kremówki
- 2 łyżki stołowe serka kremowego
- 2 łyżki stołowe masła orzechowego lub migdałowego

Kwasy tłuszczowe omega-3. Odczuwasz chorobliwy lęk przed tłuszczem (zwłaszcza że z powodu ciąży szybko przybywa ci kilogramów)? Nie bój się – po prostu wybieraj właściwy. W końcu nie wszystkie tłuszcze są sobie równe. Niektóre są dobre, a nawet wyjątkowo dobre (żeby nie powiedzieć doskonałe) dla przyszłych mam. Kwasy tłuszczowe omega-3, w szczególności wielonienasycony

Tłuszcz ma znaczenie

Starasz się ograniczać liczbę kalorii, więc nie dodajesz sosu do sałatek i smażysz bez tłuszczu? Dostajesz szóstkę za siłę woli, ale za to przyswajasz mniej witamin rozpuszczalnych w tłuszczach, czyli A, D, E i K z warzyw. Badania wykazują, że organizm nie wchłania zbyt dobrze wielu substancji odżywczych zawartych w warzywach, jeśli nie towarzyszy im tłuszcz. Nie zapominaj zatem o dodaniu odrobiny tłuszczu do warzyw: używaj oleju do krótkiego smażenia na dużym ogniu, posypuj brokuły orzechami i dodawaj sos majonezowy do sałatki.

kwas DHA (dokozaheksaenowy), to najlepszy dodatek do diety, kiedy trzeba jeść za dwoje. Kwas DHA odgrywa bowiem ważną rolę w rozwoju mózgu i wzroku płodu, a później dziecka. Naukowcy odkryli, że maluchy, których mamy w trakcie ciąży przyjmowały duże dawki kwasu DHA, mają lepszą koordynację wzrokowo-ruchową niż ich rówieśnicy, chociaż nadal nie wiadomo, czy przekłada się to na większą sprawność intelektualną w przyszłości. Przyjmowanie tego niezbędnego dla mózgu dziecka paliwa jest szczególnie ważne w ostatnim trymestrze ciąży (kiedy mózg maleństwa rozwija się w niesamowitym tempie) oraz później, gdy będziesz karmić piersią (ilość kwasu DHA w mózgu dziecka w ciągu pierwszych trzech miesięcy życia powiększa się trzykrotnie).

A poza tym to, co jest dobre dla dziecka, jest dobre również dla mamy. Przyjmowanie stosownej dawki kwasu DHA może cię uchronić przed nadmierną zmiennością nastrojów oraz zmniejszyć ryzyko depresji poporodowej. Dodatkowa potencjalna korzyść? Odpowiednia ilość DHA w trakcie ciąży to później spokojniejszy i bardziej regularny sen maluszka. Na szczęście kwas

Szczypta soli

Próbujesz przestać solić potrawy, ponieważ się boisz, że skończy się to zatrzymaniem wody w organizmie i obrzękami? Cóż, może się tak zdarzyć, ale w czasie ciąży to wcale nie jest zły objaw. Prawdę mówiąc, niewielki wzrost ilości płynów w organizmie (zwany obrzękiem, który według ciebie nie jest do niczego potrzebny) w rzeczywistości jest zupełnie naturalny i niezbędny. Umiarkowana ilość soli (czyli sodu) jest bowiem potrzebna do utrzymania wyższego stężenia płynów, natomiast jej poważny niedobór może być szkodliwy dla przebiegu ciąży.

Jednak większość Amerykanów (w tym kobiety w ciąży) spożywa o wiele za dużo sodu. Duże ilości soli i słonych potraw (na przykład pikle, od których nie możesz się oderwać, sos sojowy dolany do i tak już słonej potrawy i słone ponad wszelką miarę chipsy, które zjadasz paczkami) nie są dobre dla nikogo, bez względu na to, czy jest w ciąży czy nie. Duże spożycie soli może być przyczyną wysokiego ciśnienia krwi, które z kolei prowadzi do powikłań w czasie ciąży i porodu. Stosuj zatem następującą zasadę ogólną: przyrządzając potrawy, sól bardzo niewiele albo wcale; doprawiaj dopiero przy stole. Zjedz pikla, jeśli masz na niego ogromną ochotę, ale poprzestań na jednym lub dwóch, zamiast pochłaniać pół słoika. Jeśli lekarz nie zaleci inaczej (bo na przykład chorujesz na nadczynność tarczycy), stosuj sól jodowaną, by zaspokoić zwiększone zapotrzebowanie na jod. Zawsze sprawdzaj etykietę, by mieć pewność, że sól, której używasz, jest jodowana (na przykład sól morska przeważnie nie zawiera tego pierwiastka). Mniej więcej jedna trzecia wszystkich przyszłych mam ma niedobór jodu, a to poważna sprawa, ponieważ jest on bezwzględnie potrzebny do prawidłowego rozwoju mózgu dziecka (patrz przyp. na str. 46).

DHA znajduje się w wielu produktach, które na pewno jesz i lubisz:

Łosoś (lepszy jest dziki niż hodowlany) oraz inne tłuste ryby, np. sardynki
Tuńczyk w puszce
Orzechy włoskie
Rukola
Jajka z kwasem DHA (często zwane jajkami omega-3; informacja o zawartości kwasów tłuszczowych znajduje się na opakowaniu)
Mięso pochodzące od krów karmionych trawą
Kraby i krewetki (o bezpiecznym spożyciu owoców morza patrz str. 113)
Kurczaki (te z wolnego wybiegu zazwyczaj mają więcej DHA)

Możesz również poprosić lekarza, żeby polecił ci bezpieczne suplementy z zawartością DHA i bez dodatku rtęci (wiele preparatów dla kobiet w ciąży zawiera od 200 do 300 mg tego kwasu). Nie lubisz rybiego posmaku, jaki pozostawiają niektóre suplementy z DHA (i którym się często odbija)? Masz również do wyboru preparaty dla wegetarian i wegan, które nie zawierają tłuszczu z ryb.

Płyny: tyle, ile potrzebujesz. Nie tylko jesz za dwoje, ale też pijesz. Organizm dziecka, podobnie jak twój, składa się w większości z wody. Ale małe ciałko staje się przecież coraz większe, więc potrzebuje coraz więcej płynów. Twoje zapotrzebowanie również rośnie, ponieważ ciąża wiąże się ze znacznym zwiększeniem objętości płynów w organizmie. Poza tym woda zmniejsza obrzęki i łagodzi zaparcia, wypłukuje z organizmu toksyny i produkty uboczne przemiany materii (również dziecka), ogranicza ryzyko zapalenia dróg moczowych oraz przedwczesnego porodu. W obliczu takich zalet picie wystarczającej ilości płynów w trakcie ciąży jest niezmiernie ważne i potrzebne.

Ale co to znaczy „wystarczająca ilość"? Prawdopodobnie słyszałaś, że każdy powinien pić co najmniej 8 szklanek (czyli niemal

Czym jest prenatalny preparat uzupełniający?

Czym jest preparat prenatalny? Wszystko zależy od tego, co przyjmujesz. Ponieważ nie ma uniwersalnych standardów określających, co powinny zawierać suplementy dla przyszłych mam, ich skład często się różni. Twój lekarz prawdopodobnie przepisze ci (lub zaleci) odpowiedni preparat, więc nie będziesz musiała snuć domysłów i na własną rękę poszukiwać środka, który najlepiej zaspokoi twoje potrzeby. Jeśli nie otrzymałaś żadnych zaleceń i nie wiesz, co wybrać z aptecznej półki, szukaj preparatu, który zawiera:

- Mniej niż 4000 jednostek międzynarodowych (j.m.), czyli 800 mcg (mikrogramów) witaminy A (preparat zawierający powyżej 10 000 j.m. jest toksyczny). Wielu producentów zmniejszyło ilość witaminy A w swoich suplementach witaminowych lub zastąpiło ją beta-karotenem, który jest jej bezpieczniejszym źródłem;
- Co najmniej 400–600 mcg kwasu foliowego;
- 250 mg (miligramów) wapnia. Jeśli twoja dieta nie zapewnia ci wymaganej dawki wapnia, będziesz potrzebowała suplementu diety, który ją uzupełni do 1200 mg dziennie. Nie przyjmuj jednak więcej niż 250 mg wapnia, jeśli równocześnie zażywasz żelazo, gdyż wapń zmniejsza jego wchłanianie;
- 30 mg żelaza;
- 50–80 mg witaminy C;
- 15 mg cynku;
- 2 mg miedzi;
- 2 mg witaminy B_6;
- 1500–2000 j.m. witaminy D co najmniej od drugiego trymestru;
- W przybliżeniu (zgodnie z referencyjną wartością spożycia, RWS) – 15 mg witaminy E, 1,4 mg witaminy B_1 (tiaminy), 1,4 mg witaminy B_2 (ryboflawiny), 18 mg witaminy B_3 (niacyny, czyli witaminy PP) oraz 2,6 mg witaminy B_{12}. Większość preparatów prenatalnych zawiera 2–3 razy więcej witamin, niż wynosi zalecane dzienne spożycie, jednak nie ma żadnych dowodów na to, że podwyższone dawki są szkodliwe;
- 150 mcg jodu (niektóre preparaty dla kobiet w ciąży mają mniejszą dawkę tego pierwiastka albo w ogóle go nie zawierają);
- Niektóre suplementy mogą mieć w składzie również magnez, selen, fluor, biotynę (witaminę B_7 lub H), cholinę (witaminę B_4), fosfor, kwas pantotenowy (witaminę B_5), witaminę B_6 (która łagodzi poranne nudności, imbir (jak wyżej) i/lub kwas DHA wspomagający rozwój mózgu dziecka.

Jeszcze jedno ważne spostrzeżenie: upewnij się, że w preparacie, który wybrałaś, nie ma niepożądanych składników, np. ziół. Jeśli masz wątpliwości, porozmawiaj z lekarzem.

2 litry) płynów, ale tak naprawdę jest to tylko wartość przybliżona. Każda kobieta potrzebuje innej ilości płynów – wszystko zależy od jej aktywności, miejsca zamieszkania, jadłospisu, współczynnika BMI (wskaźnika masy ciała) oraz wielu innych czynników (na przykład tego, czy jest w ciąży czy nie). Zapotrzebowanie na płyny może się nawet zmieniać z dnia na dzień (powiedzmy, że jeden dzień spędziłaś na słonecznej plaży, a drugi w klimatyzowanej galerii handlowej, albo jednego dnia zażywałaś dużo ruchu, a następnego nie ruszałaś się z domu). Na szczęście twój organizm da ci znać, gdy będzie potrzebował większej ilości płynów, zatem słuchaj go uważnie. Pij, gdy tylko poczujesz pragnienie, a najlepiej jeszcze wcześniej. Sięgaj po butelkę z wodą wtedy, gdy spocisz się bardziej niż zwykle (bo ćwiczyłaś albo jest gorąco), gdy wymiotujesz albo twój organizm zatrzymuje wodę (paradoksalnie im więcej pijesz, tym więcej wody się pozbywasz). Najlepszy

wskaźnik nawodnienia: siusianie. Jeśli mocz jest słomkowożółty i jest go dużo, to znak, że pijesz tyle, ile trzeba. Jeżeli jest ciemnożółty i skąpy, musisz pić więcej.

Oczywiście nie musisz pić wyłącznie wody. Masz do dyspozycji również mleko krowie (które w dwóch trzecich składa się z wody), mleko migdałowe, wodę kokosową, soki owocowe i warzywne oraz zupy. Do tego można dodać również owoce i warzywa, zwłaszcza te soczyste, na przykład arbuza.

Preparaty witaminowe dla kobiet w ciąży: codziennie. Skoro już przyjmujesz wszystkie składniki pokarmowe, które zapewnia ci „codzienna dwunastka" (lub inna zdrowa dieta ciążowa), dlaczego miałabyś potrzebować jeszcze innych składników odżywczych? Czy odpowiedni jadłospis nie zaspokoi twojego zapotrzebowania na dodatkowe substancje pokarmowe? Cóż, prawdopodobnie tak, ale pod warunkiem że mieszkasz w laboratorium naukowym, w którym żywność jest odpowiednio skalkulowana i wymierzona, a ty nie musisz jeść w pospiechu, pracować w trakcie lunchu i odczuwać nudności. W świecie rzeczywistym, w którym przyszło ci żyć, preparaty witaminowe są gwarancją zdrowia dla ciebie i twojego dziecka, ponieważ zabezpieczają tę bazę odżywczą, której nie zapewni codzienna dieta.

Dlatego właśnie zaleca się przyjmowanie preparatów uzupełniających.

Niemniej suplement to tylko sztuczny preparat. Żadna pigułka (lub syrop), bez względu na to jak skuteczna, nie zastąpi właściwej diety. Nadal najlepszym źródłem większości witamin i minerałów jest jedzenie, ponieważ w takiej formie twój organizm najlepiej przyswaja składniki odżywcze. Świeże produkty zawierają nie tylko te substancje pokarmowe, które są nam znane i które możemy skondensować w pigułce, lecz prawdopodobnie również te, które nadal pozostają nieodkryte. Wraz z pokarmem dostarczasz organizmowi błonnika i wody (owoce i warzywa są ich bogatym źródłem) oraz kalorii i białka, czego na pewno nie zapewni ci żadna tabletka.

Nie myśl jednak, że skoro mało znaczy dobrze, to więcej znaczy jeszcze lepiej. Każdy dodatkowy preparat zawierający witaminy czy minerały (w ilości wykraczającej poza to, co można znaleźć w suplemencie prenatalnym) należy przyjmować tylko zgodnie z zaleceniem lekarza (to samo zastrzeżenie dotyczy preparatów ziołowych). Jeśli chodzi o dawkę witamin i minerałów, które przyswajasz wraz z pokarmem, nie sposób ich przedawkować, nakładając na talerz kolejną porcję sałatki. Zatem nie musisz się powstrzymywać, gdy kusi cię kolejna marchewka albo dokładka brokułów.

Co może cię niepokoić

Dieta bezmleczna

Nie toleruję laktozy, więc po wypiciu czterech szklanek mleka dziennie na pewno bym się rozchorowała. Ale przecież dziecko potrzebuje mleka. Co robić?

Tak naprawdę dziecko wcale nie potrzebuje mleka, lecz wapnia. Ponieważ mleko jest jednym z najlepszych i najbardziej praktycznych źródeł tego pierwiastka, więc jest zalecane przyszłym mamom, by zaspokoić rosnące zapotrzebowanie na wapń. Jeśli w twoim przypadku mleko to nie tylko nieprzyjemny posmak w ustach i biały wąsik (bo poza tym na przykład wywołuje gazy i wzdęcia), wygląda na to, że powinnaś się dwa razy zastanowić, zanim sięgniesz po szklankę tego białego płynu. Na szczęście nie musisz cierpieć, żeby twoje dziecko miało zdrowe kości i zęby. Jeśli nie tolerujesz laktozy albo po prostu nie lubisz mleka, masz do dyspozycji mnóstwo różnych produktów, które równie dobrze zaspokoją zapotrzebowanie na wapń.

Jeśli zwykłe mleko przyprawia cię o ból brzucha, możesz bez trudu znaleźć różne produkty bez laktozy, które je z powodzeniem zastąpią (to samo dotyczy nabiału). Może się jednak okazać, że twój żołądek toleruje twarde sery i wysoko przetworzone jogurty (zawierają aktywne kultury bakterii wspomagające trawienie) oraz produkty z pasteryzowanego mleka koziego lub owczego. Kolejna zaleta produktów mlecznych bez laktozy: niektóre z nich zawierają dodatkową dawkę wapnia (sprawdzaj etykiety i wybieraj te produkty, które zostały dodatkowo wzbogacone). Przed spożyciem mleka lub innych produktów mlecznych weź preparat z laktazą (to enzym, który jest niezbędny w procesie trawienia laktozy zawartej w mleku), by zminimalizować lub wyeliminować problemy z żołądkiem (można również dodać krople z laktazą bezpośrednio do mleka).

Nawet jeśli od dawna nie tolerujesz laktozy, możesz nieoczekiwanie i z przyjemnością odkryć, że w drugim i trzecim trymestrze

Wybieraj produkty pasteryzowane (koniecznie)

Pasteryzacja, czyli technika konserwacji żywności wynaleziona w połowie XIX wieku przez francuskiego uczonego Louisa Pasteura, to najlepsza metoda zabezpieczająca produkty mleczne pochodzące od krowy. Ta technika ma szczególne znaczenie, zwłaszcza w odniesieniu do kobiet w ciąży. By chronić siebie i dziecko przed bakteriami chorobotwórczymi, zawsze sprawdzaj, czy mleko jest pasteryzowane, a nabiał wyprodukowany właśnie z takiego mleka („surowe" produkty mleczne nie są pasteryzowane). Bądź szczególnie ostrożna, wybierając sery miękkie (pleśniowe lub dojrzewające) – na przykład świeżą mozzarellę, brie, ser pleśniowy, meksykański – ponieważ mogą być zanieczyszczone listerią, niebezpieczną bakterią beztlenową. (Więcej informacji na str. 123). Wybieraj zatem sery pasteryzowane (krajowe są bezpieczniejsze niż zagraniczne, ale zawsze sprawdzaj etykietę) lub podgrzewaj do temperatury około 75°C, w której zaczną bulgotać (pasteryzacja w tej temperaturze przez 15–20 sekund zabija bakterie). Ponieważ szał na surowe produkty spowodował, że można dostać coraz więcej niepasteryzowanej żywności, zatem przyszłe mamy powinny być wyjątkowo czujne.

Procesowi pasteryzacji poddaje się również jajka, by uniknąć zakażenia salmonellą. To bardzo dobra wiadomość, jeśli przyrządzasz domowy majonez do sałatki albo lubisz jajecznicę z nieściętych jajek. Zwracaj uwagę również na soki – powinny być pasteryzowane, by wyeliminować bakterię *E. coli* oraz inne szkodliwe drobnoustroje. Napoje dostępne w sklepach (aczkolwiek nie wszystkie) również są pasteryzowane, jednak zawsze sprawdzaj etykietę, zanim zdecydujesz się na zakup. Nie jesteś pewna, czy sok jest pasteryzowany albo podejrzewasz, że nie jest (na przykład został świeżo wyciśnięty w kawiarni)? Nie pij go! To samo dotyczy koktajli owocowych. Możesz za to wypić świeży napój z kokosa, który został otwarty w twojej obecności, ponieważ woda kokosowa jest całkowicie naturalna, czysta biologicznie i skutecznie chroniona przed zanieczyszczeniami w twardej skorupce kokosu.

Zastanawiasz się, czy szybka pasteryzacja jest równie skuteczna? Otóż nie tylko jest szybsza niż tradycyjny sposób pasteryzacji, ale równie skutecznie likwiduje szkodliwe bakterie, zachowując smak i aromat potraw. A co z robieniem soków w domu? Też nie ma w tym nic złego (są smaczne i odżywcze), pod warunkiem że najpierw dokładnie umyjesz wszystkie produkty.

ciąży twój żołądek przestanie się buntować, ponieważ właśnie wtedy dziecko będzie potrzebowało najwięcej wapnia. Jeśli tak, nie żałuj sobie produktów mlecznych, ale pamiętaj, że twój żołądek ma swoje ograniczenia, więc nie przesadzaj i nie rezygnuj całkowicie z produktów pozbawionych laktozy. Pamiętaj również, że tolerancja na produkty mleczne może się skończyć, gdy dziecko przyjdzie na świat.

Jeżeli jednak nie jesteś w stanie przełknąć żadnego nabiału albo jesteś na niego uczulona, źródłem niezbędnego dziecku wapnia mogą być soki owocowe z dodatkiem tego pierwiastka lub mleko migdałowe, a także produkty wymienione na str. 96.

Jeśli twój problem z mlekiem nie jest kwestią fizjologii, lecz smaku, wypróbuj inne produkty mleczne lub bezmleczne wzbogacone wapniem. Na pewno znajdziesz coś, co zaakceptują twoje kubki smakowe. Możesz również przemycić trochę mleka w płatkach, zupach lub koktajlach.

Jeśli podejrzewasz, że ilość wapnia w twojej diecie nie jest wystarczająca, poproś lekarza, by polecił ci jakiś suplement prenatalny (można je dostać nawet w postaci gumy do żucia – to słodka nagroda dla tych, którzy mają trudności z przełykaniem twardych pigułek). Będziesz musiała się również upewnić, czy otrzymujesz odpowiednią dawkę witaminy D (która znajduje się w mleku krowim). Wiele preparatów wapniowych także ją zawiera, gdyż poprawia ona przyswajanie wapnia. Poza tym znajduje się w suplementach prenatalnych.

Dieta bez czerwonego mięsa

Jem kurczaki i ryby, ale unikam czerwonego mięsa. Czy mimo to moje dziecko otrzyma wszystkie potrzebne składniki odżywcze?

Skoro nie jesz czerwonego mięsa, twoje dziecko po prostu nie otrzyma wołowiny. Jednak ryby i chudy drób zapewnią mu o wiele więcej białka, które jest ważnym materiałem budulcowym, a przy tym mniej tłuszczu niż wołowina, wieprzowina czy cielęcina, zatem dla przyszłej mamy to bardzo dobry i zdrowy wybór. Ryby i drób – podobnie jak czerwone mięso – są bogatym źródłem witamin z grupy B niezbędnych do prawidłowego rozwoju dziecka. Jedynym składnikiem odżywczym, którego nie zawsze dostarczają drób i ryby – i pod tym względem nie mogą konkurować z czerwonym mięsem – jest żelazo (chlubnym wyjątkiem są owoce morza, indyki i kaczki). Oczywiście mamy do dyspozycji wiele różnych źródeł żelaza, w tym łatwe do przyswojenia suplementy diety.

Dieta wegetariańska

Jestem wegetarianką i zastanawiam się, czy będąc w ciąży, powinnam coś zmienić w swojej diecie.

Wegetarianki będące na różnego rodzaju dietach mogą mieć zdrowe dzieci bez rezygnowania ze swoich zasad żywieniowych – planując jadłospis, muszą być po prostu trochę bardziej czujne niż przyszłe mamy, które jedzą mięso. Kiedy komponujesz swoje bezmięsne menu, upewnij się, że zawiera ono następujące produkty:

Białko. Dla laktoowowegetarianek, które jedzą jajka i przetwory mleczne, dostarczenie odpowiedniej ilości białka jest tak proste jak zjedzenie ulubionego przysmaku (najlepiej jogurtu greckiego, który jest szczególnie bogatym źródłem białka). Jeśli jesteś weganką (wegetarianką, która nie je żadnych produktów pochodzenia zwierzęcego, w tym jajek i nabiału), będziesz musiała się trochę bardziej postarać w kwestii białka i zjadać sporą ilość suszonej fasoli, grochu, soczewicy, tofu oraz innych produktów sojowych (na str. 94 znajdziesz więcej informacji na temat białka roślinnego).

> ### Nie dopuszczaj do D-eficytu
>
> Ponieważ ciało wytwarza witaminę D pod wpływem promieni słonecznych, zgromadzenie wystarczającej jej ilości może być sporym wyzwaniem – zwłaszcza dla kobiet z ciemną karnacją lub mieszkających w mniej słonecznym klimacie, które mało przebywają na powietrzu lub stosują filtry przeciwsłoneczne. Czy można zjeść (lub wypić) witaminę D? Niestety nie tak łatwo, ponieważ nie występuje ona w większych ilościach w żadnych produktach żywnościowych. Wzbogacone mleko, soki owocowe, żółtka jajek czy sardynki zawierają niewielką ilość witaminy D, ale nie tyle, by zapobiec niedoborowi. Najlepsze rozwiązanie: poproś lekarza, by zbadał stężenie witaminy D w twoim organizmie i w razie potrzeby przepisał ci odpowiedni preparat.

Wapń. Zaspokojenie zapotrzebowania na wapń to nietrudne zadanie dla wegetarianek, które nie stronią od nabiału, ale znacznie trudniejsze dla przyszłych mam weganek. Produkty mleczne są najpopularniejszym, ale na szczęście nie jedynym źródłem wapnia. Mleko migdałowe i soki wzbogacone wapniem mają go tyle samo co mleko krowie (nie zapomnij wstrząsnąć napoju przed wypiciem). Inne źródła wapnia to ciemnozielone warzywa liściaste, nasiona sezamu oraz produkty sojowe (mleko, ser, tofu czy tempeh – sfermentowane ziarna soi). Aby się dodatkowo zabezpieczyć, weganki oprócz suplementu prenatalnego powinny przyjmować preparat z wapniem, zatem poproś lekarza, by ci jakiś polecił (najlepiej z dodatkiem witaminy D; patrz ramka powyżej).

Witamina B_{12}. Chociaż niedobór witaminy B_{12} występuje bardzo rzadko, wegetarianki – szczególnie weganki – nie zawsze przyjmują wystarczające dawki tej witaminy, ponieważ można ją znaleźć wyłącznie w produktach pochodzenia zwierzęcego. Uzupełniaj zatem witaminę B_{12}, a także kwas foliowy i żelazo (zapytaj lekarza, czy potrzebujesz dodatkowej dawki witaminy B_{12} ponad tę ilość, która znajduje się w suplemencie prenatalnym). Inne źródła tej witaminy to wzbogacone mleko sojowe, płatki, drożdże oraz substytuty mięsa z witaminą $B_{12.}$

Witamina D. Każdy potrzebuje witaminy D, ale weganki, które nie piją mleka ani nie jedzą ryb, muszą zwracać szczególną uwagę na swoją dietę i szukać innych jej źródeł (patrz ramka obok).

Dieta niskowęglowodanowa

Jestem na diecie niskowęglowodanowej z wysoką zawartością białka, ponieważ chciałam schudnąć. Ale zaszłam w ciążę i zastanawiam się, czy nadal mogę się tak odżywiać, żeby zanadto nie przytyć.

Oto kilka informacji na temat diety z niską zawartością węglowodanów. Otóż w trakcie ciąży nie jest to najlepszy sposób odżywiania. Prawdę mówiąc, ograniczanie w tym czasie jakichkolwiek wartościowych substancji odżywczych nie jest zbyt mądre.

> ### Dietetyczne „nie" w trakcie ciąży
>
> Ciąża to czas na zdrowe odżywianie, a nie odchudzanie. Odłóż zatem na półkę wszystkie książki z cudownymi dietami odchudzającymi, wyłącz aplikacje liczące kalorie, zapomnij o oczyszczaniu organizmu sokami, zrezygnuj z diety bezglutenowej (chyba że chorujesz na celiakię albo nie tolerujesz glutenu), zachowaj zdrowy rozsądek i stosuj zrównoważoną dietę, by zapewnić dziecku zdrowy rozwój.

Spacer wzdłuż półek ze zdrową żywnością

Może jesteś regularną bywalczynią sklepów ze zdrową żywnością lub często buszujesz wśród sklepowych półek? A może dopiero teraz, gdy zaszłaś w ciążę, zastanawiasz się, czy sięgnąć po zdrową żywność i zacząć się zdrowo odżywiać za dwoje? Ale czy zdrowe jedzenie to najzdrowszy wybór dla przyszłej mamy? W większości przypadków tak, ale przy zachowaniu środków ostrożności. Weźmy pod uwagę na przykład siemię lniane znane z wielu właściwości leczniczych. Niektórzy lekarze zalecają ograniczenie spożycia lnu (czy to w formie oleju, nasion czy też suplementu diety), przytaczając wyniki badań przeprowadzonych na zwierzętach, które wskazują, że bardzo duże ilości siemienia lnianego mogą zakłócać prawidłowy rozwój płodu, chociaż nie ma twardych dowodów na to, że odnosi się to również do ludzi. Z kolei inni lekarze twierdzą, że umiarkowana ilość siemienia lnianego jest wskazana podczas ciąży, zwłaszcza dlatego, że jest on bogatym źródłem kwasów tłuszczowych omega-3. Nie jesteś pewna, czy sięgnąć po len? Poproś o radę swojego lekarza.

A co z innymi zdrowymi przysmakami? Nasiona konopi siewnych lub olej konopny w umiarkowanych ilościach (1–2 porcje dziennie) przypuszczalnie są bezpieczne dla przyszłych mam, a do tego są naturalnym źródłem białka, błonnika i kwasów tłuszczowych. Ponieważ wpływ konopi na ciążę nie został jeszcze dokładnie zbadany, lepiej nie spożywać ich w większych ilościach (to samo dotyczy suplementu diety z konopi siewnych). Nasiona chia (szałwii hiszpańskiej) są doskonałym źródłem błonnika, kwasów tłuszczowych omega-3, białka, wapnia i żelaza – dodanie odrobiny do sałatki, jogurtu, płatków czy koktajlu prawdopodobnie jest bezpieczne i bardzo odżywcze, ale zanim zaczniesz się nimi zajadać, porozmawiaj z lekarzem, ponieważ wpływ nasion chia na przebieg ciąży nie został jeszcze zbadany. Podobnie rzecz się ma ze spiruliną (algą, a konkretnie sinicą rosnącą w ciepłych, czystych wodach, która zawiera duże ilości białka i wapnia, jest bogatym źródłem przeciwutleniaczy, witamin z grupy B oraz innych cennych składników odżywczych), gdyż również nie potwierdzono badaniami, że jest bezpieczna dla kobiety oczekującej dziecka. Z tego powodu niektórzy lekarze zalecają ograniczenie lub nawet wykluczenie spiruliny z diety przyszłej mamy. Kolejny powód, by z niej zrezygnować: spirulina często jest zanieczyszczona metalami ciężkimi, a także drobnoustrojami chorobotwórczymi. To samo dotyczy popularnej „zielonej żywności", która również może zawierać zioła oraz inne suplementy niebezpieczne dla przyszłych mam. Perz także nie uzyskał pozytywnej oceny w tym zestawieniu – nie tylko dlatego, że nie ma naukowych dowodów na to, że jest bezpieczny dla kobiet w ciąży, ale również dlatego, że może być zanieczyszczony bakteriami.

Zastanawiasz się nad koktajlem białkowym? Najpierw pokaż etykietę lekarzowi, ponieważ takie napoje często zawierają podejrzane składniki oraz zbyt dużą dawkę witamin i minerałów.

Wypiłaś wywar z perzu albo dodałaś do koktajlu trochę sproszkowanej „zielonej żywności", zanim dostałaś zielone światło od lekarza? Nie martw się, tylko pamiętaj, że zanim zaczniesz wykupywać wszystko ze sklepu ze zdrową żywnością, warto najpierw uzyskać na to zgodę lekarza.

Najważniejszą sprawą jest teraz utrzymanie równowagi wszystkich ważnych dla dziecka składników, w tym węglowodanów (oczywiście złożonych). Diety ubogie we wszelkie węglowodany (do których zaliczają się również owoce, warzywa i pełne ziarna) są wprawdzie popularne, ale wiążą się ze zmniejszoną podażą cennych substancji odżywczych – zwłaszcza kwasu foliowego – które są potrzebne rozwijającemu się płodowi. A to, co jest szkodliwe dla dziecka, nie służy również mamie: unikając węglowodanów, pozbawiasz się przeciwdziałającego zaparciom błonnika oraz witamin z grupy B, które pomagają zwalczać poranne nudności i podrażnienia skóry związane z ciążą.

Zastanawiasz się nad dietą paleo (zwaną dietą człowieka pierwotnego)? Dieta ta imituje przypuszczalny jadłospis naszych przodków zamieszkujących jaskinie w okresie paleolitu i zupełnie nie nadaje się dla współczesnych przyszłych mam. Co prawda dieta składa się z białka zwierzęcego, warzyw oraz niektórych owoców i orzechów, ale za to całkowicie wyklucza nabiał, produkty pełnoziarniste i rośliny strączkowe, które są wspaniałym źródłem cennych składników służących rozwojowi dziecka. Przyszłe mamy, którym dokuczają nudności, stwierdzają nawet, że pozbycie się z jadłospisu krakersów (czy też chleba lub innych węglowodanów złożonych) może być sporym i niełatwym wyzwaniem.

Raw food, czyli dieta surowa

Jestem na diecie surowej, dzięki której czuję się naprawdę fantastycznie i mam mnóstwo energii. Czy w trakcie ciąży powinnam z niej zrezygnować?

Surowe produkty są niezbyt korzystne zarówno dla ciebie, jak i dla dziecka, i to z kilku powodów. Przede wszystkim surowa żywność może być zanieczyszczona bakteriami, które niszczy gotowanie w wysokiej temperaturze lub pasteryzacja. Dotyczy to nie tylko oczywistych podejrzanych (czyli surowych produktów mlecznych, mięsa i ryb), ale i „surowych" gotowych do spożycia produktów sprzedawanych w sklepach ze zdrową żywnością, które są nieprawidłowo przygotowane lub przechowywane. Weź również pod uwagę fakt, że jedząc wyłącznie surowe produkty, trudno uzyskać wszystkie składniki odżywcze potrzebne do prawidłowego rozwoju ciąży, ponieważ organizm lepiej przyswaja niektóre witaminy dopiero po podgrzaniu. W przeciwnym wypadku możesz się pozbawić wielu cennych składników pokarmowych: witaminy B_{12} (nie zapewni jej dieta oparta na surowych produktach roślinnych), witaminy D, selenu, cynku, żelaza oraz DHA. Poza tym, jeśli nastawiłaś się wyłącznie na surowe pokarmy, będziesz miała trudności z dostarczeniem organizmowi odpowiedniej dawki białka (wegetarianki i weganki uzyskują je na przykład z gotowanej fasoli lub komosy ryżowej – surowe jedzenie na pewno ci go nie zapewni).

Czy można znaleźć jakiś kompromis? Owszem, zjadaj surowe warzywa, nie żałuj sobie sałatek i oczywiście nie zapominaj o jabłkach (oraz świeżych brzoskwiniach i mango), ale pamiętaj również, że niektóre produkty wymagają gotowania (lub pasteryzowania w wysokiej temperaturze), przynajmniej wtedy, gdy w twoim brzuchu dojrzewa mała „fasolka".

Uzależnienie od śmieciowego jedzenia

Jestem uzależniona od niezdrowego jedzenia, takiego jak ciastka, chipsy i fast foody. Wiem, że powinnam odżywiać się zdrowiej – i naprawdę tego chcę – ale nie wiem, czy będę w stanie zmienić swoje przyzwyczajenia.

Jesteś gotowa wyrzucić do śmieci śmieciowe jedzenie? Motywacja do zmiany nawyków żywieniowych to pierwszy i najważniejszy krok, więc już należą ci się gratulacje. Wprowadzenie konkretnych zmian będzie jednak wymagało niemałego wysiłku, ale każdy trud przyniesie korzyści tobie i dziecku. Oto kilka sposobów, które pomogą ci prawie bezboleśnie pokonać ten niezdrowy nawyk:

Jedz w innym miejscu. Gdy jesz śniadanie w biurze i kusi cię ciasto do kawy, lepiej na-

Na skróty do zdrowego żywienia

Zdrowe posiłki można przygotować równie szybko jak fast foody. Oto jak to zrobić:

- Jeśli zawsze się spieszysz, pamiętaj, że przygotowanie kanapki z pełnoziarnistego chleba z pieczonym indykiem, serem, sałatą i pomidorem (lub zamówienie jej w barze kanapkowym) nie trwa dłużej niż stanie w kolejce po hot doga czy hamburgera.

- Jeśli przeraża i przytłacza cię perspektywa spędzania każdego wieczoru w kuchni i gotowania obiadu, przyrządzaj większe porcje na 2–3 dni – będziesz miała więcej wolnego czasu.

- Przyrządzaj nieskomplikowane i szybkie posiłki. Upiecz w piekarniku filet rybny i polej go sosem salsa ze słoika, dodaj odrobinę posiekanego awokado i skrop świeżym sokiem z limonki. Nałóż na ugotowaną pierś z kurczaka sos pomidorowy i mozzarellę, a potem zapiecz wszystko w piekarniku. Możesz również przyrządzić jajecznicę, nałożyć ją na tortillę kukurydzianą, posypać cheddarem i dodać ugotowane na parze warzywa.

- Kiedy nie masz czasu na przyrządzanie potraw od zera (a przecież nie masz go prawie nigdy), przerzuć się na fasolę i zupy w puszce, mrożone lub gotowe do spożycia zdrowe dania albo mrożone lub świeże i umyte warzywa sprzedawane w działach owocowo-warzywnych supermarketów.

---

jedz się wcześniej w domu (produkty będące połączeniem węglowodanów złożonych i białka – na przykład owsianka – które stabilizują stężenie glukozy we krwi, pomogą ci później poradzić sobie z przemożną ochotą na coś słodkiego). Jeśli wiesz, że przechodząc w pobliżu McDonalda, nie będziesz w stanie się oprzeć chęci na złociste i apetyczne frytki, omijaj go po prostu szerokim łukiem. Zamów zdrową kanapkę w barze kanapkowym lub kup niesmażone jedzenie na wynos.

Planuj, planuj i jeszcze raz planuj. Planowanie posiłków i przekąsek (zamiast chwytania w biegu tego, co jest najłatwiej dostępne – na przykład krakersów serowych z automatu z jedzeniem) pomoże ci się zdrowo odżywiać w trakcie ciąży. Przygotuj zatem lunch w domu i spakuj go do pudełka śniadaniowego. Możesz również mieć pod ręką menu restauracji oferujących zdrowe jedzenie na wynos lub zainstaluj w telefonie aplikację do zamawiania jedzenia, by w każdej chwili móc zamówić coś zdrowego (złóż zamówienie, zanim dopadnie cię głód). Zrób zapasy zdrowych, ale smacznych przekąsek, takich jak: świeże, suszone lub liofilizowane owoce (spróbuj zamrozić winogrona – będziesz miała zimną słodką przekąskę), orzechy, zdrowe chipsy (z soi, soczewicy, pełnoziarnistej kukurydzy, jarmużu lub innych warzyw), pełnoziarnista granola, pełnoziarniste batoniki lub krakersy, jogurty, koktajle z owoców i warzyw oraz przystawki z sera. A następnym razem, by nie skusił się napój gazowany, gdy poczujesz pragnienie, miej przy sobie butelkę wody.

Nie narażaj się na pokusy. Pozbądź się z domu słodyczy, chipsów i słodzonych napojów, żeby zniknęły przynajmniej z zasięgu twojej ręki (jeśli nie z myśli). Trzymaj się z dala od półek z ciastami, nim wpadnie ci w oko jakaś słodka babeczka. Jedź do domu okrężną drogą, żeby nie przejeżdżać koło restauracji dla zmotoryzowanych.

Postaw na zamienniki. Marzysz o pączku do porannej kawy? Zastąp go babeczką z otrębami. W środku nocy nabrałaś ochoty na chipsy kukurydziane? Zjedz pełnoziarniste chrupki z dodatkiem salsy (będą pikantniejsze, a salsa dostarczy porcji witaminy C). Masz słabość do lodów z ciastkami Oreo? Zamień je na gęsty, kremowy i słodki koktajl owocowy.

Pamiętaj o dziecku. Twoje dziecko je to co ty, ale czasem trudno o tym pamiętać (zwłaszcza gdy w galerii handlowej kusi cię zapach bułeczek cynamonowych). Jeśli uznasz, że potrzebujesz czegoś, co będzie ci przypominało, że równocześnie karmisz też dziecko, umieść zdjęcia słodkich bobasów w każdym miejscu, w którym będziesz potrzebowała odrobiny inspiracji (i dużo silnej woli). Postaw je na biurku, włóż do portfela, zawieś w samochodzie (by oprzeć się pokusie i nie zboczyć do restauracji dla zmotoryzowanych). A może zdjęcie USG twojego maluszka wyperswaduje ci zamiłowanie do śmieciowego jedzenia?

Poznaj swoje granice. Niektóre amatorki śmieciowego jedzenia potrafią raz na jakiś czas zapanować nad swoimi zachciankami, a innym się to nie udaje (sama najlepiej wiesz, do której grupy się zaliczasz). Jeśli nigdy nie masz dosyć niezdrowego jedzenia – nie potrafisz zjeść jednego ciastka, tylko pochłaniasz od razu całe pudełko, a zamiast jednego pączka zjadasz sześć i wiesz, że gdy otworzysz paczkę chipsów, opróżnisz ją do dna – łatwiej będzie ci zerwać z „nałogiem" z dnia na dzień, niż odzwyczajać się stopniowo.

Pamiętaj, że dobre nawyki mogą trwać całe życie. Kiedy już włożysz mnóstwo pracy i wysiłku w to, by wypracować zdrowsze nawyki, być może już nigdy nie będziesz chciała się ich pozbyć. Zdrowe odżywianie po porodzie doda ci energii, której będziesz potrzebowała, by wypełniać rolę świeżo upieczonej mamy. Poza tym, ponieważ twój maluch będzie zdobywał swoje przyszłe nawyki żywieniowe (zarówno te dobre, jak i złe) właśnie dzięki tobie, to dzięki twojej zdrowej diecie będzie się też później lepiej odżywiać.

Jedzenie poza domem

Robię wszystko, żeby się zdrowo odżywiać, ale tak często jem poza domem, że wydaje się to prawie niemożliwe.

Dla większości przyszłych mam zastąpienie martini wodą mineralną przy restauracyjnym stoliku nie jest wielkim wyzwaniem; dużo trudniej zamówić posiłek, który będzie zdrowy dla dziecka i nie dostarczy mamie zbyt wielu kalorii. Jeśli będziesz pamiętać, jakie są twoje cele, oraz zastosujesz się do następujących wskazówek, bez problemu pogodzisz dietę ciążową z jedzeniem na mieście:

- Z koszyczka z pieczywem wybieraj pełnoziarniste. Jeśli go nie podano, poproś o nie w kuchni. Jeśli i tam nie uda ci się go zdobyć, nie objadaj się chlebem z białej mąki. Nie smaruj pieczywa zbyt grubą warstwą masła i nie nasączaj dużą ilością oliwy z oliwek. W restauracyjnym daniu prawdopodobnie znajdzie się wiele innych źródeł tłuszczu – sos w sałatce czy masło lub oliwa z oliwek w warzywach – który, jak zawsze zresztą, szybko zwiększa liczbę kalorii.
- Wybieraj sałatki. Dobra przystawka to także np. koktajl z krewetek, owoce morza przyrządzone na parze, grillowane warzywa lub zupy.
- Jeżeli chodzi o zupę, wybierz taką na bazie warzyw (na przykład słodkich ziemniaków, marchewki, dyni lub pomidorów). Z kolei zupa z soczewicy lub fasoli będzie bogatym źródłem białka. Jeśli zjesz duży talerz zupy i dodasz do niej trochę startego sera, możesz ją potraktować jako danie

główne. Unikaj za to zup kremów (chyba że są zmiksowane z jogurtem lub maślanką) i wybieraj chowder w stylu „Manhattan" (kociołek z ryb i skorupiaków z pomidorami).
- Zrób wszystko, by danie główne było jak najbardziej odżywcze. Zapewnij sobie porcję białka w postaci niskotłuszczowych produktów, takich jak ryby, owoce morza, pierś z kurczaka lub wołowina (szukaj w menu słów „grillowane", „pieczone", „na parze" lub „gotowane"). Jeśli danie jest obficie polane sosem, poproś, żeby podano ci go osobno. Nie wstydź się poprosić o coś specjalnego (szefowie kuchni w restauracjach są do tego przyzwyczajeni, a poza tym trudno przecież odmówić ciężarnej kobiecie). Zapytaj, czy możesz dostać grillowaną pierś kurczaka zamiast smażonej w panierce na patelni lub rybę z rusztu (na przykład lucjana zwanego również snapperem).
- Ostrożnie z dodatkami – wybieraj słodkie ziemniaki, brązowy lub dziki ryż, komosę ryżową, makaron pełnoziarnisty, fasolę i świeże warzywa.
- Zakończ posiłek deserem owocowym. Same owoce ci nie wystarczą (przynajmniej nie zawsze)? Zatem do świeżych jagód dodaj trochę bitej śmietany, sorbetu lub lodów.

Czytaj etykietki

Staram się zdrowo odżywiać, ale nie bardzo rozumiem, co się znajduje w produktach, które kupuję. Te wszystkie etykietki są takie trudne do rozszyfrowania.

Etykietki nie są po to, by ci pomóc, tylko po to, żebyś kupiła towar. Pamiętaj o tym, gdy wkładasz zakupy do wózka i naucz się czytać to, co jest napisane drobnym drukiem – zwłaszcza listę składników i wartości odżywczych (która służy właśnie temu, by ci pomóc).

> ### Kłopoty z cholesterolem
>
> Oto kilka dobrych wiadomości na temat tłuszczu: nie musisz rezygnować z cholesterolu, gdy oczekujesz dziecka. Kobiety w ciąży są bowiem chronione przed miażdżycowymi właściwościami tego związku, który zatyka tętnice. Co więcej, cholesterol gwarantuje prawidłowy rozwój płodu i to do takiego stopnia, że organizm mamy zwiększa i przyspiesza jego produkcję, podnosząc stężenie we krwi o 25–40 procent. Nie musisz wprawdzie stosować diety wysokocholesterolowej, by pomóc organizmowi w jego produkcji, ale też nie powinnaś się jej chorobliwie obawiać. A zatem śmiało – jedz ser, jajecznicę, a nawet od czasu do czasu przekąś hamburgera, nie martwiąc się o cholesterol. Pamiętaj tylko, by jak najczęściej wybierać zdrowe i pełnowartościowe pokarmy, które dostarczą dziecku cennych składników (typowy fastfoodowy hamburger nie dorównuje rzecz jasna pełnoziarnistej bułce z mięsem pochodzącym od krowy karmionej trawą.

Na etykiecie wymienione są składniki według zawartości ilościowej (od tego, którego jest najwięcej, do tego, którego jest najmniej). Zatem jeden rzut oka na etykietę pozwoli ci stwierdzić, czy głównym składnikiem płatków śniadaniowych jest pełne ziarno (na przykład płatki z pełnoziarnistego owsa) czy oczyszczone (na przykład z mąki kukurydzianej lub pszennej). Z etykiety dowiesz się również, czy produkt zawiera duże ilości cukru, soli, tłuszczu lub sztucznych dodatków. Na przykład: jeśli na jednej z czołowych pozycji znajduje się cukier lub gdy występuje on w kilku różnych formach (syropu glukozowo-fruktozowego, kukurydzianego czy miodu), możesz podejrzewać, że produkt jest go pełny po brzegi.

Trzeba pamiętać, że cukier dodany do produktu nie jest oddzielony od cukru występującego w nim w postaci naturalnej (na przykład rodzynki w muesli lub mleko w jogurcie). Chociaż ilość cukru podana na opakowaniu soku pomarańczowego może być taka sama jak na kartoniku napoju owocowego, nie można ich traktować równorzędnie. Tak samo jak nie można porównać pomarańczy z syropem kukurydzianym: źródłem cukru w prawdziwym soku pomarańczowym są owoce, a napoje owocowe są słodzone sztucznie.

Etykietki z wartością odżywczą znajdujące się na produktach, które kupujesz w sklepie spożywczym, przydadzą się szczególnie wtedy, gdy kontrolujesz spożycie białka lub tłuszczu (ich ilość jest podana w gramach), a także zwracasz uwagę na kalorie (na opakowaniu znajdziesz również ich liczbę przypadającą na określoną porcję). Miej jednak świadomość, że porcje mogą być mniejsze, niż myślisz, więc czytaj wszystko, co jest napisane małym drukiem (może ci się wydawać, że liczba kalorii przypadająca na stugramową porcję batonika to wspaniała i niskokaloryczna okazja, dopóki się nie okaże, że ten batonik to 2½ porcji). Natomiast referencyjna wartość spożycia (RWS, czyli zalecane dzienne spożycie) nie okaże się specjalnie przydatna, gdyż dla kobiet w ciąży jest inna niż dla przeciętnej osoby dorosłej. Nie zmienia to faktu, że produkty z wysoką zawartością składników odżywczych z pewnością zasługują na to, byś wrzuciła je do swojego koszyka.

Jak wiadomo, należy czytać informacje podane małym drukiem, ale czasem warto zignorować to, co jest napisane dużym. Jeśli na pudełku z babeczkami widnieje dumny napis: „Z pełnego ziarna, otrębów i miodu", informacja podana drobną czcionką może ujawnić, że głównym składnikiem babeczek (pierwszym na liście) jest mąka pszenna, a nie pełnoziarnista, że otrębów jest jak na lekarstwo (zajmują jedną z ostatnich pozycji na liście składników) i że zawierają o wiele więcej cukru (wysoka pozycja) niż miodu (dół listy). Pamiętaj, że „pszeniczne", podobnie jak „owsiane" lub „kukurydziane", odnoszą się wyłącznie do rodzaju ziarna, a nie do tego, czy jest pełne czy nie (jeśli tak, na etykiecie znajdzie się stosowna informacja).

„Wzbogacone" i „wzmocnione" to również modne słowa, na które trzeba uważać. Dodanie kilku witamin do niezbyt zdrowych produktów nie zmieni ich w zdrową żywność. Lepiej postawić na talerz owsianki, która składa się wyłącznie z naturalnych składników, niż na płatki z ziaren oczyszczonych, do których dodano 12 gramów cukru i zmieszano z witaminami i minerałami.

Bezpieczne sushi

Sushi to moja ulubiona potrawa, ale słyszałam, że w trakcie ciąży nie powinno się go jeść. Czy to prawda?

Musimy z przykrością poinformować, że sushi i sashimi, które przyrządza się z surowej ryby, według większości ekspertów nie wchodzą w grę. To samo dotyczy również innych surowych potraw, takich jak ostrygi, małże, ceviche (sałatka z owocami morza), tatar lub carpaccio z ryby oraz inne dania z surowych lub niedogotowanych ryb bądź skorupiaków. Rzecz w tym, że jeśli owoce morza nie są ugotowane, pojawia się ryzyko zatrucia pokarmowego (a tego w trakcie ciąży na pewno chciałabyś uniknąć). Nie oznacza to jednak, że w ogóle masz zakaz zbliżania się do ulubionej japońskiej restauracji. Sushi zwijane z gotowanej ryby bądź owoców morza i/lub warzyw są bardzo zdrowe, zwłaszcza jeśli przygotowano je na bazie brązowego ryżu.

Martwisz się, że zanim to przeczytałaś, zdążyłaś zjeść surową rybę? Bez obaw (przecież nie zachorowałaś), ale od tej pory po prostu jej unikaj.

Bezpieczne ryby

Czy podczas ciąży mogę jeść ryby, czy raczej powinnam trzymać się od nich z daleka? Ciągle słyszę sprzeczne informacje.

Ryby są wspaniałym źródłem chudego białka oraz kwasów tłuszczowych omega-3, które bardzo korzystnie wpływają na rozwój mózgu dziecka, zatem warto je zachować w ciążowym jadłospisie, a nawet wprowadzić, jeśli przedtem nie byłaś ich wielbicielką. Badania wykazały, że dzieci mam, które w ciąży jadły ryby, mają lepiej rozwinięty mózg. Zatem nie rezygnuj z nich i zjadaj co najmniej 230–340 gramów ryby w tygodniu (około 2–3 porcji).

Ale kiedy zarzucasz sieć, pamiętaj, by wybierać z niej tylko te ryby, które zawierają najmniejszą ilość rtęci, w dużych ilościach bowiem może ona być szkodliwa dla rozwijającego się układu nerwowego dziecka. Na szczęście większość najchętniej spożywanych ryb nie zawiera jej zbyt wiele. Wybieraj zatem: łososia (najlepiej dzikiego), solę, flądrę, plamiaka, pstrąga, halibuta, okonia morskiego, wątłusza, dorsza, tuńczyka z puszki oraz inne mniejsze ryby oceaniczne (sardele, sardynki i śledzie są nie tylko bezpieczne i zdrowe, ale też pełne kwasów omega-3).

Warto jednak unikać rekina, miecznika, makreli królewskiej i płytecznika (zwłaszcza z wód Zatoki Meksykańskiej), ponieważ zawierają duże ilości rtęci. Nie zamartwiaj się, jeśli raz czy dwa zjadłaś którąś z tych ryb – ryzyko wiąże się tylko z regularną konsumpcją – i od tej pory zacznij ich unikać.

Spożycie ryb słodkowodnych złowionych rekreacyjnie ogranicz do około 170 gramów (po ugotowaniu) tygodniowo – ryby łowione komercyjnie w systemie zrównoważonych połowów mają zazwyczaj mniej zanieczyszczeń, więc możesz ich jeść więcej. Unikaj ryb z zanieczyszczonych wód (do których odprowadzane są ścieki bądź odpady przemysłowe) oraz ryb tropikalnych, takich jak granik, barakuda czy złota makrela (niekiedy zawierają toksyny).

A co z tuńczykiem, naszą ulubioną rybą w puszce? Amerykańska Agencja Ochrony Środowiska, Agencja Żywności i Leków oraz Amerykańskie Kolegium Położników i Ginekologów otwierdzają, że tuńczyk w puszce jest bezpieczny, ponieważ zawiera niewielką ilość rtęci. Tuńczyk w całości lub w kawałkach (zwłaszcza biały) zawiera trzy razy więcej rtęci niż tuńczyk w wersji light, więc eksperci zalecają, by ograniczyć spożycie tuńczyka białego do najwyżej 170 gramów tygodniowo (dotyczy to również steku z tuńczyka). Ponieważ niektórzy specjaliści uważają, że ta dawka jest zbyt wysoka dla przyszłych mam, zasięgnij rady lekarza, zanim otworzysz puszkę z tuńczykiem białym. Albo wybierz tuńczyka light lub sardynki w puszce.

Więcej aktualnych informacji na temat ryb w diecie przyszłej mamy znajdziesz na stronach internetowych, na przykład www.fda.gov lub www.1000dni.pl.

Pikantnie i ostro

Uwielbiam pikantne potrawy – im ostrzej, tym smaczniej. Czy to bezpieczne w czasie ciąży?

"Ostre" przyszłe mamy mogą w dalszym ciągu dogadzać swoim kubkom smakowym i zajadać się chili, salsą, potrawami przesmażanymi szybko na dużym ogniu (*stir-frie*) oraz curry. Jedyne ryzyko, jakie może się z tym wiązać, to problemy trawienne, zwłaszcza w późniejszym okresie ciąży (dzisiaj chili, jutro zgaga... a może już nawet tego wieczoru). Jeśli jesteś gotowa podjąć takie ryzyko, nie żałuj sobie i przyprawiaj jedzenie tak, jak lubisz – nie zapomnij tylko zjeść na deser tabletki na zgagę lub wypij szklankę mleka migdałowego znanego z właściwości łagodzących nadkwasotę.

Nieoczekiwana korzyść? Ostre produkty, w tym wszystkie rodzaje papryki, zawierają bardzo dużo witaminy C.

Zepsuta żywność

Dzisiaj rano zjadłam kubeczek jogurtu, nie zdając sobie sprawy, że jego termin przydatności do spożycia minął już tydzień temu. Nie smakował, jakby był zepsuty, ale czy mimo to powinnam się martwić?

Nie ma sensu płakać nad rozlanym mlekiem... albo jogurtem. Co prawda zjadanie produktów mlecznych, które nie nadają się już do spożycia, nie jest dobrym pomysłem, ale raczej nie stanowi zagrożenia dla zdrowia. Jeśli się nie rozchorowałaś od przeterminowanego jogurtu (objawy zatrucia pojawiają się zwykle w ciągu 8 godzin), to oczywiście nic złego się nie stało. Poza tym zatrucie pokarmowe jest mało prawdopodobne, jeżeli jogurt przez cały czas stał w lodówce. W przyszłości uważniej sprawdzaj datę przydatności do spożycia, zanim kupisz lub zjesz łatwo psujący się produkt. I rzecz jasna nie jedz niczego, co podejrzanie pachnie, smakuje lub jest pokryte pleśnią. Więcej informacji na temat bezpiecznego żywienia znajdziesz na str. 122.

Wieczorem zjadłam chyba coś nieświeżego i się zatrułam, bo całą noc wymiotowałam i miałam biegunkę. Czy to zaszkodzi mojemu dziecku?

Zatrucie pokarmowe prawdopodobnie bardziej zaszkodziło tobie niż dziecku. Główne zagrożenie – dla ciebie i maluszka – to odwodnienie spowodowane wymiotami i/lub biegunką. Przyjmuj zatem większe ilości płynów (które na krótką metę są ważniejsze niż pokarmy stałe), by jak najszybciej uzupełnić ich niedobór. Skontaktuj się z lekarzem, jeśli biegunka ma ostry przebieg lub stolce zawierają krew i śluz. Na str. 555 znajdziesz więcej informacji na temat wirusów pokarmowych.

Środki słodzące (substytuty cukru)

Dodaję dużo Splendy do kawy, piję dietetyczne napoje gazowane i jem sztucznie słodzone jogurty. Czy środki słodzące są bezpieczne podczas ciąży?

Wygląda na to, że to złoty interes dla przyszłych mam, które nie chcą za wiele przytyć, ale w rzeczywistości to dość skomplikowany problem. Chociaż większość słodzików prawdopodobnie nie stanowi żadnego zagrożenia, badania ostatecznie jeszcze tego nie potwierdziły. Oto podstawowe informacje na temat niskokalorycznych lub całkowicie pozbawionych kalorii zamienników cukru oraz ich bezpieczeństwa w trakcie ciąży:

Splenda (sukraloza). Jest czymś w rodzaju cukru, a dokładniej jest z niego wytwarzana, ale tak przetworzona chemicznie, że organizm jej nie metabolizuje, dzięki czemu jest prawie całkowicie pozbawiona kalorii. Splenda nie pozostawia charakterystycznego dla innych słodzików gorzkawego posmaku, jest bezpieczna dla kobiet w ciąży i została zaaprobowana przez amerykańską Agencję Żywności i Leków (FDA), więc możesz sobie nią osłodzić życie (oraz kawę, herbatę, jogurty i koktajle), a także spożywać słodzone nią pokarmy i napoje. Splenda nadaje się również do gotowania i pieczenia (w przeciwieństwie do aspartamu), sprawiając, że słodkie czekoladowe ciasteczka przestają być marzeniem ściętej głowy. Jednak niech twoim mottem mimo wszystko będzie umiar.

Aspartam (NutraSweet, Equal). Wielu ekspertów uważa, że jest nieszkodliwy, natomiast inni są przekonani, że wprost przeciwnie, i to bez względu na to, czy jesteś w ciąży czy nie. Wprawdzie FDA potwierdziła, że aspartam jest bezpieczny dla przyszłych mam, ale jednocześnie zaleciła jego umiarkowane spożycie. Jedna czy dwie porcje słodzika albo od czasu do czasu dietetyczna cola to żaden problem. W trakcie ciąży unikaj po prostu dużych ilości aspartamu i nie używaj go, jeśli jesteś chora na fenyloketonurię. Niektóre dietetyczne napoje gazowane są słodzone sukralozą zamiast aspartamem, w związku z czym są o wiele bezpieczniejsze dla przyszłych mam.

Sacharyna. Agencja Żywności i Leków uznała, że sacharyna jest bezpieczna, lecz niektóre badania wykazują, że przenika przez łożysko do organizmu dziecka i jest z niego bardzo powoli wydalana. Z tego powodu w czasie ciąży lepiej jej unikać lub stosować tylko okazjonalnie, gdy nie masz pod ręką nic innego.

Acesulfam K. Słodzik około 200 razy słodszy od cukru, który został dopuszczony do stosowania w wypiekach, galaretkach, gumach do żucia oraz napojach bezalkoholowych. FDA uznała wprawdzie, że w trakcie ciąży można stosować acesulfam w umiarkowanych ilościach, ale ponieważ przeprowadzono niewiele badań, które to potwierdzają, zapytaj lekarza, co tym sądzi.

Sorbitol. To słodzik, który występuje naturalnie w produktach spożywczych pochodzenia roślinnego (na przykład w niektórych owocach) i można go bezpiecznie stosować podczas ciąży. Sorbitol z pewnością nie wyrządzi krzywdy twojemu dziecku, ale u ciebie może wywołać nieprzyjemne sensacje żołądkowe: w dużych dawkach może być przyczyną wzdęć, gazów oraz biegunki – trzech dolegliwości trawiennych, których kobieta ciężarna z pewnością nie potrzebu-

---

Cała prawda o żywności sfermentowanej i kiszonkach

Nie możesz się oprzeć kiszonej kapuście, marzysz o kimchi (daniu kuchni koreańskiej ze sfermentowanych lub kiszonych warzyw) i szalejesz za natto (potrawie ze sfermentowanych ziaren soi)? Te wszystkie dawne przysmaki (oraz wiele innych, takich jak jogurty, kefiry, tempeh – potrawa kuchni indyjskiej ze sfermentowanych ziaren soi czy miso – tradycyjna pasta japońska ze sfermentowanej soi z dodatkiem ryżu), które można znaleźć w różnych kuchniach świata, znowu są popularne i pojawiają się w sklepach, a wiele z nich posiada także oświadczenia zdrowotne na opakowaniach; na przykład takie, że produkt zawiera kultury bakterii regulujące pracę jelit (któraż przyszła mama tego nie potrzebuje)?

Ale czy wszystkie sfermentowane lub kiszone potrawy dobrze służą ciąży? Prawdopodobnie nie. Niektóre z tych produktów zawierają duże ilości cukru lub soli, inne nie mają zdrowych bakterii probiotycznych, a jeszcze inne mogą powodować ból głowy, żołądka i wzdęcia. Zachowaj zatem ostrożność i porozmawiaj z lekarzem o swoich ulubionych kiszonych przysmakach.

Jesteś ciekawa, jak smakuje kombucza? Ten napój ze słodzonej herbaty poddanej fermentacji przez tzw. grzybek japoński ma rzekomo wyjątkowo dobroczynne działanie (reguluje trawienie, wspomaga pracę wątroby i układu odpornościowego), ale żadna z tych zalet nie została na razie potwierdzona naukowo. Zatem zanim wypijesz duszkiem kubek kombuczy, najpierw poproś o radę lekarza, ponieważ nie ma pewności, czy jest bezpieczna dla przyszłej mamy. Pamiętaj również, że osoby, które są początkującymi amatorami tego napoju, mogą niekiedy odczuwać bóle brzucha lub mieć objawy dyspeptyczne: zgagę, uczucie pełności w nadbrzuszu, nudności, wzdęcia, oraz że niepasteryzowana kombucza (szczególnie ta przygotowywana w domu) może być zanieczyszczona szkodliwymi bakteriami lub alkoholem (w ciąży to oczywiście niedozwolony składnik).

je. Sorbitol w umiarkowanych ilościach jest bezpieczny, ale pamiętaj, że ma więcej kalorii niż inne substancje słodzące i nie jest tak słodki jak cukier (dlatego może być bardziej kaloryczny niż inne słodziki).

Mannitol. Jest mniej słodki od cukru i słabo przyswajalny, więc dostarcza mniej kalorii niż cukier (ale więcej niż inne słodziki). Podobnie jak sorbitol, w umiarkowanych ilościach jest bezpieczny, lecz nadmiar może wywołać zaburzenia żołądkowo-jelitowe (a w ciąży i tak ich przecież nie brakuje).

Ksylitol. To alkohol cukrowy uzyskiwany z roślin (występuje naturalnie w wielu owocach i warzywach); jest stosowany jako dodatek słodzący w gumach do żucia, pastach do zębów, cukierkach oraz niektórych produktach żywnościowych. W umiarkowanych ilościach jest bezpieczny dla przyszłych mam, zawiera 40 procent mniej kalorii niż cukier i chroni zęby przed próchnicą – to dobry powód, by po posiłku sięgnąć po gumę do żucia z ksylitolem, jeśli akurat nie można umyć zębów.

Stewia. To naturalny słodzik otrzymywany z krzewu rosnącego w Ameryce Południowej. Można go bezpiecznie stosować w czasie ciąży, ale z uwagi na to, że jest względnie nowym produktem na rynku słodzików, poradź się lekarza, nim wsypiesz go do herbaty.

Agawa. Ponieważ zawiera niewielką ilość glukozy, sok z agawy nie podwyższa jej stężenia we krwi, ale za to zawiera więcej fruktozy niż inne popularne słodziki, w tym syrop kukurydziany o wysokiej zawartości tego cukru owocowego. Eksperci są przekonani, że fruktoza o wiele szybciej zamienia się w tłuszcz niż glukoza, a to oznacza, że syrop z agawy nie sprawdzi się jako środek dietetyczny (ani regulator stężenia glukozy we krwi). Jest produktem wysoko przetworzonym. Można go stosować podczas ciąży, ale w umiarkowanych ilościach.

Laktoza. To cukier mlekowy, który jest mniej słodki niż zwykły cukier (prawie o 17 procent) i dodaje się go do różnych produktów, by nadać im bardziej słodki smak. Osoby, które nie tolerują laktozy, mogą odczuwać nieprzyjemne dolegliwości. Poza tym laktoza jest bezpieczna i nieszkodliwa.

Whey (hydrolizat białka serwatkowego). To naturalny słodzik, który jest mieszaniną fruktozy (cukru występującego naturalnie w owocach), sacharozy (zwykłego cukru) oraz laktozy (cukru mlekowego). Ma niski indeks glikemiczny, według producentów nie jest całkowicie wchłaniany przez organizm i ma tylko jedną czwartą wartości kalorycznej cukru. Prawdopodobnie jest bezpieczny dla przyszłych mam, ale na wszelki wypadek porozmawiaj z lekarzem.

Miód. Jest na ustach wszystkich, ponieważ zawiera dużo przeciwutleniaczy (ciemniejsze odmiany, takie jak miód gryczany, mają ich najwięcej). Ale nie wszystkie informacje na temat miodu są takie optymistyczne i słodkie. Wprawdzie jest dobrym zamiennikiem cukru, ale zdecydowanie nie jest niskokaloryczny. Łyżka stołowa miodu ma 19 kcal więcej niż łyżka stołowa cukru, więc nie należy przesadzać z jego ilością.

Koncentrat owocowy. Zagęszczone soki owocowe, na przykład z białych winogron lub jabłek, są bezpiecznymi, chociaż nie zawsze niskokalorycznymi słodzikami dla przyszłych mam. Możesz zastępować nimi cukier w różnych przepisach kulinarnych, a także znaleźć je w formie mrożonek, koncentratów lub przecierów. Szukaj ich również w gotowych produktach, takich jak dżemy, galaretki, ciastka pełnoziarniste, babeczki, płatki, batony granola, pieczywo tostowe, jogurty oraz napoje gazowane. W przeciwieństwie do wielu produktów słodzonych cukrem lub jego substytutami produkty słodzone koncentratami owocowymi często zawierają również inne cenne składniki odżywcze – na przykład mąkę z pełnego ziarna i zdrowe tłuszcze.

Herbata ziołowa

Piję dużo herbaty ziołowej. Czy to bezpieczne w czasie ciąży?

Czy powinnaś pić herbatkę (ziołową) dla dwojga? Ponieważ wpływ ziół na ciążę nie został jeszcze dokładnie zbadany, nie można niestety udzielić na to pytanie zdecydowanej odpowiedzi. Niektóre herbaty ziołowe (na przykład rumiankowa) w małych ilościach prawdopodobnie są bezpieczne, a inne nie. Jeszcze inne, takie jak herbata z liści malin, pite w bardzo dużych ilościach (więcej niż 4 szklanki o pojemności 230 ml dziennie) mogą wywołać skurcze i przyspieszyć poród (dobre, gdy jesteś w 40 tygodniu ciąży i nie możesz się doczekać rozwiązania; niezalecane, gdy jeszcze nie nadszedł termin porodu). Dopóki nie zostaną przeprowadzone dokładniejsze badania, amerykańska Agencja Żywności i Leków zaleca, by podczas ciąży i karmienia piersią stosować herbaty ziołowe z umiarem i zachowywać przy tym ostrożność. I chociaż wiele kobiet pije w ciąży duże ilości herbat ziołowych bez żadnych szkodliwych konsekwencji, bezpieczniej jest jednak się ich wystrzegać lub chociaż ograniczyć ich spożycie – chyba że zostaną zalecone lub zaaprobowane przez lekarza. Poproś go o listę ziół, które uważa za bezpieczne, a które za absolutnie niewskazane.

By mieć pewność, że nie nawarzysz sobie kłopotów (oraz ziół, na które lekarz nie wyraził zgody), następnym razem, zanim wypijesz kolejną filiżankę herbaty, uważnie przeczytaj etykietę, ponieważ niektóre mieszanki z pozoru (i z nazwy) owocowe mogą również zawierać zioła. Pozostań przy zwykłej (czarnej) herbacie z różnymi aromatami albo przygotuj własną mieszankę, dodając do herbaty lub gorącej wody soki owocowe: pomarańczowy, jabłkowy, ananasowy lub inny; plasterki cytryny, limonki, pomarańczy, jabłka, gruszki bądź innych owoców; listki mięty, cynamon, gałkę muszkatołową, goździki lub imbir (który łagodzi poranne nudności). Rumianek w małych ilościach jest również uważany za bezpieczny dla przyszłych mam, a dodatkowo posiada właściwości łagodzące dolegliwości żołądkowe towarzyszące ciąży. Natomiast jeszcze jest za wcześnie, by potwierdzić niewinność zielonej herbaty, która prawdopodobnie zmniejsza skuteczność działania kwasu foliowego – witaminy szczególnie istotnej dla kobiet w ciąży. Zatem jeśli jesteś amatorką zielonej herbaty, pij ją z umiarem. Nigdy nie przygotowuj herbaty z roślin pochodzących z domowego ogródka, chyba że jesteś absolutnie pewna, iż można je bezpiecznie stosować w trakcie ciąży.

Związki chemiczne w żywności

Czy przy tych wszystkich pestycydach w warzywach, polichlorowanych dwufenylach (PCB) i rtęci w rybach, antybiotykach w mięsie czy azotynach w wędlinach istnieje cokolwiek, co mogłabym bez obaw jeść podczas ciąży?

Jedzenie za dwoje może się wydawać dwa razy bardziej ryzykowne, ale prawda jest taka, że nie musisz popadać w szaleństwo (ani się głodzić... ani nawet bankrutować), by chronić dziecko przed chemikaliami znajdującymi się w (i na) żywności. Stwierdzono bowiem, że zaledwie kilka substancji chemicznych jest zdecydowanie szkodliwych podczas ciąży – zwłaszcza jeśli na ogół odżywiasz się zdrowo.

Mimo wszystko warto ograniczać ryzyko za każdym razem, gdy tylko się da – szczególnie że robisz to dla was dwojga. Poza tym w dzisiejszych czasach nie jest to wcale takie trudne. Aby jak najbezpieczniej żywić się-

Co warto wiedzieć o GMO?

Jak to się dzieje, że pomidory i śliwki docierają z farmy do supermarketu w tak idealnym stanie, tym bardziej jeśli są transportowane z drugiego końca kraju? W niektórych wypadkach dzieje się tak dlatego, że hodowcy wspomagają się GMO, czyli organizmami modyfikowanymi genetycznie (ang. *genetically modified organisms*). Żywność i rośliny zmienione metodami inżynierii genetycznej (znane w przemyśle spożywczym właśnie jako GMO) mają tak zmodyfikowany materiał genetyczny (DNA), by uzyskać jak więcej pożądanych cech – na przykład by jak najdłużej zachowywały świeżość lub rozwijały się mimo regularnego stosowania środków chwastobójczych i pestycydów. W dzisiejszych czasach w Stanach Zjednoczonych można modyfikować genetycznie niemal wszystko – od kukurydzy po papaję, od śliwek po ziemniaki oraz ryż, soję, dynie i pomidory. Problem w tym, że Agencja Żywności i Leków nie wymaga, by żywność genetycznie zmodyfikowana była odpowiednio oznaczona (w Polsce prawo nakazuje umieszczenie takiej informacji na opakowaniu, aczkolwiek w praktyce nie zawsze się to sprawdza), zatem trudno stwierdzić, czy produkty, które kupujesz, zawierają składniki GMO.

Czy żywność genetycznie zmodyfikowana jest bezpieczna dla przyszłych mam? Bezpieczeństwo GMO ogólnie wzbudza coraz więcej kontrowersji – różne instytucje i organizacje twardo stoją na swoich stanowiskach po obu stronach barykady. Nie masz zamiaru ryzykować zdrowia swojego nienarodzonego dziecka, czekając na zakończenie tej bitwy? Wybieraj produkty z oznaczeniem „USDA organic" (w Polsce gwarancją braku GMO jest certyfikat ekologiczny lub oznaczenie „GMO-free"), które nie zawierają GMO oraz sztucznych dodatków i substancji chemicznych. Możesz również sprawdzić, czy produkt posiada oznaczenie organizacji non profit „Non-GMO Project". I czekaj na dalsze informacje, ponieważ wiele stanów uchwala ustawy nakazujące oznaczanie żywności zmodyfikowanej genetycznie, a to oznacza, że być może wkrótce łatwiej będziesz mogła kupić bezpieczną żywność bez GMO.

bie i swoje maleństwo, skorzystaj z poniższych rad, które pomogą ci zdecydować, co wrzucić do koszyka, a z czego zrezygnować:

- Wybieraj produkty z naszej diety ciążowej. Ponieważ wyklucza ona z jadłospisu wszystkie produkty przetworzone, będziesz mogła trzymać się z dala od wielu podejrzanych i niebezpiecznych substancji. Ten plan żywieniowy pozwoli ci się również zaopatrzyć w zielone i żółte warzywa będące bogatym źródłem beta-karotenu, który wykazuje działanie ochronne, oraz w inne owoce i warzywa zawierające fitochemikalia, które neutralizują działanie toksyn zawartych w żywności.
- Kiedy tylko masz okazję, sama przyrządzaj potrawy, korzystając ze świeżych lub mrożonych składników albo kupuj gotowe dania ekologiczne. Dzięki temu unikniesz konserwantów i sztucznych dodatków o wątpliwej reputacji, które znajdują się w żywności przetworzonej, a twoje posiłki będą jeszcze bardziej wartościowe.
- Jak najczęściej wybieraj to, co naturalne. Kiedy tylko będziesz miała wybór (a nie zawsze tak będzie), kupuj produkty bez sztucznych dodatków (barwników, aromatów i konserwantów). Uważnie czytaj etykiety – dzięki temu unikniesz produktów ze sztucznymi dodatkami albo wybierzesz te z naturalnymi (na przykład krakersy z cheddarem, które swój pomarańczowy odcień zawdzięczają annatto – barwnikowi naturalnemu otrzymywanemu z na-

sion drzewa tropikalnego – a nie sztucznemu barwnikowi Red 40 (w Europie jest on oznaczony jako E129), natomiast smak i aromat prawdziwemu serowi, a nie sztucznym substancjom smakowym i aromatycznym. Pamiętaj, że chociaż niektóre sztuczne dodatki są uważane za bezpieczne, to nieszkodliwość innych jest wątpliwa, a poza tym dodaje się je, by wzmocnić smak produktów, które i tak nie są zbyt pożywne. (Listę szkodliwych oraz bezpiecznych dodatków do żywności znajdziesz na stronie internetowej www.cspinet.org lub www.eur-lex-32011R1129).

- Unikaj żywności konserwowanej azotanami i azotynami (lub azotanem sodowym), w tym parówek, salami, kiełbasy bolońskiej, wędzonych ryb i mięs. Wybieraj produkty, które nie zawierają środków konserwujących (obecnie można ich znaleźć w sklepach bardzo wiele). Każdy wyrób garmażeryjny, gotowe do spożycia mięso czy wędzoną rybę należy podgrzać przed spożyciem na parze (nie po to, by się pozbyć substancji chemicznych, lecz listerii – bakterii, która może wywołać groźną chorobę; patrz str. 123).

- Wybieraj chude kawałki mięsa i zawsze przed gotowaniem usuwaj widoczny tłuszcz, ponieważ chemikalia, które zwierzęta hodowlane spożywają wraz z pokarmem, odkładają się głównie w ich tkance tłuszczowej. W przypadku mięsa drobiowego usuwaj zarówno tłuszcz, jak i skórę, by zminimalizować spożycie szkodliwych substancji. Z tego samego powodu nie jedz zbyt często narządów wewnętrznych zwierząt, czyli podrobów (takich jak wątróbka czy nerki), chyba że mięso lub drób pochodzą z hodowli ekologicznej.

- Kiedy tylko masz sposobność i odpowiedni budżet, kupuj mięso i drób z hodowli ekologicznych (czyli pochodzące od zwierząt żywionych trawą, wypasanych lub

Wybierz ekologię

Chociaż ceny produktów ekologicznych spadają wraz z rosnącym popytem (dobry powód, byś poszukała ich w swoim lokalnym sklepie), to zakupy zdrowej żywności nadal mogą nadwerężać twój budżet. Oto podstawowe informacje, które pomogą ci zdecydować, kiedy zafundować sobie jedzenie ekologiczne, a kiedy lepiej pozostać przy konwencjonalnym:

Najlepiej kupuj ekologiczne: jabłka, wiśnie, winogrona, brzoskwinie, nektarynki, gruszki, maliny, truskawki, paprykę, seler, ziemniaki i szpinak (ponieważ nawet po umyciu stężenie pestycydów na tych produktach jest nadal dużo wyższe niż na innych).

Nie musisz kupować ekologicznych: bananów, kiwi, mango, papai, ananasów, awokado, szparagów, brokułów, kalafiora, kukurydzy, cebuli i groszku (ponieważ te produkty na ogół nie zawierają pestycydów).

Zastanów się nad zakupem ekologicznego mleka, wołowiny oraz drobiu, ponieważ te produkty nie zawierają antybiotyków ani hormonów, ale za to są droższe. Wołowina pochodząca od krów karmionych trawą na ogół jest ekologiczna, ale zawsze sprawdzaj etykiety. Nie zaprzątaj sobie głowy tak zwanymi rybami ekologicznymi, gdyż Departament Rolnictwa Stanów Zjednoczonych nie opracował odpowiednich standardów dla ryb i owoców morza, co oznacza, że producenci sami ustalają, co jest ekologiczne i dlaczego (w Polsce – podobnie jak w innych krajach Unii Europejskiej – można kupić ryby z certyfikatem ekologicznym). Więcej informacji na temat wyboru odpowiednich ryb znajdziesz na str. 114.

> **Zdrowe gotowanie**
>
> Wszystkie informacje na temat żywienia w czasie ciąży oraz przepisy na zdrowe posiłki dla przyszłej mamy znajdziesz w książce *Dieta przyszłej matki. Poradnik dla kobiet w ciąży* (REBIS 2016).

z wolnego wybiegu), które nie zawiera hormonów ani antybiotyków (pamiętaj, że jesz to, co wcześniej zjadł twój obiad). Z tego samego powodu wybieraj ekologiczny nabiał i jajka. Kurczęta hodowane w naturalnych warunkach (oraz jajka kur z wolnego wybiegu) są nie tylko mniej zanieczyszczone substancjami chemicznymi, ale również rzadziej przenoszą takie zakażenia jak salmonella, gdyż nie tłoczą się w ciasnych klatkach będących wylęgarnią różnych chorób. Kolejna korzyść ze spożywania wołowiny pochodzącej od krów karmionych trawą: mięso ma mniej kalorii i tłuszczu, a więcej białka oraz kwasów omega-3, które są konieczne do prawidłowego rozwoju dziecka.

- Kupuj produkty ekologiczne, gdy tylko masz okazję. Produkt, który posiada certyfikat ekologiczny, zazwyczaj jest niemal całkowicie pozbawiony jakichkolwiek osadów chemicznych. Produkty pochodzące z gospodarstw w okresie przejściowym (które nie mają jeszcze odpowiednich atestów, ale są w trakcie przestawiania produkcji na ekologiczną) mogą zawierać jeszcze nieco osadów chemicznych z zanieczyszczonej gleby, ale i tak powinny być bezpieczniejsze niż te uprawiane w sposób konwencjonalny. Jeśli produkty ekologiczne są dostępne w twoim sklepie i możesz sobie na nie pozwolić, wybierz je, ale pamiętaj, że mają o wiele krótszy termin przydatności do spożycia (to samo dotyczy ekologicznego drobiu i mięsa). Jeżeli cena jest dla ciebie przeszkodą, wybieraj żywność ekologiczną selektywnie (patrz ramka na stronie obok).

Chcesz przenieść swoje ekologiczne zakupy na wyższy, bardziej świadomy poziom? Zwróć uwagę na produkty biodynamiczne (znajdziesz je w niektórych sklepach ze zdrową żywnością), które mają certyfikat świadczący o tym, że zostały wyhodowane, przetworzone i dostarczone na rynek w sposób przyjazny i zdrowy dla planety. W tej sytuacji wszyscy wygrywają, ponieważ produkty biodynamiczne są zdrowe dla ciebie, dla dziecka i dla świata, na którym wkrótce pojawi się twój maluch. Jest w tym jednak pewien haczyk: ceny takich towarów mogą być zaporowe (chociaż rosnący popyt na produkty ekologiczne i biodynamiczne może pomóc je obniżyć).

- Dokładnie myj wszystkie warzywa i owoce. Ważne jest, by starannie myć wszystkie płody rolne bez względu na źródło ich pochodzenia (nawet te ekologiczne), gdyż to najlepszy sposób, by pozbyć się pestycydów, którymi mogły zostać skażone owoce i warzywa w trakcie uprawy i transportu. Bieżąca woda zmyje niektóre z zanieczyszczeń, ale jeszcze skuteczniejsza będzie kąpiel lub zastosowanie specjalnego środka zwalczającego pestycydy (później należy wszystko dokładnie wypłukać). Kiedy to możliwe, obieraj owoce i warzywa ze skórki, by pozbyć się zewnętrznej warstwy osadów chemicznych, zwłaszcza jeśli są pokryte powłoką jadalną (zwaną potocznie woskiem), która służy zwiększeniu trwałości (dotyczy to przede wszystkim ogórków, ale również pomidorów, jabłek, papryki i bakłażanów). Obieraj owoce i warzywa ze skórki, jeśli po umyciu nadal wydają się „nawoskowane".

- Wybieraj produkty krajowe. Importowane owoce i warzywa (oraz wyprodukowane z nich przetwory) czasem są bardziej

skażone pestycydami niż ich krajowe odpowiedniki, ponieważ regulacje prawne dotyczące stosowania środków owadobójczych w niektórych krajach są mało precyzyjne albo w ogóle nie istnieją.
- Rób zakupy w miejscowych sklepach. Lokalne płody rolne prawdopodobnie będą zawierały więcej składników odżywczych, a za to mniej substancji chemicznych (wszak pochodzą prosto z pola lub sadu). Wielu hodowców, którzy sprzedają swoje produkty na miejscowych targowiskach, w ogóle nie stosuje pestycydów (albo w bardzo niewielkich ilościach), chociaż ich żywność może nie mieć odpowiednich oznaczeń. Uzyskanie certyfikatu ekologicznego jest bowiem często bardzo kosztownym procesem i drobni hodowcy oraz producenci żywności nie mogą sobie na niego pozwolić.
- Urozmaicaj swoją dietę. W przypadku gdy podstawą twojego jadłospisu jest żywność konwencjonalna (czyli nieekologiczna), różnorodność będzie nie tylko gwarancją interesujących doświadczeń kulinarnych i większej wartości odżywczej, ale też szansą na uniknięcie szkodliwych substancji chemicznych.
- Wybieraj się na targi ze zdrową żywnością, ale nie popadaj w przesadę i nie daj się zwariować (ani nie pozwól, by brak dostępu do produktów ekologicznych odstraszył cię od bogatych w składniki odżywcze owoców i warzyw). Naturalnie należy unikać teoretycznych zagrożeń związanych z jedzeniem, ale stresująca (i często również kosztowna) pogoń za naturalną i zdrową żywnością nie jest potrzebna. Po prostu rób to, co możesz i na ile cię stać, a potem usiądź wygodnie, zjedz coś smacznego i odpręż się.

WSZYSTKO O...
Jak bezpiecznie jeść za dwoje

Martwisz się, że brzoskwinia importowana z Ameryki Południowej zawierała pestycydy? Słusznie, bo przecież starasz się jeść bezpiecznie za dwoje. A czy pomyślałaś o gąbce, której użyłaś, by obmyć tę brzoskwinię (właśnie o tej, która już od trzech tygodni leży na twoim zlewie)? Zastanawiałaś się, co może się w niej znajdować? A co z deską do krojenia, na której zamierzasz pokroić tę brzoskwinię? Czy to nie ta sama, na której wczoraj kroiłaś surowego kurczaka, by później go obsmażyć? Oto zderzenie z rzeczywistością i cała prawda o bezpieczeństwie żywności: dowiedziono, że większym i bardziej bezpośrednim zagrożeniem niż chemikalia są bakterie i pasożyty, którymi zanieczyszczona jest żywność. To niezbyt ładny obrazek (aczkolwiek niewidoczny bez mikroskopu), gdyż te paskudne drobnoustroje mogą wywoływać różne nieprzyjemne dolegliwości – od łagodnego rozstroju żołądka po groźną chorobę. A zatem by mieć pewność, że najgorszą rzeczą, jaką może wywołać następny posiłek, będzie najwyżej lekka zgaga, kupując żywność, przygotowując ją i jedząc, zachowuj następujące środki ostrożności:

- Jeśli masz jakiekolwiek wątpliwości, wyrzucaj. Ta zasada powinna stać się mantrą twojego bezpiecznego jedzenia. Stosuj ją w przypadku każdego produktu, który wydaje ci się nieświeży lub zepsuty. Zawsze sprawdzaj termin przydatności do spożycia podany na opakowaniu.
- Robiąc zakupy, unikaj ryb, mięsa i jajek, które nie były przechowywane w zamra-

Kilka informacji na temat listeriozy

Czy to, co usłyszałaś o spożywaniu w trakcie ciąży surowych lub gotowanych wędlin, kiełbas i mięsa, jest prawdą? Czy powinnaś unikać sera feta w sałatce greckiej? Być może dieta ciążowa wydaje ci się zbyt restrykcyjna, przypadkowa i niesprawiedliwa, lecz jej zadaniem jest uchronienie ciebie i twojego nienarodzonego maleństwa przed listerią. To bakteria, która wywołuje groźną chorobę – listeriozę – u osób z grupy wysokiego ryzyka, czyli u małych dzieci, osób starszych i tych z osłabionym układem odpornościowym oraz u kobiet w ciąży, których układ odpornościowy jest również odrobinę mniej sprawny. Aczkolwiek ryzyko zarażenia się listeriozą jest stosunkowo niskie – nawet w trakcie ciąży – prawdopodobieństwo w tym szczególnym okresie niestety wzrasta. Listeria (a dokładnie bakteria beztlenowa *Listeria monocytogenes*) – w przeciwieństwie do innych drobnoustrojów chorobotwórczych – wnika bezpośrednio do krwiobiegu mamy i przez łożysko przedostaje się szybko do organizmu płodu (inne zanieczyszczenia pochodzące z żywności na ogół pozostają w przewodzie pokarmowym mamy i mogą stanowić zagrożenie tylko wtedy, gdy przedostaną się do wód płodowych).

Zatem przede wszystkim chodzi o to, byś unikała żywności, która może przenosić tę niebezpieczną bakterię. Listeriozę mogą wywołać: wędliny, parówki, ryby wędzone na zimno (jeśli nie zostały podgrzane na parze), niepasteryzowane mleko oraz sery, które zostały z niego wytworzone (w tym mozzarella, sery pleśniowe, meksykańskie, brie, camembert i feta – jeżeli nie zostały podgrzane), niepasteryzowane soki owocowe, surowe lub niedogotowane mięso, ryby, owoce morza, drób i jajka oraz niemyte surowe warzywa (w tym sałatki).

żarkach, lodówkach lub w lodzie. Nie sięgaj po słoiki, z których wycieka zawartość albo których nakrętka przy otwieraniu nie „kliknęła" charakterystycznie, oraz po zardzewiałe, wybrzuszone lub uszkodzone puszki. Przed otwarciem dokładnie wymyj wieczko (jak najczęściej myj również otwieracz do puszek w gorącej wodzie z płynem do naczyń lub w zmywarce).

- Umyj ręce, zanim sięgniesz po jakikolwiek produkt, a przede wszystkim gdy wcześniej dotykałaś surowego mięsa, ryb lub jajek. Jeśli używasz rękawiczek (jeżeli nie są jednorazowe), myj je tak często jak ręce.
- Czyść blaty kuchenne i zlew. To samo dotyczy desek do krojenia (myj je płynem do naczyń i gorącą wodą lub w zmywarce). Często pierz ręczniki do naczyń i gąbki do zmywania (zmieniaj je jak najczęściej, pierz co wieczór w zmywarce lub od czasu do czasu wkładaj wilgotne na kilka minut do mikrofalówki), ponieważ mogą być siedliskiem bakterii. Jeśli to możliwe, szukaj gąbek, które można prać w pralce w gorącej wodzie.
- Używaj osobnych desek do krojenia mięsa, sera i warzyw.
- Podawaj gorące dania na gorąco, a zimne na zimno. Resztki natychmiast zamrażaj, a potem odgrzewaj na parze tuż przed podaniem. (Wyrzuć łatwo psującą się żywność, która nie została zamrożona w ciągu dwóch godzin). Nie jedz zamrożonych produktów, które zostały wcześniej rozmrożone, a później ponownie zamrożone.
- Zwracaj uwagę na temperaturę wewnątrz lodówki, która powinna wynosić (według specjalnego termometru przeznaczonego do lodówek) 5°C lub mniej. W zamrażarce temperatura powinna sięgać –18°C lub mniej, by zamrożone produkty zachowały swoją jakość.

- Jeśli czas pozwoli, rozmrażaj jedzenie w lodówce. Jeżeli się spieszysz, włóż zamrożony produkt do wodoszczelnego plastikowego woreczka i zanurz go w zimnej wodzie (zmieniaj ją co 30 minut). Nigdy nie rozmrażaj jedzenia w temperaturze pokojowej. Jeśli rozmrażasz potrawę w mikrofalówce, wybierz opcję odmrażania. W połowie procesu rozmrażania odwróć potrawę. Przyrządź ją od razu po rozmrożeniu, ponieważ niektóre jej części mogą być na tyle gorące, by rozwinęły się w nich niebezpieczne bakterie.
- Marynuj mięso, ryby i drób w lodówce, a nie na kuchennym blacie. Nie wykorzystuj tej samej marynaty do innych produktów.
- Nie jedz surowego lub niedogotowanego mięsa, drobiu, ryb lub owoców morza. Mięso i ryby zawsze powinny być przynajmniej średnio wypieczone w temperaturze 70°C, a drób w 75°C. Ryby powinny być tak podgrzane, by można je łatwo podzielić na cząstki za pomocą widelca, a tłuszcz wypływający z drobiu był klarowny (a temperatura odpowiednia).
- Jedz jajka na twardo, a jeśli przyrządzasz ciasto, które zawiera surowe jajka (na przykład na naleśniki), zwalcz pokusę i nie oblizuj łyżki (ani palców). Wyjątek od tej reguły to jajka pasteryzowane.
- Dokładnie myj surowe owoce i warzywa (zwłaszcza jeśli przed zjedzeniem lub wyciśnięciem nie zostały ugotowane). Nawet najświeższe produkty z upraw ekologicznych mogą zawierać szkodliwe bakterie.
- Unikaj lucerny oraz innych kiełków, które mogą być zanieczyszczone szkodliwymi bakteriami.
- Najnowsze informacje na temat bezpiecznego żywienia znajdziesz na stronie internetowej www.cdc.gov/foodsafety.

CZĘŚĆ 2

Dziewięć miesięcy

Od poczęcia do porodu

ROZDZIAŁ 5

Pierwszy miesiąc

W przybliżeniu od 1 do 4 tygodnia

Gratulacje, jesteś w ciąży! Na tym etapie prawie na pewno jeszcze nic po tobie nie widać, ale być może już to czujesz. Może bolą cię piersi – są tkliwe i wrażliwe – a ty jesteś trochę bardziej zmęczona albo doświadczasz wszystkich objawów opisanych w tej książce. Ale nawet jeśli nie zauważyłaś jeszcze żadnych objawów, twój organizm zaczął się już przygotowywać do tych dziewięciu miesięcy, podczas których będzie rozwijało się w nim dziecko. W miarę upływu tygodni i miesięcy zaczniesz zauważać coraz więcej zmian w tych częściach ciała, po których się tego spodziewasz (na przykład w obrębie brzucha); niektóre zaś będą dla ciebie niespodzianką (na przykład zmiany dotyczące stóp i oczu). Zauważysz również, że zmienił się twój styl życia oraz spojrzenie na wiele różnych spraw. Być może od razu będziesz mogła wykorzystać informacje, które znajdziesz w tym rozdziale, albo będziesz musiała z tym trochę poczekać (może się też zdarzyć, że nigdy ci się nie przydadzą, ponieważ każda kobieta jest inna, podobnie jak każda ciąża). Spróbuj nie martwić się na zapas i nie czytaj wszystkiego od razu. Na razie usiądź wygodnie, odpręż się i ciesz początkiem jednej z najbardziej fascynujących przygód swojego życia.

Twoje dziecko w tym miesiącu

Tydzień 1. W tym tygodniu zaczyna się odliczanie. Problem w tym, że dziecka jeszcze nie widać, a nawet w ogóle go nie ma. Zatem dlaczego nazywamy go pierwszym tygodniem ciąży, skoro jeszcze do niczego nie doszło? Otóż dlatego, że bardzo trudno precyzyjnie określić moment, w którym plemnik spotkał się z jajeczkiem (nasienie partnera może spędzić w twoim ciele kilka dni w oczekiwaniu na komórkę jajową, a ona zaczeka 24 godziny na pojawienie się plemników).

Za to bez trudu można dokładnie ustalić pierwszy dzień ostatniej miesiączki (w skrócie LMP, ang. *last menstrual period*), więc zaznacz go w kalendarzu, ponieważ stanie się punktem początkowym ciąży, która potrwa około 40 tygodni. Co wynika z takiego systemu obliczania (poza ewentualnym zamieszaniem)? Musisz zacząć odliczać ciążę (2 pierwsze tygodnie z 40), zanim jeszcze w nią zajdziesz.

Tydzień 2. Nie, dziecka nadal nie ma. Twój organizm jednak nie bierze urlopu. Prawdę mówiąc, ciężko pracuje, przygotowując się na wielkie „O", czyli owulację. Błona śluzowa macicy robi się grubsza (przygotowując gniazdko dla zapłodnionego jajeczka), a pęcherzyki jajnikowe dojrzewają – jedne wcześniej, drugie później – aż w końcu jeden z nich zaczyna dominować i jest gotowy do owulacji. W tym najbardziej dojrzałym pęcherzyku (zwanym pęcherzykiem Graafa) czeka niecierpliwie komórka jajowa z imieniem twojego przyszłego dziecka (albo dwie komórki, jeśli poczną się bliźnięta dwujajowe), gotowa, by się z niego wydostać i rozpocząć swoją podróż, którą zakończy jako tryskający zdrowiem chłopiec lub dziewczynka. Najpierw jednak jajeczko musi wybrać się w drogę jajowodem i poszukać swojego księcia z bajki, czyli szczęśliwego plemnika, z którym się zwiąże.

Tydzień 3. Gratulacje – doszło do poczęcia! Oznacza to, że twoje przyszłe dziecko rozpoczęło proces cudownej przemiany z pojedynczej komórki w doskonale ukształtowanego chłopczyka lub dziewczynkę. Kilka godzin po spotkaniu plemnika z jajeczkiem zapłodniona komórka jajowa (zwana zygotą) zaczyna się dzielić, a potem znowu się dzieli i dzieli (i jeszcze raz dzieli). W ciągu kilku dni twoje przyszłe dziecko zmieni się w mikroskopijną kuleczkę komórek wielkości jednej piątej kropki, którą znajdziesz na

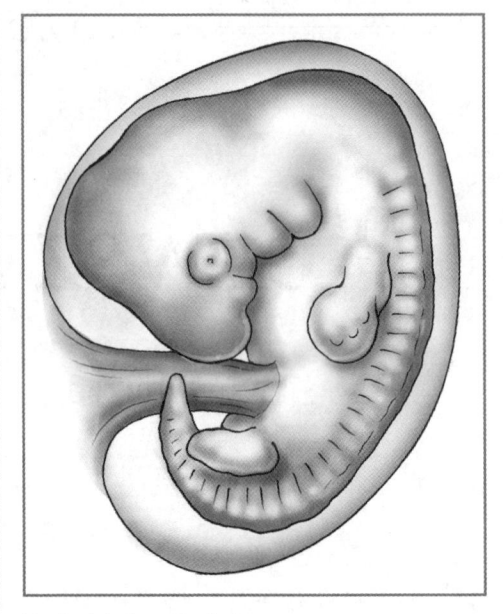

Twoje dziecko w 1 miesiącu

końcu tego zdania. Teraz blastocysta – tak na tym etapie rozwoju nazywa się twój maluszek (chociaż ty pewnie szybko wymyślisz coś ładniejszego) – rozpoczyna swoją podróż z jajowodu do czekającej już na nią ma-

W którym tygodniu właściwie jestem?

Książka jest wprawdzie uporządkowana według kolejnych miesięcy ciąży, ale przyporządkowane są im również poszczególne tygodnie. I tak: 1–13 tydzień to (w przybliżeniu) pierwszy trymestr ciąży, czyli miesiące od 1 do 3; tygodnie 14–27 to (w przybliżeniu) drugi trymestr, czyli miesiące od 4 do 6; i wreszcie 28–40 tydzień to (w przybliżeniu) trzeci trymestr, czyli miesiące od 7 do 9. Zapamiętaj po prostu, że musisz liczyć zawsze od początku tygodnia lub miesiąca. A więc zaczynasz 3 miesiąc, gdy kończysz 2, albo zaczynasz 24 tydzień, gdy kończysz 23.

cicy. W tym momencie zostało mniej więcej 8,5 miesiąca do porodu.

Tydzień 4. To czas zagnieżdżenia się zarodka (czyli implantacji)! Mikroskopijna kuleczka komórek, którą niedługo będziesz nazywać dzieckiem – chociaż na razie jest zarodkiem – dociera do macicy i tam zagnieżdża się w błonie śluzowej, gdzie pozostanie aż do porodu. Kiedy już się dobrze umości, przejdzie wielki podział na dwie grupy komórek. Z jednej części rozwinie się twój syn lub córka, a z drugiej łożysko, które podczas pobytu w macicy będzie dla dziecka arterią życia. I chociaż zarodek jest na razie tylko maleńkim skupiskiem komórek (nie większym niż ziarenko maku), nie powinnaś go nie doceniać, ponieważ przeszedł już długą drogę od czasu, kiedy był blastocystą. Teraz tworzy się pęcherz płodowy, nazywany inaczej workiem owodniowym, a także pęcherzyk żółtkowy, który później zostanie wchłonięty przez rozwijający się układ pokarmowy dziecka. Embrion zbudowany jest z trzech warstw komórek (listków zarodkowych), które zaczynają się przekształcać w wyspecjalizowane części ciała. Z warstwy wewnętrznej, czyli endodermy, powstaną płuca, wątroba i układ pokarmowy. Warstwa środkowa, zwana też mezodermą, przekształci się wkrótce w serce, narządy płciowe, kości, nerki i mięśnie. Z warstwy zewnętrznej, ektodermy, uformują się układ nerwowy, włosy, skóra i oczy.

Co możesz odczuwać

To prawda, że ciąża wiąże się z wieloma wspaniałymi chwilami i przeżyciami, ale ma ona również swoje słabsze momenty związane z mało przyjemnymi dolegliwościami. Niektórych przypuszczalnie się spodziewasz (na przykład nudności, których już być może zdążyłaś doświadczyć), a innych prawdopodobnie w ogóle nie oczekujesz (komu przyszłoby do głowy, że w ciąży można się ślinić?). Wielu dolegliwości nie będziesz chciała omawiać publicznie (a za to będziesz próbowała robić wszystko, by ich uniknąć – na przykład gazów), a o innych zapragniesz jak najszybciej zapomnieć (co – tak przy okazji – może ci się udać, gdyż roztargnienie to również ciążowa przypadłość).

Oto kilka rzeczy, które warto zapamiętać w związku z objawami ciążowymi. Po pierwsze, są różne kobiety i różne ciąże, a to oznacza, że każda przyszła mama może się zmagać z innymi symptomami. Po drugie, opisane tu objawy ciążowe to dobra próbka tego, czego możesz się ewentualnie spodziewać (aczkolwiek prawdopodobnie nie doświadczysz ich wszystkich, a przynajmniej nie jednocześnie), ale niewykluczone, że przytrafią ci się jeszcze inne. Poza tym każde dziwne i nieprawdopodobne doznanie – zarówno fizyczne, jak i emocjonalne – w ciągu następnych dziewięciu miesięcy będzie czymś

> ### Objawy?
> ### Wkrótce będziesz je miała!
>
> Większość objawów ciążowych zaczyna się pojawiać około 6 tygodnia, ale każda kobieta – a tym samym każda ciąża – jest inna, zatem wielu z nich możesz doświadczyć wcześniej lub później (albo wcale, gdy będziesz miała szczęście). Jeśli doskwiera ci coś, czego nie ma na tej liście lub w tym rozdziale, zajrzyj do następnych rozdziałów lub sprawdź w indeksie.

całkowicie naturalnym. Jednak jeśli coś cię zaniepokoi lub wywoła dręczące wątpliwości (czy to naprawdę jest normalne?), od razu skontaktuj się z lekarzem, żeby rozproszyć swoje obawy.

Chociaż przed końcem tego miesiąca zapewne nie zyskasz potwierdzenia, że jesteś w ciąży, być może zauważysz, że coś jest na rzeczy – nawet na tak wczesnym etapie. A może nie. Oto, czego możesz się spodziewać w tym miesiącu:

OBJAWY FIZYCZNE

- około 6–12 dnia po poczęciu może się pojawić plamienie, ponieważ w tym czasie zapłodniona komórka jajowa zagnieżdża się w macicy (patrz str. 148);
- zmiany w obrębie piersi: uczucie pełności i ciężkości, tkliwość, mrowienie, ściemnienie brodawek;
- wzdęcia i gazy;
- zmęczenie, brak energii, senność;
- częstsze oddawanie moczu;
- pierwsze nudności z wymiotami lub bez (chociaż ten objaw pojawia się zazwyczaj około 6 tygodnia lub później);
- nadmierne wydzielanie śliny;
- wrażliwość na zapachy.

ODCZUCIA PSYCHICZNE

- huśtawka nastrojów (stan przypominający bardziej nasilony zespół napięcia przedmiesiączkowego), w tym wahania nastroju, rozdrażnienie, brak racjonalności, nieuzasadniona płaczliwość;
- niepokój/niecierpliwość podczas oczekiwania na odpowiedni moment, kiedy będziesz już mogła zrobić test ciążowy.

Twoje ciało w tym miesiącu

Nie ma absolutnie żadnego sposobu, by w tej chwili ocenić „książkę po okładce". Może będziesz w stanie zauważyć kilka zmian fizycznych – trochę pełniejsze piersi i nieco bardziej wypukły brzuch (na razie tylko z powodu wzdęć, a nie dziecka) – ale nikt inny tego nie dostrzeże. Nie zapomnij przyjrzeć się swojej talii: być może upłynie wiele miesięcy, zanim będziesz mogła ją ponownie zobaczyć.

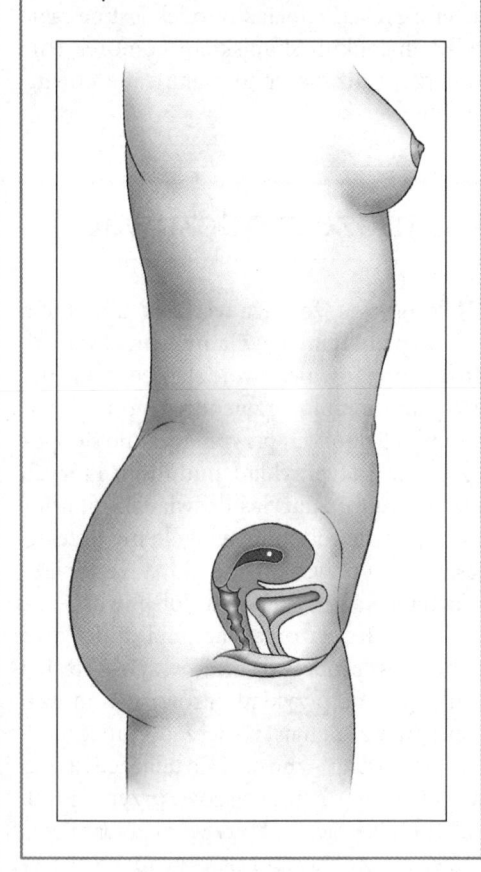

Czego możesz oczekiwać podczas pierwszej wizyty prenatalnej

Pierwsza wizyta prenatalna przypuszczalnie będzie najdłuższa ze wszystkich twoich ciążowych wizyt oraz zdecydowanie najbardziej szczegółowa i wszechstronna. Przejdziesz nie tylko więcej badań i procedur (w tym kilka, które lekarz wykona tylko raz właśnie podczas tej wizyty) i przekażesz więcej informacji (w postaci pełnego wywiadu medycznego), ale też więcej czasu poświęcisz na pytania (jedne zadasz ginekologowi, a na inne mu odpowiesz). Otrzymasz też wiele cennych rad – począwszy od tego, co powinnaś jeść (lub czego nie jeść) i jakie preparaty przyjmować (albo wprost przeciwnie), aż po ćwiczenia fizyczne, jakie powinnaś wykonywać. Nie zapomnij zatem przygotować listy pytań i wątpliwości, które już się na pewno pojawiły, i zabierz ze sobą notatnik dla kobiet w ciąży *W oczekiwaniu na dziecko. Dziennik* (REBIS 2015) lub smartfon z aplikacją What To Expect, by zapisać wszystkie odpowiedzi.

> **Zainstaluj połączenie ciążowe**
>
> Zaloguj się na stronie internetowej www.WhatToExpect lub ściągnij aplikację ciążową (na przykład „What To Expect" lub „Moja ciąża"), a zyskasz interaktywnego towarzysza, który tydzień po tygodniu będzie cię informował o postępach twojego maleństwa i o wielu innych sprawach związanych z ciążą. Zapisz się na forum internetowe dla przyszłych mam, które w tym samym czasie przeżywają to samo co ty (i tak samo je mdli). W końcu nikt tak dobrze nie zrozumie ciężarnej kobiety jak inna przyszła mama!

Pamiętaj, że pierwsza oficjalna wizyta prenatalna odbędzie się prawdopodobnie dopiero w 2 miesiącu (patrz str. 9), chociaż niektórzy lekarze proponują wstępną wizytę już wcześniej.

Procedury w poszczególnych gabinetach położniczych mogą się nieco od siebie różnić, ale każde badanie prenatalne będzie się na ogół składało z następujących części:

Potwierdzenie ciąży. Nawet jeśli przeprowadziłaś już w domu test ciążowy, położnik prawdopodobnie zaleci powtórzenie badania moczu oraz przeprowadzenie badania krwi. Zapyta cię również o objawy ciąży i datę ostatniej miesiączki, by określić przewidywany termin porodu (patrz str. 9), a także zbada szyjkę macicy oraz macicę i na tej podstawie poda przybliżony wiek ciąży. Większość lekarzy wykonuje również wczesne badanie USG, które jest najdokładniejszą metodą określania wieku ciąży (patrz str. 178).

Wywiad medyczny. Żeby otoczyć cię jak najlepszą opieką, lekarz będzie musiał jak najwięcej się o tobie dowiedzieć. Przygotuj się zatem do wizyty i przejrzyj swoją dokumentację medyczną albo zadzwoń do lekarza rodzinnego, by odświeżyć sobie pamięć w następujących kwestiach: historii medycznej (szczepień, chorób przewlekłych i ciężkich, operacji chirurgicznych, alergii, w tym na leki), preparatów uzupełniających (witaminowych, ziołowych, homeopatycznych lub z minerałami) oraz leków (na receptę i bez recepty), które przyjmujesz lub przyjmowałaś od chwili poczęcia, zdrowia psychicznego (epizodów depresji, stanów lękowych lub innych zaburzeń psychicznych), historii ginekologicznej (daty pierwszej miesiączki, szczegółów twojego cyklu, ewentualnych problemów z napięciem przedmiesiączkowym lub przedmiesiączkowymi zaburzeniami dysforycznymi, zabiegów ginekologicznych, nieprawidłowych wyników badań cytologicznych lub chorób przenoszonych drogą płciową) oraz ewentualnej historii położniczej (w tym powikłań ciążowych, poronień i szczegółów dotyczących przebiegu poprzednich ciąż i porodów). Lekarz zada ci również pytania na temat stylu życia i nałogów (co jesz, czy pijesz, palisz lub zażywasz narkotyki) oraz innych czynników, które mogą mieć wpływ na ciążę (odnośnie do ojca dziecka i waszego pochodzenia).

Badanie lekarskie. Lekarz przeprowadzi badanie ogólne (sprawdzi serce, płuca, piersi i brzuch), zmierzy ciśnienie krwi, by ustalić punkt odniesienia do przyszłych pomiarów, zanotuje twój wzrost i masę ciała, sprawdzi ręce i nogi pod kątem ewentualnych żylaków lub obrzęków, co również będzie bazą wyjściową do innych badań, zbada narządy płciowe zewnętrzne i wewnętrzne, w tym pochwę i szyjkę macicy (za pomocą wziernika pobierze również rozmaz cytologiczny i/lub wymaz z pochwy), zbada oburącz narządy miednicy (przez pochwę i brzuch lub przez odbyt) oraz oceni rozmiar macicy, a także miednicy (przez którą dziecko w końcu wyjdzie na świat).

Mnóstwo badań. Niektóre są przeprowadzane rutynowo u wszystkich kobiet w ciąży, inne tylko w niektórych regionach lub krajach (albo gabinetach), a jeszcze inne wykonuje się tylko w razie potrzeby. Najbardziej popularne badania prenatalne to:

- Badanie ogólne krwi na czczo, ze szczególnym uwzględnieniem stężenia glukozy;
- Badanie ogólne moczu;
- Badanie krwi, by określić grupę i czynnik Rh (patrz str. 38), wykluczyć anemię oraz zmierzyć poziom hormonu hCG (gonadotropiny kosmówkowej). Krew zostanie zbadana również pod kątem miana przeciwciał (czyli ich stężenia) oraz odporności na niektóre choroby (w tym na różyczkę i ospę wietrzną), a także ewentualnego niedoboru witaminy D;
- Badanie w kierunki kiły, rzeżączki, wirusowego zapalenia wątroby typu B, chlamydiozy i HIV;
- Badanie cytologiczne (takie jak co roku), by wykluczyć obecność nietypowych komórek w szyjce macicy.

W szczególnych przypadkach i w zależności od sytuacji lekarz może uznać, że dodatkowo powinnaś przejść następujące badania:

- Testy genetyczne w kierunku mukowiscydozy (to badanie zaleca się wszystkim przyszłym mamom), niedokrwistości sierpowatokrwinkowej, talasemii, choroby Taya-Sachsa oraz innych chorób genetycznych (jeśli nie przeszłaś ich przed poczęciem; więcej informacji na str. 50).
- Jeśli jesteś otyła, w poprzedniej ciąży miałaś cukrzycę (i/lub bardzo duże dziecko), w rodzinie były przypadki cukrzycy lub występują inne czynniki, które mogą wywołać cukrzycę ciążową (więcej informacji na temat badań w kierunku cu-

> **Czym jest miano przeciwciał różyczki?**
>
> Jednym z wyników, którym zainteresuje się twój lekarz, będzie miano przeciwciał różyczki, czyli ich stężenie w twojej krwi. Niskie oznacza, że powinnaś otrzymać dawkę przypominającą szczepionki (lub zostać zaszczepiona, jeśli wcześniej nie byłaś), ale będzie można to zrobić dopiero po porodzie. Więcej informacji na str. 560.

krzycy ciążowej znajdziesz na str. 303), lekarz z pewnością zleci test obciążenia glukozą 75 g.

Rozmowa. Teraz nadszedł czas, by zadać lekarzowi pytania i porozmawiać z nim o swoich obawach.

Co może cię niepokoić

Wiadomość z ostatniej chwili

Właśnie się dowiedziałam, że jestem w ciąży, i nie mogę się doczekać, żeby wszystkim o tym powiedzieć. Czy jest jeszcze za wcześnie, by przekazać tę wiadomość rodzinie i przyjaciołom?

Nic dziwnego, że nie możesz się doczekać, by ogłosić radosną nowinę na portalach społecznościowych (oraz zawiadomić rodzinę i przyjaciół), zwłaszcza jeśli jest to twoja pierwsza ciąża. Ale jak długo powinnaś się z tym wstrzymać? Kiedy powinnaś wypuścić z worka tego maleńkiego jeszcze koteczka?

Tylko ty możesz podjąć taką decyzję (oraz zadzwonić, napisać SMS, e-mail lub post). Niektóre pary wolą przekazać tę wiadomość dopiero, gdy skończy się pierwszy trymestr, a inne trzymają ją w sekrecie tak długo, jak tylko mogą – na przykład do czasu, kiedy zaokrąglony brzuszek (a może nagła rezygnacja z picia wina albo wiecznie zielonkawy odcień cery) sprawi, że wszystko stanie się jasne. Inni przyszli rodzice bez chwili zastanowienia obwieszczają nowinę całemu światu (a przynajmniej tym, których mają na liście kontaktów), jeszcze zanim kropelka moczu wyschnie na pasku testu ciążowego. Jeszcze inni zdradzają swoją tajemnicę tylko wybranym osobom, zaczynając od najbliższych (lub tych, którym mogą zaufać, że nie zdradzą sekretu, dopóki nie dostaną pozwolenia). Ponieważ nie ma najbardziej lub najmniej odpowiedniego czasu czy sposobu, by przekazać wiadomość o ciąży, zrób to po swojemu. Powiedz teraz albo później, powiedz niektórym albo wszystkim. Poinformuj ich od razu albo trzymaj w napięciu i każ zgadywać.

Pamiętaj tylko, że jeśli już raz podzielisz się z innymi radosną nowiną (lub sama stanie się oczywista), osoby, które znasz (a nawet te obce) będą się z tobą ochoczo dzieliły nieproszonymi radami, komentowały twój wygląd, opowiadały koszmarne historie z porodów i groziły krytycznie palcem, gdy będziesz chciała wypić poranną kawę – nie wspominając o głaskaniu twojego brzucha, chociaż wcale o to nie prosiłaś. Czy to wystarczające powody, żeby się wstrzymać? Decyzja należy do ciebie.

Porozmawiaj zatem ze swoim partnerem i zróbcie to, co dla was najlepsze. I pamiętaj, że dzieląc się radosną nowiną z innymi, powinniście przede wszystkim znaleźć czas, by rozkoszować się nią we dwoje.

Na str. 206 przeczytasz, jak przekazać tę ważną wiadomość w miejscu pracy.

Preparaty uzupełniające dla kobiet w ciąży

Nie cierpię połykania pigułek. Czy naprawdę będę musiała zażywać preparaty uzupełniające, skoro się dobrze odżywiam?

Praktycznie nikt nie odżywia się idealnie – zwłaszcza jeśli jest we wczesnej ciąży, której towarzyszą nieustające nudności skutecznie odbierające apetyt, kiedy to, co z trudem zdoła zjeść, nie zawsze pozostanie w żołądku, albo kiedy wstręt do jedzenia zabija ochotę na cokolwiek choćby w niewielkim stopniu zdrowego. Zatem mimo że żaden suplement nie zastąpi zdrowej diety ciążowej, może służyć jako pewne odżywcze zabezpieczenie oraz jako gwarancja, że twoje dziecko nie zostanie pokrzywdzone, jeśli nie będziesz w stanie osiągnąć odżywczego celu, jaki sobie wyznaczyłaś – szczególnie w początkowych miesiącach ciąży, które są najważniejsze dla rozwijającego się płodu.

Istnieją również inne ważne powody, by przyjmować preparaty prenatalne. Otóż badania dowodzą, że suplementowanie kwasu foliowego i witaminy B_{12} w pierwszych miesiącach ciąży (a optymalnie jeszcze przed zapłodnieniem) znacząco zmniejsza ryzyko wystąpienia wad cewy nerwowej (takich jak rozszczep kręgosłupa), wrodzonych wad serca i autyzmu oraz chroni przed porodem przedwczesnym. Poza tym istnieją dowody na to, że przyjmowanie co najmniej 10 mg witaminy B_6 przed zajściem w ciążę oraz w jej pierwszych miesiącach może zminimalizować poranne nudności. Kolejne zalecenie: wiele kobiet ma niedobór witaminy D* (poproś lekarza, żeby zlecił stosowne badania), a przyjmowanie suplementu zapewni odpowiednie jej stężenie.

Jaki preparat prenatalny powinnaś przyjmować? Ponieważ na rynku dostępnych jest mnóstwo różnych specyfików dla przyszłych mam (zarówno tych na receptę, jak i bez), najlepiej poproś lekarza, żeby ci coś polecił lub przepisał. Jeśli rozmiar ma dla ciebie znaczenie (powiedzmy, że ogromna tabletka – suplementy diety zazwyczaj występują pod taką postacią – wywołuje u ciebie odruch wymiotny lub krztuszenie się), poproś o małą, powlekaną pigułkę lub kapsułkę żelową. Możesz też całkowicie zrezygnować z tabletek – suplementy są produkowane również pod postacią proszku do rozpuszczania w wodzie lub gumy do żucia (najpierw się jednak upewnij, jaki jest skład, ponieważ nie wszystkie preparaty prenatalne są takie same). Być może najlepszy dla twojego wrażliwego teraz żołądka okaże się specyfik, który powoli się uwalnia, z dodatkiem witaminy B_6 i/lub imbiru – w szczególności wówczas, gdy dokuczają ci poranne nudności. Poza tym przyjmowanie preparatu wraz z pokarmem lub o tej porze dnia, kiedy czujesz się najlepiej (na przykład po

> **Minusy (i skutki uboczne) wczesnego informowania o ciąży**
>
> Nawet gdy para cieszy się z pozytywnego wyniku testu ciążowego i ma zamiar podzielić się tą radosną nowiną z rodziną, przyjaciółmi i całym światem, może pojawić się wątpliwość „a co jeśli". Co będzie, jeśli radosna wiadomość zmieni się w smutną, jeśli ciąża szybko skończy się poronieniem? Ten powód znacznie częściej niż inne powstrzymuje pary przed ogłoszeniem ciąży aż do bezpiecznego zakończenia pierwszego trymestru. To zrozumiałe, szczególnie jeśli wcześniej straciłaś ciążę. Ale zatrzymywanie wiadomości o ciąży wyłącznie dla siebie ma również pewne skutki uboczne. Czy jeśli wydarzy się to, co mało prawdopodobne – i nie do pomyślenia – czyli poronisz lub otrzymasz druzgocące wyniki badań prenatalnych – nie będzie ci trudniej poradzić sobie w pojedynkę z takim dramatycznym przeżyciem? Czy poczujesz ulgę, że nikomu nic nie powiedziałaś (w końcu nie musisz się wszystkim zwierzać)? A może zapragniesz wsparcia przyjaciół i rodziny, kiedy będziesz w największej potrzebie?
>
> Warto o tym pomyśleć, ale do ciebie i twojego partnera należy ostateczna decyzja i powinniście podjąć ją wspólnie.

---

* Choć nie ma naukowych dowodów wskazujących na bezwzględną potrzebę podawania witamin kobietom ciężarnym, zaleca się suplementację jodu (150 µg na dobę), kwasu foliowego (400 µg na dobę), witaminy D (150–200 j.m. na dobę). Pozostałe witaminy i minerały należy suplementować w razie stwierdzenia ich niedoborów (przyp. red. meryt.).

kolacji albo przed snem), również pomoże zatrzymać go w żołądku.

Jeżeli postanowiłaś, że zmienisz środek przepisany lub zalecony przez lekarza na taki, który jest wygodniejszy do połknięcia lub lepiej ci służy, najpierw pokaż go lekarzowi. Każdy specyfik powinien spełniać wymagania preparatu dla kobiet w ciąży (szczegóły na str. 103).

U niektórych przyszłych mam żelazo zawarte w preparatach witaminowych powoduje zaparcia lub biegunkę. W takim przypadku ulgę może przynieść zmiana suplementu lub przyjmowanie preparatu bez żelaza i uzupełnienie diety o ten pierwiastek dopiero wtedy, gdy zostanie to zalecone przez lekarza (dodatkowej dawki będziesz potrzebowała przypuszczalnie w drugiej połowie ciąży). Lekarz może ci zaproponować również preparat z żelazem łagodniejszy dla żołądka.

Jem dużo chleba i płatków wzbogaconych witaminami i minerałami. Czy jeśli będę dodatkowo przyjmować suplement diety dla kobiet w ciąży, nie przekroczę dozwolonej dawki?

To prawda, od przybytku czasem boli głowa, ale nie w tym przypadku. Przyjmując preparaty dla kobiet w ciąży i stosując przeciętną dietę złożoną zwykle z produktów wzbogaconych witaminami i minerałami, nie sposób przedawkować. Oczywiście pod warunkiem, że nie będziesz stosowała innych suplementów poza tymi przeznaczonymi dla przyszłych mam – nigdy nie rób tego bez porozumienia z lekarzem. Warto jednak postępować roztropnie z pokarmami, napojami oraz dodatkami spożywczymi, które zawierają więcej witamin A, E i K, niż wynosi zalecane dzienne spożycie, ponieważ w dużych dawkach te substancje mogą być szkodliwe. Większość innych witamin i minerałów rozpuszcza się w wodzie, co oznacza, że każdy nadmiar może zostać bez problemu wydalony przez organizm wraz z moczem. Właśnie dlatego mówi się, że Amerykanie, którzy są zwariowani na punkcie wszelkiego rodzaju suplementów, mają najdroższy mocz na świecie (jeżeli ktokolwiek chciałby go kupić).

Zmęczenie

Od kiedy zaszłam w ciążę, wciąż jestem zmęczona. Czasem mam wrażenie, że nie zdołam dotrwać do końca dnia.

Rano nie masz siły, by podnieść głowę z poduszki? Potem przez cały dzień powłóczysz nogami i nie możesz się doczekać chwili, kiedy wrócisz do domu i położysz się do łóżka? Pewnie wydaje ci się, że straciłaś cały wigor i nie masz już nadziei, że kiedykolwiek go odzyskasz. Nie ma w tym nic dziwnego, w końcu jesteś w ciąży. I chociaż na zewnątrz jeszcze nie widać, że twój organizm pracuje pełną parą, tworząc nowego człowieka, wewnątrz trwa prawdziwa harówka. W pewien sposób twoje ciężarne ciało pracuje ciężej – nawet gdy wypoczywasz (lub śpisz) – niż organizm kobiety biegnącej w maratonie, tylko nie jesteś świadoma tego wysiłku.

A zatem, co dokładnie robi w tej chwili twój organizm? Otóż po pierwsze, zajmuje się bardzo ważną sprawą – tworzy system podtrzymujący życie twojego maleństwa, czyli łożysko – to ogromne przedsięwzięcie, które nie zakończy się przed upływem pierwszego trymestru. Po drugie, znacznie rośnie stężenie niektórych hormonów oraz objętość krążącej krwi, serce bije szybciej, spada stężenie glukozy, metabolizm pędzi jak szalony bez chwili odpoczynku (nawet gdy leżysz), a ty zużywasz więcej substancji odżywczych i wody. I jakby tego było mało, by pozbawić cię resztek sił, do tego wyczerpującego zestawu możesz jeszcze dorzucić wszystkie fizyczne i emocjonalne wyzwania ciążowe, do których musi się dostosować twój organizm. Dodaj to wszystko, a przestaniesz się dziwić, że masz wrażenie, jakbyś codziennie startowała w triathlonie i zjawiała się na mecie na szarym końcu (albo przynajmniej śmiertelnie wyczerpana).

Na szczęście na horyzoncie widać już ulgę. Kiedy herkulesowa praca tworzenia łożyska dobiegnie końca (około 4 miesiąca), a twój organizm przyzwyczai się do hormonalnych i emocjonalnych zmian, jakie niesie ze sobą ciąża, poczujesz wreszcie przypływ energii.

Tymczasem pamiętaj, że zmęczenie to odczuwalny sygnał, który wysyła twój organizm, by dać ci znać, że powinnaś zwolnić i mniej się denerwować. A więc słuchaj go i odpoczywaj tyle, ile potrzebujesz. Zapał odzyskasz również dzięki następującym wskazówkom:

Rozpieszczaj się. Jeśli jesteś w pierwszej ciąży, ciesz się ostatnią prawdopodobnie szansą na to, by bez poczucia winy zajmować się wyłącznie sobą. Jeśli masz już dzieci, na pewno będziesz musiała podzielić swoją uwagę. Tak czy owak, to nie najlepszy czas, by walczyć o miano perfekcyjnej mamy. Odpoczynek jest teraz dla ciebie ważniejszy niż pucowanie domu do czysta lub przygotowywanie wykwintnego posiłku (lub w ogóle gotowanie – po to właśnie wymyślono jedzenie na wynos). Brudne naczynia mogą zaczekać, a gdy zobaczysz kurz pod stołem, spójrz w drugą stronę. Zamawiaj przez Internet zakupy spożywcze (oraz wszystko, co ci przyjdzie do głowy), zamiast się męczyć i chodzić po sklepach. Jeśli cię na to stać, zostań stałą klientką portali z jedzeniem na wynos (w USA – www.grubhub.com lub www.seamless.com, w Polsce www.pyszne.pl) i korzystaj z usług firm oferujących usługi outsourcingowe. Nie podejmuj się zadań ani obowiązków, które nie są niezbędne. Nigdy nie byłaś leniwa? Teraz masz najlepszą okazję, żeby spróbować.

Pozwól, by inni również cię rozpieszczali. W kolejnych miesiącach będziesz dźwigała spory ciężar, zatem twój partner będzie musiał mieć taki sam udział w obowiązkach domowych (a co powiesz na większy?), które obejmują między innymi pranie i robienie zakupów. Nie odrzucaj oferty teściowej, gdy podczas wizyty zaproponuje, że ugotuje obiad. Kiedy koleżanka idzie na zakupy, poproś ją, by przy okazji kupiła dla ciebie kilka podstawowych artykułów. W ten sposób zaoszczędzisz trochę energii i będziesz mogła się wybrać na spacer, zanim ledwie żywa wybierzesz się do łóżka.

Zrelaksuj się. Pod koniec dnia jesteś kompletnie wykończona? Spędzaj wieczory w domu, relaksuj się i odpoczywaj (najlepiej z nogami w górze), zamiast wychodzić na miasto. I nie czekaj, aż zapadnie zmierzch, żeby się odprężyć. Jeśli zdołasz się zdrzemnąć w ciągu dnia, zrób to bez wahania. Gdy nie możesz spać, po prostu się połóż i odpocznij. Jeśli jesteś pracującą przyszłą mamą, drzemka w biurze oczywiście nie wchodzi w grę, chyba że masz ruchomy czas pracy i dostęp do wygodnej kanapy, ale w porze przerwy na lunch możesz oprzeć nogi na biurku albo położyć się na sofie w pomieszczeniu socjalnym. (Jeśli zdecydowałaś się na odpoczynek w trakcie lunchu, nie zapomnij również o jedzeniu).

Bądź leniwą mamą. Masz już dzieci? Zatem z oczywistych powodów możesz być jeszcze bardziej zmęczona (masz mniej czasu na odpoczynek, a obciążenie twojego organizmu jest teraz większe). A może nawet nie zauważasz zmęczenia, ponieważ już zdążyłaś się do niego przyzwyczaić albo jesteś zbyt zajęta, by zwracać na nie uwagę. Tak czy inaczej, nie jest łatwo się rozpieszczać, jeśli masz do rozpieszczania dzieci, które domagają się zainteresowania. Nie rezygnuj jednak. Wyjaśnij im, że noszenie rozwijającego się maleństwa to ciężka praca, która bardzo cię wyczerpuje. Poproś dzieci o pomoc w domu, żebyś miała więcej czasu na wypoczynek. Spędzaj z nimi czas na cichych zabawach – czytaniu, układaniu puzzli, zabawie w lekarza (ty jesteś pacjentką i leżysz) lub oglądaniu filmów. Drzemanie w ciągu dnia to dla pełnoetatowej mamy również niełatwa sprawa, ale jeśli uda ci się tak zaplanować czas, by odpoczywać, kiedy dzieci śpią (jeżeli jeszcze robią to w ciągu dnia), będziesz mogła trochę odetchnąć.

Przeznacz więcej czasu na sen. Być może to oczywiste, ale na wszelki wypadek zapamiętaj, że nawet godzina snu więcej w nocy może sprawić, że rano będziesz przytomniejsza. Nie przesadzaj jednak z drzemkami, ponieważ zbyt duża ilość snu może wywołać jeszcze większe zmęczenie.

Jedz zdrowo. By utrzymać poziom energii, musisz dostarczać organizmowi najlepsze paliwo. Upewnij się więc, czy każdego dnia zapewniasz mu odpowiednią liczbę kalorii, koncentrując się przede wszystkim na energetycznym połączeniu białka i węglowodanów złożonych, które przez dłuższy czas pomogą ci zachować siły. Być może wydaje ci się, że kofeina lub cukier (albo oba naraz) to idealny i szybki sposób na poradzenie sobie ze spadkiem energii, ale tak nie jest. Niewykluczone, że batonik lub napój energetyzujący ożywią cię przez chwilę, ale osiągnięte dzięki nim wysokie stężenie glukozy we krwi zacznie szybko spadać, a ty poczujesz się jeszcze bardziej zmęczona. (Poza tym niektóre napoje energetyzujące mogą zawierać substancje szkodliwe dla przyszłych mam).

Jedz często. Podobnie jak w przypadku wielu innych objawów ciążowych pokonywaniu zmęczenia służy również dieta złożona z 6 mniejszych posiłków (patrz str. 92). Utrzymanie stężenia glukozy we krwi na stałym poziomie pomoże ci także utrzymać stały poziom energii. Nie opuszczaj zatem posiłków oraz często sięgaj po mniejsze dania i przekąski.

Spaceruj. Możesz też wolno biegać, chodzić pieszo do sklepu, wykonywać ćwiczenia dla kobiet w ciąży lub zainteresować się jogą. Pewnie, że kanapa nigdy wcześniej nie wyglądała tak kusząco, ale – paradoksalnie – jeśli będziesz zbyt dużo odpoczywać, a za mało ćwiczyć, zasoby twojej energii wyczerpią się o wiele szybciej. Nawet krótki wysiłek fizyczny (10-minutowy spacer lub ćwiczenia dla przyszłych mam) będzie bardziej odświeżający niż wylegiwanie się na kanapie. Pamiętaj jednak, żeby nie przesadzać z ćwiczeniami – chcesz przecież czuć się po nich wzmocniona i pełna energii, a nie wyczerpana; ułatwią ci to wskazówki zamieszczone na str. 237.

Aczkolwiek dokuczliwe zmęczenie zmniejszy się przypuszczalnie około 4 miesiąca ciąży, w ostatnim trymestrze może się niestety znowu pojawić. (Czyżby natura chciała cię w ten sposób przygotować na długie bezsenne noce, z którymi przyjdzie ci się zmierzyć, gdy maluszek pojawi się na świecie?)

Poranne nudności

Nie mam porannych nudności. Czy nadal jestem w ciąży?

Poranne złe samopoczucie, podobnie jak nieodparta ochota na ogórki czy lody, to jeden ze stereotypów na temat objawów ciąży, jednak nie zawsze prawdziwy. Badania dowodzą, iż niemal trzy czwarte kobiet w ciąży ma poranne nudności i/lub wymiotuje, ale to oznacza, że 25 procent tego nie doświadcza. Jeśli należysz do tych przyszłych mam, które rano nie czują się źle lub które tylko od czasu do czasu miewają łagodne nudności, możesz śmiało uznać, że nie tylko jesteś w ciąży, ale na dodatek jesteś szczęściarą. Weź również pod uwagę, że to szczęście może się wkrótce skończyć, ponieważ poranne nudności często pojawiają się dopiero w 6 tygodniu ciąży lub później.

W moim przypadku poranne nudności trwają przez cały dzień. Boję się, że tym, co zostaje w moim żołądku, nie zdołam wyżywić dziecka.

Witaj w klubie mam z nudnościami – ten klub to 75 procent kobiet w ciąży. Na szczęście chociaż ty i pozostałe zbolałe członkinie cierpicie z powodu porannych nudności – to raczej błędne miano tej przypadłości, ponieważ, jak już zdążyłaś zauważyć, występuje ona nie tylko rano, ale też po południu, wieczorem i (prawdopodobnie) przez cały dzień – twoje dziecko wcale na tym nie cierpi. Jego potrzeby żywieniowe są tak niewielkie jak ono samo (w tej chwili jest mniejsze niż ziarnko grochu). Nawet te przyszłe mamy, które mają ogromne trudności z utrzymaniem pokarmu w żołądku i chudną w pierwszym trymestrze ciąży, nie wyrządzą krzywdy swojemu dziecku, jeśli będą wyrównywać zaległości w kolejnych miesiącach. Zazwyczaj nie ma z tym większego problemu, ponieważ nudności i wymioty charakteryzujące pierwsze tygodnie ciąży zazwyczaj zanikają między 12 a 14 tygodniem.

Co wywołuje poranne nudności? Nikt tego nie wie na pewno, chociaż nie brakuje teorii na ten temat. Uważa się na przykład, że ich przyczyną jest podwyższone stężenie hormonu hCG (gonadotropiny kosmówkowej) we krwi w pierwszym trymestrze oraz podwyższone stężenie estrogenów, refluks żołądkowo-przełykowy, spowodowane hormonami rozluźnienie tkanki mięśniowej przewodu pokarmowego (które sprawia, że trawienie jest mniej skuteczne i wydajne), a także bardziej wyczulony węch.

Nie wszystkie przyszłe mamy doświadczają porannych nudności w ten sam sposób. Niektóre czują się źle tylko od czasu do czasu, inne mają nudności przez cały czas, ale nie wymiotują (chociaż czasem by chciały), jeszcze inne wymiotują raz na jakiś czas, a pozostałe robią to nieustająco. Przyczyny porannych nudności (lub nieustającego kiepskiego samopoczucia przez całą dobę i siedem dni w tygodniu) mogą być następujące:

Stężenie hormonów. Wyższe niż przeciętne stężenie hormonów (gdy mama jest w ciąży wielopłodowej) może sprawić, że poranne nudności będą bardziej intensywne. Niższe stężenie hormonów zminimalizuje nudności, a nawet całkowicie je wykluczy (chociaż kobiety, u których stężenie hormonów nie przekracza normy, również mogą mieć nudności).

Wrażliwość. U niektórych kobiet część mózgu odpowiedzialna za dolegliwości ciążowe jest bardziej wrażliwa niż u innych, co oznacza, że prawdopodobnie będą bardziej narażone na działanie hormonów oraz innych bodźców wywołujących nudności. Jeśli twoje centrum dowodzenia (mózg) nieraz dowiodło, że jest nadwrażliwe (na przykład masz chorobę lokomocyjną lub morską), w ciąży prawdopodobnie będziesz się zmagać z nudnościami i wymiotami. Nigdy nie miałaś nudności? Zatem przypuszczalnie nie będziesz się musiała z nimi zmagać w trakcie ciąży.

Stres. Wiadomo, że stres wywołuje dolegliwości żołądkowo-jelitowe, więc nic dziwnego, że poranne nudności nasilają się w chwilach napięcia nerwowego. Nie znaczy to, że źródłem napięcia jest twoja głowa (tak naprawdę chodzi o hormony), ale ona również może mieć w tym swój udział (gdy znajdzie się pod wpływem silnego stresu).

Zmęczenie. Zmęczenie fizyczne lub psychiczne również może nasilić poranne nudności (i na odwrót – silne dolegliwości ze strony układu pokarmowego mogą pogorszyć twój stan fizyczny i psychiczny, a w rezultacie poczujesz się jeszcze bardziej zmęczona).

Ciąża po raz pierwszy. Poranne nudności są częstsze i bardziej uciążliwe podczas pierwszej ciąży, co oznacza, że zarówno czynniki fizyczne, jak i psychiczne odgrywają w tym czasie większą rolę. Pod względem fizycznym ciało pierworódki jest gorzej przygotowane na szturm hormonów oraz innych zmian, z jakimi miała do czynienia kobieta, która już wcześniej została mamą. Kobieta, która po raz pierwszy jest w ciąży, prawdopodobnie będzie pełna obaw, i odbije się to na jej żołądku; tymczasem kobiety, które są w kolejnej ciąży, nie będą miały nudności, ponieważ z powodu opieki nad starszymi dziećmi nie znajdą na to czasu. (Nie można jednak stosować żadnych uogólnień, ponieważ niektóre przyszłe mamy w kolejnych ciążach mają większe mdłości niż w pierwszej).

A oto kwestia, która najprawdopodobniej nie ma żadnego związku z nudnościami (lub ich brakiem): płeć dziecka. Niektóre przyszłe mamy zarzekają się, że im dokuczliwsze poranne nudności, tym większe prawdopodobieństwo urodzenia dziewczynki. Ale są też takie, które uważają, że jest wprost przeciwnie, i twierdzą, że nigdy nie czuły takich okropnych nudności przed urodzeniem córeczki. Istnieją wszak pewne dowody na to, że przyszłe mamy, które w trakcie ciąży zmagały się ze szczególnie dokuczliwymi dolegliwościami ze strony układu pokarmowego, mogą oczekiwać dziewczynki, aczkolwiek eksperci uważają, iż nie można wiązać płci dziecka z samopoczuciem jego mamy.

Bez względu na przyczynę twojego samopoczucia (czyż naprawdę ma znaczenie, że wymiotujesz dzisiaj już trzeci raz?) nie ma na to innego lekarstwa poza upływającym czasem. Na szczęście istnieją sposoby, by zminimalizować tę niedolę, pod warunkiem że będziesz przestrzegać następujących porad, które pomogą ci ograniczyć poranne nudności:

- Jedz wcześnie. Poranne nudności nie będą czekać, aż wstaniesz. Nudności pojawiają się zazwyczaj wtedy, gdy po nocy masz pusty żołądek. Jeśli nie jadłaś przez jakiś czas, kwas żołądkowy nie ma nic do strawienia, zatem nic dziwnego, że masz nudności. Jeśli chcesz powstrzymać nudności, nie myśl nawet o tym, by wstać z łóżka bez małej przekąski (krakersa, ryżowego wafelka, suchych płatków śniadaniowych lub garści mieszanki studenckiej), którą powinnaś przygotować sobie poprzedniego wieczoru i położyć na nocnym stoliku. Przekąski przy łóżku to bardzo dobry pomysł, ponieważ nie będziesz musiała wstawać, gdy zgłodniejesz w środku nocy. Będziesz mogła również coś przegryźć, gdy pobiegniesz do toalety, dzięki czemu twój żołądek cały czas będzie pełen.

- Jedz późno. Jeśli zjesz przed snem lekką przekąskę z wysoką zawartością białka i węglowodanów złożonych (na przykład babeczkę ze szklanką mleka lub kawałek sera i garść liofilizowanego mango), rano twój żołądek będzie bardziej zadowolony.

- Jedz lekko. Przepełniony żołądek jest tak samo skłonny do wymiotów jak pusty. Przejadanie się – nawet gdy nadal czujesz głód – może prowadzić do torsji.

- Jedz często. Jednym z najlepszych sposobów na powstrzymanie nudności jest utrzymywanie równego stężenia glukozy we krwi, a także pełnego (ale nie przepełnionego) żołądka. W tym celu zacznij podjadać. Jedz często małe porcje – 6 niewielkich posiłków dziennie zamiast 3 dużych. Nie wychodź z domu bez zapasu przekąsek, które zdołasz utrzymać w żołądku (suszonych i liofilizowanych owoców, orzechów, batoników muesli, suchych płatków śniadaniowych, krakersów, precli czy przekąsek z sera).

- Jedz dobrze. Dieta bogata w białko i węglowodany złożone może ci pomóc zwalczyć nudności. Skuteczne w tej walce jest generalnie każde zdrowe jedzenie, zatem odżywiaj się jak najlepiej (biorąc oczy-

DLA OJCÓW
Daj jej trochę wolności od nudności

Poranne nudności to jeden z objawów ciąży, a jego nazwa zdecydowanie nie odpowiada prawdzie. To dolegliwość, która przez siedem dni w tygodniu i dwadzieścia cztery godziny na dobę może dręczyć twoją partnerkę i kazać jej biegać do łazienki rano, w południe, wieczór i w nocy, sprawiając, że częściej obejmuje toaletę niż ciebie. Zatem zrób coś, by poczuła się lepiej lub chociażby nie gorzej. Zrezygnuj z wody po goleniu, która nagle zaczęła ją drażnić, i jedz krążki cebulowe poza zasięgiem jej węchu (przez hormony jest teraz bardziej wyczulona na zapachy). Tankuj jej samochód, żeby nie musiała wąchać oparów benzyny. Przynoś jej jedzenie, które łagodzi nudności i nie prowokuje kolejnej wizyty w toalecie.

Dobry wybór w tym przypadku to napój imbirowy, delikatne soki warzywne i owocowe oraz krakersy (najpierw ją jednak zapytaj, ponieważ to, co przynosi ulgę jednej kobiecie, u innej może wywołać odwrotny skutek). Zachęć, by jadła małe porcje przez cały dzień zamiast 3 dużych posiłków (rozłożenie „ciężaru" i pełen żołądek pomogą powstrzymać nudności) i nie krytykuj jej wyborów (to nie jest dobry moment, żeby zrzędzić, by jadła brokuły). Bądź przy niej, gdy wymiotuje – przytrzymaj jej głowę, przynieś wodę z lodem, pomasuj plecy. I pamiętaj – bez żartów. Gdybyś ty wymiotował całymi tygodniami, też by cię to nie bawiło. A więc nic dziwnego, że dla niej to nie jest śmieszne.

wiście pod uwagę okoliczności, które nie zawsze mogą być łatwe).

- Jedz, co możesz. Zdrowe jedzenie ci nie służy? Teraz twoim priorytetem jest to, byś zdołała zjeść cokolwiek i utrzymać to w żołądku. Później będziesz miała czas, żeby zadbać o zdrową dietę. Kiedy się źle czujesz i masz nudności, zjedz po prostu to, co pozwoli ci przetrwać dzień (i noc), nawet gdyby miały to być tylko lody i pierniczki. Jeśli możesz zjeść lody z prawdziwych owoców i pełnoziarniste ciasteczka z imbirem, to wspaniale. Jeśli nie, też dobrze.

- Dużo pij. Na krótką metę picie odpowiedniej ilości płynów jest ważniejsze niż jedzenie, szczególnie gdy tracisz ich mnóstwo z powodu wymiotów. Jeśli stwierdzasz, że płyny bardziej ci służą, gdy źle się czujesz, niech one będą źródłem składników odżywczych. Przyjmuj witaminy i składniki mineralne pod postacią zmiksowanych owoców lub warzyw, zup oraz soków. Jeśli się okaże, że to płyny wywołują nudności, jedz pokarmy stałe z dużą zawartością wody, takie jak świeże owoce i warzywa, zwłaszcza melony (absolutnym zwycięzcą w tej konkurencji jest arbuz) oraz owoce cytrusowe. Niektóre przyszłe mamy cierpiące na nudności stwierdzają, że jednoczesne picie i jedzenie stanowi zbyt duże obciążenie dla ich układu pokarmowego – jeżeli tak właśnie jest w twoim przypadku, spróbuj pić między posiłkami. Jeśli bardzo dużo wymiotujesz, pomocna może się okazać woda z elektrolitami lub woda kokosowa.

- Jedz na zimno. Poeksperymentuj też z temperaturą. Wiele kobiet w ciąży stwierdza, że zimne napoje i przekąski bardziej im służą, a inne wolą coś ciepłego (na przykład grzankę z serem).

- Zmieniaj jadłospis. To, co na początku wydaje się idealne (i jesz to na okrągło, bo tylko na to zgadza się twój żołądek), później często zaczyna wywoływać nudności. Jeśli masz tak dość krakersów, że na ich widok robi ci się niedobrze, zmień je na jakieś inne węglowodany (na przykład na pełnoziarniste płatki zbożowe).

- Jeśli jakiś produkt ci nie służy, nie jedz go. Koniec kropka. Nie zmuszaj się do spożywania czegoś, co ci nie odpowiada albo – co gorsza – sprawia, że źle się czujesz. Zdaj się na swoje kubki smakowe (oraz zachcianki i awersje pokarmowe). Jeśli tolerujesz wyłącznie słodkie pokarmy, sięgaj właśnie po nie (zjedz na obiad brzoskwinię i jogurt zamiast brokułów i kurczaka; to też źródło witaminy A i białka). Jeśli twój żołądek mniej się buntuje, gdy dostarczasz mu coś bardziej pikantnego, zjedz na śniadanie pizzę zamiast płatków.
- Oszczędź sobie zapachu (i widoku) potraw, od których robi ci się niedobrze. Kobiety w ciąży są bardzo wrażliwe na wonie i to, co kiedyś uważały za apetyczne, nagle staje się odrażające, a odrażający zapach momentalnie wywołuje nudności. A zatem unikaj takich zapachów, nawet jeśli ich źródłem są parówki i jajecznica, czyli ulubione dania twojego partnera, lub jego woda po goleniu, która kiedyś przyprawiała cię o romantyczny zawrót głowy (a teraz sprawia, że pochylasz głowę nad sedesem). Trzymaj się również z daleka od jedzenia, którego widoku nie możesz znieść (winowajcą najczęściej jest surowe mięso).
- Stosuj preparaty witaminowe. Przyjmuj suplementy diety, by uzupełnić brak składników odżywczych, których nie otrzymujesz wraz z pożywieniem. Obawiasz się, że

Twój nos to wie

Zauważyłaś, że od kiedy jesteś w ciąży, możesz wyczuć, co jest w menu, zanim postawisz nogę w restauracji? Ten wyostrzony zmysł powonienia jest naturalnym efektem ubocznym ciąży wywołanym przez hormony (w tym przypadku estrogeny), które wzmacniają każdy najłagodniejszy nawet zapach unoszący się w powietrzu. Co gorsza, to powonienie psa gończego może również nasilić poranne nudności. Masz problem z zapachami? Pozwól, by twój nos odpoczął. Oto kilka strategii, które możesz wypróbować:

- Jeśli nie możesz znieść jakiegoś zapachu, po prostu wyjdź z kuchni albo restauracji. Wyjdź też z działu perfumeryjnego, jeśli akurat jesteś w Sephorze, i z każdego innego miejsca, w którym unosi się woń przyprawiająca cię o mdłości.
- Zaprzyjaźnij się z kuchenką mikrofalową. Jedzenie przygotowywane w mikrofali zazwyczaj pachnie mniej intensywnie.
- Za późno, bo już coś cuchnie? Pootwieraj wszystkie okna, by pozbyć się zapachu gotowanych potraw lub stęchlizny, albo włącz okap kuchenny.
- Pierz ubrania częściej niż zwykle, ponieważ włókno zatrzymuje zapachy. Używaj bezzapachowych detergentów i płynów do płukania, jeśli te pachnące cię drażnią (to samo odnosi się do wszystkich środków do czyszczenia).
- Przerzuć się na kosmetyki nieperfumowane (lub wybieraj zapachy, które nie wywołują nudności).
- Poproś wszystkich, którzy regularnie pojawiają się w zasięgu twojego nosa (i których znasz wystarczająco dobrze, by o to poprosić), żeby mieli wzgląd na twój szczególnie wyczulony zmysł powonienia. Poproś również partnera, by mył ręce, zmieniał ubranie i czyścił zęby za każdym razem, gdy zje cheeseburgera z chili. Zasugeruj koleżankom, by w twojej obecności nie przesadzały z perfumami.
- Spróbuj otaczać się zapachami, dzięki którym czujesz się lepiej (jeżeli takie są). Mięta, cytryna, imbir oraz cynamon mogą działać kojąco, aczkolwiek niektóre przyszłe mamy nagle zaczynają doceniać aromaty, które kojarzą się z niemowlęciem, na przykład zapach zasypki.

będziesz miała trudności z przełknięciem kapsułki albo że od razu ją zwymiotujesz? Prawdę mówiąc, jedna tabletka witaminowa dziennie może złagodzić nudności (zwłaszcza gdy będziesz przyjmować preparat z uwalniającą się powoli witaminą B_6, która jest najlepsza w walce z nudnościami). Przyjmuj preparat o takiej porze dnia, kiedy ryzyko, że go zwymiotujesz, jest najmniejsze, na przykład wraz z wieczorną przekąską. Możesz też zapytać lekarza, co sądzi o dodatkowej dawce witaminy B_6 i/lub suplemencie magnezowym, gdyż według niektórych opinii magnez pomaga łagodzić poranne nudności.

- Polub imbir. To, co już od wieków powtarzają doświadczone kobiety (i położne), jest prawdą: imbir to doskonały lek na ciążowe nudności. Przyprawiaj zatem imbirem różne potrawy (zrób na przykład zupę marchewkowo-imbirową lub babeczki z imbirem), dodawaj go do herbaty, przegryzaj ciasteczka imbirowe, imbir liofilizowany i suszony albo ssij cukierki lub lizaki z imbirem. Równie skuteczny jest napój przygotowany z prawdziwego imbiru; pamiętaj, że nie jest nim napój gazowany o smaku imbiru, czyli ginger ale, więc koniecznie sprawdź etykietę. Nawet sam zapach świeżego imbiru może złagodzić nudności. Możesz też zastosować inną wypróbowaną metodę, a mianowicie cytrynę. Wiele przyszłych mam stwierdza, że zapach i smak cytryn to doskonałe antidotum na nudności. Innym ulgę mogą przynieść cukierki miętowe lub kwaskowe landrynki. Możesz wypróbować również zimne mleko migdałowe, które jest znane jako środek kojący podrażniony żołądek (działa także na zgagę).
- Wypoczywaj. Więcej śpij, ponieważ zmęczenie także może być przyczyną porannych nudności.
- Nie spiesz się. Nie wyskakuj rano z łóżka i nie pędź jak szalona – pośpiech może pogłębić problem. Lepiej poleż przez kilka minut, zjedz spokojnie przekąskę, a potem powoli wstań i przygotuj śniadanie. Jeśli masz już dzieci, pewnie uznasz, że to niemożliwe, ale spróbuj budzić się przed nimi, żeby wykraść kilka chwil spokoju, albo poproś tatę, by przejął poranne obowiązki.
- Zmniejsz stres. Mniej negatywnych uczuć to lepsze samopoczucie i być może też mniejsze mdłości. Na str. 151 przeczytasz, jak radzić sobie ze stresem.
- Dbaj o jamę ustną. Myj zęby (pastą, która nie wywołuje nudności) lub płucz usta po każdym epizodzie wymiotów, a także po posiłkach (poproś dentystę, żeby polecił ci dobry płyn do płukania). Dzięki temu nie tylko utrzymasz świeżość w jamie ustnej i zredukujesz nudności, ale też uchronisz zęby i dziąsła przed szkodliwym działaniem bakterii, które żywią się resztkami po wymiotach.
- Wypróbuj Sea-Band. To dwuipółcentymetrowe opaski akupresurowe, które nosi się na obu nadgarstkach – każda opaska dzięki specjalnemu guzikowi uciska odpowiedni punkt akupresurowy na wewnętrznej części nadgarstka i łagodzi w ten sposób ataki nudności oraz wymioty. Opaski Sea-Band nie powodują żadnych skutków ubocznych i można je kupić w aptekach oraz sklepach ze zdrową żywnością. Być może lekarz poleci ci bardziej zaawansowaną formę akupresury – na przykład opaski na baterie wykorzystujące metodę stymulacji elektronicznej (Relief-Band lub Psi-Band).
- Zastanów się nad metodami, które oferuje medycyna alternatywna i uzupełniająca (niekonwencjonalna). Wiele z nich może złagodzić objawy porannych nudności – na przykład akupunktura, akupresura, biofeedback (biologiczne sprzężenie zwrotne), medytacje czy hipnoza – zatem warto się im przyjrzeć (patrz str. 80).

- Poproś o lekarstwa. Jeśli wszystkie wskazówki i działania na własną rękę nie zdały egzaminu, zapytaj lekarza, czy mogłabyś otrzymać lek na receptę. Jeśli wymioty są wyjątkowo silne, zaleca się środki przeciwwymiotne. W Polsce w przypadkach uciążliwych nudności i wymiotów stosuje się m.in. prometazynę, prochlorperazynę, chlorpromazynę, dimenhydrynat i metoklopramid. Nie bierz żadnych leków (tradycyjnych ani ziołowych), jeśli nie zostały przepisane przez lekarza.

U niecałych 5 procent przyszłych mam nudności i wymioty są tak uciążliwe i poważne, że konieczna jest interwencja lekarza lub nawet hospitalizacja. Jeśli uważasz, że tak właśnie jest w twoim przypadku, skontaktuj się z lekarzem i zajrzyj na str. 576.

Nadmierne wydzielanie śliny

Przez cały czas mam usta pełne śliny, a gdy ją połykam, zaczynam wymiotować. Co się dzieje?

Ślinienie się to nic zabawnego (zwłaszcza w towarzystwie innych ludzi), ale dla wielu kobiet w pierwszym trymestrze ciąży to nieprzyjemny fakt z codziennego życia. Zwiększone wydzielanie śliny jest częstym (i niemiłym) objawem ciąży, zwłaszcza u tych przyszłych mam, którym dokuczają poranne nudności. I chociaż ślinotok może intensyfikować nudności i powodować odruch wymiotny w trakcie jedzenia, to jest całkowicie nieszkodliwy i na szczęście krótkotrwały, ponieważ znika zazwyczaj po kilku miesiącach.

Jesteś już tym zmęczona? Plujesz jadem, bo nie możesz tego znieść? Myj często zęby pastą miętową, płucz usta płynem z dodatkiem mięty albo żuj gumę bez cukru – to powinno odrobinę osuszyć „teren".

Metaliczny posmak w ustach

Przez cały czas mam w ustach metaliczny posmak. Czy ma to związek z ciążą czy może z czymś, co zjadłam?

Masz wrażenie, że twoje usta są pełne monet? Możesz wierzyć lub nie, ale ten metaliczny posmak to dość powszechny – chociaż rzadko omawiany – efekt uboczny ciąży, który możesz zapisać na rachunek hormonów. Zresztą hormony zawsze mają wpływ na zmysł smaku. Kiedy szaleją (na przykład gdy masz miesiączkę lub gdy z podwójną mocą pracują podczas ciąży), to samo dzieje się z twoimi kubkami smakowymi. Podobnie jak poranne nudności, ten paskudny posmak z czasem również powinien trochę zelżeć – a jeśli będziesz miała szczęście, zniknie całkowicie – w drugim trymestrze ciąży, kiedy hormony się uspokoją.

Tymczasem możesz spróbować zwalczyć go kwasem. Wybieraj soki z owoców cytrusowych, lemoniadę, kwaśne cukierki oraz – pod warunkiem że twój żołądek to wytrzyma – potrawy w marynacie octowej (może ogórki konserwowe z lodami?). Produkty o zdecydowanie kwaśnym smaku nie tylko przebiją się przez metaliczny posmak, ale też zwiększą wydzielanie śliny, która pomoże go wypłukać (chociaż to niezbyt dobry pomysł, jeżeli i tak już masz ślinotok). Masz do dyspozycji również inne sposoby: za każdym razem, gdy myjesz zęby, wyszoruj też język, albo kilka razy dziennie płucz usta wodą z solą (1 łyżeczka soli na szklankę wody) lub roztworem sody oczyszczonej (¼ łyżeczki na szklankę wody), by zneutralizować pH w ustach i zlikwidować smak metalu. Możesz również poprosić lekarza, by przepisał ci inny preparat witaminowy, ponieważ niektóre tego typu środki wywołują taki posmak bardziej niż inne.

Częste oddawanie moczu

Biegam do łazienki co pół godziny. Czy tak częste siusianie to normalny objaw?

Być może sedes nie jest najwygodniejszym siedziskiem w domu, ale większość przyszłych mam spędza na nim wiele czasu. Spójrzmy prawdzie w oczy: gdy czujesz parcie na pęcherz, musisz od razu biec do toalety, a w najbliższych dniach (i nocach) będziesz to robić bez przerwy. Jakkolwiek ciągłe siusianie nie zawsze jest wygodne, to z pewnością zawsze jest całkowicie normalne, szczególnie na początku ciąży.

Co jest przyczyną takiego stanu rzeczy? Po pierwsze, hormony zwiększają nie tylko ilość krwi, ale też moczu. Po drugie, w czasie ciąży poprawia się praca nerek, co pomaga organizmowi szybciej pozbywać się szkodliwych produktów przemiany materii (w tym również dziecka, a to oznacza, że siusiasz za dwoje). I w końcu powiększająca się macica naciska na pęcherz, w którym pozostaje teraz mniej miejsca na mocz – zbiornik szybciej się napełnia, a ty znowu czujesz, że „musisz siusiu". Ucisk na pęcherz często się zmniejsza, gdy w drugim trymestrze macica przesuwa się górę jamy brzusznej. Macica zaczyna się opuszczać w stronę spojenia łonowego zwykle w trzecim trymestrze albo w 9 miesiącu, gdy dziecko obróci się w dół w kierunku kanału rodnego (a ty występujesz w drugiej części dramatu pod tytułem „Częste siusianie. Reaktywacja"). Ponieważ narządy wewnętrzne są u każdej kobiety rozmieszczone nieco inaczej, częstotliwość oddawania moczu również może być różna. Niektóre kobiety nie zauważają prawie żadnej zmiany, a inne męczą się przez dziewięć miesięcy.

Podczas siusiania pochyl się do przodu – będziesz miała pewność, że całkowicie opróżniłaś pęcherz; równie skuteczne jest drugie podejście do siusiania (zrób to, co do ciebie należy, a potem spróbuj jeszcze trochę wycisnąć). Obie taktyki mogą zmniejszyć liczbę wypraw do toalety, ale bądź realistką i nie spodziewaj się zbyt wiele.

Nie sądź, że ograniczenie ilości płynów pomoże ci się trzymać z dala od łazienki. Zarówno twój organizm, jak i organizm dziecka potrzebują stałych dostaw płynów, a poza tym odwodnienie może być przyczyną zapalenia dróg moczowych. Ogranicz za to kofeinę, ponieważ w dużych ilościach działa moczopędnie (i wywołuje gwałtowną potrzebę skorzystania z toalety). Jeśli stwierdzasz, że w nocy zbyt często biegasz do toalety, spróbuj ograniczyć picie przed pójściem spać.

DLA OJCÓW

Kiedy ona musi siusiu... przez cały czas

I znowu idzie do toalety. Cóż, częste siusianie to objaw, który w pierwszym trymestrze będzie stale towarzyszyć twojej partnerce, a potem powróci ze zdwojoną siłą pod koniec ciąży. Aby ułatwić jej korzystanie z toalety, spróbuj wypracować zasady łazienkowej etykiety. Staraj się nie blokować łazienki i zawsze zostawiaj ją w takim stanie, by mogła z niej od razu skorzystać. Nie zapominaj opuszczać deski (zwłaszcza w nocy), usuń z korytarza wszystkie przeszkody (na przykład torbę, którą zabierasz na siłownię, albo trampki) i zapal przyciemnione światło, żeby w nocy nie potknęła się w drodze do łazienki. I bądź bardzo wyrozumiały (czytaj: nie przewracaj oczami), gdy ona wstaje trzy razy w trakcie filmu albo musicie zatrzymać się sześć razy w drodze do domu rodziców. Pamiętaj, że ona nie kontroluje częstotliwości oddawania moczu (czasem dosłownie) i że jego powstrzymywanie może doprowadzić do zakażenia dróg moczowych.

Jeżeli przez cały czas czujesz parcie na pęcherz (nawet gdy przed chwilą siusiałaś), któremu towarzyszy ból i/lub bóle podbrzusza, porozmawiaj o tym z lekarzem. Prawdopodobnie zleci badanie, by sprawdzić, czy nie masz zapalenia dróg moczowych.

Jak to możliwe, że wcale często nie siusiam?

Może nie zauważyłaś, że częściej siusiasz, ponieważ wcześniej też ci się to zdarzało, a może po prostu nie zwracasz na to uwagi. Mimo wszystko upewnij się, że wypijasz odpowiednią ilość płynów. Zbyt mała może być powodem nie tylko rzadszego oddawania moczu, ale też odwodnienia i zapalenia dróg moczowych. Zwracaj zatem uwagę na częstotliwość oddawania moczu oraz na jego kolor (powinien być przezroczysty i bladożółty).

Zmiany w obrębie piersi

Prawie nie rozpoznaję własnych piersi – są takie ogromne, a do tego wrażliwe i bolesne. Czy takie już pozostaną, a może będą obwisłe po porodzie?

Wygląda na to, że właśnie odkryłaś pierwszą dużą ciążową zmianę, a mianowicie piersi. Brzuszek zazwyczaj nie uwypukla się jakoś znacznie przed drugim trymestrem, natomiast piersi często zaczynają rosnąć już kilka tygodni po poczęciu i stopniowo powiększają rozmiar, zdobywając kolejną literkę biustonoszowego alfabetu – niekiedy mogą się powiększyć nawet o trzy rozmiary. Paliwem wywołującym ten wzrost jest nagły przypływ hormonów – tych samych, które powiększają twój biust przed każdą miesiączką, tylko że teraz jest ich o wiele więcej. W piersiach zaczyna się gromadzić również tłuszcz, a także zwiększa się przepływ krwi. Główną przyczyną tych zmian jest fakt, że piersi przygotowują się do karmienia dziecka, gdy przyjdzie ono na świat.

Poza większym rozmiarem prawdopodobnie zauważysz w piersiach również inne zmiany. Otoczka (zabarwiona obwódka wokół brodawki) ściemnieje, powiększy się i być może pokryje jeszcze ciemniejszymi plamkami. Ten ciemniejszy odcień przypuszczalnie trochę zblednie po porodzie, ale może całkowicie nie zniknąć. Małe grudki, które pewnie zauważyłaś na otoczce, to tzw. gruczoły Montgomery'ego: są to gruczoły łojowe, które podczas ciąży stają się bardziej widoczne, a po porodzie wracają do normalnego rozmiaru. Na piersiach pojawia się także gęsta siateczka żyłek – u kobiet o jasnej skórze jest bardziej widoczna, a u ciemnoskórych czasem prawie niezauważalna – obrazują one drogę dostarczania pokarmu w systemie mama–dziecko. Po porodzie – lub wkrótce po zakończeniu karmienia – skóra na piersiach powróci do poprzedniego stanu.

Na szczęście coraz większy rozmiar miseczki nie będzie się wiązał z ciągłym bólem (lub nieprzyjemną wrażliwością). Chociaż piersi będą przypuszczalnie rosły aż do 9 miesiąca, zapewne przestaną być nadwrażliwe już po 3 lub 4 miesiącu. Niektóre przyszłe mamy mogą nawet stwierdzić, że ból i tkliwość ustały dużo wcześniej. Tymczasem ulgę przyniosą ci zimne lub ciepłe okłady (w zależności od tego, co zadziała).

A to, czy po ciąży i karmieniu piersi obwisną, czy zachowają jędrność, w dużej mierze zależy od czynników genetycznych (jeżeli piersi twojej mamy straciły sprężystość, twoje też mogą), ale ty również będziesz miała na to wpływ. Utrata jędrności jest nie tylko wynikiem samej ciąży, ale też braku odpowiedniego podtrzymywania biustu. Niezależnie od tego, jak piękne i kształtne są teraz twoje piersi, zapobiegaj ich zwiotczeniu, nosząc odpowiedni stanik (chociaż w pierwszym trymestrze, kiedy są bardziej tkliwe, być może będziesz musiała unikać fiszbinów). Jeśli masz wyjątkowo duży biust lub zauważyłaś, że twoje piersi mają tendencję do opadania, dobrym pomysłem będzie

Kiedy się zgłosić do lekarza

O czym powinnaś zawiadomić lekarza i kiedy? Co należy uznać za sytuację awaryjną, a co nie? Potraktuj poniższą listę różnych objawów jako ogólne wytyczne, ale pamiętaj, że twój lekarz może sporządzić inny wykaz objawów lub parametrów, które będą wymagały jego interwencji. Dlatego powinnaś omówić z nim zasady postępowania (wykorzystując na przykład poniższą listę), zanim pojawią się niepokojące objawy lub gdy dojdzie do jakiejś sytuacji krytycznej (niektórzy lekarze podczas pierwszej wizyty informują, w jakich przypadkach należy się z nimi skontaktować).

Jeśli jeszcze nie omówiłaś zasad postępowania ze swoim lekarzem, a zauważyłaś któryś z wymienionych tu objawów (lub inne, które mogą wymagać pomocy medycznej), zachowaj się w następujący sposób: Najpierw zadzwoń do swojego lekarza. Jeśli jest nieuchwytny, zostaw wiadomość ze szczegółowym opisem objawów. Jeśli nie oddzwoni w ciągu kilku minut, zadzwoń jeszcze raz do niego albo na pogotowie (lub do najbliższego szpitala) i opowiedz, co się dzieje. Jeżeli dyspozytor lub lekarz dyżurny powie, że powinnaś się zgłosić do szpitala, natychmiast pojedź na najbliższy oddział ratunkowy i zawiadom o tym swojego lekarza. Jeżeli nie ma cię kto odwieźć, zadzwoń na pogotowie – numer 999 lub 112.

Rozmawiając ze swoim lekarzem lub pielęgniarką dyżurną, nie zapomnij wspomnieć również o innych objawach, nawet tych, które wydają ci się niezwiązane z ciążą. Dokładnie określ, kiedy pojawiły się poszczególne objawy, jak często występują, co przynosi ci ulgę, a co nasila dolegliwości, i jak bardzo są dokuczliwe.

NATYCHMIAST ZADZWOŃ DO LEKARZA, JEŚLI POJAWIAJĄ SIĘ KTÓREŚ Z NASTĘPUJĄCYCH OBJAWÓW:

- Silne krwawienie lub jakiekolwiek krwawienie, któremu towarzyszą skurcze lub ból podbrzusza.
- Ostry (i nieustępujący) ból podbrzusza – w części środkowej, po jednej albo po obu stronach brzucha – nawet jeśli nie towarzyszy mu krwawienie.
- Nagłe pragnienie i uczucie suchości, któ-

---

wkładanie biustonosza również na noc. Zapewne szybko dojdziesz do wniosku, że najlepszy do spania jest bawełniany biustonosz sportowy.

Nie wszystkie przyszłe mamy zauważają wyraźne zmiany w obrębie piersi na początku ciąży, a u niektórych biust powiększa się tak wolno i równomiernie, że zmiany są prawie niezauważalne. Pamiętaj, że tak jak w przypadku innych spraw związanych z ciążą, prawidłowe jest to, co jest prawidłowe dla twoich piersi. I przede wszystkim się nie martw: nawet gdy twoje piersi będą rosły wolniej lub urosną tylko nieznacznie – co oznacza z kolei, że nie będziesz musiała często zmieniać stanika – nie wpłynie to na twoją zdolność karmienia dziecka.

W pierwszej ciąży miałam bardzo duże piersi, a teraz jestem w drugiej i mam wrażenie, że wcale się nie zmieniły. Czy to normalne?

W pierwszej ciąży twoje piersi były nowicjuszkami, a tym razem mają już doświadczenie. Z tego powodu nie muszą się już tak bardzo przygotowywać ani reagować tak dramatycznie na burzę hormonów, jak robiły to za pierwszym razem. Być może okaże się, że twoje piersi będą rosły stopniowo wraz z rozwijającą się ciążą, a może powiększą się dopiero po porodzie, kiedy zaczną produkować mleko. Tak czy inaczej, to, że piersi powiększają się powoli, jest całkowicie naturalne, a przy okazji dowodzi, jak bardzo mogą się od siebie różnić kolejne ciąże.

rym towarzyszy skąpa ilość moczu lub jego brak utrzymujący się przez cały dzień.
- Ból lub pieczenie podczas oddawania moczu, któremu towarzyszą dreszcze, gorączka powyżej 38,5°C i/lub ból pleców.
- Krwista biegunka.
- Gorączka powyżej 38,5°C.
- Wyjątkowo nagły lub silny obrzęk dłoni, twarzy albo oczu, któremu towarzyszą bóle głowy lub kłopoty ze wzrokiem.
- Zaburzenia widzenia (zamazany, niewyraźny obraz, podwójne widzenie), które trwają ponad kilka minut.
- Silny lub utrzymujący się ponad 2-3 godziny ból głowy.

WEZWIJ LEKARZA JESZCZE TEGO SAMEGO DNIA LUB NASTĘPNEGO RANKA (JEŻELI OBJAWY WYSTĄPIŁY W NOCY), JEŚLI POJAWIĄ SIĘ:
- Krew w moczu.
- Nagły obrzęk dłoni, twarzy lub oczu.
- Ból lub pieczenie podczas oddawania moczu.
- Omdlenie lub zawroty głowy utrzymujące się dłużej niż chwilę.

- Dreszcze i gorączka powyżej 37,8°C bez innych objawów przeziębienia lub grypy (temperaturę wyższą niż 37,8°C zawsze zbijaj paracetamolem).
- Silne nudności lub wymioty; jeśli wymiotujesz więcej niż 2-3 razy dziennie lub gdy zaczęłaś wymiotować w późniejszym okresie ciąży, chociaż wcześniej się to nie zdarzało.
- Świąd całego ciała, któremu towarzyszą (lub nie) inne objawy: ciemny mocz, jasne stolce lub żółtaczka (zażółcenie skóry i białek oczu).
- Biegunka (więcej niż trzy wypróżnienia dziennie), szczególnie jeśli stolce zawierają śluz.

Przeglądając tę listę, pamiętaj, że czasem możesz nie mieć żadnych objawów, ale po prostu czuć, że „coś jest nie tak". Albo mieć objawy, które nie zostały tu wymienione ani w ogóle opisane w tej książce. Istnieje duże prawdopodobieństwo, że to, co odczuwasz, jest zupełnie normalne i że potrzebujesz jedynie trochę odpoczynku, żeby wrócić do formy. A jeśli masz jakiekolwiek wątpliwości, skonsultuj się z lekarzem.

Napięcie w dolnej części brzucha

Czuję dokuczliwy ucisk w podbrzuszu. Czy powinnam się tym martwić?

Wygląda na to, że jesteś bardzo wyczulona na sygnały, które wysyła twój organizm; to bardzo dobrze, ponieważ dzięki temu łatwiej rozpoznasz owulację, albo trochę gorzej, ponieważ będziesz się martwić każdym niewinnym bólem lub nieistotną dolegliwością ciążową.

Nie martw się. Uczucie ucisku czy napięcia, a nawet łagodne skurcze, którym nie towarzyszy krwawienie, to zupełnie naturalne zjawiska, szczególnie w pierwszej ciąży.

Oznaczają one, że wszystko jest w jak najlepszym porządku, a nie odwrotnie. Można założyć, że twój czuły radar wychwytuje po prostu niektóre z wielu radykalnych zmian zachodzących teraz w tej części brzucha, w której znajduje się macica. To, co teraz czujesz, może być związane z zagnieżdżeniem zarodka, zwiększonym przepływem krwi, zwiększaniem się grubości błony śluzowej macicy, może być też reakcją na to, że macica zaczęła rosnąć – inaczej mówiąc, ból w podbrzuszu jest związany z pierwszymi objawami ciąży. Niewykluczone również, że jego przyczyną są gazy albo skurcze jelit wywołane zaparciem (to kolejny skutek uboczny ciąży).

Jeśli będziesz chciała, by ktoś rozproszył twoje obawy, podczas następnej wizyty porozmawiaj ze swoim lekarzem o tym odczuciu (jeśli jeszcze je będziesz miała).

Plamienie

Korzystając z toalety, zobaczyłam na papierze toaletowym plamkę krwi. Czy to poronienie?

Gdy jest się w ciąży, każda plamka krwi to naprawdę przerażający widok. Ale akurat to krwawienie zdecydowanie nie świadczy o tym, że z twoją ciążą dzieje się coś złego. Wiele kobiet w ciąży – mniej więcej jedna na pięć – ma różnego rodzaju plamienia lub krwawienia, a mimo to większość cieszy się prawidłowo przebiegającą ciążą, a potem zdrowym dzieckiem. Zatem jeśli zauważyłaś tylko niewielkie plamienie – podobne do tego, które pojawia się na początku lub końcu okresu – możesz odetchnąć z ulgą i czytać dalej, by znaleźć prawdopodobne (i prawdopodobnie pokrzepiające) wyjaśnienie. Takie małe plamienie zazwyczaj jest spowodowane jedną z następujących przyczyn:

Zagnieżdżenie, czyli implantacja zarodka. Tego rodzaju plamienie – zwane przez położników plamieniem lub krwawieniem implantacyjnym – występuje u 20–30 procent kobiet i pojawia się zwykle przed terminem spodziewanej miesiączki (w niektórych przypadkach w tym samym dniu), czyli około 6–12 dni po zapłodnieniu. Jest mniej obfite niż okres (trwa od kilku godzin do kilku dni) i zazwyczaj ma charakter skąpego plamienia w kolorze jasnoróżowym lub jasnobrązowym. Pojawia się wtedy, gdy zapłodniona komórka jajowa, którą kiedyś nazwiesz dzieckiem, zagnieżdża się w ścianie macicy. Plamienie implantacyjne nie oznacza, że dzieje się coś niedobrego.

Seks, badanie lub wymaz. Podczas ciąży szyjka macicy jest bardziej wrażliwa, rozpulchniona i przekrwiona, więc czasami dochodzi do podrażnienia podczas stosunku płciowego lub badania dopochwowego i w efekcie pojawia się niewielkie plamienie. Tego typu krwawienie występuje bardzo często i to w dowolnym momencie ciąży. Zazwyczaj nie zwiastuje żadnych problemów, ale żeby się uspokoić, opowiedz ginekologowi o każdym plamieniu, które pojawia się po seksie lub badaniu.

Zakażenie pochwy lub szyjki macicy. Zapalenie, podrażnienie lub jakiekolwiek zakażenie szyjki macicy albo pochwy również może wywołać niewielkie plamienie (które powinno zniknąć, gdy zostaniesz wyleczona).

Krwiaki podkosmówkowe. Pojawiają się, gdy pod kosmówką (zewnętrzną błoną płodową otaczającą zarodek) lub między macicą a łożyskiem zaczyna gromadzić się krew. To może być przyczyną lekkiego lub nawet silnego krwawienia, chociaż nie musi (krwiaki podkosmówkowe czasem są wykrywane dopiero podczas rutynowego badania USG). Większość tego typu krwawień zanika samoistnie i nie stanowi zagrożenia dla ciąży (więcej informacji na str. 574).

Krwawienie w prawidłowo przebiegającej ciąży może mieć różne przyczyny, ale jest dość powszechnym zjawiskiem. Niektóre kobiety plamią nieregularnie przez całą ciążę, inne tylko przez dzień lub dwa, a jeszcze inne przez kilka tygodni. Część przyszłych mam zauważa zabarwiony na jasnoróżowo lub brązowo śluz, inne niewielkie ilości jasnoczerwonej krwi. Na szczęście większość kobiet, u których występuje plamienie, cieszy się całkowicie prawidłowo przebiegającą ciążą, a potem rodzi idealnie zdrowe dziecko. Oznacza to, że prawdopodobnie nie masz żadnego powodu do zmartwienia (chociaż – realnie rzecz biorąc – nie oznacza to również, że przestaniesz się martwić).

Jeśli chcesz, żeby ktoś jeszcze rozproszył

Bez obaw

Niektóre kobiety w ciąży (a właściwie prawie wszystkie) zawsze zdołają znaleźć sobie jakiś powód do zmartwienia – zwłaszcza w pierwszym trymestrze i w pierwszej ciąży. Na samym szczycie listy zmartwień znajduje się – co zrozumiałe – poronienie.

Na szczęście w większości przypadków przyszłe mamy martwią się zupełnie niepotrzebnie. Większość ciąż przebiega prawidłowo i kończy się szczęśliwym rozwiązaniem. Niemniej w każdej zdrowej ciąży mogą się zdarzyć skurcze, bóle brzucha lub plamienia, a czasem nawet wszystko razem. I chociaż te objawy mogą cię wytrącić z równowagi (a gdy zobaczysz krew na majtkach, nawet przerazić), najczęściej okazują się zupełnie nieszkodliwe i nie oznaczają, że ciąża jest zagrożona. Oczywiście powinnaś opowiedzieć o wszystkim lekarzowi podczas najbliższej wizyty (lub wcześniej, jeśli pragniesz, by profesjonalista natychmiast rozproszył twoje obawy), jednak następujące objawy nie powinny budzić niepokoju. Zatem nie martw się, jeśli zauważysz:

Łagodne skurcze, bolesność lub uczucie ciągnięcia w którejkolwiek części podbrzusza. Na początku ciąży są to prawdopodobnie objawy związane z implantacją zarodka, zwiększonym przepływem krwi w obrębie brzucha, pogrubieniem błony śluzowej macicy lub powiększaniem macicy i rozciąganiem więzadeł, które ją podtrzymują. Jeśli skurcze nie są ostre, stałe i nie towarzyszy im znaczne krwawienie, nie ma powodu do niepokoju.

Lekkie plamienie, któremu nie towarzyszą skurcze lub ból podbrzusza. Plamienie u kobiet w ciąży może się pojawić z wielu powodów i często nie ma nic wspólnego z poronieniem. Więcej informacji na ten temat znajdziesz na stronie obok i poniżej.

Oczywiście przyszłe mamy na początku ciąży nie martwią się wyłącznie objawami – martwią się również ich brakiem. Prawdę mówiąc, w pierwszym trymestrze ciąży najczęstszym źródłem niepokoju jest właśnie brak objawów, ponieważ kobiety się zamartwiają, że „nie czują się, jakby były w ciąży". Nie ma w tym nic dziwnego. Na samym początku trudno „czuć się w ciąży", nawet jeśli masz wszystkie objawy, które zostały tutaj opisane; a jeszcze trudniej, gdy nie masz prawie żadnych. Bez dostrzegalnych dowodów na to, że w środku rozwija się dziecko (rosnącego brzucha, pierwszych delikatnych ruchów), łatwo popaść w zwątpienie i zacząć się zastanawiać, czy z ciążą jest wszystko w porządku albo czy w ogóle nadal jesteś w ciąży.

Pamiętaj, że to też nie jest powód do zmartwienia. Brak objawów – takich jak poranne nudności czy bolesność piersi – zazwyczaj nie oznacza żadnych problemów. Uważaj się za szczęściarę, której zostały zaoszczędzone te oraz inne nieprzyjemne dolegliwości wczesnej ciąży. Weź też pod uwagę, że mogą się ujawnić z opóźnieniem. W końcu każda przyszła mama odczuwa objawy ciąży w inny sposób i w innym czasie, zatem te czy inne dolegliwości mogą się czaić tuż za rogiem.

---

twoje obawy, zadzwoń do lekarza (nie musisz tego robić natychmiast lub poza godzinami pracy gabinetu, jeżeli krwawieniu nie towarzyszą skurcze lub nie jest ono jasnoczerwone i tak obfite, że przesącza się przez podpaskę). Lekarz prawdopodobnie zaleci badanie krwi, by sprawdzić stężenie hormonu hCG (patrz następne pytanie), lub badanie USG (albo jedno i drugie). Jeżeli minął już 6 tydzień ciąży, prawdopodobnie będziesz mogła zobaczyć na ekranie bicie serca maleństwa – to powinno cię uspokoić, że mimo plamienia ciąża rozwija się prawidłowo.

A jeśli plamienie zmieni się w obfite krwawienie przypominające okres? Taki scenariusz jest wprawdzie bardziej niepokojący (szcze-

Hormon hCG w liczbach

Naprawdę chcesz się dowiedzieć, jakie liczby wygrywają w tej grze? Niżej podane liczby to „prawidłowe" zakresy stężenia hCG (w milijednostkach międzynarodowych na litr) odpowiadające poszczególnym tygodniom ciąży. Pamiętaj jednak, że norma ma dość szeroki zakres i że twoje dziecko nie musi osiągać najwyższych wyników, by ciąża przebiegała prawidłowo, oraz że nawet niewielki błąd w obliczeniach może całkowicie zmienić wynik.

TYDZIEŃ CIĄŻY	ILOŚĆ HORMONU HCG W MU/L
3 tydzień	od 5 do 50
4 tydzień	od 5 do 426
5 tydzień	od 19 do 7340
6 tydzień	od 1080 do 56 500
7–8 tydzień	od 7650 do 229 000
9–12 tydzień	od 25 700 do 288 000

gólnie jeśli krwawieniu będą towarzyszyły skurcze lub ból w podbrzuszu) i wymagający natychmiastowego kontaktu z lekarzem, ale nie musi oznaczać poronienia. Czasem kobiety krwawią – nawet obficie – z nieznanych powodów przez całą ciążę i mimo to rodzą całkowicie zdrowe dzieci.

Jeśli okaże się jednak, że poroniłaś, zajrzyj na str. 613.

Stężenie hormonu hCG (gonadotropiny kosmówkowej)

Lekarz dał mi wyniki badania krwi i powiedział, że stężenie hormonu hCG wynosi 412 mU/l. Co oznacza ta liczba?

Oznacza, że jesteś w ciąży. Ludzka gonadotropina kosmówkowa (hCG) jest hormonem ciążowym, który zaczynają wytwarzać komórki rozwijającego się łożyska kilka dni po zagnieżdżeniu się zapłodnionej komórki jajowej w błonie śluzowej macicy. Hormon hCG znajduje się w moczu (przekonałaś się o tym tego dnia, gdy na twoim teście ciążowym ukazał się pozytywny wynik) oraz we krwi – właśnie z tego powodu lekarz, chcąc potwierdzić ciążę, przeprowadził badanie krwi. Na bardzo wczesnym etapie (na którym właśnie jesteś) stężenie hCG we krwi jest dość niskie (w końcu hormon dopiero się pojawił w twoim organizmie). Ale z biegiem dni zacznie szybko rosnąć, podwajając się mniej więcej co 48 godzin. Gwałtowny wzrost stężenia nastąpi jednak dopiero między 7 a 12 tygodniem; wtedy hCG osiągnie najwyższe stężenie, a potem zacznie spadać.

Nie próbuj się jednak licytować wynikami z innymi przyszłymi mamami. Tak jak nie ma dwóch takich samych ciąż, tak też nie ma dwóch identycznych stężeń hormonu hCG. Stężenia te różnią się od siebie każdego dnia i u każdej mamy – już nawet pierwszego dnia, gdy stwierdzisz brak miesiączki – i różnice te utrzymują się przez całą ciążę.

Dla ciebie najważniejsze jest to, czy stężenie gonadotropiny kosmówkowej w twoim organizmie mieści się w szerokim zakresie normy (patrz tabelka) i czy będzie wzrastało w kolejnych tygodniach (inaczej mówiąc, zamiast skupiać się na liczbach, poszukaj wzorca świadczącego o wzroście stężenia).

Nawet jeśli odczyt nie będzie się mieścił w podanych zakresach, nie jest to powód do zmartwienia – prawdopodobnie nadal wszystko jest w porządku. Być może termin porodu został źle obliczony – to zresztą najczęstsza przyczyna pomyłek z hCG lub (co mniej prawdopodobne) spodziewasz się bliźniąt. Dopóki ciąża rozwija się prawidłowo, a stężenie hCG w pierwszym trymestrze stale wzrasta, nie musisz mieć obsesji na punkcie tych liczb ani nawet ich sprawdzać (poza tym, jeśli twój lekarz jest z nich zadowolony, ty również powinnaś). Badania USG przeprowadzane po 5 lub 6 tygodniu są o wiele skuteczniejsze w prognozowaniu ciąży niż badania stężenia gonadotropiny kosmówkowej. Oczywiście – jak zresztą w każdym wypadku, gdy masz jakiekolwiek pytania lub wątpliwości – możesz omówić swój wynik z lekarzem.

Stres

Łatwo się denerwuję, mam bardzo stresującą pracę i do tego jestem w ciąży. Stresuję się nawet tym, że za bardzo się stresuję. Czy to nie zaszkodzi dziecku?

Większość przyszłych mam stresuje się od czasu do czasu (a nawet częściej) – to po prostu nieuniknione. Ale mamy informacje, które powinny cię uspokoić. Otóż badania dowodzą, że zwykły poziom stresu nie ma wpływu na ciążę. Jeśli jesteś w stanie poradzić sobie z codziennym napięciem nerwowym (nawet kiedy jest większe niż przeciętny człowiek może znieść), twoje dziecko również świetnie da sobie z nim radę. Prawdę mówiąc, pewien poziom stresu – pod warunkiem że trudne sytuacje nie są ci straszne – może się okazać korzystny dla ciąży. Dzięki niemu będziesz gotowa do działania i zmotywowana do tego, by jak najlepiej zadbać o siebie, dziecko i ciążę.

Z drugiej strony zbyt wysoki poziom stresu – lub stres, z którym nie można się uporać – często ma negatywny wpływ na ciążę i daje się we znaki przyszłej mamie, zwłaszcza gdy jest w drugim lub trzecim trymestrze. To z kolei oznacza, że w tej chwili twoim priorytetem powinna być nauka konstruktywnego radzenia sobie z napięciem nerwowym lub ograniczenie sytuacji, które mogą być źródłem stresu. Pomogą ci w tym następujące sposoby:

Rozładuj napięcie. Pozwól się uzewnętrznić swoim niepokojom i lękom – to najlepszy sposób, żeby nie wpaść w przygnębienie. Znajdź miejsce, w którym będziesz mogła dać upust frustracjom, oraz osobę, która zechce cię wysłuchać. Rozmawiaj szczerze z mężem i spędzaj z nim codziennie kilka chwil (najlepiej nie przed snem, który powinien być całkowicie pozbawiony stresu), dzieląc się swoimi obawami i frustracjami. Być może wspólnie zdołacie rozwiązać problemy i znaleźć ukojenie. I pamiętaj, że najlepszym lekarstwem na stres jest śmiech. On jest zbyt zestresowany, żeby zająć się tobą i uwolnić cię od napięcia? Znajdź inną osobę, która cię wysłucha – przyjaciółkę, członka rodziny, koleżankę z pracy (kto lepiej zrozumie twoje stresy związane z pracą?), znajome z forum internetowego lub lekarza (szczególnie jeśli niepokoisz się zdrowotnymi skutkami stresu). Gdybyś potrzebowała czegoś więcej niż tylko życzliwej uwagi, zwróć się do specjalisty, który nauczy cię, jak radzić sobie ze stresem.

Zrób coś z tym. Znajdź źródła stresu i zastanów się, jak można je wyeliminować. Jeśli dojdziesz do wniosku, że wzięłaś na siebie zbyt dużo obowiązków, ogranicz działania w mniej ważnych dziedzinach (i tak będziesz musiała to zrobić, gdy w twoim życiu pojawi się coś jeszcze ważniejszego, czyli dziecko). Jeżeli masz zbyt dużo obowiązków domowych lub służbowych, zastanów się, które można odłożyć na później, a które powierzyć komuś innemu. Naucz się odmawiać i nie podejmuj się nowych zadań, nim się okaże, że jesteś przeciążona, bo wzięłaś na siebie zbyt

DLA OJCÓW

Lęk przed zmianami

Martwisz się, że twoje życie bardzo się zmieni, gdy zostaniesz tatą? To prawda i nie ma co do tego żadnych wątpliwości – małe dzieci powodują wielkie zmiany, których boją się wszyscy przyszli rodzice. Warto zastanowić się nad tym (a może nawet trochę pomartwić) już teraz, ponieważ dzięki temu zyskasz czas, by przygotować się praktycznie na zmiany, jakie rodzicielstwo wniesie do twojego życia. Oto zmartwienia, które najczęściej trapią przyszłych tatusiów:

Czy nasz związek się zmieni? Zejdź na ziemię: oczywiście, że wasz związek się zmieni. W chwili, gdy dziecko wkroczy do waszego życia, spontaniczne chwile intymności i prywatności we dwoje staną się cennym i często nieosiągalnym towarem. Romantyczne chwile trzeba będzie zaplanować (zwykle na czas drzemki dziecka), ponieważ uleganie namiętności pod wpływem chwili stanie się raczej niemożliwe; będziecie musieli się przyzwyczaić również do tego, że co chwilę ktoś wam będzie przeszkadzał. Ale dopóki oboje będziecie się starać, by spędzać razem czas – możecie nadrabiać zaległości po późnej kolacji, gdy maleństwo będzie już spało, umawiać się raz w tygodniu na randkę albo możesz zrezygnować z meczu z kolegami, by zagrać w zupełnie inną „grę" ze swoją partnerką – wasz związek przetrzyma wszystkie zmiany i wyjdzie z nich zwycięsko. Poza tym wiele par stwierdza, że od kiedy są w trójkę, ich związek jest głębszy i mocniejszy i że są sobie o wiele bliżsi niż wcześniej.

Jak dziecko wpłynie na moją pracę? Wszystko zależy od harmonogramu. Jeśli pracujesz całymi dniami i masz mało wolnego czasu, będziesz musiał (i chciał) wprowadzić pewne zmiany, żeby ojcostwo mogło się stać najważniejszą częścią twojego życia. I nie czekaj, aż oficjalnie zdobędziesz status ojca. Jeśli to tylko możliwe, zwalniaj się z pracy i chodź z żoną na wizyty prenatalne oraz pomagaj jej w przygotowaniach do narodzin dziecka. Zacznij się odzwyczajać od dwunastogodzinnego dnia pracy i próbuj oprzeć się pokusie zabierania spraw zawodowych do domu. Jeśli możesz, unikaj podróży służbowych i nadgodzin przez dwa miesiące przed porodem oraz dwa miesiące po na-

wiele (to kolejna umiejętność, którą warto doskonalić, zanim urodzi się dziecko).

Możesz również sporządzić listę setek rzeczy, które musisz zrobić (w domu i w pracy), i ułożyć je w kolejności, w jakiej planujesz je wykonać – to pomoże ci odzyskać kontrolę na własnym życiem i zapanować nad chaosem. By mieć poczucie, że osiągnęłaś sukces, wykreślaj z listy zadania, które udało ci się zrealizować.

Prześpij to. Sen to najlepszy sposób na regenerację umysłu i ciała. Uczucie napięcia i niepokoju często jest spowodowane niewystarczającą ilością nocnego wypoczynku, a jeśli będziesz spięta i zdenerwowana, to oczywiście nie będziesz mogła spać. Spróbuj zatem przerwać to błędne koło bezsenności i nerwów. Jeśli masz problemy ze snem, przeczytaj wskazówki ze str. 271.

Nakarm to. Skutkiem gorączkowego trybu życia może być niezdrowa dieta. Niewłaściwe odżywianie podczas ciąży może być podwójnie szkodliwe: ograniczy twoje zdolności radzenia sobie ze stresem i ostatecznie zagrozi dobru twojego dziecka. Zrób zatem wszystko, by odżywiać się zdrowo i regularnie (6 mniejszych posiłków dziennie doda ci energii, gdy stres pozbawi cię chęci do ży-

rodzinach maleństwa. I może zastanów się nad urlopem tacierzyńskim w pierwszych tygodniach jego życia.

Czy będziemy musieli zrezygnować ze swojego stylu życia? Prawdopodobnie nie będziecie musieli się pożegnać ze swoimi zajęciami ani z życiem towarzyskim, ale jakieś modyfikacje zapewne okażą się nieodzowne (przynajmniej na początku). Noworodek powinien znajdować się w centrum uwagi, chwilowo odsuwając na bok dawne zwyczaje i styl życia. Przyjęcia, wypady do kina i zajęcia sportowe może być trudno dopasować do przerw między karmieniami, a intymne kolacje we dwoje w ulubionym bistro staną się głośnym rodzinnym posiłkiem i to w restauracji, która toleruje wrzeszczące niemowlęta. Wasz krąg przyjaciół również może się nieco zmienić – nagle uznacie, że wolicie towarzystwo innych rodziców popychających wózki ze swoimi pociechami, bo chcecie spędzać czas z ludźmi, którzy was rozumieją.

Nie mówiąc już o tym, że w twoim nowym życiu będzie trochę mniej miejsca dla starych przyjaciół, którzy nie są ojcami, oraz dla rozrywek, którym się wspólnie oddawaliście, więc twoje priorytety będą musiały ulec pewnym koniecznym zmianom.

Czy będzie nas stać na większą rodzinę? Ponieważ koszty utrzymania rodziny, w której pojawia się dziecko, gwałtownie rosną, wielu przyszłych rodziców spędza bezsenne noce, szukając odpowiedzi na to pytanie. Na szczęście istnieje wiele sposobów na obniżenie tych kosztów – na przykład karmienie piersią (nie trzeba kupować butelek ani mieszanki dla niemowląt) lub przyjmowanie wszelkiej pomocy w postaci używanych ubranek (gdy dziecko zacznie ulewać, te nowe i tak szybko zaczną wyglądać jak używane). Jeśli ze względu na narodziny dziecka któreś z was planuje dodatkowy urlop (lub tymczasowe zawieszenie kariery) i denerwujesz się tym z powodów finansowych, porównaj to z kosztami wysoko wykwalifikowanej opieki (na przykład żłobka) oraz dojazdów. Może się okazać, że strata dochodu nie będzie aż tak dużym obciążeniem dla waszego budżetu.

I co najważniejsze: Zamiast ubolewać nad tym, czego zabraknie w twoim nowym życiu (lub żałować okazji, które cię ominą), zacznij myśleć o tym, co zyskasz – o małej, niezwykłej osóbce, z którą będziesz dzielić życie. Czy twoje życie się zmieni? Z całą pewnością. Czy będzie lepsze? Bez wątpienia.

---

cia). Wybieraj węglowodany złożone i białko, a wystrzegaj się kofeiny i cukru – dwóch produktów, przez które życie w stresie może się stać jeszcze trudniejsze.

Zmyj to. Ciepła, relaksująca kąpiel to doskonały sposób na pozbycie się napięcia. Zafunduj ją sobie po ciężkim dniu – dodatkowo pomoże ci zasnąć.

Wybiegaj to. Albo wypływaj. Albo potraktuj jogą dla ciężarnych. Pewnie myślisz, że ostatnia rzecz, jakiej teraz potrzebujesz, to większa aktywność, ale wysiłek fizyczny to jeden z najlepszych sposobów na stres i poprawienie sobie nastroju. Uwzględnij go w swoim napiętym harmonogramie.

Skorzystaj z metod medycyny niekonwencjonalnej. Zapoznaj się z różnymi terapiami, które oferuje medycyna uzupełniająca i alternatywna – być może dzięki nim odzyskasz wewnętrzny spokój. Zainteresuj się biofeedbackiem, akupunkturą, hipnoterapią lub masażem (wystarczy nawet, że partner przez chwilę pomasuje ci kark). Skuteczne w walce ze stresem są również medytacje i wizualizacje (patrz ramka str. 154). Więcej informacji na temat medycyny uzupełniającej i alternatywnej znajdziesz na str. 80.

Oczekuj najlepszego

Od dawna uważa się, że optymiści żyją dłużej i są szczęśliwsi. Obecnie sugeruje się nawet, że dzięki optymistycznemu usposobieniu mamy jej nienarodzone dziecko może mieć lepsze perspektywy. Badacze odkryli, że w przypadku kobiet z grupy podwyższonego ryzyka optymistyczne nastawienie do życia zmniejsza ryzyko przedwczesnego porodu lub urodzenia dziecka z niską masą urodzeniową.

Niższy poziom stresu u optymistek z całą pewnością odgrywa ważną rolę w zmniejszaniu ryzyka powikłań, natomiast wyższy poziom stresu pociąga za sobą różnego rodzaju problemy zdrowotne związane i niezwiązane z ciążą. Ale sam stres to jeszcze nie wszystko. Nie ma niczego zaskakującego w tym, że optymistycznie nastawione przyszłe mamy potrafią lepiej o siebie zadbać: zdrowiej się odżywiają, więcej ćwiczą, chodzą regularnie na badania i wybierają zdrowy styl życia. Te pozytywne zachowania – wzmocnione dodatkowo potęgą pozytywnego myślenia – mogą oczywiście mieć niezwykle pozytywny wpływ na ciążę i zdrowie płodu.

Naukowcy podkreślają, że nigdy nie jest za późno, by podczas ciąży zacząć patrzeć na świat przez różowe okulary. Zatem gdy spodziewasz się dziecka, oczekuj tego, co najlepsze, zamiast tego, co najgorsze, bo to pomoże sprawić, że pragnienia i oczekiwania się urzeczywistnią. To dobry powód, by w końcu uznać, że szklanka mleka jest w połowie pełna, a nie pusta.

Relaks wszystko ułatwia

Czy słodki kłębuszek, który w tobie rośnie, sprawia, że jesteś rozedrganym kłębkiem nerwów? A więc najwyższy czas, by zapoznać się z technikami relaksacyjnymi – nie tylko dlatego, że pomogą ci poradzić sobie z niepokojami ciążowymi, ale głównie z tego powodu, że dzięki nim zapanujesz nad chaosem, który nastanie w twoim życiu, gdy zostaniesz młodą mamą. Joga to cudowny sposób na odstresowanie się, oczywiście pod warunkiem że masz czas, by wziąć udział w zajęciach dla przyszłych mam albo skorzystać z kursu jogi wydanego na DVD lub zamieszczonego w Internecie. Jeśli nie masz czasu, możesz wypróbować pewną prostą technikę relaksacyjną, którą łatwo sobie przyswoić, a potem bez trudu stosować w dowolnym miejscu i czasie. Jeśli stwierdzisz, że to ćwiczenie dobrze ci służy, wykonuj je zawsze wtedy, gdy poczujesz niepokój, i/lub kilka razy dziennie, by mu zapobiec:

Usiądź z zamkniętymi oczami i wyobraź sobie miejsce, które jest dla ciebie symbolem szczęścia i spokoju (zachód słońca na plaży i szum fal łagodnie rozbijających się o brzeg lub bezchmurny górski krajobraz i szemrzący cicho strumień), albo dziecko śpiące w twoich ramionach w zalanym słońcem parku. Potem – zaczynając od palców u stóp, a kończąc na twarzy – rozluźniaj po kolei wszystkie mięśnie. Oddychaj wolno i głęboko, po cichu licząc każdy oddech lub wydech; możesz również wybrać jakieś proste słowo, na przykład „tak" lub „nie" i powtarzać je głośno przy każdym wydechu. Po dziesięciu lub dwudziestu minutach ćwiczeń powinnaś poczuć ulgę, chociaż nawet minuta jest lepsza niż nic.

Oderwij się od tego. Zwalczaj stres za pomocą każdej aktywności, która cię odpręża. Poczytaj książkę, obejrzyj dobry film, posłuchaj muzyki, poróbna drutach (jeśli zaczniesz od skarpetek dla maleństwa, na pewno będzie ci lżej), poprzeglądaj strony internetowe z ubrankami dla niemowląt, idź na lunch z przyjaciółką, zaprowadź pamiętnik (to kolejny dobry sposób, by dać upust swoim uczuciom) lub album ze zdjęciami i wycinkami z gazet. Albo po prostu się przejdź (nawet krótki spacer może być odprężający i odświeżający).

Ogranicz to. Być może to, co wywołuje stres, nie jest warte twoich nerwów. Jeśli jego źródłem jest praca, zastanów się nad wzięciem wcześniejszego urlopu macierzyńskiego lub przejściem na pół etatu (jeżeli to możliwe ze względów finansowych) albo zrezygnuj z niektórych obowiązków i zredukuj stres do takiego poziomu, jaki nie będzie cię przytłaczał. Zmiana pracy lub zawodu w tej chwili nie jest realna, ale być może warto się nad nią zastanowić, kiedy maluszek już przyjdzie na świat.

Jeśli stres jest przyczyną lęku, bezsenności lub depresji, jeśli wywołuje dolegliwości fizyczne (takie jak przewlekłe bóle głowy czy utrata apetytu), a nawet prowadzi do złych nawyków i niezdrowego stylu życia (na przykład palenia papierosów), porozmawiaj o tym z lekarzem.

WSZYSTKO O...
Pielęgnacja urody w czasie ciąży

Pomówmy o wielkich zmianach. Ciąża to radykalna transformacja całego ciała, dzięki której możesz poczuć, że jesteś najpiękniejsza (dziewczyno, cała promieniejesz) albo najbrzydsza (och, te pryszcze i włoski na brodzie) na świecie – albo jedno i drugie i to nawet tego samego dnia. To również czas, by nieco zmienić sposoby pielęgnacji urody. A więc zanim sięgniesz do apteczki po maść cynkową, którą stosujesz od szkoły średniej, albo pójdziesz do ulubionego gabinetu kosmetycznego na depilację woskiem okolic bikini, musisz się dowiedzieć, które zabiegi i kosmetyki są w ciąży dozwolone, a które zakazane. Poznaj sekrety pielęgnacji ciążowej urody od włosów (pasemka) aż po palce u nóg (pedikiur) i dowiedz się, co zrobić, żeby wyglądać pięknie i czuć się bezpiecznie.

Twoje włosy

W czasie ciąży włosy mogą się zmienić na lepsze (te matowe i bez życia nagle nabierają blasku) albo na gorsze (niegdyś pełne wigoru i puszyste stają się oklapnięte). Jedno natomiast jest pewne: dzięki hormonom będziesz ich miała teraz więcej niż kiedykolwiek wcześniej (i niestety nie tylko na głowie). Oto kilka wskazówek dotyczących pielęgnacji włosów:

Farbowanie. Z farbowaniem włosów w trakcie ciąży jest pewien problem. Otóż nie ma wprawdzie żadnych dowodów na to, że niewielka ilość substancji chemicznych wnikających przez skórę w trakcie koloryzacji jest szkodliwa dla przyszłej mamy i jej dziecka, ale niektórzy eksperci doradzają, by do końca pierwszego trymestru nie wybierać się w tym celu do salonu fryzjerskiego. Inni zaś twierdzą, że farbowanie jest bezpieczne. Porozmawiaj więc o tym z lekarzem – prawdopodobnie da ci zielone światło. Jeśli sama masz wątpliwości i nie chcesz kłaść farby na całą głowę, zastanów się nad pasemkami. Dzięki temu chemikalia w ogóle nie będą miały kontaktu ze skórą, a poza tym pasemka utrzymają się dłużej niż pełny kolor, a to oznacza, że podczas ciąży nie będziesz musiała tak często odświeżać fryzury.

> ### Dzień w spa
>
> Ach, spa... Nikt bardziej nie zasługuje na dzień w centrum odnowy biologicznej ani bardziej nie potrzebuje zabiegów pielęgnacyjnych niż przyszła mama. Na szczęście coraz więcej gabinetów oferuje specjalne zabiegi dla kobiet w ciąży. Ale zanim skorzystasz z zasłużonej ciążowej pielęgnacji, zapytaj lekarza, czy w twoim przypadku nie ma jakichś przeciwwskazań. Potem, gdy będziesz się już umawiać na wizytę, powiedz recepcjonistce, że jesteś w ciąży. Przedstaw wszystkie ograniczenia, aby pracownicy spa mogli przygotować zabiegi pasujące do twoich potrzeb. Poinformuj również kosmetyczkę lub terapeutkę, która będzie wykonywała zabieg, że jesteś w ciąży – nawet jeśli wspominałaś już o tym podczas rejestracji.

Możesz również zapytać fryzjerkę (lub ekspedientkę w drogerii) o łagodniejszy środek do koloryzacji – na przykład o farbę bez amoniaku lub o barwniki roślinne. Pamiętaj, że zmiany hormonalne mogą sprawić, że twoje włosy zareagują w nieoczekiwany sposób i efekt koloryzacji będzie inny, niż oczekiwałaś, nawet gdy zastosujesz tę samą farbę co zawsze. Zatem najpierw przeprowadź mały test, by na twojej głowie zamiast przepięknego mahoniu nie pojawiła się punkowa purpura.

Kosmetyki do prostowania włosów. Myślisz o środku do prostowania włosów, by poskromić swoje niesforne loki? Chociaż nie ma dowodów na to, że takie preparaty są niebezpieczne w czasie ciąży (ilość substancji chemicznych, które przedostają się do krwiobiegu przez skórę głowy, przypuszczalnie jest minimalna), to nie ma również dowodów na to, że są całkowicie bezpieczne. To samo dotyczy zabiegu keratynowego prostowania włosów (wiele środków zawiera formaldehyd, który jest uznawany za substancję niebezpieczną podczas ciąży; szkodliwe mogą być również jego intensywne opary). Porozmawiaj o tym z lekarzem – być może się dowiesz, że w pierwszym trymestrze najlepiej pozostawić włosy w naturalnym stanie. Jeśli mimo wszystko zdecydujesz się wyprostować włosy, pamiętaj, że przesycone hormonami loki mogą reagować osobliwie na substancje chemiczne (i zamiast prostych, lśniących pukli będziesz miała afro). Poza tym w ciąży włosy rosną szybciej, więc efekt zabiegu zniknie wcześniej, niżbyś chciała. Bezpieczniejsza jest metoda termiczna (ale i w tym przypadku porozmawiaj z lekarzem), ponieważ do poskramiania loków używa się innych, często łagodniejszych substancji. Albo kup prostownicę i sama ułóż fryzurę.

Trwała ondulacja. A więc twoje włosy oklapły i nie są tak bujne jak twoja figura? Być może trwała ondulacja nadałaby im objętości, ale w czasie ciąży nie jest to najlepsze rozwiązanie. Nie dlatego, że trwała nie jest bezpieczna (prawdopodobnie jest, ale najpierw porozmawiaj z lekarzem), lecz z tego powodu, że pod wpływem hormonów włosy stają się nieprzewidywalne. Trwała ondulacja może się zatem nie udać – włosy się nie skręcą lub zamiast fal będziesz miała mocno skręcone loczki.

Depilacja. Jeśli przez ciążę zaczęłaś wyglądać jak przybysz z *Planety małp*, zachowaj spokój, ponieważ nadmierne owłosienie jest tylko chwilowe. Przez buzujące hormony włosy mogą bujniej wyrastać pod pachami, w okolicach bikini, nad górną wargą, a nawet na brzuchu (chociaż niektóre szczęśliwe mamy z ulgą zauważają, że włosy na nogach rosną trochę wolniej). Wolałabyś nie nosić takiego futra? Nie musisz. Możesz zacząć bezpiecznie usuwać wszystkie zbędne włosy starymi niezawodnymi metodami: golić, wyrywać lub woskować. Bezpieczna jest nawet depilacja brazylijska woskiem (usuwanie włosków z miejsc intymnych), pod warunkiem że zostanie przeprowadzona z zachowaniem środków ostrożności, ponieważ skóra kobiety w ciąży jest bardzo wrażliwa i łatwo ulega podrażnieniom. Poinformuj zatem kosmetyczkę, że spodziewasz się dziecka, żeby była w stosunku do ciebie szczególnie delikatna. Zastanawiasz się nad innymi metodami depilacji? Podobnie jak inne zabiegi i produkty kosmetyczne, rozmaite metody depilacji – w tym laserowa (nawet domowymi sposobami), elektroliza, środki do usuwania włosów czy rozjaśnianie – nie zostały dokładnie zbadane, a zatem nie wiadomo, czy są bezpieczne dla przyszłej mamy. Pozwól, żeby ostatnie zdanie miał w tej kwestii twój ginekolog. Niektórzy lekarze zezwalają na pewne zabiegi po 3 miesiącu, natomiast inni radzą się wstrzymać do końca ciąży.

Zagęszczanie i przedłużanie rzęs. Niektórych włosów nigdy nie jest za dużo i dotyczy to również rzęs, ale musisz zadowolić się tymi, które masz. Kuracje stosowane w celu wydłużenia i zagęszczenia rzęs (na przykład Latisse lub inne odżywki) nie są zalecane kobietom w ciąży i karmiącym mamom, ponieważ (jak łatwo się domyślić) nie zostały jeszcze dokładnie zbadane i nie wiadomo, czy są bezpieczne. Warto również zrezygnować z farbowania rzęs i brwi. Jest też pozytywna strona tej sytuacji, ponieważ w czasie ciąży rzęsy mogą być gęstsze niż kiedykolwiek wcześniej.

Twoja twarz

Po twoim brzuchu zapewne jeszcze nie widać, że jesteś w ciąży, ale prawdopodobnie widać to już po twarzy. Oto kilka dobrych i złych wiadomości na temat cery i sposobów jej pielęgnacji podczas ciąży.

Zabiegi kosmetyczne. Trzeba spojrzeć prawdzie w oczy: nie od wszystkich przyszłych mam bije ten blask, o którym pewnie tyle słyszałaś. Jeśli ty nim nie promieniejesz, zabieg kosmetyczny może być przepustką do pięknej cery i zdziałać cuda, oczyszczając zablokowane pory, w których gromadzi się teraz większa ilość sebum (to efekt wzmożonego działania hormonów). Większość zabiegów kosmetycznych twarzy jest bezpieczna w czasie ciąży, pod warunkiem że nie stosuje się w nich niedozwolonych składników (takich jak retinol lub kwas salicylowy; patrz dalej). Niektóre z agresywniejszych zabiegów złuszczających (na przykład mikrodermabrazja lub peeling chemiczny) mogą działać szczególnie drażniąco na skórę, która wskutek działania hormonów ciążowych jest teraz bardzo wrażliwa. W efekcie możesz być jeszcze mniej promienna, a za to bardziej czerwona i pokryta plamami. Całkowicie zabronione w czasie ciąży są natomiast zabiegi kosmetyczne wykorzystujące mikroprądy lub lasery (to samo dotyczy zabiegów przeprowadzanych w warunkach domowych – lepiej odłożyć je na później). Zapytaj kosmetyczkę, które preparaty mają najbardziej kojące działanie, a przy tym wywołują najmniej skutków ubocznych. Jeśli nie jesteś pewna, czy dany zabieg jest bezpieczny, najpierw poproś o radę lekarza.

Zabiegi przeciwzmarszczkowe. Pomarszczony noworodek jest uroczy i słodki, ale pomarszczona mama już niekoniecznie. Jednak zanim pójdziesz do dermatologa i poprosisz, by wypełnił drobne zmarszczki (albo powiększył usta), weź pod uwagę, że bezpieczeństwo wypełniaczy (takich jak kolagen, restylane czy juvederm) jeszcze nie zostało potwierdzone żadnymi badaniami. Dotyczy to również botoksu, a to oznacza, że na razie powinnaś się wstrzymać z wypełnianiem i ostrzykiwaniem. Jeśli chodzi o kremy przeciwzmarszczkowe, powinnaś uważnie czytać wszystkie informacje zamieszczone drobnym drukiem (i skonsultować się z lekarzem). Prawdopodobnie doradzi ci, żebyś tymcza-

Makijaż przyszłej mamy

Poza uderzeniami gorąca, osobliwymi przebarwieniami i typowymi ciążowymi obrzękami twoja twarz w ciągu najbliższych dziewięciu miesięcy będzie musiała stawić czoło również innym wyzwaniom. Na szczęście większość z nich będziesz mogła ukryć pod odpowiednim makijażem:

- Maskuj. Korektor i podkład zamaskują wiele skórnych zmian ciążowych, w tym chloasmę (czyli ostudę) oraz inne przebarwienia. By ukryć ciemne plamki, stosuj kosmetyki przeznaczone do maskowania przebarwień, ale najpierw upewnij się, że są hipoalergiczne (niewywołujące alergii). Dopasuj je do swojej karnacji, wybierając korektor, który jest o ton jaśniejszy od twojej cery. Nakładaj korektor punktowo wyłącznie na ciemne miejsca w taki sposób, by zatrzeć różnicę między przebarwieniem a zdrową skórą. Potem delikatnie nałóż podkład. W przypadku silnie działających kosmetyków mniej znaczy więcej, zatem stosuj ich jak najmniej, tylko tyle, by zakryć niedoskonałości skóry – zawsze możesz zetrzeć nadmiar podkładu. Na zakończenie nałóż puder.
  Jeśli masz wypryski, nałóż delikatniejszy makijaż, by nie zwracać na nie uwagi (chociaż one prawdopodobnie i tak nie dadzą ci spokoju). Zacznij od podkładu, a potem nałóż korektor (pasujący do twojej karnacji) bezpośrednio na pryszcz i rozetrzyj go palcem. Jeśli przed nałożeniem makijażu zamierzasz posmarować wypryski jakimś środkiem leczniczym, użyj takiego, który jest dozwolony dla przyszłych mam.
- Baw się kolorami. Zmniejsz optycznie policzki, przez które w czasie ciąży możesz wyglądać jak chomik: najpierw nałóż podkład na całą twarz, a potem zastosuj puder rozświetlający (o ton jaśniejszy od podkładu) – nałóż go na środek czoła, pod oczami, na górną część kości policzkowych oraz czubek brody. Potem przyciemnij o ton ciemniejszym pudrem lub podkładem (bronzerem) boki twarzy, zaczynając od skroni i kończąc na kościach policzkowych. Rozetrzyj i gotowe – kontury twarzy jak nowe!
- Zmniejszaj. Cóż, pewnie się spodziewasz, że urośnie ci brzuch, a może nawet biodra, ale nos? Nie martw się. Wszelkie zmiany są tymczasowe i związane z ciążą. Wysmuklij opuchnięty nos, nakładając rozświetlający puder (o ton jaśniejszy od podkładu) na jego grzbiet, a boki wymodeluj bronzerem. Upewnij się, że wszystko dokładnie rozprowadziłaś.

sem pożegnała się z preparatami zawierającymi witaminę A (na przykład w formie retinolu) oraz K lub kwas salicylowy (rodzaj kwasu beta-hydroksylowego, BHA). Zapytaj również lekarza o inne składniki, które budzą twoje wątpliwości. Większość położników pozwala na stosowanie środków zawierających AHA (czyli kwasy alfa-hydroksylowe) lub kwasy owocowe, ale najpierw poproś swojego lekarza o zgodę. Optymistyczne natomiast jest to, że naturalne w czasie ciąży zatrzymanie płynów w organizmie sprawi, że bez ingerencji medycyny estetycznej czy zabiegów kosmetycznych będziesz miała pełniejszą twarz, więc zmarszczki staną się mniej widoczne (a usta bardziej wydatne).

Leczenie trądziku. Masz więcej pryszczy niż cały chór szkolny? Możesz zrzucić winę na hormony ciążowe. Ale zanim pójdziesz do łazienki po maść na pryszcze, zapytaj lekarza, czy możesz ją zastosować. Prawdopodobnie bezpieczne są peelingi enzymatyczne, a także produkty zawierające kwas glikolowy oraz kwasy owocowe, ale najpierw sprawdź, czy nie wywołują podrażnień. Tak samo postępuj w przypadku niektórych leków na receptę (na przykład kwasu azelainowego lub antybiotyków działających miejscowo, na przykład erytromycyny), które są szczególnie skuteczne w walce z trądzikiem. Lepiej natomiast odłożyć na później preparaty przeciwtrądzikowe zawierające kwas salicylowy. Zapytaj lekarza, czy produkty zawierające te substancje są dla ciebie bezpieczne. Upewnij się również co do leków zawierających nadtlenek benzoilu (to aktywny składnik wielu preparatów przeciwtrądzikowych, który w trakcie ciąży nie powinien być stosowany). Natomiast bezwzględnie zakazane są preparaty z izotretynoiną (na przykład Accutane, w Polsce Roaccutane, Izotek, Tretinex czy Isoderm), która może być przyczyną poważnych deformacji płodu oraz wad wrodzonych. Podobnie rzecz się ma z retinolem (zapytaj lekarza, które preparaty dostępne bez recepty zawierają retinol). Terapię laserem lub peelingi chemiczne również najlepiej wykonać dopiero po porodzie. Możesz za to spróbować powstrzymać trądzik naturalnymi sposobami – dobrze się odżywiaj (niektórym przyszłym mamom bardzo pomaga ograniczenie do minimum spożycia cukru i produktów z ziaren oczyszczonych), dbaj o czystość cery, ale nie oczyszczaj jej zbyt intensywnie (i nie zapominaj o kremie nawilżającym o lekkiej beztłuszczowej formule, ponieważ zbyt sucha skóra także może być skłonna do wyprysków). I nie wyciskaj pryszczy. Więcej informacji na str. 173.

Twoje zęby

Podczas ciąży jest mnóstwo powodów do uśmiechu, ale czy twoje zęby są na to gotowe? Kosmetyka dentystyczna jest obecnie bardzo popularna, ale przyszłe mamy nie zawsze powinny z niej korzystać.

Środki wybielające. Chcesz mieć ząbki białe jak perełki? Nie ma wprawdzie dowodów na to, że wybielanie zębów podczas ciąży jest ryzykowne, ale bezpieczniej będzie zakwalifikować ten zabieg do kategorii „lepiej dmuchać na zimne" (zaczekaj zatem jeszcze kilka miesięcy, by zaprezentować swój hollywoodzki uśmiech). Tymczasem myj zęby i czyść je nitką dentystyczną. Twoje szczególnie teraz wrażliwe dziąsła podziękują ci za troskę (i za nienarażanie ich na działanie drażniących wybielaczy).

Licówki. To kolejny zabieg z kategorii „na później", chociaż nie dowiedziono, że zakładanie licówek podczas ciąży wiąże się z jakimś ryzykiem. Kolejny powód, by zaczekać, aż urodzi się dziecko: twoje dziąsła podczas ciąży mogą być wyjątkowo wrażliwe, więc każdy zabieg dentystyczny – w tym wybielanie i zakładanie licówek – może być bardziej nieprzyjemny niż zazwyczaj.

Twoje ciało

To właśnie ono płaci najwięcej za przywilej bycia w ciąży i to w sposób, jakiego sobie nawet nie wyobrażasz. Zasługuje więc teraz na większą troskę niż kiedykolwiek wcześniej. Oto jak w bezpieczny sposób możesz dać mu to, czego potrzebuje:

Masaż. Bardzo potrzebujesz ukojenia dla swoich bolących pleców? Szukasz czegoś, co złagodzi niepokój, który dręczy cię w bezsenne noce? Zatem nie ma nic lepszego od masażu uwalniającego od ciążowych bólów, strachów i napięć. Ale chociaż masaż poprawia samopoczucie i nastrój i jest wskazany dla przyszłych mam, musisz przestrzegać pewnych wskazówek, żeby był nie tylko relaksujący, ale również bezpieczny:

- Oddaj się w dobre ręce. Upewnij się, że masażysta ma odpowiednie kwalifikacje i że zna zasady masażu ciążowego.
- Zaczekaj. Masaż w pierwszych trzech miesiącach ciąży może wywołać zawroty głowy oraz nasilić poranne nudności, zatem wstrzymaj się z nim do drugiego tryme-

stru. Nie martw się, jeśli w pierwszym trymestrze poddawałaś się takim zabiegom.
- Odpręż się we właściwej pozycji. Po 4 miesiącu ciąży najlepiej unikać długiego leżenia na plecach, więc poproś masażystę, by przygotował specjalny stół z wycięciem na brzuch oraz zestaw poduszek (kształtek) lub matę z pianki. Poproś również, by pozwolił ci się ułożyć na boku.
- Wypróbuj kosmetyki bezzapachowe. Poproś o bezzapachowy balsam lub oliwkę – nie tylko dlatego, że zaostrzony w czasie ciąży węch może źle znosić silne aromaty, ale również dlatego, że niektóre olejki eteryczne mogą wywołać skurcze (patrz niżej).
- Masuj właściwe miejsca (a unikaj nieodpowiednich). Bezpośredni nacisk na stopę pomiędzy kością skokową a piętą może wywołać skurcze, więc dopilnuj, żeby masażysta unikał tego miejsca (kolejny dobry powód, by wybrać fachowca przeszkolonego w masowaniu kobiet w ciąży). Następne miejsce, którego należy unikać, to brzuch – zarówno z powodu wygody, jak i bezpieczeństwa (istnieje bardzo niewielkie ryzyko, że masaż brzucha może wywołać skurcze). Jeśli czujesz, że masażysta naciska zbyt mocno, powiedz mu o tym. Przecież chodzi o twoje dobre samopoczucie.

Aromaterapia. W kwestii zapachów w czasie ciąży należy się kierować zdrowym rozsądkiem. Ponieważ skutki oddziaływania wielu olejków roślinnych na ciążę nie są jeszcze znane, a wiadomo, że niektóre z nich mogą być szkodliwe, traktuj każdą formę aromaterapii z wielką ostrożnością. Następujące olejki eteryczne są uważane za bezpieczne dla przyszłych mam, chociaż eksperci zalecają, by stosować je w stężeniu o połowę niższym niż zwykle: różany, lawendowy, rumiankowy, jaśminowy, mandarynkowy, neroli i ylang-ylang. Kobiety w ciąży powinny natomiast szczególnie unikać olejków, które mogą wywołać skurcze macicy, a więc bazyliowego, jałowcowego, rozmarynowego, szałwiowego, miętowego, tymiankowego oraz olejku z oregano. (Położne często ich używają w trakcie porodu, by przyspieszyć skurcze). Nie martw się, jeśli masażysta użył któregoś z tych olejków lub sama dodałaś go do kąpieli albo zastosowałaś do aromaterapii. Olejki są wchłaniane w bardzo niewielkim stopniu, zwłaszcza że skóra na plecach jest dość gruba. Po prostu w przyszłości trzymaj się od nich z daleka. Bezpieczne są natomiast perfumowane balsamy oraz inne środki do pielęgnacji ciała sprzedawane w drogeriach (na przykład miętowy balsam do stóp), ponieważ olejki aromatyczne w nich zawarte występują w małym stężeniu.

Zabiegi pielęgnacyjne, peelingujące, ujędrniające i antycellulitowe (body wrapping) oraz hydroterapia. Peelingi mechaniczne są generalnie bezpieczne, ale pod warunkiem że są delikatne (zbyt ostry peeling może podrażnić delikatną skórę przyszłej mamy). Niektóre zabiegi ujędrniające również są bezpieczne, aczkolwiek większość jest zabroniona, ponieważ nadmiernie podnosi temperaturę ciała. Krótka ciepła kąpiel (temperatura wody nie powinna przekraczać 37,8°C) w ramach hydroterapii także jest bezpieczna, a oprócz tego odprężająca, ale unikaj sauny, łaźni parowej, gorących kąpieli i jacuzzi.

Łóżko opalające, opalanie natryskowe, spraye i balsamy brązujące. Szukasz jakiegoś sposobu, by podczas ciąży nie wypaść blado (chodzi rzecz jasna o kolor skóry)? Łóżka opalające niestety odpadają. Nie tylko są szkodliwe dla zdrowia (zwiększają ryzyko raka skóry), ale też przyspieszają proces starzenia i niekiedy wywołują ostudę (chloasmę), czyli chorobę skóry objawiającą się ciemnymi przebarwieniami na twarzy (tzw. „maskę ciążową"). Na domiar złego opalanie w solarium podnosi temperaturę ciała do poziomu, który może być niebezpieczny dla rozwijającego się dziecka. Nadal jesteś fanką opalenizny? Zanim zafundujesz sobie sztuczny brąz za pomocą sprayu lub balsamu brązującego, porozmawiaj z lekarzem. Nawet jeśli wyrazi zgodę, powinnaś wziąć pod uwagę, że skóra pod wpływem hormonów ciążowych może zareagować w nieprzewidywalny sposób (i zmienić się w ciemnobrązową terakotę). Poza tym, gdy brzuszek rośnie, równomierne nakładanie balsamu staje się coraz trudniejsze (szczególnie wtedy, gdy już nie możesz dostrzec nóg, nawet jeśli masz okazję skorzystać z opalania natryskowego).

Więcej informacji na temat bezpieczeństwa związanego z tatuowaniem, malowaniem, henną oraz przekłuwaniem ciała znajdziesz na str. 177 i 198.

Twoje ręce i stopy

Owszem, nawet ręce i stopy odczują, że jesteś w ciąży (chociaż w trzecim trymestrze już tak łatwo nie będziesz mogła sprawdzić, co zrobiła z twoimi stopami). Ale nawet wtedy, gdy spuchniesz – palce i kostki będą obrzęknięte od płynów – twoje dłonie i stopy mogą wyglądać pięknie.

Manikiur i pedikiur. Malowanie paznokci w ciąży jest całkowicie bezpieczne (korzystaj z tego, ponieważ w odmiennym stanie paznokcie rosną szybciej i są mocniejsze niż kiedykolwiek wcześniej). Jeśli zamierzasz pójść do salonu, wybierz taki, w którym jest dobra wentylacja. Wdychanie zapachu chemikaliów nigdy nie jest zdrowe, a szczególnie nie służy przyszłej mamie, która oddycha za dwoje (i dla której może się to skończyć co najmniej nudnościami). Dopilnuj, by pedikiurzystka nie masowała miejsca między kością skokową a piętą (teoretycznie może to wywołać skurcze). Jeśli chcesz usunąć odciski, poproś, by zrobiła to pumeksem, a nie nożykiem (nawet jeśli jest sterylnie opakowany lub jednorazowy), ponieważ może się to skończyć zakażeniem (nie mówiąc o tym, że im częściej usuwasz odciski, tym częściej wracają).

Jeśli niepokoją cię opary zwykłego lakieru do paznokci, spróbuj kupić naturalny, a także nietoksyczny zmywacz.

Nie ma żadnych dowodów na to, że lakiery żelowe lub hybrydowe są szkodliwe dla ciąży, ale jeśli nie będziesz ostrożna, z pewnością zaszkodzą twojej skórze. Przyczyną są lampy używane do utwardzania lakieru, emitujące światło ultrafioletowe – to samo, które stosuje się w solarium i które jest odpowiedzialne za przedwczesne starzenie się skóry i raka skóry (a w czasie ciąży niekiedy za plamy na rękach). Jeśli zdecydujesz się na paznokcie żelowe, poproś o specjalne rękawiczki, które zakryją twoje dłonie w taki sposób, by na działanie promieni ultrafioletowych były narażone wyłącznie paznokcie (albo znajdź salon, w którym używa się szybciej działających lamp LED). Jeśli podczas ciąży zamierzasz często pokrywać paznokcie lakierem żelowym, zapytaj lekarza, co o tym myśli.

Nie ma również dowodów na szkodliwość paznokci akrylowych, ale lepiej zachowaj wzmożoną ostrożność i zaczekaj, aż urodzi się dziecko – nie tylko z tego powodu, że ich nakładaniu towarzyszy wyjątkowo gryzący zapach, ale też dlatego, że mogą stać się źródłem zakażenia, na które podczas ciąży jesteś bardziej podatna. I pamiętaj, że teraz raczej nie będziesz potrzebowała długich i twardych paznokci z akrylu, ponieważ twoje własne rosną z kosmiczną prędkością i są mocniejsze niż kiedykolwiek wcześniej.

ROZDZIAŁ 6

Drugi miesiąc

W przybliżeniu od 5 do 8 tygodnia

Nawet jeśli nikomu nie powiedziałaś, że jesteś w ciąży (i chociaż na pewno jeszcze tego po tobie nie widać), twoje dziecko prawdopodobnie już informuje cię o swojej obecności. Nie słowami oczywiście, ale wieloma objawami. Może masz dokuczliwe nudności, które nigdy cię nie opuszczają, albo twoje usta są ciągle pełne śliny (ja naprawdę się ślinię?!). A może przez cały dzień (i noc) czujesz, że „musisz do łazienki", bolą cię piersi albo nie możesz się pozbyć dokuczliwych wzdęć, które męczą cię przez całą dobę. I chociaż masz coraz więcej dowodów na to, że jesteś w ciąży, niewykluczone, iż nadal przyzwyczajasz się do tej myśli. Prawdopodobnie również zaczynasz przywykać do wymagań, jakie stawia przed tobą odmienny stan – począwszy od fizycznych (ach, to dlatego jestem taka zmęczona!) i logistycznych (którędy najbliżej do toalety?) po styl życia (poproszę o drinka bez alkoholu). To prawdziwa jazda bez trzymanki, a ty jesteś dopiero na początku drogi. Trzymaj się więc mocno!

Twoje dziecko w tym miesiącu

Tydzień 5. Twój maleńki zarodek, który w tym momencie bardziej przypomina kijankę (z miniaturowym ogonkiem) niż dziecko, rośnie jak szalony i ma już wielkość pestki pomarańczy. Nadal jest więc malutki, ale zdecydowanie większy, niż był. W tym tygodniu zaczyna się wykształcać serce. Warto zauważyć, że układ krążenia (wraz z sercem) będzie pierwszym gotowym do działania układem w organizmie twojego maleństwa. Serce (mające teraz wielkość ziarenka maku) jest zbudowane z dwóch niewielkich kanalików zwanych cewami sercowymi i chociaż jeszcze daleko mu do pełnej sprawności, już podjęło pracę i zaczęło bić – będziesz mogła to zobaczyć podczas pierwszego badania USG. Tworzy się również cewa nerwowa, która później przekształci się w mózg i rdzeń kręgowy. W tej chwili cewa nerwowa jest otwarta, ale zamknie się w następnym tygodniu.

Tydzień 6. W pierwszej połowie ciąży mierzy się dzieci od czubka głowy do najniżej położonej części miednicy, ponieważ ich maleńkie nóżki są podkurczone, więc trudno zmierzyć długość całego ciała. Jaką długość osiągnie dziecko w tym tygodniu? Od czubka głowy do pośladków będzie miało od 5 do 6,5 mm (jest zatem nie większe niż główka gwoździa). W tym tygodniu zaczną się rozwijać szczęki, policzki i broda. Z kolei za kilka tygodni małe wgłębienia po bokach głowy uformują się w przewody słuchowe, czarne kropeczki na buzi zamienią się w oczy, a maleńka wypustka w nos. W 6 tygodniu zaczną się też kształtować nerki, wątroba oraz płuca. Maleńkie serce bije już 110 razy na minutę i ciągle przyspiesza – ta liczba sprawia pewnie, że twoje serce również zaczyna szybciej bić.

Tydzień 7. Oto coś absolutnie zdumiewającego: twoje dziecko jest teraz 10 tysięcy razy większe niż tuż po poczęciu – ma już wielkość borówki. Intensywny wzrost dotyczy przede wszystkim głowy – nowe komórki mózgu tworzą się z szybkością 100 komórek na minutę. Wykształcają się usta i język oraz zalążki ramion i nóg, z których zaczynają kiełkować kończyny przypominające kształtem wiosła. To rączki i nóżki, w których zaczynają się wyodrębniać poszczególne struktury: dłonie, ramiona i barki oraz uda, kolana i stopy. Gotowe do działania są również nerki, które zaczynają spełniać

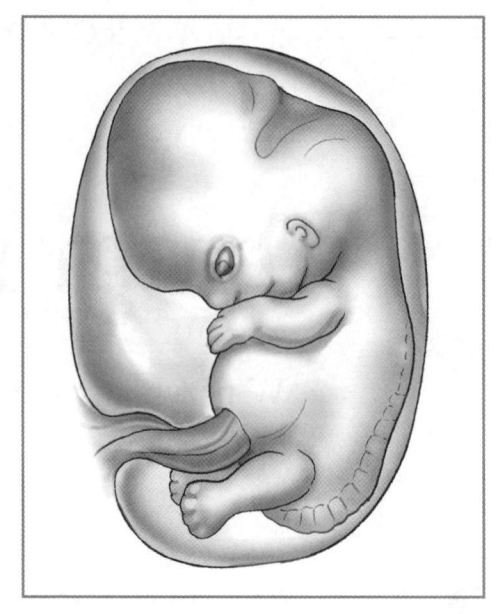

Twoje dziecko w 2 miesiącu

swą ważną funkcję polegającą na utylizacji odpadów (czyli produkcji i wydalaniu moczu). Przynajmniej na razie nie musisz się martwić o pieluchy!

Tydzień 8. Twoje dziecko rośnie jak na drożdżach i w tym tygodniu ma już około 1,3–1,7 cm – to wielkość dużej maliny. Ta mała słodka malinka już mniej przypomina płaza, a bardziej człowieka (na szczęście), ponieważ jej usta, nos, powieki, nogi i plecy coraz bardziej nabierają kształtów. I chociaż z zewnątrz nie można usłyszeć jeszcze uderzeń serca, to bije ono z niewiarygodną szybkością 150–170 uderzeń na minutę (to mniej więcej dwa razy szybciej niż twoje). W tym tygodniu pojawia się coś nowego: dziecko zaczyna się spontanicznie poruszać, jednak drgania tułowia i kończyn są jeszcze o wiele za słabe, abyś je poczuła.

Co możesz odczuwać

Jakich objawów możesz się spodziewać w tym miesiącu? Ponieważ każda ciąża jest inna, możesz mieć wszystkie z niżej wymienionych objawów albo tylko kilka. Nie bądź również zdziwiona, jeśli do tej pory nie poczułaś, że jesteś w ciąży, i to bez względu na objawy (lub ich brak).

OBJAWY FIZYCZNE

- zmęczenie, brak energii, senność;
- częste oddawanie moczu;
- nudności z wymiotami lub bez;
- nadmierne wydzielanie śliny;
- zaparcia;
- zgaga, niestrawność, wzdęcia;
- awersje pokarmowe i zachcianki ciążowe;
- zmiany w obrębie piersi (patrz str. 145);
- biaława wydzielina z pochwy;
- sporadyczne bóle głowy;
- sporadyczne zawroty głowy lub uczucie zamroczenia;
- niewielkie zaokrąglenie brzucha – uczucie, że ubrania są nieco bardziej dopasowane.

ODCZUCIA PSYCHICZNE

- huśtawka emocjonalna (stan przypominający bardziej nasilony zespół napięcia przedmiesiączkowego), w tym wahania nastroju, rozdrażnienie, nieracjonalność, nieuzasadniona płaczliwość;
- radość, podniecenie, niepokój, wątpliwości – niektóre lub wszystkie z tych objawów;
- poczucie odrealnienia, brak poczucia „bycia w ciąży" („Czy naprawdę rośnie we mnie dziecko?").

Twoje ciało w tym miesiącu

Nawet jeśli nadal nikt nie zauważył, iż jesteś w ciąży, ty sama prawdopodobnie już spostrzegłaś, że ubrania w talii stały się trochę za ciasne. Być może potrzebujesz też większego biustonosza. Pod koniec 2 miesiąca twoja macica, która zwykle ma wielkość pięści, teraz urosła do rozmiarów dużego grejpfruta.

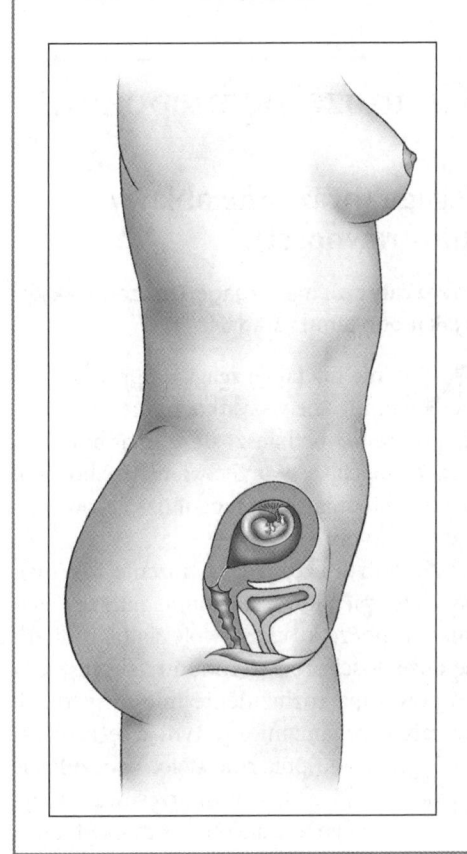

Czego możesz oczekiwać podczas badania lekarskiego

Jeśli jest to twoja pierwsza wizyta prenatalna, zajrzyj na str. 131. Jeśli druga, prawdopodobnie będzie o wiele krótsza – chyba że będziesz musiała przejść pierwsze badanie USG, którego celem jest ustalenie wieku ciąży (patrz str. 178). A jeśli już wykonano ci wszystkie początkowe testy, tym razem prawdopodobnie nie będziesz poddawana badaniu dopochwowemu. Możesz się spodziewać, że twój ginekolog przeprowadzi następujące badania (ich przebieg będzie zależał od twoich potrzeb oraz stylu pracy lekarza):

- pomiar masy ciała oraz ciśnienia krwi;
- badanie ogólne moczu;
- kontrolę dłoni i stóp pod kątem obrzęków oraz nóg, pod kątem żylaków.

Lekarz omówi też objawy, które odczuwasz, szczególnie te niezwykłe; odpowie na twoje pytania i omówi wątpliwości – przygotuj sobie listę.

Co może cię niepokoić

Zgaga (oraz inne objawy niestrawności)

Przez cały czas mam zgagę. Dlaczego tak jest i jak mogę temu zaradzić?

Nikt nie ma takiej zgagi jak przyszła mama. I to nie wszystko, ponieważ prawdopodobnie będziesz się z nią borykała przez całą ciążę, w przeciwieństwie bowiem do innych objawów zgaga może ci towarzyszyć aż do porodu.

A zatem dlaczego masz wrażenie, że w twojej klatce piersiowej stacjonuje miotacz ognia? Na początku ciąży twoje ciało produkuje duże ilości progesteronu i relaksyny, które powodują rozluźnienie mięśni gładkich w całym organizmie, w tym mięśni gładkich przewodu pokarmowego. W rezultacie pokarm wolniej się w nim przesuwa, co wywołuje różnego rodzaju objawy dyspeptyczne, w tym wzdęcia, gazy, uczucie pełności oraz zgagę. To z pewnością kłopotliwe i zawstydzające dla ciebie, ale korzystne dla dziecka, dlatego że zwolnienie perystaltyki umożliwia lepsze wchłanianie składników odżywczych i przedostawanie się ich do krwi, a z nią poprzez łożysko do krwiobiegu dziecka.

Błona mięśniowa oddzielająca przełyk od żołądka (dolny zwieracz przełyku) rozluźnia się (podobnie jak inne mięśnie gładkie przewodu pokarmowego), w wyniku czego pokarm oraz kwaśne soki trawienne cofają się z żołądka do przełyku. Kwasy żołądkowe podrażniają wrażliwą śluzówkę przełyku, wywołując uczucie palenia za mostkiem,

---

Gdy masz dość refluksu

Jeśli chorujesz na refluks żołądkowo-przełykowy, zgaga nie jest dla ciebie niczym nowym, ale zmaganie się z nią w ciąży może być prawdziwym wyzwaniem. Zapytaj więc lekarza, czy leki, które do tej pory przyjmowałaś, nadal są bezpieczne. Niektóre z nich nie są zalecane przyszłym mamom, chociaż w większości są bezpieczne. Wiele wskazówek pomagających w walce z refluksem przyda się również podczas ciąży.

> **Dziś zgaga, jutro włosy?**
>
> Czujesz przykre palenie w przełyku? Może powinnaś się zaopatrzyć w szampon dla niemowląt. Badania pokazują, że stare przesądy wcale nie były niesłuszne: im częściej cierpisz na zgagę podczas ciąży, tym większe prawdopodobieństwo, że twoje dziecko urodzi się z gęstymi włosami. Być może brzmi to dość nieprzekonująco, ale hormony odpowiedzialne za zgagę odpowiadają również za porost włosów u płodu. A więc zaopatrz się w lek na zgagę oraz szampon dla niemowląt.

na wysokości serca, chociaż zgaga nie ma z nim nic wspólnego. Podczas ostatnich dwóch trymestrów ta nieprzyjemna dolegliwość może być jeszcze bardziej dokuczliwa, ponieważ coraz większa macica będzie naciskała na żołądek, dodatkowo obciążając układ trawienny.

W ciągu najbliższych dziewięciu miesięcy ciąży nie uda ci się uniknąć niestrawności – problemy z żołądkiem są po prostu nieodłączną częścią ciąży. Niemniej możesz skorzystać z kilku sprawdzonych metod, które pomogą ci zapobiec zgadze oraz innym problemom trawiennym, a także zminimalizować dolegliwości, które się już pojawiły:

- Nie jedz tego, co ci szkodzi. Jeśli jakieś potrawy lub napoje wywołują u ciebie zgagę (lub inne problemy trawienne), wyklucz je ze swojego jadłospisu. Największym winowajcą (jak już pewnie zdążyłaś się przekonać) są potrawy ostre i silnie przyprawione, smażone i tłuste, przetworzone, a także czekolada, kawa, napoje gazowane oraz mięta. U niektórych zgagę nasilają również pomidory, owoce cytrusowe i mocna herbata.
- Jedz małymi porcjami. Aby uniknąć przeciążenia układu pokarmowego (i cofania się soków żołądkowych), jedz często małe posiłki (zamiast 3 dużych). Idealnym rozwiązaniem dla przyszłych mam cierpiących na zgagę oraz inne dolegliwości trawienne jest dzielenie dziennego spożycia na 6 małych posiłków (patrz str. 92).
- Jedz powoli. Kiedy jesz szybko, połykasz przy tym powietrze, które gromadzi się w żołądku. Poza tym nie gryziesz dokładnie, a to oznacza, że żołądek będzie musiał się bardziej napracować, żeby strawić to, co zjadłaś, a w takiej sytuacji o wiele łatwiej o niestrawność. A zatem nawet gdy jesteś bardzo głodna lub nie masz chwili do stracenia, staraj się jeść powoli, bierz małe kęsy i dokładnie przeżuwaj (mama byłaby z ciebie dumna).
- Nie popijaj w trakcie jedzenia. Zbyt duża ilość płynów zmieszana z jedzeniem rozciąga żołądek i wzmaga niestrawność. Pij więc przede wszystkim pomiędzy posiłkami.
- Trzymaj pion. Soki żołądkowe nie będą się tak łatwo cofać do przełyku, jeśli twój tułów będzie się znajdował w pozycji pionowej, nie poziomej. Zatem aby zatrzymać je w tym miejscu, w którym powinny być (czyli w żołądku), unikaj jedzenia na leżąco. Nie kładź się też od razu po jedzeniu i unikaj spożywania dużych porcji przed snem. Spróbuj również ułożyć głowę i ramiona 15 centymetrów wyżej niż resztę ciała – zwalczysz refluks żołądkowo-przełykowy za pomocą siły grawitacji. Inny sposób: kiedy coś podnosisz, uginaj kolana, zamiast się pochylać, za każdym razem, gdy się pochylasz, wzrasta bowiem prawdopodobieństwo, że poczujesz palenie w przełyku. Bezpośrednio po posiłku nie wykonuj prac, które wymagają pochylania się, np. odkurzania, ponieważ wzrost ciśnienia w jamie brzusznej nasila dolegliwości żołądkowe.
- Zmniejsz tempo. Chodzi rzecz jasna o tempo przyrostu masy ciała. Stopniowy i umiarkowany przyrost masy ciała

zmniejszy obciążenie układu pokarmowego.
- Poluzuj. Nie noś ubrań, które opinają ciasno brzuch lub talię. Ściśnięty żołądek to większy ucisk, a stąd już blisko do zgagi.
- Ulżyj sobie. Miej zawsze pod ręką leki neutralizujące kwas żołądkowy – oprócz tego, że rozprawią się z ogniem w przełyku, dostarczą ci sporej dawki wapnia. Poproś lekarza, żeby ci jakiś polecił.
- Żuj gumę. Żucie bezcukrowej gumy przez pół godziny po posiłku może zredukować ilość kwasu żołądkowego (ślina wydzielająca się podczas żucia neutralizuje kwas w przełyku). Niektórzy twierdzą, że guma miętowa nasila objawy nadkwasoty – jeśli tak jest w twoim przypadku, wybierz gumę o innym smaku.
- Dorzuć migdały. Po każdym posiłku zjedz kilka migdałów, ponieważ ten zdrowy przysmak neutralizuje kwasy w żołądku, a to może zmniejszyć zgagę, a nawet całkowicie ją zlikwidować. Możesz też złagodzić swój palący problem za pomocą małej szklanki mleka migdałowego – pij je po każdym posiłku lub gdy poczujesz pieczenie w przełyku (jednocześnie otrzymasz premię w postaci wapnia). Niektórym przyszłym mamom ulgę przynosi szklanka ciepłego mleka krowiego z łyżką stołową miodu, inne wolą słodkie „lekarstwo" w postaci świeżej, suszonej lub liofilizowanej papai (dodatkowe punkty to witaminy A i C).
- Odpręż się. Stres nasila wszystkie dolegliwości żołądkowe, więc naucz się studzić emocje, żeby zapanować nad zgagą (patrz str. 154). Wypróbuj również metody medycyny alternatywnej i uzupełniającej, na przykład medytację, wizualizację, akupunkturę, biofeedback lub hipnozę (patrz str. 80).

Awersje pokarmowe i zachcianki ciążowe

Niektóre potrawy, które zawsze uwielbiałam, teraz mają dziwny smak i przestały mi smakować. Mam za to ochotę na rzeczy, których nigdy nie lubiłam. Co się dzieje?

Typowy obrazek przedstawiający udręczonego męża pędzącego w środku nocy w kurtce narzuconej na piżamę po pudełko lodów i słoik ogórków, by zaspokoić zachciankę ciężarnej żony, zdecydowanie częściej rozgrywał się w głowach scenarzystów staromodnych seriali niż w rzeczywistości. Zachcianki ciążowe nie zawsze doprowadzają kobiety – oraz ich mężów – aż tak daleko.

Jednak wiele przyszłych mam stwierdza, że ich upodobania smakowe nieco się zmieniają, a niektóre zauważają, że nawet bardzo.

DLA OJCÓW
Te zwariowane zachcianki

Zauważyłeś, że twoja żona odwraca głowę od potraw, za którymi kiedyś przepadała? Albo że ma bzika na punkcie tych, których wcześniej nie jadła (albo zjada wszystko w przedziwnych kombinacjach)? Spróbuj jej nie dokuczać z tego powodu i nie wyśmiewaj jej awersji i zachcianek – ona nie jest w stanie ich kontrolować, tak jak ty nie jesteś w stanie ich zrozumieć. W zamian ją porozpieszczaj i usuń sprzed jej nosa potrawy, których zapachu nie może znieść. (Kochasz smażone skrzydełka kurczaka? Pokochaj coś innego). Zaskocz ją kanapką z ogórkiem, melonem i żółtym serem, bez której nagle nie może żyć. Przejdź dodatkowy kilometr – albo nawet dwa – po pizzę z ananasem, a oboje poczujecie się lepiej.

DLA OJCÓW
Tata spodziewa się dziecka – objawy ciąży współczulnej

Czujesz się dziwnie... jakbyś był w ciąży? Kobiety zmonopolizowały wprawdzie rynek, jeśli chodzi o ciążę, ale nie mają wyłączności na objawy ciążowe. Niemal połowa przyszłych tatusiów – a może nawet więcej – odczuwa je w różnym stopniu, gdy ich partnerka spodziewa się dziecka – to zespół kuwady, zwany również ciążą współczulną. Symptomy ciąży współczulnej imitują objawy tej prawdziwej i mogą obejmować nudności i wymioty, bóle brzucha, zmiany apetytu, wzdęcia, przyrost masy ciała, zachcianki ciążowe, zaparcia, skurcze mięśni nóg, zawroty głowy, zmęczenie, bóle pleców oraz wahania nastroju. Oznacza to, że twoja partnerka nie jest jedyną osobą w domu, której rośnie brzuch i która wymiotuje na widok hamburgera lub biega w nocy do lodówki, by urządzić sobie ucztę z oliwek (a może nawet wszystko naraz).

Każdy rodzaj tych całkowicie naturalnych emocji (nawet najbardziej nieoczekiwanych), które towarzyszą ci w tym czasie, może wywołać tego typu objawy – od współczucia (chciałbyś odczuwać jej ból, więc go czujesz) po niepokój (denerwujesz się ciążą i perspektywą zostania ojcem) oraz zazdrość (ona znajduje się w centrum uwagi, ty też byś chciał). Ale objawy ciąży współczulnej to coś więcej niż współodczuwanie (oraz inne uczucia towarzyszące zazwyczaj przyszłym ojcom). Uwierz lub nie, ale u taty również dochodzą do głosu hormony – rośnie na przykład stężenie estrogenów (więcej informacji na str. 228).

Co możesz zrobić z objawami ciąży współczulnej (poza przynoszeniem do domu dużych opakowań ciastek i lodów)? Spróbuj zamienić te dość kłopotliwe odczucia na jakieś produktywne zajęcie (na przykład sprzątanie garażu lub ćwiczenia w siłowni), a współodczuwanie zastąp gotowaniem obiadu lub szorowaniem toalety. Spróbuj również rozprawić się z lękami, omawiając je ze swoją partnerką oraz z przyjaciółmi, którzy są już ojcami (skontaktuj się również z innymi tatusiami poprzez media społecznościowe). Poczujesz się też mniej samotny, jeśli bardziej zaangażujesz się w ciążę i przygotowania do narodzin dziecka.

Nie musisz się jednak niczego obawiać, ponieważ te objawy, które nie znikną w trakcie ciąży, na pewno dadzą ci spokój wkrótce po porodzie, chociaż równie dobrze może się okazać, że niektóre z nich utrzymają się jeszcze w okresie połogu. Nie przejmuj się jednak, jeśli podczas ciąży swojej partnerki ani razu nie poczujesz żadnych ciążowych objawów. Fakt, iż nie masz porannych nudności lub nie przybywa ci kilogramów, nie oznacza, że brakuje ci empatii, że nie identyfikujesz się ze swoją żoną ani że nie masz predyspozycji, by opiekować się dzieckiem. Świadczy to wyłącznie o tym, że znalazłeś inny sposób na wyrażenie uczuć. Każdy przyszły tata – podobnie jak każda przyszła mama – jest inny.

Większość ma ochotę co najmniej na jedną określoną potrawę (najczęściej na lody, jakkolwiek najczęściej bez ogórków), a ponad połowa będzie miała awersję przynajmniej do jednego produktu (wysoką pozycję na tej liście zajmują kurczak oraz wszelkiego rodzaju warzywa). Za te nagłe dziwactwa pokarmowe (czasem nawet dość skrajne) w pewnym zakresie odpowiada burza hormonalna. To prawdopodobnie wyjaśnia, dlaczego zachcianki i awersje pokarmowe najczęściej występują w pierwszym trymestrze ciąży, kiedy ta burza osiąga apogeum.

Jednak hormony to nie wszystko. Wydaje się, iż dawne teorie głoszące, że zachcianki i awersje pokarmowe to sygnały wysyłane przez organizm, które często się sprawdzają – czyli jeżeli mamy wstręt do jakiegoś pokarmu, to znak, że nam szkodzi, a jeśli mamy na coś nieodpartą ochotę, to z kolei znak, że tego potrzebujemy. Na przykład nagle nie możesz znieść widoku porannej kawy, bez której kiedyś nie mogłaś funkcjonować. Albo ulubione wino smakuje jak ocet. Albo nigdy nie masz dosyć grejpfrutów. Z drugiej strony, gdy nie możesz znieść widoku kurczaka, twoje ulubione brokuły stają się gorzkie, a ty masz przemożną ochotę wyłącznie na lody karmelowe, trudno uznać, że jest to najmądrzejsza ze wskazówek twojego organizmu.

Rzecz w tym, że sygnały związane z jedzeniem są trudne do odczytania, gdy w grę wchodzą hormony – szczególnie w obecnych czasach, gdy ludzie tak bardzo oddalili się od naturalnego łańcucha pokarmowego (a najczęściej spotykany teraz łańcuch pokarmowy to sieć fast foodów). Na przykład zanim wynaleziono słodycze, przyszła mama, która miała ochotę na coś słodkiego, wybierała się na poszukiwanie jagód, a teraz pewnie wybierze się do sklepu po M&M'sy.

Czy będąc w ciąży, musisz rezygnować z zachcianek i awersji pokarmowych w imię zdrowego odżywiania? Nawet jeśli okazałoby się, że to możliwe (kaprysy pokarmowe, którymi sterują hormony, są potężną siłą), nie byłoby to sprawiedliwe. Można jednak uwzględniać zachcianki i jednocześnie zwracać uwagę na potrzeby odżywcze dziecka. Gdy masz nieodpartą ochotę na coś zdrowego – mogłabyś kilogramami jeść biały ser albo brzoskwinie – nie żałuj sobie. Jedz to, na co masz ochotę, nawet jeśli miałoby to oznaczać, że twoja dieta przez jakiś czas nie będzie do końca zrównoważona (w późniejszym okresie ciąży, gdy zachcianki przestaną cię męczyć, nadrobisz ewentualne straty odżywcze).

Jeśli masz ochotę na coś raczej niewskazanego, spróbuj znaleźć zamiennik, który zaspokoi twój apetyt, a jednocześnie nie każe ci rezygnować z wartości odżywczych i nie wypełni cię zbyt dużą liczbą pustych kalorii (lepiej zjedz świeżo upieczoną babeczkę se-

rową zamiast jakiegoś sztucznego wypieku). Jeśli zamienniki nie w pełni cię satysfakcjonują, wymieszaj je z tym, na co masz ochotę – to powinno trochę pomóc. Kiedy w środku nocy kuszą cię ciastka z galaretką, zrób coś, co odwróci od nich uwagę: idź na szybki spacer, porozmawiaj ze znajomymi z forum internetowego albo pooglądaj w Internecie dżinsy dla ciężarnych. Uleganie mniej odżywczym zachciankom pokarmowym to oczywiście nic złego (podobnie jak cieszenie się nimi), dopóki nie sprawia, że regularnie pozbawiasz się składników odżywczych.

Większość zachcianek i awersji pokarmowych znika lub słabnie w drugim trymestrze. Te, które utrzymują się dłużej, mogą być wywołane potrzebami emocjonalnymi – na przykład chęcią zwrócenia na siebie uwagi. Jeśli ty i twój partner będziecie świadomi istnienia takiej potrzeby, zdołacie ją łatwiej zaspokoić. Zamiast prosić o lody bananowe z karmelem (oraz z ogórkami kiszonymi lub bez), możesz zjeść ciastko owsiane (a nawet dwa), a potem przytulić się do męża lub wziąć romantyczną kąpiel.

Niektóre kobiety mają ochotę na dość osobliwe produkty, które nie są żywnością, na przykład na glinę, popiół czy papier – czasem nawet to zjadają. Ponieważ to zaburzenie łaknienia, zwane picą (łaknieniem spaczonym), może być niebezpieczne i zwykle świadczy o jakimś niedoborze pokarmowym (najczęściej żelaza), poinformuj o nim lekarza. Ochota na lód również może świadczyć o niedoborze żelaza, więc jeśli odczuwasz przymus ssania lodu, powiedz o tym lekarzowi.

Widoczne żyły

Mam brzydkie niebieskie linie na piersiach i brzuchu. Czy to normalne?

Te żyły (przez które twoja klatka piersiowa i brzuch mogą wyglądać jak mapa drogowa) nie tylko są normalne i nie stanowią żadnego powodu do zmartwienia, ale są też dowodem na to, że twój organizm robi to, co powinien. Żyły są częścią sieci naczyń krwionośnych, która w czasie ciąży się powiększa, by transportować większą ilość krwi odżywiającą płód. U szczupłych mam o jasnej skórze mogą pojawić się wcześniej i być bardziej widoczne. U innych – szczególnie tych, które mają ciemną karnację lub nadwagę – żyły mogą być mniej wyraźne lub niedostrzegalne albo mogą się ujawnić w późniejszym okresie ciąży.

Pajączki naczyniowe (teleangiektazje)

Od kiedy jestem w ciąży, na moich udach pojawiły się brzydko wyglądające purpurowe linie. Czy to żylaki?

To prawdopodobnie naczynia włosowate z oczywistego powodu nazywane pajączkami naczyniowymi. Dlaczego podczas ciąży pajączki snują swą purpurową sieć na twoich nogach? Po pierwsze, dodatkowa ilość krwi, która krąży teraz w twoim organizmie, zwiększa nacisk na naczynia krwionośne, co sprawia, że nawet te najmniejsze nabrzmiewają i stają się widoczne. Po drugie, naczyniom krwionośnym, zarówno tym dużym, jak i małym, dają się we znaki hormony ciążowe. I po trzecie, predyspozycje genetyczne mogą sprawić, że w dowolnym momencie życia, a szczególnie w trakcie ciąży, na twojej skórze pojawią się pajączki (dzięki, mamo).

Jeśli pajączki są ci pisane, niewiele będziesz mogła zrobić, żeby ich całkowicie uniknąć, ale istnieją sposoby, by ograniczyć ich rozprzestrzenianie się. Ponieważ twoje żyły są tak zdrowe jak twoja dieta, staraj się jeść dużo produktów bogatych w witaminę C (organizm używa jej do produkcji kolagenu i elastyny, dwóch ważnych składników tkanki łącznej, która pomaga naprawiać i utrzymywać w dobrej kondycji naczynia krwionośne). Regularne ćwiczenia fizyczne (w celu poprawienia krążenia krwi i siły nóg), a także nabranie zdrowego nawyku niekrzyżowania nóg (zakładanie nogi na nogę utrudnia przepływ krwi) również pomoże zapanować nad pajączkami.

Zapobieganie nie zdało egzaminu? Część pajączków, chociaż niestety nie wszystkie, po porodzie zblednie albo zniknie. Jeśli nie, możesz poprosić o pomoc dermatologa lub chirurga naczyniowego – wyleczy je za pomocą ostrzykiwania zmian (skleroterapii), lasera lub innych metod. Tego rodzaju zabiegi niszczą naczynia krwionośne, które ulegają zwłóknieniu, a potem zamykają się i wreszcie znikają. Usuwanie pajączków nie jest tanią terapią i nie należy jej przeprowadzać w trakcie ciąży. Tymczasem spróbuj kamuflować naczynka korektorem w odcieniu pasującym do twojej karnacji lub „retuszuj" je specjalnymi kosmetykami do nóg, które zamaskują wszelkie niedoskonałości.

Żylaki

Moja mama i babcia miały podczas ciąży żylaki. Czy mogę coś zrobić, żeby im zapobiec, gdy sama jestem w ciąży?

Żylaki to przypadłość, która występuje rodzinnie, i wygląda na to, że i ty jesteś do nich dziedzicznie predysponowana, co jednak nie oznacza, że musisz je akceptować, dlatego mądrze robisz, myśląc już teraz o zapobieganiu tej tradycji rodzinnej.

Żylaki często pojawiają się po raz pierwszy właśnie podczas ciąży, a w kolejnych ciążach uwidaczniają się jeszcze bardziej. Dzieje się tak dlatego, że dodatkowa ilość krwi, którą twój organizm wytwarza w trakcie ciąży, powoduje większy nacisk na naczynia krwionośne – zwłaszcza te w nogach, które muszą walczyć z siłą grawitacji i transportować tę powiększoną ilość krwi z powrotem do serca. Gdy dodasz do tego jeszcze nacisk coraz cięższej macicy na naczynia krwionośne miednicy oraz rozluźnienie włókien mięśniowych w ścianach żył, które jest wynikiem działania hormonów ciążowych, otrzymasz gotowy przepis na żylaki.

Objawy żylaków nie są trudne do rozpoznania, ale różnią się stopniem zaawansowania. Mogą się zatem objawiać lekkim lub ostrym bólem w nogach, a także uczuciem ciężkości, nocnymi skurczami podudzi i/lub obrzękami. Może być też tak, że nie wystąpi żaden z wymienionych objawów. Może być widoczny tylko zarys niebieskawych żył albo gruby wąż wybrzuszający się od kostki aż po górną część uda. W poważnych przypadkach wokół żylaków może pojawić się wyprysk, a skóra jest zaczerwieniona, tkliwa i obrzęknięta, potem może ulec pogrubieniu i pojawiają się przebarwienia. Czasami może dojść do zakrzepowego zapalenia żył (jest to zapalenie tak zwanych żył powierzchownych*), dlatego zawsze informuj lekarza o niepokojących cię objawach dotyczących kończyn dolnych.

By zyskać przewagę w walce z żylakami, stosuj następujące metody:

- Dbaj o swobodny przepływ krwi. Zbyt długie siedzenie lub stanie może upośledzać krążenie w kończynach dolnych, zatem unikaj zbyt długiego przebywania w którejś z tych pozycji; kiedy nie jest to możliwe, przynajmniej od czasu do czasu poruszaj stopami. Gdy siedzisz, unikaj zakładania nogi na nogę, a jeśli to możliwe, ułóż stopy wyżej. Kiedy leżysz, podłóż pod nogi poduszkę, pamiętając, by nogi były zawsze lekko ugięte w kolanach. Gdy odpoczywasz lub śpisz, staraj się leżeć na lewym boku – w tej pozycji krążenie krwi jest najlepsze (chociaż drugi bok też nie jest zły).

- Kontroluj masę ciała. Nadmierny przyrost masy ciała zwiększa wymagania wobec i tak już przeciążonego układu krwionośnego, więc przybieraj na wadze zgodnie z zaleceniami.

- Unikaj podnoszenia ciężkich przedmiotów, ponieważ to sprzyja powstawaniu żylaków.

- Łagodnie przyj podczas wypróżnień, ponieważ wysiłek w toalecie to obciążenie dla żył w nogach – unikaj zatem zaparć.

- Noś rajstopy lub podkolanówki uciskowe (wydaje się, że rajstopy uciskowe o I klasie kompresji sprawdzają się w profilaktyce przeciwżylakowej, a przy tym są wygodne). Wkładaj je od razu po przebudzeniu (jeszcze zanim wstaniesz i krew spłynie do nóg), a wieczorem zdejmuj, nim położysz się do łóżka. Chociaż ubrana w rajstopy uciskowe nie będziesz najseksowniejszą przyszłą mamą, ale przynajmniej zrównoważysz nacisk brzucha na nogi i dasz żyłom dodatkową siłę do wypychania krwi w górę. Poza tym rajstopy uciskowe od czasów naszych babć przeszły długą drogę i teraz są o wiele bardziej stylowe i wygodne.

- Nie noś ubrań, które mogą utrudniać krążenie: ciasnych pasków lub majtek, rajstop, pończoch, skarpet z elastycznym zakończeniem ani ciasnego obuwia. Unikaj szpilek, wybieraj raczej buty na płaskim obcasie (najlepiej z wkładką ortopedyczną), na niewielkim słupku lub klinie.

- Codziennie ćwicz (patrz str. 235). Jeśli odczuwasz bóle w nogach, unikaj intensywnych ćwiczeń typu kardio, joggingu, jazdy na rowerze oraz ćwiczeń z obciążeniem.

- Upewnij się, że twoja dieta zawiera dużo owoców i warzyw bogatych w witaminę C, dzięki której naczynia krwionośne są zdrowe i elastyczne.

Podczas ciąży nie zaleca się chirurgicznego usuwania żylaków, lecz można rozważyć taki zabieg już kilka miesięcy po porodzie.

---

* Objawy zakrzepowego zapalenia żył powierzchownych to: tkliwość i ból objętej procesem zapalnym żyły oraz nadmierne ucieplenie okolicznych tkanek i zaczerwienienie skóry nad nią. Zakrzepica żył głębokich objawia się bólem kończyny i jej obrzękiem. Stan ten wymaga intensywnego leczenia (przyp. red. meryt.).

Jednak w większości przypadków stan żył poprawia się samoistnie, zazwyczaj wówczas, gdy młoda mama wróci do przedciążowej masy ciała.

Bolesna, obrzmiała miednica

Odczuwam bóle w obrębie całej miednicy – mam wrażenie, że jest spuchnięta, i czuję się bardzo niekomfortowo. Poza tym wyczułam jakąś wypukłość na sromie. O co w tym wszystkim chodzi?

Nogi mają spore udziały na rynku żylaków, ale zdecydowanie go nie zmonopolizowały. Żylaki mogą się zatem pojawiać również w obrębie narządów miednicy mniejszej (na przykład na sromie i w pochwie), na pośladkach i w odbycie (hemoroidy), a powody ich powstawania są takie same jak w przypadku nóg. Wygląda na to, że właśnie takich żylaków się nabawiłaś. Niewydolność żylna miednicy – tak się nazywa ta dolegliwość – objawia się (poza obrzmieniem sromu) przewlekłym bólem w obrębie miednicy i/lub brzucha, uczuciem obrzmienia czy też „pełności" w obrębie miednicy mniejszej i narządów płciowych, a czasem także bólem w trakcie lub po stosunku. Wskazówki, które pomagają zmniejszać dolegliwości związane z żylakami nóg, pomogą też tobie (patrz poprzednie pytanie), ale zgłoś te objawy lekarzowi, by mógł postawić diagnozę i przedstawić metody leczenia (niewydolność żylną miednicy leczy się zazwyczaj po porodzie).

Wypryski

Moja skóra jest pokryta wypryskami tak samo jak wtedy, gdy chodziłam do szkoły średniej, i nie wygląda zbyt ładnie.

Ciążowy blask roztaczany przez niektóre szczęśliwe przyszłe mamy jest wywołany nie tylko radością, ale też większą aktywnością gruczołów łojowych wytwarzających sebum, która towarzyszy zmianom hormonalnym zachodzącym w trakcie ciąży. Niestety niektóre kobiety nie mają tyle szczęścia i zamiast ciążowego blasku mają tylko wypryski (dotyczy to szczególnie tych, u których pryszcze pojawiają się jak w zegarku przed każdą miesiączką). Chociaż zapewne nie zdołasz całkowicie wyeliminować problemów z cerą, to poniższe wskazówki pomogą ci je nieco zminimalizować – dzięki temu nie będziesz wyglądała jak na szkolnej fotografii:

- Dwa–trzy razy dziennie przemywaj twarz łagodnym preparatem do demakijażu (np. płynem micelarnym). Nie używaj peelingów gruboziarnistych – nie tylko dlatego, że w czasie ciąży twoja skóra jest bardziej wrażliwa, lecz również z tego powodu, że za bardzo oczyszczona skóra staje się bardziej podatna na wypryski.
- Zanim zaczniesz cokolwiek stosować, zapytaj lekarza, jakie preparaty przeciwtrądzikowe (zarówno te stosowane miejscowo, jak i doustnie) są dla ciebie bezpieczne (patrz str. 158).
- Dbaj o dobre nawilżenie skóry. Używaj beztłuszczowego kremu nawilżającego. Cera przesuszona kosmetykami bądź zabiegami przeciwtrądzikowymi może być bardziej podatna na wypryski.
- Wybieraj beztłuszczowe środki do pielęgnacji skóry, które nie zatykają porów (szukaj tej informacji na opakowaniu).
- Pilnuj, by wszystkie akcesoria kosmetyczne, którymi dotykasz twarzy, były czyste, w tym pędzelki do różu znajdujące się na dnie kosmetyczki.
- Nie wyciskaj. Mama na pewno zawsze ci powtarzała, że wyciskanie pryszczy nie pomoże ci się ich pozbyć, a tylko przedłuży ich żywot, ponieważ bakterie zostaną przeniesione w głąb ranki. Poza tym, będąc w ciąży, jesteś bardziej podatna na zakażenia, a wyciskane pryszcze mogą pozostawić blizny.

- Zapewnij skórze właściwe odżywienie. Dieta z niską zawartością cukru, bogata w owoce, warzywa, produkty pełnoziarniste i zdrowe tłuszcze (na przykład nasza dieta ciążowa) pomoże zminimalizować skutki burzy hormonalnej.
- Masz na plecach pryszcze, które nie chcą zniknąć? Dbaj o higienę ciała i stosuj zdrową dietę, a oprócz tego poproś swojego lekarza lub dermatologa, który wie, że jesteś w ciąży, by przepisał ci krem bezpieczny dla przyszłych mam (większość położników wyraża zgodę na stosowanie kwasu azelainowego). Lekarz może również zaproponować przemywanie pleców lub dekoltu (w zależności od tego, gdzie wyskoczyły pryszcze) środkiem na bazie kwasu glikolowego lub kwasów owocowych, które pomogą się pozbyć czerwonych wykwitów na skórze.

Sucha skóra

Mam bardzo suchą skórę. Czy to również jest związane z ciążą?

Czujesz się teraz trochę jak wysuszona jaszczurka? Za swoją suchą i często również swędzącą skórę możesz winić hormony. Zmiany hormonalne mogą też pozbawić twoją skórę naturalnej warstwy lipidowej, która ją nawilża i ujędrnia, i nadać jej niezbyt ponętny łuskowaty wygląd. By twoja skóra była miękka i gładka niczym pupa dziecka, które niedługo urodzisz, stosuj następujące wskazówki:

- Sięgnij po łagodną emulsję do mycia twarzy niezawierającą mydła, na przykład po Cetaphil lub Emolium. Stosuj ją nie więcej niż raz dziennie (wieczorem, jeśli zmywasz makijaż), a poza tym obmywaj twarz wyłącznie wodą.
- Nakładaj grubą warstwę kremu nawilżającego, gdy skóra jest jeszcze wilgotna (po kąpieli lub prysznicu), i rób to jak najczęściej, przede wszystkim przed snem.
- Ogranicz kąpiele w wannie i spędzaj mniej czasu pod prysznicem, ponieważ zbyt długie kąpiele mogą wysuszać skórę. Zwróć również uwagę na temperaturę wody – powinna być letnia, a nie gorąca. Gorąca woda pozbawia bowiem skórę naturalnej warstwy lipidowej, przez co staje się ona przesuszona, podrażniona i zaczyna swędzieć.
- Dodawaj do wody bezzapachowe olejki do kąpieli i uważaj, żebyś się nie poślizgnęła na śliskiej i tłustej powierzchni. (Pamiętaj, że z powodu rosnącego brzucha będziesz coraz bardziej niezdarna).
- Pij dużo płynów, żeby utrzymać właściwe nawilżenie organizmu. Sprawdź również, czy twoja dieta dostarcza zalecaną ilość zdrowych tłuszczów (kwasy tłuszczowe omega-3 są korzystne dla dziecka i twojej skóry).
- Zadbaj o odpowiednią wilgotność powietrza w domu.
- Smaruj się kremem z filtrem przeciwsłonecznym – o wartości co najmniej 15 (a najlepiej 30).

Atopowe zapalenie skóry (AZS, wyprysk atopowy, atopia)

Mam atopowe zapalenie skóry. Często miewam na skórze wypryski, a teraz, gdy jestem w ciąży, dolegliwości jeszcze bardziej się nasiliły. Jak mogę temu zaradzić?

Niestety, ciąża (a dokładniej hormony, które podczas niej buzują) często zaostrza wyprysk atopowy, a swędzenie i łuszczenie się skóry stają się prawie nie do zniesienia. (Niektóre przyszłe mamy mają więcej szczęścia i stwierdzają, że objawy nieco ustępują).

Na szczęście w czasie ciąży można bezpiecznie stosować w umiarkowanych ilościach kremy lub maści z niewielką dawką hydrokortyzonu – poproś swojego położnika lub dermatologa, by polecił ci jakiś preparat. W walce ze świądem mogą również pomóc leki antyhistaminowe, ale zanim zaczniesz je przyjmować, skonsultuj się z lekarzem. Większość pozostałych leków podczas ciąży nie wchodzi w grę. Na przykład cyklosporyna od dawna stosowana w ciężkich przypadkach atopii, które nie reagowały na inne metody leczenia, generalnie nie jest zalecana przyszłym mamom. Podobnie rzecz się ma z lekami niesteroidowymi – takimi jak Protopic czy Elidel – ponieważ skutki ich oddziaływania na ciążę nie zostały jeszcze zbadane, zatem nie mogą zostać uznane za bezpieczne, dopóki wszystkie wątpliwości nie zostaną rozwiane. I wreszcie leczenie niektórymi antybiotykami do stosowania miejscowego lub ogólnoustrojowego również wiąże się z pewnym ryzykiem, więc najpierw omów tę kwestię z lekarzem.

Jeśli masz AZS, wiesz z pewnością, że zapobieganie może skutecznie powstrzymać świąd oraz inne objawy. Wypróbuj zatem następujące sposoby:

- Nie drap się. By powstrzymać swędzenie, zamiast paznokci użyj zimnego, suchego okładu. Drapanie pogorszy jedynie stan wysypki, a poza tym może uszkodzić skórę, umożliwiając wniknięcie bakteriom, które wywołują zakażenia. Aby tego uniknąć, obetnij krótko paznokcie i nadaj im zaokrąglony kształt.
- Ogranicz kontakt z substancjami, które potencjalnie mogą wywołać podrażnienie, takimi jak środki piorące, mydła, perfumy i soki owocowe. Kiedy gotujesz lub sprzątasz, zakładaj rękawiczki, by ochronić dłonie.
- Często nawilżaj skórę (od razu po wyjściu z wody, kiedy jeszcze jest mokra), by zatrzymać w niej jej naturalną wilgoć. Niektórzy eksperci twierdzą co prawda, że stosowanie emolientów na mokrą skórę rozcieńcza zawarte w nich substancje nawilżające. Bez wątpienia w leczeniu wyprysku najważniejsze jest odpowiednie nawilżanie, dlatego stosuj emolienty kilkakrotnie w ciągu dnia.
- Ogranicz czas spędzany w wodzie (zwłaszcza ciepłej).
- Staraj się zbytnio nie przegrzewać i nie pocić. Oczywiście gdy już jesteś zgrzaną i spoconą przyszłą mamą, łatwiej to powiedzieć, niż zrobić, ale się nie poddawaj. Zachowaj spokój i noś przewiewne ubrania z bawełny, a unikaj tkanin syntetycznych, wełny oraz szorstkich materiałów, które mogą podrażniać skórę. Unikaj przegrzewania – wkładaj kilka warstw odzieży i ściągaj je kolejno, gdy zacznie ci się robić gorąco.
- Staraj się również zachować spokój, gdy dopadnie cię stres, który może nasilać objawy AZS. Gdy czujesz narastający niepokój, weź kilka głębokich oddechów (patrz str. 154).
- Szukaj alternatywnych metod leczenia. Pomocna może się okazać na przykład akupunktura, która zmniejsza nerwobóle, łagodzi świąd i pomaga walczyć ze stresem.
- Skontroluj dietę. Jeśli masz alergię na jakieś pokarmy (lub podejrzewasz, że masz), wyeliminuj je z jadłospisu, by sprawdzić, czy to złagodzi objawy. Chociaż dieta ma przypuszczalnie mniejszy wpływ na problemy ze skórą, niż głoszą legendy internetowe, na pewno warto zapytać dermatologa, czy pomoże zmiana sposobu odżywiania. Zapytaj go również o probiotyki, choć badania jeszcze nie dowiodły, że pomagają one w przypadku atopowego zapalenia skóry przyszłej mamy. Uzupełnianie diety o witaminę D – choć nadal trochę kontrowersyjne – zapowiada się dość obiecująco, jeśli chodzi o leczenie AZS, ale – jak zawsze – najpierw skonsultuj się z lekarzem.

Pamiętaj o jeszcze jednej ważnej sprawie. Chociaż skłonność do AZS jest dziedziczna – co oznacza, że twoje dziecko również jest nią zagrożone – badania dowodzą, że karmienie piersią może uchronić je przed tą chorobą. To jeszcze jeden dobry powód, by – jeśli to tylko możliwe – warto było rozważyć ten sposób karmienia.

Brzuch, który pojawia się i znika

Doświadczam czegoś bardzo dziwnego – jednego dnia widać, że jestem w ciąży, a następnego mam całkiem płaski brzuch. Co się dzieje?

Winę ponoszą jelita. Wzdęcia, które są rezultatem zaparć i nagromadzenia gazów, dwóch nieodłącznych towarzyszy świeżo upieczonej przyszłej mamy, mogą sprawić, że płaski brzuch w jednej chwili się zaokrągli. A potem, kiedy już się wypróżnisz, zniknie równie szybko, jak się pojawił. Owszem, to trochę wytrąca z równowagi („Jak to? Jeszcze wczoraj było widać, że jestem w ciąży!"), lecz jest zupełnie naturalne.

Nie martw się zatem, ponieważ już niedługo będziesz miała brzuszek, który nie zniknie – tym razem odpowiedzialne będzie za niego twoje maleństwo, a nie wzdęcia. Tymczasem przeczytaj wskazówki ze str. 192, które pomogą ci się uporać z zaparciami.

Utrata figury

Czy gdy urodzę dziecko, odzyskam dawną sylwetkę?

Cóż, to zależy... od ciebie. Badania pokazują, że 25 procent wszystkich mam dwu-, trzylatków nadal zmaga się z kilkoma dodatkowymi kilogramami, które im przybyły podczas ciąży. Poza tym większość młodych mam stwierdza, że mimo powrotu do masy ciała sprzed ciąży, ich brzuch, biodra i pupa nie są już takie same. Ale teraz nie jest odpowiedni czas, żeby martwić się tym, co będzie po porodzie. Skoncentruj się więc na tym, by dbać o właściwy przyrost masy ciała, o to, by odbywał się on w odpowiednim tempie i dzięki zdrowemu odżywianiu. To nie tylko pomoże ci się skupić na najważniejszym celu, czyli zdrowym żywieniu rozwijającego się dziecka, ale też zwiększy szanse na odzyskanie figury sprzed ciąży (a nawet lepszej), kiedy maleństwo już przyjdzie na świat. Chcesz jeszcze bardziej zwiększyć swoje szanse? Zestaw zdrową dietę z ćwiczeniami fizycznymi dla przyszłych mam i zrób wszystko, by przestrzegać tego stylu życia po urodzeniu dziecka. Weź pod uwagę, że powrót do formy nie nastąpi w ciągu jednej nocy (najbardziej optymistyczny scenariusz to 3 miesiące, a najbardziej realistyczny 6, a nawet więcej).

Ciążowe pozowanie

Może ostatnio unikasz aparatu fotograficznego („po co dodawać sobie kolejne pięć kilogramów"). A może wręcz przeciwnie: zamierzasz uwiecznić swój rosnący brzuszek dla potomności. Pewnie na razie nie masz zbyt wiele do pokazania (jeżeli w ogóle), lecz robienie zdjęć od samego początku ciąży oznacza, że będziesz miała całkiem sporo do pokazania później. Fotografuj się codziennie, co tydzień albo co miesiąc – zrób na przykład selfie w lustrze lub poproś o zrobienie zdjęcia koleżankę, możesz też pozować z nagim brzuszkiem albo ubrana w coś obcisłego. Potem stwórz album ciążowy – tradycyjny lub umieść zdjęcia w Internecie, by twoja rodzina i przyjaciele mogli je przeglądać, albo zamień je w film, który udokumentuje twoją niezwykłą ciążową historię. A więc uwaga – światło, kamera... dziecko!

Kolczyk w pępku

Jest wspaniały, stylowy i seksowny. Poza tym to jeden z najbardziej uroczych sposobów wyeksponowania płaskiego i opalonego brzucha. Ale co zrobić, gdy brzuch zaczyna rosnąć? Czy wyjąć z niego kolczyk? Nie, jeśli miejsce przekłucia zdążyło się już zagoić (czytaj: nie byłaś w salonie piercingu miesiąc temu) i nie jest podrażnione (inaczej mówiąc, nie jest zaczerwienione, zaognione ani nie sączy się z niego wydzielina). Pamiętaj, że pępek oznacza miejsce połączenia z twoją mamą, gdy jeszcze przebywałaś w jej łonie, a nie miejsce, w którym dziecko jest połączone z tobą. Oznacza to, że przekłucie pępka nie otwiera drogi, którą organizmy chorobotwórcze mogłyby trafić do dziecka. Nie musisz się również martwić, że kolczyk w pępku przeszkodzi w porodzie lub nawet cięciu cesarskim.

Oczywiście w miarę rozwoju ciąży twój brzuch będzie rósł i coraz bardziej wystawał, więc może się okazać, że noszenie ozdoby w pępku jest po prostu bardzo niewygodne ze względu na naciągniętą do granic możliwości skórę. Może również boleśnie zahaczać o ubranie – a nawet w nim utknąć – zwłaszcza że pod koniec ciąży pępek będzie bardzo wypukły.

Jeśli postanowisz wyciągnąć kolczyk, co kilka dni przeciągaj go przez dziurkę, żeby nie zarosła (chyba że masz ją od wielu lat, gdyż w takim wypadku prawdopodobieństwo, że dziurka zarośnie, jest niewielkie). Możesz również zastąpić kolczyk ozdobą z jakiegoś elastycznego materiału, na przykład teflonu lub PTFE (politetrafluoroetylenu).

Jeśli chodzi o przekłuwanie pępka (lub innej części ciała) podczas ciąży, to najlepiej odłożyć to na później i zrobić dopiero po porodzie. Niepotrzebne przekłuwanie skóry w trakcie oczekiwania na dziecko zdecydowanie nie jest dobrym pomysłem z powodu zwiększonego ryzyka zakażenia.

Jest już za późno, bo zdążyłaś upamiętnić ciążę nowym kolczykiem lub zrobiłaś piercing, zanim odkryłaś, że jesteś w ciąży? Jeśli miejsce przekłucia się jeszcze nie zagoiło (nadal jest zaczerwienione), najlepiej wyjąć ozdobę i założyć ją dopiero po porodzie. I to nie tylko z powodu zwiększonego ryzyka zakażenia, ale również dlatego, że rozciągająca się skóra na brzuchu może rozciągnąć niezaleczoną dziurkę do wielkiego rozmiaru, którego zapewne nie przewidywałaś (a w rezultacie możesz zostać z ziejącą dziurą).

Trudności z oddawaniem moczu

Od kilku dni mam naprawdę spore trudności z siusianiem, chociaż pęcherz wydaje się pełny.

Wygląda na to, że twój pęcherz jest uciskany przez macicę. Mniej więcej 1 na 5 kobiet ma tyłozgięcie macicy, co oznacza, że macica jest usytuowana pod nieodpowiednim kątem i odchyla się do tyłu zamiast do przodu. Taka niewyprostowana macica może uciskać cewkę moczową prowadzącą do pęcherza. Ponieważ macica stale rośnie, nacisk na pęcherz jest coraz większy, a to powoduje trudności z oddawaniem moczu. Gdy pęcherz jest bardzo przepełniony, może również dojść do wyciekania moczu.

Zazwyczaj pod koniec pierwszego trymestru macica zajmuje odpowiednią pozycję bez interwencji medycznej. Jednak jeśli odczuwasz duży dyskomfort albo masz poważne trudności z oddawaniem moczu, zgłoś się do lekarza. Być może będzie w stanie ręcznie odsunąć macicę, żebyś znowu mogła siusiać bez przeszkód. W większości przypadków ta metoda się doskonale sprawdza. Gdyby jednak okazała się nieskuteczna – co mało prawdopodobne – być może konieczne będzie cewnikowanie, czyli usuwanie moczu przez rurkę włożoną do cewki moczowej.

Inną przyczyną trudności z oddawaniem moczu (oraz dobrym powodem, by zgłosić się do lekarza) może być zapalenie dróg moczowych. Więcej informacji na ten temat znajdziesz na str. 553.

Wahania nastroju

Wiem, że powinnam być szczęśliwa z powodu ciąży i czasem jestem, ale bywają takie chwile, że mam ochotę płakać i jest mi smutno.

To w górę, to w dół; naturalne podczas ciąży wahania nastroju sprawią, że zaczniesz odczuwać emocje, których wcześniej

---

Badanie USG w pierwszym trymestrze

Z pewnością jeszcze nie będziesz mogła dostrzec żadnych rozkosznych cech dziecka (ani się dowiedzieć, czy urodzisz chłopca czy dziewczynkę), ale na pewno ucieszy cię fakt, że pierwsze badanie USG (przeprowadzane między 6 a 9 tygodniem ciąży) jest rutynową częścią opieki okołoporodowej, dzięki której podekscytowani przyszli rodzice mogą po raz pierwszy zobaczyć swoją maleńką „fasolkę". Amerykańskie Kolegium Położników i Ginekologów zaleca, by takie badanie przeszła każda przyszła mama. Jest to bardzo ważne z tego względu, że pomiar płodu w pierwszym trymestrze – w połączeniu z datą ostatniej miesiączki (czyli metodą LMP) – to najdokładniejsza metoda określenia wieku ciąży (pomiary ultrasonograficzne po pierwszym trymestrze nie są już tak dokładne). Wczesne badanie USG pozwoli również zobaczyć na ekranie pracę serca dziecka oraz stwierdzić, czy ciąża rozwija się w tym miejscu, w którym powinna, czyli w macicy (a tym samym wykluczyć ciążę pozamaciczną). A jeśli nosisz bliźnięta (lub więcej dzieci), pozwoli szybciej potwierdzić ciążę wielopłodową.

W jaki sposób ultrasonograf uzyskuje obraz życia, które rozwija się w twojej macicy? Jest to możliwe dzięki falom ultradźwiękowym emitowanym przez przetwornik. Fale odbijają się od różnych struktur (od dziecka, pęcherza płodowego i tak dalej), a powracające echo fal tworzy obraz, który widzimy na ekranie. Jeśli przejdziesz badanie przed 6 lub 7 tygodniem ciąży, prawdopodobnie zostanie wykonane dopochwowo. USG dopochwowe (czyli transwaginalne) polega na wprowadzeniu do pochwy specjalnej głowicy, na którą nakłada się prezerwatywę posmarowaną sterylnym żelem. Lekarz delikatnie wsunie cienką i długą głowicę do kanału pochwy, by obejrzeć twoją macicę oraz dziecko. Po 6–7 tygodniu USG prawdopodobnie będzie już wykonywane wyłącznie przez powłoki brzuszne. Do przeprowadzenia tego badania musisz mieć pełen pęcherz (co nie jest zbyt komfortowe), aby mała jeszcze macica była lepiej widoczna. Ginekolog posmaruje twój brzuch żelem (niektórzy lekarze najpierw go rozgrzewają, żeby zniwelować przykre odczucie zimna), a potem będzie przesuwał po nim przetwornik.

Obydwie procedury trwają od 5 do 30 minut i są bezbolesne, nie licząc dyskomfortu związanego z pełnym pęcherzem, który jest potrzebny do badania USG przez powłoki brzuszne w pierwszym trymestrze ciąży. Będziesz mogła wraz z położnikiem obserwować swoje dziecko na ekranie (chociaż niewątpliwie będziesz potrzebowała objaśnienia tego, co widzisz), a potem prawdopodobnie dostaniesz na pamiątkę mały wydruk ze zdjęciem.

Większość ginekologów zaleca pierwsze badanie USG nie wcześniej niż po 6 tygodniu, chociaż pęcherz płodowy można dostrzec mniej więcej po 4 tygodniach po terminie ostatniej miesiączki, a bicie serca jest widoczne po 5–6 tygodniach (chociaż czasem nie da się go wykryć tak wcześnie).

Co to jest torbiel ciałka żółtego?

Gdy podczas badania USG ginekolog stwierdzi u ciebie torbiel ciałka żółtego, zapewne pierwsze twoje pytanie będzie brzmiało: A co to jest? Oto kilka przydatnych informacji. W każdym miesiącu twojego życia płciowego, gdy po owulacji pęka pęcherzyk jajnikowy, z jego pozostałości wykształca się tak zwane ciałko żółte (*corpus luteum*), które zajmuje miejsce uwolnionej komórki jajowej. Ciałko żółte produkuje progesteron i niewielkie ilości estrogenów i jest tak zaprogramowane, by zaniknąć po około 14 dniach. Kiedy do tego dojdzie, zaczyna spadać stężenie hormonów i pojawia się miesiączka. Natomiast kiedy zajdziesz w ciążę, ciałko żółte nie zanika, lecz rośnie dalej i produkuje większe ilości progesteronu, które umożliwią rozwój płodu. Trwa to aż do chwili, gdy jego funkcję przejmie łożysko. W większości ciąż ciałko żółte zaczyna zanikać mniej więcej po 6 lub 7 tygodniach po terminie ostatniej miesiączki, a całkowicie przestaje funkcjonować po 10 tygodniach, gdy już wypełni swoje zadanie polegające na przygotowaniu macicy do przyjęcia dziecka. Jednak w około 10 procentach ciąż ciałko żółte nie zanika wtedy, gdy powinno, i zamienia się w torbiel ciałka żółtego.

Teraz, gdy już wiesz, czym jest torbiel ciałka żółtego, prawdopodobnie zastanawiasz się, jaki wpływ na twoją ciążę będzie miała ta przypadłość. Odpowiedź brzmi, że przypuszczalnie żadnego. Zazwyczaj nie ma powodu, by martwić się z powodu torbieli lub podejmować jakiekolwiek leczenie. Istnieje duże prawdopodobieństwo, że cysta zniknie samoistnie w drugim trymestrze ciąży. By zyskać całkowitą pewność, że tak się właśnie stało, położnik będzie kontrolował jej wielkość i stan za pomocą regularnych badań USG (a to oznacza, że będziesz mogła częściej widywać swoje dziecko). Niektóre przyszłe mamy skarżą się na kłucie w brzuchu przypominające ból owulacyjny, które można powiązać z obecnością ciałka żółtego lub torbielą ciałka żółtego. W takim przypadku również nie masz powodów do zmartwienia, ale wspomnij o tym lekarzowi, by rozproszyć swoje obawy.

---

nie znałaś – od nieopisanej radości po przygnębiający smutek. Nastroje ciążowe mogą sprawić, że w jednej chwili nie będziesz się posiadała z radości, a w drugiej będziesz miała chandrę i rozpłaczesz się z niewiadomych powodów, oglądając jakąś reklamę. Czy możesz winić za to hormony? Oczywiście! Wahania nastroju są intensywniejsze w pierwszym trymestrze ciąży (kiedy burza hormonalna sieje największe spustoszenie) oraz u kobiet, u których zwykle występuje nasilony zespół napięcia przedmiesiączkowego. Ambiwalentność uczuć w ciąży występuje, nawet jeśli była planowana, co jeszcze bardziej wzmacnia huśtawkę emocjonalną. Nie wspominając już o tych wszystkich zmianach, których właśnie doświadczasz – psychicznych, emocjonalnych, logistycznych oraz tych w relacji z partnerem (wszystkie mogą wywierać wpływ na twoje samopoczucie).

Wahania nastroju łagodnieją nieco po pierwszym trymestrze, gdy stężenie hormonów nieco się ustabilizuje i kiedy zdążysz się już przyzwyczaić do niektórych zmian ciążowych (nigdy nie będziesz w stanie dostosować się do wszystkich). Tymczasem – chociaż nie ma pewnego sposobu, by wydostać się z tej huśtawki – skorzystaj z kilku porad, które pomogą ci ograniczyć emocjonalny chaos:

- Utrzymuj odpowiednie stężenie glukozy we krwi. Co ma wspólnego stężenie glukozy we krwi z nastrojem? Bardzo dużo. Jego spadek – spowodowany długimi przerwami między posiłkami – może doprowadzić do załamania nastroju. Istnieje jeszcze jeden istotny powód, by zarzucić zwyczajowe 3 posiłki dziennie i zmienić je na jadłospis złożony z 6 posiłków (patrz str. 92). Pilnuj, by węglowodany złożone i białko były najważniejszymi składnikami twojej diety, co pomoże utrzymać stężenie glukozy – oraz nastrój – na stabilnym poziomie.

- Ogranicz cukier i kofeinę. Batonik, słodkie ciastko lub cola spowodują nagły wzrost stężenia glukozy we krwi, ale po nim nastąpi szybki jego spadek, który wywoła nagłe obniżenie nastroju. Kofeina (zwłaszcza w połączeniu z cukrem, na przykład w kawie z bitą śmietaną i lodami) może wywołać ten sam efekt. Zatem by tego uniknąć i zapewnić sobie lepsze samopoczucie, unikaj zarówno słodyczy, jak i kofeiny.

- Odżywiaj się zdrowo. Ogólnie mówiąc, zdrowa dieta zapewni ci lepsze samopoczucie emocjonalne (oraz fizyczne), więc jeśli tylko możesz, stosuj się do zaleceń diety ciążowej. Przyjmując wraz z pokarmem zdrowe kwasy tłuszczowe omega-3 (znajdujące się na przykład w orzechach, rybach, ekologicznej wołowinie oraz jajkach wzbogaconych w kwasy omega-3), również złagodzisz huśtawkę nastrojów. Poza tym dostarczysz dziecku składników niezbędnych do rozwoju mózgu. Badania wykazują, że dzienna dawka gorzkiej czekolady może również poprawić nastrój.

- Ruszaj się. Im więcej będziesz się ruszać, tym lepiej będziesz się czuła. Samopoczucie poprawią ci endorfiny, które uwalniają się podczas wysiłku fizycznego. Wprowadź zatem ćwiczenia zaakceptowane przez twojego położnika do codziennego rytuału.

- Kochaj się. Jeśli masz ochotę na miłość (i akurat nie męczą cię nudności), pozwól sobie na intymne chwile. Seks świetnie wpłynie na samopoczucie, uwalniając hormony szczęścia. Dzięki niemu zbliżysz się do partnera w tym niezwykłym czasie, kiedy oboje zmagacie się z nowym wyzwaniem. Jeśli seks nie wchodzi w grę – bo na przykład nie masz teraz na niego ochoty – pozostaje jeszcze spędzanie czasu we dwoje: delikatne pieszczoty, przytulanie, trzymanie się za ręce, które także poprawia nastrój.

- Rozświetl swoje życie. Badania dowodzą, że światło słoneczne poprawia samopoczucie. A więc kiedy świeci słońce, łap jego promienie (ale nie zapominaj o kremie z filtrem).

- Rozmawiaj. Jesteś zmartwiona? Niespokojna? Zdenerwowana? Ciąża to czas wielu różnych emocji, które objawiają się wahaniami nastroju. Jeśli chcesz rozładować napięcie, porozmawiaj z partnerem (który prawdopodobnie czuje się podobnie), z przyjaciółkami, które wiedzą, co masz na myśli, lub z innymi przyszłymi mamami na forach internetowych (na przykład www.WhatToExpect.com), ponieważ dzięki temu poczujesz się lepiej, a przynajmniej zrozumiesz, że twoje odczucia są zupełnie naturalne i nieodosobnione. Z drugiej strony, jeśli będziesz miała wrażenie, że przeglądanie stron internetowych jeszcze pogarsza sytuację (zawsze wydaje ci się, że cierpisz na to samo co inne przyszłe mamy, albo uważasz, że wręcz przeciwnie), daj sobie z tym spokój.

- Odpocznij. Zmęczenie nasila wahania nastroju, więc zapewnij sobie odpowiednią dawkę snu (lecz niezbyt dużą, gdyż nadmiar snu może zwiększyć uczucie zmęczenia i niestabilność emocjonalną).

- Relaksuj się. Stres niewątpliwie obniża nastrój, zatem znajdź sposób, by sobie z nim poradzić. Przydatne wskazówki znajdziesz na str. 154.

Jeśli w twoim życiu jest osoba, którą twoje zmiany nastroju dotykają i zaskakują bardziej niż ciebie, to przypuszczalnie jest nią twój

DLA OJCÓW

Jak poradzić sobie z jej huśtawką nastrojów

Witaj w cudownym – choć niekiedy zwariowanym – świecie hormonów. Cudownym, ponieważ hormony ciężko pracują, by zadbać o to maleńkie życie, które zamieszkało w brzuchu twojej partnerki (i które już wkrótce będziesz tulić w ramionach). Zwariowane, bo poza tym, że przejęły kontrolę nad jej ciałem (przez co często jest przygnębiona), to zapanowały również nad jej umysłem, przez co jest płaczliwa, nadmiernie podekscytowana, niewspółmiernie wściekła, nieprzytomnie szczęśliwa i zestresowana... i to wszystko jeszcze przed lunchem.

Nie ma nic dziwnego w tym, że wahania nastroju przyszłej mamy są największe w pierwszym trymestrze ciąży, ponieważ wówczas stężenie hormonów najbardziej się zmienia (a kobieta dopiero zaczyna się do tego przyzwyczajać). Ale nawet gdy w drugim i trzecim trymestrze burza hormonów się uspokoi, nadal możesz się spodziewać, że huśtawka emocjonalna, przez którą twoja partnerka na zmianę jest szczęśliwa i przygnębiona (a czasem wybucha gniewem), nie opuści jej od razu po porodzie i może trwać nawet dłużej.

A więc co powinien zrobić przyszły tata? Na pewno może wykorzystać następujące propozycje:

Bądź cierpliwy. Ciąża nie trwa wiecznie (aczkolwiek niekiedy oboje będziecie się zastanawiać, czy czasem tak nie jest). Jednak kiedyś się skończy, a będzie mijać tym przyjemniej, im bardziej będziecie cierpliwi.

Tymczasem próbuj zachować dystans i rób wszystko, co w twojej mocy, by zasłużyć na miano świętego.

Nie traktuj osobiście jej wybuchów. I nie wykorzystuj ich przeciwko niej. W końcu ona nie panuje nad swoim zachowaniem. Pamiętaj, że to hormony przez nią przemawiają, a czasem nawet płaczą bez konkretnego powodu. Nie wypominaj jej również zmian nastroju. Chociaż jest wobec nich bezradna, prawdopodobnie jest aż nadto ich świadoma. Poza tym pewnie nie jest przez nie szczęśliwsza niż ty. Bycie w ciąży to jednak nie jest piknik.

Pomóż jej zapanować nad wahaniami nastroju. Ponieważ niskie stężenie glukozy może wywołać huśtawkę nastrojów, zaproponuj jej przekąskę, gdy tylko zauważysz, że traci humor (na przykład krakersy z serem lub zmiksowane owoce z jogurtem). Ćwiczenia fizyczne również mogą wyzwolić tak potrzebne jej endorfiny, więc zaproponuj spacer przed obiadem lub po (to również dobry moment, by pozbyła się niepokojów i obaw, które wpływają na jej nastrój).

Zrób coś więcej. Chodzi o to, żebyś w drodze z pracy do domu lub w sobotę pojechał do pralni, supermarketu, odebrał jej ulubione jedzenie na wynos albo załadował zmywarkę... pewnie wiesz, o co chodzi. Nie tylko doceni twoje wysiłki – ponieważ zrobiłeś coś, o co nie prosiła – ale też nagrodzi cię lepszym nastrojem.

---

partner. On na pewno zrozumie, dlaczego zachowujesz się teraz w ten sposób (że jesteś zakładniczką hormonów ciążowych), i będzie wiedział, jak ci pomóc, ale pod warunkiem że powiesz mu, czego potrzebujesz (na przykład, że przyda ci się większa pomoc w zajęciach domowych albo że chcesz wyjść do ulubionej restauracji) oraz czego nie chcesz (na przykład uwag, że masz coraz większą tylną część ciała, albo zbierania po całym domu jego skarpet i bielizny). Wytłumacz mu, co poprawia ci nastrój, a co go pogarsza. I bądź konkretna, ponieważ nawet najbardziej kochający mąż nie potrafi czytać w myślach.

Depresja ciążowa

Spodziewałam się, że w ciąży będę miała pewne wahania nastroju, ale nie jestem tylko trochę przygnębiona – przez cały czas jestem w depresji.

Każda przyszła mama ma swoje wzloty i upadki – to całkowicie naturalne. Jeśli twoje „upadki" nie przemijają, być może należysz do 10–15 procent kobiet walczących z łagodną odmianą depresji dotykającej ciężarne kobiety, której nie warto oddzielnie opisywać.

Natomiast prawdziwa depresja objawia się w różny sposób – emocjonalny i fizyczny – który wykracza poza standardową zmienność nastrojów. Objawy obejmują poczucie smutku, pustki, rozpaczy, beznadziei, apatię lub problemy ze snem (cały czas jesteś śpiąca lub w ogóle nie możesz spać), zaburzenia odżywiania (nie możesz jeść albo jadłabyś przez cały czas), zmęczenie i brak energii (niewspółmierne do normalnych objawów ciąży) i/lub uczucie wzburzenia, niepokoju oraz utratę zainteresowania pracą, przyjaciółmi, rodziną i codziennymi czynnościa-

---

Napady paniki

Ciąża to czas wzmożonego niepokoju, szczególnie gdy kobieta po raz pierwszy oczekuje dziecka, a więc nie wie, czego się spodziewać. Odrobina niepokoju jest oczywiście zupełnie naturalna i nie da się jej uniknąć. Ale co zrobić, gdy obawy zmieniają się w panikę?

Jeśli w przeszłości zdarzały ci się napady paniki, prawdopodobnie znasz objawy, jakie im towarzyszą (większość kobiet, które doświadczają napadów paniki w czasie ciąży, już wcześniej je miewała). Objawiają się one silnym strachem lub uczuciem dyskomfortu, którym towarzyszą pojawiające się znienacka i bez konkretnej przyczyny doznania, takie jak przyspieszone bicie serca, pocenie się, drżenie mięśni, spłycenie oddechu, uczucie dławienia się, duszności, ból w klatce piersiowej, nudności lub ból brzucha, zawroty głowy, uczucie drętwienia albo mrowienia oraz dreszcze lub uderzenia gorąca. Napad paniki może cię oczywiście bardzo zaniepokoić, zwłaszcza kiedy pojawia się po raz pierwszy. I chociaż bez wątpienia wpłynie na ciebie, to na szczęście nie ma żadnych przesłanek, by sądzić, że w jakikolwiek sposób wpłynie na rozwój dziecka.

Jeśli przydarzy ci się taki atak, koniecznie powiedz o nim lekarzowi. W czasie ciąży (oraz w innych okresach życia) w leczeniu paniki największą rolę odgrywa psychotera-

pia. Może się jednak okazać, że aby zapewnić ci dobre samopoczucie (a także dziecku, gdy lęk sprawia, że nie możesz spać ani jeść albo w inny sposób zaniedbujesz swój drogocenny „ładunek"), lekarz w porozumieniu z psychiatrą zdecyduje, jakie leki zapewnią jak największe korzyści przy jak najmniejszym ryzyku (oraz ustali najmniejszą dawkę, jaka ci te korzyści zapewni). Jeśli przyjmujesz już jakieś leki z powodu zaburzeń lękowych lub depresyjnych, być może konieczna będzie zmiana środka lub dawki.

Leczenie farmakologiczne dobrze się sprawdza w leczeniu lęków, ale z pewnością nie jest jedyną metodą. Istnieje wiele innych sposobów, które można stosować zamiast tradycyjnej terapii lub w połączeniu z nią. Chodzi tu o zdrowe i regularne odżywianie się (szczególnie pomocne będą posiłki bogate w kwasy tłuszczowe omega-3 oraz gorzka czekolada), unikanie zbyt dużych ilości cukru i kofeiny (która szczególnie przyczynia się do powstawania stanów lękowych), regularne ćwiczenia fizyczne, medytacja lub inne techniki relaksacyjne (joga dla przyszłych mam może dać doskonałe efekty – nauczysz się głęboko oddychać, a to jest bardzo skuteczne w łagodzeniu lęków). Ulgę przyniosą ci również rozmowy z partnerem i/lub innymi przyszłymi mamami.

mi, które kiedyś cię cieszyły, a także brak odczuwania przyjemności, niechęć do podejmowania jakichkolwiek wysiłków, niska samoocena. Do tego może dojść jeszcze brak koncentracji, a także nadmierne wahania nastroju (intensywniejsze niż u większości ciężarnych) oraz destrukcyjne myśli. Depresja może się również objawiać bólami niewiadomego pochodzenia.

Jeśli w przeszłości miewałaś nadmierne wahania nastroju lub w twojej rodzinie zdarzały się takie zaburzenia, prawdopodobieństwo wystąpienia depresji w ciąży jest większe. Inne czynniki, które również mogą wywołać depresję, to między innymi stres (związany z finansami, związkiem, pracą lub rodziną), brak wsparcia emocjonalnego, niepokój związany ze zdrowiem twoim lub dziecka (zwłaszcza jeśli w poprzedniej ciąży wystąpiły powikłania lub poroniłaś) albo jakiekolwiek inne poważne objawy, które wymagają szczególnej uwagi, hospitalizacji lub leżenia.

Jeśli jesteś przekonana, że masz depresję (lub tylko tak ci się wydaje), spróbuj poradzić sobie z wahaniami nastroju, korzystając ze wskazówek wymienionych w poprzednim pytaniu. Jeżeli łagodne objawy depresji będą się utrzymywały ponad dwa tygodnie, poproś o radę ginekologa lub psychologa. (Nie czekaj, aż objawy się nasilą – na przykład do czasu, gdy nie będziesz w stanie normalnie funkcjonować lub zadbać o siebie i o dziecko albo gdy będziesz chciała zrobić sobie coś złego). Ponieważ przyczyną depresji w ciąży często są dolegliwości związane z tarczycą – dość powszechne i łatwe do wyleczenia – najpierw zbadaj stężenie hormonów tarczycy (poproś o skierowanie swojego lekarza, jeśli wcześniej go nie otrzymałaś).

Bardzo ważne jest – ze względu na ciebie oraz dziecko – abyś jak najszybciej otrzymała właściwą pomoc. Depresja może bowiem uniemożliwić ci odpowiednie dbanie o siebie i dziecko, zarówno teraz, jak i po porodzie. Depresja w ciąży może też zwiększać ryzyko różnych powikłań – podobnie jak wpływa niekorzystnie na twoje zdrowie, gdy nie jesteś w ciąży. Utrzymujący się silny stres może się także niekorzystnie odbić na rozwoju dziecka.

Na szczęście mamy do dyspozycji wiele skutecznych strategii, które pomagają walczyć z depresją w ciąży. Znalezienie właściwej terapii (lub kombinacji kilku różnych terapii) pomoże ci się lepiej poczuć i w końcu będziesz mogła zacząć cieszyć się swoim odmiennym stanem. A oto opcje, które warto rozważyć:

- Terapia wspomagająca. Każdy plan leczenia depresji powinien obejmować regularne wizyty u doświadczonego psychoterapeuty – to podstawowa metoda leczenia łagodnych i umiarkowanych odmian depresji. Bez względu na to, jaka jest przyczyna depresji, terapia pomoże ci zrozumieć uczucia, które tobą targają, i poradzić sobie z nimi.

- Leczenie farmakologiczne. Decyzja odnośnie do tego, czy psychoterapia jest wystarczającą formą leczenia, czy też będzie wymagała wsparcia lekami przeciwdepresyjnymi (a jeśli tak, to jakimi), wymaga konsultacji z położnikiem lub psychiatrą, który rozważy potencjalne zalety i wady takiej terapii (patrz str. 46).

- Medycyna uzupełniająca i alternatywna. Medytacja (oraz inne techniki relaksacyjne), joga, akupunktura czy terapia muzyką – to tylko kilka metod terapeutycznych oferowanych przez medycynę niekonwencjonalną, które w bezpieczny sposób mogą złagodzić objawy depresji. Skuteczna bywa również terapia światłem, która podwyższa stężenie serotoniny, czyli odpowiadającego za dobry nastrój hormonu wydzielanego przez mózg. Jest to bardzo bezpieczna i prosta metoda: wystarczy usiąść pół metra od specjalnej lampy emitującej jasne światło, które jest mniej więcej 20 razy jaśniejsze niż przeciętne oświetlenie

DLA OJCÓW
Twoje ciążowe wahania nastroju

Przyszli tatusiowie nie tylko towarzyszą swoim partnerkom w oczekiwaniu na dziecko; dzielą z nimi również wiele innych stanów towarzyszących ciąży. Jeszcze zanim maluch przyjdzie na świat, możesz doświadczyć różnych „uroków" ciąży, w tym wahań nastroju, które zadziwiająco często dotykają przyszłych ojców. Dużą rolę odgrywają w tym zmiany hormonalne (tak, twoje hormony również dochodzą do głosu) oraz czynniki emocjonalne. Niemal każdy przyszły tata (podobnie jak niemal każda przyszła mama) w miesiącach poprzedzających jedną z największych zmian w życiu doznaje mnóstwa sprzecznych (aczkolwiek całkowicie normalnych w tej sytuacji) uczuć – od niepokoju i strachu po utratę pewności siebie. Nic zatem dziwnego, że twój nastrój też ulega zmianom.

Możesz jednak poprawić swój „ciążowy" nastrój i uchronić się przed depresją poporodową, która dotyka około 10 procent przyszłych ojców. Przeczytaj wskazówki ze str. 183 i 185 i spróbuj:

- Rozmawiać. Daj ujście swoim uczuciom i nie pozwól, żeby cię przygnębiały. Podziel się nimi ze swoją partnerką (i wysłuchaj, co ona ma do powiedzenia). Niech rozmowa stanie się waszym codziennym rytuałem. Porozmawiaj o swoich uczuciach z kolegą, który ostatnio został ojcem (nikt cię nie zrozumie tak dobrze jak on). Możesz również poszukać wsparcia w mediach społecznościowych.

- Ruszać się. Nic lepiej nie poprawi twojego samopoczucia. Aktywność fizyczna pomoże ci się uporać z uczuciami, a endorfiny, które wydzielą się podczas ćwiczeń, poprawią ci nastrój na dłużej.

- Wyeliminować (lub ograniczyć) alkohol. Picie dużych ilości alkoholu może jeszcze bardziej obniżyć nastrój. Chociaż powszechnie się uważa, że napoje z procentami poprawiają samopoczucie, tak naprawdę jest zupełnie odwrotnie, dlatego ranek nigdy nie jest równie zabawny jak poprzedzający go wieczór. Poza tym alkohol daje złudne poczucie kontroli nad sytuacją, gdyż maskuje uczucia, z którymi usiłujesz sobie poradzić. Tak samo działają narkotyki.

- Zająć się przygotowaniami na przyjęcie dziecka. Zacznij gromadzić rzeczy, których będzie potrzebowało twoje maleństwo, oraz zajmij się innymi niezbędnymi przygotowaniami. Może się okaże, że przebywanie w świecie dziecka rozjaśni również twój świat.

- Zdrowo się odżywiać. Właściwa dieta i stabilne stężenie glukozy – podobnie jak w przypadku przyszłej mamy – również pomogą ci złagodzić wahania nastroju. Wybieraj chude białko i węglowodany złożone, a zrezygnuj z produktów o dużej zawartości cukru i kofeiny, które mogą spowodować zaburzenia stężenia glukozy we krwi, a w rezultacie spadek nastroju.

Pamiętaj, że między ciążowymi wahaniami nastroju a prawdziwą depresją jest spora różnica i że obie dolegliwości dotyczą zarówno przyszłych matek, jak i ojców. Depresja może działać destrukcyjnie, pozbawiać sił fizycznych i psychicznych. Często niszczy również związek, powoduje zaburzenia odżywiania i snu, zakłóca normalne funkcjonowanie, wpływa na obowiązki zawodowe i życie towarzyskie oraz nie pozwala się cieszyć tą fascynującą życiową zmianą, która powinna wywoływać radość. Badania dowodzą, że depresja przyszłego taty również może wpłynąć na stan zdrowia i kondycję dziecka. A więc nie czekaj. Jeśli masz objawy depresji (w szczególności gdy towarzyszą im myśli o przemocy lub gniew), od razu poszukaj pomocy lekarza lub psychoterapeuty. (W Polsce, aby skorzystać z porady psychiatry, nie musisz mieć skierowania od lekarza pierwszego kontaktu).

w pomieszczeniu – fototerapia powinna trwać od 10 do 45 minut dziennie w zależności od potrzeb. Nie wolno natomiast stosować żadnych preparatów ziołowych ani suplementów diety, które są reklamowane z powodu swoich właściwości przeciwdepresyjnych (na przykład dziurawca lub SAM-e, czyli S-adenozylometioniny), jeśli lekarz nie wyraził na nie zgody, ponieważ jeszcze nie zostały wystarczająco dokładnie przebadane pod kątem bezpiecznego stosowania w czasie ciąży.

- Ćwiczenia fizyczne. Oprócz właściwej diety, która służy twojemu ciału i zdrowiu, bardzo skuteczną metodą poprawy nastroju są ćwiczenia fizyczne, ponieważ podczas wysiłku wydzielają się endorfiny odpowiedzialne za dobre samopoczucie.
- Zdrowa dieta. Na pewno nie jest to najważniejszy oręż w walce z depresją, ale spożywanie produktów z dużą ilością kwasów tłuszczowych omega-3 (na str. 101 znajdziesz ich listę) pomoże złagodzić objawy depresji w ciąży, a później ewentualnie po porodzie. A ponieważ produkty z kwasami omega-3 są również zdrowe dla dziecka, z pewnością nie zaszkodzi, jeśli dodasz je do swojej przeciwdepresyjnej mieszanki. Poproś lekarza, żeby przepisał ci preparat z kwasami omega-3. Gdy chcesz poprawić sobie nastrój lub zmniejszyć niepokój, zjedz czekoladę (im więcej w niej kakao, tym lepiej).

Depresja w ciąży może zwiększyć ryzyko depresji poporodowej. Dobra wiadomość jest taka, że odpowiednia terapia podjęta w trakcie ciąży – i/lub od razu po porodzie – może zapobiec depresji poporodowej. Niektórzy lekarze przepisują kobietom, które już wcześniej chorowały na depresję, niewielkie dawki antydepresantów, natomiast inni zalecają, by mamy znajdujące się w grupie podwyższonego ryzyka przyjmowały odpowiednie leki dopiero po porodzie, by uchronić się przed depresją poporodową. Porozmawiaj o tym ze swoim lekarzem.

WSZYSTKO O...
Przyrost masy ciała podczas ciąży

Być może marzysz tylko o tym, żeby bez wyrzutów sumienia przytyć kilka kilogramów po wielu latach stosowania diet i odchudzania się (albo przynajmniej starań, by utrzymać masę ciała na stałym poziomie). A może z przerażeniem obserwujesz wagę nieubłaganie wskazującą coraz wyższe wartości. Tak czy inaczej, dla większości przyszłych mam przyrost masy ciała to nie tylko rzeczywistość, ale przede wszystkim konieczność. Prawdę mówiąc, jest to po prostu niezbędne, kiedy rośnie w tobie dziecko.

Ale ile można bezpiecznie przytyć? Ile kilogramów to już zbyt wiele? Albo za mało? I jakie powinno być tempo przyrostu masy ciała? Czy po porodzie uda mi się zrzucić całą nadwyżkę kilogramów (albo przynajmniej część)? Krótka odpowiedź na ostatnie pytanie brzmi twierdząco, pod warunkiem że przybierzesz odpowiednią liczbę kilogramów (nie więcej niż powinnaś) we właściwym tempie i dzięki zdrowej diecie.

Jaki powinien być właściwy przyrost masy ciała

Jeśli istnieje jakiś uzasadniony powód, by przytyć, to na pewno jest nim ciąża. Jeśli rośnie w tobie dziecko, sama też musisz prze-

> **Dlaczego więcej (lub mniej) nie znaczy lepiej**
>
> Co stracisz, jeśli podczas ciąży za bardzo przytyjesz? Otóż nadmiar kilogramów może się stać przyczyną rozmaitych problemów. Tkanka tłuszczowa utrudni zmierzenie dziecka, a nadmierna tusza nasili dolegliwości ciążowe (od bólu pleców i żylaki po zmęczenie i zgagę). Dodatkowe kilogramy mogą również zwiększyć ryzyko przedwczesnego porodu, a także zachorowania na nadciśnienie tętnicze lub cukrzycę ciążową mogącą doprowadzić do nadmiernego wzrostu dziecka, które będzie tak duże, że poród naturalny będzie bardzo trudny bądź wręcz niemożliwy. Poza tym zbyt duży przyrost masy ciała podczas ciąży może spowodować powikłania po cięciu cesarskim, mnóstwo problemów zdrowotnych u noworodka, a także trudności z karmieniem piersią. Nie zaskakuje również to, że dodatkowe kilogramy trudno później zrzucić, a wiele kobiet, które podczas ciąży zbyt dużo przytyły, nigdy nie będzie w stanie się ich wszystkich pozbyć.
>
> Zbyt mały przyrost masy ciała to również niekorzystna sytuacja. Dzieci mam, które przybrały mniej niż 9 kilogramów, są bardziej narażone na wcześniactwo oraz za małe jak na wiek ciążowy, ponieważ w macicy dochodzi do zahamowania wzrostu. (Wyjątek stanowią w tym przypadku otyłe mamy, które mogą przybrać tylko od 5 do 9 kilogramów, a nawet mniej).

cież trochę urosnąć. Ale zbyt wiele dodatkowych kilogramów może zwiastować kłopoty dla ciebie, dziecka i ciąży. Tak samo będzie również wtedy, gdy przytyjesz za mało.

Jaki jest zatem idealny przepis na przyrost masy ciała w ciąży? Prawdę mówiąc, nie ma uniwersalnej odpowiedzi na to pytanie, ponieważ są różne kobiety i różne ciąże. Zatem to, jaka liczba kilogramów powinna być twoim celem rozłożonym na 40 tygodni ciąży, zależy od tego, ile ważyłaś przed poczęciem.

Lekarz wyznaczy limit kilogramów właściwy dla ciebie i twojej ciąży, i to właśnie jego zaleceń powinnaś się trzymać, bez względu na to, co tutaj przeczytasz. Ogólnie mówiąc, zalecenia dotyczące przyrostu masy ciała opierają się współczynniku BMI (czyli wskaźniku masy ciała określającym zawartość tkanki tłuszczowej), który możemy obliczyć, dzieląc masę ciała podaną w kilogramach przez kwadrat wzrostu wyrażonego w metrach, ale wygodniej zrezygnować z obliczeń arytmetycznych i ściągnąć odpowiednią aplikację. Możesz też poszukać kalkulatora BMI w Internecie. A oto ogólne wskazówki:

- Jeśli twoje BMI jest na przeciętnym poziomie (między 18,5 a 25), prawdopodobnie lekarz zaleci, abyś przybrała od 11 do 16 kilogramów – to standardowe zalecenie dla ciężarnej kobiety o typowej masie ciała.
- Jeśli zaszłaś w ciążę, mając nadwagę (twoje BMI wynosiło między 25 a 30), twój pułap kilogramów zostanie zmniejszony do około 7–11.
- Jeśli jesteś otyła (masz BMI powyżej 30), być może będziesz mogła przytyć zaledwie 5–9 kilogramów albo jeszcze mniej.
- Jesteś bardzo szczupła (twoje BMI jest poniżej 18,5)? Twój limit prawdopodobnie będzie większy niż przeciętny i wyniesie od 13 do 18 kilogramów.
- Oczekujesz więcej niż jednego dziecka? Każdy maluch będzie wymagał dodatkowych kilogramów; patrz str. 464.

Wyznaczenie sobie celu w postaci idealnej ciążowej masy ciała to jedna rzecz, a realizacja tego celu to już zupełnie inna sprawa. W rzeczywistości rzadko się zdarzają ideały. By przybrać odpowiednią liczbę kilogramów,

Co wchodzi w skład kilogramów ciążowych

Dziecko	3,5 kg
Łożysko	0,7 kg
Płyn owodniowy	1,0 kg
Powiększona macica	1,0 kg
Piersi mamy	1,0 kg
Krew mamy	1,8 kg
Płyny tkankowe w organizmie mamy	1,8 kg
Tkanka tłuszczowa mamy	3,0 kg
Razem	**13,8 kg**

(Wszystkie wartości są podane w przybliżeniu)

nie wystarczy zatem nałożyć na talerz odpowiedniej ilości jedzenia. Ważne są również inne czynniki: metabolizm, geny, aktywność fizyczna, objawy ciążowe (na przykład zgaga lub nudności, przez które jedzenie staje się katorgą, albo ochota na wysokokaloryczne potrawy sprzyjające nadmiernemu przyrostowi masy ciała w zbyt szybkim tempie). Te wszystkie czynniki odgrywają dużą rolę w utrzymywaniu idealnej masy ciała w trakcie ciąży. Mając to wszystko na względzie, nie spuszczaj oka z wagi, by mieć pewność, że postępujesz zgodnie z planem.

Prawidłowe tempo przyrostu masy ciała

Spiesz się powoli – ta zasada sprawdza się również w ciąży. Stopniowy przyrost masy ciała jest najlepszy zarówno dla twojego organizmu, jak i dla organizmu dziecka. Rzecz bowiem w tym, że tempo przyrostu masy ciała jest równie ważne jak całkowita liczba kilogramów, które zgromadzisz podczas ciąży. Płód potrzebuje stałej dostawy składników odżywczych i kalorii – jeśli zaopatrzenie będzie odbywać się zrywami, nie zaspokoi potrzeb coraz szybciej rosnącego malucha (szczególnie w drugim i trzecim trymestrze). Zrównoważone tempo przyrostu masy ciała przyniesie korzyści również twojemu organizmowi, ponieważ pozwoli mu się stopniowo przyzwyczajać do coraz większego ciężaru (oraz wysiłku fizycznego, jaki się z tym wiąże), a skórze rozciągać się stopniowo (pomyśl o mniejszych rozstępach). Potrzebujesz jeszcze więcej argumentów? Kiedy przyjdzie na to czas (a mianowicie po porodzie, gdy nie będziesz się mogła doczekać, żeby wrócić do figury i dżinsów sprzed ciąży), łatwiej pozbędziesz się dodatkowych kilogramów, pod warunkiem że przybierałaś je w równym i wolnym tempie.

Ale czy stałe tempo oznacza, że te mniej więcej 13 dodatkowych kilogramów ma się rozłożyć równomiernie na 40 tygodni? Oczywiście, że nie – nawet gdyby taki plan był możliwy, z pewnością nie byłby najlepszy. Oto jak powinno się to rozłożyć trymestr po trymestrze:

- W pierwszym trymestrze dziecko jest maleńkie, więc jedzenie za dwoje w ogóle nie wymaga dodatkowych posiłków, a masa ciała zwiększa się nieznacznie albo wcale. Cel na pierwszy trymestr to 1–2 kilo-

Przyrost masy ciała – sygnały ostrzegawcze

Jeśli w drugim lub trzecim trymestrze nagle przytyjesz, szczególnie gdy będzie temu towarzyszyć znaczny obrzęk kończyn dolnych lub twarzy i dłoni, skontaktuj się z lekarzem. Zgłoś się do niego również wtedy, gdy między 4 a 8 miesiącem ciąży przez kolejne dwa tygodnie nie przytyjesz ani grama (chyba że jesteś otyła i lekarz wyznaczył ci wolniejsze tempo przyrostu masy ciała).

gramy, chociaż wiele kobiet w ogóle nie tyje, a niektóre nawet chudną (z powodu nudności i wymiotów). Inne z kolei przybierają trochę więcej (często z tego powodu, że wysokokaloryczne produkty bogate w skrobię łagodzą nudności) i to również jest w porządku. Te przyszłe mamy, u których przyrost masy ciała przebiega wolniej, będą mogły z łatwością nadrobić zaległości w następnych miesiącach (w szczególności wówczas, gdy jedzenie znowu zacznie dobrze smakować i pachnieć). Kobiety, które od razu obrały szybkie tempo, w drugim i trzecim trymestrze będą musiały trochę uważniej obserwować wskazówkę wagi, by nie przekroczyć wyznaczonej granicy.

- W drugim trymestrze dziecko jest już większe, a to oznacza, że twoja norma kilogramów również będzie większa – od 4 do 6 miesiąca powinno ci przybywać od 0,5 do 0,7 kilograma tygodniowo (łącznie od 5,5 do 7 kilogramów).

- W trzecim (i ostatnim) trymestrze przyrost masy ciała dziecka będzie szybszy, natomiast u ciebie zacznie zwalniać do około 0,5 kilograma tygodniowo (łącznie od 3,5 do 4,6 kilograma). Niektóre przyszłe mamy stwierdzają, że w 9 miesiącu w ogóle nie tyją, a nawet tracą 0,5 kilograma lub 1 kilogram, gdyż w ich ciągle rosnącym brzuchu zaczyna brakować miejsca na jedzenie. Do utraty kilku kilogramów może dojść również we wstępnej fazie porodu.

Czy będziesz potrafiła trzymać się powyższych zasad? Realnie rzecz biorąc, pewnie do końca ci się to nie uda. Czasami apetyt będzie tobą rządził, samokontrola cię zawiedzie, a droga do celu stanie się trudna i wyboista (na przykład przez lody, którym nie mogłaś się oprzeć). Ale mogą się też zdarzyć takie chwile, gdy jedzenie będzie wymagało ogromnego wysiłku (na przykład wtedy, gdy zbuntowany żołądek odeśle z powrotem to, co przed chwilą zjadłaś). Nie martw się zatem ani nie stresuj tym, co wskazuje waga. Dopóki ogólny przyrost masy ciała utrzymuje się na odpowiednim poziomie i przeciętnie jest bliski wzorca: 0,25 kilograma w jednym tygodniu, 1 kilogram w drugim, 0,5 kilograma w następnym i tak dalej, to znak, że jesteś na dobrej drodze.

A więc by uzyskać jak najlepsze rezultaty, nie zapominaj o ważeniu się, ponieważ przez niewiedzę możesz stracić z oczu cel. Waż się raz w tygodniu – jeśli będziesz robić to częściej, do szaleństwa doprowadzą cię codzienne wahania ilości płynów w organizmie zmieniające odczyt – i rób to o tej samej porze dnia, w tym samym ubraniu i na tej samej wadze. Jeśli raz w tygodniu to dla ciebie zbyt często (bo odczuwasz chorobliwy lęk przed wagami), dwa odczyty w miesiącu załatwią sprawę. Możesz również zaczekać na comiesięczną wizytę kontrolną u ginekologa, ale pamiętaj, że w ciągu miesiąca może zdarzyć się bardzo wiele (na przykład 4,5 kg więcej) albo nic (żadnych dodatkowych kilogramów), co utrudni ci pozostanie na obranym kursie i zakłóci równomierny przyrost masy ciała.

Jeśli zauważysz, że tyjesz szybciej, niż planowałaś (na przykład w pierwszym trymestrze przybrałaś ponad 6 kilogramów zamiast 1 albo 2 lub w drugim przytyłaś 9 kilogramów zamiast 5), porozmawiaj o tym z lekarzem i wspólnie opracujcie najlepszą strategię. Prawdopodobnie najsensowniejszym rozwiązaniem będzie podjęcie działań, które pomogą ci wrócić na właściwy kurs, ale bez zatrzymywania się. Diety odchudzające w ciąży są zdecydowanie niewskazane, nie wolno również stosować środków zmniejszających łaknienie, które mogą być bardzo niebezpieczne. Przy pomocy lekarza opracuj nowy plan uwzględniający nadwyżkę kilogramów, które już przybrałaś, i dostosuj go do celu, czyli liczby kilogramów, którą zamierzasz osiągnąć.

ROZDZIAŁ 7

Trzeci miesiąc

W przybliżeniu od 9 do 13 tygodnia

Rozpoczęłaś ostatni miesiąc pierwszego trymestru (to powód do świętowania), a wiele objawów ciąży prawdopodobnie się jeszcze nasiliło (to kiepski powód do świętowania). Niewykluczone zatem, że do końca nie jesteś pewna, czy przyczyną twojego osłabienia jest zmęczenie pierwszymi miesiącami ciąży czy też to, że ostatniej nocy wstawałaś trzy razy do łazienki (prawdopodobnie i jedno, i drugie). Ale głowa do góry. Przed tobą lepsze czasy. Jeśli dręczą cię poranne nudności – i pozbawiają apetytu – możesz oczekiwać, że wkrótce nadejdą spokojniejsze dni dla twojego żołądka. Będziesz też miała więcej energii i zapału do działania, a gdy parcie na pęcherz trochę się zmniejszy, skończą się częste wizyty w toalecie. A będzie jeszcze lepiej, bo dzięki detektorowi tętna po raz pierwszy usłyszysz cudowny dźwięk bicia serca twojego dziecka, co wynagrodzi ci wszystkie trudy ciąży.

Twoje dziecko w tym miesiącu

Tydzień 9. Dziecko ma już około 2,5 cm długości i wielkość średniej zielonej oliwki. W dalszym ciągu rozwija się jego głowa, która powoli nabiera właściwych proporcji i zaczyna przypominać głowę dziecka. W tym tygodniu zaczynają się formować mięśnie, które pozwolą maluchowi poruszać rączkami i nóżkami, ale minie jeszcze miesiąc lub dwa, zanim poczujesz delikatne szturchnięcia i kopnięcia. I chociaż jeszcze jest za wcześnie, żeby coś poczuć, to nie jest za wcześnie, żeby coś usłyszeć. Dzięki detektorowi tętna (aparatowi dopplerowskiemu) będziesz mogła usłyszeć bicie serca twojego maluszka. Na dźwięk tego bum-bum, bum-bum twoje serce od razu zacznie szybciej bić.

Tydzień 10. Dziecko, które teraz ma prawie 3,8 cm (jest mniej więcej wielkości suszonej śliwki) i oficjalnie zmieniło nazwę z zarodka na płód, rośnie bardzo szybko i dynamicznie. Tworzą się kości i chrząstki, które wkrótce umożliwią dziecku pierwsze wymachy i kopnięcia (a potem kroki), a maleńkie wgłębienia na nóżkach zamieniają się w kolana i stawy skokowe. Jeszcze trudniej uwierzyć w to, że ktoś wielkości suszonej śliwki ma już sprawnie funkcjonujące łokcie. Pod dziąsłami formują się zalążki ząbków, żołądek zaczyna wydzielać kwasy trawienne, nerki wytwarzają większą ilość moczu, a jeśli maluch jest chłopcem, jego jądra produkują testosteron (chłopcy zawsze są chłopcami – nawet na tak wczesnym etapie).

Tydzień 11. Dziecko ma już ponad 3,8 cm długości i waży około 7 gramów. Jego ciało zaczyna się prostować, a tułów wydłużać. Tworzą się mieszki włosowe oraz łożyska paznokci (same paznokcie zaczną rosnąć dopiero za kilka tygodni). Łożyska paznokci powstają na palcach, które rozdzieliły się kilka tygodni temu ze zrośniętych dłoni i stóp. Nie można wprawdzie jeszcze rozróżnić płci (nawet podczas USG), ale jeśli jest to dziewczynka, zaczynają się tworzyć również jajniki. Poza tym, gdybyś mogła teraz zajrzeć do swojej macicy, zobaczyłabyś, że płód ma już wyraźne ludzkie cechy, trzyma przed sobą ręce i nogi, jego uszy nabrały już niemal ostatecznego kształtu (chociaż nie są jeszcze na właściwym miejscu), na czubku nosa pojawiły się otwarte przewody nosowe, a w ustach język i podniebienie; widoczne są również sutki.

Tydzień 12. Twoje dziecko przez ostatnie trzy tygodnie urosło ponaddwukrotnie, waży teraz około 14 gramów, ma 5–5,7 cm długości i jest wielkości małej śliwki, a jego organizm ciężko pracuje nad swoim rozwojem. Chociaż większość układów zdążyła się już w pełni ukształtować, potrzeba jeszcze wiele pracy, żeby dojrzały. W układzie pokarmowym zaczynają się ruchy perystaltyczne (żeby dziecko mogło jeść), szpik kostny produkuje białe krwinki (żeby organizm mógł walczyć z zarazkami przyniesionymi z placu zabaw), a przysadka mózgowa znajdująca się u podstawy mózgu zaczyna wytwarzać hormony (żeby dziecko pewnego dnia mogło mieć własne potomstwo).

Tydzień 13. Pod koniec pierwszego trymestru twoje dziecko – które tak dobrze sobie radzi w dziale z owocami – ma już wielkość słodkiej brzoskwini (około 7,6 cm długości). Jego głowa ma teraz wielkość połowy długości ciała mierzonego od czubka głowy do pośladków, ale reszta ciała nabiera rozpędu i będzie teraz szybko rosnąć (w momencie porodu głowa będzie stanowić tylko jedną czwartą długości ciała). Tymczasem jelita dziecka, które rozwijały się do tej pory wewnątrz pępowiny, zaczną wędrować na swoje właściwe miejsce pobytu, czyli do podbrzusza. W tym tygodniu zaczynają też powstawać struny głosowe (by można głośniej płakać... już niedługo!).

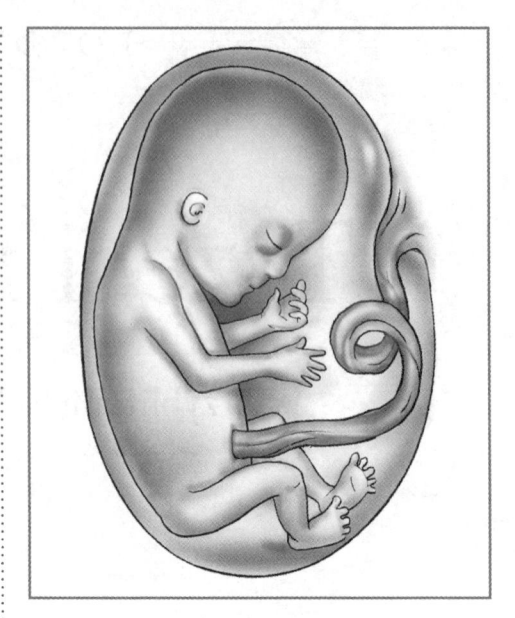

Twoje dziecko w 3 miesiącu

Co możesz odczuwać

Oto objawy, których możesz się spodziewać w tym miesiącu (równie dobrze możesz ich nie odczuwać, ponieważ każda ciąża jest inna). Niektóre z nich mogą się utrzymywać od ubiegłego miesiąca, a inne będą zupełnie nowe:

OBJAWY FIZYCZNE

- zmęczenie, brak energii, senność;
- częste oddawanie moczu;
- nudności, z wymiotami lub bez;
- nadmierne wydzielanie śliny;
- zaparcia;
- zgaga, niestrawność, wzdęcia i gazy;
- zachcianki i awersje pokarmowe;
- rosnący apetyt, zwłaszcza po ustąpieniu porannych nudności;
- zmiany w obrębie piersi (patrz str. 145);
- widoczne żyły na brzuchu, nogach oraz w innych miejscach wynikające ze wzrostu objętości krwi;
- nieznaczna wydzielina z pochwy;
- sporadyczne bóle głowy;
- sporadyczne zawroty głowy lub uczucie zamroczenia;
- trochę bardziej zaokrąglony brzuch, przez co ubrania zaczynają być ciasne.

ODCZUCIA PSYCHICZNE

- huśtawka emocjonalna obejmująca wahania nastroju, rozdrażnienie, nieracjonalność, nieuzasadnioną płaczliwość;
- nowy spokój wewnętrzny;
- radość, ekscytacja, lęk, wątpliwości – wszystkie lub tylko jeden z tych objawów;
- nadal trwające uczucie odrealnienia i niepewności co do ciąży („Czy naprawdę będę miała dziecko?").

Twoje ciało w tym miesiącu

W tym miesiącu twoja macica jest odrobinę większa od grejpfruta; możesz również zauważyć, że stajesz się szersza w talii. Pod koniec tego miesiąca macica będzie wyczuwalna tuż nad kością łonową w dolnej części podbrzusza.

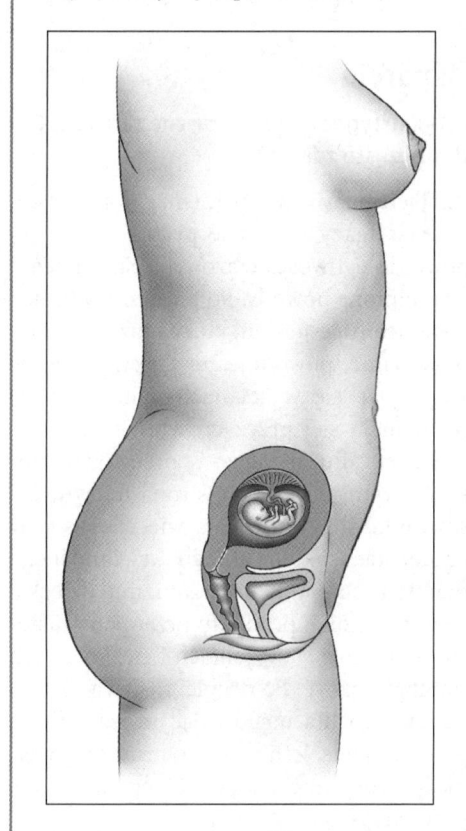

Czego możesz oczekiwać podczas badania lekarskiego

W tym miesiącu wizyta kontrolna może obejmować (w zależności od twoich potrzeb i stylu pracy lekarza) następujące badania:
- pomiar masy ciała i ciśnienia tętniczego krwi;
- badanie ogólne moczu, by wykluczyć obecność glukozy i białka;
- określenie czynności serca płodu;
- określenie wielkości macicy na podstawie badania palpacyjnego (lekarz będzie uciskał twój brzuch palcami);
- określenie wysokości dna macicy;
- kontrolę rąk i stóp pod kątem obrzęków, a nóg pod kątem żylaków.

Lekarz zapyta cię też o nietypowe objawy oraz odpowie na twoje pytania, zatem przygotuj sobie listę.

Co może cię niepokoić

Zaparcia

Od kilku tygodni mam straszne zaparcia. Czy to się często zdarza?

Nieregularne wypróżnienia – oraz wzdęcia, gazy i uczucie pełności – to typowe dolegliwości ciążowe. I są ku temu uzasadnione powody. Po pierwsze, wysokie stężenie progesteronu, który krąży w twoim organizmie, powoduje, że mięśnie gładkie znajdujące się w ścianach jelita grubego rozluźniają się, przez co wolniej pracują, a pokarm dłużej zalega w przewodzie pokarmowym. Pozytywna strona tej sytuacji: składniki odżywcze mają więcej czasu, by przedostać się do układu krwionośnego mamy, a stamtąd do organizmu dziecka. Ujemna strona: produkty przemiany materii zatrzymują się w jelitach i ciężko się ich stamtąd pozbyć. Po drugie, rosnąca macica naciska na jelita, utrudniając im prawidłową pracę. I to tyle, jeśli chodzi o proces wydalania, przynajmniej taki, do jakiego wcześniej przywykłaś.

Nie musisz jednak traktować zaparć jako nieuniknionego elementu ciąży. W walce z nimi (oraz hemoroidami, które często im towarzyszą, szczególnie w trakcie ciąży) możesz wykorzystać następujące metody:

Szukaj ratunku w błonniku. Ty i twoje jelito grube potrzebujecie każdego dnia około 25–35 gramów błonnika. Nie musisz go jednak codziennie ważyć. Wybieraj po prostu produkty bogate w błonnik, takie jak świeże owoce (ale nie banany, które powodują zaparcia) i warzywa (surowe lub lekko podgotowane i – jeśli to możliwe – ze skórką), pieczywo pełnoziarniste, rośliny strączkowe (fasolę i groch) oraz suszone lub liofilizowane owoce. Prawidłowe funkcjonowanie jelit zapewni ci wszystko, co zielone – szukaj tego koloru nie tylko w warzywach, ale też w soczystych i słodkich kiwi (ten mały owoc ma spore właściwości przeczyszczające). Jeśli nigdy nie byłaś miłośniczką błonnika, stopniowo wprowadzaj te produkty do diety, żeby twój przewód pokarmowy nie zaczął zbyt głośno protestować. (Ponieważ dość powszechnym i częstym, aczkolwiek przejściowym, efektem ubocznym stosowania diety bogatej w błonnik są wzdęcia, może się okazać, że twój przewód pokarmowy i tak będzie trochę protestować).

Jeszcze jeden powód zmęczenia, zmienności nastrojów i zaparć

Jesteś ostatnio bardzo zmęczona, masz kiepski nastrój i zaparcia? Witaj w klubie kobiet w ciąży. U większości przyszłych mam za te dokuczliwe objawy odpowiedzialne są oczywiście hormony ciążowe. Ale czy wiedziałaś, że nieprawidłowe stężenie tyroksyny (jednego z hormonów produkowanych przez tarczycę) może również wywołać (lub nasilić) dokładnie te same objawy ciążowe, a także wiele innych? Do tych innych możemy zaliczyć nadmierny przyrost masy ciała, wszelkiego rodzaju problemy ze skórą (przesuszenie lub wypryski), bóle i skurcze mięśni, bóle głowy, zmniejszenie popędu seksualnego, kłopoty z pamięcią i koncentracją (uczucie „zamglonego umysłu"), obniżenie nastroju oraz obrzęki dłoni i stóp. Fakt, że tak wiele objawów związanych z nieodpowiednim stężeniem tyroksyny pokrywa się z objawami ciążowymi, sprawia, że postawienie prawidłowej diagnozy w przypadku kobiety w ciąży jest trudniejsze. (Inny popularny objaw problemów z tarczycą, czyli wrażliwość na zimno, jest bardziej jednoznaczny i łatwiej go wyodrębnić, ponieważ przyszłym mamom jest raczej gorąco, a nie zimno). Niedoczynność tarczycy (gdy niemrawy gruczoł wytwarza zbyt mało tyroksyny), która dotyka mniej więcej 2-3 procent kobiet, może po raz pierwszy dać o sobie znać podczas ciąży lub połogu. A ponieważ niedoczynność tarczycy (jeśli jest nieleczona) może spowodować pewne powikłania ciążowe (a także depresję poporodową w okresie połogu; patrz str. 520), właściwe rozpoznanie jest niezwykle istotne.

Z kolei nadczynność tarczycy (kiedy nadmiernie aktywny gruczoł produkuje zbyt dużo tyroksyny) w czasie ciąży zdarza się rzadziej, ale też może spowodować powikłania, jeśli nie będzie leczona. Objawy nadczynności tarczycy – wiele z nich również trudno odróżnić od objawów ciąży – to zmęczenie, bezsenność, rozdrażnienie, ciepła skóra i wrażliwość na wysoką temperaturę, gwałtowne bicie serca oraz spadek masy ciała (lub trudności z przybraniem na wadze).

Jeżeli zauważyłaś u siebie niektóre lub wszystkie objawy niedoczynności albo nadczynności tarczycy (szczególnie jeśli w rodzinie były przypadki zachorowań), zgłoś się do lekarza. Proste badanie krwi pozwoli stwierdzić, czy masz chorobę tarczycy, która wymaga leczenia.

Więcej informacji na temat chorób tarczycy znajdziesz na str. 45.

Zaparcie nie ustępuje? Wprowadź do jadłospisu otręby lub psyllium (naturalny błonnik wspomagający trawienie i oczyszczanie jelit), rozpoczynając od szczypty i w miarę potrzeby zwiększając dawkę. Nie przedawkuj jednak produktów bogatych w błonnik, ponieważ szybko przechodząc przez twój układ pokarmowy, mogą też zabrać ze sobą ważne substancje odżywcze, zanim organizm zdąży je wchłonąć.

Zrezygnuj z żywności przetworzonej. Podczas gdy produkty bogate w błonnik usprawniają pasaż jelitowy, te przetworzone mogą wywoływać zatory. Zatem unikaj żywności przetworzonej, takiej jak biały chleb, biały ryż lub biały makaron.

Utop przeciwnika. Zaparcie nie będzie miało żadnych szans z dużą ilością płynów. Płyny – zwłaszcza woda i soki – skutecznie zmiękczają stolec i sprawiają, że pokarm sprawnie przesuwa się przez przewód pokarmowy. Kolejny tradycyjny sposób skuteczny w walce z zaparciami to picie ciepłych napojów, a w szczególności podstawowego napoju w każdym gabinecie odnowy, czyli gorącej wody z cytryną, która stymuluje perystaltykę jelit i pasaż jelitowy. W naprawdę ciężkich przypadkach pomocny może się okazać napar z suszonych śliwek.

Kiedy musisz iść do toalety, idź. Regularne powstrzymywanie wypróżnień może osłabić mięśnie, które je kontrolują, i w efekcie prowadzić do zaparć. Problemu pomoże ci uniknąć wyczucie czasu. Na przykład jeśli trochę wcześniej niż zwykle zjesz śniadanie bogate w błonnik, będziesz miała szansę, że zadziała, jeszcze zanim wyjdziesz z domu, a nie dopiero w samochodzie, gdy będziesz stała w korku.

Nie przesadzaj z posiłkami. Wielkie porcje mogą nadwerężyć przewód pokarmowy i wywołać jeszcze większe zaparcia. Zjadaj 6 małych posiłków zamiast 3 dużych – zapobiegniesz w ten sposób również wzdęciom i gazom.

Sprawdź skład preparatów uzupełniających i lekarstw. Jak na ironię, wiele suplementów, które mają dobry wpływ na ciążę (na przykład preparaty dla kobiet w ciąży oraz te z wapniem czy żelazem), może również wywoływać zaparcia. Tak samo rzecz się ma w przypadku najlepszego przyjaciela każdej przyszłej mamy, czyli leku przeciw nadkwasocie. Porozmawiaj zatem z lekarzem o innych możliwościach, na przykład o zmianie dawki lub formuły na lek o przedłużonym działaniu, w którym substancja lecznicza uwalnia się przez dłuższy czas. Zapytaj lekarza o preparat magnezowy, który pomoże ci w walce z zaparciami (gdy weźmiesz go przed snem, dodatkowo rozluźni mięśnie i będziesz lepiej spała).

Bądź „pro". Probiotyki (zwane również „dobrymi bakteriami") stymulują florę jelitową do skuteczniejszego rozkładania pokarmu i usprawniają działanie układu pokarmowego. Postaw na jogurty i napoje jogurtowe, które zawierają żywe kultury bakterii. Możesz również poprosić lekarza, by polecił ci skuteczny probiotyk – w kapsułkach, tabletkach do żucia lub w postaci proszku, który będziesz mogła dodać do koktajlu warzywnego lub owocowego.

Ruszaj się. Aktywne ciało aktywizuje jelita (nawet dziesięciominutowy energiczny spacer wprawi je w ruch). Zapewnij sobie zatem dawkę wysiłku fizycznego, którą zaakceptował twój lekarz (patrz str. 242). Ważnym ćwiczeniem pomagającym w walce z zaparciami jest ćwiczenie mięśni Kegla, czyli mięśni dna miednicy i krocza (więcej informacji na ten temat na str. 235).

Jeśli twoja walka z zaparciami nie skończyła się wygraną, skonsultuj się z lekarzem. Być może przepisze do doraźnego stosowania lek stymulujący pracę jelit i rozluźniający stolec. Nie stosuj żadnych środków przeczyszczających (w tym ziołowych i oleju rycynowego), jeśli nie zostały przepisane przez lekarza.

Brak zaparć

Wszystkie moje ciężarne przyjaciółki mają problemy z zaparciami. Ja nie mam, a nawet wprost przeciwnie, bo chodzę do toalety częściej niż zwykle. Czy mój organizm funkcjonuje prawidłowo?

Wygląda na to, że nie mógłby funkcjonować lepiej. Sprawność twojego układu pokarmowego to prawdopodobnie nagroda za zdrowe odżywianie i aktywność fizyczną – w końcu połączenie dużych ilości produktów bogatych w błonnik (owoców, warzyw, pełnoziarnistego pieczywa i kasz), wody oraz regularnych ćwiczeń fizycznych zapobiega naturalnemu podczas ciąży spowolnieniu trawienia oraz utrzymuje prawidłowy pasaż jelitowy.

Niekiedy zmiana sposobu żywienia na zdrowszy może wywołać chwilowe przyspieszenie perystaltyki i częstsze wizyty w toalecie, ale jest szansa, że organizm zwolni, gdy przyzwyczai się do wysokobłonnikowej diety – zmniejszy się również ilość gazów, które są jej efektem ubocznym – a ty nadal nie będziesz mieć problemów z wypróżnieniami.

Jeśli twoje stolce są bardzo częste (ponad 3 dziennie), wodniste, krwiste lub zauważyłaś w nich śluz, porozmawiaj o tym z lekarzem. W czasie ciąży taki rodzaj biegunki wymaga szybkiej interwencji.

Gazy

Przez cały czas mam wzdęcia i gazy. Czy tak będzie przez całą ciążę?

Zastanawiasz się, czy kiedykolwiek pozbędziesz się gazów oraz tej nieodpartej potrzeby, by je puszczać? Prawdopodobnie nie, ponieważ ciąża wywołuje gazy niemal u każdej przyszłej mamy. I chociaż te objawy na pewno wprawiają cię w bezgraniczne zakłopotanie (szczególnie gdy nie ma w pobliżu psa, na którego można by zrzucić winę), to na szczęście dziecku w ogóle nie przeszkadzają. Maluch jest bezpieczny w przytulnym zaciszu macicy, która chroni go ze wszystkich stron, gdyż wody płodowe pochłaniają wszelkie odgłosy dobiegające z zewnątrz. A więc bulgotanie i szemranie twojego układu pokarmowego prawdopodobnie go tylko uspokaja i usypia.

Natomiast dziecko nie będzie szczęśliwe, jeśli wzdęcia – które często nasilają się pod koniec dnia i niestety na ogół trwają przez całą ciążę – pozbawią cię apetytu na zdrowe i regularne posiłki. By ograniczyć przykre dźwięki oraz zapachy i jednocześnie nie pozbawiać się cennych składników odżywczych, zastosuj następujące wskazówki:

Wypróżniaj się regularnie. Zaparcia to często spotykana przyczyna gazów i wzdęć. Wykorzystaj informacje ze str. 192.

Jedz, ale się nie przejadaj. Duże porcje zwiększają uczucie wzdęcia i przeciążają układ pokarmowy, który w trakcie ciąży i tak nie pracuje na najwyższych obrotach. Zamiast 2 lub 3 dużych porcji zjadaj 6 mniejszych.

Nie jedz łapczywie. Kiedy się spieszysz lub jesz w biegu, wraz z jedzeniem połykasz również powietrze. To połknięte powietrze tworzy w jelitach pęcherzyki gazu, które chcą się uwolnić w sposób, który dobrze znasz...

Zachowaj spokój. Zwłaszcza w trakcie posiłków. Stres sprzyja połykaniu powietrza, które tworzy pęcherzyki gazu i w rezultacie prowadzi do wzdęć. Przed posiłkiem weź kilka głębokich oddechów i się odpręż.

Unikaj produktów wywołujących wzdęcia. Brzuch da ci znać, o które produkty chodzi. Oprócz cieszącej się złą sławą fasoli najczęstszymi sprawcami wzdęć są: cebula, warzywa kapustne, potrawy smażone, słodycze oraz napoje gazowane.

Nie spiesz się z lekarstwami. Zanim weźmiesz jakikolwiek lek przeciw wzdęciom lub preparat dostępny bez recepty (również ziołowy), skonsultuj się z lekarzem. (Niektóre środki przeczyszczające są bezpieczne podczas ciąży, natomiast inne nie są zalecane). Możesz za to wypić niewielką ilość herbaty rumiankowej, która łagodzi różne dolegliwości gastryczne związane z ciążą. Takie samo działanie ma gorąca woda z cytryną, która zwalcza gazy i wzdęcia równie dobrze jak leki.

Bóle głowy

Zauważyłam, że teraz częściej miewam bóle głowy niż przed zajściem w ciążę. Czy mogę temu jakoś zaradzić?

Ciąża to często ból głowy – nawet spory. Zwłaszcza gdy odkryjesz, że środki przeciwbólowe, które stosowałaś przed zajściem w ciążę, teraz nie zdają egzaminu (jak na ironię, ponieważ teraz głowa boli cię bardziej niż wcześniej).

Skąd zatem biorą się bóle głowy u kobiet ciężarnych, nawet u tych, które wcześniej ich

Jak mieć z głowy ból głowy

Stwierdziłaś, że ból głowy w ciąży to coś więcej niż zwykły ból? A może spróbujesz się go pozbyć, zanim się zacznie? Oto kilka wskazówek, które powinny ci w tym pomóc:

- Odpręż się. Ciąża to czas podwójnego niepokoju, który może powodować napięciowe bóle głowy. Jeśli zmniejszysz poziom stresu, twoja głowa też na tym skorzysta. Wypróbuj medytacje lub jogę dla kobiet w ciąży, by odnaleźć wewnętrzny spokój.
- Wypoczywaj. Ciąża to również czas ogromnego zmęczenia, szczególnie w pierwszym i ostatnim trymestrze. Odpowiednia ilość wypoczynku pomoże ci ustrzec się bólów głowy. Bądź jednak ostrożna i nie przesadzaj ze snem, ponieważ zbyt długie spanie także może się skończyć bólem głowy.
- Szukaj ciszy i spokoju. Hałas może wywołać ból głowy, zwłaszcza gdy jesteś na niego wyjątkowo wyczulona, a większość przyszłych mam źle go toleruje. Unikaj zatem głośnych miejsc (galerii handlowych, przyjęć i gwarnych restauracji). Jeżeli w twoim miejscu pracy panuje duży hałas, zapytaj zwierzchnika, czy mógłby podjąć jakieś kroki, by go trochę zredukować, lub poproś o przeniesienie w spokojniejsze miejsce. W domu ścisz telewizor i nie słuchaj głośno muzyki (w samochodzie również).
- Unikaj dusznych pomieszczeń. W przegrzanym i niewietrzonym pomieszczeniu każdy może się nabawić bólu głowy, a w szczególności przyszła mama, której zawsze jest za gorąco. Próbuj zatem unikać zatłoczonych i dusznych miejsc (chyba że zostały dwa dni do Bożego Narodzenia, a ty musisz stawić czoło tłumom w galerii handlowej albo – co gorsza – tam pracujesz), a kiedy tylko możesz, wychodź na spacer, by odetchnąć świeżym powietrzem. Jeżeli wiesz, że znajdziesz się w dusznym miejscu, włóż kilka warstw odzieży, by zapewnić sobie komfort cieplny (oraz, miejmy nadzieję, uchronić się przed bólem głowy), w razie potrzeby możesz zdejmować kolejne warstwy ubrania. Utknęłaś w środku? Uchyl przynajmniej okno.
- Jedz regularnie. By uniknąć bólu głowy wywołanego głodem, a co za tym idzie niskim stężeniem glukozy we krwi, dbaj o to, by twój żołądek nie był pusty. Noś w torebce wysokoenergetyczne przekąski (chipsy z soczewicy, batoniki granola, orzechy, owoce suszone lub liofilizowane); zapełnij nimi również schowek w samochodzie, szufladę w biurku i trzymaj odpowiedni zapas w domu.
- Zmień oświetlenie. Znajdź czas, by przyjrzeć się swojemu otoczeniu, a w szczególności oświetleniu, i zobacz je w zupełnie nowym, cóż... świetle. Niektóre kobiety stwierdzają, że w pomieszczeniach bez okien, oświetlonych lampami fluorescencyjnymi, częściej miewają bóle głowy. Zmiana oświetlenia na LED albo świetlówki kompaktowe (energooszczędne, ang. CPF) i/lub zmiana na pomieszczenie z oknami na pewno ci pomoże – chociaż jeśli nie jesteś szefową (albo nie odpowiadasz za wystrój biura), prawdopodobnie nie będziesz w stanie dokonać takiej zmiany. Jeśli pracujesz przy lampie fluorescencyjnej, staraj się jak najczęściej robić przerwy i wychodzić z pomieszczenia. Rób także przerwy, gdy pracujesz przy laptopie, komputerze lub tablecie, ponieważ ekran to portal prowadzący do bólów głowy.
- Wyprostuj się. Garbienie się przy komputerze albo tablecie lub wykonywanie innej pracy w takiej pozycji, może wywołać ból głowy, więc zwracaj uwagę na swoją postawę.

nie miewały? Otóż głównym winowajcą są hormony ciążowe (prawdopodobnie się tego domyśliłaś). Kolejny powód to zmęczenie (w trakcie ciąży na pewno ci go nie brakuje), napięcie nerwowe (podobnie), stężenie glukozy we krwi (tak samo), stres emocjonalny i fizyczny (podwójnie tak samo), zapchany nos (ciężarne mamy to mamy z zatkanym nosem) oraz przegrzanie albo kombinacja tych wszystkich objawów.

Nawet jeśli ból głowy jest silny, wiedz, że w ciąży to normalny objaw, więc nie musisz się martwić. Istnieje wiele sposobów, by walczyć z tym bólem (nie zawsze o dziwo są to tabletki przeciwbólowe). W wielu przypadkach będziesz mogła zwalczyć ból głowy, stosując następujące metody:

Napięciowe bóle głowy i migreny. Połóż się w ciemnym, cichym pomieszczeniu i zamknij oczy. Jeśli jesteś w pracy, zamknij oczy na kilka chwil i ułóż wyżej stopy (powiedz, że właśnie rozwiązujesz ważny problem). Możesz również na 20 minut przyłożyć worek z lodem na kark i w tym czasie się zrelaksować. Pomocna w walce z bólem może się okazać również medycyna alternatywna i uzupełniająca, w tym akupunktura, akupresura, biofeedback oraz masaż (patrz str. 80).

Zatokowe bóle głowy. By odblokować zapchane zatoki, które mogą wywoływać ból głowy, wypróbuj inhalację parową, zainstaluj nawilżacz powietrza z opcją zimnej mgiełki, pij dużo płynów lub regularnie przeprowadzaj irygacje solą fizjologiczną lub płynem do płukania nosa. By złagodzić ból, przykładaj przez 10 minut na przemian ciepłe i zimne okłady na bolące miejsca (najczęściej tuż nad oczami, na policzkach i czole), zmieniając je co 30 sekund; rób to 4 razy dziennie. Jeśli masz gorączkę i/lub ból nie mija, idź do lekarza, który sprawdzi, czy przyczyną bólu głowy nie jest zapalenie zatok (w trakcie ciąży to bardzo powszechna dolegliwość).

Wszystkie bóle głowy. Pierwsza zła wiadomość: ibuprofen (na przykład Advil lub Ibuprom) w czasie ciąży jest zakazany. A teraz dobra wiadomość: ulgę może ci przynieść paracetamol (na przykład Apap lub Panadol), który jest uważany za najbezpieczniejszy lek przeciwbólowy dla kobiet w ciąży i można stosować go doraźnie (zapytaj lekarza o dawkę). Nigdy nie bierz bez zgody lekarza żadnych leków przeciwbólowych (na receptę, bez recepty ani ziołowych).

Często najlepszym sposobem na ból głowy jest przede wszystkim zapobieganie (patrz ramka na stronie obok). Jeśli niewyjaśniony ból głowy utrzymuje się dłużej niż kilka godzin, często powraca, jego przyczyną jest gorączka lub towarzyszą mu zakłócenia widzenia albo obrzęki dłoni i twarzy, natychmiast powiadom o tym lekarza. Zrób to również wtedy, gdy podejrzewasz, że masz migrenę. Przeczytaj poniższe informacje i poinformuj lekarza o swoich objawach.

Często miewam migreny, a słyszałam, że w czasie ciąży są jeszcze bardziej dokuczliwe. Czy to prawda?

Potraktuj to jako element ryzyka ciążowego: niektóre przyszłe mamy stwierdzają, że w ciągu dziewięciu miesięcy ciąży migreny atakują je częściej niż wcześniej, natomiast inne (szczęściary), że znacznie rzadziej. Nie wiadomo, dlaczego tak się dzieje ani dlaczego jedni ludzie mają nawracające migreny, a innym nie zdarzają się wcale.

Ponieważ już w przeszłości miewałaś migreny, zapytaj lekarza, jakie leki przeciwmigrenowe można stosować w czasie ciąży, abyś mogła się przygotować na ewentualny atak okropnego bólu. Pomyśl również o zapobieganiu. Jeśli wiesz, co powoduje ataki, spróbuj unikać winowajców. Najbardziej popularni to stres, czekolada, ser i kawa. Spróbuj ustalić (jeśli to możliwe), czy jest coś, co może powstrzymać pełnoobjawowy atak, kiedy tylko pojawią się sygnały ostrzegawcze. Może ci pomóc jeden z następujących sposobów: spryskaj twarz zimną wodą lub przyłóż do niej zimny ręcznik albo worek z lodem, połóż się na 2–3 godziny w zaciemnionym pokoju i zamknij oczy (zdrzemnij się, pomedytuj lub posłuchaj muzyki) albo wypróbuj jedną z metod medycyny niekonwencjonalnej, na przykład biofeedback lub akupunkturę (patrz str. 80).

Rozstępy skórne

Boję się, że po ciąży będę miała rozstępy. Czy można im jakoś zapobiec?

Nikt nie lubi mieć rozstępów, zwłaszcza latem, gdy nadchodzi sezon bikini. Niestety w czasie ciąży nie tak łatwo ich uniknąć. U większości przyszłych mam te różowe lub czerwonawe (niekiedy nawet fioletowawe), czasem swędzące pasma pojawiają się na piersiach, biodrach i/lub brzuchu.

Przyczyną rozstępów są niewielkie rozerwania włókien tworzących strukturę skóry, których powodem jest jej nadmierne rozciągnięcie. Przyszłe mamy, które mają elastyczną skórę (ponieważ ją odziedziczyły i/lub na nią zapracowały dzięki zdrowej diecie, regularnym ćwiczeniom fizycznym oraz unikaniu efektu jo-jo), mogą przejść nawet kilka ciąż bez ani jednego rozstępu. Jeśli chcesz się dowiedzieć, czy będziesz miała rozstępy, najlepszą kryształową kulą będzie twoja mama: jeśli ma gładką skórę, jest szansa, że ty również będziesz taką miała. Natomiast jeśli nie uniknęła rozstępów, u ciebie prawdopodobnie również się pojawią.

Jeśli nie uda ci się uniknąć rozstępów, to na pewno zdołasz je zminimalizować, pod

---

Tatuaż dla dwojga?

Wybierasz się do salonu tatuażu, żeby wytatuować sobie coś seksownego? Najpierw dobrze się zastanów. Wprawdzie tusz nie przedostanie się do twojego krwiobiegu, ale każde nakłucie igłą to ryzyko zakażenia. Po co narażać w ten sposób siebie i dziecko?

Zanim zrobisz tatuaż dla dwojga, zastanów się nad jeszcze jedną sprawą. To, co na „ciążowej" skórze wydaje się symetryczne, może ulec zniekształceniu, gdy wrócisz do sylwetki sprzed ciąży. Na razie wstrzymaj się zatem z ozdabianiem skóry i zaczekaj z tą formą wyrazu swojej osobowości aż do czasu, gdy odstawisz dziecko od piersi.

Jeśli już masz tatuaż, nie ma powodu do obaw – obserwuj po prostu, jak się rozciąga. Nie martw się również, że tatuaż w dolnej części pleców wpłynie na skuteczność znieczulenia zewnątrzoponowego, które być może otrzymasz w dniu porodu. Jeśli tylko tatuaż jest suchy, a rana zagojona, wbicie igły ze znieczuleniem nie wiąże się z żadnym zagrożeniem. Jeszcze jedna sprawa, o którą nie musisz się martwić: zagojony tatuaż na piersi, nawet w okolicy otoczki brodawki nie wpłynie na podaż mleka ani karmienie.

A co z ozdabianiem ciała henną? Ponieważ henna to barwnik roślinny – i nietrwały – prawdopodobnie jest bezpieczniejszy. Niemniej warto podjąć pewne środki ostrożności: upewnij się, czy tatuażysta używa henny naturalnej (która barwi skórę na czerwono lub brązowo) niezawierającej potencjalnie drażniących substancji chemicznych takich jak parafenylenodiamina (to tak zwana „sztuczna henna", która barwi skórę na czarno) i czy ma odpowiednie referencje (czytaj: nie wykonuje tatuaży na ulicznych jarmarkach). Pamiętaj, że zawsze należy zachować ostrożność (to najlepszy sposób postępowania w k a ż d y c h okolicznościach), więc przed zrobieniem tatuażu henną poproś o zgodę lekarza.

Nie zapominaj również, że skóra przyszłej mamy jest szczególnie wrażliwa, więc pojawia się ryzyko, że henna wywoła u ciebie reakcję alergiczną, nawet jeśli wcześniej stosowałaś ją bez żadnych konsekwencji. Na wszelki wypadek zrób próbę uczuleniową na niewielkiej powierzchni ciała i odczekaj 24 godziny, by się upewnić, że skóra nie jest podrażniona.

warunkiem że przyrost masy ciała będzie stopniowy, równomierny i umiarkowany (im szybciej rozciąga się skóra, tym większe prawdopodobieństwo, że pozostaną po tym ślady). Na elastyczność skóry wpływa również zdrowa dieta (zwłaszcza bogata w produkty z dużą ilością witaminy C). I chociaż nie udowodniono, że jakiekolwiek preparaty zapobiegają powstawaniu tych „utrapionych zygzaków", stosowanie balsamów nawilżających bezpiecznych dla przyszłych mam – na przykład z masłem kakaowym lub masłem shea – na pewno nie zaszkodzi. Chociaż nie ma na to żadnych dowodów naukowych, wiele mam przysięga, że balsamy nawilżające działają – cóż, nawet jeśli nie uchronią cię przed rozstępami, to na pewno zlikwidują suchość i swędzenie skóry towarzyszące jej rozciąganiu się. Kolejny plus: twojemu mężowi na pewno spodoba się łagodne wcieranie kremu w twój brzuszek (dziecko też się ucieszy z takiego masażu).

Jeśli na twojej skórze jednak pojawią się rozstępy, to pociesz się tym, że kilka miesięcy po porodzie zaczną blednąć i w końcu zmienią się w lekko połyskujące pasemka. Możesz również porozmawiać z dermatologiem o ich usunięciu za pomocą terapii laserowej lub preparatu Retin-A, oczywiście po porodzie. Tymczasem spróbuj nosić je z dumą albo przynajmniej traktować jako przypomnienie o nagrodzie, jaka za nimi się kryje.

Przyrost masy ciała w pierwszym trymestrze

Zbliżam się do końca pierwszego trymestru i jestem zaskoczona, że jeszcze ani trochę nie przytyłam.

Wiele przyszłych mam ma trudności z przybieraniem na wadze w pierwszych tygodniach ciąży, a niektóre nawet tracą kilka kilogramów z powodu porannych nudności i awersji do jedzenia. Na szczęście

Chłopcy zawsze będą chłopcami

Jesteś głodna, mamo? Pod koniec drugiego trymestru zauważysz prawdopodobnie, że odzyskujesz apetyt (który być może straciłaś około 6 tygodnia ciąży). Jeśli biegasz do lodówki tak często jak nastoletni chłopiec, to przypuszczalnie właśnie go oczekujesz (a właściwie męskiego potomka, który pewnego dnia zostanie nastoletnim chłopcem). Badania dowodzą, że przyszłe mamy, które spodziewają się syna, jedzą więcej niż kobiety, które urodzą córkę – to tłumaczy, dlaczego chłopcy w chwili narodzin zazwyczaj są więksi niż dziewczynki. To kolejna rzecz, którą warto przetrawić!

natura chroni twoje dziecko nawet wtedy, gdy nudności bądź awersja pokarmowa nie pozwalają ci zbyt wiele jeść (albo utrzymać jedzenia w żołądku). Płód jest maleńki i ma niewielkie potrzeby żywieniowe, co oznacza, że brak przyrostu masy ciała nie będzie miał żadnego wpływu na rozwój dziecka.

W drugim trymestrze jest jednak inaczej. Dziecko jest już większe, a twoja wewnętrzna fabryka zwiększa obroty, a więc zapotrzebowanie na składniki odżywcze jest większe. Zatem będziesz musiała nadrobić zaległości i starać się o równomierny przyrost masy ciała (chyba że lekarz zaleci inaczej). Na szczęście apetyt zazwyczaj poprawia się w tym samym czasie, gdy rosną potrzeby dziecka, dzięki czemu przybieranie na wadze to bułka z masłem... nawet jeśli nie przesadzasz z bułkami.

Nie martw się więc, ponieważ twoje oczekiwanie na kilogramy wkrótce się skończy, a w międzyczasie twoje maleńkie jeszcze dziecko nie będzie miało nic przeciwko temu, że dotychczas nie przytyłaś. Jednak od 4 miesiąca zacznij uważnie obserwować wagę, by mieć pewność, że masa ciała przyrasta w odpowiednim tempie (patrz str. 185). Jeśli nadal będziesz miała trudności z przybieraniem na wadze, spróbuj wprowadzić do zdrowej diety więcej kalorii (najlepiej jedz produkty bogate w składniki odżywcze; patrz str. 89). Spróbuj również każdego dnia zjadać trochę więcej, wprowadzając dodatkowe przekąski. Jeżeli nie możesz jednorazowo zjeść zbyt wiele, zamień 3 duże posiłki na 6 mniejszych. Zrezygnuj z wypełniających żołądek napojów, by nie stłumiły apetytu. Wybieraj produkty bogate w tłuszcze niezbędne dziecku (orzechy, nasiona, awokado, oliwę z oliwek), ale nie próbuj dodawać sobie kilogramów za pomocą fast foodów. Dzięki nim bez wątpienia przytyjesz, ale dziecko na pewno na tym nie zyska.

Jestem w 11 tygodniu ciąży i kompletnie zaskoczył mnie fakt, że przytyłam już ponad 5 kilogramów. Co mam teraz zrobić?

Przede wszystkim nie wpadaj w panikę. Wiele kobiet przeżywa chwile grozy, wchodząc na wagę pod koniec pierwszego trymestru i odkrywając, że przytyły 3, 4, 5 albo więcej kilogramów. Czasami dzieje się tak dlatego, że wzięły zbyt dosłownie powiedzenie „jeść za dwoje" (jesz za dwoje, lecz jedno z was jest na razie naprawdę bardzo maleńkie) i rozkoszują się słodką wolnością od diet odchudzających, na których były przez całe życie. Innym razem przyczyną jest to, że wysokokaloryczne pokarmy (lody, makarony czy nawet zwykły chleb) przynoszą ulgę w porannych nudnościach.

Tak czy inaczej, nawet jeśli przytyłaś zbyt dużo w pierwszym trymestrze, nie wszystko jest stracone. Nie możesz wprawdzie cofnąć wskazówki wagi ani też rozłożyć kilogramów z pierwszych miesięcy na następne. Dziecko potrzebuje stałych dostaw składników pokarmowych (zwłaszcza w drugim i trzecim trymestrze), zatem ograniczanie teraz liczby kalorii nie jest najlepszym pomysłem. Możesz jednak wyznaczyć sobie limit na kolejne miesiące ciąży – zwolnij tempo przyrostu masy ciała, ale nie ograniczaj go całkowicie – uważniej przyglądając się wskazaniom wagi oraz temu, co jesz.

Ustal wspólnie z lekarzem bezpieczny i sensowny plan przyrostu masy ciała na następne dwa miesiące. Nawet jeśli przez 8 miesięcy będziesz przybierać 0,5 kilograma tygodniowo (większość kobiet stwierdza, że w 9 miesiącu przybiera mniej lub wcale), to przekroczysz zalecany limit (16 kg) tylko o kilka kilogramów. Zapoznaj się z zasadami diety ciążowej przedstawionej w rozdziale 4, żeby się dowiedzieć, jak zdrowo jeść za dwoje (a raczej dla dwojga), by na końcu nie było cię dwa razy więcej. Świadomy i rozsądny przyrost masy ciała dzięki zdrowej i wartościowej żywności nie tylko pomoże ci osiągnąć cel, ale też zrzucić po porodzie zbędne kilogramy i łatwiej wrócić do sylwetki sprzed ciąży.

Wcześnie widoczna ciąża

Dlaczego widać już po mnie ciążę, skoro jestem dopiero w pierwszym trymestrze?

O wiele bardziej widać po tobie ciążę, niż się spodziewałaś? Ponieważ brzuch każdej kobiety jest inny, niektóre brzuszki pozostają płaskie aż do drugiego trymestru, a inne pojawiają się już w 6 tygodniu. Tak wcześnie widoczna ciąża może niepokoić („Jeśli już teraz mam taki wielki brzuch, to jak będę wyglądać za kilka miesięcy?"), ale może też być upragnionym i namacalnym dowodem tego, że w środku rzeczywiście jest dziecko.

Oto kilka okoliczności, które mogą mieć wpływ na to, że tak wcześnie widać po tobie odmienny stan:

- Wzdęcia. Za przedwcześnie widocznym brzuszkiem często się kryje nadmierna ilość gazów. Jeśli nie wypróżniasz się regularnie, masz wypełnione jelita, które też mogą się do tego przyczyniać.

- Dodatkowe kilogramy. Nie ma nic dziwnego w tym, że jeśli zjadasz dużo dodatkowych kalorii, to szybko przybierasz na wadze, a w talii przybywa centymetrów.
- Drobna budowa. Jeśli jesteś szczupła, rosnąca macica nie ma się gdzie „ukryć" i uwypukla się nawet wtedy, gdy jest jeszcze względnie mała.
- Słabsze napięcie mięśni. U przyszłej mamy, która ma słabe mięśnie brzucha, ciąża będzie szybciej widoczna niż u kobiety z umięśnionym ciałem. Drugą ciążę zazwyczaj widać szybciej właśnie dlatego, że mięśnie brzucha zostały wcześniej rozciągnięte.

Czy to możliwe, że twoja ciąża jest widoczna tak wcześnie, ponieważ spodziewasz się bliźniąt? Niekoniecznie. Bliźnięta rozpoznaje się zazwyczaj dzięki badaniu USG, a nie wcześnie powiększonemu brzuchowi.

Bicie serca dziecka

Moja koleżanka usłyszała bicie serca swego dziecka dzięki badaniu dopplerowskiemu już w 10 tygodniu ciąży. Ja jestem w ciąży o tydzień dłużej, ale mój lekarz jeszcze tego nie wychwycił.

Uderzenia serca maleństwa to przepiękna muzyka dla uszu przyszłych rodziców – oczywiście wtedy, gdy już można je usłyszeć. Nawet jeśli już słyszałaś ten cudowny dźwięk podczas pierwszego badania USG (może być słyszalny już około 6–8 tygodnia ciąży), to i tak nic nie może się równać z regularnym słuchaniem go podczas comiesięcznych wizyt w gabinecie lekarza poprzez aparat Dopplera (to ręczne urządzenie ultradźwiękowe, które wzmacnia dźwięk za pomocą specjalnego żelu rozsmarowywanego na brzuchu).

Niektórzy szczęśliwi przyszli rodzice co miesiąc mają okazję brać udział w tym wspaniałym koncercie dla uszu, który można

> ### Serce mi mówi, że to dziewczynka (albo chłopiec)
>
> Syn czy córka – czy bicie serca dziecka może dać jakąś wskazówkę? Niektóre stare przesądy – oraz lekarze – od wieków głoszą tę samą bajkę (że tętno powyżej 140 uderzeń na minutę to dziewczynka, a poniżej chłopiec), a tymczasem badania naukowe wykazują, że nie ma żadnej współzależności między pracą serca dziecka a jego płcią. Przepowiadanie płci na podstawie tętna może być zabawne (tak czy inaczej, masz 50 procent szans na odgadnięcie prawidłowej odpowiedzi), ale lepiej na tej podstawie nie dobieraj kolorów do dziecięcej sypialni.

usłyszeć już między 10 a 12 tygodniem, natomiast inni muszą zaczekać trochę dłużej. Bicie serca twojego dziecka może być jeszcze niesłyszalne z powodu ułożenia dziecka, umiejscowienia łożyska lub warstwy tkanki tłuszczowej na twoim brzuchu. Badanie dopplerowskie może nie wykazywać bicia serca dziecka również z powodu błędu w obliczeniu daty porodu.

Jednak w 14 tygodniu ciąży detektor na pewno wykryje bicie serca twojego maleństwa i będziesz mogła go z radością wysłuchać. Jeśli nie lub jeśli jesteś bardzo zaniepokojona, lekarz prawdopodobnie przeprowadzi badanie USG (lub je powtórzy), by zobaczyć i usłyszeć to, czego jeszcze nie wychwycił aparat Dopplera.

A kiedy już będziesz mogła usłyszeć bicie serca, wsłuchaj się w nie bardzo uważnie. Prawidłowa czynność twojego serca wynosi mniej niż 100 uderzeń na minutę, natomiast serce dziecka we wczesnym etapie ciąży bije od 110 do 160 razy na minutę, a w późniejszym okresie od 120 do 160 razy.

Nie porównuj jednak wyników pracy serca twojego maleństwa z wynikami ciężarnych koleżanek, ponieważ każde dziecko ma własny rytm, a prawidłowy zakres tętna jest bardzo szeroki.

Około 18–20 tygodnia bicie serca malucha jest już słyszalne bez aparatu Dopplera – wystarczy zwykły stetoskop.

Pożądanie seksualne

Od kiedy zaszłam w ciążę, cały czas jestem podniecona i nigdy nie mam dość seksu. Czy to normalne?

Czujesz w sobie ogień? Jesteś ciągle podniecona? Szczęściara. Niektóre kobiety stwierdzają, że w pierwszym trymestrze ich życie seksualne hamuje z wielkim piskiem (wszystkie objawy ciążowe skutecznie pozbawiają je popędu płciowego), a inne – na przykład ty – nigdy nie mają dosyć seksu. Możesz za to podziękować hormonom buzującym teraz w twoim ciele oraz większemu przepływowi krwi w obrębie miednicy (dzięki temu twoje narządy płciowe są cudownie obrzmiałe i przyjemnie mrowią), co skutecznie podkręca twój seksualny termostat. Poza tym masz przecież nowe krągłości i prawdopodobnie większe piersi, więc możesz się czuć jak prawdziwa sexy mama. I niewykluczone też, że po raz pierwszy w swoim życiu erotycznym możesz uprawiać seks, kiedy tylko masz na to ochotę, nie psując sobie nastroju bieganiem do łazienki po krążek dopochwowy ani obliczaniem dni płodnych na kalkulatorze owulacyjnym. Ten szczęśliwy stan zmysłowości i romansu

Domowy aparat Dopplera

Odczuwasz pokusę, by kupić jeden z tych niedrogich detektorów tętna płodu (tak zwanych domowych dopplerów), by słuchać bicia serca maleństwa między wizytami u lekarza? Monitorowanie pracy serca dziecka może dawać ci wiele radości i zapewnić spokojniejszy sen, jeśli z natury jesteś nerwowa i podatna na stresy. Ale jest jeszcze druga strona medalu: chociaż urządzenia (i aplikacje) do monitorowania pracy serca płodu są uważane za bezpieczne, to jednak nie są tak zaawansowane jak aparaty używane przez lekarzy – niektóre z nich nie są nawet tak dokładne, by wykryć pracę serca dziecka przed 5 miesiącem ciąży. Jeśli zatem użyjesz takiego urządzenia na początku ciąży, prawdopodobnie usłyszysz tylko ciszę, ewentualnie trzaski, świst lub syczenie (to odgłosy powietrza przesuwającego się w twoim przewodzie pokarmowym lub krwi przepływającej w tętnicach) zamiast miarowych uderzeń serca, co tylko może cię niepotrzebnie zdenerwować, chociaż powinno zapewnić ci spokój.

Nawet w późniejszym okresie ciąży domowy aparat Dopplera nie zawsze wykryje to, co tak pragniesz usłyszeć (przez ułożenie dziecka lub nieprawidłowy kąt przyłożenia sondy domowy detektor może zgubić sygnał albo pomylisz odgłos krwi przepływającej przez łożysko z biciem serca). Dotyczy to zwłaszcza aplikacji na smartfony, które są bardzo zawodne, nawet w ostatnim trymestrze ciąży. Jeśli zdołasz znaleźć i usłyszeć bicie serca dziecka, istnieje ryzyko, że nie zinterpretujesz go poprawnie (na przykład możesz nie rozpoznać zmian tempa lub rytmu, które mogą wskazywać na jakiś problem), lub odczyt może się różnić od tego, który uzyskałaś u lekarza, co niepotrzebnie cię zmartwi. Nadal nie możesz się oprzeć pokusie, by mieć na własność domowy detektor? Zanim go kupisz, poproś o zgodę lekarza (zwłaszcza że amerykańska Agencja Żywności i Leków uważa, iż tego typu sprzęt powinien być stosowany wyłącznie pod fachowym nadzorem). I pamiętaj, że wprawdzie dostaniesz to, za co zapłaciłaś, ale niekoniecznie to, na co liczysz.

może być najbardziej odczuwalny w pierwszym trymestrze ciąży, kiedy zamęt wywołany przez hormony osiąga najwyższy poziom, lub trwać nawet do dnia porodu.

Ponieważ większy apetyt na seks jest zupełnie normalny (podobnie jak brak pożądania seksualnego), nie martw się i nie czuj się winna. Nie bądź też zaskoczona ani zaniepokojona, że twoje orgazmy są teraz częstsze lub intensywniejsze niż kiedykolwiek wcześniej (a jeśli teraz po raz pierwszy przeżyłaś orgazm, masz jeszcze więcej powodów do świętowania). Dopóki lekarz pozwala na seks we wszystkich formach (a zazwyczaj tak się właśnie dzieje), łap każdą okazję i swojego partnera. Wypróbowujcie różne pozycje, zanim duży brzuch uniemożliwi większość z nich. I przede wszystkim cieszcie się bliskością we dwoje, kiedy tylko możecie (zanim popęd seksualny opadnie gwałtownie w czasie połogu). Jednym słowem, róbcie to, kiedy tylko macie okazję. Więcej informacji na temat seksu podczas ciąży znajdziesz na str. 281.

Wszystkie moje koleżanki twierdzą, że gdy były w ciąży, miały większy popęd seksualny. Zatem dlaczego czuję się taka nieseksowna?

Ciąża to czas zmian w wielu aspektach życia, a zmiany zachodzące w życiu seksualnym wcale nie są najmniej ważne. Hormony – jak już na pewno zauważyłaś – wpływają na samopoczucie fizyczne i emocjonalne, a więc odgrywają również dużą rolę w sferze seksualnej. Ale kobiety reagują na nie w różny sposób, a więc u jednych zwiększają płomień, a na inne działają jak zimny prysznic. Te przyszłe mamy, które nigdy wcześniej nie miały orgazmu ani zbytniego apetytu na seks, nagle doświadczają jednego i drugiego. Natomiast inne, przyzwyczajone do seksualnego nienasycenia, znienacka stwierdzają całkowity brak libido oraz trudności z podnieceniem seksualnym – czasami nawet nie chcą być dotykane. I nawet jeśli hormony uruchomiły twoją namiętność, objawy ciążowe (mdłości, zmęczenie czy bolące piersi) mogą ci przeszkodzić w dobrej zabawie. Zmiany w życiu seksualnym mogą wzbudzać ekscytację, niepokój, poczucie winy lub być zagmatwaną kombinacją tych wszystkich uczuć. I wszystkie te uczucia są całkowicie normalne.

Najważniejszą kwestią jest zrozumienie, że twoje odczucia seksualne podczas ciąży – a także uczucia twojego partnera – mogą być bardziej nierówne i niekonsekwentne, a mniej erotyczne: jednego dnia możesz czuć się seksownie, a następnego wręcz przeciwnie. Jednak wzajemne zrozumienie, otwarta rozmowa oraz poczucie humoru pomogą wam przez to przejść. I pamiętaj (a także przypomnij partnerowi), że wiele kobiet, które straciły ochotę na seks w pierwszym trymestrze, w drugim ją odzyskuje i to z nawiązką. Zatem nie bądź zdziwiona, gdy nad twoją sypialnię nadciągnie wkrótce bardzo ciepły front. Do tego czasu możesz próbować podgrzać atmosferę, wykorzystując wskazówki ze str. 287.

Skurcz po orgazmie

Po orgazmie mam skurcze. Czy to normalne? A może to oznacza coś złego?

Nie martw się i nie przestawaj cieszyć się seksem. Skurcz (czasem towarzyszy mu ból w dole pleców) podczas orgazmu i po nim to zjawisko powszechne i zupełnie nieszkodliwe w ciąży niskiego ryzyka. Powód skurczu może być fizyczny – to połączenie naturalnego w tym stanie zwiększonego przepływu krwi w obrębie miednicy, naturalnego przekrwienia narządów płciowych w chwili podniecenia i orgazmu oraz normalnego skurczu macicy po orgazmie; lub psychiczny – to rezultat powszechnego, lecz nieuzasadnionego strachu przed zranieniem dziecka podczas seksu. Przyczyną skurczu może być również kombinacja czynników fi-

DLA OJCÓW

Popęd seksualny w trakcie ciąży

Pożądanie – twoje i twojej partnerki – będzie teraz na przemian rosnąć i spadać. Oto kilka nieoczekiwanych zwrotów akcji, których możesz oczekiwać, gdy spodziewasz się... seksu:

Ona zawsze jest pobudzona. Te pogłoski są prawdziwe: niektóre kobiety podczas ciąży nigdy nie mają dość seksu. I to z dobrego powodu. Narządy płciowe twojej partnerki są teraz obrzmiałe wskutek działania hormonów i przekrwienia, przez co są bardziej wrażliwe na bodźce i doznania seksualne. Inne części jej ciała również są większe (pewnie już to zauważyłeś), włączając w to takie miejsca jak piersi i biodra, dzięki czemu czuje się bardziej kobieco i zmysłowo niż kiedykolwiek wcześniej. A więc bądź przy niej, kiedy będzie w nastroju, by się do ciebie przytulić. Ciesz się, że tak często masz szczęście, ale kieruj się sygnałami, które ci wysyła (przede wszystkim teraz). Uwódź ją, kiedy jest zainteresowana, gotowa i chętna, ale nie rób tego, gdy nie dała ci zielonego światła.

Chociaż niektóre kobiety mają ochotę na seks przez całe 9 miesięcy, dla innych wszystko zaczyna się dopiero w drugim trymestrze... lub nawet w trzecim. Bądź gotowy na jej zmienne nastroje seksualne, kiedy w ciągu 60 sekund przechodzi od podniecenia do obojętności. I pamiętaj, że po połowie ciąży seks stanie się wyzwaniem logistycznym, gdyż jej ciało urośnie do rozmiarów ciężarówki.

Ona nigdy nie jest w nastroju. Na pożądanie seksualne wpływa wiele czynników, zarówno fizycznych, jak i emocjonalnych. Libido mogą obniżyć objawy ciążowe (nie jest łatwo się zatracić, gdy właśnie pozbywasz się obiadu, albo podniecić, gdy dokuczają ci spuchnięte kostki, ból pleców i bolesne sutki, nie mówiąc o uprawianiu seksu, kiedy nawet nie masz siły wstać), w szczególności w pierwszym trymestrze ciąży. Może też nie mieć ochoty na seks z powodu nowych krągłości, które ciebie tak podniecają (to, co dla ciebie jest okrągłym, seksownym tyłeczkiem, dla niej może być wielkim, tłustym zadem). A może jest zajęta tymi wszystkimi sprawami związanymi z dzieckiem i/lub przeżywa ciężkie chwile, próbując pogodzić rolę matki i kochanki. Może – to przytrafia się wielu przyszłym mamom, nawet tym z normalnym libido – nie chce być dotykana. W ogóle. Kropka.

Kiedy nie jest w nastroju (nawet jeśli nigdy w nim nie jest), nie bierz tego osobiście. Spróbuj innym razem, ale czekając na swoją szansę, zawsze bądź gotowy na przegraną. Akceptuj te wszystkie „nie teraz" i „tutaj mnie nie dotykaj" z pełnym zrozumienia uśmiechem i uściskiem (jeśli na niego pozwoliła), dzięki któremu będzie wiedziała, że ją kochasz, nawet gdy nie możesz wyrazić tego w taki sposób, w jaki byś chciał. Pamiętaj, że ma teraz na głowie (i w ciele) mnóstwo różnych spraw, więc bezpieczniej będzie założyć, że twoje potrzeby seksualne nie znajdują się na czele listy. A więc nie nalegaj na seks, ale nie rezygnuj z flirtu, rozmów i przytulania. To nie tylko was zbliży; może ci również przynieść to, czego pragniesz, ponieważ flirt, rozmowy i przytulanie to dla wielu kobiet bardzo silne afrodyzjaki. I nie zapominaj często mówić swojej partnerce, jak bardzo jest dla ciebie seksowna, pociągająca i atrakcyjna. Kobiety mają wprawdzie intuicję, ale nie potrafią czytać w myślach.

Nie jesteś zainteresowany seksem. Istnieje kilka naprawdę istotnych przyczyn,

zycznych i psychicznych, ponieważ podczas seksu związek między umysłem a ciałem jest bardzo silny.

Inaczej mówiąc, skurcz nie oznacza, że zraniłaś dziecko, podczas gdy sama się dobrze bawiłaś. Dopóki lekarz nie zaleci inaczej, łączenie przyjemności płynącej z seksu z przyjemnością oczekiwania na dziecko jest

które mogą teraz powodować gwałtowny spadek twojego popędu płciowego. Może ty i twoja żona tak sumiennie pracowaliście nad poczęciem, że seks nagle wydaje ci się ciężką pracą. A może jesteś tak skoncentrowany na dziecku i na tym, że zostaniesz ojcem, iż seksualna strona twojego życia została zepchnięta na dalszy plan. A może potrzebujesz czasu, żeby się przyzwyczaić do zmian zachodzących w ciele partnerki. Albo strach, że podczas seksu zranisz ją lub dziecko (tak się oczywiście nie stanie), sprawił, że zniknął cały twój popęd. A może chodzi o jakieś zahamowania – bo na przykład nigdy wcześniej nie kochałeś się z żadną matką (chociaż tak się składa, że matką zostanie kobieta, z którą zawsze uwielbiałeś się kochać). A może powstrzymuje cię jeszcze inna dziwna rzecz: bliskość z ciężarną partnerką oznacza dla ciebie to, że podczas czynności przeznaczonej zdecydowanie i wyłącznie dla dorosłych będziesz zbyt blisko dziecka (aczkolwiek dziecko będzie tego kompletnie nieświadome). Na obniżenie popędu seksualnego mogą mieć wpływ również zmiany hormonalne, z którymi zmagają się niektórzy przyszli tatusiowie.

Te wszystkie sprzeczne uczucia może dodatkowo gmatwać brak właściwej komunikacji: myślisz, że ona nie jest zainteresowana, więc podświadomie powstrzymujesz swój popęd. Z kolei ona myśli, że ty nie masz ochoty na seks, więc ignoruje swoje pragnienia.

Spróbuj koncentrować się mniej na ilości przeżyć seksualnych, a bardziej na ich jakości, i dbaj o bliskość. Może w tym wypadku mniej nie znaczy więcej, ale również może dawać satysfakcję. Być może stwierdzisz nawet, że wejście na inny poziom intymności – trzymanie się za ręce, spontaniczne przytulanie czy zwierzanie się ze swoich uczuć – może wprawić was w miłosny nastrój. Nie

zdziw się zatem, że gdy już oboje przyzwyczaicie się do emocjonalnych i fizycznych zmian związanych z ciążą, zaczniesz mieć większy apetyt na seks.

Może się również zdarzyć tak, że spadek libido będzie trwał przez 9 miesięcy, albo i dłużej. W końcu nawet te pary, które podczas ciąży nie mogą się sobą nacieszyć, stwierdzają, że ich życie seksualne gwałtownie zamiera, gdy w domu pojawia się dziecko, przynajmniej w ciągu pierwszych kilku miesięcy. To wszystko jest całkowicie naturalne i wyłącznie chwilowe.

Tymczasem upewnij się jednak, że troska o dziecko nie wpływa na jakość waszego związku. Często romansuj ze swoją żoną (i nie zapominaj przy tym o świecach i przygotowaniu kolacji, gdy będzie drzemała). Obdaruj ją kwiatami albo seksownym peniuarem (są takie również dla ciężarnych). Zaproponuj spacer przy księżycu albo ciepłe kakao i pieszczoty na kanapie. Opowiedz jej o swoich uczuciach i zachęć, by podzieliła się z tobą swoimi przemyśleniami. Okraś wszystko uściskami i pocałunkami (i jeszcze, i więcej... i dalej). Gdy będziecie czekać, aż atmosfera ponownie się rozgrzeje, będzie wam przytulnie i miło.

Najważniejsze jest to, by twoja partnerka wiedziała, że twój brak pożądania nie ma nic wspólnego z nią – ani fizycznie, ani emocjonalnie. Przyszłe mamy mogą cierpieć na deficyt pewności siebie z powodu nowego (ciążowego) wizerunku, w szczególności gdy zaczyna im przybywać kilogramów. Jeśli będziesz ją często zapewniać (słowami i dotykiem), że jeszcze nigdy nie była tak atrakcyjna, na pewno nie będzie brać do siebie twojego braku zainteresowania seksem.

Więcej informacji o seksie podczas ciąży na str. 281.

bezwzględnie bezpieczne. Jeśli skurcze cię niepokoją, poproś partnera, żeby delikatnie pomasował ci plecy. To nie tylko przyniesie ulgę, ale też zmniejszy napięcie, które

może wywoływać skurcze. Niektóre kobiety odczuwają po seksie również skurcze mięśni nóg; na str. 300 dowiesz się, jak z nimi walczyć.

WSZYSTKO O...
Przyszła mama w pracy

Jeśli jesteś w ciąży, już masz pracę, do której zostałaś stworzona. Ale gdy dodasz tego pracę zawodową na pełen etat, szybko się okaże, że jesteś podwójnie obciążona. Żonglowanie tym wszystkim – wizytami u lekarza i spotkaniami z klientami, bieganiem do łazienki i bieganiem do sali konferencyjnej, porannymi nudnościami i lunchami biznesowymi, zdradzeniem nowiny najlepszej koleżance z księgowości (która będzie się cieszyła) oraz poinformowaniem szefa (który prawdopodobnie nie będzie się cieszył), dbaniem o zdrowie i dobre samopoczucie oraz tym, by ciągle odnosić sukcesy i mieć motywację do pracy, przygotowaniami do narodzin dziecka i przygotowaniami do urlopu macierzyńskiego – może być wyzwaniem, przez które będziesz musiała pracować po godzinach, bo praca w normalnym wymiarze nie wystarczy. W tej części znajdziesz porady, które pomogą pracującej przyszłej mamie sprawnie poruszać się po służbowych zawiłościach.

Kiedy powiedzieć szefowi

Zastanawiasz się, kiedy podejść do szefa i wyjawić mu swoją tajemnicę? Nie ma na to idealnego czasu (chociaż na pewno powinnaś to zrobić, zanim brzuszek będzie widoczny). Dużo zależy od tego, czy twoja firma jest prorodzinna (czy też nie). Jeszcze więcej zależy od twojego samopoczucia (fizycznego i emocjonalnego). Oto czynniki, które warto wziąć pod uwagę:

Jak się czujesz i czy ciąża jest już widoczna. Jeżeli przez poranne nudności spędzasz więcej czasu nad sedesem niż przy biurku, jeśli zmęczenie tak częste w pierwszym trymestrze sprawia, że rano z trudem podnosisz głowę z poduszki, lub jeśli już dźwigasz przed sobą brzuszek, który jest zbyt duży, by można było obwinić za to obfite śniadanie, prawdopodobnie nie będziesz w stanie dłużej utrzymać swojego sekretu. W takim wypadku lepiej opowiedzieć o wszystkim wcześniej, dopóki szef (oraz inne osoby w biurze) nie dojdzie do własnych wniosków. Z drugiej strony, jeśli dobrze się czujesz i nadal z łatwością zapinasz spodnie, możesz jeszcze się wstrzymać i obwieścić swoją nowinę trochę później.

Jakiego rodzaju pracę wykonujesz. Jeśli pracujesz w szkodliwych warunkach lub przy substancjach, które mogłyby stanowić zagrożenie dla dziecka, będziesz musiała powiedzieć o ciąży i poprosić o jak najszybsze przeniesienie lub zmianę zakresu obowiązków – jeżeli to możliwe*.

Jak pracujesz. Kobieta, która obwieszcza w swojej firmie, że jest w ciąży, może się niestety narazić na niesprawiedliwe zastrzeżenia i wątpliwości, na przykład: „Czy w dalszym ciągu będzie miała siłę, by wydajnie pracować?", „Czy będzie się skupiać na pracy, czy wyłącznie na dziecku?" i wreszcie „Czy zostawi nas na lodzie?". Możesz odeprzeć niektóre z tych zarzutów, ogłaszając ciążę po ukończeniu raportu, sfinalizowaniu kontraktu, pobiciu rekordu sprzedaży, zrealizowaniu jakiegoś projektu lub gdy w jakiś inny sposób udowodniłaś, że możesz być w ciąży i dobrze pracować.

Czy zbliża się okresowa ocena pracownika. Jeśli się obawiasz, że twoje oświadczenie o ciąży wpłynie na wynik oceny rocznej lub

---

* W Polsce kobieta ciężarna jest objęta ochroną; obowiązki spoczywające na pracodawcy oraz uprawnienia ciężarnych reguluje Kodeks pracy (przyp. red.).

szansę na podwyżkę, spróbuj poczekać na ogłoszenie wyników, a dopiero później podziel się nowiną. Pamiętaj, że argument, iż zostałaś pominięta przy awansie lub podwyżce wyłącznie z powodu ciąży (a także dlatego, że wkrótce będziesz zarówno pracownicą, jak i matką), będzie trudny do udowodnienia.

Czy w twojej firmie pracują plotkarze. Jeśli jednym z głównych produktów twojej firmy jest plotka, bądź szczególnie ostrożna. Jeśli wiadomość przekazywana z ust do ust, dotrze do twojego szefa, nim zdążysz mu o tym powiedzieć, będziesz musiała wyjaśniać nie tylko sprawy związane z ciążą, ale i z zaufaniem. Zrób zatem wszystko, żeby twój szef jako pierwszy się dowiedział o ciąży albo przynajmniej powierzaj swój sekret wyłącznie osobom, które nikomu go nie zdradzą.

Czy firma jest przyjazna rodzinie. Jeśli nie jesteś pewna, spróbuj oszacować nastawienie pracodawcy do ciąży i rodziny. Popytaj koleżanki, które już wcześniej przemierzały tę drogę na swoich opuchniętych stopach, ale zrób to bardzo dyskretnie. Sprawdź w regulaminie pracy przepisy dotyczące urlopu macierzyńskiego lub wybierz się na tajne spotkanie z pracownikiem działu kadr odpowiedzialnym za świadczenia socjalne. Jeśli do tej pory firma wspierała mamy (w tym przyszłe), możesz wcześniej zawiadomić o ciąży. Tak czy inaczej, będziesz miała lepsze pojęcie o tym, z czym przyjdzie ci się zmierzyć.

Przekazanie informacji o ciąży

Gdy już zdecydujesz, kiedy ogłosić, że jesteś w ciąży, podejmij następujące działania, by mieć pewność, że twoje oświadczenie zostanie dobrze przyjęte.

Przygotuj się. Zanim przekażesz najnowsze wiadomości, zrób małe rozpoznanie. Dowiedz się wszystkiego o polityce urlopowej prowadzonej przez twoją firmę. Niektóre firmy oferują płatne urlopy macierzyńskie, inne bezpłatne. Jeszcze inne pozwalają na wykorzystanie zwolnienia chorobowego lub urlopu wypoczynkowego w ramach urlopu macierzyńskiego.

Poznaj swoje prawa. Kobiety w ciąży – oraz rodzice w ogóle – w Stanach Zjednoczonych mają mniej praw niż rodzice w innych krajach. Państwo podjęło wprawdzie pewne nieśmiałe kroki na rzecz pracownic w ciąży, ale bardziej perspektywiczne stanowisko zajmują w tej kwestii firmy realizujące politykę prorodzinną, dobrowolnie wprowadzając płatne urlopy macierzyńskie.

Ułóż plan. Wydajność jest bardzo doceniana w pracy, a gotowość do wypełniania obowiązków zawsze robi dobre wrażenie. Zatem zanim zdecydujesz się na przekazanie informacji o ciąży, przygotuj szczegółowy plan informujący o tym, jak długo zamierzasz pracować (jeżeli nie zajdą nieprzewidziane komplikacje), ile czasu potrwa twój urlop macierzyński, jak zamierzasz dokończyć wszystkie sprawy zawodowe oraz jakie są twoje propozycje dotyczące realizacji niedokończonych projektów. Jeśli chciałabyś najpierw wrócić do pracy na pół etatu, również zaproponuj to teraz. Sporządzenie planu pomoże ci zapamiętać wszystkie szczegóły oraz zdobyć dodatkowe punkty za operatywność.

Wybierz właściwy moment. Nie przekazuj szefowi informacji o ciąży, kiedy jest w drodze na spotkanie albo w piątkowy wieczór, gdy jedną nogą jest już za drzwiami. Umów się z nim na rozmowę, kiedy oboje będziecie mieli czas i nic nie będzie wam przeszkadzać. Spróbuj wybrać dzień i moment, kiedy w pracy panuje zazwyczaj największy spokój. Przełóż spotkanie, jeśli sytuacja w firmie nagle się skomplikuje.

Podkreśl pozytywne strony. Nie zaczynaj swojego oświadczenia od przeprosin

Ekwilibrystyka, czyli jak sobie radzić w trudnych sytuacjach

Nawet jeśli jeszcze nie masz dzieci, to praca zawodowa w czasie ciąży będzie wymagała dużej zręczności oraz umiejętności żonglowania pracą i życiem rodzinnym. Ta ekwilibrystyka może być szczególnie wyczerpująca w pierwszym i ostatnim trymestrze, kiedy objawy ciąży są najbardziej męczące lub odwracają uwagę od innych spraw. Inaczej mówiąc, musisz się dobrze przygotować do wielu lat radzenia sobie z pracą zawodową i rodzicielstwem. Poniższe wskazówki nie ułatwią ci co prawda równoczesnej pracy na dwóch etatach, ale pomogą sprawić, by życie zawodowe, któremu teraz towarzyszy również rodzicielskie, przebiegało bez większych zakłóceń:

- Mądrze planuj. Umawiaj się na wizyty kontrolne, badania USG, badania krwi oraz inne zabiegi związane z ciążą przed rozpoczęciem pracy (po całym dniu możesz być za bardzo zmęczona) lub w czasie przerwy na lunch. Jeśli będziesz musiała wyjść z pracy w środku dnia, wyjaśnij szefowi, że masz wizytę u lekarza, i miej na to potwierdzenie (na wypadek gdyby ktoś cię oskarżył, że nie przykładasz się do pracy). W razie potrzeby poproś lekarza o zaświadczenie potwierdzające wizytę i daj je pracodawcy lub pracownikowi działu kadr.

- Pamiętaj, żeby nie zapomnieć. Jeśli twoje komórki mózgowe padają jak muchy, możesz za to obwiniać swoje hormony. Powinnaś również podjąć pewne środki ostrożności, żeby osłabiona przez ciążę pamięć nie wpędziła cię w jakieś kłopoty. By mieć pewność, że nie zapomniałaś o zebraniu, lunchu lub ważnym telefonie, który miałaś wykonać przed południem, zrób sobie listę, ustaw przypomnienie w telefonie, ponaklejaj kartki samoprzylepne i zawsze miej pod ręką smartfon lub telefon.

- Poznaj swoje ograniczenia i zatrzymaj się, zanim je przekroczysz. To nie jest najlepszy czas, by zgłaszać się na ochotnika, podejmować się dodatkowych zadań i pracować po godzinach, chyba że jest to absolutnie konieczne. Skoncentruj się na tym, co musi zostać zrobione i czego realnie możesz się podjąć bez narażania się na utratę sił fizycznych i psychicznych. By uniknąć przytłoczenia ilością pracy, wykonuj jedno zadanie na raz.

- Mów „tak". Jeśli współpracownicy oferują ci pomoc, kiedy nie czujesz się zbyt dobrze, nie wahaj się skorzystać z ich uprzejmości (któregoś dnia będziesz mogła się odwdzięczyć). A jeśli sama jesteś szefową i jeszcze się nie nauczyłaś, jak zlecać pracę innym, to teraz jest na to najlepszy czas.

- Naładuj akumulator. Kiedy poczujesz się przytłoczona emocjonalnie (teraz nawet zablokowany zszywacz może cię doprowadzić do łez), pójdź na spacer, do toalety albo odetchnij głęboko kilka razy i oczyść umysł. Możesz też w razie potrzeby pougniatać gumową piłeczkę rozładowującą stres.

- Mów, co cię gryzie. Nie tylko jesteś człowiekiem – jesteś człowiekiem w ciąży. To oznacza, że nie możesz robić wszystkiego i na dodatek dobrze – w szczególności gdy źle się czujesz, a tak się przecież czasem zdarza. Jeśli z trudnością podnosisz głowę z poduszki (albo nie możesz wyjść z łazienki na dłużej niż pięć minut), a na biurku masz stertę spraw do załatwienia lub termin goni termin, nie wpadaj w panikę. Powiedz szefowi, że potrzebujesz pomocy lub więcej czasu. I nie obwiniaj się za to ani nie pozwól, by obwiniał cię ktoś inny. Nie jesteś leniwa ani niekompetentna. Jesteś w ciąży, a to najtrudniejsze i najbardziej odpowiedzialne ze wszystkich zadań.

czy obaw. Powiedz szefowi, że nie tylko jesteś szczęśliwa z powodu ciąży, ale też pewna swoich umiejętności oraz zdecydowana, by z zaangażowaniem łączyć pracę zawodową z życiem rodzinnym.

Bądź elastyczna (ale miej charakter). Opracuj swój plan i bądź otwarta na propozycje. Przygotuj się również na kompromis (uwzględnij w planie miejsce na negocjacje), ale nie ustępuj całkowicie. Przedstaw realne oczekiwania i trzymaj się ich.

Przedstaw wszystko na piśmie. Kiedy już opracujesz wszystkie szczegóły swojego ciążowego trybu postępowania i urlopu macierzyńskiego, potwierdź wszystko na piśmie, by później nie było żadnych pomyłek ani nieporozumień (w rodzaju „Nigdy nie mówiłam, że...").

Doceń potęgę rodzicielstwa. Jeśli twoja firma jest mniej prorodzinna, niżbyś chciała, zastanów się nad połączeniem sił z innymi rodzicami i wystosowaniem petycji w sprawie większych przywilejów dla rodzin. Upewnij się, że takie same zasiłki i prawa będą przysługiwały pracownikom, którzy będą musieli wziąć urlop, by zaopiekować się chorym małżonkiem lub rodzicem, ponieważ wówczas wspólna sprawa będzie was łączyć, a nie dzielić.

Wygoda w pracy

Przyszłej mamie, która boryka się z nudnościami, zmęczeniem, bólem pleców, bólem głowy, obrzękniętymi kostkami i wiecznie pełnym pęcherzem, trudno znaleźć chwilę całkowitego spokoju. A kiedy posadzisz ją przy biurku lub postawisz na spuchniętych nogach, to otrzymasz gotowy przepis na jeszcze większe dolegliwości ciążowe. Aby zapewnić sobie jak największą wygodę w pracy, zastosuj następujące wskazówki:

- Ubieraj się modnie, ale wygodnie. Unikaj obcisłych i ograniczających ruchy ubrań, utrudniających krążenie skarpetek i kolanówek oraz zbyt wysokich i cienkich obcasów (najlepsze są buty na pięciocentymetrowym słupku lub płaskie z wkładką ortopedyczną). Z kolei pończochy lub rajstopy uciskowe przeznaczone dla kobiet w ciąży zapobiegną różnym objawom ciążowym – od obrzęków nóg po żylaki – lub je zminimalizują. To szczególnie ważne dla przyszłych mam, które większość dnia spędzają na stojąco. Gdy będziesz większa i bardziej urośnie ci brzuch, być może stwierdzisz, że najlepszym dodatkiem do stroju służbowego jest pas ciążowy.

- Obserwuj pogodę – tę w sobie. Nieważne, jaki klimat panuje w twoim mieście (lub biurze), ponieważ podczas ciąży prognoza przewiduje ogromne wahania temperatury ciała. W jednej chwili się spocisz, a w następnej będzie ci zimno, więc na pewno polubisz modę na stroje wielowarstwowe, a poza tym twoje uznanie zdobędą ubrania dostosowane do wszelkich możliwych warunków pogodowych. Zamierzasz się opatulić w ciepły golf, by stawić czoło ekstremalnie niskiej temperaturze? Nie rób tego, chyba że pod spód włożysz coś cienkiego, by móc się rozebrać, gdy wewnątrz uderzy fala gorąca wywołana przez hormony. I nawet jeśli zazwyczaj jest ci ciepło i wygodnie w koszulce z krótkim rękawem, do szuflady lub szafki schowaj na wszelki wypadek ciepły sweter. W czasie ciąży temperatura ciała jest bardzo zmienna.

- Daj odpocząć stopom – przynajmniej tak często, jak możesz. Jeśli twoja praca wymaga długiego stania, rób sobie przerwy, by trochę posiedzieć lub pochodzić. Jeśli to możliwe, stojąc, połóż jedną stopę na niskim stołku i zegnij nogę w kolanie – w ten sposób zmniejszysz napięcie pleców. Regularnie zmieniaj stopy i od czasu do czasu nimi poruszaj.

- Unieś stopy. Znajdź pudełko, niski stołek lub inny przedmiot, na którym będziesz

mogła dyskretnie oprzeć stopy pod biurkiem (patrz ilustracja na str. 260).
- Rób sobie przerwy. I to często. Jeśli pracujesz na siedząco, wstań lub się przejdź; jeśli stoisz przez cały dzień, usiądź i ułóż wyżej stopy. Jeśli w firmie jest zapasowa kanapa, a ty masz chwilę przerwy, połóż się na parę minut. Zrób kilka ćwiczeń rozciągających plecy, nogi i szyję. Co najmniej raz na godzinę (a najlepiej dwa) przez 30 sekund wykonuj następujące ćwiczenie rozciągające: wstań, unieś ręce nad głową, spleć palce i ułóż dłonie wewnętrzną stroną do góry, a potem mocno je wyciągnij, jakbyś chciała dosięgnąć sufitu. Później połóż dłonie na biurku lub stole, zrób krok do tyłu i rozciągnij plecy. Następnie usiądź i pokręć stopami w obu kierunkach. Jeśli jesteś w stanie zrobić skłon i dotknąć palców u stóp – nawet w pozycji siedzącej –

wykonaj to ćwiczenie, by zmniejszyć naprężenie ramion i szyi. (Poszukaj również innych ćwiczeń, które można wykonywać przy biurku).
- Wyreguluj krzesło. Bolą cię plecy? Podłóż pod nie poduszkę lędźwiową, by uzyskać dodatkowe wsparcie. Doskwierają ci pośladki? Usiądź na miękkiej poduszce. Dokuczają biodra? Wstań i pochodź trochę przynajmniej raz na godzinę (a najlepiej częściej). Jeśli oparcie krzesła jest pochylone do przodu, przesuń je do tyłu, by uzyskać więcej miejsca między brzuchem a biurkiem. Jeśli potrzebujesz podtrzymania brzucha, wypróbuj pas ciążowy.
- Spędzaj dużo czasu przy automacie z napojami. Nie tylko po to, by wysłuchać najnowszych biurowych plotek, ale przede wszystkim po to, by jak najczęściej napełniać kubek. Możesz też trzymać w biurku bu-

Zespół cieśni nadgarstka

Jeśli spędzasz całe dnie (a może i noce), stukając w klawiaturę, może znasz już objawy zespołu cieśni nadgarstka. Ta dolegliwość – dobrze znana pracownikom biurowym – wywołuje ból, mrowienie i drętwienie dłoni (występujące początkowo tylko w nocy) i najczęściej dotyka osoby, które spędzają dużo czasu, wykonując powtarzalne czynności (piszą na klawiaturze komputera, wystukują numery telefonów, obsługują smartfon). Prawdopodobnie jednak nie wiesz, że zespół cieśni nadgarstka dotyka wiele kobiet w ciąży. Nawet te przyszłe mamy, które prawie nie używają klawiatury komputera, są podatne na tę dolegliwość z powodu nacisku obrzękniętych tkanek w okolicy nadgarstka na nerwy. Na szczęście jest również dobra wiadomość. Otóż zespół cieśni nadgarstka nie jest niebezpieczny, tylko po prostu dokuczliwy, szczególnie w pracy. Co więcej, możesz zastosować kilka metod, które powinny przynieść ulgę obolałym nadgarstkom:

- Ustaw wyżej krzesło stojące przy biurku, by podczas pisania nadgarstki były wyprostowane, a dłonie znajdowały się niżej niż łokcie.
- Wybierz ergonomiczną klawiaturę z podkładką na nadgarstek oraz ergonomiczną myszkę, która również zapewni wygodną pozycję twojemu nadgarstkowi.
- Podczas pisania używaj stabilizatora nadgarstka.
- Gdy pracujesz przy komputerze, rób częste przerwy.
- Jeśli rozmawiasz dużo przez telefon, używaj zestawu głośnomówiącego.
- Wieczorem mocz dłonie w zimnej wodzie, by zmniejszyć ewentualne obrzęki.
- Zapytaj lekarza o inne sposoby walki z bólem w zespole cieśni nadgarstka, do których należą: przyjmowanie witaminy B_6, akupunktura, fizykoterapia lub stosowanie środków przeciwbólowych.

Więcej informacji na str. 299.

telkę z wodą. Jeśli będziesz piła dużo wody, uchronisz się przed wieloma dokuczliwymi objawami ciążowymi, w tym nadmiernymi obrzękami i zapaleniem dróg moczowych.
- Nie wstrzymuj moczu. Regularne opróżnianie pęcherza (w razie potrzeby, ale co najmniej raz na dwie godziny) również pomoże ci uniknąć zapalenia dróg moczowych. Najlepsza strategia: zaplanuj, że będziesz siusiać co godzinę bez względu na to, czy poczujesz potrzebę czy nie. Będziesz się czuła ogólnie lepiej, jeśli nie dopuścisz do silnego parcia na pęcherz.
- Przeznacz trochę czasu dla swojego żołądka. Plan dnia każdej przyszłej mamy obejmuje regularne karmienie dziecka, niezależnie od tego, co znajduje się akurat w jej służbowym terminarzu. A więc ułóż odpowiedni plan, przeznaczając trochę czasu na 3 posiłki i 2 przekąski (lub na 6 mniejszych posiłków) nawet w trakcie najbardziej pracowitego dnia. Być może uda ci się połączyć spotkanie służbowe z posiłkiem. Nie zapominaj także o zapasie zdrowych przekąsek w biurku oraz biurowej lodówce. Odkryj na nowo torebki śniadaniowe lub pakuj jedzenie do wygodnych pojemników – dzięki temu będziesz mogła nakarmić dziecko, nawet gdy będziesz zajęta.
- Kontroluj masę ciała. Zrób wszystko, by stres w pracy – albo nieregularne jedzenie – nie przyczynił się do zbyt małego lub dużego przyrostu masy ciała (osoby, które zajadają stres, zwłaszcza jeśli pracują w pobliżu automatu z przekąskami, często przybierają zbyt wiele kilogramów).
- Spakuj szczoteczkę do zębów. Jeśli cierpisz na poranne nudności, wyszczotkowanie zębów może cię uchronić przed kolejną falą wymiotów, a poza tym odświeży twój oddech, kiedy będziesz tego najbardziej potrzebowała. Przyda się również płyn do płukania jamy ustnej, który pomoże zlikwidować nadmiar śliny (ślinotok i wymioty to częste dolegliwości pierwszego trymestru ciąży, które w pracy mogą wprawiać w szczególne zakłopotanie).
- Uważaj przy dźwiganiu. Jeśli musisz coś podnieść, rób to ostrożnie i unikaj nadwerężania pleców (patrz str. 260).
- Zwracaj uwagę na to, czym oddychasz. Unikaj zadymionych miejsc, również na zewnątrz, tam, gdzie palacze spędzają przerwy. Bierne palenie nie tylko jest szkodliwe dla ciebie i dziecka, ale też potęguje uczucie zmęczenia.
- Odpręż się, mamo. Zbyt wielkie napięcie nie jest dobre ani dla ciebie, ani dla dziecka. Zatem spróbuj wykorzystywać przerwy na pełny relaks: posłuchaj muzyki lub aplikacji z odgłosami natury, zamknij oczy i pomedytuj, zrób kilka odprężających ćwiczeń rozciągających albo pospaceruj pięć minut wokół budynku.
- Słuchaj swojego ciała. Gdy poczujesz się zmęczona, spróbuj zwolnić tempo.

Bezpieczeństwo w pracy

Większość prac można bez problemu pogodzić z trudnym zadaniem, jakim jest ciąża, co zapewne jest dobrą wiadomością dla milionów przyszłych mam, które muszą sobie radzić z pracą na pełen etat w obu „zawodach". Jednak niektóre zajęcia są w oczywisty sposób bezpieczniejsze i lepsze dla kobiet w ciąży niż inne. Większości problemów związanych z pracą można łatwo uniknąć dzięki odpowiednim środkom ostrożności lub zmianie zakresu obowiązków (zapytaj lekarza, czy w twoim przypadku konieczne będą jeszcze inne zalecenia):

Praca w biurze. Każdy, kto pracuje przy biurku, zna ból zesztywniałego karku, pleców czy głowy, a wszystkie te dolegliwości mogą sprawić, że kobieta w ciąży czuje się jeszcze gorzej. Dziecku wprawdzie nie dzieje

> ### Proszę o ciszę!
>
> Około 24 tygodnia ciąży ucho zewnętrzne, środkowe i wewnętrzne twojego dziecka są już bardzo dobrze rozwinięte. Między 27 a 30 tygodniem uszy malucha są już na tyle dojrzałe, by reagować na dźwięki, które przedostają się do macicy. Dźwięki są oczywiście przytłumione – i to nie tylko przez bariery fizyczne, jakimi są płyn owodniowy i twoje ciało. W środowisku wypełnionym płynem błona bębenkowa i ucho środkowe nie mogą wykonywać swojej normalnej pracy i wzmacniać dźwięków. Zatem nawet te odgłosy, które dla ciebie brzmią donośnie, dla dziecka nie są tak głośne.
>
> A ponieważ hałas jest jednym z najbardziej rozpowszechnionych czynników ryzyka zawodowego, a także przyczyną utraty słuchu u osób, które są regularnie na niego narażone, w czasie ciąży powinnaś być szczególnie ostrożna i go unikać. Badania naukowe wykazują, że długotrwały i powtarzalny kontakt z bardzo głośnymi dźwiękami może zwiększać ryzyko częściowej utraty słuchu u dziecka, zwłaszcza w przypadku dźwięków o niskiej częstotliwości. Długotrwałe narażenie na hałas – powiedzmy trwające codziennie przez 8 godzin przebywanie w miejscu, w którym pracują jakieś maszyny, a natężenie dźwięku przekracza 90–100 decybeli (co odpowiada przebywaniu przez osiem godzin w pobliżu głośnej kosiarki lub piły łańcuchowej) – może zwiększyć ryzyko przedwczesnego porodu lub niskiej masy urodzeniowej. Powtarzający się, lecz krótki kontakt z wyjątkowo głośnymi dźwiękami o natężeniu 150–155 decybeli (na przykład przebywanie w pobliżu ryczącego silnika odrzutowego) może wywołać podobne problemy. Ogólnie mówiąc, najbezpieczniej unikać 8-godzinnego przebywania w hałasie powyżej 85–90 decybeli (takie natężenie dźwięku dają przejeżdżające ciężarówki lub kosiarka) lub 2-godzinnego kontaktu ze źródłem dźwięku emitującym 100 decybeli (na przykład z piłą łańcuchową, młotem pneumatycznym lub skuterem śnieżnym).
>
> Potrzebne są jeszcze dalsze badania potwierdzające szkodliwość hałasu, a tymczasem przyszłe mamy, które pracują w głośnym środowisku – na przykład w klubie z głośną muzyką, w metrze czy w fabryce, w której należy stosować ochronę słuchu (a nie da się przecież nałożyć dziecku nauszników ochronnych) – lub są narażone na silne wibracje, powinny wystrzegać się ryzyka i chwilowo poszukać innego stanowiska lub nowej pracy. Unikaj również hałasu w codziennym życiu: nie siadaj w pierwszym rzędzie na przedstawieniu muzycznym, ściszaj radio w samochodzie, a kiedy odkurzasz, wkładaj słuchawki, zamiast nastawiać głośniej muzykę.

się żadna krzywda, ale za to twoje zmęczone ciężarne ciało jest coraz bardziej obolałe. Jeśli spędzasz dużo czasu w pozycji siedzącej, często wstawaj, żeby się przeciągnąć i odejść na chwilę od biurka. Natomiast jeżeli siedzisz na krześle, od czasu do czasu rozciągaj ręce, ramiona i szyję, stopy ułóż dyskretnie na pudełku lub niskim stołku, by zmniejszyć obrzęki, a pod plecy podłóż poduszkę.

A co z bezpieczeństwem pracy przy komputerze? Na szczęście monitor (ani laptop) nie stanowi zagrożenia dla przyszłej mamy. Bardziej niepokojącym objawem wynikającym ze zbyt długiej pracy przy komputerze jest dyskomfort fizyczny obejmujący nadwerężenie nadgarstków i barków oraz zawroty i bóle głowy. By go zminimalizować, dostosuj wysokość krzesła do swoich potrzeb i tak ustaw oparcie, by podpierało dolną część pleców. Ustaw monitor na odpowiedniej wysokości: górna krawędź powinna się znajdować na wysokości twojego wzroku oraz w odległości mniej więcej ręki. Jeśli to możliwe, używaj ergonomicznej klawiatury, która zmniejsza ryzyko zespołu cieśni nadgarstka (patrz ramka na str. 210) i/lub jest wyposażona w podpórkę dla nadgarstka. Pamiętaj, że dłonie w trakcie pisania na klawiaturze powinny się znajdować niżej niż łokcie, a przedramiona być ułożone równoległe do podłogi.

Praca w służbie zdrowia. Dla każdego pracownika służby zdrowia zdrowie jest najważniejsze. A jeszcze ważniejsze staje się wówczas, gdy musisz być zdrowa za dwoje. Zatem chroń siebie i dziecko przed kontaktem z różnymi substancjami chemicznymi (na przykład tlenkiem etylenu i formaldehydem) używanymi do sterylizacji sprzętu, lekami przeciwnowotworowymi, lekami przeciwwirusowymi (na przykład przeciw wirusowemu zapaleniu wątroby typu B lub HIV) oraz promieniowaniem jonizującym. Pamiętaj, że większość pracowników technicznych pracujących przy aparatach rentgenowskich nie jest narażona na promieniowanie ze względu na jego niską dawkę, aczkolwiek kobiety w wieku rozrodczym powinny być wyposażone w specjalny miernik, który będzie rejestrował codzienną dawkę promieniowania, a w rezultacie uchroni je przed przekroczeniem bezpiecznej dawki rocznej (pracownicy służby zdrowia pracujący w warunkach narażenia na promieniowanie są wyposażeni w taki miernik).

W zależności od tego, na jakie ryzyko jesteś narażona, możesz podjąć pewne środki ostrożności zalecane przez amerykański Narodowy Instytut Bezpieczeństwa i Higieny Pracy (National Institute for Occupational Safety and Health Information, NIOSH; patrz ramka na str. 214) (w Polsce przez Państwową Inspekcję Pracy) albo – jeśli masz możliwość – zmienić pracę.

Praca w zakładzie przemysłowym. Jeśli pracujesz w fabryce i obsługujesz ciężkie i niebezpieczne maszyny, porozmawiaj z szefem, by – jeśli to możliwe – na czas ciąży zmienił ci zakres obowiązków. Możesz się również skontaktować z producentem maszyny, by przekazał ci informacje dotyczące bezpieczeństwa jej eksploatacji. Twoje bezpieczeństwo w zakładzie zależy od charakteru jego produkcji oraz w pewnej mierze od odpowiedzialności i wrażliwości ludzi, którzy w nim pracują. Amerykańska Agencja Bezpieczeństwa i Zdrowia w Pracy (Occupational Safety and Health Administration, OSHA) sporządziła listę substancji, których powinny unikać kobiety w ciąży. W zakładach, w których funkcjonują zasady bezpieczeństwa i higieny pracy, nie powinnaś być narażona na kontakt z toksynami. Zwróć się do związku zawodowego (lub innej organizacji zakładowej) i poproś, by pomógł ci ocenić, czy jesteś odpowiednio chroniona. Możesz się również zwrócić do wymienionych wcześniej instytucji zajmujących się bezpieczeństwem i higieną pracy.

Praca fizyczna. Praca związana z podnoszeniem ciężkich przedmiotów, wielogodzinnym wysiłkiem fizycznym, systemem zmianowym lub długim staniem może narazić przyszłą mamę na poród przedwczesny. Jeśli masz właśnie taką pracę, między 20 a 28 tygodniem ciąży powinnaś poprosić, by przeniesiono cię do mniej wyczerpującej pracy, gdzie będziesz mogła pozostać aż do porodu. (Na str. 214 znajdziesz zalecenia określające, jak długo możesz bezpiecznie wykonywać podczas ciąży ciężką pracę fizyczną).

Praca stresująca psychicznie. Silny stres związany z niektórymi zawodami ma negatywny wpływ na wszystkich pracowników, a szczególnie na kobiety w ciąży. A więc jeśli to tylko możliwe, warto go ograniczyć, zwłaszcza w odmiennym stanie. Oczywistym (choć nie zawsze możliwym) krokiem jest w takiej sytuacji zmiana pracy na mniej stresującą lub przejście na wcześniejszy urlop macierzyński. Jednak jeśli praca jest dla ciebie ważna z powodów finansowych lub zawodowych, zrezygnowanie z niej prawdopodobnie naraziłoby cię na jeszcze większy stres.

Jeśli tak jest, zastanów się, co pomoże ci zmniejszyć stres. Spróbuj medytować, oddychaj głęboko, regularnie ćwicz (to powoduje wydzielanie endorfin) oraz rób przerwy w pracy. Jeśli masz własną firmę, pozbycie się stresu może być jeszcze trudniejsze (prawdopodobnie jesteś dla siebie najbardziej wymagającym szefem), ale warto się nad tym zastanowić.

Inna praca. Nauczycielki i pracownice socjalne mające kontakt z małymi dziećmi mogą być narażone na choroby takie jak ospa wietrzna, rumień zakaźny lub cytomegalia, które mogą mieć potencjalny wpływ na ciążę. Kobiety opiekujące się zwierzętami, pracujące przy mięsie lub wędlinach czy też jako kontrolerki jakości mięsa mogą być narażone na toksoplazmozę (jeśli wcześniej zdążyły się na nią uodpornić, ich dzieci nie będą zagrożone). Jeżeli jesteś narażona na kontakt z czynnikiem zakaźnym w miejscu pracy, nie zapomnij o odpowiednich szczepieniach i niezbędnych środkach ostrożności: często i dokładnie myj ręce, zakładaj rękawice ochronne, maskę i tak dalej. Z kolei praca stewardesy i pilotki wiąże się z niewielkim ryzykiem poronienia lub porodu przedwczesnego (badania przeprowadzone na ten temat nie przyniosły jednak rozstrzygnięcia) z powodu promieniowania słonecznego podczas lotów na dużych wysokościach, zatem powinny rozważyć pracę w obsłudze naziemnej lotniska lub na krótszych trasach (takie loty zazwyczaj odbywają się na niższych wysokościach).

Artystki, fotografki, fryzjerki, kosmetyczki, kobiety pracujące w pralniach, w przemyśle skórzanym, rolnictwie, ogrodnictwie, a także w innych gałęziach przemysłu mogą być również narażone w pracy na działanie rozmaitych substancji chemicznych, zatem noś rękawice i odzież ochronną. Jeśli pracujesz z jakimiś podejrzanymi substancjami, podejmij odpowiednie środki ostrożności, co w pewnych przypadkach może oznaczać również unikanie tej części obowiązków służbowych, która wymaga stosowania niebezpiecznych chemikaliów.

> **Wszystkie fakty na temat BHP**
>
> Masz prawo wiedzieć, z jakimi substancjami chemicznymi stykasz się w swojej pracy – twój pracodawca jest zobowiązany cię o tym zawiadomić. Amerykańska Agencja Bezpieczeństwa i Zdrowia w Pracy to instytucja, która nadzoruje respektowanie tego prawa. Zatem jeśli chcesz zdobyć więcej informacji na temat przysługujących ci praw, zajrzyj na stronę internetową www.osha.gov (www.pip.gov.pl). Kolejnym źródłem informacji na temat zagrożeń w miejscu pracy jest Narodowy Instytut Bezpieczeństwa i Higieny Pracy oraz Centrum Informacji o Bezpieczeństwie i Higienie Pracy (Clearinghouse for Occupational Safety and Health Information, COSHI) – strona internetowa www.gov.niosh/topics/repro.
>
> Jeżeli w pracy jesteś narażona na jakiekolwiek ryzyko, poproś o tymczasowe przeniesienie na bezpieczniejsze stanowisko lub – jeśli pozwalają ci na to finanse oraz polityka firmy – rozpocznij wcześniej urlop macierzyński.
>
> W Polsce organem kontrolującym przestrzegania przepisów prawa pracy, w tym przepisów bezpieczeństwa i higieny pracy, jest Państwowa Inspekcja Pracy, do której możesz się zwrócić w razie jakichkolwiek pytań lub wątpliwości (strona internetowa www.pip.gov.pl).

Pozostanie w pracy

Planujesz pracować aż do pierwszych skurczów? Wiele kobiet z powodzeniem łączy pracę z ciążą, nie narażając na szwank żadnej ze swoich życiowych ról. Jednak niektóre zawody są bardziej odpowiednie dla przyszłych mam niż inne. Przypuszczalnie zatem decyzja o kontynuowaniu pracy aż do porodu będzie zależała od rodzaju zajęcia, jakie wykonujesz. Jeśli pracujesz przy biurku, niewykluczone, że będziesz mogła zaplanować podróż na oddział położniczy prosto z biura. Praca biurowa nie jest szczególnie stresująca i prawdopodobnie będzie mniejszym źródłem napięć niż siedzenie w domu. A odrobina spaceru – godzina czy dwie w czasie pracy lub po – nie tylko nie jest szkodliwa, ale wręcz pożyteczna (pod warunkiem że nie dźwigasz ciężkich przedmiotów).

Natomiast wyczerpująca praca fizyczna lub taka, która się wiąże z ogromnym stresem i/lub długotrwałym staniem, to już zupełnie inna i do tego kontrowersyjna sprawa. Niektóre badania wykazują, że kobiety, które 65 godzin tygodniowo spędzają na stojąco, nie mają więcej powikłań ciążowych niż te, które pracują krócej lub mają mniej stresującą pracę. Z kolei inne badania sugerują, że bardzo męczące albo stresujące zajęcia lub praca wymagająca długiego stania po 28 tygodniu ciąży mogą zwiększyć ryzyko pewnych powikłań, w tym porodu przedwczesnego, podwyższonego ciśnienia krwi oraz niskiej masy urodzeniowej dziecka (dotyczy to szczególnie przyszłych mam, które mają już inne dzieci i muszą się nimi opiekować).

Czy kobiety, których praca wymaga długotrwałego stania, powinny pracować po 28 tygodniu ciąży? Większość lekarzy na to zezwala, jeśli przyszła mama się dobrze czuje, a ciąża przebiega prawidłowo. Jednak wykonywanie takiej pracy aż do porodu nie jest najlepszym pomysłem, nie tyle z powodu teoretycznego zagrożenia dla ciąży, ile realnego ryzyka, że dolegliwości ciążowe – w tym bóle pleców, żylaki kończyn dolnych i hemoroidy (żylaki odbytu) – jeszcze się pogłębią.

Powinnaś również rozważyć wcześniejszy urlop macierzyński – rzecz jasna jeżeli to możliwe – jeśli pracujesz w systemie zmianowym (co może zaburzać apetyt i sen oraz potęgować uczucie zmęczenia), praca nasila jakiekolwiek objawy ciążowe, takie jak bóle głowy, pleców czy zmęczenie, lub gdy zwiększa ryzyko upadków albo innych urazów. Oczywiście zawsze kieruj się regułą, która głosi, że każda kobieta jest inna, podobnie jak każda ciąża i każda praca. Zatem wspólnie z lekarzem podejmij decyzję, która będzie najbardziej właściwa w twojej sytuacji zawodowej.

Zmiana pracy

W twoim życiu zachodzą już wielkie zmiany (rośnie ci brzuch, a wraz z nim przybywa obowiązków), więc wprowadzanie kolejnej wydaje się sprzeczne z intuicją. Istnieje jednak wiele ważnych przyczyn, które mogą zmusić przyszłą mamę do rozważenia zmiany pracy. Może twój pracodawca nie ma nastawienia prorodzinnego, więc martwisz się, jak pogodzisz karierę zawodową z rolą mamy, gdy już wrócisz z urlopu macierzyńskiego. Może musisz daleko dojeżdżać, a godziny pracy nie są elastyczne, lub praca pochłania cały twój czas. A może jesteś już nią znudzona albo czujesz się niespełniona (hej, skoro zmiana i tak wisi w powietrzu, czemu nie wprowadzić jej już teraz?). Albo martwisz się, że obecna praca jest zbyt niebezpieczna dla ciebie i rozwijającego się dziecka. Bez względu na powody, które tobą kierują, zanim postanowisz zmienić pracę, weź pod uwagę następujące kwestie:

- Szukanie pracy wymaga czasu, energii i koncentracji – a tych może ci teraz brakować, ponieważ skupiasz się głównie na ciąży. Czy będziesz gotowa na te wszystkie rozmowy kwalifikacyjne (zwłaszcza jeśli poranne nudności zmuszą cię do częstego biegania do najbliższej toalety albo gdy przez ciążowe roztargnienie brakuje ci właściwych słów)? Nawet jeżeli jesteś przekonana, że poradzisz sobie z procesem rekrutacji, weź pod uwagę, że nowa praca wymaga ogromnej koncentracji (wszystkie oczy będą zwrócone na ciebie, więc będziesz musiała być szczególnie uważna, by nie popełnić błędu).

> ### Niesprawiedliwe traktowanie w pracy
>
> Uważasz, że jesteś niesprawiedliwie traktowana z powodu ciąży? A więc nie siedź i nie narzekaj, tylko zrób coś. Opowiedz jakiejś zaufanej osobie – na przykład przełożonemu albo pracownikowi działu kadr – jak się czujesz. Jeśli to nie rozwiąże problemu, sprawdź, czy istnieje jakaś procedura postępowania w przypadku dyskryminacji z powodu ciąży (jeżeli istnieje, znajdziesz ją prawdopodobnie w regulaminie pracy). Jeśli i to nie zadziała, skontaktuj się z Komisją Równości Zatrudnienia (U.S. Equal Employment Opportunity Commission, strona internetowa www.eeoc.gov) i poszukaj najbliższego biura. Jego pracownicy pomogą ci ustalić, czy twoja skarga jest zasadna. W Polsce można się zgłosić w tej sprawie do zakładowej organizacji związkowej, Państwowej Inspekcji Pracy, Rzecznika Praw Obywatelskich (www.rpo.gov.pl) lub Krajowego Stowarzyszenia Antymobbingowego (www.mobbing.most.org.pl).
>
> Pamiętaj, by dokumentować wszystko, co może potwierdzić twoje roszczenia (kopie e-maili, listy, wykaz zdarzeń). To wszystko również ci się przyda, gdy będziesz musiała się skontaktować z adwokatem.

- Zanim odejdziesz do konkurencyjnej firmy, zyskaj pewność, że praca, której szukasz, jest dokładnie taka, jak myślisz (a przynajmniej jak ci się wydaje). Czy firma, która tak cię oczarowała, ponieważ oferuje dwa razy więcej urlopu, nie pobiera przypadkiem podwójnej składki na ubezpieczenie zdrowotne? Czy pozwala pracować w domu, ale za to wymaga, żeby pracownicy byli pod telefonem rano, w południe i wieczorem? Czy oferuje większe wynagrodzenie, ale za to obciąży cię większą liczbą podróży służbowych? Pamiętaj, że to, co wygląda na fantastyczną okazję, może się okazać mniej wspaniałe, gdy będziesz musiała godzić pracę z opieką nad dzieckiem (twoje życie rodzinne będzie bardziej skomplikowane, więc być może nie będziesz chciała, by zawodowe również się skomplikowało). Weź także pod uwagę, że wiele firm często oferuje mniej dni płatnego zwolnienia lekarskiego lub płaci niższą stawkę wynagrodzenia za urlop, jeśli jesteś zatrudniona krócej niż rok.

- Zgodnie z prawem twój potencjalny pracodawca nie ma prawa cię zapytać, czy jesteś w ciąży (jeśli to jeszcze nie jest widoczne), i nie może z tego powodu odmówić ci zatrudnienia, chociaż taki rodzaj dyskryminacji jest trudny do udowodnienia. Weź również pod uwagę fakt, że niektóre firmy mogą mieć spore trudności z uzasadnieniem (takim, na jakie pozwala prawo), dlaczego cię zatrudniły, wyszkoliły, a następnie pozwoliły od razu pójść na urlop macierzyński. Poza tym nie wszystkim spodoba się strategia oparta na oszustwie (przyjęłaś ofertę, by za chwilę poinformować, że wybierasz się na urlop macierzyński). A zatem ukrywanie ciąży podczas rozmowy kwalifikacyjnej na krótką metę prawdopodobnie jest sprytne, jednak w rezultacie może zepsuć twoje stosunki z pracodawcą. Z drugiej strony, jeśli wiesz, że firma chce cię zatrudnić, czasami lepiej najpierw zapewnić sobie posadę, a dopiero później (ale jeszcze przed podpisaniem umowy) porozmawiać o przyszłości.

- A co zrobić, gdy zaczęłaś nową pracę, zanim się dowiedziałaś, że jesteś w ciąży? Przedstaw sytuację, niczego nie ukrywając, a potem staraj się jak najlepiej wykonywać swoje obowiązki. Poznaj swoje prawa związane z bezpieczeństwem pracy, na wypadek gdyby sytuacja przybrała niekorzystny obrót.

ROZDZIAŁ 8

Czwarty miesiąc

W przybliżeniu od 14 do 17 tygodnia

Wreszcie nadszedł drugi trymestr, dla większości przyszłych mam najprzyjemniejszy ze wszystkich. To doniosły moment w przebiegu ciąży (jeden trymestr już za tobą, a przed tobą jeszcze dwa!), który często przynosi upragnione zmiany. To oznacza, że niektóre z najbardziej dokuczliwych objawów wczesnej ciąży prawdopodobnie się zmniejszą lub nawet całkiem znikną. Być może osłabną nieco poranne nudności i dzięki temu po raz pierwszy od dłuższego czasu jedzenie zacznie ci smakować i pachnieć. Powinnaś też poczuć przypływ energii (i dzięki temu mieć siłę, by wreszcie podnieść się z sofy) i przestać tak często biegać do toalety. I chociaż twoje piersi nadal będą duże, to prawdopodobnie nie będą już tak wrażliwe. Kolejna zmiana na lepsze: pod koniec tego miesiąca wypukłość w dole brzucha nie będzie już wyglądała jak skutek zbyt obfitego obiadu, lecz jak prawdziwy ciążowy brzuszek.

Twoje dziecko w tym miesiącu

Tydzień 14. Począwszy od drugiego trymestru, płody (podobnie jak dzieci, którymi się w końcu staną) rosną w różnym tempie, niektóre szybciej, inne wolniej. Pomimo różnic w tempie wzrostu wszystkie maluchy podążają w macicy tą samą ścieżką rozwoju. W tym tygodniu ścieżka prowadzi twoje dziecko – które teraz jest wielkości zaciśniętej pięści – ku bardziej wyprostowanej pozycji, jego szyja się wydłuża, głowa unosi, a na jej czubku mogą już wyrastać pierwsze włoski.

Pojawiają się również brwi oraz owłosienie ciała, czyli meszek płodowy zwany lanugo. Nie martw się jednak, bo to tylko chwilowe. Te delikatne włoski, które teraz ogrzewają dziecko niczym puszysty kocyk, w późniejszym okresie ciąży, kiedy pod skó-

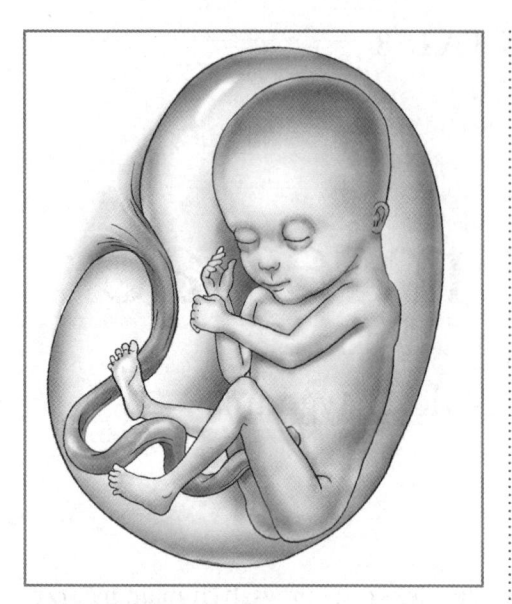

Twoje dziecko w 4 miesiącu

rą zacznie się gromadzić tłuszcz, niemal całkowicie znikną. Jednak niektóre noworodki, zwłaszcza te urodzone przed terminem, nadal mogą mieć meszek płodowy.

Tydzień 15. Dziecko ma teraz około 10 centymetrów, waży mniej więcej 70 gramów, jest wielkości pomarańczy i wygląda coraz bardziej jak dziecko z twoich marzeń: jego (lub jej) uszka umiejscowiły się już jak należy po bokach głowy (wcześniej były na szyi), a oczy przesunęły się z boków głowy na twarz. W tej chwili dziecko ma już taką koordynację, siłę oraz inteligencję, że może poruszać paluszkami u rąk i nóg, a nawet ssać kciuk. Ale to nie wszystko. Wykonuje też ruchy oddechowe klatką piersiową, ssie i połyka płyn owodniowy – to wszystko przygotowania do wielkiego debiutu i życia poza twoim łonem. I chociaż w tym tygodniu prawdopodobnie nadal nie będziesz w stanie wyczuć żadnych ruchów maleństwa, to ono na pewno już ćwiczy – kopie, macha rączkami i zgina je.

Tydzień 16. Dziecko waży już 85–140 gramów, ma (od czubka głowy do pośladków)

10–13 centymetrów długości i bardzo szybko rośnie. Jego mięśnie są coraz silniejsze (za kilka tygodni poczujesz pierwsze ruchy), zwłaszcza mięśnie pleców, dzięki którym może się już trochę wyprostować. Coraz bardziej przypomina dziecko – ma buzię z oczkami (w oprawie brwi i rzęs) oraz uszka na właściwym miejscu. Co więcej, te oczka zaczęły już działać! Tak, to prawda: gałki oczne wykonują niewielkie ruchy i mogą nawet dostrzegać odrobinę światła, chociaż powieki są jeszcze zamknięte. Maleństwo jest również bardziej wrażliwe na dotyk. Kiedy delikatnie się poklepiesz po brzuchu, zacznie się wiercić, ale jest jeszcze zbyt wcześnie, abyś mogła to poczuć.

Tydzień 17. Popatrz na swoją dłoń. Twoje dziecko jest teraz właśnie tej wielkości: mierzone od głowy do pośladków ma około 13 centymetrów długości i waży 140 gramów (lub więcej). Zaczyna się formować tkanka tłuszczowa (dziecka rzecz jasna, chociaż twoja pewnie też gromadzi się dość szybko), ale maleństwo jest jeszcze dość chude i ma praktycznie przezroczystą skórę. W tym tygodniu dziecko koncentruje się głównie na ćwiczeniach, przygotowując się do porodu. Ćwiczy przede wszystkim dwie bardzo ważne umiejętności, a mianowicie ssanie i połykanie, by przygotować się na pierwszy (a potem drugi i trzeci) łyk wyssany z piersi lub butelki. Tempo bicia serca jest regulowane przez mózg (nie jest już spontaniczne) i wynosi 140–150 uderzeń na minutę (czyli jest mniej więcej dwa razy szybsze od bicia twojego serca).

Jeszcze więcej o rozwoju dziecka

Dzięki aplikacji What to Expect będziesz mogła zobaczyć tydzień po tygodniu, jak wspaniale rozwija się twoje dziecko.

Co możesz odczuwać

Oto objawy, których możesz się spodziewać w tym miesiącu (równie dobrze możesz ich nie odczuwać, ponieważ każda ciąża jest inna). Niektóre z nich mogą się utrzymywać od ubiegłego miesiąca, inne będą zupełnie nowe. Na początku drugiego trymestru pewne objawy mogą się stopniowo zmniejszać, podczas gdy inne będą się nasilać.

OBJAWY FIZYCZNE

- zmęczenie;
- mniejsza częstotliwość oddawania moczu;
- ustąpienie nudności i wymiotów lub znaczne ich złagodzenie (niewielka część kobiet może nadal cierpieć na poranne nudności, a u nielicznych dolegliwości dopiero się zaczną);
- zaparcia;
- zgaga, niestrawność, wzdęcia;
- powiększenie piersi, ale zazwyczaj mniejsza wrażliwość i bolesność;
- sporadyczne bóle głowy;
- sporadyczne zawroty głowy, szczególnie podczas nagłej zmiany pozycji ciała;
- zapchany nos i sporadyczne krwawienia z jamy nosowej; zatkane uszy;
- nadwrażliwość dziąseł, które mogą krwawić podczas mycia zębów;
- zwiększony apetyt;
- niewielkie obrzęki kostek i stóp, sporadyczne obrzęki rąk i twarzy;
- żylaki kończyn dolnych i/lub odbytu;
- odrobinę obfitsza wydzielina z pochwy;
- ruchy płodu pod koniec miesiąca (aczkolwiek zazwyczaj nie są wyczuwalne tak wcześnie, chyba że nie jest to pierwsza ciąża).

Twoje ciało w tym miesiącu

Twoja macica, która teraz jest wielkości małego melona, urosła już na tyle, by wystawać ponad spojenie łonowe. Pod koniec tego miesiąca będziesz mogła ją wyczuć około 5 centymetrów poniżej pępka (jeśli nie wiesz, jak ją wyczuć, podczas następnej wizyty kontrolnej poproś lekarza o kilka wskazówek). Prawdopodobnie już zaczęłaś wyrastać ze swoich ubrań, aczkolwiek niektóre mamy nie muszą nosić strojów ciążowych aż do 5 miesiąca, a nawet później; to również jest zupełnie normalne.

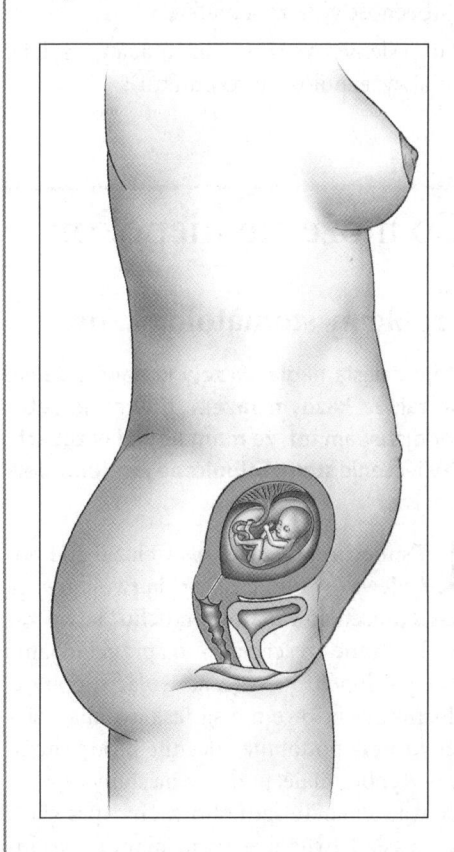

ODCZUCIA PSYCHICZNE
- wahania nastroju obejmujące rozdrażnienie, nieracjonalność, niewytłumaczalną płaczliwość;
- ekscytacja i/lub lęk, ponieważ w końcu zaczęłaś się czuć i wyglądać jak kobieta w ciąży;
- frustracja z powodu ubrań – już nie mieścisz się w „normalne", a ciążowe jeszcze są za duże;
- poczucie, że dzieje się z tobą coś dziwnego – jesteś roztargniona, zapominalska, wszystko ci leci z rąk i masz trudności z koncentracją.

Czego możesz oczekiwać podczas badania lekarskiego

W tym miesiącu wizyta kontrolna może obejmować (w zależności od twoich potrzeb i stylu pracy lekarza) następujące badania:
- pomiar masy ciała i ciśnienia tętniczego;
- ogólne badanie moczu, by wykluczyć obecność glukozy i białka;
- określenie wysokości dna macicy (czyli jej najwyżej położonego punktu);
- określenie czynności serca płodu;
- określenie wielkości macicy na podstawie badania palpacyjnego (lekarz będzie uciskał twój brzuch palcami);
- kontrolę rąk i stóp pod kątem obrzęków oraz nóg pod kątem żylaków.

Lekarz spyta też o objawy ciążowe, zwłaszcza te nietypowe, i odpowie na pytania, a więc przygotuj sobie listę.

Co może cię niepokoić

Problemy stomatologiczne

Moje dziąsła nagle zaczęły krwawić. Dzieje się tak za każdym razem, gdy myję zęby. Podejrzewam też, że mam ubytki w zębach. Czy leczenie stomatologiczne jest teraz bezpieczne?

Uśmiechnij się – jesteś w ciąży! Ale ponieważ w tym czasie cała twoja uwaga jest skoncentrowana na brzuchu, łatwo zaniedbać inne części ciała – na przykład jamę ustną – dopóki nie zaczną wołać o pomoc. Hormony ciążowe nie są łaskawe dla dziąseł, które – podobnie jak inne błony śluzowe – są obrzmiałe, podatne na stany zapalne i krwawienia. Te same hormony sprawiają, że dziąsła łatwiej ulegają działaniu szkodliwych bakterii i szybciej pokrywają się płytką nazębną, co w przypadku niektórych mam prowadzi do zapalenia dziąseł i próchnicy.

Jeżeli chcesz mieć piękny uśmiech podczas ciąży, przestrzegaj następujących wskazówek:
- Czyść zęby nitką dentystyczną i regularnie szczotkuj je szczoteczką z miękkiego włosia oraz pastą z fluorem chroniącą przed próchnicą. Nie szczotkuj zębów zbyt mocno, gdyż możesz uszkodzić wrażliwe dziąsła, wywołać ich krwawienie, a nawet recesję (czyli obniżenie linii dziąseł i odsłonięcie szyjek zębów). Czyszczenie języka (specjalną szczoteczką lub skrobakiem do języka) również pomaga zwalczać bakterie i utrzymać świeży oddech.

Prześwietlenie w czasie ciąży?

Zdjęcia rentgenowskie (oraz inne rutynowe prześwietlenia lub tomografia komputerowa) ze względów bezpieczeństwa powinny być raczej wykonywane dopiero po porodzie. Ale jeśli odkładanie prześwietlenia na później nie jest najlepszym rozwiązaniem (ryzyko z nim związane jest mniejsze niż brak diagnozy, którą można postawić na jego podstawie), większość lekarzy zezwala na jego wykonanie. Ryzyko związane z prześwietleniem podczas ciąży jest naprawdę niewielkie i można je jeszcze bardziej zminimalizować. Rentgen stomatologiczny jest ograniczony oczywiście tylko do zębów, zatem promienie działają z dala od macicy. Co więcej, typowe prześwietlenie rentgenowskie wykonywane w celach diagnostycznych rzadko jest źródłem większej dawki promieniowania niż ta, jaką pochłaniasz, przebywając na plaży przez kilka słonecznych dni. Szkodliwe dla płodu mogłyby być wyłącznie wysokie dawki, na które prawdopodobnie nigdy nie będziesz narażona. Jeśli jednak się okaże, że w trakcie ciąży musisz zostać poddana prześwietleniu, pamiętaj o następujących środkach ostrożności:

- Zawsze informuj lekarza lub stomatologa, który kieruje cię na prześwietlenie, a także technika, które je wykonuje, że jesteś w ciąży, nawet gdy jesteś pewna, że o tym wiedzą, albo gdy podałaś tę informację w formularzu zgłoszeniowym.
- Przeprowadzaj prześwietlenie w licencjonowanym ośrodku, w którym pracują wykwalifikowani technicy.
- Aparat rentgenowski powinien być tak ustawiony, by na promieniowanie była wystawiona jak najmniejsza powierzchnia ciała. Macicę należy okryć specjalnym ołowianym fartuchem, a szyję tarczycowym kołnierzem ochronnym.

Co najważniejsze, jeśli zostałaś prześwietlona, zanim się dowiedziałaś, że jesteś w ciąży, nie masz powodów do zmartwienia, bo ryzyko z nim związane jest naprawdę niewielkie.

- Poproś dentystę, by polecił ci płyn do płukania ust, który redukuje płytkę nazębną i usuwa bakterie, chroniąc jednocześnie dziąsła i zęby.
- Gdy nie możesz umyć zębów po jedzeniu, żuj gumę bez cukru. Dzięki temu zwiększy się ilość śliny, która przepłucze zęby, a jeśli guma jest słodzona ksylitolem, dodatkowo zabezpieczy je przed próchnicą. Możesz również zjeść kawałek twardego żółtego sera – obniży to kwaśny odczyn w ustach, a kwas jest jedną z przyczyn próchnicy zębów.
- Zwracaj uwagę na to, co jesz, zwłaszcza między posiłkami. Odłóż na później słodycze (zwłaszcza cukierki typu ciągutki, a nawet suszone owoce lub bakalie), jeśli po ich zjedzeniu nie możesz umyć zębów. Zjadaj za to owoce i warzywa bogate w witaminę C, które wzmacniają dziąsła i zapobiegają krwawieniu. Zapewnij sobie również dzienną dawkę wapnia, który jest potrzebny przez całe życie, by zęby były silne i zdrowe; poza tym wapń wpłynie korzystnie na ząbki rozwijającego się płodu.
- Idź do dentysty. Nawet jeśli nie masz żadnych zauważalnych dolegliwości stomatologicznych, umów się z dentystą na wizytę kontrolną i usunięcie płytki nazębnej przynajmniej raz w czasie ciąży – lepiej wcześniej niż później. Dzięki czyszczeniu stomatolog usunie płytkę nazębną, która nie tylko zwiększa ryzyko próchnicy, ale też jeszcze bardziej naraża dziąsła na stany zapalne. Jeśli w przeszłości miałaś problemy z dziąsłami, być może będziesz mu-

> **Kłopoty z dziąsłami**
>
> Oprócz zapalenia i nadwrażliwości w czasie ciąży bardzo popularną dolegliwością są afty, a także różnego rodzaju „wybrzuszenia" – i to dosłownie. Jeśli więc zauważysz na dziąśle guzek, który krwawi w trakcie mycia zębów, pokaż go dentyście. To prawdopodobnie nadziąślak ziarninowy (czyli łagodna zmiana naczyniowa wywołana zaburzeniami hormonalnymi, zwana niekiedy guzem ciążowym; jest to dolegliwość całkowicie nieszkodliwa, choć czasem może sprawiać dyskomfort). Takie zmiany ciążowe najczęściej znikają samoistnie, ale gdyby stały się szczególnie dokuczliwe, mogą zostać usunięte przez stomatologa.

siała skorzystać z pomocy periodontologa, czyli specjalisty od chorób przyzębia i błony śluzowej jamy ustnej. Unikaj natomiast lakowania lub innych zabiegów z zakresu stomatologii estetycznej (na przykład wybielania; patrz str. 159) i przeprowadź je dopiero po porodzie (aczkolwiek fluoryzacja w ciąży jest bezpieczna, gdyż fluor działa tylko zewnętrznie i miejscowo). Zastanawiasz się, czy prześwietlenie promieniami Roentgena jest bezpieczne? Przeczytaj informacje zamieszczone w ramce na str. 221.

- Nie ukrywaj ciąży. Przed dentystą rzecz jasna. Nawet jeśli jeszcze nie przekazałaś wszystkim tej nowiny, twój dentysta i jego asystentka powinni wiedzieć o ciąży, zanim poinformujesz resztę świata. Nie tylko w tym celu, by podjąć specjalne środki ostrożności w związku z ewentualnym prześwietleniem bądź leczeniem, ale dlatego, że twoje dziąsła wymagają w tym czasie szczególnego traktowania. I jeszcze jedno: ciąża może nasilić odruch wymiotny.

Wizyta u stomatologa lub periodontologa jest szczególnie ważna w sytuacji, gdy podejrzewasz ubytek lub inny problem związany z zębami bądź dziąsłami. Nieleczone zapalenie dziąseł może się rozwinąć w zapalenie przyzębia (parodontozę), o wiele poważniejszą chorobę dziąseł związaną z różnymi powikłaniami ciążowymi, takimi jak np. stan przedrzucawkowy. Z kolei nieleczona próchnica lub inne choroby zębów mogą się stać źródłem zakażenia (a każde zakażenie jest niebezpieczne dla ciebie i dziecka).

A jeśli się okaże, że w trakcie ciąży powinnaś przejść jakiś poważny zabieg dentystyczny? Na szczęście większość zabiegów przeprowadza się w znieczuleniu miejscowym, które jest całkowicie bezpieczne. Niewielka dawka podtlenku azotu (czyli gazu rozweselającego) również jest bezpieczna po pierwszym trymestrze ciąży, choć większych dawek tego środka znieczulającego raczej nie powinno się stosować. W niektórych przypadkach konieczny będzie antybiotyk przed zabiegiem lub po nim, zatem skonsultuj się ze swoim lekarzem.

Zadyszka

Czasami brakuje mi tchu. Czy to normalne?

Odetchnij głęboko (jeśli możesz) i się odpręż. Niewielka zadyszka jest czymś zupełnie naturalnym i skarży się na nią wiele przyszłych mam rozpoczynających drugi trymestr ciąży. Możesz za nią winić hormony ciążowe (cóż by innego?), które mogą skutecznie pozbawić oddechu. Dlaczego? Otóż hormony ciążowe stymulują ośrodek oddechowy, by zwiększył częstotliwość i głębokość oddechów, a to z kolei pozbawia cię tchu nawet po tak mało wyczerpującym wysiłku fizycznym, jak wyprawa do toalety. Hormony powodują też rozluźnienie mięśniówki naczyń włosowatych w całym ciele, a więc również tych znajdujących się w układzie oddechowym, oraz rozluźniają mięśnie oddechowe i mięśnie gładkie oskrzeli, a to utrudnia nabranie powietrza. W miarę rozwoju ciąży dodatkową przeszkodą w oddychaniu będzie powiększająca się macica, ponieważ podpierając przeponę, zostawi płucom mniej miejsca, przez co nie będą się mogły w pełni rozprężyć (to kolejna rzecz, której możesz się niedługo spodziewać!).

Chociaż ta łagodna duszność może trochę pogorszyć twoje samopoczucie, to na szczęście jest zupełnie nieszkodliwa dla dziecka, które jeszcze nie oddycha, ale otrzymuje tlen dzięki łożysku (zatem nie musisz się o nie martwić). Jeśli masz utrzymującą się zadyszkę, powiedz o tym lekarzowi, który zapewne zleci badanie stężenia żelaza (patrz str. 259). A jeśli masz poważne trudności z oddychaniem, sine wargi lub koniuszki palców, natychmiast skontaktuj się z lekarzem.

Zapchany nos i krwawienia z nosa

Mam bardzo zapchany nos, który czasem znienacka zaczyna krwawić. Czy jest to związane z ciążą?

W czasie ciąży brzuch nie jest jedyną częścią ciała, która zaczyna puchnąć. Dzięki wysokiemu stężeniu estrogenów i progesteronu krążących w twoim organizmie oraz związanemu z tym zwiększonemu przepływowi krwi błona śluzowa nosa staje się obrzęknięta i zmiękczona (podobnie jak szyjka macicy przygotowująca się do porodu). Błona śluzowa produkuje również więcej śluzu, który chroni przed drobnoustrojami chorobotwórczymi. Rezultat oczywiście nie jest zbyt elegancki – o czym twój nos już zapewne wie – ponieważ dochodzi do zapchania, przekrwienia, a nawet krwawienia. Co gorsza, w miarę rozwoju ciąży niedrożność nosa może się nasilać. Wydzielina z nosa może w nocy spływać do gardła i stać się przyczyną kaszlu lub wymiotów (jakbyś miała mało innych powodów, przez które nie możesz spać, albo nie dość wymiotów w ciągu dnia).

Możesz bez obaw wypróbować krople do nosa lub roztwór soli fizjologicznej albo spać ze specjalnymi paskami na nos ułatwiającymi oddychanie (na przykład Breathe Right). Pomoże również nawilżacz powietrza rozsiewający zimną mgiełkę – wilgotne powietrze złagodzi niedrożność nosa. Lekarstwa czy spraye antyhistaminowe w trakcie ciąży zazwyczaj nie są przepisywane, ale zapytaj swojego ginekologa, co mógłby ci polecić (niektórzy lekarze zgadzają się na stosowanie środków udrażniających górne drogi oddechowe lub steroidowych kropli do nosa w sprayu po pierwszym trymestrze ciąży; patrz str. 566).

Przyjmowanie dodatkowych 250 mg witaminy C (pod warunkiem że lekarz wyrazi na to zgodę) oraz spożywanie owoców i warzyw bogatych w tę witaminę pomoże wzmocnić naczynia włosowate i zmniejszyć ryzyko krwawienia. Niekiedy krwotok jest wynikiem silnego wydmuchiwania nosa, zatem rób to delikatnie.

Aby zatamować krwawienie, stań lub usiądź z głową pochyloną lekko do przodu; nie należy się kłaść ani odchylać głowy do tyłu. Kciukiem i palcem wskazującym ściśnij skrzydełka nosa i trzymaj tak przez pięć minut. Jeśli krwawienie nie ustanie, powtórz procedurę jeszcze raz. Jeżeli po trzech próbach krwotok nie ustąpi albo powtarza się dość często i jest silny, zgłoś się do lekarza.

Chrapanie

Mój mąż mówi, że ostatnio zaczęłam chrapać. Czy to kolejny objaw ciążowy (mam nadzieję, że chwilowy)?

W większości domów to mężczyzn obwinia się o chrapanie – i słusznie, ponieważ chrapią dwa razy częściej niż kobiety. Dzieje się tak, dopóki do sypialni nie wtargną hormony ciążowe – wtedy wszystko

> ### Śpię albo nie
>
> Hormony ciążowe i coraz większy brzuch nie pozwalają ci się wyspać? Problemy ze snem w czasie ciąży nie są rzadkością i chociaż bezsenność z jednej strony może być dobrą zaprawą przed czekającymi cię wkrótce bezsennymi nocami, to pewnie nie miałabyś nic przeciwko temu, żeby się trochę przespać. Jednak zanim sięgniesz po środki nasenne (na receptę lub bez), porozmawiaj ze swoim lekarzem – może ci podpowie, jak przywołać sen. W walce z bezsennością pomogą ci również wskazówki zamieszczone na str. 292.

może się zdarzyć i nie wiadomo, kto komu będzie przeszkadzał w spaniu.

Niestety możesz dopisać chrapanie do listy nieoczekiwanych (choć na szczęście przemijających) objawów ciążowych, aczkolwiek nie powinno ci spędzać snu z powiek (czego nie można powiedzieć o twoim partnerze). Ten głośny nosowy odgłos, jaki wydajesz przez sen, prawdopodobnie jest spowodowany przez zapchany nos, a jego błona śluzowa w godzinach nocnych brzęknie jeszcze bardziej. Spanie z paskami ułatwiającymi oddychanie lub zainstalowanie nawilżacza powietrza może nieco zmniejszyć niedrożność nosa i zapewnić wszystkim lepszy sen. Możesz też ułożyć wyżej głowę na kilku poduszkach (co również jest dobrym sposobem, jeśli masz zgagę, zatem upieczesz dwie pieczenie na jednym ogniu). Przyczyną chrapania może być też zwiększona masa ciała, więc pilnuj prawidłowego jej przyrostu.

W sporadycznych wypadkach chrapanie może być powodowane zespołem bezdechu sennego, czyli zaburzeń snu polegających na krótkich przerwach w oddychaniu. A ponieważ teraz oddychasz za dwoje, wspomnij lekarzowi o chrapaniu podczas następnej wizyty kontrolnej.

Alergie

Mam wrażenie, że od kiedy jestem w ciąży, mój alergiczny nieżyt nosa się nasilił. Przez cały czas mam katar!

Nosy przyszłych mam to zapchane nosy, więc być może mylisz częsty w ciąży (aczkolwiek nieprzyjemny) nieżyt nosa z alergią. Lecz z drugiej strony możliwe jest również to, że ciąża nasiliła objawy choroby. Chociaż niektóre szczęśliwe przyszłe mamy-alergiczki (mniej więcej jedna trzecia) stwierdzają, że objawy w trakcie ciąży chwilowo ustępują, mniej szczęśliwe (również mniej więcej jedna trzecia) zauważają zaostrzenie objawów, a pozostałe nie zauważają żadnych zmian. Ponieważ wygląda na to, że jesteś w tej najmniej szczęśliwej grupie, przypuszczalnie masz wielką ochotę, by złagodzić czymś przykre dolegliwości (wyciek z nosa, świąd nosa i oczu, łzawienie i kichanie). Jednak zanim przyłączysz się do reszty towarzyszek niedoli i sięgniesz po lek antyhistaminowy, zapytaj lekarza, który jest najbezpieczniejszy. Niektóre leki – w tym przeciwalergiczne – są bezpieczne dla ciężarnych, a inne nie (czy to przepisane przez lekarza, czy dostępne bez recepty). Nie martw się jednak, jeśli zażyłaś jakieś lekarstwo, zanim się dowiedziałaś o ciąży lub przeczytałaś tę informację.

Immunoterapia alergenowa, czyli odczulanie, jest uważana za bezpieczną dla tych przyszłych mam, które zaczęły przyjmować zastrzyki przed poczęciem. Większość alergologów twierdzi jednak, że rozpoczynanie kuracji odczulającej w trakcie ciąży nie jest wskazane ze względu na to, że zastrzyki mogą wywołać niepożądane reakcję.

Ogólnie mówiąc, najlepszym sposobem walki z alergią w ciąży jest zapobieganie – chociaż być może będziesz musiała zainwestować w chusteczki higieniczne. Koniecznością w leczeniu alergii – nie tylko w ciąży – jest unikanie alergenów, które wywołują objawy. Nie ma przekonujących dowodów

Odetchnij i nie martw się astmą oskrzelową

Kiedy się dowiadujesz, że jesteś w ciąży, możesz z wrażenia stracić oddech. A kiedy rosnąca macica zaczyna naciskać przeponę, możesz go stracić dosłownie. A co zrobić, gdy jesteś w ciąży, brakuje ci tchu, a do tego masz astmę oskrzelową? To prawda, że ciężkie przypadki słabo kontrolowanej astmy kwalifikują ciążę do grupy podwyższonego ryzyka związanego z różnymi powikłaniami (na przykład porodem przedwczesnym, niską masą urodzeniową czy stanem przedrzucawkowym), lecz to ryzyko można niemal całkowicie wyeliminować. Prawdę mówiąc, jeśli jesteś pod bacznym i fachowym nadzorem zespołu lekarzy składającego się z położnika, internisty i/lub alergologa czy pulmonologa, a choroba jest w pełni kontrolowana, twoje szanse na prawidłową ciążę i zdrowe dziecko są takie same jak u innych mam (co oznacza, że możesz odetchnąć z ulgą i przestać się martwić).

Być może wraz z lekarzem będziecie musieli na nowo przyjrzeć się lekarstwom, które zażywasz (ogólnie mówiąc, przyjmuje się, że leki wziewne – takie jak glikokortykosteroidy – są bezpieczniejsze niż preparaty doustne). Ponieważ teraz oddychasz za dwoje, odpowiednia dawka tlenu jest podwójnie ważna. W przypadku ataku astmy oskrzelowej bezzwłoczne podanie przepisanego lekarstwa – zazwyczaj albuterolu* – zabezpieczy dziecko przed nieprawidłową wymianą gazową. Ponieważ taki atak duszności może wywołać przedwczesne skurcze macicy, natychmiast wezwij lekarza albo pojedź do najbliższego szpitala, jeśli użycie inhalatora nie pomoże. Na szczęście skurcze macicy wywołane chorobą zazwyczaj ustępują wraz z atakiem, zatem jak najszybsze powstrzymanie go jest niezmiernie istotne**.

Jeśli chodzi o poród, twój będzie wyglądał przypuszczalnie tak samo jak w przypadku innych mam, chociaż jeśli chorujesz na ciężką postać astmy oskrzelowej, która wymaga podawania doustnych leków steroidowych, być może będziesz musiała dodatkowo otrzymać kroplówkę ze steroidami, by poradzić sobie z napięciem związanym z porodem.

Mimo że dobrze kontrolowana astma oskrzelowa ma bardzo niewielki wpływ na ciążę, ciąża może mieć wpływ na nią. Oczywiście u każdej przyszłej mamy może to wyglądać inaczej. U około jednej trzeciej astmatyczek wpływ ten jest pozytywny i stan chorej się poprawia. Kolejna jedna trzecia ciężarnych kobiet nie stwierdza żadnych zmian, a u pozostałej jednej trzeciej ciężarnych (zazwyczaj tych z najcięższymi przypadkami choroby) stan zdrowia się pogarsza. Na szczęście bez względu na to, jak odmienny stan wpłynie na chorobę, twoja szansa na bezpieczną i zdrową ciążę przy jednoczesnej pełnej kontroli astmy oskrzelowej jest naprawdę ogromna.

---

* Lek niedostępny w Polsce. Krótko działające leki rozszerzające oskrzela dostępne w Polsce to salbutamol i fenoterol (przyp. red. meryt.).

** Jeśli masz zaostrzenie objawów astmy oskrzelowej: nasilenie duszności i/lub kaszlu, jeśli musisz często używać krótko działających leków rozszerzających oskrzela, koniecznie skontaktuj się z lekarzem, ponieważ w takim przypadku należy zmodyfikować leczenie podstawowe (przyp. red. meryt.).

---

na to, że takie postępowanie zmniejszy ryzyko alergii u twojego dziecka, ale na pewno zmniejszy objawy.

By złagodzić dokuczliwe objawy, kieruj się następującymi wskazówkami:

- Jeśli jesteś uczulona na pyłki lub inne czynniki zewnętrzne, w okresie, kiedy ich stężenie w powietrzu jest największe, jak najczęściej przebywaj w klimatyzowanych pomieszczeniach z filtrami powietrza. Gdy przychodzisz do domu, myj ręce i twarz oraz zmieniaj ubranie, by pozbyć się pyłków. Na dworze noś duże okulary przeciwsłoneczne zakrzywione po bokach i przy-

Orzeszki dla „orzeszka"?

Kanapka z masłem orzechowym to typowo amerykański przysmak – na dodatek zdrowy i łatwy do przygotowania – ale czy masło orzechowe jest bezpieczne dla małego „orzeszka", którego karmisz w swojej macicy? Czy jeśli teraz będziesz się zajadała orzechami, to maluch w przyszłości będzie miał na nie alergię?

Oto dobra wiadomość: Najnowsze badania dowodzą, że spożywanie orzechów w trakcie ciąży nie tylko nie wywołuje u dzieci uczuleń pokarmowych, ale może je nawet przed nimi ochronić. Zatem jeśli sama nie jesteś uczulona na orzechy, nie musisz ich unikać, a nawet masz teraz więcej powodów, by po nie sięgać.

To samo dotyczy nabiału lub innych produktów najczęściej wywołujących alergie. Jeśli nie jesteś na nie uczulona (gdyby tak było, sama trzymałabyś się przecież od nich z daleka), nie ma powodu, by ich unikać, gdyż twoje maleństwo nie nabawi się przez nie alergii.

Natomiast jeśli sama byłaś kiedyś na coś uczulona, poinformuj o tym swojego lekarza, a także alergologa, i zapytaj, czy powinnaś pomyśleć o wprowadzeniu ograniczeń do diety w trakcie ciąży i karmienia piersią. W tym czasie zalecenia żywieniowe mogą być trochę inne.

legające do twarzy, by jak najskuteczniej chronić oczy.

- Jeśli winowajcą są roztocza kurzu domowego, poproś, by ktoś za ciebie odkurzał i zamiatał (czyż to nie dobry pretekst, by wymówić się od sprzątania?). Odkurzacz (zwłaszcza z filtrem HEPA), wilgotny mop lub robot sprzątający robią mniej zamieszania niż zwykła miotła, a ścierka z mikrofibry sprawdzi się lepiej niż tradycyjna miotełka do kurzu. Unikaj strychów, piwnic oraz innych zakurzonych miejsc.

- Jeśli alergenem jest sierść zwierząt, trzymaj się z daleka od psów i kotów. A jeśli twój zwierzak nagle zaczął wywoływać u ciebie reakcję alergiczną, wyznacz jedno lub więcej miejsc (w tym sypialnię), do których nie będzie miał dostępu.

Wydzielina z pochwy

Zauważyłam niewielką ilość wodnistej, białawej wydzieliny z pochwy. Czy to zakażenie?

Ta wodnista, mleczna wydzielina o niezbyt intensywnym zapachu (zwana przez ginekologów upławami) to w czasie ciąży całkowicie normalny objaw. Upławy spełniają bardzo ważne zadanie: chronią kanał rodny przed zakażeniem i utrzymują równowagę flory bakteryjnej w pochwie. Niestety, wypełniając swoją szczytną rolę, upławy mogą brudzić bieliznę. Ponieważ w miarę rozwoju ciąży ich ilość się zwiększa i niekiedy stają się dość obfite, być może w trzecim trymestrze przydadzą się wkładki higieniczne, które zapewnią ci komfort. Nie używaj tamponów, gdyż mogą one wprowadzić do pochwy szkodliwe drobnoustroje.

Chociaż przez upławy możesz się czuć trochę nieprzyjemnie i nieświeżo (a nawet utracić zainteresowanie seksem oralnym), to jednak nie masz żadnych powodów do obaw. Wystarczy, że będziesz utrzymywać czystość (codziennie się kąp lub bierz prysznic) i suchość (wybieraj majtki z przewiewnej bawełny i używaj wkładek higienicznych). Nie stosuj natomiast irygacji, które naruszają naturalną równowagę bakteryjną pochwy i mogą wywołać bakteryjne zapalenie pochwy (patrz str. 554). Nie musisz również używać chusteczek do higieny intymnej, ponieważ pochwa ma cudowne zdolności i sama potrafi się utrzymać w czystości. Jeżeli naprawdę nie potrafisz żyć bez „uczucia świeżości", wybieraj chusteczki o odpowiednim pH, niezawierające alkoholu oraz innych substancji zaburzających naturalne pH pochwy (co zwiększa ryzyko zakażenia). Jeżeli poczujesz jakikolwiek nietypowy zapach (na przykład rybi), zauważysz, że wydzielina jest szara lub zielonkawa, poczujesz podrażnienie, pieczenie, świąd lub inne objawy zakażenia (patrz str. 554), poinformuj o tym lekarza.

Podwyższone ciśnienie tętnicze krwi

Podczas ostatniej wizyty u lekarza okazało się, że mam nieco podwyższone ciśnienie tętnicze krwi. Czy powinnam się martwić?

Odpręż się. Jeśli będziesz się denerwować, ciśnienie podskoczy jeszcze bardziej. Poza tym niewielki wzrost ciśnienia tętniczego zanotowany podczas jednej wizyty zapewne nie jest powodem do zmartwienia, a tylko chwilową zmianą. Może byłaś zestresowana, ponieważ stałaś w korku, zmierzając na umówione spotkanie z lekarzem, albo miałaś zły dzień w pracy. A może po prostu byłaś zdenerwowana, bo obawiałaś się, że zbyt dużo (lub zbyt mało) przytyłaś. A może się bałaś rozmowy z lekarzem, bo wiedziałaś, że musisz go poinformować o jakichś niepokojących objawach. Albo nie mogłaś się doczekać, kiedy usłyszysz bicie serca swojego maleństwa. A może po prostu wyprowadza cię z równowagi wizyta w gabinecie lekarskim i reagujesz na nią podwyższonym ciśnieniem tętniczym krwi, czyli masz „syndrom białego fartucha". Aby zdenerwowanie po raz kolejny nie wykręciło ci takiego numeru z liczbami na ciśnieniomierzu, przed następną wizytą wykonaj kilka odprężających ćwiczeń i weź parę głębokich oddechów (patrz str. 154). A gdy lekarz będzie mierzył ciśnienie, myśl o czymś, co cię uszczęśliwia, czyli o dziecku.

Nawet jeśli następny pomiar wykaże, że twoje ciśnienie jest nieznacznie podwyższone w porównaniu z wartościami notowanymi przed ciążą (dotyka to 1–2 procent przyszłych mam), jest to niegroźne i mija po porodzie (a więc i tak możesz się odprężyć).

Większość kobiet w drugim trymestrze zaobserwuje niewielki spadek ciśnienia tętniczego, ponieważ pod wpływem hormonów ciążowych rozszerzają się naczynia krwionośne. Gdy rozpoczniesz trzeci trymestr, ciśnienie znowu odrobinę wzrośnie. Jeśli wzrost będzie zbyt duży (ciśnienie skurczowe, czyli większa liczba, będzie powyżej 140, a rozkurczowe – mniejsza liczba – powyżej 90) i będzie się utrzymywać na tym poziomie jeszcze przynajmniej w trakcie kolejnych dwóch odczytów, lekarz z pewnością wdroży leczenie i będzie cię dokładniej kontrolował. Podwyższone ciśnienie tętnicze w trakcie ciąży może niekiedy zwiększyć ryzyko chorób układu krążenia w późniejszym życiu, ale teraz ważniejsze jest to, czy nie towarzyszą mu również inne objawy, takie jak: obecność białka w moczu, obrzęk dłoni, kostek, twarzy i/lub ciężkie bóle głowy, które mogą świadczyć o stanie przedrzucawkowym (patrz str. 579).

Glukoza w moczu

Podczas ostatniej wizyty lekarz stwierdził, iż mam glukozę w moczu, ale że nie ma powodu do zmartwienia. Czy to objaw cukrzycy?

Weź sobie radę lekarza do serca i się nie martw. Twój organizm zapewne robi dokładnie to, co do niego należy: dba, by twoje dziecko, które jest całkowicie zależne od dostarczanego przez ciebie paliwa, miało odpowiednią ilość glukozy (cukru).

Insulina, hormon wydzielany przez trzustkę, reguluje stężenie glukozy we krwi i zapewnia, by odpowiednia jej ilość przedostawała się do komórek organizmu, żeby je dobrze odżywić. Ciąża wyzwala mechanizm antyinsulinowy (stężenie glukozy wzrasta), dzięki któremu we krwi odżywiającej płód znajduje się odpowiednia ilość glukozy. Ten doskonały mechanizm czasem jednak nie

> ## DLA OJCÓW
>
> ### To naprawdę twoje hormony
>
> Myślisz, że jesteś odporny na ciążową huśtawkę hormonalną, ponieważ jesteś mężczyzną? Nie do końca. Badania dowiodły, że przyszli i świeżo upieczeni tatusiowie doświadczają spadku stężenia słynnego męskiego hormonu płciowego, czyli testosteronu, oraz wzrostu stężenia równie słynnych żeńskich hormonów płciowych, czyli estrogenów. Te wahania hormonalne – zasadniczo bardzo powszechne w świecie zwierząt – nie są przypadkiem ani oznaką pokrętnego poczucia humoru Matki Natury. Spekuluje się, że wahania hormonalne służą zwiększeniu czułości i wrażliwości u osobników męskich, by wyzwolić w nich opiekuńczość i uczucia rodzicielskie. A zatem to nie tylko pomoże ci się przygotować do zmiany pieluch, ale i poradzić sobie z innymi zmianami (w tym ze zmianami w naturze waszego związku), którym oboje będziecie musieli stawić czoło.
>
> Zmiany hormonalne mogą się stać również przyczyną dość dziwnych i zaskakujących quasi-ciążowych objawów, które czasem pojawiają się u przyszłych ojców (patrz str. 169). Co więcej (a może mniej), hormony mogą ograniczyć popęd seksualny (czasem to dobra rzecz, ponieważ rozszalałe libido może w trakcie ciąży nie być zbyt praktyczne, nie mówiąc już o czasie, gdy w domu pojawi się dziecko). Stężenie hormonów wraca do normy zwykle po 3–6 miesiącach po narodzinach dziecka, kładąc kres objawom ciąży współczulnej i przywracając ochotę na seks (chociaż niekoniecznie oznacza to powrót do normalnego życia seksualnego, ponieważ to staje się możliwe zazwyczaj dopiero wtedy, gdy maluch zacznie przesypiać noce).

działa tak sprawnie, jak powinien. Efekt antyinsulinowy niekiedy jest tak silny, że we krwi jest więcej glukozy, niż wynoszą potrzeby mamy i dziecka, a także więcej niż są w stanie przefiltrować nerki. Jej nadmiar jest więc „przekazywany" do moczu i z nim wydalany. Zatem „cukier w moczu" nie jest czymś niezwykłym w okresie ciąży, zwłaszcza w trzecim trymestrze, gdy efekt antyinsulinowy się nasila. Prawdę mówiąc, mniej więcej połowa przyszłych mam w którymś momencie ciąży ma glukozę w moczu.

U większości kobiet podwyższone stężenie glukozy we krwi powoduje, że organizm zwiększa produkcję insuliny, która do następnej wizyty kontrolnej zazwyczaj zdąży usunąć jego nadmiar. Tak właśnie może być również w twoim przypadku. Jednak organizmy niektórych przyszłych mam, w szczególności tych, które są diabetyczkami lub mają tendencję do cukrzycy (z powodu uwarunkowań genetycznych, wieku lub masy ciała), nie będą w stanie produkować wystarczającej ilości insuliny, by poradzić sobie z nadmiarem glukozy we krwi, lub wytworzona insulina może nie działać zbyt wydajnie. Jeżeli tak się zdarzy w twoim przypadku, wysokie stężenie glukozy w kolejnych miesiącach ciąży będzie się utrzymywać zarówno we krwi, jak i w moczu. Jeśli wcześniej nie chorowałaś na cukrzycę, może to oznaczać, że rozwinęła się u ciebie cukrzyca ciążowa (patrz str. 577).

Między 24 a 28 tygodniem ciąży (a w przypadku kobiet z grupy podwyższonego ryzyka – na przykład otyłych – nawet wcześniej), podobnie jak każda przyszła mama, zostaniesz poddana badaniu przesiewowemu w kierunku cukrzycy, czyli będziesz musiała wykonać test obciążenia glukozą 75 g (OGT 75). Do tego czasu zapomnij o glukozie w moczu.

Ruchy płodu

Nie czuję jeszcze ruchów dziecka. Czy dzieje się coś złego? A może po prostu nie rozpoznaję kopania, chociaż je czuję?

Zapomnij o pozytywnym teście ciążowym, o pierwszym badaniu USG i powiększającym się brzuchu, a nawet o dźwięku bijącego serca. Nic tak bardzo nie przemawia za tym, że jesteś w ciąży, jak ruchy dziecka.

Oczywiście wtedy, gdy je w końcu poczujesz i gdy będziesz pewna, że to, co poczułaś, to właśnie ruchy dziecka. Jednak niewiele przyszłych mam, zwłaszcza pierworódek, czuje pierwsze kopnięcia – czy choćby delikatne drgania – już w 4 miesiącu ciąży. Zarodek już w 7 tygodniu zaczyna spontanicznie poruszać maleńkimi zalążkami rączek i nóżek, ale te ruchy są tak słabe, że mama będzie mogła je poczuć dopiero dużo później. Ruchy płodu stają się wyraźnie wyczuwalne między 14 a 26 tygodniem, ale większość mam odczuwa je przeważnie między 18 a 22 tygodniem. Kobieta, która oczekuje drugiego dziecka, poczuje pierwsze kopnięcia trochę wcześniej, ponieważ z jednej strony wie, czego się spodziewać, a z drugiej ma bardziej rozciągnięte macicę i mięśnie brzucha, więc ruchy są dla niej łatwiej wyczuwalne. Pierwsze delikatne ruchy szybciej wyczuje również szczupła kobieta, a ta z grubszą warstwą tłuszczu na brzuchu poczuje kopnięcia dopiero wówczas, gdy staną się naprawdę mocne. Dużą rolę odgrywa również ułożenie łożyska: jeśli jest na przedniej ścianie macicy (*anterior placenta*), może tłumić ruchy dziecka, więc będziesz musiała na nie poczekać kilka tygodni dłużej, ale nawet wtedy możesz je odczuwać trochę słabiej.

Niekiedy mama może nie wyczuwać ruchów dziecka wtedy, gdy już powinny być wyczuwalne, z powodu źle obliczonego terminu porodu. Innym razem z kolei nie rozpozna kopnięć, ponieważ pomyli je z gazami, bulgotaniem lub innymi odgłosami trawiennymi.

Jak zatem rozpoznać wczesne ruchy płodu? Niestety niemal równie trudno je opisać, jak rozpoznać. Mogą przypominać trzepotanie (dygotanie lub kołatanie, jakie odczuwasz, gdy jesteś zdenerwowana), skurcze, szturchnięcia, a nawet burczenie, które rozbrzmiewa w twoim żołądku, gdy jesteś bardzo głodna. Ruchy dziecka mogą też przypominać pękanie balonika albo dziwne odczucia towarzyszące jeździe kolejką górską. Niezależnie od tego, jak odczuwasz te ruchy, kiedy już będziesz miała pewność, że prawidłowo je rozpoznałaś, na pewno wywołają uśmiech na twojej twarzy.

Obraz ciała

Zawsze uważałam, żeby nie przytyć, a teraz – gdy patrzę na siebie w lustrze lub staję na wadze – popadam w depresję. Czuję się strasznie gruba.

Przez całe lata obserwowałaś skalę wagi i pilnowałaś, żeby nie przytyć, a teraz widzisz, jak z tygodnia na tydzień wskazówka wspina się coraz wyżej, więc nic dziwnego, że jesteś przygnębiona i wytrącona z równowagi, a nawet pogrążona w depresji. Ale nie powinno tak być, gdyż ciąża to jedyny moment w życiu, kiedy kobieta nie może być szczupła. W ciąży masa ciała musi się zwiększać, ale jest bardzo duża różnica między kilogramami, które przybywają z powodu przejadania się (na przykład lodami w środku nocy), a kilogramami, których przyczyną jest rozwijające się dziecko.

W oczach większości obserwatorów zaokrąglona sylwetka przyszłej mamy to najbardziej zmysłowy kobiecy kształt – piękny nie tylko wewnętrznie, ale i zewnętrznie. A więc zamiast tęsknić za starymi czasami (nie warto, bo w końcu wrócą i znowu będziesz szczupła), spróbuj zaakceptować swoje ciało i nowe krągłości (im będą większe, tym przyjemniej będzie je obejmować). Ciesz się nową figurą i rozkoszuj nowymi kształtami. Dopóki się zdrowo odżywiasz i nie przekraczasz zalecanego przyrostu masy ciała, nie masz powodu, żeby czuć się „grubo", tylko po prostu „w ciąży". Dodatkowe centymetry to jak najbardziej usprawiedliwiony, lecz tymczasowy efekt ciąży. Na pewno pozostanie ci po niej dziecko, a dodatkowe centymetry nie.

Jeśli przyrost masy ciała jest zbyt duży i następuje zbyt szybko, kiepski nastrój na pewno go nie powstrzyma, a jeśli twój organizm wytwarza duże ilości estrogenów, będziesz częściej wędrować do lodówki po kolejny pojemnik lodów waniliowych (estrogeny pobudzają magazynowanie tłuszczu). Pomoże ci natomiast ponowne przyjrzenie się swoim nawykom żywieniowym. Pamiętaj jednak, że nie chodzi o to, by zatrzymać przyrost masy ciała (dziecko potrzebuje twoich kilogramów, by się rozwijać i rosnąć), tylko o to, by go zwolnić i obrać właściwe tempo. Aby tego dokonać, musisz zadbać o bardziej wydajną dietę: na przykład zamiast się zajadać lodami, by zapewnić sobie porcję wapnia, wypij koktajl jogurtowo-truskawkowy (ma o wiele więcej wapnia, mniej kalorii, a do tego dużo witaminy C).

Kontrolowanie masy ciała to nie jedyny sposób, by poprawić swój wizerunek i sylwetkę. Pomogą ci w tym na pewno ćwiczenia, dzięki którym dodatkowe kilogramy będą trafiały w te miejsca, w które powinny (więcej tłuszczyku zgromadzi się na brzuchu, a mniej na biodrach i udach). Aktywność fizyczna ma jeszcze jedną dobrą stronę: poprawi ci nastrój, bo trudno się nad sobą użalać, gdy dzięki ćwiczeniom dostałaś właśnie w prezencie sporą dawkę endorfin.

A jeśli zostaniesz specjalistką od mody ciążowej, twoja przyjaźń z lustrem również będzie łatwiejsza. Zamiast się wciskać w „cywilną" odzież (nie ma nic ładnego w ciele „wylewającym się" ze zbyt ciasnych ubrań, szczególnie gdy rozpinają się wszystkie guziki), wybieraj taką, która podkreśla nową sylwetkę – obecna moda ciążowa oferuje mnóstwo różnych możliwości, dzięki którym nie musisz już ukrywać ciąży. Jeszcze bardziej polubisz swój wizerunek w lustrze, gdy dobierzesz wyszczuplającą fryzurę, zadbasz o cerę i poeksperymentujesz z nowym makijażem (odpowiedni może ci odjąć kilka kilogramów i wyszczuplić zaokrągloną przez ciążę twarz; patrz str. 158).

A przede wszystkim pamiętaj, że ciało, które oglądasz w lustrze, ciężko pracuje, by twoje dziecko mogło się zdrowo rozwijać. Czy może być coś piękniejszego?

Stroje ciążowe

Już nie mogę się wcisnąć w swoje normalne ubrania, ale boję się kupować stroje ciążowe.

Nigdy wcześniej moda ciążowa nie była tak stylowa jak obecnie. Już dawno minęły czasy, kiedy garderoba dla przyszłych mam ograniczała się do poliestrowych sukienek wielkości namiotu, które miały ukryć ciążowe kształty. Współczesna moda ciążowa jest nie tylko o wiele bardziej nowoczesna i praktyczna, lecz również tak zaprojektowana, by otulić (i podkreślić) piękny ciążowy brzuszek. Wybierz się zatem do najbliższego sklepu z odzieżą dla ciężarnych (lub zajrzyj do Internetu), a na pewno będziesz zachwycona, a nie przerażona.

Oto wskazówki, które pomogą ci wybrać ubrania dla dwojga:

- Masz jeszcze przed sobą długą drogę i w dalszym ciągu będzie ci przybywało kilogramów. Nie zaczynaj zatem wydawać pieniędzy już tego samego dnia, gdy stwierdzisz, że nie możesz dopiąć dżinsów. Ubrania ciążowe mogą być dość kosztowne, zważywszy przede wszystkim na to, że nie będziesz ich zbyt długo nosić. A więc zacznij kupować dopiero wtedy, gdy bardziej przytyjesz, i kupuj tylko to, co jest potrzebne. W sklepie z odzieżą ciążową będziesz mogła przyłożyć do brzucha poduszkę i sprawdzić, jak w przyszłości będą się mniej więcej na tobie układały stroje

Wyszczuplające sztuczki z figurą

Gdy jesteś w ciąży, duże wprawdzie jest piękne, ale nie oznacza to, że nie możesz wypróbować kilku wyszczuplających sztuczek z figurą. Dzięki odpowiedniemu doborowi ubrań podkreślisz ciążowy brzuszek, a jednocześnie wyszczuplisz całą sylwetkę. Oto, jak sprawić, by wszystko się znalazło na swoim miejscu:

Czarny kolor to podstawa. A także granatowy, ciemnobrązowy, fioletowy, kasztanowy lub ciemnografitowy. Na pewno już wcześniej słyszałaś, że ciemne kolory wyszczuplają, zmniejszają sylwetkę i nadają figurze smuklejszy wygląd, nawet gdy masz na sobie koszulkę i legginsy.

Bądź monotonna (i monochromatyczna). Jeden kolor pasuje do wszystkiego, a przynajmniej wyszczupla. Jeśli ubierzesz się od stóp do głów w rzeczy w tym samym odcieniu (lub w tym samym kolorze w kilku różnych odcieniach), będziesz wyglądała na wyższą i smuklejszą. Strój w dwóch kolorach przełamie sylwetkę na dwie części, powodując, że wzrok zatrzyma się w miejscu łączenia kolorów (czyli prawdopodobnie tam, gdzie biodra zaczynają się poszerzać).

Uważaj z nadrukami. Masz już dosyć monotonii i chciałabyś trochę urozmaicić swoje modowe życie? A zatem wybierz nadruk we właściwym rozmiarze. Zbyt mały sprawi, że będziesz wyglądała na dużą, a zbyt duży – na jeszcze większą. Wybierz więc nadruk średniego rozmiaru – mniej więcej wielkości piłki golfowej – a uzyskasz właściwy efekt. Ważne jest również to, żeby był najwyżej dwu- lub trzykolorowy. Więcej kolorów oznacza, cóż... więcej wszystkiego.

Postaw na pion. To najstarsza modowa sztuczka i to nie bez powodu, bo jest naprawdę skuteczna. Ponieważ robisz się coraz szersza, powinnaś wybierać ubrania w paski pionowe (dzięki którym będziesz się wydawać wyższa i szczuplejsza), a zrezygnować z poziomych (które jeszcze bardziej poszerzają). Szukaj zatem ubrań z pionowymi prążkami, zamkami błyskawicznymi, szwami, stębnówkami i pionowymi rzędami guzików. Postaw na biżuterię oraz inne akcesoria: długie naszyjniki, zwisające kolczyki i bardzo długie szaliki.

Skoncentruj się na plusach. Na przykład na bez wątpienia większych piersiach (nigdy nie było lepszej okazji, by pokazywać piękny dekolt). I staraj się odwrócić uwagę od tych miejsc, których nie masz ochoty pokazywać, takich jak obrzęknięte kostki (schowaj je pod spodniami, długą, powłóczystą spódnicą, w wygodnych butach albo wyszczuplających czarnych rajstopach lub legginsach).

Dopasuj się. Chodzi rzecz jasna o stroje. Na pewno będziesz teraz potrzebowała ubrań obszerniejszych w biuście i na brzuchu, ale możesz za to wybierać dopasowane w ramionach górne części garderoby, czyli koszulki, sweterki, żakiety i sukienki (ramiona to najprawdopodobniej jedyna część twojego ciała, która się nie powiększy). Zbyt luźne rękawy sprawią, że będziesz wyglądać niedbale (i grubo). I chociaż dopasowane ubrania mogą wyszczuplać, wystrzegaj się tych zbyt obcisłych, w których będziesz wyglądała, jakbyś z nich wyrosła (zresztą zgodnie z prawdą). Styl na „przerośniętą parówkę" naprawdę nigdy nie jest modny.

ciążowe, ale raczej nie dasz rady przewidzieć, jak ułoży się twój brzuch (wysoko czy nisko), jak bardzo urośnie i jakie stroje będą najwygodniejsze, gdy wygoda stanie się dla ciebie najważniejszą sprawą.

- Nie ograniczaj się do strojów ciążowych. Jeśli pasuje ci coś innego, noś to. Zakup ubrań nieprzeznaczonych dla ciężarnych i noszenie ich w trakcie ciąży (bądź korzystanie z tych, które już masz) to oczywiście najlepszy sposób, by uniknąć wydawania fortuny na garderobę, którą i tak będziesz nosić bardzo krótko. A w zależności od tego, jakie kolekcje znajdą się w sklepach w danym sezonie (najlepiej gdy w modzie królują akurat miękkie tkaniny i drapowania), na pewno znajdziesz na półkach ubrania, które będą pasowały do twoich nowych kształtów, chociaż być może o rozmiar większe. Miej się jednak na baczności i nie kupuj zbyt wiele, bo być może teraz podobają ci się nowe stroje, ale po noszeniu ich przez całą ciążę stwierdzisz, że są znacznie mniej atrakcyjne. Poza tym, jeśli teraz kupisz większy rozmiar, to gdy zgubisz kilogramy po ciąży, może się okazać, że ubrania na ciebie nie pasują.

- Jesteś w ciąży, więc ją eksponuj. W dzisiejszych czasach ciążowe krągłości wyszły z ukrycia – i spod obszernych szat. Większość ubrań dla przyszłych mam podkreśla brzuszek (i zmysłową pupę) dzięki przylegającym tkaninom i krojom (jednym słowem lepsza jest sukienka z miękkiej tkaniny niż zawinięcie się w fałdy materiału). Poza tym jak najbardziej możesz pokazywać to, co masz do pokazania, ponieważ ubiór eksponujący ciążowy brzuszek wyszczupla resztę sylwetki. Nie odpowiada ci obcisłe ubranie? Długie, powłóczyste sukienki są również bardzo wygodne i praktyczne, zwłaszcza gdy brzuch robi się coraz większy. Inna opcja nie do pogardzenia: dżinsy lub spodnie biodrówki, które można nosić pod brzuchem. Spodnie z obniżonym stanem wydłużają sylwetkę, ponieważ nie zaznaczają jej w najszerszym miejscu (a czegóż nie zrobi przyszła mama, by trochę się wydłużyć i wyszczuplić sylwetkę?).

  A jeśli mowa o tym, co warto z dumą eksponować, wybierz tę część ciała, którą uważasz za najbardziej atrakcyjną, na przykład ramiona, nogi lub dekolt. I noś ubrania podkreślające twoje największe atuty (również pupę).

- Zajrzyj do szafy męża. Wszystko masz na wyciągnięcie ręki (ale lepiej zapytaj go o pozwolenie): duże koszule, które doskonale wyglądają w połączeniu ze spodniami i legginsami, spodnie dresowe, w których – lepiej niż w twoich – zmieszczą się ciążowe kilogramy i centymetry, krótkie spodenki, które przez następne kilka miesięcy nadążą za twoją talią, oraz paski z dodatkowymi dziurkami, bez których teraz sobie nie poradzisz. Nie zapominaj jednak, że około 6 miesiąca (a może nawet wcześniej), bez względu na to, ile centymetrów w pasie ma twój mąż, prawdopodobnie wyrośniesz z jego ubrań.

- Pożyczaj od innych i innym. Nie wahaj się przyjmować używanych ubrań ciążowych, jeśli na ciebie pasują. Przyda ci się każda dodatkowa sukienka, spódniczka lub para dżinsów – każdą pożyczoną rzecz możesz dopasować do swoich upodobań za pomocą odpowiednich dodatków. Kiedy już urodzisz dziecko i nie będziesz mogła lub chciała nosić ciążowych ubrań, które kupiłaś, podaruj je ciężarnym przyjaciółkom. Wasza przyjaźń będzie warta każdej ceny.

- Wypożyczaj. Wybierasz się na wesele lub inne oficjalne przyjęcie i nie chcesz wydawać pieniędzy na strój na jedną okazję? Spróbuj wypożyczyć kreację ciążową z wypożyczalni (niektóre przyszłe mamy zaopatrują się w ten sposób w całą ciążową garderobę).

- Nie pomijaj akcesoriów niewidocznych dla oka. Dobrze dopasowany, podtrzymujący biust stanik powinien być podczas ciąży nieodłącznym kompanem twoich piersi, zwłaszcza że będą rosły... i rosły. Nie kupuj biustonosza w przypadkowych sklepach i oddaj się w ręce brafitterki, czyli doświadczonej specjalistki w zakresie doboru biustonosza pracującej w renomowanym sklepie z bielizną. Doświadczona sprzedawczyni pomoże ci dopasować biustonosz odpowiedniej wielkości, który zapewni właściwe wsparcie rosnącym piersiom. Nie kupuj jednak staników na zapas. Kup najwyżej dwa, a potem – gdy piersi urosną – wybierz się na następne zakupy.

Specjalna bielizna ciążowa (majtki) prawdopodobnie nie będzie ci potrzebna, ale jeśli się na nią zdecydujesz, zapewne z ulgą stwierdzisz, że jest o wiele bardziej seksowna niż kiedyś (żegnajcie babcine pantalony, witajcie stringi i bikini). Możesz też wybrać zwykłe majtki w trochę większym rozmiarze i nosić je pod brzuchem. Kupuj bieliznę w swoich ulubionych kolorach i/lub z seksownych materiałów – może to poprawi ci nastrój (pamiętaj jednak, by wybierać majtki z bawełnianą wyściółką w kroku).

- Bawełna jest przewiewniejsza. Ubrania z nieoddychających materiałów, takich jak nylon czy inne syntetyczne tkaniny, to nie najlepszy wybór dla przyszłej mamy. Ponieważ teraz masz szybszą przemianę materii i często jest ci gorąco, najlepiej będziesz się czuła w ubraniach z bawełny. Zapobiegniesz też potówkom, które w ciąży są częstą przypadłością. Kolanówki lub zakolanówki również są wygodniejsze niż rajstopy czy pończochy, ale unikaj tych z wąską, uciskającą gumką. Jeśli wolisz nosić rajstopy, wybieraj bawełniane (nawet przeciwżylakowe można kupić z tej tkaniny). Przewiewne i niezbyt obcisłe ubrania w jasnych kolorach zapewnią ci komfort w gorący letni dzień, a gdy zrobi się zimno, najlepszym rozwiązaniem będzie kilka warstw odzieży, które możesz po kolei zdejmować, gdy się zgrzejesz lub wejdziesz do pomieszczenia.

Niechciane „dobre" rady

Już widać, że jestem w ciąży i wszyscy – od teściowej po obce osoby spotkane w windzie – udzielają mi rad. Doprowadza mnie to do szału.

Jest coś takiego w ciążowym brzuszku, że na jego widok wszyscy stają się ekspertami od ciąży, a bariery społeczne, które zwykle nakazują ludziom zajmować się swoimi sprawami, nagle przestają istnieć. Wybierz się na poranny jogging do parku, a na pewno znajdzie się ktoś, kto cię ostro zgani: „Nie powinna pani biegać w tym stanie!". Albo ponieś dwie torby z zakupami z supermarketu, a bez wątpienia usłyszysz: „Czy aby na pewno powinna pani to dźwigać?". Podwójna polewa do lodów, a od razu ktoś pogrozi ci palcem: „Kochanie, nie będzie ci łatwo zgubić ten tłuszczyk po ciąży".

Co ma zrobić przyszła mama z „policją ciążową", która jest wszędzie, z narzucającymi się doradcami i nieuchronnymi wróżbami dotyczącymi płci? Po pierwsze i najważniejsze, pamiętać, że większość tych „dobrych" rad to po prostu bzdury. Te stare przesądy, które mają pokrycie w faktach i zostały w dużym stopniu poparte dowodami naukowymi, stały się częścią standardowej opieki okołoporodowej. Te, których nie udowodniono, przypuszczalnie w dalszym ciągu zajmują wysoką pozycję w ciążowej mitologii, ale możesz je całkowicie zlekceważyć. Jeśli przez którąś z tych rad będą cię dręczyły wątpliwości („A co, jeśli mają rację?"), skonsultuj się z lekarzem, położną lub instruktorką ze szkoły rodzenia.

Jednak niezależnie od tego, na ile ta nieproszona rada będzie wiarygodna, przekonująca czy po prostu śmieszna, nie pozwól, by wzbudziła w tobie silne emocje – po co ci dodatkowy stres? A więc zachowaj poczucie humoru i wypróbuj dwa sposoby rozwiązania tej sytuacji: uprzejmie poinformuj życzliwego nieznajomego, przyjaciółkę lub krewnego, że masz zaufanego lekarza, który doradza ci w sprawach ciąży, i że chociaż ci miło, że wzbudzasz takie zainteresowanie, to nie możesz przyjmować rad od innych osób. Albo uprzejmie podziękuj, uśmiechnij się i pójdź swoją drogą, jednym uchem wpuszczając, a drugim wypuszczając „dobrą radę".

Bez względu na to, jak będziesz sobie radzić z niechcianymi uwagami, być może nie zaszkodzi się po prostu do nich przyzwyczaić, gdyż jeśli istnieje jakakolwiek inna osoba, która przyciąga jeszcze większy tłum doradców niż kobieta w ciąży, to na pewno jest nią świeżo upieczona mama.

Dotykanie brzucha bez pytania

Od kiedy widać, że jestem w ciąży, wszyscy – nawet ludzie, których prawie nie znam – podchodzą do mnie i dotykają mojego brzucha, nawet nie pytając o pozwolenie. Strasznie mnie to denerwuje.

Są krąglutkie, urocze i kryje się w nich coś jeszcze śliczniejszego. Spójrzmy prawdzie w oczy: ciążowe brzuszki aż proszą się o to, żeby ich dotykać, i często tak się właśnie dzieje, i to przeważnie bez pozwolenia. Niektóre przyszłe mamy nie mają nic przeciwko temu, bo lubią się znajdować w centrum zainteresowania, a nawet je to cieszy. Ale główna zasada jest taka, że twój brzuch to twoja sprawa. Mówi się, że potrzeba całej wioski, aby wychować dziecko, ale brzuch nie jest własnością społeczną, jak się niektórym wydaje, i ma (a nawet musi mieć) swoje granice, których nie wolno przekraczać. Jeśli ktoś nieproszony usiłuje cię pogłaskać po brzuchu, masz prawo go powstrzymać.

Zrób to bez wahania i bez ogródek (ale uprzejmie): „Wiem, że masz ochotę dotknąć mojego brzucha, ale wolałabym, żebyś tego nie robił". Albo zażartuj: „Nie dotykaj, bo dziecko śpi!". Możesz również odwrócić sytuację i w odwecie poklepać po brzuchu swojego „prześladowcę" (może następnym razem dobrze się zastanowi, zanim bez pozwolenia pogłaska po brzuchu inną przyszłą mamę). Możesz też zaprezentować swoje stanowisko bez słów: ochronnym gestem skrzyżuj ręce na brzuchu albo odsuń dłoń osoby, która chce cię dotknąć, i połóż ją w innym miejscu (na przykład na jej własnym brzuchu).

Ciążowe roztargnienie

W zeszłym tygodniu wyszłam z domu bez telefonu komórkowego, a dzisiaj rano kompletnie zapomniałam o ważnym spotkaniu. Nie mogę się na niczym skoncentrować i mam wrażenie, że zaczynam tracić zmysły.

Jesteś w doborowym (zapominalskim) towarzystwie. Wiele przyszłych mam ma wrażenie, że wraz z przybywającymi kilogramami ubywa im komórek mózgowych. Nawet te kobiety, które na ogół potrafią w stu procentach kierować swoim życiem, są skoncentrowane i zorganizowane w obliczu największego chaosu i doskonale dają sobie radę ze wszystkim, co je spotyka, nagle zaczynają zapominać o spotkaniach, nie pamiętają o umówionych wizytach, tracą wątek (oraz opanowanie, a także portfele i telefony komórkowe). Za to roztargnienie winy nie ponoszą ich zdolności umysłowe, lecz mózg. Hormony ciążowe zmieniają stężenie neuroprzekaźników w różnych jego częściach (to wyjaśnia, dlaczego nie pamiętasz tego, co przeczytałaś przed chwilą w poprzednim akapicie). Poza tym – z dotychczas niewyjaśnionych przyczyn – mamy, które spodziewają się dziewczynek, są zazwyczaj bardziej zapominalskie i roztrzepane niż mamy, które urodzą chłopców. Na szczęście ten ciążowy zamęt w głowie (przypominający trochę bardziej intensywny i dokuczliwy zespół napięcia przedmiesiączkowego) jest tylko chwilowy. Twój mózg wróci do formy kilka miesięcy po porodzie. Niedobór żelaza lub niewyrównana niedoczynność tarczycy też mogą nasilać zaburzenia koncentracji i uwagi oraz pamięć; jeśli jesteś zaniepokojona zmianą, porozmawiaj z lekarzem, by skierował cię na badania.

Podobnie jak w przypadku większości objawów ciążowych, za zaburzenia pamięci (zwane amnezją ciążową lub „pregnezją") również odpowiadają hormony. Pewną rolę może też odgrywać brak snu (im mniej śpisz, tym mniej pamiętasz) oraz fakt, że stale brakuje ci energii, a mózg potrzebuje jej, żeby zachować zdolność koncentracji. Twoje roztrzepanie może być też spowodowane przeciążeniem zwojów mózgowych i nadmiarem informacji na temat ciąży, które gromadzisz tak jak każda przyszła mama.

Nie denerwuj się tą intelektualną „zapaścią", ponieważ stres jeszcze bardziej nasili zaburzenia pamięci. Świadomość, że to całkowicie naturalny objaw (oraz jak najbardziej rzeczywisty), i potraktowanie go z poczuciem humoru pomogą ci załagodzić sytuację, a przynajmniej poczuć się trochę lepiej. Weź również pod uwagę, że być może teraz nie będziesz tak wydajna, skuteczna i kompetentna, jak przed zajściem w ciążę. Ale nie jesteś całkowicie bezradna – opanujesz swój mentalny chaos dzięki notatkom w smartfonie (nie zapomnij włączyć alarmu), pod warunkiem że będziesz pamiętała, gdzie położyłaś telefon. Ustaw „przypominajki" informujące o ważnych datach i spotkaniach (możesz skorzystać z aplikacji What To Expect). W strategicznych miejscach poprzyklejaj karteczki samoprzylepne (na przykład na drzwiach, z przypomnieniem, że masz zabrać klucze) – one również pomogą ci się utrzymać na właściwym kursie.

W zaburzeniach pamięci i problemach z koncentracją stosuje się ekstrakt z miłorzębu japońskiego (*Ginkgo biloba*), ale nie jest on bezpieczny dla przyszłych mam, więc będziesz musiała zapomnieć o stosowaniu tego preparatu oraz innych specyfików ziołowych w walce ze swoim ciążowym roztrzepaniem i zaburzeniami pamięci. Możesz wzmocnić zdolności koncentracji dzięki dawce białka i węglowodanów złożonych zawartych w pożywnych przekąskach, gdyż niskie stężenie glukozy we krwi spowodowane zbyt długimi przerwami między posiłkami z pewnością również przyczynia się do uczucia mętliku w głowie.

Niewykluczone, że w końcu będziesz musiała się przyzwyczaić do funkcjonowania nieco poniżej swoich możliwości, gdyż zaburzenia pamięci mogą się utrzymywać jeszcze jakiś czas po narodzinach dziecka (tym razem winowajcą będzie zmęczenie, a nie hormony) i zniknąć dopiero wtedy, gdy zaczniecie przesypiać całe noce.

WSZYSTKO O...
Ćwiczenia fizyczne w czasie ciąży

Wszystko cię boli, nie możesz spać, dobijają cię obolałe plecy i obrzęknięte kostki, masz wzdęcia i zaparcia, puszczasz więcej wiatrów niż cała szkolna drużyna piłkarska, która właśnie zatrzymała się przy budce z fast foodami. Inaczej mówiąc, po prostu jesteś w ciąży. Gdybyś tylko mogła w jakiś sposób złagodzić te wszystkie bóle i efekty uboczne...

Prawdę mówiąc, istnieje pewien sposób, który zajmie ci tylko kilka minut (dajmy na to 30) dziennie, a mianowicie ćwiczenia fizyczne. Myślałaś, że ciąża to czas, który trzeba poświęcać wyłącznie na relaks i odpoczynek? Już nie. Na szczęście dla ciebie (a jeśli należysz do klubu telemaniaków i leni kanapowych, to wręcz przeciwnie) Amerykańskie Stowarzyszenie Położników i Ginekologów zaleca przyszłym mamom wysiłek fizyczny i dopinguje je do działania niczym trener osobisty: kobiety, których ciąża przebiega prawidłowo, powinny jak najczęściej (a nawet codziennie) wykonywać umiarkowane ćwiczenia fizyczne przynajmniej przez 30 minut.

Zatem i ty możesz ćwiczyć, oczywiście jeżeli lekarz ci tego nie zabroni. I nieważne, czy rozpoczniesz tę karierę jako wytrwana

Wielkie zaciskanie

Poszukujesz ćwiczenia, które mogłabyś wykonywać zawsze i wszędzie (na kanapie, przy biurku, w kolejce w supermarkecie, korku ulicznym, podczas lunchu, przeglądając strony internetowe na temat ciąży i dzieci, a nawet w trakcie seksu), i to bez wychodzenia na siłownię i wylewania siódmych potów?

A zatem poznaj ćwiczenia Kegla, które wzmocnią jedne z najważniejszych mięśni twojego ciała, czyli mięśnie dna miednicy. Nigdy nie zastanawiałaś się nad nimi zbyt wiele albo nawet nie miałaś pojęcia o ich istnieniu? A więc teraz nadeszła pora, by poświęcić im trochę uwagi. Mięśnie dna miednicy podtrzymują macicę, pęcherz moczowy i jelita, a podczas porodu się rozciągają, by dziecko mogło przyjść na świat. Powstrzymują również mocz przed wyciekaniem z pęcherza, kiedy się śmiejesz lub kaszlesz (tę ich zdolność docenisz pewnie dopiero wtedy, gdy zaniknie, co może się zdarzyć po porodzie, kiedy będziesz miała problemy z nietrzymaniem moczu). Te wszechstronnie „utalentowane" mięśnie zwiększają też satysfakcję seksualną.

Na szczęście ćwiczenia Kegla łatwo, szybko i przy minimalnym wysiłku poprawią kondycję tych cudownych mięśni. Wystarczy ćwiczyć 3 razy dziennie po 5 minut, aby je wzmocnić i uzyskać mnóstwo zarówno krótko-, jak i długoterminowych korzyści. Dobrze wyćwiczone i silne mięśnie dna miednicy mogą się przyczynić do złagodzenia wielu ciążowych i poporodowych dolegliwości – od hemoroidów po nietrzymanie moczu i stolca. Mogą cię nawet uchronić przed nacięciem lub pęknięciem krocza podczas porodu. Poza tym systematyczne ćwiczenia Kegla w trakcie ciąży pomogą twojej pochwie szybciej wrócić do normy po tym, jak dziecko zrobi wielkie wejście i pojawi się na świecie (nawet jeśli poród się skończy cięciem cesarskim).

Gotowa do ćwiczeń Kegla? A więc zaciśnij mięśnie pochwy i odbytu (tak jakbyś chciała wstrzymać strumień moczu) na 10 sekund, potem rozluźnij je powoli i powtórz ćwiczenie. Codziennie wykonuj 3 serie ćwiczeń po 20 powtórzeń. Pamiętaj, że podczas wykonywania ćwiczeń powinnaś się koncentrować wyłącznie na mięśniach miednicy. Jeśli napniesz dodatkowo mięśnie brzucha, ud czy pośladków, efekt nie będzie pełny. Jeżeli w czasie ciąży nie zaniedbasz ćwiczeń Kegla, będziesz się cieszyć silnymi mięśniami dna miednicy przez całe życie. Spróbuj ćwiczyć również w trakcie seksu – twój partner i ty na pewno odczujecie różnicę (to ćwiczenie sprawi, że oboje będziecie jeszcze bardziej podnieceni i podekscytowani!).

---

sportsmenka w szczytowej formie fizycznej czy jako „leniwiec kanapowy", który nie miał na nogach tenisówek od ostatniej lekcji wychowania fizycznego (chyba że masz taki styl i na co dzień chodzisz w tenisówkach). Ćwiczenia fizyczne za dwoje (i dla dwojga) mają wiele zalet, o których przeczytasz poniżej.

Zalety wysiłku fizycznego

Zastanawiasz się, co będziesz z tego miała? Regularne ćwiczenia fizyczne wpłyną na:

- Kondycję. Być może wydaje się to sprzeczne z logiką, ale jeśli będziesz zbyt dużo wypoczywać, możesz poczuć się jeszcze bardziej zmęczona. Odrobina wysiłku cię ożywi i doda energii.

- Sen. Wiele przyszłych mam ma problemy z zaśnięciem (nie mówiąc o samym spaniu), ale te, które konsekwentnie ćwiczą, często śpią lepiej i budzą się bardziej wypoczęte. Pamiętaj tylko, żeby nie ćwiczyć bezpośrednio przed snem.

- Zdrowie. Ćwiczenia fizyczne, szczególnie w połączeniu z odpowiednim przyrostem

masy ciała i zdrową dietą, zabezpieczą cię przed cukrzycą ciążową, która jest coraz częstszą dolegliwością wśród kobiet w ciąży.
- Nastrój. Wysiłek fizyczny sprawia, że mózg zaczyna wydzielać endorfiny, czyli hormony szczęścia, które w naturalny sposób poprawiają nastrój, zmniejszają napięcie i niepokój.
- Plecy. Najlepszym remedium na ból pleców, który dokucza wielu przyszłym mamom, są silne mięśnie brzucha. Ale nawet te ćwiczenia, które nie są bezpośrednio na brzuch, mogą przynieść ulgę i zmniejszyć napięcie pleców. Bardzo dobrym sposobem walki z ciążowymi bólami pleców (albo rwą kulszową) jest na przykład pływanie lub aerobik wodny.
- Napięcie mięśni. Ćwiczenia rozciągające są bardzo dobre dla ciała, zwłaszcza w czasie ciąży, ponieważ wówczas kobieta jest bardziej podatna na skurcze w nogach (oraz innych częściach ciała). Rozciąganie pomoże ci zatem zlikwidować niewielkie ogniska bólu i zapobiec bólom mięśni. Poza tym tego typu ćwiczenia możesz wykonywać w każdym miejscu i o każdej porze – nawet jeśli siedzisz przez cały dzień – i wcale się przy tym nie spocisz.

Jak trenować w czasie ciąży

Jeśli postanowiłaś, że będziesz ćwiczyć, masz przed sobą misję – powinnaś zaakceptować fakt (i to z wielu powodów), że każdego dnia na aktywność fizyczną należy przeznaczyć co najmniej 30 minut. I nawet jeśli brzmi to dość zniechęcająco, to pamiętaj, że 3 dziesięciominutowe spacery albo 6 pięciominutowych ćwiczeń rozłożonych na cały dzień ma taki sam korzystny wpływ na twoje samopoczucie jak 30 minut spędzonych na bieżni. (Widzisz, to nie takie trudne, jak się wydawało).

Nadal nie jesteś przekonana, że znajdziesz czas na ćwiczenia? By wypełnić swoją misję, spróbuj potraktować trening tak jak każdą inną czynność – na przykład mycie zębów czy chodzenie do pracy – i uczyń z niego codzienny rytuał.

Jeśli w ciągu dnia nie znajdziesz czasu na wyjście do siłowni, do swojej codziennej aktywności włącz ćwiczenia fizyczne: na przykład wysiądź z autobusu dwa przystanki wcześniej i resztę drogi do biura pokonaj pieszo. Zaparkuj samochód w najdalszym miejscu parkingu, zamiast krążyć w poszukiwaniu miejsca położonego najbliżej wejścia do galerii (a jak już będziesz w środku, zrób kilka dodatkowych okrążeń – to też się liczy). Przejdź się żwawym krokiem po kanapkę do sklepu, zamiast ją zamawiać. Wchodź po schodach, zamiast jeździć windą lub ruchomymi schodami. Wybieraj najdalej położoną łazienkę, zamiast tej po przeciwnej stronie korytarza.

Masz czas, ale brakuje ci motywacji? Zapisz się na zajęcia dla ciężarnych (towarzystwo innych przyszłych mam cię zdopinguje i pomoże odnaleźć motywację) albo zacznij ćwiczyć z koleżankami (zorganizuj klub spacerowiczek – spacerujcie w czasie przerwy na lunch albo wyruszajcie na szlak w każdą sobotę przed cotygodniowym spotkaniem). Znudziły ci się już te wszystkie ćwiczenia? Zmień je na inne – zapisz się na jogę dla ciężarnych, jeśli jesteś zmęczona bieganiem (dosłownie), albo na pływalnię (aerobik wodny), jeśli nie możesz już patrzeć na rower stacjonarny. A może rozruszają cię ćwiczenia dla przyszłych mam z instruktażem wideo.

Oczywiście będą się zdarzały takie dni (szczególnie w pierwszym i trzecim trymestrze, kiedy przyszła mama odczuwa największe zmęczenie), że będziesz zbyt wyczerpana, by zdjąć nogi ze stolika do kawy, nie mówiąc o tym, by wykonywać nimi jakieś ćwiczenia. Teraz nadszedł jednak najlepszy czas i pojawił się najlepszy powód, żebyś zaczęła się ruszać.

- Jelita. Aktywne ciało to sprawnie funkcjonujące jelita. Nawet 10-minutowy spacer pobudzi je do działania, podobnie jak ćwiczenia Kegla (patrz ramka na str. 236).
- Poród. Choć aktywność fizyczna w trakcie ciąży nie gwarantuje szybkiego i łatwego porodu, to mamy, które ćwiczą, zazwyczaj rodzą szybciej i rzadziej potrzebują interwencji lekarza (w tym cięcia cesarskiego).
- Powrót do zdrowia po porodzie. Im więcej będziesz ćwiczyć w ciąży, tym szybciej odzyskasz formę po porodzie (i szybciej wciśniesz się w swoje obcisłe dżinsy).

A jakie znaczenie ma ruch dla dziecka? Ogromne. Naukowcy uważają, że wyższe tętno i lepsze dotlenienie organizmu ćwiczącej przyszłej mamy wpływają stymulująco na dziecko. Pobudzająco działają na malucha również dźwięki i wibracje, które docierają do łona, gdy mama ćwiczy. Ruszaj się zatem, bo dzięki temu twoje dziecko będzie:

- Sprawniejsze fizycznie. Dzieci kobiet, które ćwiczą w czasie ciąży, na ogół rodzą się z optymalną masą urodzeniową, lepiej znoszą trudy porodu (są mniej zestresowane), a potem szybciej dochodzą do siebie. Poza tym, gdy mama ćwiczy, tętno dziecka również przyspiesza, więc można powiedzieć, że dla malucha jest to swego rodzaju trening wytrzymałościowy, dzięki któremu w przyszłości będzie miał zdrowsze serce.
- Inteligentniejsze. Uwierz lub nie, ale badania dowodzą, że dzieci mam, które ćwiczyły w czasie ciąży, już w wieku pięciu lat mają zazwyczaj wyższy iloraz inteligencji (co oznacza, że wysiłek fizyczny wzmacnia twoje mięśnie oraz zdolności umysłowe dziecka!).
- Spokojniejsze. Dzieci mam, które nie stroniły od wysiłku fizycznego, zwykle szybciej zaczynają przesypiać noce, rzadziej mają kolkę i łatwiej się same uspokajają.

Jak ćwiczyć

Twoje ciężarne ciało nie pasuje już do zwykłych strojów sportowych, a co więcej, nie pasuje też do dawnych ćwiczeń. Teraz, gdy jesteś aktywna za dwoje, musisz być podwójnie ostrożna i pewna, że ćwiczysz we właściwy sposób. Oto wskazówki, którymi powinnaś się kierować niezależnie od tego, czy jesteś zapaloną sportsmenką, czy tylko niedzielną spacerowiczką:

Linia startu to gabinet lekarza. Zanim zasznurujesz buty i pobiegniesz na trening kardio, zrób krótki postój w gabinecie lekarza, by uzyskać jego pozwolenie na ćwiczenia. Niemal na pewno je dostaniesz, ponieważ większość kobiet w ciąży może uprawiać sport. Ale jeśli istnieją jakieś przeciwwskazania wynikające z twojego stanu zdrowia lub bezpieczeństwa ciąży, lekarz może ograniczyć twój zestaw ćwiczeń lub nawet całkowicie zabronić ci uprawiania sportu albo – jeżeli zagraża ci cukrzyca ciążowa – zachęcić do wzmożonej aktywności fizycznej. Upewnij się, czy dobrze zrozumiałaś, jaki zestaw ćwiczeń jest dla ciebie odpowiedni lub czy teraz możesz bezpiecznie kontynuować swój program treningowy sprzed ciąży (jeśli taki miałaś). Jeżeli dobrze się czujesz i pozwala na to twój stan zdrowia, lekarz prawdopodobnie zachęci cię, byś uprawiała sport tak długo, jak będziesz w stanie – oczywiście z pewnymi modyfikacjami (zwłaszcza jeśli uprawiałaś sporty zakazane w odmiennym stanie, na przykład hokej na lodzie).

Pamiętaj o tym, że twoje ciało się zmienia. Licz się z tym, że będziesz musiała dostosować ćwiczenia do swojego zmieniającego się ciała. Wraz z powiększającym się brzuchem przesunie się twój środek ciężkości, więc zmodyfikowanie treningu oraz prawdopodobnie zwolnienie tempa ćwiczeń w celu uniknięcia upadku (w szczególności wówczas, gdy już nie będziesz mogła dostrzec własnych stóp) stanie się koniecznością. Spodziewaj się też, że twoje ciało będzie teraz zupełnie inaczej reagować na ćwiczenia, nawet jeśli wykonywałaś je od lat. Jeżeli na przykład zawsze dużo chodziłaś, to w miarę rozwoju ciąży poczujesz większy nacisk na biodra i kolana, ponieważ twoje stawy i więzadła zaczną się rozluźniać. Po pierwszym trymestrze ciąży będziesz musiała unikać ćwiczeń wymagających leżenia na plecach lub stania w bezruchu (dajmy na to pewnych pozycji stosowanych w jodze i tai-chi), gdyż jedno i drugie utrudnia przepływ krwi.

Zaczynaj powoli. Jeśli jesteś początkującą sportsmenką, ograniczaj tempo. Pewnie cię kusi, by zacząć z przytupem i pierwszego dnia przebiec 5 kilometrów lub wykonać dwa zestawy ćwiczeń. Ale ten entuzjastyczny początek zapewne nie skończy się większą sprawnością fizyczną, lecz dotkliwym bólem mięśni, prowadząc do nagłego i opłakanego końca. Ponieważ nie taki jest twój cel, zacznij od 10 minut rozgrzewki, potem poćwicz intensywnie przez 5 (lub więcej) minut (zakończ trening, gdy poczujesz się zmęczona), a na koniec przez 5 minut rozluźniaj i uspokajaj mięśnie. Po kilku dniach – jeśli twoje ciało dobrze zareaguje na te ćwiczenia – wydłużaj intensywny trening o kolejne 5 minut, aż dojdziesz do 30 lub więcej minut (jeśli będziesz czuła się na tyle dobrze, by tak długo ćwiczyć).

Jesteś entuzjastką aktywności fizycznej? Pamiętaj, że chociaż podczas ciąży należy dbać o sprawność fizyczną, to niekoniecznie jest to najlepszy czas, by wymagać od siebie jeszcze więcej (możesz wprowadzić nowy zestaw ćwiczeń po narodzinach dziecka).

Nie zapomnij o rozgrzewce. Jeśli nie możesz się doczekać, żeby zacząć ćwiczyć, rozgrzewka może ci się wydać stratą czasu. Jednak każdy sportowiec wie, że jest ona podstawową częścią każdego treningu. Dzięki rozgrzewce serce i układ krążenia nie ulegają nagłym obciążeniom, a mięśnie i stawy są mniej narażone na urazy; nierozgrzane – szczególnie w czasie ciąży – są bardziej narażone na kontuzje. Zatem najpierw pochodź, zanim zaczniesz biegać, albo popluskaj się w wodzie, zanim przepłyniesz kilka długości basenu.

Kończ tak wolno, jak zaczęłaś. Totalne zmęczenie może się wydawać logicznym zakończeniem ćwiczeń fizycznych, ale z fizjologicznego punktu widzenia nie ma żadnego uzasadnienia. Nagłe zaprzestanie wysiłku fizycznego zatrzymuje krew w mięśniach i zmniejsza jej dopływ do innych części ciała, a tym samym do płodu znajdującego się w macicy. W efekcie możesz odczuwać zawroty głowy, osłabienie, przyspieszone tętno lub nudności. A więc zakończ trening następującymi ćwiczeniami: po biegu pochodź przez kilka minut, po intensywnym pływaniu popluskaj się przez chwilę w basenie, a po innym wysiłku wykonaj kilka rozluźniających ćwiczeń. Na koniec relaksuj się przez kilka minut. Jeśli ćwiczyłaś na podłodze lub rowerze stacjonarnym, zawrotom głowy (lub ewentualnemu upadkowi) zapobiegnie powolne wstawanie.

Spoglądaj na zegarek. Zbyt krótkie ćwiczenia będą nieefektywne, a zbyt długie pozbawią cię sił. Pełny trening – włącznie z rozgrzewką i ćwiczeniami rozluźniającymi – powinien trwać od 30 do 60 minut. Zwracaj uwagę na to, by wysiłek nie był zbyt intensywny – utrzymuj go na umiarkowanym poziomie.

Trzymaj formę. Nieregularne ćwiczenia (na przykład 4 razy w jednym tygodniu, a w następnym nic) nie zapewnią ci odpowiedniej kondycji fizycznej. Natomiast regularny trening (co najmniej 4, a najlepiej 5 do 7 razy w każdym tygodniu) sprawi, że zachowasz formę. Jeżeli jesteś zbyt zmęczona, by wykonywać tak forsowne ćwiczenia,

Sportowe mądrości

Ćwiczenia z dzieckiem na pokładzie? Dlaczego nie? Pamiętaj, by podczas ćwiczeń kierować się rozsądkiem:

- Uzupełniaj płyny. Po 30 minutach umiarkowanych ćwiczeń będziesz musiała wypić przynajmniej szklankę wody, by uzupełnić to, co wypociłaś. Jeśli będzie ciepło lub gdy bardzo się spocisz, wypij jeszcze więcej. Pij przed rozpoczęciem treningu, w trakcie i po, ale nie więcej niż pół litra na jeden raz. Zacznij pić mniej więcej 30–45 minut przed rozpoczęciem ćwiczeń.
- Nie zapominaj o przekąskach. Lekka, lecz treściwa przekąska przed treningiem pomoże ci utrzymać odpowiedni poziom energii. Zjedz też coś lekkiego po zakończeniu zajęć, zwłaszcza jeśli spaliłaś dużo kalorii. Będziesz musiała zjeść 150–200 dodatkowych kilokalorii za każde 30 minut umiarkowanych ćwiczeń.
- Nie przegrzewaj się. Unikaj ćwiczeń, które podnoszą temperaturę ciała o ponad 1,5 stopnia, lub miejsc, w których również dochodzi do przegrzania organizmu (wzrost temperatury powoduje, że krew odpływa od macicy w kierunku skóry, ponieważ organizm w ten sposób próbuje się ochłodzić). Trzymaj się zatem z dala od sauny, łaźni parowej, nie ćwicz na dworze w upalne lub parne dni, unikaj gorących kąpieli oraz dusznych i przegrzanych pomieszczeń (żadnej hot jogi ani bikram jogi). Jeśli na ogół wolisz zajęcia na świeżym powietrzu, to w czasie upałów wybieraj jednak przechadzkę po klimatyzowanej galerii handlowej.
- Ubieraj się odpowiednio. Wkładaj luźne, przewiewne stroje z rozciągliwych materiałów. Wybieraj sportowe staniki, które zdołają skutecznie podtrzymać twój powiększający się biust, ale nie będą cię uciskały w trakcie ćwiczeń.
- Przede wszystkim zadbaj o stopy. Jeśli twoje buty sportowe mają już najlepsze lata za sobą, kup nowe, by zapobiec ewentualnym upadkom lub urazom. Koniecznie wybierz obuwie, które jest przeznaczone do takiej formy sportu, jaką uprawiasz.
- Wybierz odpowiednią powierzchnię do ćwiczeń. W pomieszczeniach lepsza jest drewniana podłoga lub dobrze naciągnięta wykładzina dywanowa niż kafelki

nie zmuszaj się do tego. W zamian spróbuj wykonywać rozgrzewkę, aby zachować sprężystość mięśni i dyscyplinę. Wiele ciężarnych kobiet czuje się lepiej, wykonując każdego dnia choćby kilka ćwiczeń – nawet jeśli nie jest to pełny zestaw. W każdym razie Amerykańskie Stowarzyszenie Położników i Ginekologów zaleca, by każda przyszła mama codziennie (lub niemal codziennie) odrobinę się pogimnastykowała.

Wybierz zajęcia grupowe. Wiele przyszłych mam wybiera grupowe zajęcia fitnessu, by zapewnić sobie towarzystwo innych kobiet, wsparcie instruktora oraz ocenę swoich postępów, nie wspominając o „motywacyjnym kopniaku", kiedy nie masz tyle samodyscypliny, by poradzić sobie na własną rękę. Zajęcia powinny być naturalnie przeznaczone dla kobiet w ciąży i prowadzone przez wykwalifikowanego instruktora. Szukaj klubu, w którym panuje przyjazna atmosfera, ćwiczenia sprawiają radość, nie są zbyt męczące, odbywają się co najmniej 3 razy w tygodniu i są dostosowane do indywidualnych potrzeb przyszłej mamy. Zanim wykupisz karnet na cały program, weź udział w zajęciach próbnych. Nie zdołasz znaleźć czasu na regularne zajęcia? Nie szkodzi. Zorganizuj je sobie w domu, korzystając z materiałów treningowych wideo lub dostępnych w Internecie.

czy beton. (Jeśli powierzchnia jest śliska, nie ćwicz w skarpetkach ani rajstopach). Najlepiej zainwestuj w matę do jogi, która posłuży ci również do ćwiczeń kardio. Trenując na dworze, wybieraj ścieżki biegowe o miękkim podłożu – trawiaste lub nieutwardzone – które są lepsze niż drogi utwardzone lub chodniki, podobnie jak płaskie nawierzchnie są lepsze niż nierówne.

- Unikaj upadków. Ponieważ rosnący brzuch ma wpływ na poczucie równowagi, Amerykańskie Stowarzyszenie Położników i Ginekologów zaleca, by kobiety w drugiej połowie ciąży unikały sportów, które wiążą się z większym ryzykiem upadków i urazów brzucha. Do tych zakazanych sportów należą: forsowna gimnastyka, narciarstwo zjazdowe, snowboard, łyżwiarstwo, sporty rakietowe (badminton, tenis, squash, ping-pong – jeśli musisz, graj w debla), jazda konna, jazda na rowerze oraz sporty kontaktowe, takie jak hokej, piłka nożna i koszykówka (więcej informacji na str. 242).

- Trzymaj się nisko położonych miejsc. Jeśli nie mieszkasz w górach, unikaj przebywania na terenach położonych powyżej 1800 metrów nad poziomem morza. Zabronione jest także że nurkowanie z akwalungiem, które zagraża dziecku chorobą dekompresyjną (związaną z gwałtowną zmianą ciśnienia), a więc musisz zaczekać z nurkowaniem do chwili, gdy już nie będziesz miała małego pasażera na pokładzie.

- Unikaj leżenia na plecach. Po 4 miesiącu ciąży nie ćwicz płasko na plecach. Powiększająca się macica może uciskać główne naczynia krwionośne, utrudniając krążenie krwi.

- Unikaj pewnych ruchów. Niektóre przyszłe mamy stwierdzają, że naciąganie palców stóp w dół może wywołać skurcze łydek. Jeśli tak się stanie w twoim przypadku (jeśli regularnie ćwiczysz przy drążku baletowym, prawdopodobnie cię to nie spotka), odegnij palce w przeciwną stronę (czyli w górę, w kierunku twarzy). Robienie „brzuszków" lub równoczesne unoszenie obu nóg to ćwiczenia napinające mięśnie brzucha, więc w trakcie ciąży lepiej z nich zrezygnować. Unikaj również wszelkiej aktywności fizycznej, która wymaga robienia mostka (czyli wyginania się do tyłu) lub innych ćwiczeń akrobatycznych oraz naciągania lub napinania stawów (na przykład głębokich przysiadów), a także skoków, gwałtownych ruchów i zmian kierunku.

Baw się. Aktywność fizyczna powinna ci sprawiać przyjemność i dawać radość, a nie wzbudzać przerażenie. Łatwiej zaangażować się w ćwiczenia, które są zabawą (a nie torturą), szczególnie w te dni, kiedy brakuje ci energii lub czujesz się wielka jak ciężarówka, a może nawet jedno i drugie.

Zachowaj umiar. Będąc w ciąży, nigdy nie ćwicz do stanu całkowitego wyczerpania (nawet jeśli jesteś doświadczoną sportsmenką, zapytaj lekarza, czy możesz ćwiczyć na pełnych obrotach i to bez względu na to, czy czujesz się zmęczona czy nie). Istnieje kilka sposobów, by sprawdzić, czy nie przesadziłaś z treningiem – kontrola tętna nie jest jednym z nich, więc zrezygnuj z tego zwyczaju. Po pierwsze, jeśli dobrze się czujesz, przypuszczalnie wszystko jest w porządku. Ale gdy poczujesz jakikolwiek ból bądź napięcie w mięśniach, to znak, że powinnaś zwolnić. Odrobina potu to zupełnie naturalna reakcja, ale jeśli jesteś cała mokra, jest to również sygnał, by zmniejszyć tempo. To samo dotyczy rozmowy. Pracuj wytrwale, by twój oddech stał się cięższy, ale nie aż tak, by zmęczenie pozbawiło cię tchu, uniemożliwiając rozmowę, śpiewanie czy gwizdanie. Jeśli po ćwiczeniach potrzebujesz drzemki, to również znak, że trenowałaś zbyt intensywnie. Powinnaś poczuć przypływ energii, a nie wyczerpanie.

Wiedz, kiedy przestać. Kiedy nadejdzie odpowiedni czas, twoje ciało da ci znać, że jest zmęczone. Weź sobie tę wskazówkę do serca i się poddaj. Niewielkie bóle raczej nie są niebezpieczne (na przykład ból więzadła obłego; patrz str. 263), ale te, które pojawiają się za każdym razem, gdy ćwiczysz, to sygnał, że powinnaś trochę zwolnić (na przykład nie biegaj tak szybko albo zamień bieg na spacer). Poważniejsze objawy powinny cię skłonić do kontaktu z lekarzem, na przykład: dziwny ból jakiejkolwiek części ciała (biodra, pleców, miednicy, klatki piersiowej, głowy i tak dalej), skurcz lub kłujący ból, który nie mija, gdy przestajesz ćwiczyć, skurcze macicy i ból w klatce piersiowej, zawroty głowy, gwałtowne bicie serca, ciężki oddech, kłopoty z chodzeniem lub utrata kontroli nad mięśniami, nagły ból głowy, duży obrzęk, wyciek wód płodowych, krwawienie z pochwy, a po 28 tygodniu ciąży – zmniejszenie lub brak ruchów płodu.

Zmniejsz tempo ćwiczeń w trzecim trymestrze. Większość kobiet odczuwa potrzebę ograniczenia wysiłku fizycznego w ostatnim trymestrze ciąży, zwłaszcza w 9 miesiącu, kiedy ćwiczenia rozciągające, szybki marsz lub gimnastyka w wodzie to wystarczający zestaw ćwiczeń. Jeśli będziesz w stanie wykonywać bardziej energiczne ćwiczenia (i jesteś na tyle wysportowana, by sobie z nimi poradzić), lekarz może pozwolić, abyś trenowała aż do porodu, ale najpierw obowiązkowo zasięgnij jego porady.

Nie siedź. Długotrwałe siedzenie bez chwili przerwy sprawia, że krew zaczyna się gromadzić w żyłach nóg, powodując obrzęki stóp i podudzi. Jeżeli twoja praca wiąże się z siedzeniem, codziennie spędzasz wiele godzin w samochodzie lub często podróżujesz, mniej więcej co godzinę zrób sobie przerwę i pospaceruj przez 5 czy 10 minut. Podczas siedzenia wykonaj od czasu do czasu kilka ćwiczeń, które poprawią krążenie krwi: weź kilka głębokich oddechów, wyprostuj nogi, poruszaj stopami i palcami. Spróbuj również napinać mięśnie brzucha i pośladków (na siedząco ruszaj biodrami w przód i w tył). Jeśli puchną ci dłonie, raz na jakiś czas unieś ręce ponad głowę, zaciskając i rozwierając pięści.

Jak wybrać odpowiednie ćwiczenia

To prawda, że ciąża nie jest najlepszym momentem, by się uczyć narciarstwa wodnego czy jazdy na snowboardzie lub brać udział w zawodach jeździeckich, ale nadal można uprawiać różne sporty i korzystać z wielu urządzeń w siłowni (z kilkoma wyjątkami). Masz do wyboru również wiele różnych programów ćwiczeń przeznaczonych specjalnie dla przyszłych mam, na przykład aerobik wodny, pilates czy jogę. Zanim wybierzesz jakąś formę aktywności, najpierw zapytaj lekarza, czy jest dla ciebie odpowiednia. Najpewniej sama się zorientujesz, że większość dyscyplin zabronionych podczas ciąży to te, których i tak nie da się uprawiać z brzuchem wielkości piłki do koszykówki (a więc na przykład koszykówki, futbolu, nurkowania, narciarstwa czy kolarstwa górskiego). Oto co można, a czego nie można robić w czasie ciąży:

Spacer. Chodzić każdy może – zawsze i wszędzie. Nie ma prostszej aktywności fizycznej, którą można by tak łatwo dopasować nawet do najbardziej napiętego planu dnia (nie zapominaj, że liczy się każdy spacer, nawet gdybyś miała przejść tylko dwie przecznice na targ albo pospacerować 10 minut z psem, nim załatwi swoją potrzebę). Możesz spacerować aż do porodu (a nawet w sam dzień rozwiązania, gdy niecierpliwie będziesz czekać na nadejście skurczów). Najlepsze jest to, że spacery nie wymagają żadnego sprzętu, karty członkowskiej ani opłat. Potrzebujesz jedynie odpowiednich butów i wygodnego, przewiewnego stroju. Jeśli dopiero zaczynasz chodzić, najpierw spaceruj powoli, stopniowo zwiększając tempo. Pogoda nie dopisuje? Wybierz się na spacer do galerii handlowej.

Jogging. Doświadczone biegaczki mogą pozostać na szlaku przez całą ciążę, ale być może będziesz musiała skrócić dystans i biegać po płaskim terenie lub korzystać z bieżni stacjonarnej (jeśli nie biegałaś przed zajściem w ciążę, pozostań przy szybkich spacerach). Pamiętaj, że rozluźnione w czasie ciąży więzadła i stawy mogą sprawiać ci ból i utrudniać bieganie, a także narażać cię na kontuzje. Dlatego słuchaj swojego organizmu i dostosuj wysiłek do jego wytrzymałości.

Sprzęt do ćwiczeń. Bieżnia stacjonarna, orbitrek czy stepper to w czasie ciąży bardzo dobry wybór. Dostosuj tempo, nachylenie i naprężenie urządzenia do poziomu, który będzie ci najbardziej odpowiadał (jeśli jesteś nowicjuszką, zacznij powoli). Jednak pod koniec ciąży możesz dojść do wniosku, że ćwiczenie na przyrządach jest zbyt wyczerpujące (a może nie, ale jak zawsze słuchaj swego organizmu). Kiedy z powodu coraz większego brzucha nie będziesz już widzieć swoich stóp, być może uświadomisz sobie, że musisz bardzo uważać, by nie potknąć się podczas ćwiczeń na sprzęcie w siłowni.

Pływanie i ćwiczenia w wodzie. W wodzie ważysz jedną dziesiątą tego co na lądzie (jak często w tych dniach masz okazję poczuć się tak lekka?), więc ćwiczenia w wodzie to doskonały wybór. Dodają energii i gibkości, ale są łagodne dla stawów, a ryzyko przegrzania organizmu jest niewielkie (chyba że woda w basenie jest za gorąca). Co więcej, wiele ciężarnych kobiet zauważa, że ćwiczenia w wodzie łagodzą obrzęki nóg i stóp oraz ból wywołany atakiem rwy kul-

> ### 30 plus?
>
> Czy więcej (ćwiczeń) znaczy lepiej? To zależy. Jeżeli jesteś wyjątkowo ambitna (lub wyjątkowo wysportowana) i otrzymałaś zielone światło od swojego lekarza (ze względu na świetną kondycję), możesz bezpiecznie ćwiczyć nawet przez godzinę lub dłużej, pod warunkiem że cały czas będziesz się wsłuchiwać w swoje ciało. Przyszłe mamy często męczą się szybciej niż kiedyś, a ich zmęczone ciała są bardziej narażone na kontuzje. Poza tym nadmierny wysiłek może doprowadzić do różnych problemów, w tym na przykład do odwodnienia organizmu, jeśli nie będziesz uzupełniać płynów, oraz niedotlenienia dziecka, jeśli przez dłuższy czas będzie brakowało ci tchu. Spalanie większej liczby kalorii podczas długotrwałych ćwiczeń będzie z kolei oznaczało konieczność ich uzupełniania (nie sądzisz, że to najlepsza część każdego treningu?).

szowej. Większość pływalni oferuje zajęcia aerobiku wodnego oraz wiele innych zajęć przeznaczonych dla przyszłych mam. Bądź ostrożna, chodząc po śliskiej nawierzchni, i nie nurkuj.

Joga. Joga to odprężenie, relaks, skupienie i nauka oddychania, zatem podczas ciąży to niemal idealny trening dla ciała i ducha (i doskonałe przygotowanie do narodzin dziecka i rodzicielstwa). Joga dotlenia organizm (a tym samym dziecko), zwiększa elastyczność i sprężystość ciała oraz łagodzi objawy ciąży i ułatwia poród. Wybierz zajęcia przeznaczone specjalnie dla kobiet w ciąży i zapytaj instruktorkę, jak zmodyfikować pozycje, by były dla ciebie bezpieczne. Na przykład po 4 miesiącu nie powinnaś ćwiczyć na plecach, a poza tym w miarę rozwoju ciąży środek ciężkości twojego ciała zacznie się przesuwać, zatem będziesz musiała dostosować do tych zmian swoje ulubione pozycje. A jeśli nie masz doświadczenia w pozycjach odwróconych, po 3 miesiącu ciąży powinnaś unikać pełnych inwersji (stania na rękach lub na głowie), ponieważ po pierwsze będziesz miała trudności z utrzymaniem równowagi, a po drugie może dojść do raptownych zmian ciśnienia tętniczego krwi. Niektórzy lekarze i położne zezwalają na pozycje częściowo odwrócone, na przykład na pozycję „pies z głową w dół".

Jeszcze jedna ważna sprawa: unikaj bikram jogi i hot jogi. Obydwa rodzaje zajęć odbywają się w podwyższonej temperaturze wynoszącej zazwyczaj od 32° do 38°C, a w ciąży należy zaniechać wszelkich ćwiczeń, które nadmiernie podnoszą temperaturę ciała.

Pilates. To ćwiczenia podobne do jogi. Poprawiają elastyczność, siłę i napięcie mięśni, a nie wymagają wielkiego wysiłku. Celem ćwiczeń jest wzmocnienie mięśni brzucha, co w efekcie łagodzi bóle pleców i poprawia sylwetkę (to ważne, gdy nosisz maleństwo w łonie, ale równie ważne będzie wtedy, gdy już zaczniesz je nosić w ramionach). Szukaj zajęć przystosowanych specjalnie dla kobiet w ciąży albo poinformuj instruktorkę o swoim stanie, by przygotowała dla ciebie ćwiczenia niewymagające nieodpowiednich ruchów i pozycji (w tym nadmiernego rozciągania). Unikaj również sprzętów, które nie są bezpieczne dla przyszłych mam.

Taniec/aerobik. Zumba dla przyszłej mamy? Doświadczone sportsmenki w dobrej kondycji fizycznej mogą w trakcie ciąży kontynuować wszystkie rodzaje tańców (taniec brzucha, taniec towarzyski, hip-hop, salsę, zumbę i tak dalej) oraz aerobik. Ale tańcz ostrożnie, mniej intensywnie, unikaj podskoków i gwałtownych ruchów i nigdy nie doprowadzaj się do stanu wyczerpania. Jeśli jesteś początkująca, wybierz mało intensywny aerobik lub aerobik w wodzie, który jest idealnym rozwiązaniem dla kobiet w ciąży.

Zajęcia baletowe. Ćwiczenia baletu przy drążku to również bardzo dobre rozwiązanie dla przyszłych mam, ponieważ taki rodzaj treningu wspiera przede wszystkim mięśnie nóg, nie obciążając ich skokami. Korzystny wpływ na samopoczucie mają także ćwiczenia równowagi oraz te, które wzmacniają mięśnie pleców, ramion i brzucha. W czasie ciąży jest to szczególnie ważne, ponieważ rosnący brzuch osłabia te partie mięśni i jest przyczyną zaburzeń równowagi. A więc stań przy drążku baletowym, ale rzecz jasna wprowadź pewne modyfikacje, ponieważ niektóre ruchy dolnej części ciała mogą obciążać mięśnie grzbietu – szczególnie gdy brzuch będzie coraz większy. Dostosuj zatem ruchy (ustawiając ręce i kolana w odpowiedniej pozycji) do swoich potrzeb.

Ćwiczenia na stepperze. Jeśli jesteś w dobrej formie i masz doświadczenie w tego rodzaju ćwiczeniach, na ogół nie będziesz musiała się rozstawać ze stepperem. Pamiętaj tylko, że twoje stawy są teraz bardziej podatne na kontuzje, a więc przed rozpoczęciem ćwiczeń dobrze je porozciągaj i nie przemęczaj się. I oczywiście nie wchodź na zbyt wysokie stopnie, a gdy twój brzuch urośnie, unikaj każdej aktywności wymagającej szczególnego poczucia równowagi.

Spinning. Czy jazda na rowerze stacjonarnym jest bezpieczna w czasie ciąży? Jeśli zaczęłaś ćwiczyć przynajmniej pół roku przed poczęciem, prawdopodobnie nie będziesz musiała rezygnować z ćwiczeń, lecz zwolnij tempo i uprzedź trenera, że jesteś w ciąży. Jeśli zaczniesz ciężko oddychać albo nie będziesz mogła złapać tchu, zmniejsz prędkość. By zapewnić sobie maksimum wygody i bezpieczeństwa, ustaw kierownicę blisko siebie, by się nie pochylać – siedź prosto, a uchronisz się przed dodatkowym i niepotrzebnym bólem pleców. Nie próbuj jeździć na stojąco, ponieważ taka forma spinningu jest zbyt intensywna dla przyszłej mamy. Jeśli ćwiczenia na rowerze stacjonarnym stają się dla ciebie zbyt wyczerpujące, zrób sobie przerwę i wróć do treningów po porodzie.

Kick-boxing. Ta forma sportu wymaga zręczności i szybkości, czyli dwóch cech, których przyszłe mamy zazwyczaj nie posiadają w nadmiarze. Wiele ciężarnych kick-bokserek stwierdza, że nie może już wykonywać wysokich i szybkich kopnięć, ale jeśli ćwiczenia nadal nie sprawiają ci trudności i masz spore doświadczenie (nie jesteś nowicjuszką), nie musisz rezygnować z kick-boxingu. Unikaj tylko ruchów, które mogą być dla ciebie zbyt uciążliwe lub zanadto obciążają ciało. Zachowaj bezpieczny dystans do innych ćwiczących (nie chcesz przecież, żeby ktoś przez przypadek kopnął cię w brzuch) – powinna być to odległość równa długości co najmniej dwóch nóg. Powiadom również wszystkich uczestników zajęć, że jesteś w ciąży, lub poszukaj treningu kick-boxingu przeznaczonego wyłącznie dla ciężarnych (gdzie wszystkie kobiety są w ciąży i w sporej odległości od siebie).

Ćwiczenia siłowe. Ciężarki wzmacniają napięcie mięśni (i przygotowują twoje bicepsy do noszenia maleństwa), ale bezwzględnie unikaj dużych obciążeń i ćwiczeń siłowych, które wymagają wstrzymywania oddechu, co może ograniczyć dopływ krwi do macicy. Używaj lżejszych ciężarków, ale za to wykonuj więcej powtórzeń. Zapytaj lekarza, jakie modyfikacje powinnaś wprowadzić w przypadku ćwiczeń na taśmach TRX (a może nawet odłożyć sprzęt do czasu porodu) oraz czy powinnaś zrezygnować z treningu siłowego i kondycyjnego typu crossfit (chyba że trenujesz od lat i twój lekarz nie widzi żadnych przeciwwskazań).

Sport na świeżym powietrzu (piesze wycieczki, jazda na rolkach, na rowerze i nartach). Ciąża to nie najlepsza pora, by uczyć się nowej dyscypliny sportu – szczególnie gdy wymaga ona zmysłu równowagi – jednak doświadczone sportsmenki mogą kontynuować ćwiczenia, pod warunkiem że uzyskały zgodę lekarza i zachowują odpowiednie środki ostrożności. Kiedy uprawiasz piesze wycieczki, unikaj nierówności terenu (zwłaszcza w późniejszym okresie ciąży, kiedy nie będziesz mogła dostrzec kamienia na ścieżce), wzniesień oraz śliskich nawierzchni – rzecz jasna wspinaczka skałkowa nie wchodzi w grę. Kiedy jeździsz na rowerze, bądź szczególnie ostrożna – wkładaj kask, unikaj mokrych chodników, krętych i wyboistych ścieżek (upadek nigdy nie jest bezpieczny, a tym bardziej podczas ciąży). Nie pochylaj się też nad kierownicą i nie ścigaj (możesz nadwerężyć sobie dolną część pleców, a poza tym ciąża to nie czas na wyścigi, więc spiesz się powoli). Jeśli chodzi o łyżwiarstwo lub jazdę na rolkach, możesz spróbować pojeździć na początku ciąży (a nawet zrobić piruet, przeplatankę lub ósemkę), pod warunkiem że jesteś doświadczona i ostrożna – później zaczniesz mieć trudności z zachowaniem równowagi, więc porzuć łyżwy czy wrotki, gdy będziesz zbyt duża, by poruszać się z gracją. To samo odnosi się do jazdy na rolkach i jazdy konnej. Unikaj też zjeżdżania na nartach i snowboardzie, nawet jeśli masz za sobą lata doświadczeń na ekstremalnie trudnych trasach zjazdowych – ryzyko poważnego upadku lub kolizji jest zbyt duże (nawet zawodowcy czasem się przewracają). Narciarstwo biegowe oraz chodzenie w rakietach śnieżnych to również bardzo dobre dyscypliny dla doświadczonych sportsmenek, ale musisz być bardzo ostrożna, żeby uniknąć upadku.

Tai-chi. Ta starożytna forma ćwiczeń medytacyjnych polega na wykonywaniu powolnych ruchów, które pozwalają rozluźnić mięśnie i wzmocnić ciało, nie narażając ich na ryzyko urazu. Jeśli odpowiada ci taka forma ćwiczeń i już kiedyś trenowałaś tai--chi, możesz je kontynuować w czasie ciąży.

Poszukaj zajęć dla kobiet w ciąży lub wykonuj tylko te ruchy, które nie sprawiają ci trudności – bądź szczególnie ostrożna przy pozycjach wymagających zachowania równowagi.

Podstawowe ćwiczenia dla przyszłych mam

Nigdy nie byłaś na siłowni? Nie potrafisz rozróżnić wypadu od przysiadu? A może po prostu nie wiesz, jak zacząć ćwiczyć za dwoje (i dla dwojga)? Oto kilka prostych i bezpiecznych ćwiczeń dla przyszłej mamy.

Rozciąganie mięśni ramion. By wykonać ćwiczenie zmniejszające napięcie mięśniowe ramion (jest szczególnie pomocne, gdy spędzasz dużo czasu przy komputerze), wykonaj następujące ruchy: stań w lekkim rozkroku, rozstaw stopy na szerokość ramion i lekko ugnij kolana. Podnieś lewą rękę na wysokość klatki piersiowej i lekko ją zegnij. Następnie prawą dłonią chwyć łokieć lewej ręki, a potem delikatnie przyciągnij go do prawego ramienia, jednocześnie wydychając powietrze. Przytrzymaj tak 5–10 sekund, a potem zmień ręce.

← Rozciąganie mięśni ramion

Rozciąganie mięśni nóg. Ulżyj swoim nogom, wykonując następujące ćwiczenia rozciągające: stań przy biurku, oparciu ciężkiego krzesła lub przy innym stabilnym meblu i chwyć się go. Zegnij prawą nogę w kolanie i skieruj stopę w stronę pośladka. Następnie chwyć stopę prawą dłonią i przyciągnij piętę do pośladka, jednocześnie odciągając udo do tyłu w stawie biodrowym. Wyprostuj plecy i wytrzymaj w tej pozycji 10–30 sekund. Powtórz to samo z lewą nogą.

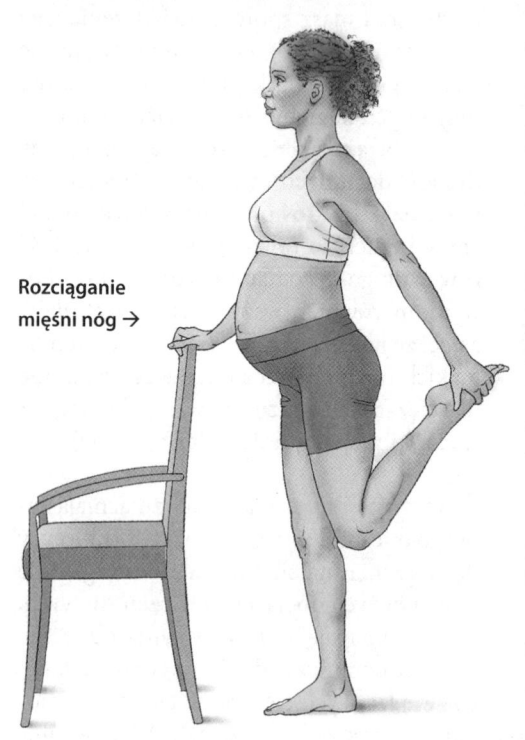

Rozciąganie mięśni nóg →

„Koci grzbiet". To niezawodny sposób, by dać trochę wytchnienia obolałym plecom. Wykonaj klęk podparty, opierając się na dłoniach i kolanach, i rozluźnij mięśnie grzbietu. Głowa i szyja powinny się znajdować w jednej linii z kręgosłupem. Następnie zrób „koci grzbiet", czyli wypchnij kręgosłup lekko w górę – powinnaś poczuć, że mięśnie brzucha i pośladków się napinają – i opuść głowę. Potem powróć do pozycji wyjściowej. Wykonaj kilka serii i jeśli możesz, powtarzaj ćwiczenie kilka razy dziennie, szczególnie jeśli wykonujesz pracę w pozycji stojącej lub siedzącej.

Rozluźnianie mięśni szyi. To ćwiczenie pomoże zmniejszyć napięcie w obrębie szyi i karku. Usiądź prosto, zamknij oczy, weź głęboki oddech, a potem delikatnie przechyl głowę w jedną stronę i pozwól, by powoli opadła w kierunku ramienia. Nie unoś ramienia w kierunku głowy i nie dociskaj na siłę głowy do ramienia. Wytrzymaj tak przez 3–6 sekund, a potem przechyl głowę w przeciwną stronę. Powtórz ćwiczenie 3–4 razy. Potem lekko pochyl głowę w kierunku klatki piersiowej i przyciągnij do niej brodę. Skieruj policzek do prawego ramienia (tym razem również nie wymuszaj ruchu i nie unoś ramienia do głowy). Utrzymaj głowę w tej pozycji przez 3–6 sekund, a potem przechyl policzek w drugą stronę. Powtórz ćwiczenie kilka razy, wykonuj tę serię 3–4 razy dziennie.

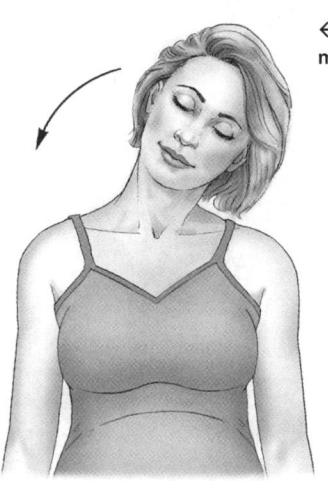

← Koci grzbiet

← Rozluźnianie mięśni szyi

i przygotować się do porodu. By zacząć ćwiczenie, stań plecami do ściany i rozluźnij kręgosłup. Wdychając powietrze, przyciśnij plecy do ściany. Potem zrób wydech i powtórz ćwiczenie kilka razy. W innej wersji ćwiczenia możesz również złagodzić ból wywołany rwą kulszową: próbuj poruszać miednicą do przodu i do tyłu, jednocześnie trzymając prosto plecy – możesz to robić na stojąco lub na czworakach (w klęku podpartym). Wykonuj to ćwiczenie regularnie – przynajmniej kilka razy dziennie po 5 minut.

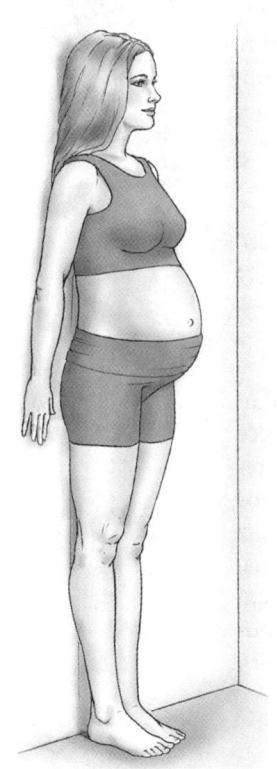

Ruchy miednicy. To proste ćwiczenie wpłynie korzystnie na postawę, pomoże wzmocnić mięśnie brzucha, zmniejszyć ból pleców

← Ruchy miednicy

Unoszenie nóg. Unosząc nogi, wykorzystujesz ciężar własnego ciała, by napinać mięśnie ud (niepotrzebne są do tego żadne przyrządy). Połóż się po prostu na lewym boku, starając się ułożyć ramiona, biodra i kolana w jednej linii. Podeprzyj głowę lewą ręką, a prawą ułóż na podłodze przed sobą. Następnie unieś powoli prawą nogę tak wysoko, jak zdołasz, nie odczuwając dyskomfortu (pamiętaj o oddychaniu). Zrób 10 powtórzeń, a potem zmień bok.

↓ Unoszenie nóg

Ćwiczenia na bicepsy. Zacznij od zaopatrzenia się w lekkie hantle (1-, 2-kilogramowe, jeśli jesteś początkująca, oraz nie więcej niż 5-kilogramowe, jeśli jesteś profesjonalistką). Stań w lekkim rozkroku, rozstawiając stopy na szerokość ramion, i staraj się nie usztywniać nóg w kolanach. Trzymaj łokcie blisko ciała i wyprostuj klatkę piersiową. Następnie podnieś powoli oba ciężarki w kierunku ramion, zginając ręce w łokciach. Trzymaj ręce przed sobą i unoś je w górę, aż dotkniesz ramion (nie zapominaj o oddychaniu). Potem opuść wolno ręce i powtórz ruch. Zrób 8–10 powtórzeń, ale jeśli się poczujesz zmęczona, przerwij ćwiczenie i nie przesadzaj z wysiłkiem. Poczujesz ból w mięśniach, ale nigdy nie powinnaś ich nadmiernie nadwerężać ani wstrzymywać oddechu.

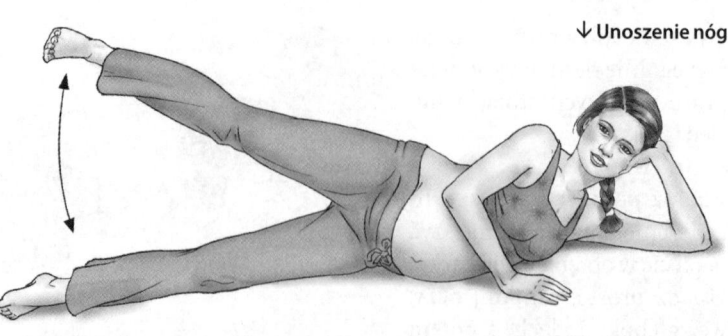

Rozciąganie talii. Usiądź ze skrzyżowanymi nogami i się rozciągnij – ta pozycja pomoże ci się zrelaksować i lepiej poznać własne ciało (im bardziej je poznasz, przygotowując się do porodu, tym lepiej). Siedząc, rozciągaj ramiona – połóż ręce na ramionach, potem unieś je nad głowę, a na koniec wyciągnij w kierunku sufitu. Możesz

Ćwiczenia na bicepsy →

Rozciąganie talii →

CZWARTY MIESIĄC

Ćwiczenia na uda i pośladki ↓

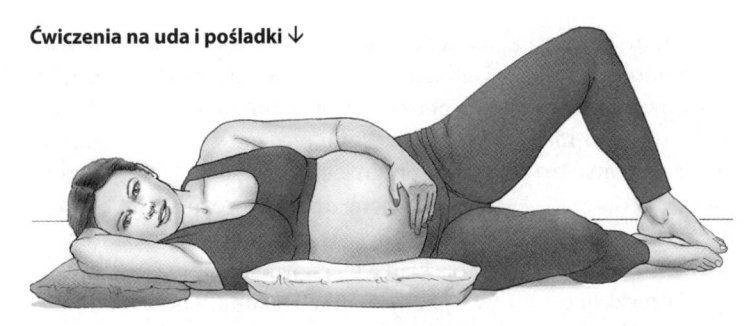

również rozciągać ramiona naprzemiennie, wyciągając jedno wyżej niż drugie, lub przechylając się na boki. (Uważaj, żeby się nie przewrócić).

Ćwiczenia na uda i pośladki. Połóż się na prawym boku z nogami lekko ugiętymi w kolanach i złączonymi udami. Podłóż jedną poduszkę pod głowę, a drugą pod brzuch, by go podeprzeć. Ułóż biodra w jednej linii (jedno nad drugim), wyprostuj kręgosłup i wciągnij brzuch (na ile możesz). Złącz stopy i jak najwyżej unieś lewą nogę, obracając ją w biodrze i rozłączając kolana. Następnie opuść nogę i wykonaj 8–10 powtórzeń, a potem zmień bok.

Przysiady. Ćwiczenie wzmacnia i modeluje uda. Stań w lekkim rozkroku ze stopami rozstawionymi na szerokość ramion. Wyprostuj plecy i ugnij nogi w kolanach (zwróć uwagę, by kolana nie przekroczyły linii stóp), a potem powoli opuść tułów tak nisko, jak zdołasz. Utrzymaj tę pozycję przez 10–30 sekund, a potem powoli wróć do pozycji stojącej. Powtórz ćwiczenie 5 razy. (Uwaga: unikaj wykroków i głębokich przysiadów, ponieważ twoje stawy są teraz bardziej podatne na urazy i kontuzje).

Skręty tułowia. Jeśli siedziałaś zbyt długo albo po prostu czujesz się spięta i jest ci niewygodnie, wypróbuj proste ćwiczenie

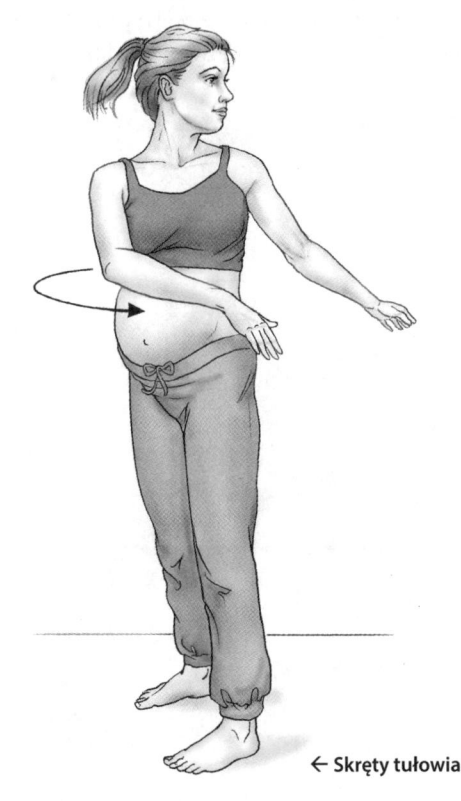

← Przysiady

← Skręty tułowia

poprawiające krążenie krwi. Stań prosto i rozstaw stopy na szerokość ramion. Skręcaj delikatnie tułów w obie strony. Pamiętaj o prostych plecach i swobodnym ruchu ramion. Nie możesz stać? Możesz wykonać to ćwiczenie również na siedząco.

Rozciąganie stawu biodrowego (zginacza stawu biodrowego). Jeśli od czasu do czasu porozciągasz zginacze stawu biodrowego, będziesz gibka i elastyczna, dzięki czemu z łatwością rozciągniesz nogi, gdy dziecko zacznie wychodzić na świat. By uelastycznić zginacze stawu biodrowego, stań u dołu schodów, jakbyś chciała na nie wejść. (Przytrzymaj się poręczy jedną ręką, jeśli będziesz potrzebowała wsparcia). Połóż jedną stopę na pierwszym lub drugim stopniu schodów (tak, żeby było ci wygodnie) i zegnij kolano. Drugą nogę wyprostuj w kolanie i nie odrywaj stopy od podłogi. Pochyl się lekko w stronę ugiętej nogi i wyprostuj plecy. Powinnaś poczuć napięcie w wyprostowanej nodze. Zmień nogę i powtórz ćwiczenie.

Rozciąganie stawu biodrowego →

Rozciąganie mięśni klatki piersiowej. Delikatne rozciąganie mięśni klatki piersiowej poprawi twoje samopoczucie oraz krążenie krwi. Zegnij ręce na wysokości ramion, stań w progu i lekko się pochyl, przytrzymując się futryny drzwi z dwóch stron. Następnie przechyl się mocniej, aż poczujesz, że twoja klatka piersiowa się napina. Wytrzymaj w tej pozycji 10–20 sekund, a potem odpocznij. Wykonaj 5 powtórzeń.

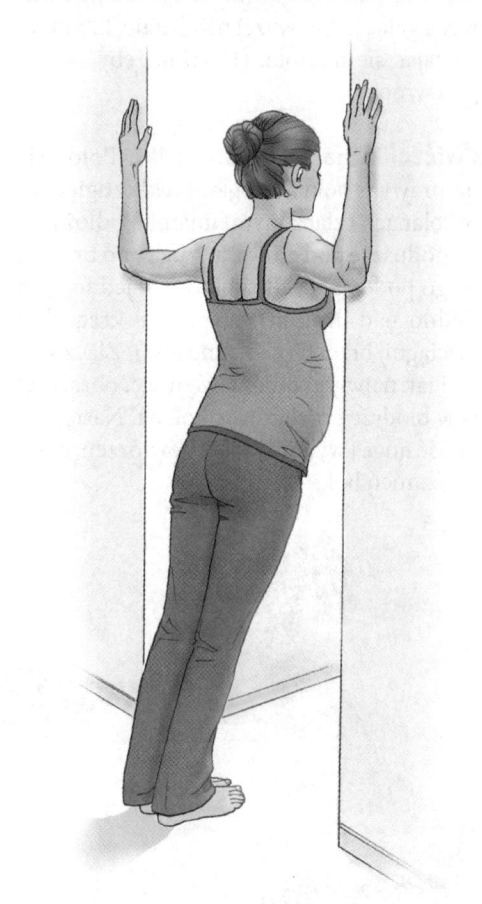

Rozciąganie mięśni klatki piersiowej ↑

Pozycja trójkąta. W tej pozycji pracują nogi, rozciągają się boki tułowia, wzmacniają biodra i prostują ramiona (które w czasie ciąży czasem opadają i tracą jędrność). Stań w szerokim rozkroku (stopy powin-

CZWARTY MIESIĄC

← Pozycja trójkąta

ny znajdować się poza linią bioder), skręć prawą stopę 90° na zewnątrz, a lewą skieruj nieznacznie do środka, żeby utrzymać równowagę. Rozłóż ręce na boki i unieś na wysokość ramion, trzymając je równolegle do podłogi (wewnętrzna część dłoni musi być skierowana w dół). Uważaj, by nie unosić ramion w kierunku uszu. Następnie weź głęboki oddech. Potem wolno wypuść powietrze i przechyl się w prawą stronę (na ile jesteś w stanie). Wyciągnij prawą rękę, starając się dotknąć kostki (jeśli nie będziesz mogła tego zrobić z powodu dużego brzucha, wystarczy, że dosięgniesz do goleni). Wyciągnij lewą rękę w taki sposób, by znajdowała się w linii prostej z opuszczonym prawym ramieniem. Spróbuj wyprostować obie ręce i nogi. Oddychaj normalnie i pozostań w tej pozycji tak długo, dopóki nie poczujesz dyskomfortu. Potem wróć do pozycji wyjściowej, odpocznij chwilę i powtórz ćwiczenie, zmieniając stronę.

Deska (plank) na przedramionach. Uklęknij i podeprzyj się rękoma. Następnie połóż przedramiona na podłodze, spleć palce i rozstaw szeroko łokcie. Wyprostuj po kolei obie nogi tak, by twoje ciało pozostało w linii prostej od głowy aż do stóp, i unieś tułów, napinając mięśnie brzucha (pozycja A). Jeśli to ćwiczenie jest dla ciebie za trudne, zegnij lekko kolana (albo ułóż nogi na podłodze

← Deska na przedramionach, pozycja A

Deska na przedramionach, pozycja B →

(pozycja B). Wytrwaj w takiej pozycji 5–20 sekund, oddychając głęboko, a potem powtórz ćwiczenie. Musisz odpocząć? Usiądź na piętach z wyprostowanymi plecami.

Ćwiczenia z piłką. Piłka sportowa (zwana czasem położniczą) nie tylko wzmocni mięśnie brzucha, ale także pomoże ci wyćwiczyć poczucie równowagi i stabilności w miarę powiększania się brzucha. Oto jedno z ćwiczeń: usiądź na piłce z ramionami ułożonymi luźno po bokach i stopami opartymi płasko na podłodze w wygodnej odległości od piłki i rozstawionymi na szerokość bioder. Przez chwilę balansuj na piłce, a potem unieś ręce na wysokość ramion i rozłóż je. Potem wyprostuj prawą nogę i podnieś ją na wysokość biodra (jeśli nie możesz wyprostować nogi, zegnij ją w kolanie i oderwij stopę od podłogi). Następnie opuść nogę i ramiona, ponownie poćwicz równowagę na piłce i powtórz ćwiczenie z lewą nogą. Wykonaj 6–8 powtórzeń, zmieniając nogi.

Na piłce sportowej można wykonywać również inne ćwiczenia: ruchy miednicy, rozciąganie mięśni ramion czy deskę na przedramionach.

Ćwiczenie z piłką →

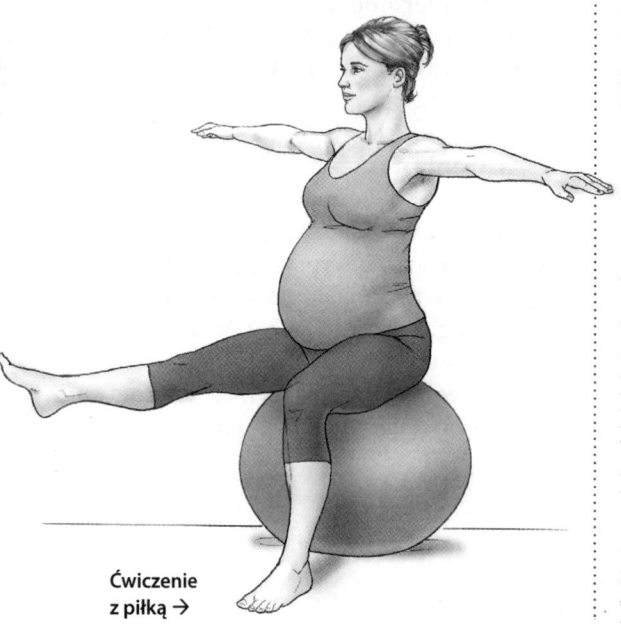

> ### Kiedy ćwiczenia fizyczne są zakazane
>
> Aktywność fizyczna w trakcie ciąży z pewnością służy każdej przeciętnej przyszłej mamie i jej dziecku. Jednak niekiedy pojawiają się powikłania i kobieta musi dużo odpoczywać – w takiej sytuacji najlepszym zaleceniem jest relaks. Jeżeli lekarz zabronił ci ćwiczeń fizycznych przez część ciąży lub nawet całą, zapytaj, czy możesz poruszać się choćby w ograniczonym zakresie – dajmy na to rozciągać ramiona – aby siedząc na kanapie lub nawet leżąc w łóżku, nadal pozostać w formie. Więcej informacji znajdziesz na str. 607.

… ROZDZIAŁ 9 …

Piąty miesiąc

W przybliżeniu od 18 do 22 tygodnia

To, co kiedyś wydawało się całkowitą abstrakcją, zaczyna się urzeczywistniać… i to szybko. Istnieje spore prawdopodobieństwo, że w tym miesiącu lub na początku przyszłego po raz pierwszy poczujesz ruchy swojego dziecka. To cudowne uczucie w połączeniu z dość już sporą wypukłością brzuszka w końcu sprawi, że naprawdę poczujesz się w ciąży. I chociaż maleństwo nie jest jeszcze gotowe, by osobiście zagościć w twoich ramionach, to cudownie jest mieć pewność, że naprawdę istnieje i się w tobie rozwija.

Twoje dziecko w tym miesiącu

Tydzień 18. Dziecko, które ma teraz około 14 centymetrów długości i waży od 140 do 185 gramów (czyli jest mniej więcej wielkości piersi kurczaka, którą zjadłaś na obiad, ale jest o wiele ładniejsze), już dość dokładnie wypełnia macicę i jest na tyle duże, abyś mogła poczuć, jak się kręci, obraca, boksuje czy kopie, co z pewnością zdążyło opanować do perfekcji. Kolejne umiejętności, jakie przyswoi sobie w tym miesiącu, to ziewanie i czkanie (prawdopodobnie zaczniesz wkrótce odczuwać czkawkę malucha i zauważać, jak wstrząsa twoim brzuchem). Twoje jedyne w swoim rodzaju dziecko jest już naprawdę wyjątkowe – ma nawet unikatowe linie papilarne na maleńkich paluszkach rąk i stóp.

Tydzień 19. W tym tygodniu dziecko ma już około 15 centymetrów długości i waży ponad 225 gramów. Do jakiego owocu można je przyrównać w tym miesiącu? Do sporej wielkości mango. A dokładnie do mango zanurzonego w tłustym serze. Ten „tłusty ser" to maź płodowa – tłusta biała substancja przypominająca biały ser – która pokrywa wrażliwą skórę dziecka, chroniąc ją przed długą kąpielą w płynie owodniowym zwanym też wodami płodowymi. Bez tej ochrony w chwili narodzin maluch byłby bardzo pomarszczony. Ta ochrona zaczyna zanikać przed porodem, ale dzieci, które przychodzą na świat przed terminem, w chwili narodzin są nadal pokryte mazią płodową.

Tydzień 20. W tym tygodniu mieszkaniec twojego brzucha ma wielkość małego melona – waży około 285 gramów i ma 16,5 centymetra długości (mierząc od głowy do pośladków). W tym miesiącu badanie USG przypuszczalnie już zdoła wykazać – jeżeli będziesz chciała – czy twój maluch jest chłopcem czy dziewczynką. Bez względu na płeć dziecko będzie miało teraz bardzo dużo pracy. Jeśli jest dziewczynką, macica jest już w pełni ukształtowana, w jajnikach znajduje się około 7 milionów prymitywnych komórek jajowych (aczkolwiek w chwili narodzin ich liczba spadnie do mniej więcej 2 milionów – to nawet więcej, niż będzie potrzebowała w okresie rozrodczym), zaczyna się rozwijać pochwa. Jeśli twoje dziecko jest chłopcem, z jego brzucha zaczynają zstępować jądra. Za kilka miesięcy znajdą się w mosznie (która się jeszcze kształtuje). Na szczęście dla twojego malucha w macicy jest mnóstwo miejsca, żeby się kręcić, obracać, kopać, boksować, a nawet od czasu do czasu zrobić fikołka. Jeśli jeszcze nie czujesz tych wszystkich akrobacji, na pewno maluch cię nimi uszczęśliwi w najbliższych tygodniach.

Tydzień 21. Jak duże jest dziecko w tym tygodniu? Mierzone już nie od głowy do pośladków, lecz od głowy do pięt, ma około 26 centymetrów (wyobraź sobie bardzo dużą marchewkę) i waży od 310 do 355 gramów. A skoro mowa o marchewkach, zjedz ich trochę w tym tygodniu, jeśli chcesz, by dziecko w przyszłości je polubiło. Rzecz w tym, że smak wód płodowych zmienia się z dnia na dzień, w zależności od tego, co akurat zjadłaś (jednego dnia ostre chili, drugiego słodką marchewkę). Ponieważ dziecko

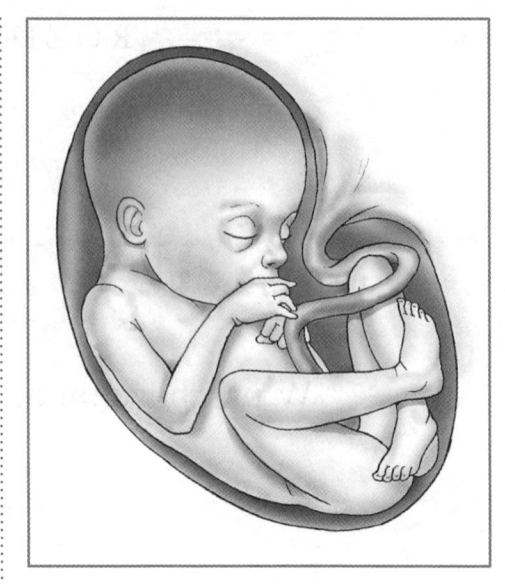

Twoje dziecko w 5 miesiącu

połyka teraz płyn owodniowy (żeby się nawodnić oraz dostarczyć organizmowi składników odżywczych, a także żeby poćwiczyć przełykanie i trawienie), będzie poznawać smak tego, co znalazło się w twoim jadłospisie. A oto najnowsze sukcesy maluszka: jego ręce i nogi mają już ostateczne proporcje, neurony tworzą połączenia między mózgiem a mięśniami, a chrząstki zamieniają się w kości. Oznacza to, że ruchy dziecka (które prawdopodobnie już czujesz) są teraz o wiele bardziej skoordynowane (nie są już przypadkowymi skurczami).

Tydzień 22. Zapomnij o maleńkiej fasolce. W tym tygodniu mówimy już o „poważnej" wadze 500 gramów oraz długości (od głowy do pięt) około 28 centymetrów – dziecko jest już wielkości małej lalki. Ale ta twoja lalka jest żywa – rozwijają się u niej zmysły, w tym zmysł dotyku, wzroku, słuchu i smaku. A czego dotyka? Chwyta pępowinę (na razie niczego innego nie ma pod ręką) i ćwiczy silny uścisk dłoni – wkrótce zaciśnie paluszki na twoich palcach (i będzie cię ciągnąć za włosy). Co widzi? Chociaż w macicy jest ciemno –

a płód ma jeszcze zamknięte powieki – w tym tygodniu jest już w stanie rozróżnić światło od ciemności. Jeśli oświetlisz latarką swój brzuch, być może poczujesz reakcję dziecka, które będzie próbowało odwrócić głowę od „rażącego" światła. A co słyszy? Twój głos, głos twojego partnera, bicie twojego serca, szum krwi krążącej w twoim organizmie, bulgotanie w twoim żołądku i jelitach, szczekanie psa, odgłos syreny i telewizora. A czego posmakuje? Mniej więcej tego samego co ty (a więc zajadaj się sałatkami).

Co możesz odczuwać

Oto objawy, których możesz się spodziewać w tym miesiącu (równie dobrze możesz ich nie odczuwać). Niektóre z nich mogą się utrzymywać od ubiegłego miesiąca, a inne będą zupełnie nowe. Niektóre objawy mogą się stopniowo zmniejszać, podczas gdy inne będą się nasilać:

OBJAWY FIZYCZNE
- przypływ energii;
- ruchy płodu (prawdopodobnie pod koniec miesiąca);
- obfitsza wydzielina z pochwy;
- bóle podbrzusza – po jednej stronie lub po obu (wynik rozciągania się więzadeł podtrzymujących macicę);
- zaparcia;
- zgaga, niestrawność, gazy, wzdęcia;
- sporadyczne bóle głowy;
- sporadyczne zawroty głowy lub uczucie oszołomienia (zwłaszcza podczas gwałtownej zmiany pozycji lub gdy spadnie ci stężenie glukozy);
- bóle pleców;
- zapchany nos i sporadyczne krwawienia z jamy nosowej; zatkane uszy;
- nadwrażliwość dziąseł, które mogą krwawić podczas czyszczenia zębów;
- wilczy apetyt;
- skurcze mięśni nóg;
- niewielkie obrzęki kostek i stóp, od czasu do czasu również rąk i twarzy;

Twoje ciało w tym miesiącu

Jesteś już w połowie ciąży; w 20 tygodniu dno macicy znajduje się mniej więcej na wysokości pępka. Pod koniec tego miesiąca macica znajdzie się około 2,5 cm powyżej pępka. Prawdopodobnie już nie da się ukryć, że jesteś w ciąży, chociaż u niektórych kobiet jeszcze tego zbyt wyraźnie nie widać.

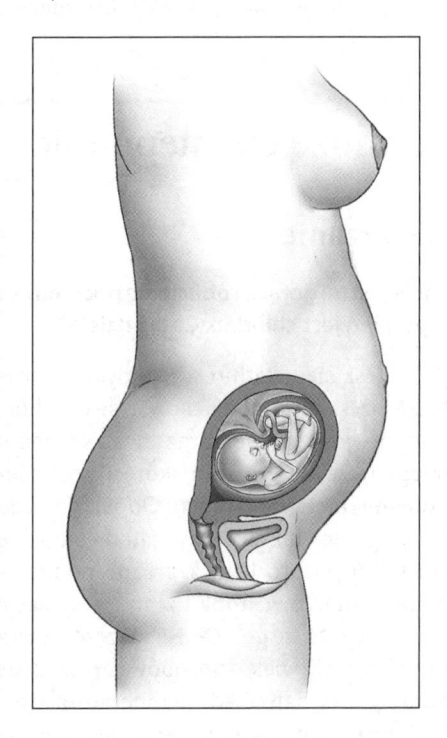

- żylaki kończyn dolnych i/lub odbytu;
- hemoroidy;
- przebarwienia na brzuchu i/lub twarzy;
- wystający pępek;
- przyspieszone tętno;
- szybsze – lub wolniejsze – osiąganie orgazmu.

ODCZUCIA PSYCHICZNE

- coraz pełniejsza świadomość „bycia w ciąży";
- rzadsze wahania nastroju, aczkolwiek nadal możesz być od czasu do czasu odrobinę płaczliwa lub rozdrażniona;
- utrzymujące się roztargnienie.

Czego możesz oczekiwać podczas badania lekarskiego

W tym miesiącu wizyta kontrolna może obejmować (w zależności od twoich potrzeb i stylu pracy lekarza) następujące badania:
- pomiar masy ciała i ciśnienia tętniczego krwi;
- ogólne badanie moczu, by wykluczyć obecność glukozy i białka;
- określenie czynności serca płodu;
- określenie wielkości i kształtu macicy metodą palpacyjną (lekarz będzie uciskał twój brzuch palcami);
- określenie wysokości dna macicy (czyli jej najwyżej położonego punktu);
- kontrolę rąk i stóp pod kątem obrzęków oraz nóg pod kątem żylaków.

Lekarz spyta też o objawy ciążowe, zwłaszcza te nietypowe, i odpowie na pytania, a więc przygotuj sobie listę.

Co może cię niepokoić

Przegrzanie

Ciągle jest mi gorąco i obficie się pocę, nawet gdy innym jest chłodno. Co się dzieje?

Czujesz się ostatnio wyjątkowo gorąca? Możesz za to podziękować swoim hormonom (jak zwykle) oraz zwiększonemu przepływowi krwi przez skórę i przyspieszonemu metabolizmowi. Dodaj do tego jeszcze gorący klimat lub wyjątkowo upalne lato (albo po prostu przegrzane pomieszczenie w biurze w środku zimy), a sytuacja naprawdę robi się gorąca. Na szczęście masz do dyspozycji wiele sposobów, by czuć się komfortowo, nawet gdy temperatura twojego organizmu zaczyna wzrastać. Aby się ochłodzić, gdy jest ci gorąco za dwoje, wypróbuj następujące sposoby:

- Noś luźne, przewiewne ubrania z bawełny lub innych tkanin przepuszczających powietrze. Wkładaj kilka warstw odzieży, by zdejmować je stopniowo, gdy zacznie ci się robić gorąco.
- Śpij w odpowiednich warunkach. Ustaw termostat w sypialni na niższą temperaturę i kup bieliznę pościelową oraz piżamę z naturalnych włókien.
- By się szybko ochłodzić, przyłóż do wewnętrznej części nadgarstków worek z lodem, zimny kompres lub włóż je pod bieżącą zimną wodę. Ponieważ przez nadgarstek biegnie jedna z większych tętnic

(puls jest tam bardzo dobrze wyczuwalny), przyłożenie zimnego okładu pomoże ci się ochłodzić. Możesz również przykładać kompresy w innych miejscach, w których tętno jest łatwo wyczuwalne: na szyi, stawach skokowych i pod kolanami.

- Balsamy do ciała wkładaj do lodówki na co najmniej trzydzieści minut przed użyciem. Wtarcie w skórę zimnego kremu, będzie miało efekt chłodzący.
- Nie masz czasu na zimny prysznic? Możesz zanurzyć dłonie w chłodnej wodzie, a potem wetrzeć ją we włosy (pod warunkiem że nie masz nic przeciwko moczeniu włosów). Zimna głowa pomoże schłodzić całe ciało. Możesz też schować do lodówki butelkę ze spryskiwaczem (w domu i w biurze) i w razie potrzeby zrobić sobie zimny „prysznic".
- Przegryzaj mrożone winogrona. Ta przepyszna chłodna przekąska nie tylko zapewni ci dawkę witamin K i C, ale też pomoże ci się ochłodzić (a na dodatek ma o wiele mniej kalorii niż lody). Nie przepadasz za winogronami? Możesz zamrozić kawałki różnych owoców (na przykład mango, banana, borówki i tak dalej). Możesz się również schładzać butelką zamrożonej wody i popijać ją, gdy zacznie się roztapiać.

A skoro mowa o przekąskach, pamiętaj, że jadłospis złożony z 6 mniejszych posiłków, to również dobry sposób w walce z uczuciem gorąca. Lekkie, lecz częstsze posiłki wymagają mniejszego wysiłku w trakcie trawienia. Ostre przyprawy mogą na krótką metę podwyższyć temperaturę ciała, ale choć najpierw się spocisz, później będzie ci chłodniej.

- Odrobina pudru na bazie skrobi kukurydzianej pomoże wchłonąć wilgoć (i zabezpieczy cię przed potówkami). Rozprowadź go na skórze, dopóki jeszcze jest sucha.

Pozytywna strona tej kłopotliwej sytuacji jest taka, że chociaż będziesz się bardziej pocić, to nie będziesz brzydko pachniała. Wydzielanie potu o intensywniejszym zapachu pochodzącego z apokrynowych gruczołów potowych (które znajdują się pod pachami, na brodawkach sutkowych i w okolicach narządów płciowych) w czasie ciąży się bowiem zmniejsza.

Zawroty głowy

Kiedy wstaję, nagle zaczyna mi się kręcić w głowie. Wczoraj, gdy robiłam zakupy, poczułam się, jakbym na chwilę straciła przytomność. Czy wszystko ze mną w porządku?

Kiedy jesteś w ciąży i czasem czujesz się trochę oszołomiona, a nawet zdarzają ci się zawroty głowy, masz prawo się niepokoić, ale nie ma w tym nic niebezpiecznego. Prawdę mówiąc, to dość powszechny i niemal zawsze całkowicie normalny objaw ciąży. A oto przyczyny:

- Przez całą ciążę wysokie stężenie progesteronu powoduje rozluźnienie mięśniówki naczyń i ich rozszerzenie, dzięki czemu więcej krwi dopływa do płodu, co jest dla niego korzystne. Poszerzone naczynia krwionośne sprawiają, że ciśnienie tętnicze obniża się. To z kolei może powodować gorsze dotlenienie mózgu, szczególnie przy gwałtownej zmianie pozycji ciała, co może być właśnie przyczyną zawrotów głowy. W drugim trymestrze przyczyną złego samopoczucia lub omdleń może być z kolei nacisk rosnącej macicy na naczynia krwionośne. Czasem jest to również objaw anemii (patrz następne pytanie).
- Zbyt gwałtowne podniesienie się powoduje nagły spadek ciśnienia krwi i kończy się krótkotrwałym zawrotem głowy. Sposób na tego rodzaju zamroczenie (zwane również niedociśnieniem ortostatycznym) jest bardzo prosty: wstawaj powoli. Jeśli gwałtownie zerwiesz się z kanapy, by odebrać

- telefon, który zostawiłaś na drugim końcu pokoju, prawdopodobnie wylądujesz na niej z powrotem.
- Niskie stężenie glukozy – przyszłe mamy są szczególnie na to narażone, ponieważ ich organizm to teraz „fabryka" pracująca pełną parą – również może sprawić, że świat dookoła ciebie zacznie wirować. By uniknąć takich spadków stężenia glukozy, podczas każdego posiłku przyjmuj zarówno białko, jak i węglowodany złożone (takie połączenie pomoże utrzymać stężenie glukozy we krwi na równym poziomie) i jedz częściej (wybieraj niewielkie posiłki lub przekąski między głównymi posiłkami). Noś w torebce mieszankę studencką, liofilizowane owoce, batoniki granola lub przekąski z pełnego ziarna – te produkty szybko podniosą ci stężenie glukozy we krwi.
- Zawroty głowy mogą być objawem odwodnienia, więc pij dużo płynów, a jeśli się pocisz – jeszcze więcej.
- Zawroty głowy mogą być również wywołane zaduchem panującym w pomieszczeniu, na przykład w przegrzanym i zatłoczonym sklepie, biurze lub autobusie – zwłaszcza jeśli jesteś zbyt ciepło ubrana. W takim przypadku ulgę przyniesie ci odrobina świeżego powietrza, a więc otwórz okno albo wyjdź na zewnątrz. Możesz też zdjąć płaszcz i poluźnić ubranie, zwłaszcza w okolicy szyi i pasa.

Jeśli masz zawroty głowy albo czujesz, że za chwilę zemdlejesz, połóż się na lewym boku z uniesionymi nogami (jeżeli możesz) albo usiądź i włóż głowę między kolana. Weź kilka głębokich oddechów i rozluźnij ciasne ubranie (rozepnij na przykład guzik w dżinsach). Gdy tylko poczujesz się trochę lepiej, zjedz coś i wypij.

Jeśli cierpisz na zawroty głowy lub jest ci słabo, powiedz o tym lekarzowi. Prawdopodobnie zleci badanie morfologii i stężenia żelaza we krwi, by wykluczyć niedokrwi-

> ### Kiedy za dużo znaczy za dużo
>
> Brakuje ci tchu lub poczułaś się kompletnie wyczerpana podczas joggingu? A co ze sprzątaniem? Masz wrażenie, że odkurzacz nagle zaczął ważyć tonę? A więc zatrzymaj się, zanim upadniesz. Nadmierny wysiłek, który doprowadza do granic wytrzymałości, nigdy nie jest najlepszym pomysłem. A w czasie ciąży jest wyjątkowo złym, ponieważ przepracowanie jest szkodliwe nie tylko dla ciebie, lecz również dla dziecka. Zamiast biegać w maratonach i morderczo pracować, zwolnij tempo. Najpierw przez chwilę popracuj lub poćwicz, a potem trochę odpocznij. W końcu zrobisz, co masz do zrobienia, ale nie będziesz potem wyczerpana. A jeśli od czasu do czasu nie zdołasz czegoś zrobić, potraktuj to jako dobry trening przed nadchodzącymi dniami, kiedy wyzwania rodzicielskie często nie pozwolą ci dokończyć tego, co zaczęłaś.

stość. Omdlenia nie zdarzają się zbyt często, ale nawet jeśli zemdlejesz, nie ma powodu do obaw – nie wpłynie to w żaden sposób na dziecko – jednak jak najszybciej poinformuj o wszystkim lekarza.

Niedokrwistość

U mojej koleżanki w czasie ciąży stwierdzono niedokrwistość. Czy to się często zdarza?

Niedokrwistość, potocznie zwana anemią, wynikająca z niedoboru żelaza to częsta przypadłość przyszłych mam, ale bardzo łatwo się przed nią uchronić. Jeśli chodzi o zapobieganie, lekarz przekaże ci niezbędne wskazówki. Podczas pierwszej wizyty zapewne przeszłaś badanie krwi w kierunku niedokrwistości, aczkolwiek wówczas stęże-

Objawy niedokrwistości

Przyszłe mamy z niewielkim niedoborem żelaza rzadko mają zauważalne objawy niedokrwistości, które można by z łatwością odróżnić od innych objawów ciąży (większość ciężarnych odczuwa na przykład zmęczenie bez względu na to, czy mają anemię czy nie). Ale jeśli liczba czerwonych krwinek transportujących tlen stale się zmniejsza, przyszła mama z anemią jest coraz bledsza, słabsza, szybko się męczy lub ma trudności z oddychaniem (nie licząc tych problemów, które w czasie ciąży i tak są normalne) i czasem może nawet tracić przytomność. Niektóre przyszłe mamy z niedokrwistością mają dziwne zachcianki na rzeczy niejadalne, na przykład na glinę, albo odczuwają przymus ssania lodu. Mogą również cierpieć na zespół niespokojnych nóg, który również może się wiązać z niedoborem żelaza. To z pewnością jeden z tych niewielu przypadków, kiedy potrzeby odżywcze płodu są ważniejsze niż potrzeby mamy, ponieważ dzieci rzadko się rodzą z niedoborem żelaza.

Chociaż zwiększone zapotrzebowanie na krew w trakcie ciąży sprawia, że wszystkie przyszłe mamy są narażone na niedokrwistość wywołaną niedoborem żelaza, to u niektórych wiąże się to ze szczególnym ryzykiem: dotyczy to kobiet, które zaszły w jedną ciążę po drugiej, cierpiały na niepowściągliwe wymioty ciężarnych albo nie mogły jeść z powodu porannych nudności, a także tych, które przed poczęciem były niedożywione (najprawdopodobniej z powodu zaburzeń odżywiania) i/lub źle się odżywiały po zajściu w ciążę. Codzienna dawka preparatu żelaza, którą będziesz przyjmować według zaleceń lekarza, powinna zapobiec niedokrwistości lub ją wyleczyć.

---

nie żelaza przypuszczalnie nie było niskie. Jego ewentualne niedobory zostały szybko uzupełnione po ustaniu miesiączki.

W miarę rozwoju ciąży, gdy już się znajdziesz na półmetku (około 20 tygodnia), objętość krwi krążącej znacznie wzrośnie, w konsekwencji potrzebna będzie również większa ilość żelaza do produkcji krwinek czerwonych, więc jego zapas ponownie się zmniejszy. Na szczęście uzupełnianie zapasu żelaza – a zatem efektywne zapobieganie niedokrwistości – jest równie łatwe jak połykanie codziennej dawki suplementu, który lekarz przepisze ci w połowie ciąży (suplement jest oczywiście dodatkiem do witamin prenatalnych). Powinnaś również wzbogacić dietę w produkty bogate w żelazo. Aczkolwiek artykuły spożywcze – na przykład takie jak te wymienione na str. 100 – same mogą się okazać niewystarczające, to na pewno będą doskonałym uzupełnieniem i wsparciem preparatu zawierającego żelazo. Aby zwiększyć wchłanianie, popij porcję żelaza (czyli produktu, który je zawiera) sokiem pomarańczowym lub innym napojem bogatym w witaminę C; nie pij do śniadania kawy, która zmniejsza przyswajanie żelaza z pokarmów. Preparat, który przyjmujesz, nie służy twojemu żołądkowi (masz nudności albo zaparcia)? Poproś lekarza o tabletki o przedłużonym działaniu, które uwalniają żelazo przez dłuższy czas.

Bóle pleców

Bardzo bolą mnie plecy i obawiam się, że zanim nadejdzie 9 miesiąc, w ogóle nie będę mogła wstać.

Ciążowe cierpienia i niewygody nie służą temu, żeby cię unieszczęśliwić, chociaż często tak się to właśnie kończy. To po prostu skutki uboczne przygotowań twojego organizmu do tej doniosłej chwili, kiedy dziecko przyjdzie na świat. Bóle pleców nie są wyjątkiem. W czasie ciąży stabilne zazwyczaj stawy miednicy zaczynają się rozluźniać, by umożliwić dziecku łatwiejsze (miejmy nadzieję) przejście przez kanał rodny. Z tego powodu – oraz przez coraz większy brzuch – twoje ciało zaczyna tracić równowagę. By ją odzyskać, odchylasz do tyłu ramiona i wyginasz szyję. Wypinanie brzucha jeszcze pogarsza sytuację. Rezultat: wygięcie lędźwiowego odcinka kręgosłupa, napięcie mięśni grzbietu i ból.

Nawet uzasadniony ból jest dokuczliwy. Będąc w ciąży, możesz go pokonać (a przynajmniej trochę poskromić) bez eliminowania przyczyny. Powinny ci pomóc następujące sposoby:

- Siadaj wygodnie i „mądrze". Siedzenie bardziej obciąża kręgosłup niż jakakolwiek inna aktywność, więc warto zainwestować, żeby robić to prawidłowo. Krzesła, których używasz w domu lub biurze, powinny ci zapewnić dobre podparcie – najlepiej dzięki twardemu siedzisku i podłokietnikom oraz lekko odchylanemu oparciu, które również pomoże odciążyć kręgosłup. Podłóż coś pod stopy, by lekko je unieść (patrz ilustracja obok), i nie zakładaj nogi na nogę, ponieważ wówczas miednica może przechylić się do przodu i zaostrzyć ból mięśni pleców, a poza tym taka pozycja upośledza krążenie krwi w kończynach dolnych.

- Nie siedź zbyt długo. Długie siedzenie może być równie szkodliwe dla pleców, jak siedzenie w nieprawidłowej pozycji. Staraj się nie siedzieć dłużej niż godzinę bez przerwy na chodzenie lub na ćwiczenia rozciągające; najlepiej wyznacz sobie półgodzinny limit.

- Staraj się również zbyt długo nie stać. Jeśli pracujesz w pozycji stojącej, połóż jedną stopę na niskim stołeczku, by odciążyć dolną część pleców. Kiedy stoisz na twardym podłożu – na przykład w kuchni, gdy gotujesz lub zmywasz naczynia – połóż mały, miękki dywanik antypoślizgowy, by zmniejszyć nacisk.

- Podnoś powoli. Unikaj podnoszenia ciężkich przedmiotów, a jeśli musisz, rób to powoli. Po pierwsze, stań w stabilnej pozycji na szeroko rozstawionych nogach. Potem ugnij nogi w kolanach (nie zginaj się w pasie!) i podnieś przedmiot z podłogi, używając do tego rąk i nóg, bez obciążania mięśni pleców (patrz ilustracja na stronie obok). Jeśli robisz duże zakupy, rozdziel je równomiernie do dwóch siatek i nieś w obu rękach, a nie przed sobą.

- Dbaj o równomierny przyrost masy ciała według zaleceń lekarza (patrz str. 185). Dodatkowe kilogramy jeszcze bardziej obciążą twój kręgosłup, który i tak już sporo dźwiga.

- Noś odpowiednie obuwie. Wyjątkowo wysokie obcasy powodują ból pleców, podobnie jak buty na płaskim obcasie, które również nie zapewniają właściwego wsparcia. Eksperci zalecają pantofle na dość szerokim pięciocentymetrowym słupku, niskim

Ułóż wyżej stopy

Kiedy podnosisz coś ciężkiego z podłogi, uginaj nogi w kolanach

klinie, ewentualnie płaskie z wyprofilowaną wkładką, która zapewni ci odpowiednią postawę. Możesz też rozważyć zakup wkładek korekcyjnych (ortopedycznych) zapewniających dodatkowe wsparcie mięśniom (w tym mięśniom stóp i kręgosłupa). Niektóre kobiety stwierdzają, że obuwie wspomagające właściwą postawę ciała przynosi ulgę ich obolałym plecom, a inne, że wręcz potęguje ból. Czasem także może nasilić zaburzenia równowagi.

- Śpij dobrze. Wygodna pozycja w trakcie snu pomoże złagodzić ból pleców (patrz str. 271). Wstając z łóżka, przekładaj obie nogi przez krawędź i postaw je na podłodze, zamiast przekręcać się na bok.
- Zaoferuj wsparcie brzuchowi. Specjalny pas ciążowy przyniesie ulgę w bólu i pomoże unieść brzuch, odciążając jednocześnie biodra i lędźwiowy odcinek kręgosłupa. Pasy ciążowe są wykonane z elastycznych, oddychających materiałów i dostępne w różnych modelach – wybierz taki, który najlepiej odpowiada twoim potrzebom i najbardziej pasuje do ubrań, które nosisz (niektóre pasy ciążowe są cienkie i ładnie formują brzuszek, a inne są grubsze i bardziej zaznaczają się pod odzieżą). Bez względu na to, jaki model pasa ciążowego wybierzesz, nie noś go przez cały czas, ponieważ twoje mięśnie zaczną polegać wyłącznie na nim, co doprowadzi do dalszego ich osłabienia; szczególnie podatne na osłabienie są mięśnie posturalne kształtujące prawidłową sylwetkę (czyli między innymi właśnie mięśnie pleców i brzucha). W rezultacie bóle pleców i miednicy jeszcze się nasilą. Wzmacniaj mięśnie pleców i brzucha ćwiczeniami przeznaczonymi dla przyszłych mam (patrz str. 242), aby pas ciążowy nie wykonywał za ciebie całej pracy.
- Nie sięgaj do gwiazd – ani po miskę do sałatki stojącą na najwyższej półce. Nie naciągaj mięśni i nie ściągaj przedmiotów z wysoko położonych miejsc; zamiast tego wejdź na niski, stabilny taboret albo poproś kogoś o pomoc (na przykład wysoką przyjaciółkę).
- Rób na zmianę zimne i ciepłe kompresy. Owiń ręcznikiem worek z lodem i przyłóż na piętnaście minut do bolących mięśni,

---

Noszenie starszych dzieci

Zastanawiasz się, czy powinnaś zawiesić wykonywanie zawodu tragarza aż do czasu, kiedy maleństwo przyjdzie na świat? Przyszła mama może bezpiecznie nosić umiarkowane ciężary (nawet szesnasto- czy osiemnastokilogramowego przedszkolaka), pod warunkiem że lekarz jej tego nie zabronił.

A co z twoimi bolącymi plecami? Zaoszczędź im niepotrzebnych obciążeń, prawidłowo podnosząc starszego brzdąca (patrz obok)

a potem zastąp go poduszką elektryczną (również owiniętą w ręcznik). Zanim zastosujesz plastry rozgrzewające bezpośrednio na skórę, poproś o radę lekarza. Niektórzy zalecają bowiem, by przyklejać plastry na ubranie, ponieważ są dość gorące i mogą podrażniać szczególnie wrażliwą skórę przyszłej mamy (bezwzględnie nie przyklejaj plastrów rozgrzewających na brzuch). Zapytaj również, czy możesz używać maści przeciwbólowych. Nie wszyscy lekarze zezwalają na stosowanie maści kojących bóle mięśniowe, szczególnie w trzecim trymestrze. Jeśli twój da zielone światło, możesz użyć maści, ale uważaj na podrażnienia skóry (i nie smaruj brzucha). I pamiętaj, że w trakcie ciąży nie wolno stosować produktów zawierających arnikę.

- Bierz ciepłe kąpiele albo włącz hydromasaż (jeśli twoja kabina prysznicowa ma taką opcję) i rozmasuj bolące plecy.

- Zafunduj sobie leczniczy masaż pleców. Wybierz doświadczonego terapeutę, który wie, że jesteś w ciąży, i ma doświadczenie w masażu prenatalnym.

- Naucz się wypoczywać. Przyczyną nasilających się bólów pleców często jest stres. Jeśli myślisz, że tak właśnie może być w twoim przypadku, to kiedy następnym razem pojawi się ból, wypróbuj ćwiczenia relaksacyjne. Zastosuj również metody walki ze stresem, które zostały opisane na str. 151 i następnych.

- Wykonuj proste ćwiczenia wzmacniające mięśnie brzucha – na przykład koci grzbiet (str. 246) lub ćwiczenia miednicy (str. 247). Spróbuj też usiąść na piłce gimnastycznej i kołysać się do przodu i do tyłu (albo połóż się na plecach, by zmniejszyć napięcie mięśni grzbietu i ból bioder). Zapisz się na jogę dla kobiet w ciąży, aerobik wodny lub hydroterapię (pod wa-

Ciąża i skolioza

Jeśli masz skoliozę, bóle pleców pewnie nie są ci obce, lecz ciąża może sprawić, że staną się jeszcze bardziej dokuczliwe. Wraz ze wzrostem masy ciała mogą się również nasilić problemy związane z obciążeniem kręgosłupa. Dla ciebie będzie się to wiązało z potencjalnym bólem, ale na szczęście raczej nie wpłynie w jakiś poważny sposób na ciążę.

Jeśli stwierdzisz, że w czasie ciąży ból pleców narasta, wypróbuj wskazówki ze str. 259 ze szczególnym uwzględnieniem pasa ciążowego podtrzymującego brzuch. Możesz również poprosić lekarza o skierowanie do specjalisty zajmującego się fizjoterapią ciążową, który zaproponuje ci ćwiczenia łagodzące ból związany ze skoliozą. Zapytaj również, jakie metody medycyny komplementarnej i alternatywnej (patrz str. 80) mogą się okazać skuteczne w twoim przypadku. Szczególnie dobre efekty dają ćwiczenia w wodzie (które nie wiążą się z żadnymi obciążeniami) oraz hydroterapia.

Zastanawiasz się, jaki wpływ będzie miała skolioza na twój poród? Prawdopodobnie żadnego – większość mam ze skoliozą rodzi w sposób naturalny (na wszelki wypadek porozmawiaj o tym z lekarzem). Zastanawiasz się nad znieczuleniem zewnątrzoponowym? Poproś położnika, żeby znalazł anestezjologa, który ma doświadczenie z kobietami w ciąży chorującymi na skoliozę. Chociaż skolioza zwykle nie jest przeciwwskazaniem do znieczulenia zewnątrzoponowego, mogą pojawić się pewne trudności z podaniem go. Jednak doświadczony anestezjolog nie powinien mieć z tym żadnych problemów.

Porozmawiaj z lekarzem również wtedy, gdy cierpisz na poważne skrzywienie kręgosłupa, które może utrudniać oddychanie w miarę rozwoju ciąży i w związku z tym wymagać dodatkowej kontroli.

runkiem że znajdziesz terapeutę, który ma doświadczenie medyczne, zwłaszcza dotyczące zagadnień związanych z ciążą).
- Jeśli ból jest bardzo dotkliwy, poproś lekarza, by przepisał ci zabiegi fizjoterapii lub polecił jakąś terapię z zakresu medycyny niekonwencjonalnej (alternatywnej), którą będziesz mogła bezpiecznie stosować.

Bóle brzucha (ból więzadła obłego)

Odczuwam ból i kłucie po bokach w dolnej części brzucha. Co to oznacza?

To, co czujesz, to prawdopodobnie ciążowy odpowiednik bólów wzrostowych – bolą cię po prostu rozciągające się więzadła podtrzymujące macicę. Formalna nazwa tej dolegliwości to ból więzadła obłego. Boryka się z nią większość przyszłych mam, lecz ich odczucia mogą być bardzo różne. Czasem ból przypomina skurcz, jest ostry, przeszywający i bardziej dokuczliwy, kiedy ćwiczysz (albo po prostu chodzisz), wstajesz z łóżka lub krzesła czy kiedy kaszlesz lub kichasz – prawdę mówiąc, przyczyną może być każdy gwałtowny ruch. Ból może być krótkotrwały lub utrzymywać się przez kilka godzin. To całkowicie normalne. Dopóki bóle są sporadyczne i nie towarzyszą im inne dolegliwości (takie jak gorączka, dreszcze, krwawienie z dróg rodnych lub zawroty głowy), nie masz żadnego powodu do niepokoju.

Ułóż się wygodnie z nogami w górze – to powinno przynieść ulgę. Żeby złagodzić ból, możesz również założyć pas ciążowy albo pas pod brzuch. Jednak najlepszym sposobem zapobiegającym bólowi brzucha jest unikanie gwałtownych ruchów (a zatem następnym razem wstawaj powoli z łóżka lub krzesła), chociaż może się też okazać, że bez względu na to, co będziesz robić i jakie środki zapobiegawcze stosować, ból i tak czasem się pojawi. Jeśli będzie ci bardzo dokuczał podczas ćwiczeń, zapewne będziesz musiała zmniejszyć ich intensywność (na przykład wolniej biegać albo tylko chodzić). Oczywiście wspomnij lekarzowi o tym bólu – tak samo jak o wszystkich innych – podczas następnej wizyty prenatalnej, by się upewnić, że to tylko kolejny zwyczajny objaw ciąży (aczkolwiek dość dokuczliwy).

Rosnące stopy

Wszystkie moje buty nagle zrobiły się za ciasne. Czy to możliwe, że stopy też mi rosną?

Brzuch nie jest jedyną częścią ciała, która rośnie w czasie ciąży. Jeśli jesteś podobna do większości przyszłych mam, odkryjesz, że twoje stopy również mają tendencję do powiększania się. To dobra wiadomość, jeśli właśnie zamierzasz kupić nową kolekcję butów; gorsza, jeżeli już wcześniej zainwestowałaś w swoje ulubione marki, a teraz nie masz pieniędzy, bo zakupy dla dziecka spowodowały kryzys finansowy.

Co sprawia, że twoje stopy nagle zaczęły rosnąć? Częściowo ten wzrost można przypisać prawidłowemu w czasie ciąży zatrzymaniu płynów w organizmie, które prowadzi do obrzęków, albo nowym warstwom tłuszczyku na stopach, jeśli przyrost masy ciała jest zbyt wysoki i zbyt szybki, ale są też inne przyczyny. Relaksyna – hormon ciążowy, który rozluźnia więzadła i stawy w obrębie miednicy, by dziecko mogło się przecisnąć przez kanał rodny i przyjść na świat – nie rozróżnia więzadeł, które należy rozluźnić (czyli tych znajdujących się w miednicy), od tych, które lepiej pozostawić w spokoju (czyli tych w stopach). W efekcie, gdy więzadła w stopach ulegają rozluźnieniu, kości zaczynają się trochę rozchodzić, a rozmiar buta zwiększa się o pół numeru, a nawet o cały. Chociaż po porodzie stawy znowu się naprężą i ścieśnią, to stopy mogą już na stałe pozostać większe.

Tymczasem wypróbuj wskazówki, które pomogą ci zmniejszyć obrzęki (patrz str. 322), jeśli to właśnie one są przyczyną twoich problemów ze stopami, oraz kup kilka par butów, które będą ci pasowały w tym momencie i jednocześnie zaspokoją „rosnące" potrzeby twoich stóp w przyszłości (żebyś nie została bosonogą przyszłą mamą). Kiedy będziesz kupować buty, przedkładaj wygodę nad modę – choćby tylko ten jeden raz. Szukaj butów na obcasie nie wyższym niż 5 centymetrów, z antypoślizgowymi podeszwami i wystarczająco dużych, by pomieściły twoje powiększające się stopy (kupuj buty pod koniec dnia, kiedy obrzęki stóp są największe). Poza tym obuwie powinno być wykonane z materiału, który pozwoli „oddychać" twoim obrzmiałym, zmęczonym i spoconym stopom (a zatem żadnych syntetyków).

Bolą cię stopy i nogi, szczególnie pod koniec dnia? Buty i profilowane wkładki ortopedyczne zaprojektowane specjalnie dla przyszłych mam, by skorygować przesunięty środek ciężkości, nie tylko zapewnią wygodę twoim stopom, ale też zmniejszą bóle pleców i nóg. Jeśli od czasu do czasu w ciągu dnia pozwolisz odpocząć swoim stopom i zdejmiesz buty, to obrzęk i ból z pewnością się zmniejszą. Pomogą też układanie nóg wyżej przy każdej sposobności oraz poruszanie od czasu do czasu palcami i stopami. W domu noś wygodne kapcie. Być może nie są ostatnim krzykiem mody, ale na pewno uszczęśliwią twoje stopy, łagodząc zmęczenie i ból.

Szybko rosnące włosy i paznokcie

Mam wrażenie, że moje włosy i paznokcie jeszcze nigdy nie rosły tak szybko jak teraz, gdy jestem w ciąży.

Pewnie ci się wydaje, że hormony ciążowe połączyły siły tylko po to, by cię unieszczęśliwiać przez dziewięć miesięcy (wystarczy wspomnieć o zaparciach, zgadze czy nudnościach), ale te same hormony są również odpowiedzialne za niebagatelne korzyści: paznokcie i włosy rosną tak szybko, że nie nadążasz z manikiurem, a twojej fryzjerce brakuje wolnych terminów (a jeśli jesteś prawdziwą szczęściarą, dodatkowo są gęste i błyszczące). Hormony ciążowe przyspieszają bowiem przepływ krwi w organizmie oraz przemianę materii, dzięki czemu włosy i paznokcie są lepiej odżywione i zdrowsze niż kiedykolwiek przedtem.

Swędzący problem

Odnosisz wrażenie, że masz na głowie łuski? W ciąży to możliwe. Zmiany hormonalne zachodzące w tym czasie mogą sprawić, że skóra głowy swędzi i zaczyna się łuszczyć. Łupież może być również następstwem przesuszenia lub przetłuszczenia się skóry głowy. Drożdżaki (jednokomórkowe grzyby, które upodobały sobie przyszłe mamy) także mogą być przyczyną łuszczenia się skóry. Sposób leczenia łupieżu zależy od tego, co go wywołało. Złuszczaniu się naskórka można zapobiegać, wcierając w skórę olej kokosowy lub oliwę z oliwek przed nałożeniem szamponu. Łupież, którego przyczyną jest tłusta, łuskowata skóra lub drożdżaki, należy leczyć szamponem przeciwłupieżowym bezpiecznym w ciąży (na przykład Head & Shoulders). Zanim zastosujesz inny szampon przeciwłupieżowy (na przykład z cyklopiroksolaminą czy ketokonazolem), poradź się lekarza, ponieważ silniejszy specyfik może nie być bezpieczny. Dowiedz się również, czy możesz stosować szampon z olejkiem z drzewa herbacianego, ponieważ nie wszyscy lekarze go aprobują.

Ograniczenie spożycia cukru i pieczywa z białej mąki oraz włączenie do diety produktów zawierających zdrowe tłuszcze (w tym awokado i orzechy) również pomoże ci oczyścić skórę głowy (oraz ramiona).

Oczywiście każda przyjemność ma swoją cenę. To dodatkowe odżywienie może mieć niestety również dość niemiłe skutki. Niekiedy sprawia, że włosy rosną w miejscach, w których wolałabyś ich nie mieć (i prawdopodobnie nie miałaś nawet pojęcia, że mogą tam wyrosnąć, przynajmniej u kobiety). Najczęściej dotyczy to twarzy (w okolicy ust, na policzkach i brodzie), chociaż niechciane owłosienie może się też pojawić na ramionach, nogach, klatce piersiowej, plecach i brzuchu. (Na str. 156 przeczytasz o dozwolonych w czasie ciąży metodach usuwania zbędnego owłosienia). Z kolei paznokcie – choć szybko rosną – mogą być kruche i łamliwe.

Pamiętaj, że zmiany dotyczące włosów i paznokci są tylko chwilowe. Wszystko się skończy w momencie porodu – włosy znowu zaczną wypadać w naturalnym tempie (a nawet szybciej) – w czasie ciąży wypada ich znacznie mniej, dlatego na razie są takie gęste. Paznokcie zapewne również nie będą rosły tak szybko, co nie jest wcale takie złe, ponieważ opiekując się noworodkiem i tak będziesz musiała je przycinać.

Pamiętaj, że chociaż włosy na twojej głowie będą teraz z pewnością gęstsze, to niekoniecznie musi to oznaczać, że włosy pojawią się też w zupełnie nieodpowiednich miejscach. Niektóre przyszłe mamy stwierdzają, że włosy na nogach, pod pachami, a nawet brwi rosną w ciąży dużo wolniej, dając chwilę wytchnienia od maszynki do golenia czy wosku. Jeśli znajdziesz się w grupie tych mniej owłosionych, możesz się uważać za wielką szczęściarę.

Wzrok

Wydaje mi się, że od kiedy zaszłam w ciążę, mój wzrok się pogorszył, a soczewki kontaktowe nagle przestały pasować. Czy to tylko moja wyobraźnia?

Nie, to nie twoja wyobraźnia, naprawdę gorzej widzisz, a dokładniej mówiąc, nie tak dobrze jak kiedyś. Oczy to po prostu kolejna część ciała pozornie niezwiązana z ciążą, na którą wpływ mają hormony ciążowe. A zatem nie tylko pogorszyła się ostrość widzenia, ale też soczewki kontaktowe – jeżeli je nosisz – nagle przestały pasować. Za podrażnienie i dyskomfort przynajmniej częściowo odpowiedzialny jest zespół suchego oka wywołany mniejszą ilością łez, za co również winę ponoszą hormony. Soczewki ulegają odkształceniu lub zniszczeniu pod wpływem czynników zewnętrznych (które są dosłownie wszędzie!), co u niektórych przyszłych mam może dodatkowo pogłębić wadę wzroku (krótko- lub dalekowzroczność). Po porodzie powinnaś odzyskać ostrość widzenia, a twoje oczy powrócą do stanu sprzed ciąży (a więc dopóki pogorszenie wzroku nie będzie bardzo silne, nie musisz się martwić o nowe szkła).

Powinnaś również wiedzieć, że ciąża to nie jest odpowiedni czas, by przeprowadzać laserową korekcję wzroku (na wypadek gdyby ci to przyszło do głowy). Sam zabieg co prawda nie zaszkodziłby dziecku, ale mógłby przesadnie skorygować twój wzrok i wymagać dłuższego procesu leczenia, a nawet powtórnej operacji w późniejszym terminie (oraz używania kropli do oczu, które w ciąży nie są wskazane). Okuliści zalecają unikanie zabiegów w czasie ciąży, a także 6 miesięcy przed poczęciem oraz 6 miesięcy po porodzie (jeśli będziesz karmić piersią, to 6 miesięcy po odstawieniu dziecka od piersi).

Chociaż lekkie pogorszenie wzroku w czasie ciąży nie jest czymś niezwykłym, to jednak każde zaburzenie widzenia czy nagłe pogorszenie ostrości widzenia powinno cię skłonić do wizyty u okulisty. Jeśli obraz stanie się podwójny, zamazany, przyciemniony lub zaczniesz często widzieć plamki, a zaburzenia będą się utrzymywały dłużej niż dwie, trzy godziny, nie czekaj, aż samo przejdzie, tylko od razu skontaktuj się z lekarzem. Krótkotrwałe mroczki, które pojawiają się przed oczami, gdy długo stałaś lub nagle się podniosłaś, to dość często występujące zaburzenie widzenia,

W nowej skórze

Nawet jeśli jeszcze nie zauważyłaś, powinnaś wiedzieć, że ciąża wpływa na każdy centymetr twojego ciała – od stóp (ciągle rosną!) do głów (ciągle o czymś zapominasz!). Zatem nic dziwnego, że na skórze także są widoczne efekty jej działania. Możesz się więc spodziewać następujących zmian skórnych:

Brązowa linia na brzuchu (kresa czarna, czyli *linea nigra*). Zauważyłaś ciemną kreskę biegnącą pionowo przez środek brzucha? Hormony ciążowe odpowiedzialne za przebarwienia i ciemnienie otoczek brodawek sutkowych ponoszą również winę za ściemnienie kresy białej, której prawdopodobnie nigdy nie zauważyłaś. Kresa biała, czyli linia biała (*linea alba*) ciągnie się od wyrostka mieczykowatego mostka przez pępek do spojenia łonowego. W trakcie ciąży w wyniku zmian w pigmentacji skóry zmienia barwę i nazwę na kresę czarną (lub ciemną). Kresa czarna jest bardziej widoczna u kobiet o ciemniejszej karnacji i zazwyczaj pojawia się w drugim trymestrze, a zaczyna blednąć kilka miesięcy po porodzie (chociaż może nigdy nie zniknąć całkowicie i będziesz ją miała do późnej starości). Chcesz się zabawić w kolejną zgadywankę pod tytułem „jakiej płci będzie moje dziecko"? Według starych przesądów (niepopartych żadnymi dowodami naukowymi) brązowa linia biegnąca od łona do pępka oznacza, że będziesz miała córkę. Jeśli biegnie wyżej – przez pępek do wyrostka mieczykowatego mostka (do wysokości żeber) – to znak, że urodzisz syna.

„Maska ciążowa" (inaczej ostuda, chloasma lub melasma). Te brązowawe, niebieskawe lub szarawe przebarwienia przyjmujące postać plam umieszczonych symetrycznie po obu stronach twarzy (co może wyglądać jak maska) pojawiają się u 50–75 procent przyszłych mam. Występują szczególnie u kobiet o ciemniejszej karnacji (mających w skórze więcej barwnika, czyli melaniny, od której się wszystko zaczyna), a także u tych, z predyspozycjami genetycznymi (jeśli twoja mama miała ostudę, u ciebie prawdopodobnie też się pojawi). Nie podoba ci się taka plamista „ozdoba"? Ponieważ narażenie na światło słoneczne może nasilić przebarwienia, stosuj kremy z filtrem o wskaźniku co najmniej 30 (SPF 30), a przede wszystkim unikaj słońca. Przyjmuj zalecane dawki kwasu foliowego, ponieważ jego niedobór może być również przyczyną przebarwień. Nadal jesteś cała w plamach? Niektóre przyszłe mamy z powodzeniem stosują domową maskę z soku z cytryny, octu jabłkowego, a nawet rozgniecionego banana. Nie udało się? Bez obaw – chloasma zazwyczaj blednie kilka miesięcy po porodzie. Jeśli nie, dermatolog zapisze ci krem wybielający lub Retin A (ale nie w trakcie karmienia piersią) albo zaleci inną kurację (na przykład zabieg laserowy albo peeling). Ponieważ te wszystkie zabiegi są w ciąży zabronione, tymczasem używaj korektora i podkładu.

Inne przebarwienia. Wiele kobiet stwierdza, że ich piegi i pieprzyki stają się ciemniejsze i bardziej widoczne oraz że skóra ciemnieje w miejscach narażonych na pocieranie, na przykład między udami. Wszystkie przebarwienia powinny zblednąć po porodzie. A ponieważ słońce może je nasilać, stosuj filtry przeciwsłoneczne – minimum SPF 30 lub wyższe – i unikaj długiego przebywania na słońcu (nawet po zastosowaniu kremu z filtrem).

Zaczerwienienie dłoni i stóp. To znowu zasługa twoich hormonów (oraz zwiększonego przepływu krwi), które wywołują zaczerwienienie i swędzenie dłoni (czasami również stóp) u około 70 procent przyszłych mam rasy białej i 30 procent kobiet innych ras. Nie ma żadnej szczególnej kuracji na tę przypadłość, ale niektórym przyszłym mamom ulgę przynosi moczenie rąk i/lub stóp w zimnej wodzie lub przykładanie na kilka minut woreczka z lodem (parę razy dziennie). Unikaj wszystkiego, co może rozgrzewać twoje dłonie i stopy (na przykład gorących kąpieli, zmywania naczyń, noszenia wełnianych rękawiczek). Zmiany znikną wkrótce po porodzie. Uporczywy świąd dłoni i stóp wymaga jednak diagnostyki i wykluczenia cholestazy ciężarnych.

Plamki na nogach. U wielu przyszłych mam z powodu zwiększonej produkcji estrogenów na nogach (a czasami również na ramionach) pojawiają się sine plamki, kiedy robi im się zimno. Przebarwienia tego typu są przejściowe, nieszkodliwe i całkowicie znikną po porodzie.

Włókniaki miękkie. To kolejna nieszkodliwa (choć irytująca) zmiana skórna. Włókniaki (brodawki) miękkie można opisać jako niewielkie kawałki dodatkowej skóry (inaczej mówiąc, guzki spowodowane rozrostem tkanki łącznej), które z powodu zaburzeń gospodarki hormonalnej doskwierają wielu przyszłym mamom. Pojawiają się najczęściej w cieplejszych i wilgotniejszych miejscach na skórze, zwłaszcza narażonych na otarcia (przez fałd skóry lub ubranie), w tym na szyi, tułowiu, pod pachami i piersiami oraz w okolicach genitaliów. Dobra wiadomość jest taka, że są niegroźne i w większości przypadków samoistnie znikają po porodzie. Jeśli tak się nie stanie, poproś lekarza, żeby je usunął.

Potówki. Myślisz, że ta przypadłość dotyka tylko małe dzieci? A więc wyobraź sobie, że zmagają się z nią również kobiety, które dzieci oczekują. Przyczyną potówek jest kombinacja różnych czynników, a mianowicie zwiększonej ciepłoty ciała, wilgoci spowodowanej nadmierną potliwością oraz ocierania się skóry o skórę i ubranie (tak się często dzieje, gdy skóry jest więcej). Jest to zatem bardzo powszechna i dość uciążliwa dolegliwość skórna dotykająca przyszłe mamy. Potówki mogą pojawić się wszędzie, ale najczęściej występują między i pod piersiami, także w miejscu, gdzie dolna część brzucha ociera się o wzgórek łonowy, oraz po wewnętrznej stronie ud. Aby zapobiec nawrotom potówek, po kąpieli wcieraj w ciało puder na bazie skrobi kukurydzianej (na przykład zasypkę dla niemowląt), noś przewiewne ubrania i staraj się nie przegrzewać. Ukojenie może ci przynieść również odrobina płynu kalaminowego (czyli połączenia tlenku cynku i wody wapiennej), a zanim zastosujesz inny balsam lub puder, poproś o radę lekarza. Porozmawiaj z nim również, jeśli potówki będą się utrzymywały dłużej niż kilka dni.

Łupież pstry. To grzybicze zakażenie skóry objawiające się niewielkimi owalnymi lub okrągłymi płaskimi plamkami, które mogą się łuszczyć i swędzieć. Drożdżaki wywołujące łupież pstry zakłócają normalną pigmentację skóry, więc w efekcie powstają łuszczące się odbarwienia. Zmiany najczęściej pojawiają się na tłustych partiach skóry, na przykład na klatce piersiowej lub plecach, ale w zasadzie mogą wystąpić wszędzie. Chociaż nie jest to dolegliwość oficjalnie związana z ciążą, po raz pierwszy może się pojawić albo nasilić właśnie w odmiennym stanie. Łupież pstry leczy się głównie środkami o działaniu przeciwgrzybiczym, na przykład szamponami przeciwłupieżowymi takimi jak Head & Shoulders (owszem, do mycia ciała!) oraz kremami stosowanymi w leczeniu grzybicy, ale najpierw oczywiście poproś o radę lekarza.

Podrażnienia skóry i wysypki. Na delikatnej skórze przyszłej mamy mogą je wywołać nawet te kosmetyki, które wcześniej nie wywoływały żadnej reakcji alergicznej. Alergii kontaktowej udaje się zazwyczaj zapobiec dzięki preparatom o łagodniejszym działaniu, ale jeśli wysypka będzie się utrzymywać, poinformuj o tym lekarza.

Poczekaj, to jeszcze nie wszystko. Uwierz lub nie, ale na twojej skórze może się pojawić jeszcze wiele innych zmian. A zatem informacje na temat rozstępów znajdziesz na str. 198, trądziku – na str. 173, swędzących wyprysków – na str. 323, suchej lub tłustej cery – na str. 174, a pajączków naczyniowych – na str. 171.

które nie jest powodem do zmartwienia, lecz warto o tym wspomnieć lekarzowi podczas następnej wizyty.

Ruchy płodu

W zeszłym tygodniu codziennie czułam delikatne ruchy dziecka, a dzisiaj przez cały dzień nie czuję niczego. Czy dzieje się coś złego?

Ruchy dziecka – kiedy się wierci, kręci, kopie, macha rączkami albo ma czkawkę – to jedna z największych przyjemności ciążowych (zgaga czy obrzęknięte stopy to przy tym drobiazgi niewarte uwagi). Nie ma przecież lepszego dowodu na to, że w twoim brzuchu rozwija się nowe, pełne wigoru życie. Ale ruchy płodu mogą czasem wyprowadzać przyszłą mamę z równowagi, nasuwając szereg pytań i wątpliwości: Czy moje dziecko wystarczająco się rusza? A może za dużo? I czy w ogóle się rusza? W jednej chwili jesteś pewna, że czujesz kopnięcia maleństwa, a w następnej masz wątpliwości (a może to tylko gazy?). Jednego dnia czujesz, że dziecko bez przerwy się kręci i kopie, a następnego twój mały sportowiec siada na ławce rezerwowych, a ty nie czujesz żadnych jego ruchów.

Nie martw się. Na tym etapie ciąży zamartwianie się o ruchy dziecka – aczkolwiek zrozumiałe – jest zazwyczaj zupełnie niepotrzebne. Częstotliwość wyczuwalnych ruchów w tym momencie jest zróżnicowana, a ich wzorce są w najlepszym razie nieregularne i nierówne. Chociaż dziecko z pewnością rusza się przez większość czasu, to raczej nie będziesz czuła wszystkich jego ruchów, chyba że włoży w nie więcej siły. Niektórych nie poczujesz z powodu ułożenia płodu (na przykład maluch jest obrócony plecami do ściany twojego brzucha i kopie twoje jelita), a inne ruchy będą niewyczuwalne z powodu twojej aktywności: kiedy dużo chodzisz lub ćwiczysz, dziecko się kołysze i zasypia, albo

jesteś po prostu zbyt zajęta, by cokolwiek wyczuć. Możliwe również, że kiedy dziecko jest najbardziej aktywne, to ty właśnie śpisz – wiele maluchów najwięcej się rusza w środku nocy. (Nawet na tym etapie dzieci najchętniej dokazują, kiedy mama leży).

Jeśli przez cały dzień nie poczułaś ruchów dziecka, możesz je do tego zachęcić, kładąc się wieczorem na godzinę lub dwie, ale najpierw wypij szklankę mleka, soku pomarańczowego lub zjedz przekąskę. Połączenie twojego bezruchu z zastrzykiem energii, którego źródłem jest jedzenie, być może zachęci malucha do działania. Jeśli ten sposób nie zda egzaminu, spróbuj ponownie za kilka godzin, ale przede wszystkim nie martw się. Wiele przyszłych mam na tym etapie ciąży nie zauważa ruchów przez dzień lub dwa, a czasem nawet przez trzy lub cztery. Jeśli nadal się martwisz, porozmawiaj z lekarzem, żeby rozproszył twoje obawy.

Po 28 tygodniu ciąży ruchy dziecka staną się konsekwentne i stałe, dlatego warto przyzwyczajać się do sprawdzania jego codziennej aktywności (patrz str. 324).

Płeć dziecka

Jestem w 20 tygodniu ciąży i wybieram się na badanie USG, ale nie jesteśmy z mężem pewni, czy chcemy poznać płeć dziecka.

Drużyna „różowych" czy „niebieskich"? A może raczej „pożyjemy, zobaczymy"? W tej sprawie piłka jest po waszej stronie, gdyż do was należy decyzja, czy chcecie poznać płeć dziecka. I żaden wybór nie jest tutaj lepszy ani gorszy. Niektórzy rodzice wolą w wyprzedzeniu poznać płeć dziecka z czysto praktycznych względów, dzięki temu o wiele łatwiej kupić wyprawkę, pomalować pokój dziecinny i wybrać imię (wystarczy szukać jednego zamiast dwóch). Inni z kolei chcą jak najszybciej otrzymać upragnioną wiadomość, bo nie mogą znieść napięcia i niepewności. Jednak nadal są

Badanie USG w drugim trymestrze

Przygotuj się na wielką odsłonę (wreszcie ujrzysz cudowne kształty swojego dziecka). W drugim trymestrze ciąży przyszłe mamy przechodzą rutynową ocenę anatomii płodu (zwaną USG drugiego trymestru lub USG połówkowym). Przeprowadza się ją zazwyczaj między 18 a 20 tygodniem ciąży. USG drugiego trymestru to wspaniała okazja, by sprawdzić, jak rozwija się dziecko, i zyskać pewność, że wszystko jest dokładnie tak, jak powinno być. Jednym z najbardziej fascynujących momentów tego badania w przypadku większości rodziców jest informacja na temat płci dziecka, zależna oczywiście od ich woli (chyba że już wcześniej otrzymałaś tę wiadomość na podstawie analizy chromosomów). A oprócz tego to krótkie spojrzenie na córkę lub syna, czyli zapowiedź tego, co cię czeka w przyszłości, może być bardzo wzruszającym przeżyciem – zwłaszcza że teraz dziecko już naprawdę wygląda jak dziecko!

Badanie ultrasonograficzne przeprowadzane w drugim trymestrze jest dokładniejsze i dostarczy lekarzowi wielu cennych informacji o tym, co się dzieje w twoim brzuchu. Na przykład zmierzy malucha i sprawdzi jego wszystkie ważne narządy. Badanie pozwoli się również upewnić, czy ilość płynu owodniowego jest odpowiednia, oraz ocenić położenie łożyska. Krótko mówiąc, badanie USG drugiego trymestru – oprócz radości oglądania – da również tobie i twojemu lekarzowi wyraźny obraz (dosłownie) ogólnego zdrowia dziecka oraz przebiegu ciąży. Nie możesz się doczekać, żeby zrozumieć, co widzisz na ekranie monitora? Łatwo zlokalizujesz bijące serce, ale poproś lekarza lub technika, by pokazał ci też jego buzię, rączki, stópki, a nawet niektóre z tych maleńkich jeszcze, lecz zadziwiających narządów, takich jak żołądek czy nerki.

Rutynowe badanie USG drugiego trymestru zazwyczaj jest wykonywane w technice 2D – jest to płaski (dwuwymiarowy) obraz sylwetki dziecka, na tyle uroczy, by oprawić go w ramkę lub zapisać na dysku. Większość lekarzy rezerwuje bardziej szczegółowe badanie 3D (to zwielokrotniony obraz dwuwymiarowy, dzięki któremu można obejrzeć całą powierzchnię ciała dziecka w wersji przestrzennej przypominającej zdjęcie) i 4D (które wygląda jak film, ponieważ można obserwować ruchy płodu w czasie rzeczywistym) na dokładniejszą diagnostykę płodu w sytuacji, gdy podejrzewa jakiekolwiek nieprawidłowości, na przykład rozszczep wargi lub podniebienia, przepuklinę oponowo-rdzeniową, albo by skontrolować coś, czemu należy się dokładniej przyjrzeć. Obecnie te bardziej zaawansowane badania (i trzeba przyznać, że również atrakcyjniejsze do oglądania) oficjalnie są zalecane jedynie w przypadkach uzasadnionych z medycznego punktu widzenia, ponieważ analizy oceniające bezpieczeństwo technologii USG wypadły niejednoznacznie, a potencjalne ryzyko, jakie ze sobą niosą, nie zostało jeszcze dokładnie oszacowane.

Zamierzasz pójść do specjalistycznego gabinetu i zapłacić za sfilmowanie tego, co dzieje się w twoim łonie, by nawiązać jeszcze bliższy kontakt ze swoim nienarodzonym dzieckiem? Najpierw poproś o zgodę lekarza i zajrzyj na str. 332.

jeszcze rodzice, którzy wolą grać w zgaduj-zgadulę aż do samego końca i poznać płeć swojego dziecka w tradycyjny sposób, czyli dopiero wtedy, gdy w całej okazałości pojawi się na świecie. Wybór należy do ciebie.

Jeśli zdecydujesz, że chcesz się o wszystkim dowiedzieć już teraz, pamiętaj, że określanie płci dziecka za pomocą ultrasonografu nie jest pewną metodą (w przeciwieństwie do punkcji owodni, dzięki której określa się płeć za pomocą analizy chromosomów). Czasem zdarza się, że rodzice dowiadują się, że będą mieć córkę, by podczas porodu usłyszeć: „To chłopiec!" (o wiele rzadziej

Przyjęcie z okazji ogłoszenia płci dziecka

Chcesz poznać płeć swojego maleństwa w jakiś szczególnie efektowny sposób (na przykład urządzając coś w rodzaju uroczystej gali wręczenia Oscarów połączonej z teleturniejem, fanfarami, wiwatami i zabawą)? A więc przyłącz się do tych rodziców, którzy z ogłoszenia płci dziecka czynią wielkie święto, i zrób to w trakcie przyjęcia lub w mediach społecznościowych.

Płeć maleństwa można ujawnić na wiele sposobów – spróbuj się wykazać kreatywnością i uczyń to po swojemu. Jeśli zamierzasz poznać płeć maleństwa razem z przyjaciółmi, krewnymi i całym wszechświatem mediów społecznościowych, nie zerkaj podczas badania na monitor ultrasonografu. Poproś lekarza lub technika, by zanotował wynik na kartce, schował ją do koperty i zapieczętował. Potem pozwól działać swojej wyobraźni. Oto pomysły, które możesz wykorzystać: zanieś kopertę do cukierni, poproś o upieczenie tortu w odpowiednim kolorze i pokrycie go lukrem, by ukryć wiadomość. Kiedy będziesz kroić tort, zobaczysz kolor – niebieski w przypadku chłopca, różowy w przypadku dziewczynki – w tym samym momencie, w którym ujrzą go goście. Możesz również wykorzystać piniatę wypełnioną różowym lub niebieskim confetti, różowe lub niebieskie świece albo pudło z różowymi lub niebieskimi balonami wypełnionymi helem, które wypuścisz dopiero wtedy, gdy zjawią się wszyscy goście (i oczywiście ktoś, kto to wszystko sfilmuje). Szukasz inspiracji? Znajdziesz mnóstwo pomysłów na Instagramie, Pintereście lub YouTubie.

Uważasz, że to nie w twoim stylu? Wolisz zachować informację o płci swojego potomka w tajemnicy – cóż, przynajmniej na razie – zamiast walczyć o sukces marketingowy? Nie musisz robić nic na siłę. Podziel się swoją tajemnicą tylko z wybranymi osobami, opowiedz o niej wszystkim albo nie mów nikomu (naturalnie do dnia porodu) – to sprawa twojego dziecka i twoja.

---

zdarzają się odwrotne sytuacje, bo przecież łatwiej przeoczyć penis, niż zobaczyć go tam, gdzie go nie ma). Poza tym dziecko nie zawsze chce współpracować i ujawniać swoją płeć – trzyma po prostu swoje prywatne sprawy w sekrecie, ukrywając je za uparcie skrzyżowanymi nogami. A zatem gdy postanowisz poznać płeć malucha podczas kolejnego badania USG, pamiętaj, że chociaż jest to hipoteza oparta na rzetelnej wiedzy, to nadal jest to tylko hipoteza.

A co zrobić, gdy jedno z was będzie chciało poznać płeć, a drugie nie? Niełatwo to zaaranżować (zwłaszcza jeśli osoba, która wie, nie potrafi zachować kamiennej twarzy, robi aluzje... lub zdradzi tajemnicę przyjaciołom i rodzinie), ale może się udać. Jeśli postanowisz poznać płeć dziecka, będziesz musiała podjąć jeszcze jedną decyzję: czy (a także jak oraz kiedy) przekazać tę informację do publicznej wiadomości. Niektórzy rodzice wolą zachować ten sekret jak najdłużej wyłącznie dla siebie. Inni „transmitują na żywo" badanie USG: poznając tajemnicę, równocześnie obwieszczają ją światu. Jeszcze inni wolą celebrować tę doniosłą chwilę w taki sposób, na jaki zasługuje, i urządzić dla rodziny i przyjaciół przyjęcie z okazji ogłoszenia płci dziecka (patrz ramka powyżej).

Ułożenie łożyska

Lekarka powiedziała, że badanie USG wykazało, iż moje łożysko jest nisko usadowione i znajduje się blisko szyjki macicy. Zapewniła mnie, że jest jeszcze za wcześnie, żeby się tym martwić, ale mnie to oczywiście nie przekonuje.

Myślisz, że jedynie dziecko porusza się w twojej macicy? Otóż nie tylko. Podczas ciąży łożysko może się przemieszczać w macicy tak samo jak płód. Tak naprawdę wcale nie zmienia pozycji, lecz sprawia wrażenie, że się podnosi, w miarę jak dolna część macicy rozciąga się i rośnie. Szacuje się, że u mniej więcej 10 procent kobiet w drugim trymestrze ciąży łożysko nadal znajduje się w dolnej części macicy (a przed 14 tygodniem ten odsetek jest jeszcze większy), ale u zdecydowanej większości przyszłych mam przesuwa się coraz wyżej, im bliżej do porodu. Jeśli tak się nie dzieje i łożysko pozostaje nisko, częściowo lub całkowicie zasłaniając szyjkę macicy (która łączy pochwę z macicą), diagnoza brzmi *placenta praevia*, czyli łożysko przodujące. Takie powikłanie pojawia się w bardzo niewielu przypadkach ciąż donoszonych (mniej więcej w 1 przypadku na 200). Innymi słowy, twoja lekarka ma rację. W tej chwili jest za wcześnie, żeby się martwić ułożeniem łożyska, a poza tym – statystycznie rzecz biorąc – prawdopodobieństwo, że kiedykolwiek będziesz się musiała tym martwić, jest bardzo niewielkie. Oprócz tego istnieje jeszcze jeden dobry powód, żeby nie wpadać w panikę: jeżeli ginekolog faktycznie zdiagnozuje łożysko przodujące, twoje maleństwo przyjdzie na świat przez cięcie cesarskie w terminie porodu.

Podczas badania USG dowiedziałam się, że mam łożysko przednie (*placenta anterior*). Co to znaczy?

To znaczy, że dziecko ułożyło się za łożyskiem. Zapłodniona komórka jajowa zazwyczaj zagnieżdża się w tylnej części macicy – tej położonej bliżej kręgosłupa – i tam właśnie rozwija się łożysko. Czasem jednak jajeczko usadawia się po przeciwnej stronie macicy, czyli bliżej pępka. Kiedy łożysko zacznie się rozwijać, będzie więc rosło na przedniej ścianie macicy (od strony brzucha), a dziecko będzie ułożone za nim.

Prawdopodobnie właśnie to przytrafiło twojemu maleństwu.

Na szczęście dziecku jest wszystko jedno, z której strony macicy się znajduje, a ułożenie łożyska nie ma żadnego znaczenia dla jego rozwoju. Negatywną stroną tej sytuacji może być to, że będziesz słabiej odczuwała pierwsze kopnięcia i ruchy, ponieważ łożysko zadziała w tym momencie jak poduszka oddzielająca płód od brzucha, co może ci przysporzyć niepotrzebnych zmartwień. Z tego samego powodu lekarz lub położna mogą mieć trudności z usłyszeniem bicia serca dziecka, zwłaszcza na początku ciąży (większym wyzwaniem przypuszczalnie będzie też punkcja owodni, jeśli rzecz jasna okaże się potrzebna). Łożysko przednie jest co prawda przyczyną drobnych niedogodności, ale z medycznego punktu widzenia jest zupełnie bez znaczenia, więc nie musisz się nim przejmować. Co więcej, bardzo prawdopodobne, że w późniejszym okresie ciąży samoistnie przesunie się bardziej do tyłu (co łożyska przednie często mają w zwyczaju).

Pozycja do spania

Zawsze śpię na brzuchu, ale teraz boję się to robić. Jednak nie mogę sobie znaleźć żadnej wygodnej pozycji.

Dwie najpopularniejsze pozycje do spania – na brzuchu i na plecach – to w czasie ciąży niestety nie najlepszy (i na pewno nie najbardziej wygodny) wybór. Spanie na brzuchu nie wchodzi w grę z oczywistych powodów: miałabyś wrażenie, że śpisz na melonie. Z kolei pozycja na plecach, chociaż wygodniejsza, sprawia, że cały ciężar macicy spoczywa na plecach, jelitach i głównych naczyniach krwionośnych. Taki nacisk może nasilić bóle pleców, problemy z hemoroidami, a także zakłócić proces trawienia oraz krążenie krwi, a nawet wywołać niedociśnienie (niskie ciśnienie tętnicze krwi), które może być z kolei przyczyną zawrotów głowy. Jeśli od czasu do czasu położysz się na chwilę na plecach, nie będzie to niebezpieczne, ale taka pozycja przez dłuższy czas (gdy będziesz tak leżała tygodniami czy miesiącami) może się stać źródłem problemów. Nie oznacza to oczywiście, że musisz spać na stojąco. Jeśli zwiniesz się w kłębek lub położysz na boku – najlepiej lewym, chociaż każdy jest dobry – z jedną nogą ułożoną na drugiej i z poduszką pomiędzy nimi (patrz ilustracja poniżej), będzie to najlepsza pozycja dla ciebie i twojego dziecka. Pozwala ona nie tylko swobodnie docierać krwi i składnikom odżywczym do łożyska, ale też poprawia funkcjonowanie nerek, co oznacza lepsze usuwanie produktów przemiany materii i płynów oraz mniejsze obrzęki kostek, stóp i dłoni.

Jednak bardzo niewiele osób potrafi przespać całą noc w jednej pozycji. Nie martw się więc (powtarzam: nie martw się), jeśli po przebudzeniu stwierdzisz, że leżysz na plecach albo na brzuchu. Nic się nie stało (powtarzam: nic się nie stało); po prostu obróć się znowu na bok. Może ci być niewygodnie przez pierwsze kilka nocy, a nawet tygodni, ale twoje ciało w końcu powinno się przyzwyczaić do nowej pozycji. Najlepsze wsparcie zapewni ci ergonomiczna poduszka dla ciężarnych o długości co najmniej 150 centymetrów, a także poduszki w kształcie długiego wałka, rogala lub litery „U", dzięki którym spanie na boku stanie się o wiele wygodniejsze, więc będziesz w stanie dłużej wytrwać w takiej pozycji. Jeśli nie masz poduszki ciążowej, możesz wypróbować zwykłe poduszki, podkładając je pod ciało w różnych pozycjach, dopóki nie znajdziesz doskonałego ułożenia, które zapewni ci zdrowy sen. Możesz również wypróbować półleżącą pozycję na leżance (jeśli ją masz) i spać na niej zamiast na łóżku.

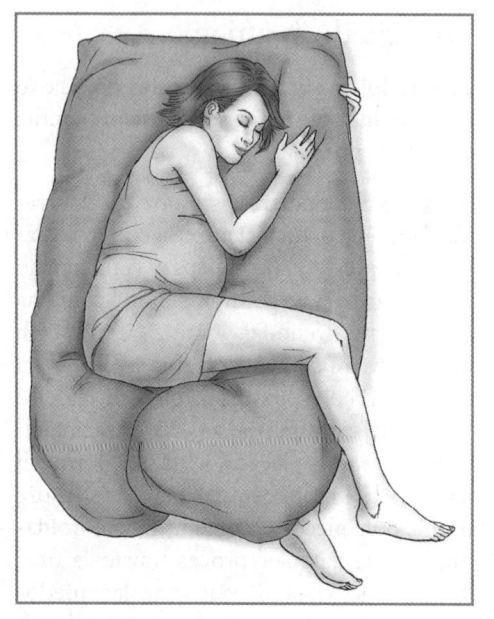

Lekcje w łonie?

Słyszałam, że niektórzy rodzice czytają dzieciom, gdy te znajdują się jeszcze w brzuchu, albo puszczają im muzykę, żeby zapewnić im dobry start i ułatwić w przyszłości naukę. Czy powinnam w taki sposób stymulować swoje dziecko?

Chociaż twoje maleństwo słyszy już pod koniec drugiego trymestru – a nawet dzięki temu zaczyna się czegoś uczyć – nie ma absolutnie żadnej potrzeby, by podczas ciąży zamęczać je lekcjami. Taka pozorna przewaga w postaci lekcji muzyki, języka czy literatury nie tylko jest niepotrzebna, ale może mieć nawet potencjalne słabe strony, szczególnie jeśli jest oznaką zdecydowanie przedwczesnego przerostu ambicji rodziców, którzy już na tak wczesnym etapie (dziecko się jeszcze nie urodziło, więc z całą pewnością jest to bardzo wczesny etap) kładą zbyt duży nacisk na osiągnięcia naukowe. Płód (tak samo jak niemowlę czy małe dziecko, którym się stanie, zanim zdążysz się zorientować) najlepiej się rozwija, a później uczy we własnym tempie i nie należy

Spanie na boku

go popędzać. Poza tym pojawia się również ryzyko, że rodzice – próbując zamienić macicę w salę lekcyjną – nieświadomie zakłócą naturalny rytm snu nienarodzonego maleństwa, co może zaburzyć jego rozwój, zamiast go wesprzeć (podobnie jak budzenie noworodka, żeby uczyć go alfabetu).

Należy jednak dodać, że nie ma nic złego – a nawet jest wiele dobrego – w zapewnianiu dziecku kontaktów z językiem i muzyką, gdy przebywa jeszcze w łonie mamy, a co ważniejsze, w szukaniu sposobów zbliżenia się do niego, zanim po raz pierwszy utulisz je w ramionach. Pamiętaj jednak, że mówienie, czytanie czy śpiewanie dziecku, które znajduje się jeszcze w twojej macicy (ale oczywiście bez użycia wzmacniaczy), nie zagwarantuje, że w przyszłości będzie miało same szóstki (albo że szybciej nauczy się alfabetu), ale na pewno sprawi, że od urodzenia będzie znało twój głos (i głos taty), a to ułatwi wam wszystkim budowanie więzi.

Jeśli teraz będziesz puszczać muzykę, być może później twój noworodek rozpozna jej dźwięki, będzie je lubił, a nawet się przy nich uspokajał. Tak samo będzie z kołysankami i rymowankami. Doceń również siłę dotyku. Ponieważ ten zmysł także zaczyna się rozwijać w macicy, jeśli teraz będziesz głaskać swój brzuch, później nawiążesz silniejszą więź z dzieckiem. A poza tym to bardzo przyjemne uczucie.

Włącz zatem Mozarta albo Bacha, odkurz sonety Szekspira (lub ściągnij je z Internetu) i czytaj je swojemu brzuszkowi, jeśli masz na to ochotę i nie wybuchasz przy tym śmiechem. Nie zapominaj jednak, że robisz to wszystko po to, by nawiązać bliską relację z dzieckiem, a nie po to, by zapewnić mu w przyszłości miejsce w szkolnej orkiestrze albo na najlepszym uniwersytecie.

Jeśli czujesz się niezręcznie, urządzając przedstawienia dla własnego brzucha, oczywiście nie musisz się martwić, że dziecko nie będzie miało okazji cię poznać. Będzie się przyzwyczajać do dźwięku twojego głosu – i głosu taty – za każdym razem, gdy będziecie rozmawiać ze sobą albo z kimś innym. A więc nawiązuj kontakty z maleństwem i ciesz się nimi, ale zdecydowanie nie przejmuj się teraz jego nauką. Jak się wkrótce przekonasz, dzieci i tak dorastają zbyt szybko, więc nie ma potrzeby, żeby dodatkowo przyspieszać ten proces, zwłaszcza że twoja latorośl nie przyszła jeszcze na świat.

Rodzicielstwo

Ciągle się zastanawiam, co z tym rodzicielstwem. Czy będę szczęśliwa, gdy zostanę matką? W ogóle nie wyobrażam sobie, jak to będzie.

W obliczu ważnych zmian w życiu (a czy może być coś ważniejszego niż zostanie rodzicem?) większość ludzi zastanawia się, czy te zmiany przyniosą im szczęście. A prawdopodobieństwo, że zmiana okaże się szczęśliwa, będzie tym większe, im bardziej realistyczne będą twoje oczekiwania

A zatem przede wszystkim zejdź na ziemię, a potem zrób to jeszcze raz. Jeżeli wyobrażasz sobie, że wrócisz ze szpitala z gaworzącym, uśmiechniętym bobasem, który wygląda jak z obrazka, najpierw powinnaś chyba poczytać trochę o tym, jak naprawdę wyglądają noworodki. Twoje dziecko nie tylko nie będzie gaworzyć ani się uśmiechać jeszcze przez wiele tygodni po porodzie, ale prawie w ogóle nie będzie się z tobą komunikować, chyba że za pomocą płaczu. Ten dźwięk będzie ci towarzyszył niemal nieustająco, szczególnie gdy będziesz zasiadać do kolacji, spędzać miłe chwile w łóżku, odczuwać potrzebę pójścia do toalety lub gdy będziesz zbyt zmęczona, żeby się ruszyć.

Jeśli na twoją wizję rodzicielstwa składają się spokojne poranne spacery po parku, słoneczne dni w zoo i kompletowanie dziecinnych ubranek, to powinnaś ją zweryfikować i jeszcze raz zejść na ziemię. Na pewno będą poranne spacery po parku (jeśli masz jakiś

DLA OJCÓW
Gdy czujesz się wykluczony

Spójrzmy prawdzie w oczy. Bez względu na to, jak bardzo zmieniły się role związane z płcią, biologia ma swoje ograniczenia. Oznacza to, że ciąża jest – i zawsze będzie – zajęciem dla kobiet, przynajmniej w sensie fizycznym. To mama nosi dziecko i jest z nim na dobre połączona (do tego musi taszczyć brzuch), to mama je karmi w swojej macicy i ponosi największą odpowiedzialność za jego życie. To również ona skupia na sobie największą uwagę – przyjaciół, rodziny, lekarza, położnej, a nawet zatroskanych obcych ludzi. I to wszystko czasem pewnie sprawia, że czujesz się, jakbyś został wyłączony poza nawias.

Nie martw się. To, że to nie ty chodzisz w ciąży, nie oznacza, że nie możesz jej przeżywać. A z uczuciem wykluczenia najlepiej walczyć za pomocą zaangażowania. A zatem:

- Porozmawiaj z nią o tym. Może twoja partnerka nie ma pojęcia, że czujesz się wykluczony lub pominięty, a może nawet ma wrażenie, iż jesteś zadowolony, pozostając na uboczu. Powiedz jej, że nie tylko chciałbyś się znaleźć w centrum wydarzeń, ale że jesteś z nią całym sercem.
- Regularnie chodź z nią do lekarza. Jeśli tylko możesz (jeżeli jeszcze tego nie zrobiłeś), uczestnicz w badaniach kontrolnych. Twoja partnerka na pewno będzie wdzięczna za wsparcie, a ciebie ucieszą zalecenia i uwagi, jakie lekarz skieruje specjalnie do ciebie. Poza tym będziesz mógł mu zadać wszystkie dręczące cię pytania. Dzięki wizytom u lekarza łatwiej zrozumiesz cudowne przemiany, jakie dokonują się w organizmie twojej partnerki. A co najważniejsze, będziesz mógł wspólnie z nią przeżywać wszystkie doniosłe ciążowe chwile (na przykład po raz pierwszy usłyszeć bicie serca czy zobaczyć maleńkie rączki i nóżki na ekranie ultrasonografu).
- Udawaj, że jesteś w ciąży. Nie musisz od razu wkładać koszulki z napisem „Dziecko na pokładzie" ani nosić wąsów z mleka. Ale możesz się stać prawdziwym partnerem „do ciąży": ćwicz razem z nią, zrezygnuj z alkoholu i wspólnie przerzućcie się na wodę. Zrób wszystko, co w twojej mocy, żeby się zdrowo odżywiać (przynajmniej przy niej). I rzuć palenie (jeśli palisz).
- Kształć się. Nawet wykształceni tatusiowie z dyplomami (w tym lekarze) muszą się sporo nauczyć, jeśli chodzi o kwestie ciąży, porodu czy opieki nad niemowlęciem – podobnie zresztą jak kobiety, które po raz pierwszy zostają mamami. Przeczytaj zatem tę książkę, a potem przejdź do poradnika *Pierwszy rok życia dziecka*. Poczytaj też blogi, przyłącz się do forów dyskusyjnych albo grup wsparcia. Pobierz aplikację What To Expect, aby otrzymywać najnowsze aktualizacje oraz wskazówki i razem oglądajcie filmy pokazujące tydzień po tygodniu rozwój dziecka. Chodź z partnerką do szkoły rodzenia, ucz się opiekować dzieckiem i dużo roz-

w okolicy), ale będą również takie poranki, które nagle zmienią się w wieczory, zanim ty i twoje dziecko zdążycie nacieszyć się światłem dnia, wiele słonecznych dni upłynie ci na praniu, a z ubranek ciężko będzie skompletować wytworny strój, bo prawie wszystkie będą poplamione ulanym mlekiem, papką z marchewki albo soczkiem.

Jednak bez wątpienia możesz oczekiwać również wielu magicznych chwil i cudownych doświadczeń. To uczucie, gdy będziesz tulić do serca ciepłe, śpiące maleństwo (nawet jeśli ten słodki cherubinek jeszcze przed chwilą krzyczał wniebogłosy), nie da się porównać z żadnym innym przeżyciem. Tak samo bezcenny będzie dla ciebie pierw-

mawiaj z przyjaciółmi i kolegami, którzy niedawno zostali ojcami.
- Nawiąż uczuciową relację z dzieckiem. Przyszła mama z pewnością ma w tej kwestii przewagę, ponieważ nosi malucha pod sercem, ale tata też może się do niego zbliżyć. Często rozmawiaj z dzieckiem, czytaj mu, śpiewaj – maluch zaczyna słyszeć pod koniec 6 miesiąca ciąży, a jeśli teraz będzie często słyszał twój głos, rozpozna go, gdy już się urodzi. Każdego wieczoru na kilka chwil przykładaj dłoń lub policzek do nagiego brzucha partnerki (to również bardzo miły sposób, by zbliżyć się do niej) i ciesz się każdym kopnięciem. Maluch poczuje, jak gładzisz brzuch, a gdy przysuniesz się naprawdę blisko, usłyszy bicie twego serca.
- Bądźcie drużyną. Urządźcie wspólnie pokój dla dziecka, przeglądajcie aplikacje z imionami, poszukajcie pediatry, który w przyszłości zajmie się waszym maleństwem, i w razie potrzeby uczestniczcie razem we wszelkich spotkaniach i konsultacjach dotyczących dziecka. Jeśli do tej pory tego nie zrobiłeś, stań się aktywnym uczestnikiem wszystkich przygotowań na przyjęcie dziecka.
- Zastanów się nad urlopem. Zorientuj się, czy twoja firma udziela urlopów tacierzyńskich. Jeśli tak, będziesz mieć pewność, że nie ominie cię cała radość związana z narodzinami dziecka. Jeśli nie, zachęć innych przyszłych ojców do walki o prawa rodziców (na przykład o płatny urlop macierzyński – w Stanach Zjednoczonych jeszcze go nie wprowadzono).

szy bezzębny uśmiech. I gaworzenie, które w końcu usłyszysz, uściski lepkich paluszków, mokre pocałunki i pachnące po kąpieli ciałko. A więc rzeczywistość jest taka, że to wszystko wynagrodzi ci bezsenne noce, spóźnione obiady, sterty prania i nieudany seks.

Szczęśliwa? Musisz jeszcze tylko trochę zaczekać, droga mamo.

Pasy bezpieczeństwa

Czy pasy bezpieczeństwa są bezpieczne w ciąży? A co z poduszką powietrzną?

Najbezpieczniejszy sposób podróżowania dla przyszłej mamy – i jej dziecka – to jazda w zapiętych pasach bezpieczeństwa. Poza tym w wielu krajach jest to obowiązek ustanowiony przez prawo. Aby zapewnić sobie maksimum bezpieczeństwa i minimum niewygody, umocuj pas biodrowy pod brzuchem, a potem przełóż go przez miednicę i górną część ud. Z kolei górną część uprzęży (pas barkowy) przełóż przez ramię (nie pod), następnie w poprzek klatki piersiowej między piersiami i z boku brzucha. I nie martw się, że ucisk wywołany nagłym hamowaniem zagrozi dziecku – jest dobrze chronione przez wody płodowe i mięsień macicy, jedne z najlepszych na świecie materiałów absorbujących wstrząsy. Nie musisz stosować adapterów przeznaczonych dla przyszłych mam (specjalnych nakładek na fotel, które zabezpieczają dolną część pasa przed przesuwaniem się w górę), ponieważ wiele z nich (na przykład te zapinane na rzepy) w czasie wypadku i tak nie spełnia swojej roli, a inne modele nie gwarantują mamie i dziecku większego bezpieczeństwa.

Jeśli chodzi o poduszki powietrzne, to lepiej ich nie odłączać. W razie wypadku warto mieć w samochodzie sprawnie funkcjonujący sprzęt, który zapewni bezpieczeństwo. Badania wykazały, że poduszki powietrzne nie tylko ratują życie ciężarnym kobietom (oraz ich dzieciom), ale też nie wyrządzają im żadnej krzywdy – nawet wtedy, gdy poduszka otworzy się podczas wypadku, nie zwiększa się ryzyko wad rozwojowych płodu, odklejenia łożyska ani cięcia cesarskiego. By mieć pewność, że poduszka powietrzna zapewni ci bezpieczeństwo, zachowaj odpowiednią odległość. Jeśli siedzisz na miejscu pasażera, przesuń fotel jak najdalej do tyłu (nogi będą ci wdzięczne za dodatkowe miejsce). Jeśli jesteś kierowcą, przechyl kierownicę w taki

Sposób zapięcia pasów dla dwojga

sposób, by była skierowana na twoją klatkę piersiową, a nie na brzuch, i spróbuj zachować odległość co najmniej 25 centymetrów.

Podróż

Zarezerwowaliśmy wakacje, zanim zaszłam w ciążę. Czy mogę bezpiecznie jechać?

Już nigdy więcej wakacje z dzieckiem nie będą tak łatwe i nieskomplikowane jak teraz. Przewiń taśmę do przodu o jeden rok, a zobaczysz się obładowaną fotelikiem samochodowym, pieluchami, zabawkami i zestawem zabezpieczeń chroniących dziecko i zrozumiesz dlaczego.

A więc nie odnoś się z rezerwą do rezerwacji, którą zrobiliście. Jednak zanim spakujesz walizkę, spytaj swojego lekarza, czy możesz wyjechać. Prawdopodobnie zaakceptuje twoje plany wakacyjne, ponieważ ciąża nie jest przeciwwskazaniem do podróżowania, chyba że pojawią się jakieś powikłania (albo zbliża się termin porodu).

Kiedy już dostaniesz zielone światło, będziesz musiała poczynić trochę przygotowań, by podróż była bezpieczna i wygodna – niezależnie od tego, czy wyjeżdżasz w krótką podróż służbową, czy na długie i spokojne wakacje dla przyszłych rodziców. A zatem:

Wybierz właściwy czas. Gdy planujesz „ciążową" podróż, wyczucie czasu jest przepustką do udanego wyjazdu – najodpowiedniejszy jest drugi trymestr, który przebiega najspokojniej. Do tego czasu zmęczenie i nudności (mało zabawni towarzysze podróży) powinny ustąpić, a brzuch nie będzie jeszcze aż tak duży, by poruszanie się było trudniejsze niż taszczenie bagaży. Z kolei podróżowanie tuż przed porodem może oznaczać ryzyko, że zaczniesz rodzić z dala od swojego lekarza, a może nawet od dobrego i godnego zaufania szpitala (w zależności od celu podróży). Zamierzasz się wybrać w rejs statkiem? Większość biur podróży organizujących takie rejsy nie pozwoli ci wejść na pokład, jeśli jesteś już co najmniej w 24 tygodniu ciąży.

Wybierz odpowiednie miejsce. Ciepły, wilgotny klimat może być zbyt ekstremalny dla twojego przyspieszonego metabolizmu, ale jeśli mimo wszystko zdecydujesz się na tropiki, wybierz hotel i środek lokomocji z klimatyzacją, oraz dbaj o odpowiednie nawodnienie organizmu i unikaj słońca. Zanim wybierzesz się w podróż w jakieś wysoko położone miejsce (patrz str. 280), poproś o zgodę lekarza. Skonsultuj się z nim również wtedy, gdy wybierasz się do regionu, w którym wymagane są dodatkowe szczepienia (niektóre nie są bezpieczne dla przyszłych mam) lub w którym można się nabawić groźnych chorób (a źródłem zakażenia są woda, jedzenie lub komary przenoszące wirus Zika albo malarię). Więcej informacji na temat podróżowania w ciąży znajdziesz w Internecie – na przykład www.cdc.gov/travel lub www.msz.gov.pl (zakładka „bezpieczne wakacje").

Zaplanuj podróż, w której wypoczniesz. Jeden cel podróży jest zdecydowanie lepszy niż wycieczka objazdowa typu „sześć miast

Przyszłe mamy to przysmak dla komarów

Jeśli masz wrażenie, że teraz o wiele bardziej smakujesz komarom, to nie jest to tylko twoja wyobraźnia. Naukowcy odkryli, że przyszłe mamy przyciągają dwa razy więcej komarów niż kobiety, które nie są w ciąży. Dzieje się tak prawdopodobnie dlatego, że te dokuczliwe owady uwielbiają dwutlenek węgla, a kobiety w ciąży mają przyspieszony, dzięki czemu uwalnia się więcej tego wabiącego je gazu. Poza tym komary szukają ciepła, a ciężarne kobiety mają przeważnie podwyższoną temperaturę ciała, co jest związane ze zmianami hormonalnymi towarzyszącymi ciąży, zatem owady bez problemu odnajdują do nich najkrótszą drogę. W większości przypadków to zwiększone zainteresowanie ze strony komarów kończy się tylko swędzeniem. Należy jednak pamiętać, że komary przenoszą również choroby, więc ich ukąszenia mogą być niebezpieczne zarówno dla mamy, jak i dla dziecka (przenoszą na przykład wirus Zika; patrz str. 562). Zatem jeśli wybierasz się do miejsca, gdzie komary stanowią zagrożenie dla zdrowia, musisz podjąć odpowiednie środki bezpieczeństwa (między innymi skonsultować się z lekarzem i zaznajomić z aktualnymi ostrzeżeniami dla podróżujących): na terenach zaatakowanych przez komary jak najwięcej przebywaj w pomieszczeniach, których okna i drzwi są szczelnie zasłonięte moskitierami, noś ubrania ochronne spryskane owadobójczą permetryną (nie nanoś jej jednak na skórę) i stosuj środki odstraszające owady. Najskuteczniejsze są preparaty zawierające DEET lub ikarydynę. Amerykańska Agencja Ochrony Środowiska (EPA) zarejestrowała obie substancje i uznała je za skuteczne i bezpieczne dla kobiet w ciąży. Środki zawierające naturalne olejki roślinne (na przykład cytronelowy lub cedrowy) również chronią przed ukąszeniami owadów, ale nie są tak skuteczne jak DEET czy ikarydyna, zatem nie polegaj na nich, przebywając w szczególnie niebezpiecznych miejscach.

Nakładaj środek owadobójczy dopiero po zastosowaniu kremu z filtrem przeciwsłonecznym i rób to częściej niż zwykle, ponieważ DEET obniża wskaźnik ochrony przeciwsłonecznej (SPF). Nie zaleca się stosowania preparatów łączących środek przeciwko ukąszeniom komarów z filtrem przeciwsłonecznym.

---

w sześć dni". Lepsza jest również podróż, która pozwoli tobie (i twojemu zmęczonemu ciążą ciału) ustalić własne tempo, zamiast zmuszać cię do dostosowywania się do tempa narzuconego przez przewodnika wycieczki. Pamiętaj, by czas spędzany na zwiedzaniu, zakupach czy spotkaniach przeplatać chwilami wypoczynku (najlepiej z nogami w górze).

Ubezpiecz się. Wykup ubezpieczenie turystyczne w renomowanym towarzystwie ubezpieczeniowym, na wypadek gdybyś musiała zmienić plany z powodu powikłań ciążowych. Jeśli wybierasz się za granicę (albo tam, gdzie nie ma solidnej opieki lekarskiej), zastanów się też nad zakupem polisy pokrywającej koszty transportu medycznego, gdybyś musiała szybko wrócić do domu pod nadzorem medycznym. Turystyczne ubezpieczenie zdrowotne może przydać ci się również w sytuacji, gdy twoja zwykła polisa nie obejmuje leczenia za granicą. Sprawdź to z wyprzedzeniem, zanim wyjedziesz.

Zorganizuj sobie wsparcie medyczne. Jeśli czeka cię dość daleka podróż, na wszelki wypadek zdobądź nazwisko miejscowego lekarza. Jeśli wyjeżdżasz za granicę, skontaktuj się z International Association for Medical Assistance to Travelers (www.iamat.org) – to organizacja non profit oferująca informacje dotyczące pomocy medycznej dla podróż-

Cieszcie się sobą (i dzieckiem)

Oczywiście nie posiadacie się ze szczęścia, że dzięki dziecku wkrótce będzie was troje (a może nawet więcej). Ale pewnie też zastanawiacie się, w jaki sposób ta jedyna w swoim rodzaju życiowa zmiana wpłynie na waszą przyszłość jako pary, szczególnie jeśli chodzi o te beztroskie chwile we dwójkę, które już niedługo będą dla was towarem deficytowym.

Żeby nacieszyć się sobą, wyjedźcie na wakacje dla przyszłych rodziców (*babymoon*). Nazwijcie to swoją ostatnią (jak na razie) akcją, ostatnią szansą na beztroskie (i romantyczne) chwile, zanim dziecko na dobre ograniczy waszą swobodę.

Coraz więcej przyszłych rodziców – jeśli pozwalają im na to czas, obowiązki służbowe, finanse i lekarz – wybiera się na ostatnie wakacje we dwójkę: tydzień na plaży, weekend na wsi, noc w hotelu czy dzień w spa – wybór należy do was. Kiedy najlepiej zorganizować taki urlop? Rzecz jasna wtedy, kiedy będziesz się najlepiej czuła i miała najwięcej energii, co w wypadku większości przyszłych mam oznacza względnie spokojny drugi trymestr.

Nie macie czasu na wakacje albo po prostu nie stać was na nie? A może wolelibyście wydać swoje oszczędności na rzeczy dla dziecka? Albo ciąża jest zagrożona i żaden wyjazd nie wchodzi w grę? A więc urządźcie sobie wakacje na miejscu. Wybierzcie weekend i zaplanujcie wspólne zajęcia, które przypuszczalnie będą poza waszym zasięgiem, gdy maleństwo przyjdzie na świat: śniadanie w łóżku, kolacja i kino, i cóż... rozumiecie, o co chodzi.

---

nych w wielu krajach świata, dzięki której będziesz mogła się skontaktować z lekarzem mówiącym w twoim języku. Takiej informacji udzielą ci również pracownicy hoteli należących do niektórych głównych sieci. Jeżeli będziesz potrzebowała natychmiastowej opieki medycznej, a twój hotel nie będzie w stanie jej zapewnić, skontaktuj się z ambasadą lub konsulatem i poproś o pomoc. Albo pojedź do najbliższego szpitala lub przychodni. Jeśli masz turystyczne ubezpieczenie zdrowotne, na polisie powinnaś znaleźć numer, pod którym znajdziesz pomoc.

Spakuj ciążowy zestaw ratunkowy. Sprawdź, czy wzięłaś wystarczającą ilość witamin, zdrowe przekąski, opaskę przeciwwymiotną (Sea-Band), jeśli masz chorobę lokomocyjną, oraz leki przeciwbiegunkowe przepisane przez lekarza. Z tego zestawu możesz wykluczyć jedną rzecz: środki farmakologiczne łagodzące objawy zespołu długu czasowego (tzw. jet lag), w tym melatoninę, które nie zostały przepisane przez lekarza.

Zabierz ze sobą zdrowe nawyki żywieniowe. Racz się miejscowym jedzeniem (w końcu jesteś na wakacjach!), ale staraj się jeść regularnie i zdrowo. W razie potrzeby posil się przekąską – energetyczne połączenie węglowodanów złożonych i białka pomoże ci zwalczyć objawy jet lagu. Nie zapominaj również o piciu, gdyż odpowiednie nawadnianie organizmu jest nie tylko niezbędną sprawą dla ciężarnej, ale też podstawową zasadą działania każdego obieżyświata (odwodnienie nasila objawy zespołu długu czasowego, na przykład zmęczenie).

Unikaj zaparć. Zmiana rozkładu dnia oraz inna dieta mogą zwiększyć problemy z zaparciami. Upewnij się zatem, czy w podróży towarzyszą ci trzej wojownicy najskuteczniejsi w walce z zaparciami: błonnik, płyny i ruch.

Kiedy czujesz, że musisz skorzystać z toalety, nie powstrzymuj się. Nie narażaj się na zapalenie dróg moczowych lub zaparcia, zwlekając z pójściem do toalety. Idź natychmiast, gdy tylko poczujesz potrzebę (i znajdziesz łazienkę).

Nie pozbawiaj się wsparcia. Udzielą ci go rajstopy uciskowe, szczególnie jeśli już masz żylaki. A nawet jeśli ich nie masz, a tylko podejrzewasz, iż możesz się ich nabawić, wkładaj rajstopy uciskowe zawsze wtedy, gdy wiesz, że będziesz długo siedziała (na przykład w samochodzie, samolocie czy pociągu) lub stała (w muzeum albo kolejce na lotnisku). Poza tym dzięki takiemu wsparciu twoje stopy będą mniej obrzęknięte.

Ruszaj się w podróży. Wielogodzinne siedzenie – zwłaszcza w ciasnej przestrzeni (na przykład w samolocie) – może upośledzać krążenie krwi, a u mam w ciąży podwyższonego ryzyka doprowadzić nawet do powstania zakrzepicy (patrz str. 595). A więc nie siedź nieruchomo, tylko poruszaj się często w swoim fotelu, rób kółka stopami, rozciągaj i napinaj nogi, masuj je i nie zakładaj nogi na nogę. Kiedy tylko możesz, ściągaj buty i unoś lekko stopy. W samolocie lub pociągu wstawaj przynajmniej raz na godzinę lub dwie i spaceruj w przejściu między fotelami. Jadąc samochodem, przystawaj co dwie godziny, żeby się rozprostować i rozciągnąć.

Czy dotarcie na miejsce będzie choćby w połowie tak przyjemne jak same wakacje? Prawdopodobnie nie, bo przecież jesteś w ciąży, ale zrób wszystko, żeby nie było dwa razy bardziej niewygodne:

- Gdy podróżujesz samolotem, sprawdź w linii lotniczej, czy nie obowiązują w niej jakieś specjalne przepisy dotyczące kobiet w ciąży. Zarezerwuj miejsce koło przejścia (żebyś mogła wstać i trochę pochodzić, a w razie potrzeby pójść do toalety), a jeśli nie ma rezerwacji, poproś, żeby pozwolono ci wcześniej wejść na pokład. Pamiętaj również, by zapiąć pas bezpieczeństwa pod brzuchem.

Nie wolno pić wody?

Owszem, nawodnienie to bardzo ważna sprawa dla ciężarnych podróżniczek. Ale jeśli czystość wody w miejscu, w którym spędzasz wakacje, jest wątpliwa, używaj do picia i mycia zębów wyłącznie wody butelkowanej. Upewnij się, czy butelka jest oryginalnie zamknięta. Unikaj również lodu, jeżeli nie będziesz absolutnie pewna, że zrobiono go z czystej wody.

Zwracaj także uwagę na to, co jesz. Unikaj surowych owoców, warzyw oraz sałatek (chyba że masz pewność, iż zostały umyte w czystej wodzie). Jeśli masz ogromną ochotę na świeże owoce, sama umyj je wodą z butelki, a potem obierz. Bez względu na to, do jakiego kraju zawędrowałaś, trzymaj się z daleka od gotowanych potraw podawanych w temperaturze pokojowej lub zaledwie letnich (takich jak w bufecie) oraz od żywności sprzedawanej na ulicznych straganach (nawet jeśli jest gorąca). Zrezygnuj też z soków i nabiału, jeśli nie masz całkowitej pewności, że są pasteryzowane.

Zachowaj ostrożność podczas kąpieli (nie łykaj wody). Przed wyjazdem sprawdź, czy woda w jeziorze, rzece, morzu, a nawet oceanie jest czysta (może być zanieczyszczona ściekami przemysłowymi, komunalnymi lub skażona niebezpiecznymi bakteriami). Woda w basenie powinna być chlorowana, oczyszczona ozonem, solą lub jonizowana – zapytaj, zanim się zanurzysz. Więcej informacji na temat bezpiecznego podróżowania znajdziesz w Internecie, na przykład www.cdc.gov/travel; www.szczepienia.gis.gov.pl (to strona Głównego Inspektoratu Sanitarnego, na której znajdziesz informacje na temat szczepień dla podróżujących); www.sk.gis.gov.pl (strona Głównego Inspektoratu Sanitarnego, która prowadzi „serwis kąpieliskowy").

Pamiętaj również o jedzeniu. Tanie linie lotnicze oferują wprawdzie tanie bilety, ale cię nie nakarmią. Nawet jeśli wiesz, że uda ci się dostać jakiś posiłek lub kupić go na pokładzie, to pamiętaj, że może być: a. niewielki, wręcz symboliczny, b. niejadalny, c. opóźniony lub d. wszystko równocześnie. A więc wszystko dokładnie zaplanuj. Zabierz ze sobą niepsującą się przekąskę albo kup na lotnisku kanapkę, sałatkę, jogurt i owoce (musisz mieć pewność, że gdy będziesz jadła, wszystko będzie nadal świeże). Włóż też kilka przekąsek do bagażu podręcznego. Pij dużo wody, by zapobiec odwodnieniu, które często towarzyszy podróżom lotniczym (dzięki temu będziesz też miała okazję, by rozprostować nogi, bo zmuszą cię do tego częste wyprawy do toalety). Nie pij wody z kranu, ponieważ bywa zanieczyszczona bakteriami.

- Jeśli podróżujesz samochodem, miej pod ręką przekąski i wodę. Upewnij się, że twoje miejsce jest wygodne, a jeśli nie, kup lub pożycz poduszkę lędźwiową (znajdziesz ją w sklepie motoryzacyjnym lub ze sprzętem ortopedycznym i rehabilitacyjnym albo w Internecie). Wskazówki dotyczące bezpiecznej jazdy samochodem znajdziesz na str. 275.

- Jeśli zamierzasz jechać pociągiem, upewnij się, czy w składzie jest wagon restauracyjny. Jeśli nie, zabierz ze sobą tyle jedzenia, żeby wystarczyło ci na całą podróż. Jeżeli jedziesz pociągiem w nocy, wykup miejsce leżące w wagonie sypialnym (jeśli to możliwe). Przecież nie chcesz zaczynać urlopu wyczerpana i niewyspana.

- Jeżeli płyniesz statkiem, sprawdź w biurze podróży, czy nie ma jakichś ograniczeń (większość linii wycieczkowych wprowa-

Ciąża na wysokościach

Zastanawiałaś się, czy oddychanie rozrzedzonym powietrzem na dużych wysokościach w czasie ciąży jest bezpieczne? Prawdopodobnie tak, jeżeli mieszkasz w takim miejscu już od dłuższego czasu. Lecz jeśli zamieszkałaś w warunkach wysokogórskich dopiero niedawno, a przedtem całe życie spędziłaś na nizinach, możesz mieć problemy zdrowotne związane z ciążą (na przykład nadciśnienie tętnicze, zatrzymanie wody w organizmie, a nawet dziecko o niższej masie w stosunku do wieku ciążowego). Z tego powodu wielu lekarzy zaleca, by zaczekać z przeprowadzką w góry aż do porodu.

A co z wyprawami i wycieczkami wysokogórskimi? Wdrapywanie się na szczyty rzecz jasna na razie odpada, ale zastanów się też dwa razy (i zapytaj lekarza), zanim wyjedziesz do wysokogórskiego uzdrowiska. Jeżeli musisz wyjechać w jakieś wysoko położone miejsce, spróbuj przemierzać trasę stopniowo, abyś mogła się przyzwyczaić do rzadszego powietrza. Jeśli jedziesz samochodem i możesz się gdzieś po drodze zatrzymać, spróbuj pokonywać każdego dnia różnicę poziomów wynoszącą 600 metrów, zamiast wjeżdżać od razu na wysokość 2000 metrów. Jeśli podróżujesz samolotem, najpierw poleć do miasta położonego na wysokości 1500 metrów i aklimatyzuj się tam przez kilka dni, a dopiero potem pokonaj samochodem resztę drogi. By zminimalizować ryzyko choroby wysokościowej (która może się objawiać bólami głowy, nudnościami i zmęczeniem oraz dotknąć każdego, kto znajdzie się na wysokości ponad 2500 metrów, a czasem nawet w niżej położonych miejscach), przez kilka pierwszych dni po przyjeździe odpoczywaj, pij dużo wody, jedz kilka małych posiłków dziennie i – jeżeli to możliwe – poszukaj noclegu na mniejszej wysokości.

> **Czy kontrola bezpieczeństwa jest bezpieczna?**
>
> Kontrola bezpieczeństwa na lotnisku to z pewnością utrapienie, ale na szczęście nie wiąże się z żadnym zagrożeniem dla podróżniczek z dzieckiem „na pokładzie". Fale elektromagnetyczne emitowane przez wykrywacze metalu mają bardzo niską częstotliwość i są całkowicie bezpieczne (jesteś narażona na ich działanie przez cały czas, również w domu, bo emitują je na przykład sprzęty gospodarstwa domowego). To samo dotyczy ręcznych wykrywaczy metalu używanych niekiedy przez pracowników ochrony. A co ze skanerami całego ciała (tzw. „nagimi skanerami")? Amerykańska Administracja ds. Bezpieczeństwa Transportu (TSA) twierdzi, że nie stanowią one żadnego zagrożenia dla kobiet w ciąży oraz ich nienarodzonych dzieci, pod warunkiem że promieniowanie skanera nie przekracza dawki promieniowania, którą otrzymuje się podczas dwóch minut lotu na dużej wysokości. Alternatywą może być rewizja osobista (zawsze możesz o nią poprosić, jeśli będziesz miała wątpliwości). Jeżeli zarejestrujesz się do odprawy PreCheck (www.tsa.gov), które TSA uruchomiła na niektórych lotniskach, unikniesz skanowania całego ciała oraz zamieszania związanego ze ściąganiem butów, kurtki i wyciąganiem butelek z bagażu podręcznego.

dza swoje zasady) oraz czy na pokładzie dostępna jest opieka medyczna. Poproś lekarza o pozwolenie na rejs i przepisanie niezbędnych leków (personel medyczny na statku może nie mieć leków dla przyszłych mam). I weź pod uwagę, że poranne nudności w połączeniu z chorobą morską mogą ci zepsuć wakacje. Poza tym musisz mieć świadomość, że nieżyty żołądkowo-jelitowe nie są rzadkością na statkach wycieczkowych, a to dla kobiety w ciąży jest szczególnie niebezpieczne.

WSZYSTKO O...
Seks i przyszli rodzice

Wszystkie cuda na bok – zarówno te religijne, jak i medyczne – ponieważ każda ciąża zaczyna się od seksu. Dlaczego więc to, co cię tutaj przywiodło, nagle stało się takie skomplikowane?

Bez względu na to, czy uprawiasz teraz seks częściej czy rzadziej, czy sprawia ci większą czy mniejszą przyjemność, czy też może w ogóle z niego zrezygnowałaś, istnieje duże prawdopodobieństwo, że ciąża zmieniła twoje podejście do miłości fizycznej. Seks w ciąży jest pełen wyzwań po obu stronach łóżka – od ustalenia tego, co jest bezpieczne w łóżku (lub na dywanie w salonie czy kuchennym blacie), a co nie, wybrania najlepszych pozycji uwzględniających coraz większy brzuch, po zmienne nastroje (ty jesteś podniecona, a on nie; on jest podniecony, a ty nie) i szalejące hormony (dzięki którym twoje piersi kuszą bardziej niż kiedykolwiek, ale są zbyt wrażliwe, by ich dotykać). Nie martw się jednak. Dzięki odrobinie kreatywności, sporej dawce poczucia humoru, nieograniczonej cierpliwości (i doświadczeniu) oraz bezgranicznej miłości pokonacie wszystkie przeciwności związane z seksem w ciąży.

Seks przez trymestry

W górę, w dół, i znowu w górę. Chociaż brzmi to trochę jak instrukcja pozycji seksualnej, tak naprawdę jest to doskonały opis huśtawki nastrojów, jakiej doświadcza większość par w swoim życiu seksualnym podczas dziewięciu miesięcy ciąży. W pierwszym trymestrze wiele przyszłych mam stwierdza, że ich pożądanie spada tak gwałtownie, jak szybko wzrasta stężenie hormonów ciążowych. Ten brak zainteresowania seksem nie powinien szokować. W końcu zmęczenie, nudności, wymioty czy bolące brodawki nie są najlepszymi afrodyzjakami. Ale – jak to z ciążą bywa – nie ma dwóch takich samych przyszłych mam, a to oznacza, że każda ma inne libido. A więc jeśli będziesz miała szczęście, pierwszy trymestr – dzięki dobroczynnemu działaniu hormonów (które sprawią, że twoje narządy płciowe będą bardzo wrażliwe i przyjemnie rozpalone, a piersi duże i ponętne) – uczyni z ciebie boginię seksu.

Zainteresowanie seksem nasila się zazwyczaj (choć nie zawsze) w drugim trymestrze, kiedy wczesne objawy ciążowe zaczynają ustępować, a za to przybywa energii, którą można wykorzystać w sypialni (poza tym mniej czasu w łazience, to więcej czasu w łóżku). Nigdy przedtem nie miałaś wielokrotnych orgazmów (albo nie miałaś ich wcale)? A więc teraz nadszedł twój czas – wreszcie będziesz miała okazję, by przeżywać je ciągle od nowa, ponieważ większa ilość krwi przepływająca przez wargi sromowe, łechtaczkę i pochwę sprawia, że teraz szczytowanie jest

Krótki przewodnik po seksie w ciąży

Zastanawiasz się, co jest bezpieczne, a czego powinnaś teraz unikać, kochając się z partnerem. Oto podstawowe informacje:

Seks oralny. Seks oralny, w którym aktywną stroną jest mężczyzna i pobudza ustami narządy płciowe kobiety, jest bezpieczny i przyjemny przez całą ciążę, więc się nie wahaj. Poproś tylko partnera, by zbyt mocno nie wdmuchiwał powietrza do twojej pochwy. Fellatio, czyli pobudzanie członka ustami, to forma seksu oralnego, która również jest zawsze bezpieczna – łącznie z połykaniem nasienia (na wypadek gdyby cię to interesowało) – a dla niektórych par stanowi bardzo przyjemny sposób zachowania bliskości intymnej, gdy stosunki płciowe są zabronione.

Seks analny. Prawdopodobnie również jest bezpieczny, ale należy zachować ostrożność. Po pierwsze, raczej nie będzie dla ciebie zbyt przyjemny, jeśli masz hemoroidy – typową dolegliwość ciążową – które mogą krwawić (a to naprawdę może zepsuć nastrój).

Po drugie, będziesz musiała zapamiętać podstawową zasadę bezpieczeństwa seksu analnego, która obowiązuje niezależnie od tego, czy jesteś w ciąży czy nie, chociaż teraz powinnaś być szczególnie ostrożna: nigdy nie przechodźcie od seksu analnego do pochwowego, jeśli wcześniej nie zadbaliście o higienę. W przeciwnym wypadku do pochwy mogą wniknąć niebezpieczne bakterie będące źródłem zakażenia narządów płciowych i stanowiące zagrożenie dla dziecka.

Masturbacja. Jeśli nie musisz ograniczać orgazmów z powodu ciąży wysokiego ryzyka, masturbacja (z wibratorem lub bez) jest całkowicie bezpieczną metodą rozładowywania napięcia seksualnego.

Zabawki erotyczne. Jeśli lekarz wyraził zgodę na seks, gadżety erotyczne (takie jak wibrator czy dildo) również są dla ciebie – wszak to mechaniczne wersje prawdziwego penisa. Pamiętaj tylko, że każda zabawka erotyczna musi być czysta i że lepiej nie wprowadzać jej do pochwy zbyt głęboko.

DLA OJCÓW

Strach przed seksem

Martwisz się, że w trakcie seksu możesz zranić partnerkę albo dziecko? A więc się nie martw. Dopóki lekarz wyraża zgodę, każda aktywność – w tym seks – jest w trakcie ciąży dozwolona (zresztą przez większą część czasu tak właśnie będzie). Dziecko jest całkowicie poza twoim zasięgiem (nawet jeśli jesteś wyjątkowo hojnie obdarzony przez naturę), bezpiecznie zamknięte w macicy. Nie może niczego zobaczyć i jest nieświadome tego, co robią dorośli. Krótko mówiąc, nie ma pojęcia, co się dzieje, gdy uprawiacie seks. Nawet łagodne skurcze, które twoja partnerka może odczuwać po orgazmie, nie są powodem do zmartwienia, ponieważ w prawidłowo przebiegającej ciąży nie wywołają akcji porodowej ani porodu przedwczesnego.

Poza tym badania wykazały, że kobiety, które w prawidłowo przebiegającej ciąży zachowują aktywność seksualną, są mniej narażone na poród przed terminem (a więc do dzieła!). Pamiętaj, że kochając się ze swoją partnerką, nie tylko jej nie zranisz, ale wręcz ją uszczęśliwisz, gdyż w ten sposób zaspokoisz jej wzmożoną potrzebę fizycznej i emocjonalnej bliskości. I zapewnisz ją, że jest kochana i pożądana, mimo że teraz sama nie czuje się zbyt seksowna i atrakcyjna. Zachowaj oczywiście ostrożność (słuchaj jej wskazówek i na pierwszym miejscu stawiaj jej potrzeby), ale nie bój się, kochaj się z nią i baw się dobrze.

Nadal czujesz niepokój? Powiedz jej o tym. Pamiętaj, że w związku najlepiej sprawdza się szczera rozmowa na każdy temat, włącznie z seksem.

łatwiejsze, dłuższe i silniejsze niż kiedykolwiek. Jednak w czasie ciąży niczego nie można uznać za pewnik – niektóre kobiety tracą te cudowne odczucia w drugim trymestrze, a inne mają jeszcze mniej szczęścia, ponieważ nie doświadczają ich przez całą ciążę. I to również jest zupełnie normalne.

Popęd seksualny zaczyna spadać w miarę zbliżania się terminu porodu. Dzieje się tak z oczywistych przyczyn: po pierwsze, brzuch wielkości arbuza utrudnia partnerowi dostęp do celu, nawet przy dużej pomysłowości w kwestii pozycji seksualnych; po drugie, bóle i niedogodności związane z zaawansowaną ciążą mogą ochłodzić nawet najgorętszą namiętność; po trzecie, im bardziej zaawansowana ciąża, tym trudniej skoncentrować się na czymś innym niż to upragnione wydarzenie, którego oczekujesz z taką niecierpliwością. Niemniej niektóre pary pokonują wszystkie przeszkody związane z zaawansowaną ciążą i nie rezygnują z seksu aż do pierwszych skurczów.

Co cię podnieca (a co wręcz przeciwnie)?

Może pogodzisz ciążę z życiem intymnym… a może ci się to zupełnie nie uda. Tak czy inaczej, wszystkie zmiany fizyczne, które teraz zachodzą w twoim ciele, mają pewien wpływ na twoje życie erotyczne (lub jego brak) – czasem zmieniają je na lepsze, czasem na gorsze, a czasem różnie. Oto objawy ciążowe, które mogą cię zachęcić lub zniechęcić do seksu:

Nudności i wymioty. Poranne nudności z pewnością mogą ci przeszkodzić w zabawie. W końcu trudno mruczeć z rozkoszy, gdy właśnie zwracasz kolację. Zatem mądrze gospodaruj swoim czasem. Gdy dolegliwości faktycznie pojawiają się skoro świt, na przyjemności przeznacz godziny wieczorne, a jeśli dokuczają ci wieczorem, najlepszym czasem na miłość będzie ranek. Gdy masz nudności przez cały dzień i w nocy, ty i twój partner musicie po prostu je przeczekać – zazwyczaj mijają pod koniec pierwszego trymestru. Bez względu na to, jak będzie, nie zmuszaj się, by czuć się seksownie, gdy akurat czujesz się chora – rezultat na pewno nie zadowoli żadnego z was.

Zmęczenie. Trudno mieć ochotę na seks, kiedy nie masz siły nawet, by się rozebrać. Na szczęście największe zmęczenie powinno minąć mniej więcej w 4 miesiącu (chociaż przypuszczalnie znowu się pojawi w ostatnim trymestrze). Tymczasem uprawiaj seks w blasku dnia (gdy tylko nadarzy się okazja) i nie zmuszaj się do czekania na nadejście romantycznej nocy. Zakończ upojne weekendowe popołudnie chwilą drzemki lub odpocznij w inny sposób. Zjedzcie wspólnie śniadanie w łóżku, najlepiej takie, po którym nie zostają okruszki...

Zmiana figury. Może teraz, gdy twoje ciało tak ponętnie się zaokrągliło, poczujesz się bardziej pociągająca niż kiedykolwiek. A może przeżywasz ciężkie chwile, patrząc na swoje nowe kształty. Jeśli tak, zainwestuj w seksowną koronkową bieliznę (owszem, taka również jest dostępna dla ciężarnych amatorek seksu), która pomoże ci zamaskować krągłości. Jeżeli zniechęcają cię fizyczne wyzwania związane z ciążą (w miarę jej rozwoju rosnący brzuszek będzie wymagał nie lada akrobacji), wiedz, że można je pokonać. Zatem czytaj dalej.

Obrzmiałe narządy płciowe. Zwiększony przepływ krwi w obrębie narządów miednicy mniejszej spowodowany hormonami ciążowymi może sprawić, że niektóre szczęśliwe przyszłe mamy będą bardziej pobudzone seksualnie. Ale może się zdarzyć i tak, że seks stanie się mniej satysfakcjonujący (zwłaszcza w późniejszym okresie ciąży), ponieważ uczucie niespełnienia po orgazmie sprawi, że poczujesz się, jakbyś go w ogóle nie miała. Dotyczy to również partnera, gdyż twoje obrzmiałe narządy płciowe mogą zwiększyć jego przyjemność (kiedy poczuje się do nich ściśle dopasowany) lub zmniejszyć (gdy będzie mu zbyt ciasno). Jeśli obrzmieniu narządów płciowych towarzyszy ból podczas stosunku, być może jest to objaw żylaków w obrębie miednicy (mogą się pojawić na sromie, w pochwie oraz w innych miejscach okolic intymnych). Porozmawiaj na ten temat z lekarzem i zajrzyj na str. 173.

Wyciek siary. W późniejszym okresie ciąży piersi niektórych kobiet zaczynają produkować pierwsze mleko zwane siarą (patrz str. 392). Może ona wyciekać podczas pobudzania piersi i nieco zakłócać (oraz zabrudzać) grę wstępną. Nie jest to rzecz jasna powód do niepokoju czy zmartwienia, ale jeśli wam przeszkadza, skoncentrujcie się na innej części ciała (na przykład na łechtaczce).

Wrażliwość piersi. W przypadku niektórych par obu stronom nigdy dość „ciążowych" piersi (są pełne, twarde, jędrne i ogromne). Ale dla większości przyszłych rodziców, zwłaszcza w pierwszym trymestrze, kiedy piersi są obrzmiałe, seks ma wysoką cenę: tkliwość, ból oraz idącą za nimi zasadę „możesz popatrzeć, ale nie dotykaj". Zatem jeśli dotykanie piersi sprawia ci więcej bólu niż przyjemności, poinformuj o tym partnera. Przypomnij mu też, że ta nadwrażliwość ustąpi pod koniec pierwszego trymestru i oboje będziecie mogli się cieszyć dotykiem.

Zmiana wydzieliny pochwowej. Gdy jesteś w ciąży, wilgotność nie zawsze oznacza

---

Seks-ćwiczenia

Chociaż możesz je wykonywać zawsze i wszędzie, seks jest najlepszą okazją, by ćwiczyć mięśnie Kegla. Informacje na temat tych wielce przyjemnych (dla wszystkich) ćwiczeń znajdziesz na str. 236.

gotowość na seks. W tym czasie bowiem nie tylko zwiększa się ilość wydzieliny, lecz zmienia się również jej konsystencja, zapach i smak. Jeśli wcześniej miałaś suchą i wąską pochwę, to dodatkowe nawilżenie uprzyjemni ci stosunek płciowy. Ale bywa też tak, że zbyt duża wilgotność i śliskość pochwy zmniejszy wasze doznania, a nawet utrudni twojemu partnerowi utrzymanie erekcji lub osiągnięcie orgazmu. (W takiej sytuacji może mu pomóc gra wstępna). Poza tym weź pod uwagę, że intensywniejszy zapach i smak wydzieliny pochwowej może zniechęcić partnera do seksu oralnego.

Niektóre przyszłe mamy narzekają w trakcie stosunku na suchość pochwy (pomimo dodatkowej wydzieliny). W takiej sytuacji zastosuj intymny żel nawilżający na bazie wody (na przykład K-Y lub Astroglide), który pomoże ci bezpiecznie zwalczyć uczucie suchości.

Krwawienie spowodowane wrażliwością szyjki macicy. Szyjka macicy, która łączy pochwę z macicą, w czasie ciąży również się powiększa; jest dobrze ukrwiona z powodu zwiększonego przepływu krwi przez narządy miednicy mniejszej, przez co staje się o wiele bardziej wrażliwa niż przed ciążą. Oznacza to, że stosunek seksualny (zwłaszcza głęboka penetracja) może niekiedy wywołać niewielkie krwawienie, zwłaszcza w późniejszym okresie ciąży, gdy szyjka macicy zaczyna się otwierać do porodu (aczkolwiek może się tak zdarzyć na każdym etapie ciąży). Chociaż takie krwawie-

DLA OJCÓW
Jak kochać się w ciąży

Na pewno nie jesteś już nowicjuszem. Ale czy robiłeś to z kobietą w ciąży? Chociaż w tej sytuacji obowiązują te same zasady co zwykle, to z pewnością się przekonasz, że w trakcie ciąży seks wymaga pewnych niewielkich modyfikacji, odrobiny finezji i sporej elastyczności (dosłownie). Oto kilka propozycji, które pomogą ci zrobić to, co trzeba:

- Zaczekaj na sygnał. Wczoraj miała ochotę, a dzisiaj jest zimna jak lód i nie reaguje na twoje zaloty? Kobieta w ciąży jest zmienna i jej popęd seksualny też. Musisz się więc nauczyć wyczuwać jej humory (i kierować się nimi).
- Rozgrzej ją, nim odpalisz silnik. Może do tej pory obywało się bez tego, ale teraz ona jest w ciąży. Bądź delikatny i nie spiesz się; dostosuj się do jej potrzeb i podnieć ją grą wstępną, zanim będziesz gotowy na wszystko.
- Obierz odpowiedni kierunek. Mapa potrzeb seksualnych (lub ich braku) zmienia się z tygodnia na tydzień, więc raczej nie polegaj na swoim przestarzałym GPS-ie. Zanim wybierzesz się w drogę, zapytaj ją, czy będzie ci towarzyszyć. Powinieneś na przykład bardzo delikatnie dotykać jej imponujących piersi. Chociaż wyglądają ekscytująco i seksownie, mogą ją boleć – zwłaszcza w pierwszym trymestrze. Zatem może zdarzyć się tak, że przez jakiś czas będziesz mógł na nie tylko popatrzeć.
- Pozwól jej sterować. Wybierz pozycję, która dla niej jest najlepsza i najwygodniejsza. A najlepsza pozycja to taka, kiedy ona jest na górze (mama górą?), ponieważ w takim układzie będzie mogła kontrolować głębokość i szybkość penetracji. A kiedy jej brzuch stanie między wami, wypróbuj następujące pozycje: ona na kolanach, a ty od tyłu, lub „na łyżeczkę".
- Przygotuj się na zmianę trasy. Żadna droga nie doprowadziła cię do celu? Znajdź ścieżkę, która zadowoli was oboje. Może masturbacja, seks oralny lub masaż erotyczny.

nie nie jest powodem do niepokoju, wspomnij o nim lekarzowi, by rozproszyć swoje obawy.

Między tobą a twoim partnerem mogą się pojawić również inne zahamowania dotyczące życia seksualnego. Następujące wskazówki powinny zmniejszyć wasze obawy:

Strach, że seks może wywołać poronienie. Przestań się martwić i zacznij się cieszyć. Jeśli twoja ciąża przebiega prawidłowo, seks ci nie zaszkodzi. W przeciwnym wypadku lekarz uprzedzi cię, że nie powinnaś go uprawiać w trakcie ciąży. Jeśli tego nie zrobi, idź na całość.

Strach, że orgazm wywoła poronienie. Chociaż orgazm wywołuje skurcze macicy, czasem nawet dość silne i długotrwałe (nawet półgodzinne), nie są one oznaką porodu i nie szkodzą normalnie przebiegającej ciąży. Zatem jeszcze raz – jeśli musiałabyś unikać orgazmu (na przykład dlatego, że jesteś w ciąży wysokiego ryzyka i grozi ci poronienie lub poród przedwczesny), twój lekarz na pewno by ci o tym powiedział. Jeżeli do tej pory nie poruszałaś z nim tego tematu i nie jesteś pewna, koniecznie zapytaj.

Strach, że dziecko „wszystko widzi". To niemożliwe. Twojemu dziecku na pewno będzie się podobać delikatne kołysanie towarzyszące seksowi i orgazmowi, ale nie będzie widziało ani wiedziało, co robicie ani co się dzieje, i z pewnością nie będzie tego pamiętało. Jego zachowanie (spowolniony ruch w trakcie seksu, a potem szalone kopanie i przyspieszona czynność serca) to po prostu naturalna reakcja na aktywność macicy.

Strach przed „uderzeniem" dziecka. Chociaż być może twój partner nie będzie chciał tego przyznać, żaden penis nie jest tak duży, by zbliżyć się do dziecka. Maleństwo jest całkowicie bezpieczne w zaciszu twojej macicy i doskonale chronione nawet wtedy, gdy obróci się główką w dół, kiedy zacznie się zbliżać termin porodu.

Strach, że seks spowoduje zakażenie. Worek owodniowy chroni dziecko zarówno przed nasieniem, jak i przed zakażeniem. Dopóki pęcherz płodowy nie pęknie (i „wody" nie wypłyną), „pieczęć" jest nietknięta, a wejście do macicy zamknięte.

Strach przed przyszłością. Na pewno oboje jesteście bardzo zajęci i trochę (a może nawet bardzo) zestresowani. Pewnie miotają wami sprzeczne uczucia z powodu zbliżającego się porodu. Czasem ciężko myśleć o seksie, gdy umysł jest zaprzątnięty nadchodzącymi zobowiązaniami finansowymi i zmianą stylu życia, nie wspominając o przygotowaniach na przyjęcie dziecka. Co zatem zrobić? Rozmawiajcie szczerze o swoich uczuciach, ale nie róbcie tego w łóżku.

Pozycja ma znaczenie

Kiedy kochasz się z partnerem na tym etapie ciąży (i później), pozycja ma duże znaczenie. Pozycja boczna (leżycie na boku przodem do siebie lub ty tyłem do niego, czyli na „łyżeczkę") to najbardziej wygodny układ, ponieważ nie musisz leżeć na plecach. Równie dobrym rozwiązaniem jest pozycja, kiedy kobieta jest na górze, na przykład „na jeźdźca" (w ten sposób można kontrolować głębokość penetracji). Dobrze sprawdzają się też różne pozycje od tyłu: opierasz się na kolanach albo siedzisz na nim tyłem (odwrócona pozycja „na jeźdźca"). Pozycja na „szybki numerek" – on leży na tobie (dopóki będzie mógł się utrzymać na rękach i nie kłaść się na tobie całym ciałem) – sprawdza się do 4 miesiąca, ponieważ później lepiej nie leżeć na plecach.

Zmiany w związku. Może macie trudności z dostosowaniem się do zmian zachodzących w waszym życiu rodzinnym, a szczególnie z zaakceptowaniem myśli, że wkrótce nie będziecie już tylko zwykłą parą, lecz też parą rodziców. Porozmawiajcie o tym, a może dojdziecie do wniosku, że zmiany, które was czekają, będą dobre. Może ten nowy wymiar związku pogłębi waszą intymność i przyniesie wam jeszcze więcej satysfakcji seksualnej.

Uczucie odrzucenia. Może twój partner czuje się odrzucony, ponieważ myśli, że bardziej interesujesz się dzieckiem niż nim. A może to ty czujesz się odrzucona, bo tylko ty wykonujesz całą „czarną robotę" dla dziecka, którym będziecie się cieszyć wspólnie. Takie podejście może ochłodzić temperaturę w sypialni, więc porozmawiajcie o tym. Ale oczywiście zanim pójdziecie do łóżka.

Strach, że seks pod koniec ciąży wywoła przedwczesny poród. Dopóki szyjka macicy jest twarda, długa i zamknięta, seks nie powinien wywołać porodu (o czym zapewne przekonało się wiele par, które przenosiły ciążę). Poza tym badania wykazały, że w przypadku ciąży niskiego ryzyka aktywność seksualna w późnej ciąży sprzyja terminowemu rozwiązaniu.

Oczywiście na satysfakcję seksualną w trakcie ciąży mają również wpływ czynniki psychiczne (to dobra wiadomość!). Na przykład te pary, które ciężko pracowały, by począć dziecko, teraz z radością zamienią prokreację na rekreację. Zamiast trzymać się niewolniczo terminów owulacji, wykresów i comiesięcznych obaw, teraz mogą się cieszyć spontanicznym seksem wyłącznie dla przyjemności. Z kolei inni partnerzy stwierdzają, że dzięki poczęciu dziecka są sobie bliżsi niż kiedykolwiek, a rosnący brzuch staje się symbolem ich zażyłości, a nie przeszkodą w życiu intymnym.

Baw się więcej, nawet gdy możesz mniej

Cóż, regularne i udane stosunki seksualne są jak Rzym – nie uda się ich zbudować w jeden dzień (ani nawet w jedną namiętną noc). Dojrzewają dzięki praktyce, cierpliwości, zrozumieniu i miłości. Prawdą jest również to, że dojrzała relacja seksualna zmienia się pod wpływem ciąży zarówno w aspekcie emocjonalnym, jak i fizycznym. Oto kilka sposobów, które pomogą ci „utrzymać się na szczycie":

- Ciesz się życiem seksualnym, zamiast rozkładać je na czynniki pierwsze. Przytul się do partnera i ciesz się chwilą. Nie skupiaj się na tym, jak często (lub rzadko) się kochacie (jakość jest zawsze lepsza niż ilość, zwłaszcza w ciąży), i nie porównuj seksu ciążowego z tym sprzed ciąży (to dwie całkowicie różne sprawy, a ty i twój partner – z tego samego powodu – jesteście teraz dwojgiem innych ludzi).

- Podkreślaj dobre strony. Seks to też odprężenie – pamiętaj, że jest ono niezbędne wszystkim zainteresowanym (także dziecku). Twoje zaokrąglone kształty są zmysłowe i seksowne. Każdy miłosny uścisk to szansa, by się do siebie zbliżyć, a nie wyłącznie okazja, by skonsumować związek.

- Nie bój się przygód. Dawne pozycje się nie sprawdzają? Potraktuj to jako okazję do wypróbowania czegoś nowego (a nawet mnóstwa nowych rzeczy). Daj jednak sobie czas, by przyzwyczaić się do każdej nowej pozycji. Możesz nawet przeprowadzić „próbę generalną" w ubraniu, by mieć pojęcie, co czeka cię później (i by odczuwać większą satysfakcję).

- Bądź realistką. Czyli mierz siły na zamiary. Seks w ciąży wiąże się z wieloma wyzwaniami, zatem odpręż się i nie daj się zwariować. Niektóre kobiety po raz pierwszy przeżywają orgazm podczas ciąży, a inne mają z nim problemy. Twoim celem nie zawsze muszą być dokładnie zsynchronizowane obustronne „fajerwerki". Pamiętaj, że bliskość jest niekiedy najlepszą i najbardziej satysfakcjonującą częścią seksu.

- Nie zapominaj, że istnieje jeszcze inna forma stosunków międzyludzkich (czyli rozmowa). Komunikacja jest podstawą każdego związku, zwłaszcza tego, który przechodzi ważne życiowe zmiany. Szczerze rozmawiajcie o wszystkich problemach, z którymi mierzycie się jako para, zamiast chować je pod łóżkiem (albo, co gorsza, zabierać do łóżka). Jeśli pojawią się trudności, z którymi nie będziecie potrafili sobie sami poradzić, poszukajcie wsparcia u terapeuty. Już nigdy nie będzie lepszej okazji, by rozwiązać problemy, z którymi się borykacie jako para, ponieważ wkrótce będziecie we trójkę.

I bez względu na to, jak jest w waszym przypadku, pamiętaj również o tym, że każda para może mieć inne podejście do uprawiania seksu podczas ciąży, zarówno pod względem fizycznym, jak i emocjonalnym. Podstawowa zasada (niezależna od tego, czy jesteś na górze, na plecach czy na boku, i niezależna od tego, czy w ogóle uprawiacie seks): normalne jest to, co jest normalne dla ciebie i twojego partnera (ta zasada dotyczy zresztą wszystkich kwestii związanych z ciążą). Zaakceptujcie to, przytulcie się do siebie i spróbujcie się tym wszystkim nie przejmować.

Kiedy seks nie wchodzi w grę

Seks w ciąży przynosi rzecz jasna wiele korzyści wszystkim zainteresowanym. A jeśli trzeba go ograniczyć w którymś momencie ciąży albo w ogóle z niego zrezygnować? Jeżeli lekarz powiedział ci, że powinnaś ograniczyć współżycie, ale nie sprecyzował, jak powinny wyglądać te ograniczenia, poproś go o dokładne wskazówki. Czy ograniczenie współżycia ma być chwilowe czy powinno trwać przez całą ciążę? Czy dozwolona jest gra wstępna? Seks oralny tak, a co w takim razie z penetracją? Czy dozwolone jest wszystko z wyjątkiem orgazmu? A może wolno wszystko, ale tylko z prezerwatywą? Wiedza na temat tego, co i kiedy wolno, to podstawa, zatem koniecznie poproś lekarza o wyczerpującą listę zaleceń i zakazów.

Prawdopodobnie nie będziesz mogła uprawiać seksu w następujących sytuacjach (oraz być może w kilku innych):

- Jeśli pojawiły się oznaki porodu przedwczesnego albo jeśli wcześniej przeżyłaś taki poród.
- Jeśli zdiagnozowano u ciebie niewydolność szyjki macicy lub łożysko przodujące.
- Prawdopodobnie również wtedy, gdy pojawi się krwawienie albo jeśli kiedyś poroniłaś.

- Jeśli twój partner jest zakażony jakimś niebezpiecznym dla ciąży wirusem (na przykład Zika) lub jest chory na chorobę przenoszoną drogą płciową.

Jeśli penetracja jest zabroniona, a orgazm dozwolony, rozważcie wzajemną masturbację. Jeżeli orgazm to dla ciebie owoc zakazany, możesz czerpać przyjemność z dawania rozkoszy partnerowi (prawdopodobnie nie będzie miał nic przeciwko temu). Jeśli stosunek jest dozwolony – ale orgazm zakazany – spróbuj się kochać bez dochodzenia do punktu kulminacyjnego. To z pewnością nie będzie dla ciebie zbyt satysfakcjonujące (poza tym łatwiej powiedzieć, niż zrobić, jeśli nie potrzebujesz zbyt wiele, żeby osiągnąć orgazm), ale przynajmniej zapewni wam bliskość. Jeśli lekarz zabronił ci jakiejkolwiek aktywności seksualnej przez całą ciążę, postaraj się, żeby to nie stanęło między wami. Wypróbujcie inne sposoby na utrzymanie bliskości – te młodzieńcze i romantyczne, które towarzyszyły wam na początku związku, a o których już pewnie zdążyliście zapomnieć (trzymanie się za ręce, przytulanie, całowanie czy staromodne obściskiwanie się).

ROZDZIAŁ 10

Szósty miesiąc

W przybliżeniu między 23 a 27 tygodniem

W tym miesiącu nie ma już żadnych wątpliwości: ruchy w twoim brzuchu to dziecko, a nie gazy (chociaż one również mogą ci jeszcze dokuczać). W miarę jak małe rączki i nóżki będą się stawały coraz silniejsze i będą uderzać coraz mocniej, te wszystkie ćwiczenia fizyczne – a czasem też ataki czkawki – będą coraz bardziej widoczne z zewnątrz (można nawet powiedzieć, że nosisz w sobie prawdziwy park rozrywki!). Ten miesiąc to również koniec drugiego trymestru, co oznacza, że pokonałaś już niemal dwie trzecie drogi do końca ciąży. Nadal masz jednak sporo do przejścia i niemało do zrobienia – podobnie jak twoje dziecko, które jeszcze jest względnie lekkie w porównaniu z masą, jaką osiągnie za miesiąc lub dwa. Korzystaj zatem z tego, że jeszcze możesz zobaczyć swoje stopy (a może nawet dosięgnąć palców), odrzuć wszelkie zahamowania i baw się dobrze (ale rozsądnie).

Twoje dziecko w tym miesiącu

Tydzień 23. Gdybyś mogła zajrzeć przez okienko do swojego brzucha, zobaczyłabyś, że dziecko ma trochę za dużo skóry, która zwisa luźno z jego ciałka. Dzieje się tak dlatego, że skóra rośnie szybciej, niż przybywa tkanki tłuszczowej, więc na razie nie ma jej czym wypełnić. Nie martw się jednak, bo wkrótce maluch zacznie nadrabiać te straty. Na początku tego tygodnia dziecko (które ma teraz około 28 centymetrów długości i waży mniej więcej 500 gramów) zacznie przybierać na wadze (a to oznacza, że ty również!). Prawdę mówiąc, w następnym miesiącu maluch podwoi swoją masę ciała (ty na szczęście nie). Dzięki temu zgromadzi tyle tłuszczu, że jego skóra przestanie być przezroczysta. Na razie widać przez nią narządy wewnętrzne i kości, a za sprawą naczyń krwionośnych, które się rozwijają tuż pod nią, ma czerwonawy odcień. Ale gdy nadejdzie 8 miesiąc, niczego już nie będzie można dostrzec przez skórę!

Tydzień 24. Dziecko waży już około 700 gramów, ma około 29 centymetrów długości i jest teraz wielkości sporej kolby kukurydzy (tej słodkiej oczywiście). Każdego tygodnia przybiera około 170 gramów – jeszcze nie tak dużo jak ty, ale powoli zaczyna się do tego zbliżać. Większość to tkanka tłuszczowa, a także rosnące narządy wewnętrzne, kości i mięśnie. Twarz dziecka jest niemal całkowicie uformowana i niewypowiedzianie słodka – są już na niej brwi i rzęsy, a na głowie zaczynają się pojawiać włosy. Jasne, ciemne czy rude? Tego jeszcze nie wiadomo – włoski są białe, gdyż na razie brak w nich pigmentu.

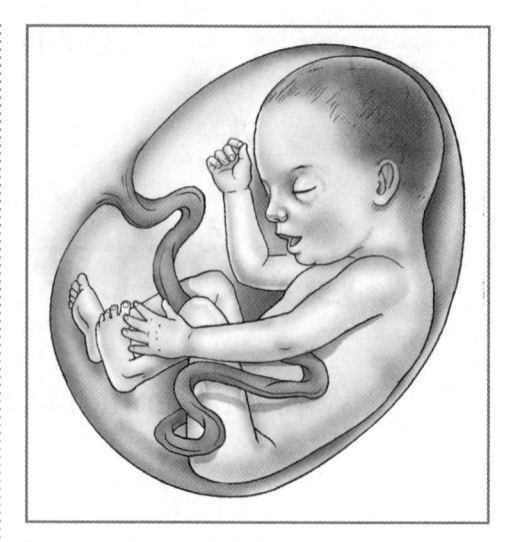

Twoje dziecko w 6 miesiącu

Tydzień 25. Dziecko rozwija się teraz bardzo szybko (równie szybko przybywa mu gramów i centymetrów) i w tym tygodniu ma już 33 centymetry długości i waży ponad 750 gramów. Jest to czas wielu ekscytujących zmian. Pod skórą pojawiają się naczynia włosowate, które napełniają się krwią. Zanim skończy się ten tydzień, w płucach rozwiną się pęcherzyki płucne otoczone naczyniami włosowatymi, przygotowując dziecko do pierwszego oddechu. Zauważ jednak, że w tym momencie płuca nie są jeszcze gotowe do samodzielnego oddychania. Zanim do tego dojdzie, będą musiały jeszcze sporo dojrzeć. Chociaż już zaczynają wytwarzać surfaktant – substancję, która pokrywa pęcherzyki płucne i zapobiega ich zapadaniu się i sklejaniu – to nie są jeszcze na tyle rozwinięte, by skutecznie przesyłać tlen do układu krwionośnego oraz usuwać dwutlenek węgla z krwi (a na tym właśnie polega oddychanie). A jeśli mowa o oddychaniu, to nozdrza, które do tej pory były zamknięte, zaczynają się otwierać. Dzięki temu dziecko może zacząć ćwiczyć „oddychanie". Funkcjonują już też struny głosowe i głośnia, więc maleństwu czasem dokucza czkawka (z pewnością to poczujesz).

Tydzień 26. Następnym razem, gdy będziesz w sklepie mięsnym, weź kilogram mięsa na pieczeń. Nie, nie na obiad – po to, by uzmysłowić sobie, jak duże jest twoje dziecko w tym tygodniu. A zatem waży ono już mniej więcej 900 gramów i ma 35 centymetrów długości. Ważne wydarzenie w tym tygodniu: dziecko zaczyna otwierać oczy; powieki były do tej pory sklejone (żeby mogła się rozwinąć siatkówka, część oka odpowiedzialna za widzenie). Kolorowa część oka (czyli tęczówka) jeszcze nie ma wystarczającej ilości barwnika, więc nie wiadomo, jakiego koloru będą oczy dziecka. Niemniej maluch już widzi – to ogromny postęp w jego rozwoju, chociaż prawdę mówiąc, w ciemnym zaciszu macicy nie ma zbyt wiele do oglądania. W ogóle jego zmysły się wyostrzają, zatem będziesz mogła poczuć wzmożoną aktywność w chwili, gdy dziecko zobaczy jasne światło lub usłyszy głośny dźwięk. Gdy w pobliżu twojego brzucha rozlegnie się głośny wibrujący hałas, maluch zamruga i zadrży (to dobry powód, by za bardzo nie podkręcać głośności).

Tydzień 27. W tym tygodniu dziecko mierzone od głowy do stóp będzie miało już około 37 centymetrów długości. Masa ciała również stopniowo wzrasta i wynosi około 920 gramów. Ciekawa informacja dotycząca życia płodowego: maluch ma teraz więcej kubków smakowych, niż będzie miał w chwili narodzin (i w ogóle kiedykolwiek). Oznacza to, że nie tylko może wyczuwać różnice w smaku wód płodowych (w zależności od tego, co zjadłaś), ale też na nie reagować. Niektóre mamy twierdzą na przykład, że ich dzieci na ostre potrawy reagują czkawką albo zaczynają mocniej kopać. Czy twoje maleństwo przyjdzie na świat jako amator sosu tabasco? Czas pokaże!

Co możesz odczuwać

Oto objawy, których możesz się spodziewać w tym miesiącu (równie dobrze możesz ich nie odczuwać, ponieważ każda ciąża jest inna). Niektóre z nich mogą się utrzymywać od ubiegłego miesiąca, a inne będą całkiem nowe. Niektóre mogą ustępować, a inne się nasilać.

OBJAWY FIZYCZNE

- bardziej zdecydowana aktywność płodu;
- upławy;
- ból w dole brzucha i po bokach (to wynik rozciągania się więzadeł podtrzymujących macicę);

Twoje ciało w tym miesiącu

Na początku tego miesiąca dno macicy (czyli jej najwyżej położona część) znajduje się na wysokości 3,8 cm nad pępkiem. Pod koniec miesiąca macica powiększy się jeszcze bardziej i jej dno znajdzie się na wysokości mniej więcej 6,3–6,5 cm nad pępkiem. Jest wielkości piłki do koszykówki i być może nawet wyglądasz tak, jakbyś taką piłkę miała w brzuchu.

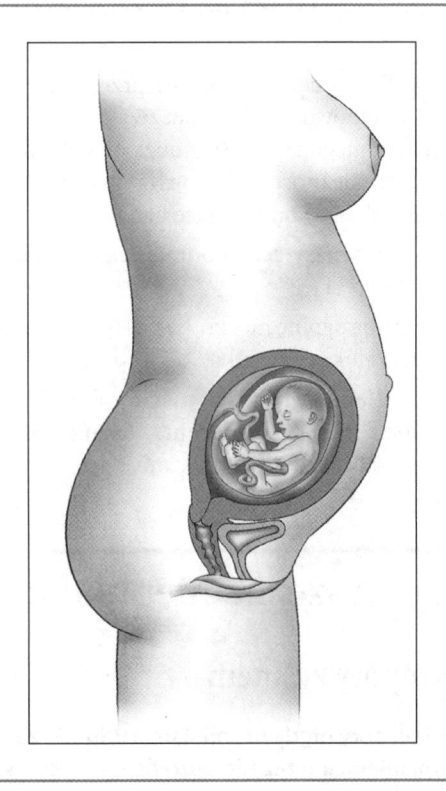

- zaparcia;
- zgaga, niestrawność, gazy, wzdęcia;
- sporadyczne bóle głowy;
- sporadyczne zawroty głowy lub uczucie oszołomienia (zwłaszcza przy nagłej zmianie pozycji lub spadku stężenia glukozy);
- zapchany nos i sporadyczne krwawienia z jamy nosowej; zatkane uszy;
- wrażliwe dziąsła, które mogą krwawić podczas czyszczenia zębów;
- wilczy apetyt;
- skurcze mięśni nóg;
- niewielkie obrzęki kostek i stóp, sporadycznie również rąk i twarzy;
- hemoroidy;
- żylaki nóg i/lub sromu;
- świąd skóry na brzuchu;
- wystający pępek;
- bóle pleców;
- przebarwienia na brzuchu i/lub twarzy;
- rozstępy;
- powiększone piersi.

ODCZUCIA PSYCHICZNE
- mniejsze wahania nastroju;
- zapominalstwo, roztargnienie, czyli „amnezja ciążowa";
- uczucie, że ciąża trwa w nieskończoność;
- ekscytacja zmianami, które czekają cię w przyszłości;
- niepokój o przyszłość.

Czego możesz oczekiwać podczas badania lekarskiego

Wizyta będzie zapewne przebiegać rutynowo, czyli tak jak zwykle. Pod koniec drugiego trymestru może ona obejmować (w zależności od twoich potrzeb i stylu pracy lekarza) następujące badania:

- pomiar masy ciała i pomiar ciśnienia tętniczego krwi;
- badanie ogólne moczu, by wykluczyć obecność glukozy i białka;
- określenie wielkości macicy i ułożenia płodu metodą palpacyjną (lekarz będzie uciskał twój brzuch palcami);
- określenie czynności serca płodu;
- określenie wysokości dna macicy (czyli jej najwyżej położonego punktu);
- kontrolę dłoni i stóp pod kątem obrzęków oraz nóg pod kątem żylaków;
- test obciążenia glukozą 75 g (krzywa cukrzycowa), zalecany między 24 a 28 tygodniem ciąży.

Lekarz spyta też o objawy ciążowe, zwłaszcza te nietypowe, i odpowie na pytania, więc przygotuj sobie listę.

Co może cię niepokoić

Kłopoty ze snem

Do tej pory nigdy nie miałam trudności z zasypianiem, a teraz nie potrafię się wyciszyć.

Nic dziwnego, że nie potrafisz się wyciszyć i spokojnie zasnąć, skoro co chwilę biegasz do toalety, w głowie masz natłok myśli, do tego skurcze w nogach (lub zespół niespokojnych nóg), jest ci gorąco, bo przyspieszony metabolizm podkręca temperaturę nawet przy wyłączonym ogrzewaniu, i nie możesz się wygodnie ułożyć, ponieważ masz w brzuchu piłkę do koszykówki. Ta bezsenność to z pewnością dobra zaprawa przed nieprzespanymi nocami, które są plagą wśród wszystkich młodych rodziców. Nie oznacza to jednak, że musisz znosić bezsenność, kiedy już się położysz... ani nawet wtedy, kiedy podeprzesz się poduszkami w pozycji półleżącej. Wypróbuj zatem następujące wskazówki, żeby przywołać sen:

- Ruszaj się. Ciało, które w ciągu dnia otrzymuje odpowiednią dawkę ćwiczeń fizycznych, w nocy jest bardziej śpiące. Nie ćwicz jednak tuż przed snem, gdyż pobudzenie wywołane wysiłkiem fizycznym może ci utrudnić wyciszenie, kiedy już przyłożysz głowę do poduszki.
- Oczyść swój umysł. Jeśli cierpisz na bezsenność z powodu problemów w pracy lub domu, rozładuj napięcie za pomocą rozmowy z partnerem lub przyjaciółką, by nic ci nie ciążyło, gdy będziesz się kładła spać. Jeśli nie masz nikogo, z kim mogłabyś porozmawiać, dobrą terapią może się okazać spisanie wszystkich problemów. Gdy zbliża się pora snu, odłóż na bok wszelkie troski, oczyść umysł i staraj się myśleć tylko o przyjemnych rzeczach. Pomoże ci w tym również modlitwa lub medytacja.
- Jedz wcześnie kolację. Pełny posiłek (i pełny brzuch) może utrudniać zaśnięcie i przyprawiać o bezsenność. A więc jadaj kolacje wczesnym wieczorem.
- Nie kładź się z pustym żołądkiem. Głód też może utrudnić zaśnięcie. Aby zbyt niskie stężenie glukozy (i ochota na przekąski w środku nocy) nie wytrąciło cię ze snu, potraktuj lekki posiłek jako część wieczornego rytuału. Bardzo skuteczny może się również okazać znany sposób na zaśnięcie, czyli szklanka ciepłego mleka (nie szkodzi, że jesteś dorosła i nie przytulasz się już do swojego misia). Do tego dodaj babeczkę z pełnego ziarna, która dzięki zawartości węglowodanów złożonych pomoże utrzymać odpowiednie stężenie glukozy we krwi, a jeśli w nocy męczy cię zgaga, zastąp zwykłe mleko mlekiem migdałowym. Albo przekąś krakersy z serem.
- Nie pij tyle. Jeśli nocne wyprawy do łazienki zakłócają twój sen, ogranicz spożycie płynów po godzinie osiemnastej (pamiętaj, żeby wcześniej wypić tyle, ile należy). Pij oczywiście, jeśli jesteś spragniona, ale przed snem nie wypijaj więcej niż 500 mililitrów wody.

DLA OJCÓW

Kiedy ona nie może zasnąć

W jej organizmie zachodzi skomplikowany proces, powstaje dziecko, ale ona z pewnością nie śpi jak dziecko. A więc zamiast robić wiele hałasu o nic i się denerwować, gdy następnym razem dopadnie ją bezsenność, dotrzymaj jej towarzystwa, nim zmorzy ją sen. Kup jej specjalną poduszkę dla ciężarnych, by mogła się bezpiecznie ułożyć, albo zbuduj dla niej z poduszek przytulne i wygodne wsparcie. Zaproponuj odprężający masaż, przygotuj kąpiel albo podaj szklankę ciepłego mleka i ciastko z pełnego ziarna. A może pogaduszki do poduszki? Albo odrobina czułości, jeśli będzie chciała i potrzebowała. A jeśli jedna rzecz będzie prowadziła do następnej i rozbudzisz ją tak, że będzie miała ochotę na seks przed snem, to być może oboje będziecie później spali jak dzieci.

- Nie nakręcaj się. Unikaj kofeiny po południu i wieczorem (efekty jej działania mogą się utrzymywać do późnej nocy i nie pozwalać ci spać). To samo dotyczy cukru (zwłaszcza w połączeniu z kofeiną, na przykład w kawie z białą czekoladą), który dodaje energii, wtedy gdy najmniej jej potrzebujesz, i powoduje wahania stężenia glukozy we krwi.
- Stwórz swój wieczorny rytuał. Rytuały są nie tylko dla dzieci. Takie odprężające powtarzanie wieczornych czynności pomaga się wyciszyć również dorosłym i zapewnia im lepszy sen. To bardzo delikatna sprawa, więc postępuj ostrożnie i skup się na takich zajęciach, jakie pozwolą ci zwolnić tempo, i powtarzaj je w określonej, przewidywalnej kolejności. Oto opcje, które warto rozważyć i dodać do swojego wieczornego rytuału: lekka literatura (nie wybieraj książki, od której nie będziesz się mogła oderwać), kojąca muzyka, relaksujące ćwiczenia fizyczne (na przykład joga), ciepła kąpiel, masaż oraz ulubiona wieczorna przekąska, czyli seks.
- Ściągnij z Internetu. Sen? Oczywiście. Możesz ściągnąć różne aplikacje, które zapewnią ci lepszy sen – począwszy od tych, które pomogą ci w medytacjach, po te zawierające dźwięki natury lub biały szum. Włącz aplikację i staraj się zrelaksować, by pozbyć się całodziennego stresu, który nie pozwala ci zasnąć.
- Zadbaj o wygodę. Kiedy jesteś w ciąży, poduszek nigdy dość. Używaj ich, żeby się podeprzeć lub zrobić sobie wygodne posłanie. Upewnij się też, że w sypialni nie jest za zimno ani za gorąco. Nie możesz się ułożyć wygodnie w łóżku? Spróbuj spać na lezance, na której będziesz mogła leżeć na plecach, ale nie płasko.
- Odejdź od ekranu. Korzystanie przed snem ze smartfonu, tabletu, czytnika, laptopa lub innego urządzenia elektronicznego (w innym celu niż pobranie aplikacji do snu lub aplikacji z białym szumem) również może utrudnić zasypianie. Światło płynące z ekranu zakłóca rytm snu i czuwania oraz obniża stężenie melatoniny, hormonu, który reguluje zegar biologiczny i koordynuje rytm dobowy. Eksperci twierdzą, że należy wyłączyć urządzenia elektroniczne co najmniej godzinę przed pójściem do łóżka.
- Wpuść trochę powietrza. W dusznej sypialni niedobrze się śpi. Jeśli pogoda na to pozwala, uchyl okno, a jeśli nie, włącz wentylator. Nie śpij z przykrytą głową, ponieważ to zmniejszy dopływ tlenu, a zwiększy ilość dwutlenku węgla we wdychanym powietrzu, co może wywołać ból głowy.
- Zapytaj lekarza, zanim weźmiesz coś na sen. Niektóre środki nasenne są wprawdzie dozwolone podczas ciąży, ale nie bierz żadnego leku (na receptę czy bez ani ziołowego), jeżeli nie został przepisany przez twojego lekarza. Jeśli lekarz zalecił przyjmowanie preparatu magnezowego (lub magnezowo-wapniowego), by zwalczyć zaparcia lub skurcze mięśni nóg, przyjmuj go tuż przed pójściem spać, ponieważ magnez – znany ze swoich właściwości relaksujących – może cię utulić do snu.
- Wąchaj przed snem. Pachnąca lawendą poduszka lub saszetka lawendowa włożona między poszewkę a poduszkę pomogą ci się odprężyć i szybciej zasnąć.
- Używaj łóżka tylko do spania, przytulania się i kochania. Nie przynoś do łóżka spraw, które kojarzą ci się z funkcjonowaniem na pełnych obrotach i napięciem nerwowym (czyli z pracą, płaceniem rachunków, a nawet kupowaniem przez Internet rzeczy dla dziecka).
- Nie trzymaj się zegara. Oceniaj to, czy śpisz wystarczająco długo, na podstawie samopoczucia, a nie na podstawie godzin, które spędziłaś w łóżku. Śpisz tyle, ile należy, jeśli później nie jesteś chronicznie zmęczona

(nie licząc normalnego zazwyczaj zmęczenia, które towarzyszy ciąży). A kiedy już mowa o zegarze: jeśli stresuje cię widok cyferek na jego tarczy (oraz upływający czas), obróć go, żeby nie liczyć czasu.
- Nie leż bezczynnie. Jeśli sen nie chce przyjść, a już brakuje ci baranów, które mogłabyś policzyć, rób coś odprężającego (czytaj, słuchaj muzyki, medytuj), dopóki nie poczujesz się śpiąca.
- Przestań się martwić, że za mało śpisz. Nie stresuj się brakiem snu, ponieważ przez to jeszcze trudniej będzie ci zasnąć. Czasem wystarcza pozbycie się uporczywej myśli: „Czy jeszcze kiedykolwiek zasnę", by udać się do słodkiej krainy snu.

Przepuklina pępkowa

Większość przyszłych mam wie, że ich pępek kiedyś wyskoczy. A dla niektórych kobiet ten wystający pępek to nie tylko oznaka ciąży, ale też przepuklina pępkowa.

Przepuklina pępkowa tworzy wówczas, gdy w powłokach brzusznych powstaje mała dziurka, przez którą część otrzewnej wraz z narządami jamy brzusznej (zwykle fragment pętli jelitowej) zaczyna się uwypuklać w okolicy pępka. W niektórych przypadkach jest to choroba wrodzona (czyli taka, którą masz od urodzenia). Występuje również bardzo często u noworodków (przeczytasz o tym w poradniku *Pierwszy rok życia dziecka*) i zazwyczaj samoistnie się cofa. Nawet jeśli przepuklina się nie zamknie, nie spowoduje większych problemów, a czasem nawet będzie niezauważalna – oczywiście do chwili, kiedy rosnąca macica nie zacznie wywierać nacisku, powiększając przepuklinę, co czasem prowadzi do bolesnego obrzmienia w obrębie pępka. Jeśli oczekujesz bliźniąt, ryzyko powstania przepukliny jest jeszcze większe (w końcu twoja macica urośnie jeszcze bardziej).

Skąd będziesz wiedzieć, że masz przepuklinę pępkową? Wyczujesz miękki guzek w okolicy pępka (może być on bardziej widoczny w pozycji stojącej), a pod skórą zobaczysz uwypuklenie. Możesz również poczuć tępy ból w okolicy pępka, który się nasila, gdy będziesz w ruchu, kiedy się pochylisz, kichniesz, kaszlniesz lub się głośno zaśmiejesz.

Spróbuj założyć specjalny pas na przepuklinę pępkową, który zapobiegnie jej powiększaniu się i bólowi. Niektórym kobietom ulgę przynosi delikatne masowanie wypukłości do chwili, aż się cofnie. A jeśli przepuklina ci nie przeszkadza, możesz nie robić nic.

Jeśli po porodzie przepuklina nie ustąpi samoistnie (lub dzięki specjalnym ćwiczeniom zaleconym przez lekarza), prawdopodobnie konieczne będzie leczenie operacyjne. Zabieg nie jest jednak zalecany w trakcie ciąży, chyba że doszło do uwięźnięcia (pętla jelita została zakleszczona w worku przepuklinowym), co może zmniejszyć ukrwienie jelita i spowodować jego niedrożność. Uwięźnięta przepuklina, czyli taka, której nie można odprowadzić, jest wskazaniem do pilnego zabiegu operacyjnego, ze względu na ryzyko poważnych konsekwencji zdrowotnych.

To samo dotyczy o wiele rzadziej występującej przepukliny pachwinowej – dochodzi do niej wówczas, gdy pętla jelita uwypukla się przez kanał pachwinowy, powodując wystąpienie tkliwego guzka w okolicy pachwiny. Ból związany z przepukliną pachwinową nasila się przy wysiłku i za każdym razem, gdy rośnie ciśnienie w jamie brzusznej, np. podczas kaszlu lub parcia. W tym wypadku może również pomóc pas ciążowy, który zmniejszy nacisk coraz większego brzucha na pachwinę. Jeśli po porodzie przepuklina nie cofnie się sama, konieczny będzie zabieg chirurgiczny (jeśli dojdzie do uwięźnięcia, trzeba będzie przeprowadzić go natychmiast!).

Wystający pępek

Mój pępek zawsze był idealnie wklęsły, a teraz cały wystaje. Czy zostanie mi tak, kiedy już urodzę?

Twój niegdyś wklęsły pępek jest teraz cały na wierzchu? Wystaje teraz nawet przez ubranie? Żyje własnym życiem? Nie martw się; pępki wyskakujące w czasie ciąży to nic nowego. Niemal każdy robi to w którymś momencie. Gdy rosnąca macica wysuwa się do przodu, nawet najbardziej wklęsły pępek wyskoczy niczym królik z kapelusza (u większości mam zdarzy się to na długo przedtem, zanim maluch będzie gotowy przyjść na świat). Pępek powinien wrócić do normalnego stanu kilka miesięcy po porodzie, chociaż może jeszcze nosić ślady niedawnej ciąży – będzie na przykład trochę rozciągnięty. Do tego czasu możesz patrzeć na niego łaskawie, dostrzegając wyłącznie pozytywne strony – możesz go na przykład wyczyścić z tego wszystkiego, co nagromadziło się w nim od czasu, gdy byłaś dzieckiem. Jeśli stwierdzisz, że pępek nie pasuje do obcisłych modnych strojów – lub gdy jest podrażniony od ciągłego ocierania się o ubranie – możesz nakleić plaster, by go spłaszczyć i zabezpieczyć. Również pas ciążowy lub inny rodzaj ubrania podtrzymującego brzuch zamaskuje wystający pępek. Możesz też nosić go z dumą jako kolejną oznakę ciąży.

Zastanawiasz się, czy przekłuć sobie pępek? Informacje na temat kolczyków w pępku znajdziesz na str. 177.

Kopanie

Niekiedy dziecko kopie przez cały czas, a kiedy indziej jest bardzo spokojne. Czy to normalne?

Płód jest tylko człowiekiem. I tak samo jak wszyscy ludzie miewa dobre dni, kiedy robi to, na co ma ochotę i co go cieszy (kopie nóżkami, macha rączkami, rozpycha się łokciami), oraz gorsze, kiedy woli leżeć i odpoczywać. Aktywność dziecka jest najczęściej związana z aktywnością mamy. Na przykład na kołysanie reaguje tak samo jak dzieci, które już przyszły na świat, czyli zasypia. Tak więc kiedy cały dzień jesteś w ruchu, twój maluch się kołysze i jest spokojny. To prawdopodobnie z tego właśnie powodu nie zauważasz kopnięć – z jednej strony dlatego, że dziecko się wyciszyło, a z drugiej dlatego, że jesteś zbyt zajęta, żeby zwrócić uwagę na jego aktywność. A gdy tylko zwolnisz i się odprężysz, maluszek natychmiast zacznie działać (wiele dzieci zachowuje się w ten sposób również po urodzeniu). Dlatego będziesz wyraźniej czuła jego ruchy, leżąc w łóżku w nocy albo wypoczywając w ciągu dnia. Aktywność dziecka może wzrosnąć również wtedy, gdy coś zjesz – to prawdopodobnie reakcja na wyższe stężenie glukozy we krwi. Zauważysz ją pewnie też wtedy, kiedy będziesz podniecona lub zdenerwowana – na przykład tuż przed ważną prezentacją – ponieważ dziecko będzie pobudzone przez krążącą w twojej krwi adrenalinę; albo gdy dostanie zastrzyk kofeiny dzięki twojej porannej kawie lub gdy usłyszy znajomą piosenkę.

Dzieci są najbardziej aktywne między 24 a 28 tygodniem ciąży, kiedy są jeszcze na tyle małe, by w zacisznym ustroniu macicy tańczyć taniec brzucha, fikać koziołki, uprawiać kick-boxing i aerobik. Ich ruchy są jednak zazwyczaj nieregularne i krótkotrwałe, dlatego mamy, zwłaszcza jeśli są czymś zajęte, nie zawsze je wyczuwają, mimo że można je zarejestrować podczas badania USG. Aktywność płodu staje się zwykle bardziej zorganizowana i konsekwentna, z wyraźniej określonymi okresami odpoczynku i aktywności, między 28 a 32 tygodniem ciąży. Ruchy płodu są wyczuwalne zdecydowanie później i mniej wyraźnie, gdy mamy do czynienia z łożyskiem na przedniej ścianie macicy (tzw. łożysko przednie, patrz str. 271) lub gdy mama ma grubą warstwę tłuszczu, który skutecznie wszystko tłumi.

Nie ulegaj pokusie, by porównywać ruchy swojego dziecka z tym, co mówią inne przyszłe mamy. Każdy płód, tak jak każdy noworodek, ma indywidualny schemat aktywności i rytm rozwoju. Niektóre dzieci są więc zawsze ruchliwe, a inne wydają się spokojne przez większość czasu. Aktywność niektórych maluchów jest tak regularna, że ich mamy mogą według niej nastawiać zegarki, podczas gdy u innych nie zauważa się żadnego schematu. Dopóki ruchy nie spowalniają znacząco lub w ogóle nie ustają, wszystkie warianty mieszczą się w granicach normy.

Kontrolowanie ruchów dziecka nie jest konieczne do 28 tygodnia ciąży (patrz str. 324), więc nie martw się, jeśli na tym etapie ciąży nie wyczuwasz ruchów przez dzień lub dwa.

Czasami kopnięcia są tak mocne, że aż czuję ból.

Dziecko dojrzewa w macicy, staje się coraz większe, a jego niegdyś delikatne jak muśnięcie skrzydełek motyla ruchy przybierają na sile. Dlatego nie powinnaś być zdziwiona, gdy maluch kopnie cię w żebra lub w brzuch tak mocno, że aż poczujesz ból. Jeśli tak się dzieje, spróbuj zmienić pozycję. Być może to wytrąci nieco z równowagi małego napastnika i chwilowo powstrzyma atak.

Za duża lub za mała macica

Według położnej oraz mojej aplikacji ciążowej powinnam być w 26 tygodniu ciąży. Jednak podczas ostatniej wizyty położna powiedziała, że moja macica osiągnęła wielkość zaledwie 24 tygodnia. Czy to oznacza, że z moim dzieckiem dzieje się coś złego?

Twoja macica (podobnie jak dziecko) jest jedyna w swoim rodzaju i to samo dotyczy jej wzrostu. U niektórych przyszłych mam macica może być trochę większa, u innych trochę mniejsza – tak samo jak dzieci, które się w nich rozwijają. Tak więc średnia wielkość macicy w danym terminie ciąży jest po prostu średnia. Co więcej, pomiary macicy

Ciążowe wpisy na forum internetowym

Jeśli dzielenie się jest przejawem dbałości o innych, to „ciążowe" posty należy uznać za przejaw wielkiej troski. Prawdopodobnie dlatego media społecznościowe dla mam pełne są ciążowych selfie, nagich portretów i zdjęć USG. Twój brzuszek rośnie i pewnie się zastanawiasz, czy powinnaś się przyłączyć do tego ciążowego trendu i zacząć „udostępniać".

Uwieczniając na fotografiach swój coraz większy brzuszek, zdobędziesz bezcenną pamiątkę, która pozwoli ci się cieszyć wspomnieniami jeszcze długo po tym, jak maluch znajdzie się w twoich ramionach. A więc zrób zdjęcie, żeby uwiecznić ten doniosły moment. Ale czy powinnaś dzielić się tymi wyjątkowymi selfie w mediach społecznościowych, a nawet tylko z rodziną czy przyjaciółmi na Facebooku? Albo umieszczać w Internecie pierwsze ultrasonograficzne zdjęcia dziecka (oczywiście tylko najlepsze ujęcia)?

Upubliczniać czy zachować prywatność – to całkowicie prywatna decyzja. Jeśli zdecydujesz się udostępnić w sieci zdjęcia brzucha i dziecka, musisz mieć świadomość, że w Internecie wszystko pozostaje na zawsze, więc w ten sposób twoje dziecko pozostawi cyfrowe ślady, nim przyjdzie na świat. Zadaj sobie pytanie, czy się na to zgadzasz. Dowiedz się też, czy twój partner zgadza się na taką aktywność w mediach społecznościowych. Zwracaj uwagę na to, kto ogląda zdjęcia, które udostępniłaś, i upewnij się, że o b o j e zgadzacie się na publikowanie zdjęć w otwartej sieci, gdzie każdy może je zobaczyć.

(i dziecka), zwłaszcza z zewnątrz, nie są zbyt precyzyjne, a to oznacza, że wynik otrzymany przez lekarza nie zawsze odpowiada wiekowi ciążowemu. To zupełnie normalne.

Podczas każdej wizyty prenatalnej lekarz bada wysokość macicy, czyli sprawdza odległość między spojeniem łonowym a jej dnem (najwyżej położoną częścią), i robi to za pomocą miarki-centymetra (rozumiesz teraz, dlaczego te pomiary nie są zbyt dokładne?). Liczba w centymetrach jest w przybliżeniu równa liczbie oznaczającej kolejny miesiąc, ale jeden czy dwa centymetry w którąkolwiek stronę to nic takiego. Prawdę mówiąc, rozbieżność wynosząca kilka tygodni jest bardzo typowa, ponieważ na wysokość macicy mogą wpływać różne czynniki niezwiązane z wielkością płodu, w tym na przykład twój typ budowy, ułożenie dziecka, ilość płynów danego dnia i tak dalej. Metoda mierzenia macicy centymetrem na pewno nie opiera się na zaawansowanej technologii. (Prawdę mówiąc, nawet bardziej skomplikowane technicznie pomiary przeprowadzone na przykład za pomocą ultrasonografu, nie są zbyt dokładne, zwłaszcza po pierwszym trymestrze).

Jeśli pomiary wykazały rozbieżność 3-tygodniową lub większą, lekarz z pewnością będzie próbował znaleźć przyczynę. W większości przypadków wyjaśnienie jest całkiem niewinne – może twoje dziecko ma zapisane w genach, że będzie większe lub mniejsze niż przeciętne, a może przewidywana data porodu została źle obliczona (to też tylko szacunek, pamiętasz?). A może faktycznie jest coś, czemu należy się dokładniej przyjrzeć – na przykład mięśniaki macicy, za dużo (lub za mało) wód płodowych albo dziecko nie rośnie tak, jak powinno (to hipotrofia wewnątrzmaciczna, czyli IUGR; patrz str. 583) lub jest zbyt duże (jest to niekiedy związane z cukrzycą ciążową).

Swędzący brzuch

Bez przerwy swędzi mnie skóra na brzuchu. Doprowadza mnie to do szału.

Witaj w klubie. Ciążowe brzuszki często swędzą, a z każdym miesiącem świąd może być coraz dotkliwszy. Przyczyną jest rosnący brzuch – skóra na nim się rozciąga i coraz bardziej brakuje jej wilgoci, przez co staje się coraz bardziej podrażniona i swędzi. Spróbuj się nie drapać, ponieważ to tylko pogłębi świąd i wywoła stan zapalny. Nawilżanie skóry może doraźnie pomóc, więc często i obficie smaruj brzuch zwykłym kremem, balsamem lub olejem (doskonałe właściwości nawilżające i kojące mają masło shea i masło kakaowe, a także preparaty z aloesem). Podrażnienia skóry ukoi również kąpiel w płatkach owsianych, ale zanim sięgniesz po jakikolwiek preparat, skonsultuj się z lekarzem.

Jeśli czujesz świąd całego ciała, a szczególnie wewnętrznych części dłoni i podeszew stóp, koniecznie skontaktuj się z lekarzem, który z pewnością zleci badania laboratoryjne – to może być objaw cholestazy ciążowej.

Kiedy czujesz, że coś jest źle

Może to nagły ból brzucha zbyt przypominający skurcz, aby go zignorować, a może nagła zmiana wydzieliny pochwowej, ból w dole pleców albo w obrębie miednicy, a może coś nieokreślonego i niemającego konkretnej przyczyny. Istnieje duże prawdopodobieństwo, że jest to po prostu zwykła przypadłość ciążowa, ale by uniknąć niepotrzebnego ryzyka, zajrzyj na str. 146 i sprawdź, czy nie należałoby zadzwonić do lekarza. Nawet jeśli nie znalazłaś na liście swoich objawów, kontakt z lekarzem na pewno nie zaszkodzi. Pamiętaj, że to ty najlepiej znasz swój organizm. Słuchaj go zatem, kiedy chce ci coś zakomunikować.

Niezdarność

Ostatnio wszystko wypada mi z rąk. Dlaczego nagle zrobiłam się taka niezdarna?

Te „dwie lewe ręce", podobnie jak dodatkowe centymetry w pasie, to nieodłączne elementy ciąży. Ta rzeczywista (i niestety zauważalna dla wszystkich) niezdarność, której przyczyną jest ciąża, spowodowana jest rozluźnieniem stawów i więzadeł oraz zatrzymaniem wody w organizmie. Te dwa czynniki sprawiają, że możesz mniej pewnie chwytać różne przedmioty. Kolejną przyczyną twojej niezdarności może być brak koncentracji (spowodowany ciążowym roztargnieniem; patrz str. 234), zaabsorbowanie przygotowaniami na przyjście dziecka oraz marzeniami o nim, a także mniejsza zręczność w obrzmiałych palcach i zespół cieśni nadgarstka (patrz następne pytanie).

Nie jesteś w stanie zbyt wiele zrobić, żeby powstrzymać tę ciążową niezdarność. Możesz się za to spodziewać, że w nadchodzących miesiącach staniesz się jeszcze bardziej niezręczna (zwłaszcza pod koniec dnia, kiedy jesteś najbardziej zmęczona i najmniej skupiona, a twoje ręce są bardzo obrzęknięte). Najlepsza strategia? Nie bierz do ręki przedmiotów, które się łatwo tłuką (zwłaszcza nie swoich, na przykład cennego porcelanowego bibelotu, który wypatrzyłaś w sklepie). Schowaj kryształy po babci do kredensu, bo tylko tam będą bezpieczne, nie zgłaszaj się na ochotnika, by po przyjęciu pomóc koleżance sprzątać ze stołu cenną zastawę i poproś kogoś, żeby napełniał i opróżniał zmywarkę.

Czy w czasie ciąży zaczęłaś się również potykać? Zajrzyj na str. 328.

Drętwienie rąk

Ciągle budzę się w środku nocy, bo drętwieją mi palce w prawej dłoni. Czy to ma coś wspólnego z ciążą?

Czujesz mrowienie w całym ciele? Przyczyną prawdopodobnie nie jest podniecenie ani nawet ekscytacja z powodu ciąży. To po prostu typowe w odmiennym stanie drętwienie palców rąk i nóg, którego powodem jest przypuszczalnie ucisk obrzękniętych tkanek na nerwy. Jeśli drętwienie i ból ograniczają się do kciuka, palca wskazującego, środkowego i połowy serdecznego, prawdopodobnie cierpisz na zespół cieśni nadgarstka. Chociaż ta dolegliwość najczęściej występuje u osób, które wykonują powtarzalne czynności ręką lub nadgarstkiem (na przykład piszą na klawiaturze lub grają na pianinie), to u przyszłych mam też nie jest rzadkością (nawet u tych, które nie wykonują takich czynności). Przyczyną jest obrzęk tkanek kanału nadgarstka (w ciąży puchnie on tak samo jak wiele innych części ciała), przez który biegną nerwy do palców, a rezultatem jest ucisk powodujący drętwienie, mrowienie, pieczenie i ból. Takie objawy mogą się pojawić w obrębie dłoni i nadgarstka, a czasem ucisk na nerwy promieniuje nawet na całą rękę.

Ból związany z zespołem cieśni nadgarstka może ci towarzyszyć przez cały dzień, ale najczęściej najsilniejszy jest w nocy.

Zespół cieśni nadgarstka mija zwykle jakiś czas po porodzie, gdy znikają wszystkie ciążowe obrzęki. Tymczasem może ci pomóc unieruchomienie nadgarstka za pomocą opaski lub stabilizatora (chociaż to może być bardziej dokuczliwe niż sama dolegliwość lub akupunktura). Niesterydowe leki przeciwzapalne, które zwykle są przepisywane w przypadku zespołu cieśni nadgarstka, w ciąży mogą być niewskazane, ale porozmawiaj o tym z lekarzem. Jeśli myślisz, że dolegliwość może być związana zarówno z twoją pracą (lub pisaniem na klawiaturze), jak i z ciążą, zajrzyj na str. 210.

Skurcze mięśni kończyn dolnych

W nocy mam skurcze w nogach, przez które nie mogę spać.

Natłok myśli i rosnący brzuch już i tak utrudniają ci zasypianie, więc skurcze w nogach to już na pewno zbyt wiele. Niestety, ten ostry ból łydek pojawiający się zwykle w nocy jest częstą przypadłością ciążową dokuczającą przyszłym mamom w drugim i trzecim trymestrze.

Nikt nie jest do końca pewny, co powoduje skurcze w nogach. Różne teorie obwiniają za nie zmęczenie wywołane noszeniem coraz większego ciężaru oraz ucisk na naczynia krwionośne kończyn dolnych i dietę (nadmiar fosforu i niedobór wapnia lub magnezu). Możesz winić za nie również hormony (w końcu jakie jest prawdopodobieństwo, że tym razem to nie one ponoszą winę?). Jednak bez względu na to, co powoduje skurcze nóg w twoim przypadku, istnieją pewne metody, by im zapobiec lub je złagodzić:

- Kiedy chwyci cię skurcz, natychmiast wyprostuj nogę i powoli zegnij ją w kostce w kierunku nosa (ale nie napinaj palców). Możesz to zrobić w łóżku, ale szybciej poczujesz ulgę, gdy wstaniesz. Jeśli wykonasz to ćwiczenie kilka razy każdą nogą przed położeniem się spać, być może w ogóle unikniesz skurczów.

- Skurczom zapobiegną również ćwiczenia rozciągające. Zanim się położysz do łóżka, stań mniej więcej 60 centymetrów od ściany i przyłóż do niej płasko dłonie. Później pochyl się, nie odrywając pięt od podłogi. Wytrzymaj w tej pozycji przez 10 sekund, a potem odpoczywaj przez 5 sekund. Powtórz ćwiczenie 3 razy (patrz ilustracja).

- Aby odciążyć nogi w ciągu dnia, jak najczęściej unoś stopy, przeplataj chwile aktywności odpoczynkiem i noś rajstopy uciskowe. Od czasu do czasu napinaj stopy i poruszaj nimi.

- Spróbuj stanąć na jakiejś zimnej powierzchni – to czasem również pomaga powstrzymać skurcz, podobnie jak worek z lodem lub inny zimny kompres.

- Kiedy ból ustępuje, dodatkową ulgę przyniesie ci masaż lub gorący okład (nie stosuj ich jednak, jeśli ból się utrzymuje).

- Pij dużo płynów.

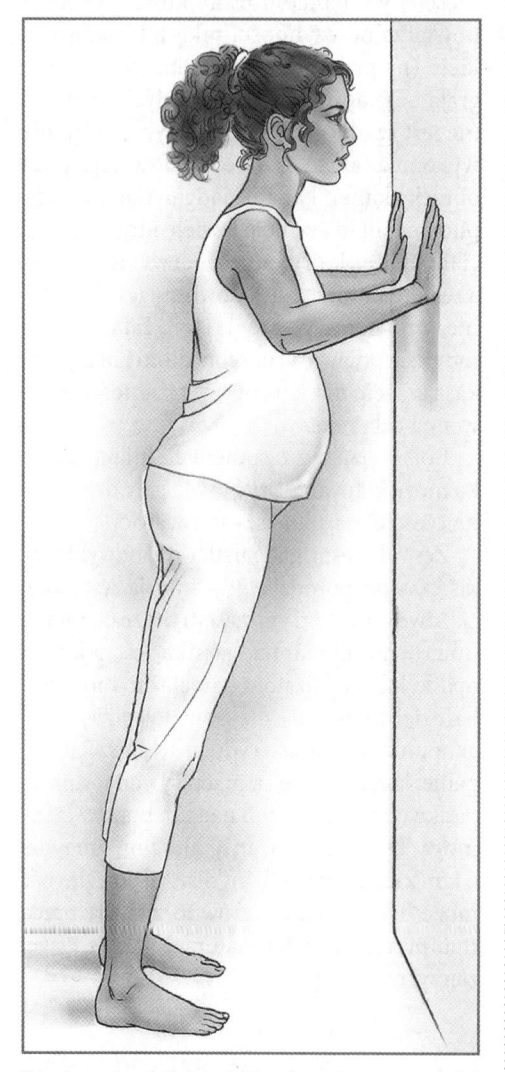

Rozciąganie mięśni zapobiegające skurczom mięśni kończyn dolnych

- Stosuj dobrze zbilansowaną dietę zawierającą odpowiednie dawki wapnia i magnezu. Zapytaj lekarza, czy powinnaś dodatkowo przyjmować przed snem preparat magnezowy.

Wyjątkowo dokuczliwe i uciążliwe skurcze w nogach mogą wywoływać bóle mięśni (zakwasy) utrzymujące się nawet kilka dni. Nie jest to powód do zmartwienia, ale jeśli ból jest silny i długotrwały, skontaktuj się z lekarzem, ponieważ istnieje niewielkie prawdopodobieństwo, że w żyle powstał zakrzep wymagający interwencji medycznej (patrz str. 595).

Hemoroidy (żylaki odbytu)

Strasznie się boję, że będę miała hemoroidy. Słyszałam, że to bardzo częsta dolegliwość w odmiennym stanie. Czy mogę im w jakiś sposób zapobiec?

Hemoroidy, zwane także żylakami odbytu lub guzkami krwawniczymi, to bolesny problem, ale niestety u ponad połowy przyszłych mam dochodzi do powstania hemoroidów, które są niczym innym jak poszerzonymi żyłami. Nacisk, który wywiera coraz cięższa macica, oraz zwiększony przepływ krwi przez narządy miednicy mniejszej, nie tylko sprawiają, że żyły się poszerzają, ale też wybrzuszają się, swędzą lub pobolewają (fakt, że to mało przyjemna perspektywa).

Zastanawiasz się, jak im zapobiec? Staraj się utrzymywać właściwy przyrost masy ciała, ponieważ dodatkowe kilogramy oznaczają dodatkowy nacisk na żyły odbytu. Przyczyną hemoroidów mogą być również zaparcia (oraz silne parcie, które im towarzyszy przy wypróżnianiu), a zatem staraj się do nich nie dopuszczać (patrz str. 192). Skuteczne w zapobieganiu tej bolesnej dolegliwości są też ćwiczenia Kegla (patrz str. 236), które poprawiają krążenie krwi w tej części ciała, a poza tym spanie na boku (nie na plecach), a także unikanie długiego stania lub siedzenia oraz przesiadywania na sedesie. A jeśli już tam siedzisz, ułóż stopy na małym stołku; łatwiej ci się będzie wypróżnić i nie będziesz musiała się tak bardzo wysilać.

Zapobieganie nie pomogło? By ukoić pieczenie i ból, stosuj okłady z oczaru, kory dębu albo przykładaj lód. Dyskomfort może zmniejszyć również ciepła kąpiel (lub nasiadówka), a delikatne podcieranie wilgotnym papierem toaletowym złagodzi podrażnienie odbytu. Jeśli siedzenie sprawia ci ból, używaj specjalnej poduszki z otworem w środku. Zanim zaczniesz przyjmować jakiekolwiek

---

Krwawienie w połowie lub w zaawansowanej ciąży

Różowa lub czerwona plamka, która pojawia się na bieliźnie, gdy jesteś w ciąży, zawsze jest powodem do niepokoju. Jednak plamienie w drugim lub trzecim trymestrze nie powinno cię martwić. Czasem jest ono wynikiem skaleczenia coraz wrażliwszej szyjki macicy podczas badania ginekologicznego lub seksu. Niekiedy przyczyny plamienia są nieznane – najczęściej nie wiążą się one z żadnym niebezpieczeństwem.

Musisz jednak powiedzieć lekarzowi o każdym plamieniu lub krwawieniu, gdyż może to być oznaka przedwczesnego porodu lub innego zagrożenia. Jeżeli krwawienie jest obfite lub gdy plamieniu towarzyszy ból albo dyskomfort, natychmiast skontaktuj się z lekarzem. Badanie USG, palpacyjne, laboratoryjne czy monitorowanie płodu pomogą stwierdzić, czy pojawił się jakiś problem, a jeśli tak, lekarz ustali sposób postępowania.

lekarstwa (miejscowe lub ogólne), skonsultuj się z lekarzem.

Żylaki odbytu mogą czasami krwawić, zwłaszcza gdy mocno przesz podczas wypróżniania, chociaż przyczyną krwawienia bywa również szczelina odbytu (bolesne pęknięcie błony śluzowej odbytu, do którego dochodzi podczas oddawania zbyt twardego stolca). (By wykluczyć inne przyczyny, poinformuj lekarza o każdym krwawieniu z odbytu).

Jest jednak dobra wiadomość: hemoroidy nie są niebezpieczne, a tylko kłopotliwe i nieprzyjemne. Zazwyczaj znikają samoistnie jakiś czas po porodzie, chociaż czasem mogą się powiększyć lub nawet pojawić po raz pierwszy jako rezultat parcia po porodzie.

Guzki w piersiach

Martwię się małym bolesnym guzkiem, który pojawił się z boku mojej piersi. Co to może być?

Chociaż będziesz karmić dziecko dopiero za kilka miesięcy, wygląda na to, że twoje piersi już się zaczęły do tego przygotowywać. Rezultat to zapchany kanalik mleczny. Te czerwone, bolesne i twarde guzki mogą pojawiać się w piersiach już we wczesnej ciąży, zwłaszcza w drugiej i kolejnej. Przykładaj przez kilka dni ciepłe kompresy (lub pod prysznicem kieruj strumień wody bezpośrednio na pierś) oraz rób delikatny masaż – to powinno odblokować kanalik; ta metoda przyda ci się też podczas karmienia piersią. Niektórzy specjaliści uważają, że należy unikać biustonoszy z fiszbinami, chociaż i tak powinnaś się zaopatrzyć w stanik, który będzie odpowiednio podtrzymywał twoje piersi.

Pamiętaj jednak, że w ciąży również należy co miesiąc badać piersi. Wprawdzie ze względu na zmiany ciążowe trudniej wyczuć wówczas jakiś guzek (piersi są bowiem w na-

> ### Rozpoznanie stanu przedrzucawkowego
>
> Być może słyszałaś o jakiejś kobiecie (albo nawet ją znasz), u której w czasie ciąży wystąpił stan przedrzucawkowy. W rzeczywistości nie jest jednak to zbyt częsta dolegliwość, gdyż dotyka ona zaledwie 3–8 procent przyszłych mam (licząc nawet te z najłagodniejszą postacią tej choroby). Na szczęście w przypadku kobiet otoczonych regularną opieką prenatalną stan przedrzucawkowy jest rozpoznawany na wczesnym etapie i szybko leczony, co zapobiega niepotrzebnym powikłaniom. Chociaż rutynowa wizyta kontrolna może ci się wydawać stratą czasu, gdy ciąża przebiega prawidłowo („Znowu muszę siusiać do kubeczka?"), ale to właśnie podczas takiej wizyty najczęściej wykrywane są najwcześniejsze objawy stanu przedrzucawkowego.
>
> A należą do nich: podwyższone ciśnienie tętnicze krwi (powyżej 140/90), białko w moczu (białkomocz), silny obrzęk dłoni i stóp, utrzymujące się silne bóle głowy, często z zaburzeniami widzenia, bóle w nadbrzuszu i/lub trudności z oddychaniem oraz zmniejszenie ilości oddawanego moczu. Jeśli zauważyłaś któryś z tych objawów, skontaktuj się z lekarzem. Poza tym – zakładając, że jesteś pod opieką lekarza i regularnie go odwiedzasz – stan przedrzucawkowy nie jest powodem do zmartwienia. Na str. 227 i 579 znajdziesz więcej informacji oraz wskazówek dotyczących postępowania w przypadku podwyższonego ciśnienia tętniczego i stanu przedrzucawkowego.

turalny sposób bardziej grudkowate, twardsze i cięższe), ale nie można rezygnować z ich badania. Jeśli wyczujesz guzek, pokaż go lekarzowi podczas następnej wizyty albo zrób to natychmiast, jeśli się niepokoisz.

Test obciążenia glukozą (doustny test tolerancji glukozy, krzywa cukrowa)

Lekarz twierdzi, że muszę przeprowadzić test obciążenia glukozą. Dlaczego muszę go zrobić i z czym to się wiąże?

Nie czuj się wyróżniona. Wszyscy lekarze zalecają przyszłym mamom przeprowadzenie testu obciążenia glukozą między 24 a 28 tygodniem ciąży. Mamy, które są zagrożone cukrzycą ciążową (w tym te, które zostają mamami w starszym wieku, są otyłe lub genetycznie obciążone chorobą), przechodzą to badanie nawet wcześniej. Lekarz zalecił przeprowadzenie tego testu po prostu rutynowo.

Badanie jest bardzo proste, szczególnie jeśli masz słabość do słodyczy. Będziesz miała zbadane stężenie glukozy na czczo. Następnie będziesz musiała wypić roztwór 75 gramów glukozy. Potem przez 2 godziny będziesz musiała posiedzieć – im mniej ruchu podczas oczekiwania, tym lepiej. Po tym czasie ponownie zostanie pobrana krew do badania. Napój z pewnością nie jest zbyt smaczny, ale większość pacjentek jest w stanie wypić go duszkiem bez żadnych problemów i skutków ubocznych, chociaż niektóre – zwłaszcza te, które nie są amatorkami słodkich napojów – mogą odczuwać lekkie nudności*.

Jeśli wyniki badania krwi będą podwyższone, co może oznaczać, że twoja trzustka nie wytwarza wystarczającej ilości insuliny, by ustabilizować stężenie glukozy we krwi, następnym krokiem będzie nauczenie cię, jak samodzielnie kontrolować stężenie glukozy w domu, jaką dietę zastosować, a jeśli nie przyniesie ona dobrej kontroli glikemii, lekarz zdecyduje o włączeniu insuliny do terapii.

---

* Do roztworu glukozy można dodać sok z cytryny. Nie zaburzy on badania, a poprawi smak roztworu (przyp. red. meryt.).

Cukrzyca ciążowa dotyka 7–8 procent przyszłych mam, co czyni tę chorobę jednym z najczęstszych powikłań ciążowych. Na szczęście bardzo łatwo ją kontrolować. Jeśli stężenie glukozy we krwi jest kontrolowane za pomocą diety, ćwiczeń fizycznych oraz leków (w razie potrzeby), kobiety z cukrzycą ciążową normalnie przechodzą ciążę i rodzą zdrowe dzieci. Więcej informacji na str. 577.

Bank krwi pępowinowej

Widziałam mnóstwo ogłoszeń dotyczących banków krwi pępowinowej. Czy powinnam się tym zainteresować?

Gdybyś nie miała się nad czym zastanawiać w związku z narodzinami dziecka, to teraz masz do dyspozycji dobry temat: Czy powinnam zachować krew pępowinową dziecka, a jeśli tak, to w jaki sposób?

Pobieranie krwi pępowinowej jest prostą i bezbolesną procedurą, która zajmuje najwyżej 5 minut, a wykonuje się ją po zaciśnięciu i przecięciu pępowiny. Zabieg ten jest całkowicie bezpieczny zarówno dla mamy, jak i dla dziecka (jeżeli pępowina nie została przedwcześnie zaciśnięta i odcięta). Po co przechowywać krew pępowinową? Ponieważ zawiera różnego rodzaju komórki macierzyste (w tym te posiadające niewiarygodną zdolność różnicowania się w inne komórki krwi lub komórki układu odpornościowego), które – w pewnych wypadkach – mogą być stosowane w leczeniu różnych zaburzeń układu odpornościowego oraz chorób krwi. Komórki macierzyste pochodzące z krwi pępowinowej są już standardem w leczeniu różnych chorób, w tym białaczek (nowotworów układu krwiotwórczego), nowotworów szpiku kostnego, chłoniaka i neuroblastomy, niedokrwistości wrodzonej, na przykład sierpowatokrwinkowej, oraz innych rodzajów niedokrwistości, a także choroby Gauchera i zespołu Hurlera oraz zaburzeń genetycznych układu odpornościowego i jego komórek. Co więcej, obecnie trwają badania nad wykorzystaniem komórek macierzystych do leczenia innych chorób, od cukrzycy po paraliż dziecięcy, autyzm oraz niektóre wrodzone wady serca*.

Krew pępowinową można przechowywać w dwojaki sposób: w bankach komercyjnych (prywatnych), w których trzeba za to zapłacić, oraz w bankach publicznych (państwowych), do których przekazujemy krew za darmo. Koszty przechowywania krwi pępowinowej w bankach komercyjnych są dość wysokie – oprócz opłaty zasadniczej trzeba doliczyć również coroczny abonament (oraz wynagrodzenie dla lekarza, który ją pobierze). Niektóre banki komercyjne nie pobierają opłat lub oferują zniżki rodzinom, które zmagają się z konkretnym problemem medycznym (na przykład jeden z jej członków wymaga przeszczepu) lub w których wywiadzie medycznym pojawia się choroba kwalifikująca się do leczenia krwią pępowinową. Zniżki są przeznaczone również dla rodzin żołnierzy oraz osób pracujących w służbach niosących pierwszą pomoc. Możesz sprawdzić, czy twoja polisa zdrowotna obejmuje zniżki lub częściowy zwrot kosztów za przechowywanie krwi pępowinowej w banku komercyjnym.

Korzyści wynikające ze zdeponowania krwi w banku komercyjnym, gdy w rodzinie nie ma przypadków zaburzeń układu odpornościowego, które można by leczyć za pomocą komórek macierzystych, nie są całkowicie oczywiste i klarowne. Nie wiadomo

---

* Do leczenia białaczek i wielu z wymienionych chorób nie stosuje się własnych komórek macierzystych pobranych podczas porodu (przeszczepienie autologiczne), lecz komórki macierzyste pochodzące od innego dziecka (przeszczepienie allogeniczne). Obecna wiedza medyczna nie pozwala na stosowanie komórek macierzystych w celu regeneracji uszkodzonej wątroby, trzustki, nerek, serca czy mózgu. Wykorzystanie ich do odbudowy narządów jest obecnie w fazie badań klinicznych (przyp. red. meryt.).

> ### Poród w domu a pobieranie krwi pępowinowej
>
> Jeśli postanowiłaś oddać krew pępowinową swojego dziecka do banku krwi (komercyjnego czy publicznego), ale rodzisz w domu, musisz wcześniej dokładnie zaplanować całe przedsięwzięcie. Po pierwsze, zapytaj położną, czy jest przeszkolona i czy ma odpowiednie uprawnienia. Po drugie, miej pod ręką zestaw pobraniowy i przygotuj się do pobrania krwi, zanim zaczną się pierwsze skurcze. I wreszcie, upewnij się, czy wiesz, jak pobranie krwi pępowinowej wpłynie na przebieg porodu. Na przykład gdy planujesz poród w wodzie, będziesz musiała wyjść z wody, gdy zaczniesz rodzić łożysko, by zminimalizować niepotrzebną utratę krwi.
>
> Nie zapomnij również zawiadomić banku krwi pępowinowej, że będziesz rodzić, w razie gdyby pojawiły się jakieś dodatkowe zalecenia dotyczące przechowywania lub transportu krwi, o których powinnaś wiedzieć.

również, ile lat zamrożone komórki zachowają żywotność (różne firmy składają różne obietnice dotyczące swojego sprzętu). Jeśli jednak stać cię na usługi banku komercyjnego, możesz się śmiało na nie zdecydować, chociaż realistycznie rzecz biorąc, prawdopodobieństwo, że twoje dziecko lub ktokolwiek z rodziny będzie potrzebował leczenia komórkami macierzystymi, jest bardzo niewielkie.

A jakie są oficjalne zalecenia? Amerykańskie Kolegium Położników i Ginekologów nie zajmuje stanowiska w tej sprawie, aczkolwiek zaleca, by lekarze przedstawiali rodzicom wszystkie zalety i wady zarówno komercyjnych, jak i publicznych banków krwi. Z kolei Amerykańska Akademia Pediatrii nie rekomenduje komercyjnych banków krwi, chyba że członek rodziny cierpi na chorobę, którą obecnie lub w przyszłości można będzie wyleczyć za pomocą przeszczepu komórek macierzystych. Jednocześnie Amerykańska Akademia Pediatrii wspiera rodziców decydujących się na zdeponowanie krwi pępowinowej w bankach państwowych, które udostępniają ją innym chorym.

Jak dotąd badania wykazują, iż prawdopodobieństwo, że dziecko kiedykolwiek skorzysta ze swoich zamrożonych komórek macierzystych, jest bardzo niskie (według niektórych szacunków wynosi między 1 do 2700 a 1 do 20 000). Poza tym eksperci twierdzą, że komórki macierzyste pochodzące z krwi danego dziecka często nie nadają się do leczenia choroby, która objawia się później w jego życiu (na przykład białaczka), ponieważ mutacje odpowiedzialne ostatecznie za wystąpienie tej dolegliwości znajdują się we krwi pępowinowej (czyli jest to choroba genetyczna, a zatem we krwi pępowinowej znajdują się odpowiedzialne za nią komórki). A co z ewentualnym późniejszym leczeniem komórkami macierzystymi dorosłego członka rodziny? Prawdopodobieństwo również jest niewielkie, ponieważ liczba komórek macierzystych znajdujących się w większości zamrożonych próbek nie wystarcza, by wyleczyć człowieka, którego masa ciała przekracza 40 kilogramów. Prawdopodobieństwo rośnie odrobinę w przypadku niewiele starszego rodzeństwa, które choruje lub zachoruje na którąś z chorób leczonych komórkami macierzystymi.

Krew do publicznego banku krwi pępowinowej mogą oddać wszyscy (jeżeli w szpitalu, w którym rodzisz, jest taka możliwość). Krew deponuje się całkowicie za darmo, a poza tym może ona faktycznie uratować komuś życie (w tym twojemu dziecku, jeśli będzie tego potrzebowało, ponieważ im więcej próbek krwi pępowinowej, tym większe szanse, że znajdziesz odpowiedniego dawcę). Poza tym prawdopodobieństwo znalezienia odpowiedniego dopasowania od niespokrewnionego dawcy w publicznym banku krwi pępowinowej już jest wysokie i stale rośnie, gdyż zwiększa się liczba dawców (to dobry powód, by się zastanowić nad zdeponowaniem krwi twojego dziecka).

Minus tego przedsięwzięcia jest taki, że po zdeponowaniu krwi dziecka nie będziesz już miała do niej dostępu.

Pewne jest zaś to, że pozbycie się krwi pępowinowej po porodzie nikomu nie przyniesie korzyści. Jeśli nie chcesz, by te cenne komórki trafiły do kosza z odpadami medycznymi, porozmawiaj ze swoim lekarzem o opcjach deponowania krwi. Być może dojdziesz do wniosku, że komercyjny bank krwi pępowinowej to najlepszy wybór dla twojej rodziny – czy to ze względu na jej historię medyczną, czy też dlatego, że po prostu cię na to stać – a może wybierzesz bank publiczny. Bez względu na to, jaki bank krwi pępowinowej wybierzesz, pamiętaj, że będziesz musiała podjąć decyzję jeszcze przed pierwszymi skurczami. Upewnij się też, czy wszyscy członkowie twojej „porodowej drużyny" znają twój plan i są gotowi go urzeczywistnić. Informacje na temat pobierania i przechowywania krwi pępowinowej w Polsce znajdziesz na stronie www.krewpepowinowa.pl.

Zamierzam zdeponować krew pępowinową mojego dziecka w prywatnym banku, ale nie wiem, jak się tym zająć.

Po pierwsze, musisz zaprosić do współpracy lekarza i zapoznać go ze swoim planem. Nie tylko dlatego, by zyskać jego akceptację, ale też by mieć pewność, że będzie chciał i mógł pobrać krew z pępowiny dziecka. Nieczęsto zdarza się tak, że lekarz lub położna nie mogliby (lub nie chcieli) wykonać tego prostego i szybkiego zabiegu, ale może się to wiązać z pewnymi opłatami.

Następnie będziesz musiała sięgnąć po różne materiały naukowe – a przynajmniej zajrzeć do Internetu – i zdobyć informacje, które pomogą ci wybrać odpowiedni bank krwi pępowinowej. Każdy bank, który znajdzie się na twojej liście, powinien mieć akredytację Amerykańskiego Stowarzyszenia Banków Krwi (w Polsce taką akredytację posiada Polski Bank Komórek Macierzystych). Kiedy już zawęzisz listę, zadzwoń do wybranych banków krwi, by dowiedzieć się czegoś więcej o ich usługach. Na pewno będziesz chciała porozmawiać z ich przedstawicielami i dowiedzieć się, jak dany bank pobiera i przechowuje krew (istnieją różne metody pobierania i przechowywania, zatem dowiedz się, czy wybrany przez ciebie bank spełnia odpowiednie standardy wymagane w procesie bankowania, na przykład czy ma pozwolenie Ministerstwa Zdrowia), jak trwałe są próbki przechowywane w danym banku w porównaniu z próbkami innych banków (na pewno będziesz chciała wybrać bank, który daje najlepsze gwarancje, że krew jak najdłużej zachowa swoje właściwości), czy firma prowadząca bank jest stabilna (przecież nie chcesz, żeby przestała działać, więc najpierw sprawdź wszystkie zalety i wady mniej znanego banku, zanim odrzucisz większy, bardziej znany i dłużej funkcjonujący na rynku) oraz co jest w nim przechowywane (w niektórych bankach można zdeponować jedynie krew pępowinową, podczas gdy w innych deponuje się krew i komórki z naczyń krwionośnych pępowiny, które zawierają różne rodzaje komórek macierzystych).

Kiedy już dokonasz wyboru, przyjdzie czas na podpisanie umowy. Najlepszy moment, by tego dokonać, to koniec drugiego trymestru (a najpóźniej przed rozpoczęciem 34 tygodnia). Po podpisaniu umowy otrzymasz zestaw pobraniowy, który będziesz musiała mieć zawsze pod ręką. W zestawie znajdziesz na pewno formularz do wypełnienia oraz zapieczętowany sterylny sprzęt, którym lekarz pobierze krew z pępowiny. Wypełnij formularz, podpisz go i włóż z powrotem do zestawu (nie otwieraj zapieczętowanego sprzętu medycznego). Spakuj zestaw do torby, którą zabierzesz do szpitala, żebyś nie musiała go szukać, gdy zaczną się skurcze.

Kiedy rozpocznie się poród, przekaż zestaw pobraniowy lekarzowi (lub personelowi szpitala). To przypomni mu o twojej decyzji, a także o tym, że jeszcze przed narodzinami dziecka będzie musiał pobrać ci krew (w zestawie znajdzie strzykawkę z igłą do pobrania twojej krwi żylnej, która zostanie poddana badaniom serologicznym). Od razu po porodzie (pochwowym lub przez cięcie cesarskie) lekarz zaciśnie pępowinę (powinien poczekać, aż przestanie pulsować, by możliwe było tak zwane opóźnione odpępnienie), a potem pobierze krew za pomocą sprzętu, który znajduje się w zestawie pobraniowym. W tej sytuacji twój mąż będzie mógł rzecz jasna przeciąć pępowinę, ponieważ to nie zakłóci procedury pobierania krwi. Kiedy pobieranie zostanie zakończone, należy się skontaktować z bankiem krwi – możesz poprosić o to partnera, lekarza lub personel szpitala (sama będziesz prawdopodobnie zbyt oszołomiona, żeby to zrobić). Gdy bank otrzyma wiadomość, że krew została pobrana, zleci wyspecjalizowanej firmie przewozowej dostarczenie zestawu pobraniowego do laboratorium, gdzie krew będzie badana i preparowana. Zestaw pobraniowy dotrze do laboratorium w ciągu 36 godzin po porodzie. Bank poinformuje cię, że krew dotarła bezpiecznie, a potem zawiadomi, jaką objętość komórek macierzystych udało się z niej wyodrębnić. Oczywiście otrzymasz również rachunek za usługę.

Weź pod uwagę, że ilość krwi pępowinowej może być niewystarczająca, jeśli dziecko urodzi się przedwcześnie (nawet jeśli zaplanowałaś całe przedsięwzięcie i się do niego przygotowałaś) lub gdy bliźnięta mają jedno łożysko (upewnij się jednak, co zaleca w tej sytuacji wybrany przez ciebie bank). Możesz mieć również trudności ze zorganizowaniem bankowania krwi pępowinowej, gdy przebywasz za granicą, a chcesz ją zdeponować w swoim kraju.

Chciałabym przekazać krew pępowinową mojego dziecka do państwowego banku krwi. W jaki sposób najlepiej to załatwić?

Po pierwsze, wiedz, że decyzja, którą podjęłaś, może kiedyś uratować komuś życie. Krew pępowinowa zawiera bowiem komórki macierzyste stosowane w leczeniu wielu różnych chorób. Duże organizacje medyczne (w tym Amerykańska Akademia Pediatrii) zachęcają, by oddawać krew pępowinową do banków publicznych (państwowych), które przeznaczają ją do przeszczepień lub cennych badań naukowych – to zdecydowanie lepsza opcja niż pozbycie się tego jedynego w swoim rodzaju daru.

Później musisz poinformować o swojej decyzji lekarza. Wspólnie ustalicie, czy kwalifikujesz się, by oddać krew do banku (w większości wypadków będziesz mogła to zrobić, chyba że stwierdzono u ciebie HIV, chorobę weneryczną, wirusowe zapalenie wątroby lub nowotwór), a potem rozpoczniecie przygotowania. Zapytaj też lekarza, czy pobierze opłatę za pobranie krwi pępowinowej, skoro zostanie przekazana do banku publicznego, który oferuje swoje usługi za darmo. Przekazanie krwi będzie łatwiejsze, gdy zdecydujesz się na poród w szpitalu należącym do narodowego programu bankowania krwi pępowinowej prowadzonego przez National Marrow Donnor Program (lista szpitali na stronie internetowej www.marrow.org/cord). (W Polsce bankowanie publiczne jest jeszcze trudno dostępne; informacje na ten temat można uzyskać w Polskim Banku Komórek Macierzystych – www.pbkm.pl). Jeśli twój szpital nie uczestniczy w tym programie, zorientuj się, czy w pobliżu znajduje się jakiś publiczny bank, któremu mogłabyś podarować krew, albo zajrzyj na stronę internetową www.parentsguidecordblood.org i wyślij aplikację mailem. Zgłoś się do wybranego banku przed 34 tygodniem ciąży, ponieważ później (na przykład wtedy, gdy już poród się zacznie) nie będziesz miała czasu, by wszystko załatwić.

Pamiętaj, żeby poinformować lekarza o wszystkich planach związanych z przekazaniem krwi pępowinowej dziecka. Bank krwi poprosi o twój wywiad medyczny, próbkę krwi (która zostanie pobrana tuż przed porodem) oraz zgodę na wykorzystanie krwi. Bank wyśle ci zestaw pobraniowy albo nawiąże współpracę bezpośrednio z twoim lekarzem lub szpitalem. (Jeśli nie otrzymasz zestawu pobraniowego, sprawdź dokładnie, czy lekarz lub szpital podejmą się pobrania krwi).

Jeśli zamierzasz oddać krew do publicznego banku krwi pępowinowej, który nie współpracuje z wybranym przez ciebie szpitalem, twój partner będzie musiał się skontaktować z pracownikami tego banku, by mogli zorganizować bezpieczny transport. Prawdopodobnie będziesz mogła poznać losy swojej darowizny i dowiedzieć się, czy została zaakceptowana, chociaż zależy to oczywiście od polityki danego banku.

Ból porodowy

Jestem bardzo podekscytowana, że zostanę matką, ale wcale się nie kwapię do porodu. Przede wszystkim boję się bólu porodowego.

Prawie wszystkie przyszłe mamy z niecierpliwością czekają, aż ich maleństwo przyjdzie na świat, ale niewiele z nich nie może się doczekać samego porodu, a jeszcze mniej związanego z nim bólu. Natomiast wiele mam – podobnie jak ty – spędza czas pozostały do tego wielkiego wydarzenia na zamartwianiu się bólem. Nic w tym dziwnego. Strach przed bólem porodowym – który przecież jest wielką niewiadomą – jest realny i zrozumiały.

Warto jednak pamiętać, że poród to naturalny proces życiowy, którego doświadczają kobiety jak świat światem. Poród oczywiście wiąże się z bólem, ale ten ból ma pozytywny wydźwięk (chociaż gdy go poczujesz, niekoniecznie się z tym zgodzisz) i oznacza skracanie się i rozszerzanie szyjki macicy, a potem wypychanie dziecka na świat prosto w ramiona mamy. Ból porodowy jest też ograniczony w czasie. Być może trudno będzie ci w to uwierzyć (zwłaszcza gdzieś w okolicach 5-centymetrowego rozwarcia szyjki macicy), ale poród naprawdę nie trwa wiecznie. Co więcej, masz wybór. Jeśli będziesz chciała lub potrzebowała (albo jedno i drugie), wystarczy poprosić o znieczulenie zewnątrzoponowe lub inne środki przeciwbólowe. Jeżeli już teraz jesteś pewna, że się bez nich nie obędziesz, możesz wcześniej poinformować o tym lekarza, a wtedy otrzymasz znieczulenie zewnątrzoponowe, gdy tylko będziesz chciała.

Zatem nie ma sensu bać się bólu, ale warto poświęcić trochę czasu, żeby się do niego przygotować. Takie przygotowania (zarówno ciała, jak i umysłu, które wspólnie uczestniczą w przeżywaniu bólu) pomogą zmniejszyć twój obecny niepokój oraz dyskomfort, który może się pojawić wraz z pierwszymi skurczami.

DLA OJCÓW

Porodowe zmartwienia

Jesteś podekscytowany myślą, że będziesz świadkiem cudu narodzin swojego dziecka, ale obawiasz się, że nie dasz rady? Niewielu ojców wkracza na salę porodową bez lekkiego (a może nawet sporego) drżenia serca. Nawet położnicy, pielęgniarki lub inni specjaliści, którzy uczestniczą w porodach tysięcy innych ludzi, nagle tracą pewność siebie, gdy stają po drugiej stronie barykady.

Z drugiej strony większość strachów przyszłych ojców – przed bezradnością, załamaniem, omdleniem, złym samopoczuciem, wymiotami lub innym zachowaniem, które mogłoby skompromitować zarówno ich, jak i partnerkę, lub zawieść ich oczekiwania – nigdy się nie urzeczywistnia. Co więcej, większość tatusiów znosi poród z zadziwiającą łatwością, zachowuje spokój, zimną krew i lunch w żołądku (jeśli wcześniej zdołali go zjeść). Poród, podobnie jak wszystko, co nowe i nieznane, stanie się mniej przerażający, jeśli będziesz wiedział, czego się spodziewać. Przeczytaj zatem rozdział o porodzie (początek na str. 437) i zostań ekspertem. Zajrzyj również do Internetu, chodź na zajęcia do szkoły rodzenia, oglądaj filmy przedstawiające poród, i to z szeroko otwartymi oczami. Odwiedź oddział położniczy, abyś w dniu porodu mógł poczuć, że jesteś na znajomym gruncie. Porozmawiaj z przyjaciółmi (także ze znajomymi z mediów społecznościowych), którzy byli przy narodzinach swoich dzieci – oni na pewno też byli zestresowani, a potem okazało się, że zachowali się jak profesjonaliści.

Edukacja jest bardzo ważna, ale pamiętaj, że narodziny dziecka to nie egzamin z ciąży. Nie musisz być pod presją. Lekarz, położna i pielęgniarki nie będą cię oceniać ani porównywać z ojcem z sąsiedniej sali. Co więcej, nie zrobi tego również twoja partnerka. Nie będzie jej obchodziło, czy pamiętasz wszystkie techniki, których uczyliście się w szkole rodzenia. Najbardziej potrzebuje bowiem twojej obecności, tego, żebyś trzymał ją za rękę, motywował, żeby miała przy sobie znajomą twarz i czuła dotyk znajomych dłoni – za to będzie ci najbardziej wdzięczna. (Chociaż w momencie największego bólu lub zniechęcenia może cię odepchnąć, więc na to również musisz być przygotowany). Nadal masz tremę? Niektóre pary łatwiej przechodzą przez trudy porodu i mniej się stresują, gdy towarzyszy im doula (patrz str. 338).

Zdobądź wiedzę. Zajęcia w szkole rodzenia pomogą złagodzić niepokój (a w efekcie ból), ponieważ zapewnią ci potrzebną wiedzę i przygotują krok po kroku do każdego etapu porodu (przydadzą się również osobie, która będzie ci wówczas towarzyszyła). Jeśli nie możesz wziąć udziału w takich zajęciach lub po prostu nie chcesz, przeczytaj o porodzie wszystko, co wpadnie ci w ręce. Swoją drogą zajęcia w szkole rodzenia mają sens nawet wtedy, gdy zamierzasz skorzystać ze znieczulenia zewnątrzoponowego lub gdy masz zaplanowane cięcie cesarskie. Upewnij się, że twoja szkoła rodzenia ma w programie wszystkie warianty porodu.

Ruszaj się. Nie rozważałabyś raczej udziału w maratonie bez odpowiedniego treningu. A zatem nie powinnaś również przystępować do porodu bez odpowiedniej zaprawy fizycznej. Ćwicz więc oddechy, rozciągaj się i wzmacniaj mięśnie – wykonuj wszystkie ćwiczenia zalecone przez lekarza lub trenerkę ze szkoły rodzenia. Oprócz tego wzmacniaj mięśnie Kegla.

Stwórz drużynę. Odrobina wsparcia w trakcie porodu sprawi, że będziesz się mniej bała – bez względu na to, czy jest to partner, który cię uspokaja i podaje kostki lodu do ssania, czy doula (patrz str. 338), która masuje obolałe plecy, czy przyjaciółka, która wyciera pot z czoła, czy może nawet cała trójka. Nawet jeśli nie będziesz w czasie porodu zbyt rozmowna, świadomość, że nie jesteś sama, na pewno cię uspokoi. Nie zapomnij również, że osoba, która będzie ci towarzyszyła podczas porodu, również powinna zostać przeszkolona – nie tylko dzięki zajęciom w szkole rodzenia, ale też dzięki lekturze naszego rozdziału o porodzie (początek na str. 437).

Opracuj plan do walki z bólem i miej plan awaryjny. Może już zdecydowałaś, że twój poród nie obędzie się bez znieczulenia zewnątrzoponowego. A może masz nadzieję, że ćwiczenia oddechowe pomogą ci przetrwać skurcze, albo chcesz się poddać hipnozie, by za jej pomocą okiełznać ból. A może chcesz się wstrzymać z decyzją do chwili, aż się przekonasz, z jakim bólem będziesz musiała się zmierzyć. Tak czy inaczej, przemyśl wszystko i bądź otwarta na różne opcje (poród nie zawsze przebiega zgodnie z planem). Na str. 340 znajdziesz więcej informacji na temat uśmierzania bólu.

Porodowe zahamowania

Boję się, że podczas porodu zrobię coś żenującego.

To dlatego, że jeszcze nie rodzisz. Oczywiście perspektywa krzyków, przeklinania czy mimowolnego oddania moczu lub stolca na prześcieradło (co ci się przydarzy, bo przydarza się wszystkim) wydaje ci się teraz nieskończenie żenująca. Jednak w trakcie porodu zażenowanie lub wygląd będą ostatnimi rzeczami, jakie przyjdą ci do głowy. Poza tym nic, co zrobisz lub powiesz w trakcie porodu, nie zszokuje personelu medycznego, który już to wszystko wcześniej widział i słyszał – a może nawet jeszcze więcej. A więc w chwili, gdy będziesz się rejestrować w szpitalu, zostaw za sobą wszelkie zahamowania i poczuj się wolna. Rób wszystko, czego wymaga natura, i wszystko, co sprawi ci największą ulgę. Jeśli zazwyczaj jesteś osobą, która mówi (lub krzyczy), co myśli, nie próbuj powstrzymywać jęków i stękania i nie żałuj sobie krzyków, a nawet ryków. A jeśli zwykle jesteś małomówna, nie okazujesz emocji i wolałabyś tylko cicho kwilić w poduszkę, nie czuj się zobowiązana do przekrzykiwania mamy rodzącej w sąsiedniej sali.

Wycieczka po szpitalach

Szpital kojarzył mi się zawsze z chorymi ludźmi. Jak mam się oswoić z myślą, że będę musiała urodzić dziecko w jednym z takich miejsc?

Oddział położniczy to zdecydowanie najszczęśliwsze miejsce w całym szpitalu. Jednak gdy nie będziesz wiedziała, czego się spodziewać, przyjedziesz do szpitala nie tylko ze skurczami, ale i z obawami. Z tego powodu wiele szpitali zachęca przyszłych rodziców, by przed porodem odwiedzili oddział położniczy. Dowiedz się zatem, czy szpital, który wybrałaś, to umożliwia. Sprawdź też w Internecie, ponieważ niektóre szpitale organizują wirtualne wycieczki po swoich oddziałach.

To, co zobaczysz podczas wizyty, z pewnością mile cię zaskoczy, a poza tym poznasz otoczenie, w którym będziesz rodzić, co zaoszczędzi ci niepotrzebnych nerwów. Oddziały położnicze naturalnie różnią się między sobą, ale wyposażenie, udogodnienia i opieka, jakie oferują, są coraz lepsze i przyjaźniejsze rodzinie.

WSZYSTKO O...
Szkoła rodzenia

Odliczanie się rozpoczęło – do chwili, kiedy po raz pierwszy przytulisz swoje maleństwo, którego wyczekujesz z taką niecierpliwością, pozostał tylko jeden trymestr. No i oczywiście poród.

Myślą o porodzie nie jesteś tak samo podekscytowana jak wyczekiwaniem na dziecko? Odczuwasz odrobinę zdrowego lęku czy może nie panujesz nad nerwami?

Odpręż się. Niepokój przed porodem to zupełnie naturalna sprawa, zwłaszcza gdy jest to twoja pierwsza ciąża, chociaż strach nie omija również mam, które rodzą po raz drugi lub trzeci (w końcu każdy poród jest inny). Na szczęście istnieje pewien wspaniały sposób, który pomoże ci opanować nerwy, rozproszyć smutki, rozwiać niepokój i poczuć się pewniej, gdy pojawią się pierwsze skurcze, a mianowicie edukacja.

Odrobina wiedzy i mnóstwo przygotowań niezawodnie pomogą ci się poczuć bardziej komfortowo, gdy przekroczysz próg sali porodowej. Dzięki różnym wiadomościom na temat porodu zdobędziesz wyobrażenie na temat tego, co cię czeka (patrz str. 437), ale najlepszym źródłem wiedzy będzie z pewnością szkoła rodzenia, która pomoże ci rozwiać wszelkie wątpliwości. A więc pora wracać do szkoły.

Jakie korzyści daje szkoła rodzenia

Czego ty i osoba, która będzie ci towarzyszyła podczas porodu, nauczycie się w szkole rodzenia? To zależy od tego, jaki kurs wybierzecie, oraz od instruktora, który będzie was uczył, a także od was samych (im bardziej się przyłożycie, tym więcej się nauczycie). Jednak bez względu na wszystko każda „porodowa drużyna" na pewno coś zyska na tej nauce. Oto potencjalne korzyści:

- Okazja do spędzenia czasu z innymi przyszłymi rodzicami, którzy są na tym samym etapie ciąży – będziecie mogli wymienić się doświadczeniami i radami, porównać postępy i objawy ciąży oraz podzielić się informacjami na temat pediatrów i pielęgnacji, wyprawki dla malucha i wyposażenia jego pokoju. Innymi słowy, będziecie mieli okazję, by dzięki poczuciu wspólnoty i współodczuwania zyskać też coś dla siebie. To również szansa, by zaprzyjaźnić się z innymi parami, które – tak jak wy – wkrótce zostaną rodzicami (to ogromny plus, zwłaszcza jeśli wasi przyjaciele jeszcze nie zdecydowali się na dziecko). Utrzymujcie z nimi kontakt również po

porodzie – dzięki temu będziecie mieli gotową grupę rodzicielską i grupę zabaw dla dzieci. Wiele „klas" ze szkół rodzenia organizuje sobie „zjazdy", gdy wszystkie dzieci już przyjdą na świat.
- Okazja, by zaangażować partnera. Większość spraw związanych z ciążą obraca się wokół mamy, więc tata może się czasem czuć jak obserwator z zewnątrz. Zajęcia w szkole rodzenia są przeznaczone dla obojga rodziców i pozwalają tacie poczuć się ważnym członkiem „ciążowej drużyny" – to szczególnie ważne, gdy partner nie może uczestniczyć we wszystkich wizytach prenatalnych. Zajęcia w szkole rodzenia również pomogą tacie być na bieżąco ze wszystkimi sprawami dotyczącymi porodu, więc gdy zaczną się pierwsze skurcze, będzie bardziej skuteczny. Ale chyba najlepsze jest to, że nawiąże kontakty z innymi mężczyznami, którzy – między innymi – zmagają się z nastrojami ciążowymi swych partnerek i których tak samo dopada dręczące uczucie zwątpienia w ojcowskie talenty. Niektóre szkoły oferują specjalne zajęcia tylko dla ojców, dając im w ten sposób okazję do szczerego podzielenia się swoimi obawami i troskami, do których w innej sytuacji być może nigdy by się nie przyznali.
- Okazja, by zadać pytania, które pojawiają się między wizytami u lekarza lub których wstydzisz się mu zadać (lub po prostu te, których nigdy nie zdążyłaś zadać podczas krótkiego badania).
- Okazja, by dowiedzieć się wszystkiego na temat porodu. Dzięki wykładom, modelom i filmom wideo zgłębisz wszystkie tajemnice porodu – od objawów przepowiadających zbliżające się rozwiązanie po wieńczące dzieło przecięcie pępowiny. Im więcej wiesz, tym pewniej będziesz się czuła, gdy wszystko zacznie się naprawdę.
- Okazja, by dowiedzieć się wszystkiego o sposobach walki z bólem – od znieczulenia zewnątrzoponowego po hipnozę.

Kurs pierwszej pomocy

Oprócz kursu, który pomoże ci opanować techniki porodowe, warto wziąć pod uwagę jeszcze inne zajęcia, a mianowicie kurs resuscytacji krążeniowo-oddechowej i pierwszej pomocy. Nawet jeśli jeszcze nie masz dziecka, teraz jest najlepszy czas, by dowiedzieć się, jak zapewnić mu zdrowie i bezpieczeństwo. Po pierwsze dlatego, że w tym momencie nie musisz wynajmować opiekunki, żeby pójść na zajęcia. A po drugie i jeszcze ważniejsze – ponieważ będziesz mogła wrócić z maleństwem do domu ze świadomością, że jesteś wyposażona w wiedzę, która może się przydać w razie nagłego wypadku. Kurs pierwszej pomocy możesz znaleźć na stronie Amerykańskiego Czerwonego Krzyża (www.redcross.org), Amerykańskiego Towarzystwa Kardiologicznego (www.americanheart.org/cpr) oraz Polskiego Czerwonego Krzyża (www.pierwszapomoc.pck.org.pl) albo poprosić o informację w szpitalu. Kolejną opcją mogą być zajęcia prywatne – to doskonałe rozwiązanie, jeśli stać cię na dodatkowe koszty i jeśli chcesz przeszkolić wszystkie osoby, które będą się zajmowały twoim dzieckiem, na przykład dziadków, innych członków rodziny czy opiekunkę.

- Okazja, by w praktyce poćwiczyć oddychanie, sposoby relaksacji oraz inne alternatywne metody walki z bólem i od razu dowiedzieć się od instruktorki, czy dobrze wykonujesz ćwiczenia. Opanowanie wszystkich technik – dotyczy to również osoby, która będzie ci towarzyszyć podczas porodu – pomoże ci się zrelaksować w trakcie porodu i odrobinę złagodzić ból. Wszystkie strategie porodowe przydadzą się również wtedy, gdy zdecydujesz się na znieczulenie zewnątrzoponowe.

- Okazja, by zaznajomić się z różnymi zabiegami i procedurami medycznymi, które niekiedy są stosowane podczas porodu, w tym z monitorowaniem płodu, kroplówką, próżniociągiem położniczym i cięciem cesarskim. Być może twój poród nie będzie wymagał takich interwencji, ale lepiej posiąść tę wiedzę, ponieważ będziesz bardziej pewna siebie.
- I wreszcie szansa na mniej stresujący poród – dzięki temu, co właśnie przeczytałaś – na pewno będzie większa. Według ogólnych szacunków poród jest bardziej satysfakcjonującym przeżyciem dla tych par, które uczęszczały do szkoły rodzenia, niż dla tych, które się do niego nie przygotowywały.

Wybór szkoły rodzenia

Postanowiłaś chodzić do szkoły rodzenia, ale nie wiesz, gdzie ją znaleźć i czym się kierować przy wyborze.

Tam, gdzie nie ma zbyt wielu opcji, wybór jest względnie prosty. Ale w wielu miastach oferta jest tak bogata, że możesz się nią poczuć przytłoczona i zdezorientowana. Kursy prowadzą szpitale, prywatni instruktorzy oraz gabinety lekarskie. Są też kursy dla „rannych ptaszków", czyli kobiet w pierwszym i drugim trymestrze, na których omawia się wszystkie sprawy związane z ciążą: odżywianie, ćwiczenia, rozwój płodu i seks. Są również zajęcia „last minute" dla kobiet, które są już w 7 lub 8 miesiącu, koncentrujące się na samym porodzie, połogu i opiece nad noworodkiem. Są nawet wyjazdowe zajęcia weekendowe. Nie masz czasu na żaden kurs? Sprawdź oferty na DVD lub w Internecie.

Jeśli wybór jest niewielki, jakakolwiek szkoła rodzenia i tak jest lepsza niż żadna. Natomiast gdy w twoim miejscu zamieszkania jest duża oferta różnych kursów i szkół rodzenia, być może następujące kryteria pomogą ci dokonać wyboru:

Kto organizuje zajęcia? Z pewnością najlepsza będzie szkoła rodzenia prowadzona lub rekomendowana przez twojego lekarza. Równie dobre są kursy organizowane przez szpital, w którym będziesz rodzić. Jeśli poglądy instruktora ze szkoły rodzenia odnośnie do porodu będą się znacznie różnić od poglądów lekarza czy położnej, na pewno staniesz w obliczu „konfliktu interesów". Jeżeli różnice zdań będą wyraźne, porozmawiaj o nich z lekarzem przed terminem rozwiązania.

Ile osób liczy grupa? Im mniejsza, tym lepsza. 5, 6 przyszłych mam wraz z osobami towarzyszącymi to grupa idealna – 10–12 par to już zbyt wiele. Oprócz tego, że w małej grupie nauczyciel może poświęcić więcej czasu i uwagi każdej parze – jest to szczególnie ważne podczas ćwiczeń oddechowych i relaksacyjnych – to uczestnicy zajęć mogą nawiązać silniejsze relacje koleżeńskie.

Jaki jest program zajęć? Bez względu na to, jaki kurs wybierzesz, na pewno dowiesz się, jak przebiega poród oraz jak powinnaś sobie radzić z ewentualnymi powikłaniami. Plan zajęć powinien obejmować opiekę w połogu, podstawowe zasady opieki nad noworodkiem oraz karmienie piersią. Na większości zajęć zapoznasz się z przebiegiem porodu, funkcją douli, zaletami porodu w szpitalu lub w domu oraz zabiegami medycznymi (takimi jak cięcie cesarskie lub poród indukowany), które mogą (ale nie muszą) być potrzebne. Upewnij się również, czy zajęcia, na które uczęszczasz, pomogą ci walczyć z bólem porodowym (za pomocą ćwiczeń, masażu, akupresury, aromaterapii czy specjalnej piłki ciążowej) oraz czy proponują inne metody walki z bólem.

Jak prowadzone są zajęcia? Czy będziesz mogła uczestniczyć w zajęciach praktycznych? Czy zobaczysz filmy z prawdziwego porodu? Czy będziesz mogła zadać pytania rodzicom, którzy niedawno powitali dziecko na świecie? Czy znajdzie się czas na zadawanie pytań?

Różne szkoły rodzenia

Być może masz dostęp do różnych szkół rodzenia prowadzonych przez uprawnionych instruktorów, doule, pielęgniarki lub położne. Jednak zajęcia mogą się różnić nawet wtedy, gdy prowadzący realizują ten sam program. Oto najpopularniejsze szkoły rodzenia:

Technika Lamaze'a. To chyba najpopularniejsza szkoła rodzenia w Stanach Zjednoczonych. Jej podstawowe założenie to nauczenie przyszłych rodziców technik oddychania i relaksacji, aczkolwiek zamierzenia tej szkoły sięgają obecnie o wiele dalej. Szkoła Lamaze'a obejmuje w tej chwili sześć następujących technik: 1) zezwolenie, by poród przebiegał w sposób naturalny; 2) zmianę pozycji w trakcie akcji porodowej; 3) unikanie interwencji medycznej, jeśli nie jest potrzebna; 4) unikanie pozycji horyzontalnej (leżenia na plecach); 5) parcie, gdy czujesz potrzebę; 6) połączenie matki i dziecka tuż po porodzie. Instruktorzy szkoły Lamaze'a są zwolennikami jak najbardziej zdrowego, bezpiecznego i naturalnego porodu, ale jednocześnie opowiadają się za innymi opcjami, w tym za ograniczeniem bólu oraz powszechnych w trakcie porodu interwencji medycznych. Pamiętaj, że dobra szkoła rodzenia nie będzie oceniać twoich wyborów. Na zajęciach według Lamaze'a twój partner i ty przyswoicie sobie techniki oddychania i relaksacji (przy faktycznie ciągłym wsparciu partnera), które pomogą wam osiągnąć stan „aktywnej koncentracji". Nauczycie się kierować swoją uwagę na konkretny punkt, co pomoże wam wzmocnić koncentrację i zmniejszyć ból. Kurs metodą Lamaze'a trwa od 2 do 2½ godziny i można go przeprowadzać w grupie lub pojedynczo.

Metoda Bradleya. To kolejny naturalny sposób rodzenia, który opiera się na oddychaniu torem brzusznym oraz innych technikach relaksacyjnych nakazujących rodzącej mamie, by skupiła się na swoim ciele (ale nie na konkretnym punkcie, jak zaleca technika Lamaze'a). Ćwiczenia pomagają przyszłej mamie zaakceptować ból jako naturalną część porodu – w rezultacie większość absolwentek tego kursu nie stosuje środków znieczulających w trakcie porodu naturalnego. Dzięki kursowi metodą Bradleya nauczysz się, jak złagodzić dolegliwości porodowe, naśladując swoją pozycję i sposób oddychania, jakie przyjmujesz podczas snu. Kurs metodą Bradleya trwa zazwyczaj 12 tygodni i zaczyna się w 5 miesiącu ciąży; przeważnie prowadzą go zamężne pary. Możesz również zapisać się na kurs Bradleya dla „rannych ptaszków", czyli początkujących przyszłych mam, który koncentruje się głównie na sprawach związanych z ciążą.

Metoda ICEA (International Childbirth Education Association). Ta metoda jest dostępna w USA i obejmuje szerokie spektrum spraw dotyczących przyszłych rodziców z perspektywy opieki nad matką i dzieckiem. Organizacja kładzie nacisk na wolność wyboru, dlatego zajęcia przez nią prowadzone skupiają się na różnych opcjach, a nie na konkretnym podejściu do porodu. Instruktorzy tej szkoły rodzenia posiadają odpowiedni certyfikat.

„Hipnoporód". Nie martw się, ta metoda nie zrobi z ciebie zombi. Poród w hipnozie (czyli metoda *hipnobirthing* opracowana przez Marie Mongan) pomaga rodzącej mamie osiągnąć stan spokoju i odprężenia. Celem tej metody jest zmniejszenie dyskomfortu, bólu i niepokoju w trakcie porodu (oraz w trakcie innych stresujących sytuacji). W przypadku niektórych przyszłych mam rezultaty tej metody są naprawdę zadziwiające. Więcej informacji na ten temat znajdziesz na str. 345.

Technika Alexandra. To metoda często stosowana przez aktorów w celu uzyskania jedności psychofizycznej, czyli równowagi ciała i umysłu, oraz swobody w ruchu i działaniu. W trakcie porodu technika Alexandra polega na pozbywaniu się napięcia towarzyszącego bólowi. Instruktor nauczy cię, jak radzić sobie z bólem za pomocą świadomego kontrolowania pozycji oraz ruchu ciała. Dowiesz się, jak wygodnie siedzieć i kucać, by rozluźnić mięśnie miednicy i wykorzystać siłę grawitacji w momencie, gdy dziecko przechodzi przez kanał rodny.

Holistyczne podejście do porodu. Birthing from Within – to całościowe – w tym duchowe – podejście do porodu, dzięki któremu przyszli rodzice uczą się traktować to wielkie wydarzenie w sposób naturalny i wyjątkowy. Zajęcia polegają na tym, by nauczyć przyszłych rodziców, jak przeprowadzić poród w sposób fizjologiczny, ale jednocześnie, jak radzić sobie w obliczu nieoczekiwanych wypadków, gdy trzeba zastosować nowoczesne środki medyczne, ale bez wywoływania stresu u mamy. Pary oczekujące dziecka szkolą się 2½ godziny tygodniowo, koncentrując się na kształtowaniu siebie jako rodziców dzięki samopoznaniu opartemu na różnych zmysłach, w którym uczestniczy zarówno ciało, jak i umysł.

BirthWorks – ta metoda propaguje poród jako instynktowny i naturalny proces, który nie wymaga nauki. Techniki stosowane na zajęciach pomagają przyszłej mamie w samorozwoju, wzmacniają jej poczucie pewności siebie, wiarę we własne siły oraz w zdolność do naturalnego urodzenia dziecka.

Inne szkoły rodzenia. Masz do dyspozycji również zajęcia przygotowujące do porodu w konkretnym szpitalu lub sponsorowane przez grupy medyczne oraz organizacje zdrowotne.

Zajęcia w domu. Jeśli nie możesz lub nie chcesz brać udziału w zajęciach szkoły rodzenia, poszukaj w Internecie programu Lamaze'a. W sieci znajdziesz również inne zajęcia edukacyjne przygotowujące do porodu.

Zajęcia indywidualne. Nie jesteś zainteresowana szkoleniem się w tłumie albo masz tak nieprzewidywalną pracę, że nie jesteś w stanie wyznaczyć konkretnego terminu? Poszukaj

---

Zajęcia dla mam spodziewających się drugiego dziecka

Już to przerabiałaś i wiesz, co cię czeka? Jesteś w ciąży z drugim dzieckiem (a może z trzecim albo następnym)? Szkoła rodzenia przyniesie korzyści nawet najbardziej doświadczonej mamie. Po pierwsze, dlatego że każdy poród jest inny, a więc to, co przeżywałaś ostatnim razem, może się różnić od tego, co czeka cię teraz. Po drugie, być może teraz będziesz chciała zrobić wszystko inaczej – jeśli ostatnim razem rodziłaś w szpitalu i towarzyszył ci lekarz, teraz może będziesz chciała rodzić w domu pod okiem położnej (lub odwrotnie). Albo będziesz chciała tym razem wypróbować technikę Lamaze'a, ponieważ poród w stanie hipnozy zawiódł twoje oczekiwania. I wreszcie – położnictwo szybko się rozwija, więc być może od ostatniego porodu – nawet jeśli był zaledwie kilka lat temu – trochę się zmieniło. Może pojawiły się jakieś nowe opcje – na przykład poród w wodzie. Pewne procedury, które podczas ostatniego pobytu na porodówce były rutynowe, mogą teraz być niepopularne, a te, które były rzadkością, stały się normą. Nie martw się, że będziesz musiała chodzić na kurs z nowicjuszkami; niektóre szkoły rodzenia oferują zajęcia dla mam, które chcą odświeżyć i utrwalić wiedzę.

zajęć indywidualnych, które zostaną dopasowane do twojego rozkładu dnia i potrzeb – na pewno będziesz mogła zadać wszystkie pytania, które cię dręczą. Niestety z tą elastycznością i indywidualnym trybem prowadzenia zajęć wiąże się również wyższa cena.

Zajęcia weekendowe w ośrodku wypoczynkowym. Program nauczania obejmuje te same zagadnienia, które omawiane są na typowych kursach, z tym że zajęcia są skumulowane i odbywają się w ciągu jednego weekendu. Zajęcia weekendowe sprzyjają koleżeńskiej atmosferze między przyszłymi rodzicami, a oprócz tego są wspaniałą okazją do ponownego nawiązania romansu – to miły dodatek dla pary, która już wkrótce będzie trójką. Poza tym weekendowa szkoła rodzenia to niebywała szansa, by przed narodzinami dziecka zafundować sobie odrobinę przyjemności w spa (jeżeli hotel oferuje spa dla ciężarnych).

ROZDZIAŁ 11

Siódmy miesiąc

W przybliżeniu od 28 do 31 tygodnia

Witaj w trzecim – i ostatnim! – trymestrze ciąży. Możesz wierzyć lub nie, ale tylko 3 miesiące dzielą cię od chwili, gdy weźmiesz w ramiona (ucałujesz i przytulisz) swój największy skarb. W tym ostatnim okresie ciąży (zdecydowanie najcięższym, przynajmniej jeśli chodzi o brzuch) prawdopodobnie będziesz coraz bardziej podekscytowana i z wielką niecierpliwością będziesz wyczekiwać swej nagrody za coraz większe bóle i dolegliwości ciążowe rosnące wraz z ciężarem, który teraz dźwigasz. Zbliżasz się powoli do końca ciąży, co oznacza, że coraz bliżej jest również poród, czyli wydarzenie, do którego się przygotowujesz, o którym myślisz i którym być może zaczynasz się trochę stresować. Nadeszła również odpowiednia pora, by zapisać się do szkoły rodzenia, chyba że już wcześniej zdążyłaś to zrobić.

Twoje dziecko w tym miesiącu

Tydzień 28. W tym tygodniu twoje dziecko będzie miało około 38 centymetrów długości, a masa jego ciała przekroczy 1000 gramów. W tym tygodniu zdobędzie nową umiejętność – nauczy się mrugać. Do jego coraz bogatszego repertuaru należą już inne sztuczki: kasłanie, ssanie, czkanie, ćwiczenia oddechowe, a teraz dojdzie jeszcze mruganie słodkimi oczętami. Śnisz o swoim dziecku? Ono też już może śnić – to dzięki fazie REM (to faza snu, w której występują szybkie ruchy gałek ocznych, wzmaga się aktywność mózgu, co skutkuje marzeniami sennymi) pojawiającej się u dziecka na tym etapie rozwoju. Ale ten mały śpioch nie jest jeszcze gotów, by przyjść na świat. Jego płuca są już prawie w pełni dojrzałe (dzięki czemu, gdyby się teraz urodził, łatwiej byłoby odetchnąć wam obojgu), ale musi jeszcze sporo urosnąć.

Tydzień 29. Twoje dziecko ma już około 40 centymetrów długości i waży 1200–1400 gramów, czyli tyle, ile waży półtoralitrowa butelka wody. Maluch ma jednak jeszcze dużo do zrobienia. W ciągu następnych 11 tygodni podwoi – a może niemal potroi – swoją masę ciała. Dużą część tej masy będzie stanowiła tkanka tłuszczowa gromadząca się teraz pod skórą. A ponieważ maluch coraz bardziej się zaokrągla, zacznie mu powoli brakować miejsca w macicy – zatem teraz będziesz rzadziej czuła kopnięcia, a częściej szturchanie i dźganie łokciami i kolanami.

Tydzień 30. Co powiesz na 41 centymetrów i 1400 gramów słodyczy? Twoje dziecko z dnia na dzień staje się coraz większe (na wypadek, gdybyś nie mogła tego ocenić po wielkości brzucha). Każdego dnia rozwija się również jego mózg przygotowujący się do życia poza łonem – do uczenia się, które będzie trwało przez całe życie. Począwszy od tego tygodnia, dzięki bruzdom i fałdom mózg zaczyna nabierać swojego charakterystycznego wyglądu. Te fałdy umożliwią w przyszłości rozwój tkanki mózgowej, która jest niezbędna do tego, by dziecko mogło się zmienić z bezradnego noworodka w pełnego energii niemowlaka, potem gadatliwego berbecia, ciekawskiego przedszkolaka i tak dalej. Coraz większy i sprawniejszy mózg zaczyna przejmować zadania, które do tej pory wykonywały inne części ciała,

---

Strawa dla mózgu

Pamiętasz o tym, by prawidłowo odżywiać mózg swojego dziecka? Dostarczanie mu niezbędnych tłuszczów – czyli wielonienasyconych kwasów tłuszczowych omega-3 – jest w trzecim trymestrze ważniejsze niż kiedykolwiek wcześniej, ponieważ teraz mózg rozwija się najszybciej i robi największe postępy. Informacje na temat dobrych tłuszczów znajdziesz na str. 101.

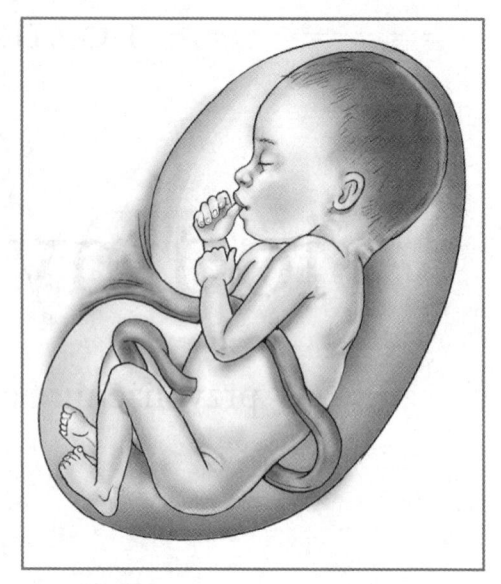

Twoje dziecko w 7 miesiącu

na przykład reguluje temperaturę ciała. Teraz, kiedy mózg jest w stanie kontrolować ciepłotę ciała (z pomocą coraz grubszej warstwy tkanki tłuszczowej), maluch może zacząć zrzucać lanugo, czyli delikatne, miękkie włoski, które go do tej pory ogrzewały. A to oznacza, że zanim nadejdzie pora porodu, prawdopodobnie po meszku płodowym nie zostanie już śladu.

Tydzień 31. Chociaż do czasu porodu maluch musi jeszcze przybrać 1400–2300 gramów, w tym tygodniu masa jego ciała jest już imponująca i wynosi ponad 1500 gramów. Długość ciała wynosi ponad 41 centymetrów (plus minus kilka centymetrów, ponieważ na tym etapie ciąży płody różnią się wielkością) i szybko zbliża się do wielkości urodzeniowej. W tym tygodniu jesteśmy również świadkami imponującego momentu w rozwoju dziecka: powstają połączenia neuronowe w mózgu (będą ich miliardy). Dziecko potrafi już dobrze wykorzystywać tę skomplikowaną sieć połączeń – przetwarza informacje, obserwuje światło i rejestruje bodźce wszystkimi pięcioma zmysłami. Twoje bystre maleństwo jest także śpiochem – śpi coraz dłużej, głównie w fazie REM, dlatego teraz przypuszczalnie zauważasz dokładniejszy wzorzec czuwania (kopania) i snu (spokoju).

Co możesz odczuwać

Oto objawy, których możesz się spodziewać w tym miesiącu (równie dobrze możesz ich nie odczuwać, ponieważ każda ciąża jest inna). Niektóre z nich mogą się utrzymywać od ubiegłego miesiąca, a inne będą całkiem nowe. Na początku ostatniego trymestru objawy, które do tej pory były dokuczliwe, mogą się nasilać i stawać coraz bardziej nieprzyjemne.

OBJAWY FIZYCZNE
- bardziej zdecydowana i regularna aktywność płodu;
- nasilające się upławy;
- ból w dole i po bokach brzucha;
- zaparcia;
- zgaga, niestrawność, gazy, wzdęcia;
- sporadyczne bóle głowy;
- sporadyczne zawroty głowy lub uczucie oszołomienia (zwłaszcza przy nagłej zmianie pozycji lub spadku stężenia glukozy);
- zapchany nos i sporadyczne krwawienia;
- zatkane uszy;
- wrażliwe dziąsła, które mogą krwawić podczas czyszczenia zębów;

Twoje ciało w tym miesiącu

Na początku tego miesiąca dno macicy (czyli jej najwyżej położona część) znajduje się w przybliżeniu na wysokości 28 cm nad spojeniem łonowym. Pod koniec miesiąca „domek" twojego maluszka urośnie jeszcze o 2,5 cm i będzie wyczuwalny na wysokości mniej więcej 12 cm nad pępkiem. Być może wydaje ci się, że brakuje już miejsca dla powiększającej się macicy (masz wrażenie, że wypełnia cały brzuch), ale jej rozrost będzie trwał jeszcze 8–10 tygodni.

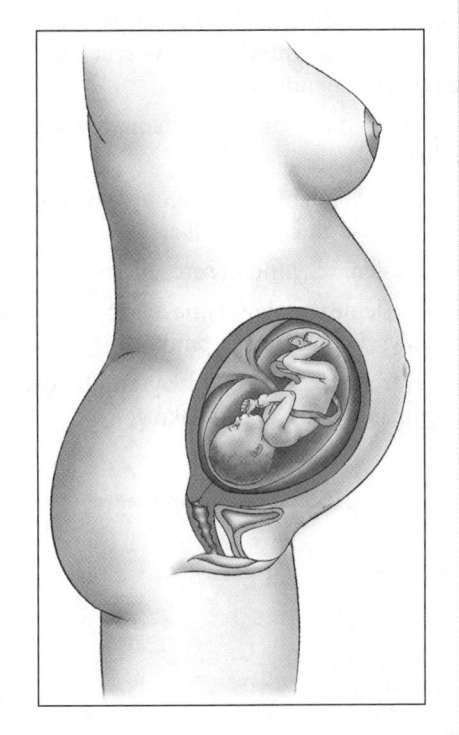

- skurcze mięśni nóg;
- bóle pleców;
- obrzęki kostek i stóp, od czasu do czasu również rąk i twarzy;
- hemoroidy;
- żylaki nóg i/lub sromu;
- świąd skóry na brzuchu;
- wystający pępek;
- rozstępy;
- duszności;
- trudności z zasypianiem;
- skurcze Braxtona-Hicksa (przepowiadające);
- sporadyczny nagły i ostry ból w obrębie narządów miednicy mniejszej (w kroczu);
- niezdarność;
- powiększone piersi;
- wyciek siary z brodawek (czasami to pierwsze mleko pojawia się dopiero po porodzie).

ODCZUCIA PSYCHICZNE

- rosnąca ekscytacja (wszak dziecko niedługo przyjdzie na świat!);
- rosnący strach (wszak dziecko niedługo przyjdzie na świat!);
- zapominalstwo, roztargnienie, czyli „amnezja ciążowa";
- dziwne, realistyczne sny;
- zmęczenie ciążą (masz już dosyć tego odmiennego stanu) lub uczucie zadowolenia.

Czego możesz oczekiwać podczas badania lekarskiego

Gdy rozpoczniesz trzeci trymestr ciąży, lekarz doda do listy kilka nowych badań. Zatem w tym miesiącu wizyta kontrolna może obejmować:

- pomiar masy ciała i ciśnienia tętniczego krwi;
- ogólne badanie moczu, by wykluczyć obecność glukozy i białka;
- określenie czynności serca płodu;
- określenie wysokości dna macicy (czyli jej najwyżej położonego punktu);
- kontrolę rąk i stóp pod kątem obrzęków oraz nóg pod kątem żylaków;
- ustalenie wielkości macicy i ułożenia płodu metodą palpacyjną (lekarz będzie uciskał twój brzuch palcami);
- kontrolę rąk i stóp pod kątem obrzęków oraz nóg pod kątem żylaków;
- test obciążenia glukozą (krzywą cukrową), jeżeli jeszcze nie był zrobiony (patrz str. 303);
- badanie krwi pod kątem niedokrwistości;
- szczepionkę Tdap (przeciw błonicy, tężcowi i krztuścowi, patrz str. 338).

Lekarz spyta też o objawy ciążowe, zwłaszcza te nietypowe, i odpowie na pytania, a więc przygotuj sobie listę.

Co może cię niepokoić

Zmęczenie raz jeszcze

Przez ostatnie kilka miesięcy byłam pełna energii, a teraz znowu jestem ociężała i powolna. Czy tak właśnie powinnam się czuć w trzecim trymestrze?

Ciąża jest pełna wzlotów i upadków – nie tylko w kwestii nastroju (i popędu seksualnego), ale i poziomu energii. To cecha charakterystyczna pierwszego trymestru, po której często w drugim trymestrze następuje wzrost energii, sprawiając, że środkowe miesiące zazwyczaj są okresem największej aktywności (ćwiczenia, seks, podróże, najlepiej wszystko jednocześnie w trakcie jednego weekendu). Ale w trzecim trymestrze większość przyszłych mam na nowo odczuwa zmęczenie i z utęsknieniem patrzy na kanapę.

I nic w tym dziwnego. Niektóre kobiety nadal są sprinterkami i w ten sposób dobiegają do ciążowej mety (czyli są sprawne do końca, aczkolwiek należy pamiętać, że każda ciąża jest inna, nawet pod względem zasobu energii), niemniej jest wiele powodów, które mogą je przyprawiać o zmęczenie. Największy z tych powodów to ten, który znajduje się w twoim wnętrzu: w końcu dźwigasz spory ciężar (nie tylko w brzuchu), więc te dodatkowe kilogramy mogą być bardzo męczące. Kolejny powód to bezsenność – następna przeszkoda (dosłowna) stojąca między tobą a nocnym wypoczynkiem, zatem w efekcie każdego ranka jesteś zmęczona. Poza tym twój umysł skoncentrowany na myślach o dziecku (co kupić dla malucha, jakie imię mu nadać, co załatwić, jakie decyzje podjąć i o co zapytać lekarza) również może pozbawiać cię snu, a w efekcie energii. Do tego dodaj jeszcze czynniki niezwiązane z ciążą – pracę, opiekę nad innymi dziećmi – a powodów twojego zmęczenia gwałtownie przybędzie.

Zmęczenie zawsze jest sygnałem, który wysyła ci organizm, a więc go nie ignoruj. Być może powinnaś trochę zwolnić. Ogranicz nieistotne sprawy, ćwicz, ale zmniejsz intensywność ćwiczeń i nie wykonuj ich przed pójściem do łóżka (zwłaszcza jeśli masz kłopoty ze snem). Aby dodać sobie energii, sięgaj po zdrowe przekąski. A przede wszystkim pamiętaj, że zmęczenie w trzecim trymestrze to wołanie natury, która nakazuje ci oszczędzać energię. Będziesz musiała bowiem oszczędzać siły na poród oraz na to, co będzie potem. Wskazówki na temat zmęczenia i oszczędzania energii znajdziesz na str. 135.

DLA OJCÓW

Weź się do roboty

Jeśli wydaje ci się, że pod koniec dnia jesteś bardzo zmęczony, weź pod uwagę następującą rzecz: twoja ciężarna partnerka, nawet leżąc na kanapie, zużywa więcej energii (bo w jej ciele powstaje dziecko) niż ty, kształtując mięśnie na siłowni. To sprawia, że jest dużo bardziej zmęczona niż kiedykolwiek wcześniej oraz dużo bardziej zmęczona, niż możesz sobie wyobrazić. A zatem weź się do roboty. Pozbieraj skarpetki i buty z korytarza. Poodkurzaj za nią, zrób pranie i posprzątaj łazienkę – zapachy środków czyszczących i tak przyprawią ją o mdłości. Zachęć ją, by obserwowała twoje poczynania z kanapy, zwłaszcza jeśli do tej pory była to twoja ulubiona pozycja.

Jeśli zapewniłaś swojemu organizmowi wystarczającą ilość odpoczynku, ale nadal czujesz się wyczerpana, porozmawiaj z lekarzem. Niekiedy powodem wyjątkowo silnego i nieustępującego zmęczenia jest niedokrwistość (patrz str. 258); dlatego właśnie większość lekarzy zaleca badanie krwi w 7 miesiącu, by sprawdzić morfologię i stężenie żelaza.

Obrzęki

Mam obrzęknięte kostki i stopy, zwłaszcza pod koniec dnia. Czy tak powinno być?

W okresie ciąży powiększa się niestety nie tylko brzuch. Te ciążowe obrzęki przybierają czasem skrajną postać. I chociaż nie wygląda to zbyt elegancko – zwłaszcza gdy cisną cię buty i pasek od zegarka, a pierścionki ledwie dają się zdjąć – to umiarkowane obrzęki kostek, stóp i dłoni są całkowicie normalne i wiążą się z koniecznym w czasie ciąży zwiększeniem objętości płynów w organizmie. Prawdę mówiąc, aż 75 procent przyszłych mam w pewnym momencie ciąży ma obrzęki, zazwyczaj właśnie w 7 miesiącu

Zdejmij, póki możesz

Czy twoje pierścionki stają się bardziej dopasowane? Zanim zaczną cię uwierać (a przede wszystkim nim staną się zbyt ciasne, żebyś mogła je zdjąć), zastanów się, czy nie lepiej pozbyć się ich już teraz i odłożyć w bezpieczne miejsce do czasu, aż po porodzie z palców zejdzie obrzęk. Już masz trudności ze zdjęciem pierścionków? Zatem spróbuj zrobić to rano i po ochłodzeniu dłoni w zimnej wodzie. Zadanie dodatkowo ułatwi ci mydło w płynie, ponieważ dzięki niemu palce będą śliskie (gdy będziesz ściągać pierścionki nad umywalką, nie zapomnij zamknąć odpływu).

(u 25 procent ciężarnych obrzęki się nie pojawiają, co też nie jest niczym nadzwyczajnym). Jak już pewnie zauważyłaś, obrzęki są najbardziej dotkliwe pod koniec dnia, kiedy jest ciepło lub po długim staniu albo siedzeniu. Być może zauważyłaś również, że obrzęki znikają w większości w ciągu nocy lub po kilku godzinach leżenia (to kolejny dobry powód, by odpoczywać).

Generalnie tego typu obrzęki nie oznaczają niczego więcej poza odrobiną dyskomfortu oraz kilkoma kompromisami modowymi – to w wypadku, gdy nie możesz wcisnąć stóp w eleganckie pantofelki albo sandałki z paseczków. Mimo to na pewno będziesz chciała znaleźć jakiś sposób na poprawienie sytuacji. Oto, co możesz zrobić, by odczuć ulgę:

- Nie stój i nie siedź bez przerwy. Jeśli twoja praca wymaga długiego stania lub siedzenia – w biurze czy w domu – rób sobie przerwy. Usiądź, jeśli stałaś, albo wstań, jeśli siedziałaś. Jeszcze lepsze rezultaty osiągniesz dzięki szybkiemu pięciominutowemu spacerowi, który pobudzi krążenie krwi (co pomoże się też pozbyć nadmiaru płynów z tkanek).

- Podnieś nogi. Ułóż wyżej nogi, gdy siedzisz. Jeśli ktoś zasługuje na relaks z nogami w górze, to właśnie ty.

- Leż na boku. Jeśli jeszcze nie przyzwyczaiłaś się do takiej pozycji w trakcie snu, teraz jest odpowiedni czas, żeby spróbować. Kiedy leżysz na boku, twoje nerki pracują najefektywniej, usuwając toksyny i zmniejszając obrzęki.

- Wybierz wygodę. Teraz jest czas na to, by postawić na komfort zamiast na modę. Noś zatem wygodne buty, które dopasowują się do stopy i nie uciskają (seksowne pantofelki bez pięty i tak będą teraz na ciebie za małe).

- Ruszaj się. Ćwiczenia fizyczne, które zaakceptował twój lekarz, też pomogą łagodzić obrzęki. Ulgę przyniesie również spacer (chociaż wkrótce będziesz się bardziej kiwać, niż spacerować), ponieważ w trakcie chodzenia krew zaczyna lepiej krążyć i swobodniej odpływa z żył, zamiast się w nich gromadzić. Jeszcze lepszym sposobem na obrzęki jest pływanie lub aerobik wodny, gdyż nacisk wody ułatwia przepływ płynów z tkanek do naczyń krwionośnych, które transportują je do nerek, a potem pozostaje je tylko wysiusiać.

- Sól do smaku. Kiedyś sądzono, że ograniczenie spożycia soli sprzyja zmniejszaniu obrzęków, ale teraz wiadomo, że zbyt mała jej ilość również im sprzyja. A zatem niech twoim mottem będzie umiar.
- Zapewnij sobie wsparcie. Pewnie nie uznasz rajstop uciskowych dla ciężarnych za seksowne, ale pamiętaj, że przeszły one długą drogę, jeśli chodzi o styl, a co najważniejsze są bardzo skuteczne w walce z obrzękami. Można je dostać w różnych wzorach – jako zwykłe rajstopy, kolanówki, pończochy (unikaj tych z ciasnymi elastycznymi zakończeniami), a nawet modne legginsy. Jeśli to możliwe, wybieraj te z bawełny. Pamiętaj, że powinnaś włożyć rajstopy uciskowe, jeszcze zanim wstaniesz z łóżka o poranku; w ten sposób zapobiegniesz gromadzeniu się płynów w organizmie.

Dobra wiadomość jest taka, że obrzęki – oprócz tego, że są zupełnie normalnym objawem – są również przejściowe. Możesz oczekiwać, że znikną wkrótce po porodzie, chociaż czasem mogą się jeszcze utrzymywać nawet przez miesiąc, nim znikną całkowicie. Tymczasem spójrz na to z innej strony: twój brzuch niedługo będzie tak duży, że nie będziesz w stanie dojrzeć swoich spuchniętych stóp.

Jeśli obrzęk wydaje ci się zbyt duży, porozmawiaj o tym z lekarzem. Duży obrzęk może być bowiem jednym z objawów stanu przedrzucawkowego, ale nie zawsze jest to niezawodna wskazówka (ponieważ obrzęki w ciąży występują bardzo często i są różne u różnych mam). A zatem dopóki nie towarzyszą im inne objawy, takie jak białko w moczu i podwyższone ciśnienie tętnicze krwi (oba parametry są sprawdzane podczas wizyt kontrolnych), oraz typowe objawy stanu przedrzucawkowego (silny ból głowy, zaburzenia widzenia i duszność), to prawdopodobnie należą po prostu to typowego „pakietu ciążowego".

Dziwna wysypka na skórze

Jakby mało było, że mam rozstępy, to jeszcze teraz pojawiły się na nich jakieś swędzące krostki.

Rozchmurz się. Do porodu pozostały ci niecałe 3 miesiące i wtedy będziesz mogła na dobre zapomnieć o większości nieprzyjemnych skutków ubocznych ciąży – między innymi o tej dziwnej wysypce, która u ciebie wystąpiła. Tymczasem może pocieszy cię informacja, że chociaż krostki są trochę kłopotliwe (i raczej brzydkie), to nie są powodem do niepokoju. Ta dolegliwość – znana medycynie jako swędzące grudki i ogniska pokrzywkowe w przebiegu ciąży (PUPPP) lub polimorficzna wysypka ciążowa (PEP) – zwykle znika po porodzie i nie nawraca w kolejnej ciąży. Chociaż PUPPP najczęściej pojawia się na rozstępach na brzuchu, czasem występuje również na udach, pośladkach i ramionach przyszłych mam. Pokaż wysypkę swojemu lekarzowi, który przypuszczalnie przepisze ci jakąś maść, lek antyhistaminowy lub zastrzyk, który złagodzi dyskomfort.

W czasie ciąży mogą się pojawić również inne dermatozy (choroby skóry), przez które nie będziesz się czuła zbyt dobrze we własnej skórze. Aczkolwiek zawsze powinnaś pokazywać lekarzowi każdą wysypkę, pamiętaj, że zazwyczaj nie są one powodem do zmartwienia. Więcej informacji znajdziesz na str. 266.

Ból w odcinku lędźwiowo-krzyżowym kręgosłupa i w nodze (rwa kulszowa)

Czuję ból w dole pleców promieniujący przez udo i do palców stopy. Co mi jest?

Wygląda na to, że twoje słodkie maleństwo już „działa ci na nerwy", a dokładniej mówiąc, na nerw kulszowy. W drugiej połowie ciąży dziecko zaczyna się obracać, żeby przyjąć właściwą pozycję do porodu (wielki plus). Zmiana pozycji powoduje jednak, że główka malucha oraz powiększająca się stale macica mogą uciskać na nerw kulszowy w dolnej części kręgosłupa (spory minus). Powodem rwy kulszowej dużo rzadziej jest przepuklina jądra miażdżystego krążka międzykręgowego, potocznie nazywanego dyskiem. Tak czy inaczej, rwa kulszowa objawia się ostrym, przeszywającym i intensywnym bólem, który promieniuje od dolnego odcinka kręgosłupa przez pośladek do kończyny dolnej (czasem aż do stopy). Czasem towarzyszą mu mrowienie lub drętwienie nogi. Sporadycznie ból może promieniować do obu kończyn jednocześnie. Chociaż dolegliwość niekiedy mija, gdy dziecko zmieni pozycję, bywa też tak, że trwa aż do porodu, a czasem nawet dłużej.

W jaki sposób skłonić dziecko, by przestało uciskać nerw, i złagodzić ból? Skorzystaj z następujących wskazówek:

- Usiądź. Daj odpocząć nogom, bo to pomaga uśmierzyć ból (ale nie siadaj na podłodze, gdyż to może go nasilić). Poszukaj takiej pozycji ciała, w której ból nie jest odczuwany, a przynajmniej staje się znośny.
- Zdobądź wsparcie. Pas ciążowy podtrzymujący brzuch również pomoże zmniejszyć nacisk macicy na lędźwiowy odcinek kręgosłupa oraz na biodra.
- Ogrzewaj lub chłodź. Przyłóż poduszkę elektryczną do bolącego miejsca albo weź długą ciepłą kąpiel. Masz wannę z hydromasażem? Skieruj strumień wody na bolące plecy i nogi. Jeśli masz wrażenie, że ciepło nasila dolegliwość, spróbuj zimnych okładów.
- Ćwicz. Właściwie dobrana aktywność fizyczna zmniejsza ból związany z rwą kulszową (lekarz i/lub fizjoterapeuta prawdopodobnie zalecą ci również inne ćwicze-

---

Licz kopnięcia

Od 28 tygodnia ciąży dobrym pomysłem jest sprawdzanie dwa razy dziennie ruchów dziecka – rano, gdy jego aktywność jest najmniejsza, i wieczorem, gdy maluch jest najruchliwszy. Być może lekarz poleci ci inną metodę, a jeśli nie, możesz wypróbować następujący sposób: zanotuj godzinę i zacznij liczyć. Ważny jest każdy ruch (kopnięcie, drgnięcie, zmiana pozycji, obrót), ale z pominięciem czkawki, która nie powinna się znaleźć na twojej liście. Przestań liczyć, gdy dojdziesz do dziesiątego ruchu i zapisz godzinę. (Jeśli chcesz, możesz wykorzystać do tego notatnik dla przyszłych mam *W oczekiwaniu na dziecko. Dziennik* (REBIS 2015) lub aplikację What To Expect albo inną aplikację ciążową). Czasem wyczujesz 10 ruchów w 10 minut, a czasem zabierze to trochę więcej czasu.

Jeśli po upływie godziny nie wyczujesz 10 ruchów, wypij trochę soku albo zjedz przekąskę, przejdź się lub nawet potrząśnij lekko brzuchem. Potem się połóż, odpręż i zacznij liczyć od nowa. Jeżeli po dwóch godzinach nie naliczysz 10 ruchów, zadzwoń do lekarza. Taki brak aktywności nie zawsze musi oznaczać, że stało się coś złego, ale czasem może to być sygnał alarmowy, którego nie należy lekceważyć i który wymaga szybkiego sprawdzenia.

Im bliżej daty porodu, tym ważniejsze jest regularne sprawdzanie ruchów dziecka.

nia). Unikaj tych pozycji ciała i ćwiczeń, które potęgują ból.
- Ruchy miednicy (patrz str. 247).
- Pozycja dziecka. Uklęknij na podłodze, a potem usiądź na piętach – duże palce u nóg powinny się stykać. Następnie rozłóż szeroko uda, pochyl się, opierając na podłodze brzuch, wyciągnięte ręce i czoło. Utrzymaj pozycję przez 2 minuty. Wykonuj ćwiczenie 5 razy dziennie.
- Ćwiczenia na piłce. Usiądź na piłce gimnastycznej i kołysz się do przodu i do tyłu.
- Ćwiczenia w wodzie. Pływanie i aerobik wodny pomagają rozciągnąć i wzmocnić mięśnie pleców oraz złagodzą piekący ból. Poza tym nie obciążają kręgosłupa, co jest wielkim plusem, gdy przyczyną bólu jest ucisk.
- Poszukaj alternatywy. Zapytaj lekarza o terapie medycyny komplementarnej i alternatywnej, które pomogą uśmierzyć ból związany z rwą kulszową, takie jak fizjoterapia, masaż terapeutyczny, akupunktura i kręgarstwo.

Jeśli masz objawy rwy kulszowej, zgłoś się do lekarza nie tylko po odpowiednią terapię (i leki, gdy okażą się potrzebne), ale też po właściwe rozpoznanie. Z rwą kulszową czasem jest mylona inna dolegliwość objawiająca się w podobny sposób, a mianowicie bóle obręczy biodrowej. Więcej informacji znajdziesz na str. 591.

Bóle krocza

Raz na jakiś czas czuję nagły, ostry ból w kroczu – zupełnie jakby ktoś dźgał mnie tam nożem. Ból nie trwa długo, ale jest tak silny, że aż tracę oddech.

Wygląda na to, że masz bóle krocza – to zadziwiająco powszechny objaw późnej ciąży, któremu na razie nie poświęcono zbyt wiele uwagi. Ból może się pojawić głęboko w miednicy lub pochwie – może być odczuwany jak porażenie prądem lub ostre dźgnięcie, czasem jak lekkie ukłucie, a innym razem jak palenie lub mrowienie. Zazwyczaj pojawia się nagle i nieoczekiwanie i jest tak intensywny, że niemal zwala z nóg (może nawet sprawić, że zaczniesz głośno krzyczeć w publicznym miejscu).

Nie ma konkretnego i ostatecznego medycznego powodu, który byłby przyczyną bólu krocza – nie jest to nawet termin medyczny – ale istnieje szereg teorii na temat tego przeszywającego kłucia „w majtkach". Niektórzy eksperci twierdzą, że ból się pojawia, gdy dziecko uciska lub kopie nerw biegnący do szyjki macicy. Inni sugerują, że maluch używa wrażliwej szyjki macicy i dolnej części macicy jako worka treningowego lub że naciska na nie, zmieniając pozycję. Według jeszcze innych powodem kłucia jest rozciąganie i rozluźnianie się więzadeł w obrębie miednicy, które podtrzymują macicę. Pewne natomiast jest to, że ból krocza nie jest wynikiem rozwierania się szyjki macicy, co oznacza, iż nie musisz się martwić, że niedługo zacznie się poród. Zatem ból krocza nie jest niebezpieczny i nie oznacza problemów z ciążą.

Kiedy się pojawi, niewiele możesz zrobić, poza być może przyjęciem pozycji, w której dziecko nie będzie uciskało na nerw (możesz też wypróbować pas ciążowy, który podtrzyma brzuch i zmniejszy jego nacisk). Nie zapomnij jednak wspomnieć o nim lekarzowi podczas następnej wizyty. Niekiedy ból w obrębie miednicy może być związany z żylakami sromu, zakażeniem pochwy, rwą kulszową lub nawet niedoborem magnezu, więc zapytaj lekarza, co o tym myśli.

Zespół niespokojnych nóg

Wieczorem jestem bardzo zmęczona, mimo to nie mogę się wygodnie ułożyć i odprężyć, bo czuję przymus, żeby poruszać nogami. Wypróbowałam wszystkie sposoby na skurcze nóg, ale nic nie pomogło. Co jeszcze mogę zrobić?

W trzecim trymestrze ciąży tak wiele różnych problemów przeszkadza ci spać, iż trudno pogodzić się z tym, że przysparzają ich także nogi. Niestety mniej więcej 15 procent przyszłych mam doświadcza właśnie tego, co opisałaś – to dolegliwość zwana zespołem niespokojnych nóg (RLS). Ta nazwa mówi wszystko: uczucie niepokoju, potrzeba poruszania nogami, kłucie, pieczenie, mrowienie, palenie, swędzenie w stopie lub nodze – to nieprzyjemne doznania, które skutecznie przeszkadzają reszcie ciała w nocnym wypoczynku. Objawy najczęściej nasilają się w nocy, ale mogą się też pojawiać podczas popołudniowego wypoczynku albo zawsze wtedy, gdy leżysz lub siedzisz.

Specjaliści nie są pewni, co jest przyczyną zespołu niespokojnych nóg występującego u niektórych przyszłych mam (chociaż wydaje się, że w pewnych wypadkach dolegliwość ta ma podłoże genetyczne), i mają jeszcze mniej pewności co do tego, jak go leczyć. Żaden ze sposobów przynoszących ulgę w skurczach nóg – w tym masaż i rozciąganie mięśni – nie wydaje się skuteczny. Lekarstwa stosowane w leczeniu RLS nie są bezpieczne dla przyszłych mam (zapytaj swojego lekarza), zatem one również nie rozwiążą problemu. A skoro mowa o lekarstwach, niektóre specyfiki (zwłaszcza przeciwwymiotne lub antyhistaminowe, które przyjmują kobiety w ciąży, by złagodzić poranne nudności) mogą nasilić objawy zespołu niespokojnych nóg.

A zatem, jak możesz powstrzymać swoje niespokojne nogi przed uprzykrzaniem życia reszcie ciała? Chociaż w tej konkurencji nie ma pewnych zwycięzców, spróbuj zastosować następujące sposoby:

- Wypatruj powodów. Możliwe, że zespół niespokojnych nóg wywołuje dieta lub inne czynniki składające się na styl życia, zatem każdego dnia zapisuj, co jesz, co robisz i jak się potem czujesz. W ten sposób przekonasz się, czy twoje nawyki są w jakikolwiek sposób powiązane z objawami RLS. Niektóre kobiety stwierdzają na przykład, że objawy wywołuje spożywanie węglowodanów pod koniec dnia, a w przypadku innych winowajcą jest kawa. Przyjrzyj się również lekom, które przyjmujesz, i przekonaj się, czy można je skojarzyć z zespołem niespokojnych nóg.

- Spróbuj skorzystać z metod medycyny komplementarnej i alternatywnej. Być może pomocne okażą się akupunktura, joga, medytacje oraz inne techniki relaksacyjne. Objawy zespołu niespokojnych nóg może złagodzić nawet zwyczajne rozproszenie uwagi (zrób coś, by przestać myśleć o nieprzyjemnych dolegliwościach).

- Sprawdź stężenie mikroelementów. Niekiedy przyczyną RLS jest niedokrwistość wywołana niedoborem żelaza, która w trzecim trymestrze ciąży jest dość częstą przypadłością, więc poproś lekarza, by zlecił badanie w tym kierunku. Jeśli się okaże, że masz niskie stężenie żelaza, odpowiedni lek powinien złagodzić objawy RLS. Inną przyczyną, którą może ujawnić badanie krwi, jest niedobór magnezu lub witaminy D – obu można zaradzić za pomocą stosownych preparatów. Jeśli już poruszysz ten temat, zapytaj lekarza również o inne możliwości leczenia.

- Ruszaj się. W przypadku niektórych przyszłych mam aktywność fizyczna w ciągu dnia chroni przed dolegliwościami związanymi z RLS w nocy. Wypróbuj ćwiczenia kardio (czyli trening wytrzymałościowy) bezpieczne dla ciężarnych oraz ćwiczenia siłowe na dolną część ciała, ale nie wykonuj ich przed spaniem (ponieważ mogą zaostrzyć objawy RLS, a poza tym będziesz miała problemy z zaśnięciem). Sprawdzić się mogą także proste ćwiczenia rozciągające mięśnie w nogach (patrz str. 300).

- Rób okłady. Przed pójściem spać przykładaj na nogi zimne lub ciepłe okłady, możesz wziąć nawet chłodny prysznic albo wymoczyć nogi w zimnej wodzie – to również powinno powstrzymać nieprzyjemne doznania. W ciągu dnia noś rajstopy uciskowe (lub kolanówki).

Wypróbuj też wskazówki ze str. 292, dotyczące zasypiania. To na pewno nie zaszkodzi, a poza tym powinnaś robić wszystko, żeby zapewnić sobie wystarczającą ilość tak ważnego dla ciebie snu, ponieważ zmęczenie zaostrza objawy zespołu niespokojnych nóg.

Miejmy nadzieję, że opisane strategie przyniosą ci ulgę. Niestety niektórym przyszłym mamom z zespołem niespokojnych nóg nic nie pomaga i pozostaje im jedynie zaczekać, aż poród zakończy ich cierpienia (chociaż nie przywróci im to snu, bo przy noworodku trudno się wyspać). Jeśli miałaś RLS przed zajściem w ciążę, to do leków będziesz mogła wrócić dopiero po porodzie (a nawet po zakończeniu karmienia piersią, jeśli się na nie zdecydujesz).

Czkawka płodu

Czasami czuję delikatne regularne skurcze w brzuchu. Czy to moje dziecko kopie, obraca się czy może robi jeszcze coś innego?

Możesz wierzyć lub nie, ale twoje dziecko prawdopodobnie ma czkawkę. Wiele płodów w drugiej połowie ciąży miewa czkawkę, niektóre nawet codziennie po kilka razy, a inne nie mają jej wcale. Ten sam schemat może się powtórzyć, gdy maluch już będzie na świecie.

Ale zanim zaczniesz wstrzymywać oddech i próbować innych metod opanowania czkawki, powinnaś wiedzieć, że nie naraża ona dziecka – w macicy ani poza nią – na żaden dyskomfort, nawet jeśli trwa 20 minut. A zatem usiądź wygodnie, odpręż się i baw się dobrze. Pamiętaj jednak, że bez względu na to, jak zabawna jest ta dziecięca czkawka, nie możesz jej brać pod uwagę, gdy liczysz kopnięcia (patrz str. 324).

Pstrykanie, trzaskanie i strzelanie w brzuchu mamy?

Na pewno się spodziewałaś, że będziesz czuła ruchy dziecka. Ale że będziesz je również słyszała? Najwyraźniej jest to możliwe. Niektóre przyszłe mamy słyszą tajemnicze dźwięki – kliknięcia, pstryknięcia, trzaski lub strzelanie – które dobiegają z ich brzucha. Wprawdzie nikt do końca nie wie, skąd się biorą te dźwięki, ale istnieje na ten temat kilka teorii. Może są spowodowane czkawką lub szumem wód płodowych, gdy dziecko się przemieszcza i robi koziołki. A może te dźwięki to strzelanie stawów, gdy maluch się wierci, macha rączkami i nóżkami. Możliwe też, że dźwięki wcale nie pochodzą od dziecka, a ich źródłem są rozluźnione stawy mamy, które strzelają i trzeszczą, gdy ocierają się o siebie lub rozciągają.

Prawdopodobnie nigdy się nie dowiesz, co było źródłem tych dźwięków, ale możesz poprosić lekarza, żeby pokusił się o jakąś teorię. Na szczęście jedna rzecz jest pewna: nie ma powodu do zmartwienia, to po prostu kolejna rzecz, którą możesz się cieszyć w związku z ciążą (albo ją przetrwać).

Orgazm a kopanie dziecka

Zauważyłam, że kiedy mam orgazm, moje dziecko zazwyczaj przestaje kopać na jakieś pół godziny. Czy to oznacza, że seks na tym etapie ciąży nie jest dla niego bezpieczny?

Niezależnie od tego, co teraz robisz, twoje dziecko zawsze ci towarzyszy. W tym szczególnym przypadku – czyli w trakcie uprawiania seksu – może się poczuć bardzo śpiące. Kołyszące ruchy towarzyszące seksowi, a potem rytmiczne skurcze macicy, które następują po orgazmie, często mogą po prostu uśpić malucha. Z drugiej strony są również dzieci, które po seksie się ożywiają (w końcu każde dziecko jest inne). Każda reakcja jest normalna i prawidłowa i w żadnym wypadku nie oznacza, że życie intymne w ciąży nie jest bezpieczne. Nie oznacza również – na wypadek gdybyś się nad tym właśnie zastanawiała – że maluch wie, co się dzieje w waszym łóżku (przebywa w kompletnej ciemności i niczego nie widzi).

Jeśli lekarz nie zaleci inaczej, możesz bez obaw cieszyć się seksem w różnej postaci i orgazmami o różnej intensywności aż do porodu. I rób to, kiedy tylko możesz, bo – spójrzmy prawdzie w oczy – upłynie sporo czasu, zanim znowu będziecie mogli bez przeszkód się kochać (zwłaszcza wtedy, gdy w domu pojawi się noworodek).

Przypadkowe upadki

Nie zauważyłam krawężnika, kiedy dzisiaj szłam ulicą, i upadłam na brzuch. Czy dziecku mogła się stać jakaś krzywda?

Ciąża wyprowadza cię z równowagi? Nic dziwnego – przecież rozpoczął się już trzeci trymestr, więc wiele czynników może sprawiać, że nie zaliczasz się do najzręczniejszych stworzeń na świecie. Na przykład zaburzenia równowagi, które są wynikiem przesunięcia się środka ciężkości do przodu (przyczyną jest oczywiście coraz większy brzuch), albo mniej stabilne, luźniejsze stawy, przez które jesteś bardziej niezdarna i podatna na upadki, zwłaszcza na brzuch. Ta nieporadność wywołana jest również zmęczeniem, o które w czasie ciąży nietrudno, a także skłonnością do nieuwagi, tym, że głowę masz zaprzątniętą myślami o dziecku, a także tym, że coraz trudniej ci spoglądać na własne stopy, więc łatwo nie zauważyć krawężnika lub innej przeszkody i się potknąć.

Przypomnijmy jeszcze raz, natura jest po stronie dziecka (nawet jeśli nie jest po twojej). Maluch jest chroniony przez jeden z najlepszych i najbardziej zaawansowanych systemów amortyzujących wstrząsy złożony z wód płodowych, błon płodowych, elastycznej macicy (która jest bardzo silnym mięśniem) oraz wytrzymałej ściany jamy brzusznej utworzonej przez mięśnie i skórę. By pokonać tę barierę i zranić dziecko, potrzebne byłyby naprawdę bardzo poważne obrażenia, które prawdopodobnie musiałyby się skończyć pobytem w szpitalu.

Nadal się niepokoisz? Skontaktuj się z lekarzem, by rozproszył twoje obawy, a przy okazji poproś o dodatkową wizytę, by szybko sprawdzić bicie serca maluszka i odzyskać spokój ducha.

Oczywiście najlepiej unikać upadków, więc gdy zaczniesz się coraz bardziej potykać, musisz po prostu zachować większą ostrożność. Chodź w antypoślizgowych skarpetkach, a jeśli nie masz butów stabilizujących stopę, unikaj śliskich powierzchni (najlepiej w ogóle nie chodź w butach, w których łatwo można się potknąć lub poślizgnąć, na przykład w klapkach, japonkach czy sandałach). Nie wchodź na drabinę i wystrzegaj się innych niebezpiecznych miejsc. I uważaj na schodach i przy przechodzeniu przez jezdnię.

Sny i fantazje

Moje sny są ostatnio tak sugestywne i szalone, iż zaczynam myśleć, że tracę zmysły.

Masz ostatnio wrażenie, że gdy śpisz, przed twoimi oczami rozgrywają się najdziwniejsze sceny rodem z szalonych filmów? Ciążowe sny – a także marzenia i fantazje – to wielkie produkcje z mnóstwem efektów specjalnych (czasem przerażających). Do tego tak obrazowe, sugestywne i realistyczne, że po przebudzeniu musisz się uszczypnąć. Co więcej, sny mogą należeć do różnych gatunków – od horroru (zostawiasz dziecko w autobusie) po komedię familijną (przytulasz się do pulchnych policzków, spacerujesz z wózkiem w rozświetlonym słońcem parku) i science fiction (rodzisz małe-

DLA OJCÓW
O czym śni tata?

Stwierdzasz, że twoje życie we śnie jest teraz ciekawsze niż na jawie? A więc nie jesteś sam. Dla większości przyszłych mam i tatusiów ciąża to czas bardzo gwałtownych uczuć oscylujących między radosnym oczekiwaniem a panicznym lękiem. Nic zatem dziwnego, iż wiele tych uczuć znajduje ujście w snach, w których podświadomość może się z nimi bezpiecznie rozprawić. Na przykład sny erotyczne to prawdopodobnie przesłanie podświadomości, która chce ci powiedzieć to, co już pewnie wiesz: martwisz się, jak ciąża, a potem dziecko wpłyną na twoje życie seksualne. Takie obawy są nie tylko normalne, ale też bardzo ważne. Uznanie faktu, że twój związek czeka wielka zmiana, bo już wkrótce będzie was troje, to pierwszy krok do zyskania pewności, że wasza dwójka ma się dobrze. Inna możliwość: śnisz więcej o seksie, bo na jawie masz go mniej.

We wczesnej ciąży najczęstsze są sny „dla dorosłych". Potem zauważysz prawdopodobnie, że pojawia się w nich również motyw rodziny. Możesz śnić o swoich rodzicach lub dziadkach – w ten sposób twoja podświadomość próbuje połączyć starsze pokolenia z tym, które dopiero się pojawi. Możesz też śnić o dziecku – te sny wyrażają zrozumiały strach przed odpowiedzialnością, która cię czeka, oraz tęsknotę za przemijającą beztroską. Może ci się nawet śnić, że sam jesteś w ciąży, co będzie wyrazem empatii w stosunku do ciężarnej partnerki, a także zazdrości o uwagę, jaką teraz przyciąga, lub po prostu chęcią nawiązania relacji z nienarodzonym dzieckiem. Sny o tym, że upuszczasz noworodka albo zapominasz go przypiąć pasami w foteliku samochodowym, to z kolei wyraz braku pewności siebie w odniesieniu do nowej roli ojca (ta sama niepewność trapi wszystkich przyszłych rodziców). Nietypowe sny pojawiające się na skutek działania testosteronu – na przykład że zdobywasz bramkę albo prowadzisz samochód wyścigowy (nawet jeśli nigdy tego nie robiłeś) – to wyraz nieuświadomionego strachu, że rola ojca i opiekuna nadszarpnie twoją męskość. Sny o samotności i opuszczeniu również są bardzo częste – symbolizują uczucie wykluczenia, z którym boryka się większość przyszłych ojców.

Oczywiście nie wszystkie sny wyrażają niepokój. Druga strona twojej podświadomości może otrzymać tyle samo „czasu antenowego" (niekiedy nawet podczas tej samej nocy), a więc możesz śnić o tym, że opiekujesz się dzieckiem – ten sen pomoże ci się przygotować do roli zakochanego w maleństwie tatusia. Inne sny z gatunku „opiekuńczych" – ktoś ci daje noworodka albo go znajdujesz, bierzesz udział w przyjęciu z okazji narodzin dziecka albo idziesz na rodzinny spacer – pokazują, jak bardzo jesteś podekscytowany zbliżającym się nieuchronnie porodem.

Jedna rzecz jest pewna: nie śnisz sam. Przyszła mama, która śpi u twojego boku, ma takie same dziwne sny z tych samych powodów, a poza tym musi się zmagać z hormonami, przez które jej sny są jeszcze bardziej sugestywne. Dzielenie się snami po przebudzeniu będzie intymnym, pouczającym i terapeutycznym rytuałem, ale pod warunkiem, że żadne z was nie będzie traktowało ich zbyt poważnie. W końcu to tylko sny.

go kosmitę z ogonkiem lub szczeniaczki). Chociaż przez takie sny możesz mieć wrażenie, że tracisz zmysły (czy wielkie salami naprawdę goniło mnie po parkingu przed sklepem z zabawkami?), to w rzeczywistości są one zupełnie normalne i pomagają zachować zdrowe zmysły. Te sny (i koszmary) to jeden z wielu sposobów, które wykorzystuje twoja podświadomość, by poradzić sobie z natłokiem przedporodowych niepokojów, lęków, nadziei i niepewności, pomagając ci w ten sposób zaakceptować zmiany, które niedługo wstrząsną twoim życiem. To ujście dla tysiąca różnych emocji (od lęków przez niejednoznaczność pragnień po przemożną ekscytację i radość), które z pewnością odczuwasz, choć może nie potrafisz ich wyrazić w inny sposób. Pomyśl więc, że to rodzaj terapii poprzez sen.

Na sny wpływają także hormony (a na cóż one nie wpływają?), sprawiając, że fantazje senne stają się bardziej intensywne i pełne emocji. Poza tym lekki sen poprawia twoją zdolność szczegółowego zapamiętywania – nie dość, że zapamiętujesz marzenia senne, to są one jeszcze bardzo wyraźne i szczegółowe. A ponieważ teraz budzisz się częściej niż kiedyś – czy to dlatego, że musisz skorzystać z łazienki, zrzucić z siebie kołdrę czy po prostu się obrócić lub znaleźć wygodniejszą pozycję – to i częściej budzisz się w fazie REM. Mając za każdym razem w pamięci swój ostatni sen, łatwiej i dokładniej go zapamiętujesz, czasem łącznie z denerwującymi szczegółami.

Oto kilka z najpopularniejszych marzeń sennych, o których donoszą przyszłe mamy. Niektóre na pewno wydadzą ci się znajome:

- Ups! Śni ci się, że gubisz różne rzeczy (od kluczyków samochodowych po dziecko), zapominasz nakarmić niemowlę, zostawiasz je samo w domu lub w samochodzie albo jesteś kompletnie nieprzygotowana na jego narodziny – to wszystko odsłania powszechną (i zrozumiałą) obawę, że nie jesteś gotowa, by zostać matką.
- Auć! Śni ci się, że ktoś cię atakuje (intruzi, włamywacze, zwierzęta) lub że ulegasz wypadkowi (spadasz ze schodów, bo ktoś cię popchnął albo się poślizgnęłaś) – to z kolei świadczy o poczuciu bezbronności i zagrożenia (która przyszła mama nie czuje się czasem bezbronna?).
- Ratunku! Śni ci się, że jesteś gdzieś zamknięta albo że nie możesz uciec. Tą pu-

> ### Jak przygotować psa i kota
>
> Właściwie jesteś już rodzicem, bo twoje dziecko ma cztery nogi, futerko i ogonek? Martwisz się, że ukochany zwierzak, który do tej niepodzielnie rządził w twoim domu (oraz spał w twoim łóżku i na twoich kolanach), będzie cierpiał z powodu trudnej (i dość niebezpiecznej) rywalizacji z młodszym rodzeństwem? Przygotowanie psa lub kota na przybycie kolejnego członka rodziny (tym razem człowieka) jest niezmiernie ważne. Wskazówki na ten temat znajdziesz w poradniku *Pierwszy rok życia dziecka* (REBIS 2017) oraz w aplikacji What To Expect.

łapką może być tunel, samochód, małe pomieszczenie. Może ci się również śnić, że toniesz w basenie, grzęźniesz w rozmokłym śniegu lub jesteś uwięziona w myjni samochodowej. Te sny oznaczają strach przed tym, że nowy członek rodziny ograniczy twoją wolność i że będziesz musiała porzucić swoje beztroskie życie, by zająć się wymagającym noworodkiem.
- Och, nie! Śni ci się, że chudniesz lub tyjesz w ciągu jednej nocy albo że jesz i pijesz same niezdrowe rzeczy (tacę sashimi z tuńczyka popijasz karafką martini). Te sny przytrafiają się przyszłym mamom, które próbują trzymać się twardo restrykcyjnej diety.
- Uff! Śni ci się, że stajesz się nieatrakcyjna, a nawet odpychająca dla swojego partnera albo że on interesuje się inną kobietą – wyraz powszechnej obawy, iż ciąża na zawsze pozbawi cię atrakcyjności i przestaniesz pociągać swojego partnera.
- Sny erotyczne. Mogą obejmować szeroki wachlarz marzeń sennych, symbolizując wszystko, co wiąże się z seksem podczas ciąży – od stłumionego pożądania i skrytych fantazji seksualnych do poczucia winy. Przez takie sny przemawiają również hormony –

tak samo jak robią to, gdy nie śpisz, zatem mogą wywoływać duże podniecenie seksualne (czasem włącznie z orgazmem) również wtedy, gdy jesteś pogrążona we śnie.
- Sny wspomnieniowe. W snach pojawiają się utraceni rodzice, dziadkowie lub inni krewni – może podświadomość próbuje w ten sposób połączyć minione pokolenia z nowym.
- Sny o życiu z dzieckiem. Śnisz, że przygotowujesz się na przyjęcie potomka, że go kochasz i się z nim bawisz – to dobre ćwiczenie roli rodzica, sposób, w jaki podświadomość łączy cię z twoim dzieckiem jeszcze przed jego narodzeniem.
- Sny, w których pojawia się obraz dziecka. Takie sny mogą być oznaką wielu rozmaitych uczuć. Jeśli śnisz, że dziecko jest zdeformowane, chore, zbyt duże lub zbyt małe, jest to wyraz niepokoju, który skrywają głęboko niemal wszyscy przyszli rodzice. Fantazjowanie, że dziecko ma niezwykłe zdolności (mówi lub chodzi od razu po przyjściu na świat), może wskazywać na obawy o inteligencję malucha oraz na twoje ambicje związane z jego przyszłością. Sny o tym, że rodzisz chłopca lub dziewczynkę, mogą oznaczać, że bardzo pragniesz dziecka o określonej płci. To samo symbolizują sny, w których twój maluszek ma włosy lub oczy określonego koloru lub jest podobny do jednego z rodziców. Koszmar, że dziecko urodziło się dorosłe, może świadczyć o strachu przed zajmowaniem się noworodkiem.
- Sny o porodzie. Z kolei sen o bólu porodowym lub jego braku albo o tym, że nie jesteś w stanie przeć, to odzwierciedlenie strachu przed porodem (a kto go nie czuje?).

Najważniejsza kwestia związana ze snami: nie pozwól, by pozbawiły cię nocnego wypoczynku. Wśród przyszłych mam sny i fantazje są tak normalnym i powszechnym zjawiskiem jak zgaga czy rozstępy (popytaj innych rodziców, a na pewno niejedno usłyszysz). Nie zapominaj też, że możesz nie być jedy-ną osobą w twoim łóżku, której śnią się niesamowite historie. Przyszli ojcowie również mają dziwne sny i fantazje, ponieważ w ten sposób próbują poradzić sobie z uświadomionymi i nieuświadomionymi lękami przed zbliżającym się nieuchronnie ojcostwem (ich hormony również dochodzą do głosu, chociaż na pewno ciszej niż twoje). Rano opowiedzcie sobie swoje sny – to może być nie tylko zabawne (kto tym razem okaże się lepszy?), ale i mieć działanie terapeutyczne, gdyż ułatwi wam wejście w świat rodzicielstwa w świecie rzeczywistym, a poza tym zbliży was do siebie. Załóż dziennik i zapisuj swoje sny. To pomoże ci się uporać z uczuciami. Pewnego dnia będziesz mogła go przeczytać, pośmiać się i poanalizować – to też będzie znakomita terapia. Zatem śpij słodko!

Jak sobie poradzić z natłokiem obowiązków

Zaczynam się martwić, że nie zdołam sobie poradzić z pracą, domem, małżeństwem i jeszcze z dzieckiem.

Powinnaś sobie jasno uświadomić, że nikt nie jest w stanie poradzić sobie ze wszystkim, a już na pewno nie da się robić wszystkiego dobrze przez cały czas. Wiele młodych mam próbuje zasłużyć na tytuł supermamy – pracują na pełen etat, utrzymują dom w nieskazitelnej czystości, codziennie robią pranie i napełniają lodówkę, przygotowują domowe posiłki, są seksownymi kochankami, przykładnymi matkami i mają nadprzyrodzone moce. Jednak większość z nich w którymś momencie uświadamia sobie, że dłużej tak nie może być.

Bez wątpienia poradzisz sobie ze swoim nowym życiem, ale musisz jak najszybciej zdać sobie sprawę, na czym ono polega. A więc zrób to już teraz, zanim będziesz musiała się zmierzyć z największym (i najcudowniejszym) wyzwaniem swojego życia.

Dziecko w 3D

Prawdopodobnie robiłaś już standardowe dwuwymiarowe badanie USG i od wielu tygodni masz zdjęcie (chociaż niewyraźne) swojego maluszka. Ale zanim weźmiesz ten skarb w ramiona, muszą minąć jeszcze mniej więcej 2 miesiące, więc pewnie marzysz o tym, żeby przyjrzeć się dokładnie ślicznemu noskowi, słodkim usteczkom i maleńkiej bródce (nie mówiąc o malutkich stópkach i rączkach, którymi cię co dzień i co noc okłada). Być może więc zastanawiasz się, czy powinnaś się umówić na badanie 3D lub 4D.

To z pewnością bardzo kuszące, zwłaszcza jeśli wcześniej widziałaś w Internecie zachwycające zdjęcia i pełne ekspresji filmy, na których widać, jak dziecko ssie kciuk, ziewa, mruga i ciągnie pępowinę. Jednak zanim się na to zdecydujesz, porozmawiaj z lekarzem. Specjaliści (w tym Amerykańskie Kolegium Położników i Ginekologów) zalecają, by badania USG 3D i 4D (szczególnie jeśli trwają długo lub są częste) wykonywać tylko w przypadkach uzasadnionych medycznie, na dobrym sprzęcie i w renomowanych gabinetach. W czym problem? Otóż badanie ultrasonograficzne przeprowadzane wyłącznie dla przyjemności (choć z pewnością sprawiające wiele radości) często odbywa się na urządzeniach o wysokiej mocy, które nie zawsze są obsługiwane przez wykwalifikowany personel. Niektóre sesje mogą trwać dłużej niż skany wykonywane przez lekarza – czasem nawet 45 minut – co oznacza dłuższą (i niepotrzebną) ekspozycję na ultradźwięki. Jeśli zapiszesz się na więcej sesji, by stworzyć ciążowy album ze zdjęciami i filmami z życia prenatalnego dziecka, ekspozycja na ultradźwięki raptownie wzrośnie. Eksperci się obawiają, że niefachowo przeprowadzone badania oraz ich nieumiejętna interpretacja mogą wprowadzić w błąd przyszłych rodziców, pozostawiając ich z przekonaniem, że z dzieckiem dzieje się coś złego, lub – co gorsza – że niedostatecznie wyszkolony technik nie zauważy prawdziwego problemu, który zauważyłby profesjonalista. Poza tym długie lub częste zabiegi USG mogą w niepożądany i szkodliwy sposób działać na płód, dla którego macica jest miejscem wzrostu i rozwoju, oraz zakłócać jego sen. I wreszcie, choć nie ma konkretnych dowodów przemawiających za tym, że ultrasonografia wiąże się z jakimkolwiek ryzykiem, to nie ma również przesłanek, które świadczyłyby o tym, iż takie ryzyko nie istnieje – można go zatem uniknąć, nie poddając się niepotrzebnym badaniom.

Pamiętaj, że będzie mnóstwo innych okazji, by zrobić zachwycające zdjęcia i nakręcić wspaniałe filmy, gdy twój maluch przyjdzie na świat. Tymczasem potraktuj ultrasonografię jako kolejny punkt w zestawie badań zaleconych przez lekarza (Amerykańskie Kolegium Położników i Ginekologów oraz Polskie Towarzystwo Ginekologiczne zalecają dwa lub trzy bezpieczne badania USG).

Twój lekarz zalecił ci badania ultrasonograficzne? Ogranicz je do dwóch, trzech wizyt i dopilnuj, by każda z nich nie trwała dłużej niż 15 minut. I trzymaj się za kieszeń. Zdjęcie USG twojego dziecka na pewno jest bezcenne, ale niektóre gabinety liczą sobie za tę usługę naprawdę sporą cenę.

Po pierwsze, skup się na swoich priorytetach i uporządkuj je według ważności (nie wszystko zasługuje na pierwsze miejsce). Jeśli uważasz, że najważniejsze są dziecko, mąż i praca, to być może sprzątanie domu spada na dalszą pozycję. Pozwól, by domowe posiłki czasem ustąpiły jedzeniu na zamówienie, a praniem zajął się ktoś inny. Jeśli uważasz, że twoim przeznaczeniem jest macierzyństwo na pełen etat, i możesz sobie pozwolić na to, by zostać w domu, być może powinnaś na jakiś czas zrezygnować z pracy i zawiesić karierę zawodową. A może uda ci się załatwić pracę na pół etatu, podzielić się pracą z inną mamą lub pracować w domu albo tata weźmie urlop tacierzyński, a ty będziesz mogła pracować.

Kiedy już wyznaczysz swoje priorytety, będziesz musiała się pozbyć nierealnych oczekiwań (tych, które prześladują cię w snach). Porozmawiaj z innymi mamami, a szybko się dowiesz, jak wygląda rzeczywistość. Każda młoda mama wcześniej czy później dowiaduje się, że nikt nie jest idealny (uwierz, że dotyczy to nawet matek) – a im wcześniej to zrozumiesz, tym lepiej. Im bardziej będziesz się starała, by wszystko zrobić dobrze, tym bardziej wszystko będzie ci się wymykało z rąk – zdarzą się również takie dni, kiedy zupełnie nic ci się nie będzie udawało. A na dodatek, mimo twoich największych starań, łóżko będzie niepościelone, pranie niewyprane, na stole pojawi się jedzenie na wynos, a twoja seksowność ograniczy się do umycia włosów. A więc jeśli teraz zbyt zawyżysz swoje standardy – nawet jeśli będziesz im w stanie sprostać przed porodem – później prawdopodobnie się rozczarujesz.

Jeśli jednak postanowisz zmienić swoje życie, będzie ci łatwiej, gdy nie zrobisz tego sama. Przy boku szczęśliwej mamy powinien stać tata (lub inny partner lub partnerka), który nie tylko podzieli się z nią domowymi obowiązkami, ale będzie też równorzędnym rodzicem. Jeśli tata nie spełnia swoich obowiązków w takim zakresie, w jakim byś chciała (lub w ogóle go nie ma), zwróć się o pomoc do innych osób, które mogłyby ci pomóc lub na które cię stać (na przykład zatrudnij nianię).

Plan porodu

Moja położna powiedziała, że powinnam ustalić plan porodu, ale nie jestem pewna, co on powinien obejmować.

Decyzje, decyzje... Poród wiąże się z mnóstwem różnych decyzji, a każda przyszła mama i jej partner muszą je podjąć. Ale jak to zrobić? Jak mama, tata i lekarz mają zdecydować, co będzie najlepsze – począwszy od sposobów zwalczania bólu porodowego i pozycji parcia, a skończywszy na tym, kto odbierze dziecko i przetnie pępowinę. Temu wszystkiemu służy właśnie plan porodu.

A więc plan porodu jest po prostu tym, czym jest, czyli planem (a może bardziej listą życzeń). Przyszli rodzice przedstawiają swój scenariusz: jak według nich powinien przebiegać idealny poród, jeśli wszystko pójdzie zgodnie z „planem". Poza listą życzeń i preferencji typowy plan porodowy uwzględnia to, co jest praktyczne i wykonalne, to, co mają do zaoferowania lekarz i szpital, oraz to, co jest osiągalne (nie wszystko, co znajduje się na twojej liście, będzie możliwe do zrealizowania). Nie ma to oczywiście charakteru umowy, lecz raczej jest pisemnym porozumieniem między pacjentką, lekarzem i szpitalem. Dobry plan to nie tylko większa gwarancja, że poród będzie pozytywnym przeżyciem, ale też okazja, by się pozbyć nierealnych oczekiwań, zminimalizować rozczarowania oraz wyeliminować większe

---

Przekaż plan porodu nowej zmianie

Kiedy przekażesz plan porodu lekarzowi, zostanie on dołączony do twojej kartoteki, a więc powinien się znaleźć wraz z tobą w szpitalu. Jednak na wypadek, gdyby tam nie trafił, powinnaś wydrukować kilka kopii i wręczyć je personelowi szpitala, by w najważniejszej dla ciebie chwili nie było żadnych nieporozumień w związku z twoimi preferencjami. Doula lub inna osoba, która będzie ci towarzyszyła przy porodzie, powinna się upewnić, czy pracownicy każdej zmiany (jeśli będziesz miała szczęście, nie będzie ich wiele) posiadają kopię planu.

konflikty i błędy w komunikacji między rodzącą mamą a jej „porodową drużyną". Niektórzy lekarze rutynowo proszą przyszłych rodziców o zrobienie planu porodu, a inni z radością pomagają go stworzyć, gdy się ich o to poprosi. Plan porodowy to także punkt wyjścia do dialogu między pacjentką a lekarzem. Nie jesteś pewna, co lekarz sądzi o twoich preferencjach porodowych? A więc warto się tego dowiedzieć właśnie teraz, zanim jeszcze poród na dobre się zaczął.

Niektóre plany porodowe dotyczą tylko podstawowych kwestii, podczas gdy inne są nadzwyczaj szczegółowe (uwzględniają nawet oświetlenie sali porodowej, muzykę i listę gości). A ponieważ każda przyszła mama jest inna – nie tylko z powodu swoich konkretnych oczekiwań co do porodu, ale też ze względu na swą szczególną sytuację zdrowotną związaną z ciążą – plan porodu powinien być zindywidualizowany (a więc nie twórz go w oparciu o to, co widziałaś na blogu innej mamy). Pewne kwestie, którym być może będziesz chciała stawić czoło oraz uwzględnić w swoim planie, zostały wymienione poniżej. Możesz je potraktować jako ogólną wskazówkę, a w razie potrzeby uatrakcyjnić lub uszczegółowić. Przykładowy plan porodu znajdziesz w notatniku *W oczekiwaniu na dziecko. Dziennik* (REBIS 2015).

- Jak długo chcesz pozostać w domu po rozpoczęciu porodu;
- Co będziesz jadła i piła podczas aktywnej fazy porodu (str. 423);

Jak rozpoznać poród przedwczesny

Każda przyszła mama powinna znać objawy porodu przedwczesnego, ponieważ wykrycie ich w porę ma ogromne znaczenie i może zadecydować o konsekwencjach. Prawdopodobnie nigdy nie będziesz musiała wykorzystać podanych tutaj informacji, ale na wszelki wypadek lepiej się z nimi zapoznaj. Przeczytaj zatem poniższą listę i jeśli stwierdzisz, że przed 37 tygodniem ciąży wystąpił u ciebie któryś z tych objawów (lub myślisz, że wystąpił, chociaż nie jesteś pewna), natychmiast zadzwoń do lekarza:

- Utrzymujące się skurcze przypominające bóle miesiączkowe, którym towarzyszą (lub nie) nudności, biegunka albo niestrawność.
- Zmiana wydzieliny z pochwy, szczególnie jeśli jest ona wodnista lub zabarwiona krwią na różowo lub brązowo.
- Regularne bolesne skurcze powtarzające się co 10 minut (lub częściej), które nie ustępują, gdy zmieniasz pozycję lub napijesz się wody (nie myl ich ze skurczami Braxtona-Hicksa – możesz je już odczuwać, ale nie są one zapowiedzią przedwczesnego porodu; patrz str. 352).
- Nieprzemijający ból lub ucisk w dolnej części pleców lub zmiana natury bólu.
- Ból lub uczucie ucisku w dolnej części miednicy, udach lub pachwinach.
- Wyciek z pochwy (stały lub gwałtowny).

Pamiętaj, że możesz mieć niektóre z tych objawów lub nawet wszystkie i wcale jeszcze nie rodzić (w końcu bardzo dużo przyszłych mam w dowolnym momencie ciąży narzeka na ucisk w miednicy lub bóle pleców). Poza tym większość kobiet w ciąży, u których wystąpią objawy porodu przedwczesnego, wcale wcześniej nie rodzi. Jednak tylko lekarz może stwierdzić, co się dzieje, więc zadzwoń do niego. Zawsze lepiej dmuchać na zimne.

Na str. 32 znajdziesz informacje na temat czynników ryzyka porodu przedwczesnego oraz sposobów zapobiegania, a na str. 589 przeczytasz, jak postępować, jeśli do takiego porodu dojdzie.

> **Nie wstrzymuj moczu!**
>
> Czy często wstrzymujesz mocz, żeby uniknąć kolejnej wyprawy do łazienki? Jeśli to robisz, chociaż czujesz potrzebę, możesz doprowadzić do zapalenia dróg moczowych, które, nieleczone, mogłoby być przyczyną porodu przedwczesnego. A więc nie wstrzymuj. Kiedy musisz iść, zrób to bezzwłocznie.

- Czy będziesz rodzić poza łóżkiem (na przykład chodzić lub siedzieć);
- Czy wchodzi w grę na poród w wodzie (str. 336);
- Czy chcesz stworzyć atmosferę na sali porodowej według własnego uznania, za pomocą muzyki, oświetlenia i przedmiotów przyniesionych z domu;
- Kto będzie przy tobie (oprócz partnera) w czasie porodu – doula (str. 338), starsze dzieci, przyjaciele, członkowie rodziny;
- Czy ktoś będzie robił zdjęcia lub filmował;
- Czy użyjesz lustra, by zobaczyć poród;
- Czy dostaniesz kroplówkę (str. 424);
- Czy zostanie założone wkłucie dożylne (wenflon);
- Czy zostanie założony cewnik;
- Czy chcesz, aby podano ci środki przeciwbólowe; jeśli tak, to jakie (str. 340); czy może zamiast leków uśmierzających ból wolisz metody medycyny alternatywnej;
- Czy chcesz, by lekarz sztucznie przebił pęcherz płodowy, czy wolisz, żeby pęcherz pozostał nienaruszony;
- Czy monitorowanie serca płodu ma być badaniem zewnętrznym (ciągłym lub okresowym) czy wewnętrznym (str. 425);
- Czy zgadzasz się na zastosowanie oksytocyny w celu indukcji lub wzmocnienia skurczów macicy (str. 443);
- Jaką pozycję chcesz przyjąć podczas porodu (str. 429); czy chcesz na przykład chwycić się poręczy (str. 433) itd.;
- Czy będziesz chciała przykładać ciepłe kompresy i zrobić masaż krocza (str. 454 i 399);
- Czy wchodzi w grę nacięcie krocza (str. 426);
- Czy rozważasz technikę „parcia spontanicznego" (str. 448);
- Czy rozważasz użycie próżniociągu lub kleszczy (str. 428 i 429);
- Czy chcesz rodzić przez cięcie cesarskie, w tym przez „naturalne cięcie cesarskie" (str. 456);
- Czy masz jakieś specjalne prośby w związku z odsysaniem noworodka, na przykład, by zrobił to ojciec dziecka;
- Czy chciałabyś przytulić dziecko od razu po porodzie i pozwolić mu samemu przypełznąć z twojego brzucha do piersi (str. 452);
- Czy od razu chcesz przystawić dziecko do piersi i skorzystać z pomocy konsultantki laktacyjnej;
- Czy chcesz, żeby opóźniono zaciśnięcie pępowiny (str. 436);
- Czy tata ma odebrać dziecko i/lub przeciąć pępowinę;
- Czy zdecydujesz się oddać krew pępowinową do banku krwi (str. 303);
- Czy poprosisz, by przed zważeniem malucha i zakropleniem mu oczu pozwolono ci się najpierw z nim przywitać;
- Czy będziesz miała jakieś prośby związane z łożyskiem (zechcesz je obejrzeć lub zachować; str. 375).

Do planu porodowego możesz również dodać postanowienia dotyczące spraw związanych z tym, co będzie się działo po porodzie:

- Czy będziesz chciała być obecna (i tata malucha również) przy pierwszym ważeniu, badaniu i kąpieli;

Poród w wodzie

Twoje dziecko spędzi 9 rozkosznych miesięcy, ćwicząc balet wodny w ciepłych wodach płodowych, a potem będzie musiało nagle i brutalnie wyjść na zimny i suchy świat. Zwolennicy porodu w wodzie twierdzą, że poród w środowisku imitującym macicę – ciepłym i mokrym – ułatwia dziecku tę zmianę, zmniejsza jego stres i sprawia, że poród przebiega spokojniej.

Jeśli wybierzesz poród w wodzie, nie tylko spędzisz czas przed narodzinami maleństwa w wannie lub basenie, ale także je tam urodzisz (dziecko zostanie delikatnie wyciągnięte do wody, a potem powoli przekazane tobie). Twój partner może być z tobą w wodzie, żeby cię wspierać podczas porodu, a potem złapać dziecko. Dzięki zimnym okładom, butelce ze spryskiwaczem i dużej ilości wody będziesz się czuła odświeżona i rześka (oczywiście na tyle, na ile to możliwe, bo w końcu rodzisz dziecko), a położna lub inna osoba z personelu medycznego będzie monitorować stan dziecka za pomocą detektora tętna przeznaczonego do pracy pod wodą.

Porody w wodzie to opcja dozwolona wyłącznie w przypadku ciąży niskiego ryzyka, ale za to dostępna w coraz większej liczbie wariantów. Większość klinik położniczych oraz niektóre szpitale mają już w swojej ofercie porody w wodzie, a ich sale porodowe są wyposażone w duże wanny lub jacuzzi (ewentualnie ruchome wanny na kółkach, które można przewieźć do pokoju), które można wykorzystać również do kojącej kąpieli lub hydroterapii, nawet jeśli ostatecznie zrezygnujesz z porodu w wodzie (lub okaże się, że w twoim przypadku nie jest on możliwy). Być może szpital nie będzie dysponował wystarczająco dużą wanną, więc jeśli będziesz wolała rodzić w wodzie, zapytaj, czy będziesz mogła przyjść ze swoją wanną porodową (kupioną lub pożyczoną; patrz dalej).

Możesz również wybrać poród w wodzie w domu – oczywiście pod warunkiem, że masz zgodę położnej i odpowiedni sprzęt. Większość domowych wanien porodowych wygląda jak basenik dla dziecka – są nadmuchiwane i na tyle duże, by można się swobodnie poruszać, wystarczająco głębokie, by zanurzyć cały brzuch, oraz mają miękkie boki, o które można się oprzeć lub wygodnie przewiesić się przez krawędź.

Możesz kupić lub wynająć wannę przez Internet lub od położnej (niektóre położne użyczają takich wanien za darmo) albo pożyczyć ją od przyjaciółki, która w ten sposób

---

- Jak karmione będzie dziecko w szpitalu (str. 498);
- Czy dziecko zostanie obrzezane (patrz *Pierwszy rok życia dziecka*, REBIS 2017);
- Czy będziesz w jednym pokoju z dzieckiem (w większości szpitali system *rooming-in* jest praktykowany, jeśli mama i noworodek są w dobrej kondycji, str. 494);
- Czy będziesz chciała, by odwiedziły was starsze dzieci;
- Na jakie poporodowe terapie lub leki wyrażasz zgodę (zarówno w przypadku dziecka, jak i twoim);

- Jakie są ustalenia w sprawie badań przesiewowych noworodka (str. 374);
- Jak długo pozostaniesz w szpitalu, jeżeli nie dojdzie do żadnych powikłań (str. 487).

Oczywiście najważniejszą cechą dobrego planu porodowego jest elastyczność. Ponieważ poród – jak większość wydarzeń zależnych od sił natury – jest dość nieprzewidywalny, więc najlepiej ułożony plan nie zawsze przebiega, cóż… zgodnie z planem. Chociaż istnieje spore prawdopodobieństwo, że wszystko będzie wyglądało tak, jak sobie obmyśliłaś, to zawsze istnieje ry-

rodziła. Jeśli zdecydujesz się za zakup wanny porodowej, będziesz musiała liczyć się ze sporym kosztem, na który składa się nie tylko cena samej wanny, ale również osprzętu, w tym wkładek, podgrzewacza, filtrów i wodoodpornej plandeki. Masz ograniczony budżet? Możesz wykorzystać swoją domową wannę (pod warunkiem że jest wystarczająco głęboka, by zanurzyć w niej brzuch, i wystarczająco duża, by położna mogła odebrać poród lub pomóc ci w razie nagłego wypadku). Musisz również dopilnować, by wanna została wyczyszczona i wysterylizowana środkiem dezynfekującym (na przykład chlorowym wybielaczem rozpuszczonym w wodzie), zanim nadejdzie ten wielki dzień. Będziesz również musiała zaopatrzyć się w termometr pływający, dzięki któremu można kontrolować temperaturę wody i utrzymywać ją na stałym poziomie (około 35–37,5°C, ale nie więcej niż 38°C, ponieważ wówczas może wzrosnąć temperatura ciała mamy, powodując podwyższenie tętna dziecka). Wanny do porodu są wyposażone w podgrzewacze wody, więc jeśli z takiej skorzystasz, przynajmniej nie będziesz się musiała przejmować temperaturą wody.

Ponieważ maluszek nie zacznie odpychać, dopóki nie zostanie wyjęty z wody na powietrze (dzieci nie oddychają w macicy), z porodem w wodzie nie wiąże się ryzyko utonięcia. Jednak z kilku powodów pobyt dziecka w wodzie powinien zostać ograniczony do kilku chwil (w Stanach Zjednoczonych jest to 10 sekund). Po pierwsze, dlatego że pępowina może się zerwać, niespodziewanie pozbawiając noworodka dopływu tlenu. Po drugie, ponieważ gdy łożysko oddzieli się od macicy – co może się stać w każdej chwili po porodzie – przestaje dostarczać dziecku tlen. I wreszcie, ponieważ woda, w której znajdzie się maluch, nie jest sterylna. Większość kobiet wypróżnia się w czasie parcia (położna oczywiście wyciągnie odchody z wanny), a poza tym w wodzie znajdzie się również krew oraz mocz. Wciągnięcie tego płynu do płuc dziecka – to mało prawdopodobne, chyba że dojdzie do jakichś zaburzeń w trakcie porodu – jest związane z poważnym zagrożeniem dla jego zdrowia.

Chciałabyś, żeby twoje dziecko przyszło na świat pod wodą? Chociaż to osobista decyzja (podobnie jak wszystkie inne dotyczące porodu), najlepiej podejmij ją wspólnie z lekarzem, by zyskać pewność, że jest to bezpieczna opcja dla ciebie i dziecka. Więcej informacji znajdziesz na stronach internetowych, na przykład www.waterbirth.org lub www.rodzicpoludzku.pl/Wiedza-o-porodzie/Porod-w-wodzie.html.

zyko, że plan się nie powiedzie. Nie da się dokładnie przewidzieć, jak będzie przebiegał poród, dopóki się nie rozpocznie – jak naprawdę będziesz się czuła, gdy poczujesz pierwsze skurcze. Plan porodu, który sporządzisz z dużym wyprzedzeniem, może się też okazać niemożliwy do zrealizowania z powodów medycznych – lub po prostu w danym momencie nie będzie dla ciebie odpowiedni – i trzeba go będzie zmieniać w ostatniej chwili, by zapewnić dziecku i tobie bezpieczeństwo oraz jak najlepsze samopoczucie i zdrowie. Możesz również sama zmienić zdanie, co z kolei wpłynie na zmianę planu (zdecydowanie sprzeciwiałaś się znieczuleniu zewnątrzoponowemu, ale gdzieś w okolicach 5 centymetrów rozwarcia zdecydowanie go zapragnęłaś).

Pamiętaj, że plan porodu, chociaż nie jest bezwzględnie potrzebny (możesz przecież zachować się całkowicie spontanicznie i rodzić bez żadnego programu), to stanowi wspaniałe rozwiązanie, z którego korzysta coraz więcej przyszłych rodziców. Jeśli chcesz się dowiedzieć, czy twój plan porodowy został właściwie skonstruowany, omów go ze swoim lekarzem podczas następnej wizyty kontrolnej.

Doula – najlepszy lek na porodowe zło?

Myślisz, że trzy osoby to już tłok? Wiele par tak nie uważa, jeśli sprawa dotyczy porodu. Coraz więcej przyszłych rodziców decyduje się bowiem dzielić to doświadczenie z doulą, czyli kobietą, która jest profesjonalnie przygotowana do tego, by towarzyszyć przyszłej mamie przy porodzie. I słusznie. Badania dowodzą, że kobiety wspierane przez doule rzadziej wymagają cięcia cesarskiego, indukcji porodu i środków znieczulających. Poza tym poród, w którym uczestniczy doula, zazwyczaj jest krótszy i wiąże się z mniejszymi powikłaniami.

Termin „doula" wywodzi się ze starożytnej Grecji, gdzie tym mianem określano najważniejszą służącą w domu – tę, która najprawdopodobniej pomagała przy porodzie. Co dokładnie może zrobić dla ciebie doula i jak pomoże ci przeżyć to doświadczenie? To zależy od tego, jaką doulę wybierzesz, w jakim momencie ciąży to zrobisz i jakie będą twoje preferencje. Niektóre doule angażują się w życie przyszłej mamy na długo przed pierwszymi skurczami, pomagają stworzyć plan porodu i łagodzą przedporodową tremę. Inne pojawiają się w domu przyszłych rodziców, by pomóc im przejść przez wczesną fazę porodu. W szpitalu doula przejmuje różne obowiązki, oczywiście kierując się twoimi potrzebami i życzeniami. Jej główna rola polega zazwyczaj na zapewnieniu spokoju przyszłej mamie, mobilizowaniu jej i wspieraniu (zarówno emocjonalnie, jak i fizycznie). Doula podzieli się z tobą swoim doświadczeniem (szczególnie cennym, gdy rodzisz po raz pierwszy), pomoże zastosować techniki relaksacyjne i ćwiczenia oddechowe, poradzi, jaką pozycję przyjąć w trakcie porodu, pomasuje, potrzyma za rękę, poprawi poduszkę i łóżko. Doula może również pełnić rolę mediatora i adwokata – w razie potrzeby będzie gotowa porozmawiać z kimś w twoim imieniu, wyjaśni ci terminy medyczne i procedury, czyli, ogólnie mówiąc, pomoże w kontaktach z personelem szpitala. Nie zajmie jednak miejsca osoby, która będzie ci towarzyszyła przy porodzie (dobra doula nigdy nie da odczuć twojemu partnerowi, że to ona odgrywa najważniejszą rolę), ani nie zastąpi położnej – za to zaoferuje jeszcze więcej wsparcia i pomocy (jest to szczególnie ważne w sytuacji, gdy położna, która się tobą opiekuje, zajmuje się w tym samym czasie jeszcze innymi rodzącymi lub gdy poród trwa długo i na dyżurze pojawiają się kolejne położne). Doula będzie również jedyną osobą (oprócz partnera porodowego), która pozostanie przy tobie przez cały poród – przyjazna i znajoma twarz od początku do końca. Ale niektóre doule nie poprzestają na tym. Oferują wsparcie i pomoc również po porodzie – począwszy od karmienia piersią po opiekę nad noworodkiem.

Szczepienie Tdap (przeciwko błonicy, tężcowi i krztuścowi)

Lekarz powiedział mi, że w tym miesiącu muszę dostać szczepionkę Tdap. Myślałam, że zostałam już na to zaszczepiona w dzieciństwie.

Czas znowu podwinąć rękaw. Amerykańskie Centrum Kontroli i Prewencji Chorób zaleca, by przyszłe mamy otrzymały dawkę szczepionki Tdap między 27 a 36 tygodniem każdej ciąży, niezależnie od tego, kiedy ostatnio były szczepione (Tdap lub Td). Powodem jest to, że odporność na krztusiec (a także błonicę i tężec) po kilku latach się zmniejsza. Jeśli nigdy nie byłaś szczepiona przeciwko tężcowi (szczepionką DTaP jako dziecko albo Td lub Tdap jako osoba dorosła), w trzecim trymestrze będziesz musiała otrzymać dodatkowo dwie dawki Td (szczepionki chroniącej przed tężcem i błonicą) oprócz regularnej dawki Tdap.

Po co to szczepienie? Otóż po to, by chronić dziecko, kiedy przyjdzie na świat. Bar-

Aczkolwiek przyszły tata może się obawiać, że wynajęta doula zdegraduje go do roli piątego koła u wozu, to powinien wiedzieć, że nigdy do tego nie dojdzie. Dobra doula jest także po to, by udzielić mu wsparcia i pomóc mu się odprężyć, aby on mógł z kolei uspokoić ciebie. Odpowie mu również na wszystkie pytania, które on uważa za zbyt krępujące, by zadać je lekarzowi lub pielęgniarce. Doula to również dodatkowa para rąk, która się przyda, gdy zapragniesz, by jednocześnie wymasowano ci nogi i plecy, albo gdy będziesz chciała, by jedna osoba podała ci kostki lodu, a druga pomogła w oddychaniu podczas skurczu. Będzie uczynnym i pomocnym członkiem twojej „drużyny porodowej", gotowym, by wyciągnąć pomocną dłoń, ale nie kosztem przyszłego taty – nigdy nie zajmie jego miejsca, nie będzie dla niego konkurencją ani nie zastąpi personelu medycznego. A jeśli taty maleństwa nie będzie przy tobie, doula może się okazać szczególnie pomocna, ponieważ dotrzyma ci towarzystwa przez cały poród, a nawet później.

Jak ją znaleźć? Doula nie musi mieć dyplomu, ale wiele szpitali, klinik położniczych i lekarzy dysponuje wykazami nazwisk. Poproś o rekomendację koleżanki, które ostatnio rodziły przy jej pomocy, albo poszukaj opinii w Internecie. Kiedy już znajdziesz odpowiednią kandydatkę, zanim zdecydujesz się ją wynająć, najpierw umów się na spotkanie. Dowiedz się, jakie ma doświadczenie i przygotowanie, co stosuje, a czego nie, jakie ma podejście do porodu (jeśli na przykład zamierzasz rodzić ze znieczuleniem zewnątrzoponowym, nie zatrudnisz douli, która nie jest zwolenniczką środków przeciwbólowych), czy będzie cały czas pod telefonem i kto ewentualnie ją zastąpi. Zapytaj ją również, czy będzie ci pomagać w czasie ciąży i połogu oraz ile wynosi jej honorarium – ten ostatni punkt warto wziąć pod rozwagę, ponieważ usługi douli nie są refundowane przez ubezpieczalnie. Niektóre doule oferują zniżki lub nawet nie pobierają żadnych opłat od osób, których nie stać na ich usługi, oraz od rodzin żołnierzy (zwłaszcza jeśli tata maleństwa służy poza domem i nie może być obecny przy porodzie). Jeśli chcesz zdobyć więcej informacji na temat roli douli lub dowiedzieć się, jak ją znaleźć, zajrzyj na stronę organizacji Doulas of North America (www.dona.org) lub Stowarzyszenia Doula w Polsce (www.doula.org.pl).

Jeśli nie stać cię na usługi douli, możesz poprosić o pomoc przyjaciółkę lub krewną, która już wcześniej rodziła i przy której nie czujesz się skrępowana. Niezaprzeczalna zaleta – jej usługi będą całkowicie bezpłatne; wada – prawdopodobnie będzie miała mniejszą wiedzę. Można jednak znaleźć na to sposób i skorzystać z usług „douli bez kwalifikacji" – wystarczy, że poprosisz przyjaciółkę, by poszła na czterogodzinne szkolenie z zakresu technik stosowanych przez doule (zapytaj, czy twój szpital prowadzi taki kurs). Badania wykazują, że niewykwalifikowana doula jest dla przyszłej mamy takim samym wsparciem jak zawodowa.

dzo małe dzieci łatwo zapadają na krztusiec (zwany również kokluszem) – ostrą chorobę zakaźną układu oddechowego, która może prowadzić do zapalenia płuc, a nawet śmierci. Dopóki twoje dziecko nie otrzyma pełnej dawki szczepionki DTaP (to dziecięca wersja Tdap podawana od 2 miesiąca życia), przeciwciała, które wytworzy twój organizm po podaniu szczepionki Tdap, przenikną do organizmu maleństwa, chroniąc je przed chorobą. I badania to potwierdzają. Mianowicie wykazały, że jeśli mama w czasie ciąży otrzyma zalecaną dawkę szczepionki Tdap, prawdopodobieństwo, iż jej dziecko zachoruje na krztusiec, jest o 50 procent mniejsze niż w przypadku dziecka mamy, która nie została zaszczepiona. Ale nie tylko ty potrzebujesz szczepienia. Niezmiernie istotne jest to, by wszystkie osoby, które będą miały bliski kontakt z noworodkiem – czyli tata, dziadkowie i opiekunka – również otrzymały dawkę przypominającą. Dzięki temu nie zarażą się chorobą i nie przekażą jej dziecku, a ono będzie dobrze chronione przed krztuścem.

DLA OJCÓW
Zaszczep się dla towarzystwa

Czy masz ważne szczepienia? Weź dawkę przypominającą Tdap, jeśli jeszcze tego nie zrobiłeś (a w razie potrzeby też inne szczepionki), oraz zaszczep się przeciwko grypie, by ochronić maluszka, który wkrótce stanie się częścią waszej rodziny. 70 procent dzieci chorych na koklusz zaraża się od najbliższej rodziny, w tym od ojców. Dobra wiadomość dla tatusiów bojących się igły: w przeciwieństwie do mam nie musicie się szczepić przeciwko błonicy, tężcowi i krztuścowi podczas każdej ciąży (wystarczy tylko raz).

A oto dobra wiadomość dla zajętych przyszłych mam: jeśli początek trzeciego trymestru (kiedy zaleca się podanie dawki przypominającej Tdap) zbiega się z sezonem grypowym (kiedy powinnaś się zaszczepić przeciwko grypie), nie będziesz musiała się umawiać na dwie wizyty. Badania dowodzą, że można całkowicie bezpiecznie podać dwie szczepionki w tym samym czasie – dzięki temu przyjęcie szczepień, które ochronią ciebie i dziecko, będzie zdecydowanie łatwiejsze.

Skoro mowa o immunizacji, teraz jest doskonała pora na to, by dowiedzieć się wszystkiego o szczepieniach, które twoje maleństwo otrzyma w pierwszych latach życia. Naprawdę nie ma lepszego i bezpieczniejszego sposobu, by ochronić je przed chorobami wieku dziecięcego, którym łatwo zapobiec, a które niekiedy mogą zagrażać życiu. Wystarczy zaszczepić dziecko w odpowiednim czasie i podać mu wymaganą dawkę (zgodnie z kalendarzem szczepień). Więcej informacji na temat szczepień, ich bezpieczeństwa i korzyści, jakie niosą, znajdziesz w książce *Pierwszy rok życia dziecka* (REBIS 2017).

WSZYSTKO O...
Łagodzenie bólów porodowych

Spójrzmy prawdzie w oczy. Te mniej więcej 15 godzin, których będziesz potrzebowała, by wydać dziecko na świat, to nie jest niedzielny spacer po parku. Poród to ciężka praca, i to taka, która bardzo boli. Jeśli dobrze się zastanowisz, co się dzieje z twoim ciałem, przestaniesz się dziwić, że poród wiąże się z takim bólem. Mięśnie macicy kurczą się wielokrotnie, by wypchnąć względnie duże dziecko przez względnie mały przesmyk (szyjkę macicy), a potem przez jeszcze mniejszy (pochwę, która kiedyś wydawała ci się zbyt wąska, by włożyć do niej tampon). Ten ból ma oczywiście sens – przesłodki i najukochańszy – co nie zmienia faktu, że jest to jednak wielki ból.

I chociaż nie da się mu całkowicie zaradzić (chyba że będziesz miała cięcie cesarskie, dzięki któremu ominie cię poród i związany z nim ból), można zastosować różne metody, by sobie z nim poradzić. Masz do dyspozycji szereg sposobów uśmierzania bólu, zarówno medycznych, jak i niemedycznych (a nawet takich, które są połączeniem obu sposobów). Możesz wybrać poród całkowicie naturalny (bez lekarstw) lub tylko częściowo (na przykład obędziesz się bez leków na początkowym, względnie łatwym etapie porodu, kiedy szyjka macicy zaczyna się rozwierać). Możesz wykorzystać techniki relaksacyjne i oddechowe, których nauczyłaś się w szkole rodzenia (na przykład metodą Lamaze'a lub Bradleya) albo skorzystać z oferty medycyny alternatywnej (akupunktury, hipnozy lub hydroterapii). Możesz też urodzić dziecko z niewielką – lub dużą – pomocą środków uśmierzających ból, na przykład popularnego znieczulenia zewnątrzoponowego (dzięki któremu w ogóle nie będziesz czuła bólu albo tylko niewielki i cały czas będziesz przytomna).

Która opcja będzie dla ciebie najlepsza? Aby podjąć właściwą decyzję, najpierw musisz się przyjrzeć wszystkim metodom. Zaznajom się zatem ze sposobami walki z bólem (w tej części znajdziesz opis wielu różnych metod), porozmawiaj z lekarzem, popytaj koleżanki, które ostatnio rodziły, albo znajdź forum internetowe na ten temat. A potem wszystko przemyśl. Weź pod uwagę, że najlepszym rozwiązaniem może się okazać nie jedna konkretna metoda, lecz połączenie kilku (na przykład refleksologia, a na dokładkę znieczulenie zewnątrzoponowe albo różne techniki relaksacyjne uwieńczone seansem akupunktury). Pamiętaj również, że nie bez znaczenia jest elastyczność – w tym momencie akurat nie chodzi o to, że potrafisz się zwinąć jak precel i podczas parcia przyjąć którąś z wymyślnych pozycji ze szkoły rodzenia. W końcu metody walki z bólem, które wybrałaś teraz, później mogą się okazać nieodpowiednie i będziesz musiała je zmienić w samym środku porodu (planowałaś znieczulenie zewnątrzoponowe, ale okazało się, że jesteś w stanie znieść ból albo odwrotnie). A przede wszystkim pamiętaj, że wybór należy do ciebie, ponieważ to twój poród i ty dyktujesz warunki (oczywiście pod warunkiem że jakieś medyczne okoliczności nie staną ci na drodze). A więc zanim złapiesz się poręczy łóżka i zaczniesz przeć, wszystko dokładnie przeczytaj.

Łagodzenie bólu za pomocą środków przeciwbólowych

Oto najpopularniejsze sposoby znieczulania podczas porodu:

Znieczulenie zewnątrzoponowe. Dwie trzecie kobiet rodzących w szpitalu wybiera właśnie ten sposób łagodzenia bólu. Dlaczego tak wiele przyszłych mam o niego prosi? Po pierwsze, dlatego że jest to wyjątkowo bezpieczna metoda uśmierzania bólu – potrzebna jest niewielka dawka leku, by uzyskać zamierzony efekt, przy czym do krwiobiegu przedostaje się śladowa jego ilość (w przeciwieństwie do narkozy lub środków uspokajających). To oznacza z kolei, że lekarstwo nie ma wpływu na dziecko. Po drugie, znieczulenie zewnątrzoponowe stosunkowo łatwo zaaplikować (podaje się je bezpośrednio do przestrzeni zewnątrzoponowej, która znajduje się w kanale kręgowym między oponą twardą rdzenia kręgowego oraz kośćmi i więzadłami kanału kręgowego), a poza tym jest to bardzo skuteczny, bezpieczny i łagodny sposób uśmierzania bólu porodowego (odczujesz wymarzoną ulgę już po 10–15 minutach). Jest to znieczulenie regionalne obejmujące dolną część ciała (tam, gdzie ból jest największy), dzięki czemu będziesz mogła aktywnie uczestniczyć w porodzie i zachowasz przytomność, gdy przyjdzie pora, by powitać maleństwo na świecie. Co więcej, znieczulenie zewnątrzoponowe można podać w każdej chwili, gdy o nie poprosisz (pod warunkiem że na dyżurze jest anestezjolog, który je zaaplikuje) – nie trzeba czekać, aż nastąpi odpowiednie rozwarcie szyjki macicy, gdyż na szczęście badania wykazały, że wczesne podanie znieczulenia nie zwiększa ryzyka cięcia cesarskiego*.

Oto czego możesz oczekiwać podczas podawania znieczulenia zewnątrzoponowego:

---

* Część lekarzy jest jednak zdania, że znieczulenie może wydłużyć poród i bywa przyczyną ukończenia go drogą cięcia cesarskiego (przyp. red. meryt.).

- Najpierw otrzymasz kroplówkę z płynami, które zapobiegną spadkowi ciśnienia tętniczego krwi.
- W niektórych szpitalach lekarze wprowadzają cewnik do pęcherza moczowego tuż przed lub tuż po podaniu znieczulenia; cewnik będzie odprowadzał mocz przez cały czas działania leku (ponieważ prawdopodobnie nie będziesz czuła parcia na pęcherz). W innych szpitalach cewnikuje się pęcherz tylko w razie potrzeby.
- Dolna i środkowa część pleców zostanie odkażona środkiem antyseptycznym, po czym anestezjolog może znieczulić skórę w miejscu wprowadzenia cewnika. Następnie w tym miejscu wprowadzi igłę w przestrzeń zewnątrzoponową kręgosłupa – w tym czasie będziesz leżeć na boku lub siedzieć pochylona. Przy wprowadzaniu igły możesz poczuć delikatny nacisk, pchnięcie, mrowienie lub chwilowy ostry ból. Jeśli będziesz miała szczęście (a wiele rodzących kobiet je ma), nie poczujesz niczego. Nie mówiąc o tym, że dyskomfort związany z wkłuwaniem igły jest niczym w porównaniu z bólem wywołanym przez skurcze.
- Po usunięciu igły w twoim kręgosłupie pozostanie cieniutki elastyczny cewnik. Lekarz przymocuje go plastrem, więc będziesz mogła się przekręcać z boku na bok. Po kilku minutach od podania początkowej dawki nerwy miednicy zaczną reagować na znieczulenie. Zazwyczaj po dziesięciu minutach znieczulenie jest już pełne. Środek znieczula nerwy w całej dolnej części ciała, więc nie będziesz czuła skurczów mięśnia miednicy (i właśnie o to chodzi).
- Lekarz będzie często sprawdzał ciśnienie tętnicze krwi, by mieć pewność, że zanadto nie spadło. Zapobiegnie temu leżenie na boku i kroplówka z płynami.
- Kobieta, u której jest stosowane znieczulenie zewnątrzoponowe, jest bardziej szcze-

> **Parcie bez bólu**
>
> Czy parcie musi się wiązać z bólem? Nie zawsze. Wiele kobiet może równie skutecznie przeć w znieczuleniu zewnątrzoponowym, polegając na wskazówkach osoby towarzyszącej lub położnej, która informuje o nadchodzącym skurczu. Jeśli to bezbolesne parcie nie jest skuteczne, bo brak czucia niweczy wysiłki, można przerwać znieczulenie, abyś poczuła skurcze. W razie potrzeby lek można ponownie podać, gdy dziecko już przyjdzie na świat, by złagodzić ból związany z szyciem krocza.

gółowo monitorowana, m.in. jest kontrolowana czynność serca płodu. Co prawda będzie to ograniczało twoje ruchy, ale pozwoli lekarzowi kontrolować tętno dziecka i sprawdzać częstotliwość i siłę skurczów macicy (jak wszystko dobrze pójdzie, nie będziesz ich czuła).

Znieczulenie zewnątrzoponowe powoduje niewiele skutków ubocznych, aczkolwiek niektóre mamy mogą mieć zaburzenia czucia albo nawet ruchomości jednej lub obu kończyn dolnych. Czasami zdarza się też, że znieczulenie nie daje pełnej kontroli bólu, możesz na przykład nadal odczuwać bóle krzyżowe. Musisz też wziąć pod uwagę, że jeśli zdecydujesz się na znieczulenie zewnątrzoponowe, nie będziesz mogła rodzić w wodzie.

Łączone znieczulenie podpajęczynówkowe i zewnątrzoponowe. Ten rodzaj znieczulenia łączy zalety znieczulenia podpajęczynówkowego i zewnątrzoponowego. Podpajęczynówkowe podanie leków zapewnia szybki efekt przeciwbólowy, natomiast cewnik zewnątrzoponowy daje możliwość szybkiego dodawania leków, by przedłużyć lub pogłębić ten efekt. Jednak nie wszyscy anestezjolodzy oferują tę metodę uśmierzania bólu (zapytaj lekarza lub dowiedz się w szpitalu, w którym będziesz rodzić). Anestezjolog zaaplikuje ci środek przeciwbólowy bezpośrednio do płynu mózgowo-rdzeniowego (w przestrzeń podpajęczynówkową), ale dzięki temu, że dawka leku jest mniejsza, będziesz miała czucie w nogach i będziesz mogła nimi poruszać, przynajmniej do pewnego stopnia. Gdy stwierdzisz, że potrzebujesz silniejszego znieczulenia, otrzymasz większą dawkę leku (poprzez cienki cewnik umieszczony wcześniej w przestrzeni zewnątrzoponowej).

Pamiętaj, że termin „łączone znieczulenie podpajęczynówkowe i zewnątrzoponowe" może wprowadzać w błąd. Chociaż będziesz mogła poruszać nogami, to nie będziesz mogła chodzić.

Znieczulenie podpajęczynówkowe. Jest podobne do znieczulenia zewnątrzoponowego i stosuje się je zazwyczaj tuż przed porodem. Działa szybciej i silniej niż znieczulenie zewnątrzoponowe, ale zazwyczaj trwa krócej. Chociaż przeważnie stosuje się je w przypadku cięcia cesarskiego (jeśli do tej pory nie zastosowano znieczulenia zewnątrzoponowego i nie ma czasu do stracenia), można je również podać w przypadku porodu naturalnego, gdy rodząca mama pragnie natychmiastowego znieczulenia. Podobnie jak w przypadku znieczulenia zewnątrzoponowego, ten rodzaj uśmierzenia bólu działa regionalnie i jest podawany przez anestezjologa w pozycji siedzącej lub leżącej (na boku), ale w przeciwieństwie do znieczulenia zewnątrzoponowego nie wprowadza się cewnika do kanału kręgowego – anestezjolog podaje jedną dawkę leku do płynu mózgowo-rdzeniowego otaczającego rdzeń kręgowy.

Znieczulenie nerwu sromowego. To znieczulenie jest zazwyczaj zarezerwowane dla porodu przebiegającego siłami natury.

Polega na umieszczeniu igły w okolicach krocza i wstrzyknięciu lekarstwa, które ogranicza dolegliwości bólowe w tej okolicy, ale nie wpływa na ból porodowy wynikający ze skurczów macicy. Jest użyteczne w trakcie porodu kleszczowego lub przy użyciu próżniociągu położniczego i może również trwać na tyle długo, by wykonać nacięcie krocza.

Znieczulenie ogólne. Jest stosowane dość rzadko i dotyczy głównie nagłych cięć cesarskich. Anestezjolog podaje leki dożylnie i ewentualnie wziewnie.

Główną wadą tego znieczulenia (poza tym, że mamę omija cud porodu) jest to, że rodząca kobieta nie może powitać na świecie swojego dziecka. Oczywiście personel szpitala jest w stanie zminimalizować ten „usypiający" efekt, podając znieczulenie ogólne w momencie jak najbliższym wydaniu maleństwa na świat. A zatem dziecko może się urodzić, zanim dotrze do niego zbyt duża dawka środka znieczulającego. Możesz później mieć kaszel i bóle gardła (w związku z intubacją, czyli rurką umieszczoną w drogach oddechowych) oraz nudności (chociaż to mniej prawdopodobne, jeśli w kroplówce otrzymasz leki przeciwwymiotne).

Petydyna (Dolargan). Ten środek aplikowany dożylnie, który uśmierza ból porodowy i odpręża rodzącą mamę, nie jest już zbyt często stosowany, aczkolwiek w pewnych okolicznościach może być bardzo użyteczny – na przykład wtedy, gdy kobieta potrzebuje krótkoterminowej ulgi w bólu podczas skurczów. Dolargan może być podawany w razie potrzeby co 4 godziny. Pamiętaj jednak, że jeśli chcesz być przytomna podczas porodu, to ten lek nie jest dla ciebie. Wiele rodzących kobiet stwierdziło, że po dolarganie czuły się oszołomione i senne, a niektóre z tego powodu nie mogły kontrolować skurczów macicy. Po zastosowaniu Dolarganu mogą się też pojawić skutki uboczne w postaci nudności, wymiotów i spadku ciśnienia tętniczego krwi. A jeśli ten lek zostanie podany mamie tuż przed porodem, jej dziecko może być senne i niezdolne do ssania. Rzadziej zdarza się niewydolność oddechowa i konieczność podłączenia noworodka do respiratora. Wszelkie efekty uboczne są jednak krótkotrwałe i łatwo je wyleczyć.

Podtlenek azotu. Ten środek znieczulający praktykowany głównie przez dentystów i zwany gazem rozweselającym nie uśmierzy całkowicie bólu podczas skurczów (i na pewno nie przyprawi o wybuch śmiechu), ale na pewno go w jakiś sposób ograniczy. To dobre rozwiązanie dla mam, które nie chcą znieczulenia zewnątrzoponowego. Możesz poprosić o dawkę gazu rozweselającego w każdym momencie porodu – kilka haustów przyniesie ci ulgę, a jeśli stwierdzisz, że już nie potrzebujesz takiego znieczulenia, możesz go odstawić. Niestety nie wszystkie szpitale oferują taką opcję, więc najpierw porozmawiaj ze swoim lekarzem.

Środki uspokajające. Leki te (na przykład prometazynę i hydroksyzynę) stosuje się, żeby uspokoić i odprężyć szczególnie zdenerwowaną przyszłą mamę, by mogła aktywnie uczestniczyć w porodzie, zamiast walczyć o przetrwanie. Środki uspokajające (podobnie jak przeciwbólowe) zazwyczaj podaje się, gdy akcja porodowa jest już zaawansowana, ale na długo przed samym momentem przyjścia dziecka na świat. Czasami, gdy niepokój i zdenerwowanie rodzącej spowalniają poród, podaje się je już na początku porodu. Niektóre kobiety cieszy lekka senność spowodowana przez leki, a innym przeszkadza, ponieważ nie pozwala im sprawować całkowitej kontroli nad porodem i zapamiętywać szczegółów tego godnego zapamiętania wydarzenia. Wielkie znaczenie ma tu oczywiście dawka. Niewielka może zmniejszyć niepokój, nie upośledzając czujności, a większa może spowodować zaburzenia mowy i przysypianie między skurczami,

> **Mama na rekonwalescencji**
>
> Jeśli przechodzisz akurat jakiś rodzaj rekonwalescencji, będziesz musiała się dowiedzieć, jakie środki przeciwbólowe w trakcie porodu i połogu są dla ciebie najlepsze, oraz upewnić się, że personel szpitala wie, co ci bezpiecznie zaaplikować.

utrudniając stosowanie technik oddechowych i relaksacyjnych, których nauczyłaś się w szkole rodzenia. Choć środki uspokajające nie zagrażają płodowi ani noworodkowi, to większość lekarzy woli ich nie stosować, dopóki nie są naprawdę potrzebne. Jeśli myślisz, że w trakcie porodu prawdopodobnie będziesz wyjątkowo niespokojna i zdenerwowana, spróbuj zawczasu przyswoić sobie techniki relaksacyjne, abyś nie była zdana na tego typu medykamenty.

Łagodzenie bólu za pomocą metod medycyny uzupełniającej i alternatywnej

Nie każda mama chce stosować w trakcie porodu znieczulenie tradycyjne, ale każda z pewnością pragnie, by narodziny dziecka przebiegały w jak najbardziej komfortowy sposób. W takiej sytuacji mogą ci pomóc techniki porodu naturalnego (patrz str. 313) lub medycyna uzupełniająca i alternatywna (albo oba sposoby!) – czy to jako środek alternatywny do leku przeciwbólowego, czy jako jego relaksujące uzupełnienie*. Nawet jeśli wiesz, że w szpitalu czeka już na ciebie znieczulenie zewnątrzoponowe, powinnaś dodatkowo poznać metody medycyny uzupełniającej i alternatywnej.

---

* Skuteczność metod medycyny uzupełniającej i alternatywnej nie została dotychczas potwierdzona żadnymi badaniami naukowymi (przyp. red. meryt.).

(I to na długo przed porodem, ponieważ wiele technik wymaga praktyki, a nawet chodzenia na zajęcia). Pamiętaj, że specjalista medycyny uzupełniającej i alternatywnej powinien mieć odpowiednią licencję, dyplom oraz bogate doświadczenie w pracy z rodzącymi kobietami.

Akupunktura i akupresura. Są to bardzo skuteczne metody walki z bólem. Badania dowodzą, że akupunktura – czyli nakłuwanie określonych punktów na ciele – powoduje, że w mózgu uwalniają się różne substancje chemiczne, w tym endorfiny, które blokują impulsy bólowe, łagodząc tym samym ból porodowy, a czasem nawet przyspieszając akcję porodową. Akupresura działa na tej samej zasadzie co akupunktura, z takim wyjątkiem, że specjalista wykonujący zabieg będzie stymulował punkty na twoim ciele palcami. Uważa się, że uciskanie środkowej części spodu stopy pomaga w przypadku bólów krzyżowych. Jeśli zamierzasz wykorzystać podczas porodu którąś z tych technik, poinformuj swojego lekarza, że przy porodzie obecny będzie również specjalista medycyny uzupełniającej i alternatywnej.

Refleksologia. Specjaliści zajmujący się tą techniką twierdzą, że narządy wewnętrzne są połączone z punktami (refleksami) znajdującymi się na stopach. Zatem masowanie stóp podczas porodu może rozluźnić macicę i w efekcie zmniejszyć ból, a nawet skrócić poród. Niektóre refleksy są tak silne, że należy unikać ich stymulowania, chyba że właśnie rodzisz (albo przenosiłaś ciążę). Jeśli w trakcie porodu będziesz korzystać z usług refleksologa, również musisz poinformować o tym swojego położnika.

Fizjoterapia. Od masażu i gorących okładów po kompresy z lodu i uciskanie bolących miejsc – to metody fizjoterapeutyczne, które mogą uśmierzyć ból porodowy. Masaż wykonywany przez kochającego partnera, troskliwą doulę lub doświadczonego profesjonalistę przyniesie ci ulgę i złagodzi ból.

Hydroterapia. To bardzo prosta metoda – wystarczy w czasie porodu usiąść w wannie z hydromasażem, żeby się odprężyć i poczuć ulgę. Wiele szpitali i klinik położniczych posiada wanny porodowe, w których można przetrwać bolesne skurcze, a nawet urodzić dziecko. Nie masz dostępu do wanny? Ulgę przyniesie ci ciepły prysznic. Więcej informacji na temat porodu w wodzie znajdziesz na str. 336.

„Hipnoporód" (poród w stanie hipnozy). Hipnoza wprawdzie nie zniesie bólu, ale może cię wprowadzić w stan tak głębokiego odprężenia, że będziesz całkowicie nieświadoma dyskomfortu. Nie wszyscy jednak poddają się hipnozie, a żeby uzyskać jak najlepszy efekt, trzeba być bardzo podatnym na sugestię. Co może świadczyć o tym, że dasz się zahipnotyzować? Umiejętność długotrwałej koncentracji, bogata wyobraźnia, umiejętność wyłączania się (czyli ignorowania wszystkiego, co się dzieje dookoła) oraz czerpanie przyjemności z przebywania we własnym towarzystwie. Coraz więcej przyszłych mam zapisuje się na zajęcia hipnozy, by przyswoić sobie technikę autohipnozy i potem zastosować ją podczas porodu, albo wynajmuje terapeutę posiadającego odpowiednie przygotowanie. Pamiętaj jednak, że „hipnoporód" nie jest techniką, na którą można się zdecydować dopiero wtedy, gdy zaczną się pierwsze skurcze. W trakcie ciąży będziesz musiała dużo ćwiczyć, by nauczyć się osiągać stan pełnego relaksu, i to nawet wtedy, gdy twoim przewodnikiem będzie hipnoterapeuta. Wielką zaletą hipnozy jest to, że będąc bez reszty rozluźniona i zrelaksowana, będziesz jednocześnie całkowicie świadoma każdej chwili i każdego szczegółu narodzin twojego dziecka. Więcej informacji na stronie internetowej www.hypnobirthing.com lub www.dziecisawazne.pl/hipnoporod.

> **Po prostu oddychaj!**
>
> Zamierzasz zrezygnować z leków, ale nie możesz – lub nie chcesz – skorzystać z technik medycyny uzupełniającej i alternatywnej? Wypróbuj metodę Lamaze'a (lub inną technikę porodu naturalnego) – może się okazać bardzo skuteczna w walce z bolesnymi skurczami. Więcej informacji na str. 313.

Odwracanie uwagi. Jeśli chodziłaś do szkoły rodzenia prowadzonej metodą Lamaze'a, prawdopodobnie słyszałaś o koncentrowaniu uwagi na pewnym konkretnym punkcie, by nie skupiać się na bólu. Odwracanie uwagi działa w ten sam sposób. Wszystko, co odciąga twoje myśli od bólu – oglądanie telewizji, granie na smartfonie, słuchanie muzyki, modlitwa lub medytacja – może sprawić, że będziesz go mniej odczuwać. A więc skoncentruj uwagę na jakimś przedmiocie (zdjęciu USG twojego dziecka, kojącym pejzażu lub fotografii ulubionego miejsca). Pomogą ci również wizualizacje (wyobraź sobie na przykład, jak dziecko jest wypychane łagodnie z macicy dzięki skurczom i przesuwa się spokojnie przez kanał rodny).

Prądy TENS (przezskórna stymulacja elektryczna nerwów). To elektrostymulacja wymagająca użycia elektrod przewodzących prąd o niskiej częstotliwości, który stymuluje połączenia nerwowe prowadzące do macicy oraz szyjki macicy i teoretycznie zmniejsza odczuwanie bólu. Badania nie wykazują jednak w jednoznaczny sposób, czy prądy TENS są naprawdę skuteczną metodą łagodzenia bólu porodowego. Jeśli jesteś zainteresowana, zapytaj lekarza, czy takie rozwiązanie jest dla ciebie odpowiednie.

> **Porodowe dywagacje**
>
> Może technicznie jeszcze nie jesteś mamą – lub tatą – ale nie oznacza to, że nie masz już pewnych wyobrażeń na temat tego, jakim rodzicem (wkrótce!) będziesz. Pierś czy butelka? Urlop wychowawczy czy powrót do pracy? Nosidełko czy wózek? Oddzielny pokój dla dziecka czy wspólne spanie? Prawdopodobnie zauważyłaś już, że te oraz inne gorące tematy zajmują dużo miejsca w mediach społecznościowych, wzbudzając wiele różnych kontrowersji. Być może stwierdziłaś również, że wojny między mamami przenoszą się na kwestie związane z porodem i stawiają po różnych stronach barykady mamy rodzące w domu i rodzące w szpitalu, mamy niestosujące środków przeciwbólowych i będące zwolenniczkami znieczulenia zewnątrzoponowego, mamy, które rodzą siłami natury po uprzednim cięciu cesarskim (VBAC, ang. *vaginal birth after cesarean*), oraz te, które od razu decydują się na cesarkę. Czujesz się winna? Na pewno usłyszysz mnóstwo różnych nieprzyjemnych i krępujących słów: „Nawet nie spróbowałaś urodzić naturalnie?", „Co? Pozwoliłaś lekarzowi, żeby wywołał poród?".
>
> Prawda jest jednak taka – i na dodatek jest to prawda zasługująca na to, by ją szybko rozpropagować w sieci – że w sali porodowej jest miejsce na każdy sposób, który zapewni mamie bezpieczny poród, ale zdecydowanie nie powinno być w niej miejsca na osądzanie i ocenianie. Każda mama jest inna, każdy tata jest inny, podobnie jak każdy poród i każda sytuacja – to, co jest odpowiednie dla jednej kobiety, niekoniecznie sprawdzi się w przypadku innej. Najważniejszy – jak zawsze zresztą – jest rezultat, czyli zdrowa mama i zdrowe dziecko, a więc każdy wybór, który zapewni bezpieczne rozwiązanie i szczęśliwy poród, jest słuszny. A to z pewnością nie jest temat do dywagacji.

Podejmowanie decyzji

Zdobyłaś już podstawowe informacje na temat sposobów łagodzenia bólu porodowego, które pozwolą ci podjąć przemyślaną decyzję. Ale zanim zdecydujesz, co jest najlepsze dla ciebie i dziecka, podejmij następujące działania:

- Porozmawiaj z lekarzem. Na długo przed tym, nim poczujesz pierwsze skurcze, omów z lekarzem sposoby uśmierzania bólu oraz działanie środków przeciwbólowych. Zapytaj o metody, które rozważasz, dowiedz się, jakie mogą być skutki uboczne działania leków, w jakich okolicznościach należy bezwzględnie podać środek znieczulający, a kiedy decyzja będzie należała do ciebie.

- Bądź otwarta. Chociaż warto się zastanowić z wyprzedzeniem nad optymalnym dla ciebie rozwiązaniem, nie sposób przewidzieć, jak będzie przebiegał poród, czy będziesz potrzebowała środka przeciwbólowego ani nawet czy będziesz miała dostęp do znieczulenia, które wybrałaś. Nawet jeśli jesteś bez reszty przekonana, że chcesz dostać znieczulenie zewnątrzoponowe, być może nie powinnaś odrzucać metod medycyny uzupełniającej i alternatywnej. Przecież może się okazać, że poród jest łatwiejszy do zniesienia (i krótszy), niż myślałaś. A jeśli jesteś pewna, że nie będziesz potrzebowała żadnych środków znieczulających, powinnaś jednak zostawić otwarte drzwi – choćby niewielką szczelinę – na wypadek gdyby poród okazał się cięższy, niż się spodziewałaś.

I co najważniejsze, rozważając różne opcje, nie trać z oczu swojego celu – a ten cel będzie naprawdę cudowny. Nieważne więc, w jaki sposób poradzisz sobie z bólem porodowym – nawet jeśli nie uporasz się z nim tak, jak planowałaś – bo na pewno i tak zdołasz urodzić dziecko. Czy może być coś wspanialszego?

= ROZDZIAŁ 12 =

Ósmy miesiąc

W przybliżeniu od 32 do 35 tygodnia

To już przedostatni miesiąc ciąży – możesz nadal się cieszyć każdą jej chwilą lub odczuwać rosnące zmęczenie z powodu... cóż, rosnącego nadal brzucha. Tak czy inaczej, z pewnością jesteś zaabsorbowana i bardzo podekscytowana wyczekiwanymi narodzinami dziecka. Oczywiście obok coraz większych emocji może się pojawić także cień strachu – zwłaszcza jeśli wraz z partnerem po raz pierwszy wkraczacie na nieznany teren rodzicielstwa. Omawianie tych wszystkich całkowicie naturalnych uczuć – i korzystanie z wiedzy przyjaciół i krewnych, którzy są już rodzicami – pomoże ci uświadomić sobie, że wszyscy za pierwszym razem przeżywają to samo.

Twoje dziecko w tym miesiącu

Tydzień 32. W tym tygodniu twoje dziecko waży mniej więcej 1600–1800 gramów i ma 38–43 centymetrów długości. Stale rośnie, ale to nie jest teraz jego jedyne zajęcie. Ty przygotowujesz wszystko na przyjęcie dziecka, a ono przygotowuje się do swojego wielkiego debiutu. W ciągu tych ostatnich tygodni przez cały czas ćwiczy, doskonaląc umiejętności, które będą mu potrzebne poza łonem – od przełykania i oddychania po kopanie i ssanie. A skoro mowa o ssaniu, twój maluch już od jakiegoś czasu potrafi ssać swój słodki kciuk. Kolejna zmiana w tym tygodniu: skóra dziecka nie jest już przezroczysta. Gromadzi się pod nią coraz więcej tkanki tłuszczowej, więc w końcu staje się nieprzejrzysta.

Tydzień 33. W tym tygodniu przyrost masy ciała dziecka jest prawie tak szybki jak u ciebie (przeciętnie około 200–250 gramów tygodniowo), co daje już imponujący wynik około 2000 gramów, ale maluch nie powiedział ostatniego słowa – do dnia narodzin

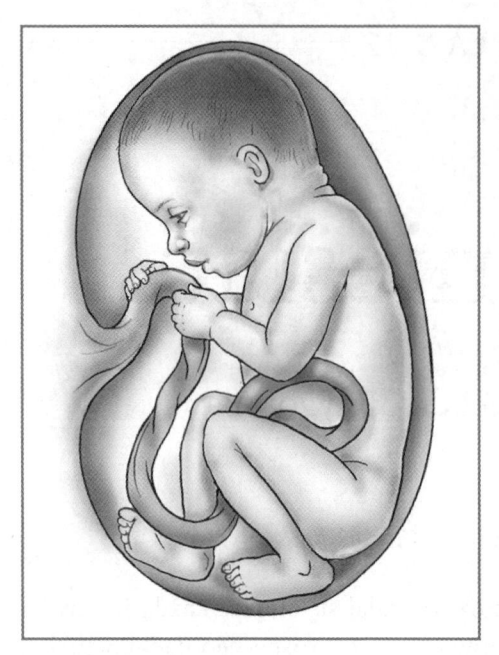

Twoje dziecko w 8 miesiącu

może nawet podwoić obecną masę ciała. W tym tygodniu przybędzie mu też dobre 2,5 centymetra wzrostu. A ponieważ jest już taki duży, w macicy nie ma zbyt wiele miejsca na wody płodowe (w tym momencie osiągnęły maksymalną objętość). To wyjaśnia, dlaczego szturchnięcia i kopnięcia bywają czasami tak dotkliwe – po prostu brakuje płynu, który amortyzowałby uderzenia. Dziecko tworzy własny układ odpornościowy dzięki temu, że twoje przeciwciała przedostają się do jego organizmu. Te przeciwciała z całą pewnością się przydadzą, gdy maleństwo już przyjdzie na świat, ponieważ będą je chronić przed mnóstwem różnych zarazków.

Tydzień 34. Płód może już mieć 43–46 centymetrów długości i ważyć prawie 2300 gramów, czyli więcej niż dwie torebki cukru, ale jest o wiele słodszy. Masz chłopaka (to znaczy chłopczyka w brzuchu)? Jeśli tak, w tym tygodniu jego jądra zstąpią z brzucha do miejsca swojego ostatecznego pobytu, czyli moszny. (Około 3–4 procent chłopców rodzi się z niezstąpionymi jądrami – nie należy się tym przejmować, ponieważ najprawdopodobniej jeszcze przed pierwszymi urodzinami znajdą się one tam, gdzie powinny). I jeszcze jedna wiadomość z ostatniej chwili: paznokietki sięgają już czubków palców, więc nie zapomnij dodać do listy zakupów nożyczek dla niemowląt.

Tydzień 35. W tym tygodniu twój maluszek ma już uniesioną głowę – gdyby mógł wstać, miałby około 46 centymetrów długości. Nadal przybywa mu mniej więcej 200–250 gramów tygodniowo i waży już około 2400 gramów. Co prawda nie będzie już rósł teraz tak szybko (pod koniec donoszonej ciąży będzie miał około 51 centymetrów), ale nadal będzie przybierać na wadze. Oprócz dodatkowych gramów w ostatnich tygodniach przybędzie mu również komórek mózgowych. W tej chwili mózg dziecka rozwija się w zadziwiającym tempie, przez co górna część jego ciała jest odrobinę cięższa niż reszta. A skoro mowa o górnej części ciała – w tym tygodniu dziecko przypuszczalnie obróci się pupą do góry. Większość maluchów ustawia się głową w dół, kierując pośladki w stronę dna macicy mamy. To bardzo dobre rozwiązanie, ponieważ podczas porodu głowa dziecka wychodzi pierwsza (jest to największa część jego ciała). Niezaprzeczalny plus: głowa dziecka jest duża, ale miękka, dzięki czemu przedostaje się w miarę swobodnie przez kanał rodny.

Co możesz odczuwać

Oto objawy, których możesz się spodziewać w tym miesiącu (równie dobrze możesz ich nie odczuwać, ponieważ każda ciąża jest inna). Niektóre z nich mogą się utrzymywać od ubiegłego miesiąca, a inne będą zupełnie nowe. Ponieważ twoje dziecko ciągle rośnie i rośnie, więc objawów ciążowych również przybywa (a może nawet jest ich zbyt wiele). Oto objawy późnej ciąży:

OBJAWY FIZYCZNE

- intensywna, regularna aktywność płodu;
- wzmożona wydzielina z pochwy;
- zaparcia;
- zgaga, niestrawność, wzdęcia, gazy;
- sporadyczne bóle głowy;
- sporadyczne zawroty głowy, szczególnie podczas gwałtownej zmiany pozycji lub spadku stężenia glukozy we krwi;
- zapchany nos i sporadyczne krwotoki z jamy nosowej;
- zatkane uszy;
- nadwrażliwe dziąsła, które mogą krwawić podczas mycia zębów;
- skurcze mięśni nóg;
- bóle pleców;
- bóle w dolnej części brzucha lub po bokach;
- sporadyczne, nagłe bóle w kroczu (w obrębie miednicy);
- niewielkie obrzęki kostek i stóp, sporadyczne obrzęki rąk i twarzy;
- żylaki na nogach i/lub sromie;
- hemoroidy;
- świąd brzucha;
- wystający pępek;
- rozstępy;
- płytki oddech związany naciskiem macicy na przeponę, mięsień oddzielający jamę brzuszną od klatki piersiowej;

- większa niezręczność;
- trudności z zasypianiem;
- częstsze skurcze Braxtona-Hicksa (patrz dalej);
- powiększone piersi;
- wyciek siary z brodawek (czasami to pierwsze mleko pojawia się dopiero po porodzie).

Twoje ciało w tym miesiącu

Oto interesujący fakt związany z ciążą: pomiar od szczytu kości łonowej do dna macicy (górnej jej części) z grubsza odpowiada liczbie tygodni ciąży – a więc w 34 tygodniu ciąży dno macicy znajduje się mniej więcej na wysokości 34 centymetrów od kości łonowej.

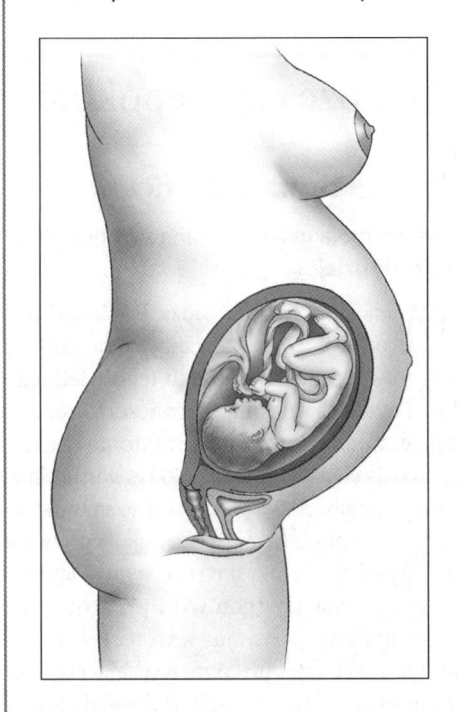

ODCZUCIA PSYCHICZNE
- rosnące pragnienie, by ciąża dobiegła końca;
- obawy dotyczące porodu;
- coraz większe roztargnienie;
- niepokój z powodu zbliżającego się rodzicielstwa;
- ekscytacja związana ze świadomością, że rozwiązanie jest już bliskie.

Czego możesz oczekiwać podczas badania lekarskiego

Po 32 tygodniu ciąży lekarz może cię poprosić, byś przychodziła do kontroli co 2 tygodnie – dzięki temu będzie mógł uważnie śledzić dalszy rozwój ciąży i płodu. Wizyta może obejmować następujące badania:
- pomiar masy ciała i ciśnienia tętniczego krwi;
- badanie ogólne moczu, by wykluczyć obecność glukozy i białka;
- określenie czynności serca płodu;
- określenie wysokości dna macicy (czyli jej najwyżej położonego punktu);
- określenie wielkości macicy oraz ułożenia płodu metodą palpacyjną (lekarz będzie uciskał twój brzuch palcami);
- kontrolę dłoni i stóp pod kątem obrzęków oraz nóg pod kątem żylaków;
- sprawdzenie nosicielstwa paciorkowców grupy B w pochwie i/lub odbytnicy – to badanie przeprowadza się między 35 a 37 tygodniem ciąży (patrz str. 373);

Lekarz sprawdzi też objawy ciążowe, zwłaszcza te nietypowe, i odpowie na pytania, a więc przygotuj sobie listę.

Co może cię niepokoić

Skurcze Braxtona-Hicksa

Czasami moja macica napina się i twardnieje. Co się dzieje?

Macica po prostu ćwiczy. Ponieważ poród jest już za pasem, twoje ciało się rozgrzewa, przygotowuje do tego wielkiego dnia i rozciąga mięśnie. Te ćwiczenia rozciągające, zwane skurczami Braxtona-Hicksa, zaczynają się zwykle około 20 tygodnia ciąży (chociaż najbardziej wyczuwalne są w ostatnich tygodniach). Skurcze mają wpływ na przepływ krwi w łożysku (do biegu), napinają mięsień macicy (gotowi) i przygotowują szyjkę macicy (start... już wkrótce). Te próbne skurcze (występujące zazwyczaj wcześniej i z większą intensywnością w drugiej i kolejnych ciążach) są odczuwane jako napięcie rozpoczynające się w górnej części macicy i zstępujące w dół, trwające 15–30 sekund, a czasami nawet 2 minuty lub dłużej. Jeżeli przyjrzysz się swojemu brzuchowi w trakcie skurczu Braxtona-Hicksa, prawdopodobnie zobaczysz to, co właśnie odczuwasz: okrągły zazwyczaj brzuszek robi się spiczasty albo dziwnie ściśnięty lub pofałdowany. To dość niezwykły widok, ale nie ma żadnych powodów do niepokoju.

Chociaż skurcze Braxtona-Hicksa nie oznaczają jeszcze porodu, niełatwo je odróżnić od prawdziwych skurczów porodowych, zwłaszcza gdy przybierają na sile, co często się zdarza pod koniec ciąży. Prawdopodobnie zauważysz, że pojawiają się częściej, gdy masz pełny pęcherz, gdy jesteś odwodniona, po seksie, gdy ty lub dziecko jesteście szczególnie aktywni, a nawet wtedy, gdy ktoś dotknie twojego brzucha. Nie są wprawdzie wystarczająco skuteczne, by wywołać poród (aczkolwiek bywają dość uciążliwe i nieprzyjemne), ale mogą stanowić wsparcie dla porodu właściwego, powodując skrócenie („zgładzenie") i rozwarcie szyjki macicy, kiedy nadejdzie właściwy czas.

By złagodzić dolegliwości towarzyszące skurczom Braxtona-Hicksa, spróbuj zmienić pozycję – jeśli stoisz, połóż się i odpocznij, a jeśli siedzisz, wstań i się przejdź. Ulgę powinny ci przynieść również ciepła kąpiel albo łyk wody. Możesz także wykorzystać tę „próbę generalną" przed porodem, by poćwiczyć oddychanie oraz inne techniki porodowe, których się do tej pory nauczyłaś, dzięki czemu łatwiej ci będzie później poradzić sobie z prawdziwymi skurczami.

Jeśli skurcze Braxtona-Hicksa nie ustąpią wraz ze zmianą pozycji i będą robiły się stopniowo coraz silniejsze i regularniejsze (zwłaszcza gdy będzie im towarzyszył ból w dole pleców), może to oznaczać, że rozpoczął się prawdziwy poród, i będziesz musiała zadzwonić do lekarza. Oto praktyczna wskazówka, którą warto zapamiętać: jeżeli masz więcej niż cztery skurcze Braxtona-Hicksa na godzinę, poinformuj o tym lekarza. Jeżeli nie potrafisz ich odróżnić od prawdziwych – szczególnie jeśli jest to twoja pierwsza ciąża i wcześniej czegoś takiego nie przeżyłaś – również zadzwoń do lekarza i powiedz mu dokładnie, co czujesz.

Ból żeber

Czuję tępy ból w boku w okolicach żeber – mam wrażenie, że są posiniaczone. Czy to dlatego, że dziecko mnie kopie?

To jeszcze jedna przypadłość na długiej liście bólów ciążowych, tak utrudniających ci teraz życie – nie możesz jednak winić za nie kopiącego malucha. Nie, ten ból żeber zawdzięczasz hormonom, które rozluźniły więzadła klatki piersiowej znajdujące się właśnie na wysokości żeber, oraz naciskowi macicy na przeponę, przez co zwiększa się ciśnienie w klatce piersiowej. Możesz również odczuwać ból z powodu zapalenia stawów żebrowo-mostkowych, które także ulegają rozluźnieniu i się rozszerzają (prawdopodobną przyczyną bólu jest też nacisk macicy i większych niż zazwyczaj piersi na żebra). Rzadziej natomiast jest on związany z przemieszczeniem się żebra (do którego również może dojść w związku z wygięciem żeber na skutek rosnącego brzucha).

Nie martw się jednak, bo z pewnością niedługo odetchniesz z ulgą: ból żeber zelżeje kilka tygodni przed samym porodem, gdy dziecko przesunie się w dół miednicy i przyjmie pozycję do porodu, i oczywiście, gdy już urodzisz. Do tego czasu noś luźne stroje, by nie wywierać dodatkowego nacisku na i tak już bolące żebra, szczególnie gdy śpisz (lub przynajmniej próbujesz). Pomoże ci także pas ciążowy, który równo rozłoży ciężar brzuszka, zmniejszy napięcie mięśni brzucha promieniujące na żebra i nasilające ból. Dyskomfort mogą zmniejszyć także zmiana pozycji, ciepła kąpiel lub poduszka elektryczna przyłożona na ubranie. Nic nie pomaga? A zatem sięgnij po paracetamol. Unikaj podnoszenia ciężkich przedmiotów, ponieważ to może nasilić dolegliwości (zresztą i tak nie powinnaś dźwigać ciężarów).

Czasem mam wrażenie, że stopy dziecka utkwiły między moimi żebrami – to dość bolesne.

Od czasu do czasu dziecko może wcisnąć nóżkę między żebra mamy – jednak przez to zabawne wydarzenie wcale nie jest jej do śmiechu. Możesz zmienić pozycję malucha, zmieniając swoją lub skacząc przez chwilę na piłce porodowej. Albo szturchnij delikatnie brzuszek lub poruszaj biodrami.

Wypróbuj też starą sztuczkę przyszłych mam: usiądź prosto i weź głęboki oddech, jednocześnie unosząc rękę nad głowę; opuszczając rękę, wypuść powietrze, a potem powtórz ćwiczenie z drugą ręką. Dziecko nie ustępuje, przynajmniej nie na długo? Czasami takie zachowanie trwa, dopóki mały sprawca bólu żeber nie przesunie się w dół miednicy, co zdarza się zazwyczaj 2-3 tygodnie przed porodem w pierwszej ciąży (w następnych często dopiero tuż przed porodem).

Skrócenie oddechu

Czasem mam problemy z oddychaniem, nawet gdy siedzę i nic nie robię. Czy to oznacza, że moje dziecko nie otrzymuje wystarczającej ilości tlenu?

Nic dziwnego, że ostatnio masz wrażenie, jakby brakowało ci powietrza. Macica ciągle rośnie i naciska narządy wewnętrzne, by zapewnić miejsce coraz większemu dziecku. Dotyczy to również płuc, które są tak ściśnięte, że nie mogą w pełni zwiększyć swojej objętości, kiedy bierzesz oddech. Do tego podwyższone stężenie progesteronu, które już od miesięcy skutecznie pozbawia cię tchu, a nietrudno zrozumieć, dlaczego wejście po schodach sprawia, że czujesz się, jakbyś przebiegła maraton (czyli jesteś całkowicie wyczerpana). Na szczęście, mimo że zadyszka jest kłopotliwa i nieprzyjemna dla ciebie, to dla dziecka jest całkowicie nieszkodliwa. Maluch jest dobrze zaopatrzony w tlen dzięki łożysku i na razie nie musi oddychać.

Pewną ulgę odczujesz prawdopodobnie pod koniec ciąży, kiedy dziecko zsunie się w dół miednicy, przygotowując się do porodu (w pierwszej ciąży zazwyczaj 2-3 tygodnie przed rozwiązaniem, w kolejnych najczęściej dopiero wtedy, gdy zacznie się poród). Tymczasem zwolnij tempo i ogranicz wysiłek fizyczny, by nadmiernie nie obciążać organizmu. Poza tym będzie ci łatwiej oddychać, jeśli będziesz siedzieć prosto, zamiast się pochylać i garbić. Spróbuj również spać w pozycji półleżącej, podparta 2-3 poduszkami. Jeśli zadyszka jest wyjątkowo silna, podnieś ręce nad głowę, by odciążyć klatkę piersiową i wciągnąć do płuc więcej powietrza. Wypróbuj również ćwiczenia oddechowe: oddychaj powoli i głęboko, upewniając się, że rozszerza się klatka piersiowa, a nie brzuch (połóż dłonie po obu stronach klatki piersiowej i weź głęboki oddech – żebra powinny napierać na dłonie). Oddychaj powoli i głęboko, tak żebyś czuła zmniejszanie się i zwiększanie obwodu klatki piersiowej. Oddychaj w ten sposób za każdym razem, gdy masz zadyszkę.

Czasami trudności z oddychaniem są objawem niedoboru żelaza, więc zgłoś się do lekarza, żeby to sprawdzić. Jeśli duszność jest poważna i towarzyszy jej gwałtowne przyspieszenie oddechu, zsinienie warg i koniuszków palców, poty, ból w klatce piersiowej i/lub przyspieszone tętno, zadzwoń pod numer alarmowy 112, na pogotowie (numer 999) albo pojedź do szpitala na oddział ratunkowy.

Jeszcze raz poranne nudności

Ostatnio znowu mam nudności, a myślałam, że ten objaw pojawia się wyłącznie w pierwszym trymestrze.

Masz wrażenie, że już kiedyś widziałaś podobny film, a sequel wcale ci się nie podoba? Poranne nudności pierwszego trymestru wzbudzają wprawdzie większe zainteresowanie (i ma je więcej przyszłych mam), ale ich odmiana, która czasem pojawia się w trzecim trymestrze, jest powodem równie dużego dyskomfortu, a niejednokrotnie nawet większego. Może to być tym bardziej zniechęcające, jeśli już byłaś przekonana, że nigdy więcej nie będziesz miała z nimi do czynienia (przynajmniej w tej ciąży).

Pamiętasz hormony ciążowe, które winiłaś w pierwszym trymestrze za poranne nudności? Znowu możesz obarczyć je winą; a oprócz nich rosnącą nieustannie macicę,

> ## Wybór pediatry
>
> Wybór pediatry (lub lekarza rodzinnego) to jedna z najważniejszych decyzji, które podejmiesz jako rodzic – i właściwie nie powinnaś z nią zwlekać aż do chwili, gdy dziecko przyjdzie na świat. Jeśli teraz dokładnie się przyjrzysz kandydatom i wybierzesz najlepszego, zanim twoje dziecko zacznie płakać z niewiadomych przyczyn o trzeciej nad ranem, będziesz miała pewność, że debiut w roli mamy przebiegnie o wiele łatwiej. Dzięki temu będziesz mogła dokładnie przemyśleć swoją decyzję i nie będziesz musiała podejmować jej w pośpiechu i zdenerwowaniu.
>
> Jeśli nie jesteś pewna, gdzie rozpocząć poszukiwania pediatry, poproś o radę swojego lekarza (pod warunkiem że byłaś ogólnie zadowolona z jego opieki) lub przeprowadź sondaż wśród znajomych czy współpracowników, którzy mają małe dzieci. Możesz również poszukać w Internecie pediatry przyjmującego w twojej okolicy (chociaż wykazy lekarzy dostępne online nie zawsze są dokładne) albo popytać zaprzyjaźnionych rodziców z sąsiedztwa. Skontaktuj się też ze szpitalem lub kliniką położniczą, w której będziesz rodzić (możesz zadzwonić na oddział położniczy lub pediatryczny i poprosić pielęgniarkę o jakieś sugestie – nikt nie zna lepiej lekarzy niż pielęgniarki). Jeśli masz ubezpieczenie zdrowotne, które ogranicza możliwości wyboru, będziesz musiała wybrać lekarza z listy dołączonej do polisy.
>
> Kiedy już zawęzisz liczbę kandydatów do dwóch lub trzech, poproś ich o rozmowę – większość pediatrów i lekarzy rodzinnych na pewno się na nią zgodzi. Przygotuj listę pytań dotyczących ważnych dla ciebie kwestii, takich jak zasady funkcjonowania gabinetu (na przykład czy są dyżury telefoniczne dla rodziców i czy możesz oczekiwać, że lekarz do ciebie oddzwoni), wsparcie podczas karmienia piersią, obrzezanie, antybiotykoterapia, a także to, czy lekarz sam przeprowadza wszystkie wizyty, czy zleca je położnej. Zapytaj również, czy pediatra współpracuje z jakimś szpitalem i czy będzie mógł się zająć noworodkiem na oddziale. Więcej pytań, które trzeba zadać, oraz kwestii wartych rozważenia znajdziesz w książce *Pierwszy rok życia dziecka* (REBIS 2017).

która naciska na narządy układu pokarmowego, powodując, że kwasy żołądkowe cofają się do przełyku, co jest przyczyną refluksu żołądkowo-przełykowego i nawrotu nudności. Ponieważ jest mniej miejsca na jedzenie i niełatwo je strawić, treść pokarmowa często się cofa (kolejny dobry powód, by przekąszać mniejsze porcje). Prawidłowe funkcjonowanie przewodu pokarmowego, w tym żołądka, mogą utrudniać również skurcze Braxtona-Hicksa, czasem wywołując bóle, a nawet wymioty.

Spróbuj zastosować te same sposoby na poranne nudności (str. 137) i zgagę (str. 166), które stosowałaś w pierwszym trymestrze. Nie zapomnij o nawadnianiu organizmu – zwłaszcza jeśli wymiotujesz. Odwodnienie w czasie ciąży nigdy nie jest bezpieczne, ale szczególnie groźne jest w jej końcówce, ponieważ może wywołać przedwczesne skurcze.

Wspomnij o nudnościach lekarzowi. Jeśli będą naprawdę dotkliwe, być może zaproponuje ci środek zobojętniający kwas żołądkowy lub lek przeciwwymiotny. Wykluczy również inne, mniej prawdopodobne przyczyny nudności i wymiotów późnej ciąży, takie jak stan przedrzucawkowy czy poród przedwczesny.

Brak kontroli nad pęcherzem moczowym

Wczoraj wieczorem oglądałam zabawny film i zauważyłam, że popuszczam mocz za każdym razem, gdy się śmieję. Co się dzieje?

To tak zwane wysiłkowe nietrzymanie moczu. Ta nagła, często niewygodna i krępująca utrata kontroli nad pęcherzem moczowym, która może sprawić, że popuścisz niewielki strumyczek, gdy na przykład zakaszlesz, kichniesz, podniesiesz coś ciężkiego, a nawet się zaśmiejesz (chociaż nie ma w tym nic śmiesznego), to rezultat coraz większego nacisku macicy na pęcherz. Niektóre przyszłe mamy w ostatnim okresie ciąży doświadczają także parć naglących – nieprzepartego pragnienia pojawiającego się nie wiadomo skąd, by zrobić siusiu (muszę **natychmiast**!). Następujące wskazówki pomogą ci zachować kontrolę nad pęcherzem moczowym i zapobiec nietrzymaniu moczu:

- Opróżniaj do końca pęcherz, pochylając się do przodu za każdym razem, gdy oddajesz mocz.
- Wykonuj ćwiczenia Kegla. Rób to systematycznie, gdyż pomogą ci zapobiec większości przypadków nietrzymania moczu czy przypadłości proktologicznych, których przyczyną jest ciąża. Poza tym powinnaś również spojrzeć w przyszłość, ponieważ ćwiczenia Kegla pomogą także zapobiec poporodowemu nietrzymaniu zarówno moczu, jak i kału. Informacje na ten temat znajdziesz na str. 236.
- Zrób ćwiczenie Kegla lub skrzyżuj nogi, gdy poczujesz, że musisz kaszlnąć, kichnąć, masz ochotę się roześmiać lub wiesz, że za chwilę będziesz musiała pobiec do toalety.
- Noś wkładki higieniczne. Jeśli popuszczanie moczu staje się obfitsze, używaj podpasek typu maxi lub wkładek urologicznych.
- Dbaj o regularne wypróżnienia, ponieważ wypełniona twardym stolcem odbytnica również może naciskać na pęcherz. Poza tym napinanie mięśni przy wypróżnianiu się i związany z tym wysiłek mogą osłabiać mięśnie dna miednicy. Unikaj zatem zaparć – na str. 192 przeczytasz, jak z nimi walczyć.

- Jeśli często odczuwasz nagłą i nieodpartą potrzebę oddawania moczu, która doprowadza cię do szaleństwa (i sprawia, że musisz w pośpiechu biec do toalety), spróbuj wyszkolić swój pęcherz moczowy. Siusiaj częściej – co 30 minut lub co godzinę – żebyś trafiła do toalety, zanim poczujesz tę niekontrolowaną potrzebę. Po tygodniu spróbuj wydłużyć przerwy między wizytami w toalecie, dodając za każdym razem 15 minut.
- Pij dużo płynów, nawet jeśli masz wysiłkowe nietrzymanie moczu lub często odczuwasz parcie na pęcherz. Ograniczenie płynów nie ograniczy popuszczania, ale za to może doprowadzić do zapalenia dróg moczowych i/lub odwodnienia. Obie dolegliwości mogą nie tylko wywołać mnóstwo innych problemów (w tym przedwczesne skurcze), a zapalenie układu moczowego może jeszcze bardziej nasilić wysiłkowe nietrzymanie moczu, parcie na pęcherz i popuszczanie. Na str. 553 znaj-

Boląca miednica

Masz czasem wrażenie, jakby twoja miednica rozchodziła się w szwach, czemu towarzyszy tak ostry ból w okolicach łona (albo w kroczu i górnej części ud), że chodzenie staje się udręką, a wchodzenie po schodach i wysiadanie z samochodu są wprost nie do zniesienia? Prawdopodobnie cierpisz na bóle obręczy biodrowej lub spojenia łonowego – te zadziwiająco powszechne i nieoczekiwanie bolesne dolegliwości dotykają aż 25 procent przyszłych mam – które pojawiają się zazwyczaj pod koniec trzeciego trymestru, gdy więzadła łączące kości miednicy rozciągają się i rozluźniają, przygotowując się do porodu. Aby się dowiedzieć, jak poradzić sobie z tym bólem, zajrzyj na str. 591.

dziesz wskazówki, które pomogą ci zadbać o układ moczowy.

Upewnij się, że popuszczasz mocz (niemal na pewno tak jest), a nie wody płodowe – przeprowadź prosty test i po prostu powąchaj. Jeśli płyn, który wyciekł, nie pachnie jak mocz (w moczu wyczuwa się amoniak, a wody płodowe pachną słodkawo), jak najszybciej skontaktuj się z lekarzem.

Kształt brzucha

Wszyscy mówią, że jak na 8 miesiąc mam mały brzuch. Położna uważa, iż wszystko jest w porządku, ale czy to możliwe, że moja córeczka nie rozwija się tak, jak powinna?

Prawdę mówiąc, nie da się ocenić dziecka po brzuchu mamy. Kształt i wielkość twojego brzucha mają niewiele wspólnego z wielkością dziecka, a więcej z następującymi czynnikami:

- Wzrost, masa ciała, figura i układ kostny. Ciążowe brzuszki mogą mieć różne rozmiary, tak jak różne są wszystkie przyszłe mamy. Kobieta drobnej budowy może mieć bardziej „kompaktową" ciążę – mały, wystający, nisko ułożony brzuszek – niż mama wysoka i potężniej zbudowana. A czasem jej ciąża może się wydawać „większa" w porównaniu z drobną sylwetką. Kobieta potężnie zbudowana lub otyła może mieć pozornie mniejszy brzuszek, ponieważ jej macica i dziecko mają więcej miejsca, by rosnąć.
- Spoczynkowe napięcie mięśniowe (tonus). Przyszła mama, która ma prawidłowe napięcie mięśniowe, może mieć mniejszy brzuch (lub będzie widać go później) niż kobieta, której napięcie mięśniowe jest zmniejszone. Z tego powodu oraz dlatego, że każde następne dziecko jest zwykle

> ### Dziewczynka czy chłopiec?
>
> Zgrabny, wystający brzuszek i promienna cera? Będziesz miała chłopca. Szerokie biodra, wielki nos i pryszcze? Na pewno dziewczynka. Jeśli nie ogłosiłaś, czy będzie to chłopiec czy dziewczynka, prawdopodobnie stałaś się przedmiotem wielu przepowiedni i wróżb dotyczących płci malucha, a opartych całkowicie na twoim wyglądzie, samopoczuciu i kształcie brzucha. Pamiętaj, że te wszystkie proroctwa – czy to stare przesądy, czy inne mądrości ludowe – mają 50 procent prawdopodobieństwa, żeby się spełnić. (A w przypadku chłopca nawet trochę więcej, ponieważ na 100 dziewczynek rodzi się 105 chłopców).
>
> Innymi słowy, pozwól ludziom dalej zgadywać.

większe niż poprzednie, brzuszek w drugiej lub kolejnej ciąży również może być trochę większy.

- Ułożenie płodu. To, jak ułożone jest dziecko w twoim brzuchu, również może wpływać na wygląd ciążowego brzuszka.
- Jeszcze raz masa ciała. Większy przyrost masy nie zawsze oznacza, że dziecko również będzie większe, za to na pewno oznacza większą mamę. Jeśli pilnujesz, by przyrost masy ciała był właściwy, możesz się wydawać mniejsza, ponieważ masz mniej tłuszczu, a nie dlatego że twoje dziecko jest mniejsze.

Jedyną oceną wielkości dziecka wartą uwagi jest ta dokonana przez lekarza – nie kieruj się zatem zdaniem szwagierki, koleżanek z pracy czy znajomych z mediów społecznościowych komentujących twoje „brzuszkowe" selfie lub – broń Boże – wszystkowiedzących pań w kolejce do kasy w supermarkecie.

Krótko mówiąc, liczy się to, co jest w środku, a w twoim małym brzuchu na pewno jest wystarczająco duże dziecko.

Budowa ciała a poród

Jestem drobna, mam tylko 152 centymetry wzrostu i zastanawiam się, czy to mi utrudni poród drogami natury.

Rozmiar podczas porodu ma znaczenie – ale rozmiar tego, co w środku, a nie na zewnątrz. Chodzi o wymiary wewnętrzne – wielkość i kształt miednicy w stosunku do wielkości główki dziecka – to nie wzrost czy budowa ciała zadecydują o tym, jak trudny (lub łatwy) będzie twój poród. Drobna i szczupła kobieta może mieć przestronniejszą (lub lepiej rozmieszczoną) miednicę niż dobrze zbudowana mama w większym rozmiarze albo mieć dziecko z główką lepiej dopasowaną do kanału rodnego.

Skąd masz wiedzieć, jaką wielkość ma twoja miednica (w końcu nie nosisz na niej metki z rozmiarem)? Tylko lekarz jest w stanie postawić hipotezę opartą na rzetelnej wiedzy, zazwyczaj wykorzystując do tego przybliżone pomiary wykonane podczas pierwszej wizyty prenatalnej. Gdy zbliży się termin porodu, lekarz poda ci – również w przybliżeniu – wielkość dziecka określoną na podstawie badania USG. Na tej podstawie można też przewidywać, czy główka dziecka przejdzie przez kanał rodny mamy. To są jednak tylko domniemania – rzeczywistość może wszystkich zaskoczyć.

Ogólnie biorąc, osoby o bardziej filigranowej budowie mają rzecz jasna drobniejszy układ kostny, w tym również miednicę. W tym momencie dziedziczenie objawia swój geniusz: natura zazwyczaj nie obdarza szczupłej i drobnej mamy dużym potomstwem. Dziecko najczęściej jest dostosowane wielkością do postury swojej mamy i wielkości jej miednicy – nawet jeśli później jego przeznaczeniem będą wielkie sprawy. Istnieje zatem spore prawdopodobieństwo, że twoje dziecko będzie w rozmiarze odpowiednim dla ciebie.

Przyrost masy ciała a wielkość dziecka

Tak bardzo przytyłam, że zaczynam się obawiać, iż moje dziecko będzie ogromne i nie dam rady go urodzić.

To, że sporo przytyłaś, nie musi oznaczać, iż twoje dziecko również. Masa ciała płodu zależy od różnych czynników: uwarunkowań genetycznych, twojej masy urodzeniowej (jeśli urodziłaś się duża, twoje maleństwo też może takie być), masy ciała przed ciążą (tęższe kobiety mają zazwyczaj większe dzieci) oraz jakości diety ciążowej. W zależności od układu tych wszystkich zmiennych przyrost masy ciała wynoszący 16–18 kilogramów nie musi oznaczać dużego dziecka – może ono ważyć na przykład tylko 2700–3100 gramów; natomiast jeśli przytyjesz 11 kilogramów, maluch może ważyć 3600 gramów. Jednak przeciętnie zakłada się, że im większy jest przyrost masy ciała mamy, tym dziecko będzie większe. Dużego noworodka może również urodzić mama z niekontrolowaną lub niewykrytą cukrzycą ciążową.

Badając palpacyjnie brzuch (uciskając go palcami przez skórę) i mierząc wysokość dna macicy (czyli jej najwyżej położony punkt), lekarz będzie w stanie określić przybliżoną wielkość płodu, chociaż ta kalkulacja może się różnić o kilkaset gramów od wyniku rzeczywistego. Dokładniejszy pomiar można uzyskać dzięki badaniu USG, ale ono też nie zawsze jest precyzyjne.

Nawet jeśli się okaże, że twoje dziecko jest naprawdę duże, nie oznacza to automatycznie problemów z porodem. Aczkolwiek noworodek ważący nieco powyżej 3000 gramów często przychodzi na świat szybciej niż ten, który waży 4000 gramów, większość kobiet jest w stanie urodzić duże (a nawet bardzo duże) dzieci w naturalny sposób i bez komplikacji. Decydującym czynnikiem jest tutaj to, czy główka dziecka (największa część jego ciała) może przejść przez kanał rodny (tak samo jest zresztą podczas każdego porodu).

Położenie dziecka

Skąd mam wiedzieć, w którą stronę obróciło się moje dziecko? Chciałabym mieć pewność, że przyjęło prawidłowe położenie do porodu.

Zabawa w odgadywanie, które wybrzuszenie to ramiona, łokcie czy pupa, na pewno jest fascynująca, ale nie jest to najdokładniejsza metoda określania położenia dziecka. Lekarz będzie w stanie zrobić to o wiele lepiej, badając palpacyjnie twój brzuch i określając poszczególne części ciała maluszka. Kolejną wskazówką jest zlokalizowanie serca: jeśli dziecko jest ułożone prawidłowo główką w dół, bicie serca jest słyszalne w dolnej części brzucha – a z pewnością najgłośniejsze jest wtedy, gdy maleństwo jest zwrócone plecami do przodu. Jeśli nadal będą jakieś wątpliwości, lekarz zrobi badanie USG, które jest najbardziej niezawodną metodą sprawdzenia położenia dziecka.

Nadal nie możesz się oprzeć swojej ulubionej wieczornej rozrywce i głaszczesz te wszystkie słodkie krągłości, zgadując, jaka część ciała się za nimi kryje? A więc baw się dobrze, nie zapominając, że możesz tę zabawę jeszcze bardziej urozmaicić (i wyciągnąć z niej pewne interesujące informacje). Aby to zrobić, szukaj następujących znaków:

- Plecy dziecka zazwyczaj są gładkim, wypukłym zarysem znajdującym się naprzeciwko niewielkich nierówności, które oznaczają mniejsze części ciała, takie jak ręce, stopy i łokcie.
- Mniej więcej około 8 miesiąca ciąży głowa dziecka układa się w pobliżu spojenia łonowego mamy. Poznasz ją po tym, że jest twarda i okrągła, a kiedy ją delikatnie pchniesz, wróci do poprzedniego położenia, podczas gdy reszta ciała się nie poruszy.
- Pupa dziecka ma mniej regularny kształt i jest bardziej miękka niż głowa.

A więc pupa do góry – trzymajmy za to kciuki!

Położenie miednicowe

Podczas ostatniej wizyty prenatalnej lekarz powiedział mi, że czuje głowę mojej córeczki w pobliżu żeber. Czy to oznacza położenie miednicowe?

Nawet jeśli „mieszkanko" twojej córeczki zrobiło się trochę ciasne, to w ostatnich tygodniach ciąży mała nadal będzie w stanie wykonywać wymyślne ćwiczenia gimnastyczne. Chociaż większość maluchów ustawia się główką w dół między 32 a 38 tygodniem ciąży (położenie miednicowe występuje w mniej niż 5 procentach ciąż donoszonych), niektóre dzieci ujawniają, którym końcem ciała zamierzają wyjść na świat, dopiero kilka dni przed porodem. Oznacza to, że nawet jeśli pupa dziecka jest teraz w dole, to niekoniecznie będzie ono położone miednicowo do porodu.

A co zrobić, gdy córeczka będzie się uparcie trzymała tego położenia, nie zmieniając go nawet tuż przed porodem? Czytaj dalej, żeby się tego dowiedzieć.

Czy mogę coś zrobić, żeby obrócić moje dziecko, które jest w położeniu miednicowym?

Istnieje kilka sposobów, by skłonić położone miednicowo dziecko, żeby obróciło się pupą do góry. Z jednej strony lekarz może ci zaproponować nieskomplikowane ćwicze-

Ważne, gdzie jest buzia

Nie chodzi tylko o to, czy dziecko ułożyło się główką do góry, czy do dołu; ważne jest też to, w którą stronę jest zwrócone. Jeśli buzią w kierunku twoich pleców i z brodą przyciśniętą do klatki piersiowej (większość dzieci właśnie w takiej pozycji przychodzi na świat), to jesteś prawdziwą szczęściarą. Jest to tak zwane ustawienie potylicowe przednie, idealne podczas porodu, ponieważ głowa malucha przechodzi szybko i łatwo przez kanał rodny, rozpoczynając wędrówkę na świat swoją najwęższą częścią. Natomiast jeśli dziecko jest zwrócone przodem do twojego brzucha, a plecami do kręgosłupa (ustawienie potylicowe tylne), może się to wiązać z bólami krzyżowymi (patrz str. 419), ponieważ główka będzie uciskać kręgosłup. Może to również oznaczać, że poród będzie trochę boleśniejszy i dłuższy.

Gdy nadejdzie termin porodu, lekarz spróbuje określić, w którą stronę zwrócona jest buzia dziecka (w stronę twoich pleców czy brzucha), ale jeśli już nie możesz się doczekać, żeby się tego dowiedzieć, mogą ci pomóc następujące wskazówki. Jeśli dziecko ma ustawienie potylicowe przednie (buzią w kierunku twojego kręgosłupa), twój brzuch będzie twardy i gładki (wyczujesz plecy maluszka). Jeśli zaś jest w ustawieniu potylicowym tylnym, czyli buzią w kierunku twojego brzucha, może on sprawiać wrażenie bardziej płaskiego i miękkiego, ponieważ dziecko ma z przodu rączki i nóżki, więc nie wyczujesz żadnej twardej i gładkiej powierzchni.

Dowiedziałaś się, że dziecko jest ułożone buzią do przodu (czyli jest w ułożeniu potylicowym tylnym)? Nie martw się na zapas. Większość dzieci przyjmie najwygodniejsze ustawienie potylicowe przednie w trakcie porodu. Niektóre położne zalecają, by przed rozpoczęciem akcji porodowej zachęcić dziecko do zmiany pozycji – w tym celu uklęknij, oprzyj się na dłoniach i zakołysz biodrami. Inne rekomendują ciepłe okłady na plecy i zimne na brzuch, ponieważ dzieci w naturalny sposób się odwracają od zimna. Te metody można wykorzystać również w trakcie porodu. Wprawdzie nie wiadomo do końca, czy są skuteczne i czy dziecko faktycznie się odwróci, ale z pewnością nie zaszkodzą. A kto wie, może nawet pomogą złagodzić ból pleców.

---

nia (takie jak te opisane w ramce na str. 362), a z drugiej masz do dyspozycji dwie metody medycyny komplementarnej i alternatywnej. Jedną z nich jest termopunktura (patrz str. 81), czyli akupunktura wykonywana za pomocą palącej się ziołowej pałeczki, która ma pomóc dziecku się odwrócić (aczkolwiek badania naukowe nie potwierdzają skuteczności tej metody); druga metoda to technika Webstera (oraz inne metody chiropraktyczne; patrz str. 81). Oczywiście należy korzystać wyłącznie z usług specjalisty medycyny uzupełniającej i alternatywnej, który ma bogate doświadczenie oraz może się pochwalić wieloma sukcesami w obracaniu dzieci położonych miednicowo. Upewnij się też, czy twój lekarz jest zwolennikiem wybranej przez ciebie metody.

Jeśli maluch nie będzie chciał zmienić zdania i się obrócić, lekarz prawdopodobnie zaproponuje ci nieco bardziej skomplikowaną, choć bezpośrednią technikę polegającą na ręcznym przesunięciu dziecka do położenia najbardziej odpowiedniego do porodu, czyli obrót zewnętrzny płodu. Wykonuje się go zazwyczaj między 36 a 38 tygodniem ciąży lub w bardzo wczesnej fazie porodu, kiedy macica jest jeszcze rozluźniona, a błony płodowe nie pękły. Zabieg przeprowadza się wyłącznie w szpitalu, na wypadek gdyby trzeba było wykonać cięcie cesarskie (co zdarza się stosunkowo rzadko). Ponieważ obrót zewnętrzny płodu można bezpiecznie przeprowadzić tylko w dużej ilości wód płodowych, najpierw wykonuje się badanie USG. Lekarz wykorzysta również ultrasonograf do monitorowania położenia dziecka oraz będzie kontrolował czynność jego serca za pomocą badania KTG, by mieć pewność, że w czasie zabiegu lub po nim nie doszło do żadnych powikłań. Otrzymasz też leki zapobiegające skurczom (tokolityki), żeby macica pozostała rozluźniona, a także znieczulenie zewnątrzoponowe, które nie tylko uchroni cię przed bólem, ale też zwiększy szanse na udany zabieg. Lekarz położy ręce na twoim brzuchu – jedną przy główce dziecka, a drugą przy pupie (poczujesz lekki nacisk lub dyskomfort, choć jeśli dostałaś znieczulenie zewnątrzoponowe, zabieg będzie całkowicie bezbolesny) – i spróbuje obrócić dziecko (jedną ręką odepchnie pośladki ku górze, a drugą jednocześnie skieruje główkę ku dołowi).

Obrót zewnętrzny udaje się mniej więcej w 70 procentach przypadków, a prawdopodobieństwo sukcesu jest jeszcze większe, gdy przyszła mama otrzyma znieczulenie zewnątrzoponowe lub gdy już wcześniej rodziła (dzięki bardziej rozluźnionym mięśniom macicy i brzucha). W przypadku kobiet otyłych prawdopodobieństwo udanego zabiegu jest trochę niższe, ponieważ tkanka tłuszczowa na brzuchu może stanowić sporą przeszkodę. Im większe doświadczenie ma lekarz w wykonywaniu obrotu zewnętrznego, tym wyższy jest współczynnik jego udanych zabiegów (u niektórych lekarzy sięga nawet 90 procent). Na szczęście powikłania przy tego typu zabiegach występują bardzo rzadko (zaledwie niecały 1 procent wiąże się z poważnymi powikłaniami, które mogą się zakończyć cięciem cesarskim). Niektóre dzieci w ogóle się nie chcą obracać (nawet po wielu próbach), a inne obracają się na chwilę, a potem znowu przyjmują położenie miednicowe (w takiej sytuacji lekarz zaleca zazwyczaj ponowną próbę).

Jesteś w ciąży wielopłodowej? Nie jesteś kandydatką do zabiegu obrotu zewnętrznego płodu. Jeśli wcześniej miałaś cięcie cesarskie, również się do niego nie kwalifikujesz.

Czy jeśli moje dziecko pozostanie w położeniu miednicowym, to nadal będę mogła rodzić drogami natury?

To, czy będziesz miała szansę urodzić dziecko drogami natury, zależy od wielu różnych czynników, w tym sposobu działania twojego lekarza oraz sytuacji, w jakiej się znajdujesz. Większość położników rutynowo wykonuje cięcie cesarskie, gdy dziecko jest położone miednicowo i nie chce zmienić pozycji, ponieważ wiele badań wykazuje, że taki poród jest bezpieczniejszy. Jednak niektórzy lekarze i położne uważają, że próba podjęcia porodu naturalnego w pewnych okolicznościach jest uzasadniona – na przykład wtedy, gdy mają doświadczenie w ich odbieraniu. Można próbować porodu drogami natury, gdy dziecko jest w położeniu pośladkowym (jest położone pośladkami do dołu, a nóżki są wyprostowane, ułożone płasko wzdłuż ciała i przyciśnięte do twarzy) albo gdy miednica mamy jest na tyle szeroka, by sprostać takiemu porodowi. Jeśli częścią położoną najniżej jest miednica i stopy płodu lub produją same stopy, rozwiązanie ciąży drogą cięcia cesarskiego wydaje się bezpieczniejsze.

Najważniejsza zasada, gdy dziecko jest położone miednicowo: bądź elastyczna i nie trzymaj się sztywno swojego planu porodowego. Nawet gdy położnik wyrazi zgodę na próbę porodu drogami natury, pamiętaj, że będzie to tylko próba. Jeśli położony miednicowo maluch nie będzie się przesuwał w dół kanału rodnego lub wystąpią inne problemy, lekarz najprawdopodobniej podejmie decyzję o porodzie operacyjnym. Już teraz przedyskutuj różne opcje ze swoim lekarzem, żeby się przygotować na każdą możliwość, nim rozpocznie się poród.

Obróć się, maluszku

Niektórzy lekarze zalecają proste ćwiczenia, które mogą pomóc dziecku obrócić się z położenia miednicowego do główkowego, ponieważ taka pozycja jest dogodniejsza dla porodu siłami natury. Chociaż nie ma wielu dowodów medycznych, które potwierdzałyby skuteczność takich ćwiczeń, zapewne warto im się przyjrzeć. Zapytaj lekarza, czy powinnaś wypróbować w domu któreś z nich:

- Uklęknij i oprzyj się na przedramionach (zrób klęk podparty), a potem kołysz się do przodu i do tyłu. Pośladki muszą się znajdować wyżej niż głowa (patrz pierwsza ilustracja po prawej).
- Ustaw się „do góry nogami". Aby wykonać to ćwiczenie, będziesz potrzebowała pomocy: uklęknij na krawędzi kanapy i ostrożnie opuść ręce na podłogę, a następnie oprzyj się na przedramionach; głowę połóż na rękach albo trzymaj swobodnie (patrz ilustracja poniżej). Zrób trzy oddechy i powróć do klęku. (Wykonuj to ćwiczenie 3–4 razy dziennie).
- Przyjmij pozycję kolanowo-piersiową. Jeśli jesteś sama (nie ma w pobliżu nikogo, kto by cię asekurował), możesz wykonać zmodyfikowaną wersję pozycji „do góry nogami". Uklęknij, lekko rozstawiając kolana, a potem pochyl się w taki sposób, by pośladki znajdowały się w górze, a brzuch dotykał podłogi (wytrzymaj w tej pozycji 20 minut i powtarzaj ćwiczenie 3 razy dziennie, by uzyskać jak najlepsze rezultaty); patrz środkowa ilustracja po prawej.
- Unieś miednicę. Połóż się na plecach na macie lub dywanie, a potem unieś biodra (zaprzyj się piętami, by łatwiej było ci to zrobić), a ramiona i dłonie połóż płasko na podłodze. Unieś miednicę na tyle wysoko, by znalazła się wyżej niż głowa (patrz

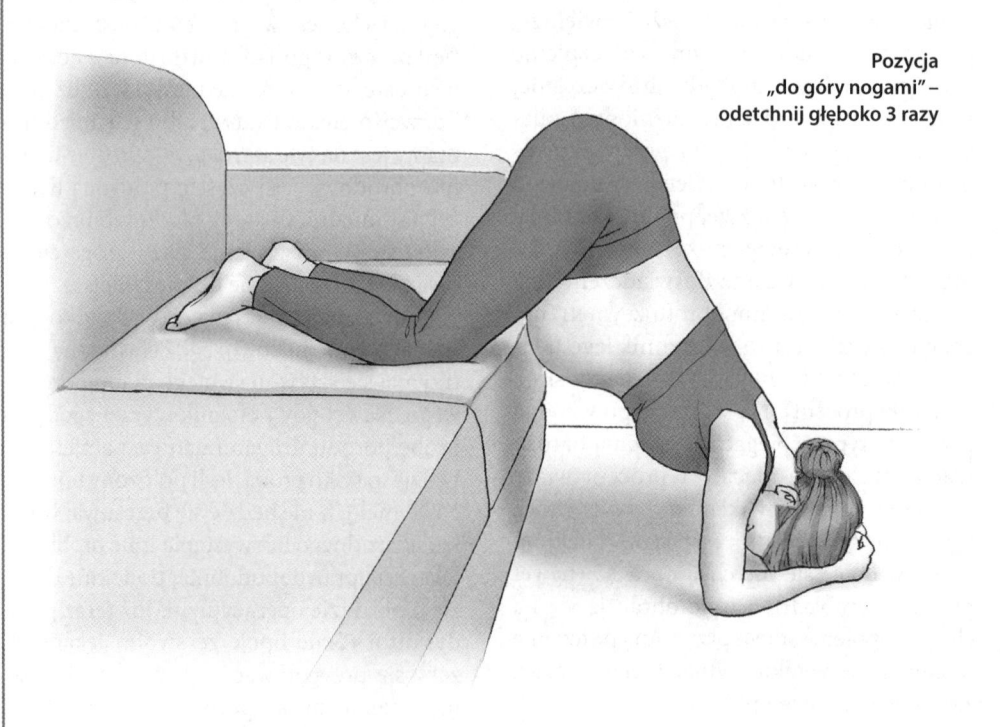

Pozycja „do góry nogami" – odetchnij głęboko 3 razy

ilustracja na dole tej strony). Nie jesteś w stanie unieść bioder? Możesz wykonać uproszczoną wersję tego ćwiczenia i podeprzeć pośladki i biodra poduszkami.

- Ciepło i zimno. Połóż zimny kompres (lub paczkę mrożonych warzyw owiniętą w ręcznik) na szczyt brzucha, gdzie dziecko ma głowę, a ciepły okład przyłóż w dole brzucha (albo usiądź w wannie z niewielką ilością ciepłej wody). Niektórzy twierdzą, że dzięki temu dziecko odsunie główkę od zimnej powierzchni i zacznie szukać ciepła.
- Muzyka dla małych uszu. Jeśli przyłożysz słuchawki ze spokojną muzyką do dolnej części brzucha lub poprosisz, żeby ktoś zaśpiewał brzuszkowi piosenkę, być może skłonisz malucha, żeby obrócił się główką do dołu, bo będzie chciał lepiej słyszeć. Ta metoda również nie jest potwierdzona naukowo, ale z pewnością nie zaszkodzi spróbować.

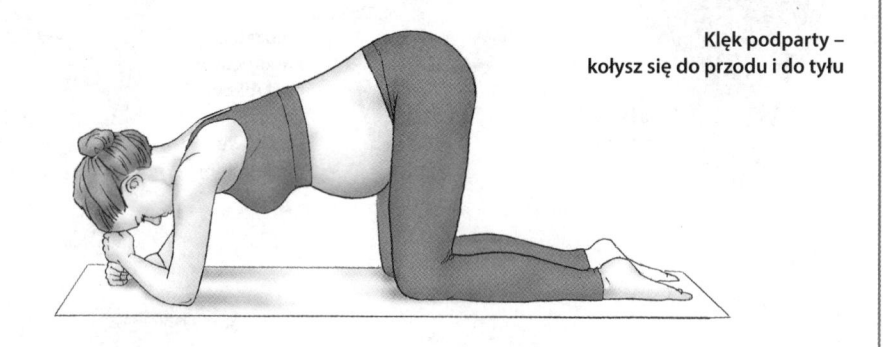

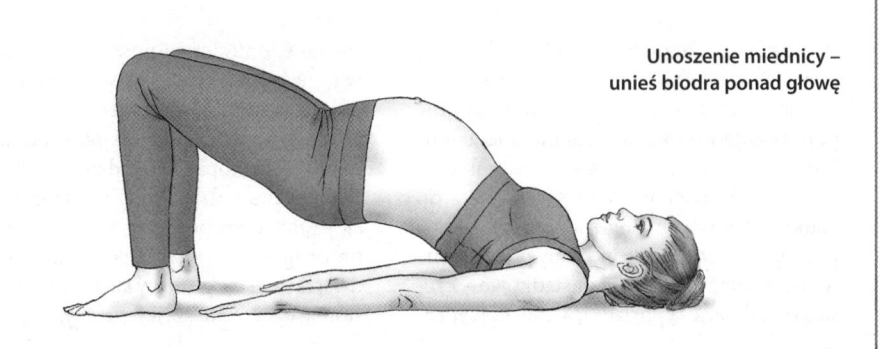

**Klęk podparty –
kołysz się do przodu i do tyłu**

**Pozycja kolanowo-piersiowa –
utrzymaj ją przez 20 minut**

**Unoszenie miednicy –
unieś biodra ponad głowę**

Położenie dziecka

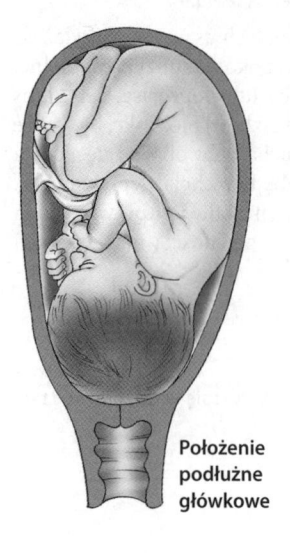

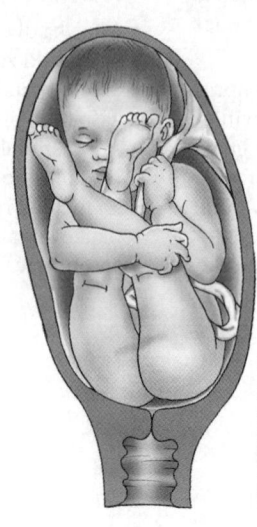

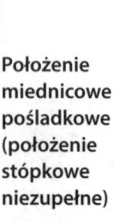

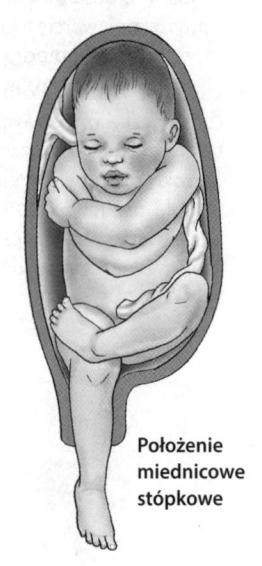

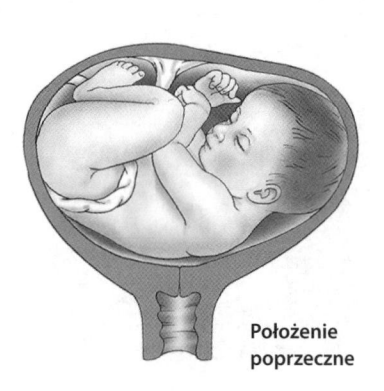

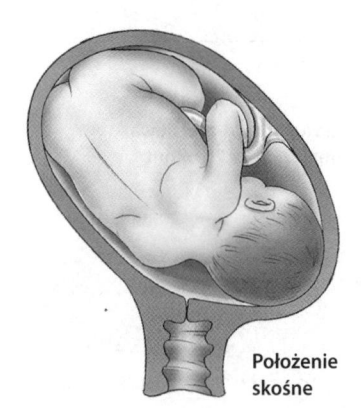

Położenie podłużne główkowe

Położenie miednicowe pośladkowe (położenie stópkowe niezupełne)

Położenie miednicowe stópkowe

Położenie poprzeczne

Położenie skośne

Pozycja, pozycja, pozycja... Kiedy zbliża się poród, pozycja dziecka ma bardzo duże znaczenie. Większość dzieci wybiera położenie podłużne główkowe w ułożeniu wierzchołkowym (oznacza to, że głowa jest skierowana w dół macicy i nie jest przygięta do klatki piersiowej ani odgięta do tyłu). Z kolei położenie miednicowe możemy podzielić na różne rodzaje: położenie pośladkowe – częścią przodującą są pośladki, a nogi są wyprostowane, uniesione i przyciśnięte płasko do twarzy; położenie stópkowe – częścią przodującą są stopy (w dół skierowana jest jedna lub dwie nogi), a podczas porodu najpierw pojawia się stopa i noga dziecka. Położenie poprzeczne – dziecko leży poziomo w macicy (głowę ma po jednej stronie, a pośladki po drugiej). I wreszcie położenie skośne – dziecko kieruje głowę w stronę biodra mamy zamiast w stronę szyjki macicy.

Inne nietypowe pozycje płodu

Lekarz stwierdził, że moje dziecko jest w położeniu skośnym. Co to znaczy i w jaki sposób wpłynie na poród?

Dzieci się kręcą i przybierają różne niezwykłe pozycje, a pozycja skośna jest jedną z nich. Oznacza to, że głowa twojego dziecka (aczkolwiek zwrócona w dół) jest skierowana ku jednemu z bioder, a nie ku szyjce macicy. Położenie skośne utrudnia poród drogami natury, więc lekarz prawdopodobnie przeprowadzi obrót zewnętrzny płodu (patrz str. 360) lub zaproponuje inną technikę, by nakłonić dziecko do zmiany decyzji. Jeśli żadna z tych metod nie zadziała (nawet po wielu próbach), położnik zaleci cięcie cesarskie.

Z trudną sytuacją mamy do czynienia również wtedy, gdy dziecko przyjmie położenie poprzeczne. Dzieje się tak, gdy maluch ułoży się w poprzek macicy – jego głowa znajduje się z jednego jej boku, a pośladki z drugiego – zamiast wzdłuż. W tym przypadku lekarz również wykona obrót zewnętrzny płodu albo zastosuje inną technikę, by nakłonić malucha do przyjęcia położenia główkowego. Jeśli zabieg się nie powiedzie, dziecko przyjdzie na świat przez cięcie cesarskie.

Cięcie cesarskie

Miałam nadzieję na poród siłami natury, ale lekarz powiedział, że prawdopodobnie będę musiała mieć cięcie cesarskie. Jestem bardzo rozczarowana.

Chociaż cięcie cesarskie jest nadal uważane za dość poważną operację (ale za to najszczęśliwszą, jaką tylko można mieć), jednocześnie jest to bardzo bezpieczna metoda porodu, a w niektórych wypadkach nawet najbezpieczniejsza. Jest również całkiem popularna – zdaniem niektórych ekspertów nawet za bardzo. Obecnie rodzi w ten sposób około 32 procent kobiet, co oznacza, iż prawdopodobieństwo, że twój maluch przyjdzie na świat w wyniku operacji chirurgicznej wynosi mniej więcej 1 do 3, nawet jeśli nie masz do tego predyspozycji.

Mimo to – skoro tak bardzo pragnęłaś urodzić dziecko siłami natury – możesz być rozczarowana informacją, że twoje dziecko będzie musiało się urodzić przez cięcie cesarskie. Wizję wydania maleństwa na świat w taki sposób, w jaki tego chce natura – zgodną na pewno z twoimi wyobrażeniami – teraz zastąpią obawy związane z operacją, dłuższym pobytem w szpitalu, trudniejszą rekonwalescencją czy blizną, która zawsze pozostaje po operacji chirurgicznej.

Po pierwsze, zapytaj lekarza, dlaczego musisz zostać poddana cięciu cesarskiemu (w ramce na str. 366 znajdziesz ewentualne powody). Dowiedz się również, czy istnieją jakieś opcje, które można by wypróbować w twoim wypadku, na przykład obrót zewnętrzny płodu (jeśli dziecko jest położone miednicowo) lub podjęcie próby porodu fizjologicznego, by się przekonać, jak będzie postępował. Jeśli lekarz ostatecznie zdecyduje, że w przypadku twojego dziecka najbezpieczniejsza droga na świat prowadzi przez brzuch, weź pod uwagę, że: większość szpitali stara się, by cięcie cesarskie było jak najbardziej rodzinnym przeżyciem, by mama była przytomna (aczkolwiek nieco otępiała) i by towarzyszył jej tata, by miała szansę przytulić swoje maleństwo i nakarmić je piersią od razu po porodzie (oczywiście pod warunkiem, że nie ma żadnych przeciwwskazań medycznych). Poza tym większość szpitali oferuje teraz tak zwane „naturalne" cięcie cesarskie (określane również mianem „łagodnej cesarki" lub cięciem cesarskim skoncentrowanym na rodzinie). Podczas takiego zabiegu hałas jest ograniczony do minimum, a zasłony ustawione na wysokości brzucha są przezroczyste, by mama mogła zobaczyć, jak jej dziecko przychodzi na świat (niektóre zasłony mają wbudowany specjalny rękaw, przez który można podać noworodka mamie bez naruszania sterylności pola operacyjnego). Elektrody EKG podłącza się na plecach, żeby kobieta mogła przytulić maleństwo do piersi, a jedna ręka pozostaje wolna (bez czujników, wenflonów i kroplówek), by mogła je nawet nakarmić. Podczas „naturalnego" cięcia cesarskiego stosuje się opóźnione zaciśnięcie pępowiny, podobnie jak podczas porodu fizjologicznego (patrz str. 436). Masz doulę (lub położną, która opiekowała się tobą podczas ciąży)? Zaproś ją na salę operacyjną.

Wskazania do zaplanowanego cięcia cesarskiego

Niektóre kobiety dowiadują się, że będą miały cięcie cesarskie, dopiero w chwili porodu, ale są też takie, które planują je z wyprzedzeniem, wstępując w szeregi przyszłych mam mających wyznaczony poród operacyjny. Chociaż poniższe wskazania nie oznaczają automatycznie, że będziesz musiała rodzić przez cięcie cesarskie, niemniej są to najczęstsze przyczyny planowego zabiegu:

- Przebyte wcześniej cięcie cesarskie, po którym poród naturalny nie jest możliwy (patrz str. 370).

- Według szacunków główka dziecka jest zbyt duża, by przejść przez miednicę (niewspółmierność porodowa lub inaczej miednicowo-główkowa). Ponieważ wielkość płodu może być źle oszacowana, być może da się podjąć próbę porodu siłami natury (ponieważ dziecko dopasuje się lepiej do kanału rodnego, niż zakładano).

- Ciąża wielopłodowa wyższego rzędu. Niemal wszystkie trojaczki, czworaczki oraz liczniejsze płody rodzą się przez cięcie cesarskie (dotyczy to również wielu bliźniąt).

- Położenie miednicowe lub inna nieprawidłowa pozycja. Badania dowodzą, że cięcie cesarskie jest najbezpieczniejszą formą porodu w sytuacji, gdy próby obrócenia dziecka się nie powiodły. Wiele położnych i niektórzy lekarze w pewnych okolicznościach mogą podjąć próbę porodu pochwowego (patrz str. 360).

- Stan zdrowia mamy lub dziecka uniemożliwiający poród fizjologiczny.

- Otyłość mamy. Otyłość zwiększa prawdopodobieństwo cięcia cesarskiego z kilku powodów. Po pierwsze, skurcze w pierwszej fazie porodu u otyłych mam nie są efektywne, co oznacza, że poród nie postępuje tak szybko, jak powinien. Po drugie, dodatkowa warstwa tłuszczu na brzuchu utrudnia monitorowanie płodu w trakcie porodu pochwowego. Po trzecie, zarówno obrót zewnętrzny płodu, jak i poród naturalny po cięciu cesarskim u otyłych mam rzadziej kończą się powodzeniem niż u kobiet o przeciętnej masie ciała. I wreszcie otyłe kobiety często mają duże dzieci, więc w wielu wypadkach (choć nie we wszystkich) poród operacyjny jest bezpieczniejszy.

- Aktywne zakażenie wirusem opryszczki, zwłaszcza pierwotne, lub niekontrolowane zakażenie wirusem HIV, który mama może przekazać dziecku w trakcie porodu pochwowego.

- Łożysko przodujące (łożysko całkowicie lub częściowo blokuje ujście szyjki macicy) lub przedwczesne oddzielenie się łożyska (łożysko oddziela się od ściany macicy, nim dziecko opuści kanał rodny).

Jeśli lekarz stwierdzi, że w twoim wypadku konieczne będzie planowe cięcie cesarskie, poproś, żeby dokładnie wyjaśnił ci wszystkie szczegóły. Zapytaj go też, czy dostępne są również inne możliwości – na przykład próba porodu drogami natury.

Inaczej mówiąc, poród przez cięcie cesarskie może być bardziej udany (i mniej rozczarowujący), niż sobie wyobrażasz. Powrót do zdrowia będzie co prawda trwał dłużej (w szpitalu i po wyjściu z niego), a po zabiegu zostanie ci blizna (chociaż zazwyczaj nierzucająca się w oczy), ale za to twoje krocze i mięśnie pochwy pozostaną nienaruszone i nierozciągnięte. Jest jeszcze jedna dobra wiadomość: badania pokazują, że cięcie cesarskie nie wpłynie negatywnie na twoją płodność oraz nie ograniczy liczby dzieci (patrz str. 370). Taki poród to również korzyść dla dziecka, choć jedynie czysto kosmetyczna i tymczasowa. Ponieważ maleństwo nie będzie musiało się przeciskać przez kanał rodny, początkowo zdobędzie przewagę w kwestii wyglądu – będzie mniej zmęczone porodem i ładniejsze niż dzieci urodzone w sposób naturalny (wyobraź sobie okrągłą główkę zamiast spłaszczonej lub wydłużonej).

Zapamiętaj najważniejszą sprawę związaną z porodem: najlepszy poród to ten, który jest najbezpieczniejszy, a kiedy cięcie cesarskie jest zdecydowanie wskazane z powodów medycznych, to właśnie ono jest zdecydowanie najbezpieczniejsze. W końcu każdy poród, w wyniku którego na świat przychodzi zdrowe dziecko i trafia w ramiona mamy, jest porodem idealnym.

Mam wrażenie, że w dzisiejszych czasach wszystkie kobiety rodzą przez cięcie cesarskie. Czy słusznie?

W Stanach Zjednoczonych zauważa się obecnie dążenie do obniżenia wskaźnika porodów przez cięcie cesarskie. Specjaliści zachęcają do częstszego podejmowania prób porodu siłami natury, by w ten sposób promować poród drogami natury po cięciu cesarskim (VBAC, ang. *vaginal birth after cesarean*; patrz str. 370), oraz do coraz bardziej popularnego porodu kleszczowego lub wspomaganego próżniociągiem, co pomaga uniknąć niepotrzebnej operacji. Specjaliści zalecają też, by przed podjęciem decyzji o cięciu cesarskim lekarze dali mamie szansę na poród naturalny, oferując jej więcej czasu na poród i parcie, a w razie potrzeby również oksytocynę, by trochę ponaglić naturę (oczywiście pod warunkiem, że wszystko jest w porządku). I na zakończenie, chociaż cięcie cesarskie jest uważane za coraz bezpieczniejszy zabieg, jest to nadal poważna operacja wiążąca się z dużym ryzykiem (m.in. z takim, że kolejna ciąża będzie musiała zostać rozwiązana także przez cięcie cesarskie). Inaczej mówiąc, eksperci zgadzają się, że poród operacyjny nie powinien być kwestią wyboru, a jedynie procedurą wykonywaną ze wskazań medycznych.

Chociaż odsetek porodów przez cięcie cesarskie w ciągu kilku ostatnich lat spadł o 2 procent, a u mam w ciąży niskiego ryzyka jeszcze bardziej, to ich liczba nadal jest bardzo wysoka. Poza tym cięcie cesarskie wciąż ma zbyt wielu zwolenników (nawet wśród lekarzy). Dlaczego tak jest? Oto niektóre przyczyny:

Większe dzieci. Coraz więcej przyszłych mam przekracza zalecany przyrost masy ciała wynoszący 11–16 kilogramów, co powoduje też wzrost wskaźnika zachorowań na cukrzycę ciążową i coraz większą liczbę dużych dzieci, które trudno wydać na świat drogami natury. Potencjalny problem: ponieważ pomiary wielkości płodu przeprowadzane za pomocą badania USG nie są do końca wiarygodne (w 20 procentach przypadków są zawyżone), dziecko, które uważa się za zbyt duże, by mogło przyjść na świat w sposób naturalny, w rezultacie okazuje się dość typowe. Te zawyżone szacunki mogą niekiedy skutkować niepotrzebnymi planowanymi cięciami cesarskimi.

Większe mamy. Liczba porodów operacyjnych rośnie również w związku z coraz większą liczbą otyłych mam. Otyłość (lub zbyt duży przyrost masy ciała w trakcie ciąży) znacząco zwiększa prawdopodobieństwo cięcia cesarskiego – częściowo z tego powodu, że z nadmierną tuszą związane są również inne czynniki ryzyka (na przykład cukrzyca ciążowa lub nadciśnienie tętnicze), a częściowo dlatego, że otyłe kobiety zazwyczaj rodzą dłużej, a dłuższe porody często się kończą na stole operacyjnym.

Starsze mamy. Coraz więcej kobiet sporo po trzydziestce (a nawet czterdziestce) może teraz zajść w ciążę i z powodzeniem ją donosić. I chociaż odsetek cięć cesarskich wśród nich spada, to starsze mamy nadal często wymagają porodów operacyjnych. To samo dotyczy mam chorych przewlekle.

Ciąża wielopłodowa. W dzisiejszych czasach rodzi się coraz więcej wieloraczków, więc jeśli jesteś w ciąży wielopłodowej, istnieje duże prawdopodobieństwo, że urodzisz dzieci przez cięcie cesarskie (chociaż w przypadku bliźniąt możliwy jest poród drogami natury; patrz str. 473).

Powtórne cięcie cesarskie. Chociaż poród pochwowy po cięciu cesarskim (VBAC) jest w wielu przypadkach możliwy i chociaż coraz więcej specjalistów do niego zachęca, to mniej lekarzy i szpitali zezwala mamom na podjęcie próby, a więcej opowiada się od razu za planowym porodem operacyjnym (na str. 370 znajdziesz informacje na ten temat).

Mniej porodów instrumentalnych (narzędziowych). Obecnie coraz mniej dzieci przychodzi na świat dzięki pomocy próżniociągu położniczego, a jeszcze mniej dzięki kleszczom. Dzieje się tak w dużej mierze z tego powodu, że szkolenie w zakresie porodów wspomaganych instrumentami ustępuje miejsca nauce przeprowadzania cięcia cesarskiego – dlatego tylu lekarzy czuje się pewniej, przeprowadzając zabieg chirurgiczny tam, gdzie mogliby (jak za starych dobrych czasów) rutynowo użyć narzędzi (próżniociągu lub kleszczy). Ta sytuacja zmieni się dopiero wtedy, gdy edukacja położników stanie się odzwierciedleniem zmieniającego się podejścia do porodu.

Prośby mam. Ponieważ cesarskie cięcie to stosunkowo bezpieczny zabieg, który dodatkowo pozwala uniknąć bólu i oszczędza krocze, niektóre kobiety (szczególnie te, które już wcześniej rodziły w ten sposób) wolą

Decyzja o cięciu cesarskim w trakcie porodu

Często decyzję o wykonaniu cięcia cesarskiego podejmuje się dopiero po rozpoczęciu porodu i zazwyczaj jest ona podyktowana względami bezpieczeństwa, które należy zapewnić mamie i jej maleństwu.

Czasami poród nie postępuje tak, jak powinien (szyjka macicy się nie rozwiera nawet po próbach zwiększenia częstotliwości skurczów za pomocą oksytocyny lub akcja porodowa trwa zbyt długo, a poród kleszczowy lub wspomagany próżniociągiem się nie powiódł albo okazał się w tej sytuacji nieodpowiednią metodą). Innym razem przyczyną cięcia cesarskiego jest zagrożenie życia płodu (tętno dziecka spadło do niebezpiecznie niskiego poziomu) lub pęknięcie macicy czy wypadnięcie pępowiny (dzieje się tak, gdy pępowina wysunie się z kanału rodnego przed dzieckiem, co grozi tym, że w czasie porodu zostanie uciśnięta, co z kolei spowoduje niedotlenienie malucha). I jak w każdej sytuacji związanej z porodem najważniejsze jest bezpieczeństwo mamy i dziecka – to ono będzie podstawowym wskazaniem do podjęcia decyzji o cięciu cesarskim.

DLA OJCÓW

Przygotowanie do cięcia cesarskiego

Zastanawiasz się, czy planowe cięcie cesarskie oznacza, że już nie musisz towarzyszyć swojej partnerce w przygotowaniach do porodu, nawet zanim się jeszcze zaczęły? Ależ skąd. Chociaż w porodzie operacyjnym nie będziesz mógł uczestniczyć tak aktywnie jak w naturalnym, twoja pomoc będzie cenniejsza, niż sobie wyobrażasz. Reakcja taty na cięcie cesarskie ma duży wpływ na poziom lęku u mamy. Oznacza to, że jeśli tata będzie mniej zestresowany, to mama będzie się mniej bała. A najlepszy sposób na to, by zmniejszyć stres, to dowiedzieć się, co cię czeka. Zapiszcie się więc razem do szkoły rodzenia, w której omawia się temat cięcia cesarskiego, poczytaj o porodach operacyjnych i rekonwalescencji (patrz str. 456 i 492) i przygotuj się najlepiej, jak potrafisz. Bądź przygotowany, by pomóc jej zastosować techniki oddechowe i relaksacyjne, by mogła zachować spokój podczas zabiegu. Pamiętaj też, że będziesz przy niej, by ją wspierać, gdy oboje będziecie witać na świecie wasze dziecko.

Każdy rodzaj operacji chirurgicznej może budzić przerażenie, ale cięcie cesarskie to wyjątkowo bezpieczny zabieg zarówno dla mamy, jak i dla dziecka. Poza tym większość szpitali stara się, by taki poród był jak najbardziej rodzinnym przeżyciem, więc jeśli zechcesz, będziesz mógł się przyglądać (dzięki opuszczonej lub przezroczystej zasłonie), siedzieć przy partnerce, trzymać ją za rękę (która w większości szpitali nie zostanie przywiązana do łóżka), a od razu po porodzie wziąć w ramiona swoje dziecko – tak jak zrobią to pary rodzące drogami natury w sąsiednich salach. Jeżeli szpital, w którym będziecie rodzić, nie ma w swojej ofercie tak zwanej „łagodnej cesarki" (patrz str. 365), na pewno nie zaszkodzi zapytać lekarza i personelu szpitalnego, czy w przypadku narodzin waszego dziecka można zastosować taką procedurę lub choćby niektóre jej elementy.

---

takie rozwiązanie i proszą o nie jeszcze przed porodem (patrz str. 372). Jednak liczba cięć cesarskich „na życzenie" stopniowo spada, ponieważ wielu lekarzy zaczęło zniechęcać swoje pacjentki do nieuzasadnionych medycznie porodów operacyjnych. Nieuzasadnione cięcie cesarskie wiąże się bowiem z niepotrzebnym ryzykiem, a poród drogami natury – kiedy tylko nie ma przeciwwskazań – jest bezpieczniejszy, zwłaszcza dla mamy.

Ograniczenie czasu porodu. Niektórzy lekarze nakładają na poród limity czasowe, określając, jak długo powinien trwać – na przykład jak długo „powinno" trwać rozwieranie się szyjki macicy lub jak długo mama „powinna" przeć. Kiedy poród jest ograniczony takimi sztucznymi granicami czasowymi, lekarz może przejść do porodu operacyjnego, nie dając mamie (i jej dziecku) należnej szansy na kontynuowanie porodu fizjologicznego. W ramce na str. 443 znajdziesz więcej informacji na temat ograniczeń czasu porodu. Na szczęście obecnie podejmuje się wiele wysiłków, by zmienić zalecenia dotyczące długości trwania porodu i parcia, tak by nie trzeba było uciekać się do cięcia cesarskiego (oczywiście zakładając, że wszystko przebiega prawidłowo i bezpiecznie) – to dążenie może w znacznym stopniu przyczynić się do zmniejszenia odsetka porodów operacyjnych. Kolejny czynnik, który może go ograniczyć, to dłuższy pobyt mamy w domu, gdy już zacznie się akcja porodowa. Kobiety, które pojawią się w szpitalu we wczesnej fazie porodu, częściej rodzą przez cięcie cesarskie.

Współczynnik cięć cesarskich jest dużo niższy u pacjentek położnych – nie tylko dlatego, że położne odbierają porody niskiego ryzyka, ale też z tego powodu, że dają mamom więcej czasu i pozwalają im rodzić we własnym tempie (oczywiście raz jeszcze pod warunkiem, że wszystko przebiega prawidłowo). Jednak nawet przy tak wysokim odsetku cięć cesarskich, z jakim obecnie mamy do czynienia w przypadku porodów szpitalnych, nie zapominaj, że porody operacyjne to nadal mniejszość; 2 na 3 kobiety urodzą swoje dziecko siłami natury.

Kolejne cięcia cesarskie

Miałam już dwie cesarki i chciałabym w ten sposób urodzić trzecie, a może nawet czwarte dziecko. Czy liczba cięć cesarskich jest ograniczona?

Myślisz o tym, żeby mieć dużo dzieci, ale nie jesteś pewna, czy będziesz mogła bezpiecznie urodzić je wszystkie za pomocą cięcia cesarskiego? Istnieje duże prawdopodobieństwo, że tak. Nie ma narzuconej i nieprzekraczalnej liczby cesarskich cięć, którym może zostać poddana kobieta, a wielokrotne porody operacyjne są uważane za bezpieczne. O ich bezpieczeństwie decyduje rodzaj cięcia wykonanego podczas poprzedniego zabiegu oraz blizna, która powstała w jego miejscu, zatem porozmawiaj o tych szczegółach ze swoim położnikiem.

W zależności od tego, ile cięć wcześniej przeszłaś, w jakim miejscu je wykonano oraz jak się zagoiły, poród operacyjny może się wiązać z podwyższonym ryzykiem wystąpienia pewnych powikłań, takich jak pęknięcie macicy. Poza tym w macicy poddawanej w przeszłości cięciom cesarskim częściej występuje łożysko przodujące (ułożone zbyt nisko blokuje ujście szyjki macicy) oraz łożysko przyrośnięte (nieprawidłowo zagnieżdżone w macicy). Powinnaś być zatem bardzo czujna i reagować niezwłocznie w razie jasnoczerwonego krwawienia oraz oznak zapowiadających poród (skurczów, plamienia, pęknięcia pęcherza płodowego). Jeśli zauważysz którykolwiek z tych objawów, natychmiast skontaktuj się z lekarzem.

> ### Szkoła rodzenia dla mam ze wskazaniem do cięcia cesarskiego
>
> Myślisz, że skoro będziesz miała cięcie cesarskie, to nie musisz chodzić do szkoły rodzenia? Albo że powinnaś zrezygnować z zajęć, na które już chodzisz? Nie tak szybko. Szkoła rodzenia nadal może wiele zaoferować zarówno tobie, jak i twojemu partnerowi – w tym informacje na temat przebiegu porodu operacyjnego oraz znieczulenia zewnątrzoponowego. Na większości zajęć zdobędziesz również bezcenną wiedzę na temat opieki nad noworodkiem (będziesz musiała ją opanować bez względu na to, w jaki sposób maluch przyjdzie na świat), karmienia piersią i powrotu do formy po porodzie. Nie wyłączaj się, gdy instruktor ćwiczy z innymi parami techniki oddechowe. Mogą ci się przydać, gdy będziesz próbowała się odprężyć na sali porodowej albo po cesarskim cięciu, kiedy będziesz się zmagała z bólami pooperacyjnymi i poporodowymi.

Poród drogami natury po cięciu cesarskim (VBAC)

Pierwsze dziecko urodziłam przez cięcie cesarskie. Teraz jestem w ciąży z drugim. Czy mogę spróbować je urodzić drogami natury?

Gdybyś spytała o to ekspertów, na pewno odpowiedzieliby, że to możliwe. Według wytycznych Amerykańskiego Kolegium Położników i Ginekologów poród drogami rodnymi po cięciu cesarskim (VBAC, ang. *vaginal birth after cesarean*) jest zarówno bezpiecznym, jak i właściwym wyborem dla większości kobiet, które wcześniej przeszły poród operacyjny (a w niektórych przypadkach nawet dwa). Oczywiście pod warunkiem, że powodem wykonania poprzednich operacji nie były jakieś twoje choroby przewlekłe. Badania wykazały, że jedynie w pewnych rzadko spotykanych okolicznościach (patrz niżej) VBAC może zwiększyć w bardzo niewielkim stopniu ryzyko pęknięcia macicy (wynoszące mniej niż 1 procent). Co więcej, VBAC jest możliwy aż w około 70 procentach przypadków, co oznacza, że mama, która spróbuje urodzić drogą pochwową po cięciu cesarskim, ma takie same szanse jak kobieta, która nigdy nie miała „cesarki".

Jednak mimo coraz większej liczby dowodów i opinii ekspertów popierających VBAC, wielu lekarzy i wiele szpitali nie bierze nawet pod uwagę porodu pochwowego, jeśli kobieta miała wcześniej cięcie cesarskie. Ponad 90 procent mam spełniających warunki konieczne do podjęcia próby porodu drogami natury z góry kwalifikuje się do porodu operacyjnego.

Dlaczego porody naturalne po cięciu cesarskim są tak rzadkie? Odpowiedzi trzeba szukać przede wszystkim w polityce szpitala oraz wysokości ubezpieczeń od skutków pomyłki lekarskiej, a nie w bezpieczeństwie samego zabiegu. Niektóre szpitale przestały oferować VBAC z powodu kwestii związanych z bezpieczeństwem i odpowiedzialnością prawną, a także z brakiem personelu i środków finansowych potrzebnych do przeprowadzania takich zabiegów.

Mimo to niektóre szpitale, oddziały położnicze, a także niektórzy lekarze i wiele położnych nie unikają porodów pochwowych po cięciu cesarskim, a nawet do nich entuzjastycznie zachęcają. Zatem jeśli zdecydowałaś się na VBAC, w pierwszej kolejności powinnaś znaleźć lekarza, który jest otwarty na takie rozwiązanie. Potem – biorąc pod uwagę, że o sukcesie VBAC decyduje wiele przewidywalnych czynników – wspólnie z lekarzem podejmiecie decyzję, czy w twoim wypadku jest to najlepszy wybór. Oto czynniki, które należy wziąć pod uwagę:

VBAC jest zalecany tylko wtedy, gdy poród rozpoczął się spontanicznie. Jeżeli akcja porodowa musi być indukowana (szczególnie za pomocą prostaglandyny), poród siłami natury zazwyczaj nie jest brany pod uwagę, ponieważ sztuczne wywoływanie porodu (oraz związane z nim silniejsze skurcze mięśnia miednicy) zwiększa ryzyko pęknięcia macicy.

VBAC jest zalecany tylko wtedy, gdy masz poprzeczną bliznę w dole macicy. Jest 90-procentowa szansa, że masz właśnie taką bliznę. Pionowe nacięcie (które z dużym prawdopodobieństwem mogłoby spowodować pęknięcie macicy, a zatem wyklucza VBAC) jest rzadko stosowane.

VBAC ma większe szanse na powodzenie, jeśli zniknęła przyczyna ostatniego cięcia cesarskiego. Jeżeli poprzednia ciąża zakończyła się zabiegiem z jakiegoś wyjątkowego powodu, który nie pojawił się w obecnej ciąży – na przykład poprzednio twoje dziecko było położone miednicowo, a teraz główkowo – to jest większe prawdopodobieństwo, że VBAC się powiedzie. Z drugiej strony, jeśli za pierwszym razem ciąża zakończyła się cięciem cesarskim, ponieważ kształt lub rozmiar twojej miednicy wyjątkowo spowalniał lub wstrzymywał akcję porodową, niewykluczone, że następnym razem będziesz miała ten sam problem, więc próba porodu drogami natury może się nie powieść.

VBAC będzie możliwy, jeśli rozpoczniesz ciążę z odpowiednią masą ciała i przez cały czas będziesz ją kontrolować. Badania dowodzą, że prawdopodobieństwo udanego porodu drogami natury jest mniejsze o 40 procent w przypadku mam, które w czasie ciąży przytyły ponad 18 kilogramów. Zatem kobiety z nadwagą i otyłe, które podejmują próbę VBAC, zasadniczo rzadziej rodzą drogą naturalną, nawet przy założeniu, że dziecko będzie większe (mamy z nadwagą z reguły mają większe dzieci).

VBAC ma większe szanse na powodzenie, jeśli masa ciała dziecka jest przeciętna. Badania pokazują, że prawdopodobieństwo niepowodzenia porodu fizjologicznego po cięciu cesarskim jest o 50 procent wyższe, jeżeli dziecko w chwili porodu waży ponad 4000 gramów (w porównaniu z noworodkiem ważącym mniej niż 3400 gramów). Duże dziecko może również przyczynić się do zwiększenia ryzyka pęknięcia macicy i rozerwania krocza – z tego powodu lekarze nie zezwalają na próbę VBAC mamom, które przenosiły ciążę dłużej niż tydzień (starsze dzieci to często większe dzieci). Drugie (i kolejne dziecko) przeważnie jest większe niż pierwsze, ale nadal nie musi to oznaczać, że jeśli starszy maluch był zbyt duży, by urodzić się siłami natury, to młodszy też taki będzie.

VBAC może być wspaniałym wyborem, jeśli wcześniej rodziłaś drogą pochwową. Badania sugerują, że jeśli przed cięciem cesarskim (jednym lub kilkoma) rodziłaś drogami natury, to twoje szanse na VBAC sięgają ponad 90 procent.

Jeśli pomimo twoich wysiłków próba porodu naturalnego się nie powiedzie i znowu będziesz miała cięcie cesarskie, nie czuj się rozczarowana. Pamiętaj, że nawet u mamy, która nigdy wcześniej go nie miała, prawdopodobieństwo, że jej poród odbędzie się drogą operacyjną, wynosi około 30 procent. Nie rób też sobie wyrzutów, jeśli na długo

> **Planowa „cesarka"**
>
> Planujesz cięcie cesarskie, mimo że nie ma do niego wskazań medycznych (lub nie chcesz podjąć próby porodu siłami natury)? A więc weź pod uwagę następującą przesłankę: poród fizjologiczny oznacza, że twoje dziecko przyjdzie na świat, kiedy będzie gotowe. Jeśli zaplanujesz poród przez cięcie cesarskie, to istnieje prawdopodobieństwo, że dziecko wbrew twojej woli przyjdzie na świat trochę wcześniej (zwłaszcza jeśli data porodu została źle obliczona). Kolejna korzyść dla dziecka, jeśli pozwolisz, by poród przebiegał w swoim rytmie (lub zdecydujesz się na VBAC zamiast planowego cięcia cesarskiego): istnieją dowody naukowe przemawiające za tym, że noworodki, które chociaż w pewnym stopniu uczestniczyły w naturalnym porodzie, mają mniej problemów zdrowotnych niż te, które nie miały takiej szansy – nawet jeśli cięcie cesarskie zostało wykonane ze wskazań medycznych.

przed porodem postanowiłaś (w porozumieniu z lekarzem), że wolałabyś mieć kolejne cięcie cesarskie. Pamiętaj, że najważniejsze jest to, co jest najlepsze dla twojego dziecka i dla ciebie.

Mój położnik zachęca mnie, żebym spróbowała urodzić drogami natury, chociaż wcześniej miałam cięcie cesarskie. Nie jestem jednak pewna, czy to ma sens, skoro i tak prawdopodobnie skończy się na „cesarce".

Twoje odczucia jak najbardziej mają wpływ na decyzję w sprawie porodu siłami natury po cesarskim cięciu, aczkolwiek ostatnie zdanie i tak należy do lekarza. Ryzyko związane z VBAC jest bardzo niskie, podczas gdy cięcie cesarskie nadal jest poważnym zabiegiem chirurgicznym. Poród pochwowy to krótszy pobyt w szpitalu, mniejsze ryzyko zakażenia i szybszy powrót do zdrowia – to niezaprzeczalne fakty świadczące na korzyść VBAC. Co więcej, jeśli przewidujesz znieczulenie zewnątrzoponowe w trakcie porodu, nie ma żadnych przeciwwskazań, żebyś je dostała, nawet jeśli będziesz rodzić drogą pochwową. Dziecko również skorzysta na tym, gdy spróbujesz urodzić w naturalny sposób (patrz ramka obok).

Najlepsza strategia: rozważ plusy i minusy VBAC, biorąc pod uwagę własne odczucia i zapatrywania, a potem podejmij najlepszą dla siebie decyzję – czy rodzić naturalnie, czy od razu zdecydować się na zabieg chirurgiczny. I niczym się nie przejmuj.

Paciorkowce grupy B (GBS)

Mój lekarz chce mnie przebadać na paciorkowce grupy B. Co to znaczy?

To znaczy, że twój lekarz jest bardzo zapobiegliwy, a jeśli chodzi o paciorkowce grupy B, ostrożność jest bardzo wskazana. Paciorkowce grupy B (GBS, ang. *Group B Streptococcus*) to bakterie, które są częścią flory bakteryjnej człowieka i występują w drogach rodnych 10–35 procent zdrowych kobiet – co czyni je nosicielkami tych bakterii. Nie powoduje to wprawdzie żadnych problemów, ponieważ paciorkowce grupy B nie wywołują objawów chorobowych (i nie mają nic wspólnego z paciorkowcami grupy A, które są na przykład przyczyną ropnego zapalenia gardła), ale mogą być niebezpieczne dla dziecka. Dziecko, które zarazi się paciorkowcem grupy B znajdującym się w drogach rodnych mamy, może być narażone na poważne zakażenie – dotyczy to 1 na 200 noworodków urodzonych przez mamy z GBS.

Dlatego kobiety w ciąży są rutynowo badane na nosicielstwo paciorkowców grupy B – zazwyczaj między 35 a 37 tygodniem ciąży (badanie przeprowadzane przed 35 tygodniem nie jest wystarczająco precyzyjne, ponieważ nie określa, czy mama będzie nosicielką w trakcie porodu). Niektóre szpitale i oddziały położnicze oferują szybkie testy, dzięki którym można w ciągu godziny stwierdzić, czy rodząca kobieta jest nosicielką paciorkowców grupy B (to badanie zastępuje testy przeprowadzane rutynowo na wcześniejszym etapie ciąży). Zapytaj lekarza, czy jest taka możliwość w szpitalu, w którym będziesz rodziła.

W jaki sposób przeprowadza się test na nosicielstwo paciorkowców typu B? Polega on na pobraniu wymazu z pochwy i odbytu. Jeśli będzie pozytywny (czyli okaże się, że jesteś nosicielką), podczas porodu otrzymasz dożylnie antybiotyk – ten rodzaj leczenia praktycznie wyeliminuje ryzyko zakażenia dziecka. (Paciorkowce grupy B można również wykryć w moczu podczas rutynowego badania prenatalnego. W takim wypadku lekarz natychmiast zaordynuje antybiotyk podawany doustnie oraz kroplówkę z antybiotykiem w trakcie porodu).

Jeśli twój lekarz nie zaleci badania w kierunku GBS pod koniec ciąży, powinnaś sama o nie poprosić. Jeżeli wcześniej nie zostałaś zbadana, a w trakcie porodu zaistnieje jakiekolwiek ryzyko świadczące o tym, że jesteś nosicielką paciorkowców grupy B (na przykład przedwczesny poród, gorączka w trakcie porodu lub pęknięcie pęcherza płodowego ponad 18 godzin przed rozpoczęciem akcji porodowej), położnik poda ci antybiotyk, by zabezpieczyć noworodka przed zakażeniem. Jeśli wcześniej urodziłaś dziecko zakażone GBS, lekarz przypuszczalnie pominie test na nosicielstwo i od razu zaordynuje leczenie w trakcie porodu.

Testy na nosicielstwo – a w razie potrzeby odpowiednio wdrożone leczenie – ochronią twoje maleństwo przez zakażeniem paciorkowcami grupy B oraz wynikającą z tego groźną chorobą. A to naprawdę bezcenne.

Badania przesiewowe noworodków

Większość dzieci przychodzi na świat w doskonałej kondycji i zachowuje ją również po porodzie. Ale czasem nagle się okazuje, że na pozór zdrowy maluch ma jakąś metaboliczną chorobę o podłożu genetycznym. Chociaż są to bardzo rzadkie choroby, to jeśli się ich nie wykryje i nie leczy, mogą zagrażać życiu maleństwa. Badania przesiewowe pozwalające wykryć choroby metaboliczne są niedrogie, a jeśli u twojego dziecka taka choroba zostanie wykryta – co jest bardzo mało prawdopodobne – pediatra zweryfikuje wyniki i natychmiast podejmie leczenie, a to daje o wiele lepsze rokowania.

Na szczęście badania przesiewowe wykrywają różne zaburzenia metaboliczne. Wystarczy kilka kropli krwi pobranych rutynowo od noworodka po urodzeniu, by wykonać badania w kierunku 21 (lub więcej) poważnych chorób genetycznych, metabolicznych, hormonalnych, a także zaburzeń czynnościowych. Należą do nich: fenyloketonuria, niedoczynność tarczycy, wrodzony przerost nadnerczy, deficyt biotynidazy, choroba syropu klonowego (genetycznie uwarunkowane zaburzenie metabolizmu aminokwasów), galaktozemia, homocystynuria, deficyt dehydrogenazy acylo-koenzymu (acylo-CoA) A średniołańcuchowych kwasów tłuszczowych i niedokrwistość sierpowatokrwinkowa.

W całych Stanach Zjednoczonych wykonuje się obecnie badania przesiewowe noworodków w kierunku co najmniej 21 chorób genetycznych i metabolicznych, a w ponad połowie stanów wykonuje się badania w kierunku 29 zaburzeń genetycznych, które zaleca rutynowo kontrolować Amerykańskie Kolegium Genetyki i Genomiki. Zapytaj lekarza, jakim badaniom zostanie poddane twoje dziecko. W Stanach Zjednoczonych można się tego dowiedzieć w Narodowym Centrum Badań Przesiewowych i Genetyki (National Newborn Screening & Genetics Resource Center's (www.genes-r-us.uthscsa.edu). Jeśli szpital, w którym rodzisz, nie przeprowadza automatycznie badań przesiewowych na wszystkie 29 chorób, możesz wykonać je prywatnie. W Polsce badania przesiewowe noworodków obejmują: wrodzoną niedoczynność tarczycy, fenyloketonurię, mukowiscydozę, zaburzenia aminokwasów (między innymi chorobę syropu klonowego, tyrozynemię, deficyt dehydrogenazy acylo-koenzymu A średniołańcuchowych kwasów tłuszczowych) oraz badania słuchu; w przypadku innych chorób – na przykład wrodzonego przerostu nadnerczy czy klasycznego deficytu biotynidazy – prowadzone są obecnie badania pilotażowe. Więcej informacji znajdziesz na stronie internetowej Ministerstwa Zdrowia – www.mz.gov.pl (zakładka „Program badań przesiewowych noworodków w Polsce").

Amerykańskie Centrum Kontroli i Prewencji Chorób zaleca również (a w niektórych stanach jest to nawet wymagane), by po urodzeniu przeprowadzać badania przesiewowe w kierunku wrodzonych wad serca. Zaburzenie to, które dotyka 1 dziecko na 100, jeśli nie jest w porę wykryte i leczone, może prowadzić do opóźnienia rozwoju dziecka lub nawet śmierci. Na szczęście jeśli niemowlę jest wcześnie zdiagnozowane i leczone, ryzyko znacznie maleje, a w niektórych przypadkach znika całkowicie. Badanie przesiewowe w kierunku wad serca jest łatwe i bezbolesne. Na skórze dziecka umieszcza się czujnik, który mierzy tętno i nasycenie krwi tlenem. Jeśli wynik testu wydaje się wątpliwy lub podejrzany, lekarz zaleci kolejne badanie (na przykład echokardiografię, czyli USG serca), by stwierdzić, czy dzieje się coś złego. Jeśli stan dziecka nie wymaga żadnych badań, poproś pediatrę, by tak czy inaczej je przebadał.

Kąpiele pod koniec ciąży

Czy na tym etapie mogę się bezpiecznie kąpać?

Śmiało – wskakuj do wanny (ostrożnie) i uważaj przy wychodzeniu. Ciepłe kąpiele są nie tylko bezpieczne w ostatnim okresie ciąży, ale też uwalniają od wielu dolegliwości, bólów i napięć po męczącym i długim dniu (a czyż w 8 miesiącu ciąży każdy dzień nie jest męczący i długi?).

Jeśli się martwisz, że woda wniknie do pochwy (pewnie słyszałaś takie pogłoski), wiedz, że nie ma powodów do obaw. Dopóki nie wprowadza się wody do pochwy na siłę – za pomocą irygacji czy biczów wodnych, czego zdecydowanie powinnaś unikać – na pewno nie dostanie się tam, gdzie nie powinna. A nawet jeśli, to czop śluzowy w szyjce macicy szczelnie zamykający ujście ochroni jej bezcenną zawartość przed inwazją szkodliwych mikroorganizmów pływających w twojej wannie.

Nawet gdy zacznie się poród i czop śluzo-

Zjadanie łożyska

Zwierzęta to robią. Kobiety z różnych plemion też. Medycyna chińska zaleca to już od setek lat. A teraz stało się to popularne wśród gwiazd Hollywoodu oraz niektórych amerykańskich mam. Zjadanie łożyska (zwane placentofagią) może nie brzmi zbyt apetycznie, ale coraz więcej kobiet włącza je do swojego planu porodowego. Może ty również się zastanawiasz, czy powinnaś to zrobić.

Łożysko, ten niesamowity narząd, który odżywia twoje dziecko przez 9 miesięcy pobytu w macicy, zostaje wydalone tuż po porodzie. Jednak orędownicy placentofagii (czyli traktowania łożyska jako produktu spożywczego i leczniczego) twierdzą, że pozbywanie się go jest wielką stratą, ponieważ zjedzenie go zwiększa poziom energii, zapobiega niedokrwistości, zwiększa podaż mleka, reguluje stężenie hormonów i zapobiega depresji poporodowej.

Nie uśmiecha ci się pochłanianie łożyska w formie gulaszu lub koktajlu z owocami? Nie przejmuj się, niewiele kobiet ma na to ochotę. Najpopularniejsza forma spożywania łożyska – i najłatwiejsza do przełknięcia – to kapsułki. Przygotowuje się je z zasuszonego i sproszkowanego łożyska – są firmy, które się w tym specjalizują, ale nie jest to tania usługa. Niektóre mamy robią to same za darmo (instrukcje są dostępne w Internecie). Łożysko można również przygotować w formie nalewki z alkoholem i przyjmować w postaci kropli dodanych do soku owocowego lub innego napoju.

Nie ma żadnych doświadczeń klinicznych ani badań naukowych potwierdzających skuteczność takich preparatów, a większość ekspertów medycznych wyraża się na ten temat dość sceptycznie. Specjaliści zwracają uwagę na to, że reklamowane korzyści spożywania łożyska mogą być tylko efektem placebo (nie mają wartości farmakologicznych, ale jeśli oczekujesz, że zjedzenie łożyska przyniesie korzyści, to prawdopodobnie tak będzie), oraz wskazują na to, że niektóre mamy po spożyciu łożyska w jakiejkolwiek formie mogą poczuć się źle. Kolejny potencjalny minus wskazywany przez ekspertów: istnieje realne niebezpieczeństwo zakażenia w związku z dotykaniem surowego, pełnego krwi narządu, na którym poza organizmem kobiety mogą bardzo szybko namnażać się bakterie.

Jeżeli zamierzasz wykorzystać łożysko po porodzie, upewnij się, czy szpital lub oddział położniczy zezwoli na zabranie go do domu lub wysłanie do specjalistycznej firmy w celu przetworzenia. Nie wszystkie szpitale i kliniki położnicze się na to zgadzają. Jeśli zdecydujesz się na poród domowy, oczywiście nie będziesz musiała negocjować w tej sprawie ze szpitalem.

wy zostanie wydalony, nadal będziesz mogła zażywać kąpieli. W końcu hydroterapia w trakcie porodu koi ból, a co więcej, możesz przecież rodzić w wodzie (patrz str. 336).

Istnieje jednak pewne zastrzeżenie, gdy kąpiesz się za dwoje, zwłaszcza w ostatnim okresie ciąży: upewnij się, że wanna ma antypoślizgową powierzchnię, lub wyłóż jej dno matą, żebyś się nie poślizgnęła – to zdecydowanie ułatwia wchodzenie do wanny i wychodzenie. I przede wszystkim unikaj podrażniających, mocno perfumowanych płynów do kąpieli.

Prowadzenie samochodu pod koniec ciąży

Nie mogę się zmieścić za kierownicą samochodu. Czy powinnam nadal prowadzić?

Możesz prowadzić, pod warunkiem że mieścisz się na miejscu kierowcy – jeśli jest ci za ciasno, spróbuj przesunąć fotel do tyłu i odpowiednio ustawić kierownicę. Jeżeli masz wystarczającą przestrzeń – zdołałaś się dopasować i jest ci na tyle wygodnie, że nie rozprasza to twojej uwagi – możesz prowadzić samochód aż do porodu.

Jednak z drugiej strony, podróże samochodem trwające dłużej niż godzinę, i to bez względu na to, kto jest kierowcą, mogą upośledzać krążenie krwi. Jeżeli musisz się wybrać w dalszą podróż, zapewnij sobie zmiennika za kierownicą oraz postoje co godzinę, by trochę pospacerować. Pomogą ci również ćwiczenia rozciągające kark i plecy.

Nie próbuj jednak sama jechać do szpitala, gdy zacznie się poród (silne skurcze mogą cię narazić na ogromne niebezpieczeństwo). I nie zapomnij o najważniejszej zasadzie obowiązującej na drodze, bez względu na to, czy jesteś kierowcą czy pasażerem (nawet jeśli jesteś pasażerką jadącą na porodówkę): zawsze miej zapięte pasy. Na str. 275 przeczytasz, jak bezpiecznie zapiąć pasy i jak postępować z poduszką powietrzną.

Podróżowanie pod koniec ciąży

W tym miesiącu prawdopodobnie będę musiała pojechać w podróż służbową. Czy w zaawansowanej ciąży jest to bezpieczne, czy raczej powinnam zrezygnować z wyjazdu?

Zanim wyprawisz się w jakąkolwiek podróż, najpierw wypraw się do lekarza. Różni położnicy mają różne poglądy na temat podróżowania w ostatnim trymestrze ciąży. To, czy lekarz cię zachęci, czy zniechęci do wyruszenia w drogę na tym etapie ciąży – pociągiem lub samolotem – zależy z całą pewnością od jego punktu widzenia, a także od innych czynników. Najważniejszy z nich to przebieg twojej ciąży – jeśli przebiega bez problemów, przypuszczalnie dostaniesz zielone światło. Kolejna kwestia to jej zaawansowanie (większość lekarzy nie zgadza się na podróżowanie samolotem po 36 tygodniu) oraz stopień zagrożenia porodem przedwczesnym. Równie ważne będzie twoje samopoczucie. Dolegliwości ciążowe, które nasilają się wraz z upływem czasu, mogą się również nasilać wraz z każdym kolejnym przejechanym kilometrem, a zatem długotrwała podróż może wzmagać bóle pleców, dolegliwości związane z żylakami, hemoroidami (zwłaszcza jeśli będziesz długo siedzieć w ciasnym fotelu lotniczym) oraz utrudniać krążenie, zwiększając ryzyko wystąpienia zakrzepicy kończyn dolnych. Pod uwagę należy również wziąć odległość i długość podróży (oraz czas, jaki łącznie spędzisz w środkach komunikacji), jaki wysiłek fizyczny będzie się w tym wiązał i czy podróż jest naprawdę konieczna (nieobowiązkowe wyjazdy lub te, które można z łatwością przełożyć, na tym etapie ciąży nie są warte twojego trudu). Jeśli zamierzasz podróżować samolotem, będziesz musiała wziąć pod uwagę ograniczenia narzucane przez wybraną linię lotniczą. Niektórzy przewoźnicy nie pozwolą ci na przelot w 9, a nawet 8 miesiącu ciąży, jeśli nie będziesz miała zaświadczenia od lekarza, stwierdzającego, że nie grozi ci rychły poród (na przykład w trakcie lotu). Inne linie lotnicze są mniej restrykcyjne i pozostawiają otwartą furtkę (a nawet więcej miejsca na nogi). Jeszcze inni przewoźnicy stosują nieoficjalną politykę typu „o nic nie pytaj, nic nie mów" (przecież ze stanowiska odprawy trudno ocenić, jak zaawansowana jest ciąża).

Jeśli lekarz zezwoli ci na podróż, będziesz musiała się do niej specjalnie przygotować, oprócz rzecz jasna tradycyjnych działań, jakie zwykle podejmujemy w związku z podróżą. Na str. 276 znajdziesz wskazówki, dzięki którym podróż w czasie ciąży będzie przyjemna, bezpieczna i wygodna. Kluczem do sukcesu będzie duża ilość odpoczynku i właściwe nawodnienie, jednak najważniejsza sprawa na podróżnej liście to zdobycie nazwiska, numeru telefonu i adresu polecanego lekarza (a także nazwy szpitala bądź kliniki położniczej, gdzie pracuje), który w razie potrzeby zaopiekuje się tobą w miejscu przeznaczenia. Twoje ubezpieczenie oczywiście musi pokrywać usługi takiego lekarza (przed wyjazdem nie zapomnij więc wykupić ubezpieczenia podróżnego). Jeśli się wybierasz w daleką podróż, zastanów się, czy nie warto zabrać ze sobą partnera w razie niewielkiego, ale jednak, ryzyka porodu u celu podróży – przynajmniej nie będziesz musiała rodzić bez niego. Sprawdź również warunki polisy podróżnej, na wypadek gdyby nieoczekiwane okoliczności zmusiły cię do odwołania podróży.

Seks pod koniec ciąży

Słyszałam mnóstwo sprzecznych opinii na temat tego, czy seks w ostatnich tygodniach ciąży jest bezpieczny i czy może wywołać poród.

Nadal jesteś pełna wigoru i masz ochotę na seks? Zatem śmiało i bez obaw. Badania wykazują, że seks (i orgazm jednego lub obojga partnerów) jest bezpieczny, pod warunkiem że szyjka macicy nie jest jeszcze gotowa do porodu. Istnieje również teoria, że prostaglandyny zawarte w nasieniu oraz oksytocyna uwalniająca się w trakcie orgazmu (obydwa hormony stosuje się do wywoływania skurczów i akcji porodowej) mogą pomóc wzbudzić akcję skurczową. Ale nawet w najbardziej sprzyjających okolicznościach i w terminie porodu nie możesz liczyć na to, że seks zawiedzie cię prosto do sali porodowej – co zresztą odkryło wiele par, u których poród się opóźniał. Jedno z badań wykazało nawet, że kobiety w ciąży niskiego ryzyka uprawiające seks w ostatnich tygodniach chodziły w ciąży nieco dłużej niż mamy, które w tym czasie unikały współżycia.

Podstawowa zasada, której warto się trzymać: w oparciu o to, co w tej chwili wiadomo, większość położników i położnych zezwala pacjentkom, u których ciąża przebiega prawidłowo, by uprawiały seks aż do porodu. Zapytaj zatem lekarza, czy w twoim przypadku jest to bezpieczne. Jeśli da ci zielone światło (istnieje duże prawdopodobieństwo, że tak właśnie będzie), nie wahaj się i idź z mężem do łóżka – jeżeli masz na to ochotę i siłę (oraz jesteś w stanie uprawiać akrobacje, które na tym etapie ciąży być może okażą się niezbędne). Jeśli lekarz zabroni ci uprawiania seksu (na przykład z powodu ryzyka porodu przedwczesnego, łożyska przodującego lub przypadków niewyjaśnionego krwawienia) – albo po prostu nie będziesz miała nastroju – wypróbujcie inne formy pielęgnowania bliskości. Macie jeszcze do dyspozycji wieczory we dwoje, randki przy świecach i spacery przy księżycu. Przytulajcie się podczas oglądania telewizji albo namydlajcie wzajemnie pod prysznicem. Masujcie się wzajemnie lub róbcie wszystko z wyjątkiem tego, co jest na „czarnej liście" (dostaniecie spis rzeczy zakazanych od swojego lekarza). Być może nie będzie to tak satysfakcjonujące jak stosunek, ale pamiętaj, że macie całe życie na to, żeby się kochać – chociaż dopóki

Jak się przygotować na niespodziewane

Plan porodowy? Zrobiony! Szkoła rodzenia? W trakcie! Gotowość na katastrofę? Hm... że co? We wszystkich przygotowaniach do narodzin dziecka prawdopodobnie nie poświęciłaś zbyt wiele uwagi ewentualnym katastrofom, chociaż eksperci uważają, że każda przyszła mama powinna mieć plan awaryjny. Katastrofy, nieszczęścia, klęski żywiołowe – czy to naturalne, czy spowodowane przez człowieka – są na szczęście rzadkością, ale zawsze uderzają nieoczekiwanie. Jednak dzięki odrobinie zapobiegliwości i planowania ty i twoje dziecko zdołacie przetrwać każdą burzę (nawet tę dosłowną) i katastrofę. Oto sprawy, które warto przemyśleć:

- Naziemne linie telefoniczne i sieci bezprzewodowe mogą być przeciążone w trakcie klęski żywiołowej, uniemożliwiając ci połączenie się z partnerem i rodziną. Weź zatem pod uwagę, że będziesz musiała kontaktować się z nimi za pomocą esemesów, mediów społecznościowych lub komunikatora internetowego.
- Miej plan na wypadek nagłej sytuacji medycznej oraz w razie nagłego porodu (na str. 417 znajdziesz niezbędne informacje). Już teraz omów z lekarzem ewentualne sytuacje awaryjne związane z przedwczesnym porodem, obfitym krwawieniem lub innymi objawami świadczącymi o powikłaniach ciążowych, kiedy linie telefoniczne są zepsute, gabinet lekarski nieczynny, a ty nie możesz się dostać do szpitala. Przygotuj również elektroniczną kopię swojej karty zdrowia, na wypadek gdybyś znalazła się w nieznajomym szpitalu lub klinice.
- Przygotuj zestaw ewakuacyjny i torbę. Eksperci zalecają, by w takim zestawie znajdowała się niepsująca się żywność przynajmniej na 3 dni (na przykład orzechy, liofilizowane owoce, krakersy pełnoziarniste, masło orzechowe, batoniki granola, konserwy, które można otworzyć ręcznie, oraz woda (przynajmniej po 4 litry na osobę i domowego zwierzaka na 3 dni), preparaty uzupełniające dla ciężarnych, leki, dodatkowe baterie do telefonu, radio na baterie, koc, apteczka pierwszej pomocy, latarka z dodatkowymi bateriami, środek dezynfekujący do rąk oraz inne rzeczy, które mogą ci być potrzebne. Umieść taki zestaw ewakuacyjny również w swoim samochodzie. Więcej informacji znajdziesz na stronach internetowych www.ready.gov lub www.us.edu.pl (zakładka „Miniporadnik").

Pamiętaj również, że w trakcie katastrofy lub klęski żywiołowej twoim podstawowym zadaniem jest szczególna troska o siebie i dziecko – jedz więc regularnie, pij, odpoczywaj tak często, jak tylko zdołasz w tak trudnej i stresującej sytuacji. A skoro mowa o stresie, dbaj o to, żeby tobą nie zawładnął, ponieważ silny stres może niekiedy się przyczynić do porodu przedwczesnego. Spróbuj wykonywać techniki relaksacyjne, które stosujesz w trakcie ciąży, żeby się uspokoić (jeśli do tej pory ich nie stosowałaś, przygotowanie do sytuacji awaryjnej to jeszcze jeden dobry powód, by zacząć). W razie jakiejkolwiek katastrofy lub klęski żywiołowej skontaktuj się z infolinią dla ofiar katastrof (w Stanach Zjednoczonych 1-800-985-5990; to numer The National Disaster Distress Helpline) (w Polsce z Centrum Zarządzania Kryzysowego właściwym dla miejsca pobytu) lub numerami interwencyjnymi: 112, 999 (pogotowie ratunkowe), 998 (straż pożarna), 997 (policja), z oddziałem Czerwonego Krzyża albo wydziałem zdrowia – tam uzyskasz pomoc oraz informacje na temat dalszego postępowania.

dziecko nie zacznie przesypiać całych nocy, wasze sukcesy w tej sferze mogą nie być zbyt imponujące.

Was dwoje

Dziecko się nawet jeszcze nie urodziło, a nasz związek już się zmienił. Jesteśmy pochłonięci porodem i dzieckiem zamiast sobą.

Małe dzieci wprowadzają wielkie zmiany i to często zanim jeszcze przyjdą na świat. Nie dziw się zatem, że wasz związek to jedna z tych dziedzin życia, które z pewnością się zmienią. Wygląda zresztą na to, że już tę zmianę zauważyłaś. I zasadniczo jest to naprawdę bardzo dobre. Kiedy dzięki dziecku będziecie już we trójkę, wasza dwójka na pewno będzie musiała przejść pewne zmiany – dynamika waszego związku oraz priorytety na pewno nie będą już takie same. Ale ten nieunikniony przewrót, który dokona się w waszym życiu, zwykle jest mniej stresujący oraz łatwiejszy do zaakceptowania, gdy para rozpoczyna naturalną i nieuniknioną ewolucję swojego związku jeszcze w czasie ciąży. Inaczej mówiąc, zmiany w waszej relacji z większym prawdopodobieństwem okażą się zmianami na lepsze, jeśli zaczną się jeszcze przed narodzinami dziecka. Pary, które nie spodziewają się przynajmniej odrobiny zamętu w swoim życiu romantycznym – czyli nie uświadamiają sobie, że wino i róże często będą ustępować miejsca ulanemu mleku i purée z marchewki, że miłosne maratony zamienią się w maratony kołysania dziecka do snu i że zabawa we trójkę nie zawsze jest tak intymna i swobodna jak zabawa we dwoje – często o wiele gorzej radzą sobie z realiami życia z wymagającym noworodkiem.

Pomyśl zatem o przyszłości, wszystko zaplanuj i przygotuj się na zmiany. A gdy już opanujesz nową rolę i się jej poświęcisz, nie zapominaj, że dziecko nie jest jedyną osobą, która potrzebuje twojej czułości i troski. To naturalne, że jesteś pochłonięta czekającym cię porodem, ale powinnaś również zarezerwować trochę energii i uczuć dla związku, dzięki któremu na świecie pojawi się wasze słodkie maleństwo. Właśnie teraz jest odpowiedni czas, by się nauczyć, jak łączyć opiekę nad dzieckiem z dbałością o relację z partnerem. Kiedy tak pracowicie wijesz swoje gniazdko, spróbuj jednak znaleźć czas na umacnianie związku i romantycznych uczuć. Często się przytulajcie, trzymajcie za ręce, wybierając rzeczy dla dziecka. Chwyć go za pupę, pocałuj albo przytul się bez żadnego powodu. Pieśćcie się i przytulajcie w łóżku, wspominając pierwszą randkę i planując drugi miesiąc miodowy (nawet jeśli jeszcze przez wiele miesięcy prawdopodobnie nie będzie możliwy). Od czasu do czasu wykorzystujcie w sypialni olejek do masażu; nawet jeśli nie macie nastroju na seks – lub w tych dniach wydaje się wam on bardziej ciężką pracą niż przyjemnością – każdy rodzaj dotyku pomoże wam zachować bliskość i przypomni, że w życiu istnieje coś więcej niż szkoła rodzenia Lamaze'a i zakup wyprawki dla noworodka.

Jeśli teraz zachowacie w pamięci te wszystkie ważne uczucia, które was łączą, później, gdy na zmianę będziecie nosić dziecko o drugiej nad ranem, łatwiej będzie wam podtrzymać płomień miłości. A ta miłość jest przecież tym, co sprawi, że gniazdko, które teraz tak pracowicie przygotowujecie dla waszego dziecka, będzie przytulne, szczęśliwe i bezpieczne.

WSZYSTKO O...
Karmienie piersią

Jeśli zachodzisz w głowę, co się dzieje w tych ogromnych piersiach, których „dorobiłaś się" przez ostatnie miesiące, prawdopodobnie nie masz większych wątpliwości: twoje piersi są już gotowe do karmienia. Niezależnie od tego, czy ty również jesteś na to gotowa, czy jeszcze rozważasz inne sposoby karmienia dziecka, zapewne będziesz chciała się dowiedzieć czegoś więcej o tym cudownym i niezwykłym procesie, który sprawi, że twoje piersi zmienią się w najdoskonalsze na świecie źródło pokarmu dla niemowlęcia. Znajdziesz tu garść cennych wiadomości na ten temat, ale szczegółowe wskazówki dotyczące karmienia piersią (w tym dlaczego i jak to robić) znajdują się w książce *Pierwszy rok życia dziecka* (REBIS 2017). Oto najważniejsze informacje.

Dlaczego mleko z piersi jest najlepsze

Tak jak mleko kozy jest najlepszym pożywieniem dla koźlątek, a mleko krowy dla cielaczków, tak mleko kobiety jest najlepszym pokarmem dla noworodków. Oto powody:

Jest robione na zamówienie. Mleko mamy jest dopasowane do potrzeb noworodka i zawiera co najmniej 100 takich składników, które nie występują w mleku krowim i których nie da się odtworzyć w sztucznie przygotowanej mieszance mlecznej. Poza tym w przeciwieństwie do mieszanek skład mleka matki zmienia się w zależności od zmieniających się potrzeb dziecka. Rano jest inne niż późnym popołudniem, inne na początku karmienia niż pod koniec, inne w pierwszym miesiącu życia dziecka, a inne w siódmym, inne mleko piją wcześniaki, a inne donoszone noworodki. Smak twojego mleka będzie się również zmieniał w zależności od tego, co zjesz (tak samo jak zmienia się smak wód płodowych, gdy jesteś w ciąży). To jedyny w swoim rodzaju pokarm dla twojego jedynego w swoim rodzaju dziecka.

Jest łatwe do strawienia. Mleko z piersi jest przeznaczone dla niedojrzałego jeszcze układu pokarmowego noworodka. Białko i tłuszcz w nim zawarte są łatwiejsze do strawienia niż te znajdujące się w mieszance, a ważne składniki odżywcze lepiej się wchłaniają.

Działa kojąco na brzuszek. Maluchy karmione piersią – dzięki temu, że mleko jest łatwiejsze do strawienia – prawie nigdy nie mają zaparć. Równie rzadko miewają biegunki, ponieważ mleko mamy zmniejsza ryzyko zaburzeń pokarmowych dzięki właściwościom sprzyjającym niszczeniu szkodliwych drobnoustrojów i powstawaniu prawidłowej flory bakteryjnej. Słyszałaś, że w niektórych szeroko reklamowanych mieszankach dla niemowląt znajdują się pre- i probiotyki? W mleku z piersi występują naturalnie.

Nie powoduje przykrego zapachu. Z estetycznego punktu widzenia można zauważyć, że kupki maluszków karmionych piersią pachną nieco przyjemniej (przynajmniej do czasu wprowadzenia pokarmów stałych).

Chroni przed chorobami. Z każdym karmieniem dziecko otrzymuje dawkę przeciwciał, które zwiększają jego odporność na drobnoustroje chorobotwórcze. Ogólnie mówiąc, niemowlęta karmione piersią rza-

Przygotowanie do karmienia piersią

Na szczęście natura dobrze opracowała wszystkie mechanizmy, więc nie musisz czynić zbyt wielu przygotowań, by nakarmić swoje dziecko. Niektórzy eksperci laktacyjni zalecają, by w trakcie ostatnich miesięcy ciąży nie myć brodawek mydłem, tylko płukać je wodą. Mydło może bowiem wysuszać brodawki, a u początkujących mam często kończy się to pękaniem i bólem. Jeśli masz przesuszone brodawki, posmaruj je kremem z lanoliną (na przykład marki Lansinoh, Linomag lub Bephanten); w przeciwnym wypadku ich nawilżanie nie jest konieczne.

Brodawek małych i płaskich także nie trzeba jakoś specjalnie przygotowywać do karmienia – hartować za pomocą nakładek, laktatora ani też ręcznie. Takie przygotowania nie tylko często nie są skuteczne, ale też mogą wyrządzić więcej szkody niż pożytku. Nakładki, oprócz tego, że są nieporęczne, mogą wywołać nadmierną potliwość oraz wysypkę. Hartowanie sutków ręką lub za pomocą laktatora jeszcze przed porodem może wywołać skurcze mięśnia miednicy, uszkodzić brodawki, a nawet doprowadzić do zapalenia piersi.

ściowo dlatego, że karmienie naturalne pomaga kontrolować apetyt dziecka. Maluch najczęściej przestaje ssać pierś, kiedy czuje się najedzony, podczas gdy niemowlę karmione butelką jest zachęcane do wypicia całej porcji. Co więcej, mleko z piersi w pomysłowy sposób kontroluje swoją kaloryczność. Mleko pierwszej fazy (to, które wypływa na początku karmienia) jest mniej kaloryczne i służy zaspokojeniu pragnienia. Później zaczyna płynąć mleko drugiej fazy, które ma więcej kalorii i syci maluszka, sygnalizując mu, że pora przestać ssać. Badania sugerują, że właściwości dietetyczne mleka z piersi pomagają dzieciom walczyć z otyłością od żłobka aż po szkołę średnią. Dzieci, które były karmione piersią, w przyszłości rzadziej zmagają się z otyłością. Kolejna długoterminowa zaleta karmienia piersią: uważa się, że w późniejszym wieku dzieci karmione naturalnie mają niższe stężenie cholesterolu i niższe ciśnienie tętnicze krwi.

Zapobiega alergiom. Dzieci prawie nigdy nie są uczulone na mleko mamy (mogą co najwyżej być wrażliwe na jakieś składniki diety mamy). Skutki uboczne mieszanki? U ponad 10 procent niemowląt występują reakcje uczuleniowe na mieszanki na bazie mleka krowiego (przejście na hydrolizat białkowy zazwyczaj rozwiązuje problem, aczkolwiek nie jest to idealne rozwiązanie, ponieważ skład tych preparatów jeszcze bardziej odbiega od składu „magicznej formuły", czyli mleka z piersi). I jeszcze jedna dobra wiadomość z frontu walki z alergią: istnieją dowody naukowe na to, że niemowlęta karmione piersią rzadziej chorują na astmę oskrzelową i alergiczne choroby skóry.

Wspiera rozwój mózgu. Według niektórych badań karmienie piersią może zwiększać iloraz inteligencji dziecka – przynajmniej do 15 roku życia, a może nawet dłużej. Jest to związane nie tylko z kwasami tłuszczowymi DHA, które gwarantują prawidłowy rozwój

dziej się przeziębiają, nie tak często jak dzieci karmione sztucznie zapadają na zapalenie ucha, dolnych dróg oddechowych, układu moczowego oraz inne choroby, a gdy już zachorują, zazwyczaj szybciej dochodzą do zdrowia i mają mniej powikłań. Karmienie piersią dodatkowo poprawia reakcję odpornościową na szczepienia przeciwko większości chorób (takich jak tężec, błonica czy polio). Mleko z piersi może również zapobiegać zespołowi nagłej śmierci niemowląt.

Zapobiega otyłości. Niemowlęta karmione piersią rzadziej bywają zbyt pulchne. Czę-

> **Kolczyk w sutku?**
>
> Postanowiłaś, że będziesz karmić dziecko piersią, ale boisz się, że przeszkodzi ci w tym pewna drobnostka, a mianowicie kolczyk w sutku? Bez obaw. Nie ma żadnych dowodów na to, że piercing ma jakikolwiek wpływ na zdolność karmienia piersią. Nie zapomnij tylko usunąć wszystkich ozdób, nim podasz pierś maluchowi. Kolczyk w piersi to nie tylko źródło zakażenia dla ciebie, ale przede wszystkim ryzyko zadławienia dla dziecka oraz poranienia podczas karmienia jego delikatnych dziąseł, języka czy podniebienia.

mózgu, ale też z bliską relacją między matką a dzieckiem w naturalny sposób związaną z karmieniem piersią i wspomagającą jego rozwój intelektualny.

Jest bezpieczne. Możesz mieć pewność, że mleko prosto z piersi zawsze jest doskonałej jakości – nigdy nie jest zepsute, skwaśniałe, zanieczyszczone czy przeterminowane.

Jest stworzone do ssania. Opróżnienie piersi zajmuje więcej czasu niż wypicie mleka z butelki, więc noworodek może dłużej ssać, a to go właśnie uspokaja i tego potrzebuje. Poza tym dzieci karmione piersią mogą ssać nawet wtedy, gdy pierś jest pusta, a w przypadku pustej butelki jest to niemożliwe.

Prawidłowo kształtuje struktury jamy ustnej. Brodawki mamy i usta dziecka są dla siebie stworzone – to naturalnie doskonałe dopasowanie. Nawet najbardziej wymyślny smoczek, który zaprojektowano, wykorzystując najnowszą technologię, nie może się równać z brodawką, dzięki której prawidłowo rozwijają się szczęki, dziąsła, zęby i podniebienie maluszka – te ćwiczenia zapewnią optymalny rozwój jamy ustnej, a w przyszłości przyniosą korzyści zębom (chociażby prawidłowy zgryz). Poza tym dzieci karmione piersią rzadziej chorują później na próchnicę. Ssanie piersi sprzyja ponadto ćwiczeniu mięśni twarzy i jamy ustnej, co pozytywnie wpływa na rozwój mowy u dziecka.

Zwiększa wrażliwość kubków smakowych. Chcesz wychować żądnego przygód smakosza? Zacznij od karmienia piersią. Dzięki rozwojowi kubków smakowych wspieranemu przez twoje mleko, które przybiera smak tego, co zjesz, dziecko bardzo wcześnie wkroczy do bogatego świata smaków. Naukowcy odkryli, że dzieci karmione piersią – kiedy już dorosną do wysokiego krzesełka do karmienia – będą zapewne bardziej odważnie poznawać nowe smaki niż ich karmieni butelką rówieśnicy. Oznacza to, że twoje dziecko kiedyś szerzej otworzy buzię na widok łyżeczki pełnej purée ze słodkich ziemniaków albo widelca z kurczakiem curry.

Karmienie piersią to również mnóstwo korzyści dla mamy (i taty):

Wygoda. Mleko z piersi to bardzo wygodna potrawa – zawsze dostępna, gotowa do podania i w odpowiedniej temperaturze. Jest również bardzo szybka – żadnego biegania po mieszankę, kupowania, dźwigania, mycia i napełniania butelek, rozpuszczania proszku, podgrzewania (wyobraź sobie, że masz rozmowę konferencyjną przez telefon, a w tle zawodzi dziecko). Bez względu na to, gdzie jesteś – w łóżku, w podróży, w galerii handlowej czy na plaży – pokarm dla dziecka masz zawsze przy sobie. Bez kłopotu, bałaganu i zamieszania. A jeśli ty i dziecko nie jesteście razem w tym samym czasie i w tym samym miejscu – ponieważ jesteś w pracy, szkole, na kolacji lub wyjechałaś na weekend – możesz przygotować w butelkach zapas odciągniętego pokarmu.

DLA OJCÓW
Tata wie, do czego służą piersi

Do tej pory piersi twojej partnerki zapewne kojarzyły ci się z seksem. To całkowicie naturalne. Ale jest jeszcze coś równie naturalnego; coś, o czym prawdopodobnie już bardzo dobrze wiesz. Piersi są zbudowane w taki a nie inny sposób, ponieważ mają do spełnienia niezmiernie ważne zadanie: muszą wykarmić dziecko. Dla noworodka nie ma lepszego pokarmu niż mleko mamy i lepszego systemu jego dostarczania niż pierś (a nawet dwie). Karmienie piersią daje mnóstwo niezmiernie ważnych korzyści zdrowotnych zarówno dzieciom (chroni je przed alergiami, otyłością, chorobami oraz wspiera rozwój mózgu), jak i mamom (pomaga szybciej odzyskać formę po porodzie, a w przyszłości zmniejsza ryzyko wystąpienia cukrzycy oraz raka piersi, jajników i błony śluzowej macicy).

Decyzja o karmieniu piersią zamiast butelką bez wątpienia może mieć radykalny wpływ na życie twojego dziecka i partnerki. A, co zaskakujące, twoje wsparcie będzie miało prawdopodobnie radykalny wpływ na sukces tego przedsięwzięcia. Jeśli więc jeszcze tego nie zrobiłeś, zapewnij swoją partnerkę, że jesteś zwolennikiem karmienia piersią, a przekonasz się, jaką to ma moc. Nawet jeżeli jeszcze nie poznaliście rozczarowań związanych z przystawianiem dziecka do piersi, świadomość, że wspierasz ją na każdym kroku (zwłaszcza gdy będzie naprawdę ciężko, co na początku zdarza się dość często), z pewnością wpłynie na to, czy mama twojego dziecka pozostanie przy swojej decyzji (a im dłużej będzie karmić piersią, tym większe korzyści zdrowotne dla niej i dla dziecka). Badania wykazały, że jeśli tatusiowie wspierają karmienie piersią, aż 96 procent mam próbuje przystawiać dzieci do piersi. Jeśli ojcowie nie są zdecydowani, próby podejmuje zaledwie 26 procent kobiet. Potraktuj zatem swój wpływ bardzo poważnie. Zapoznaj się z tematem, chodź z partnerką do szkoły rodzenia, porozmawiaj z innymi ojcami i dowiedz się, czy w szpitalu, w którym maluch zje swój pierwszy posiłek, dostępna będzie konsultantka laktacyjna (czyli doradczyni, która nauczy was, jak prawidłowo karmić dziecko piersią). (Lekcja pierwsza: karmienie piersią to naturalny proces, chociaż nie zawsze przebiega naturalnie). Jeśli twoja partnerka jest niezdecydowana i waha się poprosić o pomoc – albo po prostu jest zbyt zmęczona po porodzie – bądź jej rzecznikiem i dopilnuj, żeby tę pomoc otrzymała.

Pomóż jej zacząć, zdopinguj ją, a potem usiądź i obserwuj, jak na twoich oczach dokonuje się cud – jak piersi twojej partnerki podejmują jedno z najważniejszych (i najbardziej niewiarygodnych) życiowych wyzwań: karmią wasze maleństwo. Oczywiście do karmienia dziecka potrzeba dwojga, ale często potrzeba trojga, żeby mogło się rozpocząć.

Oszczędność. Najlepsze rzeczy w życiu są za darmo, a jedną z nich jest mleko z piersi oraz sposób, w jaki można je podać – maluch otwiera buzię, a ty podajesz pierś. Z kolei karmienie butelką (jeśli weźmiesz pod uwagę mieszankę, butelki, smoczki i akcesoria do mycia) może się okazać bardzo kosztowne. Karmienie piersią nie wiąże się również z żadnymi stratami ani marnotrawstwem – to, czego dziecko nie wypije podczas jednego karmienia, pozostanie świeże do następnego. A ponieważ maluchy karmione piersią są generalnie zdrowsze, wydasz mniej pieniędzy na opiekę zdrowotną i lekarstwa (nie stracisz też zarobków, bo będziesz brała mniej zwolnień na chore dziecko).

Szybsza rekonwalescencja po porodzie. Karmienie piersią to jak najbardziej naturalna i najlepsza rzecz dla świeżo upieczonej

> ### Karmienie dziecka po operacji piersi
>
> Jak przebyta operacja piersi wpływa na karmienie w przyszłości? To zależy od rodzaju zabiegu, jaki przeszłaś, i od tego, jak został przeprowadzony. Oto krótki przegląd:
>
> **Jeśli przeszłaś operację zmniejszenia biustu lub wycięcie guza,** prawdopodobnie będziesz mogła karmić, ale musisz mieć pewność, że produkujesz tyle mleka, by karmić wyłącznie piersią. Zapytaj chirurga, czy w wyniku operacji nie zostały uszkodzone kanaliki mleczne i połączenia nerwowe. Jeśli zachowano ostrożność, istnieje duże prawdopodobieństwo, że będziesz w stanie wytworzyć przynajmniej trochę mleka.
>
> **Jeśli przeszłaś operację powiększenia piersi,** szansa, że będziesz mogła z powodzeniem wykarmić dziecko, jest bardzo duża. Ten zabieg w mniejszym stopniu wpływa na zdolność karmienia piersią niż operacja zmniejszenia biustu. W tym wypadku jednak wszystko zależy również od techniki przeprowadzenia zabiegu, nacięć oraz przyczyny operacji. Wiele kobiet z implantami jest w stanie karmić dziecko wyłącznie piersią, ale niemała ich liczba może nie produkować wystarczającej ilości pokarmu.
>
> Niezależnie od tego, jaką operację piersi przeszłaś, możesz zwiększyć swoje szanse na sukces dzięki pogłębianiu wiedzy na temat karmienia naturalnego, zajęciom w szkole rodzenia oraz pomocy konsultantki laktacyjnej. Więcej informacji na ten temat znajdziesz w książce *Pierwszy rok życia dziecka* (REBIS 2017).

mamy – w końcu to naturalne zakończenie cyklu ciąża–poród. Karmienie piersią pomaga mięśniowi macicy szybciej się skurczyć do wielkości sprzed ciąży, co z kolei zmniejsza wypływ odchodów połogowych (wydzieliny, która wydobywa się z pochwy po porodzie) i utratę krwi. A ponieważ karmienie piersią oznacza utratę ponad 500 dodatkowych kalorii dziennie, szybciej zrzucisz ciążowe kilogramy. Niektóre z nich odkładają się w postaci tkanki tłuszczowej potrzebnej do produkcji mleka, więc będziesz miała okazję je wykorzystać.

Ochrona przed kolejną ciążą. Nie jest to oczywiście całkowicie pewny sposób, ale regularne karmienie piersią może powstrzymać owulację (i miesiączkę) na kilka miesięcy. Czy powinnaś polegać na takiej metodzie antykoncepcji bez planu awaryjnego? Prawdopodobnie nie, jeśli jedna ciąża po drugiej nie jest twoim celem (więcej informacji na str. 30).

Zdrowie dla mamy. Karmienie piersią wiąże się z wieloma korzyściami zdrowotnymi. Kobiety, które karmią swoje dzieci w ten sposób, rzadziej chorują na nowotwory błony śluzowej macicy i jajników oraz raka piersi przed menopauzą. Rzadziej zapadają również na cukrzycę typu 2, reumatoidalne zapalenie stawów i osteoporozę. Naukowcy wskazują na jeszcze jedną korzyść: kobiety karmiące piersią są mniej podatne na depresję poporodową (chociaż ta choroba może również dotknąć mamy karmiące piersią oraz te, które odstawiły dziecko od piersi – to także wina zaburzeń hormonalnych).

Łatwość (względna) karmienia w nocy. Dziecko jest głodne o drugiej nad ranem? Na pewno będzie. Wtedy docenisz fakt, że możesz szybko nakarmić je piersią i to bez konieczności wyprawiania się po ciemku do kuchni, by przygotować butelkę. Po prostu podasz dziecku pierś.

Wielozadaniowość. Karmienie piersią na początku z pewnością będzie wymagało obu rąk i mnóstwa uwagi. Ale później, kiedy oboje zostaniecie już profesjonalistami, będziesz mogła w trakcie karmienia robić również inne rzeczy – od jedzenia kolacji po zabawę ze starszym dzieckiem.

Budowanie więzi. Niepodważalną korzyścią, którą najbardziej docenisz w związku z karmieniem piersią, będzie bliskość między tobą a maleństwem. Kontakt wzrokowy, bezpośredni dotyk („skóra do skóry"), tulenie i gaworzenie będą budować waszą wzajemną bliskość przy każdym karmieniu. Gdy mama (lub tata) karmi dziecko butelką, również nawiąże bliską relację ze swoim maleństwem, ale będzie to wymagało więcej świadomego wysiłku (zawsze będzie istniała zrozumiała pokusa poproszenia kogoś o podanie butelki, gdy będziesz zajęta lub zmęczona).

Decyzja o karmieniu piersią

Dla coraz większej liczby przyszłych mam wybór jest oczywisty. Niektóre kobiety wiedzą, że będą karmić piersią, a nie butelką, na długo przed tym, nim zdecydują się zajść w ciążę. Inne wybiorą karmienie piersią, gdy tylko się dowiedzą, jakie korzyści się z tym wiążą. Są też takie mamy, które się wahają w trakcie ciąży, a nawet w chwili porodu. Ale nawet te, które nie są przekonane, iż karmienie piersią to najlepszy wybór, nie mogą się pozbyć dręczącego uczucia, że powinny wybrać właśnie takie rozwiązanie.

Jesteś niezdecydowana? Oto argumenty, które powinny cię przekonać. Spróbuj karmić dziecko piersią, bo może się okazać, że to polubisz. Zawsze możesz zrezygnować, ale przynajmniej się pozbędziesz dręczących wątpliwości. A przede wszystkim twoje maleństwo i ty skorzystacie z niewątpliwych ko-

> ### Kiedy nie możesz (lub nie chcesz) karmić piersią
>
> Być może doszłaś do wniosku, że karmienie piersią zdecydowanie nie jest dla ciebie. Albo istnieją jakieś przyczyny, które ci to uniemożliwiają (lub po prostu nie będziesz mogła tego robić) – nieważne, czy wystąpił jeden z tych powodów czy wszystkie jednocześnie. Tak czy owak, pamiętaj, że obdarzysz swoje dziecko mnóstwem miłości bez względu na to, czy będziesz je karmić piersią czy butelką. Zatem sięgnij po butelkę bez cienia winy lub żalu. Więcej informacji na temat karmienia butelką i jednoczesnego ofiarowywania dziecku ogromu miłości znajdziesz w książce *Pierwszy rok życia dziecka* (REBIS 2017).

rzyści naturalnego karmienia, nawet gdyby trwało ono tylko przez chwilę.

Daj sobie szansę i spróbuj karmić chociaż przez jakiś czas. Pierwsze tygodnie na pewno będą dla ciebie sporym wyzwaniem – nawet jeśli się zaliczasz do największych entuzjastek karmienia piersią – ale pamiętaj, że naturalne karmienie to proces, który wymaga nauki i wielu prób (w ciężkich chwilach pomoże ci wsparcie konsultantki laktacyjnej). Aby nabrać wprawy w karmieniu piersią i przekonać się, że jest to najlepszy sposób żywienia niemowlęcia, będziesz potrzebowała 4 do 6 tygodni.

Pamiętaj również, że karmienie piersią nie jest jedynym rozwiązaniem. Dla niektórych mam najlepszym wyjściem jest karmienie mieszane, czyli naprzemienne podawanie dziecku piersi i butelki. Więcej informacji na ten temat również znajdziesz w książce *Pierwszy rok życia dziecka* (REBIS 2017).

====== ROZDZIAŁ 13 ======

Dziewiąty miesiąc

W przybliżeniu od 36 do 40 tygodnia

Nareszcie. Nadszedł w końcu miesiąc, na który tak czekałaś, do którego się przygotowywałaś i którym się na pewno trochę denerwowałaś. Z jednej strony pewnie już jesteś gotowa (by przytulić maleństwo... a także ponownie zobaczyć swoje palce u nóg i spać na brzuchu), ale z drugiej nie do końca. Pomimo nieuchronnego natłoku zajęć (więcej wizyt u ginekologa, kupowanie wyprawki na ostatnią chwilę, kończenie zadań służbowych, urządzanie dziecinnego pokoju) przypuszczalnie stwierdzisz, że 9 miesiąc jest najdłuższy ze wszystkich. Oczywiście pod warunkiem, że urodzisz w terminie, ponieważ 10 miesiąc jest jeszcze dłuższy.

Twoje dziecko w tym miesiącu

Tydzień 36. Twoje dziecko, które w tym momencie waży około 2700 gramów i ma mniej więcej 46–48 centymetrów długości, jest już prawie gotowe, by znaleźć się w twoich ramionach. Większość jego układów – od krwionośnego po mięśniowo-szkieletowy – jest przygotowana do życia poza łonem matki. Chociaż układ pokarmowy jest również gotowy do działania, tak naprawdę nie zaczął jeszcze funkcjonować. Pamiętaj, że na razie maluch jest odżywiany za pomocą pępowiny i nie musi trawić. Wkrótce się to jednak zmieni. Kiedy dziecko zacznie ssać pierś (lub butelkę), jego układ pokarmowy zacznie działać – tym samym zaczną się napełniać pieluszki.

Tydzień 37. W tym tygodniu czeka cię wspaniała wiadomość: gdyby dziecko urodziło się w tym momencie, zostałoby uznane za donoszone. Weź pod uwagę, że maluszek jeszcze nie przestał rosnąć i jeszcze do końca nie jest gotowy, by egzystować poza twoim łonem. Nadal przybiera na wadze około 220 gramów tygodniowo – w tym tygodniu waży mniej więcej 3000 gramów (chociaż dzieci w macicy różnią się masą ciała tak samo jak noworodki). Na ciele dziecka gromadzi się tkanka tłuszczowa, tworząc słodkie fałdki. By mieć zajęcie do czasu wielkiego debiutu, maluch doskonali swoje umiejętności: wdycha i wydycha wody płodowe (by przygotować płuca na pierwszy oddech), ssie kciuk (by przygotować się na pierwszy łyk mleka), mruga i obraca się z boku na bok (to tłumaczy, dlaczego wczoraj czułaś słodką małą pupkę po lewej stronie, a dzisiaj po prawej).

Tydzień 38. Na siatce centylowej można by w tej chwili zaznaczyć, że masa ciała malucha wynosi około 3200 gramów, a długość jego ciała dochodzi do 50 centymetrów (plus minus kilka centymetrów), a więc nie jest już taki mały. Prawdę mówiąc, jest już duży i gotowy na swój wielki dzień. Pozostanie w twojej macicy jeszcze 2 tygodnie (maksimum 4), więc wszystkie układy są prawie gotowe do działania. Aby ukończyć przygotowania i urodzić się w jak najlepszej formie (i brać udział w specjalnych sesjach zdjęciowych), maluszek musi się jeszcze zająć kilkoma ostatnimi szczegółami – pozbędzie się mazi płodowej (tłustej, białawej substancji, która pokrywa delikatną skórę) oraz lanugo (delikatnego meszku ogrzewającego ciałko). Organizm dziecka musi również wytworzyć więcej surfaktantu, który zabezpieczy jego pęcherzyki płucne przed sklejaniem się, gdy zacznie oddychać. Twój maluch pojawi się na świecie, zanim się zorientujesz.

Tydzień 39. W kwestii masy ciała i długości w tym tygodniu nie dzieje się zbyt wiele. Na szczęście dla ciebie, twojej rozciągniętej skóry (i bolących pleców) maluszek rośnie teraz wolniej albo w ogóle robi sobie przerwę i zacznie rosnąć dopiero po porodzie. Przeciętnie waży teraz mniej więcej 3200–3600 gramów (tyle co... noworodek!) i ma 48–53 centymetry (chociaż twój malec może być akurat trochę większy lub mniejszy). Jednak w innych dziedzinach nadal robi postępy –

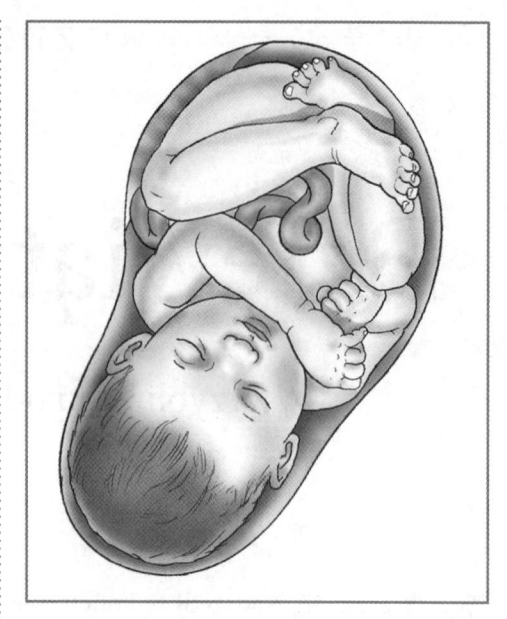

Twoje dziecko w 9 miesiącu

dotyczy to zwłaszcza mózgu, który rozwija się i rośnie jak szalony (to intensywne tempo będzie się utrzymywało przez pierwsze 3 lata życia). Co więcej, różowa skóra dziecka zmienia kolor na białawy lub białawoszary (bez względu na to, jaki kolor skóry będzie ostatecznie miało twoje maleństwo, ponieważ pigmentacja zaczyna się dopiero po porodzie). Jeśli jesteś w pierwszej ciąży, zauważyłaś być może pewną zmianę: głowa dziecka prawdopodobnie znalazła się we wchodzie miednicy (nieco poniżej spojenia łonowego). Dzięki temu przemieszczeniu na pewno łatwiej ci się oddycha (i masz mniejszą zgagę), ale za to trudniej chodzi (a właściwie kolebie).

Tydzień 40. Gratulacje! Dotarłaś do oficjalnego końca ciąży (a może też do granic swojej wytrzymałości). Twoje dziecko jest całkowicie donoszone, waży 2700–4100 gramów i ma około 48–56 centymetrów długości, chociaż niektóre doskonale zdrowe noworodki zameldują się na świecie trochę mniejsze lub większe. Gdy córeczka lub synek (w tym doniosłym momencie będziesz już to wiedziała na sto procent) wyłoni się z twojej macicy, być może zauważysz, że nadal znajduje się w pozycji embrionalnej, chociaż czasy, gdy maluch był płodem, właśnie się skończyły. To po prostu siła przyzwyczajenia (po spędzeniu 9 miesięcy w ciasnej przestrzeni macicy maluszek nie zdaje sobie jeszcze sprawy z tego, że ma teraz dużo miejsca, żeby się wyciągnąć) oraz sprawa komfortu (w tej pozycji jest mu najwygodniej). Kiedy po raz pierwszy spotkasz swoje nowo narodzone dziecko, koniecznie się z nim przywitaj. Chociaż będzie to wasze pierwsze spotkanie, maleństwo rozpozna dźwięk twojego głosu – głosu taty też. A jeśli nie pojawi się na świecie w terminie (postanowi zignorować termin porodu, który podaje twoja aplikacja), znajdziesz się w doborowym – i dość zniecierpliwionym – towarzystwie. Około 30 procent wszystkich ciąż trwa ponad 40 tygodni, aczkolwiek twój położnik nie pozwoli ci (na szczęście) chodzić w ciąży dłużej niż 42 tygodnie.

Tygodnie 41–42. Wygląda na to, że twoje dziecko woli jeszcze trochę zaczekać i nie spieszy się, żeby pojawić się na świecie. Mniej niż 5 procent dzieci przychodzi na świat dokładnie w wyznaczonym terminie porodu, a około 10 procent maluchów postanawia zostać w swoim zaciszu ponad 41 tygodni, rozwijając się tam pięknie aż do 10 miesiąca (chociaż ty już od jakiegoś czasu możesz nie popierać tej decyzji). Pamiętaj również, że w większości przypadków „przenoszone" dzieci wcale nie są przenoszone – rzecz po prostu w tym, że data porodu została źle obliczona. Dużo rzadziej noworodek faktycznie jest przenoszony. W takiej sytuacji, kiedy w końcu przychodzi na świat, często ma suchą, popękaną, łuszczącą się, luźną i pomarszczoną skórę (wszystkie te objawy są tymczasowe i wkrótce maluch będzie miał miękką i delikatną niemowlęcą skórę). Powodem jest brak ochronnej mazi płodowej, która zniknęła już kilka tygodni wcześniej, gdy nadszedł, a potem minął czas porodu. „Starsze" płody mogą mieć również dłuższe paznokcie, nierzadko dłuższe włosy i niewątpliwie mniej (lub wcale) dziecięcego puszku (czyli lanugo). Ogólnie noworodki, które zostały przenoszone, zazwyczaj są bardziej czujne i mają szeroko otwarte oczy (w końcu są starsze i mądrzejsze). Aby się upewnić, że wszystko jest w porządku, lekarz będzie dokładnie monitorował twoją ciążę za pomocą prostych, bezinwazyjnych badań, m.in. testów do wykrywania wycieku wód płodowych lub profilu biofizycznego płodu wykonywanego za pomocą ultrasonografii (USG) i kardiotokografii (KTG), w których ocenia się stan dziecka, wód płodowych i łożyska.

Co możesz odczuwać

Oto objawy, których możesz się spodziewać w ostatnim miesiącu ciąży. Niektóre z nich mogą się utrzymywać od ubiegłego miesiąca, a inne będą zupełnie nowe. Jeszcze inne mogą być niezauważalne, ponieważ już się zdążyłaś do nich przyzwyczaić albo zostały zepchnięte na drugi plan przez nowe i coraz bardziej ekscytujące oznaki zbliżającego się porodu:

OBJAWY FIZYCZNE

- zmiany w aktywności płodu (dziecko bardziej się wierci, a mniej kopie, ponieważ ma coraz mniej miejsca);

- coraz intensywniejsza wydzielina z pochwy, zawierająca więcej śluzu – może być ze smugami krwi lub zabarwiona na brązowo albo różowo po seksie czy bada-

niu dopochwowym lub dlatego, że szyjka macicy zaczyna się rozwierać;
- zaparcia lub luźne stolce w miarę zbliżania się porodu;
- zgaga, niestrawność, wzdęcia;
- sporadyczne bóle głowy;
- sporadyczne zawroty głowy, szczególnie podczas gwałtownej zmiany pozycji lub spadku stężenia glukozy we krwi;
- zapchany nos i sporadyczne krwotoki;
- zatkane uszy;
- nadwrażliwość dziąseł;
- skurcze mięśni nóg w nocy;
- wzmożone bóle pleców i ociężałość;
- bolesność w obrębie miednicy i pośladków;
- nasilające się obrzęki kostek i stóp, sporadyczne obrzęki rąk i twarzy;
- świąd brzucha;
- wystający pępek;
- rozstępy;
- żylaki na nogach i/lub sromie;
- hemoroidy;
- łatwiejsze oddychanie po obniżeniu się dna macicy;
- częstsze oddawanie moczu po obniżeniu się dna macicy ze względu na nacisk na pęcherz;
- coraz większe trudności ze spaniem;
- częstsze i intensywniejsze skurcze Braxtona-Hicksa (niektóre dość bolesne);
- wzmożona niezdarność i nieporadność oraz trudności z poruszaniem się;
- wyciek siary z piersi (chociaż to pierwsze mleko może się pojawić dopiero po porodzie);
- ogromne zmęczenie lub przypływ energii (syndrom wicia gniazda) albo obydwa stany naprzemiennie;
- wzrost lub utrata apetytu.

Twoje ciało w tym miesiącu

Dno macicy znajduje się w tej chwili tuż pod żebrami, a jej wymiary nie zmieniają się znacząco z tygodnia na tydzień. Górna część macicy znajduje się około 38–40 centymetrów od spojenia łonowego. Im bliżej wielkiego dnia, tym bardziej przyrost masy ciała się zmniejsza albo w ogóle się zatrzymuje. Skóra na brzuchu jest tak naciągnięta, iż masz wrażenie, że zaraz pęknie. I przy chodzeniu prawdopodobnie kołyszesz się z boku na bok, ponieważ dziecko obniżyło się w macicy w oczekiwaniu na zbliżający się poród.

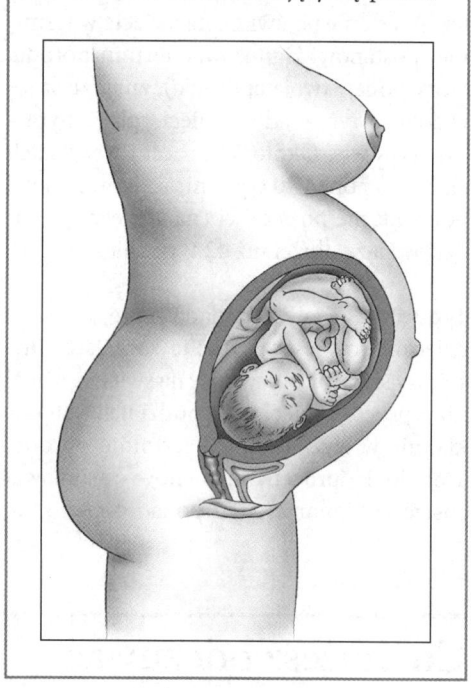

ODCZUCIA PSYCHICZNE
- coraz większe podniecenie, niepokój, obawa i roztargnienie;
- rozdrażnienie i nadwrażliwość (zwłaszcza gdy różni ludzie się dziwią, że jeszcze nie urodziłaś);
- niepokój i zniecierpliwienie;
- sny i marzenia związane z dzieckiem.

Czego możesz oczekiwać podczas badania lekarskiego

W tym miesiącu wizyty kontrolne będą się odbywały co tydzień, więc spędzisz w gabinecie trochę więcej czasu. Te wizyty będą jednak coraz bardziej interesujące – położnik oszacuje wielkość dziecka, może nawet pokusi się o prognozę, ile czasu pozostało ci do porodu – i ekscytujące, ponieważ oznaczają, że ten wielki dzień jest już bardzo blisko. Ogólnie mówiąc, w tym miesiącu wizyty kontrolne mogą obejmować następujące badania:

- pomiar masy ciała (rośnie wolniej lub pozostaje na tym samym poziomie);
- pomiar ciśnienia tętniczego krwi (może być trochę wyższe niż w środkowych miesiącach ciąży);
- badanie ogólne moczu, by wykluczyć obecność glukozy i białka;
- kontrolę dłoni i stóp pod kątem obrzęków oraz nóg pod kątem żylaków;
- sprawdzenie, czy szyjka macicy zaczęła się skracać i rozwierać;
- określenie wysokości dna macicy (czyli jej najwyżej położonego punktu);
- sprawdzenie czynności serca płodu;
- określenie wielkości płodu (po badaniu USG lekarz poda ci zapewne jego przybliżoną masę i długość), jego położenie (czy jest główkowe czy miednicowe), stopień usytuowania płodu (czy przodująca część już zstąpiła do miednicy) – to badanie wykona metodą palpacyjną (lekarz będzie uciskał twój brzuch palcami).

Lekarz spyta też o objawy ciążowe oraz odpowie na pytania, szczególnie te dotyczące porodu, więc przygotuj sobie listę.

Możesz też otrzymać od lekarza instrukcję, jak postępować, gdy poczujesz, że rozpoczął się poród oraz kiedy zaplanować wyjazd do szpitala lub kliniki położniczej. Jeśli nie otrzymasz takich wskazówek, koniecznie o nie poproś!

Co może cię niepokoić

Częstotliwość oddawania moczu – znowu to samo

Od kilku dni mam wrażenie, że w ogóle nie wychodzę z łazienki. Czy to normalne, że tak często teraz siusiam?

Powtórka z pierwszego trymestru? Dzieje się tak dlatego, że twoja macica znalazła się w tym samym miejscu, w którym była na początku, czyli w dole miednicy, i naciska bezpośrednio na pęcherz. W tym momencie macica jest o wiele cięższa, co oznacza, że nacisk na pęcherz jest również większy, i dlatego musisz częściej biegać do toalety. A więc biegaj, dziewczyno, kiedy tylko poczujesz potrzebę. Jeśli częstemu oddawaniu moczu nie towarzyszą objawy zapalenia dróg moczowych (patrz str. 553), nie masz żadnych powodów do niepokoju. Niech cię nie kusi ograniczanie ilości przyjmowanych płynów, by zmniejszyć liczbę wypraw do toalety – twoje ciało potrzebuje teraz więcej płynów niż wcześniej. I pamiętaj: idź do łazienki, gdy tylko poczujesz taką potrzebę (i gdy łazienka jest w pobliżu).

Krwista wydzielina z piersi

Pewnie się spodziewasz, że pod koniec ciąży z piersi wycieknie odrobina siary, ale krew? Krwista wydzielina z brodawek (zauważysz czerwone plamki wewnątrz stanika lub na czerwono zabarwiony wyciek, gdy uciśniesz pierś) nie jest niczym niezwykłym w trakcie ciąży (zazwyczaj zdarza się pod koniec ciąży, częściej u kobiet, które są w ciąży po raz pierwszy) i nie jest to zazwyczaj powód do niepokoju. Dlaczego tak się dzieje? Otóż w twoich piersiach w ciągu 9 miesięcy zachodzi bardzo wiele zmian (rosną, zwiększa się w nich przepływ krwi), dzięki którym przygotowują się one do doniosłej roli wykarmienia dziecka. Być może krew w brodawkach jest po prostu wynikiem zwiększonego ukrwienia lub pochodzi z naczyń włosowatych, które pękają, gdy piersi rosną do coraz większych rozmiarów. A może to kanaliki mleczne, które się rozszerzają i obrzmiewają pod wpływem hormonów, albo brodawczak (łagodny guzek) w kanaliku mlecznym, który został podrażniony. A może twoje brodawki są bardzo podrażnione (zwłaszcza gdy uciskałaś je często, by sprawdzić, czy wycieka z nich siara, lub by przyspieszyć poród).

Wspomnij o tym krwawieniu lekarzowi. Na wszelki wypadek (ponieważ zawsze trzeba mieć pewność) i również po to, żeby cię uspokoić, lekarz może zaproponować badanie piersi, w tym ultrasonografię i mammografię po porodzie – szczególnie jeśli krwawienie trwa dłużej niż tydzień i/lub jeśli dodatkowo zauważyłaś guzek. Jeżeli badanie nie wykryje niczego niepokojącego, będziesz musiała unikać uciskania brodawek, by nie podrażniać ich jeszcze bardziej, bo to właśnie podrażnienie jest prawdopodobnie główną przyczyną krwistej wydzieliny (twoje brodawki i tak będą mnóstwo razy ściskane, gdy dziecko przyjdzie na świat).

W wielu przypadkach krwawy wyciek z piersi mija po porodzie. Jeśli tak się nie stanie, nadal nie ma powodu do niepokoju – możesz karmić, nawet jeśli w pokarmie będzie krew. Jej niewielka ilość, którą dziecko przyjmie wraz z twoim mlekiem, na pewno mu nie zaszkodzi.

Wyciek pokarmu z piersi (lub jego brak)

Moja znajoma mówi, że w 9 miesiącu z jej piersi wyciekało mleko. W moim przypadku nic takiego się nie dzieje. Czy to oznacza, że nie będę miała pokarmu?

Mleko nie wytwarza się w piersiach, dopóki dziecko nie będzie w stanie go pić, czyli nie wcześniej niż 3, 4 dni po porodzie. To, co wyciekało z piersi twojej znajomej, to siara – wodnista, żółtawa wydzielina, która jest dopiero zapowiedzią mleka. Siara zawiera duże ilości przeciwciał, które chronią noworodka, ma więcej białek i mniej tłuszczów oraz laktozy (by łatwiej było ją trawić) niż mleko, które pojawi się później.

W przypadku niektórych przyszłych mam (ale zdecydowanie nie wszystkich) ten niezwykły płyn zaczyna wyciekać już pod koniec ciąży, czasami w trakcie seksu, a czasami spontanicznie. Ale nawet te mamy, którym siara nie wycieka z piersi, z pewnością ją produkują. Nic nie cieknie, ale nadal jesteś ciekawa, czy naprawdę twoje piersi produkują siarę? Naciśnij otoczkę brodawki, a być może zdołasz wycisnąć kilka kropli (ale nie ściskaj ich zbyt mocno – to tylko spowoduje ból). Nadal nic nie wypłynęło? Nie martw się. Twoje dziecko zdoła wydobyć z piersi to, czego potrzebuje, gdy tylko przyjdzie na to czas. Brak wycieku siary nie jest sygnałem, że podaż pokarmu w twoich piersiach nie zaspokoi popytu.

Nawet jeśli z twoich piersi wycieka siara, prawdopodobnie nie jest jej więcej niż kilka kropli. Ale jeśli wyciek jest dość obfity, włóż do stanika wkładki laktacyjne, by zabezpieczyć ubranie przed zabrudzeniem (i by uniknąć kłopotliwych sytuacji). Możesz też zacząć się przyzwyczajać do mokrych T-shirtów, bo to, co jest teraz, to zaledwie namiastka tego, co będzie później – przed tobą mleko cieknące z piersi, mokre staniki, piżamy i bluzki.

Nawiasem mówiąc, nie przejmuj się wyciekającą siarą – będziesz ją wytwarzać aż do chwili, gdy przyjdzie czas na prawdziwe mleko.

Plamienie

Dziś rano po seksie z mężem zaczęłam trochę krwawić. Czy to oznacza, że już rozpoczął się poród?

Nie ogłaszaj jeszcze, że zaczęłaś rodzić. Śluz zabarwiony na różowo lub czerwono pojawiający się tuż po stosunku lub badaniu dopochwowym czy też brązowawa wydzielina utrzymująca się przez 48 godzin to zazwyczaj naturalny rezultat skaleczenia lub manipulowania przy wrażliwej szyjce macicy, a nie objaw rozpoczęcia porodu. Natomiast różowawa, brązowawa czy krwawa wydzielina, której towarzyszą skurcze lub inne oznaki zbliżającego się porodu – czy to po seksie czy nie – mogą sygnalizować rozpoczęcie porodu (patrz str. 410).

Jeżeli zauważysz jasnoczerwone krwawienie lub utrzymujące się plamienie w którymkolwiek momencie ciąży, skontaktuj się z lekarzem.

Odejście wód płodowych przed porodem

Jak to możliwe, że pękł mi pęcherz płodowy, skoro jeszcze nie zaczęłam rodzić?

Wiele przyszłych mam obawia się pęknięcia pęcherza płodowego pod koniec ciąży, ale niewiele z nich tego doświadcza. W przeciwieństwie do powszechnego przekonania błony płodowe nie pękają przed rozpoczęciem porodu. W rzeczywistości ponad 85 procent kobiet zjawia się na sali porodowej z nietkniętym pęcherzem płodowym. Inaczej mówiąc, istnieje duże prawdopodobieństwo, że reszta twojej ciąży upłynie względnie „sucho".

Jeśli znajdziesz się jednak wśród tych 15 procent kobiet, którym wody płodowe odejdą przed porodem, prawdopodobnie

---

Utrata masy ciała

Może będziesz niemile zaskoczona, gdy w tym miesiącu wejdziesz na wagę. U większości przyszłych mam, które dotarły do końca ciąży, kończy się również przyrost masy ciała. Zamiast obserwować liczby na podziałce wagi z nieustanną nadzieją, że będą jeszcze rosły, możesz zaobserwować, że stanęły w miejscu, a nawet – w ciągu ostatnich tygodni ciąży – zaczęły spadać. O co zatem chodzi? Przecież dziecko nie traci na wadze, twoje kostki są nadal obrzęknięte, więc w czym rzecz? To, co się dzieje, jest całkowicie naturalne. Ten zastój przyrostu masy ciała (lub nawet tendencja spadkowa) to jeden ze sposobów, w jaki twoje ciało przygotowuje się do porodu. Zaczyna się zmniejszać ilość płynu owodniowego (mniej wód płodowych to mniejsza masa ciała), a mniej pełne jelita (to typowe, gdy zbliża się poród) również mogą powodować utratę masy ciała, podobnie jak pocenie się. Jeśli uważasz, że ta utrata kilogramów jest fascynująca, zaczekaj aż do porodu. To będzie pierwszy dzień twojego wielkiego odchudzania!

najpierw zauważysz przepowiadający wyciek lub strumyczek, ale raczej w pozycji leżącej niż stojącej. Kiedy jesteś w pozycji wyprostowanej (gdy stoisz, chodzisz, a nawet siedzisz), głowa twojego dziecka działa jak korek w butelce, blokując ujście macicy i zatrzymując większość płynu owodniowego w jej wnętrzu.

Dobra strona odejścia wód płodowych przed porodem zazwyczaj jest taka, że w ciągu 24 godzin rozpocznie się poród – jeśli nie, położnik zapewne go wywoła. Oznacza to, że tak czy inaczej twoje dziecko pojawi się na świecie w ciągu doby.

Chociaż wkładki higieniczne czy podpaski naprawdę nie są konieczne, możesz je stosować w ostatnich tygodniach ciąży (a jeśli jesteś bardzo zestresowana, to nawet wkładki na nietrzymanie moczu), ponieważ dzięki temu zyskasz poczucie bezpieczeństwa i będziesz się czuła świeżo, gdy zwiększy się ilość wydzieliny z pochwy. Możesz również podłożyć pod prześcieradło gruby ręcznik, ceratę lub gumową podkładkę, na wypadek gdyby pęcherz płodowy pękł w środku nocy.

Obniżenie dna macicy

Minął już 38 tydzień ciąży, a moja macica jeszcze się nie obniżyła. Czy to znaczy, że urodzę po terminie?

To, że dziecko jeszcze nie przesunęło się do wyjścia, absolutnie nie oznacza, że przyjdzie na świat po terminie. Gdy dziecko „zstępuje" do jamy miednicy, to znak, że część przodująca jego ciała (pierwsza, która przyjdzie na świat; najczęściej jest to główka) ustawia się w kanale rodnym. W pierwszej ciąży dzieje się to zwykle na 2–4 tygodni przed porodem. U przyszłych mam, które już wcześniej rodziły, przeważnie dochodzi do tego dopiero po rozpoczęciu porodu. Ale podobnie jak to bywa z innymi sprawami związanymi z ciążą, zdarzają się również wyjątki od tej reguły. Twoja macica obniży się już 4 tygodnie przed porodem, a urodzisz dopiero 2 tygodnie po terminie albo trafisz na salę porodową z nieobniżoną macicą. Może ci się nawet wydawać, że brzuch się opuścił, a potem podniósł: głowa dziecka pozornie znajdzie się w kanale rodnym, a potem znowu powędruje w górę (to znaczy, że tak naprawdę jeszcze nie ułożyła się we właściwym miejscu).

Obniżenie macicy często jest bardzo wyraźne. Nie tylko zauważysz różnicę (brzuch będzie niżej – nawet dużo niżej – i zacznie bardziej wystawać), ale też ją poczujesz. Macica nie będzie już tak mocno naciskać na przeponę, więc będziesz mogła swobodniej oddychać. Zelżeje też nacisk na żołądek, więc zniknie również większość problemów z jedzeniem, w tym zgaga czy niestrawność. Oczywiście te wyczekiwane zmiany często zastępują nowe dolegliwości – na przykład nacisk na pęcherz moczowy (przez co znowu będziesz częściej biegać do toalety), na

---

Dziecko już płacze?

Najmilszy dźwięk dla młodych rodziców to pierwszy krzyk dziecka po przyjściu na świat. Ale czy uwierzyłabyś, gdyby ktoś ci powiedział, że dziecko już teraz płacze cichutko w twoim łonie? To prawda, ponieważ zgodnie z tym, co odkryli naukowcy, maluchy w trzecim trymestrze wykazują zachowania świadczące o płaczu – trzęsąca się bródka, otwarta buzia, głębokie wdechy i wydechy – oraz drżenie ciała, gdy w pobliżu brzucha mamy rozlega się głośny dźwięk lub wibracja. Wiadomo, że odruch płaczu jest dobrze rozwinięty nawet u wcześniaków, zatem nic dziwnego, że maluchy doskonalą tę umiejętność, na długo nim są gotowe przyjść na świat (to tłumaczy, dlaczego tak dobrze potrafią płakać tuż po narodzinach!).

stawy miednicy (co z kolei utrudni ci chodzenie, a raczej kiwanie się z boku na bok) oraz okolicę krocza (co może powodować ból). Możesz również odczuwać ostre, krótkotrwałe wstrząsy lub ukłucia w obrębie dna miednicy (przypominające kłucia krocza występujące na wcześniejszym etapie ciąży, które tym razem są wynikiem nacisku główki na miednicę) oraz zaburzenia równowagi (ze względu na ponowną zmianę środka ciężkości ciała). Prawdopodobne jest również to, że nie zauważysz, iż twój brzuch się obniżył. Jeśli na przykład od początku znajdował się dość nisko, twoja sylwetka może się niewiele zmienić, gdy dziecko przesunie się w dół. Jeżeli nigdy nie miałaś trudności z oddychaniem lub jedzeniem albo jeśli zawsze często oddawałaś mocz, także możesz nie dostrzec diametralnej różnicy.

Lekarz będzie polegał także na dwóch innych wskaźnikach, by ocenić położenie główki. Po pierwsze, zbada cię dopochwowo, by ustalić, czy część przodująca – najczęściej główka – znajduje się w miednicy. Po drugie, wyczuje z zewnątrz (przez naciskanie brzucha), czy ta część jest już w ustalonej pozycji, czy jeszcze porusza się swobodnie.

Przesuwanie się przodującej części płodu w miednicy mierzy się w centymetrach. Gdy część przodująca ustali się do porodu (czyli wstawi do górnej płaszczyzny wchodu przebiegającego przez guzki łonowe i wzgórek kości krzyżowej), oznacza to, że jest na poziomie 0 centymetrów. Gdy zaczyna się dopiero obniżać, może być na wysokości –4 lub –5 centymetrów. Kiedy zaczyna się poród, główka przechodzi przez poziom 0, potem +1, +2 i tak dalej, aż znajdzie się w przestrzeni wychodu, czyli w kanale szyjki macicy i w pochwie na wysokości +5.

Aczkolwiek główka ustalona w miednicy oznacza, że dziecko jest w stanie przejść przez kanał rodny bez większych trudności, to oczywiście nie ma takiej gwarancji. I na odwrót, płód, który się unosi swobodnie (balotuje) nad wchodem miednicy, niekoniecznie będzie miał problemy z pokonaniem kanału rodnego. Prawdę mówiąc, większość płodów, które nie ustaliły się w miednicy w momencie rozpoczęcia porodu, przechodzi przez nią bez żadnych trudności. Sprawdza się to szczególnie w przypadku mam, które już urodziły przynajmniej jedno dziecko.

Zmiany ruchów dziecka

Mój synek zawsze bardzo mocno kopał. Teraz też czuję, że się rusza, ale wydaje się o wiele mniej aktywny.

Kiedy po raz pierwszy odebrałaś sygnał od swojego dziecka – a było to mniej więcej w 5 miesiącu – miało ono w maci-

Kiedy dziecko jest donoszone?

Jesteś zdezorientowana i nie wiesz, kiedy dziecko może zostać oficjalnie uznane za donoszone? A może jest już przenoszone? Cóż, Amerykańskie Kolegium Położników i Ginekologów przychodzi ci w tym momencie z pomocą dzięki następującemu krótkiemu słownikowi „terminowej" terminologii:

- Poród przedwczesny. Dziecko urodzone między 20 a 37 tygodniem jest uważane za wcześniaka.
- Poród wczesny. Dziecko urodzone między 37 a 38 tygodniem plus 6 dni.
- Dziecko urodzone w terminie. To maluch urodzony między 39 a 40 tygodniem plus 6 dni. (W przypadku bliźniąt to 38 tydzień).
- Poród późny. Dziecko urodzone między 41 tygodniem (i 0 dni) a 41 tygodniem plus 6 dni.
- Dziecko przenoszone. Maluch, który urodził się w 42 tygodniu.

Jak miewa się dziecko?

Zbliża się rozwiązanie (tak, ciąża na pewno wkrótce się skończy), więc lekarz zacznie się uważniej przyglądać twojemu zdrowiu i zdrowiu dziecka – zwłaszcza gdy przekroczycie 40 tydzień ciąży. 40 tygodni pobytu w macicy to optymalny czas dla dziecka. Te maluchy, które pozostają tam dłużej, mogą stanąć w obliczu różnych wyzwań (urosną zbyt duże, żeby urodzić się drogami natury, zmniejszy się ilość wód płodowych, a łożysko może gorzej funkcjonować). Na szczęście lekarz może się wiele dowiedzieć o samopoczuciu malucha na podstawie różnych badań i testów i sprawdzić, czy wszystko jest w porządku. Najważniejsze z nich to:

Liczenie ruchów. Rejestr ruchów dziecka, który być może prowadzisz (patrz str. 324), da pewną wskazówkę na temat jego samopoczucia. 10 ruchów w ciągu godziny lub dwóch oznacza zwykle, że wszystko jest w porządku. Jeśli nie zauważasz wystarczającej aktywności, lekarz przeprowadzi inne badania.

Test niestresowy (NTS). Zostaniesz podłączona do urządzenia monitorującego serce płodu (takiego samego, jakie zostanie użyte podczas porodu) w gabinecie swojego lekarza, który zbada rytm pracy serca malucha i sprawdzi jego ruchy. Będziesz trzymać w ręce przycisk (tak jak uczestnicy różnych teleturniejów) i naciskać za każdym razem, gdy dziecko się poruszy. Badanie trwa 20–40 minut i jest w stanie wykryć, czy tętno malucha przyspiesza w wyniku aktywności ruchowej.

Test stymulacji akustycznej (FAS) i wibroakustycznej (VAS). Może twoje maleństwo potrzebuje czegoś, co poprawi jego samopoczucie? Jeśli dziecko nie jest tak aktywne w trakcie testu niestresowego, jak życzyłby sobie lekarz, to zostanie przeprowadzony test akustyczny lub wibroakustyczny. Polega on na przyłożeniu do brzucha sondy emitującej dźwięki i wibracje, które zapewnią dziecku odrobinę stymulacji. Położnik będzie mógł w tym czasie dokładnie sprawdzić czynność serca i odruchy.

Test skurczowy (CST) lub oksytocynowy. Jeśli wyniki testu niestresowego są dwuznaczne i niepewne, lekarz może zalecić wykonanie testu stresowego, który przeprowadza się w szpitalu. Polega on na zbadaniu reakcji dziecka na „stres" wywołany skurczami macicy, by sprawdzić, jak poradzi sobie podczas pełnoobjawowego porodu. Podczas tego bardziej złożonego i długotrwałego badania (które może trwać nawet kilka godzin) zostaniesz podłączona do monitora rejestrującego pracę serca dziecka. Jeśli skurcze macicy nie pojawią się samoistnie, otrzymasz kroplówkę z niewielką dawką oksytocyny (lub zostaniesz poproszona o stymulację piersi), by wywołać skurcze. Reakcja na

cy mnóstwo miejsca na akrobacje, kopanie i boksowanie. Teraz jest tam trochę ciaśniej, więc maluch ma ograniczone możliwości i nie może się już tak gimnastykować. W ciasnym i przytulnym kokonie macicy ma coraz mniej miejsca na cokolwiek innego poza obracaniem się i kręceniem i to są prawdopodobnie właśnie te ruchy, które teraz odczuwasz. A kiedy główka dziecka ustali się w miednicy, twój synek będzie miał jeszcze bardziej ograniczoną swobodę. Jednak na tak późnym etapie ciąży nie jest ważne, jakie ruchy odczuwasz (nawet jeśli są wyczuwalne tylko po jednej stronie), ale to, że w ogóle je czujesz. Jeżeli nie rejestrujesz żadnej aktywności dziecka (patrz następne pytanie) lub zaobserwowałaś, że znacznie się zmniejszyła, skontaktuj się z lekarzem.

skurcze pozwoli ocenić stan dziecka i łożyska. Ta dość pobieżna symulacja porodu pozwoli lekarzowi ocenić, czy dziecko może bezpiecznie pozostać w macicy i czy będzie w stanie sprostać wyczerpującym wymaganiom, jakie postawi przed nim prawdziwy poród.

Profil biofizyczny płodu (BPP). Pora na zdjęcie, maleństwo. Z pomocą badania ultrasonograficznego i detektora tętna lekarz sprawdzi pięć parametrów: przeprowadzi test niestresowy (NTS), by ocenić czynność serca płodu, zbada ruchy oddechowe, ruchy płodu, napięcie mięśniowe (czy dziecko zgina i prostuje kończyny) oraz sprawdzi ilość płynu owodniowego (wód płodowych). Jeśli wyniki wszystkich badań będą się mieściły w normie, to znak, że z dzieckiem najprawdopodobniej wszystko jest w porządku. Jeśli któryś ze wskaźników będzie niejednoznaczny, dodatkowe testy – (na przykład skurczowy lub stymulacji wibroakustycznej) – pozwolą dokładniej ocenić stan dziecka.

Zmodyfikowany profil biofizyczny płodu. To połączenie testu niestresowego (NTS) z badaniem ilości płynu owodniowego. Zmniejszona objętość wód płodowych może oznaczać, że dziecko wytwarza niewystarczającą ilość moczu oraz że łożysko nie funkcjonuje tak, jak powinno. Jeśli dziecko zareaguje prawidłowo na test niestresowy, a poziom płynu owodniowego odpowiada normie, to istnieje duża szansa, że wszystko jest w porządku.

Badanie przepływu krwi w tętnicy pępowinowej metodą Dopplera. Ten test przeprowadza się w przypadku, gdy istnieją dowody na to, że płód rośnie zbyt wolno. Polega na badaniu ultrasonograficznym przepływu krwi w tętnicy pępowinowej metodą Dopplera. Jeśli przepływ jest słaby, nieobecny lub odwrócony w fazie rozkurczowej, gdy serce napełnia się krwią, może to oznaczać, że płód nie jest właściwie odżywiany i w związku z tym nie rośnie tak, jak powinien.

Inne testy pozwalające ocenić dobrostan płodu. Należą do nich regularne badania ultrasonograficzne dokumentujące prawidłowy wzrost i rozwój płodu oraz stymulacja główki dziecka (ten test kontroluje reakcje na nacisk lub uszczypnięcie) podczas testu niestresowego.

W większości przypadków dzieci zaliczają wszystkie testy celująco, a to znaczy, że mogą zaczekać, aż będą gotowe do swojego wielkiego debiutu. Bardzo rzadko wynik testu niestresowego jest oceniany jako „niereaktywny" (nieprawidłowy). Ponieważ testy często dają wyniki fałszywie pozytywne, „niereaktywność" nie oznacza definitywnie, że dziecku coś grozi, lecz że lekarz będzie dalej je monitorował. Jeśli się okaże, że istnieje jakikolwiek stan zagrożenia płodu, wywoła poród (patrz str. 598) lub przeprowadzi cięcie cesarskie.

Przez całe popołudnie prawie nie czułam ruchów dziecka. Co to oznacza?

Twoje dziecko przypuszczalnie po prostu się zdrzemnęło (starsze płody – podobnie jak noworodki – od czasu do czasu zapadają w głęboki sen) albo byłaś zbyt zajęta lub czymś pochłonięta, by zauważyć ruchy. Aby się uspokoić, sprawdź jego aktywność, przeprowadzając test opisany na str. 324. W ostatnim trymestrze warto go przeprowadzać 2 razy dziennie. 10 lub więcej ruchów w ciągu godziny lub dwóch (kręcenie się, wiercenie, ale z pominięciem czkawki) oznacza, że poziom aktywności maleństwa jest w normie. Mniejsza liczba ruchów sugeruje, że potrzebna będzie kontrola lekarska, która określi przyczynę spadku aktywności; w takim

DLA OJCÓW
Prezent dla mamy z okazji narodzin dziecka

Zastanawiasz się, jaką niespodziankę zrobić swojej partnerce z okazji narodzin waszego maleństwa? Prezenty z okazji narodzin dziecka (podarunki, które tatusiowie wręczają mamom, by uczcić narodziny wspólnego potomka) stają się coraz popularniejsze wśród młodych rodziców. Oczywiście najpiękniejszym podarunkiem, jaki można sobie wyobrazić, jest maleństwo, które urodzi twoja partnerka, ale po tych trudnych miesiącach dźwigania zakończonych nie mniej męczącym porodem jakiś niewielki materialny wyraz uznania na pewno będzie miłym dodatkiem.

Nie jesteś pewien, co jej sprezentować? Może po prostu podaruj jej jakiś zabieg pielęgnacyjny, na który sobie ze wszech miar zasłużyła – na przykład bon podarunkowy na zabiegi pielęgnacyjne na twarz, ciało lub manikiur i pedikiur? A może zapłać za miesięczne usługi profesjonalnej pomocy domowej (to w zasadzie będzie wspaniały prezent dla was obojga)? A może woli błyskotki? Pomyśl więc o naszyjniku z wisiorkiem z imieniem lub inicjałami dziecka albo o bransoletce z kamieniem związanym z jego datą narodzin? A może nawet o pierścionku będącym symbolem twojej miłości, która wraz z narodzinami waszego maleństwa stała się jeszcze silniejsza i dojrzalsza?

Obawiasz się, że ten prezent zbyt mocno nadszarpnie twój budżet? A może chciałbyś odłożyć zgromadzone fundusze na edukację dziecka? Pamiętaj, że niektóre z najbardziej wartościowych prezentów absolutnie nie wiążą się z wysoką ceną. Zaskocz ją pękiem kolorowych baloników, bukietem kwiatów albo tabliczką obwieszczającą, że zostałeś dumnym tatą. I nie zapomnij o kartce z życzeniami – napisz słowa płynące z głębi serca (jeśli masz natchnienie, możesz nawet napisać wiersz albo zaśpiewać piosenkę), które wyrażą, jak bardzo twoja miłość umocniła się przez te dziewięć miesięcy i jak bardzo się cieszysz, że spędzicie razem życie.

Nie podoba ci się moda na prezenty z okazji narodzin dziecka? Nie czuj się zmuszony do kupowania czegokolwiek, jeśli nie jest to w twoim stylu albo w jej. W końcu mody przychodzą i odchodzą, a bycie partnerem i rodzicem oddanym swojej roli jest darem, który nigdy nie przemija. Co więcej, najcenniejszym prezentem jest po prostu twoja obecność – nie tylko przy narodzinach dziecka, ale przez te wszystkie dni, miesiące i lata, które spędzicie wspólnie jako rodzice i partnerzy. Ten dar jest po prostu bezcenny.

---

przypadku skontaktuj się z lekarzem. Aczkolwiek maluch, który jest w łonie stosunkowo mało aktywny, może być całkowicie zdrowy, to taki brak ruchliwości może czasem wskazywać na stan zagrożenia płodu. Szybkie jego wykrycie i odpowiednia interwencja uchronią dziecko przed poważnymi konsekwencjami.

Czytałam, że gdy zbliża się poród, ruchy płodu stają się rzadsze. Tymczasem moje dziecko jest tak samo aktywne jak zawsze.

Każde dziecko jest inne, nawet zanim się urodzi – dotyczy to także jego aktywności tuż przed samym porodem. Niektóre maluchy w tym czasie ruszają się trochę mniej, przygotowując się do porodu, a inne pozostają tak samo energiczne aż do chwili pierwszego spotkania z mamą. Jednak pod koniec ciąży liczba ruchów stopniowo maleje – prawdopodobnie jest to związane z tym, że w macicy jest coraz mniej miejsca, zmniejsza się objętość wód płodowych, a ruchy dziecka stają się coraz bardziej skoordynowane. Lecz jeśli nie liczysz dokładnie wszystkich ruchów, prawdopodobnie nie będziesz w stanie zauważyć dużej różnicy.

Wicie gniazda

Słyszałam o czymś takim jak instynkt wicia gniazda. Czy on naprawdę istnieje, czy to tylko jedna z ciążowych legend?

Instynkt wicia gniazda u niektórych przyszłych mam może być równie prawdziwy i silny jak u naszych pierzastych i czworonożnych przyjaciół. Jeśli kiedykolwiek byłaś świadkiem narodzin szczeniąt lub kociąt, pewnie zauważyłaś, jak niespokojne stają się tuż przed porodem ich mamy – biegają gorączkowo w tę i z powrotem, jak szalone drą papierki w jakimś kącie, a potem – gdy już czują, że wszystko jest w porządku – kładą się w przygotowanym miejscu i rodzą swoje małe. Wielu ludzi oczekujących dziecka również doświadcza takiego niekontrolowanego pragnienia, by przygotować "gniazdo" przed narodzinami dziecka – chociaż z całą pewnością nie gromadzą papierków, gałązek ani liści. Robią to o wiele subtelniej. Niektórzy ni stąd, ni zowąd stwierdzają, że muszą koniecznie wyczyścić i napełnić lodówkę i zrobić zapas papieru toaletowego na pół roku. Z kolei w przypadku innych rodziców ten niezwykły stan przejawia się nagłymi, czasami irracjonalnymi i często zabawnymi zachowaniami (przynajmniej dla tych, którzy obserwują je z zewnątrz) – czyszczeniem szczoteczką do zębów każdej szczeliny w dziecinnym pokoju, układaniem produktów w szafkach w porządku alfabetycznym,

---

Rozmasuj to, mamo

Nie pozostało ci już nic więcej do roboty poza czekaniem na narodziny potomka? A więc wykorzystaj to, że masz wolne ręce, i zrób z nich użytek (lub wykorzystaj dłonie kogoś, kto jest dla ciebie wyjątkowy), a konkretnie wymasuj sobie krocze. Masaż pomoże delikatnie rozciągnąć krocze pierworódki (chodzi o obszar skóry między pochwą a odbytem), co z kolei złagodzi "kłucie", które się pojawia, gdy główka dziecka przechodzi przed pochwę. Jest jeszcze jedna zaleta takiego masażu, którą z pewnością docenisz: niektórzy eksperci twierdzą, że dzięki temu być może unikniesz pęknięcia lub nacięcia krocza.

A oto jak prawidłowo wykonać masaż krocza: Umyj ręce i obetnij paznokcie, a potem umieść w pochwie kciuki lub palce wskazujące (nawilżone odrobiną żelu intymnego lub oliwy z oliwek – nie używaj jednak olejków mineralnych ani wazeliny). Naciskaj dolny brzeg pochwy (w kierunku odbytu) oraz jej boki. Powtarzaj masaż co- dziennie przez ostatnie kilka tygodni ciąży, ale za każdym razem nie dłużej niż pięć minut. Nie podoba ci się ten pomysł? Wydaje ci się dziwaczny lub zbyt czasochłonny? A zatem nie musisz tego robić. Chociaż niepotwierdzone źródła zachwalają skuteczność takiego masażu, to żadne naukowe badania jeszcze tego nie dowiodły. Nawet bez masażu krocza pochwa i tak się rozciągnie, gdy nadejdzie czas. Nie kłopocz się tym również, jeśli urodziłaś już jedno lub więcej dzieci. W takiej sytuacji nie musisz dodatkowo rozciągać krocza, zresztą prawdopodobnie nie przyniosłoby ci to żadnych korzyści (aczkolwiek masaż w trakcie porodu, gdy już pojawi się główka, pomoże rozciągnąć nawet krocze kobiety, która już kiedyś rodziła).

I jeszcze jedna krótka rada: jeśli zdecydujesz się na masaż, wykonuj go delikatnie. Ostatnia rzecz, jaka jest ci potrzebna przed porodem, to zbyt mocne rozciągnięcie skóry, zadrapanie bądź podrażnienie. Masuj zatem bardzo ostrożnie.

praniem wszystkiego, co akurat nie jest noszone, składaniem i rozkładaniem całymi godzinami dziecięcych ubranek.

Chociaż instynkt wicia gniazda nie jest niezawodną zapowiedzią zbliżającego się porodu, zazwyczaj się nasila, gdy ten wielki moment jest blisko – przypuszczalnie jest to reakcja na podwyższone stężenie adrenaliny krążącej w krwiobiegu mamy. Pamiętaj jednak, że nie wszystkie kobiety odczuwają instynkt wicia gniazda i że te, u których on nie występuje, z takim samym powodzeniem opiekują się swoim potomstwem. Nieodparta chęć, by ostatnie tygodnie ciąży spędzić na kanapie, jest równie częsta jak potrzeba sprzątania w szafach. I to także jest zrozumiałe.

Jeśli poczujesz nagły instynkt wicia gniazda, zadbaj o to, by zachować przy tym zdrowy rozsądek. Stłum przemożny impuls, by samodzielnie pomalować dziecinny pokoik – pozwól, by ktoś inny wszedł na drabinę z wiadrem i wałkiem, a ty nadzoruj wszystko z wygodnej kanapy. Nie pozwól, żeby nadgorliwość w wykonywaniu domowych obowiązków oraz sprzątanie wyczerpały twoje siły, ponieważ musisz zachować zapasy energii na poród i opiekę nad noworodkiem. I przede wszystkim pamiętaj, że gatunek, do którego należysz, posiada pewne ograniczenia. Chociaż masz instynkt wicia gniazda podobnie jak inni przedstawiciele świata zwierząt, jesteś tylko człowiekiem i nie możesz oczekiwać, że zdołasz wszystko zrobić, nim maleństwo, na które tak czekasz, znajdzie się w twoim gnieździe.

Kiedy urodzisz?

Lekarka właśnie zbadała mnie ginekologicznie i stwierdziła, że prawdopodobnie wkrótce urodzę. Skąd może to wiedzieć?

Twoja lekarka jest w stanie przewidzieć, kiedy urodzisz, ale nadal będzie to tylko hipoteza (aczkolwiek oparta na pewnych

Przygotuj plan

Na jakim etapie porodu powinnaś zadzwonić do lekarza? Czy wtedy, gdy odejdą wody? Jak się z nim skontaktować, jeśli skurcze się zaczną, gdy gabinet będzie już zamknięty? Czy powinnaś najpierw zadzwonić do lekarza, a potem pojechać do szpitala? A może odwrotnie?

Nie czekaj aż do pierwszych skurczów, by znaleźć odpowiedzi na te wszystkie ważne pytania. Podczas kolejnej wizyty kontrolnej omów z lekarzem wszelkie sprawy logistyczne związane z porodem (jeżeli do tej pory tego nie zrobiłaś) i zapisz ważne informacje, jeśli nie otrzymałaś ich w formie wydruku. W przeciwnym wypadku, gdy zaczną się skurcze, wszystkie instrukcje na pewno wypadną ci z głowy.

Upewnij się też, czy znasz najkrótszą trasę do szpitala, w którym będziesz rodzić, i zorientuj się, ile czasu mniej więcej potrwa dojazd do niego o różnych porach dnia oraz jaki transport będziesz miała do dyspozycji, jeśli akurat nikt nie będzie mógł cię zawieźć (nie planuj, że sama będziesz prowadzić samochód). Jeżeli masz w domu inne dzieci, starszą osobę lub zwierzaka, zawczasu zapewnij im opiekę.

faktach) – taka sama, jak przewidywany termin porodu. Istnieją jednak wskazówki świadczące o tym, że poród jest coraz bliżej – lekarz zaczyna ich poszukiwać już na początku 9 miesiąca za pomocą badania palpacyjnego przez powłoki brzuszne oraz badania ginekologicznego. Czy obniżył się brzuch, a część przodująca płodu wstawiła do kanału rodnego? Na jakiej wysokości znajduje się część przodująca? Czy zaczęło się zgładzanie (skracanie) i rozwieranie się szyjki macicy? Czy szyjka macicy jest miękka i zaczyna się przesuwać do przodu pochwy (to kolejna wskazówka, że poród jest coraz bliżej) lub czy nadal jest twarda, zamknięta i zwrócona ku tyłowi?

Ale słowo „wkrótce" może oznaczać zarówno godzinę, jak i 3 tygodnie lub więcej. Prognoza lekarza, że „urodzi pani dzisiaj wieczorem", może się łatwo zamienić w kolejne 2 tygodnie ciąży, a przewidywanie, że „do porodu zostało kilka tygodni", nie sprawdzi się już następnego dnia. Faktem jest, że ustalanie się części przodującej płodu, skracanie oraz rozwieranie się szyjki macicy u niektórych kobiet może się odbywać stopniowo – na przykład w ciągu kilku tygodni lub miesiąca – a u innych w ciągu jednej nocy. Oznacza to, że te wszystkie wskazówki nie są stuprocentowymi objawami świadczącymi o rozpoczęciu porodu.

Na wszelki wypadek spakuj jednak torbę, ale na razie nie uruchamiaj samochodu. Pewnie będziesz musiała jeszcze trochę zaczekać, możesz jednak mieć absolutną pewność, że któregoś dnia lub którejś nocy ta wielka chwila w końcu nadejdzie.

Ciąża przenoszona

Termin mojego porodu minął już tydzień temu. Czy to możliwe, że nie będę w stanie urodzić bez pomocy?

Ach, ta magiczna data porodu – ta, którą zaznaczyłaś w kalendarzu smartfona, którą w zaufaniu podałaś krewnym i znajomym i którą aplikacja w twoim telefonie odlicza już od wielu tygodni – w końcu nadeszła. Data nadeszła, ale – jak to się zdarza u 30 procent przyszłych mam – dziecko jeszcze nie. Oczekiwanie zmienia się w zniecierpliwienie. Wózek i łóżeczko kolejny dzień stoją puste. Potem jeszcze przez tydzień, a w 10 procentach ciąż – najczęściej pierwszych – nawet przez 2 tygodnie. Czy ta ciąża się nigdy nie skończy?

Chociaż przyszłym mamom w 42 tygodniu ciąży pewnie trudno w to uwierzyć, ale to dzieci są na zawsze, a nie ciąże. Poza tym badania wykazują, że 70 procent pozornie przenoszonych ciąż zostało błędnie oszacowanych. Przyczyną jest zazwyczaj błąd w obliczeniu daty poczęcia, będący wynikiem nieregularnych owulacji lub podania niedokładnej daty ostatniej miesiączki. Jeśli na początku ciąży wykonano badanie USG w celu ustalenia wieku ciąży i daty porodu, diagnoza przenoszenia ciąży radykalnie spada z 10 procent na 2. Nawet jeśli się okaże, że należysz do tych 2 procent, które faktycznie przenosiły ciążę, lekarz nie pozwoli, by trwała ona dłużej niż 42 tygodnie. Większość położników nie dopuszcza nawet do tego momentu i wywołuje poród w 41 tygodniu. Oczywiście jeżeli w którymkolwiek momencie okaże się, że łożysko nie spełnia już swojej roli lub że objętość wód płodowych jest zbyt mała – albo pojawią się inne objawy świadczące o tym, że dziecko jest zagrożone – lekarz natychmiast zainterweniuje i w zależności od sytuacji wywoła poród lub przeprowadzi cięcie cesarskie. To oznacza, że nawet jeśli sama nie zaczniesz rodzić, to i tak nie będziesz wiecznie w ciąży.

Lista gości zaproszonych na salę porodową

Bardzo bym chciała, żeby w porodzie naszego dziecka uczestniczyły również moje siostry, najlepsza przyjaciółka i oczywiście mama. Czy będą mogły być ze mną i moim mężem na sali porodowej?

Zaplanowałaś już przyjęcie porodowe? Jeśli należysz do coraz większej grupy mam, które chcą rodzić w towarzystwie bliskich osób, to lista twoich gości na pewno coraz bardziej się wydłuża. Poród w otoczeniu i przy wsparciu rodziny oraz przyjaciół to trend, który zyskuje również coraz większe poparcie w kręgach położniczych.

Dlaczego tak jest radośniej i raźniej? Dla wielu mam rodzących w domu obecność ro-

Jak samodzielnie wywołać poród?

Co zrobić, gdy termin porodu już minął, a ty jesteś w ciąży tak samo jak byłaś (albo nawet jeszcze bardziej), a twoje dziecko nie ma zamiaru pojawić się na świecie? Czy powinnaś pozostawić wszystko naturze bez względu na to, jak długo będziesz musiała czekać? A może weźmiesz sprawy we własne ręce i wypróbujesz różne techniki wywoływania porodu? Tylko czy one w ogóle zadziałają?

Istnieje wiele naturalnych metod, które można wypróbować, by wywołać poród (wiele z nich znajdziesz również w Internecie), ale trudno dowieść, że któraś z nich jest rzeczywiście skuteczna. Przynajmniej częściowo jest to związane z faktem, że nawet gdyby któraś z tych technik zadziałała, to trudno byłoby ustalić, czy rzeczywiście miała wpływ na wywołanie porodu, czy poród zaczął się samoistnie akurat w tym samym czasie.

Jednak jeśli masz już dosyć bycia w ciąży (któż by nie miał po 40 tygodniach?), a twoja ciąża nie chce się skończyć, możesz wypróbować kilka naturalnych technik – nawet jeśli nie pomogą wywołać porodu, to na pewno nie zaszkodzą:

Chodzenie. Sugeruje się, że ułatwia dziecku zejście do miednicy, co przypuszczalnie ma związek z siłą grawitacji lub kołysaniem biodrami. Kiedy płód zacznie naciskać na szyjkę macicy – i to dosłownie – może to wywołać akcję porodową. Jeśli się okaże, że spacer nie zapoczątkował porodu, to na pewno nie wpłynie źle na twoje samopoczucie. Prawdę mówiąc, może nawet poprawić twoją kondycję, więc będziesz w lepszej formie, kiedy poród w końcu się zacznie.

Seks. Cóż, wprawdzie jesteś już wielkości małego hipopotama (i masz mniej więcej jego sprawność), ale jeśli już zdołasz wpełznąć do łóżka i wraz z partnerem połączyć przyjemne z pożytecznym, być może przyniesie to jakiś skutek. Albo nie. Niektóre badania wykazują, że nasienie (zawierające prostaglandyny) może wywołać skurcze (oczywiście we właściwym czasie, a nie wcześniej), a inne sugerują (szczęśliwie), że kiedy nadejdzie czas porodu, ten sam skutek wywołuje oksytocyna wydzielająca się podczas orgazmu. Jednak nauka nie zdołała do końca udowodnić tej wspaniałej teorii, ponieważ inne badania wykazały z kolei, że kobiety, które kontynuują współżycie pod koniec ciąży, mogą urodzić nawet później niż te, które zachowują wstrzemięźliwość seksualną. Masz ochotę na miłość albo po prostu jesteś tak zdesperowana, że chcesz spróbować wszystkiego? A więc jeśli masz

---

dziny – w tym starszych dzieci – jest czymś zupełnie naturalnym. Z kolei mamy rodzące w szpitalu ze znieczuleniem zewnątrzoponowym zmagają się z niewielkim bólem (lub w ogóle nie czują bólu), nie potrzebują tak dużego wsparcia przy oddychaniu, więc mają więcej sił na życie towarzyskie. Natomiast kobiety, które planują poród bez bez znieczulenia, docenią wsparcie „porodowej drużyny". Co więcej, szpitale i kliniki położnicze są w stanie pomieścić dużą liczbę osób, urządzając większe i wygodniejsze sale porodowe (tak wyposażone, by poradzić sobie z napływem gości, łącznie z kanapami i dodatkowymi krzesłami dla odwiedzających, którzy niecierpliwie czekają, aż „gwiazda wieczoru" obwieści swoje przybycie). Towarzystwo przyjaciółek, teściów czy innych bliskich krewnych na pewno pomoże również innym osobom, które będą cię wspierać w trakcie porodu. Wielu położników zdaje sobie sprawę z tego, że zabawianie, rozpraszanie uwagi, wspieranie i masowanie rodzącej kobiety sprawia, że jest ona szczęśliwsza i bardziej rozluźniona – to działa bez względu na to, czy

ochotę, to działaj. W końcu być może teraz masz ostatnią szansę, by w pełni nacieszyć się seksem, zanim dziecko przyjdzie na świat. Jeśli to wywoła poród – wspaniale, jeśli nie – też dobrze!

Inne naturalne metody wywoływania porodu mogą mieć potencjalne skutki uboczne (nawet jeśli są przekazywane z pokolenia na pokolenie przez babcie, mamy, położne i na forach internetowych). Zatem nim wypróbujesz którąś w domu, najpierw porozmawiaj z lekarzem.

Stymulowanie brodawek. Jesteś zainteresowana szczypaniem swoich brodawek (auć!)? A może wolisz je powykręcać (to chyba jeszcze bardziej bolesne)? Stymulowanie brodawek przez kilka godzin dziennie (zgadza się, kilka godzin) może uwolnić naturalną oksytocynę i wywołać skurcze. Ale jest jedno zastrzeżenie: stymulacja brodawek – bez względu na to, jak kusząco (lub nie) to brzmi – może prowadzić do bolesnych, długotrwałych i silnych skurczów macicy, nie wspominając o bólu samych brodawek. A więc jeśli lekarz nie zaleci ci tej metody i nie będzie kontrolował, jak postępuje cały proces, zastanów się cztery razy – dwa razy na każdą brodawkę – zanim zaczniesz stymulować piersi albo poprosisz o to partnera.

Olej rycynowy. Masz nadzieję, że wywołasz poród kilkoma łykami koktajlu z oleju rycynowego? Kobiety przekazują sobie tę nieapetyczną tradycję od wielu pokoleń, opierając się na teorii, że ta silnie przeczyszczająca substancja pobudzi do pracy jelita, a wypróżnienie stanie się impulsem do rozpoczęcia akcji porodowej. Istnieje jednak niebezpieczeństwo, że olej rycynowy (nawet zmieszany z jakimś smaczniejszym napojem) spowoduje biegunkę, silne skurcze jelit i wymioty. Zanim więc wypijesz go duszkiem, zastanów się, czy naprawdę w taki sposób chcesz rozpocząć poród.

Herbaty i leki ziołowe. Być może twoje prababcie i babcie (a także znajome z forów internetowych) twierdzą, że poród pomoże wywołać herbata z liści malin, pluskwica groniasta czy wiesiołek (niektóre badania potwierdzają, że zioła wywołują lub przyspieszają skurcze macicy), ale najpierw porozmawiaj o tej metodzie z lekarzem. Zapytaj go, czy możesz przyjmować preparaty ziołowe oraz ile i w jaki sposób. I korzystaj z nich tylko wtedy, gdy już będziesz gotowa na poród.

Jeśli zastanawiasz się, czy wykorzystać metody samodzielnego wywoływania porodu, pamiętaj, że w końcu i tak urodzisz – czy to sama, czy z niewielką pomocą lekarza.

poród jest wspomagany farmakologicznie czy nie.

Oczywiste jest zatem to, że istnieje bardzo wiele powodów, by rodzić w towarzystwie bliskich ci osób. Ale są też pewne zastrzeżenia, które warto rozważyć, zanim zdecydujesz się na zaproszenie ich do sali porodowej. Najpierw musisz zapytać, czy lekarz, który będzie prowadził poród, zgadza się na twoją listę gości (nie wszystkim położnikom odpowiada tłum odwiedzających, a niektóre szpitale i kliniki położnicze również tego nie akceptują lub nie zezwalają na udział młodszego rodzeństwa noworodka). Musisz wpisać na listę gości także swojego partnera (pamiętaj o tym, bo chociaż to ty będziesz się najbardziej trudzić, to oboje jesteście uczestnikami tego wydarzenia i twój partner nie będzie chciał spaść do „niższej ligi"). Zastanów się również, czy naprawdę będziesz się czuła komfortowo, gdy tyle osób będzie na ciebie patrzeć w tak intymnej chwili (możesz przecież jęczeć z bólu, krzyczeć, oddawać mocz i kał, a poza tym będziesz półnaga). Zastanów się również, czy zaproszone osoby (na przykład brat, teść lub starsze dzieci) nie

Co zabrać do szpitala lub kliniki położniczej?

Warto wcześniej pomyśleć o tym, co zabrać do szpitala lub kliniki położniczej (i spakować to). Warto również zachować umiar i spakować tylko te rzeczy, które twoim zdaniem będą niezbędne – nie musisz zabierać wszystkiego, co znajduje się na tej liście.

Na sali porodowej przydadzą się następujące rzeczy:

- Książka, którą właśnie czytasz, a także *Pierwszy rok życia dziecka* (REBIS 2017) oraz *W oczekiwaniu na dziecko. Dziennik* (REBIS 2015). W tej ostatniej znajdziesz mnóstwo miejsca na notatki dotyczące porodu oraz pierwszego spotkania ze swoim maleństwem. Możesz zabrać również telefon, żeby mieć łatwy dostęp do aplikacji ciążowej.
- Kilka kopii planu porodu, jeżeli go przygotowałaś (patrz str. 333).
- Zestaw pobraniowy do krwi pępowinowej, jeśli zamierzasz zdeponować ją w banku krwi pępowinowej.
- Urządzenie do odtwarzania ulubionej muzyki (na przykład telefon), jeśli muzyka cię uspokaja i relaksuje. Nie zapomnij o ładowarce.
- Zegarek z sekundnikiem, by mierzyć czas między skurczami (możesz również wykorzystać stoper w telefonie).
- Aparat fotograficzny lub kamera (z ładowarkami lub bateriami), jeśli wiesz, że telefon się nie sprawdzi.
- Laptop lub tablet (z ładowarką).
- Piłeczka tenisowa lub masażer do pleców.
- Poduszka (dla wygody).
- Lizaki lub cukierki bez cukru, by nawilżać usta.
- Szczoteczka do zębów, pasta, płyn do płukania ust, chusteczki do twarzy i ciała (na pewno będziesz chciała się odświeżyć).
- Szlafrok – jeśli nie będziesz chciała spacerować w czasie porodu po korytarzu w samej koszuli.
- Grube skarpetki, na wypadek gdyby zmarzły ci stopy.
- Wygodne kapcie z antypoślizgowymi podeszwami.

będą skrępowane takim widokiem i czy ich zdenerwowanie i niepokój nie przyprawią cię o rozstrój nerwowy w chwili, gdy powinnaś być odprężona. Czy naprawdę chcesz być otoczona rozgadanym towarzystwem w momencie, kiedy najbardziej potrzebne są spokój, cisza i chwile odpoczynku? Czy najlepszym zajęciem podczas porodu jest zabawianie gości i poświęcanie uwagi innym dzieciom, gdy powinnaś się całkowicie koncentrować na narodzinach maleństwa?

Jeśli jednak dojdziesz do wniosku, że chciałabyś mieć towarzystwo w trakcie porodu, pamiętaj, by odpowiednio zweryfikować listę gości. Nie zapomnij również (i poinformuj o tym swoich gości), że poród planowany drogami natury może się nieoczekiwanie skończyć cięciem cesarskim, a wówczas na sali operacyjnej będzie mógł być obecny tylko tata dziecka, a i to nie jest pewne, bo będzie to zależało od pilności cięcia oraz od warunków w szpitalu. Albo że w pewnym momencie – powiedzmy w drugiej godzinie parcia – stwierdzisz, że już dłużej nie masz ochoty na gości i będziesz musiała ich wyprosić z sali porodowej. (A jeśli w końcu pożałujesz, że zaprosiłaś tłum gości, nie przejmuj się, że zranisz ich uczucia, każąc im wyjść – w tym momencie liczą się wyłącznie twoje uczucia, ponieważ to ty rodzisz).

- Ulubiony balsam lub olejek do masażu ciała.
- Gumka do włosów, spinka lub opaska – jeśli masz długie włosy, będzie wygodniej, gdy je zwiążesz. Przyda ci się również szczotka do włosów lub grzebień.
- Przekąski dla partnera, żeby nie musiał cię opuszczać, gdy dopadnie go głód. Weź również przekąski dla siebie, na wypadek gdyby lekarz pozwolił ci jeść w trakcie porodu.

Na sali poporodowej przydadzą się:

- Szlafrok, wygodna piżama lub koszula nocna (z łatwym dostępem do piersi, ponieważ będziesz karmić), jeśli wolałabyś nie nosić szpitalnego stroju.
- Zmiana ubrania, szczoteczka do zębów oraz inne rzeczy dla partnera, których będzie potrzebował, towarzysząc ci podczas porodu.
- Przybory toaletowe, w tym szampon, płyn do kąpieli, dezodorant oraz kosmetyki do makijażu, bez których nie możesz się obyć (lub pozować do zdjęć).
- Ulubione podpaski, chociaż szpital być może też cię w jakieś zaopatrzy.
- Zmiana bielizny i biustonosz do karmienia.
- Zdrowe przekąski, które uzupełnią jedzenie szpitalne (możesz również zamówić jedzenie na wynos).
- Garderoba, w której wyjdziesz ze szpitala; pamiętaj, że nadal będziesz miała spory brzuszek.
- Praktyczne ubranka dla dziecka odpowiednie do warunków atmosferycznych (będziesz musiała dostosować do nich pasy bezpieczeństwa w foteliku samochodowym). Nie zapomnij o kocyku dla niemowlęcia lub cieplejszym okryciu, jeśli jest zimno. W szpitalu prawdopodobnie dostaniesz pieluszki, ale na wszelki wypadek spakuj również swoje.
- Fotelik samochodowy dla niemowlęcia. Większość szpitali nie pozwoli zabrać dziecka, jeśli nie zostanie bezpiecznie usadowione i przypięte w atestowanym foteliku zamontowanym tyłem do kierunku jazdy (zgodnie z tym, co nakazują przepisy prawne). By uniknąć niepotrzebnego zamieszania, zamontuj podstawę fotelika na długo przed porodem (i poćwicz jego instalowanie).

Czy jedzenie może wywołać poród?

Masz apetyt na poród? Jesteś gotowa zjeść lub zrobić wszystko, by wywołać pierwsze prawdziwe skurcze? Chociaż nie istnieją żadne naukowe dowody potwierdzające tę teorię, to stare przesądy (oraz młode mamy) zapewnią cię, że ostatni (ciążowy) posiłek zawiódł je prosto do sali porodowej. Do najczęściej powtarzanych opowieści należą: jeśli twój brzuszek nie boi się wyzwań, zjedz coś ostrego; przekąś coś, co rozrusza twoje jelita, a przy okazji macicę (może całą skrzynkę babeczek z otrębami i popij je wiadrem soku z suszonych śliwek). Nie masz ochoty na nic aż tak pobudzającego? Niektóre kobiety wierzą w skuteczność bakłażanów, pomidorów i octu balsamicznego (może niekoniecznie razem, chociaż całość wygląda jak przepis na smaczną włoską sałatkę lub dodatki do pizzy), a inne twierdzą, że natychmiastową przepustką na salę porodową jest ananas. Bez względu na to, czym zaczniesz się zajadać, pamiętaj, że dopóki twój organizm i dziecko nie będziecie gotowi na ten ważny krok, którym jest poród, nawet najbardziej wyszukane danie najprawdopodobniej go nie wywoła.

DLA OJCÓW
Obawy nowicjusza

Nie posiadasz się z radości, że wkrótce po raz pierwszy zostaniesz tatą, ale jednocześnie jesteś tym trochę przytłoczony? Martwisz się, że ojcostwo nie będzie dla ciebie tak naturalną rzeczą jak dla innych tatusiów (tych, którzy wszędzie, gdzie tylko spojrzysz, z taką wprawą ubierają, przewijają, kołyszą dzieci i pchają wózki)? Nie martw się – niewielu mężczyzn rodzi się ojcami, podobnie jak niewiele kobiet rodzi się matkami. Chociaż miłość rodzicielska może przyjść w naturalny sposób, to różnych umiejętności rodzicielskich (czyli spraw, którymi prawdopodobnie się najbardziej stresujesz) trzeba się po prostu nauczyć. Tak jak każdy młody tata, będziesz musiał się zmienić z nerwowego nowicjusza w pewnego siebie profesjonalistę, który niczego się nie boi – potrafi przewijać, kąpać, nosić płaczące dziecko po nocach, tulić, gaworzyć i to wszystko niemal w jednej chwili. Stopniowo – dzięki praktyce, cierpliwości, wytrwałości i niezmierzonej miłości (to najłatwiejsza część ojcostwa, bo poczujesz miłość, gdy po raz pierwszy spojrzysz na słodką twarzyczkę swojego maleństwa) – rola ojca, która teraz cię onieśmiela, a nawet zniechęca lub przeraża, stanie się twoją drugą naturą.

Nauczysz się więc wszystkiego dzięki praktyce oraz błędom, które popełniają wszyscy młodzi rodzice, i w końcu na pewno poczujesz się na tyle kompetentnie, by sprostać podstawowym wymogom opieki nad noworodkiem. Na szczęście w większości szkół rodzenia uczy się tych podstaw – od przewijania i kąpania po karmienie i zabawę. Możesz uczestniczyć w zajęciach dla par oczekujących dziecka albo w kursach przeznaczonych wyłącznie dla przyszłych ojców (w szpitalach lub klinikach położniczych). Zapytaj, czy szkoła rodzenia lub szpital, w którym twoja partnerka będzie rodzić, oferują takie zajęcia, lub poszukaj kursów w Internecie (na przykład www.bootcampfornewdads.org lub www.osesek.pl/ciaza-i-porod/ciaza/1258-bede-tata-mini-poradnik-dla-przyszlych-ojcow.html). Możesz również dowiedzieć się wielu rzeczy na temat opieki nad niemowlęciem z książki *Pierwszy rok życia dziecka* (REBIS 2017). Jeśli masz przyjaciół lub współpracowników, którzy niedawno zostali ojcami i opiekują się noworodkami, poproś ich o pomoc i radę. Poproś też, by pozwolili ci potrzymać swoje maleństwo, zabawić je, może nawet przewinąć, i zapytaj o praktyczne wskazówki. Ucząc się opiekować swoim dzieckiem, pamiętaj, że niektóre z twoich najważniejszych rodzicielskich umiejętności być może się nigdy nie przydadzą – chodzi o resuscytację krążeniowo-oddechową (RKO). Pomimo wszystko wraz z matką twojego dziecka zapiszcie się na kurs pierwszej pomocy.

Pamiętaj też podczas swojej ojcowskiej edukacji, że skoro mamy mają różne techniki rodzicielskie, ojcowie również mogą je mieć. Odpręż się, zaufaj swojemu instynktowi (to dla ciebie niespodzianka? Ojcowie też mają instynkt rodzicielski) i spróbuj wypracować własny styl, który będzie najbardziej odpowiedni dla ciebie i twojego dziecka. Bądź pewien, że zanim się zorientujesz, będziesz doskonałym tatą.

Nie masz ochoty zapraszać tłumu gości? Nie ulegaj zatem temu trendowi – lub natarczywym krewnym – i nie czuj się winna, że nie zaprosiłaś wszystkich do sali porodowej. Najlepsza decyzja to ta, która jest najlepsza dla ciebie i twojego partnera.

Macierzyństwo

Moja córeczka już niedługo przyjdzie na świat, a ja zaczynam się martwić, czy zdołam się nią dobrze zaopiekować. Nic nie wiem o dzieciach ani o byciu mamą. Nigdy nawet nie trzymałam na rękach noworodka.

Oto pierwsza rzecz, którą musisz wiedzieć o byciu mamą: dzieci się rodzą, a mamy nie od razu stają się mamami. Wiele się mówi o instynkcie macierzyńskim (to wręcz kultowy temat), ale prawda wygląda trochę inaczej. Bycie mamą to coś więcej niż hormony – to rola życiowa, która wymaga czasu i praktyki; praktyki, której nabędziesz… z czasem. Oznacza to, że przez pierwszy tydzień lub dwa (a nawet więcej) młode mamy (oraz ojcowie) nie są gotowe na rodzicielstwo – zwłaszcza jeśli ich dziecko częściej płacze, niż śpi, pieluszki przeciekają, a łagodny szampon do włosów *no more tears* jest źródłem potoku łez (u dziecka i u mamy).

Zatem powoli, ale systematycznie – po pierwszej brudnej pieluszce, męczącym maratonie karmienia czy nieprzespanej nocy każda mama (nawet taka jak ty!) poczuje się jak zaprawiona w bojach profesjonalistka. Lęki i obawy zmienią się w pewność siebie.

Dziecko, które bała się wziąć na ręce (czy aby go nie „przełamię"?), teraz pewnie i swobodnie kołysze na lewym ramieniu, a prawą dłonią płaci rachunki przez Internet lub odkurza mieszkanie. Odmierza kropelki z witaminami, kąpie, wkłada nieposłuszne rączki i nóżki w śpioszki niemal przez sen – czasem dosłownie. Kiedy już odnajdzie swój matczyny rytm, rodzicielstwo i opieka nad noworodkiem staną się jej drugą naturą. Poczuje działanie instynktu macierzyńskiego, który rozprawi się z dręczącymi ją wątpliwościami i brakiem wiary we własne siły – a przynajmniej z większością tych przygnębiających uczuć. Zacznie się czuć matką, którą przecież jest, a ty – chociaż teraz pewnie trudno ci w to uwierzyć – też się tak poczujesz.

Mimo że nie ma żadnego sposobu, aby sprawić, żeby te pierwsze dni z dzieckiem były łatwiejsze, możesz rozpocząć naukę już teraz, zanim jeszcze dziecko znajdzie się

Zrób zapasy

Rzecz jasna w kuchni. Chociaż od pewnego czasu najważniejszą sprawą jest dla ciebie zakup wózka, pieluszek i maleńkich ubranek, to nie zapomnij, że powinnaś również znaleźć czas, by wybrać się do sklepu spożywczego. Choć masz obrzęknięte kostki i wielki brzuch, to robienie zakupów w dziewiątym miesiącu ciąży i tak jest łatwiejsze, niż będzie wkrótce, i to przez dłuższy czas. Wykorzystaj zatem ten moment i zgromadź zapasy, abyś nie musiała robić tego później w towarzystwie noworodka (oraz fotelika i torby z pieluszkami). Napełnij zatem po brzegi spiżarnię, lodówkę i zamrażarkę różnymi zdrowymi produktami, które łatwo podać: paluszkami serowymi, mrożonymi batonikami owocowymi, mrożonymi owocami do przyrządzania koktajli, płatkami śniadaniowymi, batonikami granola (z płatków zbożowych z rodzynkami, orzechami i suszonymi owocami), zupami, owocami liofilizowanymi i orzechami. Nie zapomnij również o ręcznikach papierowych (będziesz ich teraz zużywała całe mnóstwo) i naczyniach jednorazowych (które wykorzystasz, gdy nie będziesz miała siły uruchomić zmywarki). A kiedy już znajdziesz się w kuchni – i będziesz miała czas – przyrządź naprędce dodatkowe porcje swoich ulubionych dań (na przykład lasagne, klopsiki, chili con carne, naleśniki czy babeczki), umieść je w dokładnie opisanych pojemnikach i włóż do zamrażalnika. Będą gotowe do podgrzania w kuchence mikrofalowej, gdy będziesz wykończona (i głodna) po porodzie.

Czujesz, że naprawdę nie masz siły, by wybrać się do sklepu? Możesz poprzeglądać strony internetowe i tam zrobić wszystkie zakupy (jeżeli jeszcze tego nie zrobiłaś) – to bardzo poręczny sposób, szczególnie kiedy jesteś zaabsorbowana opieką nad dzieckiem.

w twoich ramionach (i pod twoją całodobową opieką), ponieważ dzięki temu będziesz trochę mniej przytłoczona i zdezorientowana. Każda czynność wykonywana przy noworodku może pomóc przyszłej mamie (i tacie) przygotować się do nowej roli. Noś więc na rękach niemowlę przyjaciółki lub krewnej, przewijaj je i uspokajaj, przeczytaj książkę *Pierwszy rok życia dziecka* (REBIS 2017), oglądaj filmy o opiece nad noworodkiem i bierz udział w zajęciach szkoły rodzenia (nie zapomnij o kursach resuscytacji krążeniowo-oddechowej).

Aby jeszcze bardziej rozproszyć swoje obawy i zyskać większą pewność siebie, porozmawiaj ze znajomymi – z Internetu lub sąsiedztwa – które niedawno zostały mamami (nikt nie nauczy cię więcej niż inna matka). Będziesz zaskoczona – i na pewno odczujesz ulgę – kiedy się dowiesz, że niemal każda młoda mama (i tata) ma taką samą tremę jak ty.

WSZYSTKO O...
Okres przedporodowy, poród pozorny, poród prawdziwy

Na filmach wszystko wygląda tak prosto. Około trzeciej nad ranem ciężarna mama siada na krawędzi łóżka, kładzie rękę na swoim (doskonale okrągłym) brzuchu, budzi męża i ze spokojem (lub szaleństwem w oczach) oświadcza: „Kochanie, już czas".

Pewnie się zastanawiasz, skąd ona wie, że to „już czas". W jaki sposób z tak chłodną, obiektywną pewnością siebie rozpoznaje objawy porodu, skoro nigdy wcześniej nie rodziła? Skąd wie, że nie pojedzie nadaremnie do szpitala, gdzie zostanie przebadana, poinformowana, że to jednak jeszcze nie czas, i odesłana do domu? Oczywiście ze scenariusza.

Po twojej stronie ekranu (po której nie ma scenariusza) sprawy wyglądają trochę inaczej. Być może też obudzisz się o trzeciej nad ranem, ale niczego nie będziesz pewna. Czy to już prawdziwe bóle porodowe czy tylko skurcze Braxtona-Hicksa? Czy powinnam zapalić światło i zacząć liczyć czas między skurczami? Czy warto budzić męża? Czy wyciągnąć lekarza z łóżka w środku nocy, skoro być może okaże się, że to „fałszywy alarm"?

A jeśli go wezwę za wcześnie, czy nie dam się poznać jako przewrażliwiona mama, która co chwilę krzyczy „rodzę!", więc nikt nie potraktuje mnie poważnie, gdy zacznę rodzić naprawdę? A może będę jedyną absolwentką mojej szkoły rodzenia, która nie rozpoznała objawów porodu? Albo za późno wyruszę do szpitala i zacznę rodzić na tylnym siedzeniu samochodu (i stanę się sensacją dnia w wiadomościach)? Twoje pytania pojawiają się zapewne częściej niż skurcze.

W rzeczywistości większość kobiet, które się tym wszystkim zamartwiają, bez trudu rozpoznaje pierwsze oznaki porodu. Dzięki instynktowi, szczęściu oraz niewątpliwie autentycznym i bolesnym skurczom, zjawiają się w szpitalu lub klinice położniczej dokładnie na czas – ani za wcześnie, ani za późno. Jednak nadal nie ma powodu, żebyś pozostawiała swój osąd wyłącznie przypadkowi. Zapoznaj się zatem z oznakami przedporodowymi i objawami porodu pozornego oraz prawdziwego, ponieważ ta wiedza rozproszy twoje wątpliwości i wykluczy ewentualne nieporozumienia, gdy rozpoczną się skurcze (oby na pewno prawdziwe).

Objawy przedporodowe

Zanim rozpocznie się prawdziwy poród, poczujesz zapewne objawy przedporodowe – to zwiastun, który przygotuje cię na główne wydarzenie. Zmiany fizyczne poprzedzające poród trwają miesiąc lub dłużej, a czasem tylko godzinę. Do objawów przedporodowych należy przede wszystkim skrócenie i rozszerzenie szyjki macicy, co zostanie stwierdzone przez lekarza podczas badania, oraz inne objawy, które sama zauważysz (aczkolwiek nie wszystkie mamy je dostrzegają):

Obniżenie dna macicy. U kobiet, które rodzą po raz pierwszy, płód się zaczyna wstawiać do miednicy (czyli przyjmuje pozycję do porodu) zazwyczaj na 2–4 tygodnie przed porodem. W przypadku mam rodzących po raz drugi lub kolejny często dzieje się to dopiero w momencie porodu.

Uczucie narastającego ucisku w obrębie miednicy i odbytu. Skurcze (podobne do menstruacyjnych) oraz ból w pachwinach i kroczu – to typowe dolegliwości przedporodowe, zwłaszcza w drugiej i kolejnej ciąży. Może im również towarzyszyć ból okolicy krzyżowej.

Utrata lub zahamowanie przyrostu masy ciała. W 9 miesiącu, gdy poród jest tuż za pasem, możesz zauważyć, że przyrost masy ciała się zmniejsza; możesz nawet stracić 1–1,5 kilograma.

Zmiana poziomu energii. Niektóre mamy w 9 miesiącu ciąży czują się coraz bardziej zmęczone, z kolei inne tryskają energią. Niepohamowany impuls, który zmusza cię do szorowania podłóg i robienia porządków w szafach, wiąże się z instynktem wicia gniazda; w taki właśnie sposób kobiety przygotowują się na przyjęcie swojego potomstwa (patrz str. 399).

Zmiana wydzieliny z pochwy. Jeśli uważnie obserwujesz swoją bieliznę, zapewne zwróciłaś uwagę, że wydzielina z pochwy stała się obfitsza i gęstsza.

Wydalenie czopu śluzowego. Kiedy szyjka macicy zaczyna się skracać i otwierać, „korek" ze śluzu, który utworzył się u ujścia szyjki macicy i zabezpieczał jej wnętrze, zostaje wypchnięty (patrz str. 413). Ta śliska, galaretowata wydzielina może wypaść z pochwy tydzień lub dwa przed porodem lub nawet w jego trakcie. Nie wszystkie kobiety zauważają wydalenie czopu śluzowego, ale jeśli go zauważysz w toalecie bądź na papierze toaletowym, na pewno nie pomylisz go z niczym innym.

Różowa lub zabarwiona krwią wydzielina. Gdy szyjka macicy się skraca i rozszerza, rozrywają się naczynia włosowate, zabarwiając wydzielinę z pochwy na różowo lub czerwono (patrz str. 414). Ten objaw oznacza zazwyczaj, że poród rozpocznie się w ciągu 24 godzin – chociaż niekiedy do upragnionego rozwiązania może jeszcze upłynąć kilka dni.

Nasilone skurcze Braxtona-Hicksa. Tego rodzaju skurcze (patrz str. 352) mogą się stać częstsze, silniejsze i bardziej bolesne.

Biegunka. Niektóre kobiety tuż przed porodem mają przyspieszoną perystaltykę jelit, która powoduje częstsze i luźniejsze wypróżnienia, a czasem nawet biegunkę.

Gotowa na poród czy nie?

Aby się upewnić, czy jesteś gotowa na narodziny swojego maleństwa, kiedy ono jest już gotowe, by przyjść na świat, przeczytaj następny rozdział na temat porodu.

Objawy porodu pozornego

Czy to już naprawdę poród, czy jeszcze nie? Prawdziwy poród się jeszcze nie rozpoczął, jeśli:

- Skurcze nie są regularne, nie zwiększa się ich częstotliwość i bolesność. Prawdziwe skurcze porodowe niekoniecznie odpowiadają podręcznikowym schematom, ale z czasem stają się coraz częstsze, regularniejsze, bardziej intensywne i bolesne.
- Skurcze ustępują, gdy chodzisz lub zmieniasz pozycję (aczkolwiek może się też tak zdarzyć podczas prawdziwego porodu).
- Brązowa wydzielina z pochwy. Pojawia się często podczas badania pochwowego lub stosunku albo do 48 godzin po nich.
- Nasilone ruchy płodu związane ze skurczami macicy.
- Skurcze macicy się nasilają i zamierają, znowu się nasilają i zamierają. To bardzo irytujący moment pozornych objawów porodu – kiedy skurcze stają się bardziej regularne (a ty akurat nie mierzysz, jak często występują), ale ich intensywność się zmniejsza, a potem narasta – taka sytuacja może się utrzymywać przez kilka dni przed porodem.

Pamiętaj, że poród pozorny nie jest stratą czasu – nawet jeśli pojechałaś do szpitala tylko po to, by od razu z niego wrócić. Twój organizm daje ci w ten sposób znać, że jest przygotowany do tego, by dać życie dziecku, bez względu na to, czy ty jesteś na to gotowa czy nie.

Objawy porodu prawdziwego

Nikt tak naprawdę nie wie, co wywołuje poród (większość rodzących mam bardziej interesuje „kiedy" niż „dlaczego"), ale istnieje przekonanie, że ma na to wpływ połączenie różnych czynników. Ten bardzo skomplikowany proces inicjuje prawdopodobnie płód, którego mózg transmituje sztafetę chemicznych przekazów (w luźnym tłumaczeniu brzmiących: „Mamo, wypuść mnie stąd!"), uruchamiających reakcje hormonalne w organizmie matki. Te hormonalne zmiany uruchamiają z kolei prostaglandyny i oksytocynę, czyli substancje odpowiedzialne za wywołanie skurczów, kiedy wszystkie systemy porodowe są już gotowe do działania.

Zorientujesz się, że objawy przedporodowe zmieniły się w skurcze porodowe, jeśli:

- Skurcze się nasilają i nie łagodnieją nawet w trakcie ruchu lub podczas zmiany pozycji.
- Skurcze stają się coraz częstsze i bardziej bolesne oraz – na ogół (choć nie zawsze) – bardziej regularne. Nie każdy skurcz koniecznie musi być boleśniejszy i dłuższy niż poprzedni (zazwyczaj trwa od 30 do 70 sekund), ale intensywność narasta wraz z postępem porodu. Częstotliwość skurczów nie zawsze zwiększa się w regularnych, idealnie równych odstępach, ale jednak się zwiększa.
- Wczesne skurcze mogą być odczuwalne jak rozstrój żołądkowo-jelitowy, silne bóle miesiączkowe. Ból może też być odczuwalny tylko w podbrzuszu albo również w odcinku krzyżowym kręgosłupa, może także promieniować do kończyn dolnych (szczególnie górnej część ud). Jednak umiejscowienie bólu nie jest niezawodną wskazówką prawdziwego porodu, ponieważ w przypadku porodu pozornego skurcze mogą być odczuwalne w tych samych partiach ciała.

W 15 procentach przypadków wody płodowe odchodzą – obfitą strugą lub cienkim strumyczkiem – przed rozpoczęciem porodu. Natomiast w wielu innych pęcherz płodowy pęka spontanicznie w trakcie porodu lub zostaje przebity przez lekarza.

Kiedy wezwać lekarza

Lekarz prawdopodobnie już ci powiedział, kiedy powinnaś do niego zadzwonić, jeśli dojdziesz do wniosku, że rozpoczął się poród (na przykład gdy masz skurcze co 5, 7 minut, chociaż być może otrzymałaś inne wskazówki). Nie czekaj, aż przerwy między skurczami będą idealnie równe – być może nigdy nie będą. Jeżeli nie jesteś pewna, że naprawdę zaczęłaś rodzić – a skurcze są dość regularne – i tak zadzwoń do lekarza. Przypuszczalnie po tonie twojego głosu – gdy będziesz mówić w trakcie skurczu – zorientuje się, czy „już się zaczęło", ale pod warunkiem, że nie będziesz próbowała maskować bólu w imię telefonicznego savoir-vivre'u. Nawet jeśli kilkakrotnie sprawdziłaś listę objawów i nadal nie jesteś pewna, zadzwoń do lekarza. Nie czuj się winna, że przeszkadzasz mu w środku nocy (ludzie, którzy zawodowo zajmują się odbieraniem porodów, nie oczekują, że będą pracować od dziewiątej do siedemnastej), i nie bądź zażenowana, jeśli się okaże, że to fałszywy alarm (nie będziesz ani pierwszą, ani ostatnią ciężarną, która źle oceniła objawy porodu). Nie zakładaj, że skoro nie jesteś pewna, czy to już prawdziwy poród, to tak faktycznie nie jest. Lepiej po prostu zachowaj ostrożność i zadzwoń do lekarza.

Zgłoś się do niego natychmiast również wtedy, gdy poczujesz silne skurcze, a do terminu porodu pozostało jeszcze kilka tygodni; jeśli zauważysz krew; gdy odejdą ci wody płodowe, niezależnie od tego czy poród już się rozpoczął czy nie; gdy wody są zielonobrązowe; albo gdy zauważysz, że z twojej pochwy coś się wyślizgnęło (to może być pępowina).

ROZDZIAŁ 14

Poród

....

Liczysz już dni do rozwiązania? Chcesz w końcu zobaczyć swoje stopy? Nie możesz się doczekać, żeby pospać na brzuchu albo w ogóle chcesz się w końcu wyspać? Nie martw się – koniec (ciąży) jest już bliski. Kiedy rozmyślasz o tej niezwykłej chwili – gdy dziecko znajdzie się w końcu w twoich ramionach zamiast w brzuchu – prawdopodobnie zastanawiasz się również, jak przebiegnie poród (czyli proces, który do tego doprowadzi), a w twojej głowie rodzi się mnóstwo pytań: Kiedy zacznie się poród? I (co ważniejsze) kiedy się skończy? Czy tylko się posiusiałam, czy właśnie odeszły mi wody płodowe? Czy będę w stanie znieść ból? Czy będę potrzebowała znieczulenia zewnątrzoponowego (i kiedy je dostanę)? A co z monitorowaniem płodu? I z kroplówką? A jeśli będę chciała rodzić w wannie? Bez znieczulenia? A jeśli poród nie będzie postępował? Albo przebiegnie tak szybko, że nie zdążę dojechać na czas do szpitala?

Uzbrojona w odpowiedzi na te oraz inne pytania, a także w pomoc partnera i osób towarzyszących przy porodzie, poradzisz sobie ze wszystkim, co się może wydarzyć. I pamiętaj o najważniejszym: dzięki porodowi (nawet jeśli coś nie pójdzie zgodnie z planem) urodzisz swoje upragnione, najpiękniejsze na świecie maleństwo.

Co może cię niepokoić

Czop śluzowy

Wydaje mi się, że wydaliłam czop śluzowy. Czy to znaczy, że rozpoczął się poród?

Być może jest to zdarzenie sygnalizujące koniec ciąży (niektóre mamy twierdzą, że dość nieprzyjemne), lecz wydalenie czopu śluzowego nie oznacza, że rozpoczął się poród.

Nie jest to nawet objaw dotyczący wszystkich ciężarnych czekających na rozwiązanie. Czop śluzowy – przezroczysta, galaretowata kulka, która przez całą ciążę chroniła szyjkę macicy – często zostaje wydalony, gdy rozpoczyna się proces rozwierania i skracania szyjki macicy. Niektóre kobiety zauważają, że wydaliły czop śluzowy (czym jest ten dziwny „twór", który znalazł się w toalecie?), a inne nie. Wydalenie czopu oznacza wprawdzie, że organizm przygotowuje się już do tego wielkiego dnia, jakim jest dzień porodu, ale nie jest niezawodnym sygnałem, że ów dzień już nadszedł, ani nawet że jest bliski. Ciąża może potrwać jeszcze wiele dni, a nawet tygodni – w tym czasie szyjka macicy będzie się dalej stopniowo rozwierać. Inaczej mówiąc, nie musisz dzwonić do lekarza ani gorączkowo pakować torby do szpitala. Nie musisz się również obawiać o bezpieczeństwo dziecka – szyjka macicy nadal wytwarza śluz, który zabezpiecza macicę przed wnikaniem drobnoustrojów oraz przed zakażeniami. Oznacza to, że maleństwo nadal jest bezpieczne i dobrze chronione, a ty możesz bez obaw uprawiać seks, kąpać się i zajmować swoimi sprawami, nawet jeśli czop śluzowy już wypadł.

Nie zauważyłaś niczego na bieliźnie ani w toalecie? Nie martw się. Wiele kobiet nie wydala czopu śluzowego z wyprzedzeniem i nie ma to żadnego wpływu na postęp porodu.

Krwiste upławy

Zauważyłam różową, śluzowatą wydzielinę. Czy to oznacza, że już rozpoczął się poród?

Wygląda na to, że rozpoczęło się przedporodowe plamienie, ale tym razem nie jest ono powodem do niepokoju – teraz szczęśliwie oznacza, że poród jest tuż, tuż. Takie przedporodowe plamienie przybierające postać śluzowatej wydzieliny zabarwionej na różowo lub brązowo, czasem podbarwionej świeżą krwią, oznacza zwykle, że z powodu rozwierania się i skracania szyjki macicy naczynia krwionośne zaczynają pękać, a proces porodowy już się rozpoczął (a więc masz powód do radości). Kiedy zauważysz krwiste upławy na bieliźnie lub papierze toaletowym, to prawdopodobnie od porodu dzieli cię zaledwie dzień lub dwa. Ale ponieważ poród jest procesem dość nierównomiernym i zmiennym, będziesz trwała w niepewności aż do chwili wystąpienia pierwszych skurczów. Pamiętaj, że plamienie przed porodem to coś innego niż wydalenie czopu śluzowego. Chociaż wspólnym mianownikiem obu wydzielin jest śluz, to pierwsza jest plamieniem (podbarwionym krwią), a druga po prostu jednorazowym odejściem „korka" śluzu. Niewielkie krwawienie przed porodem oznacza, że poród już się prawie rozpoczął, natomiast czop śluzowy... że będziesz jeszcze musiała na niego poczekać. Jeśli krwawienie przybiera na sile i/lub towarzyszą mu inne objawy, natychmiast skontaktuj się z lekarzem.

Pęknięcie pęcherza płodowego

W środku nocy obudziłam się w mokrym łóżku. Czy straciłam panowanie nad pęcherzem, czy odeszły mi wody płodowe?

Powąchaj prześcieradło, a prawdopodobnie się dowiesz. Jeśli plama ma słodkawy zapach (nie pachnie jak mocz, który wydziela ostrą woń amoniaku), twoje prześcieradło nasiąkło prawdopodobnie płynem owodniowym – to znak, że doszło do pęknięcia pęcherza płodowego (i że odeszły ci wody płodowe). Kolejny objaw to sączący się z pochwy jasny, słomkowy płyn. Spróbuj wykonać test i powstrzymać wyciek płynu, zaciskając mięśnie miednicy (ćwiczenie Kegla). Jeśli przestanie lecieć, jest to mocz. Jeśli nie, płyn owodniowy.

Wyciekanie jest zazwyczaj intensywniejsze, gdy leżysz. Ustaje – lub przynajmniej ilość płynu się zmniejsza – gdy siedzisz albo stoisz, ponieważ wówczas główka dziecka działa jak korek chwilowo blokujący wypływ cieczy. Płyn będzie wypływał obficiej – bez względu na to, w jakiej pozycji się znajdujesz – jeśli pęcherz płodowy pękł nisko, w pobliżu szyjki macicy.

Lekarz zapewne zaopatrzy cię w szereg wskazówek, którymi będziesz się musiała kierować, gdy pęknie ci pęcherz płodowy. Jeśli nie zapamiętasz instrukcji lub będziesz miała jakiekolwiek wątpliwości, dzwoń do niego w dzień lub w nocy.

Właśnie odeszły mi wody, ale nie mam jeszcze żadnych skurczów. Kiedy zacznie się poród i co powinnam teraz zrobić?

Poród prawdopodobnie zacznie się już wkrótce. U większości przyszłych mam, którym pękł pęcherz płodowy, pierwsze skurcze zaczynają się w ciągu 12 godzin, inne poczują je dopiero za 24 godziny.

1 na 10 kobiet przekona się, że na rozpoczęcie porodu będzie musiała zaczekać trochę dłużej. By zapobiec zakażeniu, do którego może dojść z powodu pęknięcia pęcherza płodowego (im później rozpocznie się poród, tym większe ryzyko zakażenia), większość lekarzy wywoła poród w ciągu 24 godzin od odejścia wód płodowych (jeśli nadszedł już termin), inni zrobią to już po 6 godzinach. Wiele kobiet, którym odeszły wody płodowe, wcześniej czy później będzie wolało indukcję porodu od dwudziestoczterogodzinnego „mokrego" wyczekiwania.

Jeśli poczujesz, że zaczynają odchodzić ci wody płodowe, pierwszą rzeczą, jaką powinnaś zrobić – oprócz sięgnięcia po ręcznik i podpaski – będzie kontakt z lekarzem (chyba że dał ci inne wskazówki). Tymczasem staraj się utrzymywać okolice pochwy w czystości, by zapobiec zakażeniu. Nie uprawiaj zatem seksu (zresztą nie ma większej szansy, żebyś w takim momencie miała ochotę na miłość), używaj podpasek (nie tamponów), które będą pochłaniać wilgoć, nie próbuj sama się badać i – jak zawsze – po skorzystaniu z toalety podcieraj się od przodu do tyłu.

W rzadkich przypadkach, gdy pęcherz płodowy pęknie przed rozpoczęciem porodu, a część przodująca płodu nie ustali się jeszcze w miednicy (dzieje się tak częściej, jeśli dziecko jest w położeniu miednicowym lub podczas porodu przedwczesnego), dochodzi do wypadnięcia pępowiny. Pępowina pojawia się w kanale szyjki macicy, a nawet w pochwie w trakcie gwałtownego odejścia wód płodowych. Jeżeli zauważysz pętlę pępowiny w wejściu do pochwy lub masz wrażenie, że coś się w niej znajduje, natychmiast wezwij pogotowie (numer 112 lub 999). Więcej wskazówek na temat postępowania w przypadku wypadnięcia pępowiny znajdziesz na str. 599.

Ciemne zabarwienie wód płodowych (płynu owodniowego)

Pękł mi pęcherz płodowy, a płyn nie jest przezroczysty, tylko zielonkawobrązowy. Co to oznacza?

Twoje wody płodowe prawdopodobnie są zabarwione smółką, zielonobrązową substancją, która jest w zasadzie pierwszym wypróżnieniem twojego dziecka. Zazwyczaj do jej wydalenia dochodzi po porodzie – noworodek w ten sposób oddaje swój pierwszy stolec. Jednak czasami – na przykład gdy płód w macicy zostaje poddany silnemu stresowi, a jeszcze częściej, gdy jest przenoszony – smółka jest wydalana przed porodem do płynu owodniowego.

Samo wydalenie smółki do płynu owodniowego nie oznacza, że z dzieckiem dzieje się coś złego, ale może sugerować taką ewentualność, zatem natychmiast zawiadom o tym lekarza. Z pewnością będzie chciał od razu wywołać poród (jeśli skurcze nie są jeszcze w pełnym toku) oraz dokładnie monitorować dziecko przez cały poród.

Mała objętość wód płodowych (małowodzie)

Lekarka stwierdziła, że mam mało płynu owodniowego i że będzie musiała go uzupełnić. Czy mam powody do niepokoju?

Zazwyczaj natura sama pilnuje, by w macicy znajdowała się odpowiednia ilość wód płodowych, które uzupełniają się same. Jeśli w trakcie porodu ich ilość będzie za mała, do akcji wkracza medycyna i uzupełnia ich niedobór. Uzupełnianie to polega na wstrzykiwaniu roztworu soli fizjologicznej bezpośrednio do worka owodniowego. To zabieg ginekologiczny, w którym wykorzystuje się bardzo cienki i elastyczny cewnik i wprowadza go przez pochwę wprost do pęcherza płodowego. Ta procedura (zwana amnioinfuzją) w znacznym stopniu zmniejsza prawdopodobieństwo, że konieczne okaże się przeprowadzenie cięcia cesarskiego z powodu stanu zagrożenia płodu.

Nieregularne skurcze

W szkole rodzenia dowiedziałam się, że nie mam jechać do szpitala, dopóki skurcze nie będą regularne i nie będą się powtarzały co pięć minut. Moje skurcze są nawet częstsze, ale wcale nie są regularne. Nie wiem, co robić.

Podobnie jak nie ma dwóch kobiet, u których ciąża przebiega dokładnie w taki sam sposób, tak nie ma dwóch identycznych porodów. Porody opisywane w książkach, Internecie, szkołach rodzenia oraz przez lekarzy to najczęściej porody typowe, bliskie temu, czego może się spodziewać większość przyszłych mam. Ale rzadko który poród przebiega podręcznikowo – z regularnymi i przewidywalnie postępującymi skurczami.

Jeśli twoje skurcze są silne, długie (trwają od 20 do 60 sekund) i częste (powtarzają się co 5–7 minut lub częściej) – nawet jeżeli znacznie się różnią długością i częstotliwością – nie czekaj, aż staną się regularne, tylko od razu dzwoń do lekarza lub jedź do szpitala i nie przejmuj się tym, co wcześniej usłyszałaś lub przeczytałaś. Być może u ciebie skurcze po prostu przebiegają w taki właśnie sposób i już bardziej regularne nie będą, a poród jest w fazie aktywnej. Tak czy inaczej, lepiej zachować ostrożność, niż trzymać się ściśle wskazówek z podręcznika.

Wzywanie lekarza w trakcie porodu

Właśnie rozpoczęły mi się skurcze, które powtarzają się co 3–4 minuty. Wstydzę się zadzwonić do mojego lekarza, który powiedział, że pierwsze kilka godzin porodu powinnam spędzić w domu.

Lepiej najeść się wstydu, niż potem żałować. To prawda, że większość kobiet, które po raz pierwszy zostają mamami (i u których poród początkowo postępuje dość powoli, a skurcze się nasilają stopniowo), może bezpiecznie spędzić pierwsze kilka godzin w domu, spokojnie kończąc pakowanie i przygotowania na przyjście dziecka. Wydaje się jednak, że twój poród nie pasuje do wzorca typowego dla pierworódek. Jeśli twoje skurcze od początku są tak silne, trwają przynajmniej 45 sekund i powtarzają się częściej niż co 5 minut, oznacza to, że pierwsze godziny twojego porodu mogą być równie dobrze ostatnimi (a jeśli rodzisz kolejne dziecko, poród może postępować jeszcze szybciej). Istnieje również prawdopodobieństwo, że pierwsza faza porodu przebiegła bezboleśnie, a szyjka w tym czasie znacznie się już rozwarła. To oznacza z kolei, że jeśli nie zawiadomisz lekarza, w ostatniej chwili czeka cię pełna napięcia, grozy i pośpiechu podróż do szpitala. A może w ogóle nie zdążysz dotrzeć do niego na czas, a to zdecydowanie bardziej nierozsądne niż telefon do lekarza, więc nie ma się czego wstydzić.

Nagły poród, gdy jesteś sama w domu

Prawdopodobnie nigdy nie będziesz potrzebowała tych instrukcji, ale na wszelki wypadek miej je pod ręką:

1. Spróbuj zachować spokój. Na pewno jesteś w stanie to zrobić.
2. Wezwij pogotowie (numer 112 lub 999). Poproś dyspozytora, by skontaktował się z twoim lekarzem.
3. Wezwij na pomoc kogoś, kto mógłby ci pomóc (sąsiadkę, koleżankę z pracy czy przyjaciółkę).
4. Zacznij szybko oddychać, by powstrzymać się od parcia.
5. Najpierw umyj wodą i mydłem ręce, a potem okolice krocza. Możesz również użyć nawilżonej chusteczki lub środka odkażającego do rąk.
6. Rozłóż czyste prześcieradła i ręczniki na łóżku, kanapie lub podłodze oraz przygotuj kilka ręczników lub koców, na wypadek gdyby dziecko przyszło na świat. Sprawdź, czy drzwi nie są zamknięte na klucz, by pomoc mogła bez przeszkód dostać się do mieszkania. Potem połóż się na plecach i podeprzyj się poduszkami.
7. Jeśli pomimo gwałtownego oddychania dziecko zacznie się rodzić przed przybyciem pogotowia, delikatnie pomóż mu się wydostać, prąc za każdym razem, gdy poczujesz taką potrzebę.
8. Gdy zacznie się pojawiać czubek głowy dziecka, szybko oddychaj lub dmuchaj (ale nie przyj). Lekko naciskaj krocze w miejscu tuż pod wyłaniającą się główką, aby nie wyskoczyła zbyt gwałtownie. Pozwól jej stopniowo się wyłaniać i pod żadnym pozorem nie wyciągaj na siłę. Jeśli zauważysz pępowinę okręconą wokół szyi dziecka, podłóż pod pętlę zakrzywiony palec i delikatnie przełóż pępowinę przez główkę.
9. Potem ostrożnie przytrzymaj główkę obiema rękami i – jeśli będziesz w stanie – bardzo delikatnie skieruj ją ku dołowi (nie ciągnij!). W tym samym czasie przyj, by urodzić przedni bark. Gdy pojawi się górna część ramienia, delikatnie unieś główkę dziecka, by mogły się urodzić drugi bark i ramię. A kiedy obie rączki będą już wolne, pozostała część ciałka dziecka wysunie się z łatwością.
10. Połóż maleństwo na swoim brzuchu lub – jeśli pępowina jest dostatecznie długa – klatce piersiowej (nie szarp pępowiny ani nie ciągnij) – ten pierwszy kontakt „skóra do skóry" ogrzeje maleństwo. Później szybko owiń je w koc lub ręcznik.
11. Przetrzyj usta i nosek dziecka czystym ręcznikiem lub pieluszką, a palcami przetrzyj oczy – kieruj palce od kącików zewnętrznych do wewnętrznych, by ułatwić wypłynięcie płynu owodniowego. Jeśli pomoc do tej pory jeszcze nie dotarła, a dziecko nie oddycha i nie płacze, przytrzymaj je tak, by główka była niżej niż stópki, i potrzyj jego plecy. Jeśli nadal nie zaczęło oddychać, jeszcze raz oczyść usta czystym palcem, a potem dwa razy szybko i bardzo delikatnie wdmuchnij powietrze jednocześnie w usta i nos dziecka.
12. Nie próbuj wyciągać łożyska. Jeśli pojawi się samo przed przybyciem pomocy, zawiń je w ręczniki i – jeśli to możliwe – trzymaj wyżej, niż leży dziecko. Nie musisz przecinać pępowiny. Jeśli pomoc w dalszym ciągu nie nadchodzi, 2–3 minuty po porodzie przewiąż pępowinę sznurkiem lub sznurowadłem.
13. Ułóż się wraz z dzieckiem w taki sposób, żeby było wam wygodnie i ciepło, i czekaj na przyjazd pogotowia.

Zadzwoń zatem jak najszybciej. Podczas rozmowy dokładnie wyjaśnij, jak często występują skurcze, jak długo trwają i jakie jest ich nasilenie. Ponieważ lekarz potrafi ocenić fazę porodu częściowo po tonie głosu kobiety mówiącej podczas skurczu, opisując, co czujesz, nie próbuj tłumić złego samopoczucia, nie staraj się udawać odważnej ani mówić spokojnie. Pozwól, by skurcze „przemawiały" za siebie tak głośno, jak trzeba. Z tego samego powodu nie oddawaj słuchawki partnerowi, nawet jeśli nie jesteś w nastroju do rozmów (co w tej sytuacji jest zrozumiałe).

Jeśli czujesz, że jesteś gotowa, by już urodzić, a lekarz sądzi inaczej, zapytaj, czy możesz przyjechać do szpitala lub jego gabinetu, by ocenił postęp porodu. Na wszelki wypadek zabierz ze sobą torbę, ale bądź również przygotowana na powrót do domu, bo może się okazać, że szyjka macicy dopiero zaczęła się rozwierać albo że jeszcze nic się nie dzieje.

Zbyt późny przyjazd do szpitala

Boję się, że nie dotrę na czas do szpitala.

Na szczęście większość tych niespodziewanych porodów, o których słyszałaś, zdarza się w telewizji. W prawdziwym życiu porody (zwłaszcza pierworódek) rzadko się odbywają bez wielu poprzedzających je wyraźnych sygnałów, więc na pewno będziesz miała mnóstwo czasu, żeby dojechać do szpitala. Jednak w sporadycznych przypadkach może się zdarzyć, że kobieta, która nie ma żadnych skurczów lub zdarzają się one w bardzo dużych odstępach czasu, nagle zaczyna odczuwać niepowstrzymaną potrzebę parcia. Często myśli, że musi po prostu pójść do toalety, a tymczasem zaczyna rodzić.

Prawdopodobieństwo, że ci się to przydarzy, na szczęście również jest niewielkie. Jednak warto, abyś wraz z partnerem, który będzie ci towarzyszył podczas porodu, zapoznała się z podstawowymi informacjami dotyczącymi nagłego porodu (patrz ramki na str. 417 i 420). Kiedy już się dowiecie, co robić w nagłym wypadku, łatwiej wam będzie się odprężyć, bo będziecie przygotowani na coś, co szybciej wydarzy się w programie telewizyjnym niż w życiu

Krótki poród

Wiele słyszałam o kobietach, które bardzo szybko rodzą. Czy to się często zdarza?

Chociaż są to bardzo pokrzepiające opowieści, to krótkie porody, o których słyszałaś, wcale nie są takie krótkie, jak by się mogło wydawać. Kobieta, która pozornie urodziła dziecko w błyskawicznym tempie, często przez wiele godzin, dni, a nawet tygodni ma bezbolesne skurcze stopniowo rozwierające szyjkę macicy. Kiedy w końcu poczuje bolesny skurcz, okazuje się, że rozpoczęła się już ostatnia faza porodu.

Czasami szyjka macicy rozwiera się bardzo gwałtownie, osiągając w kilka minut taki etap, do jakiego przeciętna szyjka macicy (szczególnie u pierworódek) dochodzi w ciągu wielu godzin. Na szczęście nawet taki raptowny czy niespodziewany poród (trwający od początku do końca tylko 3 godziny lub nawet mniej) zazwyczaj nie stanowi żadnego zagrożenia dla dziecka.

Jeśli twój poród się rozpocznie z impetem – od razu z silnymi i częstymi skurczami – natychmiast jedź do szpitala lub kliniki (abyście wraz z dzieckiem natychmiast zostali podłączeni do sprzętu monitorującego). Być może konieczne okaże się podanie leków nieco spowalniających skurcze, by złagodzić napięcie, jakiemu poddawane są dziecko, twoje ciało i psychika (czasem mama, która zbyt szybko rodzi, jest zdenerwowana i poruszona, więc spowolnienie porodu pomoże ją uspokoić).

Bóle krzyżowe

Mam skurcze porodowe, a ból w dole pleców jest tak silny, że nie wiem, jak będę w stanie znieść poród.

To, co teraz czujesz, to bóle nazywane w położnictwie krzyżowymi, które są bezsprzecznie bardzo bolesne. To naprawdę straszny ból. Technicznie rzecz biorąc, bóle krzyżowe pojawiają się częściej, gdy płód jest w położeniu główkowym, ale w ustawieniu potylicowym tylnym, czyli jego twarz jest zwrócona w kierunku twojego spojenia łonowego, a potylica uciska kość krzyżową. Bóle krzyżowe przytrafiają się częściej kobietom, które mają tzw. tyłozgięcie macicy. Więzadła macicy przyczepiające się w lędźwiowym odcinku kręgosłupa są w takim przypadku krótsze niż przy prawidłowym ułożeniu. Podczas skurczu macica napina się ku przodowi i mocno naciąga więzadła, powodując silne bóle.

W bólach krzyżowych, które często nie ustępują między skurczami, a w ich trakcie stają się nie do zniesienia, przyczyna naprawdę jest nieistotna. Chodzi przede wszystkim o to, by złagodzić ten okropny ból, przynajmniej odrobinę. Jeśli wcześniej brałaś pod uwagę znieczulenie zewnątrzoponowe, zdecyduj się na nie (nie zwlekaj, zwłaszcza że tak bardzo cię boli). By uśmierzyć bóle krzyżowe, prawdopodobnie będziesz potrzebowała większej dawki leków, niż podaje się zazwyczaj, więc poinformuj o nich anestezjologa. Inna opcja to opioidowe środki przeciwbólowe, które również złagodzą ten silny ból. Jeśli nie chcesz brać żadnych leków, masz do dyspozycji kilka sposobów, które mogą pomóc złagodzić bóle krzyżowe – a przynajmniej warto je wypróbować:

Zmniejszenie nacisku. Spróbuj zmienić pozycję. Pochodź (chociaż to może się okazać niemożliwe podczas coraz częstszych, dłuższych i boleśniejszych skurczów), przykucnij, usiądź po turecku, chodź na czworakach, oprzyj się lub usiądź na piłce położniczej albo zrób cokolwiek, co przynosi ci ulgę. Jeśli nie możesz się ruszać i wolałabyś leżeć, połóż się na boku, podciągnij nogi do brzucha i zaokrąglij plecy (przyjmij pozycję płodową).

Ciepłe i zimne okłady. Poproś partnera (doulę lub pielęgniarkę), by przykładał ci na okolicę lędźwiowo-krzyżową ciepłe lub zimne kompresy (może być poduszka elektryczna lub worki z lodem), w zależności od tego, które bardziej koją ból – możesz też stosować je naprzemiennie.

„Przeciwnacisk" i masaż. Poproś partnera, by wypróbował różne metody uciskania najbardziej bolącego miejsca i sąsiednich obszarów ciała, by znaleźć najskuteczniejszą technikę łagodzenia bólu. Może wypróbować masaż kłykciami palców jednej ręki i dociskać je drugą dłonią, piłką tenisową lub masażerem, stosując bezpośredni nacisk albo energicznie wykonując ruchy okrężne. By zmniejszyć podrażnienie skóry, można posmarować ją balsamem, oliwką lub posypać pudrem.

Refleksologia. W przypadku bólów krzyżowych ta technika medycyny alternatywnej polega na silnym uciskaniu palcem (najlepiej kciukiem) punktu znajdującego się na podeszwie stopy tuż poniżej środkowej części kłębu palucha.

Inne alternatywne sposoby zwalczania bólu. Hydroterapia (ciepły prysznic lub kąpiel w jacuzzi) również może nieco złagodzić ból. Jeśli masz doświadczenie w medytacji, wizualizacji czy autohipnozie uśmierzającej ból, też wypróbuj te metody. Często okazują się skuteczne, a z pewnością ci nie zaszkodzą.

DLA OJCÓW

Nagły poród – wskazówki dla partnera

W domu lub biurze

1. Zachowaj spokój i jednocześnie staraj się uspokoić mamę. Pamiętaj, że nawet jeśli nie masz pojęcia o porodzie, to ciało rodzącej kobiety i jej dziecko samodzielnie wykonają większość pracy.
2. Zadzwoń na pogotowie (numer 112 lub 999) i poproś dyspozytora, by skontaktował się z położnikiem twojej partnerki.
3. Poproś rodzącą, żeby zaczęła szybko oddychać, by powstrzymać ją przed parciem.
4. Najpierw umyj wodą i mydłem ręce, a potem krocze partnerki (możesz również użyć chusteczek higienicznych lub odkażającego płynu do rąk).
5. Jeśli będzie czas, ułóż rodzącą na łóżku lub kanapie (a w ostateczności na biurku albo stole) tak, by pośladki lekko wystawały poza krawędź mebla, i poproś, by podłożyła dłonie pod uda, by je lekko unieść. Jeśli to możliwe, tak ustaw puf albo niski taboret, by mogła oprzeć na nim stopy. Spróbuj również zabezpieczyć powierzchnię, na której leży rodząca, ręcznikami lub prześcieradłem. Jeżeli widać już główkę, podłóż pod plecy mamy kilka poduszek i pomóż jej się podnieść do pozycji półsiedzącej, która wesprze czynność porodową.

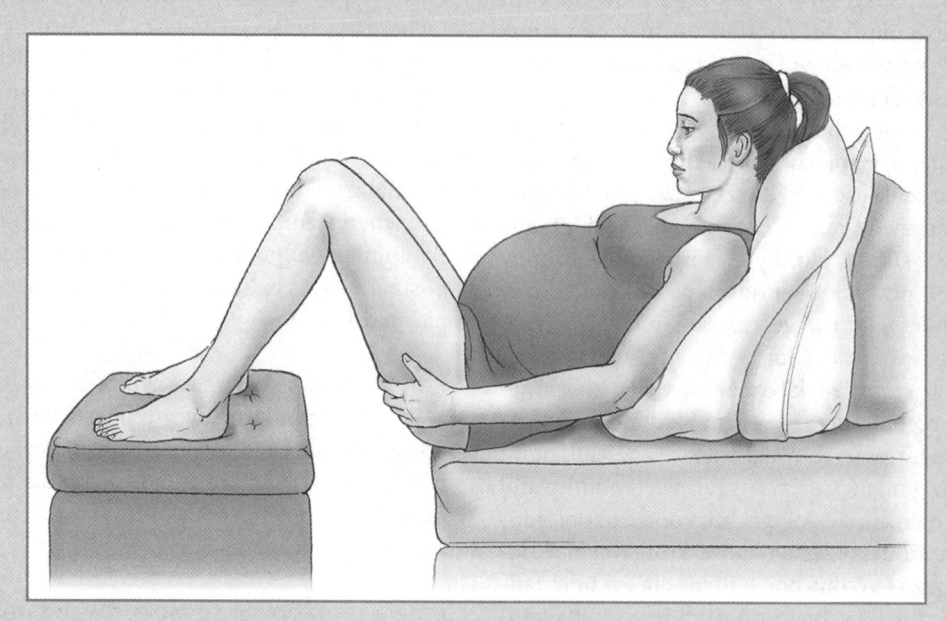

Wywoływanie porodu (indukcja)

Lekarz chce wywołać u mnie poród. Moja ciąża nie jest jeszcze przenoszona, a myślałam, że poród wywołuje się tylko w tym przypadku.

Czasami Matka Natura potrzebuje trochę pomocy, by zmienić ciężarną kobietę w mamę. Około 20 procent ciąż wymaga takiego wsparcia i chociaż w większości przypadków indukowanie porodu, czyli wzniecanie czynności skurczowej macicy, jest ko-

Jeżeli główki jeszcze nie widać, ułóż rodzącą na plecach lub na boku – to może spowolnić poród aż do przybycia pogotowia.

6. Kiedy czubek głowy będzie już widoczny, poproś mamę, żeby zaczęła szybko oddychać lub dmuchać (ale nie przeć), i delikatnie naciskaj jej krocze (miejsce między pochwą a odbytem), by główka nie wyskoczyła zbyt gwałtownie. Pozwól, by wyłaniała się stopniowo, i w żadnym wypadku jej nie wyciągaj. Jeśli wokół szyi maleństwa zauważysz owiniętą pętlę pępowiny, podłóż pod nią zakrzywiony palec i ostrożnie przełóż przez główkę.

7. Ujmij główkę maluszka w obie dłonie i delikatnie naciśnij w dół (nie ciągnij!) i jednocześnie poproś mamę, by zaczęła przeć, żeby urodzić przedni bark i ramię. Kiedy się ukażą, delikatnie unieś główkę dziecka, obserwując, jak rodzi się tylny bark i ramię. Gdy obie rączki będą już na zewnątrz, reszta ciała powinna się urodzić bez żadnego problemu.

8. Połóż noworodka na brzuchu mamy lub – jeśli pępowina jest wystarczająco długa – na jej klatce piersiowej (nie próbuj jednak ciągnąć pępowiny). Szybko owiń dziecko w kocyk, ręcznik lub inną czystą tkaninę.

9. Wytrzyj usta i nosek dziecka czystym ręcznikiem, a palcami przetrzyj oczy dziecka od kącików zewnętrznych do wewnętrznych, by ułatwić wypłynięcie płynu owodniowego. Jeśli pogotowie jeszcze nie przyjechało, a dziecko nie oddycha lub nie płacze, przytrzymaj je tak, by główka była niżej niż stopy, i potrzyj jego plecy. Jeżeli nadal nie oddycha, raz jeszcze oczyść usta czystym palcem, a potem szybko i bardzo delikatnie wdmuchnij powietrze jednocześnie w usta i nos dziecka.

10. Nie próbuj wyciągać łożyska. Jeśli pojawi się samo przed przybyciem pomocy, owiń je w ręczniki i – jeśli to możliwe – trzymaj wyżej, niż leży dziecko. Nie musisz przecinać pępowiny, ale powinieneś ją przewiązać sznurkiem lub sznurowadłem po upływie 2–3 minut po porodzie.

11. Zapewnij mamie i dziecku ciepło i wygodę do chwili przyjazdu pogotowia.

W drodze do szpitala

Jeśli jesteście w samochodzie, a poród jest nieuchronny, zatrzymaj się w bezpiecznym miejscu i włącz światła awaryjne. Potem wezwij pogotowie ratunkowe (numer 112 lub 999). Jeśli ktoś się zatrzyma, poproś o pomoc i skontaktowanie się z pogotowiem lub najbliższym szpitalem. Jeżeli jedziecie taksówką, poproś kierowcę, by wezwał pomoc przez radio.

Jeśli to możliwe, pomóż mamie się przesiąść na tylne siedzenie. Rozłóż tam płaszcz, marynarkę lub koc. Potem – jeżeli do tej pory pomoc jeszcze nie przybyła – postępuj jak w przypadku porodu w domu. Gdy tylko maleństwo się urodzi, szybko jedźcie do najbliższego szpitala, chyba że dyspozytor powiedział, że pomoc jest w drodze.

nieczne ze względu na przenoszenie ciąży, to istnieją również inne przyczyny, które zmuszają lekarza do podjęcia takiej decyzji:

- Pękł ci pęcherz płodowy, a skurcze nie rozpoczęły się samoczynnie w ciągu 24 godzin (niektórzy położnicy wywołują poród dużo wcześniej).

- Badania wskazują, że macica nie jest już bezpiecznym miejscem dla twojego dziecka, ponieważ łożysko nie funkcjonuje

optymalnie, objętość wód płodowych jest zbyt mała albo istnieje jeszcze inna przyczyna.
- Badania wskazują, że dziecko nie rozwija się prawidłowo, a jest na tyle dojrzałe, by już przyjść na świat.
- Pojawiły się jakieś powikłania ciążowe – na przykład stan przedrzucawkowy, cukrzyca ciążowa – lub cierpisz na jakąś przewlekłą chorobę albo dolegliwość o ostrym przebiegu – które stanowią zagrożenie dla ciąży.
- Względnym wskazaniem do indukowania porodu jest obawa, że nie zdążysz dojechać na czas do szpitala lub kliniki położniczej, ponieważ daleko mieszkasz lub poprzednio bardzo szybko urodziłaś (albo jedno i drugie).

Jeżeli nadal nie jesteś pewna, dlaczego twój lekarz zdecydował się wywołać poród, poproś o dokładniejsze i bardziej zadowalające wyjaśnienie. Aby zdobyć więcej informacji na temat procesu wywoływania porodu, czytaj dalej.

Jak się wywołuje poród?

Wywoływanie porodu, inaczej zwane indukcją, podobnie jak poród naturalny jest procesem i niekiedy trwa dość długo. Jednak w przeciwieństwie do porodu, który rozpoczął się w sposób naturalny, twój organizm otrzyma pewne wsparcie. Indukcja porodu składa się zazwyczaj z kilku etapów, chociaż być może nie wszystkie będą konieczne w twoim wypadku:
- Pierwszy etap to pobudzenie szyjki macicy do tego, by się otworzyła (lub zmiękczyła), żeby mogło dojść do rozpoczęcia czynności porodowej. Jeśli przyjedziesz do szpitala z dojrzałą (rozwartą) szyjką macicy, to wspaniale! Prawdopodobnie będzie można przejść do następnego etapu. Jeśli szyjka nie jest jeszcze dojrzała do porodu (zgładzona, rozwarta i zmiękczona), lekarz przypuszczalnie zaordynuje ci leki hormonalne, takie jak prostaglandyna E (np. mizoprostol) w formie żelu (lub globulki dopochwowej), które wywołają czynność porodową. Podczas bezbolesnego zabiegu lekarz za pomocą strzykawki umieści żel w pochwie, w pobliżu szyjki macicy. Po kilku godzinach czekania, aż lek zadziała, zostaniesz ponownie zbadana – lekarz sprawdzi, czy szyjka macicy staje się miękka i zaczyna się skracać (zgładzać) i rozwierać. Jeśli nie, otrzymasz kolejną dawkę prostaglandyny. W wielu przypadkach żel wystarczy, by wywołać skurcze i czynność porodową. Jeśli szyjka jest rozwarta, ale skurcze się nie rozpoczęły, proces wywoływania porodu będzie kontynuowany. (Niektórzy lekarze używają specjalnych urządzeń do stopniowego rozwierania szyjki macicy – na przykład cewnika z balonikiem wypełnionym solą fizjologiczną (cewnika Foleya) lub innych rozszerzaczy ginekologicznych albo nawet metod niefarmakologicznych – na przykład pewnego rodzaju glonów – *Laminaria japonica* – które powodują stopniowe rozwieranie szyjki macicy dzięki wchłanianiu otaczających ją płynów).
- Jeśli pęcherz płodowy (worek owodniowy) nadal pozostaje nienaruszony, lekarz może zalecić jego oddzielenie od ściany macicy (patrz ramka na stronie obok) albo wykona zabieg amniotomii, czyli sztucznego przebicia pęcherza płodowego, by wywołać poród (patrz str. 427).
- Jeśli nadal nie będziesz miała regularnych skurczów, lekarz zaleci wlew dożylny z oksytocyny, czyli hormonu, który jest w sposób naturalny produkowany przez organizm w czasie ciąży i odgrywa ważną rolę w trakcie porodu. Będzie to robić, dopóki nie wystąpią regularne skurcze. Często wlew z oksytocyny jest kontynuowany w celu podtrzymywania skutecznej czynności porodowej.

Oddzielenie pęcherza płodowego

Oddzielenie (odklejenie) dolnego bieguna pęcherza płodowego od ściany macicy jest jednym ze sposobów, które może wypróbować twój lekarz, by wywołać czynność porodową – czasem w trakcie indukowania porodu w szpitalu, a czasem podczas wizyty kontrolnej, gdy nadszedł już termin. Oddzielenie pęcherza płodowego od ściany macicy nie jest tym samym zabiegiem co jego przebicie, lecz może do niego doprowadzić. Oto kilka informacji, które mogą ci się przydać:

Jak się to robi? Lekarz palcem delikatnie oddzieli worek owodniowy (czyli pęcherz płodowy) od ściany macicy w pobliżu ujścia szyjki macicy. Kiedy pęcherz zostanie oddzielony, twój organizm zacznie produkować hormony (prostaglandyny), które w końcu pomogą wywołać tak wyczekiwane przez ciebie skurcze. Oddzielenie pęcherza płodowego od ściany macicy może być jednorazowym zabiegiem albo lekarz poprosi cię, żebyś wróciła za kilka dni, by powtórzyć procedurę, jeśli pierwsza próba się nie powiodła i nie wywołała porodu. Nawet jeżeli położnik zdecyduje się wyłącznie na jedną próbę oddzielenia pęcherza płodowego, przypuszczalnie poprosi cię, żebyś pojawiała się w gabinecie co kilka dni, by sprawdzić postęp porodu.

Jakie są odczucia? Oddzielenie pęcherza płodowego od ściany macicy może wywołać lekki dyskomfort, chociaż niektóre kobiety niczego nie odczuwają. Po zabiegu możesz przez 24 godziny odczuwać nieznaczne skurcze (które jednak niekoniecznie zmienią się w skurcze porodowe, na które tak czekasz). Możesz również zauważyć lekkie czerwonawe, różowe lub brązowe plamienie przez kilka dni po zabiegu. Te wszystkie objawy są zupełnie naturalne i nie ma powodu do obaw, chociaż jeśli bardzo cię boli podbrzusze lub krwawisz, natychmiast skontaktuj się z lekarzem.

Jak to działa? Istnieją pewne dowody na to, że dzięki oddzieleniu pęcherza płodowego od ściany macicy możesz się szybko znaleźć na sali porodowej – ale może nie tak szybko, jak myślisz (czasem prawdziwe skurcze rozpoczynają się dopiero po 3–5 dniach). Gdy nie ma nagłej potrzeby, tym bardziej że nie jest to zabieg przyjemny dla przyszłych mam, eksperci nie zalecają, by przeprowadzać go rutynowo.

- Twoje dziecko przez cały czas będzie monitorowane, dzięki czemu lekarz oceni, jak sobie radzi w trakcie porodu. Ty również będziesz badana, by można było sprawdzić, czy podana dawka leku nadmiernie nie pobudza macicy i nie wywołuje zbyt długich i silnych skurczów. Jeśli się tak zdarzy, dawka leku zostanie zmniejszona lub całkowicie wycofana. Kiedy zaczniesz odczuwać regularne skurcze, lekarz także zmniejszy dawkę oksytocyny lub całkowicie z niej zrezygnuje, a wtedy poród będzie przebiegał już w naturalny sposób.
- Jeśli w czasie 8–12 godzin podawania oksytocyny poród się nie zacznie lub nie będzie postępował, lekarz prawdopodobnie wstrzyma indukcję, żebyś mogła odpocząć. Potem – w zależności od okoliczności – spróbuje jeszcze raz albo wykona cięcie cesarskie.

Jedzenie i picie w trakcie porodu

Słyszałam sprzeczne opinie na temat tego, czy można jeść i pić w trakcie porodu.

Czy jedzenie jest częścią porodowego menu? To zależy od tego, kto składa zamówienie. Niektórzy lekarze nie zgadzają się na jedzenie w trakcie porodu, bo jeśli – choć nie zdarza się to często – zajdzie konieczność wykonania pilnego cięcia cesarskiego w znieczuleniu ogólnym, pełny żołądek zwiększa ryzyko zachłyśnięcia, czyli aspiracji cofającego się z żołądka pokarmu do dróg oddechowych. Jest to bardzo poważne powikłanie, które zagraża zdrowiu, a nawet życiu rodzącej. Zgadzają się jednak zazwyczaj na ssanie kostek lodu oraz dożylne uzupełnianie płynów.

Jednak większość lekarzy (zgodnie ze wskazówkami Amerykańskiego Kolegium Położników i Ginekologów) zezwala w trakcie porodów niskiego ryzyka na spożywanie płynów i lekkich posiłków (a zatem nie ma mowy o pizzy). Zwolennicy jedzenia i picia w trakcie porodu słusznie zauważają, że rodząca mama, która wykonuje tak ciężką pracę, potrzebuje płynów i kalorii, by efektywnie działać. Ta opinia została nawet poparta badaniami naukowymi. Wykazały one, że mamy, którym pozwolono jeść i pić w trakcie porodu, rodzą szybciej średnio o 90 minut. Ponadto rodzące kobiety, które nie muszą pościć, rzadziej potrzebują oksytocyny na przyspieszenie akcji porodowej oraz mniej środków przeciwbólowych, a także rodzą dzieci z większą liczbą punktów w skali Apgar niż mamy, którym nie pozwolono jeść ani pić. Zapytaj zatem swojego lekarza, czy przewiduje dla ciebie jakieś porodowe menu.

Nawet jeśli się zgodzi, żebyś jadła w trakcie porodu, prawdopodobieństwo, że będziesz miała ochotę na jakiś obfity posiłek, kiedy skurcze rozpoczną się już na dobre, jest bardzo niewielkie (poza tym będziesz zbyt zdenerwowana i zajęta zupełnie czymś innym niż jedzenie). Na pierwsze godziny warto przygotować lekkostrawne przekąski – lody na patyku, galaretkę owocową, mus jabłkowy, gotowane owoce, banana, makaron bez dodatków, tost z dżemem lub rosół – które dodadzą ci energii, gdy będziesz jej najbardziej potrzebować (w późniejszej fazie porodu prawdopodobnie nie będziesz miała ochoty na jedzenie albo nie będziesz w stanie niczego przełknąć). Wspólnie z lekarzem zastanów się, co i kiedy będziesz jadła. Pamiętaj również o tym, że możesz mieć nudności. Niektóre rodzące kobiety wymiotują, nawet jeśli wcześniej nic nie jadły.

Niezależnie od tego, czy będziesz miała ochotę na jedzenie w trakcie porodu czy nie, nie możesz zapominać o swoim partnerze, który na pewno będzie miał ochotę coś przekąsić (zresztą powinien, bo przecież nie chcesz, żeby zasłabł z głodu, gdy będziesz go najbardziej potrzebowała). Przypomnij mu zatem, żeby coś zjadł, zanim pojedziecie do szpitala lub kliniki położniczej (zapewne będzie zbyt skoncentrowany na twoim brzuchu, by myśleć o swoim), i zabrał ze sobą kilka przekąsek – dzięki temu nie będzie musiał cię opuszczać, gdy poczuje głód.

Rutynowy wlew dożylny

Czy to prawda, że dostanę kroplówkę, gdy zacznę rodzić? Nawet jeśli jestem całkowicie pewna, że nie będę chciała znieczulenia zewnątrzoponowego?

Wszystko zależy od procedur obowiązujących w szpitalu. W niektórych szpitalach wszystkim rodzącym kobietom rutynowo zakłada się wlew dożylny – zwany również infuzją dożylną – który polega na umieszczeniu w żyle (najczęściej na wierzchniej stronie dłoni lub przedramieniu) elastycznego wenflonu służącego do podawania płynów i leków. Powodem jest przezorność – w ten sposób zapobiega się odwodnieniu, a także zabezpiecza sposób podania leku w razie nagłego wypadku (nie trzeba się już nigdzie wkłuwać, ponieważ droga do rozprowadzenia leku jest otwarta; wystarczy po prostu wstrzyknąć go do wenflonu). W innych szpitalach z kolei nie stosuje się rutynowo takiego wkłucia, tylko czeka się, aż zaistnieje wyraźna potrzeba. Sprawdź, jakie zwyczaje dotyczące wlewu dożylnego panują w szpitalu, w którym będziesz rodzić. Jeśli stanowczo się przeciwstawiasz rutynowemu zakładaniu wkłucia, zapytaj lekarza, czy można pominąć tę procedurę. Być może lekarz wyrazi zgodę, by zastosować ją dopiero w razie konieczności.

Natomiast z pewnością będziesz miała założone wkłucie dożylne, jeśli masz w planach znieczulenie zewnątrzoponowe. Dostaniesz wówczas kroplówkę, za pomocą której przed i w trakcie znieczulenia zewnątrzoponowego rutynowo podaje się płyny, by zmniejszyć ryzyko spadku ciśnienia tętniczego krwi, który jest częstym efektem ubocznym tego sposobu uśmierzania bólu. Wlew ułatwia również szybkie podanie oksytocyny w przypadku, gdy trzeba wywołać lub przyspieszyć poród.

Jeśli jednak stanie się tak, że w związku ze znieczuleniem zewnątrzoponowym będziesz miała rutynowo założone wkłucie dożylne, którego tak bardzo chcesz uniknąć, prawdopodobnie przekonasz się, że nie jest to zbyt inwazyjna metoda. Zakładanie wlewu dożylnego powoduje tylko niewielki dyskomfort podczas wkłuwania igły – nawet nie powinnaś go poczuć (jeśli tak, poinformuj o tym pielęgniarkę). Jeśli otrzymasz kroplówkę, która będzie zawieszona na ruchomym stojaku, będziesz mogła pójść z nią do łazienki lub pospacerować po korytarzu. Jeżeli zdecydowanie nie chcesz, by podawano ci płyny dożylnie, porozmawiaj o tym z personelem medycznym. Powinnaś jednak wyrazić zgodę na założenie wenflonu, gdyż w razie nagłych powikłań zdecydowanie ułatwi on przeprowadzenie wielu procedur medycznych. Wenflon to najprostszy cewnik naczyniowy, który umieszcza się w żyle. Personel szpitala będzie miał w ten sposób dostęp do otwartej żyły w razie nagłego przypadku, a ty nie będziesz niepotrzebnie podłączona do kroplówki. W pewnych sytuacjach to naprawdę dobry kompromis.

Monitorowanie płodu

Czy przez cały poród będę podłączona do monitora tętna płodu? Czemu służy to urządzenie?

Dla kogoś, kto spędził 9 miesięcy, pływając spokojnie i wygodnie w ciepłej owodniowej kąpieli, podróż przez wąską i ciasną przestrzeń mamusinej miednicy może nie być wesołą przejażdżką. Twoje dzielne maleństwo będzie ściskane, zgniatane i przepychane wraz z każdym skurczem. I chociaż większość dzieci przedostaje się przez kanał rodny bez żadnego problemu, są również takie, dla których to ściskanie, zgniatanie i przepychanie jest ogromnym stresem. Na taki stres dzieci mogą reagować zwolnieniem czynności serca, gwałtownymi bądź zbyt powolnymi ruchami lub innymi objawami wyczerpania. Monitorowanie reakcji serca dziecka na skurcze pozwala ocenić, jak maluch radzi sobie z porodowym stresem.

Ale czy taka ocena czynności serca płodu musi trwać przez cały poród? Większość ekspertów twierdzi, że nie, powołując się na badania naukowe dowodzące, iż w przypadku mam w ciąży niskiego ryzyka, u których poród przebiega bez wspomagania lekami, wystarczy sporadycznie kontrolować pracę serca dziecka za pomocą monitora tętna płodu lub USG dopplerowskiego, by skutecznie ocenić jego stan. Jeżeli zaliczasz się właśnie do takiej grupy mam, przypuszczalnie nie będziesz musiała być podłączona do monitora tętna płodu przez cały poród (prawie na pewno tak nie będzie, jeśli poród odbierze położna). Natomiast gdy poród będzie wywoływany, otrzymasz znieczulenie zewnątrzoponowe lub zaistnieją inne czynniki ryzyka (na przykład pojawią się zielonobrązowe wody płodowe zabarwione smółką), zapewne będziesz musiała być podłączona do aparatury przez cały poród.

Mamy do wyboru trzy metody ciągłego monitorowania płodu:

Nacięcie krocza: koniec z rutyną

Prawdopodobnie słyszałaś już wystarczająco dużo na temat nacięcia krocza, by wiedzieć, że raczej nie będziesz go miała. Na szczęście dla większości mam nacięcie krocza – zabieg chirurgiczny polegający na przecięciu miejsca znajdującego się między ujściem pochwy a odbytem w celu poszerzenia ujścia pochwy tuż przed pojawieniem się główki dziecka – nie jest już wykonywane rutynowo. W dzisiejszych czasach położne i większość lekarzy rzadko przeprowadzają nacięcie krocza bez konkretnej przyczyny – jedynie 10 procent rodzących mam przechodzi taki zabieg.

Jednak nie zawsze tak było. Kiedyś uważano, że nacięcie krocza chroni przed jego pęknięciem oraz poporodowym nietrzymaniem moczu i stolca, a także zmniejsza ryzyko urazu porodowego u noworodka (ponieważ jego główka długo i mocno naciska na krocze). Teraz jednak wiadomo, że maluchy radzą sobie bez tego bardzo dobrze, a mamy również nie doznają większego uszczerbku. Rezygnacja z nacinania krocza nie wydłuża przeciętnego czasu trwania porodu, a kobiety często tracą mniej krwi, rzadziej zdarzają się zakażenia, a także mniejszy jest ból krocza po porodzie (chociaż w przypadku pęknięcia możesz stracić trochę krwi i narazić się na zakażenie). Co więcej, badania wykazały, że nacięcie krocza częściej niż pęknięcie spontaniczne przyczynia się do poważnych urazów – na przykład pęknięcia krocza trzeciego lub czwartego stopnia (czyli takiego, które przebiega blisko odbytu lub wręcz go uszkadza, co powoduje problemy z trzymaniem kału lub utratę kontroli nad wypróżnieniami).

Aczkolwiek nacięcie krocza nie jest już rutynowym zabiegiem, to nadal jest dla niego miejsce na sali porodowej. Wskazaniem do zabiegu może być na przykład duże dziecko, które potrzebuje więcej przestrzeni, by przyjść na świat, oraz sytuacja, gdy poród musi się odbyć bardzo szybko lub gdy używa się kleszczy albo próżniociągu położniczego, a także dystocja barkowa (kiedy bark dziecka utknie w kanale rodnym).

Jeśli się okaże, że musisz przejść zabieg nacięcia krocza, najpierw otrzymasz znieczulenie miejscowe (jeśli będzie na to czas). Nie będziesz go potrzebowała, jeśli wcześniej otrzymałaś znieczulenie zewnątrzoponowe lub jeśli twoje krocze jest cienkie, rozciągnięte i odrętwiałe od nacisku rodzącej się główki. Potem lekarz za pomocą nożyczek chirurgicznych natnie krocze w linii środkowej (dokładnie w kierunku odbytu) lub środkowo-bocznej (omijając odbyt). Po urodzeniu dziecka i łożyska lekarz zaszyje nacięcie (otrzymasz znieczulenie miejscowe, jeśli nie dostałaś go wcześniej lub gdy znieczulenie zewnątrzoponowe przestało działać).

Jeżeli jeszcze tego nie zrobiłaś, koniecznie omów kwestię nacięcia krocza z lekarzem, który prawdopodobnie także jest zdania, że zabieg ten nie powinien zostać przeprowadzony bez wyraźnej przyczyny. Jeśli chcesz, możesz też zamieścić swoją opinię w tej sprawie w planie porodu. Pamiętaj jednak, że nacięcie krocza czasami okazuje się konieczne i że ostateczna decyzja może zostać podjęta na sali porodowej, gdy zacznie się rodzić słodka, maleńka główka.

Monitorowanie zewnętrzne (KTG, kardiotokografia). Ten rodzaj kontrolowania stanu dziecka używany jest najczęściej i polega na podłączeniu do brzucha dwóch urządzeń. Pierwsze to przetwornik ultradźwiękowy rejestrujący pracę serca płodu (kardiografia), a drugi to czuły na nacisk miernik rejestrujący intensywność i długość skurczów macicy (tokografia). Oba urządzenia są podłączone do monitora, a wartości pomiarów są widoczne na ekranie i zapisywane na papierze. Jeśli zostaniesz podłączona właśnie do takiego monitora, będziesz mogła się poruszać na łóżku lub usiąść na stojącym w pobliżu krześle, ale nie będziesz miała całkowitej swobody ruchu, chyba że zostanie zastosowane monitorowanie telemetryczne (patrz dalej).

Podczas drugiej fazy porodu (czyli parcia), kiedy skurcze stają się silne i następują tak szybko, że nie wiadomo, kiedy przeć, a kiedy się wstrzymać, monitor pomoże dokładnie określić początek i koniec każdego skurczu. W fazie parcia monitor czasem jest wyłączany, żeby nie dekoncentrować rodzącej mamy. W takim przypadku czynność serca dziecka będzie kontrolować aparat Dopplera.

Monitorowanie wewnętrzne. Kiedy potrzebne są dokładniejsze pomiary – na przykład wówczas, gdy pojawia się podejrzenie stanu zagrożenia płodu – lekarz może zastosować monitorowanie wewnętrzne. Wprowadza się wówczas maleńką elektrodę przez pochwę i umieszcza ją na główce dziecka. Siłę skurczów macicy będzie mierzyć cewnik umieszczony w pochwie lub miernik zewnętrzny umieszczony na brzuchu. Chociaż monitorowanie wewnętrzne daje trochę dokładniejszy pomiar czynności serca dziecka oraz skurczów macicy niż monitorowanie zewnętrzne, to stosuje się je tylko w uzasadnionych wypadkach (ponieważ wiąże się z nim pewne ryzyko zakażenia). Po podłączeniu elektrody maluszek może mieć na główce małe zasinienie lub zadrapanie, które zniknie w ciągu kilku dni. Monitorowanie wewnętrzne zdecydowanie bardziej ogranicza ruchy, ale przynajmniej będziesz mogła się przewracać z boku na bok.

Monitorowanie telemetryczne. Ten rodzaj kontrolowania stanu dziecka jest dostępny tylko w niektórych szpitalach. Polega na tym, że do uda mamy przymocowuje się nadajnik, który drogą radiową przekazuje informacje o czynności serca dziecka do stanowiska pielęgniarek. Mama może w tym czasie spacerować po korytarzu, a jej dziecko jest cały czas monitorowane.

Powinnaś zdawać sobie sprawę z tego, że oba rodzaje monitorowania – zarówno wewnętrzne, jak i zewnętrzne – często wywołują fałszywe alarmy. Urządzenie może nagle zacząć głośno piszczeć, kiedy na przykład przetwornik się ześlizgnie, dziecko zmieni pozycję, mama się przesunie, monitor przestanie prawidłowo funkcjonować lub skurcze przybiorą na sile. Zanim lekarz uzna, że dziecko znalazło się w niebezpieczeństwie, weźmie pod uwagę te oraz inne czynniki. Jeśli nieprawidłowe odczyty się utrzymają, zostaną przeprowadzone jeszcze inne badania, które pomogą ustalić przyczynę nieprawidłowości. Jeśli stan ten zostanie potwierdzony, lekarz prawdopodobnie przeprowadzi cięcie cesarskie.

Przebicie pęcherza płodowego (amniotomia)

Boję się, że jeśli wody płodowe nie odejdą samoistnie, lekarz będzie musiał przekłuć pęcherz płodowy. Czy to boli?

Większość przyszłych mam w zasadzie nie czuje, gdy lekarz przebija pęcherz płodowy, szczególnie jeśli poród jest już dość zaawansowany (wtedy trzeba sobie radzić z dużo większym bólem). Zabieg wykonuje się za pomocą długiego, cienkiego, plastikowego narzędzia zakończonego haczykiem, przeznaczonego specjalnie do przebijania pęcherza płodowego, i nie jest on bardziej nieprzyjemny niż badania dopochwowe, które przeprowadza lekarz, żeby sprawdzić postęp porodu. Istnieje duże prawdopodobieństwo, że jedyną rzeczą, na jaką zwrócisz uwagę w trakcji amniotomii, będzie wypływ wód płodowych, po którym rozpoczną się – przynajmniej miejmy taką nadzieję – częstsze i silniejsze skurcze, a dziecko zacznie się przesuwać w kanale rodnym.

Sztuczne przebicie pęcherza płodowego nie zmniejszy prawdopodobnie potrzeby podania oksytocyny, ale może za to skrócić czas trwania porodu – przynajmniej indukowanego – więc wielu lekarzy decyduje się na taki zabieg, by przyspieszyć akcję porodową. Jeśli nie ma żadnego istotnego powodu do sztucznego przebijania błon płodowych (poród postępuje we właściwym tempie), lekarz może zrezygnować z zabiegu i pozwolić, by pękły w naturalny sposób. (Amniotomię wykonuje się niekiedy w celu umożliwienia innej procedury medycznej, na przykład monitorowania wewnętrznego).

Raz na jakiś czas zdarza się, że pęcherz płodowy pozostaje uparcie nietknięty przez cały poród (dziecko przychodzi na świat w worku pełnym wód płodowych, który trzeba przekłuć od razu po porodzie) i w tym również nie ma nic dziwnego.

Próżniociąg położniczy

W jakim przypadku lekarz może użyć podczas porodu próżniociągu położniczego? Gdy wyobrażam sobie, jak moja córeczka jest wysysana za główkę, to jestem pewna, że to będzie bolało zarówno ją, jak i mnie.

Próżniociąg położniczy ułatwia dziecku wydostanie się z dość ciasnych dróg rodnych. Niech ci w tym momencie nie przychodzi do głowy odkurzacz; próżniociąg położniczy to proste urządzenie z gumową końcówką w kształcie płaskiej miseczki, którą przykłada się do główki dziecka. Za pomocą tej przyssawki lekarz delikatnie pomoże maluszkowi przechodzić przez kanał rodny w trakcie skurczów partych, co również pomoże mamie, gdy będzie parła. Próżniociąg położniczy jest stosowany w około 5 procentach porodów i jest doskonałą alternatywą dla kleszczy (które obecnie są bardzo rzadko używane; patrz następne pytanie), a w niektórych okolicznościach nawet dla cięcia cesarskiego.

O jakie okoliczności chodzi? Próżniociąg może zostać użyty przy pełnym rozwarciu szyjki macicy, gdy pękł już pęcherz płodowy, a mama jest zbyt wyczerpana porodem, by efektywnie przeć, albo gdy nie powinna tego robić ze względu na chorobę serca lub bardzo wysokie ciśnienie tętnicze krwi – w takich okolicznościach wytężone parcie staje się zbyt ryzykowne.

Tę procedurę można zastosować również wtedy, gdy dziecko musi szybko przyjść na świat ze względu na stan zagrożenia (zakładając oczywiście, że jest w odpowiedniej pozycji – główka już prawie zaczęła się rodzić).

Dzieci rodzące się z pomocą próżniociągu mogą mieć niekiedy niewielki obrzęk na główce, ale zazwyczaj nie jest to poważna przypadłość – nie wymaga leczenia i znika po kilku dniach. Jeśli próżniociąg nie spełni

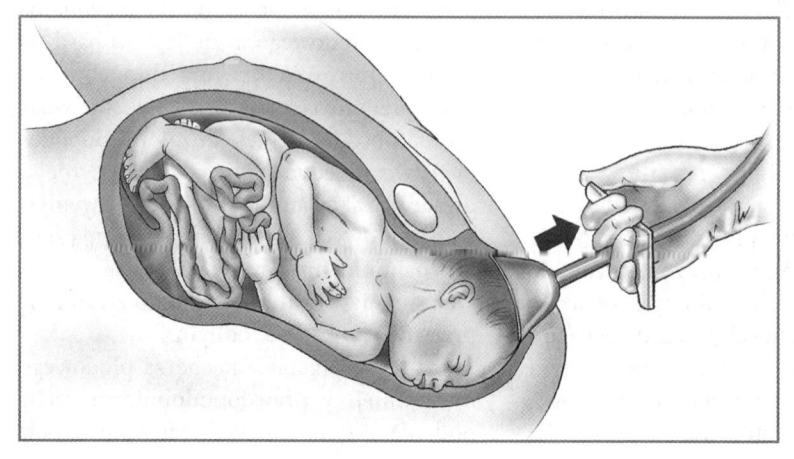

Próżniociąg położniczy

swojego zadania i nie pomoże maleństwu przyjść na świat, prawdopodobnie zostanie wykonane cięcie cesarskie.

Zanim lekarz podejmie decyzję o użyciu tego urządzenia, być może pozwoli ci odpocząć i odzyskać siły w ciągu kilku skurczów (jeśli czas na to pozwoli), abyś potem mogła znowu silniej przeć (czasem nawet krótka przerwa może dodać energii potrzebnej do bardziej skutecznego parcia). Możesz również zmienić pozycję (chodzić na czworakach, przykucnąć, trzymając się poręczy, lub usiąść na piłce położniczej), co powinno przyspieszyć poród, ponieważ dzięki sile grawitacji główka się łatwiej przesunie.

Zadaj lekarzowi wszystkie pytania związane z ewentualnym użyciem próżniociągu położniczego (lub kleszczy; patrz następne pytanie); zapytaj również o to, czy będziesz musiała mieć nacięcie krocza. W końcu im więcej wiesz, tym lepiej jesteś przygotowana na wszelkie okoliczności związane z porodem.

Kleszcze

Jakie jest prawdopodobieństwo, że w trakcie porodu będę potrzebowała kleszczy?

W dzisiejszych czasach bardzo niewielkie. Kleszcze – długi, metalowy, zakrzywiony przyrząd przypominający dwie duże łyżki, który pomaga dziecku przesunąć się przez kanał rodny – są używane obecnie bardzo rzadko (to naprawdę niewielki odsetek porodów); częściej stosowany jest próżniociąg położniczy (patrz poprzednie pytanie). Oczywiście nie dlatego, że nie są równie bezpieczne jak próżniociąg czy nawet cięcie cesarskie (używane z wprawą są nawet bezpieczniejsze), lecz dlatego, że coraz mniej lekarzy umie się nimi sprawnie posługiwać, gdyż nie zostali odpowiednio przeszkoleni albo mają zbyt małe doświadczenie w ich stosowaniu. Kleszczy używa się z tych samych powodów co próżniociągu.

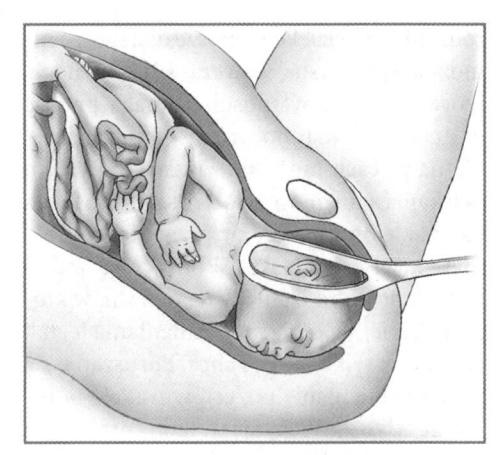

Kleszcze

Jeśli zapadnie decyzja o użyciu tego przyrządu, twoja szyjka macicy będzie musiała być w pełni rozwarta, pęcherz moczowy opróżniony, a wody płodowe upuszczone. Potem otrzymasz znieczulenie miejscowe (chyba że wcześniej zastosowano znieczulenie zewnątrzoponowe). Lekarz prawdopodobnie wykona też nacięcie krocza, by powiększyć wejście do pochwy. Najpierw wprowadzi do kanału rodnego jedną zakrzywioną łyżkę kleszczy, potem drugą, a gdy obie obejmą skronie dziecka i się na nich zakleszczą, zacznie delikatnie przesuwać malucha w stronę ujścia pochwy (patrz ilustracja). Po tym zabiegu na główce maleństwa mogą pozostać siniaki lub obrzęk, które zazwyczaj znikają kilka dni po porodzie.

Jeśli próba porodu za pomocą kleszczy się nie powiedzie, lekarz prawdopodobnie przeprowadzi cięcie cesarskie.

Pozycje porodowe

Wiem, że w czasie porodu nie będą musiała leżeć płasko na plecach, ale która pozycja jest najlepsza?

To prawda, że nie ma potrzeby, by rodzić na leżąco. Leżenie płasko na plecach to zresztą chyba najmniej skuteczna pozycja do rodzenia dziecka. Po pierwsze dlatego, że nie można wykorzystać wówczas siły grawitacji, która w naturalny sposób pomaga przyjść dziecku na świat; po drugie – długie leżenie na plecach może się wiązać z ryzykiem uciskania głównych naczyń krwionośnych (co z kolei może zakłócić prawidłowy przepływ krwi do dziecka). Rodzące są zatem zachęcane do rodzenia w tej pozycji, w której najlepiej się czują, i do zmieniania jej tak często, jak tylko mogą i chcą. Poruszanie się i częste zmienianie pozycji w trakcie porodu nie tylko zmniejszają dyskomfort, ale też przyspieszają akcję porodową.

Wybierz zatem jedną z następujących pozycji albo zastosuj różne ich kombinacje:

Stanie lub chodzenie. Pozycja pionowa nie tylko pomaga uśmierzyć ból towarzyszący skurczom, ale też daje szansę sile grawitacji, która pomoże otworzyć się miednicy, a dziecku przesuwać kanałem rodnym. To oczywiście mało prawdopodobne, żebyś miała ochotę na dalekie wyprawy, kiedy skurcze staną się silne i częste, ale wolny spacer (czy choćby opieranie się w pozycji stojącej o ścianę lub partnera) w pierwszej fazie porodu może przynieść dobre efekty.

Kołysanie. Wprawdzie dziecko się jeszcze nie urodziło, ale odrobina kołysania na pewno je ucieszy. Kołysz się zatem, zwłaszcza gdy nadejdą skurcze. Usiądź na krześle lub stań i kołysz się do przodu i do tyłu – sama albo w ramionach partnera (możesz również wykorzystać piłkę porodową; patrz strona obok). Ten rodzaj ruchu pomoże otworzyć się twojej miednicy i zachęci malucha do szybszego przesuwania się w dół kanału rodnego. W tej pozycji również będziesz miała siłę grawitacji po swojej stronie.

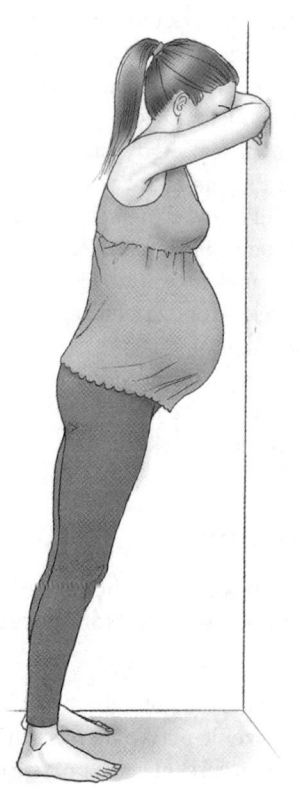

Stanie lub chodzenie

Kołysanie

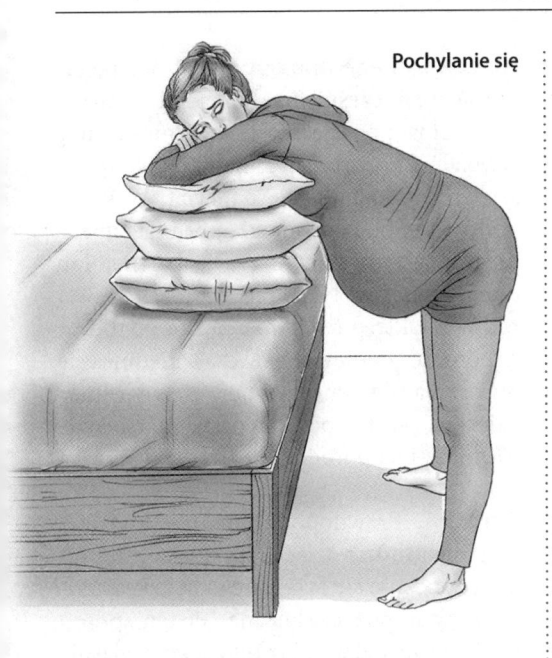

PORÓD

Pochylanie się

a potem rozluźnij całe ciało. Możesz również wykorzystać tę pozycję, gdy chcesz się pokołysać, a nie masz siły utrzymać ciała w pionie.

Siedzenie. Ta pozycja łagodzi bóle towarzyszące skurczom, a siła grawitacji skłania malucha do przesuwania się w kanale rodnym – możesz zatem usiąść w łóżku (oparcie łóżka porodowego można unieść niemal do pozycji pionowej), w ramionach partnera lub na piłce porodowej. Inna opcja to fotel porodowy (jeśli jest dostępny), który jest specjalnie zaprojektowany, by wspierać rodzącą kobietę. Jeszcze jeden plus: w tej pozycji mama może obserwować, co się dzieje w trakcie porodu.

Pochylanie się. Wiele rodzących mam relaksuje się, pochylając się w trakcie skurczów – jest to bardzo pomocna pozycja, jeśli masz bóle krzyżowe. Ułóż na łóżku lub stole stos poduszek i oprzyj się o nie. Połóż wygodnie głowę i ramiona, rozstaw szerzej nogi,

Siedzenie na piłce porodowej. Siedzenie na specjalnej piłce do ćwiczeń pomoże otworzyć miednicę i jest wygodniejsze niż długotrwałe kucanie. Dzięki zaokrągleniu piłka wywiera pewien rodzaj „przeciwnacisku" na okolicę krocza. Jeśli wolałabyś się oprzeć na ramionach i kolanach (patrz ilustracja na str. 432), wykorzystaj kształt piłki,

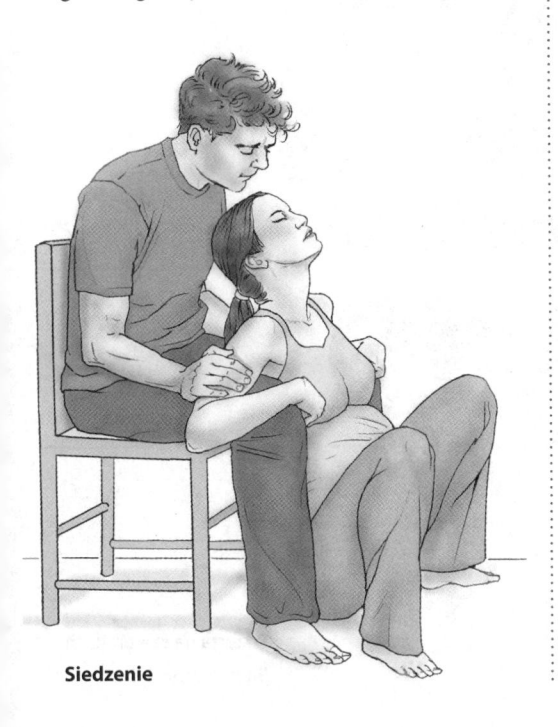

Siedzenie

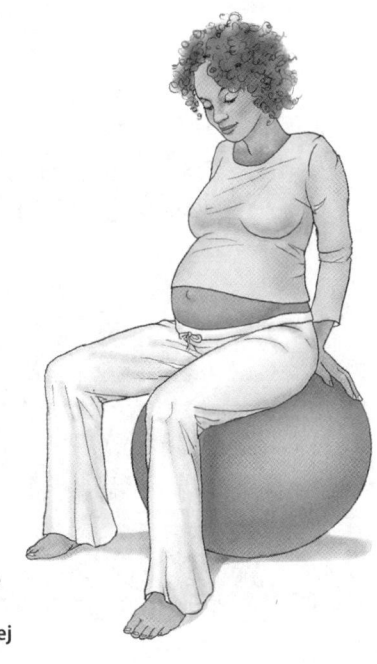

Siedzenie na piłce porodowej

by kołysać się do przodu i do tyłu (możesz również kołysać się na boki albo zataczać niewielkie kręgi). Korzystanie z piłki porodowej pomaga radzić sobie z bólami krzyżowymi i odciąża nadgarstki, jednocześnie pozwalając ci rodzić w najwygodniejszej dla ciebie pozycji.

Klęczenie. Masz bóle krzyżowe? Klęk przy piłce porodowej, krześle lub w objęciach partnera pomoże złagodzić ból wywołany naciskiem tylnej części główki dziecka na kręgosłup i zachęci malucha do przesuwania się w dół, co na pewno odciąży kręgosłup. Nawet gdy nie masz bólów krzyżowych, klęczenie na pewno okaże się bardzo skuteczną i wygodną pozycją porodową. Ponieważ pozwala przenieść nacisk na dolny odcinek kręgosłupa w trakcie parcia, złagodzi ból nawet jeszcze bardziej niż pozycja siedząca.

Na czworakach (klęk podparty). Opieranie się jednocześnie na dłoniach i kolanach to kolejna pozycja, która przyniesie ulgę w bólach krzyżowych, a maluszkowi ułatwi szybsze wydostanie się na świat. W klęku podpartym będziesz mogła poruszać miednicą, a w tym samym czasie partner lub doula pomasuje twoje plecy. Możesz nawet rodzić w takiej pozycji (niezależnie od rodzaju porodu), ponieważ wówczas miednica się otworzy, a siła grawitacji pomoże wypchnąć dziecko. (W tej pozycji przydatna będzie również piłka porodowa; patrz str. 431).

Kucanie. Prawdopodobnie nie będziesz w stanie urodzić dziecka na stojąco, ale kiedy rozpocznie się faza parcia, będziesz mogła przyjąć pozycję kuczną. W ten sposób kobiety rodzą dzieci już od wieków właśnie z tego powodu, że jest to najbardziej efektyw-

Klęczenie

Pozycja na czworakach (klęk podparty)

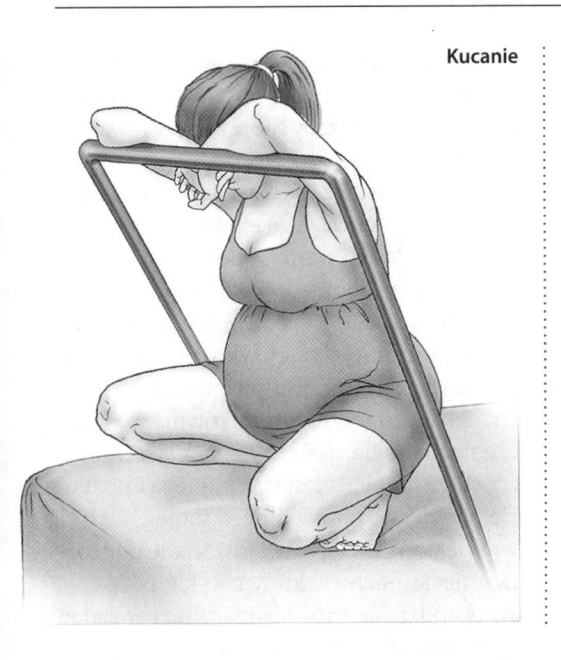

Kucanie

Leżenie na boku. Jesteś zbyt zmęczona, żeby siedzieć lub kucać? Czujesz, że musisz się położyć? Połóż się zatem na boku (najlepiej lewym) – jest to o wiele lepsze rozwiązanie niż leżenie na plecach, ponieważ nie dochodzi wówczas do nacisku na główne naczynia krwionośne. To bardzo dobra pozycja porodowa, gdyż pomaga spowolnić zbyt szybko postępujący poród oraz złagodzić ból związany ze skurczami.

Rodzenie w wannie. Nawet jeśli nie jesteś otwarta na taką opcję (lub nie jest ona dla ciebie dostępna), pamiętaj, że poród w wannie pomoże złagodzić ból, zrelaksować się, a nawet przyspieszyć postęp porodu. W twoim pokoju nie ma wanny? Weź ciepły prysznic, ponieważ on również przyniesie ci ulgę.

na pozycja porodowa. Kucanie pozwala miednicy otworzyć się szeroko, a maluch ma więcej miejsca, żeby przesunąć się w dół. Możesz się wesprzeć o partnera (będziesz się trochę chwiać, więc wsparcie na pewno ci się przyda) lub przytrzymać poręczy – takie poręcze często są montowane do łóżek porodowych (jeśli się oprzesz, nogi nie będą się tak szybko męczyć). Jeżeli myślisz o takim sposobie rodzenia, upewnij się najpierw, czy w szpitalu dostępne będzie łóżko porodowe z poręczą.

Poród w wannie

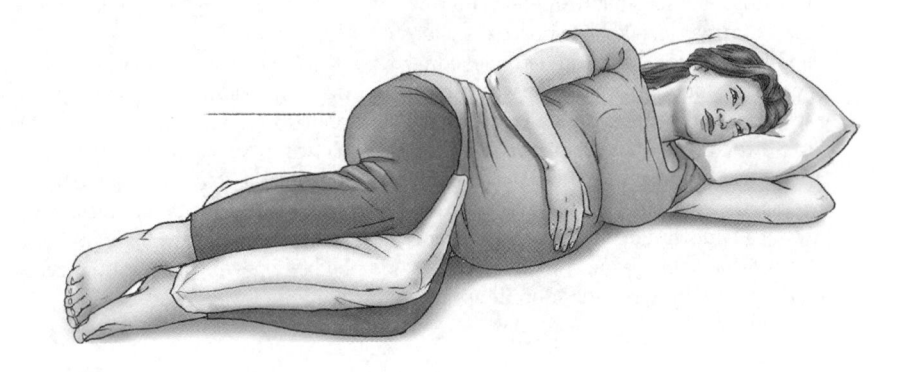

Leżenie
na boku

Pamiętaj, że najlepszą pozycją porodową jest ta, która jest najlepsza dla ciebie. Weź również pod uwagę, że pozycja, która jest odpowiednia we wczesnej fazie porodu, później – gdy już nadejdą ostre skurcze – może się zupełnie nie sprawdzać, więc zmieniaj pozycje tak często (lub rzadko), jak masz ochotę. Jeśli będziesz monitorowana przez cały poród, ograniczy to nieco twoją swobodę ruchu. Chodzenie może się na przykład okazać niemożliwe, ale nadal będziesz mogła kucać, kołysać się, siadać, klękać lub leżeć na boku. Siedzenie, leżenie na boku czy kołysanie się będą również możliwe, gdy otrzymasz znieczulenie zewnątrzoponowe.

Rozciągnięcie pochwy

Boję się, że w wyniku porodu moja pochwa się rozciągnie. Czy kiedyś wróci do stanu sprzed ciąży?

Kiedy Matka Natura wymyślała pochwę, na pewno miała na myśli mamy. Niewiarygodna elastyczność tego narządu sprawia, że może on rozciągnąć się na tyle, by przeszło przezeń dziecko ważące 3–3,5 kilograma, a potem – po kilku tygodniach – wrócić do niemal pierwotnego rozmiaru. Inaczej mówiąc, twoja pochwa została tak zaprojektowana, żeby sobie z tym wszystkim poradzić.

Krocze również jest elastyczne, ale nie tak bardzo jak pochwa. Jego elastyczność poprawi masaż, który warto wykonywać w trakcie miesięcy poprzedzających poród (oraz podczas samego porodu). Masaż pomoże również zmniejszyć ryzyko nadmiernego rozciągnięcia krocza u pierworódek (patrz str. 399). Nie zapominaj również o ćwiczeniach Kegla, które wzmocnią mięśnie, zwiększą ich elastyczność i pomogą im szybciej wrócić do poprzedniego stanu.

Większość kobiet stwierdza, że lekkie rozciągnięcie pochwy, które zwykle pozostaje po porodzie, jest niedostrzegalne i w żaden sposób nie zmniejsza przyjemności płynącej z seksu. Dla tych kobiet, które miały bardzo ciasną pochwę, to lekkie rozciągnięcie może się nawet okazać korzystne – uprawianie seksu stanie się przyjemniejsze, a w niektórych wypadkach nawet mniej bolesne. Jednak niekiedy zdarza się tak, że kobieta, która przed porodem była „w sam raz" (a para była do siebie idealnie dopasowana), później ma na tyle rozciągniętą pochwę, że doznania seksualne stają się mniej przyjemne. Z czasem jed-

---

DLA OJCÓW

Jak sobie poradzić z widokiem krwi

Większość przyszłych tatusiów – mam również – martwi się, jak sobie poradzi z widokiem krwi podczas porodu. Istnieje jednak spore prawdopodobieństwo, że wcale jej nie zauważysz, więc przestań się tym dręczyć, i to z dwóch powodów. Po pierwsze, zazwyczaj w trakcie porodu nie pojawia się zbyt wiele krwi. Po drugie, emocje i radość towarzyszące cudowi narodzin waszego dziecka (nie mówiąc rzecz jasna o wysiłku związanym z porodem) prawdopodobnie sprawią, że będziecie zbyt zajęci, by martwić się widokiem krwi.

Jeśli jednak na pierwszy rzut oka stwierdzisz, że widok krwi cię niepokoi (chociaż prawdopodobnie tak nie będzie), skup się na twarzy swojej partnerki i wspieraj ją podczas parcia. Przypuszczalnie będziesz chciał być świadkiem tego doniosłego wydarzenia, więc się nie martw, bo w takiej chwili krew będzie z pewnością ostatnią rzeczą, na którą zwrócisz uwagę.

Pęknięcie krocza podczas porodu

Kiedy maleńkie dziecko z dość dużą główką próbuje przecisnąć się przez o wiele węższe ujście pochwy, może się okazać, iż owo ujście nie tylko nie jest w stanie się na tyle rozciągnąć, by je pomieścić, ale że nawet może trochę popękać. Prawdę mówiąc, zważywszy na nacisk przeciskającej się główki, pęknięcia i otarcia krocza (obszaru między pochwą a odbytem) zdarzają się dość często (niekiedy dochodzi nawet do pęknięcia szyjki macicy). Połowa wszystkich kobiet rodzących drogami natury doświadcza w trakcie porodu co najmniej niewielkiego pęknięcia krocza (chociaż prawdopodobieństwo, że dojdzie do tego w trakcie drugiego lub kolejnego porodu jest mniejsze). Najczęściej zdarzają się pęknięcia pierwszego stopnia (kiedy dochodzi tylko do uszkodzenia skóry) oraz drugiego stopnia (kiedy uszkodzeniu ulega skóra i śluzówka pochwy).

W większości przypadków pęknięcie krocza wymaga szycia (szwy zakłada się generalnie zawsze wtedy, gdy pęknięcie jest dłuższe niż 2 centymetry). W miejscu rany będziesz prawdopodobnie odczuwać ból lub dyskomfort, a gojenie potrwa 7–10 dni. Ale jest też dobra wiadomość: powrót do zdrowia w przypadku niewielkiego pęknięcia, do którego dochodzi w naturalny sposób, jest o wiele łatwiejszy niż wtedy, gdy doszło do nacięcia – ta procedura podczas nieskomplikowanych porodów jest już (na szczęście) rzadko stosowana (patrz ramka na str. 426).

By zmniejszyć ryzyko pęknięcia, niektórzy eksperci zalecają masaż krocza (patrz str. 399), który warto rozpocząć już kilka tygodni przed porodem, szczególnie gdy jesteś pierwiastką. (Jeśli wcześniej rodziłaś drogami natury, krocze jest już wystarczająco rozciągnięte, więc przedporodowy masaż zapewne nie będzie aż tak potrzebny). Podczas porodu ulgę przyniosą ci ciepłe okłady w okolicy krocza, masaż przy użyciu oliwki lub środków nawilżających, pozycja stojąca lub kuczna, a także szybkie wydychanie powietrza lub stękanie w trakcie parcia (to ułatwi rozciąganie krocza). W fazie parcia lekarz zapewne wesprze twoje starania, masując i naciskając krocze (by główka zbyt szybko nie wyskoczyła i nie spowodowała pęknięcia).

---

nak mięśnie pochwy znowu się wzmacniają. Ten proces przyspieszy regularne i częste wykonywanie ćwiczeń Kegla. Jeśli 6 miesięcy po porodzie nie nastąpi poprawa, porozmawiaj z lekarzem o ewentualnym leczeniu.

Widok krwi

Na widok krwi zawsze robi mi się słabo. Nie jestem pewna, czy będę w stanie znieść widok własnego porodu.

Oto dobre wiadomości dla przeczulonych mam skłonnych do omdleń na widok krwi. Po pierwsze, w czasie porodu wcale nie ma jej tak dużo – niewiele więcej niż podczas miesiączki. Po drugie, nie będziesz widzem swego porodu, lecz jego bardzo aktywną uczestniczką, która całą swoją uwagę i energię skoncentruje na tym, by przeć i pomóc dziecku w pokonaniu kilku ostatnich centymetrów. Podekscytowana i zaabsorbowana wyczekiwaniem na swoje maleństwo (a także – spójrzmy prawdzie w oczy – obolała i zmęczona), prawdopodobnie nie zauważysz żadnego krwawienia, a tym bardziej się nim nie przejmiesz. Jeśli popytasz przyjaciółki, które już wcześniej rodziły, z pewnością niewiele z nich będzie ci w stanie powiedzieć, ile krwi widziały podczas porodu (a nawet, czy w ogóle ją widziały).

Jeśli nadal jesteś mocno przekonana, że nie zniesiesz widoku ani kropli krwi, po prostu nie patrz w kierunku swojego krocza, gdy dziecko zacznie się rodzić (odwróć wzrok również wtedy, gdy z jakichś powodów lekarz będzie musiał naciąć krocze). Patrz po prostu na swój brzuch. Z tego punktu obserwacyjnego nie będziesz widziała w zasadzie żadnej krwi. Ale zanim podejmiesz decyzję, że nie chcesz widzieć własnego porodu (na przykład w lustrze), obejrzyj jakiś poród na YouTube. Prawdopodobnie będziesz bardziej oniemiała z wrażenia niż przerażona.

Opóźnione zaciśnięcie pępowiny

Słyszałam, że pępowiny nie zaciska się od razu po porodzie. O co chodzi?

To część porodu, która kiedyś przechodziła niezauważenie, przynajmniej dla rodziców zbyt zaaferowanych upajaniem się pierwszymi chwilami życia swojego maleństwa – przytulaniem, liczeniem paluszków u rączek i nóżek i przeżywaniem najszczęśliwszych chwil w życiu – by zauważyć, że kilka chwil po porodzie lekarz zacisnął pępowinę.

Dawniej położne odbierające dzieci w ośrodkach położniczych lub domach zazwyczaj dłużej czekały z zaciśnięciem pępowiny, niż działo się to w tradycyjnych warunkach szpitalnych – bez fanfar, pospiesznie i z pewnością bez opóźnienia (ot, trzask--prask i zacisk). Skąd ten pośpiech? Ponieważ wierzono, że szybkie zaciśnięcie pępowiny zmniejsza ryzyko krwotoku (czyli zabezpiecza mamę przed zbyt dużą utratą krwi po porodzie).

Jednak ostatnie badania wykazały, że szybciej wcale nie znaczy lepiej i że opóźnione zaciśnięcie pępowiny nie tylko nie zwiększa ryzyka krwotoku u mamy, ale też niesie realne korzyści dla dziecka. Opóźnione zaciśnięcie pępowiny pozwoli łożysku na dostarczenie noworodkowi zapasu krwi. Ocenia się, że może on zwiększyć całkowitą objętość krwi dziecka nawet o 30–40 procent. Krew z pępowiny może również znacznie podwyższyć stężenie żelaza i hemoglobiny, zapobiegając niedokrwistości w pierwszych 6 miesiącach życia. Kolejny możliwy (aczkolwiek nieoczekiwany) pożytek – opóźnione zaciśnięcie pępowiny wpłynie korzystnie na późniejsze społeczne i motoryczne umiejętności dziecka.

Jak długo trzeba zaczekać? Odpowiedź zależy od tego, kogo zapytasz. Wiele położnych

---

Poród lotosowy (nieodcinanie pępowiny)

Późniejsze zaciśnięcie pępowiny zapewne może przynieść różne korzyści. A co powiesz na to, by w ogóle jej nie odcinać? To bardzo kontrowersyjna praktyka zwana porodem lotosowym, która polega na tym, że pozostawia się pępowinę wraz z łożyskiem, połączoną z dzieckiem dopóty, dopóki nie wyschnie i sama nie odpadnie – proces ten trwa zazwyczaj od 3 do 10 dni (lub więcej). Zwolennicy tego sposobu rodzenia twierdzą, że pozwala on dziecku na uzyskanie wszystkich korzyści wynikających z przepływu krwi z pępowiny i łożyska.

Rzecz jednak w tym, że nie przeprowadzono żadnych badań naukowych na temat bezpieczeństwa tej metody, a eksperci wcale nie rozpraszają związanych z nią obaw. Twierdzą, że bez czynnego obiegu krwi pępowina i łożysko są po prostu martwymi tkankami, które będą się psuć (i cuchnąć). Łożysko może się stać siedliskiem bakterii i potencjalnym źródłem zakażenia zagrażającym noworodkowi. Oznacza to, że poród lotosowy raczej nie jest trendem, który warto brać pod uwagę, a wręcz należy go unikać, gdyż jest skrajnie niebezpieczny.

Mimo tych zastrzeżeń nadal jesteś zainteresowana? Zanim podejmiesz decyzję, porozmawiaj o porodzie lotosowym ze swoim lekarzem.

rutynowo zaciska pępowinę dopiero wtedy, gdy ta przestaje tętnić (czyli zazwyczaj kilka minut po porodzie). Z kolei Światowa Organizacja Zdrowia (WHO) rekomenduje, by przeciąć pępowinę 1-3 minut po porodzie. Natomiast Amerykańskie Kolegium Położników i Ginekologów oraz Amerykańska Akademia Pediatrii uważają, że optymalny czas to 60 sekund i że nie ma dowodów na to, że dłuższe zaciskanie pępowiny przynosi jakieś korzyści. Obie organizacje wskazują natomiast na nieco zwiększone (około 2-procentowe) ryzyko wystąpienia żółtaczki fizjologicznej u noworodków, u których zaciśnięto pępowinę po czasie dłuższym niż 1 minuta (jest to związane z dodatkową ilością krwi) – wynika to z faktu, że w USA dzieci rzadko cierpią na niedobór żelaza, więc dodatkowa krew w ich przypadku nie ma żadnego znaczenia. Wyjątkiem są wcześniaki, dla których późniejsze zaciśnięcie pępowiny jest zdecydowanie korzystne, ponieważ oznacza większą ilość krwi i mniejsze ryzyko niedoboru żelaza. Zarówno Amerykańskie Kolegium Położników i Ginekologów, jak i Amerykańska Akademia Pediatrii zalecają, by w przypadku wcześniaków zaciskać pępowinę po 1 minucie od chwili porodu.

Jednak zwyczaje na salach porodowych (oraz wskazania dotyczące późniejszego zaciskania pępowiny) się zmieniają. Pomimo braku akceptacji ze strony wspomnianych organizacji wielu lekarzy (i większość położnych) zezwala – a nawet zachęca – by w przypadku wszystkich porodów zaczekać ponad minutę i dopiero później zacisnąć pępowinę. Zastanawiasz się, jaką metodę zaciskania pępowiny stosuje twój lekarz? Zatem zanim pępowina się urodzi (wraz z dzieckiem i łożyskiem), masz czas, by się tego dowiedzieć i uwzględnić swoje preferencje w planie porodu. W przypadku zdrowych mam, u których ciąża przebiega prawidłowo, lekarz zaleci najprawdopodobniej 2-, 3-minutowe opóźnienie (nie zakłóci ono procedury pobrania krwi pępowinowej).

WSZYSTKO O...
Poród

Po 9 miesiącach, w trakcie których znosiłaś różne dolegliwości ciążowe – od nudności i wzdęć po zgagę i bóle pleców – na pewno już wiesz, czego się można spodziewać po tym stanie. Ale czego powinnaś się spodziewać po porodzie?

Trudno to przewidzieć (właściwie jest to niemożliwe). Tak jak nie ma dwóch takich samych ciąż, tak nie ma dwóch takich samych porodów. Bez wątpienia czułaś się spokojniejsza, wiedząc, co cię czeka w ciągu tych miesięcy, kiedy rosło w tobie dziecko, więc teraz na pewno uspokoją cię ogólne informacje na temat tego, co się dzieje w trakcie porodu, nawet jeśli się okaże, że będzie zupełnie inaczej, niż się spodziewałaś (rzecz jasna z wyjątkiem bardzo szczęśliwego i najsłodszego na świecie zakończenia).

Pierwszy okres porodu (rozwieranie szyjki macicy)

Faza pierwsza: utajona (wczesna)

To zazwyczaj najdłuższa, ale na szczęście najmniej intensywna faza porodu. W czasie kilku godzin, dni, a nawet tygodni (upływających często bez zauważalnych czy dokuczliwych skurczów) albo w ciągu 2–6 godzin (wtedy skurcze są bardzo wyraźne i nie budzą wątpliwości) szyjka macicy zacznie się skracać i rozwierać do 4–6 centymetrów.

W tej fazie skurcze trwają zazwyczaj około 30–45 sekund, chociaż mogą też być krótsze. Są łagodne lub umiarkowanie silne, regularne lub nieregularne. Początkowo odstępy między nimi mogą wynosić 20 minut, ale stopniowo stają się coraz częstsze (pod koniec tej fazy mogą się powtarzać co 5 minut), chociaż niekoniecznie pojawiają się równomiernie.

Co możesz odczuwać. Podczas wczesnej fazy porodu możesz mieć kilka następujących objawów (równie dobrze możesz odczuwać wszystkie lub żadnego):

- ból pleców (stały albo tylko podczas skurczów);
- skurcze przypominające bóle menstruacyjne;
- ucisk w dole brzucha;

Okresy i fazy porodu

Poród dzieli się na trzy okresy: rozwierania szyjki macicy, rodzenia dziecka oraz rodzenia łożyska. Pierwszym etapem (jeżeli nie zostanie on wyeliminowany przez planowe cięcie cesarskie) jest rozwieranie szyjki macicy, w którym wyróżniamy trzy fazy: utajoną (wczesną), zasadniczą (aktywną) i przejściową. Każda kobieta, która rodzi drogami natury, przechodzi przez wszystkie fazy (aczkolwiek niektóre mogą prawie nie zauważyć pierwszej z nich), natomiast te, które w pewnym momencie porodu zostaną poddane cięciu cesarskiemu, mogą ominąć jedną lub więcej faz. Chociaż każdy poród jest inny, częstotliwość oraz intensywność skurczów, a także inne objawy, pomogą ustalić, w której fazie porodu właśnie jesteś. Postęp porodu potwierdzi także przeprowadzane od czasu do czasu badanie dopochwowe. (Pamiętaj, że różni lekarze w różny sposób określają poszczególne fazy, dlatego zauważysz, że wielkość rozwarcia szyjki macicy w każdej fazie nie jest opisana dokładną liczbą centymetrów, lecz obejmuje pewien zasięg).

Okres pierwszy: rozwieranie szyjki macicy

- **Faza pierwsza: utajona (wczesna)** – skracanie się i rozwieranie szyjki macicy do 4–6 centymetrów; skurcze trwają 30–45 sekund i powtarzają się mniej więcej co 20 minut (pod koniec tej fazy co 5 minut).

- **Faza druga: zasadnicza (aktywna)** – rozwieranie szyjki macicy od 4–6 do 7–8 centymetrów; skurcze trwają 40–60 sekund i powtarzają się co 3–4 minuty.

- **Faza trzecia: przejściowa** – rozwieranie szyjki macicy od 7–8 do 10 centymetrów (to już pełne rozwarcie); skurcze trwają 60–90 sekund i powtarzają się co 2–3 minuty.

Okres drugi: parcie i wydanie dziecka na świat

Okres trzeci: łożyskowy

- niestrawność;
- biegunka;
- uczucie gorąca w brzuchu;
- wypadnięcie czopu śluzowego; krwista wydzielina (śluz podbarwiony krwią);
- pęknięcie pęcherza płodowego (odejście wód płodowych), chociaż jest bardziej prawdopodobne, że błony płodowe pękną (lub zostaną przebite) dopiero w trakcie zasadniczej (aktywnej) fazy porodu.

Pod względem emocjonalnym możesz być bardzo rozchwiana – z jednej strony odprężona, zadowolona i podekscytowana, a z drugiej spięta, podenerwowana i przestraszona. Możesz również być zniecierpliwiona długim oczekiwaniem na zasadniczą fazę porodu.

Co możesz zrobić. Oczywiście będziesz niespokojna i zdenerwowana, ale powinnaś się odprężyć, a przynajmniej spróbować. I uzbrój się w cierpliwość, bo to może trochę potrwać.

- Jeśli skurcze zaczną się w nocy, ale pęcherz płodowy jeszcze nie pęknie, spróbuj się przespać (później – kiedy skurcze będą częstsze i silniejsze – może ci się to nie udać). Jeżeli adrenalina nie pozwala ci zasnąć, wstań i zajmij się czymś, co odwróci twoją uwagę. Upiecz babeczki, przyrządź jakieś danie i dodaj je do zamrożonych zapasów, które przydadzą ci się po porodzie, zrób pranie lub zajrzyj do Internetu i wejdź na forum dla ciężarnych, bo być może inna przyszła mama jest w takiej samej sytuacji jak ty.
- Jeśli jest dzień, kontynuuj swoje zajęcia, pod warunkiem że nie musisz przy tym oddalać się od domu (nie zapomnij zabrać telefonu komórkowego). Jeśli jesteś w pracy, pojedź lepiej do domu (i tak już niczego nie załatwisz) i zrób coś przyjemnego i odprężającego: idź na spacer, obejrzyj telewizję, wyślij SMS-y do przyjaciół i rodziny lub napisz do nich na Facebooku albo dokończ pakować torbę do szpitala. Chcesz rozpocząć poród odświeżona, nawet jeśli nie ma żadnej szansy, że uda ci się zachować tę świeżość do końca? Weź prysznic i umyj włosy.
- Zawiadom media. No, może jeszcze nie media, ale na pewno swojego partnera, jeśli nie jest przy tobie. Prawdopodobnie nie będzie musiał wybiegać w pośpiechu z pracy – chyba że naprawdę będzie chciał – ponieważ na tak wczesnym etapie porodu nie będzie miał zbyt wielu zajęć. Jeśli wynajęłaś doulę, ją również powinnaś zawiadomić. A jeżeli masz starsze dzieci wymagające opieki, skontaktuj się z opiekunką.
- Jeżeli jesteś głodna, zjedz lekką przekąskę lub posiłek (na przykład rosół, tost z dżemem, makaron lub ryż bez dodatków, galaretkę lub budyń, banana, arbuza lub inny smakołyk zaproponowany przez lekarza) – teraz jest właśnie najlepsza pora, by uzupełnić zapasy energii i zjeść coś sycącego. Unikaj jednak tłustych i ciężkostrawnych potraw, takich jak hamburge-

---

Zadzwoń do lekarza, jeśli...

Lekarz prawdopodobnie powiedział ci, żebyś do niego nie dzwoniła, dopóki nie rozpocznie się bardziej aktywna faza porodu, ale może też zasugerował, że możesz zadzwonić na wcześniejszym etapie, jeśli poród rozpocznie się w ciągu dnia albo gdy pęknie ci pęcherz płodowy. Zadzwoń jednak do niego natychmiast, gdy odejdą ci wody, a płyn owodniowy będzie mętny lub zielonkawy, gdy zaczniesz krwawić albo przestaniesz wyczuwać ruchy dziecka (spróbuj przeprowadzić test opisany na str. 324), lub zauważysz znaczne spowolnienie albo drastyczną zmianę aktywności płodu.

DLA OJCÓW

Co możesz zrobić we wczesnej fazie porodu

Jeśli towarzyszysz partnerce na tym etapie porodu, możesz jej pomóc w następujący sposób:

- Poćwicz mierzenie czasu trwania skurczów i ich częstotliwości. Przerwę między skurczami mierzy się od początku jednego skurczu do początku następnego. W tej fazie porodu wystarczy mierzyć skurcze co jakiś czas (wpadniecie we frustrację, jeśli będziecie mierzyć wczesne skurcze zbyt często), ale warto zanotować wynik. Kiedy będą się pojawiać częściej niż co 10 minut, zacznij mierzyć częściej.

- Bądź oazą spokoju. W tym momencie twoim najważniejszym zadaniem jest zapewnienie spokoju partnerce. A najlepiej to zrobisz, sam zachowując spokój – zatem odpręż się. Pamiętaj, że twoje zdenerwowanie może się udzielić rodzącej mamie; możesz ją nim zarazić zupełnie nieświadomie, nie tylko za pomocą słów, lecz również dotyku czy wyrazu twarzy (a więc żadnych posępnych min i marszczenia czoła). Zróbcie razem kilka ćwiczeń relaksacyjnych lub delikatnie ją pomasuj. W tej fazie porodu jeszcze jest za wcześnie na ćwiczenia oddechowe, więc zachowajcie je na później, gdy naprawdę będą potrzebne, żeby tymczasem rodząca mama zbyt wcześnie nie straciła zapału. A teraz po prostu odetchnijcie ze spokojem.

- Zapewnij jej wygodę, spokój, wsparcie i podnieś ją na duchu. Od tej chwili będzie tego bardzo potrzebowała.

- Zachowaj poczucie humoru i zrób wszystko, żeby ona nie straciła swojego – czas szybciej upłynie, gdy będziecie się dobrze bawić. Poza tym teraz łatwiej o śmiech niż później, gdy skurcze przybiorą na sile (wtedy prawdopodobnie nie będzie widziała w tym nic zabawnego).

- Spróbuj odwrócić jej uwagę. Zaproponuj zajęcia, które pomogą wam nie myśleć o porodzie: zagrajcie w jakąś grę, obejrzyjcie komedię lub zabawny program telewizyjny, ugotujcie coś i dołóżcie do poporodowych zapasów lub idźcie na krótki spacer.

- Zachowaj energię, żebyś później mógł wspierać partnerkę i dodawać jej sił. Zjedz coś od czasu do czasu, ale zrób to z empatią (nie zajadaj się hamburgerem, gdy ona może zjeść co najwyżej budyń). Przygotuj sobie kanapki do szpitala, ale unikaj produktów o ostrym zapachu. Ona prawdopodobnie nie będzie w nastroju, by wąchać salami i cebulę w twoim oddechu.

---

ry, chipsy ziemniaczane czy pizza. Możesz również zrezygnować z produktów o kwaśnym smaku – na przykład z soku pomarańczowego czy lemoniady. Nie zapominaj jednak o wodzie – to bardzo ważne, żebyś była teraz dobrze nawodniona.

- Zapewnij sobie wygodę. Jeśli czujesz się obolała, weź ciepły prysznic lub przyłóż poduszkę elektryczną do bolącego miejsca. Jeśli lekarz wyraził zgodę, możesz zażyć paracetamol, ale nie bierz aspiryny ani ibuprofenu.

- Mierz czas pomiędzy skurczami (od początku jednego skurczu do początku następnego) przez pół godziny, jeśli pojawiają się częściej niż co 10 minut, i od czasu do czasu, jeśli występują rzadziej. Staraj się jednak nie patrzeć cały czas na zegarek.

- Pamiętaj, żeby często siusiać, nawet jeśli nie czujesz pilnej potrzeby. Pełny pęcherz może spowolnić postęp porodu.

- Stosuj techniki relaksacyjne, jeśli ci pomagają, ale nie rozpoczynaj jeszcze ćwiczeń oddechowych, gdyż możesz stracić zapał i się zmęczyć, zanim będą naprawdę potrzebne.

W drodze do szpitala

Czasem pod koniec wczesnej fazy porodu lub na początku aktywnej (najprawdopodobniej wtedy, gdy skurcze będą się pojawiały co 5 minut lub częściej, a jeszcze wcześniej, gdy mieszkasz daleko od szpitala, musisz dojechać zatłoczoną zazwyczaj trasą lub gdy nie jest to twój pierwszy poród) lekarz poleci ci się spakować i wyruszyć do szpitala. Wyprawa do szpitala zapewne się okaże łatwiejsza, gdy będziesz mogła szybko skontaktować się z partnerem, który niezwłocznie do ciebie dotrze (możesz też przygotować plan awaryjny, na wypadek gdyby partner nie mógł przyjechać, na przykład zamów taksówkę lub poproś przyjaciółkę o podwiezienie – sama nie prowadź). Dojazd przebiegnie bez większych zakłóceń, jeśli wcześniej zaplanujesz trasę, sprawdzisz, gdzie można zaparkować i którym wejściem najszybciej się dostać na oddział położniczy. Zapewnij też sobie jak największą wygodę podczas jazdy (na przykład opuść oparcie fotela, a gdybyś miała dreszcze, okryj się kocem), ale nie zapominaj o pasach bezpieczeństwa.

Kiedy dotrzesz do szpitala lub kliniki położniczej, przypuszczalnie spotkasz się z następującymi procedurami (ponieważ mogą się one nieco różnić w zależności od szpitala, twoje doświadczenia też mogą być trochę inne):

- Jeśli już wcześniej zarejestrowałaś się w szpitalu (najlepiej tak właśnie zrobić), przyjęcie przebiegnie szybko i łatwo. Jeśli nie zdążyłaś tego uczynić, będziesz musiała przejść przez długi proces zakładania kartoteki, więc przygotuj się do wypełniania mnóstwa formularzy i odpowiadania na niekończące się pytania (lepiej będzie, jeśli wyręczy cię w tym partner).
- Kiedy już znajdziesz się na oddziale położniczym, pielęgniarka zaprowadzi cię do sali porodowej. Jeśli nie będzie do końca wiadomo, czy poród wkroczył już w fazę zasadniczą, być może najpierw trafisz do gabinetu w izbie przyjęć (w niektórych szpitalach jest to standardowa procedura).
- Pielęgniarka przeprowadzi z tobą krótki wywiad i zapyta (między innymi) o to, kiedy zaczęły się skurcze, jak często występują, czy pękł pęcherz płodowy oraz kiedy i co ostatnio jadłaś.
- Pielęgniarka również poprosi cię (lub twojego męża) o podpisanie formularzy, które wypełnia rutynowo każdy pacjent przyjmowany do szpitala.
- Potem otrzymasz szpitalną koszulę, w którą będziesz musiała się przebrać, i być może zostaniesz poproszona o próbkę moczu. Położna zmierzy ci też tętno, ciśnienie tętnicze krwi, temperaturę, oceni częstość oddechów, później sprawdzi, czy nie ma wycieku wód płodowych, krwawienia lub podbarwionej krwią wydzieliny. Oceni też czynność serca dziecka za pomocą aparatu Dopplera, a jeśli to będzie konieczne, podłączy cię do urządzenia monitorującego stan płodu i skurcze macicy (KTG). Sprawdzi także położenie dziecka.
- Potem pielęgniarka, twój lekarz, lekarz z oddziału albo położna przeprowadzą badanie ginekologiczne, by ocenić stopień skrócenia i rozwarcia szyjki macicy. Masz jakieś pytania? Teraz jest najlepsza pora, by je zadać. Masz plan porodu? Teraz nadszedł czas, by przekazać go pielęgniarce, która dołączy go do twojej kartoteki.

Jeśli w którymś momencie przyjmowania do szpitala okaże się, że poród tak naprawdę nie wkroczył jeszcze w fazę aktywną, możesz zostać odesłana do domu (nie martw się, niedługo tu wrócisz!) lub poproszona o zaczekanie kilku godzin na następne badanie.

Faza druga: zasadnicza (aktywna)

Ta faza porodu jest zazwyczaj krótsza od pierwszej (utajonej) i trwa przeciętnie 2–3,5 godziny (granica normy w tej kwestii jest bardzo szeroka). Skurcze stają się intensywniejsze, pojawiają się w krótszych odstępach czasu i są coraz bardziej dotkliwe (inaczej mówiąc, coraz bardziej bolesne). Gdy skurcze stają się silniejsze, dłuższe (trwają 40–60 sekund i mają wyraźny szczyt mniej więcej w połowie czasu trwania każdego skurczu) i częstsze (pojawiają się z reguły co 3–4 minuty, chociaż mogą być nieregularne), szyjka macicy zaczyna się rozwierać do 7–8 centymetrów. Przerwy między skurczami są coraz krótsze, więc będziesz miała mniej okazji do odpoczynku.

Co możesz odczuwać. W tym momencie prawdopodobnie będziesz już w szpitalu lub klinice położniczej. Możesz odczuwać wszystkie wymienione niżej objawy lub niektóre z nich (jeśli otrzymasz znieczulenie zewnątrzoponowe, nie poczujesz bólu):

- narastający ból i dyskomfort w trakcie skurczów (prawdopodobnie nie będziesz w stanie wówczas nawet mówić);
- coraz silniejszy ból pleców;
- ból kończyn dolnych lub uczucie ciężkości;
- zmęczenie;
- większa ilość krwistej wydzieliny z pochwy;
- pęknięcie pęcherza płodowego (jeżeli nie doszło do niego wcześniej).

Pod względem emocjonalnym możesz się czuć niespokojna, zdenerwowana i będzie ci trudno się odprężyć, ponieważ całkowicie skupisz się na porodzie i na nim skoncentrujesz wszystkie swoje wysiłki. Możesz też stracić wiarę we własne siły („Jak zdołam tego dokonać?"), cierpliwość („Czy to się nigdy nie skończy?") lub poczuć ekscytację i mobilizację, ciesząc się, że w końcu naprawdę się zaczęło. Wszystkie odczucia w tej sytuacji są jak najbardziej naturalne – po prostu bądź gotowa do działania.

Co zrobi lekarz lub położna. Podczas aktywnej fazy porodu – zakładając, że wszystko przebiega prawidłowo – lekarz będzie cię badał i monitorował w miarę potrzeby, ale również pozwoli ci samodzielnie radzić sobie z porodem (oczywiście przy pomocy partnera lub innych osób towarzyszących). Możesz oczekiwać, że na tym etapie porodu lekarz:

- zmierzy ciśnienie tętnicze krwi;
- skontroluje stan dziecka za pomocą aparatu Dopplera lub wykona badanie KTG;
- zmierzy czas trwania i częstotliwość skurczów;
- oceni ilość krwistej wydzieliny z pochwy;
- założy wenflon – jeśli w planie jest znieczulenie zewnątrzoponowe lub wymagają tego procedury szpitalne;
- poda znieczulenie zewnątrzoponowe lub inny środek przeciwbólowy, jeśli się na niego zdecydowałaś (w tym celu będzie musiał poprosić o pomoc anestezjologa);

Uwaga na hiperwentylację

Podczas oddychania w trakcie porodu u niektórych mam może dojść do hiperwentylacji – zbyt szybkie i głębokie oddechy powodują obniżenie stężenia dwutlenku węgla we krwi. Jeśli zatem poczujesz się oszołomiona, będziesz miała zawroty głowy, zaburzenia widzenia, poczujesz mrowienie i/lub drętwienie skóry wokół ust oraz drętwienie palców, powiedz o tym położnej lub douli. Dostaniesz papierową torebkę, do której będziesz oddychać (lub zrobisz to do rąk złożonych w miseczkę), i już po kilku wdechach i wydechach poczujesz się lepiej.

Spowolnienie akcji porodowej

Nie masz zamiaru ociągać się z porodem? Oczywiście, że nie. Przecież chcesz, żeby przebiegał jak najszybciej. Prawidłowy postęp porodu – który nie należy do rzadkości – jest zależny od 3 głównych czynników: silnych skurczów macicy skutecznie rozwierających szyjkę, położenia dziecka w takiej pozycji, by mogło łatwo przejść przez kanał rodny, oraz takiej budowy miednicy, która umożliwi maluchowi wydostanie się na świat. Jednak w niektórych wypadkach poród nie przebiega książkowo, ponieważ szyjka macicy potrzebuje więcej czasu, żeby się skrócić i rozewrzeć, maluch wolniej przechodzi przez kanał rodny, a parcie prowadzi was (ciebie i przede wszystkim dziecko) donikąd. Po podaniu znieczulenia zewnątrzoponowego skurcze również mogą stracić impet – pamiętaj jednak, że w przypadku znieczulenia zewnątrzoponowego postęp akcji porodowej oceniany jest trochę inaczej (pierwszy i drugi etap trwają dłużej i zazwyczaj nie jest to powód do zmartwienia).

Oto sposoby, które pomogą lekarzowi (i tobie) przyspieszyć spowolnioną akcję porodową:

- Jeśli jesteś we wczesnej fazie porodu, a szyjka macicy się nie skraca i nie rozwiera, lekarz doradzi ci aktywność (na przykład spacer) lub wprost przeciwnie (sen, odpoczynek, techniki relaksacyjne). Te metody pomogą wykluczyć poród pozorny, ponieważ w takim wypadku skurcze ustąpią w trakcie wysiłku fizycznego lub snu.

- Jeśli szyjka macicy się nie skraca i nie rozwiera w takim tempie, jak powinna, lekarz może przyspieszyć poród za pomocą oksytocyny, prostaglandyny lub innego specyfiku stymulującego czynność porodową. Może nawet zaproponować, żebyś wzięła sprawy we własne ręce (lub oddała je w ręce partnera) i zajęła się stymulacją brodawek.

- Jeśli dotarłaś do aktywnej fazy porodu, a szyjka macicy rozwiera się bardzo wolno (mniej niż 1–1,2 cm na godzinę, gdy rodzisz pierwsze dziecko, i 1,5 cm podczas kolejnego porodu) lub dziecko nie przesuwa się wystarczająco szybko w dół kanału rodnego (1 cm na godzinę, gdy jesteś pierworódką i 2 cm na godzinę, gdy już wcześniej rodziłaś), lekarz może przebić pęcherz płodowy i/lub rozpocząć (albo kontynuować) podawanie oksytocyny. Niektórzy lekarze (a zwłaszcza położne) – zanim podejmą jakąkolwiek interwencję – mogą zachęcać kobiety, by rodziły trochę dłużej, oczywiście pod warunkiem, że dziecko ma się dobrze (jego serce pracuje prawidłowo), a mama nie ma gorączki.

- Gdy rodzisz po raz pierwszy, prawdopodobnie będziesz mogła przeć przez 3 godziny, jeśli nie dostałaś znieczulenia zewnątrzoponowego, i 4 godziny, jeśli je otrzymałaś. Jeżeli parcie trwa zbyt długo, lekarz ponownie sprawdzi położenie dziecka, zbada cię i być może użyje próżniociągu położniczego lub (co mniej prawdopodobne) kleszczy albo wykona cięcie cesarskie.

By nie wstrzymywać akcji porodowej (i nie przeszkadzać dziecku), pamiętaj o częstym siusianiu, ponieważ pełny pęcherz może utrudnić maluchowi schodzenie wzdłuż kanału rodnego. (Jeśli otrzymałaś znieczulenie zewnątrzoponowe, pęcherz będzie na bieżąco opróżniany przez cewnik). Pełne jelita mogą wywołać ten sam efekt, więc jeżeli się nie wypróżniałaś od 24 godzin, spróbuj to zrobić. Możesz również przyspieszyć zbyt niemrawy poród, wykorzystując siłę grawitacji (usiądź wyprostowana, przykucnij, postój lub pochodź). Jeśli będziesz musiała trochę pomóc sobie w parciu, a tym samym przyspieszyć akcję porodową, przyjmij pozycję półsiedzącą, przykucnij w półprzysiadzie lub pochodź na czworakach.

Jeśli po 24 godzinach (czasem wcześniej) aktywnej fazy porodu postęp nie będzie wystarczający, lekarz prawdopodobnie zaleci wykonanie cięcia cesarskiego. Niektórzy położnicy czekają z tą decyzją trochę dłużej, oczywiście pod warunkiem, że mamie i maleństwu nic nie zagraża.

DLA OJCÓW

Co możesz zrobić w aktywnej fazie porodu

Poród wszedł w fazę aktywną, a to oznacza, że teraz będziesz mieć więcej zajęć, bo rodząca mama potrzebuje twojego wsparcia. Oto jak możesz jej pomóc:

- Wręcz pielęgniarce kopię planu porodu, żeby mogła go dołączyć do karty pacjenta twojej partnerki (chyba że ktoś już wcześniej to zrobił). Jeśli na oddziale pojawi się druga zmiana, upewnij się, że nowe pielęgniarki również zapoznały się z planem porodu.
- Jeśli rodząca mama chciałaby dostać znieczulenie zewnątrzoponowe, poinformuj o tym pielęgniarkę lub lekarza. Wspieraj ją w każdej decyzji, jaką podejmie – bez względu na to, czy będzie chciała kontynuować poród bez środków przeciwbólowych, czy poprosi o znieczulenie (nawet jeśli jej decyzja będzie oznaczała zmianę planów).
- Słuchaj jej wskazówek. Powinna dostać to, czego akurat chce. Pamiętaj, że jej zachcianki mogą się zmieniać z minuty na minutę (w jednym momencie chce, żeby telewizor był włączony, a w następnym każe go wyłączyć). To samo dotyczy jej nastrojów i stosunku do ciebie. Nie bierz tego osobiście, jeśli nie będzie reagować na twoje starania, nie będzie ich doceniać albo wręcz się irytować. Zejdź jej z oczu, jeśli masz wrażenie, że woli być sama, ale bądź gotów znowu pojawić się przy jej boku, gdy za dziesięć minut zmieni zdanie. Pamiętaj, że pełnisz bardzo ważną rolę, nawet jeśli czasami czujesz się niepotrzebny, niechciany lub masz wrażenie, iż zwyczajnie przeszkadzasz. Rano (lub wtedy, gdy wszystko już się skończy) będzie ci wdzięczna.
- Stwórz odpowiedni nastrój. Jeśli to możliwe, zamknij drzwi, przygaś światło i zadbaj o ciszę, by stworzyć kojącą i odprężającą atmosferę. Czasem pomaga też cicha, spokojna muzyka (chyba że twoja rodząca partnerka będzie wolała oglądać telewizję – w końcu to ona jest teraz szefem). Zachęcaj ją, by między skurczami stosowała techniki relaksacyjne, i oddychaj razem z nią w trakcie skurczów – nie zmuszaj jej jednak, jeśli nie ma na to ochoty albo gdy te odprężające zajęcia zaczynają ją denerwować. Jeżeli zauważysz, że dobrze na nią działa odwracanie uwagi, zagrajcie w karty lub w jakąś grę. Ale dostarczaj jej tylko tyle rozrywek, na ile ma ochotę.
- Podnoś ją na duchu. Uspokajaj ją i chwal jej wysiłki (chyba że twoje słowa jeszcze bardziej ją denerwują), unikaj jakiejkolwiek krytyki (nawet konstruktywnej). Kibicuj jej, ale rób to w stonowany sposób, ponieważ może nie docenić zbyt entuzjastycznego dopingu. Jeśli akcja porodowa postępuje wolno, zaproponuj, żeby skupiała się na każdym skurczu, i przypominaj, że każdy ból zbliża ją do chwili, kiedy zobaczy dziecko. Jeżeli twój entuzjazm ją denerwuje, wspieraj ją w delikatniejszy sposób. Bądź empatyczny, gdy będzie tego potrzebowała.
- Obserwuj skurcze. Jeśli twoja partnerka jest podłączona do monitora kontrolującego pracę serca dziecka i skurcze macicy (KTG), poproś lekarza, żeby ci wyjaśnił, jak odczytywać skurcze. Później, gdy jeden skurcz będzie następował szybko po drugim, zawiadomisz ją, że się zbliża – dzięki monitorowi wykryjesz napięcie macicy, zanim ona je poczuje, albo dasz jej znać, że ma skurcz, gdy z powodu znieczulenia zewnątrzoponowego sama nie będzie w stanie go poczuć. Możesz też dodać jej trochę otuchy, mówiąc, kiedy skurcz osiągnie swój szczyt i zacznie opadać. Jeśli partnerka nie jest podłączona do monitora, poproś pielęgniarkę, by pokazała ci, jak rozpoznawać początek i koniec skurczu za pomocą dłoni przyłożonej do brzucha (chyba że twoja partnerka nie będzie tego chciała).

- Masuj jej kark i plecy, uciskaj lub stosuj inne techniki relaksacyjne, których się wcześniej nauczyłeś, by pomóc jej się odprężyć. Dowiedz się, jaki rodzaj dotyku czy masażu najbardziej jej pomaga. Jeśli nie chce być dotykana, uspokajaj ją słowami. Pamiętaj, że to, co w jednej chwili jej się podoba, w drugiej będzie jej przeszkadzać. I odwrotnie.
- Przypomnij partnerce, że powinna pójść do toalety przynajmniej raz na godzinę (jeśli nie ma cewnika). Być może nie odczuwa takiej potrzeby, ale pełny pęcherz może spowolnić czynność porodową.
- Zaproponuj zmianę pozycji. Różne warianty znajdziesz na str. 429–433. Możesz również zaproponować prysznic lub kąpiel – to też złagodzi ból.
- Nie zapomnij o lodzie. Zorientuj się, gdzie jest maszyna do lodu, i podawaj rodzącej mamie kostki lodu. Jeśli lekarz wyraził zgodę, proponuj jej od czasu do czasu lekkie przekąski lub napoje. Najbardziej odświeżające są lody (typu sorbet, czyli zamrożony sok owocowy), zatem zapytaj pielęgniarkę, czy ma odpowiedni zapas, który zapewni ulgę twojej partnerce.
- Ochłódź ją. Zamocz myjkę w zimnej wodzie i przetrzyj jej ciało i twarz; rób to często.
- Jeśli ma zimne stopy, włóż jej ciepłe skarpetki (sama nie będzie w stanie tego zrobić).
- Bądź jej rzecznikiem. Teraz jest bardzo zajęta, więc spróbuj ją trochę odciążyć. Zostań pośrednikiem między nią a pracownikami szpitala. Jeśli będą zadawać pytania, odpowiadaj na te, na które znasz odpowiedź. Proś o wyjaśnienie wszelkich wątpliwości dotyczących procedur medycznych, sprzętu i stosowanych leków, abyś mógł wytłumaczyć partnerce, co się właśnie dzieje. Być może teraz jest najlepszy moment, by się dowiedzieć, czy będzie mogła korzystać z lustra, by obserwować poród. W razie potrzeby bądź jej obrońcą, ale w czasie interwencji zachowaj spokój, żeby nie zdenerwowała się jeszcze bardziej.

- przebije pęcherz płodowy (jeżeli do tej pory sam nie pękł);
- przyspieszy czynność porodową (jeśli przebiega zbyt wolno, poda oksytocynę);
- od czasu do czasu zbada cię ginekologicznie, by sprawdzić postęp porodu oraz rozwarcie szyjki macicy.

Lekarz i położna odpowiedzą również na wszystkie twoje pytania (nie bądź nieśmiała i nie obawiaj się ich zadać lub poproś partnera, by zrobił to za ciebie) i udzielą ci wsparcia.

Co możesz zrobić. Teraz chodzi przede wszystkim o twoje dobre samopoczucie, więc zrób wszystko, żeby dodać sobie otuchy.

- Nie wahaj się i proś partnera o wszystko, co może poprawić twoje samopoczucie i zapewnić ci komfort – na przykład masaż pleców przynoszący ulgę w bólu czy zimny okład na rozpaloną twarz. Mów wyraźnie, czego potrzebujesz, i pamiętaj, że chociaż partner bardzo chce ci pomóc, to mimo najlepszych chęci nie jest w stanie odgadnąć, czego najbardziej potrzebujesz, zwłaszcza jeśli po raz pierwszy uczestniczy w porodzie.
- Jeśli zaplanowałaś ćwiczenia oddechowe, zacznij je stosować od razu, gdy tylko skurcze staną się zbyt silne, by rozmawiać. Nie wiesz, jak oddychać, bo nie zdążyłaś tego przećwiczyć? Poproś położną lub doulę o kilka prostych wskazówek. Rób wszystko, co cię odpręża, uspokaja i poprawia twoje samopoczucie. Jeśli wyćwiczone oddechy w twoim wypadku się nie sprawdzają i nie są skuteczne, nie zmuszaj się do nich. Poproś pielęgniarkę (lub doulę), żeby pomogła ci oddychać w inny sposób.
- Spróbuj się odprężyć pomiędzy skurczami, aby zachować energię na dalszą część porodu. Na pewno będzie to coraz trudniejsze, gdyż skurcze staną się intensywniejsze i częstsze, a jednocześnie coraz ważniejsze,

ponieważ twój zasób sił zacznie się wyczerpywać.
- Jeśli chciałabyś dostać środek przeciwbólowy, teraz jest najlepsza pora, żeby o niego poprosić. Znieczulenie zewnątrzoponowe będziesz prawdopodobnie mogła dostać w każdej chwili, gdy tylko poczujesz taką potrzebę i gdy anestezjolog będzie mógł się zjawić w twojej sali.
- Nawadniaj się. Jeśli lekarz pozwoli, często popijaj wodę, by uzupełnić płyny w organizmie i zwilżyć usta. Gdy poczujesz głód, zjedz lekką przekąskę, na przykład galaretkę lub lody (oczywiście także pod warunkiem, że lekarz wyraził zgodę). Jeśli lekarz nie zgodzi się na jedzenie i picie, dla odświeżenia możesz ssać kostki lodu.
- Jeśli możesz, staraj się ruszać (przy znieczuleniu zewnątrzoponowym nie będzie to łatwe). Chodź lub przynajmniej zmieniaj pozycje (propozycje pozycji porodowych znajdziesz na str. 429–433). Jeśli nie otrzymałaś znieczulenia zewnątrzoponowego, ból pomoże złagodzić prysznic lub kąpiel w wannie.
- Nie zapominaj o siusianiu. Z powodu silnego nacisku w obrębie miednicy możesz nie czuć potrzeby oddania moczu, ale pełen pęcherz może utrudniać dziecku przesuwanie się w dół dróg rodnych i hamować postęp porodu, na którym przecież tak bardzo ci zależy. Przy znieczuleniu zewnątrzoponowym lekarz prawdopodobnie podłączy ci cewnik, więc nie będziesz musiała chodzić do łazienki (zresztą i tak byś nie mogła).

Faza trzecia: przejściowa

To najtrudniejsza i najbardziej wymagająca część porodu, ale na szczęście zazwyczaj najkrótsza. Nagle zwiększa się intensywność skurczów – stają się teraz bardzo silne, pojawiają się co 2–3 minuty, trwają 60–90 sekund i mają bardzo wyraźny szczyt, który może trwać prawie przez cały skurcz. Niektóre mamy – szczególnie rodzące po raz pierwszy – odczuwają kilka szczytów bólu w trakcie jednego skurczu. Możesz mieć wrażenie, że skurcz nie przemija, a tym samym nie możesz się całkowicie odprężyć pomiędzy skurczami. Rozwieranie się szyjki macicy o ostatnie 2–3 centymetry brakujące do pełnego 10-centymetrowego rozwarcia prawdopodobnie będzie trwało bardzo krótko: średnio 15–60 minut, aczkolwiek czasem zajmuje to aż 3 godziny.

Co możesz odczuwać. W fazie przejściowej możesz mieć wiele różnych dolegliwości (chyba że otrzymasz znieczulenie zewnątrzoponowe):
- silniejszy ból podczas skurczów;
- silny nacisk w okolicy lędźwiowej i/lub krocza;
- nacisk na odbyt;
- obfitszy wyciek krwistej wydzieliny z pochwy z powodu wzmożonego pękania naczyń włosowatych;
- uczucie gorąca i poty lub uczucie chłodu i dreszcze (możesz również doświadczać ich naprzemiennie);
- skurcze mięśni kończyn dolnych;
- niekontrolowane drżenie kończyn dolnych;
- nudności i/lub wymioty;
- senność pomiędzy skurczami;
- uczucie ściskania w gardle lub klatce piersiowej;
- wyczerpanie.

Pod względem emocjonalnym możesz się czuć bezbronna i przytłoczona, ponieważ jesteś już u kresu wytrzymałości. Poza tym możesz być sfrustrowana tym, że nie możesz jeszcze przeć, zniechęcona, rozdrażniona, zdezorientowana, zniecierpliwiona i niespokojna, prawdopodobnie nie będziesz się też mogła skupić ani odprężyć. Mimo stresu

DLA OJCÓW
Co możesz zrobić w przejściowej fazie porodu

Z każdą chwilą robi się coraz trudniej – oto co możesz zrobić, by pomóc swojej rodzącej partnerce:

- Jeśli otrzymała znieczulenie zewnątrzoponowe lub inny środek przeciwbólowy, zapytaj, czy potrzebuje kolejnej dawki. Faza przejściowa może być bardzo bolesna, więc jeśli znieczulenie zewnątrzoponowe przestanie działać, kobieta odczuje znaczny dyskomfort. Jeśli pojawia się ból, poinformuj o tym lekarza lub pielęgniarkę. Jeżeli twoja partnerka rodzi bez znieczulenia, teraz będzie cię potrzebowała jeszcze bardziej (czytaj dalej).
- Bądź przy niej, ale jednocześnie zapewnij jej swobodę, jeśli masz wrażenie, że właśnie tego potrzebuje. Kobiety w przejściowej fazie porodu często nie lubią być dotykane, ale – jak zawsze – kieruj się jej wskazówkami. Jeśli zechce, pozwól jej się na sobie oprzeć. Masaż brzucha jest w tej chwili niewskazany, ale uciskanie pleców może przynieść ulgę w bólach krzyżowych. Bądź jednak przygotowany na to, że sobie zażyczy, abyś trzymał się od niej z daleka – nawet od jej pleców.
- Nie trać czasu na pogawędki. Teraz nie jest najlepsza pora na rozmowę czy żarty. Zapewnij jej spokój, dawaj konkretne i krótkie wskazówki.
- Wspieraj ją i dodawaj otuchy, chyba że będzie wolała, abyś nic nie mówił. W takiej chwili spojrzenie lub dotyk przemawiają dobitniej niż słowa.
- Oddychaj razem z nią podczas każdego skurczu, jeśli masz wrażenie, że jej to pomaga.
- Pomóż jej odpoczywać i odprężać się pomiędzy skurczami – daj jej znać, że skurcz się kończy, dotykając lekko brzucha. Przypominaj, że pomiędzy skurczami powinna wolno i rytmicznie oddychać (oczywiście jeśli będzie miała na to ochotę).
- Jeśli skurcze stają się coraz częstsze i/lub partnerka ma ochotę przeć – a od ostatniego badania minął jakiś czas – poinformuj lekarza lub pielęgniarkę. Być może rozwarcie szyjki macicy jest już całkowite.
- Często podawaj jej kostki lodu lub łyk wody, ocieraj czoło ręcznikiem zamoczonym w zimnej wodzie. Jeżeli jest jej chłodno, zaproponuj jej koc lub ciepłe skarpety.
- Skoncentruj się na nagrodzie, która jest już tuż przed wami. Wkrótce rozpocznie się faza parcia i ten długo wyczekiwany skarb znajdzie się w waszych ramionach.

związanego z porodem możesz też poczuć ogromną ekscytację. Twoje dziecko już wkrótce przyjdzie na świat!

Co możesz zrobić. Nie poddawaj się. Pod koniec tej fazy – a jest on już bliski – szyjka macicy będzie w pełni rozwarta i będziesz mogła zacząć przeć.

- Stosuj techniki oddechowe, jeśli ci pomagają. Gdy czujesz silną potrzebę parcia, powstrzymaj się. Dysz lub dmuchaj, dopóki nie otrzymasz innych instrukcji. Gdy szyjka macicy nie jest całkowicie rozwarta, parcie może spowodować obrzęk, który przedłuży poród.
- Jeśli wcześniej nie dostałaś znieczulenia zewnątrzoponowego, a teraz byś chciała, poproś o nie.
- Jeżeli nie chcesz, by ktokolwiek cię niepotrzebnie dotykał, a jeszcze przed chwilą kojące dłonie partnera teraz cię denerwują, nie wahaj się mu o tym powiedzieć.

Ruchy dziecka w trakcie porodu

Przez ostatnie kilka miesięcy liczyłaś ruchy dziecka (i cieszyłaś się nimi) i rozpoznawałaś każde najmniejsze drgnienie swojego maleństwa. A co z porodem? Czy dziecko nadal kopie swoimi słodkimi stópkami i czy będziesz w stanie to poczuć? Odpowiedź brzmi „tak"... lub „być może". Maluch porusza się także w trakcie porodu – może nawet wykonywać jakieś imponujące obroty, by ułatwić sobie wyjście z kanału rodnego – ale możesz w ogóle nie poczuć tych ruchów. Po pierwsze, jesteś całkowicie skupiona na skurczach (co zrozumiałe), więc bardzo łatwo możesz przegapić ruchy dziecka. Po drugie, jeśli dostałaś znieczulenie zewnątrzoponowe, będziesz odrętwiała, a to oznacza, że nie będziesz niczego czuła (w tym ruchów dziecka). Ale w tym momencie przyjdzie ci z pomocą aparat Dopplera lub KTG, które monitorują czynność serca maleństwa, gwarantując, że wszystko jest w porządku. Jeden powód do zmartwienia mniej!

Parcie spontaniczne

Hurra – osiągnęłaś właśnie magiczne 10 centymetrów! Masz pełne rozwarcie i w końcu nadszedł czas na parcie, prawda? Ale nie tak szybko – być może okaże się, że twój lekarz lub położna są zwolennikami „parcia spontanicznego". To proces, który pozwala macicy wykonać większość pracy przy wypychaniu dziecka z kanału rodnego, a to znaczy, że nie będziesz musiała przeć, dopóki główka nie zstąpi w dół kanału rodnego lub nawet nie zacznie się rodzić (lub nie poczujesz przemożnej potrzeby parcia) – nawet gdy szyjka macicy będzie w pełni rozwarta. Spontaniczne wypieranie dziecka z kanału rodnego trwa od kilku minut do godziny lub dwóch. W tym czasie macica będzie się kurczyć, a ty będziesz mogła poddać się tym skurczom i delikatnie przeć (albo nie przeć w ogóle). W tym czasie gwałtowne skurcze, których doświadczyłaś dotychczas w najcięższej fazie porodu, staną się rzadsze lub nawet zanikną, a ty będziesz mogła trochę odetchnąć. Zalety parcia spontanicznego? Zachowasz energię na czas, kiedy będzie ci najbardziej potrzebna, i odpoczniesz, a w tym czasie twoja macica weźmie na siebie ciężar porodu. Poza tym badania dowodzą, że parcie spontaniczne znacznie skraca fazę parcia. Dostałaś znieczulenie zewnątrzoponowe? Nie szkodzi, opcja parcia spontanicznego jest również dla ciebie.

- Spróbuj się odprężyć między skurczami (na tyle, na ile to możliwe) – oddychaj powoli, głęboko i rytmicznie.

- Skoncentruj się na nagrodzie: wkrótce będziesz mogła przytulić twoje słodkie maleństwo.

Drugi okres porodu: parcie i wydanie dziecka na świat

Do tej chwili twój aktywny udział w porodzie był nieistotny. Chociaż bardzo cierpiałaś, większość pracy wykonały macica i jej szyjka (oraz dziecko). Ale teraz to się zmieni. Ponieważ rozwarcie jest już całkowite, nadeszła twoja kolej, by pomóc maleństwu pokonać resztę drogi przez kanał rodny (chyba że zdecydowałaś się na parcie spontaniczne, a to oznacza, że będziesz mogła trochę odpocząć, zanim zaczniesz przeć; patrz ramka na stronie obok). Parcie i urodzenie dziecka trwają zazwyczaj 30–60 minut, aczkolwiek niekiedy proces ten trwa tylko 10 minut (lub krócej), a czasem nawet 2–3 godziny (bywa, że o wiele dłużej).

Skurcze w drugim okresie porodu są zazwyczaj bardziej regularne niż w fazie przejściowej. Trwają od 60 do 90 sekund, ale odstępy między nimi są dłuższe (od 2 do 5 minut). Często są mniej bolesne, choć niekiedy intensywniejsze. W tej fazie powinnaś odczuwać wyraźną przerwę między skurczami, którą będziesz mogła wykorzystać na odpoczynek, chociaż nadal możesz mieć problemy z rozpoznaniem momentu nadejścia kolejnego skurczu.

Co możesz odczuwać. Oto najczęstsze objawy w tym okresie porodu (chociaż jeśli otrzymałaś znieczulenie zewnątrzoponowe, możesz mieć ich zdecydowanie mniej albo nie odczuwać ich wcale):

- ból w trakcie skurczów, ale już nie tak silny;
- nieodparta potrzeba parcia (nie wszystkie mamy ją mają, zwłaszcza jeśli dostały znieczulenie zewnątrzoponowe);
- ogromny nacisk na odbyt (jak wyżej);
- przypływ nowej energii lub kolejna fala zmęczenia;
- wyraźne skurcze (przy każdym macica będzie się zauważalnie unosić);
- obfity wyciek krwistej wydzieliny z pochwy;
- uczucie mrowienia, rozciągania, pieczenia lub kłucia w ujściu pochwy, gdy będzie przez nie przechodzić główka dziecka (to odczucie nie bez przyczyny jest zwane „pierścieniem ognia");
- uczucie śliskiej wilgotności, gdy dziecko wydostanie się z pochwy.

Pod względem emocjonalnym możesz odczuwać ulgę, radość i ekscytację, ponieważ wreszcie będziesz mogła przeć. Jeśli faza parcia potrwa dłużej niż godzinę, możesz się poczuć sfrustrowana, przygnębiona i przytłoczona. Jeśli drugi okres porodu będzie się przedłużać, możesz stwierdzić, że bardziej ci zależy na zakończeniu cierpienia niż ujrzeniu dziecka (to całkowicie zrozumiałe). Niektóre mamy w trakcie parcia mogą się czuć skrępowane lub niepewne, szczególnie jeśli początkowo nie wiedzą, jak to robić. Wprawdzie poród to naturalny proces, ale nie zawsze przychodzi naturalnie.

Co możesz zrobić. Nadszedł czas, by wreszcie wydać maleństwo na świat. Przyjmij więc odpowiednią pozycję do parcia (w zależności od tego, gdzie rodzisz – na łóżku, w fotelu porodowym czy wannie, od tego, jaką pozycję uznałaś za najwygodniejszą i najdogodniejszą oraz od preferencji położnej lub lekarza). Najlepsza będzie pozycja półsiedząca lub kuczna, ponieważ będziesz mogła wykorzystać siłę grawitacji i skuteczniej przeć. W takiej pozycji spróbuj też przycisnąć brodę do klatki piersiowej, gdyż to pomoże ci się skoncentrować na parciu. Jeśli parcie nie pomaga dziecku przesunąć się w kanale rodnym, zmień pozycję. Jeżeli na przykład byłaś w pozycji półsiedzącej, spróbuj teraz przeć na czworakach.

Kiedy już będziesz gotowa, by przeć, daj z siebie wszystko. Im bardziej będziesz skuteczna i im więcej energii włożysz w swój wysiłek, tym szybciej dziecko przejdzie przez kanał rodny. Gorączkowe, paniczne i nieuporządkowane parcie to tylko strata energii i dodatkowe cierpienie, które z pewnością niczemu nie służy, więc zapamiętaj następujące wskazówki:

- Rozluźnij górną część ciała i nogi, a potem zacznij przeć w taki sposób, jakbyś chciała opróżnić jelita. Skoncentruj całą energię na pochwie i odbycie, a nie na klatce piersiowej (to może się skończyć bólem po porodzie) i twarzy (będziesz miała przekrwione oczy i wybroczyny na skórze, nie mówiąc o tym, że to nie pomoże dziecku wydostać się na świat). Gdy przesz, patrz w dół na swój brzuch.

- Jeśli mowa o wypróżnieniach – ponieważ naciskasz teraz z całej siły na krocze, wszystko, co znajduje się w końcowym odcinku jelita, również zostanie wypchnięte. Próba uniknięcia tego może niepotrzebnie spowolnić poród. Nie pozwól, by jakieś zahamowania, zażenowanie czy wstyd zakłócały rytm parcia. Mimowolne wypróżnianie (lub siusianie) przydarza się niemal każdej rodzącej kobiecie. Nikt w sali porodowej nie zwróci na to uwagi, więc ty również nie powinnaś się tym przejmować (prawdopodobnie nawet tego nie zauważysz). Poza tym brudne podkładki zostaną natychmiast sprzątnięte.

- Kiedy skurcz narasta, odetchnij głęboko kilka razy, by zgromadzić energię potrzebną do parcia. Gdy skurcz osiągnie szczyt, odetchnij głęboko, a potem zacznij przeć z całych sił – jeśli chcesz, wstrzymaj oddech albo wypuść powietrze (rób to, co jest dla ciebie odpowiednie). Jeśli masz ochotę, poproś pielęgniarkę lub partnera, by cię wsparli, licząc do dziesięciu. Jeżeli stwierdzisz, że to zakłóca rytm parcia lub w żaden sposób nie pomaga, poproś, żeby przestali. Nie ma uniwersalnego wzoru określającego, jak długo należy przeć i ile razy to robić w trakcie jednego skurczu – najważniejsze jest, by robić to naturalnie. Możesz mieć potrzebę, by przeć pięć razy po kilka sekund lub tylko dwa razy, ale za to dłużej. Kieruj się swoimi potrzebami,

DLA OJCÓW
Co możesz zrobić podczas parcia i wydawania dziecka na świat

Oto w jaki sposób możesz pomóc swojej rodzącej partnerce:

- W dalszym ciągu zapewniaj jej spokój i wsparcie (szepnij, że ją kochasz; te słowa będą dla niej ważniejsze niż cokolwiek innego), ale nie czuj się urażony, jeśli nie zauważy, jak bardzo się starasz. Teraz jest po prostu skoncentrowana na czymś innym.

- Pomóż jej się zrelaksować pomiędzy skurczami – powiedz kilka kojących słów, przyłóż zimny kompres na czoło, szyję i ramiona, masuj i uciskaj plecy (oczywiście jeżeli to możliwe), by złagodzić bóle krzyżowe. Jeśli zdecydowała się na metodę parcia spontanicznego (patrz ramka na str. 448), zachęć ją, by odpoczęła.

- Podawaj jej kostki lodu lub zimną wodę, by mogła zwilżyć wargi – w trakcie parcia będą wyschnięte i spierzchnięte.

- Kiedy prze, możesz podpierać jej plecy. Trzymaj ją za rękę, ocieraj czoło lub rób po prostu wszystko, aby jej pomóc. Jeśli nie jest w stanie utrzymać pozycji, pomóż jej w tym.

- Od czasu do czasu zwróć jej uwagę na postęp porodu. Gdy zacznie się rodzić główka, przypomnij jej, by spojrzała w lustro – dzięki temu będzie miała naoczny dowód na to, czego właśnie dokonuje. Jeśli nie patrzy w lustro lub nie ma do niego dostępu, centymetr po centymetrze opisuj, co widzisz. Chwyć ją za rękę i razem dotknijcie główki dziecka, by znaleźć nowe źródło inspiracji.

- Nie bój się, jeśli lekarz zaproponuje, żebyś chwycił dziecko, gdy wyłoni się z macicy, lub później przeciął pępowinę. To nic trudnego, a poza tym dostaniesz dokładne wskazówki i wsparcie ze strony personelu odbierającego poród. Powinieneś jednak wiedzieć, że pępowiny nie da się przeciąć tak łatwo jak sznurka. Jest dużo twardsza, niż myślisz.

Rodzi się dziecko

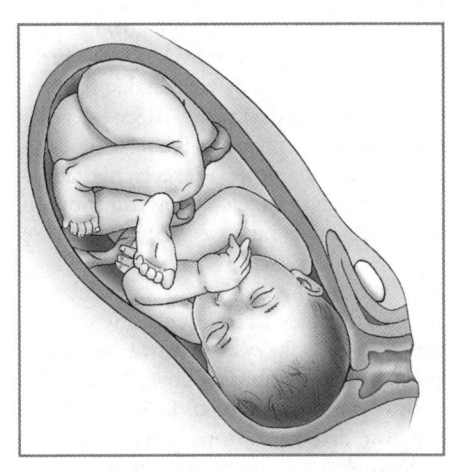

1. Szyjka macicy jest już zgładzona (uległa skróceniu i zanikła), ale jeszcze nie zaczęła się rozwierać.

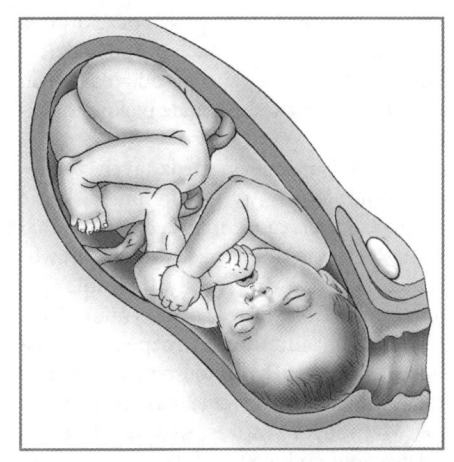

2. Szyjka macicy jest w pełni rozwarta, a dziecko zaczyna się przeciskać przez kanał rodny (pochwę).

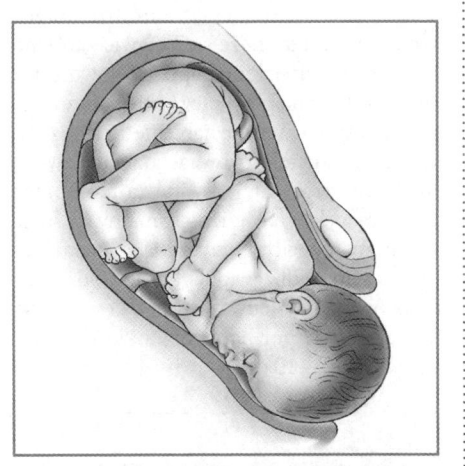

3. Aby główka jak najlepiej dopasowała się do miednicy mamy, dziecko zazwyczaj się obraca w trakcie porodu. Tu widać, jak w miarę dopasowana (spłaszczona) główka ukazuje się w ujściu kanału rodnego.

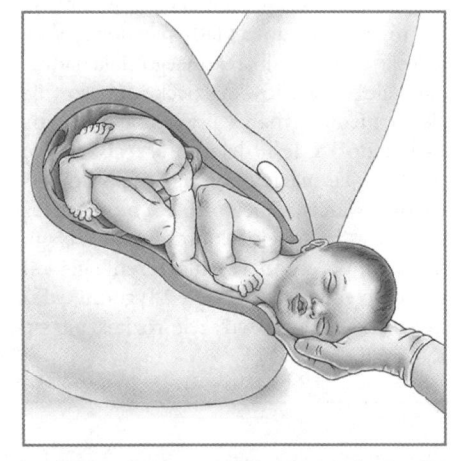

4. Główka, najszersza część ciała dziecka, jest już na zewnątrz. Reszta ciała powinna się urodzić szybko i bez problemów.

a urodzisz dziecko. Prawdę mówiąc, urodzisz je nawet wtedy, gdy nie będziesz się kierowała potrzebą parcia lub w ogóle nie będziesz jej czuła. Parcie nie przychodzi każdej kobiecie w naturalny sposób i jeśli właśnie tak jest w twoim przypadku, lekarz, pielęgniarka lub doula na pewno cię pokierują i wesprą w twoich wysiłkach

Pierwsze spojrzenie na dziecko

Po mniej więcej 40 tygodniach oczekiwania (i wielu ciężkich godzinach porodu) dziecko bez wątpienia będzie nagrodą dla twoich zmęczonych oczu: doskonale piękne w każdym calu.

Jednak 9 miesięcy spędzonych w płynie owodniowym, a potem przeciskanie się przez kurczącą się macicę i wąski kanał rodny musi się odbić na wyglądzie noworodka. Dzieci, które zostały starannie wyjęte z macicy (zwłaszcza w wyniku cięcia cesarskiego, zanim poród rozpoczął się na dobre), w kwestii wyglądu na pewno będą miały chwilową przewagę. Czego zatem na pierwszy rzut oka możesz się spodziewać po swoim noworodku? Oto kilka cech charakteryzujących nowo narodzone dziecko od stóp do głów:

Dziwny kształt główki. Główka malucha to największa część jego ciała, a jej obwód jest równy obwodowi klatki piersiowej. Gdy dziecko będzie rosło, reszta jego ciała nadrobi te zaległości. Główka dziecka dopasowuje się do miednicy mamy, przybierając dziwny kształt stożka. Jeśli dziecko przeciskało się przez szyjkę macicy, zanim doszło do pełnego rozwarcia, na jego główce może się też pojawić wybrzuszenie, które zniknie w ciągu kilku dni po porodzie. Spłaszczenie główki powinno zaniknąć w ciągu 2 tygodni; wtedy główka dziecka wreszcie rozkosznie się zaokrągli.

Włosy noworodka. Niektóre noworodki są całkowicie łyse, główki innych są pokryte delikatnym brzoskwiniowym meszkiem, a jeszcze inne mają bujną grzywę. Ale te wszystkie włoski w końcu wypadną (chociaż może się to odbywać stopniowo, więc tego nie zauważysz) i zostaną zastąpione nowymi włosami, które będą miały inny kolor i inną strukturę.

Maź płodowa. Ciało dziecka przebywającego w macicy i zanurzonego w wodach płodowych pokrywa warstwa serowatej substancji. Jest to maź płodowa. Wcześniaki w chwili narodzin są pokryte dość grubą jej warstwą, dzieci urodzone w terminie mają jej niewiele, a przenoszone nie mają jej wcale – pomijając resztki pozostałe w fałdach skóry lub pod paznokciami.

Obrzęk piersi i zewnętrznych narządów płciowych. W momencie narodzin obrzęk tych części ciała może się pojawić zarówno u dziewczynek, jak i chłopców. Noworodek (bez względu na płeć) może mieć obrzmiałe piersi (czasem nawet nabiegłe krwią z sączącą się białą lub różową wydzieliną zwaną mlekiem czarownic), a winę za ten obrzęk ponoszą wyłącznie hormony mamy. Te same hormony mogą być przyczyną wycieku białej, czasem podbarwionej krwią wydzieliny z pochwy nowo narodzonych dziewczynek. To całkowicie normalny objaw, który zniknie w ciągu 7–10 dni.

---

oraz skierują na właściwą drogę, gdy się zdekoncentrujesz.
- Nie bądź sfrustrowana i rozczarowana, gdy główka dziecka wyjdzie z kanału rodnego, a potem się cofnie. Poród to przedsięwzięcie typu „dwa kroki do przodu, jeden do tyłu". Pamiętaj po prostu, że dziecko zmierza we właściwym kierunku.
- Odpoczywaj między skurczami. Jeżeli jesteś już naprawdę wyczerpana, zwłaszcza wtedy, gdy etap parcia się przedłuża, być może lekarz zasugeruje, żebyś nie parła przez kilka następnych skurczów, by zebrać siły.
- Przestań przeć, gdy otrzymasz takie polecenie (być może będzie to konieczne, by zapobiec zbyt gwałtownym narodzinom główki). Gdy w takiej chwili poczujesz potrzebę parcia, zamiast tego spróbuj szybko oddychać, dyszeć lub dmuchać.

Zapuchnięte oczy. Obrzęk wokół oczu jest jak najbardziej normalny dla kogoś, kto przez 9 miesięcy pływał w wodach płodowych, a potem przeciskał się przez wąski kanał rodny. Ten obrzęk może się nawet zwiększyć po zaaplikowaniu dziecku maści lub kropli zapobiegających zakażeniu oczu. Znika on zazwyczaj po kilku dniach.

Kolor oczu – do ustalenia. Brązowe? Zielone? Niebieskie? W przypadku większości dzieci trudno to ocenić tuż po porodzie. Oczy dzieci rasy białej są przeważnie (chociaż nie zawsze) szaroniebieskie, bez względu na to, jakie będą później. Dzieci innych ras w chwili narodzin mają brązowe oczy, ale odcień brązu może się ostatecznie nieco zmienić.

Skóra. Skóra noworodka po narodzinach będzie różowa, biała lub szarawa (nawet jeśli później będzie brązowa lub czarna). Dzieje się tak dlatego, że pigmentacja pojawia się dopiero kilka godzin po porodzie. Skórę maluszka mogą szpecić różnego rodzaju wysypki, krostki czy zaskórniki, które są efektem działania hormonów mamy, ale na szczęście szybko znikają. Możesz również zauważyć, że skóra maluszka jest sucha i popękana, co jest z kolei skutkiem długiego przebywania w wodach płodowych i nagłego wystawienia na działanie powietrza – to również minie bez żadnego leczenia.

Lanugo. Ramiona, plecy, czoło i skronie donoszonego noworodka mogą jeszcze pokrywać delikatne, cienkie włoski, zwane meszkiem płodowym lub lanugo, które zazwyczaj wypadają pod koniec pierwszego tygodnia. U dzieci, które przyszły na świat przed terminem, meszek płodowy może być bujniejszy i trwalszy, a u przenoszonych czasem nie ma go w ogóle.

Znamiona. U noworodków rasy białej na karku, powiekach lub/i czole często występują różowe znamiona zwane plamami łososiowymi (lub uszczypnięciem bociana). Z kolei u noworodków pochodzących z Azji, południowej Europy i Afryki pojawiają się plamy mongolskie – niebieskoszare przebarwienia, które powstają wskutek nagromadzenia komórek barwnikowych w głębokich warstwach skóry i usytuowane są najczęściej na plecach, pośladkach, czasem również na rękach i udach. Plamy mongolskie znikają samoistnie zazwyczaj około 4 roku życia. Z kolei naczyniaki wrodzone to wypukłe znamiona w kolorze truskawkowym, które mogą być małe jak pieg lub duże jak spodek. Naczyniaki zazwyczaj z czasem bledną, robią się perłowoszare, aż w końcu znikają. Plamy café au lait w kolorze kawy mogą się pojawić na skórze w każdym miejscu, zwykle nie rzucają się w oczy, ale nigdy nie znikają.

Więcej informacji na temat niemowlęcia – od stóp do głów – znajdziesz w książce *Pierwszy rok życia dziecka* (REBIS 2017).

- Nie zapominaj patrzeć w lustro (jeżeli jest dostępne na sali porodowej), kiedy już będzie w nim co oglądać. Kiedy zobaczysz wyłaniającą się główkę dziecka, a nawet będziesz mogła jej dotknąć, zdobędziesz nową motywację do parcia, gdy stanie się ono wyjątkowo trudne. Poza tym pamiętaj, że nie będziesz przecież mogła obejrzeć powtórki (chyba że twój partner rejestruje poród kamerą).

Co zrobi lekarz lub położna. Podczas parcia położne i/lub lekarz będą ci pomagać i dawać wskazówki (w razie potrzeby lekarz nawet delikatnie naciśnie brzuch, by pomóc maluchowi wyjść z kanału rodnego na świat), monitorować pracę serca dziecka za pomocą aparatu Dopplera lub KTG oraz przygotowywać się do ostatniego etapu porodu – rozwieszą sterylne zasłony, przygotują narzędzia i przetrą twoje krocze płynem antyseptycznym. Zanim pojawi się główka, lekarz delikatnie rozciągnie palcami krocze (ta czynność będzie przypominała masaż opisany na str. 399). Niektórzy położnicy smarują krocze środkiem nawilżającym lub oliwką – będzie bardziej śliskie, co ułatwi dziecku wyślizgnięcie się na zewnątrz. W razie konieczności lekarz wykonana nacięcie krocza (chociaż to mało prawdopodobne), zastosuje próżniociąg położniczy lub nawet kleszcze (to jeszcze mniej prawdopodobne).

Kiedy główka już się wyłoni, lekarz odessie z nosa i ust dziecka płyn owodniowy, a potem pomoże ci urodzić barki i tułów. Prawdopodobnie będziesz musiała jeszcze raz przeć – najtrudniej urodzić główkę, reszta powinna wysunąć się dość łatwo. Później dziecko zostanie położone na twoim brzuchu, a pępowina zostanie zaciśnięta (patrz str. 436) i przecięta (przez położną, lekarza lub twojego partnera). Jeśli postanowiłaś zdeponować krew w banku krwi pępowinowej, teraz przejdziesz całą procedurę. W tej chwili jest najlepszy moment na pierwsze pieszczoty i kontakt skórą do skóry, a więc unieś koszulę i przytul dziecko. Gdybyś potrzebowała argumentu świadczącego o tym, że warto to zrobić, to wiedz, że badania naukowe dowodzą, iż maluchy, które tuż po porodzie miały bliski kontakt z matką, później lepiej śpią i są spokojniejsze. Po wstępnej ocenie noworodka (patrz dalej) będziesz mogła przystawić dziecko do piersi. A oto zabawna informacja: Jeśli tuż po porodzie położysz dziecko na brzuchu na nagiej skórze, maluszek zacznie instynktownie pełznąć (po 20–60 minutach) w kierunku twoich piersi, znajdzie brodawkę, a potem zacznie ją ssać.

Co będzie się działo dalej? Pielęgniarka i/lub lekarz ocenią stan zdrowia dziecka na podstawie skali Apgar w 1 i 5 minucie życia (więcej informacji w *Pierwszym roku życia dziecka*, REBIS 2017); pomasują energicznie maleństwo, żeby je wytrzeć i pobudzić; może na pamiątkę zrobią odcisk stópki; na rączkę lub nóżkę założą opaskę identyfikacyjną (takie opaski otrzymają również rodzice); zaaplikują do oczu maść z antybiotykiem, by zapobiec zakażeniu (możesz poprosić, by zrobiono to dopiero po tym, jak przytulisz dziecko); zważą i zmierzą, a potem owiną w kocyk, by maluszek nie tracił ciepła. (W niektórych szpitalach pewne z tych procedur mogą zostać pominięte, a w innych odłożone na później, żebyś miała więcej czasu na nawiązanie więzi z maleństwem).

Później dziecko wróci do ciebie (zakładając, że wszystko jest w porządku) i jeśli zechcesz, będziesz mogła przystawić je do piersi, chyba że zrobiłaś to już wcześniej (patrz rozdział „Początki karmienia piersią", str. 498). Czasem maluch zostanie poddany szczegółowym badaniom pediatrycznym oraz rutynowym procedurom (obejmującym między innymi pobranie krwi z pięty, zastrzyk witaminy K czy szczepienie przeciwko wirusowemu zapaleniu wątroby typu B), które zostaną przeprowadzone w twojej sali lub na oddziale noworodków (tatuś może iść z dzieckiem albo zostać z tobą). Gdy temperatura ciała się ustabilizuje, położna po raz pierwszy wykąpie dziecko, a ty i tatuś maleństwa będziecie mogli jej w tym pomóc, choć obecnie w wielu szpitalach odstępuje się od mycia noworodków po porodzie. Są one tylko wycierane z krwi, a pierwsza kąpiel odbywa się w domu. Maź płodowa, która pozostaje na skórze noworodka, stanowi naturalną warstwę ochronną i zabezpiecza skórę przed zakażeniem.

Trzeci okres porodu: urodzenie łożyska

Najgorsze za tobą, a najlepsze właśnie nadeszło. Teraz pozostaje ci tylko zapiąć wszystko na ostatni guzik. Podczas finalnego etapu porodu (który może trwać 5–30 minut) urodzisz łożysko, które umożliwiało twojemu dziecku życie w macicy. Nadal będziesz miała łagodne skurcze, trwające około 60 sekund, chociaż możesz ich nie odczuwać (w końcu jesteś teraz skupiona wyłącznie na noworodku). Skurcze macicy spowodują, że łożysko oddzieli się od jej ściany i przemieści w dół, w kierunku pochwy, skąd zostanie wydalone.

Lekarz pomoże ci urodzić łożysko – jedną ręką delikatnie pociągnie za pępowinę, a drugą będzie uciskał i masował górną część macicy oraz poprosi cię, żebyś parła w odpowiednim momencie. Prawdopodobnie otrzymasz oksytocynę (w zastrzyku domięśniowym lub dożylnie), co pobudzi skurcze macicy, przyspieszy poród łożyska, a potem pomoże macicy w obkurczaniu się i zminimalizuje krwawienie. Kiedy łożysko znajdzie się już poza macicą, położnik dokładnie je obejrzy, by sprawdzić, czy jest nienaruszone. Jeśli się okaże, iż nie wyszło w całości, lekarz wykona ręczną kontrolę jamy macicy i usunie pozostałe fragmenty. (Jeśli chcesz zatrzymać łożysko, wcześniej poinformuj o tym lekarza i upewnij się, że zarówno on, jak i szpital wyrażają na to zgodę. Więcej informacji na str. 375).

Teraz, gdy poród dobiegł już końca, możesz się poczuć całkowicie wyczerpana lub – na odwrót – przepełniona energią. Prawdopodobnie będziesz bardzo spragniona, a jeśli poród był długi (zwłaszcza jeśli w trakcie nic nie jadłaś) – również głodna. Niektóre kobiety mogą mieć w tym czasie dreszcze, a wszystkie z pewnością zauważą krwistą wydzielinę z pochwy (zwaną odchodami połogowymi) porównywalną z bardzo obfitą miesiączką.

DLA OJCÓW

Co możesz zrobić po porodzie

Twoje dziecko właśnie przyszło na świat! Rozkoszując się tą piękną chwilą, jednocześnie możesz również:

- Podarować świeżo upieczonej mamie mnóstwo (zasłużonych) słów uznania oraz pogratulować sobie, bo dobrze spełniłeś swoją rolę.
- Nawiązać więź z maleństwem – weź je na ręce, przytul, zaśpiewaj mu coś lub mów do niego. Pamiętaj, że maluszek już słyszał twój głos, gdy przebywał w łonie mamy, więc zna jego brzmienie. Dźwięk twojego głosu na pewno uspokoi malucha, który nagle znalazł się w obcym środowisku.
- Pamiętać o tym, by również przytulać młodą mamę i nawiązywać z nią nowe, rodzicielskie więzi.
- Poprosić o worek z lodem, który ukoi jej bolące krocze (jeśli do tej pory nie zrobiła tego pielęgniarka).
- Poprosić o sok dla mamy – może być bardzo spragniona. Kiedy już się napije, a oboje będziecie w odpowiednim nastroju, otwórz butelkę szampana lub inny napój z bąbelkami (pod warunkiem że go wziąłeś i że jest bezalkoholowy).
- Zrobić pierwsze zdjęcia maleństwa lub je sfilmować.
- Spędzić pierwsze chwile z dzieckiem podczas rutynowych procedur.

Jak będziesz się czuła po porodzie pod względem emocjonalnym? Każda młoda mama reaguje trochę inaczej, więc twoja reakcja będzie po prostu normalna dla ciebie. Pierwszym uczuciem, które się pojawi, prawdopodobnie będzie radość, ale możesz też poczuć po prostu ulgę. Możesz także być ożywiona, rozmowna, podniecona, nawet w euforii, ale też odrobinę zniecierpliwiona, bo nie będziesz mogła doczekać się chwili, gdy w końcu urodzisz łożysko, a lekarz zszyje nacięte lub pęknięte krocze. Możesz także odczuwać zachwyt nad tą małą istotą, którą tulisz w ramionach, albo wyczerpanie (lub jedno i drugie). Prawdopodobnie poczujesz też bliskość z partnerem i natychmiastową więź z dzieckiem lub obojętność (to również całkiem normalne) – „Kim jest ta obca istota poszukująca mojej piersi?".

Bez względu na to, jaka będzie twoja pierwsza reakcja, i tak pokochasz swoje dziecko całym sercem, choć zdarza się, że wymaga to trochę więcej czasu (informacje na temat więzi z noworodkiem znajdziesz na str. 490).

Co możesz zrobić

- Przytul maluszka skórą do skóry i mów do niego. Dziecko rozpoznaje twój głos, a więc jeśli będziesz teraz gruchać, śpiewać czy szeptać, na pewno je uspokoisz (dla niego to obcy świat, a ty jesteś najlepszą osobą, która może mu pomóc go poznać). W pewnych okolicznościach noworodek może zostać zatrzymany przez chwilę w inkubatorze lub trafi w ramiona twojego partnera, podczas gdy ty będziesz rodzić łożysko. Nie martw się tym, ponieważ będziesz miała sporo czasu, by nawiązać więź ze swoim maleństwem.

- Urodź łożysko – pomóż lekarzowi i przyj, gdy o to poprosi. Niektóre mamy nie muszą w ogóle przeć, by je wydalić. Lekarz z pewnością powie ci, co masz robić.

- Wytrzymaj podczas zszywania nacięcia (lub pęknięcia) krocza.

- Przystaw dziecko do piersi (lub kontynuuj karmienie), jeśli maluch jest z tobą.

- Bądź dumna z tego, czego właśnie dokonałaś. Udało się, mamo!

Teraz pozostało tylko zszycie i oczyszczenie krocza (jeśli środki przeciwbólowe już nie działają, otrzymasz znieczulenie miejscowe). Prawdopodobnie dostaniesz worek z lodem, który będziesz mogła przyłożyć do krocza, by zmniejszyć jego obrzęk – poproś o lód, jeśli go nie dostałaś. Pielęgniarka poda ci dużą podpaskę lub podkład – teraz będziesz obficie krwawić. Jeśli będziesz sobie dobrze radzić i nie będzie żadnych przeciwwskazań, zostaniesz przeniesiona do sali poporodowej.

Cięcie cesarskie

Nie będziesz w stanie tak aktywnie uczestniczyć w porodzie przez cięcie cesarskie jak w porodzie drogami natury. Niemniej dla niektórych mam jest to niezaprzeczalny plus. Zamiast dyszenia, dmuchania i parcia, dzięki którym dziecko pojawia się na świecie, będziesz leżeć na plecach i pozwalać innym ludziom, by zrobili to za ciebie. Prawdę mówiąc, twój udział będzie polegał przede wszystkim na przygotowaniach. A zatem im więcej będziesz wiedziała, tym lepsze będzie twoje samopoczucie. Oznacza to, że nawet jeśli nie planujesz porodu operacyjnego, warto się zapoznać z tą procedurą na wszelki wypadek.

Dzięki znieczuleniu (na przykład zewnątrzoponowemu) oraz złagodzeniu szpitalnych przepisów większość mam (oraz ich partnerów) będzie świadkami porodu przez cięcie cesarskie. Ponieważ mamy nie absorbuje parcie ani ból, będzie mogła się odprężyć (przynajmniej do pewnego stopnia) i zachwycać cudem porodu. Oto typowe zabiegi, których się możesz spodziewać w trakcie cięcia cesarskiego:

- Wkłucie dożylne (wenflon lub kroplówka) – jeżeli nie zostało wcześniej założone – by umożliwić szybkie podawanie leków lub płynów. Lekarz poda ci tą drogą również antybiotyki, by zapobiec zakażeniu.
- Znieczulenie – zewnątrzoponowe lub podpajęczynówkowe (obie metody znieczulają dolną część ciała, ale pozwalają zachować przytomność). W niezmiernie rzadkich przypadkach, gdy dziecko musi się jak najszybciej urodzić, zastosowane zostanie znieczulenie ogólne (wtedy zostaniesz uśpiona).
- Położna przemyje twój brzuch płynem antyseptycznym i wprowadzi cewnik do pęcherza moczowego, by go opróżnić i przygotować pole operacyjne.
- Twój brzuch zostanie zakryty jałową zasłoną, którą położna umieści na poziomie ramion, więc nie zobaczysz nacięcia. W niektórych szpitalach zasłona jest przezroczysta, więc rodząca może zobaczyć, jak dziecko wyłania się z jej brzucha.
- Jeśli partner zechce wziąć udział w porodzie operacyjnym (a prawdopodobnie uzyska na to pozwolenie), będzie musiał założyć sterylny fartuch. Dzięki temu będzie mógł usiąść przy twojej głowie, trzymać cię za rękę, wspierać emocjonalnie oraz obserwować cały zabieg. Jeśli podczas porodu towarzyszy ci doula, również będzie mogła asystować przy cięciu cesarskim.
- Jeśli się okaże, że w twoim wypadku należy wykonać nagłe cięcie cesarskie, wszystko może się potoczyć bardzo szybko. Spróbuj zachować spokój i nie denerwuj się tym, co się dzieje wokół ciebie – tak czasem bywa w trakcie porodu.
- Gdy lekarz będzie pewny, że znieczulenie zaczęło działać, zrobi nacięcie w dole brzucha (zazwyczaj poziome tuż nad linią bikini, czyli włosami łonowymi). Możesz mieć wrażenie, że ktoś rozpina zamek błyskawiczny na twoim brzuchu, ale nie będziesz czuła bólu.
- Potem lekarz wykona drugie cięcie (zazwyczaj także poziome), ale tym razem natnie macicę. Przebije też pęcherz płodowy (jeżeli wcześniej nie pękł) i odessie płyn owodniowy – możesz wtedy usłyszeć bulgot lub szum.
- Później jeden z lekarzy będzie naciskał macicę, a drugi wyjmie dziecko. Jeśli otrzymasz znieczulenie zewnątrzoponowe, poczujesz przypuszczalnie szarpnięcie i ciągnięcie, a także nacisk (przy znieczuleniu podpajęczynówkowym najprawdopodobniej niczego nie poczujesz). Jeśli nie będziesz się mogła doczekać, żeby zobaczyć swoje maleństwo, poproś lekarza, by nieco opuścił zasłonę przykrywającą pole operacyjne.

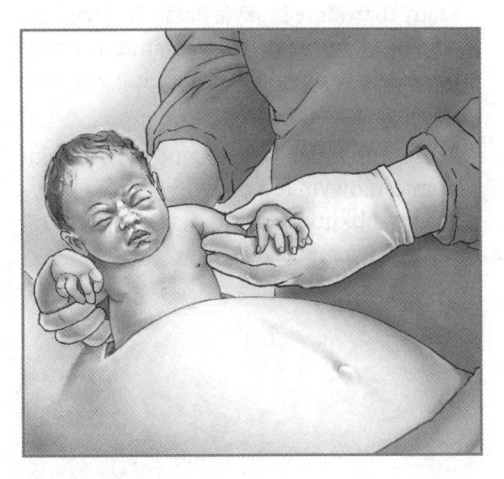

Cięcie cesarskie

> **Nie zapomnij ubezpieczyć dziecka**
>
> Jednym z wielu wyzwań, jakie cię czekają w najbliższym czasie, jest ubezpieczenie zdrowotne dziecka. Jeśli pracujesz, powinnaś zgłosić się do pracodawcy, który sporządzi odpowiednie zgłoszenie i wyśle je do Zakładu Ubezpieczeń Społecznych (może to zrobić również tata dziecka). Pamiętaj jednak, że najpierw dziecku musi zostać nadany numer PESEL. Do tego czasu będziesz mogła bez problemu korzystać z opieki medycznej, ponieważ zgodnie z przepisami ustawy zdrowotnej dziecko do 6 miesiąca życia nie musi mieć dokumentu potwierdzającego prawo do korzystania z opieki zdrowotnej. W Stanach Zjednoczonych masz 60 dni na zgłoszenie dziecka do ubezpieczenia zdrowotnego, ponieważ w tym czasie nie obowiązuje cię okres powszechnych zapisów (Open Enrollment). Możesz ubezpieczyć maluszka w każdym momencie i przy okazji zmienić też swój plan ubezpieczeniowy. Więcej informacji na stronie www.healthcare.gov lub www.e-inspektorat.zus.pl.

- Lekarz odessie śluz z nosa i ust dziecka i wtedy po raz pierwszy usłyszysz krzyk swojego maleństwa. Pępowina zostanie szybko zaciśnięta, potem przecięta, a ty wreszcie będziesz mogła zobaczyć swojego synka lub córeczkę. W szpitalach oferujących tak zwane „łagodne cięcie cesarskie" maluszek zostanie położony na twoich piersiach, więc będziesz mogła go od razu przytulić (a nawet przystawić do piersi).
- Kiedy noworodek będzie poddawany tym samym procedurom co dzieci urodzone drogami natury, lekarz usunie łożysko.
- Później rutynowo skontroluje twoje narządy rozrodcze i zszyje nacięcie. Użyje do tego nici (mogą nie być wchłanialne i trzeba będzie je później usunąć) lub zszywek chirurgicznych.
- Możesz otrzymać oksytocynę (w zastrzyku domięśniowym lub dożylnie), która przyspieszy obkurczanie się macicy i zmniejszy krwawienie.

Być może już na sali porodowej będziesz miała okazję przytulić maleństwo (nawet skórą do skóry), chociaż wszystko zależy oczywiście od twojego samopoczucia, stanu dziecka oraz zasad panujących w szpitalu. Wiele szpitali pozwala po cięciu cesarskim na kontakt skórą do skóry, oczywiście pod warunkiem, że stan dziecka jest stabilny (wystarczy, że poprosisz pielęgniarkę, by podała ci dziecko) – zwłaszcza jeśli szpital oferuje „łagodne cięcie cesarskie". Jeśli nie możesz sama potrzymać dziecka, na pewno będzie mógł to zrobić jego tata. Nie martw się, jeśli maluch zostanie szybko zabrany na oddział neonatologii. W niektórych szpitalach taka procedura po cięciu cesarskim to standard, który zazwyczaj jest po prostu środkiem ostrożności, a nie zwiastunem jakichś problemów. A jeśli chodzi o nawiązanie więzi z dzieckiem, to lekka zwłoka nie stanowi żadnego problemu, więc nie martw się, jeśli będziesz musiała trochę poczekać na pierwsze pieszczoty.

ROZDZIAŁ 15

Gdy spodziewasz się więcej niż jednego dziecka

Masz „na pokładzie" więcej niż jednego pasażera? Może nawet kilku? Istnieje zatem duża szansa, że przeżywasz przynajmniej podwójną radość i ekscytację oraz że masz przynajmniej podwójną liczbę pytań: Czy dzieci będą zdrowe? Czy ja będę zdrowa? Czy pojawią się jakieś powikłania? Czy mam chodzić do swojego lekarza, czy poszukać specjalisty? Ile będę musiała jeść i ile przybrać na wadze? Czy będę miała dosyć miejsca dla dwojga dzieci? Czy zdołam donosić ciążę? Czy będę musiała leżeć w łóżku? Czy urodzenie bliźniąt jest dwa razy trudniejsze?

Noszenie jednego dziecka wiąże się z wieloma wyzwaniami i zmianami, a jeśli dzieci jest więcej... Cóż, pewnie już wykonałaś proste działanie. Nie martw się jednak. Jesteś na to gotowa, a przynajmniej będziesz, kiedy już uzbroisz się we wszystkie informacje zawarte w tym rozdziale oraz... we wsparcie partnera i lekarza. A zatem usiądź wygodnie (jeśli możesz) i przygotuj się do swojej wspaniałej ciąży wielopłodowej.

Co może cię niepokoić

Wybór lekarza

Właśnie się dowiedzieliśmy, że będziemy mieli bliźnięta. Czy mogę chodzić do mojego zwykłego ginekologa, czy powinnam znaleźć jakiegoś specjalistę?

Ciąża bliźniacza z pewnością jest wyjątkowa, ale nie na tyle, by wymagała opieki wyjątkowego specjalisty. Jednak zanim podejmiesz ostateczną decyzję, upewnij się, że odpowiada ci twój ginekolog, ponieważ teraz będziecie się często widywać (ciąża bliźniacza wymaga zazwyczaj większej liczby wizyt).

Jesteś zadowolona ze swojego ginekologa, ale podoba ci się również pomysł dodatkowej opieki? Wielu położników kieruje swoje pacjentki w ciąży wielopłodowej do ośrodków referencyjnych mających większe doświadczenie w prowadzeniu ciąż wielopłodowych na badania okresowe w trakcie całej ciąży albo dopiero w jej późniejszej fazie (lub w którymkolwiek momencie, gdy wystąpią jakieś powikłania). To bardzo dobre rozwiązanie, gdy chcesz połączyć komfort, jaki daje opieka znajomego lekarza, z fachową wiedzą specjalisty. Przyszłe mamy, których ciąża jest z jakiegoś powodu zagrożona (są starsze, przewlekle chore lub wcześniej poroniły), mogą się od razu zgłosić do perinatologa (specjalisty medycyny matczyno-płodowej) i pozostać pod jego opieką przez całą cią-

---

Bliźnięta dwujajowe czy jednojajowe?

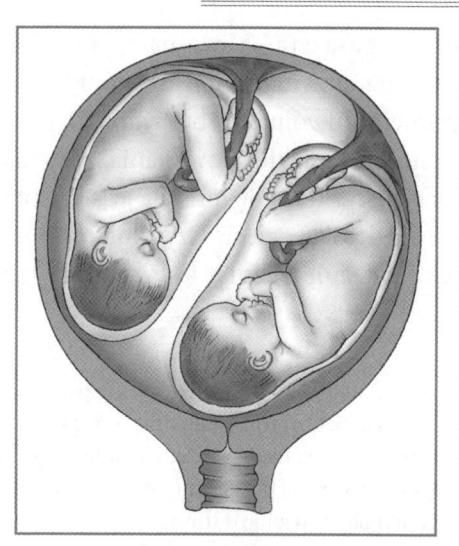

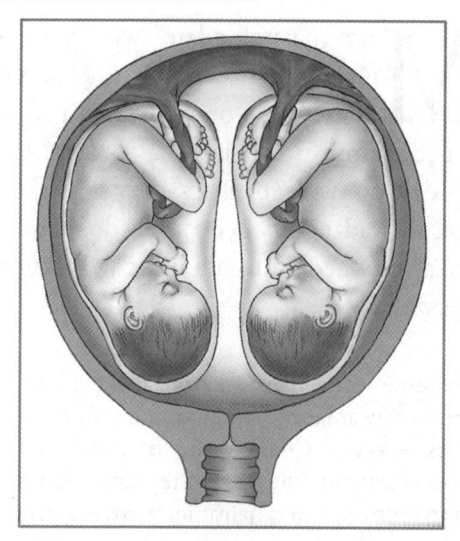

Bliźnięta dwujajowe (po lewej), które rozwijają się z dwóch komórek jajowych zapłodnionych w tym samym czasie, mają oddzielne łożyska. Bliźnięta jednojajowe (po prawej) rozwijają się z jednej komórki jajowej, która się dzieli i w wyniku tego podziału powstają dwa zarodki. W zależności od chwili, w której nastąpił podział, bliźnięta mogą mieć wspólne łożysko i pęcherz płodowy albo każde dziecko będzie miało własne.

żę. Jeśli jesteś w ciąży podwyższonego ryzyka, omów tę możliwość ze swoim ginekologiem.

Wybierając lekarza, który będzie prowadził twoją ciążę wielopłodową (przypuszczalnie lekarza, ponieważ większość położnych nie opiekuje się takimi ciążami), powinnaś również wziąć pod uwagę to, z jakim szpitalem współpracuje. Najlepiej, jeśli będzie to klinika położnicza z oddziałem dla wcześniaków (w którego skład wchodzi oddział intensywnej opieki nad noworodkami), na wypadek gdyby twoje dzieci urodziły się przed terminem, co w przypadku ciąży wielopłodowej zdarza się dość często.

Zapytaj również lekarza, jakimi zasadami się kieruje w sprawach związanych w szczególności z ciążą wielopłodową: Czy rutynowo wywołuje poród w 37 lub 38 tygodniu, czy – jeśli nie będzie żadnych powikłań – będziesz mogła urodzić później? Czy będzie możliwy poród drogami natury (lub chociażby jego próba), czy lekarz rutynowo wykonuje cięcie cesarskie? Czy będziesz mogła rodzić drogami natury na sali porodowej, czy od razu zostaniesz skierowana na salę operacyjną?

Więcej informacji na temat wyboru lekarza znajdziesz na str. 11.

Dolegliwości ciążowe

Słyszałam, że dolegliwości są o wiele gorsze, gdy oczekuje się wieloraczków. Czy to prawda?

Podwójna liczba dzieci zwiastuje podwójną (lub jeszcze większą) ilość dolegliwości ciążowych, chociaż nie zawsze tak bywa. Każda ciąża wielopłodowa, podobnie jak pojedyncza, jest inna. Przyszła mama oczekująca jednego dziecka może odczuwać poranne nudności za dwoje, a przyszła mama wieloraczków może przejść przez całą ciążę nawet bez jednej chwili nudności. Tak samo się zdarza również w przypadku innych objawów ciążowych.

Chociaż nie powinnaś oczekiwać podwójnej dawki porannych nudności (a także zgagi, skurczów mięśni kończyn dolnych czy żylaków), to nie możesz tego całkowicie wykluczyć. Złe samopoczucie może się pogłębić w ciąży wielopłodowej i nie ma w tym nic dziwnego, zważywszy na dodatkowy ciężar, który dźwigasz, oraz dodatkowe hormony, które wytwarza twój organizm. Oto objawy, które mogą – aczkolwiek nie muszą – nasilić się w ciąży wielopłodowej:

- Poranne nudności. Nudności i wymioty w ciąży wielopłodowej mogą być silniejsze ze względu na – między innymi – wyższe stężenie hormonów krążących w organizmie mamy. Poranne nudności mogą się również rozpocząć wcześniej i trwać dłużej. Niepowściągliwe wymioty ciężarnych (*hyperemesis gravidarium*; patrz str. 576), czyli najcięższa postać nudności ciążowych, to również dość powszechna dolegliwość wśród przyszłych mam wieloraczków.

- Inne problemy żołądkowe. Większe obciążenie układu pokarmowego (mamy wieloraczków jedzą zazwyczaj za troje lub więcej) może nasilić dolegliwości trawienne charakterystyczne dla ciąży, takie jak zgaga czy niestrawność.

- Zmęczenie. Nie trzeba się wiele zastanawiać, by dojść do wniosku, że im większy ciężar nosisz, tym bardziej się męczysz. Jest to również związane z większym zużyciem energii przez mamy wieloraczków (twój organizm pracuje dwa razy ciężej, by mogła się w nim rozwinąć dwójka dzieci). Zmęczenie może również nasilać brak snu (trudno ułożyć się wygodnie z brzuchem wielkości arbuza, a co dopiero z brzuchem wielkości dwóch arbuzów).

- Inne przejawy dyskomfortu fizycznego. Każda ciąża wiąże się z różnego rodzaju dolegliwościami i bólami, a w ciąży bliźniaczej może ich być jeszcze więcej. Noszenie dwójki dzieci może się więc przekładać na silniejsze bóle pleców, a także uporczywe kłucia i bóle w obrębie miednicy, intensywniejszy ból więzadeł macicy, większe obrzęki nóg, dokuczliwsze żylaki; krótko mówiąc, można wymieniać bez końca. Sporym wysiłkiem może się również okazać oddychanie, zwłaszcza wtedy, gdy pełna dzieci macica staje się tak duża, że zaczyna podpierać przeponę.

- Ruchy płodów. Chociaż każda przyszła mama nieraz ma wrażenie, że nosi w brzuchu ośmiorniczkę, to osiem małych odnóży, które teraz nosisz, naprawdę potrafi zwalić z nóg, bo otrzymujesz przecież dwa razy więcej ciosów i kopnięć.

Bez względu na to, czy przez ciążę wielopłodową będziesz miała dwa razy więcej dolegliwości ciążowych czy nie, jedno poczujesz na pewno – podwójną radość. To nie tak źle jak na 9 miesięcy trudu.

Prawidłowe odżywianie w ciąży wielopłodowej

Spodziewam się trojaczków, więc postanowiłam, że będę się prawidłowo odżywiać, ale nie bardzo wiem, co to oznacza. Czy mam jeść trzy razy więcej?

Zapraszamy do stołu, droga mamo: żeby wykarmić cztery osoby, trzeba sporo zjeść. Nie musisz wprawdzie jeść cztery razy więcej (tak jak kobieta w ciąży pojedynczej nie musi jeść za dwoje), ale w nadchodzących miesiącach będziesz musiała jednak poważnie podejść do kwestii jedzenia. Przyszłe mamy wieloraczków powinny przyjmować 150–300 dodatkowych kcal na każde dziecko (dobra wiadomość, jeśli potrzebujesz przyzwolenia na to, żeby jeść; mniej dobra, jeśli poranne nudności pozbawiają cię apetytu). Z tego wynika, że jeśli oczekujesz bliźniąt, powinnaś przyjmować 300–600 dodatkowych kcal, a jeśli trojaczków – 450–900 (pod warunkiem że na początku ciąży miałaś prawidłową masę ciała). Ale zanim potraktujesz ten dodatkowy przydział jako kartę stałego klienta w meksykańskiej restauracji (dodatkowe guacamole na dziecko numer 1, dodatkowa porcja śmietanki na dziecko numer 2 i dodatkowa porcja fasoli na dziecko numer 3), weź pod uwagę, że jakość jest równie ważna jak ilość. Prawdę mówiąc, odżywianie w ciąży wielopłodowej ma większy wpływ na masę urodzeniową dziecka niż w ciąży pojedynczej.

Jak zatem powinnaś się odżywiać, gdy oczekujesz więcej niż jednego dziecka? Zajrzyj do rozdziału 4 („Dziewięć miesięcy zdrowej diety") i:

Ograniczaj porcje. Im większy będzie twój brzuch, tym mniej miejsca będziesz miała na jedzenie. Zjadanie 5 lub 6 małych posiłków czy przekąsek dziennie nie tylko odciąży twój układ pokarmowy, ale też pomoże ci zachować energię, a jednocześnie dostarczy organizmowi tyle samo składników odżywczych co 3 większe posiłki. Ponieważ będziesz miała w żołądku jeszcze mniej miejsca, możesz jeść jeszcze mniej i jeszcze częściej – miej zawsze przy łóżku kilka zdrowych przekąsek, na wypadek gdybyś zgłodniała w nocy.

Licz kalorie. Wybieraj potrawy, które mają dużo składników odżywczych w niewielkiej porcji. Badania naukowe dowodzą, że wysokokaloryczna dieta bogata w składniki odżywcze znacznie zwiększa szanse na urodzenie zdrowych dzieci we właściwym terminie. Jeśli będziesz marnować bezcenną przestrzeń w żołądku na niezdrowe jedzenie, zabraknie ci miejsca na pożywne posiłki, których tak bardzo potrzebują twoje maluszki.

Zwiększ ilość składników odżywczych. Twoje zapotrzebowanie na składniki odżywcze zwielokrotnia się z każdym dzieckiem, a to oznacza, że będziesz musiała dołączyć

Widzisz podwójnie?

Jeśli odnosimy wrażenie, że na świecie jest coraz więcej bliźniąt, to właśnie dlatego, że tak jest naprawdę. W Stanach Zjednoczonych niemal 4 procent dzieci to bliźnięta, trojaczki, czworaczki i tak dalej, z tym że większość ciąż wielopłodowych (około 95 procent) stanowią bliźnięta. Niesamowite jest to, że liczba porodów bliźniaczych zwiększyła się w ostatnich latach o ponad połowę, a jeszcze bardziej zdumiewa fakt, że liczba wieloraczków (trojaczków i więcej) wzrosła o 400 procent.

Co jest powodem tego boomu na wieloraczki? Podczas gdy bliźnięta jednojajowe to zazwyczaj tylko kwestia przypadku, to prawdopodobieństwo, że urodzisz bliźnięta dwujajowe (to częstszy typ bliźniąt) wzrasta, jeśli zachodzą następujące czynniki (niektóre z nich mogą też zwiększać prawdopodobieństwo narodzin trojaczków, czworaczków i tak dalej):

Wiek. Im jesteś starsza, tym prawdopodobieństwo poczęcia bliźniąt dwujajowych jest większe. U mam powyżej 35 roku życia w trakcie owulacji w naturalny sposób uwalnia się więcej niż jedna komórka jajowa (dzieje się tak dzięki wyższemu stężeniu hormonu folikulotropowego, FSH, który jest odpowiedzialny między innymi za dojrzewanie komórek jajowych), zwiększając prawdopodobieństwo poczęcia bliźniąt.

Leczenie niepłodności. Ponieważ metody leczenia niepłodności są teraz o wiele bardziej zaawansowane, prawdopodobieństwo ciąży bliźniaczej, a tym bardziej wielopłodowej, jest mniejsze niż kiedyś. Jednak nadal (zwłaszcza jeśli opiera się na stymulacji owulacji lub wszczepieniu więcej niż jednego embrionu) może zwiększać prawdopodobieństwo ciąży wielopłodowej.

Otyłość. Kobiety, które mają nadwagę w chwili zajścia w ciążę (BMI ponad 30), o wiele częściej rodzą bliźnięta dwujajowe niż kobiety o niższym wskaźniku masy ciała.

Figura. Istnieją pewne dowody na to, że kobiety wysokie i dobrze zbudowane odrobinę częściej zachodzą w ciążę bliźniaczą niż szczupłe i drobne, ale ta zależność wydaje się raczej słaba (zatem figura i rozmiar raczej nie mają większego znaczenia).

Rasa. Bliźnięta częściej rodzą Afroamerykanki, a trochę rzadziej Latynoski i Amerykanki pochodzenia azjatyckiego.

Historia rodziny. Czy w twojej rodzinie były już wcześniej bliźnięta? A może sama jesteś jednym z bliźniaków dwujajowych? W takim wypadku prawdopodobieństwo, że zostaniesz mamą bliźniąt, jest większe. A jeśli już masz bliźnięta dwujajowe, prawdopodobieństwo, że w przyszłości znowu je urodzisz, jest dwukrotnie większe.

---

kilka dodatkowych porcji do swojej „codziennej dwunastki" (patrz str. 93). Przyjmuje się, że mamy wieloraczków powinny spożywać 1 dodatkową porcję białka, wapnia i produktów pełnoziarnistych. Poproś również o zalecenia swojego lekarza.

Zwiększ dawkę żelaza. Kolejny składnik, którego teraz nie powinno ci zabraknąć, to żelazo, dzięki któremu szpik kostny wytwarza czerwone krwinki (będziesz ich teraz potrzebować jeszcze więcej, by zaopatrzyć w krew swoje wieloraczki) i zapobiega niedokrwistości, często dotykającej kobiety w ciąży wielopłodowej. Spożywaj zatem produkty bogate w żelazo z listy zamieszczonej na str. 100. Resztę zapotrzebowania zapewni ci preparat dla kobiet w ciąży, a także suplement żelaza, który zaleci ci lekarz.

Dużo pij. Odwodnienie może doprowadzić do porodu przedwczesnego (przyszłe mamy wieloraczków i tak są na to narażone, więc nie zapominaj o uzupełnianiu płynów).

Więcej informacji na temat żywienia w ciąży wielopłodowej znajdziesz w książce *Dieta przyszłej matki* (REBIS 2016).

Przyrost masy ciała

Oczekuję bliźniąt i wiem, że powinnam przybrać więcej, ale nie wiem ile.

Przygotuj się na to, że będziesz musiała trochę przytyć. Specjaliści zalecają, by przyrost masy ciała w ciąży bliźniaczej wynosił 16–24 kilogramów. Skąd taka różnica? Ponieważ przyrost masy ciała będzie w znacznym stopniu zależał od twoich indywidualnych potrzeb oraz wskazań lekarza. Spodziewasz się trojaczków? Ponieważ nie ma żadnych oficjalnych i potwierdzonych zaleceń, będziesz musiała się skonsultować ze swoim lekarzem, który wyznaczy ci optymalny przyrost masy ciała – prawdopodobnie będzie on wynosił mniej więcej 23 kilogramy (trochę mniej, jeśli przed zajściem w ciążę miałaś nadwagę; trochę więcej, jeśli ważyłaś za mało).

Masz wrażenie, że to bułka z masłem? A może dwie bułki albo ostatecznie trzy? Cóż, w rzeczywistości przybranie odpowiedniej liczby kilogramów nie zawsze jest takie łatwe, jak się wydaje, gdy nosisz w łonie dwójkę lub trójkę dzieci. Prawdę mówiąc, różnorodność wyzwań, jakie będziesz napotykać w czasie całej ciąży, może sprawić, że podziałka na skali wagi nie będzie wystarczająco szybko wędrować w górę.

W pierwszym trymestrze ciąży na drodze mogą ci stanąć nudności, które znacznie utrudnią jedzenie i utrzymanie pożywienia w żołądku. Spożywanie przez cały dzień niewielkich ilości lekkostrawnego (i czasem – miejmy nadzieję – pożywnego) pokarmu prawdopodobnie pomoże ci przetrwać te ciężkie miesiące. Próbuj przybierać 500 gramów tygodniowo, ale nie denerwuj się, jeśli nie zdołasz tyle przybrać lub jeśli nie przybierzesz ani grama. Nadrobisz to później i na pewno będziesz się przy tym dobrze bawić. Nie zapominaj tylko o przyjmowaniu preparatu prenatalnego i pij dużo wody.

Wykorzystaj drugi trymestr (który prawdopodobnie będzie najbardziej komfortowy, więc wreszcie spokojnie się najesz), by dostarczyć organizmowi jak najwięcej substancji odżywczych, których potrzebują płody, żeby się prawidłowo rozwijać. Jeśli nie przybrałaś na wadze w ciągu pierwszego trymestru (lub nawet schudłaś z powodu uporczywych nudności i wymiotów), lekarz zaleci prawdopodobnie, by przyrost masy ciała wyniósł przeciętnie 700–900 gramów tygodniowo. Jeśli w pierwszym trymestrze przybierałaś równomiernie, tygodniowy przyrost masy ciała może być mniejszy. Tak czy inaczej, jeśli stwierdzisz, że to sporo w tak krótkim czasie, będziesz miała rację, bo tak faktycznie jest. Wzbogać zatem swoje menu o dodatkową dawkę białka, wapnia i produktów z pełnego ziarna. Zaczynają ci dokuczać zgaga i nie-

Przyrost masy ciała w ciąży wielopłodowej

Status ciąży	Całkowity przyrost masy ciała
Prawidłowa masa ciała, ciąża bliźniacza	16–24 kg
Nadwaga, ciąża bliźniacza	14–23 kg
Ciąża trojacza	Poproś o zalecenia lekarza

strawność? Rozłóż składniki odżywcze na 6 (lub więcej) mniejszych posiłków.

Gdy znajdziesz się już na ostatniej prostej (w trzecim trymestrze), będziesz musiała utrzymać równomierny przyrost masy ciała. W 32 tygodniu każde z dzieci powinno już ważyć 1800 gramów, więc w twoim zatłoczonym brzuszku pozostanie niewiele miejsca na jedzenie. Chociaż będziesz się już czuła ogromna i ociężała, twoje dzieci będą musiały jeszcze sporo przybrać na wadze i z pewnością docenią wszystkie wartościowe składniki odżywcze pochodzące ze zdrowej diety. Skoncentruj się zatem przede wszystkim na jakości, a nie ilości, i spodziewaj się, że przyrost masy ciała w 8 miesiącu spadnie do 500 gramów tygodniowo, a w 9 wyniesie mniej więcej 500 gramów przez cały miesiąc. (Ta prognoza stanie się bardziej sensowna, gdy przypomnisz sobie, że większość ciąż wielopłodowych i tak kończy się przed 40 tygodniem).

Wysiłek fizyczny

Jestem biegaczką i zastanawiam się, czy teraz, gdy oczekuję bliźniąt, powinnam zrezygnować z wysiłku fizycznego.

Ćwiczenia fizyczne przynoszą korzyści niemal wszystkim przyszłym mamom, ale jeśli się starasz zachować sprawność za troje, musisz być szczególnie ostrożna. Po pierwsze, porozmawiaj o tym z lekarzem. Nawet jeśli wyrazi zgodę na ćwiczenia w pierwszym i drugim trymestrze, na pewno zaproponuje ci jakąś łagodniejszą formę wysiłku fizycznego, która nie wiąże się z naciskiem na szyjkę macicy (tak jak bieganie) lub nie podnosi zanadto temperatury ciała (również jak bieganie). Większość specjalistów zaleca też, by przyszłe mamy wieloraczków unikały forsownych ćwiczeń poprawiających wydolność oddechową (jeszcze raz bieganie) po 20 tygodniu ciąży, jeśli badanie ultrasonograficzne wykazało skrócenie szyjki macicy (ponieważ wiąże się to z ryzykiem przedwczesnego porodu), oraz by nie biegały po 28 tygodniu, nawet gdy szyjka macicy nie jest skrócona. Do tych wskazówek powinny się również dostosować doświadczone biegaczki.

Szukasz odpowiedniejszych ćwiczeń fizycznych dla waszej trójki? Najlepsze będą pływanie, aerobik wodny dla ciężarnych, lekkie ćwiczenia siłowe i rozciągające, jazda na rowerze stacjonarnym, czyli wszystko, co nie wymaga stania (zapytaj też lekarza, czy w twoim przy-

Czas trwania ciąży wielopłodowej

Zaczęłaś odliczać do czterdziestu? Możesz do tylu nie doliczyć. Ciążę bliźniaczą uznaje się bowiem za donoszoną już dwa tygodnie wcześniej, czyli w 38 tygodniu – to dobry powód do świętowania (dwa tygodnie mniej obrzęków, zgagi... i czekania!). Ciąże pojedyncze rzadko się kończą w przewidywanym terminie, a wielopłodowe tym bardziej trzymają w niepewności rodziców i lekarzy. Wieloraczki mogą pozostać w macicy do 38 tygodnia (albo dłużej) lub pojawić się na świecie w 37 tygodniu. I w większości przypadków tak właśnie jest.

Jeśli twoje dzieci zasiedzą się w macicy i przekroczą 38 tydzień, lekarz prawdopodobnie wywoła poród, biorąc oczywiście pod uwagę ich stan i twoje samopoczucie. Podejmując taką decyzję, może się również kierować zaleceniami Amerykańskiego Kolegium Położników i Ginekologów, by ciąża bliźniacza niskiego ryzyka kończyła się przed upływem 38 tygodnia (między innymi właśnie z tego powodu tylko niewielki odsetek ciąż bliźniaczych w USA trwa dłużej niż 38 tygodni). Najpierw jednak na długo przed rozwiązaniem porozmawiaj o tym z lekarzem, ponieważ różni lekarze w różny sposób podchodzą do ostatniego etapu ciąży wielopłodowej.

Wieloraczkowe koneksje

Jako przyszła mama wieloraczków wkrótce się przyłączysz do elitarnego klubu, który zrzesza już tysiące takich kobiet jak ty – mam, które doświadczają podwójnej radości i prawdopodobnie podwójnych wątpliwości. Nigdy nie należałaś do żadnego klubu? Członkostwo w tym klubie wiąże się z wieloma korzyściami. Będziesz mogła się podzielić swoimi radościami, obawami, objawami, zabawnymi opowieściami (tymi, których nikt inny nie zrozumie) z innymi mamami wieloraczków, które będą wiedziały, co czujesz. Usłyszysz również mnóstwo podnoszących na duchu rad od kobiet, które właśnie oczekują wieloraczków lub już je urodziły. Przyłącz się do grupy dyskusyjnej w Internecie (poszukaj forum internetowego dla mam wieloraczków poprzez stronę www.WhatToExpect.com lub zajrzyj na przykład na stronę www.ratunkublizniaki.pl). Możesz też poprosić lekarza, by skontaktował cię z innymi przyszłymi mamami wieloraczków, którymi się opiekuje, i założyć swój klub. Istnieją również krajowe stowarzyszenia, które ułatwią ci kontakt z miejscowymi klubami – w USA National Organization of Mothers of Twins Clubs (www.nomotc.org), w Polsce „Podwójny uśmiech" Stowarzyszenie na rzecz Bliźniąt (www.blizniaki.net). Możesz również skorzystać z wyszukiwarki internetowej i sama poszukać stron poświęconych rodzicom wieloraczków (na przykład www.mothersofmultiplies.com, www.twinstuff.com).

Wszystkiego więcej!

Wszystkiego więcej? Nie ma w tym niczego zaskakującego, wszak dodatkowe dzieci to dodatkowe środki bezpieczeństwa, a tych nigdy zbyt wiele. Dodatkowe środki bezpieczeństwa to z kolei dodatkowa szansa, że twoje maleństwa będą się dobrze rozwijać i przyjdą na świat bezpieczne i zdrowe.

Oto kilka „dodatków", z którymi możesz się liczyć, oczekując bliźniąt lub wieloraczków:

- Dodatkowe wizyty u lekarza. Dobra opieka prenatalna to przepustka do zdrowej ciąży i zdrowego dziecka (lub dwojga, jeśli jesteś w ciąży bliźniaczej). Zatem powinnaś się spodziewać częstszych kontroli prenatalnych – do 7 miesiąca ciąży przypuszczalnie będziesz odwiedzała gabinet swojego lekarza co 2-3 tygodnie (rzadziej co 4), a później nawet częściej. W miarę rozwoju ciąży badania mogą być coraz bardziej szczegółowe. Przejdziesz takie same testy, jakim są poddawane kobiety w pojedynczej ciąży, ale oprócz tego lekarz będzie przeprowadzał więcej przezpochwowych badań USG, by oceniać długość szyjki macicy (będzie sprawdzał, czy nie ma oznak porodu przedwczesnego), a w trzecim trymestrze więcej testów niestresowych oraz profili biofizycznych płodu (patrz str. 396).

- Dodatkowe zdjęcia. Dzieci rzecz jasna. Będziesz częściej przechodziła badania USG, ponieważ lekarz będzie chciał sprawdzić, czy płody prawidłowo się rozwijają. A to z kolei oznacza dodatkową dozę spokoju oraz kilka dodatkowych spojrzeń na słodką dwójkę (lub trójkę), a także więcej zdjęć do albumu (lub albumów!).

- Dodatkowe zainteresowanie. Lekarz będzie dokładniej monitorował twój stan zdrowia, by zmniejszyć ryzyko pewnych powikłań ciążowych, które częściej towarzyszą ciążom wielopłodowym (patrz str. 469). Dzięki temu każdy ewentualny problem zostanie szybko rozpoznany i wyleczony.

padku bezpieczne jest chodzenie – przeważnie jest). Nie zapominaj również o ćwiczeniach Kegla (patrz str. 236), które możesz wykonywać w zawsze i wszędzie, dzięki czemu wzmocnisz mięśnie miednicy (gdy w macicy jest więcej dzieci, mięśnie z pewnością potrzebują dodatkowego wzmocnienia).

Bez względu na to, jakie ćwiczenia wykonujesz, gdy wysiłek fizyczny wywoła powtarzające się skurcze macicy lub inne niepokojące objawy wymienione na str. 146, natychmiast go przerwij, odpocznij, wypij trochę wody, a jeśli nie ustąpią po 20 minutach, zadzwoń do lekarza.

Mieszane uczucia

Wszyscy oprócz nas myślą, że perspektywa posiadania bliźniąt jest bardzo ekscytująca, a my jesteśmy przerażeni, a nawet rozczarowani. Czy coś jest z nami nie tak?

Absolutnie nic. W marzeniach o rodzicielstwie zazwyczaj nie pojawia się dwójka dzieci. Przygotowujesz się psychicznie, fizycznie i finansowo na przyjęcie jednego dziecka, a kiedy nagle odkrywasz, że jest ich dwoje, uczucie rozczarowania nie jest niczym niezwykłym. Podobnie jak strach. Nieuchronnie nadciągająca odpowiedzialność za jedno dziecko już jest wystarczająco obciążająca, a co dopiero, gdy ta odpowiedzialność jest podwójna.

Niektórzy przyszli rodzice, słysząc, że powitają na świecie wieloraczki, od razu są szczęśliwi, a wielu innych potrzebuje czasu, żeby się oswoić z tą nowiną. Pierwszy szok to równie popularne uczucie jak radość – macie wrażenie, że zostaniecie pozbawieni możliwości zbudowania więzi z jednym dzieckiem, tak jak sobie zawsze wyobrażaliście, i jednocześnie nie potraficie sobie wyobrazić, jak dacie sobie radę z dwójką maluchów. Macie też poczucie winy, że nie potraficie się cieszyć podwójnym szczęściem (zwłaszcza gdy zajście w ciążę kosztowało wiele wysiłku), i to właśnie jest przyczyną tych wszystkich mieszanych uczuć. Owe uczucia (oraz mnóstwo innych) to naturalna reakcja na wiadomość, że ciąża i wasze życie przybrały całkowicie nieoczekiwany obrót.

Zaakceptujcie zatem fakt, że wasze uczucia w związku z niespodziewanym podwójnym szczęściem mogą być sprzeczne, i nie obarczajcie się poczuciem winy (wszystko, co czujecie, jest całkowicie normalne, i absolutnie nie powinniście mieć z tego powodu wyrzutów sumienia). Wykorzystajcie raczej miesiące przed porodem na przyzwyczajanie się do myśli, że zostaniecie rodzicami bliźniąt (bo w końcu tak się stanie!). Rozmawiajcie ze sobą otwarcie i szczerze: dzielcie się swoimi uczuciami, ponieważ to wam pomoże szybciej się z nimi uporać. Porozmawiajcie też z innymi parami, które mają bliźnięta, a jeśli nie znacie nikogo takiego, zajrzyjcie na forum internetowe. Gdy podzielicie się swoimi uczuciami z ludźmi, którym one też nie są obce, zrozumiecie, że nie jesteście pierwszymi rodzicami, którzy się z nimi borykają, z czasem zaakceptujecie tę ciążę, zaczniecie się nią cieszyć i z radością wyczekiwać dwójki maluchów. Przekonacie się wprawdzie, że bliźnięta to podwójny wysiłek, ale też podwójna radość.

Nietaktowne komentarze

Kiedy powiedziałam przyjaciółce, że spodziewamy się bliźniąt, odparła: „Dobrze, że przytrafiło się to tobie, a nie mnie". Dlaczego powiedziała mi coś tak okropnego?

Być może to pierwszy nietaktowny komentarz, jaki usłyszałaś w tej ciąży, ale prawdopodobnie nie ostatni. Współpracownicy, krewni, przyjaciele i zupełnie obcy ludzie będą cię zaskakiwać niegrzecznymi uwagami, jakie ludzie lekkomyślnie i bez zastanowienia kierują do przyszłych mam wieloraczków.

Skąd się bierze taki brak taktu? Rzecz w tym, że wiele osób po prostu nie wie, jak zareagować na wiadomość, że oczekujesz wieloraczków. Najprościej oczywiście pogratulować, ale ludzie przeważnie zakładają, że bliźnięta są czymś wyjątkowym (tak w istocie jest), więc usiłują znaleźć jakiś „wyjątkowy" komentarz. Są ciekawi, jak to jest w ciąży z bliźniakami, oraz martwią się, jak sobie poradzisz, kiedy już przyjdą na świat, więc nie wiedzą, jak powinni zareagować, i w końcu mówią coś niewłaściwego. Mają dobre intencje, ale zachowują się niegrzecznie.

Jak zareagować w takiej sytuacji? Nie bierz do siebie tych komentarzy i nie traktuj ich poważnie. Twoja przyjaciółka popełniła wielki nietakt, ale na pewno życzy ci dobrze (i prawdopodobnie nie chciała cię urazić, więc się nie obrażaj). Pamiętaj również, że sama możesz być najlepszą rzeczniczką mam bliźniąt i że na pewno będziesz miała mnóstwo okazji, by opowiedzieć światu, jakie cudowne są wieloraczki.

Ludzie bez przerwy mnie pytają, czy w mojej rodzinie były wcześniej bliźniaki albo czy leczyłam się na niepłodność. Nie wstydzę się, że przeszłam zapłodnienie *in vitro***, ale nie mam ochoty o tym opowiadać.**

Ciężarna kobieta zawsze wzbudza powszechną ciekawość, a kobieta oczekująca bliźniąt staje się własnością publiczną. Nagle wszyscy zaczynają mówić o twojej ciąży – ludzie, których ledwo znasz (albo których nie znasz wcale), wtrącają się w twoje życie prywatne (a nawet zaglądają do sypialni) i bez zastanowienia wyciągają z ciebie prywatne informacje. I właśnie w tym rzecz; ludzie po prostu nie myślą. Nie chcą być wścibscy ani natarczywi, są tylko ciekawi (przecież wieloraczki to fascynujący temat), ale nie znają się na „bliźniaczej etykiecie". Jeśli jesteś na tyle otwarta, by bez skrępowania opowiadać o szczegółach, mów śmiało („Cóż, najpierw próbowaliśmy z lekami hormonalnymi, ale nie zadziałały, więc zdecydowaliśmy się na zapłodnienie *in*

vitro. Poszliśmy z mężem do kliniki leczenia niepłodności i..."). Zanim znajdziesz się w połowie opowieści, twój rozmówca będzie już śmiertelnie znudzony i gotów do ucieczki. Jeśli następnym razem ktoś zapyta cię o poczęcie bliźniaków, możesz wypróbować jedną z następujących reakcji:

- „Bliźnięta to dla nas wielkie zaskoczenie". To może być prawda bez względu na to, czy poczęliście dzieci bez pomocy czy też z pomocą jakiejś metody leczenia niepłodności.
- „W naszej rodzinie są bliźnięta". To zamknie ciekawskiemu usta, ale dalej będzie musiał zgadywać.
- „Uprawialiśmy seks dwa razy w ciągu jednej nocy". Któż tego nie robił? Nawet jeśli ostatni raz robiliście to w czasie miesiąca miodowego, to nie skłamiesz, a za to położysz kres dociekliwym pytaniom.
- „Zostały poczęte z miłości". Cóż, bez względu na okoliczności to pewnik. Więcej wyjaśnień chyba nie trzeba?
- „Dlaczego pytasz?" Jeśli osoba, która zapytała cię o poczęcie bliźniąt, próbuje zajść w ciążę, być może będzie to zaczątek konstruktywnej rozmowy (jak zapewne wiesz, leczenie niepłodności odbywa się w samotności). Jeśli nie, taka odpowiedź powinna powstrzymać dalsze wścibskie pytania.

Nie masz nastroju na cięte odpowiedzi albo w ogóle nie masz ochoty na dyskusję (szczególnie jeśli po raz piąty w ciągu jednego dnia usłyszałaś to samo pytanie)? Możesz dać rozmówcy do zrozumienia, że to nie jego sprawa – nie ma w tym nic złego. Zdanie: „To moja prywatna sprawa" załatwia wszystko.

Bezpieczeństwo a wieloraczki

Ledwo oswoiliśmy się z myślą, że jestem w ciąży, gdy dowiedzieliśmy się, że będziemy mieć bliźniaki. Czy wiąże się z tym jakieś ryzyko dla dzieci lub dla mnie?

Więcej dzieci to z pewnością większe ryzyko, ale nie tak wielkie, jak sądzisz. Nie wszystkie ciąże bliźniacze zaliczają się do ciąż wysokiego ryzyka (chociaż ciąże wielopłodowe zazwyczaj zdecydowanie należą do tej kategorii), a większość przyszłych mam wieloraczków przeżywa ten czas bez większych powikłań, a przynajmniej powikłań ciążowych. Poza tym, jeśli na początku ciąży bliźniaczej dowiesz się, jakie potencjalne zagrożenia się z nią wiążą, będziesz mogła ich uniknąć oraz przygotować się na sytuację, gdyby wystąpiły. Odpręż się zatem (ciąże bliźniacze są zazwyczaj bezpieczne), ale czytaj dalej.

Jeśli chodzi o dzieci, ryzyko obejmuje następujące przypadki:

Poród przedwczesny. Wieloraczki zazwyczaj przychodzą na świat wcześniej niż dzieci z ciąż pojedynczych. Ponad połowa bliźniąt, większość trojaczków i praktycznie wszystkie czworaczki przychodzą na świat przed terminem. Kobieta nosząca jedno dziecko rodzi przeciętnie w 39 tygodniu ciąży, bliźnięta pojawiają się na świecie zazwyczaj między 35 a 36 tygodniem, trojaczki (również przeciętnie) w 32 tygodniu, a czworaczki w 30. (Pamiętaj, że przewidywany termin porodu dla bliźniąt to 38 tydzień, a nie 40). Po prostu gdy maluchy już podrosną, przytulne miejsce w macicy robi się zbyt zatłoczone. Zapoznaj się zatem z objawami porodu i natychmiast zadzwoń do lekarza, gdy stwierdzisz, że poród się rozpoczął (patrz str. 589).

Niska masa urodzeniowa. Ponieważ ciąże wielopłodowe kończą się dość wcześnie, przeciętny (jeszcze raz: przeciętny) maluch z takiej ciąży waży 2700 gramów, co jest uważane za niską masę urodzeniową. Większość maluszków ważących niewiele ponad 2300 gramów dzięki coraz lepszej opiece neonatologicznej cieszy się dobrym zdrowiem, chociaż noworodki ważące mniej niż 1360 gramów mogą być zagrożone powikłaniami zdrowotnymi w wieku niemowlęcym oraz niepełnosprawnością w późniejszych latach. Jeśli w ciąży zadbasz o swoje zdrowie i dietę zawierającą odpowiednią ilość substancji odżywczych (w tym kalorii), pomożesz swoim dzieciom osiągnąć odpowiednią masę urodzeniową. Więcej informacji na temat noworodków z niską masą urodzeniową znajdziesz w książce *Pierwszy rok życia dziecka* (REBIS 2017).

Zespół przetoczenia krwi między płodami (TTTS). To powikłanie w życiu płodowym występuje w 9–15 procentach ciąż jednokosmówkowych, gdy dzieci dzielą jedno łożysko (czyli dotyczy bliźniąt jednojajowych, ponieważ dwujajowe mają oddzielne łożyska). Polega ono na tym, że jedno lub więcej naczyń krwionośnych łożyska jednego z bliźniąt dostarcza krew do naczyń krwionośnych drugiego dziecka. Jeśli nie ma innych połączeń, które równoważyłyby przepływ krwi i zapewniały jej przeciek w drugą stronę, jedno z dzieci otrzymuje za dużo krwi, a drugie za mało. Zespół przetoczenia krwi między płodami jest niebezpieczny dla dzieci, lecz nie dla mamy. Jeśli został wykryty w twojej ciąży, lekarz prawdopodobnie skieruje cię do perinatologa (specjalisty medycyny matczyno-płodowej), który zaproponuje terapię laserową, by powstrzymać przeciek krwi (zabieg zostanie wykonany za pomocą specjalnego urządzenia wprowadzonego do jamy macicy). Inną metodą, aczkolwiek mniej efektywną, jest amniopunkcja (czyli punkcja owodni) polegająca na odprowadzeniu nadmiaru płynu owodniowego – zabieg, który powtarza się co tydzień lub dwa tygodnie, poprawia przepływ krwi w łożysku. Jeśli zdiagnozowano u ciebie zespół przetoczenia krwi między płodami, zajrzyj na stronę internetową www.fetalhope.org, gdzie znajdziesz więcej informacji na temat tego powikłania w ciąży bliźniaczej.

Inne powikłania. W ciąży wielopłodowej mogą się zdarzyć również inne powikłania zagrażające płodom, chociaż nie występują one zbyt często. Zapytaj lekarza, co jeszcze może zagrażać twoim dzieciom i jak temu zaradzić.

Ciąża wielopłodowa może także mieć wpływ na zdrowie przyszłej mamy:

Stan przedrzucawkowy. Im więcej dzieci nosisz, tym więcej jest również łożysk, a dodatkowe łożyska (oraz hormony) mogą się przyczynić do podwyższenia ciśnienia tętniczego krwi, a niekiedy nawet do wystąpienia stanu przedrzucawkowego. To powikłanie ciążowe zdarza się u 1 na 4 przyszłe mamy bliźniąt i zazwyczaj jest szybko rozpoznawane dzięki uważnemu monitorowaniu ciąży. Więcej informacji na temat stanu przedrzucawkowego i o sposobach jego leczenia znajdziesz na str. 579.

Cukrzyca ciążowa. Mamy oczekujące wieloraczków chorują na cukrzycę ciążową trochę częściej niż kobiety spodziewające się jednego dziecka. Przyczyną jest prawdopodobnie podwyższone stężenie hormonów, które zmniejszają wrażliwość tkanek na insulinę. Zwykle cukrzycę ciążową można kontrolować (lub nawet jej zapobiegać) za pomocą diety, choć niekiedy trzeba przyjmować insulinę (patrz str. 577).

Problemy z łożyskiem. Kobiety oczekujące wieloraczków są też trochę częściej narażone na powikłania związane z tym narządem, takie jak na przykład łożysko przodujące (nieprawidłowo umiejscowione nad ujściem szyjki macicy; patrz str. 584) lub przedwczesne odklejenie łożyska (patrz str. 586). Na szczęście dzięki dokładnemu i częstemu kontrolowaniu ciąży łożysko przodujące zostanie wykryte, zanim zacznie stanowić poważne zagrożenie. Odklejenie łożyska można wykryć dopiero wtedy, gdy do niego dojdzie, ale ponieważ lekarz uważnie monitoruje twoją ciążę, natychmiast podejmie odpowiednie kroki, by zapobiec dalszym powikłaniom.

Ciąża w łóżku

Czy będę musiała leżeć w łóżku, dlatego że spodziewam się bliźniąt?

Leżeć w łóżku czy nie leżeć? Oto jest pytanie, które często zadają przyszłe mamy wieloraczków, a na które lekarze nie zawsze znajdują prostą odpowiedź. Co więcej, naprawdę nie ma na nie prostej odpowiedzi. Położnicze jury nadal nie jest w stanie rozstrzygnąć, czy leżenie w łóżku pomaga zapobiec powikłaniom związanym niekiedy z ciążą wielopłodową (na przykład porodowi przedwczesnemu lub stanowi przedrzucawkowemu). I chociaż większość badań wykazuje, że leżenie w łóżku nie przynosi korzyści, to wielu lekarzy zaleca odpoczynek, szczególnie w pewnych okolicznościach (na przykład gdy szyjka macicy uległa skróceniu, mama ma podwyższone ciśnienie tętnicze albo dzieci – lub jedno z nich – nie rozwijają się prawidłowo). Ponieważ ryzyko powikłań wzrasta z każdym kolejnym dzieckiem, lekarz prawdopodobnie zaleci leżenie w łóżku, gdy będziesz w ciąży wielopłodowej wyższego rzędu (z trojaczkami, czworaczkami i tak dalej).

Już na wczesnym etapie ciąży porozmawiaj z lekarzem, co sądzi na ten temat. Niektórzy położnicy rutynowo zalecają leżenie w łóżku wszystkim przyszłym mamom wieloraczków (najczęściej między 24 a 28 tygodniem ciąży), natomiast większość zaleca to w zależności od konkretnego przypadku, stosując indywidualne podejście.

Jeśli lekarz zalecił ci leżenie w łóżku, zajrzyj na str. 604, by się dowiedzieć, jak sobie z tym poradzić. Pamiętaj też, że nawet jeśli lekarz nie wyśle cię do łóżka, przypuszczalnie i tak zaleci, byś prowadziła oszczędny tryb życia, ograniczyła aktywność zawodową lub w ogóle przestała pracować, a w późniejszym okresie ciąży starała się jak najmniej czasu spędzać w pozycji stojącej. Przygotuj się zatem na to, że i tak będziesz dużo odpoczywać.

Redukcja ciąży

Czasem badanie USG wykazuje, że jeden (lub więcej) płodów z ciąży wielopłodowej nie jest w stanie przeżyć lub jest tak zdeformowany, że jego szanse na przeżycie poza macicą są minimalne, lub, co gorsza, że chory płód zagraża zdrowemu (lub zdrowym). Może się również okazać, iż płodów jest tak wiele, że zagrażają życiu matki i pozostałych płodów. W takim przypadku lekarz może zalecić redukcję ciąży. Rozważanie takiej procedury na pewno jest bolesne i trudne, ponieważ zakłada poświęcenie jednego dziecka, by drugie mogło przeżyć. Wiąże się to z dręczącym poczuciem winy, niepewnością i wieloma sprzecznymi uczuciami. Być może nie będziesz miała wątpliwości, co zrobić (lub czego nie zrobić), albo podjęcie tej decyzji będzie się wiązało z ogromnym bólem.

W obliczu takiego problemu nie ma łatwych odpowiedzi, podobnie jak nie ma doskonałych rozwiązań, ale na pewno będziesz chciała zrobić wszystko, co w twojej mocy, by decyzja, jaką podejmiesz, była optymalna. Omów ją ze swoim lekarzem, poszukajcie wspólnie drugiego rozwiązania, a nawet trzeciego lub czwartego, abyś mogła mieć całkowitą pewność co do swojego wyboru. Możesz również poprosić lekarza, by – jeżeli to możliwe – skontaktował cię z osobą parającą się bioetyką (nauką, która zajmuje się problematyką moralną dotyczącą zagadnień z zakresu biologii, genetyki oraz inżynierii genetycznej). Możesz też porozmawiać z bliską i zaufaną przyjaciółką lub podjąć decyzję samodzielnie, nie konsultując się z nikim. Jeśli w twoim życiu ważną rolę odgrywa religia, z pewnością będziesz chciała poszukać przewodnika duchowego. Kiedy podejmiesz decyzję, spróbuj jej już więcej nie roztrząsać. Zaakceptuj fakt, że podjęłaś najlepszą decyzję, jaką mogłaś podjąć w określonych okolicznościach. Spróbuj również nie obciążać się poczuciem winy, bez względu na to, co zdecydowałaś. To, co się wydarzyło, to nie twoja wina, więc nie ma powodu, żebyś dłużej cierpiała.

Jeśli się zdecydujesz na redukcję ciąży, musisz się liczyć z taką samą rozpaczą, jaką odczuwają rodzice, którzy stracili jedno lub więcej dzieci. Na str. 626 znajdziesz wskazówki, które pomogą ci sobie z tym poradzić.

Zespół znikającego bliźniaka

Słyszałam o zespole znikającego bliźniaka. Co to jest?

Wczesne wykrycie ciąży wielopłodowej dzięki badaniu USG niesie wiele korzyści, ponieważ im wcześniej się dowiesz, że oczekujesz dwójki (lub więcej) dzieci, o które trzeba zadbać, tym lepszą opiekę otrzymasz. Jednak czasem ta wiedza ma również złe strony. Wcześniejsze rozpoznanie ciąży bliźniaczej czasem ujawnia stratę, która kiedyś pozostałaby niewykryta.

Do utraty jednego z bliźniąt dochodzi zazwyczaj w pierwszym trymestrze ciąży (często nawet zanim mama się dowie, że nosi bliźniaki) lub (znacznie rzadziej) w późniejszym okresie ciąży. Gdy jeden z płodów obumiera w pierwszym trymestrze, jego tkanka zostaje wchłonięta przez organizm matki. To zjawisko – zwane zespołem znikającego bliźniaka – pojawia się w 20–30 procentach ciąż wielopłodowych. W ciągu ostatnich kilkudziesięciu lat notuje się znaczny wzrost przypadków zespołu znikającego bliźniaka, co ma związek z tym, że wczesne przeprowadzanie badań ultrasonograficznych, które są jedynym sposobem wykrywania wczesnej ciąży, stało się rutynową procedurą (w przypadku zapłodnienia *in vitro* badanie USG przeprowadza się jeszcze wcześniej i częściej). Badacze donoszą, że zespół znikającego bliźniaka dotyczy głównie mam po 30 roku życia, chociaż może chodzić również o to, że starsze kobiety częściej zachodzą w ciążę wielopłodową, zwłaszcza jeśli leczyły się na niepłodność.

Zespół znikającego bliźniaka zazwyczaj przebiega bezobjawowo, chociaż niektóre kobiety mogą mieć objawy przypominające poronienie: delikatne skurcze, bóle brzucha czy krwawienie (chociaż żaden z tych objawów nie jest niezawodnym dowodem takiej straty). O obumarciu jednego z płodów może również świadczyć częściowy spadek stężenia hormonów, który oznacza się na podstawie badania krwi.

Dobra wiadomość jest taka, że jeśli zespół znikającego bliźniaka wystąpi w pierwszym trymestrze, to dalsza część ciąży przebiega normalnie, a mama rodzi zdrowe dziecko bez żadnych powikłań czy interwencji lekarskiej. (Ryzyko zgonu drugiego bliźniaka jest wysokie, jeśli ciąża jest jednokosmówkowa, czyli płody dzielą wspólne łożysko). W mniej licznych przypadkach do obumarcia płodu dochodzi w drugim lub trzecim trymestrze, a pozostałemu przy życiu bliźniakowi może wówczas grozić hipotrofia wewnątrzmaciczna (czyli wewnątrzmaciczne ograniczenie wzrostu płodu), a mamie poród przedwczesny, zakażenie lub krwawienie. Żyjące dziecko będzie więc uważnie obserwowane, a ciąża monitorowana pod kątem ewentualnych powikłań.

Na str. 631 znajdziesz wskazówki, które pomogą ci poradzić sobie z utratą dziecka w macicy.

WSZYSTKO O...
Poród wieloraczków

Każdy poród jest niezapomnianym przeżyciem, ale jeśli rodzisz bliźniaki (lub więcej dzieci), twoja historia na pewno będzie zupełnie inna niż tych mam, które urodziły jedno dziecko. I nic w tym dziwnego, ponieważ jeśli dwójka lub więcej dzieci szykuje się do przyjścia na świat, sprawy trochę się skomplikują, a poród na pewno będzie o wiele bardziej interesujący.

Czy w takim razie naprawdę czeka cię dwa razy większy wysiłek? I co zrobić, by maluszki bezpiecznie trafiły w twoje ramiona? Odpowiedzi będą zależały od wielu czynników, takich jak położenie płodów, stan zdrowia mamy, bezpieczeństwo dzieci i tak dalej. Porody wieloraczków są bardziej zróżnicowane i towarzyszy im więcej niespodzianek niż porodom pojedynczym. Ponieważ podczas jednego porodu urodzisz dwoje (lub więcej) dzieci, będzie to i tak dość dobry interes, bez względu na to, jak się wszystko rozegra. Pamiętaj również, że niezależnie od tego, w jaki sposób maluszki trafią z przytulnego łona do jeszcze bardziej przytulnych ramion mamy, najlepsza droga to ta, która jest najzdrowsza i najbezpieczniejsza dla nich i dla ciebie.

Poród bliźniąt (lub wieloraczków wyższego rzędu)

Czym się będzie różnił twój poród od porodu mamy, która powita na świecie jedno dziecko? Oto kilka różnic:

- Może trwać krócej. Czy będziesz musiała znieść podwójny ból, by potem zaznać podwójnej radości? Na szczęście nie. Kiedy zacznie się poród, być może będziesz mogła odetchnąć z ulgą, ponieważ rodzenie wieloraczków trwa zazwyczaj krócej.

Oznacza to, że rodząc drogami natury, szybciej osiągniesz fazę parcia. W czym zatem rzecz? W tym, że trudniejsza część porodu nadejdzie szybciej.

- Może trwać dłużej. Ponieważ macica mamy noszącej wieloraczki jest bardzo rozciągnięta, skurcze mogą być słabsze. A słabsze skurcze oznaczają z kolei, że upłynie więcej czasu, zanim dojdzie do pełnego rozwarcia szyjki macicy.
- Będzie dokładniej monitorowany. Personel medyczny w trakcie twojego porodu będzie musiał zachować podwójną czujność, zatem będziesz monitorowana częściej niż mamy rodzące jednego malucha. Przez cały poród (jeśli odbędzie się on w szpitalu, co jest najbardziej prawdopodobnym scenariuszem) będziesz podłączona do dwóch (lub więcej) detektorów tętna płodu, żeby lekarz mógł sprawdzić, jak dzieci reagują na skurcze (czyli zostaniesz poddana badaniu KTG). Na początku porodu tętno płodów będzie monitorowane zewnętrznie, więc od czasu do czasu będziesz mogła odejść od urządzenia i pospacerować albo wejść do wanny z hydromasażem (jeśli będziesz miała ochotę). Na późniejszym etapie porodu dziecko numer 1 (to, które znajduje się bliżej wyjścia) będzie monitorowane wewnętrznie przez elektrodę umieszczoną na główce, a dziecko numer 2 nadal zewnętrznie. To cię niestety unieruchomi, gdyż będziesz na stałe przypięta do urządzenia monitorującego. Jeśli rodzisz w domu w towarzystwie położnej, twoje dzieci będą monitorowane za pomocą aparatu Dopplera.
- Dostaniesz znieczulenie zewnątrzoponowe (oczywiście jeśli poród odbędzie się w szpitalu). Jeśli i tak już się na nie zdecydowałaś, na pewno ucieszy cię wiadomość, że w przypadku porodu wieloraczków znieczulenie zewnątrzoponowe jest zalecane, a nawet wymagane, ponieważ może się okazać, że konieczne będzie cięcie cesarskie, by odebrać jedno dziecko lub wszystkie. Jeśli za wszelką cenę chcesz uniknąć porodu operacyjnego, wcześniej omów to z lekarzem.
- Prawdopodobnie będziesz rodzić na sali operacyjnej. Być może będziesz mogła spędzić pierwszą część porodu w przytulnym pokoju porodowym, ale gdy nadejdzie faza parcia, zostaniesz przewieziona na salę operacyjną. Ze względów bezpieczeństwa taka procedura jest wymagana w większości szpitali (na wypadek gdyby konieczne było cięcie cesarskie), ale najpierw zapytaj o to lekarza.

Rodzenie bliźniąt

O tym, w jaki sposób twoje bliźnięta przyjdą na świat, zdecyduje lekarz. Możliwe są następujące rodzaje porodu:

Poród drogami natury. Mniej więcej połowa bliźniaków przychodzi na świat drogą pochwową, lecz nie oznacza to, że rodząca je mama przeżywa to samo co mama, która wydaje na świat jedno dziecko. Gdy szyjka macicy będzie już w pełni rozwarta, poród dziecka numer 1 może być dziecinną igraszką (3 parcia) albo długą gehenną (3 godziny). Chociaż ten drugi scenariusz nie rozgrywa się często, niektóre badania wykazują, że faza parcia podczas porodu bliźniąt jest dłuższa niż podczas porodu jednego dziecka. Drugi bliźniak rodzi się zwykle w ciągu 10–30 minut po pierwszym, przy czym większość mam stwierdza, że rodzenie dziecka numer 2 to pestka w porównaniu z porodem dziecka numer 1. W zależności od położenia drugi maluch może potrzebować pomocy lekarza, który z zewnątrz lub od wewnątrz (patrz ramka na str. 474) przeprowadzi go przez kanał rodny lub użyje próżniociągu położniczego.

Poród mieszany. W rzadkich (bardzo rzadkich) przypadkach dziecko numer 2 przychodzi na świat przez cięcie cesarskie po

Położenie bliźniąt – pozycje, pozycje, pozycje...

Szybki rzut monetą. Orzeł czy reszka? A może jedno i drugie? Położenie bliźniąt przed porodem to wielka niewiadoma i loteria. Oto krótki przegląd pozycji, w jakich mogą się ułożyć bliźnięta, i prawdopodobne scenariusze porodu.

Położenie główkowo-główkowe. W chwili porodu to najkorzystniejsza ze wszystkich pozycji. Dotyczy ona około 40 procent przypadków. Jeśli dwoje dzieci ułoży się główkowo (główkami w dół), prawdopodobnie będziesz mogła urodzić je drogami natury. Pamiętaj jednak, że nawet jeden prawidłowo ułożony maluch czasami przychodzi na świat przez cięcie cesarskie. W przypadku bliźniąt prawdopodobieństwo takiego rozwiązania jest nawet dwa razy większe. Jeśli masz zamiar rodzić w towarzystwie położnej (lub w domu), to położenie główkowo-główkowe jest najlepszym scenariuszem.

Położenie główkowo-miednicowe. To drugi dobry scenariusz, jeśli masz nadzieję na poród drogami natury. Oznacza to, że gdy dziecko numer 1 jest ułożone głową w dół i gotowe do przyjścia na świat, to gdy się już urodzi, lekarz być może zdoła obrócić malucha numer 2 z pozycji miednicowej (głową do góry) do główkowej. Może tego dokonać poprzez zewnętrzny nacisk na brzuch (obrót zewnętrzny) lub sięgając do macicy (obrót wewnętrzny). Ta ostatnia procedura wydaje się bardziej skomplikowana, niż jest w rzeczywistości – pierwszy maluch zdążył już rozciągnąć kanał rodny, więc zabieg przebiega dość szybko. (Jednak sięganie ręką do jamy macicy, żeby wyciągnąć z niej dziecko, nie jest zbyt przyjemne bez środków przeciwbólowych, więc z tego powodu wielu lekarzy nalega na znieczulenie zewnątrzoponowe). Jeżeli maluch numer 2 pozostaje uparcie w położeniu miednicowym położnik może go wyciągnąć, pociągając za nóżki.

Położenie miednicowo-główkowe lub miednicowo-miednicowe. Jeżeli dziecko numer 1 jest ułożone miednicowo albo oba płody ułożone są w ten sposób, lekarz z pewnością zaleci cięcie cesarskie. Chociaż w przypadku pojedynczego dziecka obrót zewnętrzny płodu położonego miednicowo to częsta procedura (która również może zadziałać w przypadku bliźniąt w położeniu miednicowo-główkowym), to jednak uważa się ją za zbyt ryzykowną w przypadku położenia miednicowo-miednicowego.

Dziecko numer 1 w położeniu skośnym. Kto by pomyślał, że dzieci mogą przyjmować tyle różnych pozycji? Kiedy dziecko numer 1 znajduje się w położeniu skośnym, oznacza to, że jest skierowane głową w dół, lecz zwrócone ku jednemu z bioder, a nie prosto ku szyjce macicy. W przypadku pojedynczego płodu lekarz zapewne spróbuje obrotu zewnętrznego, by skierować głowę tam, gdzie się powinna znaleźć (czyli ku szyjce macicy), ale w przypadku bliźniąt jest to bardzo ryzykowny zabieg. Oto co się może wydarzyć: dziecko skoryguje swoje położenie pod wpływem skurczów macicy, co umożliwi poród drogami natury, albo – co bardziej prawdopodobne – lekarz przeprowadzi cięcie cesarskie, by uniknąć długiego i wyczerpującego porodu, który i tak może się nie zakończyć w sposób naturalny.

Położenie poprzeczno-poprzeczne. W tym przypadku dzieci są ustawione w poprzek macicy. Takie podwójne położenie poprzeczne zawsze prowadzi do cięcia cesarskiego.

Oczekujesz trojaczków (czworaczków i tak dalej)? Twoje dzieci mogą się ułożyć w różnych pozycjach i prawdopodobnie aż do porodu będą cię trzymały w niepewności.

Na str. 476 dowiesz się, jak wygląda poród trojaczków.

tym, jak pierwszy maluch przyjdzie na świat drogami natury. Postępuje się tak jedynie w nagłych sytuacjach stanowiących zagrożenie dla dziecka numer 2, takich jak odklejenie łożyska lub wypadnięcie pępowiny. (Dzięki monitorowaniu lekarz będzie wiedział, jaki jest stan dziecka numer 2 po narodzinach pierwszego malucha). Poród mieszany zdecydowanie nie jest przyjemny dla mamy; może ją nawet przerażać, ponieważ będzie musiała przejść rekonwalescencję zarówno po porodzie pochwowym, jak i po zabiegu chirurgicznym – czyli czeka ją podwójny ból. Ale jeśli poród mieszany jest konieczny, bo ratuje życie dziecka, to warto przejść taką podwójną rekonwalescencję.

Planowe cięcie cesarskie. Powodem zastosowania tej procedury może być przebyte wcześniej cięcie cesarskie (VBAC, czyli poród drogami natury po cięciu cesarskim nie jest powszechną praktyką w przypadku wieloraczków), łożysko przodujące lub inne powikłania oraz takie położenie płodów, które nie gwarantuje bezpieczeństwa dzieciom. Bardzo możliwe, że na sali operacyjnej będzie mógł ci towarzyszyć mąż lub partner. Dostaniesz prawdopodobnie znieczulenie zewnątrzoponowe lub podpajęczynówkowe i pewnie będziesz zaskoczona, jak szybko wszystko przebiegnie: dziecko numer 1 i numer 2 przyjdą na świat w odstępie kilku minut. Chciałabyś jak najszybciej przytulić swoje maleństwa i nakarmić je piersią?

Powrót do zdrowia po urodzeniu wieloraczków

Poza tym, że będziesz miała ręce (i piersi, jeśli będziesz karmić) podwójnie pełne roboty, to twoja rekonwalescencja będzie przebiegała bardzo podobnie jak rekonwalescencja mamy, która urodziła jedno dziecko (przeczytasz o tym w rozdziale 16 i 17). Będziesz jednak mogła zauważyć następujące różnice:

- Możesz bardziej krwawić. Odchody połogowe, czyli wydzielina wydobywająca się z pochwy po porodzie, mogą być bardziej obfite, a krwawienie dłuższe. Przyczyną jest większa ilość krwi, która w czasie ciąży zgromadziła się w macicy, a teraz musi z niej wypłynąć. Więcej informacji znajdziesz na str. 480.
- Bardziej dotkliwe bóle poporodowe. Twoja macica jest bardziej rozciągnięta, więc będzie potrzebowała więcej skurczów, by wrócić do stanu sprzed ciąży, a te skurcze mogą być bardziej bolesne.
- Twój kręgosłup nie zazna spokoju. Dodatkowy ciężar, który dźwigałaś, osłabił mięśnie brzucha, co oznacza, że nie będą one w stanie wspierać twojego obolałego kręgosłupa; potrwa to co najmniej do czasu,

aż mięśnie powrócą do stanu sprzed ciąży. Poluźnione więzadła miednicy mogą powodować ten sam bolesny problem. Doraźnie na osłabione mięśnie i więzadła pomoże poporodowy pas brzuszny; więcej informacji na str. 515.

- Twój brzuch będzie dłużej wracał do przedporodowej wielkości. Przeszkadzają mu w tym: bardziej powiększona macica, dodatkowe płyny, które muszą zostać wydalone, dodatkowe zapasy tkanki tłuszczowej, którą twój organizm zgromadził dla dzieci, a także rozciągnięta skóra. Zatem daj mu czas (i sobie też); więcej informacji na str. 526.
- Rekonwalescencja będzie trwała dłużej. Ogólnie mówiąc, udział w tym podwójnie (lub potrójnie) wyczerpującym przedsięwzięciu sprawi, że zostaniesz w tyle w stosunku do innych mam i będziesz potrzebowała więcej czasu, żeby wrócić do formy. Jeśli leżałaś w łóżku lub w inny sposób ograniczałaś aktywność fizyczną, będziesz musiała powoli i stopniowo odzyskiwać siły i kondycję fizyczną.

W przypadku bliźniąt również jest możliwe tak zwane „łagodne cięcie cesarskie", oczywiście pod warunkiem, że wszystko przebiega prawidłowo. Więcej informacji znajdziesz na str. 456.

Nieplanowane cięcie cesarskie. To kolejny sposób, w jaki twoje maluchy mogą przyjść na świat. Może się zdarzyć, że przyjdziesz na cotygodniowe badanie i dowiesz się, że powitasz swoje maleństwa na świecie jeszcze tego samego dnia. Warto się do tego jak najlepiej przygotować, więc w ostatnich tygodniach ciąży miej już spakowaną torbę do szpitala i bądź w gotowości. Przyczyną nieplanowego cięcia cesarskiego mogą być różne dolegliwości, takie jak wewnątrzmaciczne zahamowanie wzrostu płodów (dzieci nie mają już miejsca, żeby rosnąć) lub nagły wzrost twojego ciśnienia tętniczego krwi (stan przedrzucawkowy). Taki scenariusz może się również rozegrać w trakcie porodu, gdy pojawią się oznaki zagrożenia któregokolwiek z płodów lub gdy poród nie postępuje. Poza tym macica dźwigająca ponad 4500 gramów (tyle mniej więcej waży dwójka dzieci) może być zbyt rozciągnięta, by skurcze były efektywne, zatem poród operacyjny będzie jedynym rozwiązaniem.

Poród trojaczków (lub czworaczków, pięcioraczków i tak dalej)

Zastanawiasz się, czy przeznaczeniem trojaczków jest przyjście na świat drogą cięcia cesarskiego? Najczęściej tak właśnie jest – nie tylko dlatego, że to zazwyczaj najbezpieczniejszy sposób, ale również dlatego, że cięcie cesarskie jest procedurą z wyboru w przypadku porodów wyższego ryzyka (a porody wieloraczków wyższego rzędu zaliczają się właśnie do tej kategorii) oraz w przypadku starszych mam (to właśnie one rodzą większość trojaczków i czworaczków). Jednak niektórzy lekarze uważają, że poród drogami natury jest możliwy, gdy dziecko numer 1 (najbliższe wyjścia) jest w położeniu główkowym i nie ma innych czynników ryzyka (takich jak stan przedrzucawkowy u mamy lub stan zagrożenia jednego lub więcej płodów). W nielicznych przypadkach pierwsze dziecko (lub pierwsze i drugie) może się urodzić drogami natury, a ostatni maluch (lub maluchy) mogą wymagać cięcia cesarskiego. Jednak ważniejsze od urodzenia wszystkich dzieci drogami natury jest to, abyście w komplecie opuścili salę porodową w dobrym stanie, a więc każda droga, która prowadzi do tego celu, jest właściwa.

CZĘŚĆ 3

Po narodzinach dziecka

ROZDZIAŁ 16

Połóg: Pierwszy tydzień

Gratulacje! Chwila, na którą czekałaś przez 40 tygodni (plus minus), w końcu nadeszła. Za tobą długie miesiące ciąży i wyczerpujące godziny porodu. Teraz już oficjalnie jesteś matką, a nowo narodzone maleństwo znalazło się w twoich ramionach zamiast w brzuchu. Jednak przemiana z kobiety ciężarnej w kobietę w połogu to nie tylko poród i przyjście dziecka na świat – to wiele różnych zmian, chociaż żadna z nich nie jest równie rozkoszna i spektakularna jak noworodek, którego przytulasz do piersi. W trakcie połogu pojawiają się nowe objawy (żegnajcie, bóle ciążowe, witajcie, połogowe) i nowe pytania. Dlaczego tak strasznie się pocę? Dlaczego mam skurcze mięśnia macicy, skoro już urodziłam? Czy jeszcze kiedyś będę mogła usiąść? Dlaczego ciągle wyglądam, jakbym była w 6 miesiącu ciąży? Skąd się wzięły te piersi? Na szczęście będziesz mogła zawczasu przeczytać o tych, a także o wielu innych istotnych kwestiach związanych z połogiem i się do nich przygotować. Koniecznie zrób to wcześniej, bo gdy już zostaniesz pełnoetatową mamą, nie znajdziesz na to czasu.

Co możesz odczuwać

W trakcie pierwszego tygodnia połogu, w zależności od tego, jak przebiegł poród (był łatwy czy trudny, odbył się drogami natury czy przez cięcie cesarskie), możesz doświadczyć wszystkich wymienionych objawów lub tylko niektórych:

OBJAWY FIZYCZNE

- krwawienie z pochwy (odchody połogowe) przypominające miesiączkę lub trochę bardziej obfite;
- poporodowe skurcze brzucha odczuwane w podbrzuszu, związane z obkurczaniem się mięśnia macicy (zwłaszcza w trakcie karmienia piersią);
- jeśli rodziłaś drogami natury, dyskomfort w okolicy krocza – ból i drętwienie (zwłaszcza jeśli założono ci szwy);
- jeśli miałaś cięcie cesarskie, również pewien dyskomfort w okolicy krocza (szczególnie jeśli wcześniej próbowałaś urodzić naturalnie);
- ból w miejscu cięcia (cesarskiego), a później drętwienie; osłabienie czucia poniżej linii cięcia, zwłaszcza jeśli był to twój pierwszy poród operacyjny;
- dyskomfort w trakcie siedzenia i chodzenia, zwłaszcza w przypadku pęknięcia czy nacięcia krocza lub cięcia cesarskiego;
- trudności z oddawaniem moczu trwające dzień lub dwa;
- zaparcia i trudności z wypróżnianiem;
- hemoroidy – pozostałe po ciąży oraz powstałe w wyniku parcia w trakcie porodu;
- ogólna bolesność, szczególnie gdy długo i mocno parłaś;
- przekrwione oczy, sińce wokół oczu, na policzkach oraz w innych miejscach, powstałe w wyniku parcia;
- poty – zwłaszcza w nocy;
- uderzenia gorąca;
- obrzęki stóp, kostek, a nawet podudzi i rąk pozostałe po ciąży; czasem obrzęk tkanki podskórnej w miejscu wkłucia wenflonu;
- dyskomfort i obrzmienie piersi, które pojawia się 3 lub 4 dnia po porodzie (tak zwany nawał mleczny);
- ból i pękanie brodawek – jeśli karmisz piersią;
- rozstępy (również te, których wcześniej nie widziałaś).

ODCZUCIA PSYCHICZNE

- euforia, depresja lub wahania nastroju;
- trema młodej mamy – obawa, czy poradzisz sobie z opieką nad noworodkiem (zwłaszcza w przypadku pierworódek);
- podniecenie w związku z rozpoczęciem nowego życia z dzieckiem;
- uczucie przytłoczenia nowymi wyzwaniami;
- frustracja w przypadku trudności z rozpoczęciem karmienia piersią.

Co może cię niepokoić

Krwawienie

Spodziewałam się, że po porodzie będę krwawić, ale gdy po raz pierwszy wstałam z łóżka, zobaczyłam krew cieknącą po nogach i trochę się przeraziłam.

Weź paczkę podpasek i odpręż się. Krwista wydzielina (złożona z wynaczynionej krwi, śluzu i fragmentów tkanek), zwana odchodami połogowymi, przypomina zazwyczaj miesiączkę (choć niekiedy jest bardziej obfita) i utrzymuje się od 3 do 10 dni po porodzie. Zanim ilość wydzieliny zacznie się stopniowo zmniejszać, może maksymalnie osiągnąć objętość dwóch filiżanek (naprawdę nie musisz tego mierzyć), aczkolwiek czasem wydaje się, że jest jej więcej. Nagły wypływ krwi po wstaniu z łóżka

Obrzęki – ciąg dalszy

Już nie jesteś w ciąży, ale nadal jesteś obrzęknięta (a może nawet jeszcze bardziej)? Oczywiście w czasie ciąży w twoim organizmie zgromadziła się duża ilość płynów, a jeśli w trakcie porodu otrzymałaś kroplówkę, jeszcze ich przybyło. W takiej sytuacji możesz więc oczekiwać większych obrzęków stóp i podudzi (prawdopodobnie także dłoni i twarzy). Twój organizm będzie potrzebował trochę czasu, żeby się pozbyć nadmiaru płynów, ale możesz przyspieszyć ten proces: poruszaj stopami (najpierw zrób 10 kółek zgodnie z ruchem wskazówek zegara, a potem w kierunku przeciwnym, wstań i poruszaj się tyle, ile będziesz mogła, oraz pij dużo wody, żeby „przepłukać" organizm).

---

jest w pierwszych dniach po porodzie zupełnie naturalnym zjawiskiem – to po prostu wydzielina, która gromadzi się w pochwie, kiedy leżysz lub siedzisz. Ponieważ tuż po porodzie krew, a nierzadko też skrzepy są dominującymi składnikami odchodów połogowych, wydzielina z pochwy może być krwista przez 3 tygodnie po porodzie, stopniowo zmieniając kolor na jasnoróżowy, potem na brązowy i wreszcie na żółtobiały. Używaj dużych, chłonnych podpasek higienicznych (nie tamponów) – stosuj je przez kilka tygodni, a nawet przez cały okres połogu (6 tygodni). Niektóre mamy mogą lekko krwawić nawet przez 6 miesięcy – wypływ wydzieliny jest inny u każdej kobiety.

Karmienie piersią i/lub oksytocyna rutynowo aplikowana przez niektórych lekarzy (dożylnie lub w zastrzyku domięśniowym) mogą trochę zmniejszyć wypływ odchodów popołogowych dzięki wzbudzeniu skurczów macicy. Te poporodowe skurcze (znane również jako bóle poporodowe; patrz następne pytanie) pomagają macicy szybciej się obkurczyć do pierwotnego rozmiaru, jednocześnie zaciskając odsłonięte naczynia krwionośne w miejscu, w którym łożysko oddzieliło się od macicy.

Jeśli jeszcze jesteś w szpitalu lub klinice położniczej i uważasz, że krwawienie jest zbyt obfite, powiedz o tym pielęgniarce. A jeśli takie wyjątkowo silne krwawienie (patrz str. 602) pojawi się, gdy już będziesz w domu, bezzwłocznie zadzwoń do lekarza. Gdybyś nie mogła się z nim skontaktować, pojedź na oddział ratunkowy (najlepiej do szpitala, w którym rodziłaś). Zadzwoń do swojego ginekologa, także jeśli w ogóle nie będziesz krwawić.

Bóle poporodowe

Mam skurcze brzucha, które się nasilają, gdy karmię piersią. Co się dzieje?

Myślałaś, że już będziesz miała spokój ze skurczami? Niestety, one się nie kończą wraz z porodem. Nie kończy się również dyskomfort (a mówiąc wprost: ból), który powodują. Przyczyną tych tak zwanych bólów poporodowych jest obkurczanie się i zmniejszanie macicy, która musi sporo stracić na wadze (z mniej więcej kilograma do kilkudziesięciu gramów) i wrócić na swoje miejsce w miednicy. Możesz obserwować proces obkurczania się macicy, lekko naciskając brzuch pod pępkiem – pod koniec 6 tygodnia prawdopodobnie już nic nie wyczujesz.

Bóle poporodowe faktycznie bywają dotkliwe, ale przecież pełnią bardzo ważną rolę. Oprócz tego, że pomagają macicy się obkurczać, powodują ograniczenie krwawienia połogowego. Bóle poporodowe mogą być bardziej dotkliwe, jeśli mięśnie macicy się rozluźniły, co najczęściej zdarza się w przypadku kobiet, które już wcześniej rodziły lub były w ciąży bliźniaczej (macica nadmiernie

> **Witaj z powrotem, ibuprofenie**
>
> Tęskniłaś w czasie ciąży za swoim starym znajomym, ibuprofenem? Po urodzeniu dziecka (pod warunkiem że lekarz nie zaleci inaczej) możesz bezpiecznie wyciągnąć z apteczki Ibuprom lub Nurofen i korzystać z dobrodziejstw silniejszego środka przeciwbólowego na wszystkie swoje dolegliwości połogowe. Ibuprofen jest również bezpieczny dla karmiących mam i ich dzieci.

się rozciągnęła). Bóle poporodowe mogą być intensywniejsze w trakcie karmienia piersią, kiedy dochodzi do uwolnienia oksytocyny odpowiedzialnej za stymulację skurczów (to dobry objaw, ponieważ dzięki temu macica obkurcza się szybciej), oraz wówczas, gdy po porodzie podano ci oksytocynę.

Ból powinien ustąpić w ciągu 4–6 dni. Dobra wiadomość jest taka, że po porodzie silniejsze bóle możesz znowu zwalczać ibuprofenem (na przykład Ibupromem lub Nurofenem), chociaż paracetamol również powinien przynieść ulgę. Jeśli środki przeciwbólowe nie zadziałają albo ból będzie się utrzymywać przez tydzień, zgłoś się do lekarza, by wykluczył inne powikłania połogowe, w tym zakażenie.

Ból krocza

Moje krocze nie zostało nacięte ani nie pękło. Dlaczego tak bardzo mnie boli?

Nie możesz oczekiwać, że dziecko ważące ponad 3 kilogramy przeszło niezauważenie drogi rodne. Nawet jeśli w trakcie porodu krocze nie zostało nacięte ani nie pękło, z pewnością jest rozciągnięte i posiniaczone – co jest zupełnie zrozumiałe. Ból może się nasilać przy kaszlu lub kichaniu, a nawet przy siadaniu. By go zmniejszyć, wypróbuj wskazówki przeznaczone dla mam z pękniętym kroczem, opisane w następnej odpowiedzi.

Być może w trakcie parcia nabawiłaś się również hemoroidów lub szczeliny odbytu, co możesz odczuwać jako niewielki dyskomfort albo przenikliwy ból (patrz str. 301). Mogą to być również żylaki sromu lub pochwy, które pojawiły się w trakcie ciąży i zostały podrażnione podczas porodu, a teraz powodują jeszcze większe dolegliwości. Na szczęście tego rodzaju zmiany zazwyczaj znikają w ciągu kilku tygodni po porodzie (jeśli nie znikną po kilku miesiącach – co jest wielce nieprawdopodobne – lekarz z łatwością je usunie).

W czasie porodu pękło mi krocze i teraz odczuwam strasznliwy ból. Czy to możliwe, że doszło do zakażenia rany?

Wszystkie mamy, które urodziły drogami natury (a czasami nawet te, które długo rodziły przed cięciem cesarskim), mogą się spodziewać bólu krocza. Ból może się jeszcze nasilić – i nie ma w tym zresztą nic zaskakującego – gdy krocze pęknie lub zostanie nacięte. Pęknięcie lub nacięcie krocza, tak samo jak każda świeżo zszyta rana, będzie potrzebowało trochę czasu, żeby się zagoić – zazwyczaj trwa to 7–10 dni. W tym czasie sam ból, jeżeli nie jest bardzo dojmujący, nie oznacza, że doszło do zakażenia.

Co więcej, zakażenie (aczkolwiek możliwe) jest naprawdę bardzo mało prawdopodobne, gdy rana została właściwie opatrzona. Jeśli jesteś w szpitalu lub klinice położniczej, pielęgniarka będzie sprawdzać stan krocza przynajmniej raz dziennie, by wykluczyć objawy zakażenia lub stanu zapalnego. Położna poinstruuje cię, jak w okresie połogu powinnaś dbać o higienę krocza. To bardzo ważne, ponieważ właściwa higiena chroni przed zakażeniem nie tylko miejsce szycia, ale też całe drogi rodne (zarazki mogą się czaić wszędzie). Dlatego te same środki ostrożności powinny stosować również mamy, u których krocze pozostało nienaruszone. Oto plan, który pozwoli ci zadbać o właściwą higienę krocza:

- Stosuj podpaski higieniczne – zmieniaj je w razie potrzeby, a przynajmniej co 4–6 godzin;
- Po oddaniu moczu przepłukuj krocze ciepłą wodą (lub płynem antyseptycznym, jeśli zalecił go lekarz lub położna), by złagodzić pieczenie i utrzymać podrażnione miejsce w czystości. Potem wytrzyj się do sucha podkładem z gazy jałowej lub ligniną (ale najpierw umyj ręce), które powinnaś otrzymać w szpitalu. Pamiętaj, że zawsze należy to robić od przodu do tyłu, bardzo delikatnie, bez pocierania.
- Staraj się nie dotykać krocza, dopóki się nie zagoi.

Chociaż dyskomfort z pewnością będzie większy, jeśli krocze zostało zszyte (możesz odczuwać wówczas swędzenie oraz tkliwość w okolicy szwów), to poniższe wskazówki z pewnością pomogą ci ukoić ból bez względu na to, jak rodziłaś. Spróbuj zatem:

Schłodzić. By zmniejszyć obrzęk i złagodzić ból, przyłóż zimny kompres z oczaru wirginijskiego (to zioło jest coraz częściej stosowane na podrażnienia i stany zapalne skóry) lub kory dębu, worek z lodem (możesz pokruszyć lód i włożyć go do jednorazowej rękawiczki) lub jednorazowy okład chłodzący (można go kupić w aptece). Okłady należy stosować co kilka godzin w ciągu pierwszej doby po porodzie.

Ogrzać. 20-minutowe ciepłe kompresy i nasiadówki (czyli kąpiele, w których zanurzamy tylko biodra i pośladki) stosowane kilka razy dziennie również złagodzą dyskomfort. Zapytaj lekarza, co powinnaś dodać do wody, żeby zwiększyć efekt – na przykład sól Epsom, oczar wirginijski, korę dębu, olejek lawendowy lub rumiankowy.

Znieczulić. Zastosuj środki znieczulające miejscowo – w formie sprayu, kremu, maści lub okładu – które polecił ci lekarz. Możesz wspomóc ich działanie, zażywając ibuprofen (Ibuprom lub Nurofen) albo paracetamol (Apap).

Chronić. By zmniejszyć nacisk na bolące miejsce, kiedy tylko możesz, kładź się na boku oraz unikaj długiego stania i siedzenia. Siadaj na specjalnej poduszce poporodowej (z otworem w środku), poduszce dmuchanej lub z pianki termoelastycznej z „pamięcią kształtu". Zanim usiądziesz, spróbuj ściągnąć pośladki.

Nie uciskać. Ciasne ubrania mogą obcierać i podrażniać krocze oraz utrudniać gojenie się rany. Zapewnij zatem swobodny dopływ powietrza, wkładając luźne spodnie dresowe zamiast obcisłych legginsów.

Ćwiczyć. Jak najszybciej po porodzie zacznij wykonywać ćwiczenia Kegla i nie zapominaj o nich przez cały okres połogu – w ten sposób pobudzisz krążenie krwi w okolicy krocza, przyspieszysz proces leczenia i poprawisz napięcie mięśni. Nie martw się, jeśli podczas ćwiczeń nic nie poczujesz, gdyż początkowo krocze będzie jeszcze odrętwiałe. Czucie wróci w ciągu kilku tygodni, a do tego czasu ćwicz, nawet jeśli nic nie czujesz.

Jeśli krocze jest bardzo zaczerwienione, obolałe i obrzmiałe, albo gdy wydziela nieprzyjemny zapach, być może rozwinęło się w nim jakieś zakażenie; w takim wypadku koniecznie skontaktuj się z lekarzem.

Porodowe siniaki

Wyglądam, jakbym wróciła z ringu bokserskiego, a nie z sali porodowej. Jak to możliwe?

Wyglądasz i czujesz się tak, jakbyś dostała porządne lanie? Po porodzie to zupełnie normalne. W końcu rodząc dziec-

Kiedy zasięgnąć porady lekarza

Niewiele kobiet czuje się dobrze po urodzeniu dziecka – ani fizycznie, ani psychicznie – w czym zresztą nie ma nic dziwnego. Podczas pierwszych 6 tygodni po porodzie pojawiają się różne uciążliwe (lub nieprzyjemne) dolegliwości i bóle. Chociaż poważne powikłania są w tym czasie na szczęście rzadkością, to jednak warto coś niecoś o nich wiedzieć. Wszystkie świeżo upieczone mamy powinny zatem za wszelki wypadek poznać objawy świadczące o poporodowych powikłaniach. Bez wahania wezwij lekarza, jeśli pojawi się u ciebie którykolwiek z poniższych objawów:

- Tak intensywne krwawienie z dróg rodnych, że powoduje przemakanie więcej niż jednej podpaski na godzinę przez kolejne kilka godzin. Jeśli nie możesz się natychmiast skontaktować z lekarzem, zadzwoń na pogotowie lub oddział położniczy szpitala, w którym rodziłaś. Poproś położną, żeby doradziła ci, czy powinnaś przyjechać na oddział ratunkowy.

- Duża ilość jasnoczerwonej krwi, która pojawia się jeszcze 1 lub 2 tygodnie po porodzie (jest to tak zwany wtórny krwotok poporodowy). Nie przejmuj się jednak lekkim krwawieniem przypominającym miesiączkę, które może trwać do 6 tygodni po porodzie (niektóre kobiety krwawią w ten sposób nawet 3 miesiące), ani zwiększonym wypływem krwi podczas wysiłku fizycznego czy karmienia piersią.

- Odchody połogowe o nieprzyjemnym zapachu – prawidłowe powinny pachnieć jak krew menstruacyjna.

- Całkowity brak odchodów w trakcie pierwszych kilku dni połogu.

- Ból lub dyskomfort w dolnej części brzucha, któremu towarzyszy bądź nie towarzyszy obrzęk, utrzymujący się dłużej niż kilka dni po porodzie.

- Nudności i wymioty.

- Uporczywy ból w okolicy krocza trwający dłużej niż kilka dni po porodzie, szczególnie jeśli nie pomagają środki przeciwbólowe.

- Gorączka ponad 37,8°C utrzymująca się po 24 godzinach po porodzie i trwająca dłużej niż jeden dzień.

- Silne zawroty głowy lub uczucie oszołomienia podczas wstawania.

- Silne bóle głowy utrzymujące się dłużej niż kilka minut.

- Miejscowy ból, obrzęk, zaczerwienienie, uczucie gorąca i ból piersi, gdy obrzmienie się już zmniejszyło – to może być objaw zastoju pokarmu lub zapalenia sutka.

- Miejscowy obrzęk, wzmożone ucieplenie, zaczerwienienie i/lub sączenie z rany po cięciu cesarskim.

- Trudności z oddawaniem moczu, silny ból lub pieczenie w trakcie siusiania i/lub częste silne parcie na pęcherz skutkujące skąpą ilością moczu i/lub jego ciemnym zabarwieniem. Zanim trafisz do lekarza, pij dużo wody.

- Ostre bóle w klatce piersiowej (niebędące jednak wynikiem wytężonego parcia); szybki oddech lub gwałtowne bicie serca; sine opuszki palców lub usta.

- Miejscowy ból, tkliwość i uczucie gorąca w łydkach lub udach – może temu towarzyszyć zaczerwienienie i obrzęk; ból podczas zginania stopy. Oczekując na wizytę u lekarza, odpoczywaj z uniesioną nogą. Nie masuj jej ani nie rozcieraj bolącego miejsca.

- Depresja lub niepokój, które uniemożliwiają ci radzenie sobie z nową sytuacją; złość na dziecko, szczególnie jeśli towarzyszy jej skłonność do przemocy. Więcej informacji na temat depresji poporodowej znajdziesz na str. 520.

ko, napracowałaś się o wiele bardziej niż większość bokserów na ringu, chociaż mierzyłaś się z przeciwnikiem, który waży zaledwie 3500 gramów. Silne skurcze i wytężone parcie (zwłaszcza jeśli parłaś twarzą i klatką piersiową zamiast dolną częścią ciała) mogły zostawić różne niemile widziane pamiątki. Należą do nich podkrążone i przekrwione oczy (10-minutowe zimne kompresy przykładane kilka razy dziennie powinny przyspieszyć powrót do formy) oraz wybroczyny – maleńkie kropki na policzkach lub wylewy podskórne – duże czarnoniebieskie plamy na twarzy lub klatce piersiowej. Możesz również odczuwać ból w klatce piersiowej i/lub mieć trudności z oddychaniem z powodu napięcia mięśni (ulgę przyniosą ciepłe kąpiele, prysznic lub poduszka elektryczna), ból i dyskomfort w okolicach kości ogonowej (wypróbuj ciepłe okłady i masaże), a także uogólnioną bolesność całego ciała (jeszcze raz spróbuj zmniejszyć ból, stosując ciepłe okłady na bolące miejsca).

Trudności z oddawaniem moczu

Od porodu minęło już kilka godzin, a ja ciągle nie mogę się wysiusiać.

W trakcie pierwszej doby po porodzie większość kobiet ma trudności z oddawaniem moczu. Niektóre młode mamy w ogóle nie odczuwają takiej potrzeby, a te, które ją czują, nie są w stanie jej zaspokoić. Jeszcze inne oddają wprawdzie mocz, ale wiąże się to z bólem i pieczeniem. Istnieje wiele czynników, które po porodzie zakłócają prawidłowe funkcjonowanie pęcherza:

- Ponieważ po porodzie w brzuchu jest więcej miejsca, pęcherz może się rozciągnąć i zwiększyć swoją objętość – dlatego teraz rzadziej odczuwasz parcie niż w trakcie ciąży.

- Pęcherz mógł doznać urazu podczas porodu i jest „poobijany". Ponieważ chwilowo nie funkcjonuje prawidłowo, nie wysyła sygnału, że należy go opróżnić, nawet gdy jest przepełniony.

- Znieczulenie zewnątrzoponowe i/lub cewnik mogą zmniejszyć wrażliwość pęcherza na bodźce lub twoją czujność na jego sygnały.

- Ból krocza może wywołać odruchowy skurcz mięśnia zwieracza cewki moczowej, co bardzo utrudnia siusianie. Przeszkodą w oddawaniu moczu jest również obrzęk krocza.

- Wrażliwość w miejscu zszycia pękniętego lub naciętego krocza może powodować ból i pieczenie w trakcie oddawania moczu. Pieczeniu zapobiegniesz, siusiając na stojąco z szeroko rozstawionymi nogami w taki sposób, by mocz płynął prosto w dół i nie dotykał bolących miejsc. Spróbuj w trakcie siusiania spryskiwać krocze ciepłą wodą – to również powinno zmniejszyć dyskomfort (użyj do tego butelki z atomizerem – być może dostaniesz ją w szpitalu wraz z instrukcją obsługi).

- Możesz być odwodniona, zwłaszcza jeśli nic nie piłaś w trakcie porodu i nie dostałaś kroplówki z płynami.

- Oddawanie moczu mogą również utrudniać różne czynniki psychiczne: strach przed bólem, brak prywatności, wstyd związany z koniecznością użycia basenu lub pomocą innej osoby przy korzystaniu z toalety.

Wprawdzie siusianie może być bardzo utrudnione, ale koniecznie powinnaś opróżnić pęcherz w ciągu 6–8 godzin po porodzie lub usunięciu cewnika, by uniknąć zakażenia dróg moczowych, rozluźnienia mięśni związanego z nadmiernym rozciągnięciem pęcherza, a także zbyt dużego krwawienia (przepełniony pęcherz przeszkadza macicy w obkurczaniu się, które hamuje krwawienie). Mając na uwadze te wszystkie czynniki, położna po porodzie będzie cię często pytać, czy już oddałaś mocz. Może cię nawet poprosić, żebyś pierwszy poporodowy mocz oddała do pojemnika lub basenu, żeby sprawdzić, jak działa pęcherz. Palpacyjne badanie brzucha przez położną lub lekarza może dać odpowiedź na pytanie, czy twój pęcherz moczowy jest przepełniony. Oto sposoby, które ułatwią ci siusianie:

- Dużo pij: to, co weszło, musi również wyjść.
- Spaceruj. Gdy tylko będziesz mogła, wstań z łóżka i się przejdź. Ruch zmobilizuje do pracy mięśnie pęcherza i jelit.
- Jeśli krępuje cię siusianie w szerszym gronie (któż by się tego nie wstydził?), poproś pielęgniarkę, żeby poczekała na zewnątrz.
- Jeśli musisz skorzystać z basenu, spróbuj to zrobić na siedząco, a nie na leżąco.
- Spryskaj krocze ciepłą wodą, by wywołać potrzebę oddania moczu. Możesz też zrobić ciepłą nasiadówkę albo ochłodzić krocze workiem z lodem.
- Gdy będziesz w toalecie, odkręć kurek. Szum płynącej wody pomoże odkręcić twój własny kranik.

Jeśli wszystkie sposoby zawiodą i pomimo wysiłków nie zdołasz oddać moczu w ciągu 8 godzin po porodzie, lekarz prawdopodobnie zaleci założenie cewnika do pęcherza moczowego, by go opróżnić – to kolejna zachęta, by wypróbować opisane wyżej metody.

Po 24 godzinach problem zbyt małej ilości moczu zniknie i sytuacja ulegnie diametralnej zmianie – będzie go aż za dużo. Większość świeżo upieczonych mam zacznie teraz siusiać bardzo często i obficie, pozbywając się nadmiaru płynów, które nagromadziły się podczas ciąży. Jeśli kilka dni po porodzie nadal będziesz miała trudności z oddawaniem moczu lub jego ilość okaże się zbyt skąpa, a przede wszystkim jeśli w czasie mikcji będziesz czuła ból i pieczenie, niewykluczone, że wywiązało się zapalenie dróg moczowych (patrz str. 553).

Nie kontroluję moczu, który po prostu samoistnie wypływa.

Stres fizyczny towarzyszący narodzinom dziecka może tymczasowo pozbawić sprawności różne narządy, w tym i pęcherz moczowy. Albo nie można oddać moczu, albo wypływa on zbyt łatwo – tak jak w twoim przypadku. Taki niekontrolowany wyciek moczu (zwany nietrzymaniem moczu) to skutek m.in. osłabionego napięcia mięśni krocza. Ćwiczenia Kegla pomogą wzmocnić te mięśnie, dzięki czemu odzyskasz kontrolę i zapanujesz nad wypływem moczu. Więcej informacji znajdziesz na str. 514.

Pierwsze wypróżnienie

Urodziłam dziecko dwa dni temu i od tej pory się nie wypróżniałam. Czuję już taką potrzebę, ale nie mam odwagi spróbować, bo się boję, że puszczą szwy.

Oddanie pierwszego stolca po porodzie to przełomowy moment połogu, który każda młoda mama chce mieć za sobą. Im bardziej będziesz to odkładać w czasie, tym bardziej będziesz się denerwować i tym gorzej czuć.

Wypróżnienie po porodzie utrudnia zazwyczaj kilka czynników fizjologicznych. Po pierwsze, mięśnie tłoczni brzusznej, które umożliwiają parcie na stolec, zostały rozciągnięte w czasie porodu, przez co są zwiotczałe i chwilowo nie spełniają swojego zadania. Po drugie, jelita również nie funkcjonują w pełni prawidłowo. Mogły też zostać opróżnione (pamiętasz przedporodową biegunkę? Albo stolec, który wycisnęłaś z siebie podczas parcia?), więc teraz są puste, ponieważ w czasie porodu nie jadłaś zbyt wielu pokarmów stałych.

Jednak to czynniki psychiczne najbardziej utrudniają wypróżnianie: pojawia się strach przed bólem, rozerwaniem szwów, nasileniem objawów ze strony hemoroidów, poza tym naturalne skrępowanie z powodu braku prywatności w szpitalu, a także presja, by to wreszcie „załatwić". Innymi słowy, to umysł rządzi wydalaniem.

Oto kilka sposobów, które pomogą ci ruszyć wszystko z miejsca:

Nie martw się. Nic ci bardziej nie przeszkodzi w opróżnianiu jelit niż właśnie zamartwianie się wypróżnianiem. Nie przejmuj się również szwami – na pewno się nie rozejdą. I wreszcie, nie martw się, jeśli jelita zaczną pracować dopiero za kilka dni – to również jest całkowicie normalne.

Poproś o błonnik. Jeśli nadal jesteś w szpitalu lub klinice położniczej, wybieraj produkty z pełnego ziarna (płatki lub babeczki z otrębami), świeże owoce (oprócz bananów) i sałatki, jeżeli tylko są dostępne w jadłospisie. Jeśli jesteś już w domu, dbaj o regularną, zdrową dietę i nie zapominaj o błonniku. Gdy tylko możesz, unikaj produktów zapychających jelita, takich jak ryż i białe pieczywo.

Dużo pij. Po pierwsze, musisz uzupełnić poziom płynów, które straciłaś podczas porodu, a po drugie, musisz się nawadniać, żeby zmiękczyć zbity i twardy stolec. Zwycięzcą wśród napojów zawsze jest woda, ale jabłko lub sok z suszonych śliwek mogą się również okazać wyjątkowo skuteczne. Sprawdzi się także ciepła woda z cytryną.

Rusz się. Bezczynne ciało to również nieaktywne jelita. Nie musisz biegać wokół stadionu już następnego dnia po porodzie, ale możesz przecież pospacerować po szpitalnym korytarzu. Z kolei ćwiczenia Kegla, które można wykonywać w łóżku natychmiast po porodzie, pomogą wzmocnić zarówno mięśnie krocza, jak i odbytu. Gdy znajdziesz się już w domu, chodź na spacery z dzieckiem.

Zostać czy iść?

Zastanawiasz się, kiedy będziesz mogła zabrać dziecko do domu? To, jak długo zostaniecie w szpitalu, będzie zależało od rodzaju i przebiegu porodu oraz samopoczucia twojego i maleństwa. Zgodnie z prawem federalnym (w USA) masz prawo oczekiwać, by ubezpieczyciel opłacił twój pobyt w szpitalu – w przypadku porodu siłami natury 48 godzin po porodzie, w przypadku cięcia cesarskiego 96 godzin. (W Polsce są to odpowiednio 2 oraz 3 lub 4 doby). Jeśli oboje jesteście w dobrej kondycji i już nie możesz się doczekać, żeby wrócić do domu, prawdopodobnie będziesz mogła to zrobić po 24 godzinach po porodzie naturalnym oraz po 2, 3 dniach po cięciu cesarskim (lub wcześniej, jeśli lekarz wyrazi zgodę).

Jeśli zdecydujesz się na wcześniejszy wypis ze szpitala, pamiętaj, że dziecko będzie musiało zostać dokładnie zbadane w celu sprawdzenia, czy jego stan na to pozwala. W Polsce każda kobieta (również nieubezpieczona) w czasie ciąży, porodu i połogu ma prawo do opieki medycznej; w połogu opieka ta obejmuje co najmniej cztery wizyty patronażowe po wyjściu ze szpitala. Jeśli z jakichś przyczyn wizyta w domu nie wchodzi w grę, po kilku dniach zabierz noworodka do pediatry. Lekarz (lub położna) zważy dziecko, oceni stan jego zdrowia (również pod kątem żółtaczki) i sprawdzi, jak przebiega karmienie. Pomyśl o założeniu dziennika, w którym będziesz notować wszystkie szczegóły dotyczące karmienia oraz brudzenia i moczenia pieluszek – na pewno ci się to przyda w rozmowie z położną.

Jeśli zostaniesz w szpitalu pełne 48 lub 96 godzin, wykorzystaj je na odpoczynek. Gdy wrócisz do domu, będziesz potrzebowała siły i energii.

Nie nadwerężaj się. Wysiłek podczas oddawania stolca nie sprawi wprawdzie, że rozejdą się szwy, ale może nasilić dolegliwości związane z żylakami odbytu. Jeśli już je masz, ulgę przyniosą nasiadówki, miejscowe środki znieczulające, okłady z wywaru z kory dębu lub kasztanowca, czopki oraz zimne lub ciepłe kompresy.

Środki zmiękczające stolec. W wielu szpitalach mamy otrzymują środki zmiękczające stolec – jedne i drugie na pewno ci pomogą.

Być może pierwsze wypróżnienie będzie się wiązało z bólem, ale nie trzeba się go obawiać. Kiedy stolce się w końcu rozluźnią i staną bardziej regularne, dyskomfort zacznie się zmniejszać, aż zniknie całkowicie – a wypróżnianie znowu będzie tak łatwe, jak było kiedyś.

Poty i uderzenia gorąca

Obudziłam się w nocy zlana potem. Czy to normalne?

To kłopotliwe i nieprzyjemne, ale zupełnie normalne: młode mamy się pocą (a czasem miewają również uderzenia gorąca). Składają się na to różne przyczyny. Po pierwsze, spada stężenie hormonów – to dlatego, że nie jesteś już w ciąży. Po drugie, pocenie się (podobnie jak częste oddawanie moczu) to sposób, w jaki twój organizm pozbywa się nadmiaru płynów nagromadzonych w czasie ciąży (oraz podanych przez kroplówkę) – to zresztą powinno cię ucieszyć. Nie ucieszy cię natomiast dyskomfort związany z poceniem się oraz fakt, że może to trwać dość długo. Niektóre kobiety pocą się obficie nawet przez kilka tygodni lub więcej. Jeżeli pocisz się głównie w nocy – tak jak większość mam – przykrywaj poduszkę ręcznikiem dobrze wchłaniającym wilgoć. Dzięki temu będziesz lepiej spać i ochronisz poduszkę.

I nie przejmuj się potem. Nie zapominaj tylko o piciu dużych ilości płynów, by zrekompensować ich utratę, zwłaszcza jeśli karmisz piersią (jeśli nie karmisz, też dużo pij). Uderzenia gorąca to także częsta dolegliwość w czasie połogu, a ich przyczyną również są zmiany hormonalne. Chwile typu „czy tu jest aż tak gorąco, czy tylko ja się tak czuję" mogą być bardziej dotkliwe, jeśli karmisz piersią. Często utrzymują się przez kilka tygodni, a nawet dłużej. I chociaż uderzenia gorąca mogą być zwiastunem menopauzy, to w twoim wypadku z pewnością jej nie oznaczają.

Gorączka

Właśnie wróciłam ze szpitala i mam ponad 38°C gorączki. Czy powinnam wezwać lekarza?

Podobnie jak to było w czasie ciąży, w trakcie pierwszych tygodni połogu również warto zachować ostrożność i unikać ryzyka. Oznacza to, że powinnaś na bieżąco informować lekarza o złym samopoczuciu. Być może gorączka nie jest związana z porodem, ale lekarz na pewno będzie chciał wykluczyć zakażenie połogowe i wyleczyć chorobę, która cię zaatakowała. Istnieje również możliwość, że gorączka jest wynikiem podekscytowania i wyczerpania, które często pojawiają się w pierwszych dniach połogu, ale z reguły nie jest tak wysoka i nie wzrasta do ponad 38°C. Krótkotrwały stan podgorączkowy (poniżej 37,7°C) towarzyszy niekiedy obrzmieniu piersi, gdy pojawia się w nich mleko, ale nie jest to powód do niepokoju.

W czasie połogu zachowaj szczególną ostrożność i zadzwoń do lekarza, gdy temperatura powyżej 37,7°C będzie się utrzymywać dłużej niż jeden dzień w ciągu pierwszych trzech tygodni po porodzie, a temperatura przekraczająca 38°C – ponad kilka godzin.

Obrzęk piersi (nawał mleczny)

W moich piersiach właśnie pojawiło się mleko i teraz są ogromne, twarde jak kamień i tak bolą, że nie mogę włożyć stanika.

Sądziłaś, że twoje piersi już nie mogą być większe, a tymczasem one znowu urosły. Napłynął do nich pierwszy pokarm i natychmiast nabrzmiały, zaczęły boleśnie pulsować, stały się twarde jak granit, a może nawet przerażająco wielkie. Ten obrzęk (czasem sięgający aż do pach) znacznie pogarsza sytuację, ponieważ sprawia, że karmienie jest bardzo bolesne, a jeśli brodawki są płaskie, dziecko jest dodatkowo sfrustrowane. Im więcej czasu ty i maluch będziecie potrzebować, by rozpocząć pierwsze karmienie, tym te dokuczliwe objawy jeszcze bardziej się nasilą. Na szczęście nie potrwa to długo. Nawał mleczny oraz wszystkie nieprzyjemne objawy, które mu towarzyszą, będą się stopniowo zmniejszać wraz z ustabilizowaniem się procesu laktacji, czyli systemu popytu i podaży pokarmu, co zazwyczaj trwa kilka dni. Również bolesność brodawek – która zazwyczaj osiąga szczyt przy mniej więcej dwudziestym karmieniu – znacznie się zmniejszy, gdy brodawki stwardnieją. Dzięki odpowiedniej pielęgnacji można sobie też poradzić z ich pękaniem i krwawieniem (więcej informacji na ten temat znajdziesz w książce *Pierwszy rok życia dziecka*, REBIS 2017).

Dopóki karmienie nie stanie się dla twoich piersi drugą naturą – a dla ciebie całkowicie bezbolesną czynnością – wypróbuj różne sposoby łagodzenia bólu i stabilizowania laktacji (przeczytaj informacje dotyczące karmienia piersią – początek na str. 498).

Kobiety, które nie mają trudności z rozpoczęciem karmienia (zwłaszcza te, które urodziły drugie dziecko), mogą w ogóle nie doświadczać obrzęku piersi. Jednak dopóki dziecko dostaje wystarczająco dużo pokarmu, to fakt, że piersi nie są nabrzmiałe, nie powinien budzić niepokoju.

Obrzęk piersi, gdy nie karmisz

Nie karmię piersią, ale słyszałam, że zatrzymanie laktacji może być bolesne.

Twoje piersi zostały zaprogramowane, by napełnić się mlekiem 3 lub 4 dnia po porodzie, bez względu na to, czy zamierzasz karmić swoje dziecko czy nie. Ten obrzęk może być bardzo niekomfortowy, a nawet bolesny, ale jest tylko chwilowy.

Piersi wytwarzają mleko tylko wtedy, gdy jest na nie zapotrzebowanie. Jeśli nikt go nie wypija, to produkcja ustaje. Chociaż w sporadycznych wypadkach pokarm może wyciekać jeszcze przez kilka dni lub nawet tygodni, to obrzmienie nie powinno się utrzymywać dłużej niż 12–24 godzin. W tym czasie ulgę powinny ci przynieść okłady z lodu, łagodne środki przeciwbólowe oraz dobrze dobrany stanik. Unikaj pobudzania brodawek, odciągania pokarmu i ciepłych pryszniców, ponieważ to może zachęcić piersi do produkcji pokarmu i przedłużyć ten bolesny ciąg wydarzeń.

Gdzie jest mleko?

Minęło już wiele godzin od chwili porodu, a moje piersi są puste, bo gdy je naciskam, nic nie wypływa. Czy mój mały synek głoduje?

Twój maluszek nie tylko nie głoduje, ale – co więcej – nawet nie jest jeszcze głodny. Dzieci nie rodzą się z ogromnym apetytem i nie mają od razu zbyt wielkich potrzeb żywieniowych. Poza tym, zanim synek zgłodnieje i zapragnie piersi pełnej mleka (w 3 lub 4 dobie życia), ty bez wątpienia będziesz w stanie zaspokoić jego apetyt.

Nie oznacza to jednak, że teraz twoje piersi są puste. Znajduje się w nich niewielka, ale z pewnością wystarczająca ilość siary, czyli pierwszego mleka, które zaspokoi bieżące potrzeby żywieniowe malucha i dostarczy mu ważnych przeciwciał, których jego organizm jeszcze nie wytwarza (pomoże również opróżnić układ pokarmowy z nadmiaru śluzu, a jelita ze smółki). W tym momencie twojemu maluszkowi wystarczy łyżeczka siary. Weź też pod uwagę to, że aż do 3 lub 4 dnia połogu, kiedy poczujesz, że piersi zaczynają brzęknąć (to będzie znak, że pojawiło się w nich mleko), nie jest łatwo coś z nich wycisnąć ręcznie. Lepiej zrobi to noworodek, który jest odpowiednio wyposażony, by wyciągnąć z twoich piersi pierwszy pokarm.

Jeśli mleko się nie pojawi do 4 dnia połogu, skontaktuj się z lekarzem.

Tworzenie więzi z dzieckiem

Oczekiwałam, że pokocham moją córeczkę, gdy tylko się urodzi, ale nic nie czuję. Czy coś jest ze mną nie w porządku?

Chwilę po porodzie podano ci twoją długo wyczekiwaną córeczkę i okazało się, że jest jeszcze piękniejsza i doskonalsza, niż sobie wyobrażałaś. Maleńka słodko na ciebie patrzy, a ty nie spuszczasz z niej zachwyconego spojrzenia i natychmiast nawiązujesz czułą więź. Kołyszesz w ramionach maleńkie ciałko, rozkoszując się jego ciepłem, zasypujesz pocałunkami delikatną twarzyczkę i czujesz, jak emocje, których nigdy przedtem nie doznałaś, chwytają cię za serce z ogromną intensywnością. Jesteś mamą i bezgranicznie pokochałaś swoje dziecko.

Może właśnie o tym marzyłaś, a przynajmniej śniłaś na jawie, gdy byłaś w ciąży. Takie sceny z sali porodowej to tylko wyobrażenia, z których powstają marzenia (i reklamy), a rzadziej fakty z prawdziwego życia. Oto inny scenariusz: po długim, ciężkim porodzie, który wyczerpał cię fizycznie i psychicznie, w twoje niewprawne ramiona trafia pomarszczona, opuchnięta i czerwona obca istota, a pierwszą rzeczą, jaką zauważasz, jest to, że twoja córeczka wcale nie przypomina tak wyczekiwanego, słodkiego cherubinka z dołeczkami w policzkach. Zaraz potem konstatujesz, że mała nie przestaje płakać, a ty nie masz pojęcia, jak ją uspokoić. Pró-

---

Jak zmienia się mleko z piersi

Siara, którą noworodek wysysa z piersi mamy przez kilka pierwszych dni życia, nie tylko zapewnia mu zdrowszy start, ale też uruchamia proces produkcji kolejnej fazy pokarmu. W nadchodzących tygodniach twój maluch otrzyma zatem następujące rodzaje mleka:

Siara. To pierwsze mleko o żółtawej barwie pojawiło się w twoich piersiach od razu po porodzie, by w pierwszych dobach życia dostarczyć maluszkowi cennych przeciwciał i składników odżywczych.

Mleko przejściowe. To następny pokarm w mlecznym menu. Mleko przejściowe zaczyna wypełniać twoje piersi (i brzuszek dziecka) kilka dni po porodzie i to właśnie ono jest przyczyną bolesnego obrzęku. Jest białopomarańczowe i zawiera więcej laktozy, tłuszczu oraz kalorii niż siara, ale nadal jest dla maleństwa źródłem cennych immunoglobulin (przeciwciał) i białek.

Mleko dojrzałe. Wygląda jak wodniste mleko odtłuszczone i ma lekko niebieskawe zabarwienie. Zastępuje mleko przejściowe między 10 a 14 dniem po porodzie. Mleko dojrzałe składa się z mleka pierwszej i drugiej fazy. Kiedy maluch zaczyna ssać, mleko pierwszej fazy gasi jego pragnienie, ale nie zaspokaja apetytu. Po pewnym czasie piersi zaczynają produkować bardziej sycące i gęstsze mleko drugiej fazy, zawierające więcej białek, tłuszczu, składników odżywczych oraz kalorii, czyli wszystkiego, co jest potrzebne dziecku.

DLA OJCÓW
Budowanie więzi z dzieckiem

Więź między rodzicem a dzieckiem zaczyna się tworzyć w momencie, gdy po raz pierwszy przytulisz swoje maleństwo, ale tak naprawdę jest to dopiero początek waszej relacji. Ten nowy związek będzie się bowiem pogłębiał i umacniał, i to nie tylko w ciągu następnych tygodni, ale przez wiele kolejnych lat, które będziecie dzielić jako tata i dziecko.

Inaczej mówiąc, nie oczekuj natychmiastowych rezultatów. Możesz je wprawdzie osiągnąć, ale nie martw się, jeśli tak się nie stanie. Traktuj każdą chwilę spędzoną z noworodkiem jako okazję do umacniania relacji, którą zacząłeś budować. Każdą pieszczotą, każdym pocałunkiem, każdą kąpielą, każdym spojrzeniem, każdym słowem i każdą zaśpiewaną piosenką (pamiętaj, że twój głos połączył was jeszcze przed narodzinami maleństwa) tworzysz więź ze swoim dzieckiem. Kontakt wzrokowy i kontakt skórą do skóry (rozepnij koszulę i przytul maluszka do nagiej klatki piersiowej) to zawsze wspaniała okazja, by umacniać tę relację – według badań przyspiesza to również rozwój mózgu noworodka. Prawdę mówiąc, każda sposobność, jaką wykorzystasz, by zbliżyć się do maleństwa, zwiększy stężenie oksytocyny (zwanej hormonem przytulania lub hormonem więzi społecznych), która z kolei umocni poczucie bliskości. Owszem, ta relacja na razie jest może trochę jednostronna (dopóki noworodek nie zmieni się na tyle, by nawiązać z tobą kontakt, tylko ty będziesz się uśmiechać i gaworzyć), ale za to każda chwila uwagi, którą poświęcisz maleństwu, poprawi jego samopoczucie, sprawi, że będzie się czuło bezpieczne, zadbane i bezwarunkowo kochane. A kiedy w końcu zacznie się uśmiechać, otrzymasz potwierdzenie, że relacja z twoim dzieckiem istnieje od samego początku.

Twoja partnerka nie dopuszcza cię do dziecka i nie pozwala ci się nim opiekować? Powiedz jej, że chętnie pomożesz. Jeśli ma tendencję do zagarniania maleństwa wyłącznie dla siebie, gdy oboje jesteście w domu (mamy często sobie tego nawet nie uświadamiają), poproś ją, żeby zafundowała sobie długą, relaksującą kąpiel albo wyszła z domu. W ten sposób mama będzie miała trochę czasu dla siebie, a ty spędzisz kilka chwil sam na sam z dzieckiem i jeszcze bardziej się do niego zbliżysz.

---

bujesz ją nakarmić, ale ona nie jest zainteresowana piersią. Próbujesz ją zabawić, ale ona woli spać. Ty zresztą też. I przez cały czas nie możesz się przestać zastanawiać, czy właśnie ominęła cię sposobność zbudowania więzi z własnym dzieckiem.

Absolutnie i bez żadnych wątpliwości nic cię nie ominęło. Proces budowania więzi przebiega różnie w przypadku każdego rodzica i każdego dziecka i nie ma żadnej daty ważności. Z pewnością niektóre mamy szybko nawiązują tę więź – może dlatego, że już wcześniej miały do czynienia z noworodkami, mają bardziej realistyczne oczekiwania, przebyły lżejszy poród albo ich dzieci wykazują większą chęć współpracy. Natomiast inne mamy (naprawdę jest ich sporo!) stwierdzają, że nie przywiązują się do dziecka z szybkością mocnego i szybkoschnącego kleju. Więzi, które trwają na ogół całe życie, tworzą się stopniowo i z czasem, a tego akurat macie przed sobą bardzo dużo.

Daj więc sobie ten czas i przyzwyczaj się do bycia mamą (to w końcu bardzo duża zmiana w twoim życiu). Daj sobie również czas na to, by poznać swojego noworodka, który – spójrzmy prawdzie w oczy – jest nowym przybyszem wkraczającym właśnie w twoje życie. Zaspokajaj podstawowe potrzeby malucha (i swoje), a wkrótce – pewnego dnia, gdy będziesz go tulić – odkryjesz, jak wielka miłość was łączy. A skoro już mowa o tuleniu, to przytulaj dziecko, kiedy tylko możesz. Im częściej będziesz to robić (zwłaszcza skórą do skóry, ponieważ taka forma kontaktu wyzwala duże ilości oksytocyny), tym bardziej będziesz z nim związana. Chociaż na początku może ci to nie przychodzić naturalnie, to im więcej czasu poświęcisz na tulenie, karmienie, masowanie, śpiewanie, gaworzenie i rozmawianie z dzieckiem – i im więcej czasu spędzisz z nim skórą do skóry i twarzą w twarz – tym naturalniej zaczniesz się czuć i nawiążesz bliższy kontakt. Zanim się zorientujesz, poczujesz się mamą, którą przecież naprawdę jesteś – na zawsze związaną ze swoim dzieckiem miłością, o jakiej marzyłaś.

Mój synek jest wcześniakiem i od razu został zabrany na oddział intensywnej opieki nad noworodkami. Lekarze stwierdzili, że mały musi tam pozostać przez dwa tygodnie. Czy kiedy opuści oddział, będzie już zbyt późno, by zbudować dobrą relację?

Absolutnie nie. Rzecz jasna tworzenie więzi z maleństwem od razu po narodzinach – bezpośredni kontakt skórą do skóry i twarzą w twarz – to cudowna szansa, pierwszy krok w rozwijaniu trwałej więzi pomiędzy rodzicem a dzieckiem. Ale to tylko pierwszy krok. I nie musisz go robić od razu po porodzie; wystarczy kilka godzin lub nawet kilka dni później – w szpitalnym łóżku, przez okienko inkubatora lub nawet dopiero w domu.

Na szczęście, gdy synek będzie przebywał na oddziale intensywnej opieki nad noworodkami, nic nie stanie na przeszkodzie, abyś go dotykała, przemawiała do niego, a niewykluczone, że nawet brała na ręce. Większość szpitali i klinik położniczych nie tylko zezwala na kontakty rodziców z dziećmi przebywającymi na oddziale intensywnej opieki, a nawet ich do tego zachęca – zwłaszcza do kangurowania (trzymania dziecka na nagiej klatce piersiowej, czyli skórą do skóry). Porozmawiaj z personelem oddziału i dowiedz się, w jaki sposób możesz się zbliżyć do swojego dziecka. Więcej informacji i porad dotyczących opieki nad wcześniakiem znajdziesz w książce *Pierwszy rok życia dziecka* (REBIS 2017).

Pamiętaj również, że nawet mamy i tatusiowie, którzy mogą tworzyć więzi ze swoim maleństwem już na sali porodowej, nie zawsze od razu czują miłość i przywiązanie (patrz poprzednie pytanie). Miłość trwająca całe życie potrzebuje czasu, żeby się rozwinąć, a tego czasu, który już wkrótce będziecie spędzać razem, na pewno wam nie zabraknie.

Rekonwalescencja po cięciu cesarskim

Jak będzie wyglądał mój powrót do zdrowia po cięciu cesarskim?

Rekonwalescencja po cięciu cesarskim wygląda podobnie jak powrót do zdrowia po operacji brzucha z jedną rozkoszną różnicą – zamiast stracić pęcherzyk żółciowy lub wyrostek robaczkowy, zyskałaś noworodka.

Oczywiście pojawia się też mniej przyjemna różnica. Musisz odzyskać siły nie tylko po operacji brzucha, ale także po porodzie. Wprawdzie twoje krocze jest nietknięte, ale przez kilka następnych tygodni będziesz odczuwała takie same dolegliwości, jakbyś rodziła drogami natury: bóle poporodowe, odchody połogowe, dyskomfort w okolicy krocza (jeżeli przed cięciem cesarskim próbowałaś urodzić naturalnie), obrzmienie piersi, zmęczenie, zmiany hormonalne, poty i wiele innych.

Oto czego możesz oczekiwać na sali pooperacyjnej:

> ### Daj sobie czas
>
> Od kilku tygodni jesteś mamą (możesz tego dowieść, bo masz rozstępy, bóle poporodowe i worki pod oczami) i na pewno przez cały czas dręczą cię różne pytania: Kiedy w końcu wrócę do siebie? Kiedy będę w stanie przystawić dziecko do piersi bez dwudziestominutowych podchodów i prób? Czy w końcu pojmę, co zrobić, żeby maluchowi się odbiło? Czy przestanę się martwić, że przełamię dziecko, za każdym razem, gdy tylko biorę je na ręce? Kiedy będę mogła gruchać i gaworzyć, nie czując się przy tym śmiesznie? Kiedy zrozumiem, co oznacza płacz mojego dziecka, i nauczę się na niego reagować? Jak zakładać pieluszki, żeby nie przeciekały? Jak bez walki przełożyć body przez głowę? Jak myć tę małą kępkę włosków, żeby szampon nie drażnił wrażliwych oczu? Kiedy tę rolę, którą zafundowała mi natura, zacznę pełnić w naturalny sposób?
>
> Rzeczywistość wygląda tak, że wprawdzie poród uczynił z ciebie matkę, ale niekoniecznie sprawił, że się nią poczułaś. Dokona tego tylko czas spędzony na tej niekiedy przyprawiającej o zawrót głowy i prawie zawsze niezwykłej powinności. Rodzicielstwo nigdy nie jest łatwe, ale z czasem te wszystkie trudne dni i noce z całą pewnością staną się łatwiejsze.
>
> A zatem, droga mamo (którą przecież naprawdę jesteś), odpręż się trochę, poklep się pocieszająco po plecach i daj sobie czas.

Ból w miejscu nacięcia. Kiedy znieczulenie przestanie działać, rana w miejscu nacięcia (tak jak każda inna) zacznie boleć – aczkolwiek nasilenie bólu będzie zależało od wielu czynników, w tym od twojego progu bólu i liczby porodów operacyjnych, które wcześniej przeszłaś (pierwszy zabieg jest zazwyczaj najbardziej dokuczliwy). W razie potrzeby prawdopodobnie otrzymasz środki przeciwbólowe, ale możesz się po nich czuć zamroczona i oszołomiona, ale za to będziesz mogła się trochę przespać, a sen jest ci teraz bardzo potrzebny. Nie martw się, jeśli karmisz piersią – leki przeciwbólowe nie przenikną do siary, a zanim w piersiach pojawi się mleko, z pewnością nie będziesz już potrzebowała silnych środków (a nawet jeśli tak, to niewielka ilość leku nie będzie niebezpieczna dla dziecka). Gdyby ból utrzymywał się przez kilka tygodni (czasem tak się dzieje), możesz z powodzeniem polegać na lekach przeciwbólowych sprzedawanych bez recepty, takich jak ibuprofen (na przykład Ibuprom lub Nurofen) – porozmawiaj z lekarzem na temat dawkowania. (Jeśli od początku nie będziesz chciała zażywać środków przeciwbólowych, zawczasu omów z lekarzem inne opcje i upewnij się, że wszystkie osoby podające w szpitalu leki wiedzą o twoich preferencjach).

Nudności – z wymiotami lub bez. Ten objaw nie zawsze występuje po cięciu cesarskim, ale jeśli tak się stanie, poproś o lek przeciwwymiotny.

Wyczerpanie. Po operacji przypuszczalnie będziesz trochę słaba – częściowo z powodu utraty krwi, częściowo z powodu działania znieczulenia oraz środków przeciwbólowych, które pewnie przyjmujesz. Jeśli przed cięciem cesarskim przez kilka godzin rodziłaś drogami natury, będziesz jeszcze bardziej wykończona. Możesz się również czuć wyczerpana emocjonalnie (w końcu nie tylko zostałaś mamą, ale dodatkowo przeszłaś operację), zwłaszcza jeśli cięcie cesarskie nie było zaplanowane.

Regularne badania i ocena stanu zdrowia. Pielęgniarka będzie od czasu do czasu sprawdzać twoje oznaki życiowe (temperaturę, ciśnienie tętnicze krwi, tętno, oddy-

Wspólny pokój z dzieckiem (system *rooming-in*)

Zastanawiasz się, gdzie po porodzie trafiają nowo narodzone dzieci (chodzi o te wszystkie schludnie pozawijane „tobołki", które kiedyś leżały rzędem w łóżeczkach na oddziale noworodków)? Otóż najprawdopodobniej są w salach razem ze swoimi mamami. System *rooming-in* staje się standardem w wielu szpitalach położniczych z wielu słusznych powodów. Dzięki niemu młodzi rodzice (często oboje, ponieważ tatusiowie są również mile widziani) mają szansę od samego początku zapoznać się ze swoim nowo narodzonym maleństwem – mogą je przytulać skórą do skóry, dowiedzieć się, jak się zachowuje, gdy jest głodne, i zacząć trenować techniki uspokajania, które na pewno im się przydadzą, kiedy zabiorą dziecko do domu. System *rooming-in* umożliwia młodej mamie karmienie na żądanie, a to z pewnością zwiększy szanse na efektywne karmienie piersią. Co więcej, dzieci przebywające w jednym pokoju z mamami rzadziej płaczą i lepiej śpią (wierz lub nie, ale ich mamy również). System *rooming-in* przynosi również wiele innych korzyści – nawet rodziny noworodków przebywających na oddziale intensywnej opieki są zachęcane, by przed wypisaniem do domu spędzić noc lub dwie z dziećmi (mając pielęgniarkę w zasięgu alarmu).

Z tych właśnie powodów (i z wielu innych) oddziały noworodkowe nie przyjmują zbyt wielu małych pacjentów i zazwyczaj zajmują się tylko tymi dziećmi, które wymagają szczególnej opieki. Niektóre szpitale zamknęły nawet swoje oddziały noworodkowe i wysyłają maluchy potrzebujące interwencji lekarza na oddziały neonatologiczne.

A zatem czy młode mamy mają wybór w kwestii wspólnego pokoju ze swoją pociechą? W wielu szpitalach niestety nie – *rooming-in* powoli staje się wymogiem (a jeśli nie jest obowiązkowy, to jest w wysokim stopniu sugerowany). Dla większości mam i ojców – zwłaszcza tych, którzy nie chcą spuszczać z oka swojego maluszka – jest to bardzo dobre rozwiązanie. Niekiedy jednak mamy przebywające w jednej sali z noworodkiem potrzebują chwili przerwy – jednej lub dwóch godzin nieprzerwanego snu lub po prostu okazji, żeby odpocząć po porodzie i przygotować się do wyczerpującej opieki nad dzieckiem w domu. Jeśli tak właśnie jest w twoim wypadku, nie wahaj się, wciśnij guzik i poproś o pomoc. Zasłużyłaś sobie na nią i powinnaś ją otrzymać.

---

chanie), ilość wydalanego moczu i krwawienie z pochwy. Zmieni również opatrunek, sprawdzi twardość macicy i wysokość jej dna (czy się obkurcza i wraca na swoje miejsce w miednicy).

Kiedy znajdziesz się na sali poporodowej, możesz się spodziewać następujących procedur i objawów.

Kolejne badania. Pielęgniarka w dalszym ciągu będzie kontrolować twój stan zdrowia.

Usunięcie cewnika. Nastąpi to prawdopodobnie kilka godzin po zabiegu. Możesz mieć trudności z oddawaniem moczu, więc przydadzą ci się wskazówki ze str. 485. Jeśli nie zadziałają, być może lekarz zaleci ponowne założenie cewnika, dopóki nie będziesz w stanie sama oddawać moczu.

Zachęta, żeby się ruszać. Zanim wstaniesz z łóżka, lekarz zachęci cię, żebyś trochę poćwiczyła – poruszaj palcami, pokręć nogą w kostce, obciągnij stopy, żeby rozciągnąć mięśnie łydek, naciśnij stopami krawędź łóżka i obróć się z boku na bok. Ruch poprawi krążenie, szczególnie w nogach, zapobiegnie powikłaniom zakrzepowym, a oprócz tego pomoże ci się szybciej pozbyć nadmiaru płynów podanych dożylnie. (Przygotuj się na to, że niektóre z tych ćwiczeń mogą być dość uciążliwe, przynajmniej w pierwszej dobie po porodzie). Możesz również od razu powrócić do ćwiczeń Kegla.

Wstanie z łóżka po upływie 8–24 godzin po cięciu cesarskim. Najpierw pielęgniarka pomoże ci usiąść i oprzeć się na wezgłowiu łóżka. Potem spróbuj podeprzeć się rękami, przełóż nogi przez krawędź łóżka, opuść je i pomachaj nimi przez kilka minut. Później – cały czas podpierając się dłońmi – spróbuj powoli wstać. Jeśli poczujesz zawroty głowy (co jest normalne), usiądź z powrotem na łóżku. Potem znowu spróbuj wstać i postój przez chwilę, utrzymując równowagę, zanim zrobisz pierwszy krok – chodzenie może być początkowo dość niewygodne. Chociaż podczas pierwszych prób na pewno będziesz potrzebowała pomocy, to te trudności naprawdę są przejściowe. Prawdę mówiąc, wkrótce stwierdzisz, że jesteś bardziej mobilna niż mama z sąsiedniej sali, która urodziła drogami natury – prawdopodobnie będziesz też miała przewagę, jeśli chodzi o siadanie.

Stopniowy powrót do normalnej diety. Badania wykazują, że mamy, które w ciągu 4–8 godzin po cięciu cesarskim zaczynają spożywać pokarmy stałe, szybciej się po raz pierwszy wypróżniają i są gotowe opuścić szpital 24 godziny wcześniej niż kobiety, które otrzymują wyłącznie płyny. Procedury mogą się oczywiście różnić w zależności od szpitala i lekarza, a poza tym dużą rolę odgrywa również stan zdrowia mamy, który ma decydujące znaczenie przy podejmowaniu decyzji o odłączeniu kroplówki i zastąpieniu jej sztućcami. Pamiętaj, że wprowadzanie pokarmów stałych po cięciu cesarskim odbywa się stopniowo. Zaczniesz od płynów, potem przejdziesz do czegoś miękkiego i lekkostrawnego (jak galaretka lub kleik), a później (powoli) będziesz mogła się skusić na inne potrawy (zapomnij jednak o hamburgerach i frytkach). Kiedy już będziesz normalnie jeść pokarmy stałe, pamiętaj o płynach – szczególnie jeśli karmisz piersią.

Ból barków. Podrażnienie przepony po zabiegu cięcia cesarskiego może spowodować kilkugodzinny ostry ból barków (winne są nerwy biegnące od przepony do barków, które „przenoszą" ból właśnie w to miejsce). Ulgę przyniosą ci środki przeciwbólowe.

Zaparcia. Ponieważ znieczulenie i operacja (oraz ograniczona dieta i leki przeciwbólowe, które prawdopodobnie dostajesz) mogą spowolnić perystaltykę jelit, zapewne minie kilka dni, zanim zdołasz się wypróżnić – jest to całkowicie normalne. Z powodu zaparcia możesz również cierpieć na bolesne wzdęcia i gazy. Jeśli dokuczają ci dolegliwości związane z zaparciami, z pewnością ulgę przyniosą preparaty zmiękczające stolec, czopki lub inne łagodne środki przeczyszczające. Zajrzyj również na str. 486 i przeczytaj zamieszczone tam wskazówki.

Bolesne wzdęcia. Kiedy twój przewód pokarmowy (który chwilowo nie funkcjonuje prawidłowo z powodu cięcia cesarskiego) zacznie znowu działać, gazy uwięzione w jamie brzusznej mogą być przyczyną sporego bólu, zwłaszcza jeśli uciskają ranę pooperacyjną. Dyskomfort może się powiększyć, gdy będziesz się śmiać, kaszleć lub kichać. Poproś pielęgniarkę lub lekarza o skuteczne lekarstwo. Na pewno pomogą czopki, a także spacery po szpitalnym korytarzu, leżenie na boku lub na plecach, podciąganie nóg zgiętych w kolanach oraz głębokie oddechy (jednocześnie przytrzymuj miejsce nacięcia). Pomoże ci również przytrzymywanie poduszki w miejscu nacięcia, gdy będziesz zmieniać pozycję lub się wypróżniać (a po wypisaniu ze szpitala podczas jazdy samochodem). To nie wystarcza? Pas brzuszny (ten który być może stosowałaś w trakcie ciąży) pomoże ci zabezpieczyć brzuch i ochronić ranę po cięciu cesarskim.

Obrzęki. Myślałaś, że w trakcie połogu nie będziesz już opuchnięta? W końcu na pewno do tego dojdzie. Ale w pierwszym tygodniu po cięciu cesarskim wiele mam ma obrzęki, szczególnie w obrębie stóp i podudzi. Powodem są płyny, które pozostały po ciąży oraz po kroplówkach podawanych w trakcie zabiegu. Sytuację pogarsza fakt, że masz teraz mało ruchu, a więc twój organizm nie może się pozbyć zbędnych płynów. Wypłucz je zatem, pijąc więcej wody, ruszając się, gdy tylko będziesz w stanie (ale bez przesady), a kiedy leżysz w łóżku, układaj nogi wyżej.

Czas z dzieckiem. Lekarz na pewno zachęci cię, żebyś jak najszybciej przytuliła i nakarmiła dziecko (patrz ramka na str. 506). Owszem, możesz wziąć w ramiona swojego malucha. Jeśli zezwolą na to szpitalne przepisy i twój stan zdrowia, będziesz również mogła przebywać z nim w jednej sali (*rooming-in*) oraz pozwolić partnerowi, innym członkom rodziny czy przyjaciołom, żeby ci towarzyszyli i pomagali. Jeśli nie masz nikogo, kto ci pomoże, poproś pielęgniarkę.

Usuwanie szwów. Jeśli założono ci szwy, które się nie rozpuszczają, lekarz usunie je po 6–8 dniach po porodzie. Zabieg nie jest bardzo bolesny, chociaż może wywołać pewien dyskomfort. Po usunięciu szwów przyjrzyj się ranie. Po 10–14 dniach zazwyczaj jest już wygojona i nie ma na niej strupa. Wtedy będziesz mogła nałożyć na nią opatrunek z warstwą silikonową (można je kupić w aptece), by ograniczyć bliznę. Zapytaj lekarza, kiedy możesz się spodziewać zagojenia rany, jakie objawy nie budzą niepokoju, a jakie wymagają jego interwencji.

Prawdopodobnie zostaniesz wypisana ze szpitala po 2–4 dniach po zabiegu, ale nadal będziesz potrzebować spokoju, wsparcia i opieki.

W domu z dzieckiem

W szpitalu pielęgniarka była na wyciągnięcie ręki, gdy tylko jej potrzebowałam. Teraz jestem już z synkiem w domu i nie mam pojęcia, jak się nim zająć – jestem totalnie przytłoczona sytuacją.

To prawda, że dzieci nie rodzą się z instrukcją obsługi na słodkich, pulchnych pupciach (czyż to nie byłoby wygodne?). Na szczęście zazwyczaj wracają do domu z broszurą wyjaśniającą, jak je karmić, kąpać i przewijać. Zdążyłaś już ją zgubić? A może wysmarowałaś ją „musztardową" kupką, gdy po raz pierwszy próbowałaś zmienić pieluszkę i jednocześnie czytać „instrukcję obsługi"? Nie martw się; zmagając się ze swoją nową rolą, na pewno znajdziesz mnóstwo innych źródeł informacji (na przykład książkę *Pierwszy rok życia dziecka*, REBIS 2017). Poza tym przypuszczalnie zdążyłaś już zaplanować pierwszą wizytę u pediatry, który wyposaży cię w kolejne informacje i porady, nie wspominając o tym, że odpowie na dręczące cię pytania (oczywiście pod warunkiem, że nie zapomniałaś ich zapisać i zabrać ze sobą). A może twoje ubezpieczenie obejmuje patronażową wizytę położnej, która rozwiąże wszystkie twoje problemy i zaoferuje pomocną dłoń. W Polsce każda kobieta (również nieubezpieczona) w czasie ciąży, porodu i połogu ma prawo do opieki medycznej; w połogu opieka ta obejmuje również co najmniej 4 wizyty patronażowe.

Oczywiście, by z młodego rodzica zrobić eksperta, potrzeba czegoś więcej niż tylko specjalistycznej wiedzy. Potrzebna jest również cierpliwość, wytrwałość oraz mnóstwo praktyki. Na szczęście dziecko nie będzie cię oceniać w trakcie tych rodzicielskich ćwiczeń. Nie zwróci uwagi, że założyłaś pieluszkę tyłem do przodu i nie przejmie się, że podczas kąpieli zapomniałaś je umyć za uszami. Co więcej, nie zawaha się i natychmiast poinformuje cię o tym, że coś mu się nie podoba. Da ci zatem znać, że jest głodne,

DLA OJCÓW

We trójkę

Najlepszym sposobem na rozpoczęcie nowego życia w roli ojca jest pobyt w domu z rodziną. A więc jeśli to tylko możliwe i finansowo wykonalne, rozważ wzięcie urlopu od razu po porodzie – możesz wykorzystać 12-tygodniowy urlop bezpłatny, do którego mamy i ojcowie w Stanach Zjednoczonych mają prawo zgodnie z Ustawą o urlopach rodzinnych i zdrowotnych lub wziąć urlop wypoczynkowy; w Polsce urlop ojcowski trwa 2 tygodnie i można go wykorzystać do 12 miesiąca życia dziecka, natomiast wymiar urlopu tacierzyńskiego jest uzależniony od stopnia wykorzystania urlopu macierzyńskiego. Jeśli to niemożliwe (lub nie chcesz brać urlopu), spróbuj przez jakiś czas popracować na część etatu lub w domu.

Jeśli żadna z tych możliwości nie wchodzi w grę, spędzaj więcej czasu poza pracą. Jak najwięcej przebywaj w domu, nie bierz nadgodzin, unikaj spotkań wczesnym rankiem lub późnym wieczorem, a także podróży służbowych, które możesz przełożyć na później. Kiedy jesteś w domu, pomagaj swojej partnerce – szczególnie w okresie połogu, gdy wraca do sił po porodzie – staraj się wyręczać ją w pracach domowych i opiece nad dzieckiem. Pamiętaj, że bez względu na to, jak stresująca i wyczerpująca jest twoja praca, to nie ma bardziej wymagającego zajęcia niż opieka nad noworodkiem.

Zrób wszystko, by budowanie więzi z maleństwem stało się teraz twoim priorytetem, ale nie zapominaj, że powinieneś zadbać również o młodą mamę. Rozpieszczaj ją, kiedy jesteś w domu, i dawaj jej do zrozumienia, że myślisz o niej, gdy jesteś w pracy. Często do niej dzwoń, żeby ją wesprzeć (i żeby w razie potrzeby w rozmowie z tobą mogła się pozbyć negatywnych emocji), kupuj jej kwiaty i zabieraj do ulubionej restauracji.

---

zmęczone lub że ma mokro (chociaż na początku możesz mieć trudności z rozpoznaniem, dlaczego płacze). A najlepsze jest to, że twój maluch nigdy nie miał innej mamy (ani taty), więc nie będzie mógł cię z nikim porównać i w związku z tym na pewno wypadniesz znakomicie. Prawdę mówiąc, zawsze będziesz dla niego najlepszą mamą, jaką kiedykolwiek miał.

Twoja wiara w siebie nadal się rozpada? Pomoże ci z pewnością upływający czas oraz każde kolejne rodzicielskie doświadczenie, ale najbardziej terapeutyczna na pewno okaże się świadomość, że znalazłaś się w doborowym towarzystwie. Wszyscy rodzice (nawet doświadczeni "zawodowcy", na których na pewno spoglądasz z zazdrością) w pierwszych tygodniach życia dziecka mają wrażenie, że wszystko ich przerasta, szczególnie gdy poporodowe wyczerpanie do spółki z brakiem snu i połogową rekonwalescencją bardzo się dają we znaki i odbijają na kondycji ciała i duszy. A więc rozluźnij się trochę i daj sobie czas, by przyzwyczaić się do nowej roli i nabrać wprawy. Wkrótce (może nawet szybciej, niż myślisz) codzienne wyzwania związane z opieką nad dzieckiem przestaną być tak skomplikowane. Co więcej, staną się dla ciebie tak naturalne, że będziesz je wykonywać nawet przez sen (i często będziesz miała wrażenie, że śpisz). A więc bez problemu przewiniesz malucha, nakarmisz go, potrzymasz, żeby mu się odbiło, i uspokoisz nawet z jedną ręką zawiązaną na plecach (albo przynajmniej złożysz nią pranie, nadrobisz zaległości w mediach społecznościowych, poczytasz książkę, zjesz płatki i zrobisz wiele innych rzeczy). Będziesz po prostu mamą. A mamy – na wypadek gdybyś nie wiedziała – mogą i potrafią wszystko.

WSZYSTKO O...
Początki karmienia piersią

Nie ma nic bardziej naturalnego niż karmienie niemowlęcia piersią, prawda? Cóż, okazuje się, że nie zawsze, a przynajmniej nie od razu. Dzieci rodzą się po to, by pić mleko z piersi, ale niekoniecznie natychmiast wiedzą, jak to robić. To samo dotyczy mam. Piersi wprawdzie automatycznie napełniają się mlekiem, ale umiejętne umieszczenie brodawki w ustach noworodka to już zupełnie inna sprawa, która wymaga, cóż... pewnej wiedzy i umiejętności.

Rzecz w tym, że chociaż karmienie piersią jest procesem naturalnym, to niekoniecznie przychodzi naturalnie lub szybko wszystkim mamom i dzieciom. Niekiedy pojawiają się pewne czynniki fizyczne, które udaremniają pierwsze próby, a innym razem przyczyną jest po prostu brak doświadczenia po obu stronach. Ale te trudności prawdopodobnie nie potrwają zbyt długo i wkrótce obie strony będą doskonale zsynchronizowane. Niektóre z najbardziej satysfakcjonujących związków między dzieckiem a piersiami zaczynają się dopiero po kilku dniach – a nawet tygodniach – nieudanych i nieudolnych wysiłków i łez mamy i maleństwa.

Teoretyczna znajomość techniki karmienia piersią na pewno ułatwi wzajemne dopasowanie. Nikt jednak nie będzie w stanie zastąpić dziecka przy piersi. Poniższe informacje pomogą ci rozpocząć karmienie piersią, ale bardziej szczegółowe wskazówki – w tym strategie pokonywania przeszkód na drodze do pełnego sukcesu – znajdziesz w książce *Pierwszy rok życia dziecka* (REBIS 2017).

Zacznij karmić piersią

Oto wskazówki, które z pewnością ułatwią ci to niezbyt proste na początku zadanie:

Zacznij od razu. Pierwsza godzina życia to doskonały moment, by rozpocząć karmienie piersią. Poinformuj lekarza, że chciałabyś przystawić dziecko do piersi od razu po porodzie (nawet jeśli urodzisz przez cięcie cesarskie); oczywiście pod warunkiem, że dziecko nie będzie wymagało jakichś działań medycznych.

Poproś o pomoc. Poproś konsultantkę laktacyjną lub pielęgniarkę, która zna się na karmieniu piersią, by przyjrzała się twojej technice i poinstruowała cię, jak skutecznie przystawiać dziecko do piersi. Jeśli wyjdziesz ze szpitala, zanim uzyskasz taką pomoc – lub będziesz jej potrzebowała, gdy znajdziesz się w domu – poszukaj konsultantki laktacyjnej lub położnej, która oceni twoją technikę i zaoferuje cenne wskazówki. Skontaktuj się w tym celu z miejscowym oddziałem La Leche League (www.llli.org lub www.lllpolska.org), International Lactation Consultant Association (www.ilca.org) lub Polskim Towarzystwem Konsultantów i Doradców Laktacyjnych (www.laktacja.org.pl). Niektórzy pediatrzy (oraz doświadczone pielęgniarki) również są doradcami laktacyjnymi, więc spytaj o to swojego lekarza.

Nie dawaj dziecku butelki. Nawet jeśli w którymś momencie zamierzasz wprowadzić butelkę, na razie się z tym wstrzymaj i dopilnuj, żeby personel szpitala również nie podawał maluchowi butelki, dopóki nie będzie to uzasadnione względami medycznymi. Podawanie butelki z wodą z glukozą lub mieszanką może zniweczyć twój trud, ponieważ zaspokoi niewielki apetyt maleństwa oraz jego potrzebę ssania. Ssanie smoczka wymaga mniej wysiłku, więc po kilku spotkaniach z butelką dziecko nie bę-

> ### Karmienie butelką
>
> Wybrałaś butelkę? Rozpoczęcie sztucznego karmienia jest zazwyczaj o wiele łatwiejsze niż początki karmienia piersią (między innymi dlatego, że butelki i mieszanki są wyposażone w instrukcję obsługi, a piersi nie). Jednak mimo wszystko trzeba się wiele nauczyć, więc zajrzyj do książki *Pierwszy rok życia dziecka* (REBIS 2017), w której znajdziesz mnóstwo informacji o karmieniu butelką.

mienia do początku następnego – co daje mniej więcej 8–12 karmień na dobę. Taki sposób karmienia sprawi, że maluszek będzie szczęśliwy (noworodki uwielbiają ssać, nawet gdy nie są głodne) oraz pobudzi laktację, zminimalizuje obrzęki i wzmoże produkcję mleka. Twoje dziecko jest śpiochem? Jeśli od ostatniego karmienia minęły już 2–3 godziny, najwyższy czas urządzić pobudkę. Odkryj maleństwo albo połóż je na swojej nagiej klatce piersiowej (zapach twojej piersi powinien wystarczyć, żeby je obudzić).

dzie chciało się męczyć z twoimi sutkami. Co gorsza, jeśli dziecko gdzie indziej zaspokoi swoją potrzebę ssania, twoje piersi nie będą stymulowane i nie wytworzą wystarczającej ilości mleka – w ten sposób powstanie błędne koło, które nie pozwoli na ustabilizowanie się systemu popytu i podaży pokarmu. Zatem gdy wrócisz do domu, nie podawaj maluchowi butelki (nawet jeśli w przyszłości zamierzasz wprowadzić karmienie uzupełniające), dopóki pokarm w piersiach się nie ustabilizuje, co zazwyczaj trwa 2–3 tygodnie.

Karm na okrągło. Staraj się karmić co 2–3 godziny, licząc od początku jednego kar-

Uspokój się, mamo. Napięcie nie tylko utrudni wypływ pokarmu, ale może również wywołać stres u dziecka (niemowlęta są wyjątkowo czułe na nastroje matki), a zdenerwowane dziecko nie jest w stanie skutecznie ssać. Spróbuj zatem rozpoczynać każde karmienie jak najbardziej odprężona. Zanim przystawisz dziecko do piersi, wykonaj kilka ćwiczeń relaksacyjnych lub włącz spokojną muzykę. Pomoże ci na pewno wygodna pozycja, więc wykorzystaj poduszkę do karmienia (lub zwykłą), żeby ułożyć maleństwo w taki sposób, by karmienie nie sprawiało bólu i nie było przyczyną napięcia mięśni. Uspokój również dziecko – delikatnie je pokołysz lub połóż na swojej nagiej piersi.

> ### Dieta karmiącej mamy
>
> Produkując mleko, spalisz 500 kcal dziennie, co oznacza, że będziesz musiała dodatkowo dostarczyć je swojemu organizmowi (oczywiście dodatkowo 500 kcal w porównaniu z twoją normą sprzed ciąży), by zaspokoić tę potrzebę energetyczną. Gdy dziecko urośnie i jego apetyt również, prawdopodobnie będziesz musiała dodać do swojej diety jeszcze więcej kalorii, przynajmniej dopóki maluch nie zacznie jeść pokarmów stałych, a jego zapotrzebowanie na mleko z piersi się zmniejszy. Będziesz również potrzebowała dodatkowej dawki wapnia (łącznie 5 porcji dziennie).
>
> Więcej informacji na temat tego, co jeść, a czego nie jeść (i nie pić), a także kompendium wiedzy na temat karmienia piersią znajdziesz w książce *Pierwszy rok życia dziecka* (REBIS 2017). Natomiast dieta karmiącej mamy została dokładnie opisana w poradniku *Dieta przyszłej matki* (REBIS 2016).

Podstawowe wiadomości na temat karmienia piersią

Podstawą dobrego przystawienia malucha do piersi jest właściwa pozycja – to ona uchroni cię przed bólem brodawek oraz innymi problemami z karmieniem. Rozpocznij od ułożenia dziecka na boku z twarzą skierowaną w stronę brodawki. Upewnij się, że niemowlę jest całym ciałem zwrócone w kierunku twoich piersi, a jego ucho, ramię i biodro tworzą linię prostą. Inaczej mówiąc, zwróć uwagę na to, czy maleństwo leży równolegle do piersi, którą będziesz karmiła. Dopilnuj, by główka nie odwróciła się na bok – powinna być w linii prostej z resztą

Czas karmienia

Pamiętasz, jak mierzyłaś czas między skurczami – od początku jednego skurczu do początku następnego? To dobrze, ponieważ czas karmienia odmierza się dokładnie w ten sam sposób. Karmienia nie są oczywiście tak częste jak skurcze porodowe, lecz za to trwają o wiele dłużej, więc między nimi będziesz miała mniej czasu, niż się spodziewasz.

Chociaż karmienie piersią na początku jest bardzo czasochłonne, nie można go jednak ograniczać. Przeciętny noworodek ssie przeciętnie 30 minut, lecz niektórzy maruderzy mogą potrzebować aż 45 minut. Nie ograniczaj również czasu karmienia z każdej piersi z powodu bólu brodawek. Jest on wynikiem nieprawidłowego przystawienia dziecka do piersi i ma niewiele wspólnego z długością ssania. Zamiast tego pozwól, by maluszek został twym przewodnikiem (jak się wkrótce przekonasz, noworodek w wielu sprawach jest dużo mądrzejszy, niż wskazuje na to jego wiek, a picie z piersi jest właśnie jedną z tych spraw). Dziecko na pewno da ci znać, kiedy należy zmienić pierś (zwolni lub przestanie ssać), a kiedy uznać sprawę za załatwioną (wówczas zaśnie). Wyjątek? Jeśli maleństwo przysypia po kilku minutach ssania, należy je obudzić (niektóre małe śpiochy wolą spać, niż ssać).

Kiedy mleko napłynie do piersi (nawał mleczny się skończy, a ilość pokarmu ustabilizuje), z pewnością będziesz chciała zyskać pewność, że w trakcie każdego karmienia przynajmniej jedna pierś została całkowicie opróżniona (poczujesz, że jest miękka). Dokładne opróżnienie jednej strony przed przystawieniem dziecka do drugiej piersi to gwarancja, że mały smakosz otrzymał nie tylko mleko pierwszej fazy, które wypływa z piersi na początku karmienia i zaspokaja pragnienie, lecz także wysokokaloryczne mleko drugiej fazy wypływające pod koniec ssania. Zatem nie odsuwaj dziecka od piersi w środku karmienia. Kiedy skończy ssać pierwszą pierś, możesz podać mu drugą, ale do niczego go nie zmuszaj. Pamiętaj tylko, by następne karmienie rozpocząć od piersi, która nie została opróżniona.

Jesteś tak śpiąca, że masz kłopot z zapamiętaniem, która strona ma być następna? Użyj „przypominajki" – zapisz w swoim dzienniczku karmienia bądź aplikacji, zawiąż wstążeczkę na ramiączku stanika lub załóż na rękę kolorową bransoletkę przeznaczoną specjalnie dla karmiących mam – to pomoże ci zapamiętać, od której piersi należy zacząć kolejną sesję.

A skoro mowa o trzymaniu ręki na pulsie, warto również na bieżąco prowadzić wykaz karmień (kiedy się zaczynają i kiedy kończą) oraz mokrych i zabrudzonych pieluch. Może wygląda to na lekką obsesję, ale z pewnością pomoże ci ustalić, jak idzie karmienie, a podczas następnej wizyty kontrolnej zdać sprawozdanie pediatrze. Oprócz właściwego przyrostu masy ciała odpowiednia liczba brudnych pieluch (w ciągu doby co najmniej sześć mokrych – z czystym, jasnym moczem, oraz pięć z kupką) to jeden z najlepszych wskaźników właściwego żywienia noworodka oraz znak, że twoje piersi i dziecko są na dobrej drodze.

DLA OJCÓW
Nie ma piersi, nie ma problemu

To fakt biologiczny: są trzy rzeczy, które mogą zrobić mamy, a ojcowie nie. Nie możesz zajść w ciążę, nie możesz urodzić dziecka (dla niektórych to duży plus) i nie możesz karmić piersią. Kolejny fakt: te naturalne ograniczenia absolutnie nie skazują cię na pobyt poza linią boczną. Możesz dzielić ze swoją partnerką wszystkie emocje, każdą chwilę niecierpliwego wyczekiwania i, spójrzmy prawdzie w oczy, stres towarzyszący ciąży i porodowi – od pierwszego kopnięcia do ostatniego parcia. I chociaż nigdy nie będziesz mógł przystawić dziecka do piersi (przynajmniej nie w taki sposób, jakiego twoja pociecha oczekuje), możesz brać aktywny udział w procesie karmienia.

Bądź wsparciem podczas karmienia. Kiedy laktacja już się ustabilizuje, pojawią się także inne sposoby karmienia dziecka. I chociaż nie będziesz mógł nakarmić go piersią, na pewno zdołasz podać mu butelkę z odciągniętym mlekiem lub mieszanką (oczywiście pod warunkiem, że butelka i mieszanka znajdują się w menu maluszka). Takie wsparcie w procesie karmienia to nie tylko chwila wytchnienia dla mamy (na przykład w środku nocy lub w trakcie obiadu), ale również dodatkowa okazja dla ciebie, by zbliżyć się do dziecka. Dobrze wykorzystaj te chwile – zamiast podać butelkę dziecku i czymś ją podeprzeć, przyjmij pozycję do karmienia, przytul maleństwo i umieść butelkę na wysokości piersi. Rozepnij koszulę, żeby umożliwić kontakt skórą do skóry, co jeszcze bardziej wzmocni wasze wspólne przeżycia. Butelka nie wchodzi w grę? I tak przy każdej okazji możesz przytulać maleństwo skórą do skóry.

Bierz nocne zmiany przy dziecku. Dzielenie z partnerką radości karmienia to również bezsenne noce, zwłaszcza w pierwszych tygodniach życia dziecka. Nawet jeśli nie karmicie maleństwa butelką, i tak możesz wiele zrobić dla swojej „mlecznej drużyny". Możesz wyjąć dziecko z łóżeczka, przewinąć je, podać mamie, a po skończeniu karmienia zanieść z powrotem do łóżeczka. Dzięki udziałowi w nocnych karmieniach nie tylko będziesz miał lepszy kontakt z dzieckiem (stworzysz więzi i wspomnienia, które będą trwać całe życie), ale też dasz mamie szansę, żeby trochę odpoczęła.

Przejmij inne obowiązki. Wprawdzie karmienie piersią jest zarezerwowane wyłącznie dla mamy, lecz tata może z taką samą wprawą kąpać, przewijać i kołysać maleństwo – jeśli się zaangażuje i stanie na wysokości zadania, może robić to nawet lepiej niż mama.

---

ciała. (Wyobraź sobie, jak trudne byłoby picie i przełykanie, gdybyś musiała to robić z odwróconą głową). Ułóż dziecko na poduszce do karmienia (lub zwykłej) na takiej wysokości, która ułatwi ci przystawienie go do piersi.

Możesz wypróbować następujące pozycje i znaleźć taką, która będzie dla ciebie najwygodniejsza:

Pozycja krzyżowa. Podtrzymuj główkę dziecka ręką przeciwną do piersi, którą karmisz (jeśli karmisz prawą piersią, przytrzymuj główkę lewą ręką). Oprzyj nadgarstek między łopatkami maleństwa, kciuk za jednym uchem, a pozostałe palce za drugim. Drugą ręką obejmij pierś – kciuk powinien się znajdować powyżej brodawki i otoczki w miejscu, gdzie nosek maleństwa dotyka piersi, a palec wskazujący tam, gdzie znajduje się jego broda. Lekko ściśnij pierś, żeby skierować brodawkę w stronę noska malucha. Teraz jesteś już gotowa, by przystawić dziecko do piersi.

Pozycja krzyżowa

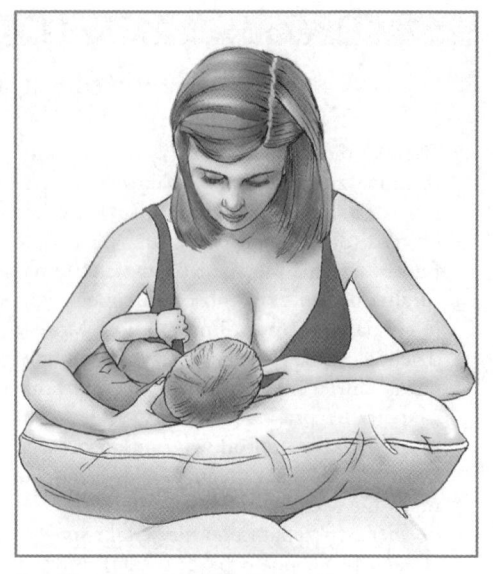

Pozycja spod pachy (futbolowa)

Pozycja klasyczna (kołyskowa)

Pozycja spod pachy (futbolowa). Ta pozycja jest bardzo wygodna, jeśli rodziłaś przez cięcie cesarskie i nie chcesz, by dziecko dotykało brzucha, a także gdy masz duże piersi, noworodek jest mały albo urodził się przed terminem. Przyłóż dziecko do swojego boku z twarzą skierowaną w twoją stronę i nóżkami pod swoją ręką (prawą, gdy karmisz prawą piersią). Prawą ręką podtrzymuj główkę maluszka, a lewą obejmij pierś tak jak w pozycji krzyżowej.

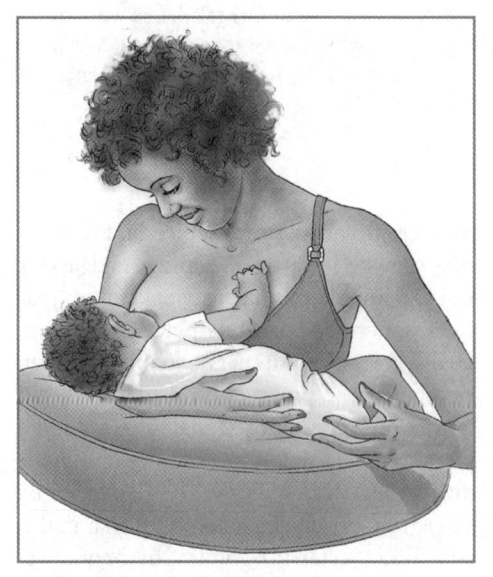

Pozycja klasyczna (kołyskowa). Ułóż dziecko w taki sposób, by jego główka spoczywała w zgięciu twojego łokcia, a przedramieniem podtrzymuj resztę ciała. Wolną ręką obejmij pierś tak jak w pozycji krzyżowej.

Pozycja leżąca na plecach („pod górkę"). Połóż się na plecach i podeprzyj głowę poduszkami w taki sposób, by dziecko leżące na twoim brzuchu z główką w pobliżu piersi (główka powinna się znajdować nad piersią, a nie pod) dopasowało się do takiego ułożenia dzięki sile grawitacji. Maleństwo może leżeć w dowolnej pozycji (wzdłuż lub w poprzek brzucha), pod warunkiem że jest zwrócone przodem do ciebie i jest w stanie dosięgnąć piersi. Dziecko w naturalny sposób samo sięgnie do piersi lub zrobi to z twoją pomocą – wystarczy, że skierujesz

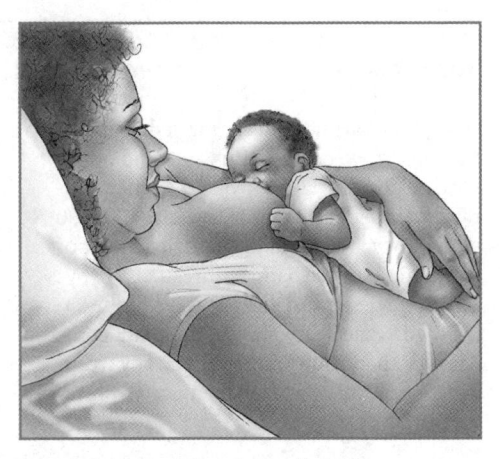

Pozycja leżąca na plecach ("pod górkę")

brodawkę do jego ust. Poza tym w pozycji „pod górkę" nie będziesz miała zbyt wiele do roboty – po prostu leż i ciesz się chwilą.

Pozycja leżąca na boku. W tej pozycji mama i dziecko leżą na boku „brzuch do brzucha". Ręką, na której nie leżysz, w razie potrzeby obejmij pierś (podobnie jak w każdej innej pozycji). Takie ułożenie jest bardzo wygodne, gdy karmisz dziecko w środku nocy.

Kiedy już wybierzesz odpowiednią dla siebie pozycję i przystawisz dziecko do piersi, wykorzystaj następujące wskazówki, żeby ułatwić sobie karmienie:

- Delikatnie połaskocz brodawką usta maleństwa, by szeroko otworzyło buzię – jak do ziewania. Niektórzy eksperci laktacyjni zalecają, by najpierw skierować brodawkę w stronę noska, a dopiero potem dotknąć nią górnej wargi maluszka, by jak najszerzej otworzył buzię. To uchroni go przed ssaniem dolnej wargi. Jeśli dziecko odwraca główkę, delikatnie połaskocz jego policzek od strony piersi. Wywoła to fizjologiczny odruch szukania i dziecko zwróci główkę w kierunku twojej piersi.

- Kiedy małe usteczka już się szeroko otworzą, przysuń dziecko do siebie – nie przysuwaj do niego piersi ani jej nie naciągaj. Wiele problemów z przystawianiem wynika z tego, że mama garbi się nad niemowlęciem, próbując wcisnąć pierś do jego ust. Wyprostuj zatem plecy i przysuń maleństwo do piersi. Pamiętaj również, żeby nie wpychać brodawki do niechętnej buzi – dziecko musi samo przejąć inicjatywę. Być może będziesz musiała podjąć kilka prób, zanim maluszek na tyle otworzy usta, abyś mogła go prawidłowo przystawić do piersi i nakarmić.

Pozycja leżąca na boku

Karmienie wieloraczków

Karmienie piersią wieloraczków – podobnie jak każdy inny aspekt opieki nad nimi – wydaje się przynajmniej dwa razy trudniejsze i bardziej wymagające niż karmienie jednego dziecka. Jednak kiedy już złapiesz rytm (a wkrótce tak się stanie!), stwierdzisz, że nie tylko jest to wykonalne, ale dwa (a nawet trzy) razy bardziej satysfakcjonujące i wygodniejsze. Aby skutecznie wykarmić bliźnięta (lub więcej dzieci), powinnaś:

Jeść. Jeśli karmisz więcej niż jedno dziecko, musisz więcej jeść. By zapewnić odpowiedni poziom laktacji dla swoich wieloraczków, będziesz potrzebowała 400–500 dodatkowych kcal na każde dziecko w porównaniu z potrzebami z okresu ciąży (być może będziesz musiała zwiększyć liczbę kalorii, gdy dzieci urosną i będą miały coraz większy apetyt, lub zmniejszyć ją, gdy wprowadzisz karmienie uzupełniające w posta-

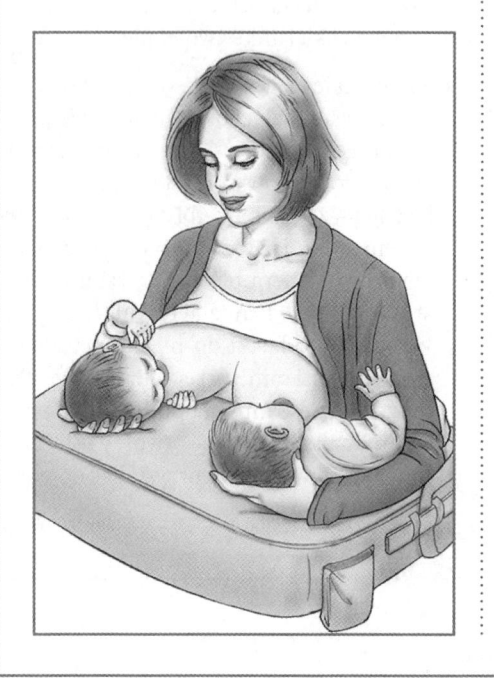

- Sprawdź, czy dziecko jest prawidłowo przystawione do piersi – powinno obejmować ustami brodawkę i otoczkę. Ssanie bowiem samej brodawki nie wystarczy, by uciskać gruczoły mleczne, a poza tym może być przyczyną bólu brodawek oraz ich pękania.
- Kiedy już prawidłowo przystawisz dziec-

ko, sprawdź, czy twoja pierś nie blokuje jego noska. Jeśli tak, uciśnij lekko pierś palcem. Możesz też trochę unieść malucha, by ułatwić mu oddychanie. Podczas tych manewrów uważaj jednak, żeby dziecko nie wypuściło z ust otoczki.
- Nie jesteś pewna, czy maleństwo ssie? Przyjrzyj się jego słodkim policzkom –

ci mieszanki i/lub pokarmów stałych, albo jeśli masz spore zapasy tkanki tłuszczowej, którą zamierzasz spalić). Będziesz również potrzebowała dodatkowej dawki wapnia (łącznie 6 porcji dziennie, chociaż możesz je także pozyskać dzięki suplementowi diety). Więcej informacji znajdziesz w ramce na str. 499.

Odciągaj pokarm. Jeśli twoje maleństwa przebywają jeszcze na oddziale intensywnej opieki nad noworodkami i są zbyt małe, by karmić je piersią, pomyśl o odciąganiu pokarmu. Patrz ramka na str. 507.

Karm dwoje naraz. Masz dwie piersi i dwoje (lub więcej) ust chętnych do ssania, więc czemu nie karmić maluchów w tandemie? Jednoczesne karmienie dwójki dzieci to niezaprzeczalna i ogromna korzyść, ponieważ dzięki temu nie spędzasz na karmieniu całych dni i nocy (najpierw dziecko numer 1, potem dziecko numer 2, znowu dziecko numer 1 i tak bez końca). Aby jednocześnie nakarmić oba maleństwa, połóż je najpierw na poduszkach, a potem przystaw do piersi (możesz poprosić kogoś, żeby podał ci dzieci, szczególnie jeśli są to początki i nadal próbujesz się przyzwyczaić do tej trudnej sytuacji). Zadanie ułatwi ci poduszka przeznaczona do karmienia bliźniąt. Możesz karmić oba maluchy w pozycji spod pachy (futbolowej), podpierając ich główki poduszkami, lub połączyć pozycję klasyczną (kołyskową) z pozycją spod pachy, również korzystając z poduszek. Wypróbuj różne ułożenia i tak długo eksperymentuj, aż wszystkim będzie wygodnie.

Jeśli karmienie w tandemie cię nie przekonuje, zrezygnuj z niego. Możesz jedno dziecko karmić butelką (własnym odciągniętym pokarmem lub mieszanką, oczywiście pod warunkiem, że wprowadziłaś karmienie uzupełniające), a drugie piersią (potem na odwrót), albo karmić każde dziecko oddzielnie.

Masz troje (lub więcej) dzieci do wykarmienia? Karmienie piersią trojaczków (lub nawet czworaczków) również jest możliwe. Najpierw nakarm dwójkę maluchów, a potem trzeciego, pamiętając, by zmieniać dziecko, które karmisz oddzielnie. Więcej informacji na temat karmienia piersią wieloraczków znajdziesz w Internecie (na przykład www.raisingmultiples.org, www.mlekiemmamy.org/karmienie-piersia-wieloraczkow).

Traktuj inaczej każde karmienie. Nawet identyczne bliźnięta jednojajowe mają różne osobowości, apetyty i wzorce żywieniowe. Spróbuj zatem dostroić się do potrzeb każdego dziecka. Prowadź również szczegółowe notatki, by mieć pewność, że maluchy są najedzone.

Zapewnij piersiom odpowiedni trening. Przy każdym karmieniu zmieniaj piersi i dzieci – przystawiaj każde dziecko do innej piersi, by każda z nich była odpowiednio stymulowana.

powinnaś zobaczyć silne, regularne i rytmiczne ruchy, które będą świadczyły o tym, że dziecko prawidłowo ssie i przełyka.

Karmienie się rozpoczęło, ale jak długo powinno trwać? Przeczytaj informacje znajdujące się w ramce na str. 500.

Jeśli dziecko skończyło ssać, ale nadal trzyma w buzi brodawkę, nie wyciągaj jej gwałtowne, żeby nie spowodować uszkodzenia. Po prostu uciśnij lekko pierś albo włóż palec w kącik ust maluszka, by wpuścić trochę powietrza.

Karmienie po cięciu cesarskim

Nie możesz się doczekać, żeby przystawić dziecko do piersi, chociaż miałaś poród operacyjny? Będzie to jednak zależało od twojego samopoczucia i stanu zdrowia dziecka. Coraz więcej szpitali zezwala na kontakt skórą do skóry (i szukanie piersi) od razu po porodzie, jeżeli pozwala na to stan zdrowia noworodka. Większość postępowych klinik położniczych zezwala mamom na karmienie dziecka piersią od razu po cięciu cesarskim – jeszcze na sali operacyjnej. Rzecz jasna będziesz miała trudności z poruszaniem się (w końcu przeszłaś poważną operację), więc się nie wahaj i poproś swojego partnera, położną, doulę lub konsultantkę laktacyjną, by pomogli ci wygodnie usiąść na łóżku (lub położyć się na boku) i podali dziecko.

Karmienie piersią po cięciu cesarskim na początku prawdopodobnie nie będzie zbyt wygodne ani przyjemne (przynajmniej wtedy, gdy przestaną działać środki przeciwbólowe). Najlepszym rozwiązaniem będzie w tej sytuacji znalezienie pozycji, w której dziecko nie będzie uciskało rany pooperacyjnej. W tym celu połóż na brzuchu poduszkę (zwykłą lub do karmienia), a na niej maleństwo. Możesz również położyć się na boku albo karmić dziecko w pozycji spod pachy (patrz str. 502), podpierając je poduszką. Pomocny może się okazać także pas brzuszny, który trochę odciąży miejsce cięcia i ułatwi karmienie piersią. Niektóre pozycje są wygodniejsze, inne mniej wygodne, więc wybierz taką, która będzie najlepsza dla ciebie.

Jeśli jesteś półprzytomna po znieczuleniu ogólnym albo dziecko wymaga natychmiastowej opieki na oddziale intensywnej opieki medycznej nad noworodkami, karmienie będzie musiało poczekać. Jeżeli po 12 godzinach okaże się, że nadal nie możesz być razem z dzieckiem, poproś o odciągacz pokarmu, żeby odciągnąć siarę i wywołać laktację.

Zapamiętaj jeszcze kilka innych uwag. Po pierwsze, ponieważ w czasie cięcia cesarskiego podano ci dożylnie mnóstwo płynów, twoje dziecko również będzie odrobinę „nawodnione". Będzie zatem musiało pozbyć się nadmiaru płynów. Może więc dużo siusiać i stracić sporo na wadze (więcej niż noworodek urodzony drogami natury). Upewnij się, że utrata masy ciała nie stała się pretekstem do podania dziecku mieszanki (chyba że pojawiły się jakieś wskazania medyczne), gdyż to może zmniejszyć twoją szansę na sukces i udany początek karmienia piersią (patrz str. 498). Po drugie, niektóre mamy po cięciu cesarskim stwierdzają, że mleko napływa do piersi później, niż się spodziewały, co prawdopodobnie ma związek ze stresem operacyjnym. Możesz wywołać napływ mleka, często przytulając dziecko skórą do skóry, i jak najszybciej przystawić je do piersi. Zadbaj o to, by wszystkie twoje życzenia dotyczące karmienia znalazły się w planie porodu i poproś o wsparcie swojego partnera, konsultantkę laktacyjną, doulę lub pediatrę – oni dopilnują, żeby dziecko jak najszybciej trafiło w twoje ramiona. I po trzecie, po cięciu cesarskim otrzymasz środki uśmierzające ból (często będą to leki opioidowe), ale nie wahaj się i zażyj je, kiedy tylko będziesz ich potrzebowała (lub chciała). Silny ból może bowiem niepotrzebnie zakłócić twoje wysiłki i uniemożliwić karmienie piersią. Jeśli będziesz przyjmować środki przeciwbólowe w miarę krótko i w bezpiecznych dawkach określonych przez lekarza, na pewno mu nie zaszkodzisz i nie zakłócisz procesu karmienia.

Jeśli po cięciu cesarskim otrzymasz antybiotyki, twój noworodek będzie w większym stopniu narażony na pleśniawki. Zmniejszysz ryzyko ich wystąpienia, zażywając probiotyk.

Karmienie piersią na oddziale intensywnej opieki medycznej nad noworodkami

Pierś jest najlepsza dla wszystkich dzieci – nawet tych najmniejszych. Prawdę mówiąc, wcześniaki, noworodki z niską masą urodzeniową czy dzieci z innymi problemami zdrowotnymi radzą sobie o wiele lepiej na mleku z piersi, nawet gdy jeszcze są zbyt małe, by ssać. Nie rezygnuj zatem z karmienia piersią. Porozmawiaj z neonatologiem, który opiekuje się twoim maleństwem, oraz z pielęgniarką i dowiedz się, co możesz zrobić, by nakarmić swoją kruszynkę, a potem ją nakarm – nawet na OIOM-ie.

Później – jeśli będzie to możliwe – odciągnij pokarm odciągaczem (najlepszy jest podwójny odciągacz elektryczny, a jeszcze lepszy będzie szpitalny odciągacz pokarmu, który wspiera proces laktacji). Jeśli maluszek nie będzie jeszcze gotowy, by przystawić go do piersi, twoje odciągnięte mleko zostanie mu podane za pomocą sondy lub butelki. Jeśli to również nie będzie możliwe, i tak możesz odciągać pokarm, by przechować go na później, a także by podtrzymać laktację do czasu, gdy dziecko będzie gotowe ssać. Nie produkujesz wystarczającej ilości mleka albo nie możesz go odciągnąć? Zapytaj w szpitalu o możliwość skorzystania z mleka innej mamy – taki pokarm często podaje się właśnie wcześniakom. Więcej informacji na temat karmienia wcześniaków (oraz innych aspektów opieki nad nimi) znajdziesz w książce *Pierwszy rok życia dziecka* (REBIS 2017).

ROZDZIAŁ 17

Połóg: Pierwsze 6 tygodni po porodzie

Do tej pory prawdopodobnie już zdążyłaś się przyzwyczaić do nowego życia w roli świeżo upieczonej mamy albo zastanawiasz się właśnie, jak pogodzić opiekę nad noworodkiem z potrzebami starszych dzieci. Niemal na pewno w dzień i w nocy koncentrujesz się przede wszystkim na noworodku, bo maleńkie dzieci przecież nie są w stanie same o siebie zadbać. Nie oznacza to jednak, że masz zaniedbywać własne potrzeby (tak, ty również potrzebujesz opieki, zwłaszcza jeśli nadal odzyskujesz siły po porodzie).

Chociaż większość twoich pytań i trosk dotyczy teraz dziecka, to na pewno pojawiają się też takie, które odnoszą się do twego stanu emocjonalnego („Czy kiedyś przestanę płakać podczas tych ckliwych reklam ubezpieczeń?"), życia seksualnego („Czy kiedykolwiek jeszcze będę miała na to ochotę?") i wyglądu („Czy jeszcze kiedyś będę w stanie włożyć dżinsy i się dopiąć?"). Odpowiedź na wszystkie pytania brzmi: Tak. Potrzebujesz tylko trochę czasu.

Co możesz odczuwać

Pierwsze 6 tygodni po porodzie to okres połogu i rekonwalescencji, w czasie którego powrócisz do pełni sił. Nawet jeśli ciąża przebiegała bezproblemowo, a poród należał do najłatwiejszych w dziejach położnictwa, to twoje ciało i tak jest porozciągane, wymęczone do granic możliwości i potrzebuje czasu, żeby odzyskać siły. Każda młoda mama, podobnie jak każda ciężarna kobieta, jest inna, więc jej rekonwalescencja przebiega inaczej i towarzyszą jej inne objawy poporodowe. W zależności od tego, w jaki sposób urodziłaś dziecko, jaką pomoc otrzymasz później w domu oraz jakie inne indywidualne czynniki wystąpią w trakcie połogu, możesz odczuwać wszystkie następujące objawy lub tylko niektóre z nich:

OBJAWY FIZYCZNE

- utrzymujące się odchody połogowe – początkowo intensywnie czerwone, później różowe, brunatne i w końcu żółtobiałe;
- zmęczenie;
- utrzymujący się ból i drętwienie w okolicy krocza, jeśli rodziłaś drogami natury (zwłaszcza jeśli masz szwy) lub próbowałaś urodzić naturalnie przed przeprowadzeniem cięcia cesarskiego;
- słabszy ból w miejscu nacięcia, choć nadal utrzymujące się odrętwienie i zaburzenia czucia poniżej linii cięcia, jeśli miałaś cięcie cesarskie;
- stopniowe ustępowanie zaparć i zmniejszenie dolegliwości ze strony żylaków odbytu;
- stopniowe zmniejszanie się obwodu brzucha w miarę wydalania nadmiaru płynów, obkurczania się macicy i jej powrotu w obręb miednicy;
- stopniowa utrata masy ciała;
- dyskomfort w obrębie piersi i bolesność brodawek trwające do czasu ustabilizowania się laktacji;

Oczekuj nieoczekiwanego

W okresie połogu, podobnie jak w czasie ciąży, może się pojawić wiele nieoczekiwanych objawów. Jednym z nim są na przykład urojone ruchy płodu – od czasu do czasu możesz czuć, że dziecko kopie od wewnątrz, chociaż ono z całą pewnością jest już na świecie. Możesz mieć również wyprzenia w kroczu, przypominające rumień pieluszkowy, których powodem jest długotrwałe używanie podpasek (spróbuj zmienić markę, stosuj wkładki nasączone olejkiem z oczaru wirginijskiego lub pożycz od malucha krem przeciw odparzeniom). Możesz również mieć pokrzywkę, która utrzymuje się kilka dni, tygodni lub nawet miesięcy po porodzie – ten swędzący problem dotyczy też mam, które nigdy w życiu nie miały alergii. Pokrzywka jest prawdopodobnie efektem działania hormonów wywołujących laktację lub poporodową reakcją immunologiczną (poproś lekarza o bezpieczny lek antyhistaminowy, który można stosować w czasie karmienia piersią). Kolejny nieoczekiwany objaw, który może nękać mamy karmiące piersią, to przelotne uczucie smutku pojawiające się za każdym razem, gdy dziecko zaczyna ssać (więcej informacji na ten temat w ramce na str. 528).

Masz również na inne objawy, których się nie spodziewałaś po porodzie? Sprawdź w tym i w poprzednim rozdziale, a jeśli nadal nie znajdziesz przyczyny, porozmawiaj z lekarzem.

- ból pleców (wynikający z osłabienia mięśni brzucha oraz noszenia dziecka na rękach);
- bóle stawów (na skutek rozluźnienia więzadeł w trakcie ciąży);
- ból ramion, barków i szyi (z powodu noszenia i karmienia dziecka);
- utrzymująca się potliwość;
- utrzymujące się uderzenia gorąca;
- wzmożone wypadanie włosów.

ODCZUCIA PSYCHICZNE

- euforia lub smutek, czasem huśtawka nastrojów między tymi dwoma skrajnościami;
- poczucie przytłoczenia lub coraz większej pewności siebie, czasem oba te uczucia na zmianę;
- niewielkie zainteresowanie seksem lub – rzadziej – wzmożone pożądanie.

Czego możesz oczekiwać podczas poporodowej wizyty kontrolnej

Lekarz prawdopodobnie wyznaczy wizytę kontrolną 4–6 tygodni po porodzie. (Jeśli miałaś cięcie cesarskie, prawdopodobnie będziesz musiała się zgłosić wcześniej – 2–3 tygodnie po porodzie – aby mógł sprawdzić, jak goi się rana pooperacyjma). Wizyta kontrolna po porodzie może obejmować następujące badania (w zależności od potrzeb i stylu pracy lekarza):

- pomiar ciśnienia tętniczego krwi;
- kontrolę masy ciała (powinna być mniejsza o 7,5–9 kilogramów w stosunku do tej sprzed porodu);
- kontrolę macicy, sprawdzenie, czy wróciła ona do kształtu sprzed ciąży, oraz ocenę jej wielkości i lokalizacji;
- ocenę szyjki macicy, która będzie powoli wracać do stanu sprzed ciąży, chociaż może być jeszcze trochę rozpulchniona;
- ocenę stanu blizny po zszyciu pękniętego lub naciętego krocza;
- ocenę pochwy, która powinna już być obkurczona i odzyskać napięcie mięśniowe sprzed ciąży;
- ocenę stanu blizny, jeśli miałaś cięcie cesarskie;
- badanie piersi w celu sprawdzenia, czy nie ma guzków, grudek, zaczerwienienia, podrażnień, popękanych brodawek lub nietypowej wydzieliny;
- sprawdzenie kończyn dolnych pod kątem żylaków oraz ocenę żylaków odbytu (jeśli je miałaś);
- ocenę twojego stanu emocjonalnego (żeby wykluczyć depresję poporodową);

Podczas tej wizyty lekarz odpowie również na wszystkie twoje pytania (przygotuj sobie listę) oraz porozmawia z tobą o metodach antykoncepcji, jeśli zamierzasz ją stosować. Na str. 533 znajdziesz dokładne informacje na ten temat.

Co może cię niepokoić

Wyczerpanie

Wiedziałam, że po porodzie będę zmęczona, ale nie spałam od tygodni i jestem tak niewiarygodnie wykończona, że to już nie jest zabawne.

Nikt nie twierdzi, że jest – zwłaszcza inni młodzi rodzice, którym brakuje snu. I nikt się też specjalnie nie dziwi, że jesteś zmęczona. Przecież nieustannie i bez końca karmisz dziecko (zwłaszcza piersią), pilnujesz, żeby mu się odbiło, zmieniasz pieluchy, kołyszesz je i nosisz na rękach. Próbujesz też uporać się ze stertą prania, która rośnie w oczach i każdego dnia coraz bardziej cię przytłacza, oraz wypisać niekończący się stos kartek z podziękowaniami. Robisz zakupy (znowu zabrakło pieluch?) i taszczysz pakunki (czy ktoś ma pojęcie, ile rzeczy dla dziecka trzeba zabrać, żeby wyskoczyć z nim po mleko do sklepu?). I robisz to wszystko, śpiąc przeciętnie po trzy godziny na dobę (pod warunkiem że masz szczęście), podczas gdy twój organizm dochodzi jeszcze do siebie po porodzie. Innymi słowy, masz wiele różnych powodów, żeby czuć się jak męczennica.

Czy jest jakieś lekarstwo na to nieustanne zmęczenie młodej mamy? Raczej nie – a przynajmniej do czasu, aż dziecko zacznie przesypiać całe noce. Tymczasem możesz jednak wypróbować kilka sposobów, które pomogą ci odzyskać nieco energii – w każdym razie chociażby tyle, żeby przetrwać:

Poproś o pomoc. Jeśli cię na to stać, możesz wynająć kogoś do pomocy (dobrym rozwiązaniem może być na przykład zatrudnienie douli). Jeżeli nie możesz sobie na to pozwolić, teraz jest najlepszy czas, by zwrócić się o pomoc do rodziny i przyjaciół. Poproś, żeby ktoś zabrał dziecko na spacer lub zrobił ci zakupy, a ty w tym czasie trochę wypocznij.

Podziel się obowiązkami i odpowiedzialnością. Rodzicielstwo to zajęcie dla dwojga (pod warunkiem że dziecko ma dwoje rodziców). Nawet jeśli tata maleństwa pracuje na pełen etat, to po powrocie do domu powinien przejąć część obowiązków związanych z opieką nad dzieckiem. To samo dotyczy sprzątania, prania, gotowania i robienia zakupów. Wspólnie podzielcie się obowiązkami, a potem dokładnie rozplanujcie zadania, żeby nie było nieporozumień. (Jeśli jesteś samotną matką lub twój partner jest żołnierzem i stacjonuje poza domem, poproś o pomoc przyjaciółkę lub kogoś z rodziny).

Nie zadręczaj się drobiazgami. Jedynym „drobiazgiem", jaki ma teraz znaczenie, jest twoje dziecko. Pozostałe sprawy powinnaś odłożyć na górną półkę i zająć się nimi dopiero wtedy, gdy będziesz miała więcej energii. Nie zwracaj uwagi na kurz, niech się zbiera tam, gdzie może (nawet na niewypisanych kartkach z podziękowaniami). Zyskasz trochę czasu, jeśli zrezygnujesz z wypisywania kartek, a w zamian wyślesz do wszystkich maila z załączonym zdjęciem malucha.

Zamawiaj przez Internet. Nieważne, czy chodzi o gorący posiłek, którego nigdy nie masz czasu ugotować, o nożyczki dla dziecka, których zapomniałaś kupić, czy o pieluchy, których ciągle brakuje – znajdź aplikację, dzięki której zamówisz wszystko z dostawą do domu (kupisz wszystko oprócz snu), ściągnij ją na swój telefon i zrób zakupy.

Śpij, kiedy dziecko śpi. Pewnie nieraz to słyszałaś i prawdopodobnie wzbraniałaś się przed tą myślą. Przecież gdy dziecko śpi, można zrobić mnóstwo innych rzeczy, na które nigdy nie ma czasu. Przestań się jednak wzbraniać i po prostu się zdrzemnij. Połóż się nawet na 15 minut, a na pewno lepiej poradzisz sobie z płaczem, gdy znowu się zacznie.

Nakarm dziecko, nakarm siebie. Karmienie dziecka to na pewno czasochłonne zajęcie, ale nie możesz zapominać o sobie. Podobnie jak to robiłaś, gdy byłaś w ciąży, walcz ze zmęczeniem, przegryzając małe przekąski zawierające białko i węglowodany złożone, ponieważ dzięki nim dłużej zachowasz energię. Lodówkę, schowek w samochodzie i torbę na pieluchy napełnij różnymi pożywnymi przekąskami i nie chodź głodna. Chociaż cukier i kofeina (wielkie ciastko i kawa latte plus pięć porcji espresso) mogą się wydawać oczywistym i najprostszym rozwiązaniem w tym wypadku, pamiętaj jednak, że skutek będzie krótkotrwały: po nagłym przypływie energii nastąpi równie szybki spadek. Nie zapominaj też, że nie wystarczy wyłącznie jeść. Pij więc dużo wody, ponieważ odwodnienie prowadzi do wyczerpania.

Jeśli będziesz naprawdę zmęczona i wyczerpana, zgłoś się do lekarza, żeby wykluczył inne przyczyny zdrowotne (na przykład poporodowe zapalenie tarczycy; patrz ramka na str. 523). Jeżeli czujesz się trochę przygnębiona, zrób wszystko, żeby poprawić sobie nastrój (patrz str. 516), ponieważ depresja poporodowa również może być przyczyną ciągłego zmęczenia. Jeśli wszystko zostanie już sprawdzone i wykluczone, otrzymasz diagnozę: Młoda mamo, bądź pewna, że twoje dni w charakterze zombi niedługo się skończą. Już wkrótce znowu będziesz mogła się wyspać.

Utrata włosów

Nagle zaczęły wypadać mi włosy. Czy łysieję?

Nie łysiejesz, tylko twoje włosy wracają do stanu sprzed ciąży. Zazwyczaj dziennie wypada nam około 100 włosów (oczywiście nie naraz, więc tego nie zauważamy), które przez cały czas są zastępowane nowymi. W czasie ciąży zmiany hormonalne powstrzymywały wypadanie włosów, które trzymały się kurczowo twojej głowy. Ale wszystko, co dobre, kiedyś się kończy. Wszystkie włosy, które powinny były wypaść w czasie ciąży, zaczną wypadać dopiero jakiś czas po porodzie – stanie się to zazwyczaj w ciągu pierwszych 6 miesięcy – i niestety często będą wychodziły całymi kępkami. Niektóre mamy karmiące piersią zauważają, że ich włosy zaczynają mocno wypadać dopiero po ograniczeniu karmienia piersią albo po całkowitym odstawieniu dziecka od piersi. Na pewno pocieszy cię wiadomość, że kiedy dziecko będzie zdmuchiwać świeczkę na swoim pierwszym urodzinowym torcie (i samo będzie już miało ładną czuprynkę), twoje włosy powrócą do normalnego stanu.

Aby im zapewnić zdrowie i prawidłowy wzrost, przyjmuj dalej suplement prenatalny (lub zastąp go preparatem dla karmiących mam, jeśli karmisz piersią), dobrze się odżywiaj i odpowiednio pielęgnuj włosy. Myj je szamponem tylko wtedy, gdy jest to naprawdę konieczne (i tak nie masz czasu na częste mycie głowy szamponem), używaj grzebienia z szeroko rozstawionymi zębami lub dobrej szczotki, nie stosuj lokówki ani prostownicy (i tak nie masz czasu na układanie fryzury), używaj miękkich gumek i delikatnych klamer do włosów.

Jeśli masz wrażenie, że włosy wypadają wyjątkowo mocno, zgłoś się do lekarza, gdyż może być to objaw poporodowego zapalenia tarczycy (patrz ramka na str. 523).

Przy okazji – jeśli w czasie ciąży nie musiałaś stosować wosku ani się golić, ponieważ włosy nie rosły nogach, pod pachami czy w innych miejscach, które zazwyczaj trzeba depilować, to po porodzie te dobre czasy się skończą. Niestety, włosy znowu zaczną rosnąć w miejscach, w których wolałabyś ich nie mieć. Jest jednak dobra wiadomość – jeśli w czasie ciąży miałaś owłosiony brzuszek lub zbędne owłosienie na twarzy, teraz wszystko powinno zniknąć.

Poporodowe nietrzymanie moczu

Urodziłam dziecko prawie 2 miesiące temu, a ciągle popuszczam mocz, gdy kaszlę lub się śmieję. Czy tak już będzie zawsze?

A więc twój pęcherz moczowy sprawia ci zawód? Cóż, mimowolne popuszczanie moczu w pierwszych miesiącach (tak, miesiącach) po porodzie jest całkowicie naturalne – zazwyczaj dochodzi do tego podczas śmiechu, ziewania, kaszlu lub wysiłku – i dość powszechne (dotyczy ponad 30 procent młodych mam). Przyczyną popuszczania moczu jest osłabienie mięśni pęcherza i miednicy spowodowane ciążą i porodem. Z tego właśnie powodu możesz mieć trudności z kontrolowaniem wypływu moczu. Poza tym obkurczająca się po porodzie macica jest usytuowana bezpośrednio na pęcherzu, wywiera na niego nacisk i utrudnia powstrzymanie wypływu moczu. Pęcherzowi nie służą również poporodowe zmiany hormonalne. Odzyskanie kontroli nad nim może zatem potrwać od 3 do 6 miesięcy, a nawet dłużej. Do tego czasu noś wkładki higieniczne, podpaski lub wkładki urologiczne (w zależności od stopnia nietrzymania moczu). Nie używaj do tego tamponów – ich stosowanie w czasie połogu jest absolutnie niewskazane. Aby szybciej odzyskać kontrolę nad pęcherzem, wypróbuj następujące wskazówki:

Wykonuj ćwiczenia Kegla. Myślałaś, że po porodzie nie będziesz już musiała ćwiczyć? Aby szybciej wrócić do formy po porodzie, będziesz musiała ćwiczyć więcej niż kiedykolwiek, ale korzyści będą ogromne. Dzięki stałym ćwiczeniom wzmacniającym mięśnie dna miednicy odzyskasz kontrolę nad pęcherzem i zachowasz ją również w przyszłości.

Schudnij. Dodatkowe kilogramy, które przybyły ci w czasie ciąży, nadal wywierają nacisk na pęcherz moczowy. Kiedy minie 6 tygodni połogu, zacznij rozsądnie tracić na wadze.

Trenuj pęcherz. Siusiaj co 30 minut – zanim jeszcze poczujesz parcie na pęcherz – i każdego dnia stopniowo wydłużaj ten czas o kilka minut.

Wypróżniaj się regularnie. Unikaj zaparć, żeby pełne jelita nie uciskały pęcherza moczowego.

Dużo pij. Prawdopodobnie wydaje ci się, że ograniczenie ilości płynów zmniejszy wypływ moczu, lecz jest wprost przeciwnie, ponieważ odwodnienie może narazić cię na zapalenie dróg moczowych. Jednym z jego objawów jest częstomocz, czyli częsta potrzeba oddawania moczu, choć z reguły wypływa on po kropelkach. Poza tym ogranicz spożycie kawy, ponieważ kofeina zwiększa ilość wydalanego moczu.

Masz już dosyć wkładek i nie masz ochoty sięgać po bardziej zaawansowany asortyment podpasek urologicznych? Kolejną opcją (po-

---

Gdy dalej przecieka

Wypróbowałaś już wszystkie sposoby, by poradzić sobie z poporodowym nietrzymaniem moczu lub stolca i aż do utraty tchu wykonywałaś ćwiczenia Kegla, ale nic nie pomogło? Nie pozwól, by skrępowanie powstrzymało cię przed opowiedzeniem o tym lekarzowi. Może zaproponuje ci fizjoterapię lub inne metody leczenia (na przykład biofeedback, patrz str. 83), a w szczególnie trudnym przypadku skieruje na zabieg chirurgiczny. Na szczęście w większości przypadków problem z nietrzymaniem moczu rozwiązuje się sam i nie wymaga żadnej interwencji.

rozmawiaj o niej z lekarzem) jest tampon podpierający. Umieszcza się go w pochwie, by delikatnie podpierał cewkę moczową i zapobiegał wyciekaniu moczu (nie używaj w tym celu zwykłych tamponów). To też nie pomaga? Przeczytaj informacje zamieszczone w ramce na stronie obok.

Nietrzymanie stolca

Ostatnio mimowolnie puściłam gazy i przy okazji pociekło też trochę kału, co było naprawdę obrzydliwe. Co mogę z tym zrobić?

Jako młoda mama z pewnością się spodziewałaś, że będziesz sprzątać kupki po swoim dziecku, ale prawdopodobnie nie sądziłaś, iż będziesz to robić także po sobie. Niektóre młode mamy, które właśnie urodziły dziecko, do długiej listy nieprzyjemnych objawów poporodowych muszą niestety dodać również nietrzymanie stolca i mimowolne puszczanie gazów. Dzieje się tak dlatego, że podczas porodu mięśnie w obrębie miednicy ulegają rozciągnięciu, a niekiedy nawet zniszczeniu. Z tego powodu możesz mieć trudności z kontrolowaniem tego, kiedy i w jaki sposób pozbywasz się produktów przemiany materii. W większości przypadków problem znika sam zazwyczaj w ciągu kilku tygodni potrzebnych do poprawy stanu mięśni i nerwów.

Do tego czasu unikaj ciężkostrawnych produktów (smażonych potraw oraz fasoli i kapusty), nie przejadaj się i nie jedz w pośpiechu (im więcej powietrza połkniesz, tym więcej gazów będziesz oddawać). Wykonuj ćwiczenia Kegla, ponieważ one pomagają wzmocnić rozluźnione mięśnie, także te, które kontrolują oddawanie moczu (w okresie połogu możesz też mieć problemy z jego wyciekaniem). Opowiedz o wszystkim lekarzowi. Jeśli nietrzymanie stolca będzie się utrzymywać, poproś go o skierowanie do fizjoterapeuty, który zaproponuje ci odpowiednie ćwiczenia mięśni dna miednicy.

Poporodowe bóle pleców

Myślałam, że po porodzie bóle pleców miną, ale tak się nie stało. Dlaczego?

Bóle pleców, witajcie ponownie. Cierpi na nie niemal połowa wszystkich młodych mam. Jeśli również się do nich zaliczasz, twój stary i niechciany towarzysz ciąży znowu pojawi się z niepożądaną wizytą. Czasem przyczyna bólu jest taka sama – wywołane przez hormony rozluźnienie więzadeł, które jeszcze nie zdążyły wrócić do stanu sprzed ciąży. Zanim odzyskają dawną siłę, może minąć jeszcze kilka tygodni przepełnionych bólem. To samo dotyczy rozciągniętych i osłabionych mięśni brzucha, które w czasie ciąży wpłynęły na zmianę twojej sylwetki, narażając cię na dodatkowy ból pleców. Rzecz jasna teraz, kiedy masz dziecko, pojawia się jeszcze inna przyczyna bólu pleców: nieustanne podnoszenie malucha, schylanie się, kołysanie, noszenie na rękach oraz karmienie. Z czasem twój słodki ciężar będzie ważył coraz więcej, zatem mięśnie pleców będą bardziej obciążone. Jest jednak jeden czynnik, który nie ponosi winy za ból pleców – to znieczulenie zewnątrzoponowe. Badania wykazują, że uporczywy ból trwający dłużej niż kilka dni po porodzie nie jest związany z tym rodzajem znieczulenia.

Chociaż najlepszym lekarstwem na większość bólów i dolegliwości poporodowych jest czas, to istnieją również inne sposoby łagodzenia bólu pleców:

- Wzmacniaj mięśnie brzucha. Rozpocznij stopniowo od niewymagających zbyt dużego wysiłku ćwiczeń wzmacniających mięśnie brzucha – w ten sposób wzmocnisz także plecy (więcej informacji na str. 543).
- Zapewnij sobie wsparcie. Noś pas brzuszny lub poporodowy, by wspomóc mięśnie brzucha i złagodzić ból pleców.
- Uważaj przy schylaniu się i podnoszeniu przedmiotów: rozstaw szeroko stopy, by zapewnić ciału odpowiednie wsparcie,

ugnij nogi w kolanach (nie zginaj się w talii), napnij mięśnie i schyl się, używając mięśni nóg, a potem podnieś przedmiot z podłogi, trzymając go jak najbliżej ciała. Jeśli przedmiot jest zbyt ciężki, nie podnoś go.

- Oszczędzaj nogi. Pewnie cały czas jesteś w ruchu (biegasz, kołyszesz, nosisz na rękach), ale kiedy tylko nie musisz tego robić, usiądź i odpocznij. Gdy stoisz, postaw jedną stopę na niskim stołeczku, żeby odciążyć plecy.
- Odpoczywaj z nogami w górze. Czy jest ktoś, kto bardziej na to zasługuje? A więc karmiąc dziecko, usiądź z ułożonymi wyżej stopami, ponieważ dzięki temu zmniejszysz napięcie mięśni pleców i odciążysz je.
- Nie garb się. Kiedy karmisz dziecko, nie pochylaj się nad nim (chociaż przy takim zmęczeniu może to być bardzo kuszące). Twoje plecy będą ci bardzo wdzięczne, gdy zapewnisz im jakieś podparcie.
- Zwracaj uwagę na postawę. Słuchaj swojej mamy, droga mamo, i trzymaj się prosto. Zgarbione ramiona to kolejna przyczyna bólu pleców. Gdy dziecko będzie większe, unikaj noszenia go na jednym biodrze, ponieważ to jeszcze bardziej nasili bóle pleców, a może też wywołać dolegliwości ze strony bioder.
- „Włóż" na siebie dziecko. Zamiast nosić malucha na rękach, włóż go w chustę albo nosidełko. To nie tylko go uspokoi (i ciebie również), ale też przyniesie ulgę twoim zbolałym plecom i rękom.
- Zrób zmianę. Wiele mam faworyzuje jedną stronę, zawsze nosząc (lub karmiąc) dziecko na prawej lub lewej ręce. Zmieniaj je zatem, by każda otrzymała odpowiednią dawkę ćwiczeń (ustrzeżesz się w ten sposób przed bólem kręgosłupa).
- Masuj. Nie masz czasu ani okazji na profesjonalny masaż, który przyniósłby ulgę twoim plecom? Poproś partnera, żeby cię wymasował.
- Ogrzewaj. Poduszka elektryczna to ulga dla zbolałych pleców i mięśni. Przykładaj ją zatem często, szczególnie podczas długich sesji karmienia piersią. Zapytaj swojego lekarza (lub pediatrę), czy możesz stosować żele lub plastry rozgrzewające lub przeciwbólowe-przeciwzapalne. Prawdopodobnie da ci zielone światło, ale na wszelki wypadek zawsze lepiej zapytać.

Gdy twoje ciało przywyknie już do ciągłego noszenia dziecka, najprawdopodobniej stwierdzisz, że ból pleców (oraz barków, bioder i szyi) zaczyna się zmniejszać i że niechcący zbudowałaś całkiem spore bicepsy. Tymczasem spróbuj złagodzić ból, zmniejszając ciężar: rozładuj torbę na pieluchy i noś tylko to, co jest absolutnie potrzebne – to już i tak jest dosyć ciężkie.

Przygnębienie poporodowe (*baby blues*)

Byłam pewna, że gdy już urodzę dziecko, będę przeszczęśliwa, a tymczasem jestem przygnębiona. Co się dzieje?

Dlaczego tyle szczęścia przyprawia cię o taki smutek? Ocenia się, że to pytanie zadaje sobie mniej więcej 60–80 procent świeżo upieczonych mam, a przyczyną jest przygnębienie poporodowe, czyli tak zwany *baby blues*. Przygnębienie pojawia się pozornie znienacka – zazwyczaj między 3 a 5 dniem po porodzie, czasem trochę wcześniej lub później, wywołując nieoczekiwanie smutek, rozdrażnienie, napady płaczu, niepokój i lęk. Dlaczego nieoczekiwanie? Cóż, dlatego że narodziny dziecka powinny być przecież powodem do szczęścia, a nie przygnębienia, prawda?

Jednak łatwo zrozumiesz, dlaczego tak się czujesz, gdy spojrzysz z dystansu i obiektywnie na to, co dzieje się z twoim życiem,

DLA OJCÓW

Twój *baby blues*

Moment, gdy zostałeś ojcem, był najszczęśliwszą chwilą twojego życia? Trzymanie maleństwa w ramionach napełnia cię większą radością, niż się spodziewałeś? A więc dlaczego czujesz się taki wyczerpany emocjonalnie? Po tych wszystkich przygotowaniach, planach, marzeniach, dramatycznych wydarzeniach, oczekiwaniu i radości dziecko w końcu przyszło na świat, a ty czujesz się nie tylko wyczerpany (głównie z powodu niewyspania), ale też odrobinę zawiedziony. Witaj w klubie przygnębienia poporodowego – właśnie zrozumiałeś, czym jest *baby blues*. Oczywiście nie każdy rodzic go doświadcza (mniej więcej 10 procent młodych ojców), lecz i tak możesz się spodziewać, że ty i twoja partnerka będziecie mieli do czynienia z dość mocnym koktajlem różnych emocji (na szczęście prawdopodobnie nie będziecie tego przeżywać jednocześnie). Przygotuj się zatem i bądź silny. Potrzebujesz cierpliwości świętego, wytrwałości triathlonisty oraz sporego poczucia humoru, żeby przeżyć ten trudny okres adaptacji do nowej roli. Pomogą ci w tym różne porady i wskazówki (przedstawione na kartach tej książki), a jeśli okażą się nieskuteczne i *baby blues* zmieni się w depresję, będziesz musiał się zwrócić do lekarza. Dzięki jego pomocy zaczniesz się cieszyć swoim nowym życiem z dzieckiem.

---

ciałem i psychiką. Weź zatem pod uwagę zmiany hormonalne (po porodzie stężenie hormonów gwałtownie spada), a także wyczerpujący poród, po którym nastąpił równie męczący powrót do domu, a wszystko zostało zwieńczone całodobową opieką nad noworodkiem, brakiem snu, wątpliwościami świeżo upieczonej mamy, trudnościami z karmieniem piersią (popękane brodawki, bolesne obrzęki), zgryzotą z powodu wyglądu (worki pod oczami, oponka i rozstępy na brzuchu) oraz stresem związanym z nieuniknionymi zmianami w związku. Lista wyzwań, którym musisz podołać, naprawdę jest przytłaczająca (a nawet jeszcze nie zrobiłaś prania, które również się na niej znajduje), więc nic dziwnego, że czujesz się przybita.

Przygnębienie poporodowe zniknie prawdopodobnie w ciągu kilku tygodni, gdy już przyzwyczaisz się do nowego życia i będziesz mogła przynajmniej trochę odpocząć, chociaż bardziej realistyczne będzie stwierdzenie, że po prostu pomimo zmęczenia zaczniesz efektywniej funkcjonować. Tymczasem wypróbuj następujące wskazówki, które z pewnością pomogą ci się wydobyć z tego poporodowego kryzysu:

Obniż poprzeczkę. Czujesz się przytłoczona i nieprzygotowana do roli mamy noworodka? Pamiętaj zatem, że to nie potrwa długo. Po kilku tygodniach będziesz się czuła o wiele swobodniej. Na razie obniż poprzeczkę i oczekiwania w stosunku do siebie i dziecka. Potem obniż ją jeszcze bardziej. Idealni rodzice nie istnieją – niech to zdanie stanie się twoją rodzicielską mantrą, i to nawet wtedy, gdy już zostaniesz profesjonalistką. Zbyt duże oczekiwania oznaczają mnóstwo rozczarowań, a w konsekwencji jeszcze gorsze samopoczucie. Rób po prostu wszystko najlepiej, jak potrafisz, chociaż w tym momencie zapewne nie będzie to tak idealne, jak byś chciała.

Nie rób tego sama. Nie ma nic bardziej przygnębiającego niż bycie sam na sam z płaczącym noworodkiem, górą poplamionego prania, stertą brudnych naczyń i zapowiedzią (a raczej gwarancją) kolejnej nieprzespanej nocy. Jeśli to możliwe, poproś kogoś o pomoc – partnera, mamę, siostrę lub przyjaciółkę.

Ubierz się. Wiadomo, że jesteś bardzo zajęta ubieraniem (i przewijaniem) dziecka, ale dlaczego zapomniałaś sama się ubrać? Brzmi to pewnie dość banalnie, ale jest zadziwiająco prawdziwe. Jeśli poświęcisz kilka minut na poprawienie swojego wyglądu, na pewno poczujesz się lepiej – nie szkodzi, że dziecko jest jedyną osobą, która cię widzi. Zanim twój mąż wyruszy rano do pracy, weź prysznic, wysusz włosy, zmień poplamiony dres na czysty i zrób makijaż (nie zapomnij o korektorze).

Noś dziecko (w chuście lub nosidełku). Noszenie maluszka w chuście lub nosidełku poprawi nastrój tobie i jemu (dzieci, które są często noszone, mniej płaczą – to bardzo dobra wiadomość). Więcej informacji w ramce na stronie obok.

Wyjdź z domu. To zadziwiające, jak zmiana otoczenia potrafi wpłynąć na stan umysłu – zwłaszcza jeśli to nowe otoczenie nie jest tak zabałaganione jak twój dom. Spróbuj wychodzić z dzieckiem co najmniej raz dziennie. Idź z nim na spacer, do galerii handlowej lub na kawę z koleżankami. To wszystko sprawi, że przestaniesz użalać się nad sobą.

Bądź dla siebie dobra. Kiedy będziesz miała dla siebie 30 minut, dobrze je wykorzystaj. Zdrzemnij się, weź długi prysznic, pomaluj paznokcie, nadrób zaległości w mediach społecznościowych lub oddaj się grzesznej przyjemności i poczytaj plotki w Internecie. Od czasu do czasu bądź dla siebie najważniejsza. Zasługujesz na to.

Ruszaj się. Wysiłek fizyczny sprawia, że organizm wydziela endorfiny, czyli hormony szczęścia zapewniające naturalną (i zdumiewająco długotrwałą) poprawę nastroju. Zapisz się zatem na zajęcia dla młodych mam (wybierz takie, które uwzględniają również dzieci), wykorzystaj do ćwiczeń kurs na DVD, na YouTubie lub wózek z dzieckiem (tak zwane ćwiczenia strollercize) albo po prostu idź na spacer.

Zajadaj przekąski. Młode mamy często są tak zajęte napełnianiem brzuszków swoich pociech, że zapominają o własnych. To błąd, ponieważ niskie stężenie glukozy we krwi oznacza nie tylko spadek energii, lecz również nastroju. By zatem utrzymać równowagę fizyczną i psychiczną, miej pod ręką zdrowe i łatwe do zjedzenia przekąski. Kusi cię czekoladowy batonik? Śmiało, zjedz go, zwłaszcza jeśli czekolada cię uszczęśliwia. Pamiętaj tylko, że stężenie glukozy we krwi podwyższone dzięki słodkiej przekąsce bardzo szybko spada. (Kiedy tylko możesz, wybieraj gorzką czekoladę, gdyż zawiera o wiele mniej cukru, a także ma właściwości przeciwdepresyjne).

Śmiej się i płacz. Jeśli czujesz, że musisz się wypłakać, zrób to. A kiedy już skończysz, obejrzyj w telewizji lub Internecie coś zabawnego i pośmiej się. Spróbuj też śmiać się z tych wszystkich nieszczęśliwych wypadków, które ci się przytrafiają – z katastrofy z pieluchą, z mleka wyciekającego z piersi w kolejce do straganu z warzywami czy z tego, że dziecko ulało, gdy tylko uświadomiłaś sobie, że wyszłaś z domu bez chusteczek. Jak to mówią: Śmiech jest najlepszym lekarstwem. A poza tym poczucie humoru jest najlepszym przyjacielem każdego rodzica.

Nic ci nie pomaga i nadal jesteś przybita? Powtarzaj sobie, że przygnębienie poporodowe minie w ciągu tygodnia lub dwóch – w przypadku większości mam tak właśnie jest – i bardzo szybko zaczniesz się cieszyć najlepszymi chwilami swojego życia.

Pamiętaj jednak, że jest ogromna i istotna różnica między przygnębieniem a depresją poporodową. Jeśli *baby blues* nie ustępuje

Noszenie dziecka jako sposób na przygnębienie poporodowe

Noszenie dziecka w chuście lub nosidełku to bez żadnych wątpliwości najlepszy sposób zajmowania się nim, bo gwarantuje ci wolne ręce. Dzięki temu uspokoisz maluszka, pokołyszesz go, a w końcu nawet nakarmisz, nie ruszając palcem, więc będziesz mogła jednocześnie robić inne rzeczy. Ale czy noszenie dziecka w chuście lub nosidełku może być sposobem na przygnębienie poporodowe młodych mam (i tatusiów)? A może poradzi sobie nawet z depresją poporodową?

Niektórzy twierdzą, że tak, i podają kilka przyczyn:

- Noszenie dziecka w chuście lub nosidełku zwiększa stężenie oksytocyny, jednego z hormonów szczęścia (podobnie jak kontakt skórą do skóry). Oksytocyna, nazywana również hormonem miłości, nie tylko pomaga wzmacniać związek emocjonalny z dzieckiem, ale też łagodzi stres i bóle poporodowe – jedno i drugie może przygnębić młodą mamę. Niskie stężenie oksytocyny może być przyczyną przygnębienia poporodowego oraz stanów lękowych, tak więc podniesienie go dzięki noszeniu dziecka może skutecznie poprawić ci nastrój.
- Noszenie uszczęśliwia również dziecko. Maluchy, które są często noszone, mniej płaczą, lepiej śpią i jedzą. Cóż bardziej uszczęśliwi młodych rodziców i doda im pewności siebie?
- Noszenie dziecka w chuście lub nosidełku to wolne ręce i nogi – możesz zjeść posiłek, nadrobić zaległości w pracy, zrobić pranie, a nawet uczesać włosy (własne!). Dzięki temu wszystkiemu naprawdę poczujesz się lepiej.
- Noszenie dziecka w chuście lub nosidełku ułatwia wychodzenie z domu. Nie ma łatwiejszego sposobu na spacer z dzieckiem, zrobienie zakupów czy lunch z przyjaciółką. Poza tym do malucha w nosidełku nie mają dostępu ciekawscy (i pełni zarazków) ludzie – to dodatkowa korzyść.

Jeśli stwierdzisz, że noszenie dziecka w nosidełku lub chuście nie jest dla ciebie – bo po prostu ci to nie odpowiada – nie czuj się zobowiązana. Pamiętaj, że każda mama jest inna – jeśli czujesz, że coś jest dla ciebie dobre, to niemal zawsze jest to dla ciebie najlepsze. Nie zapominaj również, że chociaż noszenie dziecka może mieć działanie terapeutyczne w wypadku wielu świeżo upieczonych mam walczących z przygnębieniem poporodowym, a nawet łagodną depresją, to jednak nie jest rozwiązaniem dla każdej mamy i na pewno nie leczy poważnej depresji poporodowej.

---

lub pojawia się później, jeśli uczucie smutku się utrzymuje (trwa ponad 2 tygodnie) lub pogłębia i zaczynasz odczuwać niepokój i rozdrażnienie, niechęć do podejmowania wysiłków i/lub całkowitą obojętność na wszystko, co cię otacza, być może masz depresję poporodową.

Nie mam żadnych objawów przygnębienia poporodowego, ale mój partner wydaje się naprawdę sfrustrowany. Czy to możliwe, że ma baby blues?

Twój partner jest przygnębiony, podczas gdy ty przeżywasz euforię? Badania dowodzą, że młodego tatę prawdopodobnie szybciej dopadnie *baby blues*, jeśli jego partnerka go uniknie (i odwrotnie: tata nie będzie smutny, gdy przygnębienie dopadnie mamę – być może w ten sposób natura pilnuje, by oboje rodzice nie mieli obniżonego nastroju w tym samym czasie). Przyczyną mogą być zmiany hormonalne (w połogu ojcowie również ich doświadczają) oraz nieuniknione zmiany życiowe związane z pojawieniem się nowego członka rodziny. Tak czy inaczej, ważne jest to, by świeżo upieczony tata nie skrywał swoich uczuć, chociaż często czuje się do tego zmuszony, bo nie chce dodatkowo obciążać swojej partnerki. Zachęć go więc, żeby z tobą porozmawiał i przeczytał informacje znajdujące się w ramce na str. 517.

Depresja poporodowa

Byłam bardzo szczęśliwa, gdy przynieśliśmy do domu nasze maleństwo. Ale od kilku tygodni czuję się naprawdę bardzo przygnębiona, a nawet smutna i zrozpaczona. Czy mogę złożyć te objawy na karb przygnębienia poporodowego?

Chociaż terminy „przygnębienie poporodowe" i „depresja poporodowa" są często używane wymiennie, by opisać zmienność nastrojów świeżo upieczonej mamy, to w istocie są dwiema różnymi przypadłościami. Bardziej powszechny *baby blues* szybko się pojawia i szybko znika. Prawdziwa depresja poporodowa zdarza się o wiele rzadziej (dotyka około 15 procent młodych mam), ale ma cięższy przebieg i trwa zazwyczaj dłużej (od kilku tygodniu do roku, a nawet dłużej). Jej korzenie tkwią często w depresji ciążowej, czasem rozpoczyna się podczas porodu, a czasem (dużo częściej) zaczyna się miesiąc lub dwa po narodzinach dziecka. Niekiedy depresja poporodowa pojawia się o wiele później – na przykład dopiero wtedy, gdy mama dostanie pierwszą miesiączkę lub gdy odstawi dziecko od piersi (przyczyną są przypuszczalnie wahania hormonalne). Na depresję poporodową bardziej podatne są kobiety, które już kiedyś chorowały na depresję lub doświadczały dużych wahań nastroju w związku z zespołem napięcia przedmiesiączkowego, w czasie ciąży często były przygnębione, przechodziły jakieś powikłania w trakcie ciąży i porodu albo ich dziecko urodziło się przedwcześnie lub jest chore. Kobiety, które poroniły lub urodziły martwe dziecko, częściej mają depresję (lub stany lękowe) również po kolejnym udanym porodzie, zazwyczaj z tego powodu, że nie mogą się pozbyć uczucia, iż tym razem również coś się nie uda.

Objawy depresji poporodowej są podobne do objawów przygnębienia poporodowego. Zaliczamy do nich płaczliwość i rozdrażnienie, problemy ze snem (trudności z zasypianiem, częste wybudzanie się lub nieprzezwyciężona senność przez cały dzień), zaburzenia odżywiania (brak apetytu lub objadanie się), nieprzemijające uczucie smutku i pustki, rozpacz, niemożność (lub brak chęci), żeby zadbać o siebie lub noworodka, niechęć do podejmowania jakiegokolwiek wysiłku, brak odczuwania przyjemności (anhedonia), zamknięcie się w sobie, nieustanne zamartwianie się, niechęć do dziecka lub pragnienie wyrządzenia mu krzywdy, poczucie samotności i utrata pamięci.

Jeśli do tej pory nie wypróbowałaś wskazówek pomagających złagodzić objawy przygnębienia poporodowego, zrób to teraz. Niektóre z tych sposobów mogą okazać się pomocne również w walce z depresją poporodową. Jeżeli umiarkowane objawy utrzymują się dłużej niż 2 tygodnie bez żadnej zauważalnej poprawy lub jeśli są poważniejsze i utrzymują się dłużej niż kilka dni, to prawdopodobnie będziesz musiała poszukać profesjonalnej pomocy. W takim wypadku nie zwlekaj, a jeśli zauważyłaś niepokojące objawy, które mogą doprowadzić do tego, że zrobisz krzywdę sobie lub dziecku, nie czekaj ani chwili dłużej. I nie daj się zwieść zapewnieniom, że takie odczucia po porodzie są naturalne, bo nie są. Zadzwoń do lekarza i szczerze mu o wszystkim opowiedz. Poproś o skierowanie do terapeuty, który ma doświadczenie kliniczne w leczeniu depresji poporodowej, i jak najszybciej się z nim umów. Dzięki terapii, najważniejszej linii obrony w walce z depresją, szybko poczujesz się lepiej. Być może terapeuta uzna, że konieczne jest również leczenie farmakologiczne – nie

DLA OJCÓW
Obserwuj jej nastroje

Baby blues to jedna sprawa (normalny stan, który samoistnie ustępuje), ale prawdziwa depresja poporodowa to już zupełnie inna historia. To poważne zaburzenie psychiczne, które wymaga szybkiego i profesjonalnego leczenia. To samo dotyczy innych poporodowych zaburzeń nastroju, w tym zaburzeń lękowych i obsesyjno-kompulsywnych, zespołu stresu pourazowego oraz psychozy poporodowej. Jeśli twoja partnerka przez kilka tygodni po przyjściu z dzieckiem do domu wydaje się bardzo przygnębiona, przytłoczona, smutna, zła, niespokojna lub zrozpaczona, nie może spać lub śpi bez przerwy, nie wychodzi z domu lub nie chce się z nikim spotykać, nie je lub nie funkcjonuje normalnie – na tyle, na ile można tego oczekiwać w tak trudnym okresie życia – usiądź przy niej i powiedz, że martwisz się o jej zdrowie. Skup się na zachowaniach, które zauważyłeś – nieustannym płaczu, złości bez widocznej przyczyny, niechęci do wychodzenia z domu lub odbierania telefonu, nietypowym lęku, roztrzęsieniu, stresie, braku kontaktu z dzieckiem – i zachęć ją, żeby podzieliła się z tobą swoimi uczuciami. Zapewnij ją, że bez względu na to, co przeżywa, to nie jest jej wina i że nie chodzi o to, że jest słaba ani że jest złą matką. Przypomnij partnerce, że jesteś i będziesz przy niej, żeby ją wspierać na każdym kroku. Emocjonalne wsparcie jest podstawowym składnikiem leczenia depresji poporodowej.

Nie ograniczaj się jednak wyłącznie do tego. Przekonaj partnerkę, żeby porozmawiała o tym z lekarzem, a w razie potrzeby zgłosiła się do psychoterapeuty. Jeśli nie będzie chciała, nie zostawiaj jej z tym i sam zadzwoń do lekarza. Ona może nie zdawać sobie sprawy z tego, że ma depresję. Upewnij się, że prawidłowo rozpoznajesz objawy (patrz str. 522), biorąc pod uwagę, że twoja partnerka może nie mieć ich wszystkich (depresja poporodowa jest złożonym zaburzeniem psychicznym i może przebiegać rozmaicie). Sprawdź zatem, czy otrzymuje odpowiednią terapię, która pozwoli jej poczuć się lepiej, i z całych sił wspieraj ją podczas leczenia. Jeśli jedna metoda terapeutyczna nie przynosi efektów (niekoniecznie musi je przynieść, przynajmniej na początku), zmobilizuj ją, żeby była otwarta w stosunku do innych ludzi i żeby się nie poddawała. Depresję poporodową można wyleczyć, ale znalezienie odpowiedniej terapii niekiedy wymaga czasu.

Na pewno będziesz się teraz koncentrować przede wszystkim na swojej partnerce i walce o jej dobre samopoczucie, ale musisz sobie uświadomić, że na razie prawdopodobnie nie będzie chciała opiekować się dzieckiem (tak się zdarza w ciężkim epizodzie depresji). Zaangażuj się zatem w opiekę nad dzieckiem i zaspokajanie jego potrzeb. Jeśli to nie jest możliwe ze względu na twoją pracę, poproś o pomoc przyjaciółkę lub kogoś z rodziny (albo zatrudnij nianię, jeżeli cię na to stać). Pamiętaj, że możesz być sfrustrowany lub rozczarowany tym, że twoja partnerka nie jest szczęśliwa w nowej roli mamy – nie obwiniaj się, że tak się właśnie czujesz. Znajdź sposób, by odpocząć, i pamiętaj, że inni ojcowie dokładnie wiedzą, co teraz przeżywasz. Poszukaj więc wsparcia w Internecie (na przykład www.postpartum.net, www.depresja-poporodowa.pl, www.rodzicpoludzku.pl).

Musisz też wiedzieć, że ojcowie również mogą mieć depresję poporodową. Stężenie hormonów w twoim organizmie się waha, a poza tym depresja nie jest niczym dziwnym, gdy musisz radzić sobie z kombinacją różnych stresujących czynników – narodzinami dziecka, napięciem ostatnich miesięcy oraz nowym poczuciem odpowiedzialności – które zbierają swoje żniwo. Według danych 1 na 4 mężczyzn cierpi na depresję poporodową. Możesz się czuć wykluczony, pominięty lub przytłoczony oczekiwaniami, które inni mają wobec ciebie. Jeśli podejrzewasz, że masz depresję poporodową, porozmawiaj o tym ze swoją partnerką, zaufanym przyjacielem lub krewnym i poszukaj profesjonalnej pomocy – zrób to dla zdrowia i dobrego samopoczucia was obojga oraz dziecka.

Pomoc w depresji poporodowej

Żadna młoda mama nie powinna się zmagać z depresją poporodową. Niestety spotyka wiele z nich, gdyż są przekonane, że po porodzie jest to normalne i nieuniknione (a nie jest), albo wstydzą się szukać pomocy (a nie powinny). Depresja poporodowa może ci przeszkodzić w opiece nad maleństwem, co może spowolnić jego rozwój (dzieci mam z depresją później zaczynają mówić, są mniej aktywne, mają uboższą mimikę, a za to są bardziej niespokojne, bierne i wycofane).

Na szczęście wiedza na temat depresji poporodowej jest coraz szersza, a świeżo upieczone mamy, które cierpią z jej powodu, mają coraz większą świadomość choroby i potrzebę, by szukać pomocy i odpowiedniej terapii. Większość szpitali wysyła młode mamy do domu z materiałami edukacyjnymi na temat depresji poporodowej, by potrafiły wcześnie zauważyć objawy i mogły zgłosić się na terapię (co ważniejsze, te informacje przydadzą się również ich partnerom i członkom rodziny). Lekarze również poszerzają swoją wiedzę na temat tej choroby i uczą się, jak w trakcie ciąży rozpoznawać czynniki ryzyka, które później mogą predysponować kobietę do zachorowania na depresję poporodową, oraz jak przeprowadzać rutynowe badania przesiewowe, a potem szybko, bezpiecznie i skutecznie ją leczyć.

Pediatrzy – którzy o wiele częściej niż położnicy czy położne widują młode mamy – często stanowią pierwszą linię obrony w walce z depresją, ponieważ pierwsi zauważają jej objawy. Amerykańska Akademia Pediatrii zaleca, by pediatra podczas wizyty w 1, 2 i 4 miesiącu po porodzie przeprowadził z mamą badanie przesiewowe w kierunku depresji. Polega ono na wypełnieniu krótkiego kwestionariusza według edynburskiej skali depresji poporodowej, składającego się z dziesięciu pytań. Wynik testu pozwala stwierdzić, czy młoda mama zmaga się z chorobą.

Depresję poporodową na szczęście dość łatwo wyleczyć. Zatem jeśli cię zaatakuje, nie zmagaj się z nią dłużej, niż musisz. Mów o niej głośno i szybko poszukaj pomocy. Znajdziesz ją w Internecie (www.postpartum.net, www.depresja-poporodowa.pl, www.rodzicpoludzku.pl), w poradniach zdrowia psychicznego oraz ośrodkach interwencji kryzysowej (www.interwencjakryzysowa.pl/osrodki-interwencji-kryzysowej).

obawiaj się go, ponieważ istnieją leki przeciwdepresyjne całkowicie bezpieczne dla karmiących mam (chociaż wybór właściwego preparatu i odpowiedniej dawki może zająć trochę czasu). Skuteczna może się również okazać terapia światłem, która łagodzi objawy depresji poporodowej, wywołując pozytywne zmiany biochemiczne w mózgu, które skutkują poprawą nastroju. Warto również zwrócić uwagę na inne sposoby zmniejszania dokuczliwych objawów: metody medycyny komplementarnej i alternatywnej, zdrowe odżywianie, ćwiczenia fizyczne i noszenie dziecka w chuście lub nosidełku (patrz ramka na str. 519). Ponieważ poporodowe zapalenie tarczycy może nasilać depresję i utrudniać jej leczenie (patrz ramka na stronie obok), lekarz prawdopodobnie sprawdzi również stężenie hormonów tarczycowych we krwi. Objawy poporodowego zapalenia tarczycy pomogą złagodzić metody stosowane w leczeniu depresji ciążowej (patrz str. 46).

Bez względu na to, jaką terapię (czy połączenie różnych sposobów leczenia) wybierze dla ciebie terapeuta – nawet jeśli poszukiwanie najlepszej metody zajmie trochę czasu – pierwszym i najważniejszym krokiem jest przyznanie się do problemu: musisz uznać, że masz depresję, jesteś przygnębiona i potrzebujesz pomocy.

Bez odpowiedniego leczenia depresja poporodowa nie pozwoli ci zbudować właści-

Poporodowe zapalenie tarczycy przyczyną depresji?

Niemal wszystkie świeżo upieczone mamy czują się wyczerpane i zmęczone. Większość ma również trudności z obniżeniem masy ciała, niektóre są smutne (przynajmniej przez jakiś czas), a prawie wszystkim wypadają włosy. To niezbyt miła perspektywa, ale prawie każda kobieta w okresie połogu musi stawić czoło tym nieprzyjemnym objawom. Taka sytuacja jest całkowicie naturalna i z upływem czasu stopniowo się poprawia. Szacuje się jednak, że w przypadku około 7-8 procent kobiet cierpiących na poporodowe zapalenie tarczycy ten stan się utrzymuje. A ponieważ objawy choroby są podobne do objawów zmęczenia, z jakimi borykają się wszystkie kobiety w połogu, to poporodowe zapalenie tarczycy często pozostaje niezdiagnozowane i nieleczone przez długi czas.

Poporodowe zapalenie tarczycy zaczyna się przeważnie między 1 a 4 miesiącem po porodzie od krótkotrwałego epizodu nadczynności tarczycy, która wydziela zbyt wiele hormonów. Okres, kiedy we krwi krąży zbyt duża ilość hormonów tarczycy, może trwać od 2 do 8 tygodni. W tym czasie młoda mama jest nadmiernie pobudzona, rozdrażniona, nerwowa, nie toleruje ciepła, może się nadmiernie pocić i cierpieć na bezsenność, a także mogą jej drżeć ręce – wszystkie te objawy i tak mogą się pojawić w okresie połogu, dlatego tak trudno postawić prostą skądinąd diagnozę. Nie musisz się tym niepokoić, ponieważ w tej fazie choroby leczenie zazwyczaj nie jest potrzebne.

U mniej więcej 25 procent kobiet po fazie nadczynności tarczycy nastąpi okres niedoczynności (zbyt niskie stężenie hormonów tarczycy we krwi), który trwa zazwyczaj 2-6 miesięcy. Niedoczynność tarczycy to przeciągające się zmęczenie, stany depresyjne (dłuższe i często dotkliwsze niż przy typowym przygnębieniu poporodowym), nadmierne wypadanie włosów, suchość skóry, nietolerancja zimna, problemy z pamięcią i koncentracją oraz trudności z utratą masy ciała po ciąży. Ponieważ te objawy są typowe dla większości świeżo upieczonych mam, łatwo można złożyć je na karb zwykłych dolegliwości związanych z połogiem.

U niektórych kobiet poporodowe zapalenie tarczycy ogranicza się wyłącznie do nadczynności, u innych z kolei do niedoczynności, która zaczyna się zwykle 2-6 miesięcy po porodzie.

Jeśli twoje objawy wydają się bardziej dotkliwe i uporczywe, niż się spodziewałaś, szczególnie gdy utrudniają ci funkcjonowanie i przeszkadzają cieszyć się dzieckiem, zgłoś się do lekarza. Proste badanie krwi wykaże, czy przyczyną twojego złego samopoczucia jest poporodowe zapalenie tarczycy. Nie zapomnij powiedzieć lekarzowi o swoich ewentualnych problemach z tarczycą oraz przypadkach zachorowań w rodzinie (zwłaszcza po stronie mamy, ponieważ ta choroba ma podłoże genetyczne).

Większość kobiet, u których rozpoznano poporodowe zapalenie tarczycy, powraca do zdrowia w ciągu roku po porodzie. Tymczasem pomoże im na pewno kuracja oparta na podawaniu syntetycznego hormonu tarczycy, który znacznie poprawi ich samopoczucie. Niestety około 25 procent młodych mam chorych na poporodowe zapalenie tarczycy już do końca życia będzie się leczyć na jej niedoczynność (na szczęście jest to bardzo prosta procedura – wystarczy raz dziennie brać tabletkę i okresowo sprawdzać stężenie hormonów tarczycy). Nawet w tych przypadkach, gdy dojdzie do samoistnego wyleczenia, zapalenie tarczycy powróci z dużym prawdopodobieństwem w trakcie następnej ciąży lub po niej. Z tego powodu kobiety, które chorowały na poporodowe zapalenie tarczycy, powinny raz do roku przechodzić badania kontrolne, a jeśli planują kolejną ciążę, badać się również przed poczęciem i później w trakcie ciąży (nieleczone zapalenie tarczycy może utrudnić poczęcie i spowodować powikłania ciążowe).

Inne poporodowe zaburzenia psychiczne

Młode mamy często przeżywają wzloty i upadki, czasami czują się przytłoczone obowiązkami, zestresowane, nawet zaniepokojone, a większość z nich często zupełnie niepotrzebnie się martwi. Najczęściej jest to po prostu kwestia przystosowania się do nowej roli, a innym razem braku snu. To zupełnie naturalne odczucia, których można się spodziewać, i nikt się im nie dziwi.

Ale nie wszystko jest zawsze takie proste. Poporodowe zaburzenia nastroju wyraźnie się różnią od typowych wahań nastroju występujących u młodych mam, i przyjmują różne formy. Czasem towarzyszą depresji poporodowej, a innym razem występują samodzielnie. Wszystkie opisane tutaj zaburzenia nastroju wymagają natychmiastowego rozpoznania i leczenia. Jeśli zauważysz jakikolwiek objaw mogący świadczyć o poporodowym zaburzeniu psychicznym, nie zwlekaj i szybko poszukaj pomocy:

Poporodowe zaburzenia lękowe. Niektóre świeżo upieczone mamy zamiast depresji poporodowej (albo oprócz niej) odczuwają ogromny lęk lub strach, czasami miewają napady paniki przejawiające się oprócz uczucia silnego lęku także licznymi objawami somatycznymi: gwałtownym biciem serca, przyspieszonym oddechem, uderzeniami gorąca, napadami zimna, bólami klatki piersiowej, dusznością, nudnościami, bezsennością, zawrotami głowy i drgawkami. Bardziej narażone na takie objawy są kobiety, które kiedyś (w czasie ciążą lub wcześniej) miały zaburzenia lękowe lub napady paniki.

Poporodowe zaburzenia lękowe stwierdza się u około 10 procent młodych mam oraz mniej więcej u 50 procent tych, które zmagają się z depresją poporodową. Mama cierpiąca na zaburzenia lękowe może stale odczuwać lęk, jakby działo się coś bardzo złego. Ciągle zamartwia się zdrowiem i rozwojem dziecka, swoimi umiejętnościami macierzyńskimi oraz tym, jak zdoła pogodzić rodzicielstwo z resztą obowiązków domowych i służbowych. Te lęki nie są zwyczajnymi zmartwieniami pojawiającymi się w połogu (są o wiele bardziej skrajne) i zazwyczaj nie wynikają z prawdziwych problemów lub zagrożeń. Na przykład mama z poporodowym zaburzeniem lękowym stale się obawia, że jej dziecko jest ciężko chore, albo cierpi za każdym razem, gdy maleństwo płacze. Boi się też, że trzymając dziecko na rękach, może zasnąć i je upuścić. Często odczuwa wszechogarniający, dręczący strach, że jej dziecko umarło, że zapomni o nim i zostawi je w rozgrzanym samochodzie lub że ktoś włamie się do domu i porwie maleństwo, gdy będzie spało. Takie mamy przez cały czas czują się niespokojne, zniecierpliwione, roztrzęsione, a nawet wyczerpane. Zaburzenie to, podobnie jak poporodowe zapalenie tarczycy, wymaga podjęcia natychmiastowego leczenia u wykwalifikowanego specjalisty, które może obejmować terapię psychologiczną (czyli rozmowy z terapeutą lub psychoterapię poznawczo-behawioralną, która pomaga kontrolować emocje i wspomaga leczenie), techniki ćwiczenia umysłu, takie jak medytacja czy relaksacja, trening uważności (trening *mindfulness*, który wzmacnia psychikę dzięki kierowaniu uwagi na to, czego doświadczamy w bieżącej chwili), a w razie potrzeby również leczenie farmakologiczne.

Poporodowe zaburzenia obsesyjno-kompulsywne (nerwica natręctw). Około 30 procent kobiet chorych na depresję poporodową ma również objawy zaburzeń obsesyjno-kompulsywnych, chociaż mogą wystąpić one także samodzielnie. Do tych objawów zaliczamy takie zachowania obsesyjno-kompulsywne, jak wstawanie co kilka minut, by sprawdzić, czy dziecko oddycha; natrętny, nieprzeparty impuls, by wykonywać zwykłe czynności w określonym porządku (na przykład trzy razy nacisnąć włącznik przed zapaleniem światła); przekonanie, że odejście od ustalonego porządku wyrządzi krzywdę dziecku; gorączkowe sprzątanie domu lub obsesyjne myśli o skrzywdzeniu noworodka (na przykład o wyrzuceniu go przez okno lub zrzuceniu ze schodów). Mamy z poporodowymi zaburzeniami obsesyjno-kompulsywnymi są przerażone swoimi makabrycznymi i pełnymi przemocy myślami, ale nigdy nie wprowadzają ich w życie (może się to przydarzyć jedynie kobiecie chorującej na psychozę poporodową; patrz niżej). Obawiają się jednak, że stracą kontrolę, posłuchają swojego nakazu wewnętrznego i skrzywdzą dziecko. Podobnie jak w wypadku depresji poporodowej, leczenie zaburzeń obsesyjno-kompulsywnych polega na połączeniu psychoterapii z lekami. Jeśli masz obsesyjne myśli i/lub dręczą cię kompulsywne zachowania, bez wahania opowiedz o wszystkim lekarzowi.

Psychoza poporodowa. Dużo rzadszym, lecz o wiele poważniejszym zaburzeniem niż depresja jest psychoza poporodowa. Jej objawy obejmują utratę kontaktu z rzeczywistością, omamy, urojenia i zaburzenia świadomości. Jeśli masz myśli samobójcze, wyobrażenia pełne przemocy i agresji, omamy wzrokowe, słyszysz głosy bądź masz inne objawy psychozyu, natychmiast skontaktuj się z lekarzem. Nie lekceważ tego, co czujesz, i nie daj się zwieść zapewnieniom, że takie odczucia i zachowania są w połogu czymś naturalnym – na pewno nie są. By mieć pewność, że nie dasz się ponieść żadnym gwałtownym uczuciom, gdy będziesz czekać na pomoc lekarza, poproś sąsiadkę, przyjaciółkę lub kogoś z rodziny, żeby zostali z tobą lub połóż dziecko w bezpiecznym miejscu. Możesz również zadzwonić na pogotowie ratunkowe (numer 999 lub 112) albo połączyć się z Kryzysowym Telefonem Zaufania – numer 116 123 (połączenie bezpłatne); w Stanach Zjednoczonych zadzwoń pod numer 911 lub 1-800-273-8255 (National Suicide Prevention Hotline). Jeśli jesteś tatą i zauważyłeś objawy psychozy u swojej partnerki, natychmiast wezwij pomoc i nawet na chwilę nie zostawiaj jej samej z dzieckiem.

Poporodowy zespół stresu pourazowego. Bezpieczne narodziny zdrowego dziecka to chwila, która powinna być radosnym wspomnieniem. Szacuje się, że dla 9 procent młodych mam z poporodowym zespołem stresu pourazowego poród jest źródłem bólu i lęku. To zaburzenie stresowe wywołane jakimś traumatycznym wydarzeniem w trakcie porodu lub połogu (na przykład wypadnięciem pępowiny, dystocją barkową, poważnym pęknięciem krocza, krwotokiem lub cięciem cesarskim w krytycznej sytuacji) czy też urazem psychicznym (z powodu poczucia bezradności lub braku należnego wsparcia podczas porodu) sprawia, że mama nie potrafi sobie poradzić z przykrymi wspomnieniami i koszmarami, które ciągle na nowo przeżywa (a może nawet wyolbrzymia). Może też być obojętna w stosunku do dziecka i innych osób, drażliwa, mieć problemy ze snem, napady paniki, wybuchy gniewu, nasilone reakcje przestrachu oraz niepokojące, natarczywe myśli. Kobiety, które w przeszłości chorowały na depresję lub przeżyły jakąś traumę (były na przykład ofiarami napaści seksualnej lub poważnego wypadku samochodowego), są bardziej narażone na wystąpienie poporodowego zespołu stresu pourazowego. Jest to na szczęście zaburzenie przejściowe i wyleczalne – zazwyczaj dzięki psychoterapii – a więc jeśli zauważyłaś u siebie jakieś jego objawy, natychmiast poszukaj profesjonalnej pomocy. Jeśli mamy z zespołem stresu pourazowego nie otrzymają właściwej opieki poporodowej, mają mniejsze szanse na udane karmienie piersią, a za to będą musiały sprostać większym wyzwaniom, by zbudować więź z noworodkiem i opiekować się nim.

wych więzi z dzieckiem, dbać o nie i cieszyć się macierzyństwem. Co gorsza, choroba może mieć również druzgocący wpływ na emocjonalny, społeczny i fizyczny rozwój malucha, na twoje relacje z ludźmi, a także zdrowie, pomyślność i samopoczucie.

Utrata masy ciała po porodzie

Wiedziałam, że od razu po porodzie nie wcisnę się w obcisłe dżinsy, ale urodziłam 2 tygodnie temu, a nadal wyglądam jak w 6 miesiącu ciąży.

Uwielbiałaś swój ciążowy brzuszek, ale teraz – gdy już urodziłaś dziecko – nie jesteś jego wielką entuzjastką? Chociaż poród wywołuje szybszą utratę masy ciała niż jakakolwiek dieta cud (przeciętnie ponad 5 kilogramów w ciągu jednego dnia lub jednej nocy), to dla większości młodych mam i tak dzieje się to zbyt wolno. Szczególnie przeraża je widok w lustrze, bo nadal wyglądają, jakby były w ciąży.

Rzecz w tym, że żadna kobieta, która opuszcza salę porodową, nie wygląda o wiele szczuplej niż wtedy, gdy do niej wchodziła. Przyczyną wystającego brzucha jest powiększona nadal macica, która obkurczy się do rozmiaru sprzed ciąży i powróci na swoje miejsce w miednicy w ciągu 6 tygodni, dzięki czemu twój obwód w pasie się zmniejszy. Kolejna przyczyna większego obwodu brzucha to resztki płynów, które wkrótce powinny zostać wydalone. I wreszcie – rozciągnięte mięśnie brzucha i luźna skóra, które będą potrzebowały nieco wysiłku z twojej strony, żeby się wzmocnić i odzyskać dawną sprężystość, a także dodatkowa tkanka tłuszczowa, która pomagała ci odżywiać dziecko w trakcie ciąży (i nadal pomaga, jeśli karmisz je piersią).

Na pewno trudno będzie ci się pozbyć myśli o zgrabnej figurze, ale przez pierwsze 6 tygodni staraj się je ignorować, zwłaszcza jeśli karmisz piersią. Połóg to czas rekonwalescencji, więc prawidłowe odżywianie jest niezbędne, abyś odzyskała energię, dobry nastrój, odporność na choroby i dobre samopoczucie.

Dzięki przestrzeganiu zdrowej diety przeznaczonej dla mam w połogu powinnaś zacząć powoli i równomiernie tracić na wadze. Jeśli po 6 tygodniach okaże się, że nie schudłaś ani grama, możesz zacząć w rozsądny sposób ograniczać kalorie. Jeżeli karmisz piersią, uważaj, żeby z tym nie przesadzić, spożywanie zbyt małej liczby kalorii może bowiem ograniczyć produkcję pokarmu, a zbyt szybkie spalanie tłuszczu uwalnia różne substancje, które trafiają do krwi, a stamtąd przedostają się do mleka. Jeżeli nie karmisz piersią, po 6 tygodniach połogu możesz chudnąć trochę szybciej, ale stosuj zrównoważoną dietę, która dostarczy ci kalorii potrzebnych do zachowania energii, bo bez niej nie może się obyć żadna świeżo upieczona mama.

Niektóre kobiety stwierdzają, że dodatkowe kilogramy znikają w trakcie karmienia piersią, inne są rozczarowane, ponieważ wskazówka wagi ani drgnie. Jeśli należysz do tej drugiej grupy, nie zamartwiaj się – zgubisz zbędne kilogramy, gdy odstawisz dziecko od piersi.

Tempo spadku masy ciała zależy również od tego, ile przytyłaś w czasie ciąży. Jeśli nie przybyło ci więcej niż 11–16 kilogramów, prawdopodobnie będziesz w stanie odłożyć do szafy ciążowe dżinsy w ciągu kilku miesięcy, nie katując się przy tym restrykcyjnymi dietami. Natomiast jeśli przytyłaś ponad 16 kilogramów lub więcej, powrót do masy ciała sprzed ciąży i obcisłych dżinsów może wymagać więcej wysiłku i czasu – nawet od 10 miesięcy do 2 lat.

Tak czy inaczej, nie zadręczaj się i daj sobie czas. Pamiętaj, że potrzebowałaś 9 miesięcy, by przytyć, więc teraz będziesz potrzebowała przynajmniej tyle samo, by schudnąć.

Rekonwalescencja po cięciu cesarskim – ciąg dalszy

Tydzień temu urodziłam dziecko przez cięcie cesarskie. Czego się mogę teraz spodziewać?

Z pewnością przeszłaś już długą drogę, od kiedy przewieziono cię na salę pooperacyjną, gdzie dochodziłaś do zdrowia, ale – podobnie jak każda młoda mama – nadal przechodzisz rekonwalescencję. I tak samo jak każda mama, która przeszła cięcie cesarskie, dochodzisz do siebie nie tylko po ciąży i porodzie, ale też po operacji. Szybciej odzyskasz zdrowie, jeśli będziesz przestrzegać zaleceń lekarza odnośnie do postępowania pooperacyjnego, a także innych wskazówek, których młode mamy raczej nie respektują (na przykład dotyczących odpoczynku i nieprzemęczania się). Oto co cię czeka, zanim całkowicie dojdziesz do siebie:

Stopniowo zmniejszający się ból. Do końca 6 tygodnia ból powinien niemal całkowicie zniknąć (chociaż niektóre mamy będą narzekać na sporadyczne bóle lub kłucia o wiele dłużej, nawet przez kilka miesięcy). Blizna po cięciu cesarskim może być bolesna i wrażliwa przez pierwsze kilka tygodni, ale jej stan powinien się stopniowo poprawiać. Pojawiające się od czasu do czasu uczucie ciągnięcia, a także kłucie czy inne krótkie dolegliwości bólowe są prawidłowymi odczuciami towarzyszącymi procesowi gojenia i wkrótce ustąpią. Później może się pojawić świąd skóry wokół blizny pooperacyjnej (to kolejny prawidłowy – choć denerwujący – objaw gojenia się rany). Jeśli będzie ci dokuczało swędzenie, poproś lekarza o przepisanie maści przeciwświądowej. Uczucie drętwienia wokół blizny i zaburzenia czucia poniżej linii cięcia będą trwały nieco dłużej, nawet kilka miesięcy. Zgrubienie tkanki na bliźnie przypuszczalnie również się zmniejszy, sama blizna zmieni kolor na purpurowy lub różowy, a później zupełnie zblednie lub zniknie (w zależności od rodzaju szwów chirurgicznych, jakie zostały zastosowane).

Opioidowe leki przeciwbólowe – podawane w razie potrzeby w małych dawkach w pierwszych 2 tygodniach po porodzie – są uważane za bezpieczne, natomiast po upływie pierwszego tygodnia ulgę przyniesie ci paracetamol (na przykład Apap) lub ibuprofen (na przykład Ibuprom lub Nurofen), więc spróbuj odstawić silne leki przeciwbólowe jak najszybciej, szczególnie jeśli karmisz piersią. Jeżeli ból w miejscu cięcia się nasila, miejsce wokół rany jest bardzo zaczerwienione albo sączy się z niej brązowa, szara, zielona lub żółta wydzielina, zgłoś się do lekarza, gdyż mogło się rozwinąć zakażenie. (Niewielka ilość przezroczystego płynu to zazwyczaj normalny objaw, ale i tak opowiedz o nim lekarzowi).

Ból pomoże złagodzić specjalny pas poporodowy, który podtrzyma kurczące się po porodzie powłoki brzuszne i zmniejszy napięcie skóry.

Cztery tygodnie czekania na seks (co najmniej). Wytyczne są mniej więcej takie same jak w przypadku mam, które rodziły drogami natury (tak, nawet wtedy, gdy twoje dziecko nie pojawiło się na świecie drogą pochwową), aczkolwiek istotnym czynnikiem jest również tempo gojenia się rany po cięciu cesarskim. Od tego zależy, jak długo będziesz musiała (lub chciała) powstrzymywać się od współżycia. Więcej informacji na temat wznowienia życia seksualnego po porodzie znajdziesz na str. 529.

Ruch. Powrót do aktywności fizycznej rozpocznij od krótkich spacerów – 5 minut kilka razy w tygodniu, gdy tylko poczujesz się na siłach. Po 5-6 tygodniach możesz zwiększyć dawkę ćwiczeń, a kiedy już będziesz w stanie normalnie ćwiczyć, stopniowo buduj swoją kondycję fizyczną i rób to konsekwentnie (jeśli spodziewasz się natychmiastowych rezultatów, sporadyczne ćwiczenia nie wystarczą). Jeśli zamierzasz wrócić do dawnej rutyny, skup się przede wszystkim na ćwiczeniach wzmacniających mięśnie brzucha (patrz str. 543), ale rób to powoli. Na pewno upłynie co najmniej kilka miesięcy, zanim będziesz mogła ćwiczyć tak jak przed zajściem w ciążę. Pamiętaj jednak, że powinnaś wykonywać ćwiczenia Kegla, nawet jeśli twoje krocze pozostało nienaruszone, w wyniku ciąży i tak zostały rozciągnięte mięśnie dna miednicy (nawet jeśli nie przyczynił się do tego poród).

Zapalenie sutka

Boli mnie jedna pierś, jest zaczerwieniona i do tego mam gorączkę. Czy to zakażenie?

Wygląda na to, że masz zapalenie sutka (*mastitis*), które może się rozwinąć w każdym momencie laktacji, ale najczęściej

---

Przygnębienie towarzyszące wypływaniu pokarmu

Nie ma nic bardziej radosnego niż przystawienie dziecka do piersi – odruch oksytocynowy, dzięki któremu mleko wypływa z piersi, hormony krążące w twoich żyłach – to wszystko sprawia, że możesz nakarmić dziecko i poczuć się szczęśliwa i spełniona.

Ale co zrobić, jeśli przystawiając maleństwo do piersi, wcale się tak nie czujesz? Jeśli zamiast spokoju i radości ogarniają cię smutek, wzburzenie, lęk, poczucie winy, gniew lub frustracja? Te uczucia wprawdzie szybko przemijają, ale sprawiają, że jesteś niepewna, nerwowa i zastanawiasz się, co spowodowało taką niespodziewaną reakcję. Ta mało znana, rzadko występująca przypadłość to dysforia spowodowana wypływem mleka, która polega na tym, że mama odczuwa negatywne emocje (żal, smutek, złość) bezpośrednio przed wypływem pokarmu – zaczynają się one tuż przed wypływem mleka i trwają od 30 sekund do kilku minut.

Eksperci twierdzą, że to zjawisko nie ma podłoża psychicznego (nie jest awersją do karmienia piersią i nie jest związane z depresją poporodową), lecz jest reakcją hormonalną powiązaną z nagłym spadkiem stężenia dopaminy w mózgu (dopamina to hormon odpowiedzialny za dobre samopoczucie) tuż przed wypływem pokarmu.

A zatem, co możesz zrobić, gdy ten problem dotyczy ciebie? Po pierwsze, wiedz, że to minie – negatywne emocje pojawiające się tuż przed wypływem mleka zaczną się stopniowo zmniejszać, aż w końcu zanikną (prawdopodobnie zanim dziecko skończy 6 miesięcy). Po drugie, pamiętaj, że te negatywne emocje nie odzwierciedlają twoich prawdziwych uczuć – to tylko chwilowa reakcja hormonalna, na którą nie masz wpływu. Mamy z tym zaburzeniem (w przeciwieństwie do kobiet z depresją poporodową) przez resztę czasu czują się bardzo dobrze. Jeśli zrozumiesz, co się z tobą dzieje, i uświadomisz sobie, że to tylko tymczasowa niedogodność, na pewno zdołasz sobie z nią poradzić. W walce z dysforią pomoże ci na pewno obserwacja okoliczności nasilających negatywne uczucia (na przykład pojawiają się, gdy jesteś odwodniona lub bardzo zmęczona) oraz poszukiwanie działań profilaktycznych. Po trzecie, zapytaj lekarza, czy istnieją jakieś bezpieczne terapie (zioła dla mam karmiących piersią, akupunktura czy zmiana diety), które mogłyby ci pomóc. Stężenie dopaminy w naturalny sposób podnoszą na przykład ćwiczenia fizyczne, więc spaceruj z maluchem przed karmieniem. I na koniec poszukaj w mediach społecznościowych innych mam, które też zmagają się z tym problemem. Świadomość, że nie jesteś sama z tym, co przeżywasz, na pewno cię uspokoi.

zdarza się między 2 a 6 tygodniem połogu. Co jest jego przyczyną? Zazwyczaj bakterie przedostające się do przewodów mlecznych przez pęknięcia w brodawce, niecałkowite opróżnianie piersi w trakcie ssania, nieprawidłowe przystawianie dziecka do piersi, obniżona odporność mamy w związku ze stresem i przemęczeniem oraz ucisk piersi (np. przez zbyt ciasny biustonosz).

Typowe objawy zapalenia sutka to silny ból piersi, twardość, zaczerwienienie i wzmożone ucieplenie skóry, obrzęk oraz objawy przypominające grypę – dreszcze i gorączka powyżej 38°C – chociaż czasem jedynymi oznakami zapalenia są podwyższona temperatura i zmęczenie. Jeśli masz takie objawy, natychmiast skontaktuj się z lekarzem. W takim przypadku konieczne jest bowiem szybkie leczenie – prawdopodobnie będziesz musiała leżeć w łóżku, brać antybiotyki, środki przeciwbólowe, pić dużo płynów i stosować okłady rozgrzewające. Po zażyciu antybiotyków, w ciągu 36–48 godzin powinnaś się poczuć lepiej. Jeśli nie będzie poprawy, poinformuj o tym lekarza, który zapisze ci inny antybiotyk. Zażyj do końca całe lekarstwo, chyba że lekarz zaleci inaczej (lub zaordynuje inne leczenie). W czasie antybiotykoterapii przyjmuj probiotyki, które zmniejszą ryzyko biegunki poantybiotykowej i uchronią cię przed infekcją grzybiczą (pamiętaj, że niektórych probiotyków nie można przyjmować łącznie z antybiotykami).

W trakcie leczenia kontynuuj karmienie piersią, jeśli lekarz przepisze antybiotyki, które są bezpieczne dla dziecka. Nie zapominaj też o dokładnym opróżnianiu piersi, gdyż dzięki temu zapobiegniesz zatykaniu przewodów mlecznych. Jeśli jesteś w stanie znieść ból, karm dziecko również chorą piersią, a jeśli maluch wszystkiego nie wypije, wyciśnij resztę mleka. Gdy ból jest tak dotkliwy, że nie jesteś w stanie karmić chorą piersią, sprawdź, czy zdołasz odciągnąć pokarm laktatorem.

Jeśli będziesz zwlekać z leczeniem zapalenia sutka lub przerwiesz je zbyt wcześnie, możesz się nabawić ropnia piersi, który objawia się silnym, pulsującym bólem, miejscowym obrzękiem, tkliwością i podwyższoną temperaturą wahającą się od 37,7°C do 39,5°C. Leczenie polega na podawaniu antybiotyków, ale niezbędne jest też nacięcie ropnia w znieczuleniu miejscowym i założenie drenażu, które wykonuje chirurg. Być może będziesz nadal mogła karmić chorą piersią (w zależności od umiejscowienia ropnia), chociaż w wielu wypadkach nie jest to możliwe. Możesz jednak karmić dziecko drugą piersią aż do odstawienia.

Powrót do życia seksualnego

Słyszałam wiele sprzecznych opinii na ten temat, więc chciałabym się dowiedzieć, kiedy znowu będziemy mogli uprawiać seks.

Przynajmniej częściowo zależy to od ciebie, chociaż przy podejmowaniu decyzji (tylko nie rób tego pod wpływem chwili) będziesz musiała uwzględnić również opinię lekarza. Zazwyczaj zaleca się, by pary podejmowały współżycie seksualne dopiero wtedy, gdy kobieta jest do tego fizycznie gotowa – przyjmuje się, że następuje to około 4 tygodnia połogu, chociaż niektórzy lekarze zezwalają na seks już w 2 tygodniu po porodzie, a inni dopiero w 6. W pewnych okolicznościach (na przykład gdy proces leczenia się przedłuża lub rozwinął się stan zapalny) lekarz może zalecić dłuższe powstrzymanie się od współżycia. Jeśli twój położnik uważa, że powinnaś zaczekać, a ty uznasz, że już jesteś gotowa, zapytaj go, czy istnieje jakiekolwiek przeciwwskazanie. Jeśli nie, zapytaj, czy mogłabyś podjąć współżycie wcześniej. Gdy okaże się, że istnieje jakaś istotna przyczyna, wstrzymaj się od uprawiania seksu i czekaj na zielone światło od lekarza. Pamiętaj, że podczas opieki nad noworodkiem czas szybko mija. Na razie – zakładając, że jesteś w nastroju – czerpcie satysfakcję, kochając się bez penetracji.

DLA OJCÓW
Seks po porodzie?

Prawdopodobnie przeżywasz najdłuższy okres seksualnej „posuchy" od czasu pierwszego roku studiów i wykazujesz objawy niebezpiecznego nagromadzenia spermy. Jesteś tak gotowy do działania jak nigdy wcześniej, ale to działanie prawdopodobnie w tej chwili nie znajduje się jeszcze w planach twojej partnerki. Musisz to zrozumieć. W końcu ona dochodzi do siebie po ogromnym wstrząsie, jaki przeżył jej organizm – nie chodzi wyłącznie o poród, ale też 9 miesięcy, które go poprzedziły. Młoda mama przeżywa bardzo ciężki okres pod względem fizycznym, więc jej współczujesz, nawet jeśli dosłownie nie odczuwasz jej bólu. I prawdopodobnie się wahasz, czy poruszyć sprawę seksu. Być może lekarz i położna stwierdzili, że jeśli chodzi o aspekt techniczny, nie ma przeszkód, żeby znowu się kochać, ale twoja partnerka – co zrozumiałe – może uważać inaczej, więc trzeba będzie poczekać z seksem, aż zmieni zdanie. W końcu na pewno tak się stanie.

Kiedy zgodzi się na pierwszą próbę poporodowego seksu – nawet gdy będzie podniecona tak bardzo jak ty (a może bardziej) i będzie chciała się kochać równie namiętnie jak przed ciążą – działaj bardzo wolno i delikatnie. Zapytaj, co jej sprawia przyjemność, co powoduje ból i co mógłbyś zrobić, żeby jej pomóc. Pamiętaj, że będziesz musiał przeprowadzić długą i czułą grę wstępną, zanim przejdziesz do dania głównego – dzięki temu wprawisz ją w odpowiedni nastrój i pomożesz jej się nawilżyć (zmiany hormonalne powodują suchość pochwy, więc dodatkowo przyda się środek nawilżający). Nie zdziw się, jeśli w samym środku aktu nagle wycieknie mleko (tak się czasem zdarza, szczególnie na początku). Obróć to w żart i wróć do działania.

A może to nie ona ma problem z powrotem do życia seksualnego, tylko ty? Może nie jesteś pewien, czy powinieneś wykorzystać tę okazję, ponieważ bycie młodym ojcem napawa cię wielkim szczęściem, ale też sprawia, że czujesz się wyjątkowo mało seksowny? Wielu świeżo upieczonych tatusiów stwierdza, że zarówno ich duch, jak i ciało są po porodzie nieco mniej ochocze (aczkolwiek bywa też odwrotnie, i nie ma w tym nic niezwykłego) z wielu zrozumiałych przyczyn, do których należą: zmęczenie, obawa, że dziecko się obudzi i oderwie cię od „pierwszej bazy" (albo od drugiej, jeśli akurat próbujesz ją zdobyć), skrępowanie, że uprawiasz seks w pobliżu noworodka (szczególnie gdy śpi z wami w jednym pokoju), niepokój, że zranisz partnerkę, jeśli będziesz się z nią kochać, zanim jej organizm się całkowicie zregeneruje, i wreszcie ogólne fizyczne i psychiczne zaabsorbowanie noworodkiem, który skupia na sobie całą twoją energię i zainteresowanie. Na twoje uczucia może również wpływać chwilowy wzrost stężenia estrogenów przy jednoczesnym spadku stężenia testosteronu – co przytrafia się wielu świeżo upieczonym ojcom – a jak

---

Położna powiedziała nam, że już możemy uprawiać seks, ale boję się, że będzie bolało. Poza tym tak szczerze mówiąc – wcale nie mam na to ochoty.

Seks z pewnością nie znajduje się teraz na szczycie listy twoich ulubionych czynności, a może nawet nie mieści się w pierwszej dwudziestce. Nie ma w tym zresztą nic dziwnego. Większość kobiet nie interesuje się seksem w okresie połogu (a nawet później) z wielu rozmaitych powodów. Po pierwsze, jak słusznie podejrzewasz, współżycie po porodzie może być bardziej bolesne niż przyjemne, zwłaszcza jeśli rodziłaś drogami natury, ale nawet – co zaskakujące – gdy miałaś cięcie cesarskie. Twoja pochwa została przecież rozciągnięta do granic możliwo-

wiadomo, testosteron podsyca libido (zarówno u mężczyzn, jak i u kobiet). Przypuszczalnie w ten właśnie sposób natura pomaga ci w opiece nad dzieckiem – sprawia, że nie myślisz o seksie, bo masz w domu noworodka, którym się musisz zająć. (Pamiętaj jednak, że ochota na seks nie czyni z ciebie złego rodzica).

Wiedz też, że zachowania seksualne po porodzie mogą być bardzo różne i wszystkie mieszczą się w granicach normy. W przypadku niektórych par pożądanie pojawia się, jeszcze zanim lekarz wyrazi zgodę na powrót do współżycia, a u innych mija nawet 6 miesięcy, nim życie erotyczne znowu rozkwitnie. Niektóre mamy stwierdzają, że ich popęd seksualny nie istnieje, dopóki karmią piersią, co jednak nie znaczy, że zbliżenia nie sprawiają im przyjemności.

Jednego możesz być pewien, że popęd seksualny w końcu wróci! Nie zapominaj o okazywaniu partnerce czułości i zainteresowania, których niewątpliwie potrzebuje. Nawet gdy nie ma ochoty na zbliżenie, zdecydowanie nie będzie miała nic przeciwko temu, by usłyszeć, że ją kochasz (oraz że jest piękna i seksowna). Możesz również spróbować podjąć pewne działania, by wprawić was oboje w romantyczny nastrój – to z pewnością nie zaszkodzi, chociaż może być sporym wyzwaniem, gdy w domu jest noworodek. Gdy maleństwo w końcu zaśnie, zapal świece, zaproponuj jej kojący i zmysłowy masaż (ale bez żadnych zobowiązań) albo poprzytulajcie się na kanapie. I kto wie – może pożądanie wróci szybciej, niż myślicie.

ści, prawdopodobnie również rozdarta lub nacięta i wreszcie pozszywana. W rezultacie jesteś zbyt obolała, by siedzieć, nie wspominając o czerpaniu przyjemności z seksu. Do bólu możemy doliczyć jeszcze jedną potencjalną przyczynę dyskomfortu niezależną od tego, jaką drogą maluch przyszedł na świat – otóż niskie stężenie estrogenów sprawia, że ścianki pochwy są cienkie, co nie

jest szczególnie korzystne i nie sprzyja miłym doznaniom. Poza tym nie powróciło jeszcze naturalne nawilżanie, przez co będziesz odczuwać nieprzyjemną suchość w chwili, gdy powinnaś być wilgotna – zwłaszcza jeśli karmisz piersią, gdyż hormon wywołujący laktację może powodować suchość pochwy.

Poza tym twój popęd seksualny, oprócz dolegliwości fizycznych, ma jeszcze do pokonania inne problemy poporodowe: zrozumiałe zaabsorbowanie maleńką osóbką, która potrzebuje cię przez cały czas i która budzi się z pełną pieluszką i pustym brzuszkiem w najmniej odpowiednich momentach. Nie mówiąc o innych aspektach życia młodej mamy skutecznie psujących nastrój (przykrej woni ulanego mleka na prześcieradle, stercie brudnych ubranek przy łóżku, oliwce dla niemowląt na nocnym stoliku zamiast olejku do masażu erotycznego dla dorosłych oraz o tym, że nie pamiętasz, kiedy ostatni raz miałaś czas, by o siebie zadbać).

Nic zatem dziwnego, że nie uwzględniłaś seksu w rozkładzie swojego dnia ani nawet o nim nie pomyślałaś.

Czy jeszcze kiedykolwiek będziesz miała ochotę na zbliżenie? Oczywiście. Tak jak wszystkie inne sprawy w twoim nowym, wypełnionym zajęciami życiu, tak i miłość fizyczna wymaga czasu i cierpliwości – również ze strony twojego partnera. Zaczekaj zatem, aż będziesz gotowa, lub pomóż sobie, stosując następujące wskazówki:

Nawilżaj. Stosuj środki nawilżające, takie jakie intymny żel nawilżający K-Y lub Astroglide, dopóki nie powróci twoja naturalna wydzielina. Do tego czasu lubrykant złagodzi ból i zwiększy przyjemność. Kup zatem duże opakowanie, żeby wystarczyło go dla was dwojga.

Rozluźnij się. Oprócz żelu nawilżającego przyda się również masaż, który jest dobrym sposobem na rozluźnienie, więc poproś partnera, żeby najpierw cię wymasował.

Rozgrzej się. Twój partner na pewno jest podniecony i spragniony jak nigdy wcześniej. Prawdopodobnie jest mu potrzebna tylko krótka gra wstępna – albo w ogóle może się bez niej obejść – ale za to ty potrzebujesz jej zdecydowanie bardzo dużo. Poproś zatem o pieszczoty. A potem poproś o jeszcze więcej. Im więcej wysiłku partner włoży w to, żeby cię pobudzić, tym więcej przyjemności sprawi wam zbliżenie.

Mów mu o wszystkim. Wiesz dokładnie, kiedy cię boli, a kiedy jest ci przyjemnie, ale twój partner nie będzie miał o tym pojęcia, dopóki mu wszystkiego dokładnie nie wyjaśnisz („Trochę w lewo... nie, w prawo... nie, niżej... odrobinę wyżej, o tak, idealnie!"). A więc mów, jeśli chcesz, by sprawy nabrały tempa.

Znajdźcie odpowiednią pozycję. Eksperymentujcie i znajdźcie pozycję, w której nacisk na obolałe miejsca będzie najmniejszy i która pozwoli ci kontrolować głębokość penetracji (tym razem głębiej zdecydowanie nie będzie oznaczało lepiej). Pozycja, kiedy będziesz na górze (jeżeli masz na to siłę) albo gdy oboje będziecie leżeć na boku, to najlepsze rozwiązanie w czasie połogu. Bez względu na to, kto nadaje tempo, pamiętajcie, że to twój komfort jest w tej chwili najważniejszy.

Ćwicz. Nie, nie chodzi o ćwiczenia seksualne. Chodzi o ukrwienie pochwy i wzmacnianie jej mięśni. Wykonuj zatem ćwiczenia Kegla (pewnie już ci się robi niedobrze, gdy o nich słyszysz), które ci w tym pomogą. Wykonuj je w dzień i w nocy (i nie zapominaj o nich w trakcie seksu, ponieważ zaciskanie mięśni sprawi przyjemność wam obojgu).

Znajdźcie inne sposoby sprawiania sobie przyjemności. Jeśli stosunek seksualny nie sprawia wam jeszcze przyjemności, poszukajcie innych sposobów zaspokajania poprzez wzajemną masturbację (delikatną, jeśli chodzi o ciebie) lub seks oralny (jak wyżej). Jeśli oboje padacie ze zmęczenia i nie macie już na nic siły, cieszcie się bliskością i intymnością – po prostu bądźcie razem.

I najważniejsza sprawa: nawet jeśli podczas pierwszego stosunku będziesz odczuwała ból (a może nawet podczas drugiego i trzeciego), nie spisuj seksu na straty. Znowu zaczniesz się nim cieszyć (chociaż być może teraz wydaje ci się to zupełnie niemożliwe) i dawać przyjemność swojemu partnerowi.

Przed tobą jeszcze jeden krok, nim powrócisz do aktywnego życia seksualnego: upewnij się, że jesteś do niego odpowiednio przygotowana i zadbaj o antykoncepcję; patrz strona obok.

Karmienie piersią jako metoda antykoncepcji?

Słyszałam, że podczas karmienia piersią nie można zajść w ciążę. Czy to prawda?

Karmienie piersią jest pewną formą antykoncepcji... ale nie najbardziej niezawodną. Zatem jeżeli nie masz zamiaru ponownie zachodzić w ciążę, lepiej nie traktuj laktacji jako metody zapobiegania ciąży lub przynajmniej nie polegaj wyłącznie na niej.

To prawda, że kobiety regularnie karmiące piersią przeciętnie zaczynają miesiączkować później niż te, które nie karmią, co również oznacza, że normalny cykl miesiączkowy i płodność też w ich przypadku nie powracają tak szybko. U mam, które nie karmią, menstruacja pojawia się przeciętnie 6–12 tygodni po porodzie, a u karmiących między 4 a 12 miesiącem. Jednak jak zawsze kluczem jest słowo „przeciętnie". Niektóre karmiące mamy zaczynają bowiem miesiączkować już po 6 tygodniach po porodzie, a inne dopiero po 18 miesiącach.

Chociaż nie da się dokładnie przewidzieć, kiedy po raz pierwszy po porodzie dostaniesz okres, ale istnieje kilka wskazówek, które możesz wziąć pod uwagę: na przykład częstotliwość karmienia (ponad 3 karmienia dziennie i nocne prawdopodobnie powstrzymają jajeczkowanie na dłużej), długość karmienia (im dłużej karmisz, tym później powróci cykl owulacyjny), a także to, czy karmisz wyłącznie piersią, czy uzupełniasz karmienie (jeśli nie karmisz wyłącznie piersią, owulacja może wystąpić wcześniej). Oznacza to, że chociaż nie ma całkowitej pewności, to szanse, że od razu nie zajdziesz w ciążę, są dosyć duże, pod warunkiem jednak, że karmisz często, wyłącznie piersią i że nie dostałaś jeszcze miesiączki.

A zatem dlaczego się przejmować antykoncepcją – przynajmniej przed pierwszą menstruacją po porodzie? Dlatego że nie można przewidzieć, kiedy pojawi się pierwsza owulacja. U niektórych kobiet nie pojawia się ona przed pierwszą miesiączką, a to oznacza, że w czasie pierwszego cyklu nie jajeczkują. Inne z kolei jajeczkują jeszcze przed pierwszym okresem, co wiąże się z tym, że mogą zajść w kolejną ciążę, zanim jeszcze zdążą otworzyć opakowanie z tamponami lub podpaskami (czyli przed pierwszą menstruacją po porodzie). Ponieważ nie wiesz, co będzie pierwsze – okres czy owulacja – antykoncepcja jest jak najbardziej wskazana, jeżeli zamierzasz mieć wpływ na zajście w następną ciążę.

Myślisz, że znowu możesz być w ciąży? Na str. 30 znajdziesz informacje na temat ciąży po ciąży.

Zapobieganie ciąży

Zdecydowanie nie jestem jeszcze gotowa na kolejne dziecko. Jakie metody antykoncepcji mam do wyboru?

Cóż, być może seks nie jest teraz dla ciebie najważniejszy – wszak oprócz innych dolegliwości poporodowych doskwierają ci jeszcze nieprzespane noce. Bardzo prawdopodobne, że jest to w ogóle ostatnia rzecz, jaka w tym momencie przychodzi ci do głowy. W końcu jednak nadejdzie taka noc (lub niedzielne popołudnie, gdy maluch zaśnie), kiedy poczujecie pragnienie, by zrzucić z łóżka smoczki i śliniaczki i oddać się pożądaniu, które wreszcie pojawi się w waszym życiu, oraz namiętności, która łączyła was przed ciążą.

Bądź zatem przygotowana. Jeśli chcesz uniknąć kolejnej ciąży, będziesz musiała zastosować jakąś formę kontroli urodzeń od razu, gdy tylko znowu zaczniesz uprawiać seks. A ponieważ trudno przewidzieć, kiedy poczujesz pożądanie, warto mieć pod ręką (a najlepiej przy łóżku) środek antykoncepcyjny.

Jeśli nie chcesz ryzykować drugiej ciąży, liczenie na to, że karmienie piersią cię przed nią uchroni, jest bardzo ryzykowne (patrz poprzednie pytanie). Inaczej mówiąc, będziesz musiała wziąć pod uwagę bardziej niezawodne metody zapobiegania ciąży – jest bardzo wiele sposobów nawet dla mam karmiących piersią. Być może od ostatniego razu, gdy stosowałaś antykoncepcję, na rynku pojawiły się jakieś nowe metody (będziesz mogła znaleźć takie, które najlepiej dopasują się do twoich potrzeb).

Zanim zdecydujesz, która metoda antykoncepcji jest dla ciebie najlepsza, zapoznaj się z różnymi propozycjami, omów to również ze swoim partnerem i lekarzem. Każda z metod ma plusy i minusy, a wszystko zależy oczywiście od twojego wywiadu medycznego i ginekologicznego, stylu życia oraz od tego, czy w przyszłości znowu będziesz chciała zajść w ciążę (lub jak bardzo będziesz chciała jej uniknąć), od zaleceń lekarza, twoich uczuć i odczuć partnera, a także od waszego światopoglądu. Wszystkie opisane metody są skuteczne, gdy stosuje się je prawidłowo i konsekwentnie, chociaż niektóre są bardziej niezawodne niż inne:

Antykoncepcja doustna. Jest dostępna przede wszystkim na receptę (w USA w niektórych stanach tabletki antykoncepcyjne można dostać bez recepty) i należy do najskuteczniejszych metod zapobiegania ciąży – wskaźnik skuteczności wynosi aż 99,5 procent (większość nieplanowanych ciąż jest wynikiem błędu kobiety, która zapomniała wziąć tabletkę lub pomyliła kolejność). Następny plus to możliwość uprawiania spontanicznego seksu.

Masz do wyboru dwa rodzaje doustnych tabletek antykoncepcyjnych: preparaty dwuskładnikowe (zawierające estrogeny i progestagen, czyli syntetyczny progesteron) oraz jednoskładnikowe (tak zwane minipigułki, zawierające jedynie progestagen). Oba preparaty hamują owulację i zagęszczają śluz szyjki macicy, uniemożliwiając plemnikom dotarcie do komórki jajowej. Utrudniają również zapłodnienie i powstanie zarodka, a także zagnieżdżenie się potencjalnego zarodka w ścianie macicy. Pigułki dwuskładnikowe trochę skuteczniej zapobiegają ciąży niż jednoskładnikowe. By zwiększyć skuteczność minipigułki, należy przyjmować ją codziennie o tej samej porze (preparaty dwuskładnikowe mają pod tym względem trochę większą tolerancję czasową).

Niektóre kobiety odczuwają niepożądane objawy w związku z zażywaniem środków antykoncepcyjnych (objawy te różnią się w zależności od preparatu). Do najczęściej występujących skutków ubocznych należą: obrzęki, zmiana masy ciała, nudności, ból piersi, zwiększenie lub zmniejszenie popędu seksualnego, wypadanie włosów i zaburzenia miesiączkowania. Najpoważniejsze zagrożenia związane ze stosowaniem doustnych środków antykoncepcyjnych to: zakrzepowe zapalenie żył, zatorowość płucna i nowotwory wątroby. Po kilku cyklach zażywania tabletek antykoncepcyjnych niepożądane objawy powinny się stopniowo zmniejszać lub zniknąć całkowicie. Ogólnie mówiąc, współczesne doustne środki antykoncepcyjne wywołują o wiele mniej skutków ubocznych niż dawniejsze.

Najpopularniejsze preparaty zawierają stałą dawkę estrogenów oraz nowy typ progestagenu (to tak zwane preparaty dwuskładnikowe jednofazowe) lub trzy różne stężenia estrogenów i progestagenu (to preparaty dwuskładnikowe trójfazowe), które zmniejszają wzdęcia i objawy zespołu napięcia przedmiesiączkowego. Dostępne są również tabletki o nazwie Seasonale (w Polsce pod innymi nazwami, np. Seasonique) przeznaczone dla kobiet, które chcą uniknąć comiesięcznego krwawienia. W opakowaniu znajdują się 84 tabletki hormonalne oraz 7 tabletek nieaktywnych. Kobieta przyjmuje hormony przez 12 tygodni, a potem następuje przerwa na menstruację (tym samym miesiączka występuje 4 razy w roku). Jednak niektóre kobiety stosujące Seasonale mają większe krwawienia menstruacyjne niż podczas zażywania tabletek naśladujących cykl miesięczny. Większość lekarzy zgadza się z tym, że ciągłe przyjmowanie tabletek jednofazowych (z pominięciem tabletek nieaktywnych) w celu całkowitego uniknięcia miesiączki jest bezpieczne. Prowadzone są liczne badania naukowe oceniające odległe skutki długotrwałej antykoncepcji, w tym jej związek ze wzrostem liczby zachorowań na raka piersi i macicy.

Kobiety, które ukończyły 35 lat, nałogowo palą papierosy i zażywają tabletki antykoncepcyjne, znajdują się w grupie zwiększonego ryzyka groźnych powikłań, takich jak zakrzepica żył głębokich, zawał serca czy udar mózgu. Doustne środki antykoncepcyjne są również nieodpowiednie dla kobiet z niektórymi dolegliwościami, w tym zaburzeniami krzepnięcia, cukrzycą, nadciśnieniem tętniczym oraz niektórymi rodzajami raka. Poza tym doustna antykoncepcja czasami jest nieskuteczna w przypadku kobiet z nadwagą i otyłych.

Tabletki antykoncepcyjne mają też zalety, gdyż z dużym prawdopodobieństwem chronią przez różnymi dolegliwościami i chorobami, w tym zmniejszają ryzyko zachorowania na raka jajnika i macicy. Niektóre kobiety stosujące tę metodę zapobiegania ciąży zauważają również zmniejszenie dolegliwości związanych z zespołem napięcia przedmiesiączkowego, a także poprawę regularności cykli oraz (w przypadkach niektórych preparatów) zmniejszenie problemów ze skórą. Pojawiają się natomiast pewne kontrowersje dotyczące związku doustnej antykoncepcji hormonalnej z ryzykiem zachorowania na raka piersi, zatem omów ten problem z lekarzem, zwłaszcza jeśli w twojej rodzinie były przypadki premenopauzalnego raka piersi.

Jeżeli planujesz mieć kolejne dziecko, płodność po zażywaniu pigułek antykoncepcyjnych może wracać dłużej niż po stosowaniu antykoncepcji barierowej (prezerwatyw, kapturków czy gąbek dopochwowych). Najlepiej jeśli około 3 miesięcy przed planowanym terminem poczęcia zamienisz antykoncepcję hormonalną na barierową (patrz str. 538). Około 80 procent kobiet zaczyna jajeczkować w ciągu 3 miesięcy po odstawieniu pigułki, natomiast 95 procent w ciągu roku.

Jeśli zdecydujesz się na tabletki antykoncepcyjne (lub wznowisz ich przyjmowanie), lekarz dobierze ci odpowiedni ich rodzaj i dawkę, kierując się tym, czy karmisz piersią (doustna antykoncepcja oparta na estrogenach nie jest wówczas zalecana, więc karmiące mamy powinny ograniczyć się do minipigułek na bazie progestagenu), oraz twoim cyklem miesiączkowym, masą ciała, wiekiem i historią chorób, które przebyłaś. Skuteczność działania tabletek zależy wyłącznie od ciebie, więc zażywaj je zgodnie z zaleceniami. Jeśli pominiesz chociaż jedną tabletkę lub gdy będziesz miała biegunkę albo wymioty (które zmniejszają wchłanianie hormonów z tabletki antykoncepcyjnej), aż do następnej miesiączki stosuj dodatkowe zabezpieczenie (na przykład prezerwatywy). Co 6–12 miesięcy odwiedzaj lekarza, aby mógł skontrolować twoje zdrowie, informuj go o wszystkich lekarstwach, jakie przyjmujesz, takich jak preparaty ziołowe, antybiotyki lub inne specyfiki zmniejszające skuteczność pigułki.

Pamiętaj, że doustna antykoncepcja nie chroni przed chorobami przenoszonymi drogą płciową, zatem używaj prezerwatyw, jeśli istnieje ryzyko, że partner może cię czymś zarazić. Zażywanie tabletek antykoncepcyjnych zwiększa zapotrzebowanie organizmu na witaminy B_6, B_{12}, C, ryboflawinę (B_2), a także cynk i kwas foliowy, więc kontynuuj przyjmowanie preparatu prenatalnego (lub witamin dla mam karmiących piersią).

Zastrzyki. Zastrzyki hormonalne, takie jak Depo-Provera, to bardzo skuteczna metoda zapobiegania ciąży (jej skuteczność wynosi aż 99,7 procent), a jej działanie polega na zahamowaniu jajeczkowania i zagęszczaniu śluzu szyjki macicy, co uniemożliwia plemnikom dotarcie do komórki jajowej. Zastrzyk podaje się domięśniowo w ramię lub pośladek, a jego działanie utrzymuje się przez 3 miesiące. Depo-Provera zawiera jedynie progestagen, więc nie wpływa na pokarm mamy.

Podobnie jak w przypadku tabletek hormonalnych, działania niepożądane mogą obejmować: nieregularne miesiączki, przyrost masy ciała czy wzdęcia. Niektóre kobiety po zastosowaniu zastrzyków hormonalnych mają rzadsze i mniej obfite miesiączki, a czasem nie miesiączkują w ogóle. Z kolei inne krwawią obficie i długo. Zastrzyk Depo-Provera, podobnie jak tabletki antykoncepcyjne, również nie jest przeznaczony dla wszystkich – w zależności od stanu zdrowia i przebytych chorób. Nie chroni również przed chorobami przenoszonymi drogą płciową.

Największą zaletą zastrzyku hormonalnego jest to, że chroni przed ciążą przez 12 tygodni i jest dobrym rozwiązaniem dla kobiet, które nie chcą być zmuszone do ciągłego myślenia o antykoncepcji, zapominają o regularnym zażywaniu pigułki lub zakładaniu krążka dopochwowego. Depo-Provera natomiast zmniejsza ryzyko zachorowania na raka endometrium i jajnika. Zastrzyk hormonalny ma również wady: co 12 tygodni należy się zgłaszać do lekarza po kolejną dawkę, a poza tym efekt antykoncepcyjny nie od razu jest odwracalny (jeśli będziesz chciała szybko zajść w ciążę), ponieważ po zaprzestaniu przyjmowania Depo-Provery płodność może powrócić dopiero po roku.

Plastry antykoncepcyjne (na przykład Evra lub Ortho Evra). Są wielkości pudełka zapałek i zawierają ten sam zestaw hormonów co tabletki dwuskładnikowe. Jednak w przeciwieństwie do tabletek antykoncepcyjnych uwalniają poprzez skórę stałą dawkę hormonów. Jeden plaster działa przez tydzień, po czym (tego samego dnia tygodnia) należy go zastąpić następnym. Plastry przylepia się przez 3 tygodnie (możesz użyć aplikacji przypominającej o zmianie kolejnego plastra), a 4 tydzień to czas przerwy na miesiączkę. Plaster można zmieniać o dowolnej porze dnia. Jeśli zapomnisz go zmienić i zostawisz go na dłużej niż 7 dni, hormony będą działać jeszcze przez dwa dni.

Większość kobiet przylepia plastry na brzuchu lub pośladku. Można je również przylepiać w górnej części ciała (poza piersiami), na plecach lub ramieniu. Ponieważ plaster nie reaguje na wilgoć, temperaturę ani pot, można go nosić w każdych warunkach pogodowych, w trakcie kąpieli czy ćwiczeń fizycznych – nawet w saunie.

Plastry antykoncepcyjne, podobnie jak inne preparaty hormonalne zapobiegające ciąży, są bardzo skuteczne (99,5 procent). Mogą być mniej skuteczne w przypadku kobiet z nadwagą lub otyłych. Skutki uboczne nie różnią się od tych, które wywołują tabletki antykoncepcyjne, jednak mogą wiązać się z większym ryzykiem wystąpienia zakrzepicy żył głębokich. Nie chronią również przed chorobami przenoszonymi drogą płciową.

Krążek dopochwowy (na przykład NuvaRing). Krążek NuvaRing jest niewielki (ma około 54 mm średnicy i 4 mm grubości), przezroczysty, miękki, elastyczny i płaski jak gumka recepturka. Umieszcza się go w pochwie na 21 dni. Po założeniu krążek uwalnia stałą dawkę estrogenów i progestagenu. Umiejscowienie krążka w konkretnym miejscu pochwy jest bez znaczenia, ponieważ to nie jest gwarancją jego skuteczności. Zatem możesz sama bez trudności raz w miesiącu umieścić krążek w pochwie (ani ty, ani twój parter nie będziecie go czuć w trakcie współżycia). Kiedy go usuniesz (również bez problemu), dostaniesz okres.

Po tygodniu od usunięcia pierwszego krążka będziesz mogła założyć następny, nawet jeśli jeszcze nie przestałaś miesiączkować. Jeżeli masz trudności z zapamiętaniem, kiedy powinnaś zmienić krążek, pomoże ci w tym „przypominajka" w smartfonie lub aplikacja. Badania wykazują, że kontrola cyklu płodności w przypadku krążków dopochwowych jest skuteczniejsza niż w przypadku tabletek antykoncepcyjnych. Ponieważ mechanizm antykoncepcyjny (czyli stężenie hormonów) jest taki sam jak w przypadku tabletek, działania niepożądane są praktycznie identyczne. Zatem kobiety, które nie mogą stosować doustnych środków antykoncepcyjnych, powinny się również wystrzegać krążków dopochwowych. Dotyczy to także mam karmiących piersią. Skuteczność krążków dopochwowych wynosi około 99 procent i jest dobrym wyborem dla kobiet z nadwagą lub otyłych. Ten sposób antykoncepcji również nie zabezpiecza przed chorobami przenoszonymi drogą płciową.

Implant podskórny antykoncepcyjny. Implant, który wszczepia się pod skórę, jest bezpieczną i skuteczną metodą zapobiegania ciąży (średnio 99,9 procent), chociaż w przypadku kobiet z nadwagą lub otyłych może przynosić mniejsze efekty. Implant antykoncepcyjny to niewielki, elastyczny pręcik wielkości zapałki, który wszczepia się pod skórę ramienia. Implant antykoncepcyjny uwalnia stałą dawkę progestagenu, który zagęszcza śluz szyjki macicy i zmniejsza grubość błony śluzowej macicy (endometrium), jest bezpieczny w trakcie karmienia piersią i zabezpiecza przed zajściem w ciążę do 3 lat. Skutki uboczne tej metody antykoncepcji to nieregularne krwawienie – zwłaszcza przez pierwsze 6–12 miesięcy. Większość kobiet zauważa, że miesiączki są rzadkie i skąpe (aczkolwiek u niektórych mam są dłuższe i bardzie obfite), albo w ogóle nie ma krwawienia. Powikłania w trakcie stosowania implantów antykoncepcyjnych są bardzo rzadkie, ale należy pamiętać, że one również nie chronią przed chorobami przenoszonymi drogą płciową.

Spirala antykoncepcyjna (wkładka domaciczna). Wkładka domaciczna jest najpopularniejszą metodą zapobiegania ciąży wśród kobiet na całym świecie, chociaż w Stanach Zjednoczonych stosuje ją tylko 11 procent kobiet. Jest to o tyle dziwne, że tę metodę uważa się za jedną z najbezpieczniejszych i najpewniejszych (jej skuteczność wynosi ponad 99 procent). Jest również bardzo wygodna, dlatego warto ją wziąć pod rozwagę.

Spirala antykoncepcyjna to mała plastikowa wkładka o kształcie litery T, którą lekarz umieszcza w jamie macicy i która skutecznie zabezpiecza przed zajściem w ciążę przez wiele lat, w zależności od rodzaju spirali. Masz do wyboru dwa rodzaje wkładek domacicznych. Wkładka zawierająca miedź uwalnia jony miedzi, które unieruchamiają plemniki oraz zapobiegają implantacji (zagnieżdżeniu) zarodka. Wkładka miedziowa ParaGard działa przez 10 lat lub dłużej (czyli załóż i zapomnij o antykoncepcji). Z kolei wkładka domaciczna Mirena łączy działanie spirali i tabletek antykoncepcyjnych. Bezpośrednio do macicy uwalnia progestagen, który zagęszcza śluz szyjki macicy, blokuje ruch plemników i zapobiega implantacji zarodka. Działa przez 5 lat – to całkiem dobra ochrona przed zajściem w ciążę.

Główna zaleta tej metody polega na zdecydowanej wygodzie jej stosowania. Kiedy założysz wkładkę domaciczną (może to nastąpić w którymkolwiek momencie tuż po porodzie albo podczas wizyty kontrolnej w okresie 6-tygodniowego połogu), nie będziesz musiała o niej myśleć ani w żaden sposób o nią dbać, pomijając oczywiście wymagane regularne kontrole (najlepiej comiesięczne). Spirala antykoncepcyjna umożliwia spontaniczny seks – nie trzeba przerywać współżycia, by założyć kapturek ze środkiem plemnikobójczym lub prezerwatywę, ani pamiętać o codziennym połykaniu tabletek antykoncepcyjnych. Dodatkowa zaleta: spirala antykoncepcyjna w żaden sposób nie wpływa na karmienie piersią, a hormony znajdujące się we wkładce domacicznej Mirena są bezpieczne dla dziecka.

Stosując spiralę antykoncepcyjną, możesz dodatkowo zwiększyć zabezpieczenie przed ciążą za pomocą prezerwatywy lub/i środków plemnikobójczych (przez pierwsze 2–3 miesiące po włożeniu wkładki można zajść w ciążę, aczkolwiek zdarza się to dość rzadko).

Spirali domacicznej nie powinny stosować kobiety z nieleczoną chlamydiozą bądź rzeżączką, które są w trakcie leczenia zapalenia przydatków, u których stwierdzono stan przedrakowy lub raka macicy albo szyjki macicy, a także te, u których stwierdzono jakiekolwiek nieprawidłowości w obrębie macicy lub które mają wyjątkowo małą macicę. Zapytaj zatem lekarza, czy możesz założyć spiralę, jeśli ty lub twój partner jesteście zakażeni chorobą przenoszoną drogą płciową. Alergia lub podejrzenie uczulenia na miedź wyklucza zastosowanie wkładki ParaGard.

Efekty uboczne stosowania tej metody antykoncepcji to skurcze (łagodne lub umiarkowane) w trakcie zakładania (rzadko również przez kilka godzin lub dni po włożeniu), perforacja ściany macicy (bardzo rzadkie powikłanie), wydalenie lub przemieszczenie wkładki (możesz tego nie zauważyć i pozostaniesz bez ochrony) oraz zapalenie jajowodów lub narządów miednicy mniejszej (również rzadkie). Właściwie założona wkładka domaciczna nie zwiększa ryzyka ciąży pozamacicznej. Niektóre kobiety w pierwszych miesiącach po założeniu spirali mogą narzekać na plamienia pomiędzy miesiączkami. Pierwsze menstruacje mogą być też obfite i długotrwałe. Kolejne nieprawidłowe krwawienia – długie i obfite – też nie są czymś wyjątkowym po założeniu spirali, aczkolwiek zastosowanie wkładki uwalniającej progestagen (Mireny) może zmniejszyć krwawienie (większość kobiet stosujących tę spiralę antykoncepcyjną zauważa, że okres jest mniej obfity albo całkowicie zanika). Pamiętaj – po raz kolejny – że ta metoda antykoncepcji nie chroni przed chorobami przenoszonymi drogą płciową.

Diafragma (błona dopochwowa). To rodzaj antykoncepcji barierowej – gumowy kapturek, który umieszcza się w pochwie, by przed stosunkiem zakryć szyjkę macicy i zablokować plemniki. Przy odpowiednim stosowaniu skuteczność tej metody antykoncepcji sięga 94 procent, pod warunkiem że diafragma jest odpowiednio założona (ma odpowiednią wielkość i znajduje się we właściwym miejscu) i nasączona środkiem plemnikobójczym. Pomijając zwiększone ryzyko zapaleń dróg moczowych oraz występujące niekiedy reakcje alergiczne wywołane przez środki plemnikobójcze oraz gumę, z której jest wykonana diafragma, jest to bezpieczna metoda antykoncepcji. Stosowana wraz ze środkami plemnikobójczymi zmniejsza ryzyko zapalenia narządów miednicy mniejszej, które mogą prowadzić do bezpłodności (aczkolwiek nie chroni przed chorobami przenoszonymi drogą płciową). Nie wpływa jednak na karmienie piersią.

Jeśli chodzi o diafragmę, rozmiar ma zdecydowanie wielkie znaczenie. Musi zatem zostać przepisana przez lekarza i dokładnie dopasowana – zwłaszcza po porodzie, ponieważ wówczas zmienia się wielkość i kształt szyjki macicy. Diafragmę należy pozostawić w pochwie przez 6–8 godzin po stosunku, ale nie dłużej niż 24 godziny. Niektórzy eksperci uważają, że powinno się ją usunąć w ciągu 12–18 godzin, a inni zalecają, by kobiety traktowały zakładanie diafragmy jako conocną rutynę, by w przypływie namiętności nie pozostać bez odpowiedniego zabezpieczenia (aczkolwiek należy pamiętać, że diafragma nie może pozostać na miejscu dłużej niż 24 godziny). Tak czy inaczej stosowanie tego środka antykoncepcyjnego wymaga bieżącej kontroli, sprawdzania czasu i konserwowania – czyszczenia po użyciu, odpowiedniego przechowywania w pudełku (nie luzem na dnie torebki lub w kieszeni dżinsów) i sprawdzania (pod światło), czy nie ma dziur.

Kapturek naszyjkowy. Jest podobny do diafragmy i również musi zostać dopasowany przez lekarza. Stosuje się go wraz ze środkiem plemnikobójczym, a jego działanie polega na stworzeniu bariery dla plemników (czyli jest to rodzaj antykoncepcji barierowej). Jego skuteczność jest mniejsza niż w przypadku diafragmy (w przybliżeniu 60–75 procent), ale ma za to sporo zalet. Kształtem przypomina duży naparstek, jest wykonany z miękkiego silikonu i ma twardą krawędź, która dopasowuje się dokładnie do szyjki macicy. Jest wielkości połowy diafragmy i można go pozostawić w pochwie aż przez 48 godzin (zalecany czas dla diafragmy to 24 godziny), chyba że dłuższe pozostawienie kapturka na miejscu będzie przyczyną przykrego zapachu.

Odmianą kapturka naszyjkowego jest kapturek FemCap (w jego przypadku skuteczność wynosi 85 procent). Jest wykonany z silikonu, dopasowuje się do szyjki macicy, przylega do ścian macicy i jest dostępny w trzech rozmiarach. Ma wyżłobienie, w którym znajduje się środek plemnikobójczy, oraz sznureczek, za pomocą którego można go wyciągnąć.

Gąbka dopochwowa. Blokuje dostęp do szyjki macicy, a zatem również dostęp plemników do jajowodów, a oprócz tego jest nasączona preparatem plemnikobójczym. Gąbka dopochwowa wykonana z tworzywa piankowego jest miękka, okrągła, ma około 5 centymetrów średnicy i posiada specjalną tasiemkę, dzięki której można ją łatwo usunąć. Jej zaletą jest to, że nie wymaga wizyty u lekarza ani recepty i łatwo ją założyć. Jest skuteczna przez pełne 24 godziny i w żaden sposób nie wpływa na karmienie piersią. Ta metoda zapobiegania ciąży posiada jednak również wady. Zaliczamy do nich nieco mniejszą skuteczność antykoncepcyjną w porównaniu z diafragmą (wynosi ona około 80 procent), zwiększone ryzyko zakażenia grzybiczego oraz pewne problemy z jej stosowaniem. Nie powinnaś zatem pozostawiać gąbki na miejscu dłużej, niż jest to zalecane, a po jej usunięciu będziesz musiała dokładnie sprawdzić, czy wyszła w całości (pozostawiony kawałek gąbki może wywołać stan zapalny dróg rodnych, któremu towarzyszy przykry zapach). Tej samej gąbki nie można stosować ponownie, więc będziesz się musiała zaopatrzyć w odpowiedni zapas.

Prezerwatywa. Prezerwatywę, zwaną również kondomem lub gumką – jak zapewne wiesz – zakłada się na penis, by zatrzymać spermę podczas wytrysku, dzięki czemu plemniki nie przedostają się do pochwy. Prezerwatywa jest wykonana z lateksu lub naturalnej skóry (z jelit owiec) i jeśli stosuje się ją właściwie i konsekwentnie, jest skuteczną metoda kontroli urodzeń (daje 98 procent pewności). Prezerwatywa jest całkowicie nieszkodliwa – oczywiście pod warunkiem, że żadne z partnerów nie jest uczulone na lateks lub środek plemnikobójczy (jeśli problemem jest lateks, wybieraj prezerwatywy z naturalnej skóry). Dużym plusem prezerwatyw jest ich dostępność i niewielki rozmiar, dzięki czemu można je zawsze mieć pod ręką, a także że pewne zabezpieczenie przed chorobami przenoszonymi drogą płciową, takimi jak rzeżączka, chlamydioza, wirus HIV (prezerwatywy z lateksu lepiej chronią przed zakażeniem) czy wirus Zika. Ponieważ prezerwatywa z żaden sposób nie wpływa na karmienie piersią i ponieważ nie wymaga ponownego dopasowania po porodzie (jak na przykład diafragma), jest idealną metodą „przejściową". Niektóre pary uważają, że prezerwatywa przeszkadza w spontanicznym seksie, bo żeby ją założyć, trzeba zaczekać na erekcję, a jeszcze inne stwierdzają, że zmniejsza doznania i/lub powoduje podrażnienia pochwy (potencjalnie bardziej narażone są na nie kobiety w okresie połogu). Niektórzy nie mają nic przeciwko prezerwatywom i traktują ich zakładanie jako część gry wstępnej.

By zwiększyć antykoncepcyjną skuteczność prezerwatywy, nie powinniście zbyt długo zwlekać z jej ściągnięciem po stosunku, by po zaniknięciu wzwodu uniknąć wyciekania nasienia. By ułatwić wniknięcie penisa w pochwę w trakcie i tak już suchych miesięcy połogu i karmienia piersią, można użyć preparatu nawilżającego (lub użyć prezerwatywy ze środkiem nawilżającym). Stosując lubrykant, zachowaj jednak ostrożność: nie stosuj środków nawilżających na bazie olejku czy wazeliny, gdyż te specyfiki mogą uszkodzić lateks (zawsze czytaj instrukcję, zanim zastosujesz nawilżacz na bazie olejku).

Myślałaś, że prezerwatywy są przeznaczone wyłącznie dla mężczyzn? Otóż są one dostępne również w wersji dla kobiet. Damska prezerwatywa jest wykonana z cienkiego poliuretanu pokrytego środkiem nawilżającym i składa się z dwóch pierścieni. Po wsunięciu prezerwatywy do pochwy wewnętrzny pierścień powinien obejmować szyjkę macicy, a zewnętrzny znajdować się w ujściu pochwy. Prezerwatywę dla pań można założyć nawet 8 godzin przed stosunkiem, a po nim usunąć. Wadą tej metody antykoncepcji jest cena – prezerwatywy dla kobiet są droższe niż dla mężczyzn, mogą osłabiać doznania seksualne, nie są zbyt wygodne w stosowaniu i są widoczne po założeniu. Poza tym jest to kolejna metoda antykoncepcji, którą musi zastosować kobieta, w przeciwieństwie do męskiego kondomu, kiedy to mężczyzna bierze na siebie przynajmniej część odpowiedzialności. Prezerwatywy dla kobiet są nieco mniej skuteczne niż ich męska wersja (skuteczność wynosi około 95 procent), ale również zabezpieczają przed chorobami przenoszonymi drogą płciową.

Plemnikobójcze pianki, kremy, galaretki i globulki. Środki plemnikobójcze stosowane oddzielnie nie są szczególnie skuteczne (zapobiegają ciąży w 72–94 procentach). Są dostępne bez recepty, ale mogą być dość kłopotliwe i niewygodne w użyciu. Można je zaaplikować godzinę przed stosunkiem.

Tabletka antykoncepcyjna „po" (antykoncepcja awaryjna, postkoitalna). To jedyna metoda kontroli urodzin, którą można zastosować po seksie bez zabezpieczenia (lub jako wsparcie, gdy twoja metoda antykoncepcyjna zawiodła – na przykład pękła prezerwatywa, diafragma się wysunęła lub zapomniałaś wziąć tabletkę), ale jeszcze zanim doszło do podziału zapłodnionej komórki i zagnieżdżenia zarodka. Tabletka „po" ellaOne jest sprzedawana obecnie bez recepty (w Polsce Sejm przyjął nowelizację Ustawy o świadczeniach zdrowotnych, która przewiduje, że wszystkie hormonalne środki antykoncepcyjne do stosowania wewnętrznego będą sprzedawane wyłącznie na receptę). W Stanach Zjednoczonych takie preparaty, jak Plan B One-Step, Take Action, Next Choice One Dose oraz My Way są sprzedawane bez recepty, natomiast Ella jest dostępna wyłącznie na receptę. Jeśli tabletka „po" zostanie przyjęta do 72 godzin po stosunku, prawdopodobieństwo zajścia w ciążę spada do 75 procent. Im wcześniej się ją zażyje po stosunku bez zabezpieczenia, tym większa jest jej skuteczność. (Lekarz może zalecić ci zwykłe tabletki antykoncepcyjne w ramach antykoncepcji awaryjnej, ale upewnij się co do dawki, jaką powinnaś przyjąć). Tabletka „po" nie zadziała, jeśli już jesteś w ciąży. Ważna informacja: tabletka antykoncepcyjna „po" nie jest preparatem poronnym tak jak tabletka RU486. Jej zasadnicze działanie polega na chwilowym zahamowaniu owulacji. Nie jest zalecana w pierwszych 6 tygodniach po porodzie, gdyż wysokie stężenie estrogenów może zwiększyć ryzyko wystąpienia zakrzepicy żył głębokich, oraz w trakcie karmienia piersią.

Sterylizacja. Ta metoda antykoncepcji jest często wybierana przez pary, które doszły do wniosku, że ich rodzina jest już kompletna, więc chętnie żegnają się z płodnością i całkowicie zapominają o antykoncepcji (któż by tego nie chciał?). Sterylizacja jest bardzo bezpieczna (nie są znane żadne długofalowe skutki zdrowotne związane z tym zabiegiem) i praktycznie niezawodna. Sporadyczne niepowodzenia mogą być związane z błędem popełnionym w trakcie operacji lub – w przypadku wazektomii – niezastosowaniem alternatywnej metody antykoncepcji, dopóki nie nastąpi całkowity wytrysk nasienia zawierającego plemniki. Należy założyć, że skutki sterylizacji są nieodwracalne, rzadko bowiem udaje się przywrócić płodność po takim zabiegu.

Wazektomia (przecięcie i podwiązanie nasieniowodów, czyli przewodów wyprowadzających plemniki z jąder do penisa) jest prostą procedurą przeprowadzaną ambulatoryjnie w znieczuleniu miejscowym, o wiele mniej ryzykowną niż sterylizacja kobieca (podwiązanie jajowodów). Wazektomia nie ma wpływu na erekcję ani ejakulację (tego właśnie najbardziej obawiają się mężczyźni) – brakuje jedynie plemników (nie nasienia). Badania dowodzą, że mężczyźni po wazektomii nie są bardziej narażeni na raka prostaty.

Z kolei podwiązanie jajowodów to zabieg przeprowadzany w znieczuleniu zewnątrzoponowym lub podpajęczynówkowym. Polega on na zrobieniu niewielkiego nacięcia na brzuchu (na wysokości pępka lub linii bikini), przez które jajowody zostają przecięte i podwiązane. (Zabieg podwiązania jajowodów można przeprowadzić metodą operacyjną, czyli laparotomią, lub mniej inwazyjną – laparoskopową). Po zabiegu należy przez jakiś czas odpoczywać, przeciętnie 2–7 dni (niekiedy dłużej) – w tym czasie nie można się przemęczać i trzeba powstrzymać się od aktywności fizycznej, co tuż po porodzie i tak jest zalecane.

Inną trwałą i nieodwracalną metodą antykoncepcji dla kobiet jest Essure. Ten rodzaj sterylizacji nie wymaga nacinania brzucha (w przeciwieństwie do zabiegu podwiązania jajowodów). W trakcie takiego zabiegu w obu jajowodach przez pochwę i szyjkę macicy za pomocą wziernika umieszcza się miękką, elastyczną wkładkę. Po trzech miesiącach nowa tkanka obrasta wkładkę, w wyniku czego jajowody stają się całkowicie niedrożne. Do czasu, aż lekarz potwierdzi, że jajowody są zablokowane (trwa to zazwyczaj około 3 miesięcy), należy stosować dodatkowe zabezpieczenie przed ciążą. Metoda wydaje się idealna, jednak wzbudza sporo kontrowersji. Amerykańska Agencja Żywności i Leków sprawdza tymczasem doniesienia na temat bólów podbrzusza, wzdęć i krwawień, które wystąpiły u kobiet poddanych tej procedurze.

Naturalne planowanie rodziny. Pary, które nie chcą stosować antykoncepcji, mogą się zdecydować na naturalne planowanie rodziny, zwane też metodą rozpoznawania płodności lub metodą obserwacji cykli. Sposoby te polegają na rozpoznawaniu objawów, które pozwalają określić czas owulacji. Jeśli przeprowadza się je prawidłowo, mogą być one równie skuteczne jak inne metody zapobiegania ciąży (skuteczność wynosi około 90 procent).

Co się przyczynia do zwiększenia skuteczności naturalnego planowania rodziny? Im więcej czynników para bierze pod uwagę, tym większa szansa na powodzenie. Lista tych czynników jest długa i obejmuje zmiany śluzu (śluz płodny jest przejrzysty, obfity, śliski, kleisty o konsystencji białka jaja kurzego i rozciągliwy), pomiary podstawowej temperatury ciała (mierzy się ją rano specjalnym termometrem owulacyjnym – w okresie przedowulacyjnym temperatura osiąga najniższą wartość, w momencie owulacji następuje nagły skok, a później temperatura wraca do wartości podstawowej i utrzymuje się tak przez resztę cyklu) oraz stan szyjki macicy (podczas owulacji normalnie twarda szyjka macicy staje się bardziej miękka, otwarta i jest ułożona nieco wyżej). W określaniu dni płodnych pomoże ci również zestaw owulacyjny (chociaż używanie go co miesiąc, by zapobiec ciąży, może być dość kosztowne). Mniej kosztowny jest test owulacyjny, za pomocą którego można określić dni płodne, wykorzystując kilka kropel śliny (jest to test wielokrotnego użytku). Kiedy już uzbroisz się we wszelkie informacje na temat owulacji, podstawową sprawą będzie rezygnacja ze współżycia, gdy pojawią się pierwsze oznaki jajeczkowania oraz trzy dni po nim. Potrzebujesz jeszcze więcej informacji? Zajrzyj do książki *W oczekiwaniu na ciążę* (REBIS 2017).

WSZYSTKO O...
Powrót do sylwetki sprzed ciąży

Kiedy wyglądasz, jakbyś była w 6 miesiącu ciąży, gdy faktycznie w nim jesteś, to oczywiście zupełnie naturalne. Ale gdy wyglądasz tak po porodzie, to już zupełnie inna sprawa. Większość młodych mam opuści jednak salę porodową z jednym małym „tobołkiem" w ramionach, a drugim – i to dość sporym – w talii.

Zostałaś już młodą mamą, ale jak długo będziesz musiała czekać, by nie wyglądać jak przyszła mama? To, jak szybko znowu włożysz obcisłe dżinsy, w dużej mierze zależy od genów, przemiany materii, liczby kilogramów, które przybyły ci w czasie ciąży, no i, rzecz jasna, od nawyków żywieniowych po porodzie. Jest jeszcze jedna rzecz, której nie unikniesz: by powrócić do sylwetki i formy sprzed ciąży (i porzucić wreszcie workowate dresy) – będziesz musiała również powrócić do ćwiczeń fizycznych.

„Komu potrzebne ćwiczenia?" – zdziwisz się zapewne. „Przecież od kiedy wróciłam ze szpitala, jestem w nieustającym ruchu. Czy to się nie liczy?" Niestety, nie bardzo. Dbanie o noworodka jest bardzo wyczerpujące, ale ten rodzaj aktywności nie wzmocni mięśni

---

Główne zasady ćwiczeń fizycznych w pierwszych 6 tygodniach po porodzie

- Noś dobrze dopasowany i podtrzymujący piersi biustonosz oraz wygodne ubranie (nic, co by obcierało wrażliwe miejsca, zatrzymywało wilgoć lub nie pozwalało skórze oddychać).
- Spróbuj podzielić trening na 2–3 krótkie sesje dziennie – w ten sposób bardziej wzmocnisz mięśnie, a trzy krótkie sesje mniej cię zmęczą niż jedna długa. Nie mówiąc o tym, że łatwiej zniesiesz to kondycyjnie.
- Zaczynaj trening od najmniej forsownych ćwiczeń.
- Miej pod ręką butelkę wody i często popijaj.
- Ćwicz powoli i nie wykonuj szybkich serii powtórzeń. Odpoczywaj krótko między ruchami (wtedy właśnie wzmacniają się mięśnie, a nie w trakcie ruchu).
- W okresie połogu unikaj nagłych, energicznych i chaotycznych ruchów, ponieważ twoje więzadła i mięśnie nadal są rozluźnione. Nie wykonuj również ćwiczeń polegających na przyciąganiu kolan do klatki piersiowej oraz pełnych przysiadów i jednoczesnego unoszenia obu nóg.
- Ćwicz powoli i rozsądnie. Zasada „bez pracy nie ma kołaczy" nie została stworzona z myślą o młodych mamach. Nie ćwicz więcej, niż jest to zalecane w twojej sytuacji, nawet jeśli się czujesz na siłach, i zakończ trening, nim poczujesz się zmęczona (większe zmęczenie nie czyni cię lepszą mamą). Jeśli przesadzisz, skutki przetrenowania poczujesz prawdopodobnie dopiero następnego dnia, kiedy będziesz już tak wykończona i obolała, że nie zdołasz w ogóle ćwiczyć. Poza tym zmuszanie się do nadmiernego wysiłku może spowolnić rekonwalescencję po porodzie.
- Nie pozwól, by dbanie o dziecko powstrzymało cię przed dbaniem o siebie. Twój maluch będzie zachwycony, leżąc na twoich piersiach, podczas gdy ty zajmiesz się ćwiczeniami.

krocza i brzucha, które zostały rozciągnięte i nadwerężone w czasie ciąży i porodu – osiągniesz to tylko dzięki odpowiedniemu programowi ćwiczeń. Właściwy trening poporodowy nie tylko wzmocni twoje mięśnie, ale też pomoże zapanować nad bólami pleców, które ci dokuczają od ciągłego noszenia dziecka, przyspieszy rekonwalescencję po porodzie, wzmocni rozluźnione więzadła i stawy oraz poprawi krążenie krwi. Z kolei ćwiczenia Kegla wzmacniające mięśnie krocza pomogą ci uniknąć nietrzymania moczu i poporodowych problemów związanych z seksem. I wreszcie ćwiczenia fizyczne sprawią, że poczujesz się szczęśliwsza. Endorfiny krążące w twoim organizmie poprawią ci nastrój oraz zdolność radzenia sobie w trudnych sytuacjach. Będziesz lepiej przygotowana do stresów związanych z macierzyństwem i szybciej pokonasz przygnębienie poporodowe. Badania wykazują, że mamy, które zaczęły ćwiczyć w czasie 6 tygodni po porodzie, czują się o wiele lepiej.

Nie stawiaj jednak poprzeczki zbyt wysoko, nawet jeśli się czujesz wyjątkowo dobrze i jesteś zmotywowana. Pozwól ciału powracać do formy fizycznej w wolnym i stałym tempie, stopniowo wprowadzając podstawowe ćwiczenia. Możesz się wspomóc ćwiczeniami poporodowymi ściągniętymi z Internetu lub wydanymi na płycie DVD albo zapisać się na zajęcia dla młodych mam; codziennie chodź na spacer lub ćwicz z wózkiem (ta nowa metoda ćwiczeń dla młodych rodziców nosi nazwę strollercize).

Pierwsze tygodnie po porodzie

Chcesz odzyskać swoje ciało sprzed ciąży? Zatem ucieszy cię wiadomość, że nadszedł czas, by powrócić do aktywności fizycznej. Jednak zanim zrobisz pierwszy krok, upewnij się, że w czasie ciąży nie doszło do rozstępu mięśni prostych brzucha. Jeśli się okaże, że tak się stało, będziesz musiała rozpocząć odpowiednie ćwiczenia (patrz ramka na str. 544). Kiedy rozstęp zniknie (lub go nie masz), zacznij wykonywać opisane dalej ćwiczenia. Rozpocznij na łóżku, potem przenieś się na wyłożoną poduszkami podłogę lub karimatę.

Dociskanie miednicy. Połóż się na plecach, zegnij nogi w kolanach, a stopy ułóż płasko na podłodze. Głowę i ramiona podeprzyj poduszką, a ręce ułóż płasko wzdłuż boków. Weź głęboki oddech, przez 10 sekund przyciskaj plecy do podłogi i w tym czasie wydychaj powietrze. Wróć do pozycji wyjściowej. Przez chwilę odpoczywaj, a potem powtórz ćwiczenie 3 lub 4 razy. Stopniowo zwiększaj liczbę powtórzeń do 12 razy, a potem do 24.

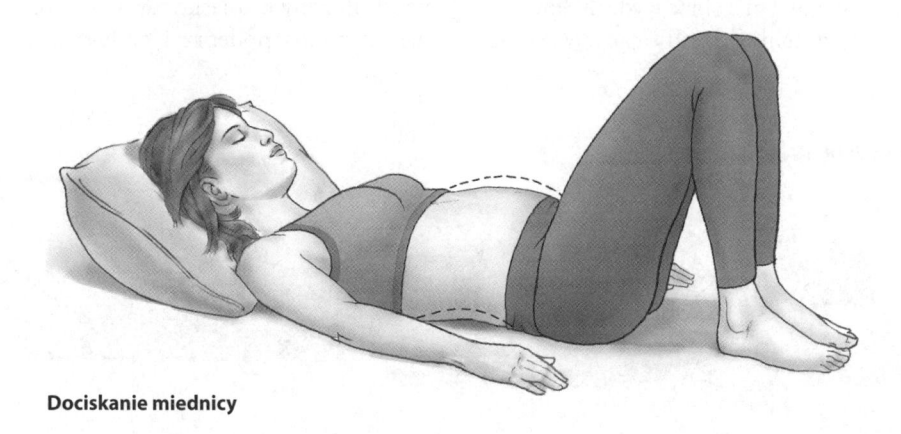

Dociskanie miednicy

Zamykanie rozstępu mięśni prostych brzucha

Może tego nie widać, ale istnieje prawdopodobieństwo, że w środkowej części brzucha masz teraz dziurę (i nie jest nią pępek). To bardzo powszechna dolegliwość ciążowa (dotyczy mniej więcej połowy wszystkich mam) znana w medycynie jako *diastasis*, czyli rozstęp mięśni prostych brzucha, do którego dochodzi, gdy powiększający się brzuch rozciąga mięśnie. Rozstęp ten zamyka się zwykle w ciągu 1–2 miesięcy po porodzie, więc do tego czasu będziesz się musiała wstrzymać z ćwiczeniami mięśni brzucha, żeby nie doprowadzić do ich uszkodzenia. Możesz sama sprawdzić, czy doszło do rozejścia się mięśni brzucha: Połóż się na plecach z nogami ugiętymi w kolanach i stopami ułożonymi płasko na podłodze. Podeprzyj głowę i ramiona poduszką, a ręce ułóż wzdłuż boków. Unieś lekko głowę i wyciągnij ręce do przodu. Jeśli wyczujesz miękką wypukłość powyżej pępka, to znak, że doszło do rozstępu mięśni.

Będziesz mogła je szybciej zamknąć, wykonując następujące ćwiczenie: Połóż się na plecach z nogami ugiętymi w kolanach i stopami ułożonymi płasko na podłodze. Głowę i ramiona podeprzyj poduszką, a ręce ułóż wzdłuż boków i weź głęboki oddech. Potem skrzyżuj ręce nad brzuchem i palcami ściśnij boczne części obu mięśni, jednocześnie wypuszczając powietrze, wciągając brzuch i unosząc lekko głowę. Potem opuść wolno głowę i wypuść powietrze. Wykonaj ćwiczenie 3–4 razy i powtarzaj je dwukrotnie w ciągu dnia. (Uwaga: Nim rozpoczniesz intensywne ćwiczenia, powinnaś skonsultować się z lekarzem, aby wykluczyć przepuklinę brzuszną. Czasem konieczne jest leczenie operacyjne).

Zginanie nóg. Połóż się na plecach z nogami zgiętymi w kolanach i stopami ułożonymi płasko na podłodze. Głowę i ramiona podeprzyj poduszką, a ręce ułóż płasko wzdłuż boków. Powoli prostuj obie nogi, aż dotkną podłogi. Przesuwaj prawą stopę płasko po podłodze w kierunku pośladka, robiąc w tym czasie wdech. Nie odrywaj dolnej części pleców od podłogi. Prostuj nogę ruchem ślizgowym, robiąc wydech. Powtórz to samo ćwiczenie, przesuwając lewą stopę. Rozpocznij od 3–4 powtórzeń na każdą nogę i stopniowo zwiększaj liczbę powtórzeń do 12 lub więcej. Po 3 tygodniach – jeśli będziesz w stanie – możesz zmodyfikować ćwiczenie (unieś jedną nogę nad podłogę, a potem powoli ją opuść).

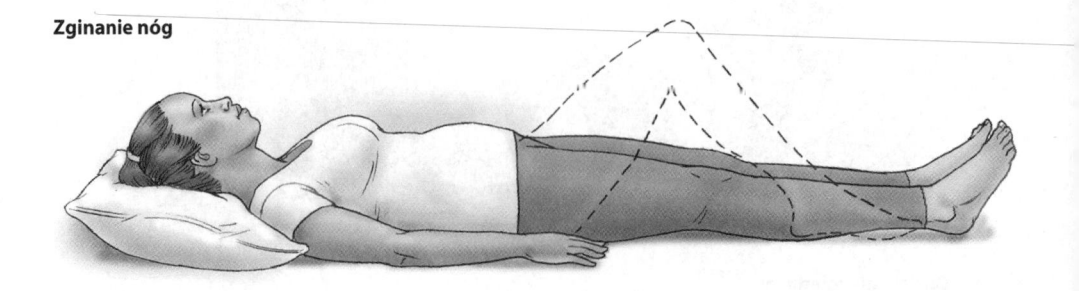

Unoszenie głowy i ramion. Połóż się na plecach z nogami zgiętymi w kolanach i stopami ułożonymi płasko na podłodze. Głowę i ramiona podeprzyj poduszką, a ręce

Zginanie nóg

Unoszenie głowy i ramion

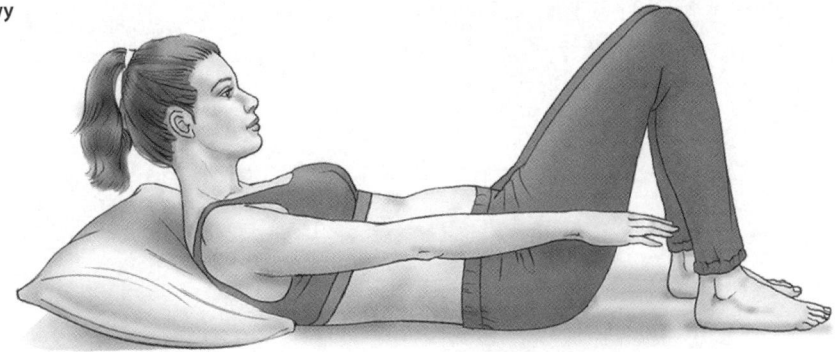

połóż płasko wzdłuż boków. Weź głęboki, odprężający oddech, a potem bardzo lekko unieś głowę i wyciągnij ręce, jednocześnie robiąc wydech. Potem powoli opuść głowę i wciągnij powietrze. Każdego dnia unoś głowę coraz wyżej, jednocześnie próbując delikatnie oderwać ręce od podłogi. Przez pierwsze 6 tygodni nie rób „brzuszków", a później wykonuj je tylko pod warunkiem, że mięśnie twojego brzucha są już napięte i wzmocnione. Najpierw jednak sprawdź, czy w czasie ciąży nie doszło do rozejścia się mięśni prostych brzucha (patrz ramka na stronie obok).

Ćwiczenia fizyczne po poporodowej wizycie kontrolnej

Jeśli lekarz wyrazi zgodę, będziesz mogła stopniowo modyfikować ćwiczenia i wprowadzić bardziej zaawansowany trening obejmujący energiczny marsz, bieganie, jazdę na rowerze, pływanie, ćwiczenia w wodzie, aerobik, jogę, pilates, ćwiczenia siłowe i tym podobne. Możesz się również zapisać na zajęcia fizyczne dla młodych mam, ale nie próbuj ćwiczyć zbyt wcześnie i zbyt wiele. I jak zawsze słuchaj swojego ciała.

CZĘŚĆ 4

Bądź zdrowa w ciąży

=== ROZDZIAŁ 18 ===

Gdy zachorujesz

Prawdopodobnie spodziewałaś się, że w trakcie 9 miesięcy ciąży pojawi się przynajmniej kilka mało przyjemnych objawów (trochę porannych nudności, jakieś skurcze mięśni nóg, może też zgaga i zmęczenie). Jednak pewnie nie przypuszczałaś, że dopadnie cię okropne przeziębienie lub paskudna (i swędząca) infekcja. Niestety, prawda jest taka, że kobiety w ciąży chorują tak samo jak wszyscy, a czasem nawet bardziej, gdyż naturalne i celowe w tym stanie osłabienie układu odpornościowego (żeby organizm mamy nie odrzucił dziecka jako „ciała obcego") czyni je łatwiejszym celem dla różnego rodzaju drobnoustrojów chorobotwórczych. Co więcej, chorowanie za dwoje jest co najmniej dwa razy bardziej uciążliwe, szczególnie z tego powodu, że wiele leków, po które zwykle sięgałaś, na razie musi pozostać w apteczce.

Co może cię niepokoić

Przeziębienie

Kicham, kaszlę i potwornie boli mnie głowa. Co mogę zażyć, żeby nie zaszkodzić dziecku?

Katar w ciąży to coś więcej niż zwykłe przeziębienie, ponieważ twój układ odpornościowy jest teraz osłabiony. Dobra wiadomość jest taka, że jesteś jedyną osobą, której dokucza ten paskudny wirus, ponieważ dziecko nie złapie przeziębienia ani się od ciebie nie zarazi. Niestety jest również gorsza wiadomość: lekarstwa i suplementy, którymi kiedyś leczyłaś przeziębienie (lub mu zapobiegałaś), na przykład ibuprofen, dodatkowe dawki witaminy C oraz cynku, a także zioła (jeżówka purpurowa), są podczas ciąży zabronione (na str. 564 znajdziesz więcej informacji na temat zażywania leków). Zanim sięgniesz po jakieś specyfiki z aptecznej półki, najpierw sięgnij po słuchawkę i zadzwoń do lekarza, który cię poinformuje, które środki są teraz dla ciebie najbezpieczniejsze i najskuteczniejsze. (Nie martw się, jeśli już zażyłaś jakieś lekarstwo, które nie jest zalecane w trakcie ciąży. Skonsultuj się z lekarzem, żeby rozproszył twoje ewentualne obawy).

Nawet jeśli jakiś lek przeciw przeziębieniu jest dla ciebie chwilowo niedostępny, nie oznacza to, że musisz się męczyć z cieknącym nosem czy suchym kaszlem. Najskuteczniejsze leki na katar niekoniecznie występują pod postacią syropu czy tabletki, a poza tym są bezpieczne zarówno dla ciebie, jak i dziecka. Dzięki poniższym wskazówkom będziesz mogła zdusić przeziębienie w zarodku – nim rozwinie się w paskudne zapalenie zatok lub inną chorobę bakteryjną – i od razu poczujesz się lepiej. A więc gdy tylko pierwszy raz kichniesz lub poczujesz drapanie w gardle, zastosuj następujące rady:

- Jeśli musisz, odpoczywaj. Leżenie w łóżku w trakcie przeziębienia niekoniecznie skraca jego czas trwania, ale jeśli twój organizm domaga się odpoczynku, zapewnij mu go – zwłaszcza że teraz musisz odpoczywać za dwoje. Z drugiej strony, jeśli czujesz się na siłach (nie masz gorączki i nie kaszlesz), odrobina aktywności pomoże ci poczuć się lepiej.
- Dobrze odżywiaj siebie i dziecko. Jedz tyle, ile możesz, biorąc pod uwagę to, jak kiepsko się czujesz i jak niewielki masz teraz apetyt. Wybieraj produkty, które są dobrym źródłem witaminy C, takie jak melon lub cytrusy.
- Pij dużo płynów. Ciepłe napoje (herbata z imbirem czy rosół) na pewno ukoją też bolące gardło i poprawią twoje samopoczucie.
- Staraj się nie leżeć płasko. Podeprzyj głowę kilkoma poduszkami – dzięki temu będzie ci łatwiej oddychać przez zapchany nos.

Dodatkowo pomogą ci plastry ułatwiające oddychanie – przykleja się je na nos, a one delikatnie rozszerzają przewody nosowe. Spróbuj również udrożnić drogi oddechowe za pomocą maści mentolowej z eukaliptusem, na przykład Vicks VapoRub.

- Nawilżaj. Nawilżanie przewodów nosowych – zwłaszcza w nocy – ułatwi ci oddychanie, więc włącz nawilżacz powietrza lub zastosuj krople z solą fizjologiczną (możesz je stosować tak często, jak potrzebujesz) lub płyn z solą fizjologiczną do płukania nosa (trzymaj się jednak z daleka od dzbanka do płukania nosa i zatok przynosowych, ponieważ może być źródłem zarazków).
- Bolące gardło przepłucz wodą z solą (¼ łyżeczki soli na szklankę wody) – to pomoże złagodzić ból i drapanie, wypłukać wydzielinę spływającą z nosa do gardła i nawilżyć śluzówkę jamy ustnej.
- Suchy kaszel złagodzi odrobina słodyczy, a konkretnie miodu. Kilka łyżeczek równie skutecznie jak syrop pomoże stłumić suchy kaszel, który często towarzyszy przeziębieniu i utrzymuje się również po nim. Miód jest dla ciebie za słodki? Dodaj go do ciepłej wody z cytryną.

Przeziębieniu rzadko towarzyszy gorączka, ale jeśli temperatura wzrośnie do ponad 37,7°C, obniż ją bezzwłocznie, zażywając paracetamol (na przykład Apap), i skontaktuj się z lekarzem (na str. 552 znajdziesz wskazówki, jak postępować w przypadku gorączki). Zadzwoń do lekarza również wtedy, gdy przeziębienie ma tak ciężki przebieg, że nie możesz jeść lub spać, oraz jeśli kaszląc, odkrztuszasz zielonkawą lub żółtawą wydzielinę, gdy kaszlowi towarzyszy ból klatki piersiowej lub świszczący oddech, gdy bolą cię zatoki przynosowe (patrz następne pytanie) lub jeśli objawy utrzymują się ponad 10–14 dni. Możliwe, że doszło do infekcji wtórnej (na przykład bakteryjnej), więc konieczne będzie leczenie farmakologiczne.

Zapalenie zatok przynosowych

Od ponad dziesięciu dni jestem przeziębiona, a teraz dodatkowo zaczęły mnie boleć policzki i czoło. Co powinnam zrobić?

Wygląda na to, że twoje paskudne przeziębienie przerodziło się w jeszcze bardziej dokuczliwą dolegliwość, czyli zapalenie zatok przynosowych (a dokładniej w zapalenie błony śluzowej wyściełającej zatoki przynosowe). Oprócz przeciągającego się i jeszcze bardziej uciążliwego uczucia zatkanego nosa często pojawiają się także inne objawy: ból w okolicy czoła i/lub jednego bądź obu policzków (poniżej oczodołu), ból zębów oraz chwilowa utrata powonienia. Ból zatok nasila się przy pochylaniu głowy lub poruszaniu nią. Zapaleniu zatok przynosowych często (chociaż nie zawsze) towarzyszy podwyższona temperatura.

Ta choroba wiąże się z obrzękiem błon śluzowych nosa i katarem. Przyczyną są hormony ciążowe, które nasilają obrzęki błon śluzowych (w tym również tych wyściełających zatoki). W wyniku procesu zapalnego powstaje wydzielina, która uniemożliwia przemieszczanie się śluzu oraz powietrza i zatyka wąskie ujścia zatok. Zatoki nie mogą się wówczas oczyszczać w naturalny sposób, więc zaczynają się w nich gromadzić i namnażać bakterie. Bakterie utrzymują się wówczas w zatokach o wiele dłużej, ponieważ przeciwciała odpornościowe zwalczające drobnoustroje chorobotwórcze mają trudności z przedostaniem się do głęboko umiejscowionych jam zatokowych. W rezultacie objawy choroby mogą się utrzymywać przez wiele tygodni (niekiedy jeszcze dłużej) i przejść w stan przewlekły.

Zapalenie zatok przynosowych najczęściej wywołują wirusy (niekiedy przebieg choroby pogarsza współwystępowanie alergicznego nieżytu nosa ANN), chociaż 10 procent przypadków ma podłoże bakteryjne. Jeśli winę za zapalenie zatok ponoszą bakterie (do zapalenia najczęściej dochodzi wtedy, gdy objawy utrzymują się ponad dziesięć dni, są intensywne i towarzyszy im gorączka), lekarz przepisze ci antybiotyk bezpieczny dla przyszłych mam, który szybko rozprawi się z chorobą. W przypadku zakażenia wirusowego antybiotyk nie będzie skuteczny, więc leczenie skoncentruje się głównie na łagodzeniu dolegliwości za pomocą środków przeciwbólowych, kropli steroidowych lub płukania nosa (niektórzy lekarze wyrażają zgodę na stosowanie leków zmniejszających obrzęk błon śluzowych górnych dróg oddechowych po pierwszym trymestrze ciąży; patrz str. 566).

Sezon grypowy

Jesienią zazwyczaj szczepię się przeciwko grypie, ale teraz zastanawiam się, czy w tym roku nie powinnam jednak zrezygnować ze szczepionki. Czy szczepienie w czasie ciąży jest bezpieczne?

Szczepionka przeciw grypie to zdecydowanie najlepszy sposób obrony w sezonie grypowym. Jest nie tylko bezpieczna dla przyszłych mam, ale uważa się nawet, że szczepienie to bardzo wskazane i rozsądne działanie. Amerykańskie Centrum Kontroli i Prewencji Chorób zaleca wszystkim kobietom w ciąży zaszczepienie się przeciw grypie, szczególnie z tego powodu, że przebieg choroby w tym stanie może prowadzić do poważnych powikłań wymagających nawet hospitalizacji. Ponieważ przyszłe mamy (a także osoby starsze oraz dzieci od 6 miesiąca życia do 5 lat) mają pierwszeństwo w przypadku szczepień przeciwko grypie, otrzymają szczepionkę nawet wtedy, gdy zabraknie jej dla innych. Porozmawiaj na ten temat z lekarzem – niektórzy położnicy rutynowo oferują szczepienie swoim ciężarnym pacjentkom. Jeśli twój lekarz tego nie robi, zgłoś się do przychodni lub punktu szczepień.

Szczepionka przeciw grypie jest najbardziej skuteczna, jeśli zaaplikuje się ją tuż przed

> ### Szczepionka przeciw grypie dla dwojga
>
> Szczepionka z pewnością ochroni cię przed chorobą podczas ciąży. Ale czy wiesz, że korzyści, jakie daje, przeniosą się również na dziecko, które niedługo przyjdzie na świat? Badania wykazują, że dzieci mam zaszczepionych przeciwko grypie w trzecim trymestrze ciąży są zabezpieczone przed wirusem grypy aż do 6 miesiąca życia, gdy same będą mogły już zostać zaszczepione. Jeśli jesteś w pierwszym lub drugim trymestrze ciąży, a zbliża się sezon grypowy, nie zwlekaj. Zaszczep się jak najszybciej, aby zyskać odporność w sezonie jesienno-zimowym, kiedy liczba zachorowań na grypę jest największa.

rozpoczęciem sezonu grypowego lub na samym jego początku (najlepiej w październiku). Nie jest wprawdzie stuprocentowo skuteczna, gdyż chroni tylko przed tymi wirusami grypy, które według przewidywań wywołają najwięcej zachorowań w danym roku, ale i tak w znacznym stopniu zwiększa twoje szanse na uniknięcie choroby (w tym również zakażenia wirusem typu H1N1). Nawet jeśli szczepionka nie uchroni cię przez zachorowaniem na grypę, przebieg choroby będzie łagodniejszy, a ryzyko powikłań mniejsze, co w trakcie ciąży jest szczególnie ważne, gdyż przyszłe mamy mogą ją przechodzić wyjątkowo ciężko. Efekty uboczne szczepionki pojawiają się rzadko i mają łagodny przebieg.

Jeśli się zastanawiasz, jaką szczepionkę wybrać, będziesz musiała pozostać przy zastrzyku, ponieważ szczepionka w aerozolu do nosa (FluMist, która zawiera żywą, choć osłabioną formę wirusa) nie jest wskazana dla kobiet w ciąży (ani im aplikowana).

Jeśli podejrzewasz, że zachorowałaś na grypę (masz gorączkę, bóle mięśni i stawów, bóle głowy i gardła oraz kaszel), natychmiast skontaktuj się z lekarzem, by rozpocząć leczenie (żeby grypa nie rozwinęła się w zapalenie płuc lub inne ciężkie powikłanie). Leczenie obejmuje podanie leku przeciwwirusowego (na przykład Tamiflu), a także preparatów przeciwgorączkowych (patrz następne pytanie) oraz likwidujących inne objawy.

Gorączka

Mam trochę podwyższoną temperaturę. Co powinnam zrobić?

Niewielka gorączka podczas ciąży (poniżej 37,7°C) zazwyczaj nie jest powodem do zmartwienia, ale nie powinnaś jej ignorować. A zatem postaraj się ją jak najszybciej zbić; co jakiś czas mierz gorączkę, by mieć pewność, że nie wzrasta.

Jeśli wzrośnie powyżej 37,7°C, skontaktuj się z lekarzem jeszcze tego samego dnia, a najpóźniej nazajutrz (gdyby pojawiła się w nocy). Jeśli temperatura wzrośnie powyżej 38°C, koniecznie skontaktuj się z lekarzem, nawet w środku nocy. Nie tylko dlatego, że rosnąca ciepłota ciała może zaszkodzić rozwijającemu się w tobie dziecku, ale też z tego powodu, iż mogą to uczynić przyczyny gorączki (na przykład choroba wymagająca leczenia), nawet jeśli sama podwyższona temperatura bezpośrednio nie będzie szkodliwa. Czekając na interwencję lekarza, zażyj paracetamol. Gorączkę zbiją też chłodna kąpiel lub prysznic, zimne napoje oraz przewiewne ubrania. Nie powinnaś zażywać aspiryny ani ibuprofenu, jeżeli nie zaleci ich lekarz.

Angina paciorkowcowa

Mój przedszkolak zachorował na anginę. Czy jeśli się zarażę, zagrożę również nienarodzonemu dziecku?

Jeśli małe dzieci potrafią się czymś z nami dzielić, to na pewno zarazkami. A zatem im więcej maluchów w domu (szczególnie w wieku przedszkolnym lub szkolnym), tym większe prawdopodobieństwo, że przyniosą do domu chorobę.

Podejmij zatem środki zapobiegawcze (patrz ramka na str. 556), a jeśli podejrzewasz, że już się zaraziłaś, skontaktuj się z lekarzem, który zdecyduje o odpowiednim leczeniu. Objawy anginy paciorkowcowej są tak charakterystyczne, że nie ma potrzeby rutynowo przeprowadzać dodatkowych badań. Czasem lekarz może zdecydować o wykonaniu wymazu z gardła. Angina nie zaszkodzi twojemu nienarodzonemu dziecku, pod warunkiem że szybko podejmiesz leczenie antybiotykami bezpiecznymi dla kobiet w ciąży. Nie przyjmuj leków przepisanych starszemu dziecku lub innej chorej osobie w rodzinie.

Zapalenie układu moczowego (ZUM)

Obawiam się, że mam zapalenie dróg moczowych.

Twój biedny, i tak już nadwerężony pęcherz moczowy, który od miesięcy jest uciskany przez rosnącą macicę i jej rozkosznego mieszkańca, jest idealnym gruntem dla niemile widzianych gości, czyli bakterii. Chociaż te niewielkie drobnoustroje żyją sobie spokojnie na skórze i w przewodzie pokarmowym, w czasie ciąży mogą wywołać zapalenie układu moczowego. Ucisk powiększającej się macicy na moczowody powoduje czasem zastój moczu w górnych drogach moczowych, głównie w miedniczkach nerkowych, a to może sprzyjać rozwojowi zakażenia. Zapalenie dróg moczowych w trakcie ciąży to dość powszechna dolegliwość, która chociaż raz dotyka co najmniej 5 procent przyszłych mam, a te, które już raz zapadły na tę dolegliwość, prawdopodobnie zachorują ponownie. Obecność bakterii w moczu można stwierdzić w rutynowym badaniu ogólnym moczu. Jeśli ciężarna nie odczuwa żadnych dolegliwości w czasie oddawania moczu, mówimy o bakteriomoczu bezobjawowym, który w ciąży również wymaga leczenia, by zapobiec powikłaniom, np. porodowi przedwczesnemu. Część kobiet będzie odczuwała tzw. objawy dyzuryczne, do których należą: ból i pieczenie w trakcie mikcji, bolesne parcie na mocz, bóle podbrzusza i częstomocz. Mogą mieć różne nasilenie, ale zapalenie układu moczowego rozpoznaje się, tylko jeśli bakteriomoczowi towarzyszą wymienione objawy. Mocz może również być mętny i wydzielać przykrą woń.

Rozpoznanie zapalenia dróg moczowych jest bardzo proste – wystarczy umieścić pasek testowy w próbce moczu podczas wizyty u lekarza. Oznaczy on zawartość czerwonych i białych krwinek – jedne i drugie będą świadczyły o zapaleniu dróg moczowych. Później mocz zostanie wysłany do dalszej analizy laboratoryjnej. Leczenie stanu zapalnego również jest proste. Lekarz przepisze ci antybiotyki bezpieczne dla kobiet w ciąży, a ponieważ w zdecydowanej większości przypadków ZUM za zakażenie odpowiada bakteria *E. coli*, stosuje się rutynowe antybiotyki bez dalszych badań. Jeżeli jednak leczenie okaże się nieskuteczne lub choroba będzie nawracać, lekarz poszerzy diagnostykę o posiew moczu i wybierze antybiotyk zgodnie z antybiogramem w sposób celowy.

Najlepszą strategią jest oczywiście zapobieganie zapaleniu dróg moczowych – zwłaszcza w trakcie ciąży. Oto metody, jakie możesz zastosować – w połączeniu z przepisaną przez lekarza terapią – by przyspieszyć rekonwalescencję:

- Pij dużo płynów, zwłaszcza wody, które pomogą wypłukać bakterie chorobotwórcze z dróg moczowych. Korzystny jest też sok żurawinowy, dzięki taninie, która utrudnia drobnoustrojom chorobotwórczym przyleganie do komórek nabłonka dróg moczowych. Unikaj herbaty i kawy (nawet bezkofeinowej), które mogą dodatkowo zwiększyć podrażnienie.

- Dokładnie myj okolice krocza i opróżniaj pęcherz przed współżyciem i tuż po nim.
- Za każdym razem, gdy oddajesz mocz, staraj się to robić bardzo skrupulatnie. Siedząc na sedesie, pochyl się do przodu – to ułatwi ci całkowite opróżnienie pęcherza. Czasem warto zrobić to nawet dwa razy – wysiusiaj się, odczekaj kilka minut, a potem spróbuj ponownie. Jeśli odczuwasz parcie, nie powstrzymuj się, gdyż częste wstrzymywanie moczu zwiększa podatność na zakażenia.
- Noś bawełnianą bieliznę i rajstopy, śpij bez majtek albo spodni od piżamy.
- Zapytaj lekarza, czy probiotyki pomogą ci utrzymać równowagę flory bakteryjnej.
- Utrzymuj w czystości pochwę oraz okolice krocza i zapobiegaj podrażnieniom. Po skorzystaniu z toalety podcieraj się zawsze od przodu do tyłu, by bakterie kałowe nie wniknęły do pochwy lub cewki moczowej. Podmywaj się codziennie (pamiętaj, że prysznic jest zdrowszy niż kąpiel w wannie), unikaj płynów do kąpieli i perfumowanych produktów higienicznych: pudrów, żeli, mydeł, sprayów do ciała, detergentów i papieru toaletowego.

Zapalenie dróg moczowych w ich dolnym odcinku z pewnością jest bardzo nieprzyjemną dolegliwością, ale o wiele większe ryzyko pojawia się wówczas, gdy nieleczona choroba powoduje, że bakterie chorobotwórcze drogą wstępującą przedostają się do nerek. Z kolei nieleczone zapalenie nerek może być bardzo niebezpieczne i prowadzić do porodu przedwczesnego, niskiej urodzeniowej masy ciała noworodka oraz innych poważnych powikłań. Objawy są takie same jak w przypadku zapalenia dróg moczowych, ale często towarzyszą im gorączka (nawet powyżej 39,4°C), dreszcze, krew w moczu, bóle pleców w okolicy podłopatkowej (w środkowej części lub po jednej ze stron), nudności oraz wymioty. Jeśli zauważyłaś u siebie takie objawy, natychmiast zgłoś się do lekarza, który zaordynuje odpowiednie leczenie.

Bakteryjne zapalenie pochwy

To jedna z najczęstszych chorób pochwy u kobiet w wieku rozrodczym, która dotyka ponad 30 procent wszystkich kobiet oraz około 16 procent przyszłych mam. Do zapalenia dochodzi, gdy bakterie, zwykle obecne w pochwie, zaczynają się nadmiernie rozmnażać. Towarzyszą temu szarawa lub biała wydzielina o rybim zapachu, ból, swędzenie lub pieczenie (chociaż niektóre kobiety nie zgłaszają żadnych objawów). Specjaliści nie są całkowicie pewni, co zakłóca równowagę bakteryjną w pochwie, aczkolwiek zidentyfikowali niektóre czynniki ryzyka, w tym uprawianie seksu z wieloma partnerami, irygacje oraz stosowanie spirali antykoncepcyjnej.

Dlaczego powinnaś się przejmować tak powszechną kobiecą przypadłością? Dlatego że podczas ciąży bakteryjne zapalenie pochwy w nieznacznym stopniu zwiększa ryzyko powikłań – w tym na przykład przedwczesnego pęknięcia pęcherza płodowego czy zakażenia wód płodowych – które mogą doprowadzić do porodu przedwczesnego. Bakteryjne zapalenie pochwy zwiększa również ryzyko poronienia oraz niskiej urodzeniowej masy ciała noworodka. Chociaż do końca nie wiadomo, czy antybiotykoterapia zmniejsza ryzyko powikłań, większość lekarzy zaleca leczenie.

Wspomnij zatem lekarzowi o wszystkich objawach, aby mógł właściwie rozpoznać chorobę i w razie potrzeby wdrożyć odpowiednie leczenie.

Grzybica pochwy (drożdżyca)

Myślę, że mam zakażenie grzybicze. Czy powinnam zastosować krem, który zazwyczaj mi pomagał, czy zgłosić się do lekarza?

Ciąża to nie jest odpowiedni czas, by samej sobie stawiać diagnozę, a potem leczyć się na własną rękę – nawet jeśli chodzi o coś tak pozornie błahego jak grzybica pochwy. Chociaż wcześniej miałaś ją setki razy i na wylot znasz wszystkie objawy (żółtawe lub zielonkawe gęste upławy o serowatej konsystencji i nieprzyjemnym zapachu, którym często towarzyszy pieczenie, zaczerwienienie, świąd lub bolesność sromu) lub jeśli w przeszłości sama z powodzeniem leczyłaś się preparatami dostępnymi bez recepty, tym razem jednak skontaktuj się z lekarzem.

Leczenie będzie zależało od rodzaju zakażenia, który można określić jedynie podczas badań laboratoryjnych. Jeśli się okaże, że masz drożdżycę, bardzo częste zakażenie występujące w trakcie ciąży, lekarz przepisze ci globulki dopochwowe, żel, maść lub krem. W razie potrzeby może zalecić również doustne leki przeciwgrzybicze – na przykład flukonazol – ale wyłącznie w niskich dawkach, które można stosować jedynie przez 2 dni.

Niestety lek zwalcza zakażenie grzybicze jedynie tymczasowo – może ono powracać co jakiś czas aż do porodu i wymagać powtórnego leczenia. Możesz przyspieszyć rekonwalescencję i uchronić się przed nawrotem zakażenia, dbając o czystość i dokładnie osuszając okolice krocza: zawsze wycieraj się od przodu do tyłu, dokładnie spłukuj okolice pochwy po namydleniu się pod prysznicem lub w wannie (lepszym rozwiązaniem jest jednak prysznic), unikaj perfumowanych mydeł i płynów do kąpieli (oraz innych podrażniających środków higienicznych), noś bawełnianą bieliznę, unikaj obcisłych spodni i legginsów (zwłaszcza tych, które nie są uszyte z bawełny) i zapewnij okolicy krocza dopływ powietrza (jeśli to możliwe, śpij bez bielizny).

Skuteczne w zapobieganiu grzybicy są również jogurty z żywymi kulturami bakterii. Możesz także zapytać lekarza o skuteczny probiotyk. Niektóre kobiety cierpiące na nawracające zakażenia grzybicze stwierdzają, że pomaga im ograniczenie potraw, którymi „żywią" się grzyby, czyli cukru, wypieków oraz białej mąki. Nie stosuj irygacji, które zaburzają florę bakteryjną pochwy (co może prowadzić do zakażenia bakteryjnego) i narażają na działanie szkodliwych ftalanów znajdujących się w kosmetykach (to dobry powód, by nie stosować irygacji niezależnie od tego, czy jesteś w ciąży czy nie). Nie potrzebujesz również chusteczek do higieny intymnej, a jeśli naprawdę nie potrafisz żyć bez „uczucia świeżości", wybieraj chusteczki bez alkoholu, chemikaliów i z właściwym pH (kwaśnym – od 3,5 do 4,5), ponieważ jego zmiana także może zwiększyć ryzyko zakażenia.

Nieżyt żołądkowo-jelitowy

Mam zaburzenia żołądkowo-jelitowe i nie mogę powstrzymać wymiotów. Czy to zaszkodzi mojemu dziecku?

Kiedy już pomyślałaś, że wreszcie skończyło się wieczne bieganie do łazienki, wróciłaś do niej z wirusem pokarmowym (żegnajcie, poranne nudności, witaj, grypo żołądkowa). Jeśli wirus zaatakował cię w pierwszym trymestrze, ciężko będzie odróżnić jego objawy od porannych nudności (chyba że dodatkowo masz biegunkę).

Na szczęście wirus pokarmowy w żaden sposób nie zaszkodzi dziecku, nawet jeśli nie przysłuży się twojemu żołądkowi. Nie oznacza to rzecz jasna, że można się obyć bez leczenia. Niezależnie od tego, czy twój żołądek się skręca z powodu hormonów ciążowych, choroby wirusowej czy niezbyt świeżej sałatki jajecznej, którą zjadłaś na

Jak zachować dobre samopoczucie, oczekując dziecka?

W trakcie ciąży, kiedy trzeba się dobrze czuć za dwoje, profilaktyka jest zawsze lepsza niż leczenie. Następujące wskazówki pomogą ci zachować dobre samopoczucie podczas ciąży (i kiedy już zostaniesz mamą):

Dbaj o odporność. Dobrze się odżywiaj, dużo śpij i nie zapominaj o ćwiczeniach fizycznych, ale się nie przemęczaj. Postaraj się ograniczać stres – spokój również pomoże utrzymać twój układ odpornościowy w doskonałej formie.

Unikaj chorych jak zarazy. Gdy tylko możesz, unikaj osób, które mają katar, grypę, zaburzenia żołądkowo-jelitowe lub jakąkolwiek chorobę zakaźną. W autobusie trzymaj się z dala od kaszlących pasażerów, nie ściskaj przyjaciółek skarżących się na ból gardła i nie witaj się ze znajomym, któremu cieknie z nosa (zarazki przenoszą się oczywiście przez uścisk dłoni, a nie przez wzajemną wymianę pozdrowień). Unikaj również zatłoczonych pomieszczeń.

Myj ręce. Dłonie to główne siedlisko zarazków, które wywołują choroby, więc myj je często i dokładnie mydłem i ciepłą wodą (20 sekund wystarczy, żeby zmyć drobnoustroje), szczególnie po spotkaniu z chorą osobą oraz pobycie w miejscu publicznym lub środku komunikacji miejskiej. Mycie rąk jest szczególnie ważne przed jedzeniem. Miej zatem pod ręką żel lub chusteczki do dezynfekcji rąk – trzymaj je w schowku samochodowym, szufladzie biurka, torebce lub tecze – abyś mogła przetrzeć dłonie, gdy nie masz dostępu do kranu.

Nie dziel się zarazkami. W domu w miarę możliwości staraj się ograniczać kontakt z zakatarzonym mężem lub chorymi dziećmi. Unikaj dojadania po nich kanapek i nie pij z tych samych kubków. A ponieważ każdy chory maluch od czasu do czasu potrzebuje również terapii w postaci matczynych pocałunków i przytulania, po każdej aplikacji takiego „lekarstwa" dokładnie umyj twarz i ręce (lub przetrzyj je środkiem dezynfekcyjnym). Zrób to także wtedy, gdy będziesz zmieniać pościel czy ręczniki osoby chorej lub wyrzucać zużyte chusteczki – szczególnie zanim dotkniesz oczu, nosa czy ust. Dopilnuj, by twoi mali pacjenci często myli ręce, i naucz ich, by kaszląc lub kichając, zasłaniali usta łokciem, a nie dłońmi (to również bezcenna wskazówka dla wszystkich dorosłych). Odkażaj sprayem lub chusteczkami telefony, tablety, klawiatury, piloty oraz inne przedmioty, których dotykają chore dzieci.

Jeśli twój maluch lub dziecko, którym się opiekujesz lub z którym często spędzasz czas, dostanie jakiejkolwiek wysypki, unikaj bliskiego kontaktu i jak najszybciej skontaktuj się z lekarzem, chyba że masz pewność, iż zostałaś wcześniej zaszczepiona przeciwko ospie wietrznej, odrze i różyczce.

Dbaj o domowych ulubieńców. Troszcz się o ich zdrowie i aktualne szczepienia. Myj ręce po podaniu jedzenia lub napełnieniu miski (by ustrzec się bakterii i pierwotniaków). Jeśli masz kota, podejmij konieczne środki ostrożności w celu uniknięcia toksoplazmozy (patrz str. 74).

Uważaj na kleszcze i komary. Unikaj miejsc, w których znajduje się dużo kleszczy przenoszących boreliozę (chorobę z Lyme), komarów będących nosicielami wirusa Zika. Nie podróżuj do krajów, w których można się zarazić gorączką Zachodniego Nilu, chyba że jesteś odpowiednio zabezpieczona (patrz str. 563 oraz ramka na str. 562).

Dla każdego coś własnego. Stosuj politykę niedzielenia się z nikim szczoteczką do zębów ani innymi osobistymi akcesoriami (pilnuj, żeby szczoteczki nie stykały się włosiem). Do płukania zębów używaj kubków jednorazowych.

Jedz bezpiecznie. By uniknąć chorób przenoszonych drogą pokarmową, przygotowuj i przechowuj żywność z zachowaniem środków ostrożności (patrz str. 122).

lunch, leczenie będzie przebiegało podobnie. Daj organizmowi odpocząć, bo tego właśnie najbardziej teraz potrzebuje, i pij dużo płynów (ale małymi łykami), zwłaszcza jeśli tracisz je wskutek wymiotów lub biegunki. Na krótką metę płyny są o wiele ważniejsze niż pokarmy stałe.

Jeśli rzadko oddajesz mocz albo ma on ciemne zabarwienie (powinien być koloru słomkowego), może to oznaczać, że jesteś odwodniona. Zatem od tej pory zdecydowanie musisz się zaprzyjaźnić z płynami: spróbuj popijać często małymi łykami – najlepiej wodę, rozcieńczone soki (najlepszy dla żołądka jest sok z białych winogron), klarowny rosół, słabą herbatę lub ciepłą wodę z cytryną. Jeżeli nie możesz pić, ssij kostki lodu lub zamrożony sok owocowy. Warto pić płyny z elektrolitami, dostępne w aptece bez recepty. W sprawie pokarmów stałych słuchaj swojego żołądka – jeśli jesteś w stanie, zjedz coś prostego, pozbawionego tłuszczu, o mało wyrazistym smaku (najlepszy będzie sucharek, kleik ryżowy lub mus jabłkowy). Pamiętaj również, że zbawienny wpływ na dolegliwości żołądkowe ma imbir. Dodawaj go do herbaty, pij pod postacią napoju imbirowego (najlepiej jeśli będzie w nim prawdziwy imbir) lub ssij cukierki imbirowe. Nie zapominaj też o witaminach, które w trakcie choroby są szczególnie ważne – zażywaj zatem preparat prenatalny i to najlepiej o takiej porze, kiedy prawdopodobieństwo zwrócenia go jest najmniejsze (najlepsze będą witaminy w proszku, ponieważ w tej postaci mają szansę dłużej utrzymać się w chorym żołądku). Nie martw się jednak, jeśli przez kilka dni nie będziesz mogła brać preparatu prenatalnego – nie stanie się nic złego.

Jeżeli twój żołądek nie przyjmuje żadnych pokarmów, skontaktuj się z lekarzem. Dla każdej osoby z zaburzeniami żołądkowo-jelitowymi największym problemem zawsze jest odwodnienie, ale szczególnie niebezpieczne jest ono dla przyszłych mam. Być może lekarz zaleci ci doustny płyn nawadniający (na przykład Orsalit), który pomoże ci uzupełnić elektrolity i uniknąć niebezpiecznych skutków odwodnienia. W przypadku dolegliwości żołądkowych pomocna jest również woda kokosowa, która jest źródłem witamin i cennych pierwiastków. Jeśli nie będziesz w stanie utrzymać w żołądku nawet tego, lekarz poda ci płyny dożylnie. Skontaktuj się z lekarzem również wtedy, gdy dolegliwościom żołądkowym będzie towarzyszyć gorączka (patrz str. 552).

Zanim sięgniesz do apteczki, by zaaplikować sobie jakiś lek, najpierw poradź się lekarza. Środki zobojętniające kwas żołądkowy (takie jak Rennie, Manti czy Tums) są uważane za bezpieczne w czasie ciąży, a niektórzy lekarze zezwalają nawet na przyjmowanie preparatów przeciw wzdęciom (na przykład Espumisanu), ale najpierw poproś o zgodę swojego ginekologa lub lekarza rodzinnego, który być może wyrazi również zgodę na zażywanie pewnych leków przeciwbiegunkowych, chociaż prawdopodobnie dopiero po pierwszym trymestrze ciąży.

Jeśli chodzi o dolegliwości żołądkowe, na pewno uspokoi cię fakt, że w większości przypadków ustępują one samoistnie w ciągu kilku dni.

Cytomegalia

Jestem przedszkolanką i w moim przedszkolu doszło do wybuchu epidemii cytomegalii. Czy powinnam się martwić, że się zarażę i zaszkodzę dziecku, które noszę?

Na szczęście prawdopodobieństwo, że się zarazisz wirusem cytomegalii (CMV) od jednego ze swoich przedszkolaków, jest bardzo niewielkie. Większość dorosłych została bowiem zakażona tym wirusem już w dzieciństwie. Jeśli należysz do tej większości lub zachorowałaś na cytomegalię jako osoba dorosła – a ponieważ spędzasz z dziećmi wiele czasu, jest to bardzo możliwe – w tej chwili nie możesz się już zarazić (aczkolwiek wirus, który po przebytej chorobie pozostaje w organizmie w uśpieniu przez całe życie, czasem może się uaktywnić). Nawet jeśli zachorujesz na cytomegalię w czasie ciąży, to ryzyko, że zakażenie zagrozi twojemu dziecku, jest stosunkowo niskie. Chociaż połowa przyszłych mam z aktywnym wirusem CMV rodzi zakażone dzieci, to tylko niewielki odsetek noworodków cierpi z powodu powikłań tej choroby*. Ryzyko jest jeszcze niższe, gdy u mamy w trakcie ciąży doszło jedynie do reaktywacji wirusa cytomegalii (a nie do zachorowania).

Ponieważ cytomegalia potencjalnie może wywołać poważne wady rozwojowe, warto zachować jak największą ostrożność. Jeśli nie wiesz, czy jesteś odporna na CMV (pewność, że jesteś odporna, będziesz miała, jeśli wcześniej przeszłaś tę chorobę lub zostałaś zbadana na obecność przeciwciał przed zajściem w ciążę), najlepszą obroną będzie skuteczny atak (tak samo jak w przypadku wszystkich chorób wirusowych, których starasz się unikać). Masz do czynienia z małymi dziećmi (oraz ich zarazkami), więc podstawowe zasady higieny zapewne nie są ci obce. Bądź więc wyjątkowo skrupulatna i przestrzegaj standardowych procedur chroniących przed rozprzestrzenianiem się zakażenia: często i dokładnie myj ręce, zwłaszcza po zmianie pieluszek lub wysadzaniu dziecka na nocnik, oraz – rzecz jasna – nie dojadaj po dzieciach żadnych resztek.

Chociaż cytomegalia często nie daje wyraźnych objawów, czasem mogą jej towarzyszyć: gorączka, zmęczenie, powiększenie węzłów chłonnych i ból gardła. Jeśli zauważyłaś jakikolwiek z tych objawów, skontaktuj się z lekarzem. Bez względu na to, czy powyższe objawy wskazują na zakażenie CMV czy inną chorobą (na przykład grypą lub zapaleniem gardła), będziesz musiała się poddać leczeniu.

Rumień zakaźny

Dowiedziałam się o pewnej chorobie – rumieniu zakaźnym – o której nigdy wcześniej nie słyszałam. Czy wiąże się ona z jakimiś powikłaniami w trakcie ciąży?

Rumień zakaźny (zwany „piątą chorobą"), wywołany przez parwowirus B19 (nie mylić z parwowirozą, na którą chorują psy i koty), to piąta z sześciu chorób wywołujących u dzieci gorączkę i wysypkę (zaliczamy do nich odrę, szkarlatynę, różyczkę, wysypkę wirusową, rumień zakaźny i rumień nagły, czyli tak zwaną „trzydniówkę"). W przeciwieństwie do innych chorób wirusowych (na przykład odry czy ospy, które wymagają szczególnej uwagi) rumień zakaźny nie jest zbyt dobrze znany, ponieważ jego objawy są na ogół dość łagodne, czasem przebiegają niezauważalnie lub w ogóle nie występują. Podwyższona temperatura występuje zaledwie w 15–30 procent przypadków. W pierwszych dniach wysypka pojawia się na policzkach w postaci rumienia w kształcie motyla (stąd również nazwa „zespół spoliczkowanego dziecka"), potem (przybierając girlandowaty, koronkowy czy też ażurowy wzór) rozprzestrzenia się na tułów, pośladki i uda (zwykle nie występuje na tułowiu, dłoniach i stopach, nigdy nie ma zmian na śluzówkach jamy ustnej), ustępując i nawracając (zazwyczaj jest to reakcja na temperaturę – na przykład na upał, wysiłek fizyczny lub gorącą kąpiel), i trwa zwykle od jednego do trzech tygodni. Rumień zakaźny łatwo pomylić z innymi chorobami wieku dziecięcego

---

* Należy jednak pamiętać, że wrodzone zakażenie CMV jest najczęstszą przyczyną nieuwarunkowanego genetycznie niedosłuchu odbiorczego i że szacunkowo na całym świecie choroba ta występuje z częstością 7 przypadków na 1000 noworodków. U niektórych zakażonych noworodków objawy choroby są widoczne zaraz po urodzeniu, u innych, początkowo bezobjawowych, na późniejszym etapie rozwoju mogą wystąpić różne powikłania zakażenia, takie jak niedosłuch odbiorczy (przyp. red. meryt.).

lub nawet z oparzeniem słonecznym czy też zaczerwienieniem skóry od wiatru. Dorośli zazwyczaj nie mają objawów „zespołu spoliczkowanego dziecka".

Opieka nad maluchem chorym na rumień zakaźny bądź praca w szkole czy przedszkolu nieco zwiększa niewielkie zazwyczaj ryzyko zapadnięcia na tę chorobę. Jednak połowa kobiet w wieku rozrodczym przeszła „piątą chorobę" w dzieciństwie i jest już na nią uodporniona, zatem ryzyko zakażenia jest na szczęście bardzo niewielkie. W mało prawdopodobnych przypadkach, gdy przyszła mama zachoruje na rumień zakaźny i jej dziecko również zostanie zakażone, wirus może zakłócić zdolność płodu do wytwarzania czerwonych krwinek, co prowadzi do niedokrwistości lub innych powikłań. Jeśli badanie wykaże, że jesteś zakażona rumieniem zakaźnym, lekarz będzie sprawdzał, czy płód nie ma oznak niedokrwistości – przez 8 do 10 tygodni co 7 dni będziesz poddawana badaniu USG. Jeżeli dziecko zostało zakażone w pierwszej połowie ciąży, ryzyko poronienia niestety wzrośnie.

Pamiętaj jednak, że prawdopodobieństwo, by rumień zakaźny zagroził tobie, twojej ciąży i maleństwu, jest bardzo niewielkie. Jednak – jak zawsze – podejmij odpowiednie działania, by w trakcie ciąży unikać wszelkich chorób (patrz str. 556).

Ospa wietrzna

Moja mała córeczka, która chodzi do żłobka, miała kontakt z dziećmi chorymi na ospę wietrzną. Czy jeśli teraz zachoruję, to zaszkodzi to dziecku, z którym jestem w ciąży?

To mało prawdopodobne. Twoje maleństwo, dobrze odizolowane od świata zewnętrznego, nie zarazi się ospą od osoby trzeciej – mogłoby złapać chorobę wyłącznie od ciebie. Oznacza to, że sama musiałabyś najpierw zachorować, co jest wielce nieprawdopodobne. Po pierwsze, dlatego że córeczka prawdopodobnie się nie zarazi i nie przyniesie choroby do domu, ponieważ wcześniej została zaszczepiona przeciwko ospie wietrznej (zaleca się, by wszystkie dzieci otrzymały pierwszą dawkę szczepionki w pierwszym roku życia, więc miejmy nadzieję, że twoja córka również ją dostała). Po drugie, sama na pewno jako dziecko chorowałaś na ospę (miało ją 85–95 procent populacji dorosłych osób) lub zostałaś zaszczepiona, więc w taki czy inny sposób jesteś uodporniona. Zapytaj rodziców lub sprawdź w książeczce zdrowia, czy przebyłaś ospę wietrzną lub otrzymałaś szczepionkę (w Stanach Zjednoczonych jest to szczepienie obowiązkowe od 1996 roku, w Polsce – zalecane). Jeśli nie jesteś pewna, poproś lekarza, by przeprowadził test na obecność przeciwciał.

Chociaż ryzyko zarażenia się ospą jest niewielkie – nawet jeśli nie jesteś na nią uodporniona – to do 96 godzin po kontakcie z chorą osobą, u której stwierdzono ospę wietrzną, zaleca się podanie immunoglobuliny VZIG, czyli preparatu z przeciwciałami przeciwko ospie wietrznej i półpaścowi. Immunoglobulina nie zabezpiecza płodu przed zakażeniem ani nie zmniejsza ryzyka wystąpienia wad wrodzonych lub ospy wietrznej u noworodka, ale powinna przynajmniej zminimalizować powikłania i złagodzić przebieg choroby u ciebie – to wielki plus, ponieważ ta dosyć łagodna choroba wieku dziecięcego u dorosłych może mieć poważny przebieg. Nie stwierdzono niekorzystnych następstw u płodów, wynikających ze stosowania VZIG u matki. Lek należy podać jak najwcześniej, tzn. do 96 godzin od ekspozycji. Jeżeli twój przypadek okaże się ciężki, dostaniesz lek przeciwwirusowy, który zmniejszy ryzyko powikłań.

Jeżeli zarazisz się ospą wietrzną w pierwszej połowie ciąży, prawdopodobieństwo, że twoje dziecko urodzi się z wadami okołoporodowymi (zwanymi zespołem ospy wrodzonej), jest bardzo niskie i dotyczy zaledwie 2 procent noworodków. Gdy zachoru-

Odra, świnka, różyczka

Istnieje spore prawdopodobieństwo, że jesteś uodporniona na odrę, świnkę i różyczkę. Jak większość kobiet w wieku rozrodczym, będąc dzieckiem, prawdopodobnie otrzymałaś trójskładnikową szczepionkę MMR przeciwko tym chorobom albo (co mniej prawdopodobne) na nie zachorowałaś, więc ponownie się nimi nie zarazisz. Ale ponieważ coraz więcej osób unika szczepień i coraz częściej wybuchają nowe epidemie tych groźnych chorób zakaźnych, być może zastanawiasz się, czy w związku z tym istnieje zagrożenie dla ciebie i dziecka w twoim łonie. Oto informacje, które na pewno ci się przydadzą:

Odra. Jeśli rozegra się ze wszech miar nieprawdopodobny scenariusz, iż zetkniesz się z osobą chorą na odrę, a przy tym nie będziesz pewna, czy jesteś na nią uodporniona, twój lekarz poda ci immunoglobulinę, czyli przeciwciała (nastąpi to w okresie inkubacji, to znaczy między kontaktem z zarażoną osobą a wystąpieniem pierwszych objawów), by złagodzić przebieg ewentualnej choroby. Odra nie wywołuje wad wrodzonych płodu, chociaż może zwiększyć ryzyko poronienia lub porodu przedwczesnego. Jeżeli zachorujesz na odrę tuż przed rozwiązaniem, istnieje ryzyko, że noworodek również będzie zakażony.

Świnka. W obecnych czasach trudno zarazić się świnką. W codziennych kontaktach jest to prawie niemożliwe (na przykład w Stanach Zjednoczonych dzięki rutynowym szczepieniom zachorowalność na tę chorobę jest bardzo niska; w Polsce również szczepi się dzieci przeciwko śwince, odrze i różyczce). Ale ponieważ świnka może być przyczyną skurczów macicy oraz zwiększać ryzyko poronienia w pierwszym trymestrze, a także wywołać poród przedwczesny, ciężarne kobiety, które nie są uodpornione na tę chorobę, powinny być szczególnie wyczulone na jej wczesne objawy: złe samopoczucie, rozbicie, ogólną, nieokreśloną bolesność, gorączkę, utratę apetytu, postępujący obrzęk ślinianek, ból uszu, ból w trakcie gryzienia, zwłaszcza podczas przełykania kwaśnych potraw lub napojów. Jeśli stwierdzisz u siebie takie objawy, natychmiast poinformuj o nich lekarza, ponieważ szybkie leczenie zmniejszy prawdopodobieństwo wystąpienia dalszych problemów.

---

jesz na ospę wietrzną w późniejszym okresie ciąży, nie ma absolutnie żadnego zagrożenia dla dziecka. Wyjątkiem jest przypadek, gdy złapiesz ospę przed rozwiązaniem – mniej więcej tydzień przed porodem – lub tuż po nim. W tym wyjątkowo nieprawdopodobnym przypadku dziecko ma małą szansę, by przyjść na świat niezakażone i by w ciągu tygodnia nie dostać charakterystycznej wysypki. By temu zapobiec, noworodek natychmiast po porodzie (lub gdy tylko lekarz stwierdzi, że zaraziłaś dziecko ospą wietrzną) otrzyma zastrzyk z przeciwciałami.

Półpasiec to choroba, którą wywołuje wirus ospy wietrznej. Jest reaktywacją tej choroby u osób, które wcześniej już ją przebyły (rzadko występuje u kobiet w ciąży). Półpasiec nie jest groźny dla płodu, ponieważ zarówno mama, jak i jej dziecko są już prawdopodobnie na niego uodpornieni (mają przeciwciała zwalczające tego wirusa).

Jeśli nie jesteś uodporniona na ospę wietrzną, ale tym razem udało ci się uniknąć wirusa i się nie zaraziłaś, poproś lekarza, żeby po porodzie cię zaszczepił, abyś w następnej ciąży nie musiała się obawiać zakażenia. Szczepionka powinna zostać podana w 2 dawkach w ciągu 4–8 tygodni, przynajmniej miesiąc przed kolejnym poczęciem.

Różyczka. Ponieważ różyczka w czasie ciąży może być bardzo niebezpieczna, podczas pierwszej wizyty prenatalnej lekarz przeprowadzi prosty test, który pozwoli oznaczyć stężenie przeciwciał przeciwko tej chorobie, by zyskać całkowitą pewność, że jesteś na nią uodporniona. Gdyby się okazało – co jest bardzo mało prawdopodobne – że nie jesteś uodporniona na różyczkę (lub jeśli stężenie przeciwciał we krwi będzie niskie, co oznacza zmniejszoną odporność na wirusa tej choroby), nadal nie masz żadnego powodu do zmartwienia. Na szczęście amerykańskie Centrum Kontroli i Prewencji Chorób czyni wysiłki, by całkowicie pozbyć się tej choroby zakaźnej, więc zarażenie się nią w Stanach Zjednoczonych będzie praktycznie niemożliwe (a wirus może zaszkodzić tylko w takim wypadku, gdybyś zachorowała). Objawy różyczki, które pojawiają się 2–3 tygodnie po zarażeniu, zazwyczaj są łagodne (osłabienie, stany podgorączkowe, powiększenie węzłów chłonnych, najczęściej karkowych, a po mniej więcej jednym dniu pojawia się również niewielka wysypka), w niektórych przypadkach choroba przebiega bezobjawowo. Jeżeli zachorowałaś na różyczkę podczas ciąży (jeszcze raz przypominamy, że prawdopodobieństwo jest znikome), zagrożenie dla dziecka zależy od tego, kiedy się zaraziłaś. Jeśli nastąpiło to w 1 miesiącu ciąży, istnieje spore prawdopodobieństwo, że dziecko urodzi się z poważnymi wadami wrodzonymi. W 3 miesiącu ciąży ryzyko jest już znacznie niższe, a później maleje jeszcze bardziej.

Nie pamiętasz, czy kiedykolwiek otrzymałaś szczepionkę MMR albo czy chorowałaś na odrę, świnkę i różyczkę? Sprawdź to w swojej kartotece medycznej, książeczce zdrowia lub zapytaj rodziców, którzy powinni pamiętać, czy zrezygnowali z rutynowych szczepień takich jak MMR. Jeśli zdecydowanie nie jesteś odporna na różyczkę lub stężenie przeciwciał jest niskie, podczas ciąży nie otrzymasz szczepionki MMR (ani dawki przypominającej). Chociaż nigdy nie zanotowano żadnych powikłań wśród dzieci mam, które zostały zaszczepione, zanim się dowiedziały, iż zaszły w ciążę, eksperci zalecają, by nie podejmować niepotrzebnego ryzyka. Możesz jednak otrzymać szczepionkę MMR (lub szczepionkę pojedynczą, jeśli badanie wykazało obniżoną odporność na jedną z tych trzech chorób) od razu po porodzie. To nie tylko pomoże uchronić twoje maleństwo, nim samo będzie mogło otrzymać szczepionkę, ale też zapewni bezpieczeństwo twoim przyszłym ciążom.

Zapalenie wątroby typu A

Właśnie usłyszałam, że wycofano ze sprzedaży pakowane owoce, ponieważ okazało się, że mogą być źródłem wirusa zapalenia wątroby typu A. Niestety wcześniej zdążyłam je kupić i zjeść. Czy jeśli zachoruję, zaszkodzi to ciąży i dziecku?

Zapalenie wątroby typu A (czyli tak zwana żółtaczka pokarmowa) jest dość powszechną chorobą (zwłaszcza w krajach, w których poziom higieny jest niski; w Stanach Zjednoczonych występuje z kolei dość rzadko) i zazwyczaj jest przenoszona drogą pokarmową (fekalno-oralną – wystarczy spożyć pokarm zanieczyszczony odchodami zakażonej osoby). Większość zachorowań to skutek bliskiego kontaktu z osobą chorą na żółtaczkę, aczkolwiek wirusa przenoszą również zakażeni pracownicy mający kontakt z żywnością – prawdopodobnie właśnie z tego powodu wycofano ze sprzedaży owoce, o których wspomniałaś (to kolejny dobry powód, by podczas przyrządzania posiłków ściśle przestrzegać zasad higieny). Wirusowe zapalenie wątroby typu A często przebiega łagodnie, bez zauważalnych objawów (zwłaszcza u małych dzieci). Starsze dzieci i dorośli mogą się skarżyć na bóle mięśniowe, stawowe, głowy i brzucha, brak apetytu,

> ## Ochrona przed wirusem Zika
>
> Wirus Zika jest przenoszony przez komary (a w niektórych wypadkach również drogą płciową). Chociaż dla ogółu populacji zakażenie zwykle nie jest niebezpieczne, wywołuje łagodne objawy, a czasem przebiega całkiem bezobjawowo, to dla kobiet w ciąży i ich dzieci jest ogromnym zagrożeniem – może prowadzić do poronienia i wad rozwojowych, takich jak mikrocefalia (małogłowie) lub uszkodzenie mózgu. Jeśli mieszkasz w kraju, w którym występuje wirus Zika (Centrum Kontroli i Prewencji Chorób zaleca, by w czasie ciąży nie podróżować w takie miejsca), chroń się przed ugryzieniami komarów (informacje na ten temat znajdziesz w ramce na str. 277). Jeśli twój partner przebywał w regionie objętym wirusem, najlepiej przez resztę ciąży powstrzymać się od współżycia lub używać prezerwatywy. Jeśli w trakcie ciąży zaraziłaś się wirusem Zika (lub myślisz, że mogło do tego dojść), lekarz zleci badanie krwi i USG – od tej pory twoja ciąża będzie szczegółowo kontrolowana. Więcej informacji znajdziesz na stronie www.cdc.gov/zika.

gorączkę i osłabienie. Następnie pojawia się żółtaczka, czyli zażółcenie skóry i twardówek oczu. W rzadkich przypadkach objawy wirusowego zapalenia wątroby typu A są nasilone i chory wymaga hospitalizacji. Objawy zazwyczaj utrzymują się nie dłużej niż 2 miesiące, a potem chory całkowicie powraca do zdrowia (zazwyczaj bez żadnego leczenia) i jest już uodporniony na przyszłość. (Możesz się również zaszczepić, gdyż szczepionka jest najlepszym zabezpieczeniem przed wirusowym zapaleniem wątroby typu A).

Na szczęście choroba rzadko przenosi się na płód lub noworodka. Dzieje się tak dlatego, że przeciwciała, które wytworzyły się w twoim organizmie po zakażeniu, przechodzą przez łożysko i chronią dziecko przed zakażeniem. A więc nawet jeśli zachorujesz, prawdopodobnie nie wpłynie to na płód. Lekarz może jednak zalecić podanie immunoglobuliny w ciągu 2 tygodni od zakażenia, by zapewnić ci dodatkowe bezpieczeństwo (sam zastrzyk również jest bezpieczny).

Jeśli planujesz podróż do kraju, w którym warunki sanitarne pozostawiają wiele do życzenia i wskaźnik zachorowań na żółtaczkę pokarmową jest stosunkowo wysoki, lub jeśli chorujesz na wirusowe zapalenie wątroby typu B lub C, zapytaj lekarza o szczepienie przeciwko wirusowemu zapaleniu wątroby typu A, które można bezpiecznie podać w trakcie ciąży.

Wirusowe zapalenie wątroby typu B

Jestem nosicielką wirusa zapalenia wątroby typu B i właśnie się dowiedziałam, że jestem w ciąży. Czy fakt, że jestem nosicielką tego wirusa, może zaszkodzić dziecku?

Świadomość, że jesteś nosicielką WZW B, to już pierwszy krok do tego, by zrobić wszystko, aby twój stan nie zaszkodził dziecku. Na szczęście prawdopodobieństwo, że przekażesz tę chorobę maluchowi, gdy będzie przebywał w twojej macicy, jest znikome. Do zakażenia może natomiast dojść w trakcie porodu, dlatego należy podjąć natychmiastowe działania, by temu zapobiec. W ciągu 12 godzin po porodzie noworodek otrzyma immunoglobulinę przeciwko wirusowemu zapaleniu wątroby typu B (HBIG) oraz szczepionkę (którą i tak podaje się rutynowo tuż po porodzie). To leczenie niemal zawsze chroni przed rozwojem zakażenia. Dziecko zostanie ponownie zaszczepione w 1 lub 2, a potem w 6 miesiącu życia (to również jest rutynowa procedura w przypadku wszystkich niemowląt). Między 12 a 15 miesiącem lekarz przebada dziecko, by sprawdzić, czy terapia jest skuteczna.

Wirusowe zapalenie wątroby typu C

Czy będąc w ciąży, powinnam się martwić wirusowym zapaleniem wątroby typu C?

Ponieważ wirusowe zapalenie wątroby typu C jest przenoszone przez krew (na przykład podczas transfuzji, wstrzykiwania narkotyków lub kontaktów seksualnych bez użycia prezerwatywy), to jeśli nie miałaś przetaczanej krwi lub z innego powodu nie znajdujesz się w grupie podwyższonego ryzyka, zakażenie się tym wirusem jest bardzo mało prawdopodobne. Zakażona mama może w trakcie porodu przekazać chorobę dziecku, ale dotyczy to tylko 4-7 procent przypadków. Zdiagnozowane wirusowe zapalenie wątroby typu C można leczyć, ale nie w trakcie ciąży.

Borelioza („choroba z Lyme")

Mieszkam w okolicy, w której ryzyko zakażenia boreliozą jest bardzo wysokie. Czy w czasie ciąży muszę podjąć jakieś szczególne środki ostrożności, żeby się przed nią chronić?

Jak już zapewne wiesz, borelioza najczęściej dotyka ludzi mieszkających na terenach zalesionych, które są siedliskiem kleszczy, lecz coraz częściej możemy spotkać te pasożyty również na przedmieściach lub w miastach, gdzie mogą występować na łąkach i w parkach.

Najlepszy sposób ochrony to profilaktyka. Jeśli przebywasz w lesie lub na łące albo zajmujesz się uprawą roślin na takich terenach, noś długie spodnie wpuszczone w buty lub skarpetki oraz bluzy z długimi rękawami. Odkrytą skórę spryskuj środkiem odstraszającym owady, skutecznym w przypadku kleszczy (na przykład zawierającym substancję czynną DEET), a ubranie potraktuj permetryną. Po powrocie do domu sprawdź dokładnie skórę (ponieważ trudno samemu obejrzeć niektóre części swego ciała, poproś o pomoc partnera albo inną osobę). Gdy znajdziesz kleszcza, natychmiast go usuń – chwyć go pęsetą i pociągnij prosto do góry (usunięcie pasożyta w ciągu 24 godzin znacznie obniża ryzyko zakażenia). W żadnym wypadku nie trzeba oddawać kleszcza do badania.

Jeśli znajdziesz kleszcza, a po pewnym czasie zauważysz charakterystyczny rumień wędrujący (zwany również „bawolim okiem") w miejscu ukąszenia, zgłoś się do lekarza – dostaniesz antybiotyk, aby wyleczyć boreliozę w jej początkowym stadium. Wczesne objawy tej choroby to zmęczenie, ból głowy, sztywność karku, gorączka i dreszcze, ogólne rozbicie, bóle mięśniowo-stawowe oraz powiększone węzły chłonne w pobliżu miejsca ukąszenia. W późnym okresie choroby dochodzi do zajęcia stawów i układu nerwowego.

Na szczęście badania wykazały, że szybkie zastosowanie antybiotykoterapii całkowicie chroni dziecko zakażonej mamy, a także ją samą.

Samoistne porażenie nerwu twarzowego (porażenie Bella)

Dzisiaj rano obudziłam się z bólem za uchem i odrętwiałym językiem. Gdy spojrzałam w lustro, zobaczyłam, że jedna strona mojej twarzy obwisła. Co się dzieje?

Wygląda na to, że dopadło cię samoistne porażenie nerwu twarzowego zwane porażeniem Bella. To przejściowa dolegliwość wywołana uszkodzeniem nerwu twarzowego, objawiająca się osłabieniem lub paraliżem mięśni jednej strony twarzy. Chociaż porażenie Bella nie jest powszechną przypadłością, to kobiety w ciąży cierpią na nią trzy razy częściej niż inne i najczęściej przytrafia się im to w trzecim trymestrze ciąży lub na początku połogu. Pojawia się nagle i bez ostrzeżenia – większość ludzi, tak samo jak ty, budzi się rano i stwierdza, że opada im połowa twarzy.

Przyczyny tego tymczasowego porażenia twarzy są nieznane, chociaż eksperci podejrzewają, że może mieć podłoże wirusowe lub bakteryjne – zakażenie powoduje obrzęk i zapalenie nerwu twarzowego, czego efektem jest z kolei osłabienie lub paraliż mięśni połowy twarzy, które skutkuje asymetrią twarzy przy ruchach mimicznych, brakiem możliwości zamknięcia powieki, opadaniem kącika ust i wygładzeniem czoła po stronie uszkodzenia. Paraliżowi czasem towarzyszą inne objawy, takie jak ból za uchem lub z tyłu głowy, zawroty głowy, ślinienie się (z powodu osłabienia mięśni), suchość w ustach, upośledzenie zmysłu smaku, drętwienie języka, nadwrażliwość słuchu, a nawet upośledzenie mowy.

Dobra wiadomość jest taka, że paraliż Bella nie przeniesie się poza twarz, a twój stan się nie pogorszy. Ponadto, w większości przypadków choroba minie sama bez leczenia w ciągu 3 tygodni do 3 miesięcy (aczkolwiek niekiedy może minąć nawet 6 miesięcy, zanim chory całkowicie powróci do zdrowia). I na koniec najlepsza wiadomość: choroba nie stanowi żadnego zagrożenia ani dla ciąży, ani dla dziecka, i nie wymaga żadnego leczenia. Jednak ponieważ udar mózgu (który nieco częściej dotyka kobiety w ciąży – nawet młode i zdrowe) może dawać objawy podobne do paraliżu Bella, natychmiast skontaktuj się z lekarzem, gdy tylko zauważysz nagłą asymetrię twarzy.

WSZYSTKO O...
Lekarstwa podczas ciąży

Co mają ze sobą wspólnego lekarstwa przepisane przez lekarza i te, które można dostać bez recepty? To, że trzeba czytać wszystkie informacje napisane małym drukiem na opakowaniu i w ulotce, chociaż prawdę mówiąc, wszędzie i tak znajdziesz adnotację ostrzegającą przyszłe mamy, by nie przyjmowały ich bez zgody lekarza. Ale jeśli jesteś przeciętną przyszłą mamą, to co najmniej raz będziesz potrzebowała leku na receptę, a tych bez recepty pewnie jeszcze więcej. Skąd masz wiedzieć, które z nich są bezpieczne, a które nie?

Na szczęście niewiele leków zdecydowanie szkodzi w czasie ciąży, a mnóstwo można stosować całkowicie bezpiecznie. Pamiętaj jednak, że żaden specyfik – przepisany przez lekarza czy też dostępny bez recepty – nie jest stuprocentowo bezpieczny dla wszystkich i przez cały czas. Będąc w ciąży, za każdym razem, gdy przyjmujesz jakiś lek, musisz mieć na względzie dobro dwóch osób, w tym jednej maleńkiej i całkowicie bezbronnej. Zawsze warto ocenić potencjalne ryzyko oraz korzyści związane z przyjmowaniem leków, a podczas ciąży jest to szczególnie ważne. Podobnie rzecz się ma z koniecznością konsultowania każdej decyzji o przyjmowaniu wszelkich specyfików z lekarzem, a podczas ciąży jest to kwestia zasadnicza.

A zatem – jak głosi słynne hasło – „Przed użyciem zapoznaj się z treścią ulotki dołączonej do opakowania bądź skonsultuj się z lekarzem lub farmaceutą". Zanim w czasie ciąży zażyjesz jakikolwiek lek – nawet te, które rutynowo stosowałaś w przeszłości – spytaj lekarza, czy jest dla ciebie bezpieczny.

Popularne leki

Oto podstawowe informacje na temat najpopularniejszych leków, po które być może będziesz chciała sięgnąć, spodziewając się dziecka. Pamiętaj jednak, że nawet jeśli konkretny lek znalazł się na tej liście, zanim zażyjesz go po raz pierwszy, zapytaj o zgodę lekarza.

Paracetamol. Można go zazwyczaj stosować przez krótki okres, ale zapytaj lekarza o właściwą dawkę.

Aspiryna. Generalnie nie jest zalecana kobietom w ciąży, zwłaszcza w trzecim trymestrze, ponieważ zwiększa ryzyko wystąpienia pewnych powikłań przed porodem lub w jego trakcie, na przykład nadmiernego krwawienia (aspiryna zmniejsza krzepliwość krwi) lub pewnych problemów u noworodka. Niektóre badania sugerują, że bardzo niewielka dawka aspiryny w pewnych okolicznościach może zapobiec stanowi przedrzucawkowemu, ale tylko lekarz będzie mógł ocenić, czy w twoim stanie jest to wskazane. Z kolei inne badania wykazują, iż niskie dawki aspiryny w połączeniu z lekiem przeciwzakrzepowym (heparyną) mogą zmniejszyć ryzyko powtarzających się poronień u niektórych kobiet cierpiących na zespół antyfosfolipidowy (zwany zespołem Hughesa). W tym przypadku również jedynie lekarz może zdecydować, czy podanie leku jest celowe.

Ibuprofen. Zasadniczo należy go unikać, zwłaszcza w pierwszym i trzecim trymestrze, ponieważ jak wszystkie niesteroidowe leki przeciwzapalne zwiększa ryzyko poronienia w pierwszym trymestrze, a w trzecim może doprowadzić do powikłań w czasie porodu i wystąpienia poważnych powikłań u noworodka. Zażywaj ibuprofen tylko wtedy, gdy zostanie przepisany przez lekarza, który wie, że jesteś w ciąży.

Naproksen (Aleve). Ten niesteroidowy lek przeciwzapalny absolutnie nie jest zalecany kobietom w ciąży.

Krople do nosa. Aby ułatwić oddychanie i udrożnić zatkany nos, można przez krótki czas stosować steroidowe aerozole do nosa. Zapytaj lekarza o najlepszy dla ciebie rodzaj kropli i o zalecaną dawkę. Najbezpieczniejsze są aerozole na bazie soli fizjologicznej oraz paski do nosa ułatwiające oddychanie. Jeśli chodzi o niesteroidowe środki z oksymetazoliną lub ksylometazoliną, wstrzymaj się z ich stosowaniem, chyba że zaleci ci je lekarz. Wielu lekarzy w ogóle nie przepisuje tych specyfików, a inni zezwalają wyłącznie na krótkie zażywanie (nie dłużej niż 1–2 dni) po pierwszym trymestrze.

Bądź na bieżąco

Listy leków bezpiecznych w czasie ciąży, prawdopodobnie bezpiecznych, potencjalnie niebezpiecznych i zdecydowanie niebezpiecznych przez cały czas się zmieniają, zwłaszcza że co chwilę pojawiają się nowe medykamenty, inne przestają być sprzedawane wyłącznie na receptę i można je kupić bez żadnego problemu, a jeszcze inne są nadal badane pod kątem bezpiecznego stosowania przez przyszłe mamy. Jeśli chcesz być na bieżąco i wiedzieć, co jest dla ciebie bezpieczne, a co nie, zawsze najpierw rozmawiaj z lekarzem. Listę bezpiecznych leków znajdziesz również w Internecie: na stronie amerykańskiej Agencji Żywności i Leków (FDA; adres www.fda.gov), organizacji non-profit March of Dimes (www.marchofdimes.org) oraz stronach internetowych www.safefetus.com, www.rodzice.pl, www.poradnikzdrowie.pl, www.framaceutaradzi.pl/klasyfikacja-lekow-w-czasie-ciazy-wg-fda.

Leki przeciw nadkwasocie żołądka. Na zgagę, która podczas ciąży prawie cię nie opuszcza, pomogą takie leki, jak Rennie czy Tums – dodatkowo zapewnią ci dawkę wapnia. Za bezpieczne uważane są także Maalox i Alugastrin, jednak zanim wybierzesz konkretny lek, skonsultuj się z lekarzem i zapytaj o sposób stosowania.

Leki przeciw wzdęciom. Wielu specjalistów zezwala na okazjonalne stosowanie środków przeciw ciążowym wzdęciom – na przykład Espumisanu – ale najpierw skonsultuj się ze swoim lekarzem.

Leki przeciwhistaminowe. Nie wszystkie są bezpieczne dla przyszłych mam, ale na niektóre lekarz być może wyrazi zgodę. Najpopularniejszym lekiem przeciwhistaminowym w USA jest difenhydramina (w Polsce loratadyna), która przez większość specjalistów uważana jest za bezpieczną, ale najpierw oczywiście porozmawiaj z lekarzem, ponieważ nie wszyscy zgadzają się na stosowanie leków przeciwuczuleniowych, szczególnie w pierwszym trymestrze ciąży. Niektórzy lekarze zezwalają na zażywanie niewielkich dawek chlorfeniraminy (wchodzącej na przykład w skład Gripexu) lub triprolidyny, ale większość zaleca lepsze zamienniki, więc zanim sięgniesz po jakiś lek, skonsultuj się z lekarzem.

Leki zmniejszające obrzęk błon śluzowych górnych dróg oddechowych. Większość lekarzy uważa, że w trakcie ciąży najlepiej nie przyjmować specyfików zawierających fenylefrynę lub pseudoefedrynę (na przykład Sudafedu). Niektórzy zgadzają się na bardzo ograniczone użycie tego rodzaju leków po pierwszym trymestrze (na przykład 1–2 razy dziennie, ale nie dłużej niż 1–2 dni), ponieważ większe dawkowanie może zmniejszyć przepływ krwi do łożyska. Nie zażywaj leków udrożniających górne drogi oddechowe bez zgody lekarza, ale się nie martw, jeśli już zaaplikowałaś sobie takie lekarstwo. Bezpiecznie można stosować maść na objawy przeziębienia – Vicks VapoRub (pod warunkiem że została przepisana przez lekarza).

Ostrożnie z antybiotykami

Antybiotyki zastosowane przeciwko bardzo groźnej bakterii często ratują życie, ale nadużywane lub przyjmowane w niewłaściwy sposób mogą doprowadzić do zakażeń opornych na antybiotykoterapię. Oto kilka ważnych faktów dotyczących antybiotyków:

- Antybiotyki są przepisywane na zakażenia bakteryjne. Nie działają (i nie powinny być stosowane) w przypadku chorób wirusowych, takich jak przeziębienie czy grypa.
- Jest wiele antybiotyków, które można stosować podczas ciąży, więc śmiało je zażywaj, gdy lekarz przepisze ci je w przypadku choroby wywołanej przez bakterie (na przykład zakażenie dróg moczowych).
- Zażywaj antybiotyki dokładnie według wskazań lekarza. Nie pomijaj dawek i zawsze przyjmuj do końca całą serię, chyba że dostaniesz inne instrukcje.
- Wyrzuć resztkę leku i nigdy nie zachowuj go na później, na wypadek gdy znowu zachorujesz.
- Zażywaj tylko antybiotyki przepisane przez lekarza, który wie, że jesteś w ciąży.
- Biorąc antybiotyki, pamiętaj o probiotyku, który ochroni mikroflorę jelitową, hamując rozwój szkodliwych bakterii i chroniąc te, które są niezbędne dla organizmu. Staraj się nie przyjmować obu leków jednocześnie – probiotyk najlepiej przyjąć kilka godzin po zażyciu antybiotyku.

Leki a laktacja

Zastanawiasz się, czy gdy już urodzisz dziecko i zaczniesz karmić je piersią, będziesz mogła częściej (i z mniejszym niepokojem) sięgać do apteczki? Otóż dobra wiadomość jest taka, że większość leków – zarówno tych przepisanych przez lekarza, jak i dostępnych bez recepty – które można stosować podczas laktacji, jest bezpieczna również dla dziecka. Nawet jeśli niektóre specyfiki należy odłożyć na półkę, to istnieją bezpieczne zamienniki, a to oznacza, że prawdopodobnie nie będziesz musiała rezygnować z karmienia, jeśli konieczne będzie zażywanie jakiegoś lekarstwa. Pamiętaj również, że wprawdzie wszystko, co trafia do twojego organizmu, zazwyczaj trafia również do mleka, ale w bardzo niewielkiej ilości.

Większość leków podawanych w normalnych, typowych dawkach nie ma żadnego wpływu na karmione piersią maleństwo. Zaliczamy do nich:

- paracetamol;
- ibuprofen;
- leki przeciw nadkwasocie;
- leki przeczyszczające (czopki glicerynowe);
- leki przeciwhistaminowe; difenhydramina jest również bezpieczna, ale może wywoływać u dziecka senność;
- krople do nosa;
- leki rozszerzające oskrzela, stosowane m.in. w leczeniu astmy oskrzelowej;
- większość antybiotyków;
- większość leków przeciwgrzybiczych;
- glikokortykosteroidy (leki przeciwzapalne, przeciwobrzękowe, przeciwalergiczne – prednizolon);
- leki na tarczycę (lewotyroksyna);
- większość przeciwdepresantów;
- większość środków uspokajających;
- większość leków stosowanych w leczeniu chorób przewlekłych (takich jak astma oskrzelowa, choroby serca, nadciśnienie tętnicze itd.).

Niektóre leki mogą bardzo źle wpływać na podaż mleka i na dziecko. Takie specyfiki, jak beta-blokery, leki przeciwpadaczkowe, przeciwdrgawkowe i przeciwnowotworowe, lit, ergotamina (stosowana na przykład w leczeniu migreny) oraz leki obniżające stężenie cholesterolu, nie powinny być stosowane w trakcie karmienia piersią.

W przypadku innych leków jest jeszcze zbyt wcześnie, by rozstrzygnąć, w jaki sposób wpływają na laktację i dziecko (chodzi na przykład o niektóre preparaty przeciwhistaminowe i przeciwdepresyjne). Z kolei inne lekarstwa są bezpieczne, ale tylko pod warunkiem, że stosuje się je w niewielkich dawkach i sporadycznie (dotyczy to na przykład opioidowych środków przeciwbólowych podawanych po cięciu cesarskim). Skonsultuj się ze swoim lekarzem lub pediatrą opiekującym się dzieckiem w sprawie najnowszych informacji na temat bezpieczeństwa stosowania leków w trakcie karmienia piersią. Znajdziesz je również w Internecie. Oto najbardziej przydatne źródła: National Library of Medicine's Drug and Lactation (LactMed) – www.toxnet.nlm.nih.gov (zakładka LactMed); the Infant Risk Center – www.infantrisk.com; MotherRisk – www.motherrisk.org; Centrum Nauki o Laktacji – www.kobiety.med.pl (zakładka Laktacyjny Leksykon Leków); oraz www.farmaceuta-radzi.pl/laktacyjna-baza-lekow.

W niektórych przypadkach karmiąca mama może spokojnie odstawić mniej bezpieczne lekarstwa, a w innych zastosować bezpieczniejsze zamienniki. Jeśli lekarstwo, którego nie wolno stosować w trakcie karmienia piersią, jest potrzebne jedynie chwilowo, można na jakiś czas odstawić dziecko od piersi – nie zapominaj jednak o odciąganiu pokarmu, by utrzymać jego produkcję (a więc odciągaj i wylewaj). Można również przyjmować lekarstwo tuż po karmieniu albo wtedy, gdy dziecko zapada w dłuższy sen.

Główna zasada, jaką powinnaś się kierować, zażywając lekarstwa w trakcie laktacji: zawsze pytaj swojego lekarza bądź pediatrę, czy lekarstwo, które przyjmujesz lub zamierzasz przyjmować w trakcie karmienia piersią, jest bezpieczne; ta sama zasada dotyczy preparatów ziołowych i suplementów.

Antybiotyki. Jeśli lekarz przepisze ci antybiotyk w trakcie ciąży, zrobi to na pewno dlatego, że choroba stanowi większe zagrożenie niż jakiekolwiek ryzyko związane z przyjmowaniem antybiotyków (a wiele z nich jest całkowicie bezpiecznych). Prawdopodobnie otrzymasz antybiotyk z grupy penicylin lub erytromycynę (to antybiotyk z grupy makrolidowych). Niektóre antybiotyki w trakcie ciąży nie są zalecane – na przykład tetracyklina, którą się stosuje w leczeniu trądziku, więc upewnij się, że lekarz przepisujący lek wie, iż jesteś w ciąży.

Leki przeciwkaszlowe. Lekarstwa zmniejszające nasilenie kaszlu oraz większość tabletek przeciwkaszlowych są uważane za bezpieczne, ale – jak w każdym wypadku – najpierw skonsultuj się z lekarzem i zapytaj o bezpieczną dawkę.

Środki nasenne. Preparaty zawierające difenhydraminę (w Polsce substancja obecna w preparacie łączonym Apap Noc), zolpidem i eszopiklon (niezarejestrowany w Polsce) to leki uznane za bezpieczne dla przyszłych mam i wielu lekarzy nie ma nic przeciwko ich sporadycznemu stosowaniu. Jednak zanim weźmiesz jakikolwiek środek nasenny, zawsze zapytaj o zgodę lekarza.

Leki przeciwbiegunkowe. Lekami przeciwbiegunkowymi, na jakie lekarz może ci dać zielone światło, są loperamid, nifuroksazyd oraz dismektyt.

Leki przeciwwymiotne. Lek nasenny Unisom (zawierający przeciwhistaminową doksylaminę) zażywany wraz z witaminą B_6 łagodzi objawy porannych nudności, ale należy go przyjmować ściśle według wskazań lekarza. Ujemnym skutkiem ubocznym tego preparatu – jeśli zażywa się go w ciągu dnia – jest senność. Kolejnym specyfikiem jest Diclegis, stopniowo uwalniający doksylaminę – jest to jedyny lek przeciw porannym nudnościom uznany za bezpieczny dla mamy i dziecka przez amerykańską Agencję Żywności i Leków (lek niezarejestrowany w Polsce, sprzedawany wyłącznie na receptę).

Antybiotyki (w postaci maści). Niewielkie ilości preparatu stosowane na małej powierzchni (w przypadku zranienia lub innego uszkodzenia skóry) zawierające bacytracynę, neomycynę, polimiksynę B w postaci maści jedno- lub kilkuskładnikowych są w czasie ciąży uważane za bezpieczne.

Steroidy (w postaci maści). Można bezpiecznie stosować niewielkie ilości steroido-

> ### Jak najlepiej przyjmować leki podczas ciąży
>
> Jeśli przyjmujesz doustnie leki z powodu jakiejś choroby przewlekłej, prawdopodobnie będziesz teraz musiała trochę zmodyfikować codzienną rutynę. Jeśli dręczą cię poranne nudności, zażywaj lekarstwo przed pójściem spać, żeby twój organizm zdążył je wchłonąć, zanim rozpoczną się poranne wymioty i zwrócisz całą dawkę. Jeżeli musisz zażywać lek na pusty żołądek (szczególnie gdy jest to pierwsza rzecz, którą robisz o poranku), a jest to niemożliwe z powodu nudności, poproś lekarza o przepisanie środka przeciwwymiotnego w postaci czopka i zastosuj go przez zażyciem swojego lekarstwa.
>
> Kolejna rzecz, o której powinnaś pamiętać i którą na pewno wezmą pod uwagę twoi lekarze: w trakcie ciąży zmienia się zapotrzebowanie organizmu na leki, zatem dawka, którą kiedyś przyjmowałaś, teraz niekoniecznie jest odpowiednia. Jeśli nie jesteś pewna, czy dawka leku jest w tej chwili właściwa, lub jeśli wydaje ci się, że trzeba ją dostosować do twojej obecnej masy ciała (ponieważ przytyłaś), albo masz przeczucie, iż jest za duża lub za mała, skonsultuj się z lekarzem.

wych maści (glikokortykosteroidów) zawierających hydrokortyzon, na przykład w razie wysypki alergicznej, wyprysku lub ukąszeń owadów.

Leki przeciwdepresyjne. Chociaż wyniki badań na temat wpływu leków przeciwdepresyjnych na ciążę i płód stale się zmieniają, to sądzi się, że niektóre z tych specyfików są bezpieczne, innych należy zdecydowanie unikać, a jeszcze inne można stosować w indywidualnych przypadkach, kiedy negatywne skutki nieleczonej (lub niewłaściwie leczonej) depresji są bardziej szkodliwe niż zażywanie leku. Więcej informacji na str. 46.

Gdy musisz przyjmować leki w trakcie ciąży

Lekarz zalecił ci lub przepisał jakiś lek? Oto wskazówki, które pomogą ci zapewnić bezpieczeństwo tobie i dziecku:

- Mniejsze ryzyko i większe korzyści. Rozważając wraz z lekarzem plusy i minusy przyjmowania leku, sprawdź, czy możesz jeszcze bardziej przechylić szalę na waszą wspólną korzyść – twoją i dziecka (na przykład przyjmuj leki na przeziębienie wieczorem, żebyś mogła się wyspać) lub zmniejsz ryzyko (przyjmuj leki przez krótki czas i w najmniejszej skutecznej dawce).
- Pytaj i mów. Zawsze uzgadniaj ze swoim ginekologiem leki przepisane przez innych specjalistów (na przykład antybiotyki na zapalenie ucha, które zalecił ci laryngolog, lub leki przeciwdepresyjne polecone przez psychiatrę).
- Uważaj na specyfiki wieloskładnikowe. Leki sprzedawane bez recepty zawierają często kilka różnych składników aktywnych łagodzących wiele dolegliwości, a któryś z nich może nie być wskazany podczas ciąży. Na przykład leki na bazie paracetamolu, których głównym zadaniem jest uśmierzanie bólu, mogą występować łącznie ze środkami nasennymi lub udrożniającymi drogi oddechowe, a w niektórych wypadkach zawierają również środki przeciwkaszlowe. Sprawdź więc najpierw skład leku i substancje czynne, które w nim się znajdują, by mieć pewność, że wybierasz jedynie ten składnik (lub składniki), które zaaprobował lekarz.
- Zapytaj z wyprzedzeniem o działania niepożądane, których ewentualnie możesz się spodziewać i które powinnaś zgłosić lekarzowi.

CZĘŚĆ 5

Ciąża z powikłaniami

ROZDZIAŁ 19

Jak radzić sobie z powikłaniami ciążowymi

Jeśli rozpoznano u ciebie jakieś powikłanie ciążowe lub podejrzewasz, że z twoją ciążą dzieje się coś złego, w tym rozdziale znajdziesz informacje na temat objawów oraz sposobów leczenia. Jeżeli ciąża przebiega bez żadnych problemów – i nie ma powodów, by sądzić, że coś się w tym względzie zmieni – ten rozdział nie jest dla ciebie. Prawdę mówiąc, nie musisz tego wszystkiego wiedzieć. Wiedza z całą pewnością daje siłę, ale tylko wtedy, gdy jest potrzebna. Natomiast czytanie o tym wszystkim, co ewentualnie mogłoby pójść źle, podczas gdy nic złego się nie dzieje (i najprawdopodobniej nigdy się nie wydarzy), może tylko niepotrzebnie cię zdenerwować i to bez żadnego powodu. Zatem pomiń ten rozdział i oszczędź sobie niepotrzebnych zmartwień.

Powikłania w czasie ciąży

Opisane poniżej powikłania ciążowe – aczkolwiek występują częściej niż inne – i tak są bardzo mało prawdopodobne w przypadku przeciętnej przyszłej mamy.

Przeczytaj ten rozdział jedynie w takim przypadku, gdy stwierdzono u ciebie powikłanie ciążowe lub masz objawy, które mogą na nie wskazywać. Potraktuj zamiesz-

Krwawienie podczas ciąży

Na szczęście większość przypadków plamień czy krwawień z dróg rodnych podczas ciąży nie oznacza, że z ciążą lub dzieckiem dzieje się coś złego. Czasem jednak krwawienie zwiastuje coś poważnego – na przykład problem z łożyskiem, zagrażające poronienie lub, w rzadkich przypadkach, ciążę pozamaciczną. Z tego powodu powinnaś zawiadomić lekarza o każdym plamieniu lub krwawieniu.

W pierwszym trymestrze skontaktuj się z ginekologiem, gdy tylko zauważysz następujące objawy:

- Lekkie plamienie – od różowego do ciemnoczerwonego. Zazwyczaj nie ma żadnego powodu do zmartwienia, ale należy to oczywiście sprawdzić. Może to być rezultat implantacji (czyli zagnieżdżenia zarodka w macicy), podrażnienia szyjki macicy po stosunku, badania ginekologicznego, zakażenia pochwy lub innej nieszkodliwej przyczyny.
- Lekkie lub obfite plamienie w kolorze jasnoczerwonym. Ten rodzaj plamienia również nie musi oznaczać nic złego, ale koniecznie powinnaś się zgłosić do lekarza. Lekkie lub obfite czerwone plamienie może wskazywać na powstanie krwiaka podkosmówkowego (patrz strona obok), ale też może być pierwszym objawem poronienia (patrz strona obok).
- Plamienie (różowe, czerwone lub brązowe), któremu towarzyszą skurcze lub bóle w podbrzuszu albo w okolicy krzyżowej – natychmiast skontaktuj się z lekarzem. Takie objawy należy bezzwłocznie skontrolować, ponieważ niekiedy mogą oznaczać poronienie zagrażające (patrz strona obok) lub poronienie w toku (patrz str. 613). Lekarz sprawdzi, czy szyjka macicy jest rozwarta czy zamknięta, oraz prawdopodobnie wykona badanie USG, by ocenić czynność serca płodu, łożysko i jamę macicy.
- Obfite krwawienie i skurcze – natychmiast skontaktuj się z lekarzem. Niektóre przyszłe mamy krwawią obficie w trakcie pierwszego trymestru – i nawet mają skurcze – a mimo to ciąża przebiega normalnie. Jednak mniej więcej połowa kobiet, które mają takie objawy w pierwszym trymestrze, traci dziecko. Więcej informacji na temat poronienia znajdziesz na str. 613.
- Krwawienie i bardzo ostry ból w podbrzuszu, któremu towarzyszą wrażliwość na dotyk, ból ramienia i/lub parcie na odbyt – natychmiast zadzwoń do lekarza lub na pogotowie (numer 999 lub 112; w USA 911). Objawy te mogą świadczyć o pęknięciu ciąży pozamacicznej (str. 619).

W drugim trymestrze skontaktuj się z lekarzem, jeśli wystąpią następujące objawy:

- Plamienie (lekkie krwawienie) lub obfite krwawienie. Natychmiast zgłoś się do lekarza, gdyż krwawienie w drugim i trzecim trymestrze może być spowodowane przez łożysko przodujące (str. 584), przedwczesne odklejenie łożyska (str. 586), pęknięcie ściany macicy lub (po 22 tygodniu ciąży) poród przedwczesny (str. 589); każde z tych powikłań musi być jak najszybciej sprawdzone i – jeżeli to możliwe – leczone. Chociaż plamienie lub krwawienie podczas drugiego i trzeciego trymestru nie musi definitywnie oznaczać, że dzieje się coś złego, na wszelki wypadek zawsze trzeba sprawdzić, co jest jego przyczyną.
- Obfite krwawienie wraz ze skrzepami krwi, któremu towarzyszą skurcze. W drugim trymestrze niestety oznacza ono zazwyczaj poronienie późne. Więcej informacji na ten temat znajdziesz na str. 621.

> **Musisz wiedzieć, że...**
>
> Sporadyczne skurcze w dole brzucha we wczesnej ciąży to przypuszczalnie skutek zagnieżdżania się zarodka, a także normalnego w tym stanie zwiększonego przepływu krwi w narządach miednicy mniejszej lub rozciągania się więzadeł podtrzymujących macicę (co jest związane z powiększaniem się macicy), a nie objaw ciąży pozamacicznej. Więcej informacji na temat ciąży pozamacicznej (ektopowej) znajdziesz na str. 619.

czone tu informacje jedynie jako ogólny zarys – abyś miała pojęcie, z czym masz do czynienia – a po dokładniejsze wyjaśnienia i porady zgłoś się do swojego lekarza. I jego wskazówek oczywiście powinnaś przestrzegać.

Krwiaki podkosmówkowe

Co to jest? Krwiak podkosmówkowy to inaczej krew gromadząca się w formie zakrzepu między ścianą macicy a kosmówką (zewnętrzną błoną płodową) lub pod samym łożyskiem. Często (choć nie zawsze) jest to powód plamienia lub krwawienia z dróg rodnych.

U zdecydowanej większości kobiet, u których stwierdzono krwiak podkosmówkowy, ciąża rozwija się prawidłowo i bez dalszych powikłań. W rzadkich przypadkach krwiak umiejscowiony między łożyskiem a ścianą macicy może w miarę rozrastania się powodować problemy, dlatego też zawsze musi być monitorowany.

Jak często występuje? U 20 procent kobiet, u których w pierwszym trymestrze pojawia się krwawienie, diagnozuje się krwiak podkosmówkowy.

Jakie są objawy? Sygnałem często jest plamienie lub krwawienie pojawiające się w pierwszym trymestrze ciąży. Czasem krwiak podkosmówkowy nie daje żadnych objawów i wykrywa się go dopiero podczas rutynowego badania USG.

Leczenie. Jeśli zauważysz plamienie bądź krwawienie, zgłoś się do lekarza, który najprawdopodobniej przeprowadzi badanie USG, by sprawdzić, czy przyczyną faktycznie jest krwiak podkosmówkowy, oraz oceni jego wielkość i położenie.

Poronienie zagrażające

Co to jest? Poronienie zagrażające to stan, który sugeruje, że może dojść do utraty ciąży. Objawia się zazwyczaj (ale nie zawsze) krwawieniem z pochwy, czasem skurczami lub bólami w podbrzuszu albo okolicy krzyżowej, lecz szyjka macicy pozostaje zamknięta, a na monitorze ultrasonografu widać czynność serca płodu.

Jak często występuje? Mniej więcej 1 na 4 przyszłe mamy krwawi w pierwszych miesiącach ciąży.

Jakie są objawy? Do objawów sugerujących poronienie zagrażające należą:
- skurcze i/lub bóle w podbrzuszu i okolicy krzyżowej w pierwszych 22 tygodniach ciąży, którym może (ale nie musi) towarzyszyć krwawienie; szyjka macicy pozostaje zamknięta;

> **Musisz wiedzieć, że...**
>
> Mniej więcej połowa kobiet, którym groziło poronienie, nie ma później żadnych problemów z ciążą i rodzi zdrowe dzieci.

- krwawienie z pochwy w pierwszych 22 tygodniach ciąży bez skurczów w podbrzuszu; szyjka macicy pozostaje zamknięta.

Leczenie. Gdy zgłosisz się do lekarza z krwawieniem i/lub plamieniem, wykona on badanie ginekologiczne, które pozwoli ocenić, czy szyjka macicy jest otwarta czy zamknięta, oraz oszacować ilość krwi. Lekarz wykona też badanie USG w celu sprawdzenia czynności serca dziecka.

Być może przez kilka kolejnych dni lekarz będzie również sprawdzał stężenie hormonu hCG (gonadotropiny kosmówkowej) w twojej krwi, by się upewnić, czy wzrasta, wskazując na rozwój ciąży. Sprawdzi także stężenie progesteronu we krwi.

W zależności od wyników tych testów lekarz może ci zalecić leżenie w łóżku (oraz zakazać uprawiania seksu; patrz str. 606). Jeśli zajdzie taka potrzeba, prawdopodobnie będziesz musiała również przyjmować progesteron, by podtrzymać ciążę.

Jeśli badanie wykaże, że szyjka macicy jest rozwarta lub że nie ma oznak czynności serca płodu, trzeba będzie niestety uznać, że doszło do poronienia. Więcej informacji na ten temat znajdziesz w rozdziale 20.

Niepowściągliwe wymioty ciężarnych (*hyperemesis gravidarium*, HG)

Co to jest? Niepowściągliwe wymioty ciężarnych to termin medyczny oznaczający najcięższą postać ciążowych nudności i wymiotów. Jest to przedłużająca się dolegliwość, bardzo uciążliwa dla kobiety i niejednokrotnie wyniszczająca jej organizm (nie można jej mylić z typowymi porannymi nudnościami, nawet występującymi w dość ciężkiej postaci). Pojawiają się najczęściej na początku pierwszego trymestru (diagnozę stawia się zazwyczaj około 9 tygodnia) i zaczynają ustępować między 12 a 16 tygodniem. W większości przypadków objawy mijają całkowicie w 20 tygodniu ciąży, chociaż niektóre przyszłe mamy mają te dolegliwości przez całą ciążę.

Nieleczone niepowściągliwe wymioty ciężarnych mogą prowadzić do utraty masy ciała (zwykle około 4,5 kilograma lub 5 procent przedciążowej masy ciała), niedożywienia i odwodnienia. Leczenie ciężkich przypadków HG zawsze wymaga hospitalizacji – głównie w celu dożylnego podania płynów oraz środków przeciwwymiotnych, które skutecznie ochronią ciebie i dziecko.

Jak często występuje? Niepowściągliwe wymioty ciężarnych to problem, który dotyczy około 1–2 procent wszystkich przyszłych mam. Częściej występują u kobiet w pierwszej ciąży, młodych, otyłych lub w ciąży wielopłodowej. Ryzyko wystąpienia tej dolegliwości mogą także zwiększyć: silny stres psychiczny (nie chodzi o zwykłe codzienne stresy), zaburzenia gospodarki hormonalnej (m.in. nadczynność tarczycy) oraz niedobór witaminy B_6 lub innych składników odżyw-

---

Czekaj, aż w końcu zobaczysz

Czasem jest zbyt wcześnie, by zobaczyć na ekranie ultrasonografu bicie serduszka dziecka lub pęcherz płodowy; dzieje się tak nawet w zdrowo przebiegającej ciąży. Być może wiek ciąży został źle obliczony lub sprzęt nie jest wysokiej klasy. Jeśli szyjka macicy nadal jest zamknięta, plamienie niewielkie, a badanie ultrasonograficzne nie daje konkretnego wyniku, za tydzień lub dwa lekarz przeprowadzi następne badanie USG. Zbada również stężenie hormonu hCG. W takiej sytuacji warto zachować realizm, ale jednocześnie nie tracić optymizmu i zachować spokój, dopóki wyniki badań nie będą jednoznaczne.

czych. Poza tym, jeśli w poprzedniej ciąży cierpiałaś na niepowściągliwe wymioty ciężarnych, w kolejnej również możesz być na nie narażona.

Jakie są objawy? Do typowych objawów niepowściągliwych wymiotów ciężarnych należą:
- nasilone nudności oraz wymioty (inaczej mówiąc, wymiotujesz codziennie przez cały czas);
- niemożność utrzymania w żołądku jedzenia, a nawet płynów;
- oznaki odwodnienia, takie jak rzadkie oddawanie moczu, niewielka jego ilość i ciemne zabarwienie, suche błony śluzowe jamy ustnej i języka;
- spadek masy ciała wynoszący ponad 5 procent;
- krew w wymiotach;
- pogarszający się stan ogólny i zaburzenia świadomości.

Leczenie. W łagodnych przypadkach porannych nudności można stosować naturalne sposoby ich zwalczania, do których zaliczamy imbir, akupunkturę, akupresurę oraz opaski przeciwwymiotne Sea-Band (patrz str. 142). Niektórzy specjaliści zalecają również przyjmowanie preparatów z magnezem albo soli Epsom, więc zapytaj lekarza także o te opcje. Jeśli wymioty nie ustąpią lub/i będziesz znacznie tracić na wadze, lekarz zaleci przypuszczalnie leżenie w łóżku, dożylne uzupełnianie płynów i/lub pobyt w szpitalu, a także przepisze dodatkowo środki przeciwwymiotne zawierające np. metoklopramid lub prometazynę. Gdy już przestaniesz zwracać, być może będziesz musiała zmodyfikować dietę i wyeliminować z niej tłuste i pikantne potrawy, które są najczęstszą przyczyną mdłości i wymiotów, oraz unikać wszelkich zapachów i smaków, które ci nie służą. Spróbuj również często zjadać małe posiłki z wysoką zawartością

> **Musisz wiedzieć, że...**
>
> Chociaż niepowściągliwe wymioty ciężarnych sprawiają, że jesteś w dość opłakanym stanie, to prawdopodobieństwo, iż zaszkodzą twojemu maleństwu, jest bardzo niewielkie. Większość badań nie wykazuje bowiem żadnych różnic zdrowotnych ani rozwojowych między dziećmi mam, które miały niepowściągliwe wymioty ciężarnych, i tych, które ich nie miały.

węglowodanów i białek oraz pij dużo płynów. Jeśli chcesz sprawdzić, czy otrzymujesz odpowiednią ilość płynów, przyjrzyj się swojemu moczowi – ciemny i skąpy to znak, że jesteś odwodniona.

I jeszcze jedna rzecz, którą warto zapamiętać: nie jesteś sama, nawet jeśli uważasz, że typowa przyszła mama, która narzeka na poranne nudności, nie ma o niczym pojęcia. Wsparcie dla kobiet, które przez to przechodzą (bądź przechodziły i urodziły zdrowe dzieci), znajdziesz w Internecie (na przykład na stronie Fundacji HER – www.helpher.org).

Cukrzyca ciążowa

Co to jest? To cukrzyca, na którą chorują wyłącznie kobiety w ciąży. Pojawia się wówczas, gdy organizm staje się bardziej oporny na działanie insuliny (hormonu, który odgrywa zasadniczą rolę w metabolizmie węglowodanów) i nie jest w stanie skutecznie regulować stężenia glukozy we krwi. Ponieważ cukrzyca ciążowa zaczyna się zazwyczaj między 24 a 28 tygodniem ciąży, w tym czasie przeprowadza się rutynowo test obciążenia glukozą 75 gramów. Jeśli przed zajściem w ciążę byłaś otyła (albo zdiagnozowano u ciebie cukrzycę typu 2), choroba może się pojawić wcześniej, dlatego lekarz zleci badanie już przed 24 tygodniem i będzie przeprowadzał je częściej. Cukrzyca ciążowa niemal zawsze mija po porodzie, ale jeśli już na nią zachorowałaś, w okresie połogu na wszelki wypadek przejdziesz ponowne badanie. Kobiety, które chorowały na cukrzycę ciążową, są obciążone większym ryzykiem wystąpienia cukrzycy typu 2 w przyszłości, dlatego poinformuj o niej swojego lekarza rodzinnego, aby mógł zlecić badania profilaktyczne.

Cukrzyca, zarówno ciążowa, jak i ta, która pojawiła się wcześniej, nie stanowi zagrożenia dla mamy i jej dziecka tylko wtedy, gdy utrzymywane jest prawidłowe stężenie glukozy. Gdyby nadmierna ilość glukozy znajdująca się we krwi matki przedostała się przez łożysko do krwiobiegu dziecka, mogłoby to wywołać poważne konsekwencje dla obojga.

Kobiety, które nie kontrolują właściwie lub nie leczą cukrzycy, mogą mieć nadmierną ilość wód płodowych (wzrasta wtedy ryzyko porodu przedwczesnego, obfitych krwawień poporodowych i wypadnięcia pępowiny), częściej mają nasilone obrzęki oraz zakażenia układu moczowego. Dzieci matek ze źle kontrolowaną cukrzycą są zbyt duże, co z kolei grozi powikłaniami porodowymi, jak przedłużający się poród, uszkodzenie kanału rodnego, urazy okołoporodowe noworodka, np. dystocja barkowa.

Nieleczona choroba bywa także przyczyną powikłań poporodowych u maluszka, takich jak przedłużająca się żółtaczka, zaburzenia oddychania lub niskie stężenie glukozy we krwi. W późniejszym życiu dziecku grozi otyłość lub cukrzyca typu 2, a także nadciśnienie tętnicze. Badania wykazują, że nierozpoznana w porę cukrzyca ciążowa (czyli przed 26 tygodniem ciąży) wiąże się niekiedy z ryzykiem autyzmu. Należy jednak pamiętać, że potencjalnie negatywne skutki cukrzycy ciążowej nie dotyczą kobiet, które w odpowiednim czasie otrzymają pomoc i dobrze kontrolują stężenie glukozy we krwi za pomocą diety, aktywności fizycznej, a czasem też leków.

Jak często występuje? Cukrzyca ciążowa to dość powszechna choroba dotykająca około 7–9 procent przyszłych mam. Ponieważ częściej chorują na nią kobiety otyłe, w Stanach Zjednoczonych obserwuje się wzrost zachorowań na cukrzycę ciążową w związku z rosnącym odsetkiem otyłych kobiet. Bardziej narażone na tę chorobę są mamy rodzące w starszym wieku oraz kobiety genetycznie obciążone.

Jakie są objawy? Większość przyszłych mam cierpiących na cukrzycę ciążową nie odczuwa żadnych objawów, chociaż niektóre mogą się uskarżać na:
- nadmierne pragnienie;
- częste oddawanie moczu w dużych ilościach;
- zmęczenie (które trudno odróżnić od zwykłego zmęczenia ciążowego);
- obecność glukozy w moczu (wykrywa się ją w trakcie rutynowego badania).

Leczenie. W czasie pierwszej wizyty u ginekologa będziesz miała oznaczone stężenie glukozy i jeżeli wynik okaże się prawidłowy, dopiero między 24 a 28 tygodniem ciąży lekarz zleci wykonanie testu obciążenia glukozą 75 gramów (OGT 75 g). Jeśli należysz do grupy ryzyka wystąpienia cukrzycy ciążowej (np. jesteś otyła lub urodziłaś poprzednie dziecko o dużej urodzeniowej masie ciała), test OGT 75 g musisz wykonać już

Musisz wiedzieć, że...

Jeśli chorujesz na cukrzycę ciążową, ale jesteś pod ścisłą kontrolą lekarza, istnieje bardzo duże prawdopodobieństwo, że twoja ciąża będzie się prawidłowo rozwijać, a dziecko urodzi się zdrowe.

na początku ciąży. Jeśli oba badania wykażą cukrzycę ciążową, lekarz prawdopodobnie zaleci ci specjalną dietę, regularne ćwiczenia fizyczne i utrzymywanie masy ciała na zalecanym poziomie – te wszystkie działania pomogą utrzymać chorobę pod kontrolą. Będziesz również musiała samodzielnie kontrolować stężenie glukozy we krwi. Jeśli dieta i ćwiczenia fizyczne nie wystarczą, by utrzymać właściwe stężenie glukozy we krwi (chociaż zazwyczaj wystarczą), konieczne będzie włączenie insuliny, którą podaje się w formie zastrzyku lub leku doustnego (metforminy, rzadziej glibenklamidu – lek niedostępny w Polsce)*. Na szczęście praktycznie wszystkie potencjalne zagrożenia związane z cukrzycą ciążową można wyeliminować dzięki szczegółowej kontroli stężenia glukozy we krwi – kluczem do sukcesu są właściwa opieka medyczna oraz samokontrola i ścisłe przestrzeganie zaleceń lekarza.

Zapobieganie. Wiele działań, które pomagają kontrolować cukrzycę ciążową, pomaga jej przede wszystkim zapobiegać. Prawidłowa masa ciała w momencie poczęcia i utrzymywanie jej w czasie ciąży zmniejszają ryzyko choroby. Podobnie skuteczne są właściwe nawyki żywieniowe (spożywanie dużej ilości owoców i warzyw, chudego białka, roślin strączkowych, produktów pełnoziarnistych, ograniczenie cukru, oczyszczonego ziarna, ziemniaków oraz przyjmowanie odpowiedniej ilości kwasu foliowego) oraz regularne ćwiczenia fizyczne (badania wykazują, że w przypadku otyłych kobiet, które ćwiczą, ryzyko zachorowania na cukrzycę ciążową spada o 50 procent).

---

* Zgodnie ze stanowiskiem Polskiego Towarzystwa Diabetologicznego doustne leki przeciwcukrzycowe nie są obecnie zalecane do leczenia cukrzycy w ciąży, ponieważ przechodzą przez łożysko i brak jest badań nad ich długoterminowym wpływem na dziecko. U kobiet stosujących leki przeciwcukrzycowe zaleca się w okresie planowania ciąży lub jak najwcześniej po jej rozpoznaniu rozpocząć insulinoterapię (przyp. red. meryt.).

Cukrzyca w ciąży zwiększa również ryzyko zachorowania na cukrzycę typu 2 po porodzie. Jednak zdrowa dieta, utrzymywanie prawidłowej masy ciała oraz – co nawet jeszcze ważniejsze – aktywność fizyczna uprawiana po porodzie (i później) znacznie je obniżają, podobnie zresztą jak karmienie piersią. Eksperci uważają, że karmienie piersią poprawia metabolizm glukozy oraz wrażliwość komórek na insulinę, obniżając w przyszłości ryzyko zachorowania co najmniej o 50 procent. A im dłużej karmisz, tym zagrożenie cukrzycą jest mniejsze.

Stan przedrzucawkowy (preeklampsja)

Co to jest? Stan przedrzucawkowy to wystąpienie nadciśnienia tętniczego (po 20 tygodniu ciąży) u kobiety z dotychczas prawidłowym ciśnieniem tętniczym krwi lub nasilenie nadciśnienia tętniczego istniejącego przed 20 tygodniem ciąży ze współistniejącym białkomoczem, a czasem też cechami współistnienia uszkodzenia innych narządów i układów. W stanie przedrzucawkowym mogą również występować obrzęki (zwłaszcza rąk i twarzy), lecz lekarz nie postawi diagnozy, opierając się wyłącznie na tym objawie, gdyż obrzęki podczas ciąży są zazwyczaj całkowicie normalnym zjawiskiem. Poza tym podwyższone ciśnienie tętnicze krwi wywołane ciążą nie jest tym samym co stan przedrzucawkowy.

Chociaż dokładne przyczyny stanu przedrzucawkowego nie są znane (patrz ramka na str. 581), to eksperci są przekonani, że przyczyną jest nieprawidłowa czynność lub nieprawidłowe zagnieżdżanie się łożyska, co potwierdza szybkie ustępowanie stanu po porodzie. Zaburzenia łożyskowe powodują uogólniony skurcz naczyń krwionośnych, także tych w łożysku, co powoduje większy opór naczyniowy, a w konsekwencji uszkodzenie ich ścian i zaburzenia mikrokrążenia.

Te procesy powodują wzrost ciśnienia tętniczego oraz upośledzają funkcję nerek i z tego powodu do moczu trafiają albuminy, czyli białka surowicy krwi. Zmniejszone stężenie albumin zwiększa ryzyko wystąpienia obrzęków. Uszkodzenie ścian naczyń krwionośnych łożyska może też powodować problemy z krzepnięciem krwi (m.in. zmniejszenie stężenia płytek krwi) i prowadzić do kolejnych powikłań.

Nieleczony stan przedrzucawkowy może się szybko rozwinąć w rzucawkę, bardzo poważną przypadłość objawiającą się napadami drgawek (patrz str. 593). Zlekceważony stan przedrzucawkowy może wywołać również wiele innych komplikacji ciążowych, takich jak przedwczesny poród czy hipotrofia wewnątrzmaciczna (wewnątrzmaciczne zahamowanie wzrostu płodu).

Jak często występuje? Stan przedrzucawkowy rozpoznaje się u około 8–10 procent przyszłych mam, z tym że ryzyko jest wyższe w przypadku kobiet w ciąży wielopłodowej oraz tych, które ukończyły 40 lat, są otyłe, mają wysokie ciśnienie tętnicze krwi lub cukrzycę. Stan przedrzucawkowy bardziej zagraża również kobietom, które są w ciąży po raz pierwszy lub miały stan przedrzucawkowy w jednej z poprzednich ciąż – wówczas ryzyko wystąpienia tego powikłania w następnej ciąży wzrasta trzykrotnie. Zagrożenie jest trochę większe, jeśli stan przedrzucawkowy stwierdzono u ciebie w pierwszej ciąży lub na wczesnym etapie którejkolwiek z ciąż.

Jakie są objawy? Stanowi przedrzucawkowemu towarzyszą następujące objawy:

- wzrost ciśnienia tętniczego krwi (równe 140/90 mm hG lub wyższe u kobiety, która wcześniej nie miała nadciśnienia tętniczego);
- białkomocz;
- silne bóle głowy, które nie ustępują po zażyciu paracetamolu;
- ból w nadbrzuszu;
- zaburzenia widzenia lub podwójne widzenie;
- gwałtowne bicie serca i duszność;
- skąpy lub ciemny mocz;
- nieprawidłowe funkcjonowanie nerek i wątroby;
- pobudzenie i niepokój motoryczny;
- silne obrzęki dłoni i twarzy;
- utrzymujące się silne obrzęki stóp i podudzi;
- nagły wzrost masy ciała związany z obrzękiem uogólnionym.

Leczenie. Regularna opieka prenatalna to najlepszy sposób na wykrycie stanu przedrzucawkowego we wczesnej fazie (lekarz będzie w stanie go wykryć dzięki regularnym badaniom fizykalnym z pomiarem ciśnienia tętniczego krwi i stałej ocenie twojego stanu ogólnego). Zwracaj baczną uwagę na ewentualne objawy (i od razu zgłoś się do lekarza, gdy je zauważysz), szczególnie jeśli przed poczęciem miałaś nadciśnienie tętnicze albo gdy pojawiło się ono dopiero w trakcie ciąży lub jeśli masz cukrzycę.

W 75 procentach przypadków stan przedrzucawkowy przebiega łagodnie, ale nawet łagodny przypadek, jeśli nie jest natychmiast rozpoznany i leczony, może bardzo szybko przerodzić się w ciężką postać tej choroby lub – co gorsza – w rzucawkę. W ciężkich przypadkach ciśnienie tętnicze krwi stale rośnie, co w wyniku nieprawidłowego leczenia może doprowadzić do uszkodzenia narządów wewnętrznych oraz jeszcze poważniejszych powikłań.

Jeśli cierpisz na łagodną postać stanu przedrzucawkowego, lekarz prawdopodobnie zaleci regularne badania krwi i moczu (by kontrolować ilość płytek krwi, enzymy wątrobowe, parametry nerkowe oraz stężenie białka w moczu), by sprawdzić, czy choroba postępuje. W trzecim trymestrze zbada

Przyczyny stanu przedrzucawkowego

Nie wiadomo do końca, co powoduje stan przedrzucawkowy, chociaż pojawiło się na ten temat kilka teorii:
- Czynniki genetyczne. Badacze stawiają hipotezę, że geny płodu mogą być jednym z czynników, które sprawiają, że w ciąży występuje stan przedrzucawkowy. A zatem jeśli twoja mama lub mama twojego partnera miały w ciąży stan przedrzucawkowy, to ryzyko, że pojawi się on również w twojej ciąży, jest nieco podwyższone. Ale nie chodzi wyłącznie o geny dziecka. Według ekspertów wzorzec genetyczny przyszłej mamy również może predysponować ją do stanu przedrzucawkowego.
- Wadliwa budowa naczyń krwionośnych. Zasugerowano również, że przyczyną stanu przedrzucawkowego może być wada naczyń krwionośnych, które w czasie ciąży się zwężają, zamiast rozszerzać (a tak właśnie powinno być). Badacze założyli zatem, że w wyniku tego defektu takie narządy jak nerki czy wątroba są gorzej ukrwione, co w rezultacie prowadzi do stanu przedrzucawkowego. Tę hipotezę potwierdza fakt, że kobiety, u których w czasie ciąży wystąpiła ta dolegliwość, w późniejszym okresie życia są bardziej narażone na niektóre choroby układu krążenia, co może mieć związek z predyspozycją do nadciśnienia tętniczego.
- Choroby dziąseł. Kobiety, które w ciąży cierpią na poważne choroby dziąseł, są dwa razy bardziej narażone na wystąpienie stanu przedrzucawkowego niż przyszłe mamy ze zdrowymi dziąsłami. Eksperci stawiają hipotezę, że infekcja powodująca parodontozę może się przenieść do łożyska lub stać się przyczyną wytwarzania substancji chemicznych wywołujących stan przedrzucawkowy. Nadal nie ma jednak pewności, czy choroby przyzębia faktycznie ją wywołują oraz czy w ogóle istnieje bezpośredni związek pomiędzy tymi chorobami.
- Nieprawidłowa reakcja układu odpornościowego matki na „intruza", czyli dziecko. Ta teoria zakłada, że organizm kobiety, który powinien „przeprogramować się", by nie niszczyć dziecka i łożyska, dostaje na nie „alergii". To zjawisko wyzwala reakcje niszczące naczynia krwionośne. Im bardziej podobne są do siebie znaczniki genetyczne (czyli konkretne geny bądź sekwencje DNA) matki i ojca, tym prawdopodobieństwo wystąpienie nieprawidłowej reakcji immunologicznej jest większe.

---

również dzienną liczbę ruchów dziecka (co i tak jest zalecane; patrz str. 324), zleci monitorowanie ciśnienia tętniczego krwi, zaleci zmianę diety (na zawierającą więcej białek, owoców, warzyw, niskotłuszczowego nabiału, zdrowych tłuszczów, małą ilość soli oraz odpowiednią ilość wody). Może również zalecić leżenie w łóżku i wcześniejsze zakończenie ciąży (jeśli to możliwe, około 37 tygodnia).

Jeśli twój przypadek jest poważniejszy, prawdopodobnie zostaniesz skierowana do szpitala. Tam płód będzie monitorowany, wykonane zostaną badania, m.in. testy niestresowe i USG, które pomogą ocenić, czy dziecko prawidłowo się rozwija) oraz otrzymasz leki obniżające ciśnienie krwi oraz siarczan magnezu (związek wykazujący działanie przeciwdrgawkowe). Po ustabilizowaniu sytuacji lekarz wywoła wcześniejszy poród – najczęściej w 34 tygodniu. W razie konieczności lekarz poda ci glikokortykosteroidy, by przyspieszyć dojrzewanie płuc dziecka, i natychmiast wywoła poród, bez względu na wiek ciążowy.

Pamiętaj, że chociaż stan przedrzucawkowy przez pewien czas można kontrolować i trzymać w ryzach, to jedynym skutecznym sposobem wyleczenia tej niebezpiecznej

> **Musisz wiedzieć, że...**
>
> Na szczęście u kobiet, które znajdują się pod opieką lekarza, stan przedrzucawkowy jest niemal zawsze wcześnie wykrywany i skutecznie leczony. Dzięki właściwej i natychmiastowej opiece medycznej przyszła mama, u której stan przedrzucawkowy stwierdzono blisko terminu rozwiązania, ma praktycznie równie dużą szansę na pozytywne rozwiązanie ciąży jak mama z prawidłowym ciśnieniem tętniczym krwi.

choroby jest zakończenie ciąży. Dobra wiadomość jest taka, że 97 procent kobiet ze stanem przedrzucawkowym po porodzie całkowicie wraca do zdrowia i ma prawidłowe ciśnienie tętnicze krwi. Niemniej kobiety, u których w czasie ciąży wystąpił stan przedrzucawkowy, są w późniejszym życiu bardziej zagrożone udarem, chorobą zakrzepowo-zatorową i zawałem serca, więc nie zapominaj o zdrowych nawykach – prawidłowym odżywianiu, ćwiczeniach fizycznych, niepaleniu i tak dalej – oraz o kontrolowaniu swojego stanu zdrowia po narodzinach dziecka.

Zapobieganie. Badania wykazują, że ryzyko wystąpienia stanu przedrzucawkowego można zmniejszyć za pomocą aspiryny lub innych leków przeciwzakrzepowych. Prowadzi to do wniosku, że przyszła mama zagrożona tą chorobą, ale niemająca objawów, powinna otrzymywać małe dawki aspiryny (60–80 miligramów dziennie) po 12 tygodniu ciąży.

Ryzyko stanu przedrzucawkowego pomoże obniżyć również prawidłowa masa ciała przed zajściem w ciążę. Niektóre badania wykazują, że zapobiegawczo działają też zdrowa dieta – zawierająca odpowiednie dawki witamin i minerałów (zwłaszcza magnezu) – oraz regularne ćwiczenia fizyczne i opieka dentystyczna. Kolejnym (i jakże smacznym) sposobem zapobiegania stanowi przedrzucawkowemu jest gorzka czekolada – jedz ją regularnie w drugiej połowie ciąży.

Zespół HELLP

Co to jest? Zespół HELLP, podobnie jak stan przedrzucawkowy, jest bardzo groźnym powikłaniem ciążowym związanym z ciśnieniem tętniczym krwi. Może występować samodzielnie lub w połączeniu ze stanem przedrzucawkowym i niemal zawsze pojawia się w trzecim trymestrze ciąży. Nazwa choroby pochodzi od pierwszych liter dolegliwości, które jej towarzyszą: H – *hemolysis* (hemoliza – rozpad krwinek czerwonych); EL – *elevated liver enzymes* (podwyższenie stężenia enzymów wątrobowych wskazujące na uszkodzenie wątroby, która nie jest w stanie skutecznie usuwać toksyn z organizmu); LP – *low platelet count* (małopłytkowość – czyli mała liczba płytek krwi wywołująca zaburzenia krzepnięcia).

Zespół HELLP jest zagrożeniem dla życia matki i jej dziecka. Jeżeli choroba nie zostanie szybko rozpoznana i leczona, w 1 przypadku na 4 dochodzi do poważnych powikłań, przede wszystkim rozległych uszkodzeń wątroby lub udaru.

Jak często występuje? Każdego roku w Stanach Zjednoczonych u 50 tysięcy przyszłych mam diagnozuje się zespół HELLP, przy czym ryzyko jest większe, jeśli u kobiety pojawił się stan przedrzucawkowy lub rzucawka (u około 10–20 procent tych mam rozwija się również zespół HELLP) albo jeśli choroba wystąpiła w poprzedniej ciąży.

Jakie są objawy? Objawy tej groźnej choroby są dość niejasne i obejmują zazwyczaj (w trzecim trymestrze ciąży):

- nudności;
- wymioty;

- bóle głowy;
- apatię;
- ból i tkliwość w nadbrzuszu lub w klatce piersiowej;
- uczucie rozbicia podobne do początkowych objawów choroby wirusowej.

Badanie krwi wykazuje małopłytkowość, podwyższone stężenie enzymów wątrobowych oraz hemolizę (rozpad krwinek czerwonych). U kobiet z zespołem HELLP raptownie pogarsza się stan wątroby, więc podjęcie natychmiastowego leczenia ma podstawowe znaczenie.

Leczenie. Jedyną skuteczną terapią w przypadku zespołu HELLP jest poród, więc powinnaś znać objawy choroby (zwłaszcza jeśli już kiedyś miałaś stan przedrzucawkowy lub znajdujesz się w grupie ryzyka) i natychmiast zgłosić się do lekarza, gdy tylko się pojawią. Jeśli się okaże, że wystąpił u ciebie zespół HELLP, prawdopodobnie otrzymasz glikokortykosteroidy (które przyspieszą rozwój płuc dziecka) i siarczan magnezu (by zapobiec drgawkom).

Zapobieganie. Ponieważ kobieta, która w poprzedniej ciąży miała zespół HELLP, w kolejnej również jest nim zagrożona, zatem konieczne będzie dokładne monitorowanie. By się uchronić przed nawrotem choroby lub zmniejszyć ryzyko jej wystąpienia, stosuj te same sposoby, które pomagają zapobiegać stanowi przedrzucawkowemu.

Hipotrofia wewnątrzmaciczna (wewnątrzmaciczne zahamowanie wzrostu płodu)

Co to jest? Hipotrofia wewnątrzmaciczna (IUGR, ang. *intrauterine growth restriction*) to termin stosowany w przypadku, gdy dziecko jest mniejsze, niż wskazuje na to wiek ciążowy. Diagnozuje się ją, gdy masa ciała płodu jest poniżej 10 percentyla przewidzianego dla danego wieku ciąży; stwierdza się to na podstawie pomiaru wykonanego podczas badania USG. Przyczyną hipotrofii mogą być niewydolność łożyska, choroby matki (np. nadciśnienie tętnicze indukowane ciążą, ciężka niedokrwistość) lub płodu (np. wady genetyczne lub rozwojowe, m.in. zarośnięcie dwunastnicy), a także niewłaściwa dieta ciężarnej, jej stan zdrowia lub styl życia (np. picie alkoholu, palenie tytoniu), które hamują prawidłowy wzrost płodu.

Dzieci, u których rozpoznano hipotrofię wewnątrzmaciczną, często mają niską masę urodzeniową. Jednak nie wszystkie dzieci z niską masą urodzeniową miały hipotrofię wewnątrzmaciczną. Niektóre zdrowe maluchy po prostu rodzą się mniejsze ze względu na uwarunkowania genetyczne.

Wyróżniamy dwie postacie IUGR: symetryczną, w której wszystkie części ciała dziecka są proporcjonalnie małe, oraz asymetryczną, gdy maluch ma głowę i mózg normalnej wielkości, a reszta ciała jest mała.

Jak często występuje? Hipotrofia wewnątrzmaciczna występuje w około 10 procentach wszystkich ciąż. Częściej dotyczy 1 ciąży oraz 5 i następnych, a także mam poniżej 17 lub powyżej 35 roku życia, tych, które wcześniej urodziły dziecko z niską masą urodzeniową, miały problemy z łożyskiem lub wady budowy macicy. Kolejnym czynnikiem ryzyka jest ciąża wielopłodowa, chociaż wówczas przyczyną powikłania

> **Musisz wiedzieć, że...**
>
> Ponad 90 procent dzieci z niską masą urodzeniową bardzo dobrze sobie radzi i w ciągu pierwszych kilku lat życia dogania swoich większych rówieśników.

> **Musisz wiedzieć, że…**
>
> Jeśli mama wcześniej urodziła dziecko o niskiej masie urodzeniowej, płód jest tylko w umiarkowanym stopniu zagrożony ponowną hipotrofią wewnątrzmaciczną. Istnieją statystyki, według których każde kolejne dziecko jest z dużym prawdopodobieństwem odrobinę większe niż poprzednie. Jeśli za pierwszym razem urodziłaś noworodka z hipotrofią, kontrolowanie czynników ryzyka w kolejnej ciąży pomoże ci jej uniknąć.

jest najczęściej po prostu ograniczona ilość miejsca (trudno urosnąć, gdy w jednym łonie przebywa więcej maluchów).

Jakie są objawy? Co ciekawe, mały brzuch zazwyczaj nie jest oznaką hipotrofii wewnątrzmacicznej. Prawdę mówiąc, rzadko pojawiają się oczywiste objawy zewnętrzne, które mogłyby świadczyć o tym, że dziecko nie rośnie tak, jak powinno. IUGR odkrywa się zwykle podczas rutynowego badania prenatalnego, gdy lekarz mierzy wysokość dna macicy – odległość od kości łonowej do dna macicy (czyli jej najwyżej położonej części) – i stwierdza, że wynik pomiaru jest zbyt niski na dany wiek ciążowy. Hipotrofia wewnątrzmaciczna jest też rozpoznawana podczas badania USG, które wykazuje wówczas, że dziecko jest zbyt małe w stosunku do wieku ciążowego.

Leczenie. Ponieważ jednym z najlepszych wskaźników dobrostanu i prawidłowego rozwoju dziecka jest masa urodzeniowa, zatem hipotrofia wewnątrzmaciczna może być przyczyną pewnych problemów zdrowotnych u noworodka, w tym trudności z utrzymaniem właściwej temperatury ciała i prawidłowego stężenia glukozy oraz zaburzenia odporności. Dlatego tak ważne jest wczesne wykrycie i leczenie tej choroby, gdyż dzięki temu maluch ma większe szanse na zdrowie już od chwili narodzin. Można wypróbować różne metody, w zależności od domniemanej przyczyny hipotrofii, w tym leżenie w łóżku, dodatkowe odżywianie dożylne, podawanie leków poprawiających przepływ krwi do łożyska lub skorygowanie innego problemu, który może być potencjalną przyczyną IUGR. Jeśli masz jakąś wadę budowy macicy, która nie pozwala dziecku rosnąć, a jego płuca są już dobrze rozwinięte, zazwyczaj najlepszym rozwiązaniem jest natychmiastowy poród. Dzięki temu maluch będzie mógł zacząć żyć w lepszych warunkach.

Zapobieganie. Zdrowa dieta, właściwa opieka prenatalna i odpowiedni przyrost masy ciała przyszłej mamy znacznie zwiększają prawdopodobieństwo, że dziecko będzie się prawidłowo rozwijało i rosło tak, jak powinno. Pamiętaj również o wyeliminowaniu złych nawyków (palenia tytoniu, picia alkoholu, zażywania narkotyków), które również mogą powodować hipotrofię wewnątrzmaciczną, a także o leczeniu zaburzeń odżywiania, ograniczeniu wysiłku fizycznego, minimalizowaniu stresów psychicznych (lecz depresję) oraz kontrolowaniu nadciśnienia tętniczego. Na szczęście nawet wtedy, gdy zapobieganie czy leczenie okażą się nieskuteczne (lub niemożliwe), a dziecko urodzi się mniejsze, niż powinno, to dzięki ogromnemu postępowi neonatologii jego szanse na prawidłowy rozwój są coraz większe.

Łożysko przodujące

Co to jest? Łożysko przodujące to łożysko, które częściowo lub całkowicie zakrywa ujście wewnętrzne szyjki macicy. We wczesnej ciąży nisko umiejscowione łożysko to dość powszechne zjawisko, ale w miarę jej rozwoju oraz powiększania się macicy łożysko zazwyczaj przesuwa się w górę, odsłaniając ujście szyjki macicy. Jeśli się nie przesunie i częściowo zakryje szyjkę macicy lub jakąś częścią będzie do niej przylegało, to mamy do czynienia z łożyskiem częściowo przodującym. Jeżeli łożysko zupełnie zakryje ujście szyjki macicy, nazywamy je łożyskiem całkowicie przodującym. Bez względu na to, w jakim stopniu łożysko zablokuje dziecku przejście przez kanał rodny, poród drogami natury jest niemożliwy. Łożysko przodujące może również powodować krwawienia w drugim i trzecim trymestrze ciąży oraz w trakcie porodu. Im bliżej ujścia szyjki macicy jest umiejscowione, tym ryzyko krwawienia jest większe.

Jak często występuje? To powikłanie ciążowe występuje w 1 na 200 porodów. Częściej się zdarza u kobiet powyżej 30 roku życia niż u tych, które nie skończyły jeszcze 20 lat, oraz u mam, które wcześniej były już w co najmniej jednej ciąży lub przeszły zabieg macicy (na przykład cięcie cesarskie lub łyżeczkowanie wykonane po poronieniu). Kolejny czynnik ryzyka to ciąża wielopłodowa oraz palenie papierosów.

Jakie są objawy? Łożysko przodujące najczęściej rozpoznaje się nie na podstawie objawów, lecz podczas rutynowego badania ultrasonograficznego w drugim trymestrze ciąży. Czasem to powikłanie ciążowe ujawnia się nagłym krwawieniem w trzecim trymestrze (niekiedy wcześniej). Krwawienie jest w zasadzie jedynym objawem, ponieważ nie towarzyszy mu ból.

Leczenie Jeśli nie krwawisz i nie masz objawów jeszcze cięższego powikłania ciążowego – łożyska przyrośniętego (patrz str. 596) – do trzeciego trymestru nie trzeba podejmować żadnych działań, ponieważ do tego czasu w większości przypadków zbyt nisko umiejscowione łożysko koryguje swoją pozycję i się podnosi. Nawet w późniejszym okresie ciąży nie jest wymagane żadne leczenie, pod warunkiem że nie krwawisz z dróg rodnych (musisz być jednak bardzo czujna, również na wszelkie objawy porodu przedwczesnego, który w przypadku łożyska przodującego zdarza się dość często). Jeśli stwierdzono u ciebie to powikłanie ciążowe, a na dodatek krwawisz, lekarz zaleci ci leże-

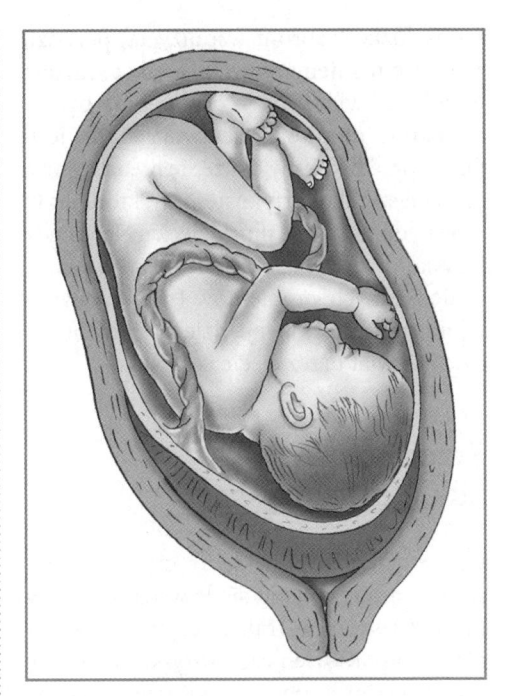

Łożysko przodujące

Musisz wiedzieć, że...

Łożysko przodujące jest uważane za główną przyczynę krwawień w późniejszym okresie ciąży. W większości przypadków powikłanie rozpoznaje się dość wcześnie, a dziecko przychodzi szczęśliwie na świat przez cięcie cesarskie. W około 75 procent przypadków zabieg przeprowadza się przed rozpoczęciem akcji porodowej.

nie w łóżku, zabroni współżycia, poradzi, żebyś się nie denerwowała, a także unikała wysiłku i ćwiczeń fizycznych, oraz będzie dokładnie monitorować twoją ciążę. Jeśli poród przedwczesny okaże się nieuchronny, otrzymasz glikokortykosteroidy, które przyspieszą dojrzewanie płuc dziecka. Nawet gdy łożysko przodujące w czasie ciąży nie sprawiało żadnych problemów (nie krwawiłaś i donosiłaś ciążę), twoje dziecko i tak przyjdzie na świat przez cięcie cesarskie.

Przedwczesne odklejenie łożyska

Co to jest? To powikłanie ciążowe polegające na oddzieleniu się łożyska od ściany macicy jeszcze w trakcie ciąży, a nie dopiero po porodzie. Jeżeli łożysko odklei się w niewielkim stopniu, zagrożenie dla mamy i dziecka zazwyczaj nie jest zbyt duże, pod warunkiem że natychmiast zostanie podjęte odpowiednie leczenie oraz że zachowasz należyte środki ostrożności. Gdy łożysko oddzieli się w większym stopniu, zagrożenie stanie się o wiele większe. Całkowite odklejenie łożyska od ściany macicy oznacza, że dziecko nie otrzymuje tlenu i składników odżywczych.

Jak często występuje? To powikłanie ciążowe dotyczy 1 procenta ciąż i pojawia się niemal zawsze w drugiej połowie ciąży, a najczęściej w trzecim trymestrze. Przedwczesne odklejenie łożyska może się przytrafić każdej przyszłej mamie, chociaż w większości przypadków dotyczy kobiet, które już wcześniej borykały się z tym powikłaniem lub mają zaburzenia układu krzepnięcia, a także tych, które są w ciąży wielopłodowej, mają cukrzycę ciążową, stan przedrzucawkowy lub inną dolegliwość ciążową związaną z wysokim ciśnieniem tętniczym krwi. Przedwczesne odklejenie łożyska zagraża również kobietom palącym papierosy lub zażywającym kokainę. Kolejną przyczyną może być krótka pępowina lub wstrząs spowodowany wypadkiem i urazem brzucha.

Jakie są objawy? Uzależnione są od stopnia oddzielenia się łożyska od ściany macicy i zazwyczaj obejmują:
- krwawienie (lekkie lub silne, ze skrzepami lub bez);
- skurcze lub bóle brzucha;
- bolesność brzucha przy nacisku;
- ból pleców lub podbrzusza.

Leczenie. Natychmiast poinformuj lekarza, jeśli w drugiej połowie ciąży poczujesz ból brzucha połączony z krwawieniem z pochwy. Aby potwierdzić diagnozę, lekarz sprawdzi, czy nie pojawił się stan zagrożenia płodu (wykona testy niestresowe i stresowe; patrz str. 396) i podejmie decyzję co do dalszego postępowania; może mu w tym pomóc również badanie USG (chociaż wykrywa ono tylko 25 procent wszystkich powikłań).

Jeżeli lekarz stwierdzi, że łożysko odkleiło się od ściany macicy tylko nieznacznie (nie jest całkowicie oddzielone), a funkcje życiowe płodu nie budzą żadnych zastrzeżeń, twoja ciąża będzie dokładnie monitorowana, a ty będziesz musiała dużo odpoczywać i zachować spokój. Jeżeli krwawienie nie ustąpi, przypuszczalnie zostaniesz skierowana do szpitala, gdzie będziesz stale monitorowana i otrzymasz płyny drogą dożylną. Lekarz zaleci też glikokortykosteroidy przyspieszające rozwój płuc noworodka, na wypadek gdyby się okazało, że trzeba wywołać wcześniejszy poród. Jeśli będzie można opanować krwawienie, a dziecko nie znajdzie się w stanie zagrożenia, być może będziesz mogła urodzić drogami natury. Ale jeśli odklejenie łożyska będzie znaczne i postępujące, jedynym sposobem rozwiązania tego powikłania ciążowego stanie się natychmiastowy poród – zazwyczaj przez cięcie cesarskie.

Zapalenie błon płodowych

Co to jest? To zakażenie bakteryjne błon płodowych (owodni i kosmówki) otaczających dziecko w łonie mamy. Najczęściej wywołują je bakteria *E. coli* oraz paciorkowce z grupy B (badanie wykrywające te paciorkowce wykonuje się rutynowo u wszystkich ciężarnych kobiet około 36 tygodnia ciąży). Zakażenie tego typu jest uważane za główną przyczynę przedwczesnego pęknięcia błon płodowych oraz porodu przedwczesnego.

Jak często występuje? Zapalenie błon płodowych rozpoznaje się u 1–2 procent ciąż; jest ono wywołane przez znajdujące się w pochwie bakterie, które przenikają do pękniętego pęcherza płodowego. Kobiety, które podczas pierwszej ciąży przeszły takie zakażenie, są na nie bardziej narażone w trakcie kolejnych ciąż.

Jakie są objawy? Zapalenie błon płodowych to dolegliwość bardzo trudna do rozpoznania, ponieważ nie ma badania, które mogłoby w stu procentach potwierdzić obecność zakażenia. Zatem zwróć uwagę na następujące objawy:

- gorączkę;
- bolesność macicy;
- podwyższone tętno – twoje i dziecka;
- wyciekanie płynu owodniowego o nieprzyjemnym zapachu (jeśli doszło do pęknięcia pęcherza płodowego);
- wydzielinę z pochwy o nieprzyjemnym zapachu (jeśli pęcherz płodowy nie pękł);
- zwiększoną liczbę krwinek białych (to znak, że organizm walczy z chorobą).

Leczenie. Natychmiast skontaktuj się z lekarzem, gdy zauważysz któryś z wymienionych objawów. Jeśli rozpoznano u ciebie zapalenie błon płodowych, lekarz natychmiast przepisze ci antybiotyki. Po porodzie twojemu dziecku i tobie również zostaną podane antybiotyki, które zapobiegną dalszemu rozwojowi choroby.

Małowodzie

Co to jest? Małowodzie to inaczej zbyt mała objętość płynu owodniowego otaczającego i zabezpieczającego dziecko. Zazwyczaj pojawia się w trzecim trymestrze, ale może się rozwinąć również na wcześniejszym etapie ciąży. Choć u większości kobiet z małowodziem ciąża będzie przebiegała zupełnie prawidłowo, istnieje niewielkie ryzyko, że zbyt mała ilość płynu owodniowego spowoduje deformacje płodu lub zaciśnięcie pępowiny. Przyczyną tego powikłania ciążowego może być przebicie błon płodowych w wyniku amniopunkcji lub samoistny wyciek płynu owodniowego w dowolnym momencie ciąży (czasem tak niewielki, że nawet go nie zauważysz). Zbyt mała ilość płynu owodniowego może sugerować również pewne wady rozwojowe u dziecka, takie jak wady układu moczowego i nerek (zdrowe dziecko wydala mocz do płynu owodniowego, więc kiedy ten proces nie zachodzi z powodu niedrożności dróg wyprowadzających mocz u dziecka w łonie matki, mała objętość wód płodowych może być pierwszym wskaźnikiem anomalii).

Jak często występuje? Małowodzie rozpoznaje się u 4 procent kobiet, ale odsetek ten rośnie do 12 procent w przypadku ciąż przenoszonych (trwających 42 tygodnie).

Jakie są objawy? Nie ma żadnych objawów, ale sygnałem, który może wskazywać na małowodzie, jest zbyt mała macica oraz mniejsza objętość wód płodowych, co wykrywa się w trakcie badania USG. Można też zaobserwować zmniejszoną aktywność płodu, a w niektórych wypadkach również nagły spadek częstości jego tętna.

Leczenie. Jeśli lekarz stwierdzi u ciebie małowodzie, będziesz musiała dużo wypoczywać i pić sporo wody. Ilość płynu owodniowego też będzie dokładnie monitorowana. Jeśli w którymś momencie małowodzie zagrozi dobrostanowi dziecka, lekarz prawdopodobnie przeprowadzi natychmiastowy poród. Jeśli okaże się, że mała objętość wód płodowych jest wynikiem problemów z niedrożnością dróg moczowych płodu, być może lekarz zaleci zabieg chirurgiczny, który je skoryguje.

Wielowodzie

Co to jest? Wielowodzie to zbyt duża objętość wód płodowych. W większości przypadków jest to stan łagodny i przejściowy, będący wynikiem chwilowego zakłócenia równowagi produkcji płynu owodniowego i zazwyczaj niewymagający leczenia, ponieważ nadmiar płynu zostanie wchłonięty.

Jeśli nagromadzenie płynu jest bardzo duże (co zdarza się rzadko), może to być oznaka pewnych wad rozwojowych u dziecka, na przykład wad ośrodkowego układu nerwowego lub pokarmowego (lub innych wad wrodzonych), albo zarośnięcia przełyku (dzieci połykają płyn owodniowy) lub zwężenia tchawicy, jednoowodniowych bliźniąt czy cukrzycy ciążowej. Stała duża objętość płynu owodniowego podnosi nieco ryzyko przedwczesnego pęknięcia pęcherza płodowego, porodu przedwczesnego, przedwczesnego odklejenia się łożyska, położenia miednicowego lub wypadnięcia pępowiny.

Jak często występuje? Wielowodzie to rzadkie powikłanie ciążowe, stwierdzane u 1 procenta przyszłych mam. Częściej występuje w przypadku ciąż wielopłodowych lub jest związane z nieprawidłowościami w rozwoju płodu. Może być także wynikiem źle leczonej cukrzycy (również ciążowej) u przyszłej mamy.

Jakie są objawy? Wielowodzie najczęściej nie daje żadnych objawów, chociaż niektóre kobiety mogą odczuwać:

- trudności z wyczuwaniem ruchów dziecka (tłumi je zbyt duża ilość wód płodowych);
- dyskomfort w obrębie brzucha lub klatki piersiowej (zbyt duża macica uciska narządy w jamie brzusznej oraz ścianę klatki piersiowej).

Wielowodzie wykrywa się zazwyczaj podczas badania USG, w trakcie którego sprawdza się między innymi objętość płynu owodniowego, albo podczas badania prenatalnego, gdy lekarz mierzy wysokość dna macicy, czyli odległość od spojenia łonowego do jej najwyżej położonej części, i gdy okazuje się, że macica jest większa, niż powinna (chociaż ten pomiar zostanie jeszcze potwierdzony przez badanie USG).

Leczenie. Jeśli wielowodzie nie jest poważne, nie musisz robić nic oprócz wykonywania regularnych badań, podczas których lekarz będzie kontrolował objętość wód płodowych za pomocą ultrasonografu (nawet co tydzień). Jeśli zaś dojdzie do znacznego nagromadzenia płynu, może zalecić zabieg zwany amniopunkcją terapeutyczną, która polega na upuszczeniu nadmiaru płynu z worka owodniowego.

Przedwczesne pęknięcie pęcherza płodowego

Co to jest? O przedwczesnym pęknięciu pęcherza płodowego, czyli inaczej o przerwaniu błon płodowych, mówimy wtedy, gdy dzieje się to przed 37 tygodniem ciąży (inaczej mówiąc, przed terminem porodu). Główne ryzyko wiąże się przede wszystkim z porodem przedwczesnym. Inne zagrożenia to zapalenie błon płodowych oraz wypadnięcie lub zaciśnięcie pępowiny. Przerwanie

> **Musisz wiedzieć, że...**
>
> Dzięki szybkiej i właściwej diagnozie oraz właściwemu leczeniu przedwczesnego pęknięcia pęcherza płodowego zarówno mamie, jak i dziecku raczej nic nie grozi, chociaż jeśli dojdzie do porodu przedwczesnego, noworodek prawdopodobnie będzie musiał długo przebywać na oddziale intensywnej opieki medycznej nad noworodkami (stan wcześniaka jest ściśle zależny od jego wieku ciążowego i współwystępowania wad rozwojowych).

błon płodowych, do którego dochodzi przed rozpoczęciem porodu, ale po 37 tygodniu, zostało omówione na str. 393.

Jak często występuje? Przedterminowe pęknięcie pęcherza płodowego dotyczy około 3 procent ciąż. Oto czynniki, które zwiększają ryzyko wystąpienia tego powikłania ciążowego: palenie papierosów w trakcie ciąży, niektóre choroby przenoszone drogą płciową, przewlekłe krwawienia z pochwy lub odklejenie łożyska, przedwczesne przerwanie pęcherza płodowego w poprzedniej ciąży, bakteryjne zakażenie pochwy lub ciąża wielopłodowa.

Jakie są objawy? Głównym objaw to wyciekanie lub wytrysk płynu z pochwy. Aby sprawdzić, czy masz do czynienia z wodami płodowymi czy z moczem, wystarczy powąchać. Jeśli płyn pachnie amoniakiem, prawdopodobnie jest to mocz. Jeśli pachnie słodkawo, to z pewnością jest to płyn owodniowy, chyba że doszło do zakażenia – wtedy woń będzie bardzo nieprzyjemna. Niezależnie od tego, co wycieka, skontaktuj się z lekarzem.

Leczenie. Jeśli pęcherz płodowy pękł po 34 tygodniu ciąży, lekarz prawdopodobnie wywoła poród i dziecko przyjdzie na świat. Jeśli jest jeszcze zbyt wcześnie, by mogło się bezpiecznie urodzić, przypuszczalnie będziesz musiała leżeć w szpitalu. Dostaniesz antybiotyki, które zapobiegną zakażeniu, oraz glikokortykosteroidy, które przyspieszą dojrzewanie płuc malucha, by mógł jak najszybciej przyjść na świat.

Niekiedy – choć bardzo rzadko – zdarza się, że pęknięte błony się goją i płyn owodniowy przestaje wyciekać. Jeśli szczęśliwie tak się stanie, to zostaniesz wypisana do domu i będziesz mogła podjąć normalną aktywność, jednocześnie zwracając baczną uwagę na ewentualny wypływ płynu z pochwy.

Poród przedwczesny

Co to jest? Poród, który zaczyna się po 22 tygodniu a przed końcem 37, jest uważany za przedwczesny.

Jak często występuje? Poród przedwczesny to dość powszechne powikłanie ciążowe,

> **Musisz wiedzieć, że...**
>
> Maluszek, który przyszedł na świat przed terminem, zapewne będzie musiał spędzić pierwsze kilka dni lub tygodni (a w niektórych wypadkach nawet miesięcy) na oddziale intensywnej opieki medycznej nad noworodkami. Chociaż wcześniactwo wiąże się z powolnym wzrostem i opóźnieniem rozwoju, to większość dzieci, które przyszły na świat przed terminem, ale w dobrej (jak na wcześniaka) formie, nadrabia zaległości i nie ma trwałych problemów ze zdrowiem. Dzięki postępom w medycynie masz spore szanse, by po porodzie przedwczesnym wrócić do domu z prawidłowo rozwijającym się i zdrowym noworodkiem.

Jak przewidzieć poród przedwczesny

Nawet kobiety, które znajdują się w grupie podwyższonego ryzyka i są zagrożone porodem przedwczesnym, w większości przypadków rodzą w terminie. Jedynym sposobem przewidzenia porodu przedwczesnego jest zbadanie wydzieliny z szyjki macicy i pochwy na obecność substancji zwanej fibronektyną płodową (fFN). Badania wykazują, że przyszłe mamy, u których test na obecność fFN dał wynik pozytywny, mogą przedwcześnie urodzić dziecko już 1-2 tygodni po badaniu. Test jest niestety lepszym wskaźnikiem w przypadku mam niezagrożonych porodem przedwczesnym (wykazuje brak fFN) niż w przewidywaniu, które kobiety są nim zagrożone. Jeśli fibronektyna płodowa zostanie wykryta, lekarz podejmie działania, które powinny zmniejszyć ryzyko porodu przedwczesnego*. Test jest obecnie ogólnie dostępny, ale zazwyczaj rezerwuje się go jedynie dla kobiet znajdujących się w grupie wysokiego ryzyka. Jeśli nie zaliczasz się do takiej grupy, nie zostaniesz poddana temu badaniu.

Kolejnym badaniem przesiewowym jest pomiar długości szyjki macicy. Przeprowadza się je przed 30 tygodniem ciąży za pomocą ultrasonografu, by sprawdzić, czy są jakieś oznaki skrócenia lub rozwarcia szyjki macicy. Krótka szyjka macicy to oznaka zagrożenia porodem przedwczesnym, zwłaszcza jeśli zaczęła się skracać we wczesnej ciąży.

Wkrótce dostępny będzie również test wykrywający zagrożenie porodem przedwczesnym, chociaż na razie jest dopiero w fazie eksperymentów.

---

* Obecnie nie ma żadnych dowodów z randomizowanych badań klinicznych, które pozwalałyby przypuszczać, że badanie FFN przynosi korzyści w leczeniu kobiet bez objawów klinicznych z porodem przedwczesnym w wywiadzie (lub w innych grupach podwyższonego ryzyka, takich jak np. ciąże wielopłodowe) (przyp. red. meryt.).

---

które dotyczy około 12 procent noworodków przychodzących na świat w Stanach Zjednoczonych.

Wprawdzie nikt nie ma całkowitej pewności co do przyczyn porodu przedwczesnego, ale eksperci wskazują na pewne czynniki zwiększające ryzyko (ich listę znajdziesz na str. 34). Pamiętaj, że występowanie jednego czy więcej czynników nie oznacza, że urodzisz dziecko przed terminem, a z kolei brak czynników ryzyka nie jest gwarancją, że tak się nie stanie. W rzeczywistości przynajmniej połowa kobiet, u których nie wystąpił żaden znany czynnik ryzyka, rodzi przed terminem.

Jakie są objawy? Objawy porodu przedwczesnego mogą obejmować wszystkie lub tylko niektóre z niżej wymienionych czynników:

- skurcze przypominające bóle menstruacyjne;
- regularne skurcze mięśnia macicy, których intensywność i częstotliwość zwiększa się pomimo zmiany pozycji ciała;
- ucisk w okolicy krzyżowej;
- nietypowy ucisk w obrębie miednicy;
- krwista wydzielina z pochwy;
- pęknięcie pęcherza płodowego – wyciek płynu owodniowego;
- zmiany w obrębie szyjki macicy (otwarcie lub skrócenie) widoczne w badaniu USG albo w badaniu ginekologicznym.

Leczenie. Ponieważ każdy dodatkowy dzień w łonie mamy zwiększa szanse dziecka na przeżycie i dobry stan zdrowia, głównym celem jest jak najdłuższe powstrzymanie akcji porodowej. Niestety nie zawsze można zbyt wiele zrobić, by zapobiec porodowi przedwczesnemu. Rutynowo zalecane przez lekarzy działania (leżenie w łóżku, nawadnianie, kontrolowanie czynności skurczowej macicy) nie zawsze powstrzymują skurcze macicy lub im zapobiegają. Kobiety, które poprzednio spontanicznie urodziły przedwcześnie lub mają krótką szyjkę macicy, a nie spodziewają się wieloraczków, powinny otrzymać progesteron. Można podać również antybiotyki (gdy badanie na obecność paciorkowca z grupy B wypadnie pozytywnie; patrz str. 373) i leki tokolityczne (które mogą tymczasowo powstrzymać skurcze i dać lekarzowi czas na podanie dziecku glikokortykosteroidów przyspieszających dojrzewanie płuc, na wypadek gdyby poród przedwczesny był nieunikniony). Jeśli lekarz stwierdzi, że kontynuowanie ciąży jest większym zagrożeniem dla dziecka niż poród przed wyznaczonym terminem, nie podejmie żadnej próby, by go wstrzymać.

Zapobieganie. Nie da się zapobiec każdemu porodowi przedwczesnemu, ponieważ nie każdy jest spowodowany czynnikami ryzyka, których można uniknąć. Jednak następujące działania pomogą zmniejszyć ryzyko (i zwiększyć szanse na jak najzdrowszą ciążę):

- przyjmowanie kwasu foliowego lub suplementu prenatalnego na przynajmniej rok przed zajściem w ciążę;
- co najmniej 18-miesięczna przerwa między ciążami;
- właściwa masa ciała przed poczęciem;
- dobra opieka dentystyczna przed zajściem w ciążę;
- wczesna opieka prenatalna;
- prawidłowa dieta;
- przyjmowanie progesteronu w zastrzykach od 16 do 36 tygodnia ciąży, jeśli wcześniej urodziłaś przed terminem (ale pod warunkiem, że nie jesteś w ciąży wielopłodowej. Decyzję zawsze podejmuje lekarz);
- badania w kierunku zakażeń (takich jak bakteryjne zapalenie pochwy lub dróg moczowych) oraz podjęcie ewentualnego leczenia;
- ograniczenie wszelkiej aktywności (na przykład zawodowej, a w razie konieczności leżenie w łóżku) – zgodnie z zaleceniami lekarza;
- unikanie palenia tytoniu, picia alkoholu, zażywania kokainy oraz brania lekarstw nieprzepisanych przez lekarza.

Jest również dobra wiadomość: 80 procent kobiet, którym zagraża poród przedwczesny, urodzi we właściwym terminie (lub jemu bliskim).

Bóle obręczy biodrowej (rozejście spojenia łonowego)

Co to jest? Bóle obręczy biodrowej – zwane niekiedy rozejściem spojenia łonowego – to ból w obrębie kości miednicy oraz chrząstek łączących kości łonowe. To powikłanie ciążowe często zdarza się z tego powodu, że więzadła kości miedniczych zbyt wcześnie stają się nadmiernie rozciągnięte i rozluźnione (kiedy zbliża się poród, jest to całkowicie prawidłowe zjawisko). Takie przedwczesne rozluźnienie więzadeł miednicy może powodować ból w obrębie obręczy biodrowej nasilający się w trakcie chodzenia czy przy zmianie pozycji ciała.

Jak często występuje? Rozejście spojenia łonowego zdarza się w 1 na 300 ciąż. Jednak niektórzy eksperci uważają, że to powikłanie ciążowe dotyczy ponad 25 procent ciąż, tylko w wielu przypadkach nie jest po prostu rozpoznawane.

Jakie są objawy? Najczęstszym objawem jest ogromny ból (jakby twoja miednica miała się rozdzielić) oraz trudności z chodzeniem (chód kaczkowaty). Zazwyczaj ból koncentruje się w okolicy spojenia łonowego, aczkolwiek niektóre kobiety odczuwają go w udach i kroczu. Ból może się nasilać podczas chodzenia oraz innych czynności wysiłkowych, szczególnie tych związanych z unoszeniem jednej nogi – na przykład podczas wchodzenia po schodach, ubierania się, wsiadania do samochodu lub wysiadania, a nawet obracania się w łóżku. W rzadkich przypadkach może dojść do całkowitego rozejścia spojenia łonowego, co wywoła silny ból w obrębie miednicy, pachwin, bioder i pośladków.

Leczenie. Aby nie dopuścić do tego, by dolegliwość się pogłębiła, staraj się unikać pozycji związanych z obciążaniem obręczy biodrowej i ogranicz aktywność związaną z unoszeniem lub rozdzielaniem nóg (a więc nawet chodzenie), jeśli wiąże się to z dużym dyskomfortem (niektórzy lekarze zalecają nawet leżenie, żeby ból się nie nasilał). Spróbuj ustabilizować luźne więzadła za pomocą gorsetu, który utrzyma na miejscu kości obręczy biodrowej. Pomocne mogą się okazać również ćwiczenia Kegla oraz dociskanie miednicy (patrz str. 543), a także fizykoterapia, więc poproś lekarza o skierowanie. Wypróbuj też bezpieczne, zalecone przez lekarza metody medycyny alternatywnej, które być może zadziałają jak naturalne środki przeciwbólowe.

W rzadkich przypadkach bóle obręczy biodrowej mogą uniemożliwić poród drogami natury, więc lekarz zaleci cięcie cesarskie. W jeszcze rzadszych poród nasili dolegliwość i wtedy konieczny będzie zabieg chirurgiczny. Jednak u większości mam po porodzie – gdy organizm przestanie wytwarzać hormony rozluźniające więzadła – wszystko wraca do normy.

Pętle (węzły) pępowiny

Co to jest? Niekiedy dochodzi do splątania pępowiny, zaciśnięcia się jej w supeł lub owinięcia nią dziecka, często wokół szyi (jest to tak zwana pępowina karkowa). Niektóre węzły tworzą się podczas porodu, a inne jeszcze w czasie ciąży z powodu ruchów dziecka. Dopóki węzły pozostają luźne, prawdopodobnie nie spowodują żadnych problemów. Jeśli dojdzie do zaciśnięcia węzła, może to uniemożliwić przepływ krwi z łożyska do dziecka i pozbawić je tlenu. Takie sytuacje zdarzają się bardzo rzadko – najczęściej w trakcie porodu, kiedy noworodek przechodzi przez kanał rodny.

Jak często występuje? Prawdziwie niebezpieczne splątanie pępowiny dotyczy 1 na 100 ciąż, ale tylko w 1 na 2000 porodów pętla na pępowinie może stanowić zagrożenie dla dziecka. Z kolei częściej występująca pępowina karkowa dotyczy aż 25 procent wszystkich ciąż, ale zazwyczaj jest niegroźna i bardzo rzadko wiąże się z jakimś ryzykiem. Długość pępowiny też ma znaczenie. Te zbyt krótkie stwarzają ryzyko przedwczesnego odklejenia się łożyska w czasie porodu. Te za długie częściej tworzą pętle na ciele dziecka. Zaciśnięcie pętli pępowinowej i utworzenie węzła powoduje niedotlenienie wewnątrzmaciczne płodu.

Naukowcy podejrzewają, że pewne niedobory składników odżywczych, a także inne czynniki ryzyka, takie jak ciąża wielopłodowa, wielowodzie, palenie tytoniu lub zażywanie narkotyków, mogą zwiększać ryzyko nieprawidłowości budowy pępowiny.

Jakie są objawy? Najbardziej charakterystycznym objawem jest osłabienie ruchów dziecka po 37 tygodniu ciąży. Jeśli do zapętlenia dojdzie w trakcie porodu (właśnie wtedy najczęściej wykrywa się węzły), detektor tętna płodu wykaże nieprawidłową pracę serca.

Leczenie. Musisz obserwować zachowanie dziecka, zwłaszcza w późniejszym okresie ciąży, regularnie licząc kopnięcia i ruchy, i natychmiast zgłosić się do lekarza, gdy zauważysz wyraźne osłabienie aktywności malucha. Jeżeli luźny węzeł zaciśnie się w czasie porodu, lekarz od razu wykryje spadek częstości tętna i podejmie decyzję, która pozwoli dziecku bezpiecznie przyjść na świat. Najlepszym rozwiązaniem jest wówczas natychmiastowy poród, zazwyczaj przez cięcie cesarskie.

Pępowina dwunaczyniowa

Co to jest? Prawidłowo zbudowana pępowina składa się z trzech naczyń krwionośnych: jednej żyły (przez którą dziecko otrzymuje składniki odżywcze i tlen) oraz dwóch tętnic (które odprowadzają produkty przemiany materii do łożyska, a stamtąd do krwiobiegu matki). Jednak w niektórych przypadkach pępowina zawiera tylko dwa naczynia: jedną żyłę i jedną tętnicę.

Jak często występuje? Tę nieprawidłowość w budowie pępowiny stwierdza się mniej więcej u 1 procenta ciąż pojedynczych i u 5 procent ciąż wielopłodowych. Najczęściej dotyka kobiety rasy białej, mamy powyżej 40 roku życia oraz chore na cukrzycę. Częściej występuje również w przypadku ciąż wielopłodowych oraz płodów płci żeńskiej.

Jakie są objawy? Z pępowiną dwunaczyniową nie wiążą się żadne objawy – zazwyczaj jest wykrywana w trakcie rutynowego badania USG.

Leczenie. Jeśli wykryto u ciebie pępowinę dwunaczyniową, twoja ciąża będzie dokładniej monitorowana, ponieważ taka dysfunkcja wiąże się z nieco zwiększonym ryzykiem zahamowania wzrostu płodu (hipotrofii wewnątrzmacicznej), a czasem z pewnymi deformacjami. Jeżeli nie występują inne nieprawidłowości, pępowina dwunaczyniowa nie ma wpływu na ciążę i w większości przypadków dziecko rodzi się całkowicie zdrowe.

Rzadkie powikłania ciążowe

Opisane dalej powikłania zdarzają się bardzo rzadko, zatem przeciętna przyszła mama może się ich nie obawiać. A więc przeczytaj tę część tylko wtedy, gdy musisz, i wybierz tylko to, co cię dotyczy (już o tym wspominaliśmy na początku rozdziału, ale warto to powtórzyć). Jeśli zdiagnozowano u ciebie którekolwiek z opisanych powikłań, wykorzystaj zamieszczone tu informacje, by dowiedzieć się czegoś więcej o swojej dolegliwości i sposobach jej leczenia (oraz o tym, jak jej zapobiegać w kolejnych ciążach). Pamiętaj jednak o tym, że twój lekarz może preferować inne metody leczenia.

Rzucawka

Co to jest? Rzucawka to wynik niekontrolowanego i nieleczonego stanu przedrzucawkowego (patrz str. 580). W zależności od tego, w którym momencie ciąży wystąpi, dziecko może być zagrożone porodem przedwczesnym, ponieważ jedyną metodą leczenia często jest właśnie natychmiastowy poród. Chociaż rzucawka zagraża życiu mamy, to liczba zgonów z tego powodu jest w Stanach Zjednoczonych bardzo niewielka. Dzięki odpowiedniemu leczeniu i późniejszym badaniom kontrolnym większość

> **Musisz wiedzieć, że...**
>
> U bardzo niewielu kobiet otoczonych regularną opieką lekarską wcześnie rozpoznany i prawidłowo leczony stan przedrzucawkowy przekształca się w bardziej niebezpieczną rzucawkę.

kobiet, które przeszły rzucawkę, po porodzie powraca do zdrowia.

Jak często występuje? Rzucawka występuje o wiele rzadziej niż stan przedrzucawkowy i zdarza się tylko w 1 na ponad 2000 ciąż – zazwyczaj wśród kobiet, które nie były objęte regularną opieką medyczną.

Jakie są objawy? Rzucawka jest zawsze poprzedzona stanem przedrzucawkowym. Drgawki – pojawiające się zazwyczaj w trakcie porodu lub tuż przed terminem rozwiązania – są najbardziej charakterystycznym objawem rzucawki. Drgawki mogą pojawić się również po porodzie, zazwyczaj w ciągu 48 godzin.

Leczenie. Jeśli dostaniesz drgawek, lekarz poda ci tlen oraz leki przeciwdrgawkowe, a potem – gdy twój stan się ustabilizuje – wywoła poród lub przeprowadzi cięcie cesarskie. Większość mam z rzucawką po porodzie szybko powraca do zdrowia, chociaż nadal muszą być objęte ścisłą opieką medyczną, by uzyskać pewność, że ciśnienie tętnicze nie jest podwyższone i że drgawki się nie powtórzą.

Zapobieganie. Regularna opieka prenatalna pomoże wcześnie wychwycić objawy stanu przedrzucawkowego. Jeśli lekarz zdiagnozuje go u ciebie, będzie dokładnie monitorować twoją ciążę (i ciśnienie tętnicze krwi), by się upewnić, że stan przedrzucawkowy nie przejdzie w rzucawkę. Zapobieganie stanowi przedrzucawkowemu to najlepszy sposób, by uniknąć rzucawki.

Cholestaza ciążowa

Co to jest? To powikłanie ciążowe, w którym dochodzi do utrudnionego wydzielania żółci z hepatocytów, czyli komórek wątroby, do wewnątrzwątrobowych dróg żółciowych (na skutek działania hormonów ciążowych), co powoduje zastój kwasów żółciowych w wątrobie, które później przedostają się do krwiobiegu mamy. Cholestaza najczęściej występuje w trzecim trymestrze ciąży, gdy stężenie hormonów ciążowych jest największe. Na szczęście ta dolegliwość ustępuje zazwyczaj po porodzie.

Cholestaza może zwiększać ryzyko zaburzeń płodowych, przedterminowego porodu oraz urodzenia martwego dziecka, zatem podstawową sprawą jest wczesne rozpoznanie i właściwe leczenie.

Jak często występuje? U 1 lub 2 na 1000 ciężarnych kobiet. Częściej występuje u mam w ciąży wielopłodowej, a także u tych, które w przeszłości chorowały na wątrobę albo jeśli na cholestazę chorowała ich matka lub siostra.

Jakie są objawy? W większości przypadków jedynym objawem jest intensywny świąd skóry, szczególnie dłoni i stóp, który pojawia się zazwyczaj w późniejszym okresie ciąży. Nie można go mylić ze swędzeniem będącym wynikiem suchości i napięcia skóry (podczas ciąży to bardzo powszechny i całkowicie nieszkodliwy objaw).

Leczenie. Leczenie cholestazy polega głównie na łagodzeniu świądu i zapobieganiu powikłaniom ciążowym. Ciąża musi być uważnie monitorowana, a matka powinna stosować dietę lekkostrawną i niskotłuszczową. Czasem stosuje się również leki zmniejszające zastój kwasów żółciowych. Jeśli cholestaza zagraża dobrostanowi mamy lub dziecka, konieczny jest natychmiastowy poród.

Zakrzepica żył głębokich kończyn dolnych (tromboza)

Co to jest? To powikłanie ciążowe polegające na tym, że w żyłach głębokich powstają zakrzepy. Pojawiają się one najczęściej w kończynach dolnych, szczególnie w obrębie ud. Kobiety są bardziej podatne na tę dolegliwość w czasie ciąży i porodu oraz w okresie połogu. Natura, chcąc zapobiec nadmiernej utracie krwi, zwiększa jej krzepliwość – niekiedy stara się jednak za bardzo. Kolejnym czynnikiem przyczyniającym się do zakrzepicy żył głębokich jest powiększona macica, która utrudnia przepływ krwi z niższych partii ciała do serca. Nieleczona może sprawić, że zakrzep się oderwie i wraz z krwią przemieści do płuc, wywołując zatorowość płucną, która zagraża życiu mamy.

Jak często występuje? Zakrzepica występuje w 1–2 na 500–2000 ciąż, włączając w to okres połogu. Częściej chorują na nią kobiety w starszym wieku, mające nadwagę, prowadzące siedzący tryb życia, palące papierosy lub genetycznie obciążone, a także te, które wcześniej chorowały na zakrzepicę, mają nadciśnienie tętnicze, cukrzycę lub genetycznie uwarunkowane zaburzenia w układzie krzepnięcia. Długie leżenie w łóżku przy małej aktywności fizycznej również może cię narazić na zakrzepicę żył głębokich (to samo dotyczy długich podróży samolotem u osób z czynnikami ryzyka niestosujących profilaktyki).

Jakie są objawy? Najczęstsze objawy zakrzepicy żył głębokich to:

- uczucie ciężkości i ból w nogach;
- bolesność w łydkach lub udach;

Rak w ciąży

Niekiedy życie jednocześnie obdarza nas radością i stawia przed nami wyzwania – na przykład wtedy, gdy ciąża i rak pojawiają się w tym samym momencie. Bez względu na to, czy zachorowałaś na raka przed zajściem w ciążę, czy rozpoznano go u ciebie, gdy odkryłaś, że spodziewasz się dziecka, będziesz musiała zgromadzić wiele informacji oraz dokonać trudnych wyborów wraz z ginekologiem i onkologiem.

Leczenie raka w ciąży to szczególnie delikatne balansowanie między zapewnieniem jak najlepszej opieki mamie a ograniczeniem ewentualnych zagrożeń dla dziecka. Leczenie będzie zależało od wielu czynników: etapu ciąży, rodzaju raka i – rzecz jasna – twoich życzeń i zapatrywań. Decyzja, przed którą staniesz, kładąc na szali swoje zdrowie i zdrowie dziecka, z pewnością będzie bolesna i podejmując ją, będziesz potrzebowała mnóstwo wsparcia.

Jeśli się okaże, że musisz się poddać operacji, lekarze z pewnością zdecydują o wstrzymaniu innego rodzaju leczenia (na przykład chemioterapii) aż do drugiego lub trzeciego trymestru ciąży, kiedy będzie ono bezpieczniejsze. Wszelkie metody leczenia szkodliwe dla dziecka (na przykład radioterapia) prawdopodobnie zostaną zastosowane dopiero po porodzie. Jeśli rak zostanie rozpoznany w późniejszym okresie ciąży, lekarze prawdopodobnie wstrzymają się z leczeniem aż do narodzin dziecka albo wywołają wcześniejszy poród. Uspokoić może cię informacja, że kobiety, u których stwierdzono raka w czasie ciąży, reagują na terapię równie dobrze jak te niebędące w ciąży.

Więcej informacji uzyskasz na stronie National Cancer Institute (www.cancer.gov) oraz na www.hopefortwo, www.raknroll.pl, www.zwrotnikraka.pl i innych stronach internetowych wspierających przyszłe mamy chorujące na raka.

- obrzęk (zazwyczaj jednej kończyny);
- rozszerzenie żył powierzchniowych;
- ból łydek przy grzbietowym zgięciu stopy (gdy skierujesz palce u nóg w kierunku brody).

Jeśli zakrzep przemieści się do płuc, mogą wystąpić następujące objawy:
- ból w klatce piersiowej;
- duszność;
- kaszel z pienistą i podbarwioną krwią wydzieliną;
- przyspieszony oddech i tętno;
- zasinione usta i koniuszki palców;
- gorączka.

Leczenie. Jeśli w poprzednich ciążach zdiagnozowano u ciebie zakrzepicę żył głębokich lub inną chorobę związaną z nieprawidłowym krzepnięciem krwi, poinformuj o tym lekarza. Jeśli stwierdzisz ból i obrzęk w jednej nodze, również natychmiast skontaktuj się z lekarzem. Nie masuj obrzęku.

Lekarz wykona badanie USG dopplerowskie, by stwierdzić, czy w naczyniach żylnych powstał zakrzep. Podejrzenie zatorowości płucnej będzie wymagało poszerzenia diagnostyki m.in. o tomografię komputerową klatki piersiowej z oceną przepływu krwi w naczyniach płucnych. Jeśli się okaże, że doszło do rozwoju zakrzepicy, otrzymasz odpowiednie leczenie – heparynę drobnocząsteczkową, która „rozpuszcza" skrzeplinę i chroni przed powstawaniem kolejnych.

Zapobieganie. Możesz zapobiegać zakrzepicy żył głębokich, utrzymując właściwe krążenie krwi – dużo się zatem ruszaj i unikaj długiego siedzenia. Jeśli będziesz musiała się wybrać w daleką podróż samolotem, wstawaj co godzinę, żeby się rozruszać, a gdy siedzisz, wykonuj okrężne ruchy stopami. Na czas podróży włóż wygodne, luźne i nieuciskające brzucha ubranie. Zakrzepicy przeciwdziała również dobre nawodnienie. Jeżeli znajdujesz się w grupie ryzyka, możesz profilaktycznie nosić rajstopy uciskowe. Jeśli będziesz musiała spędzić ciążę w łóżku, też konieczne będą odpowiednie działania (wskazówki na str. 607).

Łożysko przyrośnięte

Co to jest? To rzadkie powikłanie poporodowe polegające na tym, że łożysko wrasta w ścianę macicy. W zależności od stopnia wniknięcia komórek łożyska w macicę, wyróżniamy łożysko przyrośnięte, przerośnięte lub wrośnięte. Ten rodzaj powikłania zwiększa ryzyko obfitego krwawienia lub krwotoku w trakcie porodu łożyska.

Jak często występuje? Łożysko przyrośnięte zdarza się w 1 na 2500 ciąż i jest najczęstszym powikłaniem związanym z nieprawidłowym przymocowaniem łożyska, ponieważ dotyczy aż 75 procent przypadków. Łożysko przyrośnięte to patologia polegająca na tym, że kosmki łożyska przenikają głęboko w ścianę macicy, ale nie wrastają w jej mięśniówkę. Ryzyko tego powikłania ciążowego wzrasta, gdy masz łożysko przodujące lub przeszłaś już cięcie cesarskie. Jeśli chodzi o łożysko wrośnięte, które dotyczy 15 procent przypadków, to kosmki wrastają w mięśniówkę macicy. Z kolei łożysko przerośnięte, zdarzające się w pozostałych 10 procentach przypadków, polega na tym, że kosmki nie tylko przenikają przez ścianę macicy i wrastają w jej mięśniówkę, ale nawet przerastają zewnętrzną ścianę macicy i wrastają w inne narządy.

Jakie są objawy? Zazwyczaj nie ma żadnych. Powikłanie jest najczęściej rozpoznawane dzięki barwnej ultrasonografii dopplerowskiej lub w trakcie porodu, kiedy łożysko nie odkleja się od ściany macicy (a powinno, gdy dziecko już przyjdzie na świat).

> **Kiedy poród w domu nie jest bezpieczny**
>
> Być może twoja ciąża na początku przebiegała prawidłowo i bardzo pragnęłaś urodzić w domu, ale jeżeli pojawią się jakiekolwiek powikłania, lepiej zweryfikuj swoje plany i zdecyduj się na poród w szpitalu. Oto okoliczności, które są wskazaniem do rezygnacji z porodu domowego:
>
> - powikłania ciążowe wymienione w tym rozdziale (oprócz niepowściągliwych wymiotów ciężarnych lub krwiaków podkosmówkowych, jeśli problem został już rozwiązany);
> - ciąża wielopłodowa;
> - położenie miednicowe płodu;
> - ryzyko porodu przedwczesnego;
> - stan zagrożenia płodu.
>
> Poród domowy nie jest także uważany za bezpieczny, jeśli wcześniej miałaś cięcie cesarskie. Wprawdzie niektóre położne odbierają w domu poród drogami natury po cięciu cesarskim (VBAC), ale eksperci uważają, że ryzyko przewyższa ewentualne korzyści.

Leczenie. Niestety niewiele można zrobić. W większości przypadków łożysko musi zostać usunięte chirurgicznie od razu po porodzie, by zatrzymać krwawienie. Jeśli nie uda się go powstrzymać za pomocą podwiązania odsłoniętych naczyń krwionośnych, konieczne będzie prawdopodobnie usunięcie całej macicy.

Naczynia przodujące

Co to jest? To stan, w którym niektóre naczynia krwionośne płodu łączące dziecko z mamą nie biegną w pępowinie, tylko w błonach płodowych tuż nad wewnętrznym ujściem szyjki macicy. Kiedy zacznie się poród, skurcze i rozwarcie szyjki macicy mogą rozerwać naczynia, co zagroziłoby dziecku. Jeśli powikłanie zostanie rozpoznane przed porodem, lekarz przeprowadzi cięcie cesarskie, a dziecko najprawdopodobniej urodzi się zdrowe.

Jak często występuje? Naczynia przodujące zdarzają się w 1 na 5200 ciąż. Nieco bardziej narażone na to powikłanie są kobiety, które mają łożysko przodujące, przeszły operację macicy (w tym cięcie cesarskie), łyżeczkowanie lub są w ciąży wielopłodowej.

Jakie są objawy? Zazwyczaj nie ma żadnych.

Leczenie. Nieprawidłowość pomogą wykryć badania diagnostyczne przeprowadzane w drugim trymestrze ciąży, takie jak USG lub barwna ultrasonografia dopplerowska. Mamy, u których stwierdzono to powikłanie ciążowe, urodzą swoje dzieci przez cięcie cesarskie, zazwyczaj w 37 tygodniu ciąży, co pozwoli uniknąć samoistnego rozpoczęcia porodu. Naukowcy sprawdzają obecnie, czy można wyleczyć to powikłanie ciążowe za pomocą lasera, którym można by zabezpieczyć nieprawidłowo umiejscowione naczynia. Więcej informacji na ten temat znajdziesz w Internecie (www.vasaprevia.com).

Powikłania występujące w czasie porodu i połogu

Wielu opisanych poniżej powikłań nie da się przewidzieć przed porodem, zatem nie ma potrzeby, by z wyprzedzeniem i szczegółowo się z nimi zaznajamiać oraz martwić na zapas, ponieważ z bardzo dużym prawdopodobieństwem żadne z nich się nie wydarzy ani w trakcie porodu, ani później. Zostały tutaj opisane tylko po to, abyś w razie potrzeby mogła się czegoś o nich dowiedzieć lub – w niektórych wypadkach – zapobiec im w podczas kolejnego porodu.

Stan zagrożenia płodu

Co to jest? Terminem „stan zagrożenia płodu" opisuje się sytuację, gdy w macicy zabraknie dziecku tlenu jeszcze przed porodem lub w jego trakcie. Stan zagrożenia może być wywołany przez szereg czynników, takich jak stan przedrzucawkowy matki, nieleczona cukrzyca, przedwczesne odklejenie łożyska, zbyt mała lub zbyt duża objętość płynu owodniowego (mało- lub wielowodzie), ściśnięcie, wypadnięcie lub splątanie pępowiny oraz wewnątrzmaciczne zahamowanie wzrostu płodu. Utrzymujące się niedotlenienie i/lub spowolnienie czynności serca mogą być bardzo niebezpieczne dla płodu i powinny zostać jak najszybciej skorygowane – zazwyczaj przez natychmiastowy poród (w większości przypadków przez cięcie cesarskie, chyba że poród drogami natury jest już nieuchronny).

Jak często występuje? Nie ma dokładnych danych dotyczących częstotliwości występowania stanu zagrożenia płodu (między innymi dlatego, że w niektórych przypadkach jest to stan przejściowy), ale szacuje się, że może dotyczyć 1 na 25–100 porodów.

Jakie są objawy? Dzieci, które dobrze się czują w macicy, mają silne, stabilne tętno i prawidłowo reagują na bodźce. U maluchów w stanie zagrożenia obserwuje się spowolnienie czynności serca i zmianę aktywności (czasem nawet jej całkowity zanik). Niekiedy oddają też pierwszy stolec (smółkę) jeszcze w macicy. Możesz podejrzewać, że dziecko znajduje się w stanie zagrożenia, gdy zauważysz wyraźne spowolnienie ruchów (po 28 tygodniu ciąży) lub gdy pęknie ci pęcherz płodowy, a wody będą zabarwione smółką. Jedynym sposobem postępowania jest wówczas monitorowanie płodu, wykonanie testów niestresowych lub profilu biofizycznego dziecka (to zestaw pięciu nieinwazyjnych badań, podczas których sprawdza się: czynność serca płodu, napięcie mięśniowe, ruchy płodu, ruchy oddechowe oraz objętość płynu owodniowego).

Leczenie. Jeśli uważasz, że twoje dziecko znalazło się w stanie zagrożenia, gdyż zauważyłaś zmianę jego aktywności (masz wrażenie, że znacznie się zmniejszyła albo całkowicie ustąpiła, lub zaniepokoiło cię jeszcze coś innego), natychmiast skontaktuj się z lekarzem. Zadzwoń do niego również wtedy, gdy odeszły ci wody, które są zabarwione smółką (patrz str. 415). Kiedy znajdziesz się w gabinecie lub szpitalu (albo w trakcie porodu), od razu zostaniesz podłączona do detektora tętna płodu (na przykład do KTG), by lekarz mógł sprawdzić, czy dziecko faktycznie znajduje się w stanie zagrożenia. Prawdopodobnie otrzymasz tlen i płyny (dożylnie), by natlenić krew i przywrócić prawidłową czynność serca płodu. Jeśli powyższe metody nie zdadzą egzaminu, najlepszym leczeniem będzie natychmiastowy poród. Te same działania zostaną podjęte, jeśli nie zauważysz żadnych niepokojących objawów, ale podczas rutynowego badania lub testów niestresowych lekarz stwierdzi, że dziecko znajduje się w stanie zagrożenia.

Wypadnięcie pępowiny

Co to jest? To powikłanie ciążowe polegające na tym, że w trakcie porodu pępowina wysuwa się przez szyjkę macicy i kanał rodny przed dzieckiem. Jeśli zostanie uciśnięta (przez rodzącą się główkę lub inną część przodującą płodu), dziecko zostanie pozbawione tlenu.

Jak często występuje? Na szczęście wypadnięcie pępowiny nie jest częstym powikłaniem i występuje tylko w 1 na 300 porodów. Niektóre powikłania ciążowe zwiększają ryzyko wypadnięcia pępowiny. Zaliczamy do nich wielowodzie, położenie miednicowe (lub inne, w którym główka nie jest przodującą częścią płodu), zbyt małe dziecko w stosunku do wieku ciążowego oraz przedwczesny poród. Może wystąpić również w trakcie porodu drugiego z bliźniąt. Jeśli główka płodu jeszcze nie zstąpiła do kanału rodnego i nie zamyka jego światła, przedwczesne pęknięcie błon płodowych również zwiększa ryzyko wypadnięcia pępowiny.

Jakie są objawy? Jeśli pępowina znajdzie się w pochwie, będziesz w stanie ją wyczuć, a nawet zobaczyć. Gdy zostanie uciśnięta przez główkę, dziecko może się znaleźć w stanie zagrożenia.

Leczenie. Nie można zawczasu przewidzieć, czy pępowina wypadnie. Jeśli podejrzewasz, że tak się stało, a nie jesteś jeszcze w szpitalu, oprzyj się na rękach i kolanach, opuść głowę i unieś miednicę, by zmniejszyć nacisk na pępowinę. Zadzwoń na pogotowie (numer 999 lub 112, w USA 911) lub poproś kogoś, żeby szybko zawiózł cię do szpitala (w samochodzie połóż się na tylnym siedzeniu, unosząc pośladki). Jeżeli pępowina wypadnie, gdy będziesz w szpitalu, lekarz będzie odpychał główkę płodu, tak by nie przyciskała pępowiny do ściany kanału rodnego. W trybie natychmiastowym zostanie wykonane cięcie cesarskie. Natychmiastowy poród zapobiegnie dalszym komplikacjom związanym z uciśnięciem pępowiny (na przykład niedotlenieniu).

Dystocja barkowa

Co to jest? Dystocja barkowa to zahamowanie postępu porodu, które polega na tym, że jedno lub oba barki dziecka po urodzeniu główki zahaczają się o kości miednicy mamy (konkretnie o spojenie łonowe).

Jak często występuje? W tej sytuacji bardzo duże znaczenie ma wielkość dziecka, ponieważ takie powikłanie dotyczy najczęściej bardzo dużych noworodków. Badania wykazują, że dystocja barkowa dotyka zaledwie 1 procenta dzieci ważących 2700 gramów, natomiast wskaźnik ten znacznie wzrasta w przypadku maluchów o masie ciała powyżej 4000 gramów. Z tego powodu bardziej narażone na to powikłanie są przyszłe mamy z nieleczoną cukrzycą (ciążową lub nabytą przed zajściem w ciążę). Ryzyko wzrasta jeszcze bardziej, gdy ciąża trwa ponad 40 tygodni (ponieważ noworodki, które rodzą się po terminie, przeważnie są większe) lub gdy już wcześniej urodziłaś dziecko z dystocją barkową. Niemniej takie powikłanie okołoporodowe zdarza się też niekiedy, choć nie występują powyższe czynniki ryzyka.

Jakie są objawy? Poród zatrzymuje się po urodzeniu główki, ponieważ ramionka nie mogą wyjść na zewnątrz. Może się to wydarzyć zupełnie nieoczekiwanie w trakcie porodu, który do tej pory przebiegał prawidłowo.

Leczenie. Podczas porodu dziecka, którego barki utknęły w miednicy mamy, można zastosować różne metody. Kobieta może przyjąć inną pozycję, gwałtownie przyciskając uda do brzucha i wywierając nacisk na podbrzusze tuż nad kością łonową, i próbować w ten sposób odwrócić bark dziecka. Jeśli mama może się poruszać (bo nie dostała znieczulenia zewnątrzoponowego), pomoże też pozycja na czworakach. W niektórych przypadkach (gdy masa ciała dziecka wynosi powyżej 4000 gramów, a mama choruje na cukrzycę, lub gdy okazuje się, że masa ciała malucha według szacunków wynosi około 5000 gramów, albo gdy wcześniej rodziłaś dziecko z dystocją barkową) lekarz przypuszczalnie zaleci cięcie cesarskie, by uniknąć potencjalnych powikłań związanych z porodem drogami natury (w tym właśnie dystocji barkowej).

Zapobieganie. Ryzyko dystocji barkowej obniży kontrolowanie przyrostu masy ciała, ponieważ dzięki temu twoje dziecko nie będzie zbyt duże i nie będzie miało trudności z przeciśnięciem się przez kanał rodny. Pamiętaj również o leczeniu cukrzycy ciążowej.

Całkowite pęknięcie krocza w trakcie porodu

Co to jest? Nacisk dużej główki dziecka przeciskającej się przez delikatne tkanki szyjki macicy i pochwy może spowodować pęknięcia i rozdarcia krocza, czyli obszaru między pochwą a odbytem.

Pierwszy stopień (krótkie pęknięcie pochwy i powierzchowne pęknięcie krocza) oraz drugi (kiedy pęknięcie krocza dochodzi aż do mięśnia zwieracza odbytu, ale go nie uszkadza) to całkowicie normalny skutek porodu. Natomiast trzeci stopień, czyli całkowite pęknięcia krocza, obejmuje nie tylko pochwę, skórę i mięśnie krocza, ale również zwieracze odbytu. Jeśli uszkodzona zostaje również odbytnica, mówimy o czwartym stopniu. Powoduje ono duży ból i nie tylko utrudnia rekonwalescencję po porodzie, ale też jest przyczyną nietrzymania moczu lub kału, a także innych dolegliwości związanych z mięśniami miednicy. Pęknięcie może również dotyczyć szyjki macicy.

Jak często występuje? Każda kobieta, która rodziła drogami natury, jest narażona na pęknięcie krocza. Połowa rodzących mam doświadczy co najmniej niewielkiego pęknięcia. Natomiast pęknięcia trzeciego i czwartego stopnia są dużo rzadsze.

Jakie są objawy? Natychmiastowym objawem jest krwawienie. Gdy rana zostanie zaszyta, możesz odczuwać ból i dyskomfort, szczególnie w czasie siedzenia i zmiany pozycji ciała.

Leczenie. Każde rozdarcie dłuższe niż 2 centymetry albo takie, które krwawi, zostanie zaszyte. Dostaniesz znieczulenie miejscowe, jeżeli wcześniej nie otrzymałaś go w trakcie porodu albo nie podano ci znieczulenia zewnątrzoponowego.

Jeśli miałaś pęknięte lub nacięte krocze, pomogą ci ciepłe nasiadówki, okłady z lodu, okłady z naparu kory dębu lub oczaru wirginijskiego, znieczulające spraye oraz wystawianie rany na świeże powietrze (patrz str. 482).

Zapobieganie. Dzięki masażom i ćwiczeniom Kegla (patrz str. 399 i 236) wykonywanym w trakcie ciąży lub tuż przed porodem twoje krocze stanie się bardziej podatne, elastyczne i rozciągnięte, co ułatwi ci urodzenie główki (aczkolwiek masaż krocza przed porodem dotyczy głównie pierworódek). Pęknięciu krocza mogą również zapobiec ciepłe okłady i masaż krocza w czasie porodu. Jeśli pozwolisz, by poród przebiegał we własnym tempie i będziesz go kontrolować (czyli przeć tylko wtedy, gdy poczujesz potrzebę, a nie według porodowego „rozkładu"), twoje krocze bardziej się rozciągnie, a więc ryzyko jego pęknięcia będzie mniejsze. Niektórzy położnicy uważają, że poród na czworakach zmniejsza ryzyko pęknięcia krocza, a poród kuczny lub leżenie na wznak mogą trochę zwiększyć ryzyko rozerwania tej delikatnej sfery.

Pęknięcie macicy

Co to jest? To rzadkie powikłanie ciążowe polegające na rozdarciu mięśnia macicy, zwykle w punkcie jego osłabienia spowodowanego przez blizny po wcześniejszych zabiegach chirurgicznych, takich jak cięcie cesarskie lub usunięcie mięśniaków. Może również wystąpić w macicy nadmiernie rozciągniętej, np. z powodu wielowodzia, wad płodu, nieprawidłowego położenia płodu w czasie porodu lub w trakcie operacji położniczych. Pęknięcie macicy wywołuje niekontrolowane, silne krwawienie do jamy brzusznej i czasem (chociaż rzadko) prowadzi do przemieszczenia łożyska i płodu.

Jak często występuje? U kobiet, które nie miały wcześniej cięcia cesarskiego ani operacji macicy, na szczęście bardzo rzadko. Nawet u tych mam, które po wcześniejszym porodzie operacyjnym rodziły drogami natury (VBAC), do pęknięcia macicy dochodzi tylko w 1 na 100 przypadków. W grupie podwyższonego ryzyka znajdują się z kolei te kobiety, które po uprzednim cięciu cesarskim próbują rodzić naturalnie, przy czym ich poród jest indukowany za pomocą leków – dlatego VBAC nie jest zalecany, jeśli trzeba sztucznie wywoływać akcję porodową. Kolejne czynniki ryzyka to nieprawidłowości związane z łożyskiem albo nieprawidłowe położenie dziecka (na przykład poprzeczne lub skośne). Pęknięcie macicy częściej się zdarza kobietom, które urodziły już 6 lub więcej dzieci albo mają rozciągniętą macicę (z powodu ciąży wielopłodowej lub dużej ilości wód płodowych).

Jakie są objawy? Najczęściej występujące objawy rozerwania macicy to natychmiastowe ustanie czynności skurczowej mięśnia macicy, bardzo silny, ostry ból brzucha (uczucie, jakby coś się „rozrywało") nawet w przypadku znieczulenia zewnątrzoponowego. Typowym objawem jest również spadek tętna płodu widoczny na monitorze detektora. Gwałtownie pogarsza się stan ogólny rodzącej z powodu wstrząsu hipowolemicznego związanego z utratą krwi, który objawia się przyspieszonym tętnem, obniżeniem ciśnienia tętniczego krwi, zawrotami głowy, przyspieszonym oddechem lub utratą przytomności.

Leczenie. Jeśli wcześniej miałaś cięcie cesarskie lub operację macicy, podczas której doszło do całkowitego przecięcia ściany macicy, a chciałabyś podjąć próbę porodu drogami natury, porozmawiaj z lekarzem, czy jesteś odpowiednią kandydatką do VBAC (patrz str. 370). Niewielkie ryzyko pęknięcia macicy zmniejszy się jeszcze bardziej, jeśli poród nie będzie indukowany. Jednak jeśli dojdzie do pęknięcia macicy, konieczne będzie natychmiastowe cięcie cesarskie, a potem zszycie pęknięcia. Czasem jest to niemożliwe i trzeba usunąć macicę, by ratować kobietę. Podaje się też antybiotyki, żeby zapobiec zakażeniu.

Zapobieganie. W przypadku kobiet z grupy podwyższonego ryzyka (na przykład po cięciu cesarskim) monitorowanie płodu w trakcie porodu zaalarmuje lekarza, że może dojść lub właśnie doszło do pęknięcia macicy. Nie powinno się wywoływać porodu u mam, które próbują urodzić siłami natury po cięciu cesarskim (VBAC), poza pewnymi okolicznościami – porozmawiaj o tym z lekarzem.

Wynicowanie macicy

Co to jest? Wynicowanie macicy to rzadkie powikłanie porodowe, do którego dochodzi wówczas, gdy macica wywija się na drugą stronę i jej błona śluzowa wystaje do pochwy lub całkowicie na zewnątrz sromu. Wszystkie przyczyny wynicowania macicy nie są jeszcze znane, ale w wielu wypadkach dochodzi do niego wówczas, gdy łożysko nie w pełni oddzieli się od ściany macicy i ciągnie ją za sobą podczas przemieszczania się w kanale rodnym. Wynicowanie macicy – niezauważone bądź nieleczone – może wywołać krwotok i wstrząs krwotoczny. Jest to jednak bardzo mało prawdopodobne, ponieważ nie można tego nie zauważyć.

Jak często występuje? Wynicowanie macicy to bardzo rzadkie powikłanie ciążowe – dane na ten temat sporo się różnią, ponieważ mówią o 1 na 2000 lub na 50 000 porodów. Bardziej narażone są kobiety, u których w trakcie poprzedniego porodu doszło do wynicowania macicy. Inne czynniki, które odrobinę zwiększają znikome ryzyko wystąpienia tego problemu, to: długi poród (trwający ponad 24 godziny), kilka wcześniejszych porodów drogami natury i zażywanie siarczanu magnezu (podawanego w celu powstrzymania porodu przedwczesnego). Macica może mieć również tendencje do wynicowania, jeśli jest zbyt rozluźniona lub jeśli pępowina jest krótka i zostaje zbyt mocno pociągnięta w trakcie porodu.

Jakie są objawy? Objawy wynicowania macicy to:
- ból brzucha;
- silne krwawienie;
- oznaki wstrząsu hipowolemicznego;
- w przypadku całkowitego wynicowania macicę widać w pochwie.

Leczenie. Dowiedz się, jakie są czynniki ryzyka, i poinformuj lekarza, jeśli w przeszłości doszło u ciebie do wynicowania macicy. Jeśli przytrafi ci się to powikłanie porodowe, lekarz spróbuje odprowadzić macicę na swoje miejsce, a potem poda ci oksytocynę, by spowodować obkurczanie się mięśnia macicy. W rzadkich wypadkach, kiedy taka metoda się nie sprawdzi, być może trzeba będzie przeprowadzić operację. Prawdopodobnie będziesz potrzebowała również transfuzji krwi, by uzupełnić jej stratę, oraz antybiotyków, które pomogą zapobiec zakażeniu.

Zapobieganie. Ponieważ kobieta, która przeszła już wynicowanie macicy, znajduje się w grupie podwyższonego ryzyka, poinformuj lekarza, jeśli dotknęło cię to powikłanie ciążowe.

Krwotok poporodowy

Co to jest? Odchody połogowe, czyli wydzielina z pochwy, to całkowicie normalne zjawisko. Początkowo (przez pierwsze 3 doby) są one krwiste, po czym zmieniają zabarwienie na brunatne, brudnoszare, a w końcu szarobiałe. Niestety czasem macica nie obkurcza się tak, jak powinna, co w rezultacie prowadzi do krwotoku poporodowego, czyli obfitego i niekontrolowanego krwawienia z miejsca, w którym znajdowało się łożysko lub w którym doszło do pęknięcia pochwy albo szyjki macicy. Jeśli w macicy pozostaną resztki łożyska (nie zostaną z niej usunięte), do krwotoku może dojść nawet 1–2 tygodnie po porodzie. Przyczyną krwotoku – od razu po porodzie lub kilka tygodni później – może być również zakażenie.

Jak często występuje? Krwotok poporodowy dotyczy 2–4 procent porodów. Nadmierne krwawienie jest bardziej prawdopodobne, gdy:
- macica jest zbyt rozluźniona i nie kurczy się po długim, wyczerpującym porodzie;
- macica jest za bardzo rozciągnięta z powodu wcześniejszych porodów, dużego dziecka lub wielowodzia;
- poród przebiegał z powikłaniami;

- w macicy pozostały (niezauważone przez lekarza) fragmenty łożyska;
- łożysko ma nieprawidłowy kształt, wielkość lub położenie albo oddzieliło się przedwcześnie;
- mięśniaki uniemożliwiają symetryczne skurcze macicy;
- rodząca brała lekarstwa lub suplementy, które utrudniają krzepnięcie krwi (takie jak aspiryna, ibuprofen, ginkgo biloba lub duże dawki witaminy E);
- rodząca choruje na niezdiagnozowane genetyczne zaburzenia krzepliwości krwi (bardzo rzadkie).

Jakie są objawy? Do najczęstszych objawów krwotoku poporodowego należą:

- silne krwawienie, które przesącza się przez więcej niż 1 podpaskę na godzinę i trwa kilka godzin z rzędu;
- obfite, jasnoczerwone krwawienie trwające dłużej niż kilka dni;
- wydalanie dużych skrzepów (wielkości cytryny lub większych); mniejsze nie powinny budzić obaw;
- ból lub obrzęk w podbrzuszu, nie licząc pierwszych dni po porodzie.

Utrata dużej ilości krwi może spowodować osłabienie, zaburzenia oddychania, zawroty głowy, przyspieszenie tętna i niskie ciśnienie tętnicze krwi, a nawet omdlenia.

Leczenie. Po porodzie należy spodziewać się krwawienia, ale jeśli będzie wyjątkowo obfite lub zauważysz inne opisane wyżej objawy w ciągu tygodnia po porodzie lub później, natychmiast skontaktuj się z lekarzem. Jeśli krwawienie jest na tyle poważne, że zostanie uznane za krwotok, prawdopodobnie będziesz potrzebowała podawanych dożylnie płynów, a nawet transfuzji krwi.

Zapobieganie. Gdy urodzisz łożysko, lekarz dokładnie je obejrzy, by sprawdzić, czy jest całe – żaden jego fragment nie powinien pozostać w macicy (to mogłoby doprowadzić do krwotoku lub zakażenia). Potem dostaniesz oksytocynę lub inny lek obkurczający mięsień macicy. Karmienie piersią (jeśli się na nie zdecydujesz) również przyspieszy obkurczanie macicy, co zminimalizuje krwawienie. Unikaj suplementów lub leków, które mogą zmniejszyć krzepliwość krwi, ponieważ dzięki temu zmniejszysz ryzyko krwawienia poporodowego.

Zakażenie okołoporodowe

Co to jest? Większość świeżo upieczonych mam odzyskuje siły po porodzie bez żadnych problemów. Jednak zdarza się, że podczas porodu dochodzi do zakażenia. Zostają po nim przecież różne otwarte rany – w macicy (gdzie umocowane było łożysko), w szyjce macicy, pochwie, kroczu (szczególnie jeśli zostało nacięte, nawet jeśli później zostało zaszyte) oraz w miejscu cięcia cesarskiego. Może się również rozwinąć zapalenie układu moczowego, szczególnie jeśli miałaś założony cewnik do pęcherza moczowego. Fragment łożyska przez nieuwagę pozostawiony w macicy także może je spowodować. Jednak najpowszechniej występującym zakażeniem połogowym jest zapalenie błony śluzowej macicy (zwanej endometrium).

Aczkolwiek niektóre zakażenia mogą być niebezpieczne, zwłaszcza jeśli zostaną niewykryte i nie są leczone, to większość jedynie spowalnia i utrudnia rekonwalescencję po porodzie oraz zabiera ci czas i energię, które powinnaś poświęcić temu, co najważniejsze, czyli poznawaniu swojego dziecka. Choćby z tej przyczyny warto jak najszybciej zareagować na zakażenie i podjąć leczenie.

Jak często występuje? Mniej więcej 8 procent porodów kończy się zakażeniem. Najbardziej narażone są kobiety, które miały cięcie cesarskie lub u których doszło do przedwczesnego pęknięcia błon płodowych.

Jakie są objawy? Objawy zakażenia okołoporodowego różnią się w zależności od tego, w jakim miejscu doszło do zakażenia, ale na ogół obejmują:
- gorączkę;
- ból w miejscu objętym zakażeniem;
- odchody połogowe o nieprzyjemnych zapachu (jeżeli do zakażenia doszło w pochwie lub jest w niej rana);
- dreszcze.

Leczenie. Skontaktuj się z lekarzem, jeśli temperatura powyżej 37,7°C utrzymuje się dłużej niż jeden dzień. Zadzwoń do niego natychmiast, jeśli temperatura jest wyższa lub zauważyłaś jakieś inne objawy. Jeśli rozwinęło się u ciebie zakażenie połogowe, lekarz prawdopodobnie przepisze ci antybiotyki (takie, które można stosować w trakcie karmienia piersią, jeśli karmisz). Weź wszystkie dawki antybiotyku według wskazań lekarza, nawet jeśli poczujesz się lepiej. Przyjmuj również probiotyki (ale nie razem z antybiotykami, najlepiej w odstępie 2 godzin), aby uchronić się przed biegunką, grzybicą pochwy lub pleśniawkami (u ciebie i u dziecka, jeśli karmisz piersią). Staraj się również jak najwięcej wypoczywać i pić dużo płynów.

Zapobieganie. Dokładne dbanie o ranę i przestrzeganie zasad higieny zdecydowanie pomogą ci zapobiec zakażeniu (myj ręce, zanim dotkniesz okolicy krocza, podcieraj się od przodu do tyłu, a w okresie krwawienia poporodowego używaj tylko podpasek – nie tamponów).

WSZYSTKO O...
Jeśli będziesz musiała leżeć w łóżku

Leżenie w łóżku (to nadal popularne i uniwersalne sformułowanie oznaczające ograniczenie aktywności) może znaczyć różne rzeczy dla różnych lekarzy oraz ich pacjentek. Na przykład to, że przez kilka godzin dziennie będziesz musiała sobie poleżeć, a dodatkowo także to, że powinnaś przekazać odkurzacz swojemu partnerowi i na chwilę zawiesić członkostwo w klubie fitness. A może będziesz musiała przez większość czasu leżeć w łóżku albo ostatnie kilka tygodni ciąży spędzić w szpitalu. Bez względu na to, jaką formę przybierze „ciąża na leżąco", szacuje się, że dotyczy ona 20 procent przyszłych mam (w Stanach Zjednoczonych). Ta liczba może się zmniejszyć, ale prawdopodobnie nie tak szybko, jak chcą tego lekarze, ich ciężarne pacjentki oraz Amerykańskie Kolegium Położników i Ginekologów.

Czy jednak będzie można zrezygnować z tej uświęconej tradycją recepty na różne dolegliwości ciążowe? Prawdopodobnie nie. Nadal istnieją bowiem powody, które zmuszają lekarzy do zalecania ograniczenia aktywności fizycznej, a najprostszym racjonalnym uzasadnieniem jest po prostu to, że czasem nie ma innej metody, by zapobiec powikłaniom – takim jak poród przedwczesny – więc lekarz musi wydać takie zalecenie.

Niektóre przyszłe mamy chętniej podporządkowują się reżimowi; chodzi przede wszystkim o te, które mają ponad 35 lat (ponieważ zazwyczaj są bardziej zagrożone powikłaniami), a także o te, które spodziewają się więcej niż jednego dziecka, wcześniej poroniły z powodu niewydolności szyjkowej, krwawią w czasie ciąży (i grozi im poronienie), u których wystąpiły powikłania ciążowe, takie jak stan przedrzucawkowy, choroby przewlekłe, lub są zagrożone porodem przedwczesnym.

Rodzaje ograniczeń aktywności fizycznej

Jeśli lekarz zalecił ci leżenie w łóżku, prawdopodobnie dokładnie cię poinstruuje, co możesz robić, a co jest zabronione. A to dlatego, że „leżenie w łóżku" dla każdej ciężarnej może oznaczać co innego. Oto podstawowe informacje na temat rodzajów „wypoczynku ciążowego". Jeżeli lekarz zaleci ci leżenie w łóżku, omów z nim różne opcje, by mieć pewność, że metoda, którą zalecił, nie jest bardziej rygorystyczna, niż powinna.

Wyznaczona ilość odpoczynku (lub ograniczenie aktywności). Aby w dalszym okresie ciąży zapobiec restrykcyjnemu leżeniu w łóżku, niektórzy lekarze zalecają przyszłym mamom z pewnymi czynnikami ryzyka (na przykład ciążą wielopłodową lub przebytym wcześniej porodem przedwczesnym), by każdego dnia odpowiednio dużo wypoczywały. Lekarz może ci zalecić siedzenie z nogami w górze lub leżenie przez 2 godziny każdego popołudnia albo godzinne leżenie na boku (najlepiej lewym, chociaż obie strony są dobre) codziennie co cztery godziny. Niektórzy położnicy mogą uznać, że musisz skrócić dzień pracy w trzecim trymestrze ciąży oraz ograniczyć aktywność fizyczną – ćwiczenia, wchodzenie po schodach i chodzenie lub stanie przez dłuższy czas.

Zmodyfikowane leżenie. To zalecenie odnosi się generalnie do zakazu pracy (aczkolwiek praca w zaciszu domowym prawdopodobnie ci nie zaszkodzi), prowadzenia samochodu i wykonywania obowiązków domowych (to akurat powód do radości!). Dopuszczalne są również siedzenie (najlepiej z nogami w górze) oraz stanie, ale tylko przez chwilę, która wystarczy, żebyś zrobiła sobie kanapkę lub wzięła prysznic. Może nawet otrzymasz zgodę na wyjście z domu raz w tygodniu, ale pod warunkiem, że nie będziesz długo spacerować ani chodzić po schodach. Będziesz też mogła raz w miesiącu (a może nawet raz w tygodniu, jeśli zajdzie taka potrzeba) wybrać się na wizytę kontrolną do lekarza. Przyszłe mamy, którym zalecono taką metodę, mogą podzielić dzień na odpoczynek w fotelu czy na kanapie i leżenie w łóżku. Natomiast chodzenie po schodach powinny ograniczyć do minimum. Być może lekarz zezwoli również na niektóre zabiegi fizjoterapeutyczne.

Rygorystyczny nakaz leżenia w łóżku. Ta opcja oznacza zazwyczaj przebywanie w pozycji horyzontalnej przez cały dzień poza krótkimi przerwami na pójście do toalety i krótki prysznic (najlepiej gdybyś mogła go brać na siedząco). Jeśli masz w domu schody, musisz wybrać sobie jedno piętro i go nie opuszczać. (Niektóre przyszłe mamy otrzymają zgodę, by raz dziennie odbyć „podróż" między piętrami; inne będą mogły to zrobić tylko raz w tygodniu). Rygorystyczny nakaz leżenia w łóżku oznacza również zwolnienie ze wszystkich obowiązków kuchennych, więc będziesz musiała znaleźć kogoś, kto będzie ci podawał posiłki. Być może lekarz zezwoli na niektóre zabiegi fizjoterapeutyczne wykonywane w domu.

Leżenie w szpitalu. Niektóre przyszłe mamy wymagają stałego monitorowania, a to oznacza pobyt w szpitalu, w którym większość czasu spędzisz w łóżku, w bezruchu. Lekarz może w związku z tym zalecić ćwiczenia wykonywane w pozycji leżącej w sposób czynny lub bierny, by zapewnić mięśniom ruch w sposób bezpieczny dla ciebie i dziecka. Jeśli zostałaś przyjęta do szpitala z powodu przedwczesnej akcji porodowej, będziesz musiała być nieustannie monitorowana. Otrzymasz też dożylnie odpowiednie

Zanim się położysz

Lekarz wysłał cię do łóżka? Zanim ułożysz się wygodnie pod kołdrą, przeczytaj poniższe informacje.

- Sprawdź swoje ubezpieczenie zdrowotne. Poinformuj firmę ubezpieczeniową, że będziesz musiała leżeć (i w razie potrzeby podporządkować się innym zaleceniom lekarza). Dowiedz się, czy ubezpieczenie obejmuje opiekę domową, fizjoterapię i opłaty za opiekę medyczną, sprzęt, a nawet masaż. Zapytaj też, jak będzie wyglądała twoja sytuacja, jeśli dziecko urodzi się przed terminem.
- Rozważ opcję pracy w domu. Jeśli masz elastyczną pracę i takiegoż pracodawcę, to może będziesz mogła nadal wykonywać swoje obowiązki zawodowe, leżąc w łóżku (przynajmniej na część etatu).
- Pamiętaj o ładowaniu telefonu. Leżąc w łóżku, będziesz potrzebowała kontaktu ze światem: z partnerem, lekarzem, apteką, szpitalem, sąsiadami oraz przyjaciółmi, którzy pomogą ci w razie potrzeby.
- Zapewnij sobie możliwość korzystania z usług internetowych. W ten sposób będziesz mogła zamawiać jedzenie z restauracji, robić zakupy w sklepie spożywczym, aptece lub drogerii, zamówić wizytę lekarza, zlecić wyprowadzanie psa, pranie i tak dalej – oczywiście pod warunkiem, że możesz sobie na to pozwolić.
- Jeśli cię na to stać, zatrudnij kogoś do pomocy. Albo poproś o pomoc rodzinę, przyjaciół i chętnych sąsiadów. Będziesz potrzebowała kogoś, kto trochę posprząta, załatwi różne sprawy, zajmie się dziećmi (jeśli je masz), odwiezie je do szkoły lub na zajęcia pozalekcyjne, przygotuje posiłki i ogarnie dom.
- Udostępnij klucze osobom, które będą cię odwiedzać (albo zostaw je u sąsiadki lub dozorcy), żebyś nie musiała wstawać z łóżka za każdym razem, gdy rozlegnie się dzwonek u drzwi. Jeśli to możliwe, poproś sąsiadkę, by odbierała zamówione zakupy.
- Kup lub pożycz małą lodówkę, którą będziesz mogła ustawić przy łóżku, i wypełnij ją napojami, gotowymi do zjedzenia warzywami, serem, jogurtami oraz innymi przekąskami. Możesz również kupić lodówkę turystyczną z wkładami chłodzącymi (i zmieniać je każdego dnia).
- Zorganizuj miejsce dla laptopa, telefonu i tabletu oraz innych sprzętów, które wymagają ładowania. Powinnaś mieć wszystkie przewody w zasięgu ręki.

leki. Twoje łóżko zostanie ustawione pod takim kątem, by stopy znajdowały się wyżej niż głowa (w takiej pozycji grawitacja pomoże twojemu dziecku lub dzieciom jak najdłużej rozwijać się w macicy).

Miednica „na urlopie". Cóż... Pod tym sformułowaniem kryje się dokładnie to, co myślisz. Całkowity zakaz seksu. Ale ponieważ „całkowity zakaz seksu" to kwestia interpretacji, więc zapytaj lekarza, co konkretnie oznacza on w twojej sytuacji. Może być to zakaz wkładania czegokolwiek do pochwy (penisa, palców, dilda, wibratora czy innych gadżetów), może też dotyczyć seksu oralnego i analnego, a także orgazmów. Lekarz prawdopodobnie zaleci ci powstrzymanie się od współżycia, jeśli krwawisz (na przykład zagraża ci poronienie w pierwszym trymestrze lub w późniejszym okresie ciąży z powodu łożyska przodującego), w przeszłości urodziłaś przed terminem, masz przedwczesne skurcze macicy albo niewydolność szyjkową.

Negatywne strony leżenia

Leżenie (niezależnie od tego, czy zostałaś wysłana na kanapę, do łóżka czy do szpitala) przez wiele tygodni, a nawet miesięcy na pewno da ci się we znaki. Długi brak aktywności może się stać przyczyną bólu bioder i pleców, osłabienia mięśni (przez co po porodzie będzie ci trudniej stanąć na nogi i wrócić do formy), uszkodzeń skóry (zwanych odleżynami), ubytku masy kostnej, a nawet zakrzepicy kończyn dolnych. Leżenie nasili także typowe objawy ciążowe, takie jak zgaga, zaparcia, a nawet zwiększy ryzyko cukrzycy ciążowej, ponieważ organizm nie będzie zużywał glukozy w czasie wysiłku fizycznego. Może również zmniejszyć apetyt, więc nie będziesz jadła wystarczająco dużo, by dostarczyć dziecku (lub dzieciom) niezbędnej ilości składników odżywczych. Z drugiej strony, niekończące się godziny leżenia w łóżku mogą prowadzić do nieopanowanego, bezmyślnego jedzenia – zwłaszcza jeśli tracisz zmysły z powodu koszmarnej nudy – i nadmiernego przyrostu masy ciała (szczególnie że nie spalasz kalorii dzięki regularnej aktywności fizycznej i ćwiczeniom).

Wiele miesięcy ciąży spędzonych na leżąco może się również odbić na twojej psychice. Długi brak aktywności zwiększa ryzyko depresji ciążowej i zaburzeń lękowych, zwłaszcza jeśli utknęłaś w domu, jesteś odcięta od różnych zajęć, które w normalnych warunkach zajmują twój umysł i ciało, pozbawiona kontaktów z ludźmi, ćwiczeń (które w naturalny sposób zwiększają wydzielanie endorfin, czyli hormonów szczęścia), seksu (jak wyżej), ożywienia związanego z pracą zawodową, a nawet światła słonecznego (które podnosi nastrój i reguluje dobowy rytm snu i czuwania). Tracisz również przyjemne doświadczenia związane z „normalną" ciążą (na przykład to, że wszyscy wokół ciebie stają się wyjątkowo usłużni, zatroskani, pełni szacunku, a ty – dzięki brzuchowi – czujesz się wyjątkowa). Ten emocjonalny wstrząs (podobnie jak fizyczny) może się utrzymywać jeszcze po porodzie i wiązać z większym ryzykiem depresji poporodowej i zaburzeń lękowych.

Wstawanie podczas leżenia

Myśl o leżeniu w łóżku lub snuciu się bezczynnie po domu z pilotem w ręce może się wydawać dość kusząca – ale tylko dopóki lekarz nie przepisze ci takiego reżimu. Niestety leżenie w łóżku podczas ciąży to nie piżama-party. Kiedy dochodzi do głosu rzeczywistość, takie przyjemne lenistwo nagle staje się ciężką pracą. Ale trzeba spojrzeć na to z szerszej perspektywy (chodzi przecież o zdrową ciążę i zdrowe dziecko) i przypominać sobie, że lekarz zapewne nie każe ci leżeć ani ograniczać aktywności bez konkretnego powodu.

Kiedy już się dokładnie dowiesz, co możesz robić (a czego nie), zastosuj poniższe wskazówki, by zminimalizować skutki uboczne „ciąży na leżąco":

Fizyczne. Może się zdziwisz, ale będziesz mogła nadal robić wiele rzeczy, mimo że zostaniesz poproszona, by robić ich mniej. Oto kilka sugestii:

- Ruszaj, czym tylko możesz. Być może lekarz się zgodzi na umiarkowaną aktywność fizyczną (a nawet ją zaleci) – na przykład spacery, lekkie ćwiczenia wysiłkowe na górną część ciała czy ćwiczenia z taśmami wzmacniające stawy nóg – która wzmocni mięśnie, poprawi wytrzymałość oraz pomoże utrzymać siłę fizyczną.

- Rozciągaj się, jak tylko możesz. Za zgodą lekarza wykonuj ćwiczenia rozciągające mięśnie nóg, wykonuj ruchy okrężne stopami i poruszaj nimi w górę i w dół, by zapobiec zakrzepicy kończyn dolnych i wzmocnić mięśnie. Podnoś i opuszczaj ręce, poruszaj barkami, rozciągaj klatkę

DLA OJCÓW

Jak radzić sobie z nakazem leżenia w łóżku

Ograniczenie aktywności dla twojej partnerki nie ma nic wspólnego z piknikiem (zwłaszcza jeśli została skazana na leżenie w łóżku), a dla ciebie to również nie będą wakacje. Prawdę mówiąc, będziesz miał jeszcze więcej pracy, próbując na bieżąco wykonywać obowiązki domowe i załatwiać różne sprawy, którymi wcześniej prawdopodobnie się dzieliliście. Dodaj do tego jeszcze kolejne obowiązki – zostaniesz asystentem, kamerdynerem, szefem kuchni (nie zapomnij o stałym dostarczaniu butelek z wodą), szoferem, gosposią, specjalistą od poprawiania poduszek, domorosłym psychologiem, werbalnym „workiem treningowym" (dziewczyna musi się wygadać) – które będziesz musiał połączyć z pracą zawodową. Macie starsze dzieci? Cóż, o nie również będziesz musiał zadbać. Czas, gdy twoja partnerka będzie miała nakaz leżenia w łóżku, na pewno będzie dla ciebie wyczerpujący, ale gdy pomyślisz o nagrodzie, która cię czeka – o zdrowej mamie i zdrowym dziecku – zdołasz przetrwać ten ciężki okres. Oto sposoby, które pomogą wam poradzić sobie ze wzlotami i upadkami związanymi z nakazem leżenia w łóżku:

Zapraszaj gości. Z pewnością ona nie widzi świata poza tobą, ale po wielu długich i nudnych dniach spędzonych w domu (lub głównie w domu) zapragnie urozmaicenia i widoku innych twarzy. Opracuj zatem wraz z rodziną i przyjaciółmi rotacyjny plan odwiedzin, by kolejni goście mogli spędzać czas z twoją ukochaną. Na pewno będzie to dobre dla niej i dla ciebie – zyskasz chwilę przerwy, której potrzebujesz (i na którą zasługujesz).

Zapewniaj rozrywki. Na pewno byłbyś znudzony do nieprzytomności, gdybyś musiał spędzać cały czas w domu. Zgromadź zatem zapas gier, ściągnij seriale telewizyjne i urządzajcie sobie maratony filmowe. Znajdź w okolicy najlepsze restauracje na wynos albo zamawiaj jedzenie przez Internet. Zrób jej niespodziankę i podaruj składankę ulubionych piosenek.

Ćwiczcie razem. Może lekarz pozwoli jej tylko na krótkie przechadzki do rogu ulicy, ale z tobą przy boku będzie jej raźniej i weselej. Może wykonywać lekkie ćwiczenia siłowe na górną część ciała? A więc weź swoje ciężarki i ćwicz razem z nią. Zachęć ją też, by robiła „rowerki" (jeżeli lekarz zezwolił) lub poruszała stopami, a w tym samym czasie ćwicz obok niej na rowerze stacjonarnym. Rób „brzuszki" przy łóżku, gdy będzie wykonywała ćwiczenia rozciągające mięśnie górnej części ciała.

Zaproś ją na randkę. Ona pewnie nie będzie mogła wyjść z domu na kolację lub do kina, ale za to ty będziesz mógł urządzić randkę w domu (lub w szpitalu). Ubierz się elegancko (na przykład w swoją najlepszą piżamę), włącz romantyczną muzykę, zapal świece i zamów jedzenie z jej ulubionej restauracji (lub ugotuj sam). Może atmosfera nie będzie taka sama jak na prawdziwych randkach, o których z pewnością pamięta, ale będzie to autentyczne wytchnienie od codziennej rutyny.

Zapewnij jej relaks. Zatrudnij masażystę, który wykona profesjonalny masaż prena-

---

piersiową (spleć palce za plecami i wypnij piersi) – wszystko po to, by wzmocnić górną część ciała. I nie zapominaj o ćwiczeniach Kegla, które możesz wykonywać nawet wtedy, gdy zostałaś skazana na leżenie w łóżku.

- Kontroluj to, co jesz. Znaczny spadek apetytu u przyszłej mamy może doprowadzić do utraty masy ciała, a także do niższej masy urodzeniowej dziecka. A tego przecież nie chcesz. Zatem gdy zauważysz, że masz mniejszy apetyt, zjadaj odżywcze

talny – oczywiście pod warunkiem, że cię na to stać i że jej lekarz wyraził zgodę na tego typu zabiegi. Dowiedz się, czy pobliski salon piękności oferuje usługi domowe, i zamów jej manikiur i pedikiur. Jeśli nie stać cię na taki zabieg albo twoja ukochana nie jest zwolenniczką tej formy upiększania, zaoferuj jej masaż pleców lub zróbcie razem jakiś zabieg kosmetyczny na twarz (w Internecie znajdziesz różne przepisy na maseczki ze składników, które przypuszczalnie masz w domu – na przykład z płatków owsianych lub awokado) albo pomaluj jej paznokcie u nóg, do których już pewnie nie sięga.

Chwal ją. Każda przyszła mama chce, by ktoś podbudował jej wiarę w to, że wszystko będzie dobrze, i umocnił poczucie własnej wartości, a mama, która całe dnie spędza w łóżku, jeszcze bardziej pragnie takich zapewnień i komplementów. Owszem, przez cały czas musisz jej mówić, że jest piękna i seksowna – nawet wtedy, gdy od wielu dni nie myła głowy i nie zrobiła makijażu. Ale czy musi wiedzieć, że to zauważyłeś? A więc jak najczęściej mów jej, że ci się podoba.

Zaoferuj jej ramię i ucho. Czasem będzie musiała się wygadać, a najczęściej to właśnie ty będziesz osobą, która znajdzie się w zasięgu jej frustracji. Aby uzyskać jak najlepsze rezultaty (ona z pewnością na nie zasługuje), reaguj cierpliwie, ze zrozumieniem i empatią. Chwal ją, obdarzaj komplementami (albo zagaduj, gdy widzisz, że jest na skraju załamania nerwowego). Przez cały czas przypominaj, że jest piękna, silna, że jest twoją osobistą bohaterką i że jej wysiłki nie są nadaremne (w końcu oboje zostaniecie przecież nagrodzeni słodkim maleństwem), ale pozwól jej się wyładować, gdy tylko będzie tego potrzebowała. Gdy już wczujesz się w jej potrzeby emocjonalne, spróbuj jednak całkowicie nie ignorować własnych. Od czasu do czasu zrób sobie przerwę (w tym celu powinieneś zapraszać różnych gości) i spotkaj się z kolegami, którzy zapewnią ci wsparcie. Nakaz ciągłego leżenia w łóżku to bardzo trudne zadanie, ale jest ono również ciężką próbą dla osoby wspierającej leżącą przyszłą mamę.

Obserwuj jej nastroje. Leżenie w łóżku wiąże się z podwyższonym ryzykiem depresji ciążowej i zaburzeń lękowych. Gdy zauważysz jakiekolwiek objawy (patrz str. 182), podejmij stosowne działania. Bądź również wyczulony na oznaki depresji poporodowej (patrz str. 520), ponieważ leżenie w łóżku w trakcie ciąży też może zwiększyć ryzyko takich powikłań. Martwisz się swoim nastrojem? Depresja może dotknąć także przyszłych i świeżo upieczonych ojców. W takiej sytuacji skontaktuj się z lekarzem i poproś o pomoc.

Pomóż jej stanąć na nogi. Myślisz, że gdy już urodzi, będzie w stanie startować w maratonie dla młodych mam? Niestety będzie wprost przeciwnie. Im więcej czasu spędzi w łóżku, tym będzie słabsza, pozbawiona energii i kondycji fizycznej. A to oznacza tak naprawdę, że będzie bardziej zmęczona niż przeciętna młoda mama i że będzie potrzebowała jeszcze większego wsparcia w trakcie połogu. Oferuj jej zatem tę pomoc, dopóki nie powróci do formy. Pamiętaj jednak, że oboje możecie się czuć wyczerpani, ponieważ właśnie zostaliście rodzicami.

przekąski. Z drugiej strony, gdy stwierdzisz, że jesz zbyt dużo (z powodu nudy lub depresji), nadwaga również stanie się problemem. Pilnuj więc, żeby bez przerwy czegoś nie podjadać, i miej zawsze pod ręką zdrowe przekąski.

- Nawadniaj organizm. Łatwo pamiętać o piciu wody, kiedy jest się aktywnym fizycznie (na przykład po biegu), ale trudno zaspokajać pragnienie, leżąc stale w łóżku. Musisz jednak pamiętać, że odpowiednia ilość płynów zmniejsza i łagodzi zaparcia,

które są nieodłącznym skutkiem ograniczenia aktywności fizycznej.
- Zapewnij sobie wygodę. Gdy cały twój świat przez większość dnia ogranicza się do łóżka, powinnaś zadbać o odpowiedni przepływ krwi do macicy, układając się na boku (nie na plecach) i od czasu do czasu zmieniając pozycję – to złagodzi ból i zapobiegnie odleżynom. Jedną poduszkę podłóż pod głowę, a drugą (dużą lub specjalnie zaprojektowaną dla ciężarnych) podeprzyj brzuch i kolana. Możesz również podeprzeć plecy kolejną poduszką (zwykłą lub stabilizacyjną), gdyż to pomoże ci zachować równowagę. Jeśli wesprzesz się na poduszkach (zwłaszcza po jedzeniu), uchronisz się również przed zgagą.

Psychiczne. Życie, które wymaga ograniczenia aktywności fizycznej, może być trudne do zniesienia – zwłaszcza jeśli normalnie jesteś bardzo aktywną osobą. Stałe zajęcie pomoże ci oderwać uwagę od swojego położenia. Wypróbuj zatem następujące wskazówki:
- Utrzymuj kontakty z innymi ludźmi. Wiadomo, że będziesz utrzymywać kontakt z członkami rodziny i przyjaciółmi przez telefon, esemesy, wideorozmowy i media społecznościowe – nawet gdyby ograniczał się on tylko do tych najbliższych. Ale być może znajdziesz również wsparcie u innych przyszłych mam, które tak samo jak ty są przykute do łóżka. Znajdziesz je w Internecie na stronie www.whattoexpect.com (nie zapomnij o ściągnięciu aplikacji). Możesz zajrzeć również na fora dla leżących mam. (W ramce na stronie obok znajdziesz więcej źródeł internetowych przeznaczonych dla kobiet w ciąży zagrożonej).
- Zaplanuj dzień. Spróbuj ustalić pewną rutynę – nawet jeśli jedynymi atrakcjami będą posiłki, krótki spacer (na który zezwoli lekarz) i prysznic.

- Pracuj w domu. Jeśli twój zawód na to pozwala, nie wahaj się ani chwili. Najpierw jednak zapytaj o zgodę lekarza, by się dowiedzieć, jakie obowiązują cię ograniczenia (na przykład może się okazać, że powinnaś unikać stresu).
- Przygotuj się na przyjęcie dziecka. Kup wyprawkę dla malucha, zamów ubranka i potrzebny sprzęt, poszukaj douli, konsultantki laktacyjnej, pediatry, a nawet opiekunki lub żłobka – wszystko rzecz jasna przez Internet.
- Zrób playlistę dla maluszka. Już teraz zacznij nagrywać piosenki i kołysanki, które wkrótce będą kołysać go do snu. Poza tym taka muzyka uspokoi teraz również ciebie (bo pewnie czujesz się trochę jak potwór, który nie przepada za dziećmi).
- Rozerwij się. Dwa słowa: maraton filmowy.
- Zajmij się robótkami ręcznymi. Rób na drutach, szydełkuj, stwórz album ze zdjęciami lub uszyj patchworkową kołdrę (jeśli nie potrafisz, poszukaj na YouTubie filmów instruktażowych albo poproś o pomoc uzdolnioną koleżankę) – dzięki tym zajęciom będziesz miała pamiątkę z czasu, gdy czekałaś na swoje maleństwo.
- Zorganizuj się. Wyczyść dokładnie laptop i telefon, zaktualizuj oprogramowanie i aplikacje, zrób porządek w zdjęciach. Uaktualnij listę adresów, by po narodzinach dziecka wysłać zawiadomienia do osób, które powinny się o tym dowiedzieć, zaprojektuj wirtualną pocztówkę lub papierowe zawiadomienia o narodzinach dziecka. Możesz również wydrukować nalepki z adresami, by potem nie wypisywać ich ręcznie, oraz zamówić koperty i znaczki pocztowe.
- Prowadź życie towarzyskie. Urządź piżama-party – zamów pizzę lub poproś przyjaciółki, żeby coś przyniosły. Jeśli nie możesz wyjść na baby shower (przyjęcie na część nienarodzonego dziecka), po-

proś koleżanki, żeby urządziły je u ciebie w domu.
- Dbaj o siebie. Spróbuj nie popadać w pułapkę pod tytułem „i tak mnie nikt nie widzi". Dobry wygląd to podstawa dobrego samopoczucia, bez względu na to, czy ktoś cię widzi czy nie. Zatem uczesz włosy, zrób makijaż, posmaruj brzuch przyjemnie pachnącym balsamem (w czasie ciąży twoja skóra może być podrażniona, swędząca i sucha), zrób domową maseczkę lub manikiur. Jeśli cię na to stać, zamów do domu fryzjerkę lub manikiurzystkę. (Zasugeruj ten pomysł przyjaciółkom, które chcą urządzić dla ciebie baby shower).
- Pisz pamiętnik. Teraz masz świetną okazję, by zacząć zapisywać swoje uczucia i przemyślenia na blogu internetowym lub w książce *W oczekiwaniu na dziecko. Dziennik* (REBIS 2015). A może napiszesz kilka listów do swojego maluszka, by utrwalić swoje przeżycia z okresu ciąży, a później podzielić się nimi z dzieckiem, gdy już podrośnie?
- Zostań blogerką. Zawsze chciałaś pisać? Teraz masz okazję.
- Nie zapominaj o nagrodzie. Opraw w ramkę zdjęcia z USG. Postaw je przy łóżku, ustaw jako tapetę na ekranie telefonu lub tabletu. Kiedy będzie ci ciężko, przypomnisz sobie, że masz najlepszy w świecie powód, by wytrwać.

Leżenie w łóżku a reszta rodziny

Zastanawiasz się, jak twój „łóżkowy areszt" wpłynie na resztę rodziny – od partnera po dzieci (w tym również na kudłatych domowników)? Prawdopodobnie poruszy ich bardziej, niż myślisz.

Partner. Kiedy ty zostaniesz wysłana do łóżka, twojemu partnerowi przybędzie pracy – zyska dodatkowy etat w domu. W zależności od twoich ograniczeń stanie się prawdopodobnie odpowiedzialny za większość obowiązków domowych – za sprzątanie, pranie, załatwianie różnych spraw, zakupy i przygotowywanie posiłków (i to wszystko łącznie z pracą zawodową). Być może zabraknie wam również seksu, więc bądźcie dla siebie czuli i wyrozumiali, żebyście mogli jakoś przejść przez ten czas posuchy. I chociaż będziesz pragnęła towarzystwa po długim dniu samotności, zachęć go, by od czasu do czasu wyszedł gdzieś z kolegami – to na pewno dobrze mu zrobi (i waszemu związkowi).

Macie inne dzieci? Teraz na pewno będzie miał pełne ręce roboty (a także ręce, plecy i tylną kanapę samochodu). Ponieważ będzie musiał wziąć całą odpowiedzialność na swoje barki, bądź wyrozumiała i szanuj jego styl rodzicielski, który może być inny od twojego.

Dzieci. Jeśli masz starsze dzieci – zwłaszcza małe, które lubią się przytulać i być noszone na biodrze – to ograniczenie aktywności będzie dodatkowym wyzwaniem. Niewykluczone, że będziesz teraz rzadziej bawić się w łaskotki, a częściej urządzać „herbatki",

---

Mamy pomagają mamom

Każda ciąża wiąże się z pewnymi wyzwaniami, lecz ciąża wysokiego ryzyka (lub powikłana) może postawić ich przed tobą jeszcze więcej. Łatwiej się z nimi uporasz, gdy będziesz miała towarzystwo innych mam, które dokładnie wiedzą, jak się czujesz, ponieważ same przez to przechodzą (albo niedawno przeszły). Poszukaj zatem wsparcia w Internecie, na przykład na stronach: www.whattoexpect.com, www.sidelines.org, www.betterbedrest.org, www.keepemcookin.com, mjakmama.pl lub innych stronach dla leżących mam.

czytać książeczki, układać puzzle, kolorować i grać w gry planszowe. Możecie również spędzać razem miłe chwile, oglądając zdjęcia z czasów, gdy twoja starsza pociecha była jeszcze niemowlęciem. To doskonała okazja, by pomóc dziecku oswoić się z myślą, że w jego życiu pojawi się młodsze rodzeństwo. Staraj się jednak nie zrzucać winy za tę sytuację na nienarodzone maleństwo, gdyż to może przygotować grunt dla przyszłej rywalizacji między rodzeństwem. Powiedz po prostu, że lekarz kazał ci leżeć, żeby maluch urodził się silny i zdrowy. Jeśli to możliwe, poproś kogoś, żeby codziennie zabierał twojego starszaka na spacer – gdy spali trochę energii, będzie spokojniejszy podczas zabaw z tobą.

Czujesz się winna, że nie możesz poświęcić więcej czasu swoim starszym dzieciom? To zrozumiałe (macierzyństwu zawsze towarzyszy pewien rodzaj poczucia winy), ale spróbuj sobie odpuścić. Pamiętaj, że twoje maluchy cieszą się wszystkimi chwilami spędzonymi z mamą, nawet tymi, które mijają na przytulaniu lub zabawie w łóżku.

Domowi ulubieńcy. Dla niektórych psów i większości kotów nie ma nic lepszego od wylegiwania się przez cały dzień w łóżku czy na kanapie. Ale te, które są rozbrykane, pełne energii i uwielbiają się bawić, nie będą się cieszyć, że ich pani cały dzień leży. Podobnie będzie z psami, które potrzebują długich spacerów. Twój partner może oczywiście przejąć opiekę nad zwierzakiem (a może uda ci się znaleźć kogoś, kto będzie wyprowadzał psa), ale jeśli twój kudłaty przyjaciel jest bardzo do ciebie przywiązany, będziesz musiała okazywać mu więcej miłości (i obsypywać pieszczotami).

Kiedy leżenie wreszcie się skończy

To z pewnością wydaje się nielogiczne, ale im więcej wypoczywasz, tym bardziej jesteś zmęczona – zdecydowanie tak się dzieje, gdy spędzasz w łóżku większość czasu. Gdy zwiotczeją ci mięśnie i stracisz siłę, później nawet najmniejszy wysiłek wyda ci się ponad siły, a zmniejszona wydolność płuc sprawi, że pokonanie kilku schodów pozbawi cię tchu. Gdy dodasz do tego jeszcze poród, rekonwalescencję i normalny u młodej mamy brak snu, to wynik będzie tylko jeden – wyczerpanie fizyczne i to o wiele większe niż u przeciętnej mamy (która i tak jest przecież bardzo zmęczona).

Nie miej zatem zbyt wygórowanych oczekiwań. Po porodzie powoli ograniczaj ciążowy bezruch, biorąc pod uwagę to, przez co przeszło i przechodzi twoje ciało. Zaplanuj powolny, lecz systematyczny powrót do dawnej formy. Stopniowo wprowadzaj ćwiczenia poporodowe opisane na str. 542, nawet te trudne, a potem – gdy tylko kondycja zacznie się poprawiać – ćwicz coraz intensywniej. Powrót do formy ułatwią ci również spacery, joga i pływanie. Dzięki stałemu wysiłkowi, a także pomocy lekarza, rodziny i przyjaciół na pewno ci się uda, więc się nie martw!

ROZDZIAŁ 20

Utrata ciąży

Ciąża powinna być jednym z najpiękniejszych okresów w życiu, pełnym radości, emocji, oczekiwania i różowo-niebieskich marzeń o przyszłym życiu z dzieckiem. I zazwyczaj tak właśnie jest, chociaż niestety nie zawsze. Czasem ciąża kończy się nieoczekiwanie i tragicznie. Nawet jeśli widziałaś swoje dziecko tylko na ekranie ultrasonografu, to i tak każdego dnia, gdy w tobie rosło, czułaś się z nim coraz bardziej związana. A kiedy te marzenia i nadzieje tak nagle i brutalnie się rozwiewają, czujesz się zdruzgotana i pęka ci serce. Jeśli straciłaś ciążę lub urodziłaś martwe dziecko, wiesz, że tego bólu nie da się wyrazić słowami. Być może ten rozdział pomoże tobie i twojemu partnerowi zrozumieć, co się stało, poradzić sobie z bólem oraz jedną z najdramatyczniejszych strat w życiu.

Rodzaje poronień

Poronienie wczesne

Co to jest? Poronienie to nieplanowe i nagłe zakończenie ciąży, czyli utrata zarodka lub płodu, który nie jest jeszcze zdolny do samodzielnego życia poza macicą. Kiedy dochodzi do takiej straty w pierwszym trymestrze – co zdarza się w 80 procentach przypadków poronień – mówimy o poronieniu wczesnym. (Poronienie późne zachodzi między końcem pierwszego trymestru a 22 tygodniem ciąży; patrz str. 621).

Wczesna utrata ciąży jest często związana z defektem chromosomowym lub inną wadą genetyczną zarodka, ale może być również spowodowana zaburzeniami hormonalnymi matki lub innymi czynnikami. Najczęściej jednak przyczyna pozostaje nieznana. Poronień nie wywołują z całą pewnością ćwiczenia fizyczne, seks, ciężka praca,

> **Musisz wiedzieć, że…**
>
> Na szczęście zdecydowana większość kobiet, które przeszły poronienie, w przyszłości zachodzi w całkowicie prawidłową i zdrową ciążę.

podnoszenie ciężkich przedmiotów, nagły przestrach, stres psychiczny, upadek, lekkie uderzenie w brzuch ani poranne nudności nawet w najcięższej postaci.

Jak często występuje? Poronienie wczesne zdarza się o wiele częściej, niż wydaje się większości kobiet. Mimo że nie ma co do tego całkowitej pewności, naukowcy szacują, że ponad 40 procent poczęć kończy się poronieniem (według innych źródeł – 20 procent). A ponieważ ponad 50 procent zdarza się na tak wczesnym etapie, że kobieta nawet nie wie, że jest w ciąży, poronienie przechodzi niezauważone, uchodząc za normalną lub trochę bardziej obfitą miesiączkę. W ramce na str. 616 znajdziesz więcej informacji na temat rodzajów wczesnych poronień.

Jakie są objawy? Zaliczamy do nich niektóre lub wszystkie z wymienionych objawów:

- skurcze lub ból (czasem silny) w podbrzuszu (niekiedy również bóle pleców);
- obfite krwawienie z pochwy (również ze skrzepami i fragmentami tkanek) przypominające miesiączkę;
- lekkie plamienie trwające dłużej niż 3 dni;
- nagła utrata lub wyraźne złagodzenie objawów wczesnej ciąży, takich jak ból piersi czy nudności (to nie jest naturalne, ponieważ te objawy zmniejszają się stopniowo aż do końca pierwszego trymestru);
- rozwarcie szyjki macicy, które zaobserwuje lekarz w trakcie badania;
- brak zarodka w badaniu USG (pęcherz płodowy jest pusty);
- brak tętna płodu.

Leczenie. Jeśli lekarz stwierdzi, że doszło do rozwarcia szyjki macicy i/lub że w badaniu USG nie widać tętna płodu (a do tego krwawisz), oznacza to, że przechodzisz lub właśnie przeszłaś poronienie. Niestety na tym etapie nic się nie da zrobić, by zapobiec utracie ciąży.

Jeśli masz bolesne skurcze, lekarz zapewne przepisze ci środki przeciwbólowe. Nie wahaj się o nie poprosić, gdy będziesz ich potrzebowała.

Wczesne poronienia zazwyczaj są całkowite, a to oznacza, że wszystko, co znajdowało się w macicy, zostało wydalone (dlatego właśnie często występuje obfite krwawienie). Niekiedy – najczęściej w późniejszym okresie pierwszego trymestru – poronienie nie jest całkowite i w macicy pozostają resztki po ciąży (informacje na temat poronienia niezupełnego znajdziesz w ramce na str. 617). Jeśli badanie USG nie wykaże tętna płodu – co oznacza, że zarodek obumarł – ale krwawienie się jeszcze nie pojawiło, mamy do czynienia z poronieniem zatrzymanym. Jeśli poronienie było niecałkowite lub zatrzymane, twoja macica będzie musiała zostać oczyszczona, abyś mogła wrócić do zdrowia i odzyskać prawidłowy cykl menstruacyjny (i znowu zajść w ciążę, jeśli będziesz chciała). Oczyszczenie odbywa się poprzez:

- Poronienie samoistne. Możesz wraz z lekarzem podjąć decyzję, by pozostawić wszystko naturze i czekać, aż ciąża zostanie wydalona. Oczekiwanie na poronienie samoistne może trwać od kilku dni do 3–4 tygodni (w niektórych przypadkach).
- Leki. Podawanie leków – najczęściej mizoprostolu w postaci pigułek lub globulek dopochwowych – może przyspieszyć wydalanie tkanek płodu i łożyska. Stosuje

UTRATA CIĄŻY

się je w przypadku poronienia niecałkowitego i ciąży bezzarodkowej – gdy dochodzi do zapłodnienia komórki jajowej, która zagnieżdża się w macicy, ale nie przekształca w zarodek (patrz ramka na str. 616). Czas oczyszczania macicy może się różnić u różnych kobiet, ale zazwyczaj potrzeba najwyżej kilku dni, by doszło do całkowitego wydalenia pozostałości ciąży (chociaż krwawienie czasami utrzymuje się trochę dłużej). Skutkiem ubocznym zastosowania leku mogą być nudności, wymioty, skurcze mięśnia macicy i biegunka.

- **Zabieg.** Kolejną opcją jest niewielki zabieg chirurgiczny zwany łyżeczkowaniem jamy macicy. Procedura polega na delikatnym rozszerzeniu szyjki macicy i usunięciu z jamy macicy tkanek płodu i łożyska. Krwawienie, które pojawia się po zabiegu, nie trwa zwykle dłużej niż tydzień. Powikłania po łyżeczkowaniu są dość rzadkie, ale istnieje pewne ryzyko rozwinięcia się zakażenia dróg rodnych.

Czym należy się kierować, wybierając najlepszą metodę opróżnienia jamy macicy? Lekarz – bo tylko on podejmuje taką decyzję – weźmie pod uwagę następujące czynniki:

- **Na jakim etapie jest poronienie.** Jeśli krwawienie i skurcze są silne, poronienie prawdopodobnie zaczęło się już na dobre. W takim wypadku wydaje się, że lepiej pozwolić, by wszystko potoczyło się swoim biegiem, niż przeprowadzać zabieg łyżeczkowania. Natomiast jeśli krwawienie się jeszcze nie pojawiło (tak się dzieje w przypadku poronienia zatrzymanego), lepszym wyborem będzie podanie leku lub łyżeczkowanie.

- **Na jakim etapie jest ciąża.** Im bardziej zaawansowana, tym więcej tkanek płodu i większe prawdopodobieństwo, że trzeba będzie zastosować łyżeczkowanie, by dokładnie oczyścić macicę.

> ### Czy plamisz?
>
> Widok krwi (albo różowych czy brązowych plamek) na majtkach lub papierze toaletowym w czasie ciąży na pewno jest przerażający. Ale nie każde plamienie czy krwawienie oznacza poronienie i utratę dziecka. Niektóre kobiety plamią przez całą ciążę. Na str. 148 znajdziesz informacje na temat wielu przyczyn plamienia i krwawienia, które nie są związane z poronieniem.
>
> Plamienie, krwawienie i/lub skurcze świadczą czasem o zagrożeniu poronieniem. To również nie musi oznaczać, że na pewno stracisz dziecko. Więcej na str. 575. Jeśli nie jesteś pewna, czy powinnaś się skontaktować z lekarzem w sprawie plamienia lub krwawienia, przeczytaj informacje znajdujące się w ramce na str. 574. A jeśli właśnie zmagasz się ze stratą dziecka, ten rozdział pomoże ci się z nią uporać.

- **Jaki jest twój stan fizyczny i psychiczny.** Oczekiwanie na poronienie samoistne po tym, gdy okazało się, że zarodek obumarł, może się okazać destrukcyjne dla twojej psychiki. Przypuszczalnie nie będziesz w stanie pogodzić się ze stratą ani przeżyć żałoby, wiedząc, że ciąża nadal jest w tobie. Sprawne zakończenie całego procesu pozwoli ci szybciej odzyskać cykl menstruacyjny, a gdy nadejdzie odpowiedni czas, znowu zajść w ciążę.

- **Zagrożenia i korzyści.** Łyżeczkowanie to metoda inwazyjna, więc wzrasta nieco ryzyko zakażenia dróg rodnych (chociaż nadal jest bardzo niewielkie). Jednak w przypadku wielu kobiet korzyści płynące z szybkiego zakończenia procesu poronienia mogą w zdecydowany sposób przeważyć niewielkie zagrożenia. Poronienie samoistne też wiąże się z pewnym ryzykiem – macica może się dokładnie nie opróżnić

Rodzaje poronienia wczesnego

Gdy poronisz na początku ciąży, twój smutek też będzie głęboki bez względu na to, z jakiej przyczyny doszło do utraty ciąży lub jaki termin medyczny ten fakt opisuje. Ale być może przyda ci się wiedza na temat różnych rodzajów poronienia wczesnego, aby terminy, którymi posługuje się lekarz, nie brzmiały obco.

Ciąża biochemiczna. Jest to ciąża niepotwierdzona w badaniach obrazowych. Mówimy o niej wtedy, gdy komórka jajowa została zapłodniona, ale nie w pełni się rozwinęła lub nie zagnieździła się w macicy. Kobieta może przestać miesiączkować i podejrzewa, że jest w ciąży – nawet test ciążowy wychodzi wówczas pozytywnie, ponieważ organizm produkuje niewielką (ale wykrywalną) ilość hormonu ciążowego hCG. Jednak w ciąży biochemicznej podczas badania USG nie zostanie potwierdzony pęcherzyk płodowy, a poronienie będzie wyglądało jak spóźniony okres. Eksperci szacują, że ponad 70 procent wszystkich poronień to ciąże biochemiczne, a wiele kobiet po prostu nie zdaje sobie sprawy, że doszło do poczęcia. Jedynym objawem tego rodzaju poronienia jest często tylko pozytywny wynik testu ciążowego, a później spóźniona (o kilka lub kilkanaście dni) miesiączka.

Ciąża bezzarodkowa (puste jajo płodowe). Polega ona na tym, że zapłodniona komórka jajowa zagnieżdża się w macicy i zaczyna tworzyć łożysko (które produkuje hormon ciążowy hCG), ale nie rozwija się w niej zarodek. Po ciąży zostaje tylko pusty pęcherzyk ciążowy (jajo płodowe) widoczny w badaniu USG. Eksperci są przekonani, że ponad 50 procent wszystkich wczesnych poronień to właśnie wynik ciąży bezzarodkowej. Dochodzi do nich zwykle na samym początku pierwszego trymestru, często zanim kobieta się dowie, że doszło do poczęcia, a poronienie traktuje jak spóźnioną miesiączkę. Ciążę bezzarodkową wykrywa się niekiedy podczas pierwszego rutynowego badania USG (w 5–6 tygodniu), kiedy widoczne jest już jajo płodowe, ale niestety puste. Jeśli na tak wczesnym etapie zostanie

i w takim przypadku łyżeczkowanie będzie musiało zakończyć to, co zaczęła natura.

- **Ocena poronienia.** W przypadku łyżeczkowania lekarz łatwiej ustali przyczynę poronienia, ponieważ będzie mógł dokładnie zbadać tkanki płodu. Jeśli nie po raz pierwszy straciłaś ciążę, tkanki zostaną poddane również badaniom genetycznym, które pomogą przewidzieć prawdopodobieństwo ponownego poronienia oraz podjąć odpowiedni kroki, by mu zapobiec.

Jeśli poroniłaś samoistnie i czujesz się na siłach (fizycznie i emocjonalnie, co prawdopodobnie będzie ekstremalnie trudne), żeby zachować do zbadania poronioną ciążę, umieść ją w sterylnym pojemniku, a później przekaż lekarzowi.

Bez względu na to, jaka metoda zostanie zastosowana oraz czy twoja udręka skończy się wcześniej czy później, strata ciąży z całą pewnością będzie dla ciebie bardzo trudnym przeżyciem. Na str. 623 znajdziesz informacje, jak sobie z nim poradzić.

Ciąża zaśniadowa (ciążowa choroba trofoblastyczna)

Co to jest? Ciąża zaśniadowa powstaje w wyniku nieprawidłowego zapłodnienia komórki jajowej, która zagnieżdża się w macicy. Nie ma w niej jednak rozwijającego się płodu, a łożysko jest nieprawidłowe – złożone z szybko rosnących pęcherzyków wypełnionych pły-

uwidocznione puste jajo płodowe, mówimy o ciąży o niejednoznacznej żywotności, a badanie USG musi być powtórzone po tygodniu, aby potwierdzić lub wykluczyć echo zarodka. U około 10 procent kobiet podczas pierwszego badania USG nie można potwierdzić żywotności zarodka.

Poronienie zatrzymane. Dochodzi do niego wówczas, gdy zarodek obumarł, ale nie został wydalony, a przynajmniej nie od razu. Przy takim poronieniu często początkowo nie ma żadnych objawów (na przykład krwawienia), a w niektórych przypadkach łożysko nadal produkuje hormony, więc twój organizm zachowuje się tak, jakbyś była w ciąży. Poronienie zatrzymane stwierdza się podczas badania USG, gdy nie można wykryć czynności serca dziecka. Fakt, że niczego się nie spodziewasz i idziesz na wizytę prenatalną, by usłyszeć bicie serduszka, może jeszcze bardziej pogłębić twoją rozpacz. Niektóre kobiety zauważają wygaszenie wszystkich objawów ciążowych (chociaż to samo w sobie nie oznacza utraty ciąży) oraz – o wiele rzadziej – brązowawą wydzielinę z pochwy.

Poronienie całkowite. Dochodzi do niego wówczas, gdy poprzez pochwę z macicy zostaną wydalone wszystkie tkanki (płodu i łożyska). Kobiety wówczas krwawią, a macica oczyszcza się sama bez żadnej interwencji. W trakcie badania lekarz stwierdza, że szyjka macicy się ponownie zamknęła, a w obrazie USG nie będzie śladu obecności pęcherzyka płodowego. Im wcześniej dojdzie do poronienia (mniej więcej do 12 tygodnia), tym większe prawdopodobieństwo, że będzie całkowite.

Poronienie niecałkowite. Dochodzi do niego wówczas, gdy zarodek lub płód nie jest w stanie dłużej przetrwać w macicy i zostaje wydalony wraz z łożyskiem w wyniku krwawienia z pochwy. Przy poronieniu niecałkowitym część tkanek pozostaje jednak w macicy. Kobieta przez cały czas ma skurcze mięśnia macicy i krwawi (czasem mocno), a jej szyjka macicy pozostaje rozszerzona. Ponieważ w macicy pozostały jeszcze resztki łożyska, we krwi wykrywalne jest stężenie hormonu hCG, które nie spada tak, jak powinno. Tkanki widoczne są również podczas badania USG.

Wiek a poronienie

Coraz więcej starszych mam zachodzi w ciążę i rodzi zdrowe dzieci w czasie najodpowiedniejszym dla siebie i swoich partnerów (którzy często są jeszcze starsi). Trzeba jednak pamiętać, że wraz z wiekiem zwiększa się również ryzyko poronienia. Dzieje się tak dlatego, że komórki jajowe starszych mam (oraz plemniki ich starszych partnerów) częściej mają wady genetyczne, które uniemożliwiają zarodkowi przetrwanie. I właśnie takich zarodków najczęściej nie udaje się donosić i dochodzi do poronienia. W przypadku dwudziestolatek ryzyko poronienia wynosi tylko 10–15 procent. U trzydziestopięciolatek wzrasta już do 20 procent, u czterdziestolatek do 40 procent, a u czterdziestopięciolatek przekracza 80 procent.

Jeśli kobieta zachodzi w ciążę dzięki nowoczesnym technikom wspomaganego rozrodu, na przykład dzięki zapłodnieniu *in vitro* (z którego często korzystają kobiety po 40 roku życia), ryzyko poronienia może się zmniejszyć (aczkolwiek całkowicie nie zniknie) dzięki przedimplantacyjnym genetycznym badaniom przesiewowym. Badania genetyczne zwiększają szansę na zdrową ciążę, ponieważ implantowane są tylko zdrowe zarodki, które będą zdolne do przeżycia.

nem (to zaśniad całkowity). W niektórych wypadkach może pojawić się nieprawidłowo ukształtowany płód – w postaci możliwej do rozróżnienia, ale niezdolnej do przetrwania tkanki (to zaśniad częściowy).

Przyczyną ciąży zaśniadowej są nieprawidłowości zachodzące podczas zapłodnienia: dwa zestawy chromosomów ojca łączą się z jednym zestawem chromosomów matki (zaśniad niekompletny) albo z żadnym, gdyż w komórce jajowej nie ma informacji genetycznej (zaśniad całkowity). Większość ciąż zaśniadowych wykrywa się kilka tygodni po poczęciu.

Jak często występuje? Ciąża zaśniadowa to rzadkie powikłanie, które zdarza się tylko w 1 na 1000 ciąż. Nieco bardziej są nią zagrożone kobiety poniżej 20 i powyżej 35 roku życia oraz te, które wcześniej poroniły.

Jakie są objawy? Na początku ciąża zaśniadowa niczym się nie różni od prawidłowej, ale później przyszła mama może zauważyć następujące objawy:

- krwawienie z pochwy w trakcie pierwszego trymestru – od ciemnoczerwonego do jasnoczerwonego;
- silne nudności i wymioty;
- niekiedy uporczywe skurcze.

Lekarz może zauważyć również inne objawy, takie jak:

- wysokie ciśnienie tętnicze krwi;
- nadmiernie powiększona oraz miękka i rozpulchniona macica;
- brak tkanek zarodka lub płodu albo obecność tkanek, które nie są w stanie przetrwać (widoczne podczas badania USG);
- wysokie stężenie hormonu tarczycy tyreotropowego (TSH) w organizmie matki.

Leczenie. Jeśli badanie USG wykaże, że jesteś w ciąży zaśniadowej, będziesz musiała przejść zabieg łyżeczkowania, dzięki któremu z macicy zostaną usunięte wszystkie nieprawidłowe tkanki (pamiętaj, że nawet jeśli niektóre z nich należą do zarodka, to nie

Rak kosmówki

Rak kosmówki to bardzo rzadki nowotwór związany z ciążą (zdarza się w 1 na 40 000 ciąż) i rozwijający się z komórek łożyska. Najczęściej pojawia się po ciąży zaśniadowej, poronieniu, aborcji lub ciąży pozamacicznej (ektopowej), kiedy pozostawione tkanki łożyska rozwijają się mimo braku płodu. Po prawidłowej ciąży występuje jedynie w 15 procentach przypadków. Do rozpoznania choroby dochodzi zazwyczaj wtedy, gdy po poronieniu, ciąży lub usunięciu ciąży zaśniadowej pojawiają się nieregularne krwawienia, a także wówczas, gdy kobieta wydala nieprawidłowe tkanki, stężenie hormonu hCG w jej krwi nie spada, mimo że ciąża się skończyła, oraz w przypadku stwierdzenia guza w pochwie, macicy albo płucach i/lub bólu brzucha.

W przypadku raka kosmówki wiadomości są bardzo pokrzepiające. Oczywiście każdy typ nowotworu niesie ze sobą pewno ryzyko, ale rak kosmówki wyjątkowo dobrze reaguje na chemioterapię oraz radioterapię i jest wyleczalny w ponad 90 procentach. Niemal nigdy nie trzeba usuwać macicy, ponieważ ten rodzaj guza jest podatny na chemioterapię.

Na szczęście dzięki szybkiemu rozpoznaniu i leczeniu rak kosmówki nie wpływa na płodność, chociaż zazwyczaj zaleca się, by z zajściem w kolejną ciążę wstrzymać się przez rok po całkowitym wyleczeniu i upewnieniu się, że po chorobie nie pozostał żaden ślad.

> **Musisz wiedzieć, że...**
>
> Zajście w ciążę zaśniadową nie zwiększa ryzyka, że kolejna ciąża będzie nieprawidłowa. Tylko 1–2 procent kobiet, które były w ciąży zaśniadowej, zachodzi w nią po raz drugi.

jest on w stanie przetrwać, czyli rozwinąć się w dziecko). Później potrzebna będzie dalsza kontrola oraz ewentualne leczenie, by się upewnić, że w macicy nie pozostały jakieś nieprawidłowe komórki mogące się przekształcić w nowotwór złośliwy, na przykład w raka kosmówki (patrz ramka na stronie obok). Na szczęście ryzyko takich powikłań w prawidłowo leczonej chorobie trofoblastycznej jest bardzo niewielkie.

Ciąża pozamaciczna (ektopowa)

Co to jest? Z ciążą pozamaciczną (zwaną również ektopową) mamy do czynienia wówczas, gdy zarodek nie zagnieżdża się w macicy, lecz poza nią – najczęściej w jajowodach. Przyczyną zazwyczaj jest czynnik, który utrudnia lub spowalnia przesuwanie się zapłodnionej komórki jajowej w kierunku macicy (na przykład niedrożność lub bliznowacenie jajowodów). Ciąża pozamaciczna może się również zagnieździć w szyjce macicy, jajniku lub jamie brzusznej. Niestety, nie ma żadnej szansy na prawidłowy rozwój takiej ciąży.

Ciążę pozamaciczną można wykryć już w 5 tygodniu jej trwania za pomocą badania USG. Natomiast bez wczesnej diagnozy i leczenia zapłodniona komórka jajowa będzie się stale powiększać, rozciągając ściany jajowodu i doprowadzając do jego pęknięcia. Pęknięcie może być przyczyną masywnego krwotoku, często wewnętrznego, który bez szybkiej interwencji chirurgicznej może doprowadzić do wstrząsu krwotocznego, a nawet do śmierci kobiety. Zarodek nie może rozwijać się poza jamą macicy. Pęknięty jajowód może być niedrożny w przyszłości, a co za tym idzie, nie będzie transportować jajeczka do jamy macicy. Na szczęście szybkie leczenie (zazwyczaj operacyjne lub farmakologiczne) zapobiega pęknięciu jajowodu i znacznie zmniejsza niebezpieczeństwo zagrażające kobiecie, jednocześnie pozwalając jej zachować płodność.

Jak często występuje? Około 2 procent ciąż to ciąże pozamaciczne. W grupie ryzyka znajdują się kobiety chore na endometriozę, zapalenie miednicy mniejszej, a także te, które już wcześniej były w ciąży pozamacicznej, przeszły operację jajowodów, palą papierosy, chorują na choroby przenoszone drogą płciową lub zaszły w ciążę w trakcie zażywania tabletek antykoncepcyjnych zawierających wyłącznie progesteron. Wkładka domaciczna

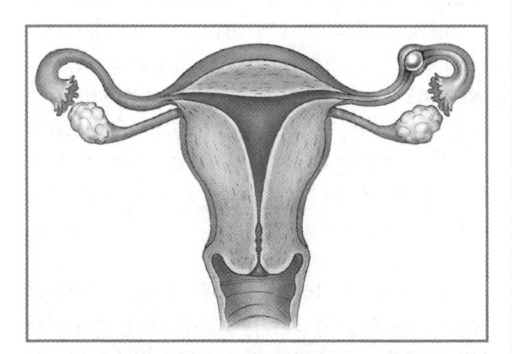

W ciąży pozamacicznej zapłodniona komórka jajowa zagnieżdża się poza macicą. Tutaj miejscem zagnieżdżenia jest jajowód.

> **Musisz wiedzieć, że...**
>
> Ponad 50 procent kobiet, które były w ciąży pozamacicznej, w ciągu roku zachodzi w prawidłową ciążę.

Jeśli stracisz wczesną ciążę

Chociaż rodzicom na pewno trudno zaakceptować wczesną utratę ciąży, to powinni wiedzieć, że przyczyną poronienia jest zazwyczaj stan zarodka lub płodu uniemożliwiający prawidłowy rozwój. Wczesne poronienie to – ogólnie mówiąc – proces naturalnej selekcji, w trakcie której atypowy zarodek (uszkodzony z powodu wad genetycznych, nieprawidłowego zagnieżdżenia w macicy, choroby mamy, wypadku czy innych nieznanych przyczyn) obumiera i zostaje wydalony, ponieważ nie jest w stanie przetrwać.

Niemniej utrata dziecka, nawet na tak wczesnym etapie i nawet wtedy, gdy od samego początku jest nieunikniona, może być dramatycznym przeżyciem. A więc jeśli tego potrzebujesz, pozwól sobie na żałobę, która jest częścią procesu leczenia. Jednocześnie pamiętaj, że nie ma określonego sposobu przeżywania żałoby, ponieważ każdy przechodzi przez nią inaczej. Możesz być bardzo smutna (o wiele smutniejsza niż przypuszczałaś), gotowa, by dalej żyć (o wiele szybciej, niż myślałaś), albo rozbita emocjonalnie. Opłakuj ciążę i dochodź do formy we własnym tempie. Przede wszystkim dziel się swoimi uczuciami z partnerem i szukaj wsparcia u innych (zwłaszcza u tych, którzy też stracili dziecko) – to okaże się również niezmiernie pomocne. Ale – co najważniejsze – rób to, co jest dla ciebie najlepsze. Nie czuj się winna i nie pogarszaj tej dramatycznej sytuacji – poronienie to nie twoja wina.

Więcej informacji na temat radzenia sobie z bólem po stracie ciąży znajdziesz na str. 623. Twój partner znajdzie pomocne wskazówki w ramce na str. 630.

---

nie zwiększa zagrożenia ciążą pozamaciczną, ale gdy już dochodzi do zapłodnienia pomimo używania spirali, to ciąża w większości przypadków okazuje się ektopowa.

Jakie są objawy? Pierwszym objawem – podobnie jak w przypadku innych poronień – jest krwawienie. W przypadku ciąży pozamacicznej towarzyszą mu również skurcze, ostre bóle i wrażliwość na dotyk – zazwyczaj umiejscowione w dolnej części brzucha (dolegliwości zaczynają się od tępego bólu stopniowo przekształcającego się w ostre skurcze). Ból może się nasilać w trakcie napięcia związanego z wypróżnianiem, a także podczas kaszlu i ruchu. Jeśli pęknie jajowód, dojdzie do krwotoku wewnętrznego, czyli do jamy brzusznej. Może się on objawiać:

- ostrym bólem brzucha;
- parciem na odbyt;
- bólem ramienia (w związku z nagromadzeniem krwi pod przeponą);
- silnym krwawieniem z pochwy;
- zawrotami głowy, omdleniem, a nawet wstrząsem.

Leczenie. Jeśli stwierdzono u ciebie ciążę pozamaciczną (zazwyczaj jest ona rozpoznawana w trakcie badania USG i badań krwi – ocena stężenia hCG), niestety nie ma żadnej szansy, by ją ocalić. W takiej sytuacji prawdopodobnie będziesz musiała się poddać zabiegowi chirurgicznemu (laparoskopii) albo otrzymasz leki (metotreksat) – wszystko po to, by usunąć nieprawidłowo zagnieżdżoną ciążę. W niektórych bardzo rzadkich przypadkach stwierdza się, że ciąża pozamaciczna przestaje się rozwijać i z czasem sama zanika, więc zabieg chirurgiczny nie jest potrzebny.

Ponieważ materiał ciążowy pozostały w jajowodzie mógłby go zniszczyć, przeprowadza się badania stężenia hormonu hCG, by się upewnić, że cała ciąża pozamaciczna została usunięta lub wchłonięta.

Poronienie późne

Co to jest? Utrata dziecka między końcem pierwszego trymestru a 22 tygodniem ciąży jest nazywana poronieniem późnym. Aczkolwiek termin medyczny określa ten stan jako „poronienie", co oznacza, że płód nie jest zdolny do życia poza łonem matki, to utrata dziecka jest bardziej namacalna – widziałaś, jak rośnie brzuch, czułaś pierwsze ruchy i zastanawiałaś się, jak będzie później wyglądała ta maleńka buzia, którą widziałaś na monitorze ultrasonografu. Na str. 625 znajdziesz informacje, które pomogą ci uporać się z tą druzgocącą stratą.

Jak często występuje? Poronienie późne zdarza się w 6 na 1000 ciąż. Zazwyczaj wiąże się je ze zdrowiem matki (z przewlekłymi chorobami, takimi jak zespół antyfosfolipidowy lub – w rzadszych przypadkach – niewłaściwie leczona cukrzyca), budową macicy, niewydolnością szyjki macicy (patrz str. 33), nieleczonym zakażeniem bakteryjnym lub problemami związanymi z łożyskiem. Niekiedy przyczyną późnego poronienia mogą być wady genetyczne płodu.

Jakie są objawy? Zaliczamy do nich:
- obfite krwawienie (często ze skrzepami), któremu towarzyszą silne skurcze i ból brzucha;
- rozszerzenie szyjki macicy (widoczne w badaniu);
- brak tętna płodu stwierdzony w badaniu USG;
- całkowite ustanie ruchów dziecka (jeśli ciężarna wcześniej je odczuwała).

Leczenie. Jeśli będziesz miała objawy zwiastujące poronienie – silne skurcze mięśnia macicy i krwawienie – zazwyczaj niestety nie będzie już można nic zrobić, by zapobiec temu, co nieuchronne. Poronienie może być całkowite lub (częściej) niezupełne – wtedy lekarz wykona łyżeczkowanie, by usunąć wszystkie pozostałości ciąży. Poronienie zatrzymane, czyli brak tętna płodu i jego wzrostu, będzie wymagało oceny lekarskiej i ewentualnej interwencji. Z reguły w warunkach szpitalnych po wcześniejszym przygotowaniu, np. podaniu prostaglandyn, lekarz wykona łyżeczkowanie jamy macicy. Zabieg jest uważany za bezpieczniejszą me-

---

Musisz wiedzieć, że...

Jeśli przyczyna poronienia późnego zostanie dokładnie określona, to w kolejnej ciąży będzie można zapobiec ponownej tragedii. Jeżeli w poprzedniej ciąży za poronienie była odpowiedzialna na przykład nierozpoznana niewydolność cieśniowo-szyjkowa (szyjka macicy przedwcześnie się skracała i rozwierała), to w przyszłości na wczesnym etapie ciąży trzeba będzie założyć szew okrężny, by zapobiec przedwczesnemu rozwieraniu się szyjki macicy (patrz str. 33). Jeżeli za poronienie była odpowiedzialna jakaś twoja przewlekła choroba – na przykład cukrzyca, nadciśnienie tętnicze, niedoczynność tarczycy lub otyłość – lekarz będzie musiał ją kontrolować, zanim zajdziesz w kolejną ciążę. Inne nieprawidłowości związane z ukształtowaniem macicy – w tym mięśniaki, polipy lub przegroda macicy (wada anatomiczna) – można skorygować chirurgicznie. Natomiast obecność przeciwciał, które powodują upośledzenie funkcji łożyska i/lub zaburzenia układu krzepnięcia, można leczyć małymi dawkami aspiryny oraz heparyny drobnocząsteczkowej podawanej w zastrzykach. Inne przyczyny późnego poronienia – na przykład ostre zakażenia – są bardzo rzadkie.

todę niż wywoływanie porodu, ponieważ wiąże się z mniejszym ryzykiem zakażenia i krwotoku, ale porozmawiaj z lekarzem o ewentualnych zagrożeniach i korzyściach. Jeśli zdecydujesz się na wywołanie porodu, być może będziesz miała możliwość potrzymać dziecko (w zależności od tego, jak zaawansowana była ciąża), co prawdopodobnie pomoże ci przejść żałobę (patrz str. 625). Poronienie późne wiąże się z dużym bólem emocjonalnym i być może również fizycznym, więc jeśli będziesz potrzebowała, poproś o leki.

Poród martwego dziecka

Co to jest? O porodzie martwego dziecka mówimy, gdy do śmierci dojdzie po 22 tygodniu ciąży. W większości przypadków dziecko umiera jeszcze w macicy, chociaż niekiedy zdarza się to również w czasie porodu. Po tylu miesiącach czekania, przygotowań, odczuwania ruchów i oglądania maleństwa podczas badań USG ból związany z tą tragedią jest niewyobrażalny.

Jak często występuje? Poród martwego dziecka zdarza się w przypadku 1 na 160 ciąż. Powody śmierci dziecka w macicy są rozmaite. Należą do nich wady wrodzone (około 15 procent przypadków dotyczy dzieci, które miały co najmniej jedną wadę wrodzoną),

zbyt wolny rozwój płodu (z tego powodu umiera około 35 procent nienarodzonych dzieci), problemy z łożyskiem (około 20 procent martwych porodów), węzły na pępowinie (2 procent), przewlekłe choroby mamy, takie jak cukrzyca, nadciśnienie lub otyłość (mniej więcej 10 procent) oraz zakażenia mamy lub dziecka (około 10 procent). Przyczyną urodzenia martwego dziecka może być również silny uraz psychiczny (na przykład poważny wypadek samochodowy lub niedotlenienie w trakcie trudnego porodu).

Jakie są objawy? Przyszła mama może podejrzewać, że stało się coś złego, gdy nagle przestanie odczuwać ruchy dziecka. Badanie USG potwierdzi brak czynności serca. W czasie porodu brak tętna zarejestruje detektor lub ultrasonografia dopplerowska.

Leczenie. Nawet jeśli przestałaś wyczuwać ruchy i boisz się najgorszego, nie będziesz w stanie przygotować się na wiadomość, że twoje dziecko umarło w macicy. Gdy usłyszysz, że jego serce nie bije, prawdopodobnie wpadniesz w otchłań niedowierzania i rozpaczy. Nie będziesz w stanie poradzić sobie ze zwykłymi sprawami codziennego życia, wiedząc, że nosisz dziecko, które już nie żyje. Badania wykazują, że po narodzinach martwego dziecka mama, u której poród odbył się dopiero po 3 dniach lub później, może zachorować na ciężką depresję. Z tej

---

Zatrzymanie laktacji po śmierci dziecka

Gdy cierpisz z powodu utraty dziecka, ostatnią rzeczą, jakiej potrzebujesz, jest kolejne przypomnienie o tej tragedii. Niestety, natura może ci o tym przypominać, ponieważ koniec ciąży (nawet tak tragiczny) oznacza dla niej automatycznie początek laktacji, zatem twoje piersi wypełnią się mlekiem, które było przeznaczone dla dziecka. To będzie oczywiście bardzo bolesne emocjonalnie, ale obrzęk piersi wiąże się również z bólem fizycznym. Ten dyskomfort pomogą zmniejszyć okłady z lodu, środki przeciwbólowe oraz odpowiedni stanik. Laktacja ustanie, jeśli będziesz unikać ciepłych pryszniców, stymulacji brodawek i odciągania pokarmu, a wtedy obrzęk zniknie po kilku dniach.

przyczyny przy podejmowaniu decyzji lekarz weźmie pod uwagę również twój stan psychiczny. Jeśli poród jest bliski lub nawet już się rozpoczął, urodzisz martwe dziecko. Jeśli nie wiadomo, kiedy się rozpocznie, decyzja o tym, czy wywołać go natychmiast, czy pozwolić ci wrócić do domu, abyś tam zaczekała, aż rozpocznie się spontanicznie, będzie zależała od zaawansowania ciąży oraz twojego stanu fizycznego i psychicznego. Większość lekarzy zaleca wywołanie porodu w ciągu 1–2 dni.

Po porodzie płód, łożysko i pępowina zostaną dokładnie zbadane, by można było określić przyczynę śmierci dziecka. Amerykańskie Kolegium Położników i Ginekologów zaleca, by za zgodą rodziców przeprowadzać badania genetyczne w przypadku śmierci każdego nienarodzonego dziecka. Warto – również za zgodą rodziców – przeprowadzić sekcję zwłok. Lekarz może także zaproponować badania tobie, lecz w ponad połowie przypadków badanie mamy nie jest konieczne, by ustalić przyczynę śmierci dziecka.

WSZYSTKO O...
Jak poradzić sobie z utratą ciąży

Bez względu na to, kiedy i jak straciłaś ciążę, będziesz bardzo cierpieć. Każdy radzi sobie inaczej ze stratą, ale być może pomogą ci następujące metody:

Jak poradzić sobie z utratą ciąży w pierwszym trymestrze

Nawet jeśli do utraty ciąży dojdzie na samym początku, nie znaczy to, że poronienie nie będzie bolesne dla rodziców. Mimo że nigdy nie widziałaś swojego dziecka, ewentualnie tylko na monitorze ultrasonografu, wiedziałaś, że rośnie w tobie nowe życie, i być może zdążyłaś już zbudować z nim jakąś więź, jakkolwiek abstrakcyjnie to brzmi. A potem, chociaż to życie dopiero się zaczęło, nagle się kończy, a obietnica wspólnych miesięcy i lat zostaje złamana. Będziesz smutna – to zrozumiałe – ale możesz doświadczyć również innych, mniej oczywistych emocji. Możesz być zła i zawiedziona lub odczuwać niechęć w stosunku do przyjaciół czy krewnych, którzy spodziewają się dziecka albo już je mają. Możesz mieć także problemy z jedzeniem i snem oraz zaakceptowaniem straty. Możesz cały czas płakać albo nie płakać w ogóle. To wszystko są naturalne i zdrowe reakcje na stratę ciąży. Zaakceptuj swoje uczucia, by móc sobie z nimi poradzić.

Niektóre pary traktują wczesne poronienie bardzo rzeczowo, łatwo akceptując fakt, że ta ciąża to jeszcze nie to, a i dość szybko są gotowi spróbować jeszcze raz. Dla innych jest to dużo trudniejsze – w niektórych wypadkach wczesne poronienie jest równie trudne jak strata ciąży w późniejszym okresie. Z jakiego powodu? Otóż niektóre pary tak skrzętnie ukrywają tajemnicę o ciąży aż do końca pierwszego trymestru, że nawet bliscy przyjaciele i rodzina nic nie wiedzą, więc nie mogą udzielić im wsparcia. A nawet ci, którzy wiedzieli o ciąży i/lub zostali poinformowani o poronieniu, mogą oferować mniej wsparcia, niż zaoferowaliby, gdyby ciąża była bardziej zaawansowana. Mogą więc minimalizować znaczenie poronienia: „Nie martw się, spróbujesz jeszcze raz", „Masz szczęście, że to się stało tak wcześnie" – nie rozumiejąc, że strata dziecka, niezależnie od tego, że nastąpiła tak szybko, może być druzgocąca.

> ### Indywidualne poczucie straty
>
> Jeśli chodzi o przepracowanie straty nienarodzonego dziecka, nie ma oczywiście żadnej reguły, której należy przestrzegać. Każda para radzi sobie z tym w inny sposób i inaczej przeżywa to, co się stało. Możesz być bardzo smutna, nawet załamana i dochodzić do siebie zaskakująco długo. Możesz też podejść do straty bardziej racjonalnie, uznając, że to po prostu przeszkoda na drodze do celu. Możesz również stwierdzić, że po chwilowym smutku jesteś w stanie pozostawić to doświadczenie za sobą szybciej, niż się spodziewałaś, i zamiast opłakiwać stratę, spojrzeć w przyszłość i spróbować jeszcze raz.
>
> Istnieje wiele czynników, które mogą kształtować indywidualne poczucie straty: czas, jakiego potrzebowałaś, by począć dziecko (zazwyczaj im dłużej to trwało, tym twoja strata będzie boleśniejsza), czy w poczęciu została wykorzystana jakaś metoda leczenia niepłodności (czasem im bardziej zaawansowana technologia, tym większe zaangażowanie emocjonalne, a tym samym większe poczucie straty), twój wiek (jeśli czujesz presję zegara biologicznego, możesz intensywniej odczuwać stratę i martwić się, że „czas ucieka"), etap ciąży (im bardziej zaawansowana, tym silniejsza więź z dzieckiem), liczba poronień (smutek często rośnie z każdą kolejną stratą, potęgując poczucie rozpaczy i bezradności albo nawet wywołując otępienie). Tatusiowie również mogą odczuwać smutek, ale w trochę inny sposób (patrz str. 630).
>
> I pamiętaj, że normalna reakcja na utratę ciąży to ta, która jest normalna dla ciebie. Pozwól sobie na takie uczucia, jakich potrzebujesz, by jak najszybciej wrócić do równowagi.

Jeśli poroniłaś (albo byłaś w ciąży pozamacicznej czy zaśniadowej), pamiętaj, że również masz prawo przeżywać to na swój sposób, bo tylko to pozwoli ci stanąć na nogi i pójść dalej – swoją drogą i we własnym tempie.

Pożegnanie – które dla wielu rodziców jest decydującym krokiem w procesie powrotu do zdrowia – jest trudniejsze, gdy tak naprawdę nie ma się z kim żegnać. Może ukojenie przyniesie ci prywatna ceremonia w gronie rodziny lub tylko w obecności męża. Albo podziel się swoimi uczuciami z innymi, którzy przeżyli wczesne poronienie – z wybraną osobą, grupą wsparcia lub przez Internet. Ponieważ wiele kobiet choć raz przeżyło poronienie, poczujesz się zaskoczona, gdy odkryjesz, ile znajomych lub koleżanek doświadczyło tego samego co ty, tylko nigdy o tym z tobą nie rozmawiały albo w ogóle o tym nie mówiły. (Jeśli nie masz ochoty dzielić się uczuciami – albo tego nie potrzebujesz – nie rób nic).

Zawsze możesz przeznaczyć w sercu miejsce dla swojej utraconej ciąży i wracać do niej myślami w rocznicę przewidywanej daty porodu twojego dziecka lub samego poronienia – nawet po wielu latach. Jeśli ci to pomoże, zaplanuj coś szczególnego, by uczcić pamięć utraconego dziecka – na przykład zasadź kwiaty lub drzewo.

Przeżywanie żałoby jest czymś normalnym, a także niezbędnym, by zaakceptować to, co się wydarzyło. Jednocześnie powinnaś stopniowo czuć się coraz lepiej (wielu kobietom zajmuje to około 6 miesięcy, inne cierpią nawet przez 2 lata). Jeśli tak się nie stanie albo – co gorsza – będziesz miała problemy z codziennym życiem – nie będziesz mogła jeść lub spać, skupić się na pracy, zaczniesz się izolować od rodziny i przyjaciół albo będziesz odczuwać lęk (lęk po poronieniu jest nawet częstszym objawem niż depresja), zgłoś się do psychoterapeuty, który pomoże ci wrócić do zdrowia. Więcej wskazówek dotyczących radzenia sobie ze stratą ciąży znajdziesz na str. 626.

Spróbuj przypominać sobie, że jeśli tylko będziesz chciała, możesz – i prawdopodobnie tak się stanie – ponownie zajść w ciążę i urodzić zdrowe dziecko. Dla zdecydowanej większości kobiet poronienie jest jednorazowym wydarzeniem świadczącym w zasadzie o płodności.

Jak poradzić sobie z utratą ciąży w drugim trymestrze

Słowo „poronienie" niemal zawsze kojarzy się z bólem i smutkiem – utrata dziecka w każdym okresie ciąży to powód do rozpaczy. Jednak równie często poronienie kojarzy się z pierwszymi tygodniami ciąży, czyli czasem, kiedy nowe życie rozwijające się głęboko w łonie wydaje się szczególnie bezbronne i nierzeczywiste, kiedy rodzice drżą o dziecko, a ich radość miesza się ze strachem przed pokochaniem go i utraceniem. Czy byłaś przygotowana na poronienie? Nie, ale to jednak coś, czego można się ewentualnie spodziewać, a nawet zaakceptować, gdy zdarzy się w pierwszym trymestrze.

Dlatego strata dziecka w późniejszym okresie ciąży jest tak dojmująca. Wtedy przestajesz już drżeć o nienarodzone maleństwo, a za to zaczynasz dostrzegać – a może nawet odczuwać – namacalny dowód istnienia nowego życia, które się w tobie rozwija. To, co kiedyś było zlepkiem komórek, a potem małą „kijanką", w cudowny sposób zmieniło się w dziecko – i jeśli wcześniej nie miałaś odwagi nawet pomyśleć o wspólnej przyszłości ze swoim maleństwem, to już w drugim trymestrze pojawiają się marzenia. Wszystko jest w porządku, wszystko jest tak, jak powinno być, możesz spokojnie odetchnąć.

A potem – zupełnie znienacka – coś idzie źle. Ból i szok pozbawiają cię tchu, zastanawiasz się, czy jeszcze kiedykolwiek będziesz mogła oddychać, i oczywiście zadajesz sobie pytanie: „Dlaczego?". Jeśli było aż tak źle, to dlaczego nie stało się to w pierwszym trymestrze, gdy byłaś przynajmniej choć odrobinę na to przygotowana? Dlaczego zdarzyło się to po tylu tygodniach i miesiącach, gdy już zbudowałaś więź z dzieckiem, gdy masz już brzuszek, a może nawet poczułaś pierwsze ruchy? Dlaczego w ogóle do tego doszło?

I jakby wiadomość o stracie dziecka nie była już wystarczająco druzgocąca, to na

---

Depresja poporodowa i strata ciąży

Każdy rodzic, który stracił dziecko, ma powód, by odczuwać rozpacz. Ale dla wielu rodziców ta rozpacz jest jeszcze głębsza z powodu depresji i/lub zaburzeń lękowych – wywołanych częściowo przez nieunikniony i gwałtowny spadek hormonów ciążowych – które dotkliwie się nasilają z powodu nagłego zakończenia ciąży i tragicznej straty dziecka. Nieleczona depresja poporodowa może ci przeszkodzić w przeżywaniu kolejnych etapów żałoby, które jest niezbędne w procesie leczenia. Chociaż czasem trudno jest odróżnić depresję poporodową od depresji wywołanej przez stratę dziecka, to w gruncie rzeczy nie ma to większego znaczenia, ponieważ każdy rodzaj tej choroby wymaga leczenia. Jeśli pojawiły się u ciebie objawy depresji (utrata zainteresowania codziennymi sprawami, bezsenność, brak apetytu, przytłaczający smutek uniemożliwiający codzienne funkcjonowanie), natychmiast poszukaj pomocy. Porozmawiaj z położnikiem lub lekarzem rodzinnym i poproś o skierowanie do specjalisty. Terapia – a w razie potrzeby również leki – pomoże ci poczuć się lepiej.

Trudny proces radzenia sobie ze stratą dziecka

Gdy stracisz ciążę, opłakujesz nie tylko dziecko, lecz również swoje nadzieje, marzenia oraz wiarę w to, co miało się wydarzyć – w życie, którego już nie ma. Żałoba to trudny proces, ale jest on hołdem dla życia i dla relacji, która łączyła cię z dzieckiem, gdy było w twoim łonie. A więc pozwól sobie na nią. Pomogą ci w tym następujące wskazówki:

- Daj sobie czas. Żałoba to trudny proces, który składa się z różnych etapów (w tym zaprzeczenia, poczucia osamotnienia, gniewu, smutku i akceptacji), ale każdy przeżywa ją inaczej i w innym tempie powraca do zdrowia. Nie przyspieszaj tego procesu, ale również go nie przedłużaj, gdy poczujesz, że już nadszedł czas, by pójść dalej.
- Nie tłum swoich uczuć. Może czujesz się rozdrażniona i jesteś porywcza, a może zalękniona i przygnębiona. Może czujesz się osamotniona i masz poczucie pustki, nawet jeśli otaczają cię kochający ludzie. A może byłaś tylko przez chwilę smutna, a potem wstąpiła w ciebie nadzieja i zapragnęłaś spróbować jeszcze raz. To wszystko jest całkowicie naturalne.
- Płacz, gdy czujesz potrzebę, i rób to tak długo i często, jak musisz. Nie chce ci się płakać? To również jest całkowicie prawidłowe i normalne.
- Napisz o tym. Przelej swoje uczucia na papier – napisz o smutku, lęku, gniewie – czyli o tym wszystkim, czym nie chcesz się z nikim dzielić.
- Pozbądź się poczucia winy. Niemal każda mama, która straciła dziecko – bez względu na etap ciąży – obwinia o to siebie. Pewnie myślisz o tym wszystkim, co zjadłaś lub wypiłaś, o wszystkich tych dniach, gdy zapomniałaś wziąć witaminy prenatalne, lub zastanawiasz się, czy przyczyną poronienia były ćwiczenia fizyczne, seks lub podniesienie ciężkiego przedmiotu. Katujesz się myślami i zastanawiasz, czy zaważyły na tym twoje mieszane uczucia w związku z ciążą, zwłaszcza jeśli jej nie planowałaś. Takie obwinianie się jest zrozumiałe, naturalne i wśród kobiet bardzo powszechne. Ale prawda jest taka, że nie ponosisz winy za stratę dziecka. Nie jesteś za to odpowiedzialna. Jeśli nie możesz się pozbyć poczucia winy, zgłoś się po pomoc do terapeuty.
- Uświadom sobie, że tata też jest w żałobie. Ojcowie, którzy stracili dziecko, najczęściej opłakują je równie mocno jak mamy – ale mogą w inny sposób wyrażać swoje uczucia i przeżywać żałobę. I to nie tylko z oczywistego powodu: to przecież ty nosiłaś dziecko, a ono umarło w twoim ciele. Tata utraconego maleństwa zapewne próbuje być silny za was oboje (pamiętaj, że mężczyźni są w ten sposób zaprojektowani przez hormony, kulturę, tradycję i wychowanie). A więc jego bólowi może również towarzyszyć frustracja, a nawet gniew, że nie potrafił zrobić dwóch rzeczy, które powinien zrobić mężczyzna, czyli chronić i naprawiać. Nie potrafił ochronić ciebie i waszego dziecka i nie może naprawić tego, co się stało. Pewnie nie będzie płakał albo przynajmniej nie zrobi tego w twojej obecności, może też nie okazywać emocji, wycofać się albo pogrążyć w pracy lub innych zajęciach – to nie oznacza, że nie odczuwa takiego samego bólu jak ty i że jego cierpienie nie jest równie prawdziwe. Jeśli czujesz, że dotyczy to twojego partnera, zachęć go, by podzielił się z tobą swoimi uczuciami (pod warunkiem że czujesz się na siłach). Być może znajdzie ukojenie w rozmowie z innym ojcem, który również doświadczył takiej straty. Ale bądź wyrozumiała, jeżeli w ogóle nie będzie chciał rozmawiać o swoich uczuciach. Pozwól mu opłakiwać stratę po swojemu, sama również to zrób.
- Opiekujcie się sobą nawzajem. Żałoba sprawia czasem, że jesteśmy pochłonięci sami sobą. Twój partner i ty możecie być zatem tak obezwładnieni własnym bólem, że nie będziecie mieć siły, by się wzajemnie pocieszać. Pamiętaj jednak, że to było

wasze dziecko, że wspólnie powołaliście je do życia, razem je straciliście i byłoby najlepiej, gdybyście je razem opłakiwali. Na pewno czasem będziesz wolała zostać sama ze swoimi myślami, ale znajdź chwilę, by podzielić się nimi z partnerem. Spróbuj poszukać psychoterapeuty, który pomoże wam obojgu – taka forma terapii często jest skuteczniejsza niż terapia indywidualna. Możecie się również przyłączyć do grupy wsparcia dla par. To wszystko nie tylko pomoże wam uporać się z bólem i znaleźć ukojenie, ale też ochroni – a nawet umocni – wasz związek.

- Nie mierz się ze światem w samotności. Jeśli drżysz ze strachu przed pytaniami najbliższych o dziecko, poproś o pomoc przyjaciółkę, która udzieli trudnych odpowiedzi podczas twoich pierwszych spotkań z osobami z zewnątrz. Dowiedz się, czy w pracy (oraz w innych miejscach, w których często bywasz) wszyscy wiedzą o twojej stracie, żebyś bez potrzeby nie musiała wiele razy wszystkiego tłumaczyć.

- Uświadom sobie, że niektórzy przyjaciele lub krewni mogą nie wiedzieć, co powiedzieć lub zrobić. Mogą się czuć w tej sytuacji bardzo nieswojo i będą woleli się wycofać. Inni mogą mówić rzeczy, które bardziej zranią, niż pomogą (na przykład „Nie martw się, przecież możesz mieć następne dziecko"). Choć na pewno chcą dobrze, mogą nie rozumieć, że następne dziecko nigdy nie zajmie miejsca tego, które straciłaś, i że rodzice przywiązują się do swojego maleństwa, zanim zdąży przyjść na świat. Jeśli często słyszysz komentarze, które cię ranią, poproś przyjaciółkę lub kogoś z rodziny, by wytłumaczyli innym osobom, że wolałabyś po prostu usłyszeć, że jest im przykro.

- Szukaj wsparcia u tych, którzy to przeżyli. Możesz znaleźć pomoc w lokalnej lub internetowej grupie wsparcia dla rodziców, którzy stracili dzieci (na przykład www.compassionatefriends.org, www.poronilam.pl, www.poronienie.pl). Nie pozwól jednak, by grupa wsparcia stała się sposobem na podtrzymywanie bólu, lecz raczej, by pomogła ci się go pozbyć.

- Zadbaj o siebie. W obliczu ogromnego bólu emocjonalnego twoje potrzeby fizyczne staną się ostatnią sprawą, o której będziesz myślała. Nie powinno tak być. Odpowiednie odżywianie, sen i ćwiczenia fizyczne nie tylko posłużą twojemu zdrowiu, lecz także pomogą ci wrócić do równowagi. A więc od czasu do czasu zrób sobie przerwę od smutku i obejrzyj film lub zjedz obiad w restauracji. Jeżeli masz poczucie, że powrót do życia jest czymś w rodzaju nielojalności, poproś (w duchu) swoje dziecko o zgodę na ponowne cieszenie się życiem. Spróbuj też napisać do niego list. Życie toczy się dalej, a ty musisz znowu się stać jego częścią.

- Oprzyj się na wierze, jeśli sądzisz, że znajdziesz w niej pocieszenie. Dla niektórych rodziców pogrążonych w żałobie wiara jest ogromnym pokrzepieniem. Inni z powodu swojej tragedii zaczynają ją kwestionować. Jeszcze inni uważają, że religia nie jest odpowiedzią na ich problemy, ale za to metafizyka już tak. I jeszcze raz – to twoje cierpienie i twój wybór.

- Wiedz, że ból będzie z czasem łagodniał. Najpierw będą tylko złe dni, potem pojawi się między nimi kilka dobrych, aż wreszcie będzie więcej dobrych niż złych. Pamiętaj jednak, że proces żałoby (podczas której możesz przeżywać nocne koszmary i powracać myślami do bolesnych wspomnień) nie ma określonych ram czasowych. Może trwać nawet 2 lata, aczkolwiek najgorsze powinno minąć po 3–6 miesiącach (w niektórych przypadkach jest kwestią kilku tygodni). Jeśli po 9 miesiącach rozpacz nadal będzie centralną częścią twojego życia, jeśli będziesz miała trudności z funkcjonowaniem lub skoncentrowaniem się na sprawach codziennych albo nie będzie cię interesowało nic innego, poszukaj profesjonalnej pomocy. I pamiętaj, że proces powrotu do zdrowia może ci również utrudniać depresja poporodowa; patrz ramka na str. 625.

dodatek musisz pójść do szpitala i cierpieć katusze porodu. Przecież rodzenie dziecka, którego nie zabierzesz do domu, to ciężar ponad siły. Przeważnie odbywa się to na tym samym oddziale, gdzie rodzi się radość – tam rodzice witają na świecie swoje zdrowe dzieci, świętują początek nowego życia, a ty musisz się zmierzyć z dramatycznym końcem. Co więcej, gdy wrócisz do domu ze złamanym sercem i pustymi ramionami, w których nie będzie dziecka, żeby odzyskać zdrowie, będziesz musiała poradzić sobie z ranami fizycznymi i emocjonalnymi. Tak będzie nawet wtedy, gdy nie przejdziesz przez koszmar porodu, tylko będziesz miała zabieg łyżeczkowania.

Jeśli będziesz miała możliwość, by zobaczyć lub przytulić dziecko, rozważ to bardzo starannie. Być może tulenie maleństwa, które właśnie straciłaś, wyda ci się teraz nienaturalne, lecz później prawdopodobnie przyniesie ci ukojenie – wspominając to tragiczne wydarzenie, będziesz mogła przywołać z pamięci tę jedną krótką chwilę, jaka była wam dana. Dzięki temu twoja strata prawdopodobnie wyda ci się bardziej realna – mimo że ta bolesna rzeczywistość jest właśnie tym, czego za wszelką cenę próbujesz uniknąć, to w ten sposób rozpoczniesz żałobę, która jest nieodłącznym elementem procesu leczenia. Zastanów się także (jeśli oczywiście jest to opcja dla ciebie) nad pamiątkowym albumem lub pudełeczkiem, w którym będziesz mogła zrobić na pamiątkę odciski stópek i rączek dziecka, a także przechować zdjęcia i kosmyk jego włosów. Podczas rozmów o dziecku używaj jego imienia, a jeśli nie zdążyłaś go wcześniej wybrać, zrób to teraz. I – jak zawsze – pamiętaj, żeby w tych ciężkich chwilach kierować się tym, co jest najlepsze dla ciebie i twojego partnera – nie czuj się zmuszona do postępowania według zasad, które ktoś ci proponuje.

Jak wielki będzie twój ból i jak długo potrwa? Nie można tego określić. Każdy jest inny, a więc i ty będziesz wracać do równowagi we własnym tempie. Rób wszystko, by znaleźć ulgę i pocieszenie – spędzaj czas z partnerem, rozmawiaj przez Internet z innymi kobietami, które przeżyły podobną stratę, zamów nabożeństwo żałobne za dziecko, przyłącz się do grupy wsparcia, poszukaj pomocy u terapeuty lub ponownie zajdź w ciążę (jeżeli to możliwe). Może szybko znajdziesz ukojenie, a może będziesz musiała go szukać bardzo długo. Tak czy inaczej, każda opcja będzie naturalna i normalna. W ramce na str. 626 znajdziesz więcej informacji na temat trudnego procesu radzenia sobie ze stratą dziecka.

Pamiętaj też – i ciągle sobie o tym przypominaj – że nie zrobiłaś nic złego. Nie zawiodłaś swojego dziecka i nie jesteś winna temu, że je straciłaś. Nie zapominaj o tym bez względu na przyczyny poronienia.

Jak poradzić sobie z powtarzającymi się poronieniami

Trudno poradzić sobie z cierpieniem towarzyszącym stracie jednej ciąży. Ale jeśli stracisz więcej niż jedną, cierpienie będzie jeszcze większe – każda kolejna strata dotknie cię bardziej niż poprzednia. Możesz się poczuć zniechęcona, przygnębiona, zła, rozdrażniona i/lub niezdolna do skupienia się na codziennych czynnościach (lub na czymkolwiek, co nie wiąże się ze stratą). Proces leczenia psychiki nie tylko potrwa dłużej niż leczenie ciała, lecz dodatkowo utrudni go destrukcyjne działanie smutku. Co więcej, ból emocjonalny może wywołać pewne objawy fizyczne, takie jak bóle głowy, utratę apetytu lub objadanie się, bezsenność i wszechogarniające zmęczenie. (Niektóre pary radzą sobie z kolejnymi poronieniami bardziej racjonalnie i to również jest całkowicie normalne).

Czas nie leczy wszystkich ran – w twoim sercu ciągle będzie miejsce dla utraconego dziecka – ale w końcu na pewno okaże się ogromnie skutecznym lekarzem. Tymczasem wykorzystaj potęgę wiedzy (dowiedz się, co jest prawdopodobną przyczyną poronień i co można zrobić, by zapobiec kolejnemu; patrz str. 29), bądź cierpliwa i poszukaj wsparcia, które może się okazać najlepszym lekarstwem. Podziel się swoimi uczuciami z rodzicami, którzy przeżyli kilka poronień (zwłaszcza wieloraczków) – to pomoże ci się pozbyć uczucia osamotnienia i odzyskać nadzieję. A przede wszystkim pozbądź się poczucia winy. Mamy, które cierpią z powodu powtarzających się poronień, często uważają, że ich ciało nie jest w stanie wypełnić swojej najbardziej podstawowej funkcji. Nie jesteś niczemu winna. Spróbuj skoncentrować się na tym, że jesteś silna (nawet jeśli czasem czujesz się słaba) i zdeterminowana, by urodzić dziecko.

Śmierć dziecka w trakcie porodu lub później

Czasem dziecko umiera w trakcie porodu, a czasem chwilę później. Bez względu na to, kiedy to się stanie, twój świat i tak legnie w gruzach. Od miesięcy czekałaś na swoje maleństwo, przygotowywałaś się i cieszyłaś, a teraz wrócisz do domu bez niego.

Prawdopodobnie nie ma większego bólu niż ten, który jest związany ze stratą dziecka. I chociaż nic nie będzie w stanie całkowicie ukoić twojego cierpienia, możesz podjąć pewne kroki, by nieco zmniejszyć nieunikniony smutek towarzyszący tej tragedii:

- Popatrz na swoje dziecko, przytul je i nadaj mu imię. Żałoba to nieodzowny krok w procesie powrotu do równowagi po takiej stracie, a trudno ci będzie opłakiwać bezimienne dziecko, którego nigdy nie widziałaś. Nawet jeśli maleństwo przychodzi na świat zniekształcone, eksperci zalecają, by je zobaczyć, gdyż wyobrażenie jest zazwyczaj gorsze niż rzeczywistość. Gdy weźmiesz dziecko na ręce, jego śmierć stanie się bardziej realna i łatwiejsza do zaakceptowania. Podobnie będzie zresztą z pierwszymi czynnościami, które się wykonuje po porodzie, więc nie pozbawiaj się ich: wykąp maleństwo, załóż mu pieluszkę, opatul w rożek, uczesz włoski, utul i wycałuj. Skoncentruj się na szczegółach, które chciałabyś zachować w pamięci: na dużych oczach i długich rzęsach, maleńkim nosku, pięknych rączkach i delikatnych paluszkach czy gęstych włoskach. Jeśli wybrałaś już imię, używaj go. Jeśli nie, zrób to teraz, bo dziecko, o którym zawsze będziesz pamiętać, musi mieć imię.
- Poszukaj wsparcia. W pomaganiu rodzicom, którzy stracili dziecko, specjalizują się niektóre doule oraz terapeuci zatrudnieni w szpitalu. Jeśli jest taka możliwość, poproś ich o pomoc.
- Nie spiesz się. Jeśli potrzebujesz więcej czasu, by pożegnać się z dzieckiem, poproś o niego. W niektórych szpitalach są specjalne łóżeczka podłączone do systemu chłodzenia, dzięki którym rodzice mogą spędzić więcej czasu ze swoim nieżyjącym maleństwem.
- Kolekcjonuj wspomnienia. Zrób dziecku zdjęcia, zastanów się też nad odciskiem rączki i stópki czy zachowaniem kosmyka włosów. Te namacalne pamiątki pomogą ci w przyszłości pielęgnować pamięć o maleństwie.
- Zostaniesz poproszona o zgodę na przeprowadzenie badań genetycznych i prawdopodobnie również sekcji zwłok. Jeśli się zgodzisz, spróbuj poznać wszystkie fakty, bez względu na to, jak będą trudne. Omów wyniki sekcji oraz inne ustalenia medyczne ze swoim lekarzem – to pomoże ci zaakceptować rzeczywistość i przeżyć żałobę, a także podjąć w przyszłości decyzje dotyczące ciąży.
- Poproś rodzinę i przyjaciół, by pozostawili wszystko, co przygotowałaś dla dziec-

DLA OJCÓW

Ty również jesteś w żałobie

Razem poczęliście dziecko. Razem świętowaliście pozytywny wynik testu ciążowego. Patrzyliście na zdjęcia USG, co tydzień aktualizowaliście aplikację ciążową i byliście świadkami tego, jak maluch rośnie i się rozwija – od małej jagódki po większą brzoskwinię, a może jeszcze dłużej. Mieliście wspólne plany, nadzieje i marzenia. Wyobrażaliście sobie, jak będzie wyglądało wasze życie jako rodziców i rodziny (trzyosobowej lub większej). Razem odgadywaliście (a może nawet odkryliście) płeć dziecka, wybieraliście imiona, rozważaliście różne opcje porodu i zapisaliście się do szkoły rodzenia.

A potem, w jednej chwili, wszystkie plany, nadzieje i marzenia legły w gruzach. Niezależnie od tego, czy stało się to wcześniej czy później, w trakcie porodu czy tuż po nim, wasze wspólne dziecko odeszło, pozostawiając po sobie ogromny żal. Musicie przeżyć tę żałobę razem – ale prawdopodobnie każde z was zrobi to po swojemu.

Opłakiwanie utraconego dziecka może przybierać różne formy i osiągać różny stopień intensywności. Zależy to od wielu czynników (na przykład od tego, jak zaawansowana była ciąża, jak długo próbowaliście począć dziecko i czy ciąża była planowana), ale również od płci rodzica. Mama (co można łatwo uzasadnić) opłakuje nie tylko utratę tego, co abstrakcyjne (wizji i marzeń o życiu z dzieckiem), ale również namacalną stratę w sensie fizycznym. Dziecko, które razem poczęliście, rosło przecież w jej ciele. Zrozumiałe zatem i przewidywalne jest to, że całe współczucie będzie się koncentrowało na niej – uściski, kondolencje, propozycje pomocy, a nawet opieka medyczna. Zostanie uruchomiona cała sieć wsparcia, by dodać jej sił, a ty prawdopodobnie będziesz jej częścią. To fakt, ona naprawdę potrzebuje wsparcia. Ale co z tobą? Kiedy będziesz miał szansę, żeby opłakać swoje dziecko?

Oto kilka spraw, o których powinieneś pamiętać, gdy podejmiesz próbę pogodzenia się ze stratą:

To również twoja strata. Każdy mówi prawdopodobnie: „Tak mi przykro, że straciła dziecko". Może nawet ty sam używasz słów „jej strata", mówiąc o dziecku, które razem poczęliście. Ale by przejść proces żałoby i powrócić do równowagi, będziesz musiał zaakceptować fakt, że tak samo jak razem poczęliście dziecko i razem marzyliście, że będziecie jego rodzicami, tak razem je straciliście. Pewnie będziesz w inny sposób wyrażać swój ból i przeżywać żałobę, ale pamiętaj, że to również twoja strata.

Twój smutek należy do ciebie. Każdy inaczej przeżywa utratę ciąży lub śmierć dziecka, inaczej przeżywają to mamy, a inaczej tatusiowie (przy okazji, rodzice, którzy stracili ciążę lub dziecko, na zawsze pozostaną rodzicami i nic im tego nie odbierze). Może proces dochodzenia do równowagi będzie trwał krótko, a może minie więcej czasu, zanim dojdziesz do siebie. A może żałoba będzie zaskakująco intensywna albo mniej dotkliwa, niż oczekiwałeś. Nie ma żadnych reguł, które określałyby, jak powinieneś się czuć i jak długo powinno to trwać – dotyczy to również twojej partnerki.

Możesz być silny i nadal smutny. Hormony sprawiają, że mężczyźni funkcjonują inaczej niż kobiety, lecz trzeba pamiętać, że dużą rolę odgrywają tu również oczekiwania kulturowe. Oba czynniki mają wpływ na to, jak reagujesz w obliczu straty. Może stwierdzisz, że automatycznie wszedłeś w tryb obrońcy i jesteś silny tak bardzo, jak musisz – tym silniejszy, im bardziej twoja partnerka jest bezbronna i wrażliwa. Im więcej płacze, tym bardziej czujesz się zmuszony, by powstrzymywać własne łzy i trzymać się dzielnie. Ale gdy tylko możesz, spróbuj dawać upust własnym emocjom. Jak najbardziej bądź dla niej opoką, lecz od czasu do czasu pozwól sobie na słabość, jeśli tego właśnie potrzebujesz. Rób przede wszystkim to, co wydaje ci się właściwe. Jeśli jesteś smutny, w porządku. Jeśli musisz się wypłakać, zrób to. Jeśli nie chcesz okazywać emocji, pozwól sobie na to.

Opłakujcie dziecko razem. Czasami w okresie żałoby partnerzy się od siebie oddalają, ale nie jest to nieuniknione we wszystkich przypadkach. Często jest to po prostu kwestia źle odczytanych sygnałów lub braku odpowiedniej komunikacji – on próbuje być silny, a ona odbiera to jako znak, że utrata dziecka niewiele dla niego znaczy, i zwraca się po wsparcie do innych osób. A on pozostaje sam. Albo ona jest tak bardzo pochłonięta własnym smutkiem (i fizycznymi następstwami straty dziecka), iż nie dostrzega, że on również jest pogrążony w żałobie. Badania pokazują, że pary szybciej przechodzą żałobę, gdy robią to wspólnie; najskuteczniejszy sposób walki z rozpaczą to dzielenie się nią, a nie przeżywanie jej osobno. Nawet jeśli na początku trudno wam robić to twarzą w twarz, róbcie to obok siebie. Warto również zwrócić się o pomoc do psychoterapeuty pomagającego parom, które straciły dziecko – to zazwyczaj bardzo skuteczna terapia. Poza tym smutek często zbliża partnerów do siebie, a wspólne przeżywanie bólu pomoże wam obojgu łatwiej poradzić sobie ze stratą.

Znajdź własny sposób. Jesteście w tym razem, tak jak byliście od samego początku. Jednak być może będziesz musiał znaleźć również inne ujścia dla swojego smutku. Może takim ujściem okaże się praca, a może sport, muzyka lub obcowanie z naturą. Może otrzymasz wsparcie od przyjaciół, którzy wiedzą, co przeżywasz, albo nawiążesz kontakt z innymi ojcami, którzy stracili dziecko. A może będziesz wolał przeżywać wszystko w samotności. Ojcowie w żałobie czasem szukają pocieszenia w alkoholu lub narkotykach, ale chociaż używki maskują ból, to na pewno nie rozwiążą problemu, a to powinno być przecież twoim celem. Jeśli zauważysz u siebie oznaki uzależnienia lub depresji, natychmiast poszukaj pomocy.

ka. Powrót do domu, który wygląda tak, jakby nikt tam nie oczekiwał narodzin maleństwa, może jeszcze bardziej utrudnić zaakceptowanie tego, co się stało. Lepiej będzie, gdy spakujesz wszystko sama.

- Wspominaj swoje dziecko w takim gronie, jakie najbardziej ci odpowiada. Zorganizuj ceremonię pogrzebową (pochówek lub kremację) – to będzie kolejna ważna sposobność, by się pożegnać. Jeśli chodzi o ceremonię pogrzebową, to rób tylko to, co ci odpowiada. Może to być zatem całkowicie prywatna uroczystość, podczas której ty i twój partner będziecie mogli w samotności podzielić się swoimi uczuciami, albo spotkanie w gronie rodziny, przyjaciół, znajomych i sąsiadów, którzy otoczą was miłością i zaoferują wsparcie.

- Uczcij pamięć dziecka. Zrób coś, co ma dla ciebie szczególne i symboliczne znaczenie. Zasadź drzewo lub kwiaty w ogrodzie albo parku, kup książki dla domu dziecka, przekaż pieniądze na rzecz organizacji, która pomaga kobietom w zagrożonej ciąży i młodym mamom albo buduje place zabaw.

Jak poradzić sobie ze stratą jednego z bliźniąt

Rodzice, którzy stracili jedno z bliźniąt (lub więcej dzieci w przypadku trojaczków lub czworaczków), w tym samym czasie świętują narodziny (dziecka lub dzieci) i opłakują śmierć (dziecka lub dzieci). W takim wypadku możesz się czuć zbyt rozdarta, by jednocześnie opłakiwać utracone dziecko i cieszyć się z narodzin drugiego – obydwa te procesy są tak samo ważne. Jeśli zrozumiesz, dlaczego tak się czujesz, łatwiej sobie poradzisz z tą wewnętrzną sprzecznością. Oto co możesz odczuwać:

- Możesz być zrozpaczona. Właśnie straciłaś dziecko, a fakt, że masz drugie, wcale nie umniejsza tej straty. Wiedz, że masz prawo opłakiwać dziecko, które straciłaś, i jednocześnie świętować narodziny drugiego. Prawdę mówiąc, ta żałoba jest bardzo ważną częścią procesu leczenia. Zastosuj omówione wcześniej sposoby radzenia sobie z utratą dziecka – pomogą ci się pogodzić z jego śmiercią i z rzeczywistością.

- Możesz być również szczęśliwa, ale mieć sprzeczne uczucia, jeśli chodzi o okazywanie radości. Pewnie będziesz miała wrażenie, że cieszenie się narodzinami maleństwa, które przetrwało, jest niestosowne, a nawet nielojalne w stosunku do tego, które nie przeżyło. To naturalne uczucie, ale spróbuj się go pozbyć. Miłość do rodzeństwa zmarłego dziecka to naprawdę wspaniały sposób na uczczenie jego pamięci. Poza tym maluch potrzebuje przecież twojej troski, żeby się prawidłowo rozwijać.
- Może masz ochotę świętować, ale nie wiesz, czy powinnaś. Narodziny dziecka to zawsze wspaniały powód do świętowania, nawet gdy szczęście miesza się ze smutkiem. Jeśli nie czujesz się komfortowo, urządzając przyjęcie na cześć noworodka w sytuacji, gdy jeszcze nie zdążyłaś pogodzić się ze stratą, zorganizuj najpierw ceremonię pogrzebową i pożegnaj się z dzieckiem, które odeszło.
- Możesz uważać, że śmierć dziecka to kara, ponieważ nie byłaś pewna, czy chcesz być mamą wieloraczków lub wolałaś córeczkę niż synka (albo odwrotnie). Chociaż ten rodzaj poczucia winy często dotyka rodziców, którzy stracili dziecko, to jest ono całkowicie nieuzasadnione. Nic, co zrobiłaś, myślałaś, co sobie wyobrażałaś albo czego pragnęłaś, nie mogło spowodować tej straty.
- Możesz być rozczarowana, że nie będziesz mamą wieloraczków. To zrozumiałe, że jesteś smutna, zwłaszcza jeśli od miesięcy snułaś wizje, planowałaś i przygotowywałaś się na przyjęcie kilkorga dzieci, a potem wszystkie twoje marzenia się rozwiały. Możesz nawet odczuwać ukłucie żalu na widok noworodków. Nie czuj się winna z tego powodu – to również jest całkowicie zrozumiałe.
- Możesz się obawiać, że wyjaśnienie sytuacji rodzinie i przyjaciołom okaże się niezręczne i trudne, zwłaszcza jeśli wszyscy niecierpliwie czekali na bliźnięta. Aby konfrontacja ze światem była trochę łatwiejsza, poproś o pomoc przyjaciółkę lub inną bliską osobę, by udzielała informacji za ciebie. Przez pierwsze kilka tygodni spróbuj zabierać ze sobą kogoś na spacery z dzieckiem, żeby odpowiadał na nieuniknione i bolesne pytania.
- Możesz nie radzić sobie z reakcjami i komentarzami przyjaciół oraz rodziny. Pró-

Opieka paliatywna dla dziecka

Wiele szpitali, hospicjów i klinik oferuje programy wsparcia dla rodziców, którzy chcą utrzymać ciążę, mimo że dziecko prawdopodobnie nie przeżyje porodu albo umrze wkrótce po nim. Ośrodki opieki paliatywnej oferują pomoc matce i ojcu i traktują dziecko z godnością i współczuciem. Wykaz programów tego typu znajdziesz na www.perinatalhospice.org.

Jeśli powiedziano ci, że twoje dziecko nie będzie zbyt długo żyło, i jeśli zostaną wyczerpane wszystkie metody, by je ocalić, być może pojawi się możliwość przekazania jego narządów innemu maluchowi. Taki dar serca może przynieść ci ukojenie i nieco złagodzić ból po tej stracie. Porozmawiaj z neonatologiem, który udzieli ci niezbędnych informacji i pomoże się przygotować do tego fizycznie i emocjonalnie.

Spróbuj jeszcze raz

Podjęcie decyzji o zajściu w kolejną ciążę – a tym samym o urodzeniu kolejnego dziecka, zwanego niekiedy „tęczowym" – po tak ogromnej stracie nie zawsze jest łatwe, a przynajmniej nie tak łatwe, jak wydaje się otoczeniu. To głęboko osobista i często bolesna decyzja. Jeśli zastanawiasz się, czy spróbować jeszcze raz, weź pod uwagę następujące kwestie:

- Ponowne staranie się o dziecko po stracie poprzedniego (lub poprzednich) wymaga odwagi. Jeśli się na to zdecydowałaś, pogratuluj sobie, bo zasłużyłaś na uznanie.
- Odpowiednia pora na kolejną ciążę to ta, która jest odpowiednia dla ciebie. Być może już po krótkim czasie stwierdzisz, że jesteś emocjonalnie gotowa, by znowu zacząć się starać o dziecko, a może będziesz potrzebowała go więcej. Nie zmuszaj się (i nie pozwól, żeby inni cię zmuszali) do zbyt wczesnej próby. I nie powstrzymuj się również przed zajściem w ciążę dłużej, niż musisz. Słuchaj swojego serca – w ten sposób dowiesz się, czy już doszłaś do siebie pod względem emocjonalnym i czy jesteś gotowa, by rozważać następną ciążę.
- Będziesz musiała się do tego przygotować również fizycznie. Porozmawiaj z lekarzem i zapytaj, jak długo powinnaś odczekać. W zasadzie możesz spróbować już wtedy, gdy będziesz w stanie (oraz gdy unormuje się twój cykl menstruacyjny). Badania wykazały, że kobiety są najbardziej płodne w pierwszych trzech cyklach po poronieniu. Jeśli z jakiegoś powodu będziesz musiała zaczekać trochę dłużej (na przykład z powodu ciąży zaśniadowej), wykorzystaj ten czas, by wrócić do jak najlepszej formy fizycznej, jeżeli jeszcze tego nie zrobiłaś.
- Kolejna ciąża może być mniej radosna. Teraz już wiesz, że nie wszystkie ciąże kończą się szczęśliwie, więc prawdopodobnie nie będziesz brała niczego za pewnik. Możesz być bardziej nerwowa niż w poprzedniej ciąży, szczególnie gdy minie ten tydzień, w którym ją straciłaś (a jeśli straciłaś dziecko w trakcie porodu lub tuż po nim, będziesz się martwić przez cały czas). Możliwe, że będziesz się starała powstrzymywać radość albo stwierdzisz, że lęk jest silniejszy niż inne uczucia – nawet tak silny, że będziesz się zastanawiać, czy przywiązać się do dziecka dopiero wtedy, gdy minie wszelkie ryzyko i zniknie strach przed pokochaniem i ponowną stratą. Możesz też być bardziej wyczulona na wszystkie objawy ciążowe: na te, które dają nadzieję (tkliwość piersi, poranne nudności, częste wyprawy do toalety), i na te, które wywołują niepokój (kłucie w miednicy, skurcze). Porozmawiaj z rodzicami, którzy po stracie jednego dziecka szczęśliwie doczekali się następnego, a dowiesz się, że wszystkie twoje uczucia są całkowicie normalne i zrozumiałe. Zadbaj tylko o to, by te doznania nie przeszkadzały ci w dbaniu o nową ciążę. Jeśli tak się stanie, natychmiast poszukaj pomocy.

Cały czas myśl o nagrodzie – o dziecku, które tak bardzo pragniesz utulić w ramionach – i próbuj nie wracać pamięcią do tego, co się wydarzyło; dzięki temu zachowasz pozytywne nastawienie. Pamiętaj również, że ogromna większość kobiet, które straciły dziecko, ponownie zachodzi w ciążę przebiegającą bez żadnych powikłań, a później rodzi zdrowe dziecko. Więcej informacji na temat zajścia w ciążę po stracie dziecka znajdziesz w książce *W oczekiwaniu na ciążę* (REBIS 2017).

bując ci pomóc, mogą okazywać nadmierną radość na widok dziecka, które przeżyło, zapominając o twojej stracie. Mogą cię też zachęcać, abyś zapomniała o utraconym dziecku i cieszyła się tym, które przeżyło. I chociaż mają dobre intencje, ich słowa i zachowania cię ranią. Nie wahaj się zatem i powiedz wszystkim – a przynajmniej najbliższym – jak się czujesz.

- Możesz mieć depresję, która uniemożliwi ci opiekę nad noworodkiem lub – jeśli nadal jesteś w ciąży – zadbanie o dziecko, bo przestaniesz się troszczyć o siebie. Nie wiń się za to, że jesteś nieszczęśliwa i że miotają tobą sprzeczne uczucia. To normalne i całkowicie zrozumiałe. Zadbaj tylko o to, by otrzymać właściwą pomoc, abyś mogła zaspokoić potrzeby swojego dziecka – zarówno fizyczne, jak i emocjonalne. Pomoże ci w tym grupa wsparcia lub terapeuta.

- Możesz się czuć osamotniona w swoim bólu. Wsparcie tych, którzy wiedzą, co przeżywasz, pomoże ci bardziej, niż myślisz. Znajdź grupę wsparcia w swoim mieście albo w Internecie (na przykład www.climb-support.org).

Bez względu na to, co czujesz – a w tej sytuacji twoje uczucia mogą być rozmaite – daj sobie czas. Stopniowo będziesz się czuła coraz lepiej – nawet będzie ci lepiej z tym, że czujesz się lepiej.

INDEKS

A
aborcja (przerwanie ciąży)
— a diagnoza prenatalna 61
— a wpływ na późniejszą ciążę 23
— rak kosmówki po 618
— RhoGAM po 39
— spontaniczna *patrz* poronienie
Accutane 159
acesulfam K (słodzik) 116
ADHD *patrz* zespół nadpobudliwości psychoruchowej z deficytem uwagi (ADHD)
aerobik 244
AFP *patrz* alfafetoproteina (AFP)
afty 222
AHA *patrz* alfahydroksykwasy AHA
AIDS 25
aktywność fizyczna *patrz* ćwiczenia fizyczne w ciąży
akupresura 81 *patrz też* medycyna komplementarna i alternatywna
— przeciwko bólom głowy 197
— przeciwko bólom porodowym 304, 345
— przeciwko niepowściągliwym wymiotom ciężarnych 577
— przeciwko porannym nudnościom 142
akupunktura 80-81 *patrz też* medycyna komplementarna i alternatywna
— a endorfiny 80-81, 345
— a położenie miednicowe 81, 360
— a termopunktura 360
— a zwalczanie stresu 153
— by rzucić palenie 69
— przeciwko atopowemu zapaleniu skóry 175
— przeciwko bólom głowy 197
— przeciwko bólom obręczy biodrowej 592
— przeciwko bólom pleców 263
— przeciwko bólom porodowym 341
— przeciwko depresji 47, 183
— przeciwko dystrofii 528
— przeciwko migrenie 198
— przeciwko niepowściągliwym wymiotom ciężarnych 577
— przeciwko porannym nudnościom 142
— przeciwko rwie kulszowej 325
— przeciwko zespołowi cieśni nadgarstka 80, 210, 299
— przeciwko zgadze 168
— w zespole niespokojnych nóg 326
alergia 224-226
— a zapalenie zatok przynosowych 551
— leki przeciwhistaminowe przeciw 567
— noworodków, na mleko z piersi 381
— po porodzie 510
— zapobieganie u dziecka 224-226, 381
— zastrzyki przeciw 224
alfafetoproteina (AFP) 57
alfahydroksykwasy (AHA) 158
alkohol 66-68
— a depresja 47
— a hipotrofia wewnątrzmaciczna (wewnątrzmaciczne zahamowanie wzrostu płodu) 584
— a kombucza 116
— a poród przedwczesny 34, 591
alkohol, nadużywanie przez ojca 274
— a strata dziecka 631
— a wahania nastroju 184
amniopunkcja (punkcja owodni) 59, 60, 62
— a test NT 55
— a test poczwórny 57
— a test podwójny 56
— a testy NIPT 55

— by poznać płeć dziecka 269
— by usunąć nadmiar wód płodowych 469
— RhoGAM po 39
— terapeutyczna 588
analiza chromosomowa
— w nawracających poronieniach 29
angina paciorkowcowa 552-553
— antybiotyki przeciwko 566
anoreksja 41
antybiotyki 566, 568
— a antykoncepcja doustna 535
— a cięcie cesarskie 457
— a karmienie piersią 567
— a poród przedwczesny 591
— a zabiegi dentystyczne 222
— działające miejscowo 159, 175, 568
— maść z, do oczu noworodka 24-25
— na pleśniawki u dziecka 506, 529
— w żywności 118-121
antyfosfolipidowe przeciwciała 29
— zespół antyfosfolipidowy (zespół Hughesa) 565, 621
antygen Kell 39
antykoncepcja doustna 534-535
— a ciąża pozamaciczna 619
— w czasie ciąży 19-20
— w czasie karmienia piersią 534
antykoncepcja *patrz też* poszczególne metody
— karmienie piersią jako 384, 532-533
— po porodzie 533-541
— zajście w ciążę w trakcie stosowania 19-21
apetyt, mamy 199 *patrz też* awersje pokarmowe, przyrost masy ciała, zachcianki ciążowe
— a depresja ciążowa 182
— a depresja poporodowa 520
— a leżenie w łóżku 607, 608
— a płeć dziecka 199
— a środki zmniejszające łaknienie 40, 188
— podczas choroby 550, 560, 561
— utrata z powodu stresu 155, 625 *patrz też* stres
— w trakcie porodu 423-424
apetyt, noworodka 489
— a karmienie piersią 381, 490, 491, 499
Apgar, skala 47, 424, 454
aromaterapia 84, 160
aspartam (słodzik) 115-116
aspiryna 565
— przeciwko poronieniom nawykowym 565
— przeciwko stanowi rzucawkowemu 582
— w leczeniu niepłodności 26

astma oskrzelowa 225
atopowe zapalenie skóry (wyprysk, egzema) 174--176
— karmienie piersią, by zapobiec 176
— leki stosowane miejscowo 568-569
autyzm
— a bankowanie krwi pępowinowej 304
— a cukrzyca ciążowa i zwiększone ryzyko u dziecka 578
— a leki przeciwdepresyjne i zwiększone ryzyko u dziecka 47
— a starszy ojciec i zwiększone ryzyko u dziecka 49
— a zanieczyszczenie powietrza i zwiększone ryzyko u dziecka 79
— suplementy witaminowe, by zmniejszyć ryzyko 134
awersje pokarmowe 168-170
— a poranne nudności 141
— w drugiej ciąży 27
azotany 120
azotyny 120

B
badania anatomiczne 59, 269
badania diagnostyczne 58-62
badania genetyczne 50-54
— gdy problem zostanie stwierdzony 61
— po stracie ciąży 29, 617, 623, 629
badania kontrolne
— dentystyczne 220-222
— pierwsza wizyta prenatalna 9, 131-133
— po porodzie 511
— w 2 miesiącu 166
— w 3 miesiącu 192
— w 4 miesiącu 220
— w 5 miesiącu 256
— w 6 miesiącu 292
— w 7 miesiącu 320
— w 8 miesiącu 352
— w 9 miesiącu 391
badania krwi
— by wykryć ciążę 6-7
— genetyczne 50-54
— podczas pierwszej wizyty prenatalnej 132--133
— prenatalne, przesiewowe 53, 54-55, 57-58
— przesiewowe stężenia glukozy 303
— stężenia hCG 150-151
— w kierunku toksoplazmozy 74-75
— w przypadku nawracających poronień 29

INDEKS

— w wykrywaniu konfliktu serologicznego (Rh) 38-39
— w wykrywaniu porodu przedwczesnego 591
badania na nosicielstwo 51-52
badania *patrz też* badania krwi
— bezpieczeństwa wody z kranu 76-77
— diagnostyczne, w kierunku wad wrodzonych 58-62
— długości szyjki macicy 33, 228
— dobrostanu płodu, w 9 miesiącu 397
— domowe testy ciążowe 5-7
— genetyczne 50-54
— moczu, rutynowe 132
— paciorkowców grupy B 373
— płodności a testy ciążowe 7, 26
— podczas pierwszej wizyty prenatalnej 132-133
— prenatalne przesiewowe 5-7
— przesiewowe noworodka 374
— ruchów płodu 324, 395-399
— stężenia fibronektyny płodowej 32, 590
— stężenia glukozy we krwi 132, 228
— stężenia hormonu hCG 150-151
— test obciążenia glukozą 303
— test skurczowy (CST) 396
— w kierunku chorób przenoszonych drogą płciową 132
— w kierunku cukrzycy 44
— w kierunku konfliktu serologicznego (Rh) 38-39
— w kierunku poronień nawykowych 29
— w kierunku przeciwciał różyczki 132
— w kierunku stanu przedrzucawkowego 580
— w kierunku zapalenia układu moczowego 553
badania prenatalne 58-62 *patrz też* badania przesiewowe, diagnoza prenatalna
— a wiek matki 48
— a wiek ojca 49
badania przesiewowe
— noworodków 374
— podczas pierwszej wizyty prenatalnej 132
— połączone 56-57
— test obciążenia glukozą 303
— w kierunku chorób przenoszonych drogą płciową 24-25
— w kierunku toksoplazmozy 75
badania USG przez ścianę brzuszną 178
badanie cytologiczne/wymaz z pochwy

— a kolposkopia 22
— plamienie po 148
— podczas pierwszej wizyty prenatalnej 132
— w kierunku HPV 23
badanie dopplerowskie
— a poród w wodzie 336
— przepływu krwi w tętnicy pępowinowej 397
— a tętno płodu 201, 202
— w domu 202
— w trakcie porodu 425, 427, 442
badanie ginekologiczne
— a zagrożenie poronieniem 576
— by wykryć ciążę 6-7
— plamienie po 148, 301, 410, 574
— podczas pierwszej wizyty prenatalnej 6-7
— w celu oceny rozwarcia szyjki macicy 391, 400, 409, 441
bakteryjne zapalenie pochwy 554
— a przedwczesne pęknięcie pęcherza płodowego 589
— irygacje 226
bankowanie krwi pępowinowej 303-307
basen *patrz* pływanie
beta-hydroksykwasy (BHA) 158
beta-karoten 97, 103, 119
bezdech 224
— u dzieci palaczek 69
bezsenność 223-224, 292-295 *patrz też* sen, matki
— terapie medycyny komplementarnej i alternatywnej przy 82, 84
białko 93-95
— a ciąża wielopłodowa 463, 464
— koktajle z zawartością 108
— w diecie wegetariańskiej 106
— w zdrowych produktach żywnościowych 108
białko, w moczu 227, 323, 579
biały chleb pełnoziarnisty 99
bieganie *patrz* jogging
biegunka 194-195
— a antybiotyki 604
— a nieżyt żołądkowo-jelitowy 555-557
— a suplementacja żelaza 135
— a zatrucie pokarmowe 115
— a zespół jelita drażliwego 45
— kiedy wezwać lekarza 147, 195
— leki przeciwko 557, 568
— z krwią 147, 195
biofeedback 83-84
biopsja kosmówki 59-60

— a badania przesiewowe 55
— a badanie przezierności karkowej (NT) 55
— a punkcja owodni 62
— a wiek matki 50
— a wiek ojca 49
— NIFTY a 55
— po podaniu RhoGAM 39
— przez szyjkę macicy 59-60
— przez ścianę brzuszną 59-60
bisfenol-A (BPA) 77, 78
— a kuchenka mikrofalowa 73
biustonosz 232
— a wkładki laktacyjne 393
— do ćwiczeń 240
— do ćwiczeń, po porodzie 542
— do karmienia 405
— do spania 145-146
— na obrzmiałe piersi 489
bladość skóry, a niedokrwistość 259
blastocysta 128
bliźnięta 459-476 *patrz też* ciąża wielopłodowa
— a ćwiczenia fizyczne 465-468
— a poród domowy 473
— a poród przedwczesny 35
— a przyrost masy ciała 464-465
— a starsza matka 48
— a strata ciąży 631-632
— a zespół przetoczenia krwi między płodami (TTTS) 469
— a zespół znikającego bliźniaka 471-472
— dwujajowe 460
— jednojajowe 128, 460, 463
— karmienie piersią 504-505
— leżenie w łóżku z 470
— poród 366, 472-476
— położenie w macicy 474
— prawidłowe odżywianie podczas ciąży 462-464
— ryzyko związane z 468-470
— stężenie hormonu hCG 151
— termin porodu dla 465
— wczesne badanie USG 178
bluszcz 79
błonica, Tdap, szczepionka przeciwko 51, 338, 340
błonnik
— a cukrzyca 44
— a cukrzyca ciążowa 579
— a wchłanianie żelaza 100
— a zaparcia 97, 192-193, 487
— po porodzie 487
— w węglowodanach złożonych 91, 99, 109

BMI *patrz* wskaźnik masy ciała (BMI)
borelioza 536
botoks 157
ból biodra *patrz też* ból pleców, bóle obręczy biodrowej, rwa kulszowa
— a ciąża wielopłodowa 474
— a ćwiczenia 239, 242
— a pas brzuszny 261
— a postawa 516
— a siedzenie 210
— a skolioza 262
— masaż przy 82
— silny 591-592
— w drugiej ciąży 27
ból brzucha *patrz też* skurcze
— a ciąża pozamaciczna 620
— a krwawienie 146, 586, 614, 620, 621
— a pęknięcie macicy 601
— a poronienie 614, 621
— a przedwczesne odklejenie łożyska 586
— a przepuklina pępkowa 295
— a wielowodzie 588
— a wynicowanie macicy 602
— jako oznaka porodu 438
— jako oznaka porodu przedwczesnego 590
— mięśniaki 21
— po chirurgicznym leczeniu otyłości 42
— po cięciu cesarskim 492-493, 495, 527
— spowodowane rozciągnięciem więzadła obłego 263
— u ojca, jako objaw ciąży współczulnej 169
— we wczesnej ciąży 147-148
ból gardła 550
— a angina pociorkowcowa 555-553
— a cytomegalia 558
— a przeziębienie 550
ból głowy 195-198
— a medycyna komplementarna i alternatywna 80, 82, 83
— kiedy zawiadomić lekarza 147, 484
— leczenie 197
— migrena 197-198
— na wysokości 280
— po rezygnacji z kofeiny 65
— podczas ćwiczeń fizycznych 242
— w stanie przedrzucawkowym 302, 323, 580
— w zespole HELLP 582
— zapobieganie 196
ból kości ogonowej, po porodzie 485
ból nóg *patrz też* rwa kulszowa, skurcze mięśni kończyn dolnych, żylaki

INDEKS

- a zakrzepica żył głębokich 595-596
- podczas porodu 410, 442, 446
- silny 170-171

ból pleców 259-263 *patrz też* rwa kulszowa
- a medycyna komplementarna i alternatywna 80, 82, 84, 159
- a odklejenie łożyska 586
- a orgazm 203
- a otyłość 40
- a wieloraczki 462
- a wieloraczki, po porodzie 475
- a zbyt duży przyrost masy ciała 186
- ćwiczenia przy 237, 243-244, 246, 247
- kiedy wezwać lekarza 298, 324, 614
- podczas porodu 410, 438, 442, 446
- podczas porodu przedwczesnego 334, 586
- u ojca, jako objaw ciąży współczulnej 169
- w drugiej ciąży 27, 28
- w fazie wczesnej porodu 409
- w połogu 515-516
- w pracy 210, 211-212, 216

ból szyi, w pracy 215
ból żeber 353-354
bóle krzyżowe 419
- a akupresura 81, 345, 419
- a położenie dziecka 360
- a znieczulenie zewnątrzoponowe 341-342
- pozycje do porodu 429-434

bóle obręczy biodrowej 325, 356, 591-592
bóle poporodowe 481-482
- a wieloraczki 475

BPA *patrz* bisfenol-A (BPA)
brodawczak piersi 392
brodawki *patrz też* karmienie piersią, otoczka brodawki, piersi
- ból, a karmienie piersią 489, 500
- krwista wydzielina z 392
- piercing, a karmienie piersią 382
- po porodzie 489
- popękane 480, 517
- przygotowanie do karmienia piersią 381
- stymulacja, by przyspieszyć poród 443
- stymulacja, by wywołać poród 403
- wrażliwe, jako objaw ciąży 4

brodawki płciowe (kłykciny kończyste) 23
brzuch
- a wewnątrzmaciczne ograniczenie wzrostu płodu 584
- a wielkość dziecka 357
- a wieloraczki, po porodzie 475
- kształt 357-358

- kształt, a płeć dziecka 357
- masaż 160
- pojawiający się i znikający 176
- spanie na 271-272
- świąd 298
- w 1 miesiącu 130
- w 2 miesiącu 165
- w 3 miesiącu 191
- w 4 miesiącu 219
- w 5 miesiącu 255
- w 6 miesiącu 291
- w 7 miesiącu 319
- w 8 miesiącu 351
- w 9 miesiącu 390

bulimia 41-43, 46

C

cewa nerwowa, rozwój u płodu 164
cewa nerwowa, wady *patrz też* kwas foliowy
- a test NIPT 55
- badania w kierunku 59
- prenatalne badania przesiewowe w kierunku 54, 57
- suplementy prenatalne, aby zminimalizować prawdopodobieństwo wystąpienia 134
- test poczwórny w kierunku 57

cewnik
- a cięcie cesarskie 457, 494
- a znieczulenie zewnątrzoponowe 342
- po porodzie 485
- w planie porodu 335
- w tyłozgięciu macicy 177

chemikalia, kontakt z
- a zanieczyszczenie powietrza 79
- w gospodarstwie domowym 75-79
- w miejscu pracy 213, 214
- w żywności 92

chemioterapia
- rak kosmówki 618
- w czasie ciąży 595

chirurgiczne leczenie otyłości 42
chloasma (ostuda) 266
- jak ukryć makijażem 158

chlor
- w basenach 279
- w środkach czystości 76
- w wodzie z kranu 77

chłopiec
- a apetyt matki 199
- jądra 254, 350

— obrzęk genitaliów 452
— testosteron 190
cholestaza 594
cholesterol 112
— u dziecka karmionego piersią, w późniejszym życiu 381
choroba Canavana, badania w kierunku 51
choroba Gauchera, a komórki macierzyste z krwi pępowinowej 303
choroba Gravesa-Basedowa 46
choroba Hashimoto *patrz* choroby tarczycy
choroba Taya-Sachsa
— a biopsja kosmówki 59
— genetyczne badania przesiewowe w kierunku 51, 132
choroba, w trakcie ciąży 549-569
choroby dziąseł 220-222
— a poród przedwczesny 35
— a stan przedrzucawkowy 581
choroby przenoszone drogą płciową 24-25
— a zwiększone ryzyko ciąży pozamacicznej 619
— a zwiększone ryzyko przedwczesnego pęknięcia pęcherza płodowego 589
— a zwiększone ryzyko przedwczesnego porodu 35
— badania w kierunku 132
— ograniczenie seksu związane z 288
choroby przewlekłe 44-45
— a ciąża z powikłaniami 28, 30
— a poronienie późne 621
— a poród przedwczesny 35
— a śmierć dziecka 622
— leki 569
choroby tarczycy 45, 193
— a ciąża zaśniadowa 618
— a depresja 183, 193
— a depresja poporodowa 523
— a poronienia nawykowe 29
— a sól jodowana 45, 102
— leki przeciwko 45, 567
— po porodzie 522, 523
chusta *patrz* noszenie dziecka w chuście
ciało, matki
— po porodzie 526
— powrót do stanu sprzed ciąży 526
— utrata figury 176
— w 1 miesiącu 129-130
— w 2 miesiącu 165
— w 3 miesiącu 191
— w 4 miesiącu 219-220

— w 5 miesiącu 255-256
— w 6 miesiącu 291-292
— w 7 miesiącu 319-320
— w 8 miesiącu 351-352
— w 9 miesiącu 389-390
— w drugiej ciąży 26-28
ciąża bezzarodkowa 616
ciąża biochemiczna 8, 616
ciąża ektopowa *patrz* ciąża pozamaciczna
ciąża *patrz też* ciąża pozamaciczna, druga ciąża
— a starsza matka 48-50
— bliskie w czasie 26-32
— choroba w trakcie 549-569
— choroby przewlekłe w trakcie 44-45
— diagnozowanie 5-7
— dieta w trakcie 87-124
— druga *patrz* druga ciąża
— kalendarz 128
— leki w trakcie 564-569
— mieszane uczucia odnośnie do 178-181, 328-331
— oznaki 3-5
— po chirurgicznym leczeniu otyłości 42
— powiadomienie o, w pracy 206-209
— powikłania w trakcie 573-612
— profil 19-62
— redukcja, jak sobie poradzić z 471
— strata, jak sobie poradzić z 623-634
— styl życia w trakcie 63-85
— test *patrz* domowy test ciążowy
— w pracy 206-216
— wczesne objawy 3-5
— wielopłodowa 459-476
ciąża pozamaciczna 619-620
— a endometrioza 22
— a krwawienie 574
— a palenie papierosów 68
— a rak kosmówki 618
— jak poradzić sobie ze stratą 620
— objawy 620
— RhoGam po 39
ciąża wielopłodowa 459-476 *patrz też* bliźnięta
— a badania stanu płodu 466
— a badanie USG 466
— a cięcie cesarskie 366, 368, 473, 474, 475-476
— a cukrzyca ciążowa 470
— a hormon folikulotropowy (FSH) 463
— a kalorie 93
— a karmienie piersią 504-505
— a leczenie niepłodności 463, 468

— a niepowściągliwe wymioty ciężarnych 576
— a nietaktowne komentarze na temat 467-468
— a niewydolność szyjkowa 35
— a niska masa urodzeniowa 469
— a objawy ciąży 461-462
— a odżywianie 462-463
— a otyła matka 463
— a położenie dzieci 474
— a połóg 475, 481
— a poranne nudności 138
— a poród 472-473
— a poród drogami natury 473
— a poród przedwczesny 465, 469, 470
— a predyspozycje do 463
— a przyrost masy ciała 464-465
— a redukcja ciąży 471
— a ruchy płodu 462
— a ryzyko związane z 468-470
— a stan przedrzucawkowy 470, 580
— a stężenie hormonu hCG 151
— a test NIPT 55
— a utrata jednego dziecka 631-632, 634
— a wiek matki 48, 463
— a wybór lekarza 460-461
— a zespół znikającego bliźniaka 471-472
— ćwiczenia w 465, 467
— poród 472-476
— powikłania związane z 468-470
— rozczarowanie 467
— rozpoznanie 178, 199-200
— zespół przetoczenia krwi między płodami 469
ciąża współczulna, u ojca 169
ciąża wysokiego ryzyka
— wybór lekarza *patrz* medycyna matczyno--płodowa
ciąża zaśniadowa 616, 618-619
ciążowe białko osoczowe (PAPP-A)
— test podwójny 56
— zintegrowane testy przesiewowe 57
ciepłe kompresy
— by odwrócić dziecko położone miednicowo 363
— na krocze, po porodzie 483
— na krocze, w trakcie porodu 435, 600
— przy bólach piersi 145
— przy bólach pleców 261
— przy bólach porodowych 419
cięcie cesarskie 365-370, 456-458 *patrz też* poród drogami natury po cięciu cesarskim (VBAC)
— a ciąża wielopłodowa 366

— a dystocja barkowa 600
— a łożysko przodujące 271, 584-586
— a niewspółmierność porodowa 366
— a obrót zewnętrzny 365
— a odklejenie się łożyska 586
— a ojciec 369
— a otyłość 366, 368
— a pęknięcie macicy 601
— a położenie miednicowe 361
— a pozycja dziecka 361, 364, 366
— a wiek matki 49
— a wielkość dziecka 42, 186, 366
— a wypadnięcie pępowiny 599
— a wywoływanie porodu 423
— a zakażenie opryszczką 24-25, 366
— a zakażenie poporodowe 603
— a znieczulenie zewnątrzoponowe 341
— ból po 492-496, 527-528
— ćwiczenia po 527-528
— karmienie piersią po 365
— kolejne 370
— na życzenie 372
— nagłe 368
— niewspółmierność porodowa 366
— przyczyny 366, 367-369
— rekonwalescencja po 492-496, 527-528
— współżycie po 527
— zaplanowane 366
— znieczulenie podpajęczynówkowe do 343
ciśnienie tętnicze krwi, niskie
— a pęknięcie macicy 601
— a pozycja w trakcie snu 271-272
— a przegrzanie 74
— a zawroty głowy 257-258
— a znieczulenie zewnątrzoponowe 342
ciśnienie tętnicze krwi, wysokie *patrz* nadciśnienie, stan przedrzucawkowy
coca-cola *patrz* kofeina
„codzienna dwunastka" 93-104 *patrz też* dieta ciążowa
cukier *patrz też* śmieciowe jedzenie
— a cukrzyca 44
— a cukrzyca ciążowa 577-579
— a grzybica pochwy 555
— a napady paniki 182
— kalorie z 89
— rafinowany 91
— w moczu 228-229
— zamienniki 115-118
cukrzyca 44 *patrz też* cukrzyca ciążowa
— a dystocja barkowa 599

— a karmienie piersią 384, 577-579
— a stan przedrzucawkowy 580
cukrzyca ciążowa 577-579
   — a błonnik w diecie 91
   — a ciąża wielopłodowa 470
   — a cukier w diecie 91
   — a cukrzyca 44
   — a dystocja barkowa 578
   — a glukoza w moczu 227
   — a konieczność leżenia w łóżku 607
   — a odklejenie się łożyska 586
   — a otyłość 39-40, 42
   — a poród przedwczesny 35
   — a przyrost masy ciała 186
   — a stan przedrzucawkowy 580
   — a urodzeniowa masa ciała 298
   — a wiek matki 49
   — a wielkość dziecka 358, 367
   — badania przesiewowe w kierunku 132-133, 228, 303
   — ćwiczenia fizyczne 237, 238
   — zapobieganie 579
cykl menstruacyjny, nieregularny
   — a data porodu 6
   — a test ciążowy 6
cyklosporyna 175
cynk
   — a dieta surowa 109
   — przy przeziębieniach 549
   — w produktach pełnoziarnistych 99
   — w suplementach prenatalnych 103
czerwone mięso
   — a cholesterol 112
   — dieta bez 106
czkawka płodu 327
czop śluzowy, wypadnięcie 413-414
   — kąpiel po 375-376, 414
   — przed porodem 409
   — współżycie po 414
czwarty miesiąc
   — objawy fizyczne 219
   — odczucia psychiczne 220
   — twoje ciało 219
   — twoje dziecko 217-218
   — wizyta prenatalna 220

Ć

ćwiczenia fizyczne w ciąży 64, 235-252
   — a bóle pleców 262-263
   — a cukrzyca 44
   — a cukrzyca ciążowa 303, 579

— a depresja 47, 185
— a dysforia 528
— a leżenie w łóżku 605, 607-608, 612
— a nadciśnienie tętnicze 44
— a otyłość 39-40
— a przygnębienie poporodowe 518
— a rekonwalescencja po cesarskim cięciu 527-528
— a rwa kulszowa 324-325
— a sen 293
— a skolioza 262
— a skurcze nóg 300
— a stres 154, 213-214
— a wahania nastroju 180
— a wahania nastroju ojca 184
— a wieloraczki 465, 467
— a zaburzenia odżywiania 41-43, 44
— a zaparcia 194
— a zapobieganie stanowi przedrzucawkowemu 582
— a zapobieganie zakrzepicy żył głębokich 596
— a zespół niespokojnych nóg 326
— a żylaki 172
— biustonosz do 240, 542
— Kegla *patrz* Kegla, ćwiczenia
— korzyści z 236-238
— ograniczenie 252
— podczas siedzenia 242, 279
— podstawowe 246-252
— w połogu 542-545
— w pracy 210
— w trzecim trymestrze 242
— wskazówki dotyczące bezpieczeństwa 239
— wskazówki dotyczące, w ciąży 238-242
ćwiczenia oddechowe
   — jako złagodzenie bólu porodowego 341
   — w czasie skurczów Braxtona-Hicksa 353
   — w fazie aktywnej porodu 444, 445
   — w fazie przejściowej porodu 447
   — w metodzie Bradleya 313
   — w pierwszej fazie porodu 440
   — w technice Lamaze'a 313
ćwiczenia rozciągające 246-252
   — koci grzbiet 247
   — podczas leżenia w łóżku 608
   — przy skurczach nóg 300
   — rozciąganie mięśni klatki piersiowej 250
   — rozciąganie mięśni nóg 246
   — rozciąganie mięśni ramion 246
   — rozciąganie stawu biodrowego (zginacza stawu biodrowego) 250

— rozciąganie talii 248
— skręty tułowia 249

D
DEET, przeciwko owadom 277
depresja ciążowa 46-48, 182-185 *patrz też* depresja poporodowa, obawy, wahania nastroju
— a choroby tarczycy 193
— a leżenie w łóżku 607
— a medycyna komplementarna i alternatywna 47, 80, 82, 84, 183, 185
— a stres 155
— a hipotrofia płodu (wewnątrzmaciczne zahamowanie wzrostu płodu) 584
— a zagrożenie depresją poporodową 520
— ćwiczenia łagodzące objawy 185
— dieta łagodząca objawy 185
— leczenie 183, 185
— leki przeciwdepresyjne 47
— po stracie ciąży 634
— u ojca 184
depresja poporodowa 520-526
— a choroby tarczycy 523
— a depresja ciążowa i zagrożenie 183
— a karmienie piersią 384
— a kwasy tłuszczowe omega-3 101
— a lekarz 522
— a pediatra 522
— po narodzinach martwego dziecka 622-623
— po stracie ciąży 625, 634
— pomoc w 522
— przewlekła depresja i zagrożenie 46-47
— u ojca 521
DHA *patrz* kwas dokozaheksaenowy (DHA)
diafragma (błona dopochwowa) 538
diagnoza prenatalna 54-62
dieta ciążowa 87-104 *patrz też* dieta wegańska, dieta wegetariańska
— a alergie pokarmowe 226
— a ciąża wielopłodowa 462-463
— a cukrzyca 44
— a cukrzyca ciążowa 579
— a jedzenie poza domem 111-112
— a karmienie piersią 499
— a niedowaga matki 40-41
— a niepowściągliwe wymioty ciężarnych 577
— a otyłość matki 39-40
— a pikantne potrawy 114-115
— a przekąski 90
— a ryzyko porodu przedwczesnego 34, 591
— a stan przedrzucawkowy 581

— a zespół jelita drażliwego 45
— bezglutenowa 107
— bezmięsna 106-107
— bezmleczna 104-106
— bezpieczna 105, 113, 122-124
— cholesterol w 112
— ekologiczna 118-122
— fast foody w 109-111
— GMO w 119
— kalorie w 93
— kofeina w 64-65
— kwasy DHA w 101-102
— kwasy tłuszczowe omega-3 w 101-102
— niskowęglowodanowa 107-109
— paleo 109
— po cięciu cesarskim 495
— podstawowe zasady zdrowej 89-92
— potrzeby żywieniowe 93-104
— produkty białkowe w 93-96
— produkty pełnoziarniste w 99-100
— produkty z witaminą A w 97-98
— produkty z witaminą C w 96-97
— ryby w 113-114
— substancje chemiczne w 118-122
— suplementy prenatalne w 103, 104, 133-135
— surowa 109, 113, 124
— tłuszcze w 100-101
— w pracy 211
— wapń w 95-96
— wegańska *patrz* dieta wegańska
— wegetariańska *patrz* dieta wegetariańska
— zdrowa żywność w 108
— znaczenie 87-89
— żelazo w 100, 259
dieta wegańska 106-107
— białko w 94
— suplementacja kwasów tłuszczowych DHA w 101-102
— wapń w 95-96
— witamina B_{12} w 107
— witamina D w 107
dieta wegetariańska 106-107
— białko w 94
— suplementacja kwasów tłuszczowych DHA 101-102
— wapń w 107
— witamina B_{12} w 107
dłonie
— czerwone plamy na 266-267
— manikiur 161
— obrzęk *patrz* obrzęki

— sztywnienie i mrowienie 299
— świąd 594
dno macicy
— a ocena wielkości płodu 358
— a hipotrofia wewnątrzmaciczna (wewnątrzmaciczne zahamowanie wzrostu płodu) 584
— ocena podczas wizyt prenatalnych 11
Dolargan (petydyna) 343
domowy test ciążowy 5-6, 7-9
dopamina 528
doula 338-339
drgawki
— a rzucawka 594
— a zespół HELLP 583
drób 106, 120, 121, 123, 124
druga ciąża
— a guzki w piersiach 302
— a konflikt Rh 38
— a pęknięcie krocza w trakcie porodu 435
— a ponowne cięcie cesarskie 366, 372
— a poród 28
— a poród drogami natury po cięciu cesarskim (VBAC) *patrz* poród drogami natury po cięciu cesarskim (VBAC)
— a zajęcia w szkole rodzenia 314
— a zmiany w piersiach 146
— karmienie piersią w trakcie 31
— obrzęk piersi w 487
— od razu po pierwszej 30-32
— parcie w trakcie porodu 443
— poranne nudności w 139
— powikłania w 28-30
— ruchy płodu w 27
drugi miesiąc 163-188
— objawy fizyczne 165
— odczucia psychiczne 165
— twoje ciało 165
— twoje dziecko 164
— wizyta kontrolna 166
DTaP, szczepionka 338, 339 *patrz też* Tdap, szczepionka
dysforia 528
dystocja barkowa 426, 599-600
— a cięcie cesarskie 600
— a nacięcie krocza 426
dziąsła 220-222
— guzki na 222
— krwawienie 220
— wrażliwość 220-222
dzieci, starsze
— a karmienie piersią podczas ciąży 30

— a leżenie w łóżku 611-612
— noszenie 261
— opieka nad, podczas ciąży 28
dziecko *patrz też* płód
— a badania przesiewowe pod kątem chorób 374
— karmienie *patrz* karmienie piersią
— o niskiej masie urodzeniowej *patrz* hipotrofia wewnątrzmaciczna (wewnątrzmaciczne zahamowanie wzrostu płodu)
— powrót do domu z 487, 496-497
— procedury dla, po porodzie 454
— przenoszone 389
— radzenie sobie ze stratą 623-633
— *rooming-in* 494, 496
— więź z 385, 456, 490-492
— wygląd po porodzie 452-453
dziecko przenoszone 389, 395, 401
— testy sprawdzające dobrostan 396-397
dziecko, wielkość *patrz też* masa urodzeniowa ciała
— a cukrzyca ciążowa 578
— duże, jako przyczyna cięcia cesarskiego 367
— dystocja barkowa 599
— kształt brzucha 357-358
— udany poród drogami natury po cięciu cesarskim (VBAC) 367
dziewczynka *patrz też* płeć dziecka
— a niepowściągliwe wymioty ciężarnych 139
— a roztargnienie matki 234
— a rozwój płodu 190, 254
— a tętno 201
— wydzielina z pochwy 452
dziewiąty miesiąc
— objawy fizyczne 389
— odczucia psychiczne 390
— twoje ciało 390
— twoje dziecko 387-389
— wizyta prenatalna 391
dziurawiec 185

E
echokardiografia płodu
— a cukrzyca matki 44
— badania przesiewowe noworodka 374
— podwyższony wynik badania przezierności karkowej (NT) 56
edynburska skala depresji poporodowej 522
ektoderma 129
elastyna 171
elektroliza 157
elektropunktura 80

ellaOne 540
emocje *patrz też* depresja, depresja poporodowa, przygnębienie poporodowe (*baby blues*), wahania nastroju
— a strata ciąży 623-634
— a wieloraczki 467
— ojca *patrz* ojciec
— w 1 miesiącu 130
— w 2 miesiącu 165
— w 3 miesiącu 191
— w 4 miesiącu 220
— w 5 miesiącu 256
— w 6 miesiącu 292
— w 7 miesiącu 320
— w 8 miesiącu 352
— w 9 miesiącu 390
endoderma 129
endometrioza 22
— a ciąża pozamaciczna 619
enzymy wątrobowe, podwyższone stężenie 580
e-papierosy 69-70
erytromycyna 159, 568
Escherichia coli (*E. coli*), bakterie 105, 587
estriol 57
estrogeny
— a antykoncepcja 534, 535, 536, 540
— a ciałko żółte 179
— a poranne nudności 138
— a test ciążowy, po leczeniu bezpłodności 7
— a zmiany skórne 267
— wyższe stężenie u ojca 169, 228, 530
etykiety, na produktach żywnościowych 112-113

F
farba 76
— ołów w 76
faza przejściowa porodu 438, 446-448
faza REM
— u dziecka 319
— u matki 330
faza utajona porodu 438-440
fenylefryna 566
fenyloketonuria 116
— a badania przesiewowe niemowląt w kierunku 374
fibronektyna płodowa (fFN) 32, 590
filodendron 79
filtr HEPA, a alergie 226
filtry przeciwsłoneczne 266
— a środki odstraszające owady 277
— a witamina D 107

fitness *patrz* ćwiczenia fizyczne w ciąży
fitochemikalia 97, 98, 119
fizjoterapia 82
— a leżenie w łóżku 605
— na bóle pleców 263
— przy bólach obręczy biodrowej 592
— przy bólach porodowych 342
— przy poporodowym nietrzymaniu moczu i stolca 514
— przy rwie kulszowej 324
fluor
— w paście do zębów 222
— w witaminach prenatalnych 103
— w wodzie 77
FODMAP, dieta 45
fosfor 300
ftalany 78
futbolowa pozycja (spod pachy), do karmienia piersią 502
— a wieloraczki 505
— po cięciu cesarskim 506

G
gardło
— ból 550
— uczucie ściskania, w czasie porodu 446
— zapalenie, paciorkowce grupy B 552-553
gazy 195 *patrz też* laktoza, nietolerancja, wzdęcia, zaparcia, zgaga
— a sorbitol 116-117
— a bóle brzucha 147-148
— a leki przeciwko 566
— a mannitol 117
— a wieloraczki 461
— a zespół jelita wrażliwego 45
— po cięciu cesarskim 495-496
— po porodzie 515
— we wczesnej ciąży 176, 200
gąbka dopochwowa 539
genetyczne badania przesiewowe 50-54 *patrz też* badania przesiewowe
— a wiek matki 48-50
— a wiek ojca 49
— podczas pierwszej wizyty prenatalnej 132
ginekolog *patrz* lekarz
Ginkgo biloba 235
glikokortykosteroidy
— a astma 225
— a cholestaza 594
— a laktacja 567
— leki 567

— na przyspieszenie dojrzewania płuc dziecka 581, 583, 586, 589, 591
glikolowy, kwas 158
glukoza, stężenie we krwi
— a bóle głowy 196
— a cukrzyca 44
— a cukrzyca ciążowa 577-579
— a podjadanie 92
— a poranne nudności 139
— a przygnębienie poporodowe 518
— a sen 293
— a wahania nastroju 179-180
— badania 132-133, 228
głowa, dziecka
— rodzenie 395, 448, 451
— w kanale rodnym 394-395
— wielkość, a poród 358, 366
— wygląd, u noworodka 452
główkowe ułożenie płodu 364
— a wieloraczki 474
gonadotropina kosmówkowa (hCG)
— a domowy test ciążowy 6
— badanie krwi na 150
— płodność a 132
gorąca kąpiel 74
gorąco
— joga 243-244
— uczucie 256-257 *patrz też* pocenie się, uderzenia gorąca
gorączka
— kiedy zawiadomić lekarza podczas ciąży 147, 552
— kiedy zawiadomić lekarza, po porodzie 484, 488, 604
— po porodzie 488, 604
— po punkcji owodni 62
— w trakcie porodu, a paciorkowce grupy B 373
gruczoły Montgomery'ego 4, 145
grupa krwi
— antygen Kell 39
— konflikt serologiczny (Rh) 38-39
— u mamy 132
grypa 551-552
— szczepienie przeciw 51, 340, 552
guma do żucia
— a ksylitol 113, 221
— a nadmierne wydzielanie śliny 143
— a zapobieganie próchnicy 221
— a zgaga 168
— z nikotyną 69
guzek, na dziąśle 222
guzki, w piersiach 302

H
hałas
— ból głowy spowodowany 196
— nadmierny 212
— w pracy 212
hCG *patrz* gonadotropina kosmówkowa (hCG)
henna 198
heparyna 565, 596, 621
herbata
— a kombucza 116
— czarna 65, 118
— imbirowa 118, 142
— kofeina w 65
— rumiankowa 84, 118, 195
— z liści malin 84, 118, 403
— zielona 65, 118
— ziołowa 84-85, 118, 195, 403
herbata z liści malin 84, 118
— by wywołać poród 403
herbaty ziołowe 84-85, 118, 195
— by wywołać poród 403
heroina *patrz* narkotyki, nielegalne
hiperwentylacja, podczas porodu 442
hipnoza 83
— a poród 313, 345
— a poród pośladkowy 419
— na stres 168
— na uśmierzenie bólów porodowych 341
hipotrofia wewnątrzmaciczna (wewnątrzmaciczne zahamowanie wzrostu płodu) 583-584
— a stan przedrzucawkowy 580
— a stan zagrożenia płodu 598
HIV 25
— badania w kierunku 132
— cięcie cesarskie u zakażonej matki 366
homeopatia 84, 131 *patrz też* medycyna komplementarna i alternatywna
hormon folikulotropowy, wieloraczki a 463
hormony *patrz też* poszczególne rodzaje
— ojca 169, 228, 530-531
HPV *patrz* wirus brodawczaka ludzkiego (HPV)
hydrokortyzon 569
— w leczeniu wyprysku 174
hydroterapia 82-83, 160
— a poród w wodzie 336, 376
— a skolioza 262
— a uśmierzanie bólu 17, 341, 345
— poród pośladkowy 411
hyperemesis gravidarium patrz niepowściągliwe wymioty ciężarnych (*hyperemesis gravidarum*, HG)

I

ibuprofen (Ibuprom) 197, 552
— a karmienie piersią 567
— na bóle po cięciu cesarskim 493, 527
— na bóle poporodowe 482, 483
iloraz inteligencji (IQ), dziecka
— wyższy u dziecka karmionego piersią 381
— wyższy, gdy matka ćwiczy w ciąży 238
imbir
— a herbata 118, 142
— a niepowściągliwe wymioty ciężarnych 577
— a poranne nudności 134, 142
— a wirus pokarmowy 557
— w suplementach prenatalnych 103, 134
implant antykoncepcyjny 537
inhalacje, przy bólu zatok 197
inhibina A 57
insulina 227-228
— a cukrzyca 44
— a cukrzyca ciążowa 303, 577, 579
intymne żele nawilżające 285, 531
irygacje 197, 226, 375, 554, 555

J

jajka, w diecie
— a cholesterol 112
— a kwasy tłuszczowe omega-3 (DHA) 102
— bezpieczne spożycie 121, 123, 124
— ekologiczne 120
— pasteryzowane 105
jajniki 128 *patrz też* ciąża pozamaciczna
— rozwój u płodu 190, 254
jazda
— konna 241, 245
— na łyżwach 241, 245
— na nartach 245
— na rolkach 245
jądra
— obrzęk u noworodka 452
— zstępujące u płodu 254, 350
jedzenie poza domem 111-112
jet lag 278
jeżówka purpurowa (*Echinacea*) 549
jod
— niedobór 46, 102
— w soli 102
— w suplementach 103
joga 243-244
— na odprężenie 71, 154, 182

— przy bólach głowy 196
— przy bólach pleców 262
— przy depresji 183
— przy zespole niespokojnych nóg 326
jogging 172, 243, 258
— a wieloraczki 465, 467
jogurt
— a nietolerancja laktozy 105
— a probiotyki *patrz* probiotyki
— jako źródło białka 94
— jako źródło wapnia 95
— na zakażenia grzybicze 555

K

kalorie 89
— a cukier 91
— a karmienie piersią 499
— a tłuszcze 100-101
— dla wieloraczków 462
— w diecie ciążowej 89
— w mleku z piersi 381
kanaliki mleczne, zapchane
— podczas ciąży 302
— podczas karmienia piersią 529
kangurowanie 493
kapturek dopochwowy 538
karmienie bliźniąt 504 *patrz też* bliźnięta
karmienie butelką 385
karmienie piersią 380-385, 489-490, 498-507
patrz też mleko z piersi, siara
— a bóle poporodowe 482
— a cukrzyca 44
— a cukrzyca typu 2 578
— a kształt brodawek 381
— a leki 567
— a obrzęk piersi 489
— a ojciec 383, 501
— a rak piersi 370
— a siara 489-490
— a zaburzenia odżywiania 41
— a zapalenie sutka 528-529
— a zapobieganie atopowemu zapaleniu skóry u dziecka 175-176
— a zatkany kanalik mleczny 529
— a zatrzymanie laktacji po śmierci dziecka 622
— a zatrzymanie laktacji po wprowadzeniu mieszanki mlecznej 489
— bez przerwy 499
— biustonosz do 405
— długość karmień 500

— dziecka na oddziale intensywnej opieki nad noworodkami 507
— jako metoda antykoncepcyjna 384, 532--533
— kiedy nie możesz 385
— korzyści 380-385
— po cięciu cesarskim 365, 506
— po operacji piersi 384
— po porodzie 454, 456
— początek 498-507
— połączone z karmieniem butelką 385
— pozycje do 502-503
— przygnębienie w trakcie 528
— przygotowanie do 381
— sposoby 498-507
— utrata masy ciała w trakcie 381, 499, 526
— w czasie ciąży 31
— wieloraczków 504
— zapotrzebowanie kaloryczne podczas 499
kaszel 550
— kiedy wezwać lekarza 550, 596
— miód przeciwko 550
— w nocy 223
— z bólem klatki piersiowej 550
— z gorączką 552
— z krwistą plwociną 596
kawa *patrz* kofeina
kąpiel *patrz też* hydroterapia
— a nasiadówki 301, 483, 486, 600
— a olejki do kąpieli 160
— a płyn do kąpieli 554, 555
— a poród w wodzie 336-337
— a sól Epsom, przeciwko porannym nudnościom 577
— gorąca 74
— w płatkach owsianych 298
— w sali porodowej 17
— w trzecim trymestrze 375-376
Kegla, ćwiczenia 236
— a ciąża wielopłodowa 467
— a leżenie w łóżku 608
— a nietrzymanie moczu 356
— a współżycie 284
— a zaparcia 194
— a żylaki odbytu 301
— jako przygotowanie do porodu 309, 434
— przy bólach obręczy biodrowej 592
— wykonanie 236
Kegla, ćwiczenia, po porodzie
— a bóle krocza 483
— a nietrzymanie stolca 515

— a nietrzymanie moczu 514
— a pęknięcie krocza 600
— a współżycie 532
— a zaparcia 487
— po cięciu cesarskim 495, 528
kick-boxing 245
kiełki 124
kiła 24, 132
kleszcze a borelioza 556, 563
klęk podparty
— a bóle krzyżowe 246
— a poród 432
— a poród w ułożeniu pośladkowym 419
— by obrócić dziecko 360, 362-363, 600
— podczas parcia 443
koc elektryczny 74
kofeina 64-65
— a sen 294
— a wahania nastroju 180
kokaina 71
— a odklejenie się łożyska 586
— a poród przedwczesny 591
koklusz (krztusiec, Tdap) 51, 338, 339
kolposkopia 22
kołysanie się, w trakcie porodu 430
kombucza 116
komórki jajowe, matki 127-128
— a ciąża pozamaciczna 616
— a wieloraczki 460, 463
komórki macierzyste *patrz* bankowanie krwi pępowinowej
komputery 212
koncentraty soków owocowych 117-118
konizacja szyjki macicy 33
konopie 108
konsultantka laktacyjna 498
kopanie, dziecka *patrz* ruchy płodu
koty 74-75 *patrz też* toksoplazmoza, zwierzęta domowe
— alergia na 226
— przygotowanie na pojawienie się dziecka 330
krążek dopochwowy 536
krążenie krwi
— a poszerzone naczynia krwionośne (pajączki, teleangiektazje) 171
— a pozycja podczas snu 271
— ćwiczenia na poprawę 239, 242, 250
— żylaki 172
kremy z filtrem przeciwsłonecznym *patrz* filtry przeciwsłoneczne

kresa biała (*linea alba*) 266
kresa czarna (*linea nigra*) 266
krew
— grupa 132
— pępowinowa, bankowanie 303-307
— w moczu 553-554
— w stolcu 115, 195
— w trakcie laktacji 392
kriochirurgia, a szyjka macicy 22
krocze *patrz też* pochwa
— ból w, po porodzie 482-483
— ciepłe okłady na, w trakcie porodu 435
— ćwiczenia *patrz* Kegla, ćwiczenia
— masaż 399, 434, 435, 454
— nacięcie 426
— obrzęk, po porodzie 483
— pielęgnacja podczas zakażenia 555
— pielęgnacja podczas zapalenia układu moczowego 554
— pielęgnacja, po porodzie 482-483
— rozciąganie, w trakcie porodu 434
— rozerwanie 435, 600-601
— rozerwanie, zapobieganie 399, 435
— w trakcie parcia 453
— zszycie 456
krople do nosa 223
krwawienie *patrz też* krwawienie, z pochwy
— dziąseł 221
— przy pęknięciu macicy 601
— wewnętrzne, przy ciąży pozamacicznej 620
— z brodawek płciowych 23
— z brodawek sutkowych, w trzecim trymestrze 392
— z nosa 223
— z odbytu 301-302
— z pękniętego krocza 600
— z popękanych brodawek 489
— z żylaków odbytu 282, 301-302
— ze szczeliny odbytu 302
krwawienie, z pochwy 148-150, 574 *patrz też* plamienie
— a ciąża pozamaciczna 620
— a ciąża zaśniadowa 618
— a ćwiczenia 242
— a leżenie w łóżku 606
— a łożysko przodujące 585
— a odklejenie się łożyska 586
— a seks 148, 285-286, 393
— a zapalenie 148
— jako oznaka zbliżającego się porodu *patrz* wydzielina z pochwy, krwista

— kiedy wezwać lekarza 146-147, 149, 439
— kiedy wezwać lekarza, po porodzie 603
— po badaniu ginekologicznym 148, 301, 410, 574
— po biopsji kosmówki 60
— po porodzie 480-481, 602-603
— po porodzie wieloraczków 475
— podczas porodu 435-436
— podczas przedwczesnego porodu 590
— podkosmówkowe 148-150, 574, 575
— przy niewydolności szyjkowej 35
— przy poronieniu późnym 621
— przy poronieniu wczesnym 614
— przy wynicowaniu macicy 602
— przy zagnieżdżaniu się zarodka (implantacja) 4, 148
— przy poronieniu zagrażającym 575-576
— RhoGAM po 39
— silne, po porodzie 602-603
— w późnej ciąży 301, 393
krwiak podkosmówkowy 148, 575
krwiaki, u noworodka 453
krwista wydzielina z piersi 392
krwista wydzielina z pochwy 414
— podczas zszywania szyjki macicy 38
— przed porodem 409
— w fazie aktywnej porodu 442
— w fazie przejściowej porodu 446
— w fazie wczesnej porodu 439
— w porodzie przedwczesnym 334, 590
— w trakcie parcia 449
krwotok, po porodzie 602-603
krztusiec (koklusz), Tdap 51, 338, 339
ksylitol (słodzik) 117
kuchenka mikrofalowa 73, 141
— rozmrażanie w 124
kurczak *patrz* drób
kuweta, kota 74-75
kwas azelainowy 159, 174
kwas dokozaheksaenowy (DHA) 102 *patrz też* kwasy tłuszczowe omega-3
— a surowa dieta 109
— w mleku z piersi 381
— w prenatalnych preparatach uzupełniających 103
kwas foliowy 103
— a zapobieganie autyzmowi i wadom wrodzonym 134
— a zapobieganie cukrzycy ciążowej 579
— a zapobieganie porodowi przedwczesnemu 34, 591

— przyswajanie 118
— w prenatalnych preparatach uzupełniających 103
— w węglowodanach 108
— w zielonych warzywach liściastych 97
kwasy tłuszczowe omega-3 101-104 *patrz też* kwas dokozaheksaenowy (DHA)
— a depresja 185
— a depresja poporodowa 101
— a karmienie piersią 381-382
— a rozwój mózgu dziecka 318
— a sen noworodka 101
— a surowa dieta 109
— a wahania nastrojów 180
— w jajkach 102, 180
— w rybach 114
— w wołowinie 121

L
La Leche League 16, 498
laktacja *patrz* karmienie piersią
laktaza 105
laktoowowegetarianizm *patrz* dieta wegetariańska
laktoza
— jako zamiennik cukru 117
— nietolerancja 95, 104-106
Laminaria japonica, w indukcji porodu 422
lanugo 217, 318, 388, 389, 453
laptop 212, 294
laser
— a usuwanie zbędnego owłosienia 157
— na ostudę 266
— na rozstępy 191
— na rozszerzone naczynia krwionośne (pajączki) 171
— operacja oczu 265
— w zabiegach kosmetycznych twarzy 157, 159
lawenda 294
— olejek 160, 483
leczenie niepłodności *patrz też* zapłodnienie *in vitro*
— a wieloraczki 463, 468
— a domowy test ciążowy 5-6
— po ciąży 26
lekarz *patrz też* położna, położnik
— a plan porodu 333-337
— wybór, w przypadku ciąży wielopłodowej 460-461
— pierwsza wizyta prenatalna u 9
— kiedy się zgłosić do, w czasie ciąży 146-147, 298
— kiedy się zgłosić do, w czasie połogu 484

— rodzinny 12
— wybór 11-18
leki przeciwhistaminowe 566, 567
— a alergia 224
— a karmienie piersią 567
— a poranne nudności 143, 567
— a swędząca pokrzywka ciężarnych 323
— a wyprysk 175
— a wysypka po karmieniu piersią 510
— a zespół niespokojnych nóg 326
leki *patrz też* leki ziołowe 564-569
— a krwawienie poporodowe 603
— a techniki relaksacyjne 83, 153
— bez recepty 564-569
— na bóle porodowe 341-344
— na choroby przewlekłe 568
— na receptę 70, 564
— nasenne 294
— przeciw napadom paniki 182
— przeciw bólom głowy 197
— przeciw porannym nudnościom 143
— przeciw zespołowi niespokojnych nóg 326, 327
— przeciw zgadze 168
— przeciwbiegunkowe 557, 568
— przeciwdepresyjne 47, 183
— przeciwdrgawkowe 567
— przeciwkaszlowe 567, 568
— przeciwko bólom krzyżowym 419
— przeciwlękowe po porodzie 524
— przeczyszczające 567
— tokolityczne 591
— udrażniające górne drogi oddechowe 223, 550, 565, 566, 569
— uspokajające, na bóle porodowe 344
— w czasie ciąży 564-569
leki przeciwdepresyjne 46, 183, 569 *patrz też* depresja ciążowa, depresja poporodowa, zaburzenia nastroju
— a depresja poporodowa 522
— a karmienie piersią 567
— po porodzie 518, 522
leki przeciwwymiotne 568
— a zespół niespokojnych nóg 326
— po cięciu cesarskim 493
— przeciwko niepowściągliwym wymiotom ciężarnych 577
— przeciwko porannym nudnościom 143
leki ziołowe 84-85 *patrz też* medycyna komplementarna i alternatywna
— by wywołać poród 403

leki zobojętniające kwas żołądkowy 557, 566, 567
— a nudności w późnej ciąży 355
— a zaparcia 194
leżenie w łóżku w czasie ciąży 604-612
— a depresja 607
— a ojciec 608-609
— a starsze dzieci 611-612
— a wieloraczki 604
— a zwierzęta 612
— logistyka 606
— różne formy 605-606
— ryzyko związane z 607
— w szpitalu 605-606
— z powodu niepowściągliwych wymiotów ciężarnych 577
— z powodu przedwczesnego pęknięcia pęcherza płodowego 589
— z powodu porodu przedwczesnego 591
— z powodu stanu przedrzucawkowego 581
— z powodu hipotrofii wewnątrzmacicznej (wewnątrzmacicznego zahamowania wzrostu płodu) 584
— z powodu zagrożenia poronieniem 576
libido patrz współżycie płciowe
liofilizowane owoce i warzywa 92
listeria 105, 120, 123
loratadyna 566
lód
— by obrócić dziecko 363
— ochota na 169, 170
— podczas porodu pośladkowego 419
— przy bólach głowy 197
— przy bólach krocza po porodzie 456, 483
— przy bólach pleców 261
— przy hemoroidach 301
— przy obrzęku piersi 489
— przy pęknięciu krocza 600
— przy skurczach mięśni nóg 300
— ssanie, podczas porodu 424, 445

Ł
łosoś, kwasy DHA w 102 patrz też ryby
łożysko
— a ciąża wielopłodowa 460
— a poród lotosowy 436
— a stan przedrzucawkowy 579, 580
— a hipotrofia wewnątrzmaciczna (wewnątrzmaciczne zahamowanie wzrostu płodu) 583
— a zespół przetoczenia krwi między płodami 469

— jedzenie (placentofagia) 375
— masa 187
— ocena funkcjonowania, podczas testów oceniających dobrostan płodu 396-397, 401
— poród 455-456
— pozostawione, a krwawienie poporodowe 603
— pozycja 270-271
— problemy z, a ciąża wielopłodowa 470
— przednie 271, 361
— przednie, a ruchy płodu 361
— przerastające 586-597
— przodujące patrz łożysko przodujące
— przyrośnięte 370, 596-597
— rozwój 129, 135, 179
— wrośnięte 597
łożysko przodujące 270-271, 584-586
— a amniopunkcja 271
— a ciąża wielopłodowa 470
— a cięcie cesarskie 366
— a krwawienie 585
— a leżenie w łóżku 288, 606
— a łożysko przyrośnięte 597
— a poród przedwczesny 35
— a powtarzające się cięcia cesarskie 370
— a ruchy płodu 229, 296
— a wielowodzie 588
— całkowicie 585
— częściowo 585
łupież 264
łupież pstry 267
łyżeczkowanie
— a poprzednie aborcje 23
— przy ciąży zaśniadowej 618
— przy łożysku przodującym 585
— przy poronieniu 615-616, 621

M
macica
— a ciąża zaśniadowa 616-619
— a hipotrofia wewnątrzmaciczna (wewnątrzmaciczne zahamowanie wzrostu płodu) 583-584
— bolesna, przy zapaleniu błon płodowych 587
— masa 187
— mięśniaki patrz mięśniaki
— nacięcie, w trakcie cięcia cesarskiego 457
— nadmiernie rozciągnięta, w ciąży wielopłodowej 473, 476
— ocena wielkości 297-298
— pęknięcie 601

- pęknięcie, ryzyko związane z porodem drogami natury po cięciu cesarskim (VBAC) 371
- po porodzie, wieloraczków 475
- rak błony śluzowej, karmienie piersią jako zapobieganie 384
- skurcze *patrz* skurcze
- tyłozgięcie 177
- w 1 miesiącu 130
- w 2 miesiącu 165
- w 3 miesiącu 191
- w 4 miesiącu 219
- w 5 miesiącu 255
- w 6 miesiącu 291
- w 7 miesiącu 319
- w 8 miesiącu 351
- w 9 miesiącu 390
- w drugiej ciąży 27
- wielkość, a wiek ciąży 11
- wynicowanie 601-602

magnez, suplementacja
- a niepowściągliwe wymioty ciężarnych 577
- a poranne nudności 142
- a sen 294
- a stan przedrzucawkowy 581
- a zaparcia 194
- a zespół niespokojnych nóg 326
- skurcze mięśni nóg 300-301

makijaż 158
- ftalany w kosmetykach 78-79

małowodzie 587-588
manikiur 161
mannitol (słodzik) 117
marihuana 70-71
markery zaburzeń chromosomowych 58
masa urodzeniowa ciała *patrz też* dziecko, wielkość, niska masa urodzeniowa noworodka, płód
- a masa urodzeniowa matki 358
- a przyrost masy ciała u matki 358-359
- a wieloraczki 469
- przybliżona 367

masaż 82, 159-160
- a ból głowy 197
- a bóle krzyżowe 262
- a leżenie w łóżku 606, 608-609
- a rwa kulszowa 326
- a skurcze mięśni nóg 300
- a stres 153
- krocza 384, 434, 435, 454, 600
- poród pośladkowy 419
- przy bólach poporodowych 485, 516
- stóp 261

- w trakcie porodu 345, 445, 447

maska ciążowa *patrz* ostuda (maska ciążowa)
masturbacja 288
maź płodowa 253-254, 388, 452
media społecznościowe
- a konieczność leżenia w łóżku 611
- dla ojców 169, 184
- fora internetowe 297
- ogłoszenie ciąży w 133
- rady ciążowe w 12
- ujawnienie płci dziecka w 270
- wsparcie ze strony 53, 131, 180

medycyna komplementarna i alternatywna 80-85
medycyna matczyno-płodowa 11, 59
- badania genetyczne 53
- ciąża wielopłodowa 460, 469

medytacja 83, 153, 183, 196
melatonina 73, 278, 294
metabolizm, przyspieszony 256
metaliczny posmak w ustach 143
metoda LEEP, usuwanie atypowej tkanki 22
metody uśmierzania bólu
- a cięcie cesarskie 456-457, 493
- a technika Lamaze'a 313
- a medycyna komplementarna i alternatywna *patrz* medycyna komplementarna i alternatywna
- a metoda Bradleya 313
- a rekonwalescencja matki (alkohol i narkotyki) 344, 493
- po porodzie 481-482
- w czasie ciąży *patrz* paracetamol
- w czasie porodu bez użycia leków przeciwbólowych 344-346
- w czasie porodu z użyciem leków przeciwbólowych 340-344

metotreksat, na ciążę pozamaciczną 620
mezoderma 129
miednica *patrz też* badanie ginekologiczne
- nacisk w, jako oznaka porodu 409
- nacisk w, jako oznaka przedwczesnego porodu 334
- obolała i obrzęknięta 173
- ostry ból w kroczu 325
- silny ból *patrz* bóle obręczy biodrowej
- ustawienie płodu w kanale rodnym 394--395, 409
- wielkość, a poród 358, 366, 371

miednica, ćwiczenia fizyczne 247
- by obrócić dziecko położone miednicowo 359-361

— po porodzie 543
— przy bólach pleców 260, 261
— przy rwie kulszowej 325
miesiączka *patrz też* cykl menstruacyjny, nieregularny
— brak, jako wczesna oznaka ciąży 5
— pierwsza po porodzie 533
— po pozytywnym wyniku testu ciążowego 8
— zatrzymanie w czasie karmienia piersią 533
mięso
— a cholesterol 112
— a dieta bez 94, 109 *patrz też* dieta wegańska, dieta wegetariańska
— bezpieczne spożycie 122-124
— ekologiczne 120
— surowe lub niedogotowane 75, 122, 123, 124
— unikanie substancji chemicznych w 120
— wędzone 120, 123
— wybór 90, 120
mięśniaki 21
— a poronienie 621
— a silne krwawienie po porodzie 603
mięśnie brzucha
— napięcie po porodzie 542-543
— rozejście się, po porodzie 544
— słabe, a ból pleców po porodzie 515-516
— w drugiej ciąży 229
mięśnie szyi, ćwiczenia rozluźniające 247
migrenowe bóle głowy 197
mikrodermabrazja 157
miód 91, 117
— przeciw kaszlowi 550
Mirena, wkładka domaciczna 537
mleko migdałowe
— a wapń 95, 96, 106, 107
— na sen 293
— przeciwko porannym nudnościom 142
— przeciwko zgadze 114, 168
mleko *patrz* mleko migdałowe, mleko z piersi, nabiał, wapń
mleko pierwsze *patrz* siara
mleko przejściowe 490
mleko z piersi *patrz też* siara
— alergia na 381
— brak, po porodzie 489-490
— fazy laktacji 490
— kalorie w 381
— odciąganie, na oddziale intensywnej opieki nad noworodkami 507
— przeciwciała w 380-381, 489

— wyciekanie 392-393
— zatrzymanie laktacji, po śmierci dziecka 622
mocz
— a test ciążowy *patrz* test ciążowy
— białko w 227, 302, 323, 580
— glukoza w 227-228
— kolor, prawidłowego 104
— krew w 147, 554
— odróżnienie od płynu owodniowego 357, 414
— paciorkowce grupy B w 373
— przykry zapach 553
monitorowanie płodu 425-427
— a testy oceniające dobrostan płodu 396-397
— a wieloraczki 473
— a zewnętrzny obrót płodu 361
— a znieczulenie zewnątrzoponowe 342
— w stanie zagrożenia płodu 598
— w trakcie porodu 425-427
— wewnętrzne 427
monitorowanie zewnętrzne płodu 426-427
— a ciąża wielopłodowa 473
mrowienie
— a zespół cieśni nadgarstka 210
— a zespół niespokojnych nóg 326
— w kroczu 324
— w trakcie hiperwentylacji 442
mukowiscydoza
— badania genetyczne 53, 132
— biopsja kosmówki, wykrywanie 59
muzyka
— by odwrócić dziecko w położeniu miednicowym 363
— głośna 212
— puszczanie dziecku 272-273
— terapia 183

N
nabiał *patrz też* dieta ciążowa, wapń
— a dieta surowa 105, 109
— a dieta wegetariańska 106
— a witamina D 106
— alergia na 106
— awersja do 104-106
— bez laktozy 104-106
— białko w 93-94
— ekologiczny 121
— niepasteryzowany 105
— nietolerancja 104-106
— w „codziennej dwunastce" 95-96
— wapń w 95-96

nacięcie krocza 426
— a ból po porodzie 482, 485, 600
— a poród kleszczowy 429
— a próżniociąg położniczy 428
— ćwiczenia Kegla, jako zapobieganie 236
— jak się uchronić przed 229, 399
— masaż, jako zapobieganie 399
— pielęgnacja 482-483
— zakażenie 483, 484, 603-604
— zszycie 456
nacięcie, przy cesarskim cięciu 457, 458, 493, 494, 495
— pielęgnacja 496, 527
— poród drogami natury po cięciu cesarskim (VBAC) a 371
— zakażenie 484, 527, 603-604
naczynia przodujące 597
nadciśnienie tętnicze
— a ciąża zaśniadowa 618
— a medycyna komplementarna i alternatywna 44, 82, 83, 154
— a obrzęki 323
— a otyłość 39
— a podwyższone ciśnienie tętnicze krwi 227
— a poród martwego dziecka 622
— a spożycie soli 102
— a stan przedrzucawkowy 579-582 *patrz też* stan przedrzucawkowy
— a stresująca praca 215
— a wieloraczki 470
— a zakrzepica żył głębokich 595
— indukowane ciążą *patrz* stan przedrzucawkowy
— przewlekłe 44-45
nadczynność tarczycy 45, 193
— a depresja poporodowa 522
nadwaga 39-40 *patrz też* otyła matka
— a pobór kalorii 93
— a poród drogami natury po cięciu cesarskim (VBAC) 372
— a przyrost masy ciała w ciąży wielopłodowej 464
— a przyrost masy ciała 39-40, 185-187
— a zakrzepica żył głębokich 595
nadziąślak ziarninowy 222
napięciowy ból głowy 197
napoje energetyczne 65, 137 *patrz też* cukier, kofeina, śmieciowe jedzenie
narkotyki, nielegalne 70

— a hipotrofia wewnątrzmaciczna (wewnątrzmaciczne zahamowanie wzrostu płodu) 584
narządy płciowe, mamy
— badanie, podczas pierwszej wizyty prenatalnej 132
— ból, a opryszczka 24
— brodawki na 267
— nabrzmiałe, a seks 284
— obrzęk i świąd 173
— obrzęk, po porodzie 483
— żylaki 172-173
narządy płciowe, noworodka, obrzęk 452
nasiadówki 301, 483, 486, 488, 600
nastolatka, w ciąży
— a przedwczesny poród 35
— a zapotrzebowanie kaloryczne 93
naturalne planowanie rodziny 541
neuroblastoma 303
neuroterapia, przeciwko depresji 47
niedobór witamin, a poronienia nawykowe 29
niedoczynność tarczycy 45, 193
— a depresja poporodowa 522
— badania przesiewowe noworodków 374
— po porodzie 522
niedokrwistość sierpowatokrwinkowa
— badania przesiewowe noworodków w kierunku 374
— diagnostyka prenatalna w kierunku 59, 62
— genetyczne badania przesiewowe w kierunku 51, 132
— u matki 45
niedokrwistość spowodowana niedoborem żelaza 258-259 *patrz też* niedokrwistość, u matki
— a łaknienie spaczone 170
— a zespół niespokojnych nóg 326
— a zmęczenie 322
niedokrwistość, u dziecka
— a opóźnione zaciśnięcie pępowiny 436-437
— konflikt serologiczny (Rh) 38-39
niedokrwistość, u matki 258-259 *patrz też* niedokrwistość sierpowatokrwinkowa
— a silne krwawienie po porodzie 602
— a zawroty głowy 257-258, 259
— a zespół niespokojnych nóg 326
— a zmęczenie 322
— badanie krwi w kierunku 132, 320
— produkty bogate w żelazo w celu zapobiegania 100
niedowaga 40-41
— a kalorie 93

— a przyrost masy ciała 177-178
— a przyrost masy ciała w ciąży wielopłodowej 464-465
nieinwazyjne testy przesiewowe (NIPT) 54-55
— test poczwórny 57
niepełnosprawność fizyczna 46
niepokój, ojca
— a sny 329
— a wahania nastroju 181
— jako objaw ciąży współczulnej 169
— w związku z porodem 308
— w związku ze zmianami w życiu 152-153
niepowściągliwe wymioty ciężarnych (*hyperemesis gravidarum*, HG) 576-577 *patrz też* poranne nudności
— a akupunktura 80
niesteroidowe leki przeciwzapalne (NLZP) 565
niestrawność 166-168 *patrz też* gazy, nieżyt żołądkowo-jelitowy, zatrucie pokarmowe
— a skurcze, przed porodem 334
— w ciąży wielopłodowej 461
— w fazie wczesnej porodu 439
nietrzymanie moczu 355-357
— a biofeedback 84
— ćwiczenia Kegla, by zapobiegać 236
— po porodzie 486, 514-515
nietrzymanie moczu przy parciu naglącym 356
nietrzymanie stolca
— ćwiczenia Kegla, jako zapobieganie 236
— po porodzie 515
niewydolność szyjki macicy 33, 35, 36-38
— a leżenie w łóżku 606
— a poronienie późne 33, 621
— a poród przedwczesny 35
niewydolność żylna miednicy 171-172
nieżyt żołądkowo-jelitowy 555-557
nikotyna 69-70 *patrz też* palenie tytoniu
NIPT, test w kierunku trisomii chromosomów *patrz* nieinwazyjne testy przesiewowe (NIPT)
niska masa urodzeniowa noworodka 583-584 *patrz też* wcześniak
— a astma oskrzelowa 225
— a ciąża wielopłodowa 469
— a leki przeciwdepresyjne 47
— a nadmierny hałas 212
— a hipotrofia wewnątrzmaciczna (wewnątrzmaciczne zahamowanie wzrostu płodu) 583-584
— a zanieczyszczenie powietrza 77
— zbyt niski przyrost masy ciała 185-186

nogi
— plamy i zasinienia na 266-267
noszenie dziecka w chuście
— a przygnębienie poporodowe (*baby blues*) 518
— a depresja poporodowa 522
noworodek *patrz* dziecko
NST *patrz* testy niestresowe (NST)
NT *patrz* test przezierności karkowej (NT)
nurkowanie z akwalungiem 241

O
obawy
— o noszenie dziecka 519
— o poród 307-309
— o seks 287-288
obniżenie dna macicy 394-395
obrót zewnętrzny płodu, w położeniu miednicowym 360-361, 365
— u otyłych kobiet 366
— wieloraczków 474
obrzęk genitaliów 202, 285
— noworodka 452
obrzęk piersi 489 *patrz też* karmienie piersią
— a wstrzymanie laktacji 489
— a wstrzymanie laktacji po stracie dziecka 622
— a zapalenie piersi 484
— gorączka podczas 489
— kiedy wezwać lekarza 484
obrzęki 322-323 *patrz też* obrzęk piersi, stopy
— a rajstopy przeciwuciskowe *patrz* rajstopy przeciwuciskowe
— a spożycie płynów 102-104
— a spożycie soli 102
— a stan przedrzucawkowy 302, 579
— a zakrzepica żył głębokich 596
— a zespół cieśni nadgarstka 210, 299
— ćwiczenia w wodzie na 243
— kiedy zawiadomić lekarza 147, 242
— kiedy zawiadomić lekarza, po porodzie 484
— krocza, po porodzie 483
— masaż przy 82
— narządów płciowych 284
— po cesarskim cięciu 496
— po porodzie 481, 484, 496
obrzęki, u noworodka 452-453
oczar wirginijski
— przeciw wyprzeniom w kroczu po porodzie 510

- przy bólach krocza 483
- przy hemoroidach 301
- przy pęknięciu krocza 600

oczy *patrz też* wzrok, zaburzenia
- kiedy wezwać lekarza 147
- obrzęk, u dziecka 453
- operacja 265
- przekrwione, po porodzie 449, 485
- suchość 265

odchody połogowe (lochia) 455, 480
- brak 484
- kiedy zawiadomić lekarza 484
- po porodzie wieloraczków 475
- przykry zapach 484

oddawanie moczu
- bolesne 147, 553
- kiedy zawiadomić lekarza 147
- pieczenie przy 553
- pieczenie przy, po porodzie 483
- po cięciu cesarskim 514-515
- podczas porodu 440, 446
- rzadkie 145
- rzadkie przy niepowściągliwych wymiotach ciężarnych 577
- trudności z 177-178
- trudności z, po porodzie 485-486
- w dużych ilościach, a cukrzyca ciążowa 578
- wstrzymywanie 211, 335

oddawanie moczu, częste
- a cukrzyca ciążowa 578
- a kofeina 64
- a wczesna ciąża 4, 144-145
- brak 145
- w drugiej ciąży 27
- w niewydolności szyjki macicy 38
- w późnej ciąży 391

oddawanie moczu, przez dziecko 164, 190

oddział intensywnej opieki nad noworodkami 16, 61
- a ciąża wielopłodowa 461
- a cięcie cesarskie 458
- a dziecko wymagające specjalnej troski 61
- a poród przedwczesny 589
- a poród wysokiego ryzyka 61
- a system *rooming-in* 494
- karmienie piersią na 505
- więzi z dzieckiem na 492

odklejenie się łożyska 586
- a ciąża wielopłodowa 470
- a krwawienie 301, 574
- a poród martwego dziecka 622

- a poród przedwczesny 35
- a stan zagrożenia płodu 598
- a wielowodzie 587
- cięcie cesarskie w przypadku 366
- przedwczesne pęknięcie błon płodowych 589

odra 560
- szczepienie 51, 560

odsysanie śluzu z nosa i ust dziecka 454, 458

odwodnienie 355
- a ciąża wielopłodowa 463
- a częstotliwość oddawania moczu 144
- a ćwiczenia fizyczne 243
- a niepowściągliwe wymioty ciężarnych 577
- a nieżyt żołądkowo-jelitowy 555, 557
- a podróże samolotem 280
- a poranne nudności 140, 355
- a poród przedwczesny 356
- a zapalenie układu moczowego *patrz* zapalenie układu moczowego
- a zatrucie pokarmowe 115, 557
- a zawroty głowy 258
- leczenie 557
- po porodzie 513, 514

odżywianie *patrz* dieta ciążowa, suplementy prenatalne

ognisko hiperechogenne 58

ogród, a toksoplazmoza 75

ojciec
- a bezsenność matki 293
- a cięcie cesarskie 369
- a depresja poporodowa matki 521
- a doula 339
- a karmienie piersią 383, 501
- a krew podczas porodu 434
- a leżenie w łóżku, matki 608-609
- a nagły poród 420-421
- a palenie tytoniu 68
- a poranne nudności matki 140
- a przecinanie pępowiny 454
- a seks 204-205, 283, 285
- a seks po porodzie 530-531
- a stan przedrzucawkowy 581
- a strata ciąży 626, 630-631
- a szczepienia 340
- a wahania nastroju 184
- a wahania nastroju u mamy 181, 184
- a zachcianki matki 168
- a zmęczenie matki 321
- badania w kierunku konfliktu serologicznego (Rh) 38

— depresja 184
— depresja poporodowa 521
— marzenia 329
— obawy związane z porodem 308
— obawy związane z rodzicielstwem 406
— po porodzie 455
— prezenty z okazji porodu od 398
— przesiewowe badania genetyczne 50-54
— przygnębienie poporodowe u 517
— stres z powodu zmian w życiu 152
— tworzenie więzi z dzieckiem 491
— uczucie opuszczenia 274-275
— udział w fazie aktywnej porodu 444-445
— udział w fazie parcia 450
— udział w fazie przejściowej porodu 447
— udział w fazie wczesnej porodu 440
— urlop tacierzyński 152-153, 275, 497
— w szkole rodzenia 311
— wahania hormonalne 228, 329, 530-531
— wiek 49
— zazdrość 169, 329
— zespół kuwady (ciąża współczulna) 169
okres przedporodowy 409
oksymetazolina (krople do nosa) 565
— a laktacja 567
oksytocyna
— a karmienie piersią 31, 481, 528
— a kontakt skóra do skóry 519
— a orgazm 377, 402
— a poród 410
— a współżycie 377, 402
— a wywoływanie porodu 422
— po cięciu cesarskim 458
— po porodzie 455, 458
— podczas zatrzymania akcji porodowej 443
— u ojca 491
olej rycynowy
— by wywołać poród 403
— na zaparcia 194
olejki eteryczne 160
ołów, ekspozycja na 76
— w wodzie z kranu 77
omdlenie 147, 257-258 *patrz też* zawroty głowy
— a ciąża pozamaciczna 620
— a krwotok poporodowy 603
— a niedokrwistość 259
— a strach przed porodem 435
— kiedy wezwać lekarza 147
opalanie
— a ostuda 266
— a przebarwienia 266

— a samoopalacz 160
— łóżko opalające 160-161
opatrunek z warstwą silikonową, na ranę po cesarskim cięciu 496
operacja *patrz też* cięcie cesarskie, nacięcie krocza
— chirurgicznego leczenia otyłości 42
— laserowa oczu 265
— piersi, karmienie piersią po 384
— przepukliny pachwinowej 295
— przepukliny pępkowej 295
— raka 595
— założenia szwu okrężnego 33
opieka dentystyczna 220-222 *patrz też* zapalenie dziąseł
— a prześwietlenie 221
— a stan przedrzucawkowy 582
— a zapobieganie przedwczesnemu porodowi 591
opieka medyczna *patrz* lekarz
opieka prenatalna *patrz też* badania kontrolne, lekarz
— pierwsza wizyta prenatalna 9, 131-133
opryszczka narządów płciowych 24-25, 366
organizmy zmodyfikowane genetyczne (GMO) 119
orgazm *patrz też* współżycie płciowe
— a oksytocyna 377, 402
— a poród 402-403
— a ruchy płodu 327-328
— a wywołanie porodu 377, 402-403
— częstszy 203, 282
— mniej częsty 203, 283
— obawy ojca o 283
— ograniczenie 282, 288
— reakcja dziecka na 327
— skurcze po 203
— strach przed poronieniem z powodu 286
orzechy i ziarna 94, 226
ospa wietrzna 559-560
— szczepionka przeciwko ospie wietrznej i półpaścowi (VZIG) 51, 599
osteoporoza, mniejsze ryzyko zachorowania
— a karmienie piersią 384
— a zbyt mała ilość wapnia 95
ostuda (maska ciążowa) 158, 160, 266
otoczka brodawki *patrz też* karmienie piersią
— guzki na i ściemnienie 4, 145, 266
— karmienie piersią a 504
otyła matka 39-40 *patrz też* nadwaga
— a BMI 186

- a ciąża wielopłodowa 463
- a cięcie cesarskie 366, 367-368
- a cukrzyca ciążowa 228, 303, 577-578
- a duże dziecko 40
- a kalorie 93
- a niepowściągliwe wymioty ciężarnych 576
- a noszenie dziecka 357
- a poród 366, 367-368
- a poród drogami natury po cięciu cesarskim (VBAC) 372
- a przyrost masy ciała 39-40, 185-187
- a stan przedrzucawkowy 580
- a zewnętrzny obrót płodu 361

owoce 92, 97-98
- ekologiczne 120
- kolor 98
- mycie 75, 120
- przeciwutleniacze w 98

owoce morza *patrz* ryby

owulacja
- a antykoncepcja 534, 540, 541
- a domowy test ciążowy 6
- a leczenie niepłodności 7
- a termin porodu 10
- pierwsza po porodzie 533
- podczas karmienia piersią 384, 533

ósmy miesiąc 349-385
- objawy fizyczne 351
- objawy psychiczne 352
- twoje ciało 351
- twoje dziecko 349-350
- wizyta kontrolna 352

P

paciorkowce grupy B (GBS) 373
- a zapalenie błon płodowych 586

padaczka 46, 567

pakowanie rzeczy do szpitala 404-405

palce
- obrzęk 299, 322-323
- sztywność i mrowienie 299
- sztywność i mrowienie, podczas porodu 442

palenie bierne 68, 211

palenie tytoniu 68-70 *patrz też* palenie bierne, marihuana
- a depresja 47
- a łożysko przodujące 585
- a poród przedwczesny 34-35, 591
- a hipotrofia wewnątrzmaciczna (wewnątrzmaciczne zahamowanie wzrostu płodu) 584

- a zakrzepica żył głębokich 595
- a zespół nagłej śmierci niemowlęcia 69
- e-papierosów 69-70
- fajki wodnej 70
- ojca 68, 274
- rzucenie 69, 70

paniki, napady 182, 524

PAPP-A *patrz* ciążowe białko osoczowe PAPP-A

paracetamol 565
- a ból krocza 483
- a ból poporodowy 482
- a ból żeber 353
- a bóle głowy 197
- a cięcie cesarskie 527
- a gorączka 147, 552
- a laktacja 567
- a przeziębienie 525
- a zapalenie zatok 551
- we wczesnej fazie porodu 440

parcie 448-452
- a poród łożyska 455-456
- a znieczulenie zewnątrzoponowe 341-342
- pozycje w czasie 430-433
- spontaniczne 448

partner 20 *patrz* ojciec

parwowirus B 19

pasteryzowana żywność 75, 105, 109, 123, 279

pasy bezpieczeństwa
- w samochodzie 275-276
- w samolocie 279

paznokcie
- manikiur i pedikiur 161
- przesuszone i łamliwe 265
- szybko rosnące 264-265

pediatra *patrz też* lekarz
- a depresja poporodowa 522
- dziecko specjalnej troski 61
- opieka nad noworodkiem 374, 487
- wybór 355

pedikiur 161

peeling
- do ciała 160
- do twarzy 157, 158

penicylina 568

PEP *patrz* polimorficzna wysypka ciążowa (PEP)

perinatolog *patrz* medycyna matczyno-płodowa

pestycydy 77
- w produktach rolnych 119, 120, 121

petydyna (Dolargan) 343

pęcherz moczowy *patrz też* oddawanie moczu, oddawanie moczu, częste

— funkcjonowanie, po porodzie 485-486
— nacisk na, przez dziecko 144, 390
— pełen, podczas badania USG w pierwszym trymestrze 178
— tyłozgięcie macicy i trudności z oddawaniem moczu 177
— wyciekanie moczu, po porodzie 486, 514-515
— wyciekanie moczu, w czasie ciąży 355-357, 391
— zapalenie 335 *patrz też* zapalenie układu moczowego
— zapalenie po porodzie 603 *patrz też* zapalenie układu moczowego

pęcherz płodowy *patrz też* pęknięcie pęcherza płodowego
— pęknięcie 423
— wyciekanie płynu 62, 334, 357, 394, 414-415

pęcherzyk ciążowy, obraz na monitorze ultrasonografu 178
— a poronienie 616

pęcherzyk jajnikowy, a owulacja 128
pęcherzyk żółtkowy 129
pęknięcie krocza podczas porodu 435 *patrz też* krocze
— całkowite 600-601
— ćwiczenia Kegla, by uniknąć 236, 600
— zszywanie 435, 456

pęknięcie pęcherza płodowego 393-394, 414-415 *patrz też* przedwczesne pęknięcie pęcherza płodowego
— a paciorkowce grupy B 373
— a poród przedwczesny 590
— a sztuczne przebicie 427-428, 443, 445
— a wywołanie porodu 422
— kiedy zawiadomić lekarza 439
— oddzielenie 423
— w fazie aktywnej porodu 442
— w fazie wczesnej porodu 410, 439

pępek
— piercing 177
— przepuklina 295
— wystający 296

pępowina
— a nagły poród 417
— a poród lotosowy 436
— dwunaczyniowa 593
— karkowa 592
— krótka, a odklejenie się łożyska 586
— krótka, a wynicowanie macicy 602

— opóźnione zaciskanie 305-306, 335, 366, 436-437
— przecinanie przez ojca 335, 450
— ściśnięcie, a stan zagrożenia płodu 598
— węzły na 592-593, 622
— wypadnięcie 411, 415, 599
— zaciskanie i przecinanie 454

piąty miesiąc
— objawy fizyczne 255
— odczucia psychiczne 256
— twoje ciało 255
— twoje dziecko 254
— wizyta kontrolna 256

pica 76, 170
piegi, ciemnienie 266
pieprzyki, ciemnienie 266
piercing
— brodawek sutkowych 382
— pępka 177

piersi *patrz też* karmienie piersią, otoczka brodawki
— dyskomfort, po porodzie 481-482
— guzek w 302
— krwawienie z, w trzecim trymestrze 392
— nakładki 381
— obwisłe po ciąży 145-146
— po porodzie 490
— ropień 529
— rozstępy na 198-199
— samobadanie 302
— w drugiej ciąży 26, 146
— zabieg, karmienie piersią po 384
— zapalenie 528-529
— zapalenie sutka 484, 528-529
— żyły na 145, 170-171

piersi, u noworodka, obrzęk 452
pierścionki, a spuchnięte palce 322
pierwsza pomoc, kurs 311
pierwszy miesiąc
— objawy fizyczne 130
— odczucia psychiczne 130
— twoje ciało 130
— twoje dziecko 128
— wizyta kontrolna 131-133

pikantne potrawy 114-115
— a zgaga 167
— by wywołać poród 405
— reakcja dziecka 291

pilates 244, 545
piołun 81, 85
piwo *patrz* alkohol

placentofagia (zjadanie łożyska) 375
plamienie 148-150, 393, 574, 615 *patrz też* krwawienie
— a krwiak podkosmówkowy 148-149
— a poronienie *patrz* poronienie
— niewzbudzające obaw 149
— po badaniu ginekologicznym 148, 301, 410, 574
— po biopsji kosmówki 60
— po punkcji owodni 62
— po seksie 148, 285-286, 393
— po zagnieżdżeniu się zarodka 4, 148
— w połowie lub w zaawansowanej ciąży 301
— we wczesnej ciąży 4
plamy łososiowe, u noworodka 453
plamy mongolskie, u noworodka 453
plan porodu 333-337
planowe cięcie cesarskie 366
plastry
— antykoncepcyjne 536
— rozgrzewające 262
plecy
— ból *patrz* ból pleców
— spanie na 271-272
— unikanie pozycji na, podczas ćwiczeń 241, 243
— wypryski na 173-174, 267
pluskwica groniasta 85, 403
płacz dziecka, w macicy 394
płeć dziecka 60, 268-270 *patrz* dziecko
— a amniopunkcja (punkcja owodni) 62
— a badanie USG 60, 269
— a noszenie dziecka 357
— a poranne nudności 139
— a test NIPT 60
— a ujawnienie 270
— przewidywanie 266, 357
płodowy zespół alkoholowy (FAS) 67
płód *patrz też* dziecko
— a płeć *patrz* płeć dziecka
— a pozycja główki *patrz* pozycja główki dziecka
— a hipotrofia wewnątrzmaciczna (wewnątrzmaciczne ograniczenie wzrostu płodu) 583-584
— czkawka 327
— niska masa urodzeniowa *patrz* niska masa urodzeniowa noworodka
— położenie i pozycja 359-361 *patrz też* położenie miednicowe płodu
— pomiar, a wiek ciążowy 10, 178

— prenatalne badania przesiewowe *patrz* badania diagnostyczne, badania prenatalne, diagnoza prenatalna
— przenoszony 401
— rozwój w 1 miesiącu 127-129
— rozwój w 2 miesiącu 163-164
— rozwój w 3 miesiącu 189-190
— rozwój w 4 miesiącu 217-218
— rozwój w 5 miesiącu 253-255
— rozwój w 6 miesiącu 289-291
— rozwój w 7 miesiącu 317-319
— rozwój w 8 miesiącu 349-350
— rozwój w 9 miesiącu 387-389
— stan zagrożenia *patrz* stan zagrożenia płodu
— stan, testy oceniające 396-397
— strata *patrz* ciąża pozamaciczna, poronienie
— stymulacja w macicy 271
— tętno *patrz* tętno płodu
— wielkość, a cięcie cesarskie 366, 367
— wielkość, a cukrzyca ciążowa 298
— zmysł dotyku 254
— zmysł słuchu 37, 212, 254, 275
— zmysł smaku 254, 291
— zmysł wzroku 254
płyn owodniowy (wody płodowe) 350 *patrz też* pęknięcie pęcherza płodowego
— a małowodzie 587-588
— a pomiar wysokości dna macicy 298
— a punkcja owodni (amniopunkcja) 59, 60, 62
— a rozwój zmysłu smaku u dziecka 254, 291
— a stan zagrożenia płodu 598
— a wielowodzie 588
— ciemny (zanieczyszczony smółką) 415, 439
— jak odróżnić od moczu 357
— mała objętość w trakcie porodu 416
— pomiar objętości, badanie USG 269, 397
— przykry zapach 587
— wyciekanie 357
— wyciekanie po amniopunkcji 62
— zakażenie 587
— zbyt duża objętość 588
— zbyt mała objętość 587-588
płyny *patrz też* odwodnienie, woda
— a częstotliwość oddawania moczu 356
— a leżenie w łóżku 609-610
— a podróż 278
— a poranne nudności 140
— a przeziębienie 550
— a przyrost masy ciała w ciąży 188
— a sen 293

INDEKS

— a skurcze Braxtona-Hicksa 353
— a skurcze nóg 300
— a wieloraczki 463-464
— a zapalenie układu moczowego 144, 145, 553
— a zaparcia 193
— a zawroty głowy 258
— a zgaga 167
— nawadniające 557
— po cesarskim cięciu 496
— w pracy 210-211
— w trakcie porodu 423-424
— zatrzymanie w organizmie *patrz* obrzęki
pływanie 243
— a ciąża wielopłodowa 465
— bezpieczne 279
— na bóle pleców 237
— na obrzęki 243, 323
— na rwę kulszową 325
— po porodzie 545
pneumokoki, szczepionka 51
pocenie się 256-257
— a ćwiczenia fizyczne 240
— a potówki 267
— nadmierne, po porodzie 488
pochwa
— a ćwiczenia Kegla 236
— a nacięcie krocza 426
— a wypadnięcie pępowiny 599
— badanie, w trakcie pierwszej wizyty prenatalnej 132
— ból w, po porodzie *patrz* krocze
— brodawki płciowe 23
— krwawienie z *patrz* krwawienie
— ostry ból w 325
— pęknięcie 435, 600-601
— pieczenie, mrowienie, kłucie w, podczas porodu 449
— po porodzie, ocena 511
— podrażnienie, po założeniu szwu okrężnego 38
— rozciąganie, w trakcie porodu 434-435
— suchość w 285
— suchość w, po porodzie 530, 531
— wyciek, jako objaw porodu przedwczesnego 334, 588-589
— wydzielina z, a przykry zapach 587
— zmiany w, a współżycie 284
— zmiany w, po porodzie, a współżycie 529--532
— żylaki w 173, 482

poczęcie 128
— a data porodu 9-10
— a test ciążowy 5-6
podnoszenie 260
— dzieci 261
— po porodzie 515
— w pracy 34, 211, 213
podróż pociągiem 279, 280
podróż samochodem 280
— a poduszki powietrzne 275
— a telefon komórkowy 73
— a zanieczyszczenie powietrza 79
— pasy bezpieczeństwa 275-276
— w trzecim trymestrze 376
podróż samolotem 279-280, 376
— a odwodnienie 280
— a zakrzepica żył głębokich 279, 595
podróżowanie 276-281, 376-377 *patrz też* podróż pociągiem, podróż samochodem, podróż samolotem
podtlenek azotu 222, 340
poduszka elektryczna 74
— przy bólach krzyżowych 419
— przy bólach pleców 262
— przy bólach po porodzie 485, 516
— przy bólach żeber 353
— przy rwie kulszowej 324
— w trakcie porodu 440
podwiązanie jajowodów 540-541
pokarmy wzbogacone witaminami 113, 135
polimorficzna wysypka ciążowa (PEP) 323
polipy, a poronienie 621
położenie miednicowe płodu 359-361, 364
— a cięcie cesarskie 365, 366
— a obrót zewnętrzny na główkę 361, 365, 366
— a poród domowy 597
— a poród drogami natury 361
— a technika Webstera 81
— a wieloraczki 474
— a wypadanie pępowiny 599
— ćwiczenia, by obrócić 362-363
— stopy jako część przodująca płodu 364
położenie płodu 359-361 *patrz też* położenie miednicowe płodu
— a badanie lekarskie 391, 441
— a bóle krzyżowe 419
— a poród pośladkowy 419, 421-422
— poprzeczne 364-365
— poprzeczne, a pęknięcie pęcherza płodowego 601

- pośladkowe 361, 364
- potylicowe 360
- skośne 364, 365
- stópkowe 364
- w trzecim trymestrze 359-365
- wieloraczków 474
- wierzchołkowe 364

położna 12-13, 15-16, 17
- wizyta patronażowa 487

położnik 11-12 *patrz też* lekarz

połóg 479
- antykoncepcja, w trakcie 533-541
- ból krocza 482-483
- bóle pleców 515-516
- bóle poporodowe 481-482
- cięcie cesarskie, rekonwalescencja 492-497, 527-528
- ćwiczenia fizyczne 542-545
- depresja poporodowa 520-523
- gorączka 488
- karmienie piersią w trakcie 489-497, 527--528
- kiedy zawiadomić lekarza 484
- krwawienie z pochwy 514
- krwawienie, w trakcie 486-488
- mleko z piersi 490, 491 *patrz też* karmienie piersią
- nietrzymanie moczu 514-515
- nietrzymanie stolca 515
- obrzęk piersi 489
- obrzęki 481
- odchody popołogowe 480-481
- pielęgnacja krocza 482-483
- pierwsze wypróżnienie 486-488
- pierwszy tydzień 479-507
- pobyt w szpitalu 487
- poty i uderzenia gorąca 488
- powikłania 602-604
- powrót z dzieckiem do domu 486-487
- przygnębienie poporodowe (*baby blues*) 516-520
- rzucawka 593-594
- siara 489, 490, 506
- siniaki 483-484
- system *rooming-in* 494
- trudności z oddawaniem moczu 485-486
- utrata masy ciała 526
- wieloraczki 475
- więź matki z dzieckiem 490-492
- więź ojca z dzieckiem 491

- wizyta kontrolna 511
- współżycie, powrót do 529-532
- wyczerpanie 512-513
- wypadanie włosów 513
- zaburzenia psychiczne 524-525
- zakrzepica żył głębokich 595-596
- zapalenie sutka 528-529
- zapalenie tarczycy 523

poporodowe zaburzenia psychiczne
- lękowe 524
- obsesyjno-kompulsywne 524-525
- psychoza poporodowa 521-525
- zespół stresu pourazowego 525

poporodowe zapalenie tarczycy 523

poranne nudności 137-143
- a ciąża wielopłodowa 462, 464
- a czyszczenie zębów 142
- a jedzenie 139-141
- a medycyna komplementarna i alternatywna 143
- a niepowściągliwe wymioty ciężarnych 576--577
- a opaska uciskowa na rękę 143
- a preparaty prenatalne 134
- a przyrost masy ciała 199
- a witamina B_6 134, 142
- a wrażliwość na zapachy 141
- a zaburzenia odżywiania 41
- brak 137
- imbir przy 134, 142
- jako wczesny objaw ciąży 4
- leki przeciwko 143, 568
- magnez przeciwko 142
- suplementy witaminowe przeciwko 141-142
- u ojca 169
- w trzecim trymestrze 354-355
- zmniejszony popęd seksualny 283-284

poronienia nawykowe 29
- jak sobie radzić z 628-629

poronienie 24, 613-623 *patrz też* ciąża pozamaciczna
- a ciąża biochemiczna 8, 616
- a ciąża zaśniadowa 616-619
- aspiryna, by zapobiec 565
- badania genetyczne po 53
- całkowite 614
- jednego z bliźniąt 631-632
- leki, by opróżnić macicę 614-615
- łyżeczkowanie 615-616, 618, 621
- nawracające 29, 628-629

- niecałkowite 617
- niezauważone 614
- objawy, które nie wskazują na 148-150, 574, 614
- objawy, które wskazują na 574, 614, 618, 620, 621
- późne 621-622
- radzenie sobie z 623-634
- rak kosmówki po 618
- rodzaje 616-617
- strach przed wywołaniem przez współżycie 286
- terapia hormonalna, by zapobiec 29, 45, 576
- w drugim trymestrze 621-623
- w pierwszym trymestrze 613-616
- wczesne 613-616
- zagrożenie 574, 575-576

poronienie późne 29, 621-622
- a krwawienie 574
- a niewydolność szyjki macicy 35, 621
- radzenie sobie z 625, 628

poronienie zagrażające 575-576
- a konieczność leżenia w łóżku 604
- a plamienie 575, 615
- a zakaz współżycia 606

poronienie, większe ryzyko
- a bakteryjne zapalenie pochwy 554
- a ftalany 78
- a niedokrwistość sierpowatokrwinkowa 45
- a niewydolność szyjki macicy 35
- a odra 560-561
- a opryszczka narządów płciowych 24
- a otyłość 39, 621
- a przemoc domowa 72
- a świnka 560-561
- a wiek matki 48, 617
- a wiek ojca 49
- a wkładka wewnątrzmaciczna 21
- a zaburzenia odżywiania 41
- a zioła 84-85

poród 437-458 *patrz też* cięcie cesarskie, poród drogami natury, poród przedwczesny, poród w domu,
- a budowa ciała dziecka 358
- a budowa ciała matki 358
- a ciąża wielopłodowa 473-476
- a doula 338-339
- a druga ciąża 26-30
- a dystocja barkowa 599-600
- a dziecko położone miednicowo 359-361
- a kleszcze 429
- a lekarz 400, 411, 416-418, 439
- a otyłość matki 39-40, 366, 367-368
- a pęknięcie krocza 435, 600-601
- a położenie dziecka 360, 361, 364
- a położenie miednicowe 359-361
- a poporodowy zespół stresu pourazowego 525
- a próżniociąg położniczy 428-429
- a rozciągnięcie pochwy w trakcie 434-435
- a ruchy płodu 448
- a stan zagrożenia płodu 598
- a strata ciąży 629, 631
- a wiek matki 48
- a wielkość dziecka 358
- a wynicowanie macicy 601-602
- a wypadnięcie pępowiny 599
- a zaciskanie pępowiny 436-437, 545
- bez środków przeciwbólowych 344-346
- ból 307-309
- budowa ciała matki 358
- etapy 438
- faza aktywna 438, 442-446
- faza utajona 438-440
- fazy 438-448
- goście podczas 401-404
- hiperwentylacja w trakcie 442
- jazda do szpitala w trakcie 441
- jedzenie i picie w trakcie 423-424
- jedzenie, by wywołać 405
- karmienie piersią tuż po 498
- kiedy zawiadomić lekarza 400, 411, 416--418, 439
- krótki 418
- krwawienie po 480-481
- krwawienie w trakcie 435-436
- krwista wydzielina z pochwy *patrz* krwista wydzielina z pochwy
- krwotok poporodowy 602-603
- lotosowy 436
- łagodzenie bólu 341-344
- łożyska 455-456
- martwego dziecka 622-623, 629-631
- monitorowanie płodu w trakcie 425-427
- nacięcie krocza podczas 426
- nagły 417, 420-421
- nieregularne skurcze w trakcie 416
- obawa przed wstydem w trakcie 309
- obawy ojca o 308

- objawy przedporodowe 409
- odejście wód i rozpoczęcie 393-394
- ograniczenia czasowe 443
- ojciec w trakcie 440, 444-445, 447
- oksytocyna w trakcie 443, 445
- orgazm prowadzący do 286
- oznaki 409-410
- plan 333-337
- powikłania w trakcie 598-604
- pozorny, objawy 410 *patrz też* skurcze Braxtona-Hicksa
- pozycje dziecka w trakcie 394-395
- pozycje podczas 429-434
- prawdziwe objawy 410
- prezent dla matki po 398
- procedury szpitalne podczas 454
- próba po wcześniejszym cięciu cesarskim (VBAC) 371-372
- próba, przy położeniu miednicowym 361
- przyczyny cięcia cesarskiego w trakcie 368
- przygotowanie logistyczne do 400
- przyjaciele i rodzina podczas 401-404, 406
- skurcze Braxtona-Hicksa 352-353
- skurcze w trakcie *patrz* skurcze
- sposoby łagodzenia bólu 340-347
- spowolnienie 443
- strach przed bólem 307-309
- strata ciąży w trakcie 629-631
- szkoły rodzenia 310-315
- sztuczne przerwanie błon płodowych 427--428
- udział ojca w 440, 444
- w domu (planowany) 17
- w położeniu miednicowym *patrz* położenie miednicowe płodu
- w szpitalu 17
- w wodzie *patrz* poród w wodzie
- wczesne objawy 400
- węzeł na pępowinie podczas 592-593
- wieloraczków 472-476
- wkłucie dożylne podczas 424-425
- wybór miejsca 17
- wypadnięcie pępowiny 599
- wywołanie, samodzielne 402-403, 405
- wywoływanie 420-423
- wywoływanie, w przypadku ciąży wielopłodowej 465
- zatrzymanie 443
- znieczulenie podczas 342-344

poród drogami natury *patrz też* poród
- a bankowanie krwi pępowinowej 306
- a ciąża wielopłodowa 473-476
- a łożysko przodujące 584-586
- a mięśniaki 21
- a odklejenie się łożyska 586
- a położenie miednicowe 361
- a wielkość ciała matki 358
- a wielkość dziecka 186, 358-359
- korzyści z 372-373

poród drogami natury po cięciu cesarskim (VBAC) 370-373
- a pęknięcie macicy 601
- a poród domowy 597
- a wielkość ciała matki 367, 371-372
- a wielkość dziecka 372

poród kleszczowy 367, 368, 426, 428
- a znieczulenie nerwu sromowego 343

poród przedwczesny 32-33, 589-591
- a astma oskrzelowa 225
- a cholestaza 594
- a choroby tarczycy 45
- a endometrioza 22
- a kokaina 71
- a kolposkopia 22
- a krwawienie 301
- a łożysko przodujące 585
- a mięśniaki 21
- a niedokrwistość sierpowatokrwinkowa 45
- a niedowaga 41
- a nieprawidłowy wynik testu poczwórnego 58
- a otyłość 39
- a paciorkowce grupy B 373
- a palenie 68
- a podwyższona wartość badania przezierności karkowej 56
- a poród domowy 597
- a przedwczesne pęknięcie pęcherza płodowego 588-589
- a przemoc domowa 72
- a świnka 560
- a wieloraczki 465, 469, 470, 472
- a wielowodzie 588
- a zaburzenia odżywiania 41
- a zapalenie błon płodowych 587
- a zapalenie układu moczowego 335, 356-357
- badania przesiewowe w kierunku 31-32, 590
- leżenie w łóżku, by zapobiec 604-605
- oznaki 334
- wiek matki 49, 50

poród w domu 18

INDEKS

— a bankowanie krwi pępowinowej 304
— a powikłania 597
— niespodziewany 417, 420-421
— w wodzie 336-337
poród w wodzie 82-83, 336-337
— a bankowanie krwi pępowinowej 304
— a wybór lekarza 18
postawa
— a ból głowy 196
— a bóle pleców 259-262
— a ćwiczenia, by poprawić 244, 247
— odpowiednie buty, by poprawić 260-261
— po porodzie 516
— podczas siedzenia 196, 260
pośladki
— ból 592
— ból, w trakcie porodu 409
— wysypka na 323
— wysypka na, po porodzie 510
potówki 257, 267
powikłania 573-612
— a alkohol 67
— a astma oskrzelowa 225
— a choroby przewlekłe 44-45
— a depresja 183
— a konieczność leżenia w łóżku 604-612
— a mięśniaki 21
— a otyłość 39-40
— a palenie tytoniu 69
— a poród domowy 17, 597
— a poród przedwczesny 35
— a punkcja owodni 62
— a spirala antykoncepcyjna 21
— a wiek matki 48-50
— a wieloraczki 468-470
— po porodzie 602-604
— podczas porodu 598-602
— w poprzedniej ciąży 28, 30
— z powodu stanu przedrzucawkowego 302
powrót do masy ciała sprzed ciąży 176, 526
pozycja główki dziecka, ustalenie w miednicy podczas porodu 396-397
pozycja, matki
— a leżenie w łóżku 609
— a stan zagrożenia płodu 598
— do karmienia piersią 501-505
— do porodu 429-434
— podczas snu 271-272, 294, 354
— podczas współżycia, po porodzie 532
— podczas współżycia, w trakcie ciąży 286
pozycje do karmienia piersią

— klasyczna (kołyskowa) 502
— krzyżowa 501
— leżąca na boku 503-505
— leżąca na plecach („pod górkę") 502-503
— spod pachy (futbolowa) 502
półpasiec 560
praca 206-216
— a ciąża 206-216
— a leżenie w łóżku 610
— a ojciec 497
— a zespół cieśni nadgarstka 210
— bezpieczeństwo w 211-214
— rozmowa z szefem o ciąży 207, 209
— w biurze 211-213
— wygoda w 209-211
praktyka lekarska, rodzaje 14-16
prądy TENS *patrz* przezskórna stymulacja elektryczna nerwów (TENS)
prednizolon 567
prenatalne badania przesiewowe 54-58 *patrz też* genetyczne badania przesiewowe
— a poród przedwczesny 32, 590
— ultrasonograficzne *patrz* ultrasonografia/ USG
prezent z okazji porodu, od ojca 398
prezerwatywa 539-540
probiotyki
— a antybiotyki 566
— a grzybica pochwy 555
— a pleśniawki, u dziecka 506, 529
— a zapalenie układu moczowego 554
— a zaparcia 194
— a zespół jelita drażliwego 45
produkty pełnoziarniste 91, 94, 99-100
— a ciąża wielopłodowa 463
— a etykiety 112-113
— a wypryski na skórze 174
— a zaparcia 192
produkty rolne *patrz* owoce, warzywa
profil biofizyczny 397
progestagen, antykoncepcja doustna 534-536
progesteron
— a ciałko żółte 179
— a objawy ciąży 166, 192, 223, 257, 354
progesteron, terapia
— a niewydolność szyjkowa 37-38
— a poronienia nawykowe 29
— a poronienie zagrażające 576
— a zapłodnienie *in vitro* 7, 26
— by zapobiec przedwczesnemu porodowi 32, 33, 591

prometazyna 143, 344
— na niepowściągliwe wymioty ciężarnych 577
promieniowanie
— a telefony komórkowe 73
— rentgenowskie 221
— w leczeniu raka 595, 618
— w pracy 213
— w samolocie 214, 281
propylotiouracyl (PTU) 46
prostaglandyna
— a poród drogami natury po cięciu cesarskim (VBAC) 371
— a wywoływanie porodu 402, 422
— na dojrzewanie szyjki macicy 422
— w spermie 377, 402
Protopic, na atopowe zapalenie skóry 175
próba porodu 365, 366 *patrz też* poród drogami natury po cięciu cesarskim (VBAC)
próżniociąg położniczy 368
przebarwienia 266
przebicie pęcherza płodowego przez lekarza w trakcie porodu 427-428
— a wywoływanie porodu 423
przeciwciała 132
— a konflikt Rh 38-39
— a poronienie późne 621
— a szczepionka Tdap 339
— antyfosfolipidy w nawracających poronieniach 29
— antygen Kell 39
— odry/świnki 560
— ospy 559
— przekazane dziecku w macicy 350
— różyczki 132, 561
— toksoplazmozy 75
— w mleku z piersi 380-381, 490
— w siarze 392, 489, 490
przeciwnacisk, w bólach krzyżowych podczas porodu 419
przeciwutleniacze
— w miodzie 91, 117
— w owocach 97, 98
— w spirulinie 108
przedimplantacyjna diagnostyka genetyczna 52, 617
przedwczesne odejście wód płodowych 393-394, 414-415, 588-589
przedwczesne pęknięcie pęcherza płodowego
— a wypadnięcie pępowiny 599
— a zapalenie błon płodowych 587
przegroda macicy, a poronienie 621

przekąski 90, 91, 92, 110-111, 139
— a wieloraczki 462
— po porodzie 513
— przy bólach głowy 196
— przy porannych nudnościach 142, 355
— przy wahaniach nastroju 181
— przy zaparciach 194
— przy zmęczeniu 137
przemoc domowa 72
przepuklina
— pachwinowa 295
— pępkowa 295
przerwanie pęcherza płodowego *patrz też* pęknięcie pęcherza płodowego
prześwietlenie promieniami rentgenowskimi 221
— a opieka stomatologiczna 222
— a środki bezpieczeństwa na lotnisku 281
— w pracy 213
przewidywany termin porodu 9-11, 131
— a test poczwórny 57
— a wysokość części przodującej płodu 297
przeziębienie 549-550
przezskórna stymulacja elektryczna nerwów (TENS) 346
przodująca część płodu 360
przygnębienie poporodowe (*baby blues*) 516-520 *patrz też* depresja poporodowa
— a noszenie dziecka 518
— brak po porodzie 519
— u ojca 517, 519-520
przyrost masy ciała
— a bóle pleców 260
— a choroby tarczycy 193
— a chrapanie 224
— a ciąża wielopłodowa 464-465, 475
— a ciąże bliskie w czasie 30
— a cukrzyca 44
— a cukrzyca ciążowa 579
— a dystocja barkowa 600
— a kalorie 89
— a leżenie w łóżku 607, 608
— a niedowaga 40-41
— a obraz ciała 229-230
— a otyłość 39-40
— a poród drogami natury po cięciu cesarskim (VBAC) 371-372
— a rozstępy 199
— a ryzyko cięcia cesarskiego 366
— a skuteczne odżywianie 90
— a stan przedrzucawkowy 582
— a tłuszcze w diecie 101

— a wewnętrzne zahamowanie wzrostu płodu 584
— a węglowodany 91, 107-109
— a wielkość dziecka 357, 358
— a zaburzenia odżywiania 41-46
— a zgaga 167-168
— a żylaki 172
— brak, w pierwszym trymestrze 199-200
— kontrolowanie 188
— nagły 187, 580
— po chirurgicznym leczeniu otyłości 42
— u ojca, jako objaw ciąży współczulnej 169
— w 9 miesiącu 393, 409
— w drugim trymestrze 188
— w pierwszym trymestrze 187-188, 199-200
— w trzecim trymestrze 188
— zbyt duży 186, 200
— zbyt mały 90, 101, 186, 199-200
przysiady, ćwiczenia 249
przystawianie do piersi 500-501, 503-505
pseudoefedryna 566
psy *patrz też* zwierzęta domowe
— alergia na 226
— przygotowanie na pojawienie się dziecka 330
psychoterapia, w leczeniu depresji 47, 183
psychoza poporodowa 525
puste jajo płodowe (ciąża bezzarodkowa) 615
pyłek kwiatowy, alergia na 225-226

R
rajstopy przeciwuciskowe 209, 233, 323
— przy skurczach mięśni nóg 300
— przy żylakach 172
— w podróży 279
— w zakrzepicy żył głębokich 596
rak
— a bankowanie krwi pępowinowej 303, 307
— a ciąża 595
— a karmienie piersią 384
— jelita grubego 91
— kosmówki 618
— skóry 160, 161
ramiona
— a ból po cięciu cesarskim 495
— a ćwiczenia rozciągające 246
— ból w ciąży pozamacicznej 620
redukcja ciąży, wieloraczki 471
refleksologia 82
— a łagodzenie bólu porodowego 345
— na bóle krzyżowe 419

refluks żołądkowo-przełykowy 138, 166, 355
patrz też niestrawność, zgaga
relacja, z partnerem 379
— po utracie ciąży 626-627
— zmiana 152-153, 286
restauracja, jedzenie w 111-112
resuscytacja krążeniowo-oddechowa niemowląt, kurs 311
retinol 158, 159
reumatoidalne zapalenie stawów 384
Rh, konflikt serologiczny 38-39
— badanie krwi w kierunku 132
RhoGAM 38-39
— po biopsji kosmówki 39, 60
— po punkcji owodni 39, 62
rodzicielstwo
— mieszane uczucia, a wieloraczki 467
— oczekiwanie na dziecko 273-275
— samotne 50, 53, 512
— zmartwienia dotyczące 406-408
rodzina *patrz też* badania genetyczne, dzieci, starsze, ojciec
— a konieczność leżenia w łóżku 611-612
— a wieloraczki 463
— w sali porodowej 404-405
— wywiad medyczny 50-52
rooming-in, system
— po cięciu cesarskim 496
— po porodzie 494
ropień piersi 529
rośliny strączkowe 94, 99
rozciąganie mięśni nóg 246
rozejście mięśni prostych brzucha 544
rozejście spojenia łonowego 591-592
rozstępy skórne 198-199
— a przyrost masy ciała 187
— wysypka na 323
rozszczep podniebienia/ust
— a palenie papierosów 69
— wykrywanie 269
rozszerzenie miedniczki nerkowej 58
rozszerzone naczynia krwionośne (teleangiektazje) 171
roztargnienie 234-235, 299
rozwarcie szyjki macicy 400, 409, 438 *patrz też* poród
— a ciąża wielopłodowa 473
— a krwiste upławy 409
— a niewydolność szyjkowa 33, 36-38
— a parcie spontaniczne 448
— a poronienie 614, 615, 617

— a wywołanie porodu 422
— a znieczulenie zewnątrzoponowe 341
— nagłe 418
— przed porodem 409
— przedwczesne 33 *patrz też* poród przedwczesny
— w fazie aktywnej porodu 442
— w fazie przejściowej porodu 446
— w fazie wczesnej porodu 438
— wolne 443
rozwarcie szyjki macicy 409, 438
— a czop śluzowy 413-414
— a niewydolność szyjkowa 35
— a skurcze Braxtona-Hicksa 352
— przed porodem 409
— we wczesnej fazie porodu 438
rozwój płodu
— w 1 miesiącu 127-129
— w 2 miesiącu 163-164
— w 3 miesiącu 189-190
— w 4 miesiącu 217-218
— w 5 miesiącu 253-255
— w 6 miesiącu 289-291
— w 7 miesiącu 317-319
— w 8 miesiącu 349-350
— w 9 miesiącu 387-389
rozwój płuc, płodu 290, 317, 388, 581, 583, 591
różyczka 51, 132, 556, 558, 560, 561
— szczepienie przeciwko 51, 560-561
rtęć, w rybach 114
ruchy płodu
— a otyłość matki 40
— a poronienie późne 621
— a poród martwego dziecka 622
— a pozycja łożyska 271
— a stan zagrożenia płodu 598
— a testy oceniające dobrostan płodu 396--397
— a wieloraczki 462
— częstotliwość 268, 296
— jako reakcja na seks 286, 327-328
— kiedy zawiadomić lekarza 242, 324, 397--398, 427
— po porodzie 510
— podczas porodu pozornego 410
— sprawdzanie 324, 397
— trudności z wyczuwaniem, przy wielowodziu 588
— w drugiej ciąży 27
— w trakcie porodu 448
— wyczuwanie, po raz pierwszy 229

— wzorce 268, 296-297
— zmniejszenie, przy małowodziu 587
rwa kulszowa 324-325
— akupunktura przy 80
— ćwiczenia przy 247, 325
— fizjoterapia przy 82
— masaż przy 82
— pływanie przy 237, 243
ryby 102, 113, 114
— bezpieczne spożycie 122-124
— ekologiczne 120
— kwasy DHA w 102
— rtęć w 114
— surowe 113
— wędzone 120
— witamina D w 107
rzeżączka 24
— a wkładka wewnątrzmaciczna 537
— badania w kierunku 132
rzęsistkowica pochwy 25
rzucawka 593-594
— a siarczan magnezu 581
— a stan przedrzucawkowy 580
— a zespół HELLP 582

S
sacharyna 116
sala porodowa i poporodowa 17
salicylowy, kwas 159
salmonella 105, 121 *patrz też* zatrucie pokarmowe, żywność, bezpieczna
samobadanie piersi 302
samoistne porażenie nerwu twarzowego (porażenie Bella) 563-564
sauna 74, 160, 240
schody
— ból w trakcie wchodzenia 592
— wchodzenie po, a leżenie w łóżku 61
selektywne inhibitory zwrotnego wychwytu serotoniny (SSRI), leki przeciwdepresyjne 47
selen 99, 103, 109
sen, matki 271-272, 292-295 *patrz też* zmęczenie
— a bezdech 224
— a ból pleców 261
— a bóle głowy 196
— a depresja 182
— a depresja poporodowa 498, 524-525
— a faza REM 330
— a kofeina 64
— a system *rooming-in* 494
— a urządzenia mobilne 71-73

— a wieczorna rutyna 294-295
— a zespół niespokojnych nóg 325-327
— chrapanie w trakcie 223-224
— leki nasenne 224, 294, 568
— magnez na 294
— po porodzie 512-513
— pozycja do 271-272, 294, 353
— problemy z *patrz* bezsenność
sen, noworodka 101, 238, 454
— a karmienie piersią 500
— a system *rooming-in* 494
serce, płodu
— rozwój 163-164
— wady *patrz* wady wrodzone serca płodu
sery pleśniowe 123
shiatsu, masaż 81
siara
— a karmienie piersią 489-490
— a karmienie piersią w trakcie ciąży 31
— wyciekanie w trakcie ciąży 392-393
— wyciekanie w trakcie współżycia 284
siarczan magnezu
— a stan przedrzucawkowy 581
— a wynicowanie macicy 602
— a zespół HELLP 583
siódmy miesiąc 317-347
— objawy fizyczne 319
— odczucia psychiczne 320
— twoje ciało 319
— twoje dziecko 318
— wizyta kontrolna 320
skolioza 262
skośne ułożenie płodu 364
— wieloraczków 474
skóra do skóry, z dzieckiem (kangurowanie) 385, 454, 519
— a ojciec 491, 501
— a więzi z dzieckiem 492
— po cięciu cesarskim 458, 506
skóra na głowie, świąd 264
skóra, matki 174-176, 266-267 *patrz też* rozstępy skórne
— a makijaż 158
— atopowe zapalenie skóry (wyprysk, egzema) 174-176
— łupież pstry 267
— rozszerzone naczynia krwionośne na 171
— pielęgnacja 157-159
— przebarwienia na 266
— sucha 174
— tłusta 173-174

— wysypka na 267, 323
— zaczerwieniona, na dłoniach i stopach 266
— zażółcona 147
skóra, noworodka 453
skurcze Braxtona-Hicksa
— przed porodem 334, 408
— w trzecim trymestrze 351, 352-353
skurcze mięśni kończyn dolnych 237, 300-301
— ćwiczenia rozciągające 237, 300
— magnez przeciwko 294, 301
— w fazie przejściowej porodu 446
skurcze *patrz też* ból brzucha, poród
— a biopsja kosmówki 60
— a bóle więzadła obłego 263
— a ciąża pozamaciczna 620
— a ciąża zaśniadowa 618
— a ćwiczenia 242
— a gazy 147
— a karmienie piersią w czasie ciąży 31
— a krwawienie, w późnej ciąży 574
— a masaż 161
— a odwodnienie 355
— a orgazm 203, 282, 284, 327
— a poronienie 574, 575, 614, 621
— a poronienie zagrażające 575
— a poród łożyska 368
— a poród pozorny 410
— a poród prawdziwy 410
— a poród przedwczesny 334, 590
— a poród wczesny 438
— a punkcja owodni (amniopunkcja) 62
— a wczesna faza porodu 410, 438
— a zioła 84-85, 403
— Braxtona-Hicksa 409
— kiedy wezwać lekarza 146
— krwawienie, we wczesnej ciąży 150, 574
— łagodne, we wczesnej ciąży 149, 150
— nieregularne 416
— oksytocyna, by wywołać 422
— orgazm a 203-205
— po oddzieleniu pęcherza płodowego 423
— po porodzie 481-482
— podczas parcia 449, 450-452
— pomiar czasu 440
— przed porodem 409
— przerwanie pęcherza płodowego, by wywołać 428
— przy przedwczesnym oddzieleniu się łożyska 586
— w fazie aktywnej porodu 445-446
— w fazie przejściowej porodu 446

słodziki 115-118
słuch, płodu 37, 212
smak, zmiana
— a poranne nudności 137-143
— awersje pokarmowe i zachcianki ciążowe 168-170
— u ojca 169
smak, zmysł u płodu 291
— a karmienie piersią 382
— a płyn owodniowy 254
smółka
— a stan zagrożenia dziecka 598
— w płynie owodniowym 415
snowboard 241, 245
sok z żurawiny, na zapalenie układu moczowego 553
soki, pasteryzowane 105
sorbitol (słodzik) 116-117
sól
— a obrzęki 102
— a stan przedrzucawkowy 581
— a żywność przetworzona 92, 119
— Espsom *patrz* sól Epsom
— jod w 46, 102
— w diecie 102, 323
sól Epsom
— a niepowściągliwe wymioty ciężarnych 577
— na ból krocza, w połogu 483
spirulina (alga) 108
splenda (sukraloza) (słodzik) 115
spontaniczna aborcja *patrz* poronienie
sporty 240-241, 245
srom
— brodawki płciowe na 23
— obrzęknięty i obolały 173
— obrzmienie 284
— żylaki na 173, 284, 325, 482
ssanie *patrz* karmienie piersią
stan przedrzucawkowy 302, 579-582
— a anoreksja 41
— a aspiryna 565
— a astma oskrzelowa 225
— a chirurgiczne leczenie otyłości 42
— a choroby dziąseł i przyzębia 222
— a cukrzyca 44
— a leżenie w łóżku 470, 605
— a nadciśnienie tętnicze 45
— a niedokrwistość sierpowatokrwinkowa 45
— a rzucawka 593-594
— a stan zagrożenia płodu 598
— a wiek mamy 49
— a wieloraczki 470, 476
— a wywołanie porodu 422
— a zespół HELLP 582
— rozpoznawanie 302
— zapobieganie 582
stan zagrożenia płodu 396-397 *patrz też* monitorowanie płodu
— a cięcie cesarskie 368
— a mała objętość wód płodowych 415
— a poród w domu 597
— a problemy z pępowiną 592-593, 599
— a ruchy dziecka 395-399, 598
— a smółka 415
stepper 244
steroidy
— a astma oskrzelowa 225
— a poród przedwczesny 591
— a zapalenie zatok przynosowych 551
— a zespół HELLP 583
— by przyspieszyć dojrzewanie płuc płodu 583
— glikokortykosteroidy 567
— w kroplach do nosa 565
— zastosowanie miejscowe 568-569
sterylizacja 540-541
stewia (słodzik) 117
stężenie glukozy, badanie 228, 303
stolec, środki zmiękczające 194
— po porodzie 488, 495
stopy
— a masaż 160
— obrzęk *patrz* obrzęki
— pedikiur 161
— powiększanie 263-264
— sinienie 267
— świąd skóry na 594
stosunek seksualny *patrz* współżycie płciowe
strata ciąży 613-634 *patrz też* ciąża pozamaciczna, poronienie, poród, martwego dziecka
— a ciąża wielopłodowa 631-632, 634
— a depresja poporodowa 625
— jak sobie poradzić z 623-634
— po porodzie 629, 631
— próba zajścia w ciążę po 633
— w trakcie porodu 629, 631
— zatrzymanie laktacji po 622
— żałoba z powodu 623-634
stres *patrz też* emocje, obawy, wahania nastroju
— a atopowe zapalenie skóry 175
— a depresja 47, 182-185
— a migreny 196
— a sen 152, 293, 294

— a hipotrofia wewnątrzmaciczna (wewnątrzmaciczne zahamowanie wzrostu płodu) 583
— ćwiczenia, by złagodzić 237
— masaż przy 82
— ojca 152-153
— poronienie niewywołane stresem 614
— silny, a niepowściągliwe wymioty ciężarnych 576
— silny, a poród przedwczesny 34
stwardnienie rozsiane 46
styl życia
— obawy ojca o zmiany 152-153
— w ciąży 63-85
stymulacja główki płodu 427
stymulacji wibroakustycznej (VAS), test 396
sucha skóra, u dziecka 389, 453
suplementy diety 84, 134, 135
suplementy prenatalne 103, 104, 133-135 *patrz też* poszczególne witaminy, żelazo
— a niedowaga matki 41
— a kwasy tłuszczowe DHA 102
— a metaliczny posmak 143
— a otyłość matki 40
— a poranne nudności 141-142
— a zaparcia 194
— nudności spowodowane 134
— po chirurgicznej operacji otyłości 42
— w ciążach bliskich w czasie 30
suplementy ziołowe 85, 103, 104, 185 *patrz też* leki ziołowe
surfaktant 290, 388
sushi 113
swędzące grudki i ogniska pokrzywkowe w przebiegu ciąży (PUPPP) 323
szczelina odbytu 301-302, 482 *patrz też* żylaki odbytu (hemoroidy)
szczepienia 51
— a karmienie piersią 381
— a podróże 276, 279
— noworodka 454, 562
— ojca 340
— przeciw grypie 51, 340, 551-552
— przeciw HPV 23
— przeciw odrze, śwince, różyczce (MMR) 560-561
— przeciw ospie 51, 559-560
— przeciw zapaleniu wątroby typu A 51, 562
— przeciw zapaleniu wątroby typu B 51
— Tdap 51, 338-340
— w dzieciństwie 340, 454
— zwierząt 556

szew okrężny, niewydolność szyjki macicy 33
szkoły rodzenia 310-315
— dla kobiet, które rodzą po raz drugi 314
— korzyści 310-312
— rodzaje 313-315
szósty miesiąc 289-315
— objawy fizyczne 291
— odczucia psychiczne 292
— twoje ciało 291
— twoje dziecko 289
— wizyta kontrolna 292
szpital
— a plan porodu *patrz* plan porodu
— a wybór lekarza 16, 18
— a wybór pediatry 355
— co spakować do 404-405
— długość pobytu w 487
— kiedy pojechać do 441
— leżenie w 605-606
— poród drogami natury po cięciu cesarskim (VBAC) 371
— poród w wodzie 336-337
— przyjazny dziecku 18
— rejestracja 441
— sala porodowa w 17
— system *rooming-in* 494, 496
szwy
— a cięcie cesarskie 458, 496
— a wypróżnienia po porodzie 486-488
— w kroczu, po porodzie 435, 482-483, 600
— w szyjce macicy (szew okrężny) 33-38
szyjka macicy
— a biopsja 22
— a łożysko przodujące 271, 584-586
— a poronienie *patrz* poronienie
— a zakażenie poporodowe 603-604
— niewydolność *patrz* niewydolność szyjki macicy
— pęknięcie, przy wywoływaniu porodu 422
— po porodzie 511
— skrócenie i rozwarcie 391, 400, 409, 414, 418, 438, 442, 443, 447, 451
— szew okrężny 35
— wrażliwość, a plamienie 148, 285-286, 301, 574
— zmiany w, podczas owulacji 541
— zmiany w, we wczesnej ciąży 6, 132
szyjka macicy, krótka
— a ciąża wielopłodowa 465, 470
— a niewydolność szyjkowa 33-38
— a poród przedwczesny 33, 35, 590

— a progesteron 33
— badania przesiewowe w kierunku 33, 590

Ś

ślina
— nadmiar 143
— test wykrywający owulację z 541
śluz szyjkowy
— a naturalne planowanie rodziny 541
— a poczęcie 10
— jako metoda antykoncepcji 534
śmieciowe jedzenie 92, 109-111
— zdrowe zamienniki 90
śmierć *patrz* strata ciąży, zespół nagłej śmierci niemowląt
środki do czyszczenia 76
— a wyprysk 175
— bezpieczeństwo 76
środki nawilżające (lubrykanty)
— a prezerwatywy 539
— a współżycie, po porodzie 531
— a współżycie, w czasie ciąży 285
— do masażu krocza 435, 454
środki plemnikobójcze 540
— w czasie ciąży 20
środki przeciwbólowe podczas porodu 341-344
środki przeczyszczające
— a zaburzenia odżywiania 41, 46
— po porodzie 495,
— przeciwko zaparciom 192, 194
— w trakcie karmienia piersią 567
światło słoneczne
— a leżenie w łóżku 607
— a witamina D 107
— wahania nastroju 180
światło, ból głowy spowodowany 196
światło, jasne, przy depresji 47, 183, 522
Światowa Organizacja Zdrowia (WHO) 437
świąd
— a alergie 224-226
— a cholestaza 594
— a rozstępy 198-199
— a rzęsistkowica pochwy 25
— a sucha skóra 174
— a wyprysk 174-175
— a wypryski na skórze 323
— brzucha 298
— krocza, po porodzie 483
— odbytu 301
— po cięciu cesarskim 527
— rąk 266-267, 594

— skóry głowy 267
— stóp 266-267, 594
— uogólniony 147
świnka
— szczepienie przeciwko 51, 560-561

T

tabletka antykoncepcyjna „po" (tabletka wczesnoporonna) 540 *patrz też* antykoncepcja doustna
tabletka poronna, RU486 540
tabletki antykoncepcyjne *patrz* antykoncepcja doustna
tai-chi 245-246
talasemia
— badania genetyczne w kierunku 53
— badanie przesiewowe w kierunku 51, 132
tatuaż 198
Tdap, szczepionka 51, 338-340
— szczepionka dla ojców 340
technika
— Alexandra 314-315
— Lamaze'a 314, 341
— Webstera 81, 360
teflon 177
telefony komórkowe 71, 73
telemetryczne monitorowanie czynności serca dziecka 427
temperatura ciała
— mierzenie, jako metoda rozpoznawania płodności 541
— po poczęciu 5
terapia hormonalna
— by zapobiec przedterminowemu porodowi 32-33
— w przypadku poronień nawykowych 29
termiczne prostowanie włosów 156
termin porodu
— a wieloraczki 465
— definicja 400-401
termopunktura 81
— by odwrócić dziecko w ułożeniu pośladkowym 85, 360
test ciążowy 5-9
— a leczenie niepłodności 7
— negatywny 8-9
— niewyraźna kreska 7-8
— pozytywny, później negatywny 8
— przy nieregularnych miesiączkach 6
test oksytocynowy (skurczowy) 396-397
test przezierności karkowej (NT) 55
test skurczowy (CTS) 396

test stymulacji akustycznej (FAS) 397
test tolerancji glukozy 303
— a cukrzyca ciążowa 578
testosteron
— u ojca 228, 530
testy niestresowe (NST) 396
testy oceniające dobrostan płodu, w dziewiątym miesiącu 396-397
— a dziecko przenoszone 401
— a wieloraczki 466
tetracyklina 568
tętno płodu *patrz też* monitorowanie płodu
— a płeć 201
— a położenie dziecka 359
— a poronienie 614, 617, 621
— a poronienie zagrażające 576
— a poród martwego dziecka 622
— a stan zagrożenia płodu 368, 598
— a testy oceniające dobrostan płodu 396-397
— a ultrasonografia dopplerowska 201-202
— łożysko na przedniej ścianie macicy (*anterior placenta*) a słuchanie 271
— przyspieszone, po seksie 286
— słuchanie 190, 201-202
— słuchanie w domu 201
— widok na monitorze ultrasonografu 149, 178
— wpływ palenia na 69
tężec *patrz* Tdap, szczepionka
tkliwość piersi
— a poronienie 614
— a współżycie 281
— jako wczesna oznaka ciąży 4
— w pierwszym trymestrze 145-146
tłuszcze *patrz też* cholesterol, kwas dokozaheksaenowy (DHA), kwasy tłuszczowe omega-3
— w diecie ciążowej 101-102
toczeń 46
toksoplazmoza 74-75, 214
torbiel
— ciałka żółtego 179
— splotu naczyniowego 58
transfuzja krwi
— a niedokrwistość sierpowatokrwinkowa 45
— a wynicowanie macicy 602
— po krwotoku poporodowym 603
— u dziecka, konflikt serologiczny 39
trądzik
— leczenie 158-159
— makijaż, żeby ukryć 158
— tetracyklina przeciw 568
trojaczki *patrz* wieloraczki

— poród 472, 476
— przyrost masy ciała 464-465
tromboza *patrz* zakrzepica żył głębokich
trwała ondulacja 156
trzeci miesiąc
— objawy fizyczne 191
— odczucia psychiczne 191
— twoje ciało 191
— twoje dziecko 189-190
— wizyta kontrolna 192
tuńczyk 102, 114 *patrz też* ryby
twarz *patrz też* skóra
— paraliż 563-564
— pielęgnacja 157-159
— sińce na, w połogu 450, 483, 484
tyłozgięcie macicy 177
tytoń *patrz* palenie tytoniu

U
ubrania
— ciążowe 230-233
— do ćwiczeń 240
uderzenia gorąca
— a ataki paniki 182
— a obawy po porodzie 524
— po porodzie 480, 488
układ krążenia dziecka 163
układ odpornościowy
— osłabiony w ciąży 549
— rozwój, u dziecka 350
— u dziecka, a karmienie piersią 381
ultrasonografia/USG
— 3D 322
— 4D 322
— a badanie przezierności karkowej 55
— a biopsja kosmówki 60
— a punkcja owodni (amniopunkcja) 62
— by określić płeć dziecka 268-270
— by określić wiek ciąży 10-11
— by oszacować urodzeniową masę ciała 358-359, 367
— by zmierzyć długość szyjki macicy 33, 590
— dla zabawy 332
— dopplerowska barwna 596, 597
— markery zaburzeń chromosomowych 58
— przy obracaniu dziecka w położeniu miednicowym 361
— w drugim trymestrze 57, 269, 332
— w pierwszym trymestrze 178
— wieloraczków 446
upadki 328

— a ćwiczenia fizyczne 241
— a telefon komórkowy 73
— w pracy 215
upławy *patrz* wydzielina z pochwy
urlop macierzyński 206-216
urlop tacierzyński 275, 497
urlop ojcowski 153, 275
urojone ruchy płodu, po porodzie 510
urządzenia elektroniczne 71-73
USG dopochwowe 178 *patrz też* ultrasonografia/USG
uszkodzenie mózgu płodu
— alkohol a 67
— wirus Zika a 562
utrata masy ciała
— a choroby tarczycy 193
— a leżenie w łóżku 608-609
— a niepowściągliwe wymioty ciężarnych 577
— a odchudzanie się w ciąży 107
— a poranne nudności 138, 187, 199
— dzięki zabiegowi chirurgicznemu 42
— po porodzie 43, 526
— przed porodem 409
— w 9 miesiącu 393, 409
— w pierwszym trymestrze 187-188
używki *patrz* alkohol, narkotyki, nielegalne, palenie tytoniu

V

VBAC *patrz* poród drogami natury po cięciu cesarskim (VBAC)
VZIG *patrz* szczepienia, przeciw ospie

W

wady genetyczne
— a poronienie późne 621
— a poronienie wczesne 613, 617
— a poród martwego dziecka 622
wady wrodzone *patrz też* badania przesiewowe, noworodków, diagnostyka prenatalna
— badania genetyczne 50-54
— badania w kierunku 58-62
— jeśli badania coś wykażą 61
wady wrodzone serca płodu 47, 61, 69, 134
wahania nastroju 178-181 *patrz też* depresja ciążowa, depresja poporodowa, obawy
— a choroby tarczycy 193
— a ćwiczenia fizyczne 237
— a gorzka czekolada 180
— a kofeina 64
— a kwasy DHA/omega-3 101

— a odpowiednie odżywianie 88, 92, 180
— po porodzie *patrz* depresja poporodowa, przygnębienie poporodowe (*baby blues*)
— u ojca, a ciąża współczulna 169
wanna porodowa 336-337
wapń 103
— a awersja do mleka 104-106
— a kofeina 64
— a nietolerancja laktozy 105
— a skurcze mięśni nóg 300
— a zęby 221
— suplement 103, 107, 505
— w „codziennej dwunastce" 95-96
— w diecie wegetariańskiej 107
— w jedzeniu 94
— w witaminach prenatalnych 103
warzywa 92, 97-99
— a tłuszcze 100-101
— ekologiczne 121-122
— mycie 121, 123, 124
— przygotowanie 92
— zielone i żółte, liściaste 97-98
wazektomia 540-541
wcześniak 395 *patrz też* poród przedwczesny
— karmienie piersią 507
— więzi z 492
— włosy u 453
wędzona żywność 120
węglowodany 91
— a zaparcia 109, 193
— dieta niskowęglowodanowa 107-109
— oczyszczone 91, 99, 112
węzły, na pępowinie 592-593
wicie gniazda 399-400, 409
widzenie
— a stan przedrzucawkowy 302, 323, 580
— kiedy zawiadomić lekarza 147
— podwójne w stanie przedrzucawkowym 580
— zaburzenia 147, 302, 323
— zmiany 265-267
wiek matki, młody
— a choroby przenoszone drogą płciową 24
— a hipotrofia wewnątrzmaciczna (wewnątrzmaciczne zahamowanie wzrostu płodu) 583
— a niepowściągliwe wymioty ciężarnych 576
— a poród przedwczesny 35
— a zapotrzebowanie na składniki odżywcze 93
wiek matki, starszy 48-50
— a cięcie cesarskie 368, 476
— a cukrzyca ciążowa 578

— a leżenie w łóżku 604
— a poronienie 617
— a poród przedwczesny 35
— a ryzyko związane z antykoncepcją doustną 535
— a stan przedrzucawkowy 580
— a hipotrofia wewnątrzmaciczna (wewnątrzmaciczne zahamowanie wzrostu płodu) 583
— a wieloraczki 49, 463
— a zakrzepica żył głębokich 595
— a zespół znikającego bliźniaka 472
wiek ojca 49
wielowodzie 588
— a węzły na pępowinie 592
— a wypadnięcie pępowiny 599
więzadła
— a ćwiczenia 239, 243
— po porodzie 515, 542
— rozciąganie 149, 263, 325
— rozluźnienie 299, 356, 591
więź matki z dzieckiem
— a depresja poporodowa 522
— a karmienie piersią 385
— po porodzie 456, 490-492, 497
— w czasie ciąży 272-273
więź ojca z dzieckiem 274-275
— po porodzie 455, 491, 497
— w czasie ciąży 273
wino *patrz* alkohol
wirus brodawczaka ludzkiego (HPV) 23
— szczepienie przeciwko 23
wirus cytomegalii (CMV) 557-558
wirus Zika 277, 288, 539, 556, 562
witamina A 97-98
— produkty bogate w 97-98
— toksyczność 135
— w kolorowych produktach żywnościowych 98
— w kuracji przeciwzmarszczkowej 157-158
— w suplementach prenatalnych 103
— wchłanianie 101
witamina B
— w rybach i drobiu 106
— w warzywach 98
— w węglowodanach złożonych 91, 99, 109
witamina B_6
— a poranne nudności 135, 142, 568, 576
— w suplementach prenatalnych 100
— w zespole cieśni nadgarstka 210
witamina B_{12}
— a dieta surowa 109

— a dieta wegetariańska 107
— brak w surowym pożywieniu 109
— w czerwonym mięsie 106
— w suplementach prenatalnych 103, 134
witamina C 96-97
— a dziąsła 221
— a wchłanianie żelaza 100, 103
— produkty bogate w 96-97
— przy krwawieniach z nosa 223
— przy pajączkach 171
— przy przeziębieniach 549-550
— przy rozstępach 199
— przy zatkanym nosie 223
— przy żylakach 172
— w suplementach prenatalnych 103
witamina D
— a dieta wegańska 107
— a światło słoneczne 107
— badanie w kierunku niedoboru 107, 132, 134
— niedobór 107, 132
— przy wyprysku 175
— przy zespole niespokojnych nóg 326
— w diecie bezmlecznej 106
— w diecie surowej 109
— w suplementach prenatalnych 103
witamina E
— a krwawienie poporodowe 603
— toksyczność 135
— w suplementach prenatalnych 103
witamina K
— toksyczność 135
— w kuracji przeciwzmarszczkowej 158
— zastrzyk z, dla noworodka 454
wizualizacja 83 *patrz też* medytacja
— a łagodzenie bólu porodowego 346, 419
— na stres 153
wkładka wewnątrzmaciczna 537-538
— a ciąża pozamaciczna 619-620
— podczas ciąży 20-21
wkładki laktacyjne 393
wkłucie dożylne (kroplówka)
— a cięcie cesarskie 457
— a niepowściągliwe wymioty ciężarnych 576-577
— a znieczulenie zewnątrzoponowe 341-342
— obrzęk z powodu 496
— podczas porodu 18, 424-425
— w przypadku odwodnienia 557
włosy, dziecka 290
— na ciele płodu *patrz* lanugo
— u noworodka 452

włosy, mamy
- pielęgnacja 155-157
- szybko rosnące 264-265
- wypadanie, a choroby tarczycy 523
- wypadanie, po porodzie 513

woda *patrz też* kąpiel, pływanie
- a bezpieczeństwo, w trakcie podróży 279, 280
- ćwiczenia w 243, 244, 262
- kokosowa 104, 140, 557
- picie *patrz* płyny
- z glukozą, dla noworodka 498
- z kranu, bezpieczeństwo 77, 280
- z solą, płukanie gardła 550
- zatrzymanie *patrz* obrzęki

woda z kranu 76-77
- podczas podróży 279, 280

wołowina 120, 121 *patrz też* mięso
worek owodniowy 129 *patrz też* pęcherz płodowy
wrażliwość na zapachy 141
- a poranne nudności 141
- jako objaw wczesnej ciąży 4

wrodzona wada serca płodu
- a bankowanie krwi pępowinowej 304
- badania genetyczne 53
- badania noworodków w kierunku 374
- echokardiografia serca płodu 56
- suplementy prenatalne, by zapobiec 134

wrodzone wady metaboliczne 374
wskaźnik masy ciała (BMI) 41, 186 *patrz* nadwaga, niedowaga
- a przyrost masy ciała 186
- a wieloraczki 463

wspomaganie płodności *patrz też* leczenie niepłodności
współżycie płciowe 202-205, 281-288, 327-328, 377-379 *patrz też* orgazm
- a ćwiczenia Kegla 284
- a łożysko przodujące 586
- a masturbacja 282
- a nawilżanie 285
- a niewydolność cieśniowo-szyjkowa 33, 288
- a plamienie 148, 285
- a poronienie zagrażające 576
- a szew okrężny 33
- a wirus Zika 562
- a wywoływanie porodu 402-403
- a zapłodnienie *in vitro* 26
- analny, stosunek 282
- brak zainteresowania 203

- ograniczenia we 288
- ojciec a 204-205, 228, 285
- oralny, stosunek 282, 285
- pozycje 286
- radość z 287-288
- skurcze Braxtona-Hicksa po 353
- skurcze po 203-205
- sny erotyczne 329, 330-331
- w trakcie trzeciego trymestru 377
- zakaz uprawiania 288, 606
- zwiększone zainteresowanie 202-203

współżycie płciowe, w połogu 529-532
- a antykoncepcja 533-541
- a rekonwalescencja po cięciu cesarskim 527
- ból związany z 529-532
- brak zainteresowania 530-532
- pozycje 532
- uczucia ojca związane z 530-531

wstrząs
- z powodu ciąży pozamacicznej 619
- z powodu wynicowania macicy 602

wybielanie zębów 159
wydzielina z pochwy 226-227
- biała 226-227
- brązowa 393, 410, 414, 423, 481, 527, 574, 615
- jako oznaka przedwczesnego porodu 334, 590
- krwista 33, 590
- krwista *patrz* krwawienie, z pochwy
- o przykrym zapachu 555, 587
- o przykrym zapachu, po porodzie 604
- o rybim zapachu, przy rzęsistkowym zapaleniu pochwy 25
- po porodzie *patrz* odchody połogowe (lochia)
- przed porodem 409
- u noworodka płci żeńskiej 453
- zielonkawa, przy rzęsistkowym zapaleniu pochwy 25

wykorzystywanie seksualne 72
wymioty 142-143 *patrz* poranne nudności
- a chirurgiczne leczenie otyłości 42
- a leki 568
- a olej rycynowy, przy próbie samodzielnego wywołania porodu 403
- a skurcze Braxtona-Hicksa 355
- a zapchany nos 223
- a zatrucie pokarmowe 115
- kiedy zawiadomić lekarza 147

— kiedy zawiadomić lekarza, po porodzie 484
— leki przeciwko *patrz* leki przeciwwymiotne
— niedokrwistość z powodu 259
— po cięciu cesarskim 493
— przy ciąży zaśniadowej 618
— przy nieżycie żołądkowo-jelitowym 555-557
— przy zaburzeniach odżywiania 41-43, 47
— przy zapaleniu układu moczowego 554
— przy zespole HELLP 582
— przy znieczuleniu ogólnym 343
— silne 147, 576-577
— u ojca, a objawy ciąża współczulnej 169
— w czasie porodu 446
wypadnięcie pępowiny 599
— a pęknięcie błon płodowych 415
— a przedwczesne pęknięcie błon płodowych 588
— a wielowodzie 588
wypróżnienie *patrz też* biegunka, nietrzymanie stolca, zaparcia, zespół, jelita drażliwego
— pierwsze po porodzie 486-488
— w trakcie parcia 450
wypryski 158-159, 173-174 *patrz też* skóra
— na skórze rozstępów 323
— u noworodka 453
wypukły pępek 296 *patrz też* przepuklina pępkowa
wysiłkowe nietrzymanie moczu 84, 355-357
— ćwiczenia Kegla na 236
— po porodzie 486, 514-515
wysypka *patrz* skóra
wywiad ginekologiczny 19-25
wywiad położniczy 26-39
— podczas pierwszej wizyty prenatalnej 131--132
wywoływanie (indukcja) porodu 420-423
— a ciąża wielopłodowa 465
— przerwanie błon płodowych 415
— przy porodzie drogami natury po cięciu cesarskim (VBAC) 371
— samodzielnie 402-403, 405
wzdęcia 195 *patrz też* gazy
— a zaparcia 192
— a zgaga 166
— jako objaw wczesnej ciąży 5
— leki na 566
— po porodzie 526
— u ojca, jako objaw ciąży współczulnej 169
— zespół jelita drażliwego 45
wzrok, zaburzenia 265, 268

Z
zabawki erotyczne 582
zabiegi
— antycellulitowe (body wrapping) 160
— dentystyczne 159
— kosmetyczne 155-161
— przeciwzmarszczkowe 157
zaburzenia
— genetyczne, badania przesiewowe u noworodka 374
— metaboliczne, badania przesiewowe w kierunku 374
— nastroju 524 *patrz* depresja ciążowa, depresja poporodowa, paniki, napady
— obsesyjno-kompulsywne, po porodzie 524--525
zaburzenia chromosomowe *patrz też* badania prenatalne
— a poronienia nawykowe 29
— a poronienie późne 621
— a poronienie wczesne 29, 613
— a wiek matki 49
zaburzenia odżywiania 41-43, 46
— a hipotrofia wewnątrzmaciczna 584
— a niedokrwistość wynikająca z niedoboru żelaza 259
zaburzenia zachowania, u dziecka
— a palenie papierosów 68-70
zachcianki ciążowe 168-170
— a poranne nudności 141
— u ojca 168
— w drugiej ciąży 27
zaciśnięcie pępowiny
— a bankowanie krwi pępowinowej 305-306
— a cięcie cesarskie 458
— a poród drogami natury 452
— opóźnione 436-437
— opóźnione, po cięciu cesarskim 366
— w planie porodu 335
zagnieżdżenie się (implantacja) zarodka 129
— a ciąża biochemiczna 8
— a ciąża pozamaciczna 619
— a plamienie 4, 148, 574
— krwawienie przy 4, 574
— skurcze podczas 147, 149, 575
zagrożenia
— w domu 75-79
— w miejscu pracy 211-214
— związane ze środowiskiem 75-79
zakaz współżycia płciowego 288, 607

- a łożysko przodujące 586
- a zagrożenie poronieniem 575-576

zakażenia grzybicze 555
- a antybiotyki 529
- zapobieganie, probiotyki *patrz* probiotyki

zakażenie *patrz też* choroba, w trakcie ciąży
- a pęknięcie pęcherza płodowego 415
- a plamienie 148
- a poronienie 621
- a poród martwego dziecka 622
- a poród przedwczesny 35
- a wypadnięcie czopu śluzowego 414
- układu moczowego *patrz* zapalenie układu moczowego
- krocza, po porodzie 482, 483
- nacięcia, po cesarskim cięciu 527
- obawa, że seks może być przyczyną 286
- piersi *patrz* piersi
- płynu owodniowego 587
- po porodzie 603-604
- pochwy *patrz* zakażenie pochwy, zapalenie pochwy
- szyjki macicy 148
- związane z porodem 603-604

zakażenie pochwy 35, 148, 554, 555
zakrzepica żył głębokich 595-596
- a żylaki 172

zanieczyszczenie powietrza 79

zapalenie
- błon płodowych 587
- błony śluzowej macicy 603
- nerek 554
- sutka 528-529
- wątroby typu C 563
- zatok przynosowych 551

zapalenie dziąseł 220-222
- a poród przedwczesny 35
- a stan przedrzucawkowy 581

zapalenie jajowodów
- a ciąża pozamaciczna 619
- wkładka wewnątrzmaciczna 538

zapalenie pochwy 529
- a antybiotyki 529
- a plamienie 148
- a poród przedwczesny 35
- po porodzie 603-604

zapalenie układu moczowego 553-554
- a częstotliwość oddawania moczu 211, 278-279, 335, 356-357
- a płyny 102, 145

- antybiotyki przeciwko 566
- nietrzymanie moczu 355-357
- probiotyki przeciwko 554

zapalenie wątroby typu A 561-562
- szczepienie przeciwko 51

zapalenie wątroby typu B 562-563
- badania 132
- szczepienia, noworodka 454
- szczepienie przeciwko 51

zapalenie wątroby typu C 563

zaparcia 192-194
- a cięcie cesarskie 495
- a leżenie w łóżku 607
- a suplementacja żelaza 135
- a węglowodany złożone 109
- a wieloraczki 461
- a wzdęcia 176, 195
- a zespół jelita drażliwego 45
- a żylaki 172
- a żywność przetworzona 193
- brak 194-195
- ćwiczenia 238
- magnez 194, 294
- po porodzie 487
- pokarmy zwalczające 91, 97, 109, 191
- probiotyki 194
- u ojca, jako objaw ciąży współczulnej 169

zapłodnienie *in vitro*
- a ciąża po 26
- a ciąża wielopłodowa 468
- a genetyczne badania przesiewowe 52
- a test ciążowy 7

zarodek 129
- a ciąża wielopłodowa 460
- pomiar wielkości 10, 190
- zagnieżdżenie się 5, 129, 147

zator tętnicy płucnej 595
zatrucie pokarmowe 113-114, 115, 555-557
- jak uniknąć 105, 109, 116, 122-124

zawroty głowy 257-258
- a niedokrwistość 258
- a napady paniki 182
- a niskie ciśnienie tętnicze krwi 257-258
- a odwodnienie 258
- a samoistne porażenie nerwu twarzowego (porażenie Bella) 563-564
- kiedy wezwać lekarza 147, 242, 484
- omdlenia z powodu 258
- po porodzie 484, 495
- w trakcie porodu 442

zepsuta żywność 115
zespół
— HELLP 582-583
— Hurlera 303
— jelita drażliwego 45
— kuwady (ciąża współczulna) 169
— ospy wrodzonej 559
— przetoczenia krwi między płodami (TTTS) 469
— zespół znikającego bliźniaka 471-472
zespół cieśni nadgarstka
— a niezdarność 299
— drętwienie ręki 299
— od komputera 212
zespół Downa *patrz też* wady wrodzone
— a badania diagnostyczne 58-62
— a badania przesiewowe 54-58
— a biopsja kosmówki 59-60
— a punkcja owodni (amniopunkcja) 62
— a test NIFTY 54-55
— a test poczwórny 57-58
— a test podwójny 56-57
— a test przezierności karkowej (NT) 55-56
— wiek matki 48-50
— wiek ojca 49
zespół nadpobudliwości psychoruchowej z deficytem uwagi (ADHD) 48
— a palenie papierosów 69
zespół nagłej śmierci niemowląt
— a karmienie piersią 381
— a palenie 69
zespół niespokojnych nóg 325-327
— a niedokrwistość 259
zewnętrzne monitorowanie płodu 427
zęby *patrz* opieka dentystyczna, dziąsła
zgaga 166-168
— a ciąża wielopłodowa 465
— a medycyna komplementarna i alternatywna 80, 82
— a otyłość 40
— a przyrost masy ciała 186
— a sen 293
— włosy dziecka i 167
zgładzenie (skrócenie) szyjki macicy *patrz też* szyjka macicy, szyjka macicy, krótka
— a wywołanie porodu 420-423
— przed porodem 400
zielona herbata 65, 118
zielone warzywa liściaste 97-98
— jako źródło wapnia 95-96, 107

zintegrowany test, badania przesiewowe 57
zmęczenie 135-137, 321-322 *patrz też* bezsenność, sen, matki
— a bierne palenie 211
— a bóle głowy 195-197
— a choroby tarczycy 193, 523
— a cukrzyca ciążowa 578
— a ćwiczenia 236, 242
— a depresja 182
— a niedokrwistość 322
— a poranne nudności 138, 142
— a rezygnacja z kofeiny 64
— a seks 203, 283
— a skurcze mięśni kończyn dolnych 300
— a wahania nastroju 180
— a wczesne objawy ciąży 4
— a wieloraczki 461
— a zespół niespokojnych nóg 326-327
— po porodzie 512-513
— silne 259, 322
— u ojca, jako objaw ciąży współczulnej 169
— w trakcie porodu 442, 449
— zespół przewlekłego 46
znamiona, u noworodka 453
znieczulenie 341-344, 419
— miejscowe, przy leczeniu ropnia piersi 529
— miejscowe, przy zszywaniu szyjki macicy 33
— nerwu sromowego 343
— ogólne, a karmienie piersią 506
— ogólne, przy cięciu cesarskim 343, 424
— przy cięciu cesarskim 456, 457, 493
— przy podwiązaniu jajowodów 457, 541
— przy zabiegach dentystycznych 222
— zewnątrzoponowe 341-343
znieczulenie ogólne 343
— karmienie piersią, po 506
— po nagłym cięciu cesarskim 343, 457
znieczulenie podpajęczynówkowe
— jako środek przeciwbólowy podczas porodu 343
— podczas cięcia cesarskiego 457, 475
zumba 244
zwierzęta domowe *patrz też* koty, psy
— a szczepienia 556
— alergia na 226
— dbanie o zdrowie 556
— przygotowanie na pojawienie się dziecka 330
— w czasie leżenia w łóżku 612
zygota 128

Ż
żałoba, a strata ciąży 623-634
— a poronienia nawykowe 29
— a poród martwego dziecka 622-623
— a redukcja ciąży 471
— u ojca 630-631
żelazo 100
— a biegunka 135
— a ciąża wielopłodowa 463
— a zaburzenia wchłaniania, a kofeina 64
— a zaparcia 135
— a żywność 100
— niedobór (niedokrwistość) *patrz* niedokrwistość spowodowana niedoborem żelaza
— suplementacja w niedokrwistości 259
— w diecie bezmięsnej 106
— w witaminach prenatalnych 103
żylaki 171-173
— w obrębie miednicy 173, 284, 325, 482
żylaki odbytu (hemoroidy) 301-302
— a ćwiczenia Kegla 236
— a seks analny 282
— a zaparcia 192
— po porodzie 482, 486
żyły *patrz też* żylaki
— a zakrzepica żył głębokich *patrz* zakrzepica żył głębokich
— błękitne, na piersiach 145, 170-171
— rozszerzone (teleangiektazje) 171
— w odbycie *patrz* żylaki odbytu (hemoroidy)

— widoczne 145, 170-171
żywność *patrz też* dieta ciążowa
— a bakteria *E. coli* 105
— a rozwój mózgu dziecka 101, 318
— a salmonella 105, 121
— a sen 293
— a toksoplazmoza 74-75
— alergie pokarmowe 226
— awersje i zachcianki *patrz* awersje pokarmowe, zachcianki ciążowe
— bezpieczna 122-124
— by wywołać poród 402-403
— ekologiczna 119-120
— fast food 109-111
— listerioza 123
— pasteryzowana 105
— pikantne 114-115
— podczas podróży 280
— podczas porodu 423-424
— pojemniki na, bezpieczne 78
— przetworzona 92, 119
— sól 102
— substancje chemiczne w 118-122
— surowa 105, 109
— sztuczne dodatki w 112-113, 118-119
— trująca 115
— wzbogacona 113
— zamienniki 90
— zdrowa 108
— zepsuta 115